आर. गुप्ता® कृत

AF512898

जवाहर नवोदय विद्यालय

प्रवेश परीक्षा

कक्षा VI के लिए

पिछले प्रश्न-पत्र

(व्याख्यात्मक उत्तर सहित)

2027
EDITION

रमेश पब्लिशिंग हाउस, नई दिल्ली

प्रकाशक

ओ.पी. गुप्ता, **रमेश पब्लिशिंग हाउस**

प्रशासनिक कार्यालय

12-H, न्यू दरियागंज रोड, ऑफिसर्स मेस के सामने,

नई दिल्ली-110002 ✆ 23275224, 23245124

E-mail: info@rameshpublishinghouse.com

For Online Shopping: www.rameshpublishinghouse.com

विक्रय केन्द्र

• बालाजी मार्किट, नई सड़क, दिल्ली-110006 ✆ 23282525 📱 9354373464

• 4457, नई सड़क, दिल्ली-110006

Book Code: R-1735

ISBN: 978-93-5012-520-5

मूल्य: ₹ 390

मुद्रक: राजधानी प्रिन्टर्स, दिल्ली

अनुक्रमणिका

पिछले प्रश्न-पत्र (हल सहित)

पिछले प्रश्न-पत्र

जवाहर नवोदय विद्यालय, प्रवेश परीक्षा, 2026

Class 6th

(Exam held on 13-12-2025)

खण्ड-I : मानसिक योग्यता परीक्षण

भाग-1

निर्देश (प्र.सं. 1 से 4 तक) : *निम्नलिखित प्रश्नों में, प्रत्येक प्रश्न में चार चित्र (A), (B), (C) और (D) दर्शाए गए हैं। इन चार चित्रों में से तीन चित्र किसी विधि से एकसमान हैं, जबकि एक चित्र अन्य से भिन्न है। अन्य से भिन्न चित्र का चयन करें। अपने उत्तर को दर्शाने के लिए ओ.एम.आर. उत्तर पत्रिका में प्रश्न की संगत संख्या के सामने वाले वृत्त को काला करें।*

1.

A. B. C. D.

2.

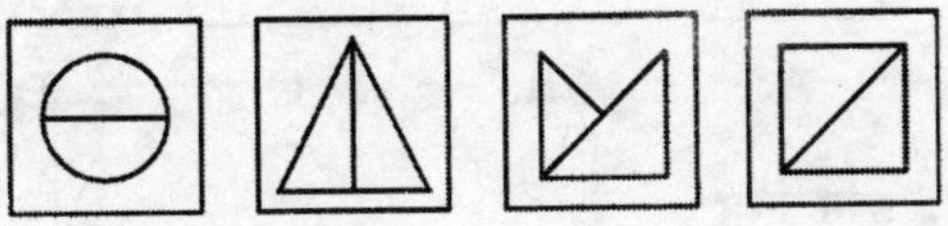

A. B. C. D.

3.

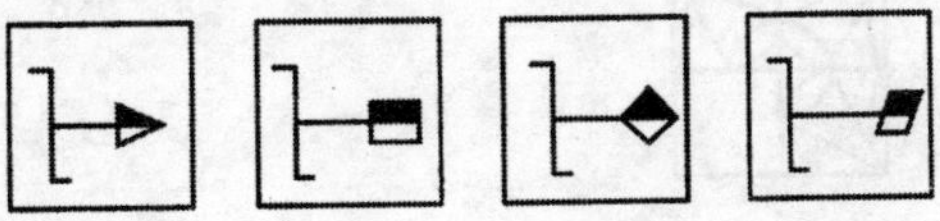

A. B. C. D.

4.

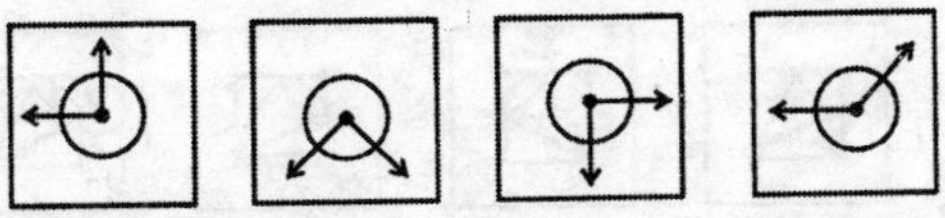

A. B. C. D.

भाग-2

निर्देश (प्र.सं. 5 से 8 तक) : *निम्नलिखित प्रश्नों में, एक प्रश्न चित्र दिया गया है तथा चित्र (A), (B), (C) और (D) से चिह्नित चार उत्तर चित्र दिए गए हैं। उत्तर चित्रों में से प्रश्न चित्र के समरूप चित्र को चुनें तथा अपने उत्तर को दर्शाने के लिए ओ.एम.आर. उत्तर पत्रिका में प्रश्न की संगत संख्या के सामने वाले वृत्त को काला करें।*

5. प्रश्न चित्र

उत्तर चित्र

A. B. C. D.

6. प्रश्न चित्र

उत्तर चित्र

A. B. C. D.

1. D **2.** C **3.** A **4.** D **5.** C **6.** C

7. प्रश्न चित्र

उत्तर चित्र

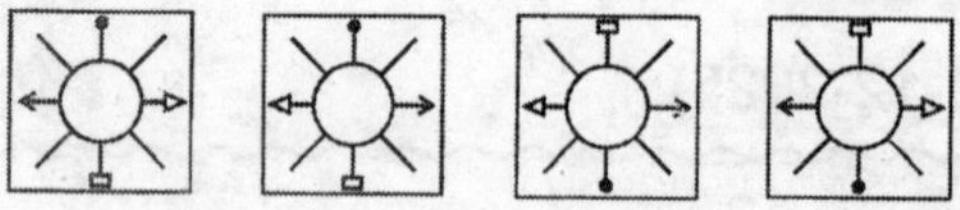

A. B. C. D.

8. प्रश्न चित्र

उत्तर चित्र

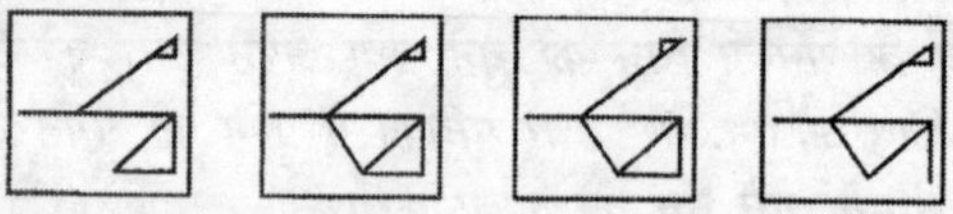

A. B. C. D.

भाग-3

निर्देश (प्र.सं. 9 से 12 तक) : *निम्नलिखित प्रश्नों में, एक प्रश्न चित्र दिया गया है, जिसका एक भाग लुप्त दर्शाया गया है। दिए गए उत्तर चित्र (A), (B), (C) और (D) पर गौर करें तथा उस उत्तर चित्र का पता लगाएँ जिसको बिना दिशा परिवर्तन के प्रश्न चित्र के पैटर्न को पूरा करने के लिए प्रश्न चित्र के लुप्त भाग में बिठाया जा सके। अपने उत्तर को दर्शाने के लिए ओ.एम.आर. उत्तर पत्रिका में प्रश्न की संगत संख्या के सामने वाले वृत्त को काला करें।*

9. प्रश्न चित्र

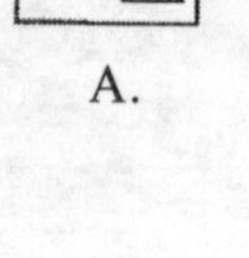

उत्तर चित्र

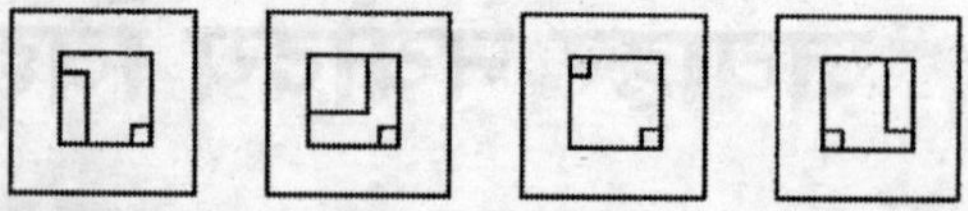

A. B. C. D.

10. प्रश्न चित्र

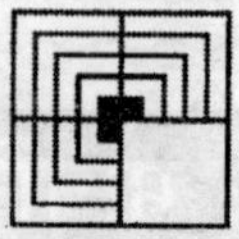

उत्तर चित्र

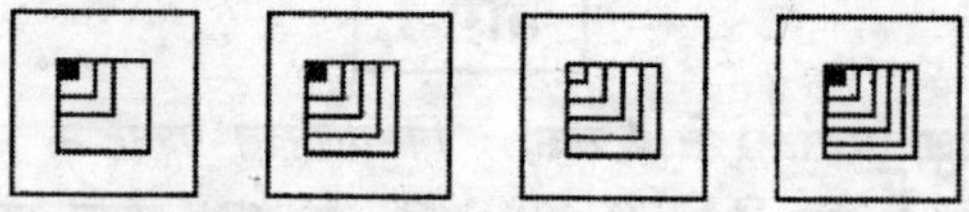

A. B. C. D.

11. प्रश्न चित्र

उत्तर चित्र

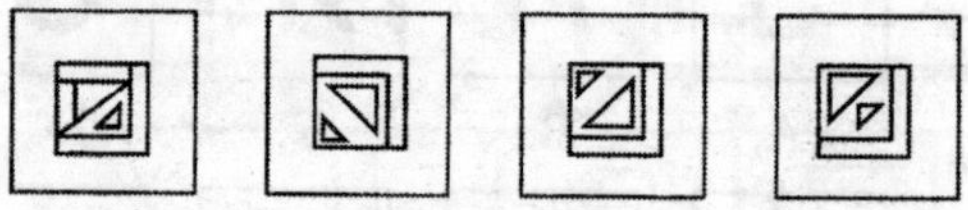

A. B. C. D.

12. प्रश्न चित्र

उत्तर चित्र

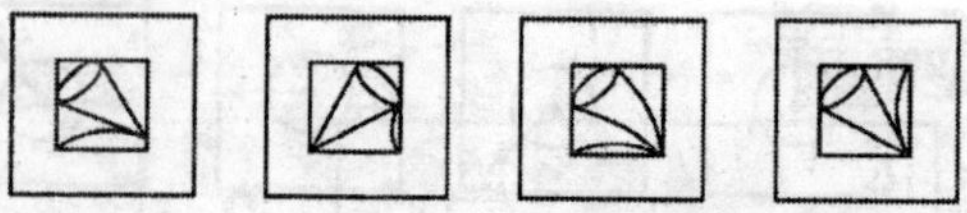

A. B. C. D.

7. B **8.** B **9.** D **10.** B **11.** C **12.** D

भाग-4

निर्देश (प्र.सं. 13 से 16 तक) : *निम्नलिखित प्रश्नों में, तीन प्रश्न चित्र दर्शाए गए हैं तथा चौथे चित्र के लिए स्थान छोड़ा गया है। प्रश्न चित्र श्रेणीक्रम में हैं। श्रेणीक्रम को पूरा करने के लिए उपलब्ध उत्तर चित्रों में से एक चित्र का चयन करें जिसे दिए गए प्रश्न चित्र के खाली स्थान में प्रतिस्थापित किया जा सके। अपने उत्तर को दर्शाने के लिए ओ.एम. आर. उत्तर पत्रिका में प्रश्न की संगत संख्या के सामने वाले वृत्त को काला करें।*

13. प्रश्न चित्र

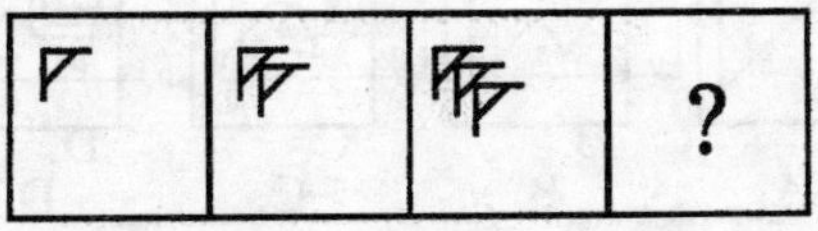

उत्तर चित्र

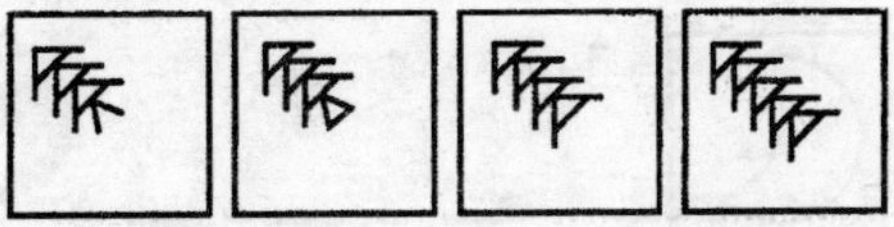

A. B. C. D.

14. प्रश्न चित्र

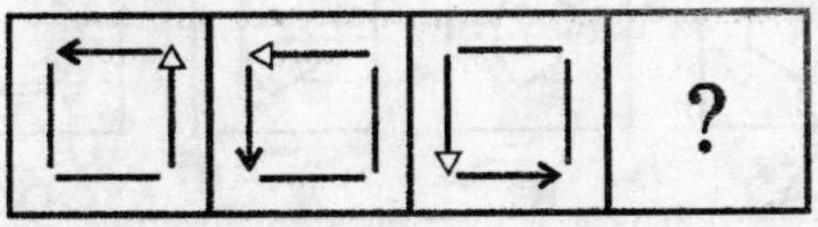

उत्तर चित्र

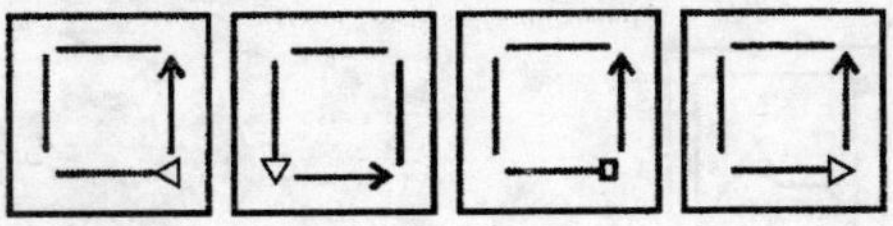

A. B. C. D.

15. प्रश्न चित्र

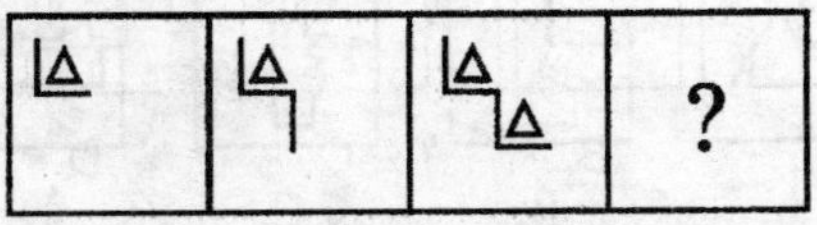

उत्तर चित्र

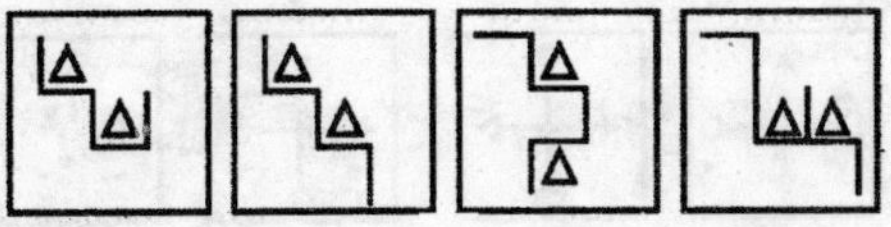

A. B. C. D.

16. प्रश्न चित्र

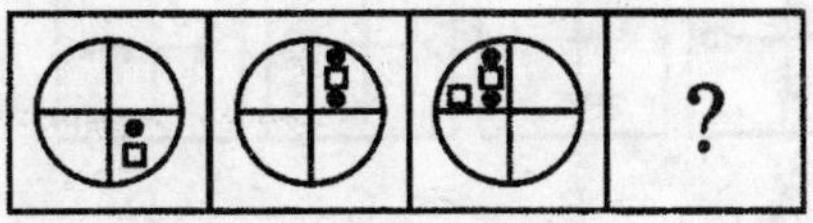

उत्तर चित्र

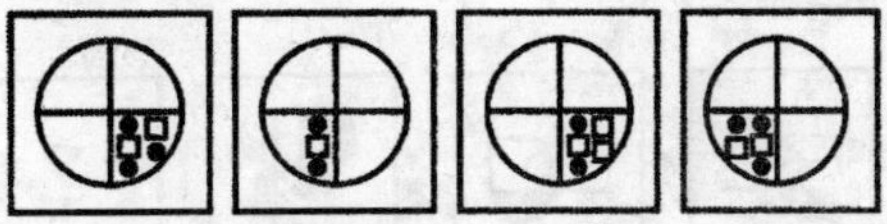

A. B. C. D.

भाग-5

निर्देश (प्र.सं. 17 से 20 तक) : *निम्नलिखित प्रश्नों में, प्रत्येक प्रश्न में दो प्रश्न चित्रों के दो सेट दिए गए हैं। दूसरे सेट में एक प्रश्न चिह्न (?) है। प्रथम सेट के दो प्रश्न चित्रों में एक निश्चित सम्बन्ध है। इसी तरह का सम्बन्ध दूसरे सेट के तीसरे तथा चौथे प्रश्न चित्र में भी होना आवश्यक है। उत्तर चित्रों में से उस चित्र का चयन करें जो प्रश्न चिह्न को प्रतिस्थापित करेगा। अपने उत्तर को दर्शाने के लिए ओ.एम. आर. उत्तर पत्रिका में प्रश्न की संगत संख्या के सामने वाले वृत्त को काला करें।*

17. प्रश्न चित्र

उत्तर चित्र

A. B. C. D.

13. C **14.** D **15.** B **16.** D **17.** A

18. प्रश्न चित्र

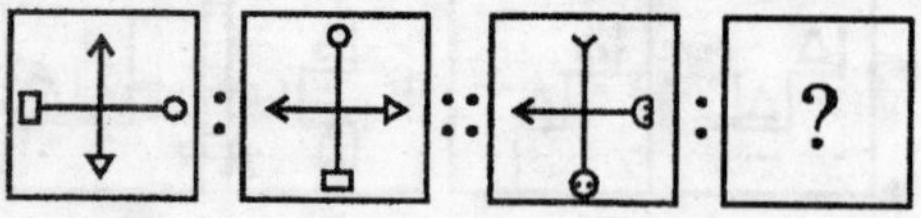

उत्तर चित्र

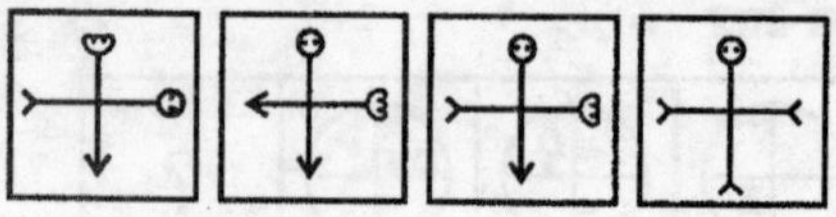

A. B. C. D.

19. प्रश्न चित्र

उत्तर चित्र

A. B. C. D.

20. प्रश्न चित्र

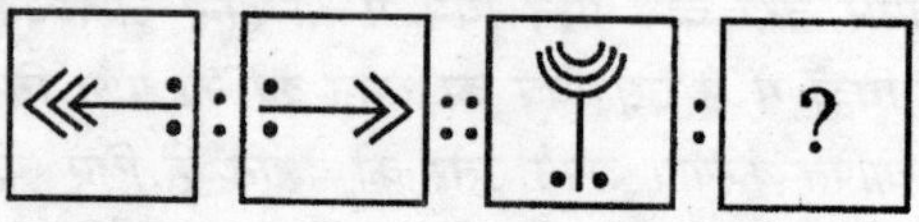

उत्तर चित्र

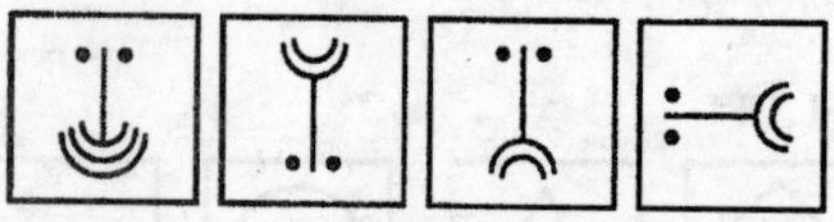

A. B. C. D.

भाग-6

निर्देश (प्र.सं. 21 से 24 तक) : *निम्नलिखित प्रश्नों में, प्रश्न चित्र के रूप में ज्यामितीय चित्र (त्रिभुज, वर्ग, वृत्त) के एक भाग को दर्शाया गया है तथा दूसरे भाग को चार उत्तर चित्रों के रूप में (A), (B), (C) और (D) से दर्शाया गया है। उत्तर चित्रों में से ज्यामितीय चित्र को पूर्ण करने वाले चित्र को ज्ञात करें। अपने उत्तर को दर्शाने के लिए ओ.एम.आर. उत्तर पत्रिका में प्रश्न की संगत संख्या के सामने वाले वृत्त को काला करें।*

21. प्रश्न चित्र

उत्तर चित्र

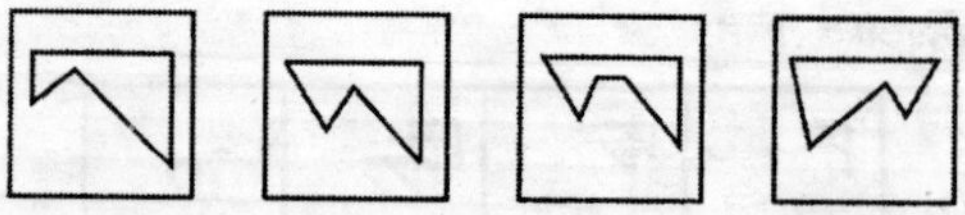

A. B. C. D.

22. प्रश्न चित्र

उत्तर चित्र

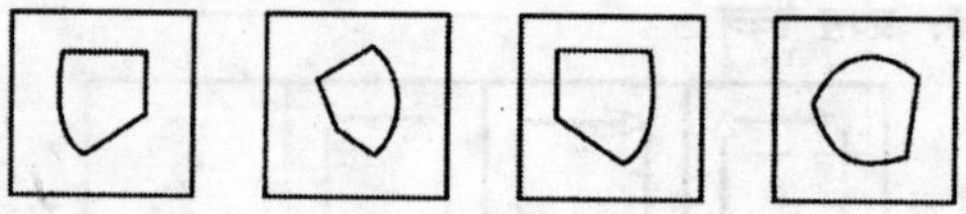

A. B. C. D.

23. प्रश्न चित्र

उत्तर चित्र

A. B. C. D.

18. A	**19.** C	**20.** C	**21.** B	**22.** B	**23.** A

24. प्रश्न चित्र

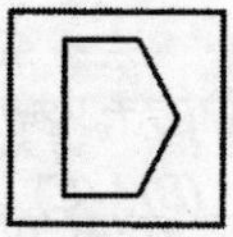

उत्तर चित्र

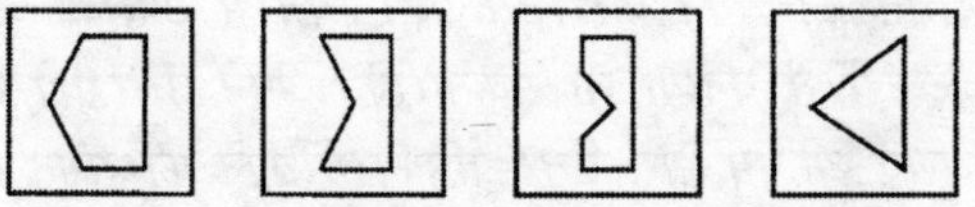

A. B. C. D.

भाग-7

निर्देश (प्र.सं. 25 से 28 तक) : *निम्नलिखित प्रश्नों में, एक प्रश्न चित्र दर्शाया गया है तथा चित्र (A), (B), (C) और (D) से चिह्नित चार उत्तर चित्र दर्शाए गए हैं। किसी दर्पण को XY के अनुदिश रखे जाने पर प्रश्न चित्र के सही दर्पण प्रतिबिम्ब को उत्तर चित्रों में से चुनें। अपने उत्तर को दर्शाने के लिए ओ.एम.आर. उत्तर पत्रिका में प्रश्न की संगत संख्या के सामने वाले वृत्त को काला करें।*

25. प्रश्न चित्र

उत्तर चित्र

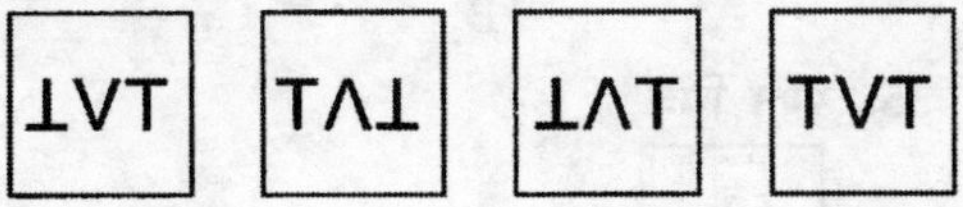

A. B. C. D.

26. प्रश्न चित्र

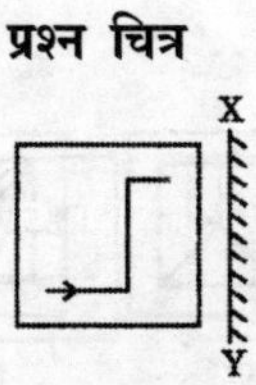

उत्तर चित्र

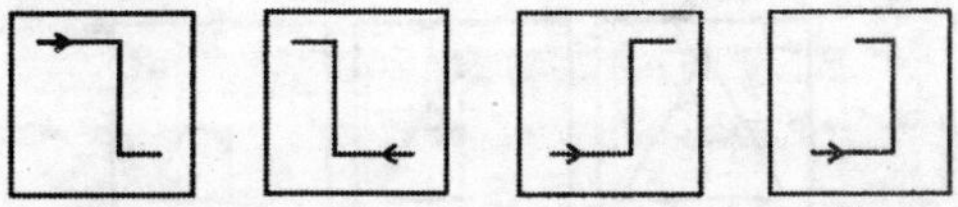

A. B. C. D.

27. प्रश्न चित्र

उत्तर चित्र

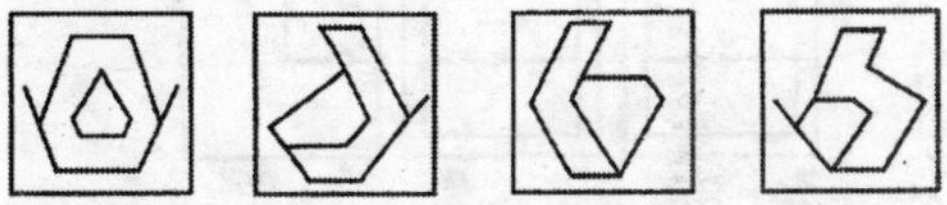

A. B. C. D.

28. प्रश्न चित्र

उत्तर चित्र

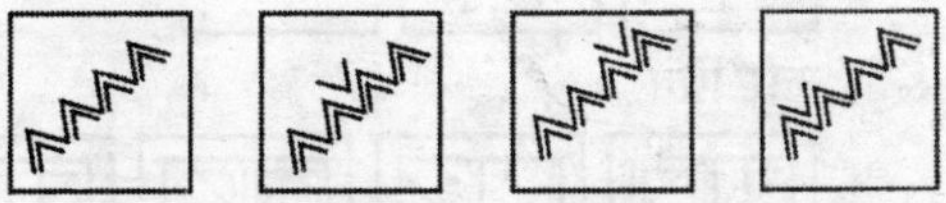

A. B. C. D.

भाग-8

निर्देश (प्र.सं. 29 से 32 तक) : *निम्नलिखित प्रश्नों में, प्रश्न चित्र में दर्शाए अनुसार कागज के एक टुकड़े को मोड़कर पंच किया गया तथा (A), (B), (C) और (D) से चिह्नित चार उत्तर चित्र दर्शाए गए हैं। कागज के टुकड़े की तह को खोलने पर वह जिस प्रकार दिखेगा वैसा ही चित्र उत्तर चित्रों में से चुनें। अपने उत्तर को दर्शाने के लिए ओ.एम. आर. उत्तर पत्रिका में प्रश्न की संगत संख्या के सामने वाले वृत्त को काला करें।*

24. B **25.** A **26.** B **27.** B **28.** B

29. प्रश्न चित्र

उत्तर चित्र

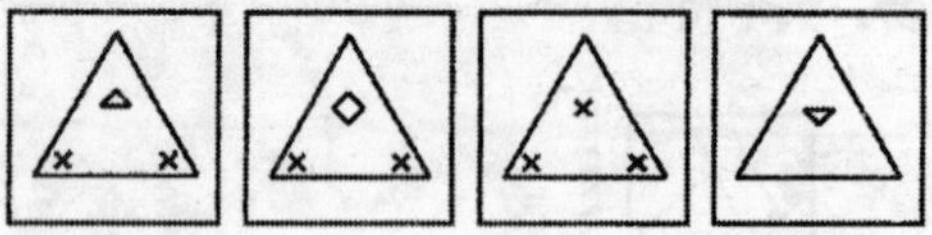

A. B. C. D.

30. प्रश्न चित्र

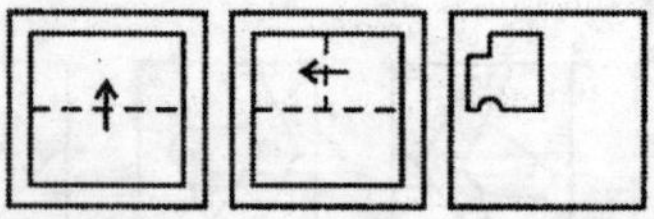

उत्तर चित्र

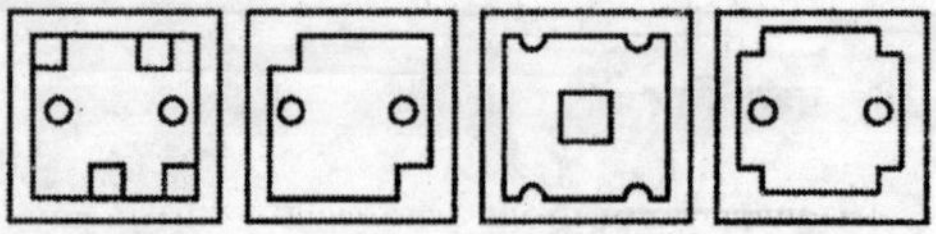

A. B. C. D.

31. प्रश्न चित्र

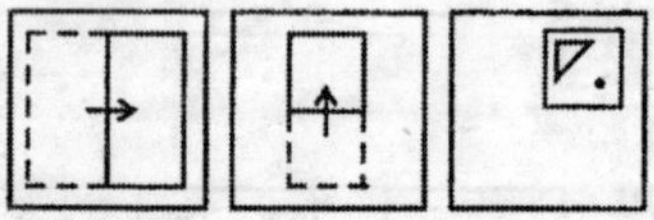

उत्तर चित्र

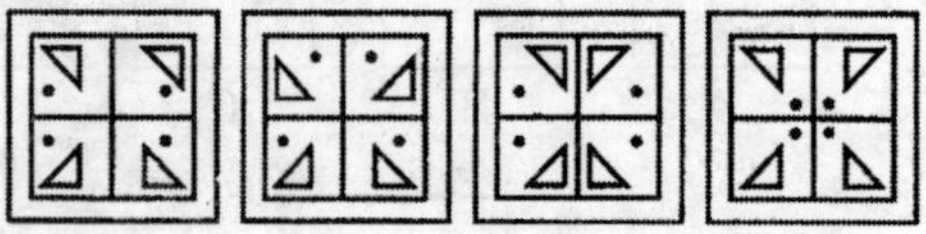

A. B. C. D.

32. प्रश्न चित्र

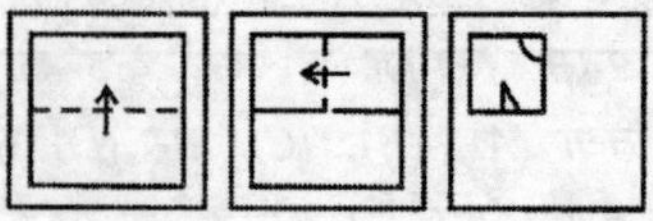

उत्तर चित्र

A. B. C. D.

भाग-9

निर्देश (प्र.सं. 33 से 36 तक) : *निम्नलिखित प्रश्नों में, एक प्रश्न चित्र दिया गया है तथा चित्र (A), (B), (C) और (D) से चिह्नित चार उत्तर चित्र दिए गए हैं। उत्तर चित्रों में से उस चित्र का चयन करें जिसे प्रश्न चित्र में उपलब्ध कट-आउट टुकड़ों से बनाया जा सकता हो। अपने उत्तर को दर्शाने के लिए ओ.एम.आर. उत्तर पत्रिका में प्रश्न की संगत संख्या के सामने वाले वृत्त को काला करें।*

33. प्रश्न चित्र

उत्तर चित्र

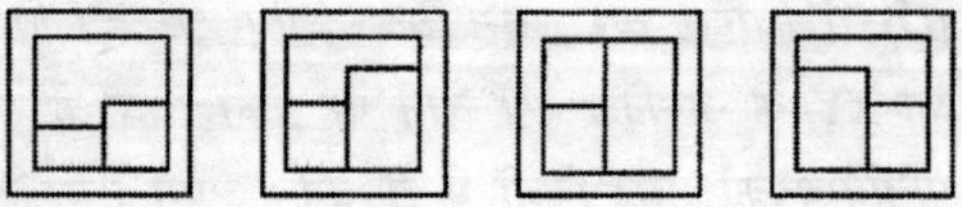

A. B. C. D.

34. प्रश्न चित्र

उत्तर चित्र

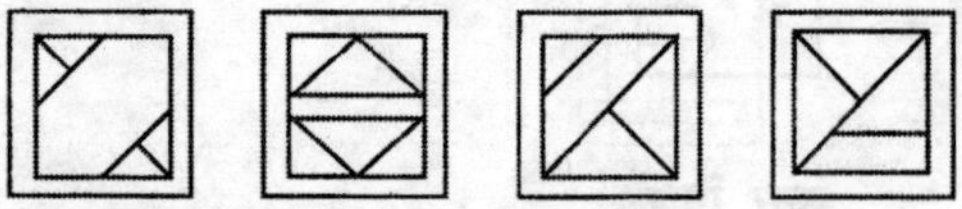

A. B. C. D.

35. प्रश्न चित्र

उत्तर चित्र

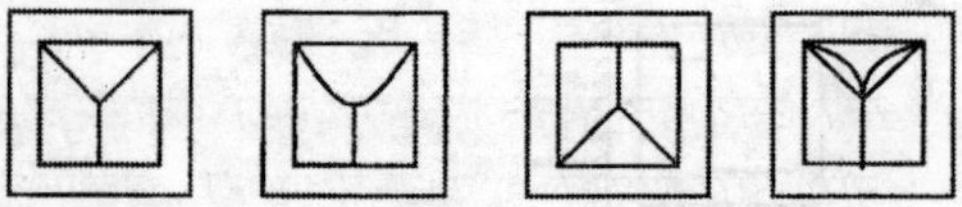

A. B. C. D.

29. B **30.** D **31.** C **32.** B **33.** A **34.** C **35.** B

36. प्रश्न चित्र

उत्तर चित्र

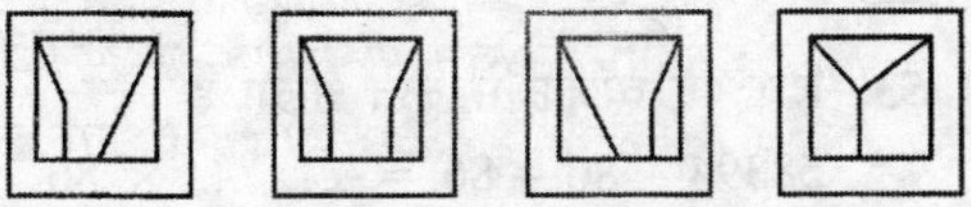

A. B. C. D.

भाग-10

निर्देश (प्र.सं. 37 से 40 तक) : *निम्नलिखित प्रश्नों में, एक प्रश्न चित्र दिया गया है तथा चित्र (A), (B), (C) और (D) से चिह्नित चार उत्तर चित्र दर्शाए गए हैं। उत्तर चित्रों में से उस चित्र को चुनें जिसमें प्रश्न चित्र छिपा/सम्मिलित है। अपने उत्तर को दर्शाने के लिए ओ.एम.आर. उत्तर पत्रिका में प्रश्न की संगत संख्या के सामने वाले वृत्त को काला करें।*

37. प्रश्न चित्र

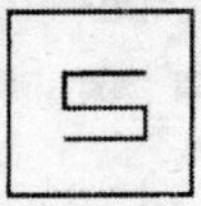

उत्तर चित्र

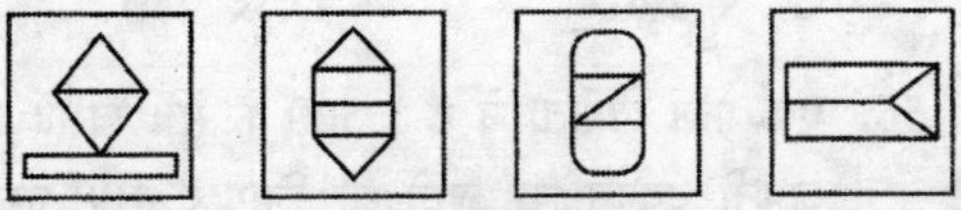

A. B. C. D.

38. प्रश्न चित्र

उत्तर चित्र

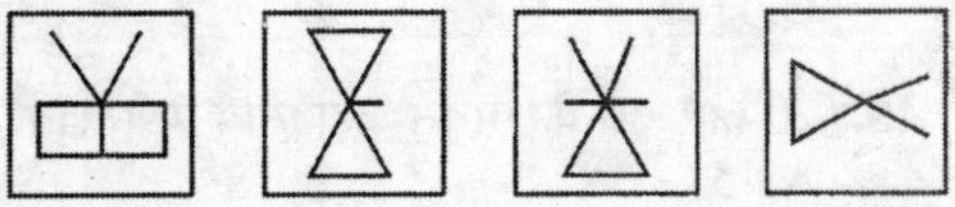

A. B. C. D.

39. प्रश्न चित्र

उत्तर चित्र

A. B. C. D.

40. प्रश्न चित्र

उत्तर चित्र

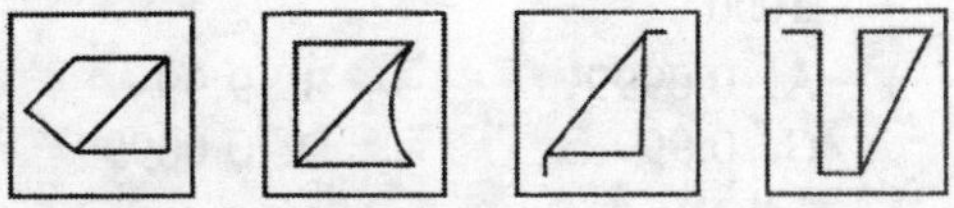

A. B. C. D.

खण्ड-II : अंकगणित परीक्षण

निर्देश (प्र.सं. 41 से 60 तक) : *प्रत्येक प्रश्नों के लिए चार संभावित उत्तर दिए गए हैं, जिन्हें (A), (B), (C) और (D) क्रम दिया गया है। इनमें से केवल एक उत्तर ही सही है। सही उत्तर चुनें तथा अपने उत्तर को दर्शाने के लिए ओ.एम. आर. उत्तर-पत्रिका में प्रश्न की संगत संख्या के सामने वाले वृत्त को काला करें।*

41. 1 और 11 के मध्य कितनी अभाज्य संख्याएँ हैं?

A. 5 B. 4
C. 6 D. 3

42. 999 और 9999 का गुणनफल है :

A. 999999 B. 999001
C. 9989001 D. 899991

36. B **37.** B **38.** A **39.** B **40.** A **41.** B **42.** C

43. 0.2 तथा 0.03 का गुणनफल है :
A. 0.006 B. 0.06
C. 0.6 D. 6

44. 64 के सभी गुणनखंडों का योगफल है :
A. 125 B. 126
C. 127 D. 128

45. 20 और 30 का सबसे बड़ा सार्व गुणनखंड है :
A. 5 B. 8
C. 10 D. 25

46. निम्नलिखित को सरल करने पर प्राप्त होता है :
6.082 + 60.82 + 608.2 – 0.6082
A. 674.102 B. 674.4938
C. 675.1022 D. 675.5916

47. $0.1 \times 0.1 \times 0.1$ बराबर है :
A. 0.1 B. 0.001
C. 0.01 D. 1.000

48. $\frac{3}{2} \div \frac{3}{2} \times 2 + \frac{3}{2}$ बराबर है :
A. 2 B. 6
C. $\frac{7}{2}$ D. $\frac{2}{7}$

49. $\frac{999}{1000}$ का दशमलव रूप है :
A. 0.0999 B. 9.99
C. 0.999 D. 0.00999

50. 0.238 भिन्न के रूप में है :
A. $\frac{119}{500}$ B. $\frac{238}{25}$
C. $\frac{119}{25}$ D. $\frac{119}{50}$

51. 100 cm^2 को m^2 (वर्ग मीटर) में बदलने पर प्राप्त होता है :
A. 0.1 m^2 B. 0.01 m^2
C. 1 m^2 D. 10 m^2

52. एक रेलगाड़ी दिल्ली से जयपुर के लिए प्रातः 10:45 पर चलती है तथा जयपुर सायं 3:30 पर पहुँच जाती है। यात्रा का समय है :
A. 7 घंटे 15 मिनट B. 4 घंटे 45 मिनट
C. 4 घंटे 30 मिनट D. 2 घंटे 15 मिनट

53. दिए गए व्यंजक में लुप्त संख्या है :
58394 – 86 – 86 = ... × 86
A. 677 B. 678
C. 680 D. 681

54. एक डिब्बे में 500 अंडे थे। उनका $\frac{3}{25}$ भाग टूटा हुआ निकला तथा कुल का $\frac{1}{5}$ भाग मेहमानों के लिए रखना है। उपयोग किए जा सकने वाले अंडों की संख्या है :
A. 60 B. 100
C. 340 D. 440

55. एक दुकानदार ने ₹ 200 की एक दीवार घड़ी खरीदी और उसे ₹ 40 के लाभ के साथ बेच दिया। उस दीवार घड़ी का विक्रय मूल्य है :
A. ₹ 220 B. ₹ 230
C. ₹ 240 D. ₹ 250

56. एक फल विक्रेता ने ₹ 1,500 के सेब खरीदे और उन्हें अपनी दुकान पर लाने के लिए ₹ 100 खर्च किए। उसने यह सेब कुल ₹ 2,236 में बेचे। उसने कितना लाभ अर्जित किया?
A. ₹ 630 B. ₹ 636
C. ₹ 640 D. ₹ 642

57. एक पंचभुज, जिसका परिमाप 80 cm तथा उसकी चार भुजाओं की लंबाइयों का योगफल 63 cm है, की पांचवीं भुजा की लंबाई है :
A. 12 cm B. 13 cm
C. 15 cm D. 17 cm

43. A	**44.** C	**45.** C	**46.** B	**47.** B	**48.** C	**49.** C	**50.** A
51. B	**52.** B	**53.** A	**54.** C	**55.** C	**56.** B	**57.** D	

58. एक सम्पूर्ण कोण बराबर होता है :

A. 1 समकोण
B. 2 समकोण
C. 3 समकोण
D. 4 समकोण

59. एक आयत के सभी अन्तःकोणों का योगफल होता है :

A. 360°
B. 90°
C. 270°
D. 180°

60. 115 परिवारों के सर्वे में अंकित किया गया कि प्रत्येक परिवार में कितने बच्चे हैं। इन आँकड़ों को दंड ग्राफ द्वारा दर्शाया गया है। दंड ग्राफ से उन परिवारों की संख्या जिनमें कोई बच्चा नहीं है, है :

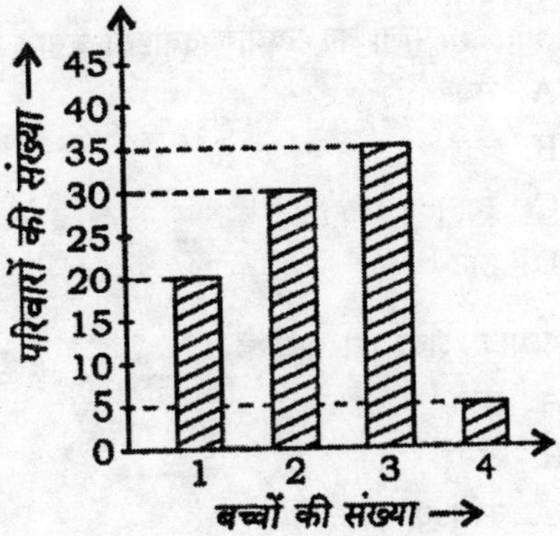

A. 10
B. 20
C. 25
D. 40

खण्ड-III : भाषा परीक्षण

निर्देश (प्र.सं. 61 से 80 तक) : *इस खण्ड में* **चार** *अनुच्छेद हैं। प्रत्येक अनुच्छेद पर पाँच प्रश्न हैं। प्रत्येक अनुच्छेद को सावधानी से पढ़ें और उसके नीचे दिए गए प्रश्नों के उत्तर दें। प्रत्येक प्रश्नों के लिए चार संभावित उत्तर दिए गए हैं, जिनकी क्रम संख्या (A), (B), (C) और (D) है। इनमें से केवल एक उत्तर ही सही है। सही उत्तर चुनें तथा अपने उत्तर को दर्शाने के लिए ओ.एम.आर. उत्तर-पत्रिका में प्रश्न की संगत संख्या के सामने वाले वृत्त को काला करें।*

अनुच्छेद-1

फूल हमारे लिए अनेक रूपों में उपयोगी हैं। फूल अनेक रंगों और आकृतियों के होते हैं। वे सौंदर्य के प्रतीक हैं। फूलों का उपयोग धार्मिक पूजा में होता है। प्यार और सराहना का प्रदर्शन करने के लिए फूलों के गुलदस्ते दिए जाते हैं। फूलों के हार बनाए जाते हैं और देवताओं को सजाने के लिए तथा महान लोगों के सम्मान के लिए उनका उपयोग किया जाता है। अपने रहने के वातावरण में सुंदरता बढ़ाने के लिए फूलों को फूलदानों में सजाया जाता है।

फूलों के व्यावहारिक उपयोग भी हैं। इनका उपयोग इत्र, चाय और सौंदर्य प्रसाधन के उत्पाद बनाने में किया जाता है। कुछ फूलों का उपयोग दवाइयों के रूप में होता है। संक्षेप में फूल महत्वपूर्ण हैं क्योंकि शरीर और मन पर उनका सकारात्मक प्रभाव पड़ता है।

61. फूल हमारे लिए अनेक रूपों में .... हैं।

A. प्रदान किए जाते
B. उपयोगी होते
C. बिक्री किए जाते
D. हानिकारक होते

62. फूल .... मिलते हैं।

A. अनेक आकृतियों में
B. अनेक रंगों में
C. अनेक रंगों और आकृतियों में
D. समान आकार में

63. फूलों के व्यावहारिक उपयोग हैं :

A. चाय, इत्र और सौंदर्य प्रसाधन बनाना
B. फूलदानों में सजाना
C. हार बनाना
D. प्रार्थना और पूजा करना

58. D **59.** A **60.** C **61.** B **62.** C **63.** A

64. ....फूलों का उपयोग दवाइयाँ बनाने में होता है।
A. सब
B. कुछ
C. रंगीन
D. छोटे

65. 'प्रभाव' शब्द का अर्थ है :
A. बल
B. असर
C. कार्य करना
D. चोट पहुँचाना

अनुच्छेद-2

सोनम दुकान पर प्रदर्शित नई साइकिल को गौर से देख रही थी। नई चमकीली लाल साइकिल को देखकर वह चकित थी। उसके पिता ने उसे देख लिया और कहा, "आओ, हमें चलना चाहिए।" सोनम ने साइकिल को आखिरी बार देखा और अपने पिता के पीछे चलने लगी। वह जब सोने गई तब भी चमकदार लाल साइकिल के बारे में ही सोच रही थी। अगले दिन स्कूल में वह अपने मित्रों से भी उसी के बारे में बातें करती रही। जब वह घर लौटी, तो उसने देखा कि एक नई साइकिल गेट के पास खड़ी है। वह खुशी से चिल्लाई और माँ को बुलाया। उसके माता-पिता मुस्कुराते हुए बाहर निकले और उन्होंने कहा कि यह उसके जन्मदिन का उपहार है और उसे साइकिल दे दी। सोनम बहुत प्रसन्न हुई और खुशी से माता-पिता के गले लग गई।

66. सोनम अपने .... के साथ दुकान पर गई।
A. चाचा B. पिता
C. भाई D. मित्रों

67. सोनम दुकान पर चमकीली .... साइकिल देखकर उसकी ओर आकृष्ट हुई।
A. लाल
B. हरी
C. पीली
D. काली

68. सोनम के माता-पिता ने उसे नई लाल साइकिल क्यों दी?
A. उसके जन्मदिन के उपहार के रूप में।
B. परीक्षा में उसकी सफलता के लिए।
C. उसे पसंद होने के कारण।
D. उसके पास कोई साइकिल नहीं थी।

69. सोनम ने अपनी प्रसन्नता व्यक्त की?
A. अपने माता-पिता के गले लगकर।
B. अपने माता-पिता को धन्यवाद देकर।
C. साइकिल के चारों ओर दौड़कर।
D. खुशी से उछलकर।

70. 'चकित थी' का आशय है :
A. याद थी B. विस्मित थी
C. सदमें में थी D. डरी हुई थी

अनुच्छेद-3

राष्ट्रीय संग्रहालय, दिल्ली में मोटे शीशे के पीछे प्रदर्शित विश्व में सबसे प्रसिद्ध नर्तकी को अनदेखा नहीं किया जा सकता। मोहनजो-दड़ो की नृत्य करती लड़की कांस्य की बनी दुर्लभ कलाकृति है। हमारी स्कूली पाठ्य-पुस्तकें भी हमारी 5000 वर्ष प्राचीन विरासत के बारे में बताती हैं।

उसके बाएँ ऊपरी बाजू से लेकर अंगुलियों तक सीप, हाथीदाँत या पतली धातु की बहुत-सी चूड़ियाँ अलंकृत करती हैं। आधुनिक कला का नमूना एक-साथ तीन पेंडेंट वाला हार है और उसके दाएँ हाथ में कोहनी के ऊपर तथा कलाई पर कुछ चूड़ियाँ हैं।

वह निर्भीक मानवीय आत्मा का प्रदर्शन है और यह हमें याद दिलाती है कि हमारी इंद्रियों पर किसी कलाकृति का क्या प्रभाव पड़ता है।

71. 'नृत्य करती लड़की' को मोटे शीशे के पीछे बंद किया गया है, क्योंकि ....।
A. यह दुर्लभ कलाकृति है
B. वह बहुत प्रसिद्ध नर्तकी है
C. इसे मूल्यवान रत्नों से सजाया गया है
D. वह निर्भीक है

64. B **65.** B **66.** B **67.** A **68.** A **69.** A **70.** B **71.** A

72. 'पेंडेंट' .... का भाग है।

A. चूड़ियों

B. हार

C. कलाईबंध

D. कोहनी पर पहने कड़ों

73. कथन (*i*) और (*ii*) को पढ़िए और दिए गए विकल्पों में से सही उत्तर चुनिए :

(*i*) उसकी चूड़ियाँ सीप या पतली धातु से बनी हैं।

(*ii*) उसने हाथीदाँत से बना हार पहना है।

A. (*i*) सत्य है, किंतु (*ii*) असत्य है।

B. (*ii*) सत्य है, किंतु (*i*) असत्य है।

C. (*i*) और (*ii*) दोनों सत्य हैं।

D. (*i*) और (*ii*) दोनों असत्य हैं।

74. कौन-सा शब्द 'निर्भीक' का पर्याय नहीं है?

A. डरपोक

B. निडर

C. बहादुर

D. साहसी

75. 'कलाकृति' शब्द का अर्थ है ....।

A. कला के बारे में तथ्य

B. मनुष्य द्वारा बनाए गए कला के नमूने

C. जमीन से खोदी वस्तुएँ

D. कांस्य की मूर्तियाँ

अनुच्छेद-4

आज विशाल पांडा केवल मध्य चीन के बाँस के जंगलों में और थोड़ी संख्या में तिब्बत में पाए जाते हैं। बाँस के वनों से उन्हें भोजन, शरण और सुरक्षा प्राप्त होती है। विशाल पांडा अपना अधिकांश समय बाँस के जंगलों में घूमने में और बाँस की कोंपलों को चबाने में व्यतीत करते हैं। क्योंकि वे केवल बाँस की कोंपलों को ही खाते हैं, वे भी अधिक मात्रा में, इसलिए उनके लिए पर्याप्त भोजन सदा नहीं मिलता।

बहुत अधिक शिकार किए जाने और उनके प्राकृतिक निवास स्थानों के नष्ट होने से वह सुंदर पशु विलोपन का सामना कर रहे हैं। उन्हें केवल चिड़ियाघरों में देखा जा सकता है, जहाँ विशाल पांडा की देखभाल सरल नहीं होती क्योंकि उन्हें खिलाने के लिए पर्याप्त भोजन प्राप्त करना कठिन होता है।

76. किसी चिड़ियाघर में विशाल पांडा की देखभाल कठिन क्यों है?

A. चिड़ियाघर भीड़भाड़ वाली जगह है।

B. चिड़ियाघर में उनके बच्चों की देखभाल कठिन है।

C. उनके लिए पर्याप्त भोजन प्राप्त कराना कठिन है।

D. पांडा शिकारियों से डरते हैं।

77. विशाल पांडा का मुख्य भोजन क्या है?

A. बाँस के पेड़

B. बाँस की कोंपलें

C. बाँस की पत्तियाँ

D. हरी पत्तियाँ और घास

78. यह सुंदर पशु विलुप्त क्यों होता जा रहा है?

A. इनमें से अधिकांश को मनोरंजन के लिए चिड़ियाघरों में रखा जाता है।

B. अत्यधिक शिकार करने और उनके प्राकृतिक निवास उजड़ जाने से।

C. चीन में पर्याप्त बाँस के जंगल नहीं हैं।

D. प्रायः ये पैदा होते ही मर जाते हैं।

79. निम्नलिखित शब्दों में से कौन-सा शब्द 'विशाल' का विपरीतार्थक है?

A. बड़ा

B. विस्तृत

C. लघु

D. लंबा

80. चिड़ियाघर वह स्थान है जहाँ ....।

A. पक्षी पिंजरों में रखे जाते हैं

B. पशु भोजन और विश्राम करते हैं

C. बच्चे पशुओं का मनोरंजन करने जाते हैं

D. पशु-पक्षियों को बाड़ों और पिंजरों में रखा जाता है

72. B **73.** A **74.** A **75.** B **76.** C **77.** B **78.** B **79.** C **80.** D

व्याख्यात्मक उत्तर

1. विकल्प A, B और C में दिए गए चिन्ह किसी-न-किसी रूप में दर्पण प्रतिबिंब (mirror image) के रूप में प्रदर्शित किए गए हैं। A में बना हुआ आकृति सामान्य 'L' का उल्टा रूप है, जिसमें लंबवत रेखा दाईं ओर है। B में अक्षर 'R' का प्रतिबिंबित रूप (जैसे 'Я') दिखाया गया है। C में 'K' का भी उल्टा (left-right reversed) रूप है। इन तीनों में मूल अक्षर का दर्पण प्रतिबिंब उपस्थित है। जबकि D में अक्षर 'S' अपने सामान्य, अप्रतिबिंबित रूप में है। अतः D अन्य तीनों से भिन्न है।

2. विकल्प A, B और D में मुख्य बाहरी आकृति (वृत्त, त्रिभुज, वर्ग) को एक सीधी रेखा द्वारा दो स्पष्ट भागों में विभाजित किया गया है। A में वृत्त को एक सीधी क्षैतिज रेखा दो भागों में बाँटती है। B में त्रिभुज के भीतर खींची गई रेखा शीर्ष से आधार तक जाकर आकृति को दो भागों में विभाजित करती है। D में वर्ग के भीतर खींचा गया विकर्ण उसे दो त्रिभुजों में बाँट देता है। परंतु C में विभाजन का स्वरूप भिन्न है। इसमें रेखाएँ केवल दो स्पष्ट भाग नहीं बनातीं, बल्कि वे मिलकर बहुभुजीय संरचना के भीतर एक संयुक्त ढाँचा बनाती हैं जो दो समान या स्पष्ट आधों में विभाजन नहीं दर्शाता। अतः विभाजन के पैटर्न के आधार पर C अन्य तीनों से भिन्न है।

3. विकल्प B, C और D में रेखा के अंत पर बनी आकृति चार रेखाओं से बनी हुई है, अर्थात् वे सभी चतुर्भुज (quadrilateral) हैं। B के अंत में आयत (4 भुजाएँ) है, C के अंत में हीरे/समचतुर्भुज जैसा चतुर्भुज (4 भुजाएँ) है, और D के अंत में समांतर चतुर्भुज (4 भुजाएँ) है। इन तीनों में अंतिम आकृति का ढाँचा समान है क्योंकि सभी '4 रेखाओं/4 भुजाओं' से बनती हैं। जबकि A में अंत पर बना चिह्न तीर (arrowhead) है, जो चतुर्भुज नहीं बनाता और उसका निर्माण पैटर्न अन्य तीनों के 'चार-रेखीय' अंतिम आकार से अलग है। इसलिए A ही Odd One Out है।

4. विकल्प A, B और C में केंद्र पर बने दो तीर एक-दूसरे के प्रति लम्बवत हैं, यानी उनके बीच का कोण 90° बनता है। इन तीनों में एक तीर ऊर्ध्वाधर दिशा में और दूसरा क्षैतिज दिशा में होने के कारण समकोण स्पष्ट बनता है। जबकि विकल्प D में केंद्र के दोनों तीरों की दिशाएँ ऐसी हैं कि वे समकोण (90°) नहीं बनाते, इसलिए D अन्य तीनों से भिन्न (Odd One Out) है।

5. प्रश्न चित्र में चार समानांतर क्षैतिज रेखाएँ हैं, जिनमें ऊपर की तीन रेखाओं के दाहिने सिरे पर तीर जैसा झुकाव है और सबसे नीचे की रेखा के दाहिने सिरे पर भी समान दिशा में झुकाव है, जबकि बाएँ सिरों का पैटर्न क्रमबद्ध है। विकल्पों में ध्यान देने पर केवल C में रेखाओं के सिरों की दिशा एवं उनकी स्थिति ठीक उसी क्रम में मिलती है जैसा प्रश्न चित्र में है। अन्य विकल्पों में या तो किसी रेखा की दिशा उलटी है या तीर का स्थान बदल गया है। इसलिए C पूर्णतः समान है।

6. प्रश्न चित्र में चार छोटे वर्ग हैं जिनमें काले और सफेद भागों की स्थिति एक निश्चित घूर्णन (rotation) क्रम का पालन करती है। ऊपर बाएँ में ऊपरी भाग काला है, ऊपर दाएँ में दाहिना भाग काला है, नीचे बाएँ में बायाँ भाग काला है तथा नीचे दाएँ में निचला भाग काला है। यह क्रम दाएँ दिशा में घूर्णन जैसा है। विकल्प C में यही क्रम ठीक उसी प्रकार दोहराया गया है, जबकि अन्य विकल्पों में किसी-न-किसी स्थान पर काले भाग की दिशा भिन्न है। अतः C सही उत्तर है।

7. प्रश्न चित्र में केंद्र में वृत्त है और उससे चार मुख्य दिशाओं में चिह्न जुड़े हैं—ऊपर बिंदु, नीचे छोटा आयत, दाएँ तीर तथा बाएँ तीर। साथ ही तिरछी रेखाएँ भी निश्चित स्थिति में हैं। विकल्पों में केवल B में ऊपर बिंदु, नीचे आयत तथा दाएँ-बाएँ तीरों की दिशा और

तिरछी रेखाओं की स्थिति प्रश्न चित्र से पूर्णतः मेल खाती है। अन्य विकल्पों में या तो ऊपर-नीचे के चिह्न बदल गए हैं या तीरों की दिशा परिवर्तित है। इसलिए B ही समान आकृति है।

8. प्रश्न चित्र में एक आकृति दी गई है जिसमें एक क्षैतिज रेखा के दाएँ सिरे से दो तिरछी रेखाएँ निकल रही हैं—एक ऊपर की ओर और एक नीचे की ओर। ऊपर वाली रेखा के सिरे पर छोटा त्रिकोण बना है और नीचे वाली रेखा के साथ एक चतुर्भुज जैसी आकृति जुड़ी है, जिसके अंदर एक तिरछी रेखा है। सही उत्तर वही होगा जिसमें इन सभी भागों की दिशा, कोण और आपसी स्थिति बिल्कुल समान बनी रहे। विकल्प B में ऊपर की तिरछी रेखा का झुकाव, उसके सिरे का छोटा त्रिकोण, तथा नीचे की आकृति का आकार और उसके अंदर की तिरछी रेखा ठीक प्रश्न चित्र के अनुरूप है। अन्य विकल्पों में या तो कोण में हल्का परिवर्तन है, या रेखाओं की दिशा/संरचना में अंतर है। अतः सही उत्तर B है।

9. प्रश्न चित्र एक वर्ग को चार बराबर भागों में विभाजित करता है, जिनमें तीन भागों में समान प्रकार की रेखीय संरचना दी गई है और चौथा भाग रिक्त है। तीनों भरे हुए भागों में मोटी रेखा किनारे के साथ चलती है तथा एक छोटा L-आकार का कोना भीतर की ओर स्थित है। इनका क्रम घड़ी की दिशा में परिवर्तन दर्शाता है। रिक्त भाग में भी वही संरचना उसी क्रम में आनी चाहिए ताकि चारों खंडों में संतुलित घूर्णन पूरा हो सके। विकल्प D में मोटी रेखा तथा छोटे कोने का स्थान ठीक उसी क्रमिक घूर्णन को पूर्ण करता है, जिससे पूरा वर्ग संतुलित पैटर्न बना देता है।

10. प्रश्न चित्र में केंद्र से बाहर की ओर बढ़ती हुई आयताकार सर्पिल रेखाएँ दिखाई देती हैं, जिनका प्रत्येक मोड़ 90° पर है और क्रमबद्ध दिशा में चलता है। रिक्त भाग उसी सर्पिल क्रम का स्वाभाविक विस्तार होना चाहिए, जहाँ रेखाओं का घुमाव और मोटे भाग की स्थिति पिछले खंडों से मेल खाए। विकल्प B में रेखाओं की दिशा, घुमाव का क्रम तथा गाढ़े भाग की स्थिति ठीक उसी निरंतरता को बनाए रखती है। अन्य विकल्पों में या तो घुमाव की दिशा भिन्न हो जाती है या मोटे भाग का स्थान क्रम से मेल नहीं खाता।

11. प्रश्न चित्र में चार बराबर भागों वाला एक वर्ग है, जिसमें तीन भागों में समान संरचना विभिन्न दिशाओं में व्यवस्थित है और चौथा भाग रिक्त है। प्रत्येक भरे हुए भाग में एक बड़ा त्रिभुज तथा उसके भीतर एक छोटा त्रिभुज बना है। ऊपरी दो भागों में त्रिभुज एक-दूसरे के दर्पण प्रतिबिंब के रूप में व्यवस्थित हैं। निचले बाएँ भाग में वही संरचना पुनः दिखाई देती है, परंतु उसकी दिशा बदली हुई है। इसलिए रिक्त निचले दाएँ भाग में निचले बाएँ भाग का दर्पण प्रतिबिंब आना चाहिए, जिससे समग्र आकृति में बाएँ और दाएँ पक्ष में संतुलन स्थापित हो सके। विकल्प C में बड़ा त्रिभुज तथा उसके भीतर का छोटा त्रिभुज ठीक उसी प्रकार दर्पण प्रतिबिंब के रूप में स्थित है और दाईं दिशा में संकेत कर रहा है, जिससे संपूर्ण पैटर्न पूर्णतः संतुलित हो जाता है।

12. पूरा वर्ग चार बराबर भागों में विभाजित है। दिए गए तीन भाग मिलकर एक सममित एवं सतत पैटर्न बना रहे हैं, जिसमें सीधी रेखाएँ मिलकर त्रिकोणीय संरचना बना रही हैं तथा वक्र रेखाएँ (curved arcs) केंद्र से किनारों की ओर संतुलित रूप में जुड़ रही हैं। रिक्त निचले दाएँ भाग में वही रेखाएँ ऐसे जुड़नी चाहिएँ कि ऊपर-दाएँ तथा नीचे-बाएँ भागों की रेखाएँ बिना टूटे आगे बढ़ें। विकल्प D में वक्र रेखा का झुकाव, उसका किनारे से मिलना तथा सीधी रेखाओं का कोण ठीक उसी प्रकार है जिससे त्रिकोणीय ढाँचा और वक्र रेखाएँ निरंतरता बनाए रखती हैं। अन्य विकल्पों में या तो वक्र रेखा का झुकाव बदल जाता है या सीधी रेखाएँ केंद्र से सही दिशा में नहीं जुड़तीं। इसलिए संपूर्ण जटिल पैटर्न को पूर्ण करने के लिए D ही उपयुक्त है।

13. दिए गए क्रम में प्रत्येक अगले चित्र में पहले चित्र की मूल आकृति एक-एक करके नीचे की ओर तिरछे क्रम में जुड़ती जा रही है। पहले चित्र में एक आकृति है,

दूसरे में वही आकृति दो बार समान दिशा में जोड़ी गई है, तीसरे में तीन बार उसी पैटर्न में व्यवस्थित है। यह स्पष्ट वृद्धि क्रम है जिसमें हर चरण पर एक नई समान आकृति पूर्ववर्ती क्रम के अनुरूप जोड़ी जाती है। अतः चौथे स्थान पर चार आकृतियाँ उसी तिरछी दिशा और समान अंतराल में होनी चाहिए। विकल्प C में ठीक चार आकृतियाँ उसी क्रमबद्ध और संतुलित ढंग से दिखाई देती हैं, जिससे श्रेणी की निरंतरता पूर्ण होती है।

14. प्रत्येक चित्र में तीर की दिशा घड़ी की दिशा (clockwise) में 90° घूम रही है। पहले चित्र में ऊपर और बाएँ दिशा सक्रिय है, दूसरे में बाएँ और नीचे, तीसरे में नीचे और दाएँ। स्पष्ट है कि अगला चित्र दाएँ और ऊपर दिशा का संयोजन होना चाहिए। विकल्प D में यही क्रम पूरा होता है, जहाँ तीरों की स्थिति घड़ी की दिशा में निरंतर घूमती हुई दिखाई देती है।

15. दिए गए तीन चित्रों में कोनेनुमा रेखा (L-आकृति) क्रमशः बढ़ती जा रही है और त्रिभुजों की संख्या भी पैटर्न के अनुसार स्थान बदलते हुए आगे बढ़ रही है। पहले चित्र में एक त्रिभुज है, दूसरे में वही संरचना नीचे की ओर विस्तृत होती है, तीसरे में दो त्रिभुज तिरछे क्रम में जुड़ते हैं। अतः अगले चरण में रेखा का विस्तार उसी दिशा में जारी रहेगा और त्रिभुजों का क्रम भी उसी क्रम में बढ़ेगा। विकल्प B इस निरंतरता को सही ढंग से पूरा करता है।

16. वृत्त चार बराबर भागों में विभाजित है और चिह्न प्रत्येक चित्र में एक निश्चित क्रम से स्थान बदल रहे हैं। पहले चित्र में चिह्न निचले दाएँ खंड में हैं, दूसरे में वे ऊपर दाएँ खंड में पहुँचते हैं, तीसरे में ऊपर बाएँ खंड में चले जाते हैं। यह 90° वामावर्त (anticlockwise) घूर्णन का स्पष्ट क्रम है। अतः अगले चरण में चिह्न निचले बाएँ खंड में होने चाहिए। विकल्प D में यही घूर्णन क्रम पूर्ण होता है, जहाँ सभी चिह्न पिछले क्रम के अनुरूप निचले बाएँ भाग में व्यवस्थित हैं, जिससे पूरी श्रेणी सही ढंग से पूर्ण होती है।

17. पहले जोड़े में बाहरी और भीतरी आकृतियों के बीच निश्चित परिवर्तन दिखाई देता है। पहले चित्र में बाहरी आकृति चतुर्भुज (घुमाया हुआ वर्ग) है और अंदर त्रिभुज है। दूसरे चित्र में वही संबंध बदलकर बाहरी आकृति त्रिभुज हो जाती है और भीतर चतुर्भुज आ जाता है। अर्थात् बाहरी-भीतरी आकृतियों में अदला-बदली जैसा संबंध स्थापित होता है। तीसरे चित्र में बाहरी आकृति वृत्त है और भीतर वर्ग है। उसी संबंध के अनुसार, अगले चित्र में वर्ग बाहरी होना चाहिए और वृत्त भीतर आना चाहिए। विकल्प A में बाहरी वर्ग के भीतर वृत्त है, जिससे संबंध पूर्णतः स्थापित होता है।

18. पहले दो चित्रों में चारों दिशाओं (ऊपर, नीचे, दाएँ, बाएँ) पर बने चिह्न क्रमिक घूर्णन के अनुसार अपनी स्थिति बदलते हैं। ऊर्ध्वाधर और क्षैतिज रेखाओं के सिरों पर बने प्रतीक 90° के क्रम में घूमते हुए स्थान परिवर्तन करते हैं। तीसरे चित्र में यह क्रम आगे बढ़ चुका है। अतः अगले चित्र में वही चिह्न पुनः उसी क्रम में आगे घूमेंगे। विकल्प A में सभी सिरों पर बने चिह्न उसी घूर्णन निरंतरता के अनुसार व्यवस्थित हैं, जिससे संबंध पूर्ण होता है।

19. पहले दो चित्रों में काले अर्धवृत्त, आयताकार ढाँचा तथा तीर की दिशा आपस में स्थान परिवर्तन करते हैं। तीसरे चित्र में वही परिवर्तन नए संयोजन में दिखता है, जहाँ काले भाग का स्थान तथा तीर की दिशा पूर्ववर्ती क्रम के अनुरूप बदली हुई है। यह क्रम वस्तुओं के घूर्णन और परस्पर अदला-बदली पर आधारित है। अगले चरण में भी वही क्रम जारी रहना चाहिए। विकल्प C में काले अर्धवृत्त, आयताकार संरचना और तीर का संयोजन ठीक उसी तार्किक क्रम को पूरा करता है।

20. पहले दो चित्रों में तीर की दिशा उलटने के साथ-साथ बिंदुओं की स्थिति भी सममित रूप से बदलती है। तीसरे चित्र में वही सिद्धांत क्षैतिज से ऊर्ध्वाधर रूप में परिवर्तित होकर लागू होता है—ऊपर की ओर खुली वक्र रेखाएँ तथा नीचे बिंदु दिखाई देते हैं। अतः अगले चित्र में उसी आकृति का 180° घूर्णित रूप होना चाहिए, जिसमें वक्र रेखाएँ नीचे की ओर तथा बिंदु

ऊपर की ओर आ जाएँ। विकल्प C इस घूर्णन एवं स्थान परिवर्तन को सही ढंग से दर्शाता है।

21. प्रश्न चित्र में बाहरी वर्ग के भीतर जो रेखा-आकृति दी है, उसमें (*i*) बाईं ओर सीधी लंबवत रेखा, (*ii*) नीचे की ओर सीधी आधार रेखा, और (*iii*) ऊपर की ओर दो तीखे शिखर (दो 'चोटियाँ') बनाते हुए दाईं तरफ नीचे उतरती हुई रेखा दिखाई देती है। इस कटे हुए भाग को पूरा करने के लिए उत्तर चित्र में ठीक वही कोण, वही उतार-चढ़ाव (zig-zag) और वही समापन-बिंदु चाहिए ताकि मिलाकर एक ही बंद आकृति बने और कोई रेखा अतिरिक्त/कम न रहे। विकल्प B में वही दो शिखरों वाला क्रम, दाईं तरफ उतरती रेखा तथा मिलान वाले किनारे ठीक उसी स्थान पर आते हैं, जिससे प्रश्न चित्र का अधूरा भाग बिना उलटाए/घुमाए सही तरह से पूरा हो जाता है।

22. प्रश्न चित्र 'पैकमैन' जैसे वृत्त का भाग है, जिसमें दाईं ओर से एक कोणीय कट (दो सीधी रेखाएँ बनाकर) निकाला गया है। सही उत्तर वही होगा जो (*i*) बाहरी वक्रता को उसी त्रिज्या के साथ पूरा करे और (*ii*) कटे हुए भाग की दोनों सीधी भुजाओं से बिल्कुल मेल खाए, ताकि जोड़ने पर पूरा वृत्त सटीक बन जाए। विकल्प B में वक्र भाग का घुमाव और अंदर की दो सीधी रेखाओं का कोण ठीक उसी प्रकार है कि वह कटे हुए हिस्से में बिल्कुल फिट होकर वृत्त को पूर्ण कर देता है।

23. प्रश्न चित्र में ऊपर की ओर बाहरी वर्ग की सीमा और भीतर एक अनियमित बहुभुज रेखा का ऊपरी हिस्सा दिया है, जिसमें बीच में एक उभार (peak) और उसके बाद दाईं ओर ढलान बनती है। शेष भाग को जोड़ने पर वही रेखा बंद आकृति बनेगी, इसलिए उत्तर चित्र में उसी रेखा का पूरक भाग होना चाहिए जो दिए गए किनारों से मिलकर नीचे का बंद भाग बना दे। विकल्प A में रेखा का आधार, शिखर का स्थान और ढलान का क्रम ठीक उसी तरह है कि जोड़ने पर आकृति पूर्ण एवं बंद हो जाती है।

24. प्रश्न चित्र में एक बहुभुज का एक भाग दिया है जिसमें दाईं ओर तिरछी भुजाओं से बना नुकीला हिस्सा है और बाईं ओर सीधी लंबवत भुजा है। इसे पूरा करने के लिए जो शेष भाग चाहिए वह ऐसा होना चाहिए कि जोड़ने पर बाहरी सीमा निरंतर रहे और बीच में कोई असंगति/ओवरलैप न बने। विकल्प B में वही पूरक कटाव/उभार सही दिशा में है, जिससे प्रश्न चित्र के खुले किनारों से वह सटीक रूप से जुड़कर पूरी बंद आकृति बना देता है।

25. दर्पण XY दाईं ओर रखा गया है, इसलिए प्रश्न चित्र का क्षैतिज (left–right) प्रतिबिंब बनेगा। मूल चित्र में अक्षरों का क्रम बाएँ से दाएँ 'T, V, ⊥' जैसा है। दर्पण में क्रम उलटकर '⊥, V, T' हो जाएगा तथा प्रत्येक अक्षर का रूप भी क्षैतिज रूप से उलट जाएगा। विकल्प A में अक्षरों का क्रम तथा उनका दाएँ-बाएँ प्रतिबिंब ठीक उसी प्रकार प्रदर्शित है, इसलिए वही सही उत्तर है।

26. चूँकि दर्पण ऊर्ध्वाधर रेखा XY पर रखा गया है, इसलिए पूरी आकृति का दाएँ-बाएँ प्रतिबिंब बनेगा। नीचे की ओर बना तीर विपरीत दिशा में हो जाएगा तथा अंदर की कोनेदार रेखाएँ भी बाएँ-दाएँ स्थान बदलेंगी। विकल्प B में आकृति के सभी कोने और तीर की दिशा मूल चित्र के ठीक क्षैतिज प्रतिबिंब के रूप में दिखाई देते हैं, इसलिए वही सही विकल्प है।

27. दिए गए चित्र में बाहरी बहुभुज और भीतर की आकृति का एक निश्चित उभार दाईं ओर है। दर्पण प्रतिबिंब बनने पर वही उभार बाईं ओर चला जाएगा और अंदर की रेखाएँ भी उसी प्रकार उलट जाएँगी। विकल्प B में बाहरी और भीतरी दोनों संरचनाएँ मूल के सही क्षैतिज प्रतिबिंब के रूप में दिखाई देती हैं, इसलिए यही सही उत्तर है।

28. मूल चित्र में तिरछी जिगजैग रेखाएँ एक दिशा में झुकी हुई हैं। दर्पण XY पर रखने से उनका झुकाव विपरीत दिशा में हो जाएगा, जबकि रेखाओं की संख्या और क्रम समान रहेगा। विकल्प B में पूरी जिगजैग संरचना

दाएँ-बाएँ उलटी दिशा में दिखाई देती है और पैटर्न पूर्णतः मेल खाता है, इसलिए यही सही दर्पण प्रतिबिंब है।

29. पहले चित्र में त्रिभुज को ऊर्ध्वाधर (डॉटेड) रेखा के अनुसार मोड़ा गया है, फिर दूसरे चरण में शीर्ष की ओर एक और मोड़ दिखाया गया है। अंतिम छोटे टुकड़े पर जो कट/चिह्न बनता है, वह खोलने पर दोनों मोड़ों के कारण सममित रूप से दोहरता है। यहाँ '×' केवल आधार के दोनों कोनों पर नहीं बनता, बल्कि मोड़ की दिशा और अंतिम टुकड़े की स्थिति के अनुसार बीच के भाग में एक बंद आकृति (कट का रूप) भी बनती है। विकल्प B में ऊपर मध्य भाग में वही बंद आकृति (कट का परिणामी रूप) तथा नीचे दोनों ओर सममित '×' दिखाई देते हैं, इसलिए यही पूरा खुला हुआ पैटर्न सही बनाता है।

30. पहले कागज को क्षैतिज डॉटेड रेखा पर मोड़ा गया, फिर दूसरी बार (दिशा बदलकर) मोड़ किया गया है। अंतिम चरण में जो 'सीढ़ीनुमा' (step-like) कट दिखाई दे रहा है, उसे खोलने पर वह चारों ओर उसी क्रम से दोहरकर बाहरी किनारों पर सममित उभार/कटाव बनाएगा। साथ ही, छेद/गोल चिह्न भी मोड़ों के कारण सममित स्थानों पर आएँगे। विकल्प D में बाहरी किनारों पर वही सीढ़ीनुमा पैटर्न चारों दिशाओं में संतुलित रूप से बनता है और दोनों ओर गोल छेद भी अपेक्षित सममिति में हैं, इसलिए D सही है।

31. कागज को पहले एक दिशा में और फिर दूसरी दिशा में मोड़ा गया है, जिससे अंतिम छोटा वर्ग मूल वर्ग के चार भागों का संयुक्त प्रतिनिधि बन जाता है। अंतिम छोटे वर्ग में त्रिकोण का झुकाव और बिंदु की स्थिति दी है; खोलने पर यह चारों खंडों में प्रतिच्छाया (mirror) के साथ दोहरता है। सही उत्तर में *(i)* हर खंड में त्रिकोण का झुकाव मोड़ के अनुसार बदलना चाहिए और *(ii)* बिंदु भी हर खंड में उसी प्रतिबिंब नियम से स्थान बदलेगा। विकल्प C में चारों खंडों में त्रिकोणों का झुकाव तथा बिंदुओं की स्थिति ठीक उसी डबल-फोल्ड प्रतिबिंब क्रम के अनुरूप है, इसलिए C सही है।

32. पहले क्षैतिज मोड़ और फिर ऊर्ध्वाधर मोड़ के कारण अंतिम कट/आकृति का प्रभाव चारों भागों में प्रतिबिंबित होकर आएगा। प्रश्न के अंतिम छोटे भाग में ऊपर की ओर अर्धवृत्ताकार कट और कोणीय कट एक साथ हैं, इसलिए खोलने पर ऊपर-नीचे तथा बाएँ-दाएँ दोनों ओर उसी का प्रतिबिंब बनना चाहिए। विकल्प B में ऊपर और नीचे समान अर्धवृत्त कट दिखता है तथा अंदर की कोणीय आकृतियाँ भी दोनों ओर सममित रूप से आती हैं, जिससे पूरा पैटर्न मोड़ों के अनुसार 100% पूर्ण होता है।

33. प्रश्न चित्र में एक बड़ा L-आकार का टुकड़ा तथा दो छोटे आयताकार टुकड़े दिए गए हैं। इन्हें इस प्रकार व्यवस्थित करना है कि पूरा वर्ग बिना किसी खाली स्थान या ओवरलैप के भर जाए। बड़े L-आकार को यदि ऊपर और बाईं ओर रखा जाए तो नीचे का भाग खाली बचता है, जहाँ दोनों छोटे आयत सटीक रूप से फिट हो सकते हैं। विकल्प A में यही संयोजन दिखाई देता है—L-आकार ऊपर की सीमा को पूरा करता है और दोनों छोटे टुकड़े नीचे की जगह को संतुलित रूप से भर देते हैं। अन्य विकल्पों में अनुपात या किनारों का मेल पूर्णतः सही नहीं बैठता।

34. प्रश्न चित्र में तिरछी रेखाओं वाले कई त्रिकोणीय/कोणीय टुकड़े हैं। इन सभी के किनारे ऐसे हैं कि मिलाने पर एक निरंतर तिरछी रेखा तथा समकोणीय सीमाएँ बननी चाहिएँ। विकल्प C में सभी तिरछे किनारे एक ही दिशा में सही ढंग से जुड़ते हैं और छोटे त्रिकोणीय भाग कोनों पर सटीक बैठते हैं। इससे संपूर्ण वर्ग संतुलित रूप से भर जाता है। अन्य विकल्पों में रेखाओं की निरंतरता भंग होती है या कोण मेल नहीं खाते।

35. प्रश्न चित्र में तीन टुकड़े हैं—दो कोणीय भाग और एक वक्र किनारा वाला भाग। इनको जोड़ने पर ऊपर का भाग चिकना/वक्र बने और नीचे की रेखाएँ मिलकर एक संयुक्त आधार तैयार करें। विकल्प B में वक्र भाग ऊपर के मध्य में ठीक प्रकार से फिट होता है तथा दोनों कोणीय टुकड़े नीचे से मिलकर एक संतुलित Y-आकृति जैसी संरचना बनाते हैं। अन्य विकल्पों में

या तो वक्र भाग सही दिशा में नहीं बैठता या किनारों का संयोग असंगत रहता है।

36. दिए गए तीन टुकड़ों में दो संकरे झुके हुए भाग तथा एक चौड़ा आधार वाला भाग है। इनका संयोजन ऐसा होना चाहिए कि दोनों संकरे भाग ऊपर की ओर मिलें और चौड़ा भाग नीचे की ओर स्थिर आधार बनाए। विकल्प B में यही संतुलन स्पष्ट है—दोनों संकरे टुकड़े सममित रूप से ऊपर मिलते हैं और चौड़ा टुकड़ा नीचे स्थान भर देता है। इस प्रकार पूरा वर्ग बिना किसी खाली स्थान के पूर्ण बनता है।

37. प्रश्न चित्र में 'S' जैसी टूटी हुई रेखा है, जिसमें ऊपर एक छोटा क्षैतिज भाग, बीच में दूसरा क्षैतिज भाग और नीचे तीसरा क्षैतिज भाग दिखाई देता है, और ये भाग दो कोनों/मोड़ों द्वारा जुड़े हैं। विकल्प B के भीतर जो आकृति बनी है, उसमें दो क्षैतिज पट्टियाँ और उनके बीच का जुड़ाव ऐसा बनता है कि प्रश्न चित्र की वही 'S' जैसी रेखीय संरचना उसी के अंदर छिपी हुई स्पष्ट रूप से बन जाती है। अन्य विकल्पों में या तो आवश्यक तीन क्षैतिज खंड उसी क्रम में नहीं मिलते, या मोड़/जोड़ की दिशा प्रश्न चित्र के अनुसार नहीं बनती।

38. प्रश्न चित्र में एक केंद्र-बिंदु से चार दिशाओं में रेखाएँ निकलती हैं—दो ऊपर की ओर तिरछी (V जैसी), एक नीचे की ओर सीधी, और एक दाईं ओर क्षैतिज। विकल्प A में ऊपर वही V-जैसी दो तिरछी रेखाएँ, उनके मिलन-बिंदु से नीचे आती लंबवत रेखा और उसी केंद्र से दाईं ओर जाती क्षैतिज रेखा बिल्कुल उसी प्रकार उपस्थित है। बाकी अतिरिक्त आयताकार आधार होने पर भी प्रश्न-चित्र की मूल आकृति बिना किसी परिवर्तन के उसी में समाहित रहती है, इसलिए A सही है।

39. प्रश्न चित्र में ऊपर 'X' जैसा क्रॉस बनता है और नीचे एक त्रिकोणीय/घंटी-जैसा फैलता भाग है, जिसके नीचे का आधार वक्र (curve) है। विकल्प B में ऊपर क्रॉस-जैसी रेखाएँ (सिर/बांह का संकेत) और नीचे वही फैला हुआ भाग वक्र आधार के साथ मौजूद है। इस तरह प्रश्न चित्र की पूरी मूल संरचना (ऊपर X+ नीचे फैला भाग) विकल्प B में स्पष्ट रूप से समाहित है। अन्य विकल्पों में या तो शीर्ष पर X नहीं बनता या आधार की वक्रता/आकार वही नहीं रहता।

40. प्रश्न चित्र एक 'Z' जैसी आकृति है—ऊपर एक क्षैतिज रेखा, बीच में एक तिरछी रेखा, और नीचे एक क्षैतिज रेखा (दाएँ छोर पर छोटा लंबवत जोड़ भी दिखाई देता है)। विकल्प A के भीतर बना बहुभुज और उसकी आंतरिक तिरछी रेखा मिलकर ठीक वही 'ऊपरी क्षैतिज + बीच की तिरछी + निचली क्षैतिज' संयोजन प्रदान करते हैं, जिससे प्रश्न-चित्र की 'Z' आकृति उसी के अंदर छिपी हुई मिल जाती है।

अन्य विकल्पों में या तो वक्र रेखा आ जाती है या आवश्यक Z-आकार उसी तरह नहीं बन पाता।

41. 1 और 11 के बीच की अभाज्य संख्याएँ ज्ञात करते हैं। 1 अभाज्य नहीं है। 2, 3, 5 और 7 ऐसी संख्याएँ हैं जो केवल 1 और स्वयं से विभाजित होती हैं। 11 को 'के बीच' में शामिल नहीं किया जाता। अतः कुल 4 अभाज्य संख्याएँ हैं।

42. 999×9999

$= (1000 - 1)(10000 - 1)$

$= 1000 \times 10000 - 1000 - 10000 + 1$

$= 10000000 - 11000 + 1$

$= 9989001.$

43.
$$0.2 \times 0.03 = \frac{2}{10} \times \frac{3}{100} = \frac{6}{1000} = 0.006.$$

44. 64 के गुणनखंड हैं : 1, 2, 4, 8, 16, 32, 64

योग :

$1 + 2 = 3$

$3 + 4 = 7$

$7 + 8 = 15$

$15 + 16 = 31$

$31 + 32 = 63$

$63 + 64 = 127.$

45. 20 के गुणनखंड : 1, 2, 4, 5, 10, 20

30 के गुणनखंड : 1, 2, 3, 5, 6, 10, 15, 30

साझा गुणनखंड : 1, 2, 5, 10

सबसे बड़ा = 10.

46. 6.082 + 60.82 + 608.2 − 0.6082

6.082 + 60.82 = 66.902

66.902 + 608.2 = 675.102.

अब घटाएँ :

675.1020 − 0.6082 = 674.4938.

47. 0.1 × 0.1 × 0.1

$$= \frac{1}{10}\times\frac{1}{10}\times\frac{1}{10}$$

$$= \frac{1}{1000} = 0.001.$$

48. $\frac{3}{2}\div\frac{3}{2}\times 2+\frac{3}{2}$

पहले भाग :

$$\frac{3}{2}\div\frac{3}{2} = 1$$

अब, 1 × 2 = 2

अब जोड़ें :

$$2+\frac{3}{2} = \frac{4}{2}+\frac{3}{2}$$

$$= \frac{7}{2}.$$

49. $\frac{999}{1000}$

हर में 1000 है, इसलिए दशमलव तीन स्थान बाएँ जाएगा।

= 0.999.

50. $0.238 = \frac{238}{1000}$

सरल करें :

$$\frac{238}{1000} = \frac{238\div 2}{1000\div 2}$$

$$= \frac{119}{500}.$$

51. 1 मीटर = 100 सेमी

$1\ m^2 = (100)^2$

$= 10000\ cm^2$

अब,

$$100\ cm^2 = \frac{100}{10000}$$

$$= 0.01\ m^2.$$

52. प्रस्थान = 10:45 पूर्वाह्न

आगमन = 3:30 अपराह्न (15:30)

10:45 से 15:30 तक

10:45 → 12:00 = 1 घंटा 15 मिनट

12:00 → 3:30 = 3 घंटे 30 मिनट

कुल = 4 घंटे 45 मिनट।

53. 58394 − 86 − 86 = ... × 86

पहले घटाएँ :

58394 − 86 = 58308

58308 − 86 = 58222

अब 58222 को 86 से भाग दें :

86 × 600 = 51600

शेष = 6622

86 × 70 = 6020

शेष = 602

86 × 7 = 602

600 + 70 + 7 = 677

अतः 58222 = 677 × 86.

54. कुल अंडे = 500

$$\text{टूटे हुए} = \frac{3}{25}\times 500$$

= 3 × 20

= 60

बचे = 500 − 60

= 440

$$\text{मेहमानों के लिए रखे} = \frac{1}{5}\times 500$$

= 100

उपयोग योग्य अंडे = 440 − 100

= 340.

55. क्रय मूल्य = ₹ 200
लाभ = ₹ 40
विक्रय मूल्य = 200 + 40 = ₹ 240.

56. सेब का मूल्य = ₹ 1500
परिवहन खर्च = ₹ 100
कुल लागत = ₹ 1600
विक्रय मूल्य = ₹ 2236
लाभ = 2236 − 1600
= ₹ 636.

57. परिमाप = 80 cm
चार भुजाओं का योग = 63 cm
पाँचवीं भुजा = 80 − 63
= 17 cm.

58. एक समकोण = 90°
एक सम्पूर्ण कोण = 360°
अब,
$360° \div 90° = 4$
अतः एक सम्पूर्ण कोण 4 समकोण के बराबर होता है।

59. आयत एक चतुर्भुज है।
चतुर्भुज के सभी अंतःकोणों का योग = $(n - 2) \times 180°$
जहाँ, $n = 4$
$(4 - 2) \times 180° = 2 \times 180° = 360°$.

60. कुल परिवार = 115
दंड ग्राफ से प्राप्त :
1 बच्चा → 20 परिवार
2 बच्चे → 30 परिवार
3 बच्चे → 35 परिवार
4 बच्चे → 5 परिवार
योग =
20 + 30 = 50
50 + 35 = 85
85 + 5 = 90
जिन परिवारों में कोई बच्चा नहीं
115 − 90 = 25.

61. गद्यांश की पहली पंक्ति में स्पष्ट लिखा है–'फूल हमारे लिए अनेक रूपों में उपयोगी हैं।'
अतः रिक्त स्थान में 'उपयोगी होते' ही उपयुक्त है।

62. गद्यांश में कहा गया है कि फूल अनेक रंगों और आकृतियों के होते हैं। इसलिए सही विकल्प 'अनेक रंगों और आकृतियों में' है।

63. गद्यांश में बताया गया है कि फूलों का व्यावहारिक उपयोग इत्र, चाय और सौंदर्य प्रसाधन बनाने में किया जाता है।
इसलिए व्यावहारिक उपयोग के रूप में यही विकल्प सही है।

64. गद्यांश में स्पष्ट उल्लेख है कि 'कुछ फूलों का उपयोग दवाइयों के रूप में होता है।'
इसलिए रिक्त स्थान में 'कुछ' शब्द उपयुक्त है।

65. गद्यांश के अंत में लिखा है कि फूलों का 'सकारात्मक प्रभाव' पड़ता है।
यहाँ 'प्रभाव' शब्द का अर्थ 'असर' होता है।

66. गद्यांश में स्पष्ट है कि सोनम दुकान पर अपने पिता के साथ गई थी। पिता ने ही उससे कहा था, 'आओ, हमें चलना चाहिए।'

67. गद्यांश में वर्णन है कि सोनम चमकीली लाल साइकिल को देखकर चकित थी। इसलिए, सही शब्द 'लाल' है।

68. माता-पिता ने बताया कि नई साइकिल उसके जन्मदिन का उपहार है। इसलिए उसे जन्मदिन के उपहार के रूप में साइकिल दी गई।

69. अंत में लिखा है कि सोनम बहुत प्रसन्न हुई और खुशी से माता-पिता के गले लग गई। इससे उसने अपनी प्रसन्नता व्यक्त की।

70. 'चकित थी' का अर्थ है 'विस्मित थी' अर्थात् आश्चर्य में होना।

71. गद्यांश में बताया गया है कि 'नृत्य करती लड़की' कांस्य की बनी एक दुर्लभ कलाकृति है। उसकी दुर्लभता और महत्त्व के कारण ही उसे मोटे शीशे के पीछे सुरक्षित रखा गया है।

72. पाठ में उल्लेख है कि उसके गले में तीन पेंडेंट वाला हार है। इससे स्पष्ट है कि 'पेंडेंट' हार का एक भाग होता है।

73. (*i*) कथन में कहा गया है कि उसकी चूड़ियाँ सीप या पतली धातु से बनी हैं—गद्यांश में यही वर्णन मिलता है, इसलिए यह सत्य है।

(*ii*) कथन में कहा गया है कि उसने हाथीदांत से बना हार पहना है—गद्यांश में हार के बारे में ऐसा उल्लेख नहीं है, केवल चूड़ियों के संदर्भ में सामग्री का उल्लेख है। अतः यह असत्य है।

74. 'निर्भीक' का अर्थ है साहसी या निडर। इसका विलोम 'डरपोक' होता है। इसलिए 'डरपोक' 'निर्भीक' का पर्याय नहीं है।

75. 'कलाकृति' का अर्थ है मनुष्य द्वारा बनाई गई कला की रचना या नमूना।

अतः विकल्प B सही है।

76. गद्यांश में स्पष्ट लिखा है कि चिड़ियाघर में विशाल पांडा की देखभाल सरल नहीं होती, क्योंकि उन्हें खिलाने के लिए पर्याप्त भोजन प्राप्त करना कठिन होता है। इसलिए देखभाल कठिन होने का मुख्य कारण भोजन की उपलब्धता है।

77. पाठ में उल्लेख है कि विशाल पांडा अपना अधिकांश समय बाँस की कोंपलों को चबाने में व्यतीत करते हैं और वे मुख्यतः बाँस की कोंपलें ही खाते हैं।

78. गद्यांश के अनुसार अधिक शिकार और प्राकृतिक निवास स्थानों के नष्ट होने के कारण यह सुंदर पशु विलुप्ति का सामना कर रहा है।

79. 'विशाल' का अर्थ बड़ा होता है। इसका विपरीतार्थक शब्द 'लघु' है, जिसका अर्थ छोटा होता है।

80. चिड़ियाघर वह स्थान है जहाँ पशु-पक्षियों को बाड़ों और पिंजरों में रखा जाता है, जैसा कि सामान्य अर्थ और संदर्भ से स्पष्ट है।

पिछले प्रश्न-पत्र

जवाहर नवोदय विद्यालय-2025

कक्षा–VI प्रवेश परीक्षा, 2025

(Exam held on 18-01-2025)

खण्ड-I मानसिक योग्यता परीक्षण

भाग–I

निर्देश (प्र.सं. 1 से 4): प्रत्येक प्रश्न में चार चित्र (A), (B), (C) और (D) दर्शाए गए हैं। इन चार चित्रों में से तीन चित्र किसी विधि से एकसमान हैं, जबकि एक चित्र अन्य से भिन्न है। अन्य से भिन्न चित्र का चयन करें। अपने उत्तर को दर्शाने के लिए ओ. एम. आर. उत्तर-पत्रिका में प्रश्न की संगत संख्या के सामने वाले वृत्त को काला करें।

1. A. 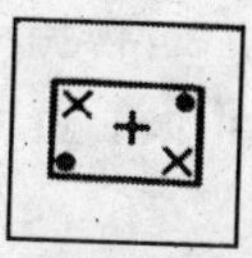 B. 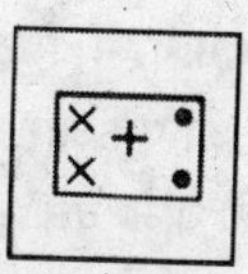

C.  D. 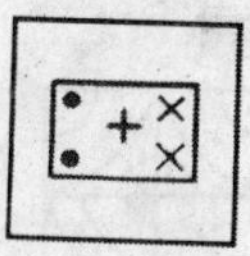

2. A.  B. 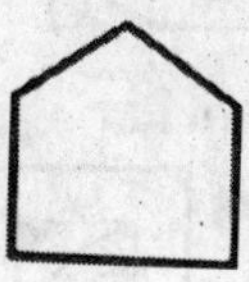

C.  D. 

3. A.  B. 

C.  D. 

4. A. 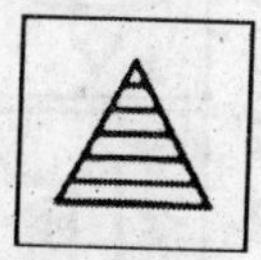 B. 

C.  D. 

भाग–II

निर्देश (प्र.सं. 5 से 8): बाईं ओर एक प्रश्न चित्र दिया गया है तथा दाईं ओर (A), (B), (C) और (D) से चिह्नित चार उत्तर चित्र दिए गए हैं। उत्तर चित्रों में से प्रश्न चित्र के समरूप चित्र को चुनें तथा अपने उत्तर को दर्शाने के लिए ओ.एम.आर. उत्तर पुस्तिका में प्रश्न की संगत संख्या के सामने वाले वृत्त को काला करें।

1. A **2.** C **3.** A **4.** C

5. प्रश्न चित्र

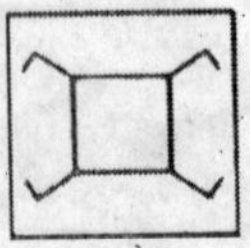

उत्तर चित्र

A. 

B. 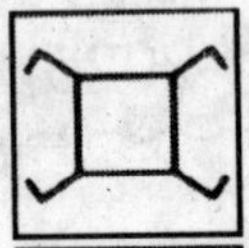

C. 

D. 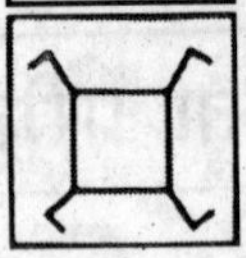

6. प्रश्न चित्र

उत्तर चित्र

A. 

B. 

C. 

D. 

7. प्रश्न चित्र

उत्तर चित्र

A. 

B. 

C. 

D. 

8. प्रश्न चित्र

उत्तर चित्र

A. 

B. 

C. 

D. 

भाग–III

निर्देश (प्र.सं. 9 से 12): बाईं ओर एक प्रश्न चित्र दिया गया है, जिसका एक भाग लुप्त दर्शाया गया है। दाईं ओर दिए गए उत्तर चित्र (A), (B), (C) और (D) पर गौर करें तथा उस उत्तर चित्र का पता लगाएँ जिसको बिना दिशा परिवर्तन के प्रश्न चित्र के पैटर्न को पूरा करने के लिए चित्र के लुप्त भाग में बिठाया जा सके। अपने उत्तर को दर्शाने के लिए ओ.एम.आर. उत्तर-पत्रिका में प्रश्न की संगत संख्या के सामने वाले वृत्त को काल करें।

9. प्रश्न चित्र

उत्तर चित्र

A. 

B. 

C. 

D. 

5. B **6.** B **7.** B **8.** D **9.** D

10. प्रश्न चित्र

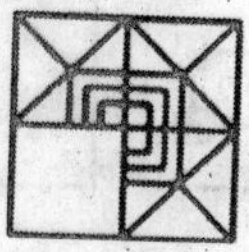

उत्तर चित्र

A. 

B. 

C. 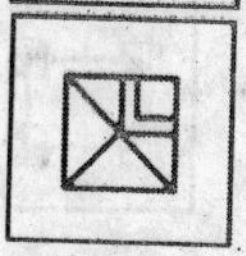

D. 

11. प्रश्न चित्र

उत्तर चित्र

A. 

B. 

C. 

D. 

12. प्रश्न चित्र

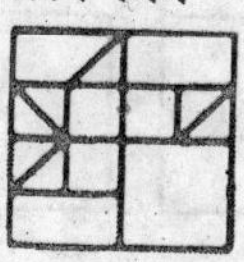

उत्तर चित्र

A. 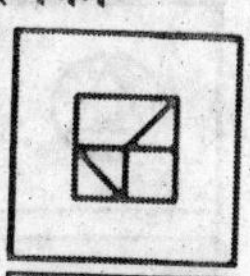

B. 

C. 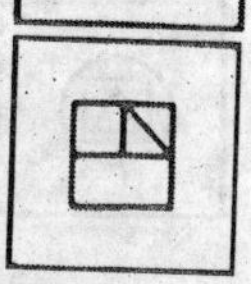

D. 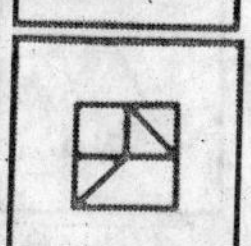

भाग-IV

निर्देश (प्र.सं. 13 से 16): बाईं ओर तीन प्रश्न चित्र दर्शाए गए हैं तथा चौथे चित्र के लिए स्थान छोड़ा गया है। प्रश्न चित्र श्रेणीक्रम में हैं। श्रेणीक्रम को पूरा करने के लिए दाईं ओर उपलब्ध उत्तर चित्रों में से एक चित्र का चयन करें जिसे बाईं ओर दिए गए प्रश्न चित्र के खाली स्थान में प्रतिस्थापित किया जा सके। अपने उत्तर को दर्शाने के लिए ओ. एम. आर. उत्तर-पत्रिका में प्रश्न की संगत संख्या के सामने वाले वृत्त को काला करें।

13. प्रश्न चित्र

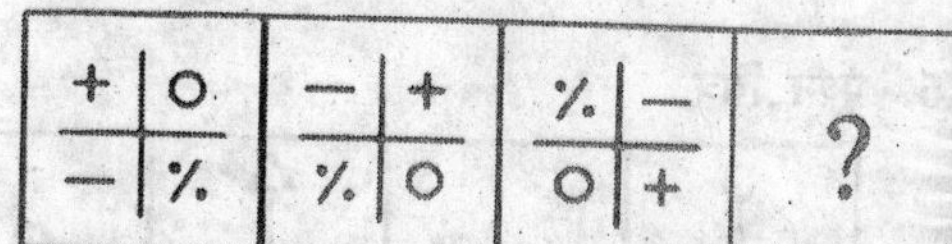

उत्तर चित्र

A. 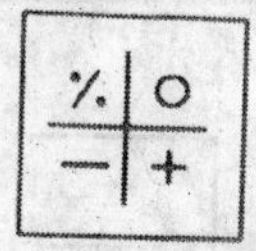

B. 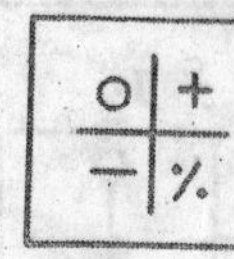

C. 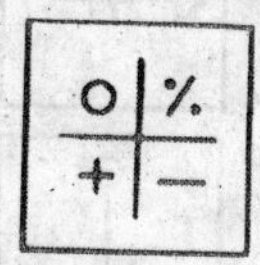

D. 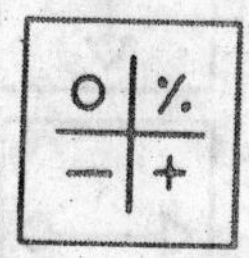

14. प्रश्न चित्र

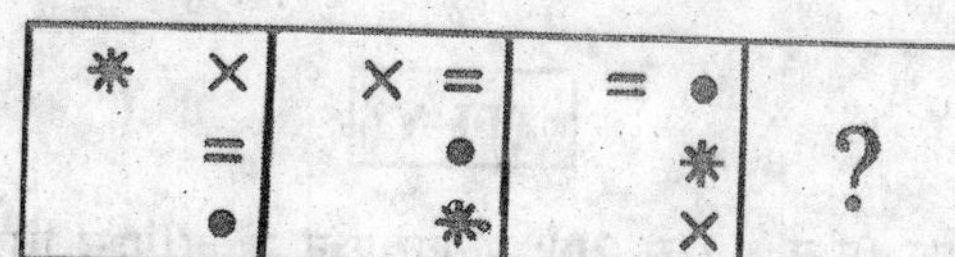

उत्तर चित्र

A. 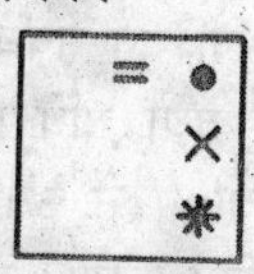

B. 

C. 

D. 

10. B **11.** D **12.** D **13.** C **14.** D

15. प्रश्न चित्र

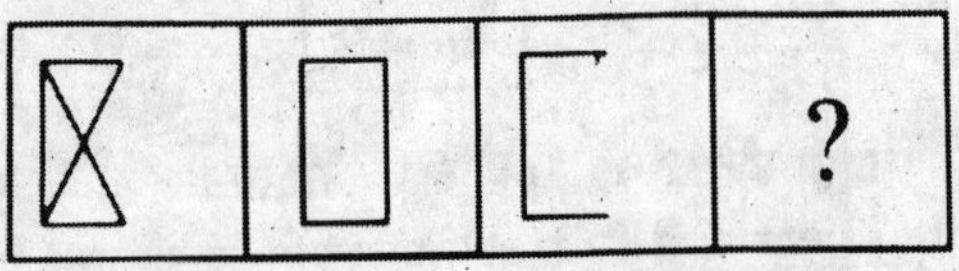

उत्तर चित्र

A. 

B. 

C. 

D. 

16. प्रश्न चित्र

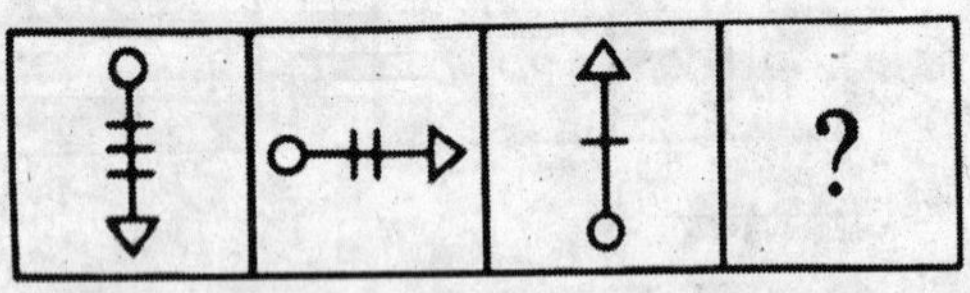

उत्तर चित्र

A. 

B. 

C. 

D. 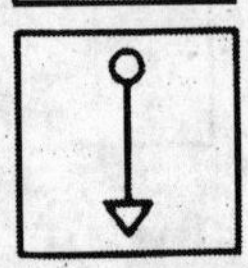

भाग–V

निर्देश (प्र.सं. 17 से 20): प्रत्येक प्रश्न में दो प्रश्न चित्रों में दो सेट दिए गए हैं। दूसरे सेट में एक प्रश्न चिह्न (?) है। प्रथम सेट के दो प्रश्न चित्रों में एक निश्चित संबंध है। इसी तरह का संबंध दूसरे सेट के तीसरे तथा चौथे प्रश्न चित्र में भी होना आवश्यक है। उत्तर चित्रों में से उस चित्र का चयन करें जो प्रश्न चिह्न को प्रतिस्थापित करेगा। अपने उत्तर को दर्शाने के लिए ओ. एम. आर. उत्तर-पुत्रिका में प्रश्न की संगत संख्या के सामने वाले वृत्त को काला करें।

17. प्रश्न चित्र

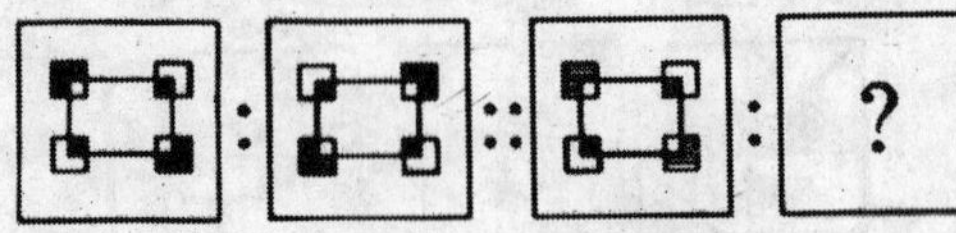

उत्तर चित्र

A. 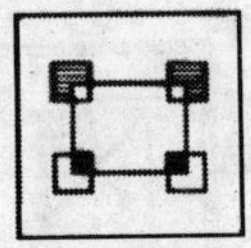

B. 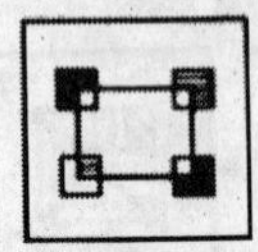

C. 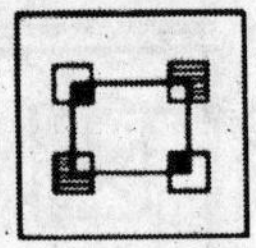

D. 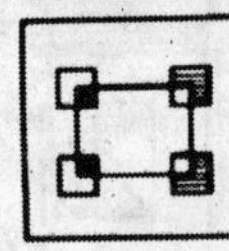

18. प्रश्न चित्र

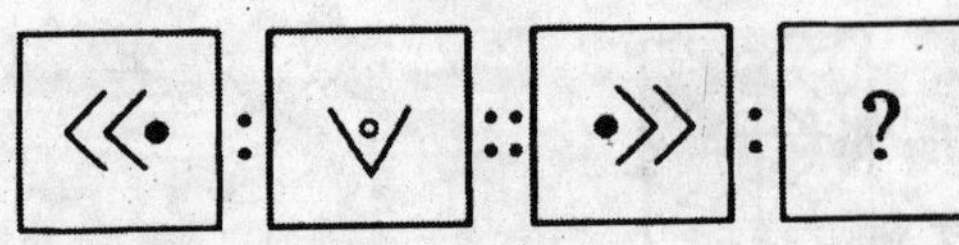

उत्तर चित्र

A. 

B. 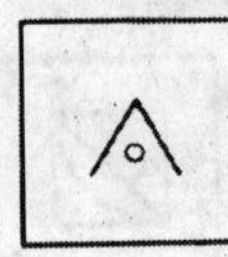

C. 

D. 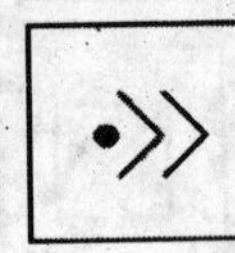

19. प्रश्न चित्र

उत्तर चित्र

A. 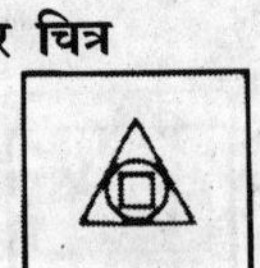

B. 

C. 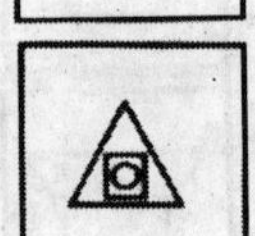

D. 

15. B	**16.** C	**17.** C	**18.** B	**19.** B

20. प्रश्न चित्र

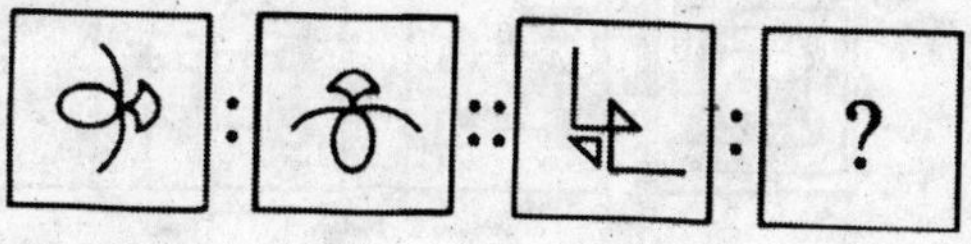

उत्तर चित्र

A. 

B. 

C. 

D. 

भाग–VI

निर्देश (प्र.सं. 21 से 24): प्रश्न चित्र के रूप में ज्यामितीय चित्र (त्रिभुज, वर्ग, वृत्त) के एक भाग को बाईं ओर दर्शाया गया है तथा दाईं ओर दूसरे भाग को चार उत्तर चित्रों के रूप में (A), (B), (C) और (D) से दर्शाया गया है। दाईं ओर के चित्रों में से ज्यामितीय चित्र को पूर्ण करने वाले चित्र को ज्ञात करें। अपने उत्तर को दर्शाने के लिए ओ. एम. आर. उत्तर पुस्तिका में प्रश्न की संगत संख्या के सामने वाले वृत्त को काला करें।

21. प्रश्न चित्र

उत्तर चित्र

A. 

B. 

C. 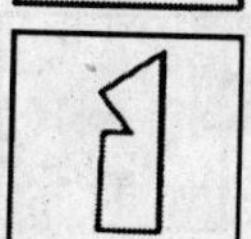

D. 

22. प्रश्न चित्र

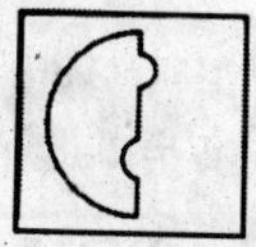

उत्तर चित्र

A. 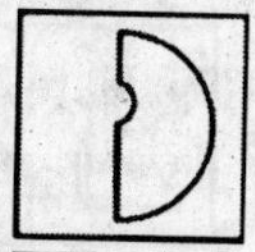

B. 

C. 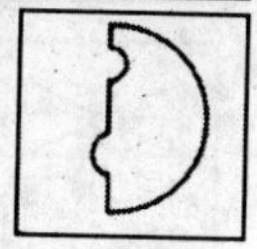

D. 

23. प्रश्न चित्र

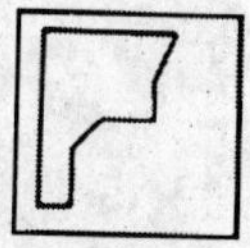

उत्तर चित्र

A. 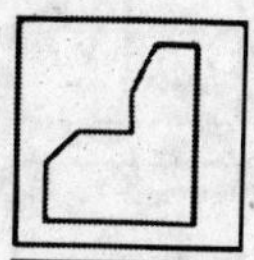

B. 

C. 

D. 

24. प्रश्न चित्र

उत्तर चित्र

A. 

B. 

C. 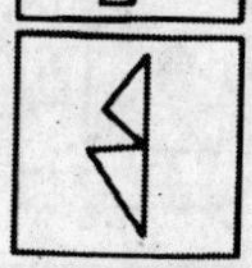

D. 

20. C **21.** D **22.** C **23.** A **24.** C

भाग-VII

निर्देश (प्र.सं. 25 से 28): बाईं ओर प्रश्न चित्र दर्शाया गया है तथा दाईं ओर (A), (B), (C) और (D) से चिह्नित चार उत्तर चित्र दर्शाए गए हैं। किसी दर्पण को XY के अनुदिश रखे जाने पर प्रश्न चित्र के सही दर्पण प्रतिबिम्ब को उत्तर चित्रों में से चुनें। अपने उत्तर को दर्शाने के लिए ओ.एम.आर. उत्तर-पत्रिका में प्रश्न की संगत संख्या के सामने वाले वृत्त को काला करें।

25. प्रश्न चित्र

उत्तर चित्र

A. 

B. 

C. 

D. 

26. प्रश्न चित्र

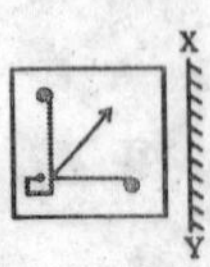

उत्तर चित्र

A. 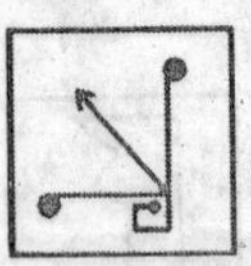

B. 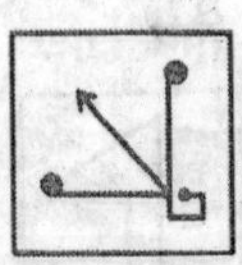

C. 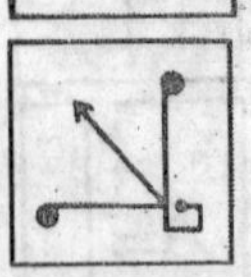

D. 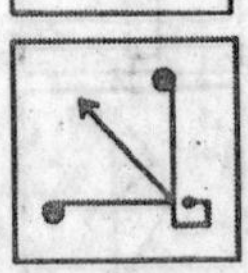

27. प्रश्न चित्र

उत्तर चित्र

A. 

B. 

C. 

D. 

28. प्रश्न चित्र

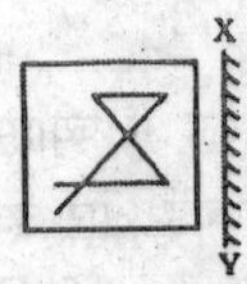

उत्तर चित्र

A. 

B. 

C. 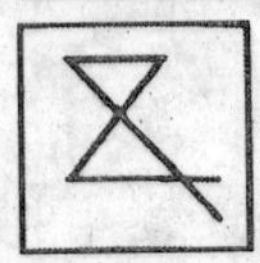

D. 

भाग-VIII

निर्देश (प्र.सं. 29 से 32): बाईं ओर प्रश्न चित्र में दर्शाए अनुसार कागज के एक टुकड़े को मोड़कर पंच किया गया तथा दाईं ओर (A), (B), (C) और (D) से चिह्नित चार उत्तर चित्र दर्शाए गए हैं। कागज के टुकड़े की तह को खोलने पर वह जिस प्रकार दिखेगा वैसा ही चित्र उत्तर चित्रों में से चुनें। अपने उत्तर को दर्शाने के लिए ओ.एम.आर. उत्तर-पत्रिका में प्रश्न की संगत संख्या के सामने वाले वृत्त को काला करें।

25. A **26.** C **27.** D **28.** C

29. प्रश्न चित्र

उत्तर चित्र

A. 

B. 

C. 

D. 

30. प्रश्न चित्र

उत्तर चित्र

A. 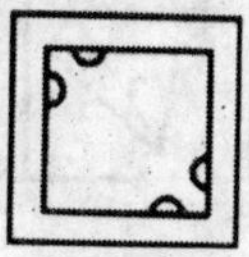

B. 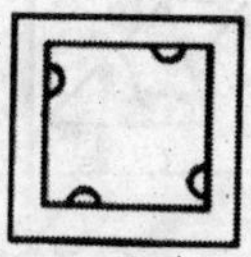

C. 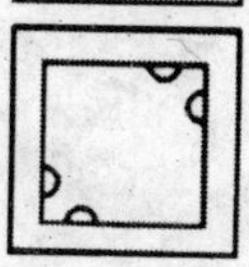

D. 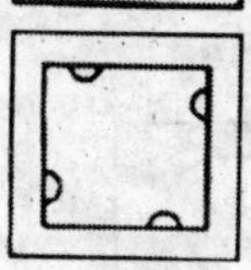

31. प्रश्न चित्र

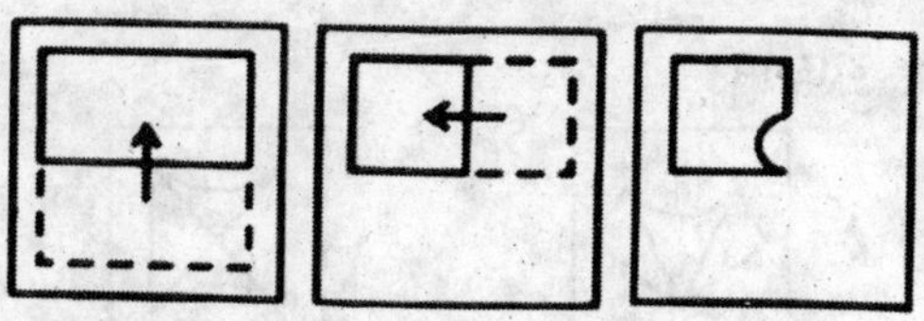

उत्तर चित्र

A. 

B. 

C. 

D. 

32. प्रश्न चित्र

उत्तर चित्र

A. 

B. 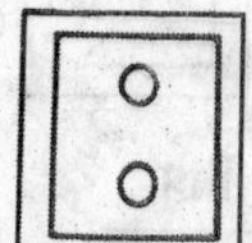

C. 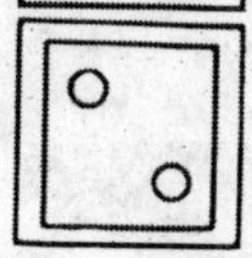

D. 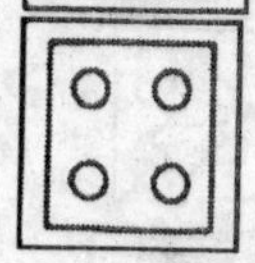

भाग–IX

निर्देश (प्र.सं. 33 से 36): बाईं ओर एक प्रश्न चित्र दिया गया है तथा दाईं ओर (A), (B), (C) और (D) से चिह्नित चार उत्तर चित्र दर्शाए गए हैं। उत्तर चित्रों में से उस चित्र का चयन करें जिसे प्रश्न चित्र में उपलब्ध कट-आउट टुकड़ों से बनाया जा सकता हो। अपने उत्तर को दर्शाने के लिए ओ. एम. आर. उत्तर-पुत्रिका में प्रश्न की संगत संख्या के सामने वाले वृत्त को काला करें।

33. प्रश्न चित्र

उत्तर चित्र

A. 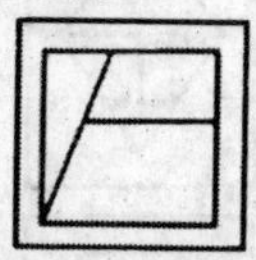

B. 

C. 

D. 

29. B **30.** C **31.** A **32.** D **33.** A

34. प्रश्न चित्र

उत्तर चित्र

A. 

B. 

C. 

D. 

35. प्रश्न चित्र

उत्तर चित्र

A. 

B. 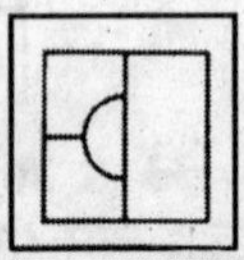

C. 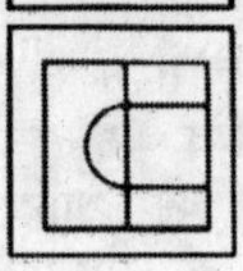

D. 

36. प्रश्न चित्र

उत्तर चित्र

A. 

B. 

C. 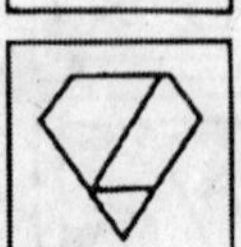

D. 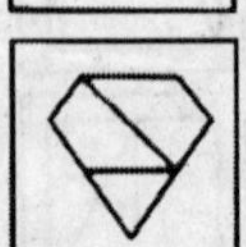

भाग–X

निर्देश (प्र.सं. 37 से 40): बाईं ओर एक प्रश्न चित्र दिया गया है तथा दाईं ओर (A), (B), (C) और (D) से चिह्नित चार उत्तर चित्र दर्शाए गए हैं। उत्तर चित्रों में से उस चित्र को चुनें जिसमें प्रश्न चित्र छिपा/सम्मिलित है। अपने उत्तर को दर्शाने के लिए ओ. एम. आर. उत्तर-पुत्रिका में प्रश्न की संगत संख्या के सामने वाले वृत्त को काला करें।

37. प्रश्न चित्र

उत्तर चित्र

A. 

B. 

C. 

D. 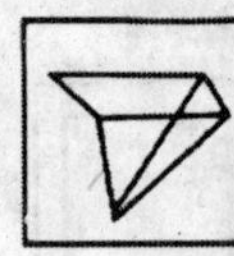

38. प्रश्न चित्र

उत्तर चित्र

A. 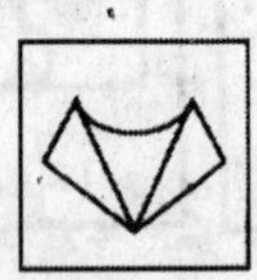

B. 

C. 

D. 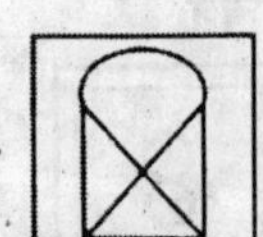

34. C **35.** B **36.** D **37.** B **38.** C

39. प्रश्न चित्र

उत्तर चित्र

A. 

B. 

C. 

D. 

40. प्रश्न चित्र

उत्तर चित्र

A. 

B. 

C. 

D. 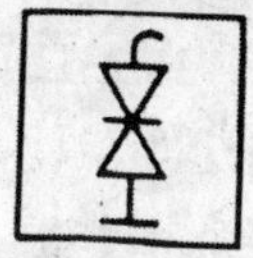

खण्ड-II अंकगणित परीक्षण

निर्देशः प्रत्येक प्रश्न के लिए चार संभावित उत्तर दिए गए हैं, जिन्हें (A), (B), (C) और (D) क्रम दिया गया है। इनमें से केवल एक उत्तर ही सही है। सही उत्तर चुनें तथा अपने उत्तर को दर्शाने के लिए ओ. एम. आर. उत्तर-पत्रिका में प्रश्न की संगत संख्या के सामने वाले वृत्त को काला करें।

41. 300 mL की पानी की 17 बोतलों तथा 130 mL की जूस की 30 बोतलों को एक जग में खाली किया गया। जग में कुल द्रव (लीटर में) है:

A. 8
B. 9
C. 10
D. 11

42. 20.0925 का सरलतम भिन्न रूप है:

A. $\frac{803.7}{400}$ B. $\frac{8037}{200}$

C. $\frac{8037}{400}$ D. $\frac{8037}{4000}$

43. सुरेश अपने चाचा से मिलने के लिए प्रातः 9.00 बजे अपने घर से चला। वह 10 मिनट पैदल चला, 1 घंटा 05 मिनट बस में यात्रा की और फिर 15 मिनट पैदल चलकर अपने चाचा के घर पहुँचा। वह वहाँ 3 घंटा 20 मिनट रूका और सायं 3.30 बजे अपने घर पहुँच गया। वापसी की यात्रा में उसे कितना समय लगा?

A. 1 घंटा 30 मिनट
B. 1 घंटा 35 मिनट
C. 1 घंटा 40 मिनट
D. 1 घंटा 45 मिनट

44. सभी अंकों 4, 2, 0 और 7 के प्रयोग से बनने वाली 4 अंकों की सबसे बड़ी संख्या और छोटी संख्या में अंतर है:

A. 5000
B. 5300
C. 5373
D. 5720

39. C	**40.** A	**41.** B	**42.** C	**43.** C	**44.** C

45. 90 का अभाज्य गुणनखण्ड है:

A. 9×10 B. $3 \times 6 \times 5$

C. $2 \times 3^2 \times 5$ D. $2 \times 3 \times 15$

46. यदि $9432 \div 1.25 = 7545.6$ हो, तो $9.432 \div 12.5$ बराबर है:

A. 7.5456 B. 0.75456

C. 75.456 D. 754.50

47. 1.1, 1.01, 1.001, 0.01, 11.01 तथा 111.1001 का योगफल है:

A. 125.2312 B. 126.2311

C. 125.2311 D. 125.2321

48. निम्नलिखित में से वह कौन-सी संख्या है जो सदैव प्रत्येक अभाज्य संख्या का एक गुणनखंड है?

A. 1 B. 2

C. 4 D. 7

49. भाग के एक प्रश्न में, यदि भाजक 51, भागफल 16 और शेषफल 27 है, तो भाज्य है:

A. 843 B. 483

C. 9 D. 1393

50. $3 + \frac{3}{100} + \frac{3}{1000} + \frac{3}{1000000}$ के बराबर दशमलव संख्या है:

A. 3.030333 B. 3.033003

C. 3.003303 D. 3.0303003

51. सायं 6.00 बजे, घंटे व मिनट की सूइयों के मध्य बना कोण है:

A. न्यून कोण B. सम कोण

C. अधिक कोण D. सरल कोण

52. एक साइकिल के पहिए में कुल 24 तीलियाँ हैं। दो संलग्न तीलियों के बीच का कोण हैं:

A. 10° B. 15°

C. 24° D. 30°

53. निम्नलिखित आयतों में से किसका क्षेत्रफल सबसे अधिक है और कितना है (sq. cm में)?

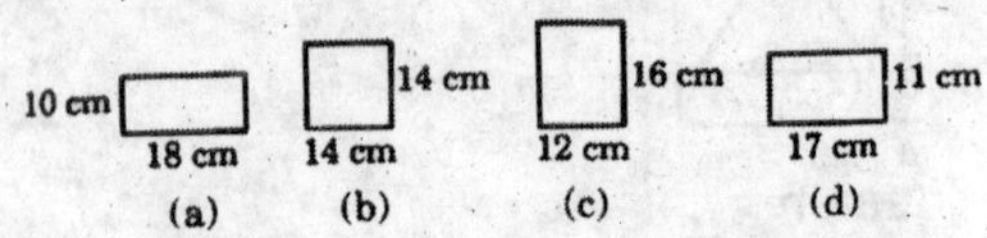

A. आयत (*c*), 192 B. आयत (*b*), 196

C. आयत (*d*), 212 D. आयत (*a*), 280

54. P, Q, R और S द्वारा हल किए गए प्रश्नों की संख्या को दण्ड ग्राफ दर्शाया गया है।

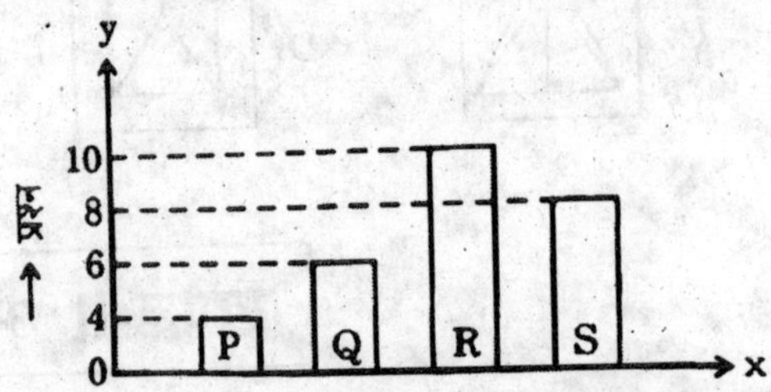

उपर्युक्त दण्ड ग्राफ से, ज्ञात कीजिए कि Q और R ने मिलकर कितने प्रश्न P और S दोनों से अधिक हल किए।

A. 4 B. 2

C. 16 D. 12

55. $\frac{33}{40}$ में क्या घटाया जाए कि $\frac{11}{40}$ प्राप्त हो?

A. $\frac{11}{20}$ B. 22

C. $\frac{11}{40}$ D. $\frac{3}{5}$

56. एक दुकानदार एक रुपये की 5 टॉफी की दर से खरीदता है तथा एक रुपये की 4 टॉफी की दर से बेचता है। ₹ 125 का लाभ कमाने के लिए वह कितनी टॉफी बेचता है?

A. 1,200 B. 1,500

C. 2,000 D. 2,500

45. C	**46.** B	**47.** C	**48.** A	**49.** A	**50.** B
51. D	**52.** B	**53.** B	**54.** A	**55.** A	**56.** D

57. एक वर्गाकार पार्क की भुजा 50 m है। इसमें अंदर की ओर चारों ओर 2.5 m चौड़ा पथ है। इस पथ को समतल कराने पर ₹ 10 प्रति वर्ग मीटर की दर से (₹ में) कितना व्यय होगा?

A. 4,500 B. 4,750
C. 5,000 D. 5,250

58. टीना ने एक स्कूटर ₹ 55,000 में खरीदा। उसने ₹ 3,400 स्कूटर की मरम्मत पर खर्च किए और स्कूटर अपने मित्र को ₹ 56,030 में बेचा। उसका लाभ या हानि है:

A. ₹ 2,370 का लाभ
B. ₹ 2,370 की हानि
C. ₹ 1,030 का लाभ
D. ₹ 1,030 की हानि

59. $\frac{5}{22}+\frac{7}{22}-\frac{3}{22}+\frac{9}{22}-\frac{1}{22}$ को सरल करने पर प्राप्त होता है:

A. $\frac{15}{22}$ B. $\frac{17}{22}$
C. $\frac{19}{22}$ D. $\frac{13}{22}$

60. $8 - [18 - \{16 - (5 - \overline{4 - 1})\}]$ बराबर है:

A. 2 B. 3
C. 4 D. 5

खण्ड-III भाषा परीक्षण

निर्देश: इस खण्ड में चार अनुच्छेद हैं। प्रत्येक अनुच्छेद पर पाँच प्रश्न हैं। प्रत्येक अनुच्छेद को सावधानी से पढ़ें और उसके नीचे दिए गए प्रश्नों के उत्तर दें। प्रत्येक प्रश्न के लिए चार संभावित उत्तर दिए गए हैं, जिनकी क्रम संख्या (A), (B), (C) और (D) है। इनमें से केवल एक उत्तर ही सही है। सही उत्तर चुनें तथा अपने उत्तर को दर्शाने के लिए ओ.एम.आर. उत्तर-पत्रिका में प्रश्न की संगत संख्या के सामने वाले वृत्त को काला करें।

अनुच्छेद–1

सभी मकड़ियाँ जाले बुनती हैं। जालों से मकड़ियों को तीन कार्य करने में मदद मिलती है। वे मकड़ियों के अंडे उठाए रखने में, खतरे से छिपने में और भोजन पकड़ने में सहायक होते हैं।

अधिकांश मकड़ियाँ गहरे मटमैले, भूरे या काले रंग की होती हैं, जबकि मकड़ी के जाले हल्के रंग के सफेद या धुंधले होते हैं। जब मकड़िया अपने जाले में छिपती हैं, तो उन्हें देख पाना कठिन होता है। जाले मकड़ियों को भोजन पकड़ने में भी सहायक होते हैं। मकड़ी के जाले चिपचिपे होते हैं। कोई कीड़ा जाले में आया, तो चिपक जाता है। वह निकलना चाहता है, पर नहीं निकल सकता। वह फँस जाता है। जाले का हिलना अनुभव करके मकड़ियाँ समझ जाती हैं कि कीड़ा फंस चुका है।

इसलिए जाले के बिना मकड़ियाँ वैसे नहीं रह पातीं जैसे रहती हैं। सचमुच जाले मकड़ियों के अस्तित्व के लिए जरूरी हैं।

61. यह अनुच्छेद किसके बारे में हैं?

A. मकड़ी के जाले का महत्व
B. मकड़ियों के लिए कीड़ों का महत्व
C. वे जल ढूढ़ते हैं
D. वे शत्रुओं से रक्षा करते हैं

62. मकड़ियों के जालों के बारे में क्या सही **नहीं** है?

A. वे अंडे पकड़े रहते हैं।
B. वे भोजन पकड़ते हैं।
C. वे जल ढूढ़ते हैं।
D. वे शत्रुओं से रक्षा करते हैं।

63. 'फँसा' का समानार्थी शब्द है:

A. चिपका B. छिपा
C. खाया D. भागा

57. B	58. B	59. B	60. C	61. A	62. C	63. A

64. मकड़ियाँ कैसे जान लेती हैं कि उनके जाल में कुछ फँस गया है?

A. वे सुन लेती हैं।
B. वे सूँघ लेती हैं।
C. वे अनुभव करती हैं।
D. वे चख लेती हैं।

65. अनुच्छेद के अंतिम वाक्य में प्रयुक्त 'अस्तित्व' शब्द का भाव है ________ ।

A. जीवित रहना
B. छिपा हुआ
C. पकड़ा गया
D. सुरक्षा

अनुच्छेद–2

पुस्तकें मानव प्रयत्नों के सर्वाधिक समय तक रहने वाले उत्पाद हैं। मंदिर खंडहरों के रूप में ढह जाते हैं, चित्र और मूर्तियाँ क्षय हो जाती हैं, किन्तु पुस्तकें जीवित रहती हैं। पुस्तकें महान विचारों को नष्ट नहीं होने देती जो आज भी उतने ही ताजा हैं जितने तब थे जब लेखक के मन में थे। ये विचार मुद्रित पृष्ठों के माध्यम से बोलते हैं। समय का केवल इतना प्रभाव होता है कि वह चलन से बाहर के अनुचित उत्पादों को बाहर कर देता है। साहित्य में ऐसी कोई चीज अधिक जीवित नहीं रहती जो अच्छी न हो। अच्छी पुस्तकों ने जीवन के अनेक क्षेत्रों में मनुष्य की सदा सहायता की है। इसमें आश्चर्य नहीं कि विश्व अपनी पुस्तकों को बड़ी सावधानी से रखता है।

66. मानव प्रयत्नों के सभी उत्पादों में पुस्तकें सबसे ________ कृतियाँ हैं।

A. ध्यान रखने वाली
B. अनुचित
C. समय खर्च करने वाली
D. उपयोगी

67. अच्छी पुस्तकें समय के परीक्षण में बची रह सकी है क्योंकि उनमें ________ है।

A. लेखक का मन
B. महान विचार
C. अनुचित उत्पाद
D. मुद्रित सामग्री

68. निम्नलिखित में से कौन-सा शब्द 'अनुचित' का समानार्थी है?

A. बीमारी
B. अनजान
C. उपयुक्त
D. अनुपयुक्त

69. विश्व अपनी पुस्तकों को सावधानी से संभालता है, क्योंकि वे ________ ।

A. हमें प्रशिक्षित करती हैं
B. विविध क्षेत्रों में हमारी सहायता करती हैं।
C. समय से परे होती हैं।
D. मानवीय प्रयास का उत्सव मनाती हैं।

70. अनुच्छेद में 'ढहना' शब्द का प्रयोग ________ के अर्थ में हुआ है।

A. बिखर जाना
B. अलग कर देना
C. हटा देना
D. काटना

अनुच्छेद–3

सुनहरा बाज अधिकतर अपने घने भूरे परों और सुनहरे पंखों के कारण सरलता से पहचाना जा सकता है। युवा पक्षियों में, मादा नर के समान ही होती है, किन्तु प्रायः बड़ी होती है।

यह शानदार प्राणी उत्तरी गोलार्ध में खुले क्षेत्रों में अपना घर बनाता है। वे पेड़ों पर या खड़ी चट्टानों की दीवारों पर अपना बड़ा घोंसला बनाते हैं जिससे उन्हें घास लगाने के लिए अधिक स्थान मिल जाता है। सुनहरा बाज तिरने में दक्ष होता है। अपने पंखों के विस्तृत फैलाव और गर्म हवा की ऊपर उठती मात्रा की सहायता से इसे बड़ी देर तक तिरता हुआ देखना बड़ा सुंदर दृश्य होता है। ऊपर उठती हवा इसके लिए महत्वपूर्ण होती है क्योंकि वह सुनहरे बाज को विशाल ऊँचाइयों तक बिना पंख फड़काए उठा सकती है।

71. सुनहरा बाज अधिकतर ________ में पाया जाता है।

A. कम पवन व गर्म हवा वाले क्षेत्रों
B. भवनों वाले क्षेत्रों
C. दक्षिणी गोलार्ध
D. उत्तरी गोलार्ध

64. C	**65.** A	**66.** D	**67.** B	**68.** D	**69.** B	**70.** A	**71.** D

72. मादा सुनहरे बाज को ________ से पहचाना जा सकता है।

A. अधिक घने रंग के परों

B. अधिक चमकदार पंखों

C. घने भूरे परों

D. बड़े आकार

73. घोंसला बनाने के लिए इस पक्षी को कैसा स्थान चाहिए?

A. खुला क्षेत्र

B. वनस्पति रहित क्षेत्र

C. विशाल ऊँचाइयाँ

D. भवनों वाला खुला क्षेत्र

74. 'शानदार' के समान अर्थ वाला शब्द कौन-सा है?

A. स्वर्णिम

B. विनम्र

C. भव्य

D. सुशील

75. निम्नलिखित शब्दों में से कौन-सा शब्द 'विशाल' का विलोम **नहीं** हैं?

A. छोटा B. विस्तृत

C. नन्हा D. भारहीन

अनुच्छेद-4

रोबोट एक विशेष यंत्र होता है। यह कम्प्यूटर से प्राप्त निर्देशों के अनुसार चलता है और काम करता है। एक यंत्र होने के कारण यह न गलतियाँ करता है, न थकता है। यह कभी शिकायत नहीं करता।

रोबोट हमारे चारों ओर हैं। कुछ रोबोट चीजें बनाने में प्रयुक्त होते हैं। उदाहरणस्वरूप, रोबोट कारें बनाने में सहायता कर सकते हैं। कुछ रोबोट खतरनाक स्थानों के अन्वेषण में प्रयुक्त होते हैं जैसे ज्वालामुखी। कुछ रोबोट घरों की साफ-सफाई में सहायता कर सकते हैं। कुछ रोबोट शब्दों को भी पहचान सकते हैं। वे टेलीफोन कॉल का उत्तर देने में सहायता कर सकते हैं। कुछ रोबोट मानव जैसे दिखाई देते हैं। अधिकांश रोबोट मशीनों जैसे ही दिखाई देते हैं।

76. 'थका' का समानार्थी शब्द है ________ ।

A. अन्वेषण

B. निढाल

C. निर्वात

D. खतरनाक

77. रोबोट गलतियाँ नहीं करते क्योकि वे ________ ।

A. यंत्र हैं

B. कम्प्यूटर द्वारा दिए गए निर्देशों का पालन करते हैं

C. मानव जैसे दिखाई देते हैं

D. थके हुए नहीं दिखाई देते

78. अनुच्छेद के अनुसार, निम्नलिखित में से किस कार्य के लिए रोबोट का उपयोग **नहीं** होता?

A. घर की साफ-सफाई करना

B. टेलीफोन कॉल का उत्तर देना

C. कारें बनाना

D. बच्चों को पढ़ाना

79. निम्नलिखित शब्दों में से कौन-सा शब्द 'खतरनाक' का विपरीतार्थक है?

A. अन्वेषण

B. सुरक्षित

C. थका हुआ

D. पहचानना

80. रोबोट के बारे में निम्नलिखित में से कौन-सा कथन सही **नहीं** है?

A. अधिकांश रोबोट यंत्र जैसे दिखाई देते हैं।

B. रोबोट गलतियां नहीं करते हैं।

C. रोबोट बहुत उपयोगी हैं।

D. अधिकांश रोबोट मानव जैसे दिखाई देते हैं।

72. D **73.** A **74.** C **75.** B **76.** B **77.** B **78.** D **79.** B **80.** D

व्याख्यात्मक उत्तर

1. **(A):** इस चित्र में केवल विकल्प (A) में दो X और दो बिंदु विकर्ण रूप से (diagonally) विपरीत कोनों में स्थित हैं। अन्य सभी विकल्पों में ये चिन्ह एक ही दिशा या रेखा में हैं। अतः तिरछे क्रम को दर्शाने वाला एकमात्र चित्र विकल्प (A) है।

2. **(C):** विकल्प (C) भिन्न है क्योंकि यह दो त्रिभुजों से बना है जो एक बिंदु पर जुड़े हैं और एक घंटे के आकार का चित्र बनाते हैं, जबकि अन्य सभी विकल्प (A, B, D) नियमित बहुभुज आकृतियाँ हैं जैसे षट्भुज, पंचभुज और वर्ग। इस प्रकार (C) ही ऐसा चित्र है जो एक असामान्य, अव्यवस्थित संरचना दर्शाता है।

3. **(A):** विकल्प (A) में तीरों के पीछे की आकृति बाकी सभी विकल्पों से अलग है। जबकि अन्य तीनों विकल्पों में तीरों के पीछे समान प्रकार की रेखीय संरचना (डिजाइन) है। यह असमानता विकल्प (A) को बाकी से भिन्न बनाती है।

4. **(C):** विकल्प (C) को छोड़कर अन्य सभी चित्रों में त्रिकोण के अंदर की रेखाएं त्रिकोण की किसी एक भुजा के समानांतर हैं– जैसे क्षैतिज या लंबवत। विकल्प (C) में ये रेखाएं किसी भी भुजा के समांतर नहीं हैं, बल्कि तिरछी हैं। इसलिए यह चित्र भिन्न है।

5. **(B):** प्रश्न चित्र में चार कोनों पर बने आकृतियाँ (कोणीय रेखाएँ) बाहर की ओर खुली हुई हैं और सभी एक विशेष दिशा में झुकी हुई हैं। विकल्प (B) में यही पैटर्न हूबहू समान है– सभी चार कोनों की आकृतियाँ समान दिशा में झुकी हुई हैं और बाहर की ओर हैं। अन्य विकल्पों में झुकाव या दिशा में असमानता है।

6. **(B):** प्रश्न चित्र में चारों दिशाओं में चार तीर (arrows) बने हैं–जो या तो अंदर की ओर अथवा बाहर की ओर संकेत कर रहे हैं। इन तीरों की दिशा और स्थिति को ध्यान से देखने पर पता चलता है कि विकल्प (B) में दिए गए चारों तीरों की दिशा प्रश्न चित्र के तीरों की दिशा से पूरी तरह मेल खाती है। जबकि अन्य सभी विकल्पों में या तो तीरों की दिशा उलटी है या उनकी स्थिति बदल गई है। अतः सही उत्तर विकल्प (B) है।

7. **(B):** प्रश्न चित्र में एक त्रिकोण के ऊपर एक रेखा और उसके शीर्ष पर हीरे जैसी आकृति बनी है। यह पूरी संरचना बिना किसी परिवर्तन के विकल्प (B) में स्पष्ट रूप से विद्यमान है। बाकी विकल्पों में या तो आकृति का क्रम, या कोण, या दिशा में भिन्नता है, जो प्रश्न चित्र से मेल नहीं खाती।

8. **(D):** प्रश्न चित्र में एक वृत्त के तीन बिंदुओं से तीन आकृतियाँ निकली हुई हैं– एक तीर दाईं ओर, एक रेखा ऊपर-बाएँ और एक छोटा वृत्त नीचे-दाएँ की ओर। यह तीनों भाग और उनकी स्थिति बिल्कुल विकल्प (D) में उसी क्रम और दिशा में मौजूद हैं। अन्य विकल्पों में इन भागों की स्थिति या आकार में अंतर है, जिससे वे प्रश्न चित्र से भिन्न हो जाते हैं।

9. **(D):** प्रश्न चित्र के तीन भागों में से प्रत्येक में वक्र रेखाएँ हैं जो एक निरंतर गोल पैटर्न बनाते हैं। दायाँ निचला भाग अनुपस्थित है, लेकिन यदि ऊपर के दोनों भागों और बाएँ निचले भाग के पैटर्न को देखा जाए, तो यह स्पष्ट होता है कि दाएँ निचले भाग में भी वही गोलाकार वक्र और काला रंग यथावत होना चाहिए। विकल्प (D) ही वह विकल्प है जो इस गोलाकार क्रम को बिना दिशा परिवर्तन के पूरा करता है।

10. **(B):** प्रश्न चित्र में केंद्र में तीन क्षैतिज रेखाएं हैं जो मिलकर तीन छोटे वर्ग बनाती हैं, और साथ ही एक लंबवत रेखा है जो ऊपर से नीचे की ओर जाती हुई बड़े बाहरी वर्ग के दो कोनों को जोड़ती है और उसके मध्य भाग को छूती है। यह विशेष रचना– केंद्र के तीन वर्ग और बाहरी वर्ग से जुड़ी एक रेखा–केवल विकल्प (B) में स्पष्ट रूप से दिखाई देती है। अन्य विकल्पों में या तो केंद्र में बने तीन वर्गों की स्थिति नहीं मिलती, या बाहरी वर्ग को जोड़ने वाली रेखा अनुपस्थित है।

11. (D): प्रश्न चित्र में तीन भागों में वक्राकार रेखाएँ और काले बिंदु बने हैं जो एक गोल घूर्णन संरचना दर्शाते हैं। बाएँ निचला भाग अनुपस्थित है। बाकी तीन भागों के पैटर्न को ध्यान से देखने पर यह समझ आता है कि काली बिंदु की स्थिति और वक्रों की दिशा मिलाकर चतुर्थ भाग में क्या होना चाहिए। यह पैटर्न केवल विकल्प (D) में सटीक रूप से फिट होता है।

12. (D): प्रश्न चित्र में चार खंडों में से तीन में त्रिभुजों की विशेष व्यवस्था है, जिसमें उनके अंदर की रेखाएं और त्रिकोण की दिशा एक निश्चित क्रम में है। जो खंड लुप्त है, उसमें ऐसी आकृति होनी चाहिए जो उस क्रम को पूरा करे। विकल्प (D) में जो आकृति दी गई है, वह त्रिभुज की दिशा, अंदर की रेखा की स्थिति, और उसके झुकाव के साथ प्रश्न चित्र में बाकी तीनों खंडों के साथ पूरी तरह से संगत बैठती है। इस कारण यह सही विकल्प है।

13. (C): प्रश्न चित्र में प्रत्येक आकृति के भीतर चार तत्व (चिह्न) हैं, जो प्रत्येक अगले चित्र में घड़ी की दिशा में एक स्थान घूमते जा रहे हैं। पहले चित्र में चिह्नों की जो स्थिति है, वही दूसरे चित्र में एक स्थान घूम चुकी है, और तीसरे में फिर एक स्थान आगे। इस क्रम को जारी रखते हुए चौथे चित्र में सभी चारों चिह्नों की स्थिति को घड़ी की दिशा में और एक स्थान आगे घुमाना होगा। यह पूर्ण पैटर्न केवल विकल्प (C) में स्पष्ट रूप से देखा जा सकता है।

14. (D): सभी चित्रों में प्रतीकों (●, =, ×, *) का क्रमशः स्थान परिवर्तन हो रहा है। पहले चित्र से दूसरे में और × की स्थिति बदली, फिर दूसरे से तीसरे में और × की स्थिति बदली। यह स्पष्ट करता है कि हर चित्र में दो चिन्हों की स्थिति अदल-बदल हो रही है। तीसरे से चौथे में और = की अदल-बदल होनी चाहिए, जो केवल विकल्प (D) में है।

15. (B): प्रश्न चित्रों में बनी आकृतियों को ध्यान से देखने पर यह स्पष्ट होता है कि पहले चित्र में कई रेखाएं मिलकर एक जटिल आकृति बनाती हैं, फिर दूसरे चित्र में रेखाएं कम होती हैं, और तीसरे में और भी कम। अर्थात् आकृति में प्रयोग हुई रेखाओं की संख्या क्रमशः घटती जा रही है। इस क्रम में अगली आकृति में रेखाएं और घटेंगी। यह क्रम केवल विकल्प (B) में दर्शाया गया है, जहाँ सबसे कम रेखाओं से बनी सबसे सरल आकृति है।

16. (C): प्रश्न चित्रों में तीर की दिशा लगातार वामावर्त (anti & clockwise) घूम रही है–नीचे, दाएँ, ऊपर। साथ ही, तीर के ऊपर बनी रेखाओं की संख्या भी प्रत्येक चित्र में एक-एक घट रही है–तीन, दो, एक। अगली स्थिति में तीर बाएँ की ओर होगा और उस पर कोई रेखा नहीं होगी। यह संपूर्ण क्रम केवल विकल्प (C) में मिलता है, जहाँ तीर की दिशा भी बाएँ है और उस पर कोई रेखा नहीं बनी है।

17. (C): पहले सेट में चित्र 1 से चित्र 2 की दिशा वामावर्त (anti & clockwise) है, और आकृति के तीन हिस्सों की स्थिति उसी दिशा में एक स्थान घुम जाती है। इसी प्रकार, दूसरे सेट में चित्र 3 से अगला चित्र भी वामावर्त दिशा में एक स्थान घुमकर बनना चाहिए। विकल्प (C) में यह क्रम बिल्कुल वैसा ही है– आकृति की सभी तीन इकाइयाँ उसी तरह वामावर्त घुमाई गईं हैं जैसे पहले सेट में। अतः सही उत्तर विकल्प (C) है।

18. (B): पहले सेट में चित्र 1 से चित्र 2 तक, आकृति वामावर्त दिशा में घुमती है और उसमें मौजूद एक आकृति हट जाती है, साथ ही अंदर बना हुआ गोला (sphere) अधिक स्पष्ट हो जाता है। इसी प्रकार चित्र 3 से अगले चित्र में भी यही क्रम होना चाहिए– आकृति वामावर्त घुमे और एक आकृति कम हो जाए तथा गोला अधिक स्पष्ट हो। ये सभी विशेषताएँ केवल विकल्प (B) में दिखाई देती हैं। इसलिए वही सही उत्तर है।

19 (B): पहले दो चित्रों में बाहरी तीन आकृतियाँ (त्रिकोण, वृत्त, वर्ग) एक के भीतर एक समाहित होती हैं, जबकि तीसरे चित्र में वे बाहर की ओर स्थित हैं। इसका तात्पर्य है कि बाहर वाली आकृतियाँ अगले चित्र में अंदर आ जानी चाहिए, एक के भीतर एक। यह रूपांकन और अंतर्निहित क्रम केवल विकल्प (B) में पूरी तरह मेल खाता है।

20 (C): पहले दो चित्रों में बाईं ओर दी गई आकृति को दाईं ओर पलट कर दर्शाया गया है (दर्पण प्रतिबिंब के समान)। तीसरे चित्र में जो आकृति है, उसी सिद्धांत के अनुसार चौथे चित्र में इसका दर्पण प्रतिबिंब बनना चाहिए। यह प्रतिबिंब केवल विकल्प (C) में है, जहाँ आकृति की संरचना विपरीत दिशा में सही रूप से दिखाई गई है।

21. (D): प्रश्न चित्र में ऊपर की ओर तिकोनी आकृति बनी है, जो दाएँ और बाएँ किनारों से जुड़ी हुई है और बीच में नुकीला भाग है। यह आधी आकृति नीचे खुली है। इस आकृति को पूर्ण करने के लिए समान रेखाओं वाला नीचे का भाग चाहिए, जिसमें दाएँ-बाएँ से उभरी रेखाएँ और बीच में नीचे की ओर नुकीला भाग हो। यह केवल विकल्प (D) में है।

22. (C): प्रश्न चित्र में एक अर्द्धवृत्ताकार आकृति है जो दाएँ ओर खुली है और उसके किनारे दाँतेदार (zig-zag) संरचना में हैं। इस अर्द्धवृत्त को पूर्ण करने के लिए बाईं ओर एक समान अर्द्धवृत्त की आवश्यकता है जिसमें वही दाँतेदार किनारे विपरीत दिशा में हों ताकि दोनों मिलकर एक पूर्ण वृत्त बनाएँ। यह संतुलन और दर्पण समानता केवल विकल्प (C) में सही रूप से दिखाई देती है।

23. (A): प्रश्न चित्र में एक कोने से आरंभ होने वाली त्रिकोणीय संरचना है जो एक विशेष कोण पर फैली हुई है। इस आकृति को पूरा करने के लिए एक पूरक आकृति की आवश्यकता है जो बचे हुए कोने से जुड़कर एक पूर्ण बंद आकृति बनाए। यह पूरक भाग और संरचना बिल्कुल विकल्प (A) में दिखाई देती है जहाँ रेखाएं और कोण प्रश्न चित्र से पूरी तरह मेल खाते हैं।

24. (C): प्रश्न चित्र एक बाईं ओर इशारा करता हुआ तिकोना बाण जैसा है, जिसमें अंदर की ओर एक जिग-जैग आकृति भी है। इसे पूर्ण करने के लिए दाईं ओर उसकी पूरक आकृति चाहिए, जो जिग-जैग को बंद करे और संपूर्ण सममित तीर बन जाए। यह सटीक रूप से केवल विकल्प (C) में दिखता है।

25. (A): प्रश्न चित्र का दर्पण प्रतिबिंब (X-Y अक्ष के सापेक्ष) लेने पर चित्र में बने 'T', 'V', और 'A' जैसे अक्षरों की दिशा उलटी हो जाएगी। 'T' अब दाईं ओर आ जाएगा और बाकी रेखाएं भी उलटी दिशा में होंगी। यह प्रतिबिंब केवल विकल्प (A) में सही रूप में प्रदर्शित है।

26. (C): दिए गए चित्र में एक कोणीय रेखा और सिरों पर गोल बिंदु हैं। दर्पण प्रतिबिंब लेने पर वह बाईं ओर स्थित रेखा अब दाईं ओर हो जाएगी और दिशा उलटी हो जाएगी। यह परिवर्तन केवल विकल्प (C) में सही रूप से दर्शाया गया है।

27. (D): इस चित्र में मध्य में दो सममित त्रिभुज हैं और उनके साथ दो समांतर रेखाएँ हैं। दर्पण प्रतिबिंब में दाएँ और बाएँ भाग की अदला-बदली होती है। यह अदला-बदली केवल विकल्प (D) में ठीक प्रकार से दर्शायी गई है।

28. (C): प्रश्न चित्र में एक घंटे के आकार जैसी आकृति है जिसमें ऊपर और नीचे दो विपरीत त्रिभुज हैं और एक तिरछी रेखा है। दर्पण प्रतिबिंब लेने पर तिरछी रेखा की दिशा उलट जाती है लेकिन त्रिकोणों की संरचना वही रहती है। यह प्रतिबिंब विकल्प (C) में पूरी तरह से मेल खाता है।

29. (B): पहले चित्र में षट्भुज को नीचे से मोड़ा गया है, फिर अगले चित्र में तिरछी दिशा में पंच किया गया है, और अंतिम चित्र में तीन बिंदु दिखते हैं। जब कागज को पूरी तरह खोला जाएगा, तो यह पंच समान रूप से सभी तिरछी दिशाओं में चार बार दोहराए जाएंगे। कुल 12 बिंदु त्रिकोणीय रूप में होंगे। यह केवल विकल्प (B) में है।

30. (C): पहले चित्र में वर्ग को विकर्ण (diagonal) से मोड़ा गया है और फिर त्रिभुज के कोने पर एक छोटा पंच किया गया है। जब कागज खोला जाएगा, तो यह पंच चारों कोनों में सममित रूप से दिखेगा। यह पैटर्न केवल विकल्प (C) में सही रूप से दिखता है।

31. (A): चित्र में कागज को नीचे से ऊपर की ओर मोड़ा गया है और फिर आधे हिस्से के केंद्र में एक संख्या 3 जैसी आकृति काटी गई है। जब कागज खोला जाएगा, तो यह आकृति सममित रूप से दोहराई जाएगी, जिससे एक '8' जैसी आकृति बनेगी। यह केवल विकल्प (A) में सही रूप में दिखाया गया है।

32. (D): पहले चित्र में कागज को नीचे से ऊपर की ओर मोड़ा गया है, फिर दाएँ से बाएँ, और फिर एक बार पंच किया गया। जब इस कागज को पूरी तरह से खोला जाएगा, तो वही बिंदी चार बार दोहराए जाएंगे एक-एक प्रत्येक कोने में। यह चार बिंदुओं का सममित पैटर्न केवल विकल्प (D) में दिखाई देता है।

33. (A): प्रश्न चित्र में तीन आकृतियाँ हैं—एक चतुर्भुज, एक तिरछा समकोण त्रिकोण और एक छोटा चतुर्भुज। यदि इन आकृतियों को आपस में मिलाकर जोड़ा जाए तो वे एक बड़ा वर्ग बना सकते हैं जिसमें दो रेखाएँ आड़ी-तिरछी होकर खंड विभाजन करती हैं। यह बनावट केवल विकल्प (A) में सही बैठती है।

34. (C): प्रश्न चित्र में तीन कट-आउट टुकड़े दिए गए हैं जिनमें एक बड़ा त्रिभुज, एक छोटा तिरछा त्रिभुज, और एक लंबी पतली रेखीय आकृति शामिल है। इन टुकड़ों को उचित रूप में संयोजित करने पर एक ऐसी सममित आकृति बनती है जिसमें दो त्रिकोणों के बीच लंबवत रेखा समान रूप से व्यवस्थित होती है। यह पूरी संरचना विकल्प (C) में स्पष्ट रूप से दिखाई देती है, जहाँ सभी तीनों टुकड़े सही अनुपात और दिशा में उपयोग हुए हैं।

35. (B): प्रश्न चित्र में तीन कट-आउट टुकड़े हैं— एक लंबवत पतली आयत, एक बड़ी क्षैतिज आयताकार आकृति और एक अर्धवृत्त (चंद्राकार आकार)। जब इन टुकड़ों को सही ढंग से संयोजित किया जाता है, तो एक ऐसी आकृति बनती है जिसमें बाईं ओर लंबवत रेखा, नीचे क्षैतिज आधार और दाईं ओर अर्धवृत्ताकार घुमाव स्पष्ट रूप से दिखाई देता है। यह पूरी संरचना केवल विकल्प (B) में सटीक रूप से बनती है, जबकि अन्य विकल्पों में टुकड़ों की दिशा या संयोजन मेल नहीं खाता।

36. (D): प्रश्न चित्र में तीन टुकड़े दिए गए हैं—एक षट्कोण जैसी आकृति, एक त्रिकोण और एक पतली आयताकार पट्टी। इन तीनों टुकड़ों को सही क्रम और दिशा में जोड़ने पर एक सममित जटिल आकृति बनती है जिसमें ऊपर की ओर षट्कोणीय आधार, नीचे त्रिकोणीय नुकीला भाग और बीच में जोड़ने वाली पतली रेखीय पट्टी होती है। यह संपूर्ण संरचना केवल विकल्प (D) में पूरी तरह से दिखाई देती है, जबकि अन्य विकल्पों में टुकड़ों की संख्या, दिशा या संयोजन प्रश्न चित्र से मेल नहीं खाते।

37. (B): प्रश्न चित्र में एक कोणीय '7' जैसी आकृति है जिसमें ऊपर की ओर झुकी हुई मोटी रेखा और एक तिरछा किनारा है। विकल्प (B) में यह पूरी आकृति स्पष्ट रूप से छिपी हुई दिखाई देती है— वही तिरछा ऊपर की ओर उठता हुआ हिस्सा और नीचे की ओर बढ़ता हुआ किनारा इस चित्र में शामिल है, जबकि अन्य विकल्पों में इस संरचना का मेल नहीं बैठता।

38. (C): प्रश्न चित्र में एक बूंद के आकार की आकृति है जिसका निचला भाग नुकीला है और ऊपर गोल है। विकल्प (C) में यह बूंदाकार आकृति दो बार परावर्तित रूप में सम्मिलित है जिससे एक वृत्ताकार संरचना के भीतर दो परस्पर जुड़ी बूंदें बन रही हैं। यह प्रश्न चित्र की आकृति का समावेशन दर्शाता है।

39. (C): प्रश्न चित्र में एक फ्लास्क जैसी आकृति है जिसमें ऊपर की ओर एक संकीर्ण गर्दन और नीचे एक चौड़ा आधार है। यह पूरी आकृति एक गोलाकार रूपरेखा के भीतर स्थित है। विकल्प (C) में यह फ्लास्क-नुमा आकृति स्पष्ट रूप से छिपी हुई दिखाई देती है—वही ऊपर की पतली गर्दन और नीचे का फैला हुआ आधार उसी संरचना में सम्मिलित है जैसे प्रश्न चित्र में है। अन्य विकल्पों में या तो आकृति का आकार, उसकी दिशा या अनुपात मेल नहीं खाते। इसलिए सही उत्तर विकल्प (C) है।

40. (A): प्रश्न चित्र में एक तीर जैसा चिह्न है जिसमें ऊपर की ओर तिकोनी आकृति और नीचे एक लंबवत रेखा है। विकल्प (A) में यह आकृति बिल्कुल मध्य में स्पष्ट रूप से शामिल है— ऊपर त्रिभुज और नीचे सीधी रेखा यथावत है, जबकि अन्य विकल्पों में या तो आकृति की दिशा या भाग गायब हैं।

41. (B): पानी की मात्रा $= 300 \times 17 = 5100$ mL

जूस की मात्रा $= 130 \times 30 = 3900$ mL

जग में कुल द्रव की मात्रा $= (5100 + 3900)$mL

$= 9000$ mL

$= \frac{9000}{1000}$L $= 9$ लीटर

42. (C): $20.0925 = \frac{200925}{10000} = \frac{40185}{2000} = \frac{8037}{400}$

43. (C): सुरेश अपने चाचा के घर 1 घंटा 30 मिनट में पहुँचा, चाचा के पास वह 3 घंटा 20 मिनट तक रूका तो,

कुल समय = 4 घंटा 50 मिनट

वह अपने घर से प्रातः 9:00 बजे चला था।

वह अपने चाचा के घर से 1 बजकर 50 मिनट में चला। सायं 3:30 बजे अपने घर पहुँचा।

वापसी की यात्रा में लगा समय = 3 घंटा 30 मिनट
− 1 घंटा 50 मिनट
1 घंटा 40 मिनट

अतः सुरेश की वापसी यात्रा में कुल लगा समय = 1 घंटा 40 मिनट।

44. (C): 4, 2, 0 और 7 से बनी चार अंकों की सबसे बड़ी संख्या = 7420

तथा सबसे छोटी संख्या = 2047

सबसे बड़ी संख्या − सबसे छोटी संख्या

= 7420 − 2047 = 5373

45. (C): 90 का अभाज्य गुणनखण्ड

2	90
3	45
3	15
5	5
	1

$90 = 2 \times 3 \times 3 \times 5 = 2 \times 3^2 \times 5$

46. (B): $\because 9432 \div 1.25 = 7545.6$ है

$\therefore 9.432 \div 12.5 = \frac{9432}{1000} \times \frac{10}{125}$

$= \frac{2358}{3125} = 0.75456$

47. (C):

1.1000
1.0100
1.0010
0.0100
11.0100
+ 111.1001
125.2311

48. (A): 1 एक ऐसी संख्या है जो सदैव प्रत्येक अभाज्य संख्या का एक गुणनखण्ड है।

49. (A): भाज्य = भाजक × भागफल + शेषफल

$= 51 \times 16 + 27$

$= 816 + 27 = 843$

50. (B): $3 + 0.03 + 0.003 + 0.000003$

$= 3.033003$

51. (D):

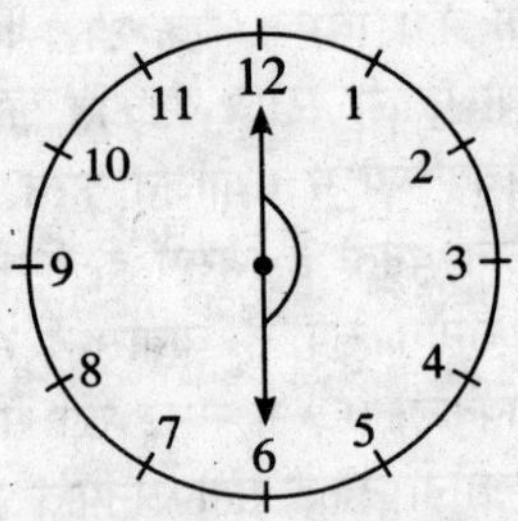

$\because$ 60 मिनट में मिनट की सूई 360° का कोण बनाती है

$\therefore$ 30 मिनट में मिनट की सूई $\frac{360°}{60} \times 30 = 180°$ का कोण

180° का कोण = सरल कोण

अतः 6:00 बजे घंटे व मिनट की सुइयों के मध्य बना कोण सरल कोण है।

52. (B): $\because$ साइकिल के पहिए में कुल तीलियों की संख्या = 24

$\therefore$ दो संलग्न तीलियों के बीच का कोण $= \frac{360°}{24} = 15°$

53. (B): आयत का क्षेत्रफल = लम्बाई × चौड़ाई

(*a*) 10 cm

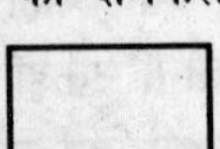

18 cm

क्षेत्रफल = $18 \times 10 = 180$ cm^2

(*b*) 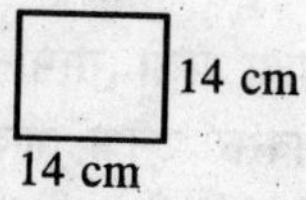

क्षेत्रफल $= 14 \times 14 = 196\ cm^2$

(*c*) 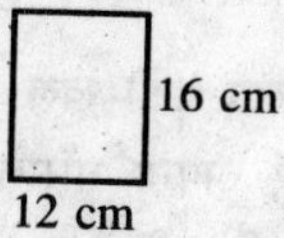

क्षेत्रफल $= 16 \times 12 = 192\ cm^2$

(*d*) 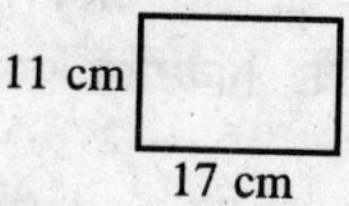

क्षेत्रफल $= 17 \times 11 = 187\ cm^2$

अतः आयत (*b*) का क्षेत्रफल $= 196\ cm^2$ सबसे अधिक है।

54. (A): Q और R द्वारा मिलकर कुल हल किए गए प्रश्नों की संख्या $= 6 + 10 = 16$

P और S द्वारा मिलकर कुल हल किए गए प्रश्नों की संख्या $= 4 + 8 = 12$

$16 - 12 = 4$

अतः Q और R ने मिलकर P और S से 4 प्रश्न अधिक हल किए।

55. (A): $\frac{33}{40} - x = \frac{11}{40}$

$\Rightarrow \frac{33}{40} - \frac{11}{40} = x$

$\Rightarrow \frac{33-11}{40} = x \Rightarrow x = \frac{22}{40} = \frac{11}{20}$

अतः $\frac{33}{40}$ में से $\frac{11}{20}$ घटाने पर $\frac{11}{40}$ प्राप्त होगा।

56. (D): 1 टॉफी का क्रय मूल्य = ₹ $\frac{1}{5}$

1 टॉफी का विक्रय मूल्य = ₹ $\frac{1}{4}$

लाभ $= \frac{1}{4} - \frac{1}{5} = \frac{5-4}{20} = \frac{1}{20}$

$\because$ ₹ 1 लाभ कमाने के लिए दुकानदार 20 टॉफी बेचता है।

$\therefore$ ₹ 125 लाभ कमाने के लिए दुकानदार 20×125 टॉफी बेचता है

= 2500 टॉफी बेचता है।

57. (B): 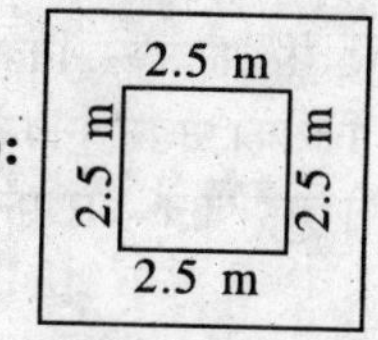

पथ सहित वर्गाकार पार्क का क्षेत्रफल

$= 50 \times 50 = 2500$ वर्ग मी.

पथ रहित वर्गाकार पार्क का क्षेत्रफल

$= 45 \times 45 = 2025$ वर्ग मी.

पथ का क्षेत्रफल $2500 - 2025 = 475$ वर्ग मीटर

$\because$ पथ को समतल कराने में 1 वर्ग मीटर पर खर्च = ₹ 10

$\therefore$ पथ का समतल कराने में 475 वर्ग मीटर पर खर्च = ₹ 475×10 = ₹ 4750

58. (B): स्कूटर का क्रय मूल्य = ₹ 55000 + ₹ 3400 = ₹ 58400

विक्रय मूल्य = ₹ 56030

हानि = क्रय मूल्य − विक्रय मूल्य

$= 58400 - 56030$

= ₹ 2,370

59. (B): $\frac{5}{22} + \frac{7}{22} - \frac{3}{22} + \frac{9}{22} - \frac{1}{22}$

$= \frac{5+7-3+9-1}{22} = \frac{21-4}{22} = \frac{17}{22}$

60. (C): $8 - [18 - \{16 - (5 - \overline{4-1})\}]$

$= 8 - [18 - \{16 - (5 - 3)\}]$

$= 8 - [18 - \{16 - 2\}]$

$= 8 - [18 - 14] = 8 - 4 = 4$

61. (A): मकड़ी के जाले का महत्व : पूरे अनुच्छेद में जालों से मकड़ियों को मिलने वाले तीन मुख्य लाभों अंडे सुरक्षित रखने, खतरे से छिपने और भोजन पकड़ने पर जोर दिया गया है, जिससे स्पष्ट होता है कि अनुच्छेद मकड़ी के जाले के महत्त्व पर केंद्रित है।

62. (C): वे जल ढूढ़ते हैं—अनुच्छेद में मकड़ियों के जाल का उपयोग केवल अंडे सुरक्षित रखने, छिपने और

भोजन पकड़ने के लिए बताया गया है, इसमें जल ढूढ़ने का कोई उल्लेख नहीं है, अतः यह कथन सही नहीं है।

63. (A): 'फँसा' शब्द जाल में अटककर निकल न पाने के भाव को दर्शाता है, जिसका सबसे निकट समानार्थी 'चिपका' है, जो जाल से जुड़ जाने और फँस जाने का अर्थ स्पष्ट करता है।

64. (C): मकड़ियाँ अपने जाले में हुई कंपन को महसूस करके जान लेती हैं कि कोई कीड़ा फँस गया है, जिससे वे तुरंत सक्रिय हो जाती हैं।

65. (A): अनुच्छेद के अंत में 'अस्तित्व' शब्द से तात्पर्य मकड़ियों के बने रहने और जीने की प्रक्रिया से है, जिसके लिए जाले अत्यंत महत्वपूर्ण हैं।

66. (D): अनुच्छेद में पुस्तकों को ''मानव प्रयत्नों के सर्वाधिक समय तक रहने वाले उत्पाद'' कहा गया है, क्योंकि मंदिर ढह जाते हैं, चित्र और मूर्तियाँ क्षय हो जाती हैं, जबकि पुस्तकों में संरक्षित महान विचार लंबे समय तक अक्षुण्ण रहते हैं, जिससे वे मानवता के लिए अत्यंत उपयोगी सिद्ध होती हैं।

67. (B): अनुच्छेद में उल्लेख है कि अच्छी पुस्तकें महान विचारों को नष्ट नहीं होने देतीं; ये विचार आज भी उतने ही ताजा हैं जितने लेखक के मन में थे। इसी गुण के कारण वे समय के परीक्षण में बची रहती हैं।

68. (D): 'अनुचित' शब्द का अर्थ 'जिसमें उचित गुणों का अभाव हो' है; इसका निकटतम समानार्थी 'अनुपयुक्त' है, जिसका आशय भी 'उपयुक्तता के अभाव' से है।

69. (B): अनुच्छेद के अनुसार, अच्छी पुस्तकों ने जीवन के अनेक क्षेत्रों में मनुष्य की सदा सहायता की है, इसी कारण विश्व अपनी पुस्तकों को इतनी सावधानी से सुरक्षित रखता है।

70. (A): 'ढहना' का तात्पर्य किसी भवन या संरचना के गिरकर बिखर जाने से है, जैसा कि अनुच्छेद में मंदिरों के ढहने के संदर्भ में आया है।

71. (D): सुनहरा बाज अपने निवास के लिए उत्तरी गोलार्ध के खुले क्षेत्रों को चुनता है, जैसा कि अनुच्छेद में स्पष्ट रूप से उल्लेखित है।

72. (D): युवा पक्षियों में मादा पक्षी सामान्यतः नर के समान होती हैं, परन्तु अक्सर उनके आकार में वृद्धि दिखाई देती है, जिससे मादा की पहचान उनके बड़े आकार से होती है।

73. (A): घोंसला बनाने के लिए पक्षी खुले क्षेत्रों में पेड़ों या चट्टानों की दीवारों पर अपना घोंसला बनाता है, जिससे उन्हें पर्याप्त जगह मिलती है।

74. (C): 'शानदार' शब्द का अर्थ अत्यंत मनोहर और उत्कृष्ट होता है, जिसका निकटतम पर्यायवाची शब्द 'भव्य' है।

75. (B): 'विशाल' के विलोम के रूप में 'छोटा' और 'नन्हा' स्पष्ट हैं, जबकि 'विस्तृत' का अर्थ विशाल के समान ही होता है, अतः यह विलोम नहीं है।

76. (B): रोबोट के वर्णन में बताया गया है कि वह न थकता है, अतः 'थका' का अर्थ होता है थक जाना, जिसका समानार्थी 'निढाल' है।

77. (B): कम्प्यूटर द्वारा दिए गए निर्देशों का पालन करते हैं: रोबोट अपने कम्प्यूटर से प्राप्त निर्देशों के अनुसार कार्य करते हैं, जिससे उनमें मानवीय भूल की गुंजाइश नहीं रहती। यंत्र होने का तथ्य तो सत्य है (जैसा विकल्प (A) में दिया गया है), परन्तु मुख्य कारण यह है कि वे कम्प्यूटर के निर्देशों का सटीक पालन करते हैं, जिसके कारण वे गलतियाँ नहीं करते हैं।

78. (D): अनुच्छेद में रोबोट के विभिन्न उपयोग जैसे कारें बनाना, खतरनाक स्थानों का अन्वेषण, घर की साफ-सफाई, तथा टेलीफोन कॉल का उत्तर देने का उल्लेख है, पर बच्चों को पढ़ाने का कोई जिक्र नहीं है।

79. (B): 'खतरनाक' का अर्थ जोखिमपूर्ण या असुरक्षित होता है, और इसका विपरीतार्थक शब्द 'सुरक्षित' है, जिसका अर्थ होता है जोखिम से मुक्त।

80. (D): अधिकांश रोबोट मानव जैसे दिखाई देते हैं: अनुच्छेद में स्पष्ट रूप से कहा गया है कि कुछ रोबोट मानव जैसे दिखते हैं, जबकि अधिकांश रोबोट मशीनों के समान होते हैं, अतः यह कथन सही नहीं है।

पिछले प्रश्न-पत्र

जवाहर नवोदय विद्यालय

कक्षा-VI प्रवेश परीक्षा, 2024*

खण्ड-I : मानसिक योग्यता परीक्षण

भाग-I

निर्देश (प्र.सं. 1 से 4 तक) : *प्रत्येक प्रश्न में चार चित्र (A), (B), (C) और (D) दर्शाए गए हैं। इन चार चित्रों में से तीन चित्र किसी विधि से एकसमान हैं, जबकि एक चित्र अन्य से भिन्न है। अन्य से भिन्न चित्र का चयन करें।*

1.

A. B. C. D.

2.

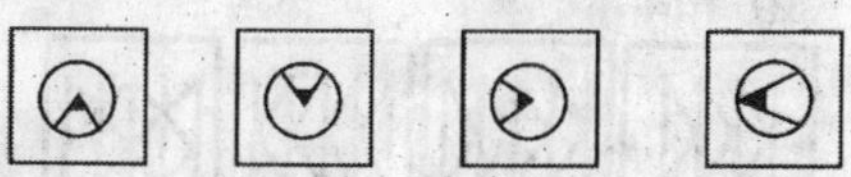

A. B. C. D.

3.

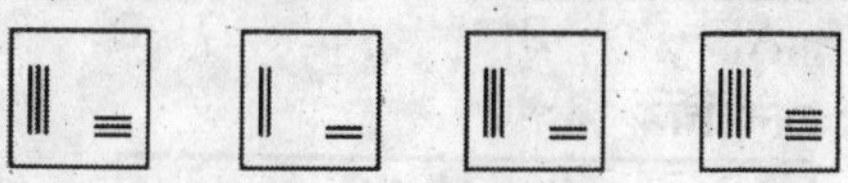

A. B. C. D.

4.

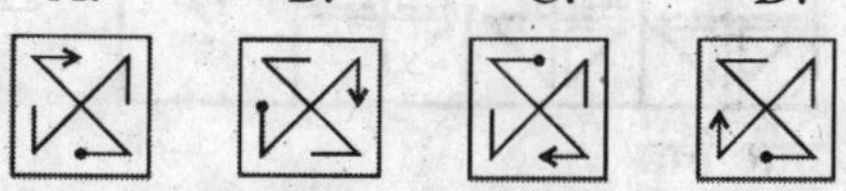

A. B. C. D.

भाग-II

निर्देश (प्र.सं. 5 से 8 तक) : *निम्नलिखित में, बाईं ओर एक प्रश्न चित्र दिया गया है तथा दाईं ओर (A), (B), (C) और (D) से चिह्नित चार उत्तर चित्र दिए गए हैं। उत्तर चित्रों से प्रश्न चित्र के समरूप चित्र को चुनें।*

5. प्रश्न चित्र

उत्तर चित्र

A. B. C. D.

6. प्रश्न चित्र

उत्तर चित्र

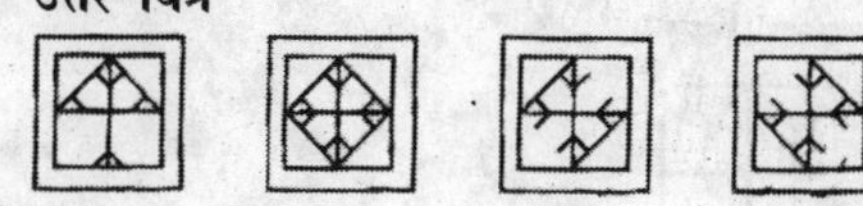

A. B. C. D.

7. प्रश्न चित्र

उत्तर चित्र

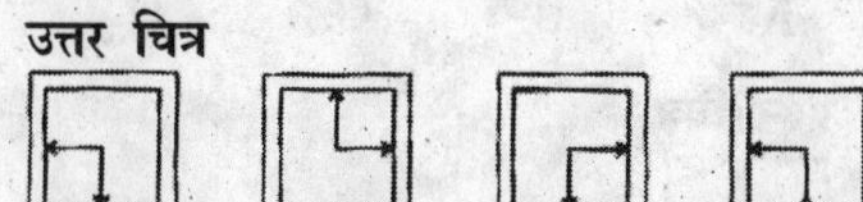

A. B. C. D.

8. प्रश्न चित्र

उत्तर चित्र

A. B. C. D.

1. B	**2.** D	**3.** C	**4.** D	**5.** B	**6.** B	**7.** D	**8.** D

*Exam held on 20/1/2024

भाग-III

निर्देश (प्र.सं. 9 से 12 तक) : *दिए गए प्रश्नों में एक चित्र दिया गया है, जिसका एक भाग लुप्त दर्शाया गया है। दाईं ओर दिए गए उत्तर चित्र (A), (B), (C) और (D) पर गौर करें तथा उस उत्तर चित्र का पता लगाएँ जिसको बिना दिशा परिवर्तन के प्रश्न चित्र के पैटर्न को पूरा करने के लिए प्रश्न चित्र के लुप्त भाग में बिठाया जा सके।*

9. प्रश्न चित्र

उत्तर चित्र

A. B. C. D.

10. प्रश्न चित्र

उत्तर चित्र

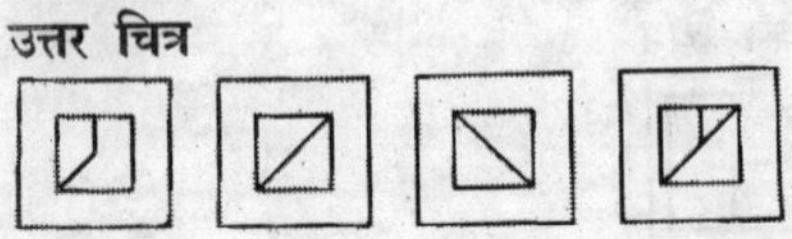

A. B. C. D.

11. प्रश्न चित्र

उत्तर चित्र

A. B. C. D.

12. प्रश्न चित्र

उत्तर चित्र

A. B. C. D.

भाग-IV

निर्देश (प्र.सं. 13 से 16 तक) : *दिये गए प्रश्नों में तीन प्रश्न चित्र दर्शाए गए हैं तथा चौथे चित्र के लिए स्थान छोड़ा गया है। प्रश्न चित्र श्रेणीक्रम में है। श्रेणीक्रम को पूरा करने के लिए उपलब्ध उत्तर चित्रों में से एक चित्र का चयन करें जिसे प्रश्न चित्र के खाली स्थान में प्रतिस्थापित किया जा सके।*

13. प्रश्न चित्र

उत्तर चित्र

A. B. C. D.

14. प्रश्न चित्र

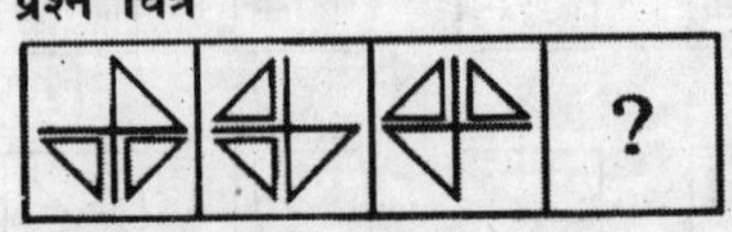

उत्तर चित्र

A. B. C. D.

15. प्रश्न चित्र

उत्तर चित्र

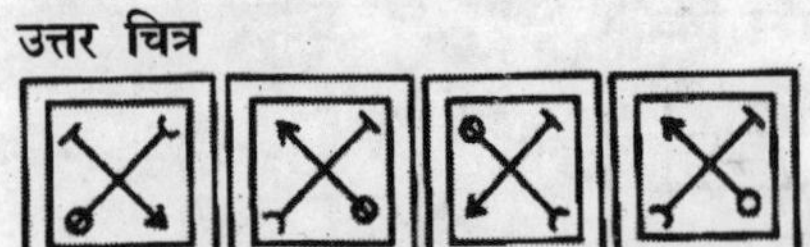

A. B. C. D.

9. C	**10.** D	**11.** A	**12.** B	**13.** B	**14.** B	**15.** A

16. प्रश्न चित्र

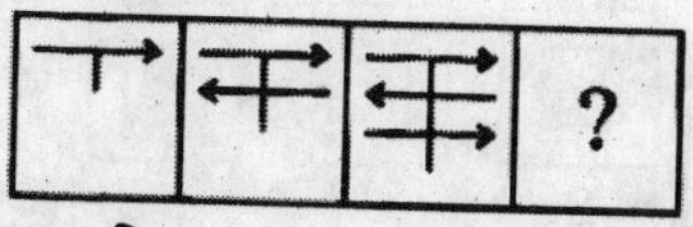

उत्तर चित्र

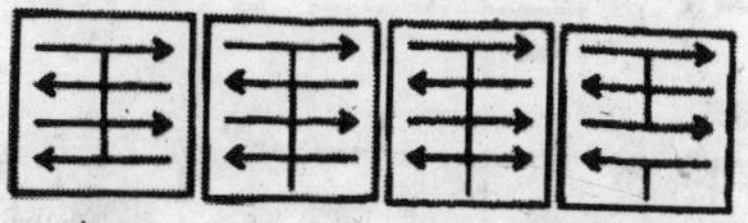

A. B. C. D.

भाग-V

निर्देश (प्र.सं. 17 से 20 तक) : *प्रत्येक प्रश्न में दो प्रश्न चित्रों के दो सेट दिए गए हैं। दूसरे सेट में एक प्रश्न चिह्न (?) है। प्रथम सेट के दो प्रश्न चित्रों में एक निश्चित संबंध है। इसी तरह का संबंध दूसरे सेट के तीसरे तथा चौथे चित्र में भी होना आवश्यक है। उत्तर चित्रों का चयन करें जो प्रश्न चिह्न को प्रतिस्थापित करेगा।*

17. प्रश्न चित्र

उत्तर चित्र

A. B. C. D.

18. प्रश्न चित्र

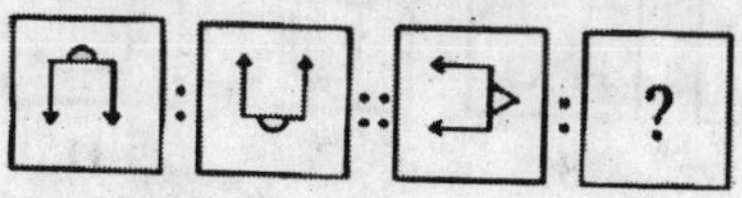

उत्तर चित्र

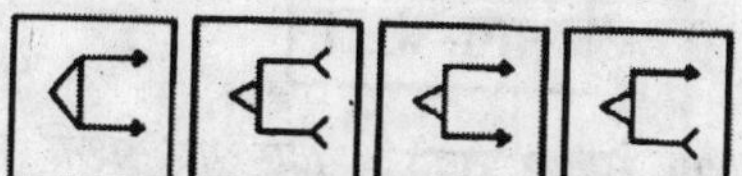

A. B. C. D.

19. प्रश्न चित्र

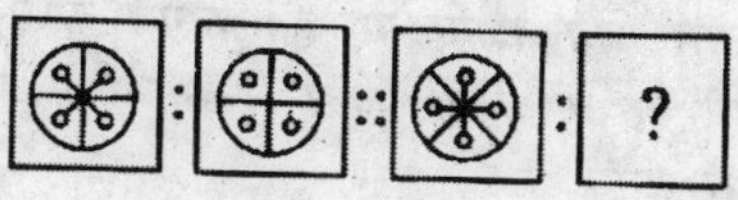

उत्तर चित्र

A. B. C. D.

20. प्रश्न चित्र

उत्तर चित्र

A. B. C. D.

भाग-VI

निर्देश (प्र.सं. 21 से 24 तक) : *प्रश्न चित्र के रूप में ज्यामितीय चित्र (त्रिभुज, वर्ग, वृत्त) के एक भाग को दर्शाया गया है तथा नीचे की ओर दूसरे भाग को चार उत्तर चित्रों के रूप में (A), (B), (C) और (D) से दर्शाया गया है। नीचे के चित्र से ज्यामितीय चित्र को पूर्ण करने वाले चित्र को ज्ञात करें।*

21. प्रश्न चित्र

उत्तर चित्र

A. B. C. D.

22. प्रश्न चित्र

उत्तर चित्र

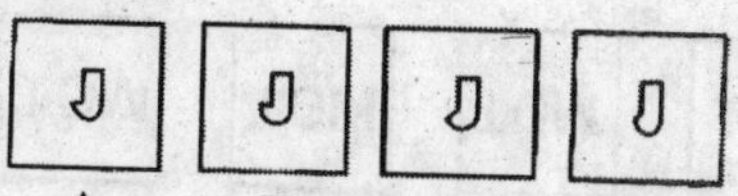

A. B. C. D.

16. B **17.** B **18.** C **19.** C **20.** A **21.** A **22.** C

23. प्रश्न चित्र

उत्तर चित्र

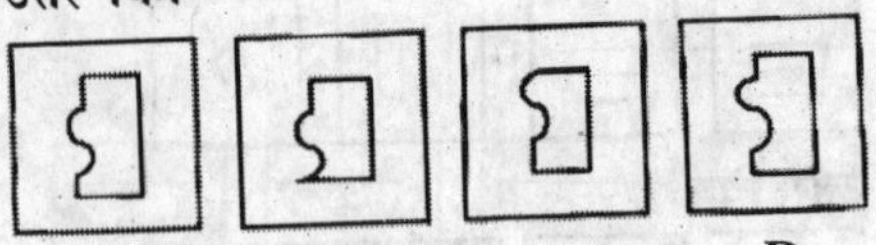

A. B. C. D.

24. प्रश्न चित्र

उत्तर चित्र

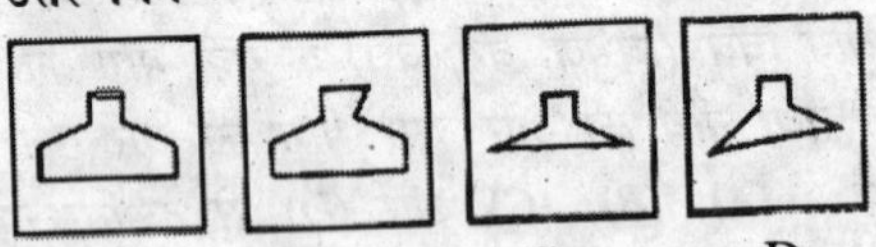

A. B. C. D.

भाग-VII

निर्देश (प्र.सं. 25 से 28 तक) : *दिये गए प्रश्नों में एक प्रश्न चित्र तथा (A), (B), (C) और (D) से चिह्नित चार उत्तर चित्र दर्शाए गए हैं। किसी दर्पण को XY के अनुदिश रखे जाने पर प्रश्न चित्र के सही दर्पण प्रतिबिम्ब को उत्तर चित्र से चुनें।*

25. प्रश्न चित्र

उत्तर चित्र

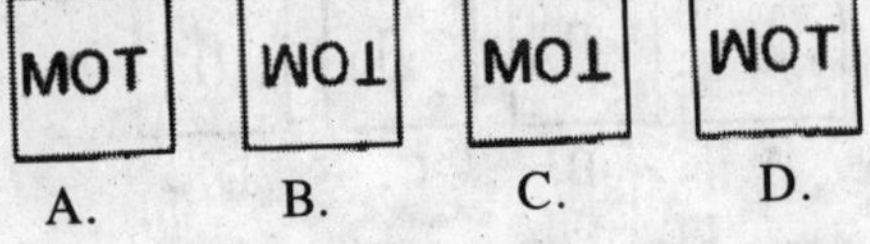

A. B. C. D.

26. प्रश्न चित्र

उत्तर चित्र

A. B. C. D.

27. प्रश्न चित्र

उत्तर चित्र

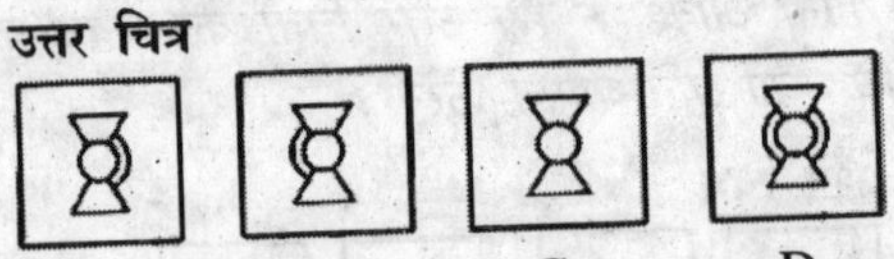

A. B. C. D.

28. प्रश्न चित्र

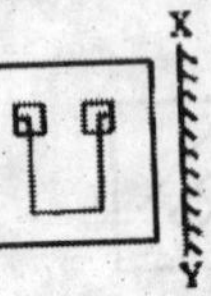

उत्तर चित्र

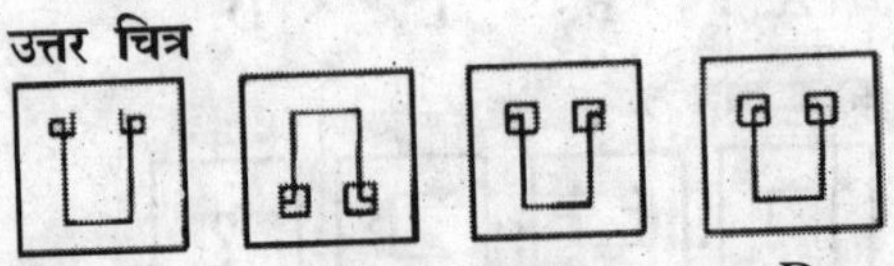

A. B. C. D.

भाग-VIII

निर्देश (प्र.सं. 29 से 32 तक) : *दिए गए प्रश्नों में प्रश्न चित्र में दर्शाए अनुसार कागज के एक टुकड़े को मोड़कर पंच किया गया है तथा (A), (B), (C) और (D) से चिह्नित चार उत्तर चित्र दर्शाए गए हैं। कागज के टुकड़े के तह को खोलने पर वह जिस प्रकार दिखेगा वैसा ही चित्र उत्तर चित्र से चुनें।*

23. B **24.** A **25.** A **26.** A **27.** A **28.** C

29. प्रश्न चित्र

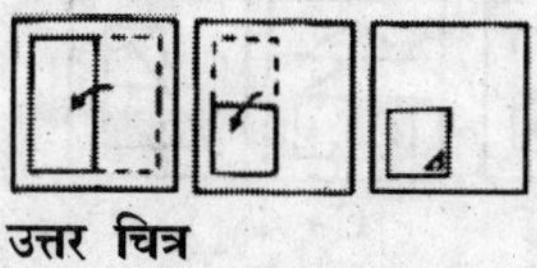

उत्तर चित्र

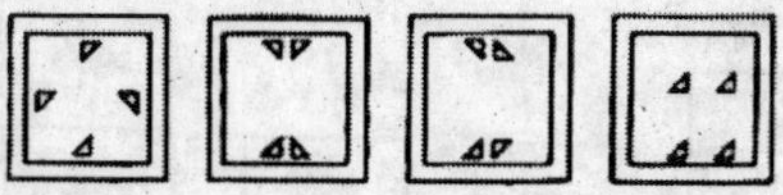

A. B. C. D.

30. प्रश्न चित्र

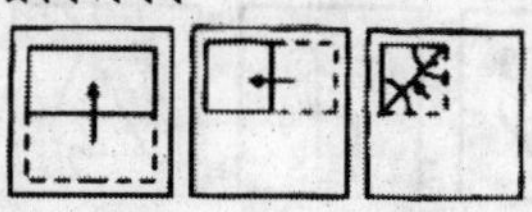

उत्तर चित्र

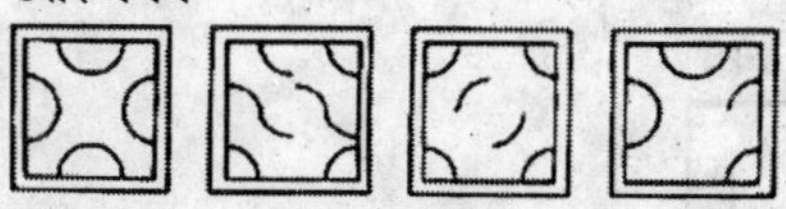

A. B. C. D.

31. प्रश्न चित्र

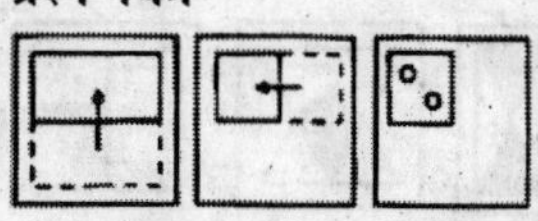

उत्तर चित्र

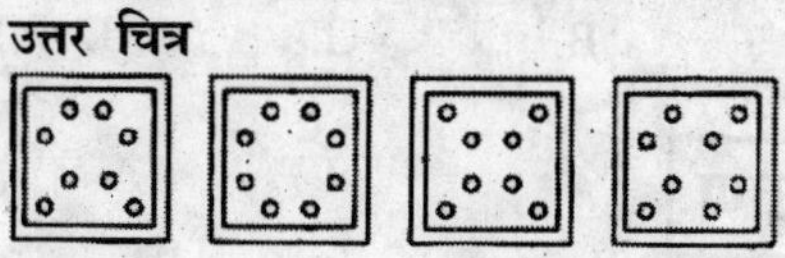

A. B. C. D.

32. प्रश्न चित्र

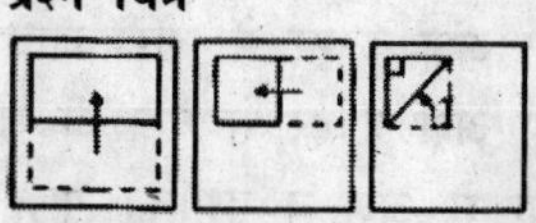

उत्तर चित्र

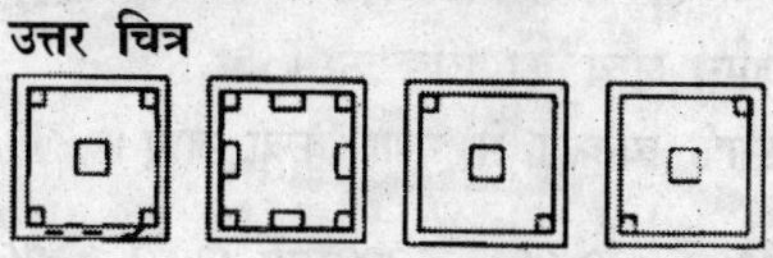

A. B. C. D.

भाग-IX

निर्देश (प्र.सं. 33 से 36 तक) : *दिये गए प्रश्नों में एक प्रश्न चित्र दिया गया है तथा (A), (B), (C) और (D) से चित्रित चार उत्तर चित्र दर्शाए गए हैं। उत्तर चित्र से उस चित्र का चयन करें जिसे प्रश्न चित्र में उपलब्ध कट-आउट टुकड़ों से बनाया जा सकता हो।*

33. प्रश्न चित्र

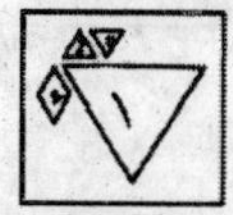

उत्तर चित्र

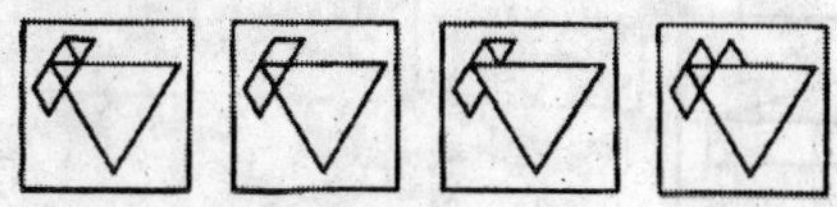

A. B. C. D.

34. प्रश्न चित्र

उत्तर चित्र

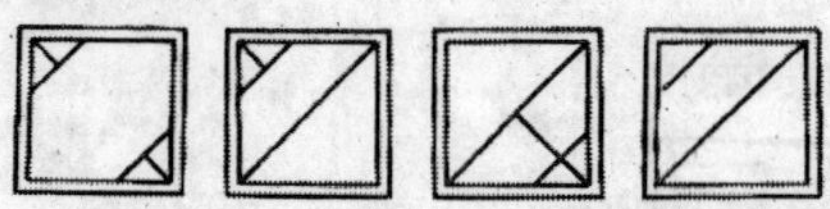

A. B. C. D.

35. प्रश्न चित्र

उत्तर चित्र

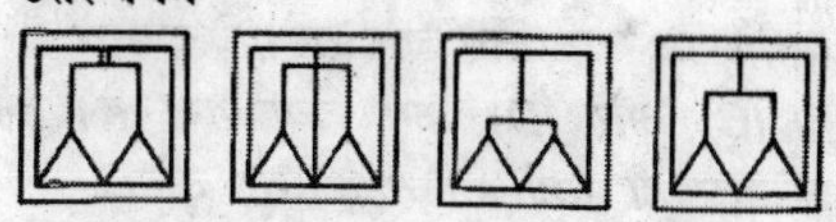

A. B. C. D.

36. प्रश्न चित्र

उत्तर चित्र

A. B. C. D.

29. B	**30.** A	**31.** C	**32.** A	**33.** C	**34.** B	**35.** D	**36.** A

भाग-X

निर्देश (प्र.सं. 37 से 40 तक) : *दिये गए प्रश्नों में एक प्रश्न चित्र तथा (A), (B), (C) और (D) से चिह्नित चार उत्तर चित्र दर्शाए गए हैं। उत्तर चित्रों से उस चित्र को चुनें जिसमें प्रश्न चित्र छिपा/सम्मिलित है।*

37. प्रश्न चित्र

उत्तर चित्र

A. B. C. D.

38. प्रश्न चित्र

उत्तर चित्र

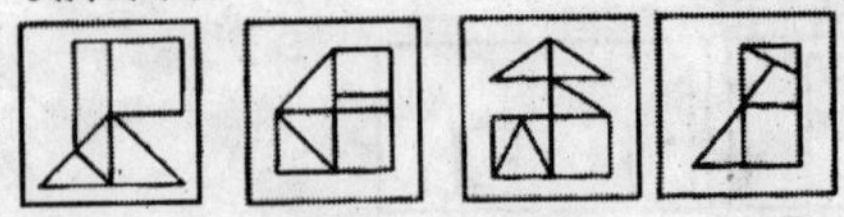

A. B. C. D.

39. प्रश्न चित्र

उत्तर चित्र

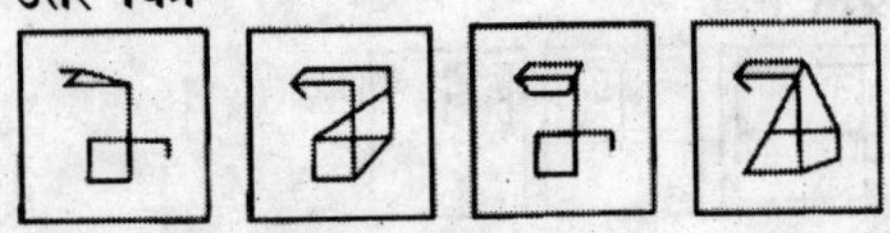

A. B. C. D.

40. प्रश्न चित्र

उत्तर चित्र

A. B. C. D.

खण्ड-II : अंकगणित परीक्षण

निर्देश : *प्रत्येक प्रश्न के लिए चार सम्भावित उत्तर हैं, जिन्हें (A), (B), (C) और (D) क्रम दिया गया है। इनमें से केवल एक उत्तर ही सही है। सही उत्तर चुनें।*

41. यदि हम 1 से 100 तक की सभी संख्याओं को लिखते हैं, तो अंक 9 कितनी बार आएगा?

A. 19 B. 20

C. 21 D. 23

42. 3 अंकों की बड़ी-से-बड़ी संख्या तथा तीन अंकों की छोटी-से-छोटी संख्या जो कि अंक 9, 6 तथा 0 से बनी है, का गुणनफल है :

A. 66240 B. 999000

C. 584640 D. 869760

43. एक भिन्न वही या तुल्य रहती है, यदि :

A. एक ही संख्या अंश व हर में जोड़ी जाए।

B. एक ही संख्या अंश व हर से घटा दी जाए।

C. एक ही संख्या से अंश व हर को गुणा किया जाए, शून्य को छोड़ कर।

D. इसके व्युत्क्रम से गुणा किया जाए।

44. यदि $4392 \div 3.66 = 1200$, तो $439.2 \div 36.6 =$

A. 12

B. 0.12

C. 1.02

D. 1.2

37. C	38. A	39. C	40. A	41. B	42. C	43. C	44. A

45. एक वर्ग का परिमाप उस आयत के परिमाप के समान है जिसकी लंबाई 17 मी. तथा चौड़ाई 11 मी. है। इस वर्ग का क्षेत्रफल (वर्ग मी. में) है :

A. 196 B. 14
C. 187 D. 121

46. 30 किग्रा. मिठाई से $\frac{2}{3}$ किग्रा. भार के कितने मिठाई के पैकेट बनाए जा सकते हैं?

A. 20 B. 30
C. 40 D. 45

47. एक आयताकार प्लॉट का क्षेत्रफल 616 वर्ग मीटर है और इसकी चौड़ाई 22 मीटर है। इसके चारों ओर ₹ 7.50 प्रति मीटर की दर से बाड़ लगवाने का खर्च है :

A. ₹ 1,500 B. ₹ 375
C. ₹ 4,620 D. ₹ 750

48. यदि $\frac{a}{b}$ एक भिन्न है, जहाँ $a = b - 3$ तथा $\frac{a+10}{b} - \frac{a}{b} = \frac{10}{7}$ है, तो $\frac{a}{b}$ है :

A. $\frac{8}{11}$ B. $\frac{2}{5}$
C. $\frac{4}{7}$ D. $\frac{5}{8}$

49. $31\frac{7}{16}$ को दशमलव में परिवर्तित करने पर आता है :

A. 314.375 B. 3.14375
C. 31.4375 D. 31.475

50. यदि एक वर्ग की प्रत्येक भुजा एक-तिहाई हो जाए, तो वर्ग का क्षेत्रफल हो जाएगा :

A. एक-सातवाँ B. एक-तिहाई
C. एक-आठवाँ D. एक-नवाँ

51. एक वस्तु को ₹ 2,540 में बेचने पर जो लाभ प्राप्त होता है, वह उस वस्तु को ₹ 1,850 में बेचने पर जो हानि होती है, उसके बराबर है। वस्तु का क्रय मूल्य है :

A. ₹ 2,095 B. ₹ 2,195
C. ₹ 2,010 D. ₹ 2,020

52. एक मशीन 1 मिनट में 12 पृष्ठ छाप सकती है। 5760 पृष्ठों को छापने में कितना समय लगेगा?

A. 7 घंटे B. 8 घंटे
C. $8\frac{1}{2}$ घंटे D. 9 घंटे

53. एक पुस्तक का क्रय मूल्य ₹ 100 है। एक दुकानदार ऐसी 3 पुस्तकों को ₹ 275 में बेचता है। उसका लाभ या हानि क्या है?

A. ₹ 175 का लाभ B. ₹ 25 का लाभ
C. ₹ 175 की हानि D. ₹ 25 की हानि

54. $5\frac{3}{8} \times 8\frac{1}{8} - 3\frac{1}{8} \times 5\frac{5}{8}$ को हल करने पर प्राप्त होता है (लगभग) :

A. 25 B. 26
C. 27 D. 30

55. 30009 का मान वही है जो कि :

A. 30 दस हजार तथा 9 दहाई का
B. 30 हजार तथा 9 सैंकड़े का
C. 3 दस हजार तथा 9 इकाई का
D. 3 दस हजार तथा 9 दहाई का

56. सुमित का भार 107 किग्रा है तथा संजय का भार 82 किग्रा है। दोनों के भार का सन्निकटन द्वारा निकटतम दहाई के मान का अन्तर है :

A. 30 किग्रा B. 100 किग्रा
C. 40 किग्रा D. 20 किग्रा

57. यदि दो कोणों का योगफल एक अधिक कोण है, तो निम्न में से कौन-सा संभव **नहीं** है?

A. एक समकोण तथा एक न्यून कोण
B. एक अधिक कोण तथा एक न्यून कोण
C. दो न्यून कोण
D. दो समकोण

45. A	**46.** D	**47.** D	**48.** C	**49.** C	**50.** D	**51.** B
52. B	**53.** D	**54.** B	**55.** C	**56.** A	**57.** D	

58. एक संख्या के अंकों का जोड़ संख्या से घटाया जाता है। परिणामी संख्या सर्वदा भाज्य होगी :

A. 2 से
B. 7 से
C. 5 से
D. 9 से

59. आकृति में, $\angle AOB$, $\angle BOC$, $\angle COD$ तथा $\angle DOE$ के माप क्रमशः हैं :

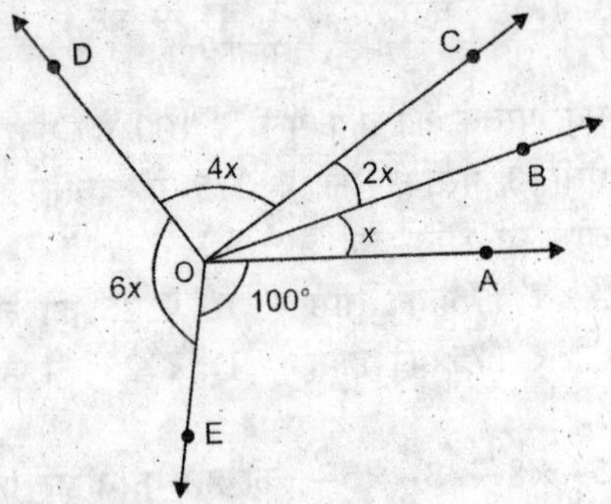

A. 20°, 40°, 80°, 120°
B. 30°, 30°, 70°, 130°
C. 40°, 30°, 120°, 70°
D. 50°, 20°, 80°, 110°

60. दिया गया दण्ड चार्ट विभिन्न देशों की क्रिकेट टीमों द्वारा एक वर्ष में खेले गए मैचों की संख्या दर्शाता है। ऑस्ट्रेलिया की टीम ने पाकिस्तान की टीम से कितने मैच अधिक खेले?

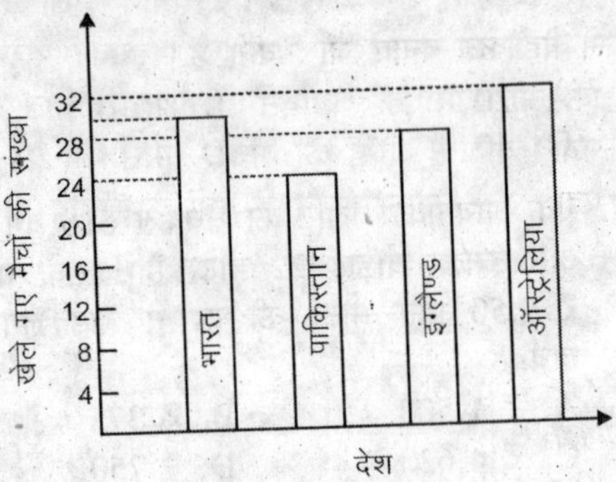

A. 8
B. 2
C. 4
D. 6

खण्ड-III : भाषा परीक्षण

निर्देश : *इस खण्ड में चार अनुच्छेद हैं। प्रत्येक अनुच्छेद पर पाँच प्रश्न हैं। प्रत्येक अनुच्छेद को सावधानी से पढ़ें और उसके नीचे दिए गए प्रश्नों के उत्तर दें। प्रत्येक प्रश्न के चार संभावित उत्तर दिए गए हैं, जिनकी क्रम संख्या (A), (B), (C) और (D) है। इनमें से केवल एक उत्तर ही सही है। सही उत्तर चुनें।*

अनुच्छेद-1

कृतज्ञता ज्ञापन एक बहुत बड़ा सद्‌गुण है जो प्रत्येक मनुष्य में होना चाहिए। यह एक अनुभूति है जिसके द्वारा हम किसी के प्रति धन्यवाद अभिव्यक्त करते हैं। हम अनेक रूपों में अपनी कृतज्ञता ज्ञापित कर सकते हैं। हम अपने विचारों, शब्दों, और कार्यों में कृतज्ञ हो सकते हैं। जब हम 'धन्यवाद' कहते हैं उसका अर्थ होगा हम उसके 'कृतज्ञ' हैं। हमें उन सबके प्रति कृतज्ञ होना चाहिए जो हमारे लिए सहायक हैं। हमें ईश्वर के प्रति कृतज्ञ होना चाहिए क्योंकि उसने हमें अनेक अच्छी वस्तुएँ प्रदान कीं। हमें उसके अपने हृदय के अंतरतम से धन्यवाद देना चाहिए।

61. 'धन्यवाद' का अर्थ है कि हम .... हैं।

A. उच्च
B. उदास
C. दुःखी
D. कृतज्ञ

62. महान सद्‌गुण क्या है?

A. क्रूरता प्रदर्शन
B. कृतज्ञता प्रदर्शन
C. दुःख व्यक्त करना
D. कष्ट बताना

63. अपने .... में भी काई कृतज्ञ हो सकता है।

A. सद्‌गुणों
B. कर्तव्यों
C. विचारों
D. आमदनी

64. 'सहायक' शब्द .... है।

A. संज्ञा
B. सर्वनाम
C. क्रिया
D. विशेषण

65. 'सद्‌गुण' का अर्थ है ....।

A. गुण
B. नायकवाद (वीरता)
C. बुराई
D. शांति

58. D **59.** A **60.** A **61.** D **62.** B **63.** C **64.** D **65.** A

अनुच्छेद-2

आपने सामाजिक कार्यकर्ता और महान पर्यावरणवादी सुंदरलाल बहुगुणा के बारे में अवश्य सुना होगा। उनका जन्म उत्तराखंड के एक छोटे-से गाँव में हुआ था। उनका गाँव ऊँची पहाड़ियों पर हरे-भरे वनों से घिरा हुआ था। वन मूल्यवान वृक्षों से भरे हुए थे। खेल का सामान बनाने वाली अनेक कंपनियों ने पेड़ों की कटाई शुरू कर दी। इसका परिणाम यह हुआ कि आस-पास के क्षेत्रों में विनाशकारी बाढ़ आनी शुरू हो गयी। बाढ़ से लोगों को अनेक समस्याओं का सामना करना पड़ा। उन्हें अपने जीवन में वनों का महत्व समझ में आया।

66. सुंदरलाल बहुगुणा एक महान .... थे।
A. पर्यावरणवादी B. वैज्ञानिक
C. अध्यापक D. चिकित्सक

67. उनका गाँव .... घिरा हुआ था।
A. गहरे वनों से B. भूरे वनों से
C. हरे-भरे वनों से D. सूखे वनों से

68. वनों की कटाई के परिणामस्वरूप .... आने लगी।
A. विनाशकारी बाढ़ B. बाढ़द्वार
C. अनावृष्टि D. तीव्र रोशनी

69. 'सुंदरलाल बहुगुणा' .... संज्ञा है।
A. जातिवाचक B. समूहवाचक
C. भाववाचक D. व्यक्तिवाचक

70. 'मूल्यवान' .... का पर्यायवाची है।
A. घृणास्पद B. अप्रिय
C. अमूल्य (अनमोल) D. अनुपयोगी

अनुच्छेद-3

वैज्ञानिक और चिकित्सक हमारे शरीर के विभिन्न तंत्रों और अंगों पर टी.वी. के खतरनाक प्रभावों के बारे में चेतावनी देते हैं। प्रत्येक व्यक्ति प्रतिदिन औसत तीन से चार घंटे टी.वी. देखता है जिससे हमारी दृष्टि कमजोर होती है। बच्चों पर सबसे अधिक प्रभाव पड़ता है क्योंकि वे निकट से टी.वी. देखते हैं जो अधिक हानिकारक है। इसके परिणामस्वरूप सिरदर्द की सामान्य शिकायतें आती हैं।

लंबे समय तक टी.वी. देखना हमारे शारीरिक और मानसिक स्वास्थ्य के लिए हानिकारक है। नृत्य, संगीत, लड़ाई के विभिन्न कार्यक्रमों की ऊँची आवाज से बहरापन आ सकता है। एक ही मुद्रा में लगातार टी.वी. देखने से जोड़ों में दर्द, पीठ में दर्द और मांसपेशियों में दर्द होता है। टी.वी. देखते हुए खाना खाने से हमारी पाचन क्रिया ढीली हो जाती है और मोटापा बढ़ता है। आतंक और हिंसा के दृश्यों से युवकों में मनोवैज्ञानिक समस्याएँ जन्म लेती हैं।

71. लंबे समय तक लगातार टी.वी. देखने से हमारा/हमारी .... प्रभावित **नहीं** होता/होती है।
A. मानसिक स्वास्थ्य B. ऊँचाई
C. पाचन क्रिया D. भार

72. 'आतंक और हिंसा के दृश्यों से युवकों में मनोवैज्ञानिक समस्याएँ जन्म लेती हैं।' 'मनोवैज्ञानिक समस्याओं' का संबंध .... से हैं।
A. मानस B. हृदय
C. पाचन तंत्र D. श्रवण क्षमता

73. टी.वी. देखने का प्रभाव बच्चों की दृष्टि पर सबसे अधिक पड़ता है, क्योंकि ....।
A. उनकी पाचन क्रिया ढीली हो जाती है
B. टी.वी. देखते हुए वे गलत मुद्रा में बैठते हैं
C. वे टी.वी. को बहुत निकट से देखते हैं
D. वे टी.वी. देखते हुए खाना खाते हैं

74. 'ढीली' का समानार्थी शब्द है ....।
A. शक्तिपूर्ण B. व्यस्त
C. धीरे D. तीव्र

75. अनुच्छेद में प्रयुक्त 'हानिकारक' शब्द का विलोम है .....।
A. क्षतिकर B. निराशाजनक
C. उपयोगी D. खतरनाक

अनुच्छेद-4

विनम्रता एक महान गुण है। इसका अभिप्राय है विनम्र, कोमल और सुशील होना। यह घमंडी होने के उलट है। यह स्वयं पर नियंत्रण रखने की गुणवत्ता है। ऐसा व्यक्ति जिद्दी नहीं होता। वह दूसरों से सलाह लेता है और उनके अनुभव से सीखता है। वह अपना स्वयं का विशेषज्ञ है। वह आसानी से नाराज नहीं होता। एक विनम्र व्यक्ति अपनी गलतियों और कमियों को मुस्कान के साथ स्वीकार करता है। क्योंकि वह आत्मकेन्द्रित नहीं है इसलिए वह विचारवान है।

66. A	**67.** C	**68.** A	**69.** D	**70.** C	**71.** B	**72.** A	**73.** C	**74.** C	**75.** C

76. विनम्रता एक महान .... है।

A. गुण B. बुराई

C. पाप D. दोष

77. विनम्रता का अभिप्राय है ....।

A. अक्खड़ होना B. सविनय होना

C. क्रूर होना D. दयाहीन होना

78. विनम्र व्यक्ति .... से सीखता है।

A. दूसरों के अनुभव B. स्वयं के अनुभव

C. अध्यापकों के अनुभव D. अभिभावकों के अनुभव

79. 'घमंडी' किसका पर्यायवाची है?

A. विनम्र B. कोमल

C. सुशील D. अक्खड़

80. 'जिद्दी' का विलोम है ....।

A. अटल B. कठोर

C. सहमत D. स्वेछाचारी

व्याख्यात्मक उत्तर

1. (B): विकल्प B विषम है क्योंकि बाकी विकल्पों में एक वर्ग के अंदर 4 वर्गाकार बक्से हैं जबकि विकल्प B में 8 वर्गाकार बक्से हैं।

2. (D): यहाँ विकल्प D अलग है क्योंकि विकल्प D के वृत्त के अंदर का त्रिकोण कोने से शुरू हो रहा है जबकि बाकी विकल्पों में यह बीच से शुरू हो रहा है।

3. (C): विकल्प C बाकी बक्सों से भिन्न है। शेष बक्सों में क्षैतिज और ऊर्ध्वाधर रेखाएं संख्या में मेल खाती हैं जबकि बॉक्स C में वे मेल नहीं खाती हैं।

4. (D): विकल्प D विषम है क्योंकि विकल्प D में प्वाइंट हैन्ड और एरो हैण्ड सभी एक साथ हैं जबकि बाकी विकल्पों में से एक दूसरे के विपरीत हैं।

13. (B): विकल्प B यहां सबसे उपयुक्त है क्योंकि विकल्प B में चार त्रिकोण हैं जो तीन त्रिकोण के बाद आते हैं और वे एक ही आकार में भी हैं।

14. (B): विकल्प B प्रश्न चिह्न के स्थान पर आएगा क्योंकि संबंधित आकृतियां दक्षिणावर्त घूम रही हैं। अतः अगली आकृति विकल्प B में दर्शाया गया है।

15. (A): प्रश्न चिह्न के स्थान पर विकल्प A आएगा क्योंकि आकृतियाँ 90° दक्षिणावर्त घूम रही हैं। अतः अगली आकृति विकल्प A में दर्शाया गया है।

16. (B): प्रश्न चिह्न के स्थान पर विकल्प B आएगा क्योंकि इसके बाद 4 तीर आएंगे। तीर बाएँ दाएँ जा रहे हैं और विकल्प B इसके साथ सबसे अच्छा संरेखित है।

17. (B): विकल्प B प्रश्न चिह्न के स्थान पर आएगा क्योंकि छवियों में पहली आकृति दूसरी आकृति प्राप्त करने के लिए 180° घूम रही है, उसी प्रकार तीसरी आकृति भी उत्तर आकृति B प्राप्त करने के लिए 180° घूम जाएगी।

18. (C): प्रश्न चिह्न के स्थान पर विकल्प C आएगा क्योंकि पहली छवि दूसरी छवि के विपरीत है उसी प्रकार तीसरी छवि के विपरीत विकल्प C आएगा।

19. (C): विकल्प C प्रश्न चिह्न के स्थान पर आएगा क्योंकि पहली छवि में सभी बिंदु एक कनेक्टिंग लाइन के साथ केंद्र से जुड़े हुए हैं और दूसरी छवि में रेखा हटा दी गई है। विकल्प C भी तीसरी छवि के लिए यही दर्शाता है।

20. (A): पहली और दूसरी छवियां समान हैं और विकल्प A भी तिसरी छवि के समान है। तो प्रश्न चिह्न के स्थान पर विकल्प A आएगा।

41. (B): 1 से 100 तक में 9 अंक वाली संख्या :
9,19,29,39,49,59,69,79,89,90,91,92,93,94, 95,96,97,98,99
अतः (अंक 9), 20 बार आएगा।

42. (C): दिए गए अंक 9, 6, 0 से बनी 3 अंकों की बड़ी-से-बड़ी संख्या = 960
तथा 3 अंकों की छोटी से छोटी संख्या = 609
अतः अभीष्ट गुणनफल = 960 × 609 = 584640

44. (A): दिया है,

$$4392 \div 3.66 = \frac{4392.00}{3.66} = \frac{439200}{366}$$
$$= 1200$$

76. A	77. B	78. A	79. D	80. C

$\therefore\ 439.2 \div 36.6 = \frac{439.2}{36.6} = \frac{4392}{366} = 12$

45. (A): आयत का परिमाप = 2(लंबाई + चौड़ाई)
$= 2(17 + 11) = 2 \times 28 = 56$ मी.
दिया है, वर्ग का परिमाप = आयत का परिमाप = 56 मी.
$\Rightarrow$ 4(भुजा) = 56 मी. $\Rightarrow$ भुजा = 14 मी.
अतः वर्ग का क्षेत्रफल = $(\text{भुजा})^2 = (14)^2 = 196$ मी.^{2}

46. (D): मिठाई के पैकेटों की संख्या $= \frac{30}{\frac{2}{3}} = 30 \times \frac{3}{2}$
$= 15 \times 3 = 45$

47. (D): आयताकार प्लॉट का क्षेत्रफल = 616 वर्ग मीटर
$\Rightarrow$ लंबाई $\times$ चौड़ाई = 616
$\Rightarrow$ लंबाई $\times$ 22 मी. = 616 वर्ग मीटर
$\Rightarrow$ लंबाई $= \frac{616}{22} = \frac{56}{2} = 28$ मीटर
अब आयताकार प्लॉट का परिमाप = 2(लंबाई + चौड़ाई)
$= 2(28 + 22) = 2(50) = 100$ मीटर
अतः इसके चारो ओर बाड़ लगवाने का खर्च
= 100 × ₹ 7.50 = ₹ 750

48. (C): दिया है, $\frac{a}{b}$ एक भिन्न है, जहाँ $a = b - 3$

$\therefore\ \frac{a+10}{b} - \frac{a}{b} = \frac{10}{7} \Rightarrow \frac{a+10-a}{b} = \frac{10}{7}$

$\Rightarrow\ \frac{10}{b} = \frac{10}{7} \Rightarrow b = 7$

$\therefore\ a = b - 3 = 7 - 3 = 4$

$\therefore\ \frac{a}{b} = \frac{4}{7}$

49. (C): $31\frac{7}{16} = 31.4375$

50. (D): माना एक वर्ग की प्रत्येक भुजा = x इकाई
तब, क्षेत्रफल = x^2 वर्ग इकाई
अब, प्रत्येक भुजा $= \frac{1}{3}x$ इकाई
$\therefore$ नया क्षेत्रफल $= \frac{1}{9}x^2$ वर्ग इकाई
अतः वर्ग का क्षेत्रफल एक-नवाँ हो जाएगा।

51. (B): माना वस्तु का क्रय मूल्य ₹ x है।
तब, लाभ = वि.मू. - क्र.मू. = ₹ 2540 - x
और हानि = क्र.मू. - वि.मू. = ₹ 1850 - x
प्रश्नानुसार,
₹ 2540 - x = x - ₹ 1850
$\Rightarrow 2540 + 1850 = x + x$
$\Rightarrow 4390 = 2x \Rightarrow x =$ ₹ 2195
अतः वस्तु का क्रयमूल्य ₹ 2195 है।

52. (B): 1 मशीन 1 मिनट में 12 पृष्ठ छाप सकती है।
$\therefore$ 5760 पृष्ठ को छापने में लगा समय
$= \frac{5760}{12}$ मिनट = 480 मिनट
$= \frac{480}{60}$ घंटे = 8 घंटे

53. (D): 1 पुस्तक का क्र.मू. = ₹ 100
$\therefore$ 3 पुस्तकों का क्र.मू. = 3 × ₹ 100 = ₹ 300
और 3 पुस्तकों का वि.मू. = ₹ 275
$\therefore$ हानि = क्र.मू. - वि.मू.
= 300 - 275 = ₹ 25

54. (B): $5\frac{3}{8} \times 8\frac{1}{8} - 3\frac{1}{8} \times 5\frac{5}{8}$

$= \frac{43}{8} \times \frac{65}{8} - \frac{25}{8} \times \frac{45}{8} = \frac{43 \times 65}{64} - \frac{25 \times 45}{64}$

$= \frac{5}{64}(43 \times 13 - 5 \times 45)$

$= \frac{5}{64}(559 - 225) = \frac{5}{64}(334)$

$= \frac{1670}{64} = 26.03 = 26$ (लगभग)

55. (C): 30009 = 3 दस हजार तथा 9 इकाई

58. (D): एक संख्या के अंकों का जोड़ संख्या से घटाया जाता है। परिणामी संख्या सर्वदा 9 से भाज्य होगी।
उदाहरणार्थ माना कोई संख्या = 708
तब, 708 - (7 + 8) = 708 - 15 = 693
= 77 × 9
और माना कोई संख्या = 1008
तब, 1008 - (1 + 0 + 0 + 8)
= 1008 - 9 = 999 = 111 × 9

59. (A): दिए गए आकृति में
$\angle AOB + \angle BOC + \angle COD + \angle DOE + \angle AOE = 360°$
$\Rightarrow x + 2x + 4x + 6x + 100 = 360°$
$\Rightarrow 13x = 360 - 100 = 260°$

$\Rightarrow \quad x = 20$

$\Rightarrow \quad \angle AOB = x = 20°$

$\Rightarrow \quad \angle BOC = 2x = 2 \times 20 = 40°$

$\Rightarrow \quad \angle COD = 4x = 4 \times 20 = 80°$

तथा $\quad \angle DOE = 6x = 6 \times 20 = 120°$

60. (A): दिए गए दण्ड चार्ट से
ऑस्ट्रेलिया द्वारा खेले गए मैंचों की संख्या = 32
और पाकिस्तान द्वारा खेले गए मैंचों की संख्या = 24
अतः ऑस्ट्रेलिया की टीम ने पाकिस्तान की टीम से $32 - 24 = 8$ मैच अधिक खेले।

61. (D): अनुच्छेद में कहा गया है कि "कृतज्ञता ज्ञापन एक बहुत बड़ा सद्गुण है जो प्रत्येक मनुष्य में होना चाहिए। यह एक अनुभूति है जिसके द्वारा हम किसी के प्रति धन्यवाद व्यक्त करते हैं।" अर्थात् धन्यवाद से आशय कृतज्ञ होने से है।

62. (B): दिए गए अनुच्छेद के आरम्भ में ही स्पष्ट किया है कि "कृतज्ञता ज्ञापन एक बहुत बड़ा सद्गुण है जो प्रत्येक मनुष्य में होना चाहिए।" इस पूरे अंश में कृतज्ञता को विशाल कैनवास पर उसकी महिमा को प्रदर्शित किया गया है। लेखक इसे महान गुणों से पूर्ण आचरण के हिस्से से जोड़ता है। लेखक के अनुसार यह किसी के प्रति धन्यवाद ज्ञापन का एक बेहतरीन तरीका है।

63. (C): 'कृतज्ञता' अमूर्त शब्द है। यह दिखती नहीं, लेकिन महसूस की जा सकती है। यह हमारी विचारधारा और आचरण का पवित्र हिस्सा है। हमें चाहिए कि उन सभी लोगों के प्रति कृतज्ञ रहें जो हमारे शुभचिंतक हैं।

65. (A): सद्गुण का अर्थ है–अच्छा गुण, उत्कृष्ट गुण। जो व्यक्ति सत्य और नैतिकता पूर्ण आचरण करने वाला होता है उसे सद्गुणी पुरुष कहा जाता है।

66. (A): उत्तराखण्ड के एक छोटे से एक गाँव में जन्में सुंदरलाल बहुगुणा एक महान पर्यावरणवादी थे।

67. (C): सुंदरलाल बहुगुणा का गाँव ऊँची पहाड़ियों पर हरे-भरे वनों से घिरा हुआ था। बहुगुणा जी का गाँव मूल्यवान वृक्षों से भरे हुए थे।

69. (D): सुंदरलाल बहुगुणा व्यक्तिवाचक संज्ञा है। जिन शब्दों से किसी विशेष व्यक्ति, स्थान या वस्तु के नाम का पता चले, व्यक्तिवाचक संज्ञा कहलाते हैं। जैसे–राम, रामायण, रूस, दिल्ली आदि।

70. (C): मूल्यवान शब्द विशेषण है, जिसका अर्थ है "बड़े मौद्रिक मूल्य वाला, प्रशंसनीय गुणों वाला या उपयोगी। मूल्यवान का पर्यायवाची है–कीमती, अनमोल, अमूल्य, दुर्लभ, बेशकिमती आदि।

71. (B): प्रस्तुत अनुच्छेद में टी.वी. देखने के दुष्परिणामों की चर्चा है। इसे अधिक देखने से दृष्टि कमजोर होना, सिरदर्द, मानसिक स्वास्थ्य, जोड़ों में दर्द, पीठ में दर्द, मांसपेशियों में दर्द, पाचन क्रिया का शिथिल होना, तथा मोटापा बढ़ता है। इस अनुच्छेद में ऊँचाई बढ़ने की कोई चर्चा नहीं है।

72. (A): आतंक और हिंसा के दृश्यों से युवकों में कई तरह की मनोवैज्ञानिक समस्यायें जन्म लेती हैं। इन मानसिक समस्याओं का सम्बन्ध हमारे मन से है जिन्हें 'मानस' कहा जाता है। इन दृश्यों को देखने से युवकों का उत्तेजित हो जाना, खुंखार प्रवृत्ति का होना आम बात है।

73. (C): अनुच्छेद में कहा गया है कि प्रत्येक व्यक्ति प्रतिदिन तीन-चार घंटे टी.वी. देखता है। इससे उनकी दृष्टि कमजोर हो जाती है। सबसे अधिक दुष्प्रभाव बच्चों पर पड़ता है क्योंकि वे काफी निकट से टी.वी. देखते हैं, यह और भी ज्यादा खतरनाक है।

75. (C): हानिकारक शब्द का तात्पर्य ऐसे कारकों से है जो हानि पहुँचाते हैं। इस शब्द का विलोम है–उपयोगी, लाभदायक आदि।

76. (A): दिए गए अनुच्छेद में विनम्रता को महान गुण बताया गया है। इसका अभिप्राय है विनम्र, कोमल और सुशील होना।

77. (B): विम्रता का अभिप्राय विनम्र, कोमल और सुशील तथा सविनय होना है।

78. (A): विनम्र व्यक्ति के बारे में लेखक का मानना है कि ऐसा व्यक्ति घमण्डी और जिद्दी नहीं होता। वह दूसरों से सलाह लेता है और उनके अनुभवों से सीखता है।

80. (C): असहमत, अटल, कठोर और स्वेच्छाचारी जिद्दी शब्द के समानार्थी है। इसका विलोम विनम्र, सुशील और सहमत है।

पिछले प्रश्न-पत्र (हल सहित)

जवाहर नवोदय विद्यालय

कक्षा-VI, प्रवेश परीक्षा 2023*

खण्ड-I : मानसिक योग्यता परीक्षण

भाग-I

निर्देश (प्र.सं. 1 से 4 तक): *प्रत्येक प्रश्न में चार चित्र (A), (B), (C) और (D) दर्शाए गए हैं। इन चार चित्रों में से तीन चित्र किसी विधि से एकसमान हैं, जबकि एक चित्र अन्य से भिन्न है। अन्य से भिन्न चित्र का चयन करें।*

1.

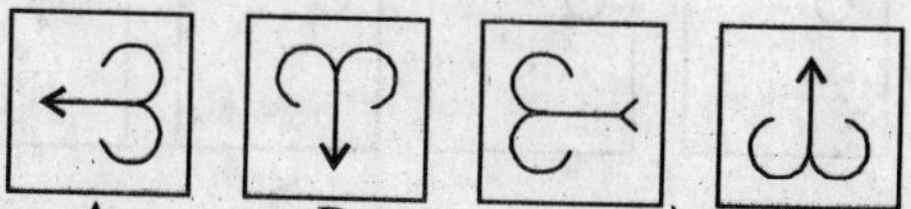

A. B. C. D.

2.

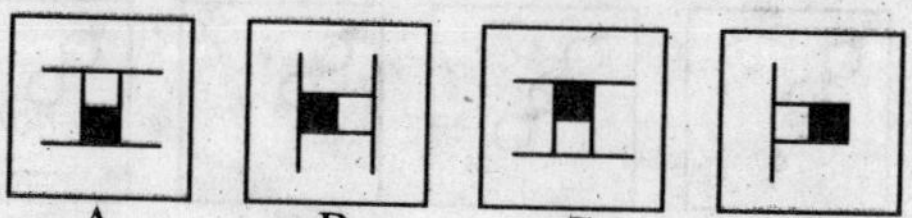

A. B. C. D.

3.

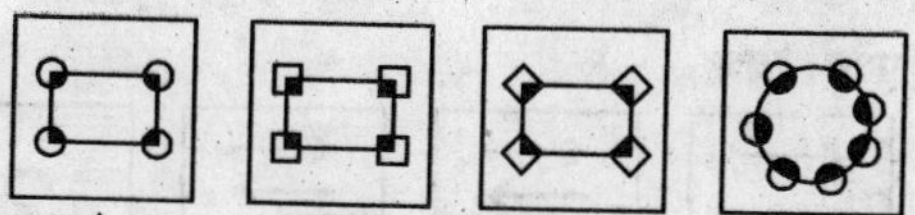

A. B. C. D.

4.

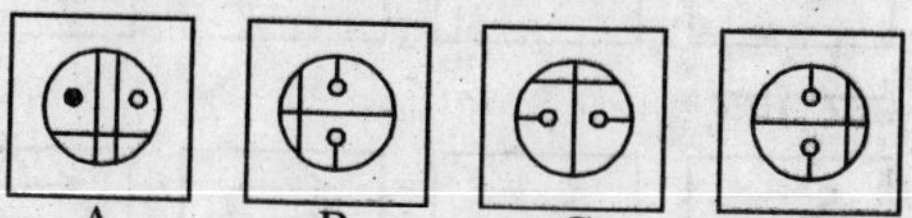

A. B. C. D.

भाग-II

निर्देश (प्र.सं. 5 से 8 तक): *निम्नलिखित प्रश्नों में एक प्रश्न चित्र दिया गया है तथा नीचे (A), (B), (C) और (D) से चिह्नित चार उत्तर चित्र दिए गए हैं। उत्तर चित्रों से प्रश्न चित्र के समरूप चित्र को चुनें।*

5. प्रश्न चित्र

उत्तर चित्र

A. B. C. D.

6. प्रश्न चित्र

उत्तर चित्र

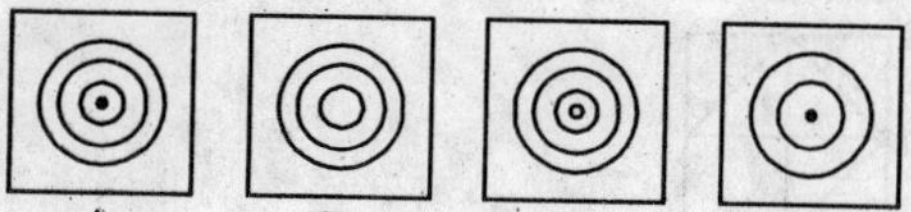

A. B. C. D.

7. प्रश्न चित्र

उत्तर चित्र

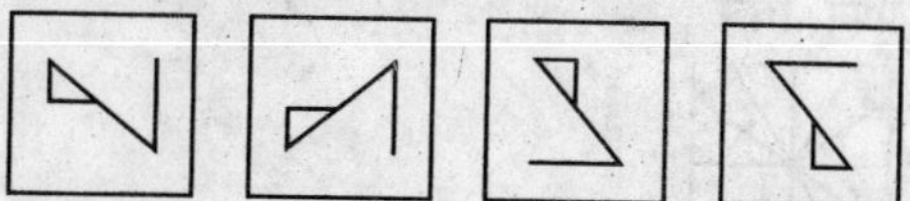

A. B. C. D.

8. प्रश्न चित्र

उत्तर चित्र

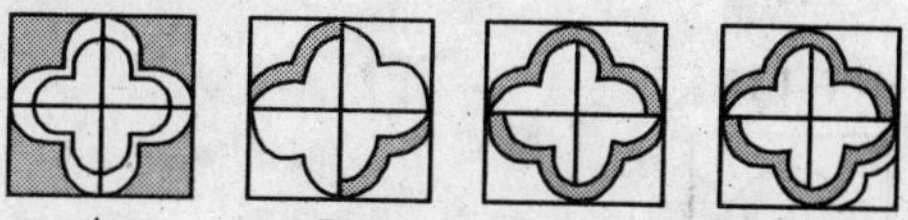

A. B. C. D.

---

* *Exam held on 29-04-2023.*

भाग-III

निर्देश (प्र.सं. 9 से 12 तक): *दिये गए प्रश्नों में एक प्रश्न चित्र दिया गया है जिसका एक भाग लुप्त दर्शाया गया है। दिये गए उत्तर चित्र (A), (B), (C) और (D) पर गौर करें तथा उस उत्तर चित्र का पता लगाएँ जिसको* **बिना दिशा परिवर्तन के** *प्रश्न चित्र का पैटर्न पूरा करने के लिए प्रश्न चित्र के लुप्त भाग में बिठाया जा सके।*

9. प्रश्न चित्र

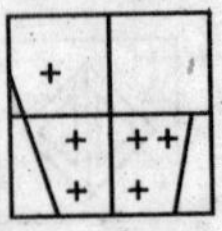

उत्तर चित्र

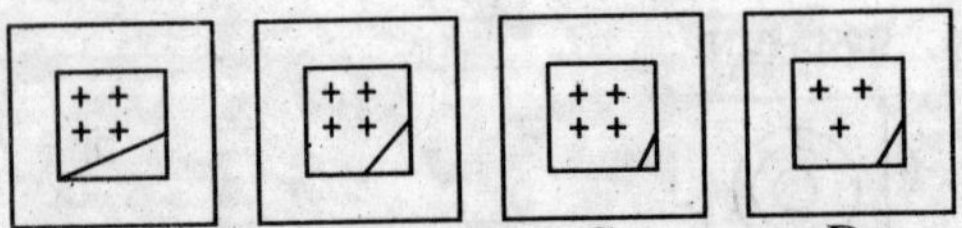

A. B. C. D.

10. प्रश्न चित्र

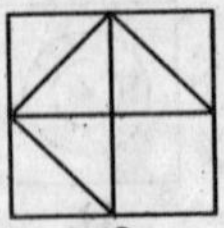

उत्तर चित्र

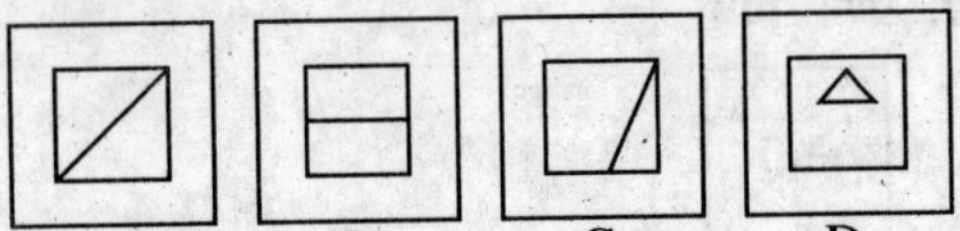

A. B. C. D.

11. प्रश्न चित्र

उत्तर चित्र

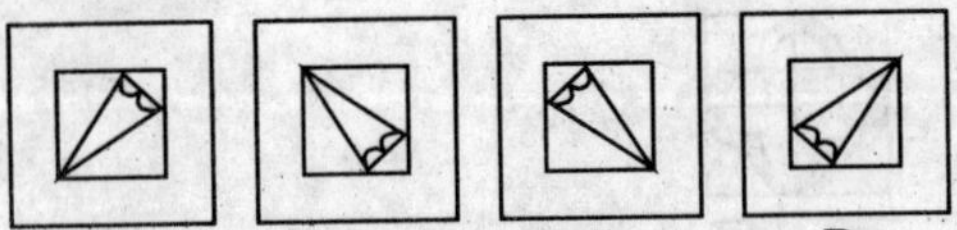

A. B. C. D.

12. प्रश्न चित्र

उत्तर चित्र

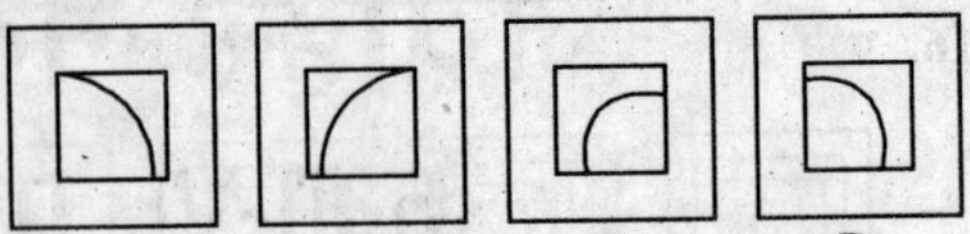

A. B. C. D.

भाग-IV

निर्देश (प्र.सं. 13 से 16 तक): *दिये गए प्रश्नों में तीन प्रश्न चित्र दर्शाए गए हैं तथा चौथे चित्र के लिए स्थान छोड़ा गया है। प्रश्न चित्र श्रेणीक्रम में हैं। श्रेणीक्रम को पूरा करने के लिए उपलब्ध उत्तर चित्रों में से एक चित्र का चयन करें जिसे प्रश्न चित्र के खाली स्थान में प्रतिस्थापित किया जा सके।*

13. प्रश्न चित्र

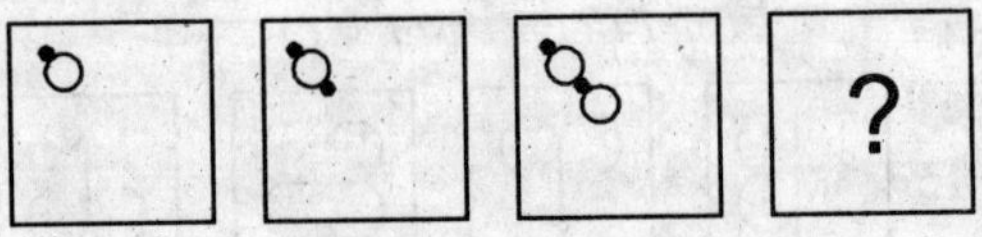

उत्तर चित्र

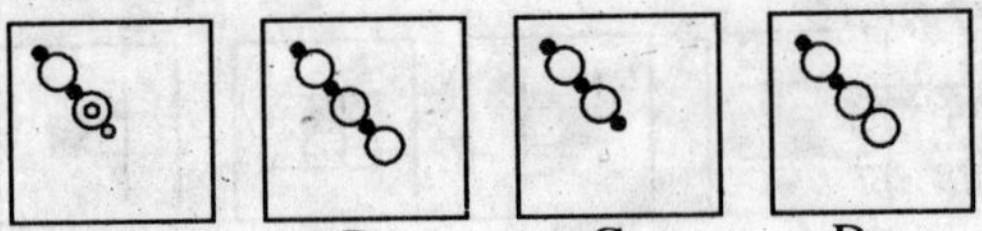

A. B. C. D.

14. प्रश्न चित्र

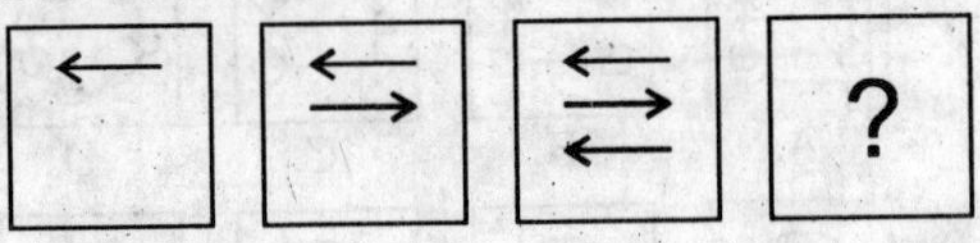

उत्तर चित्र

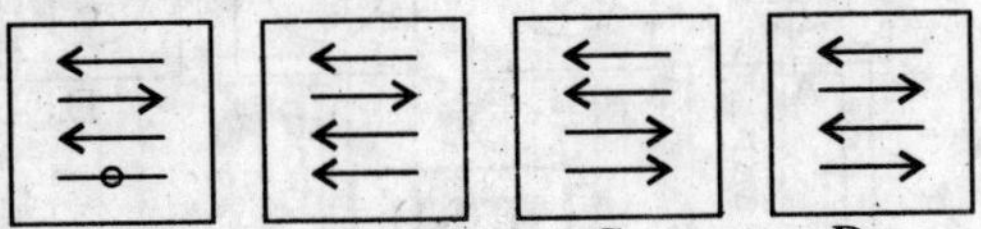

A. B. C. D.

15. प्रश्न चित्र

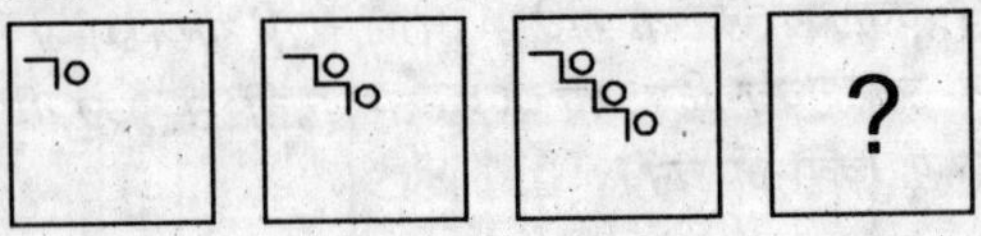

उत्तर चित्र

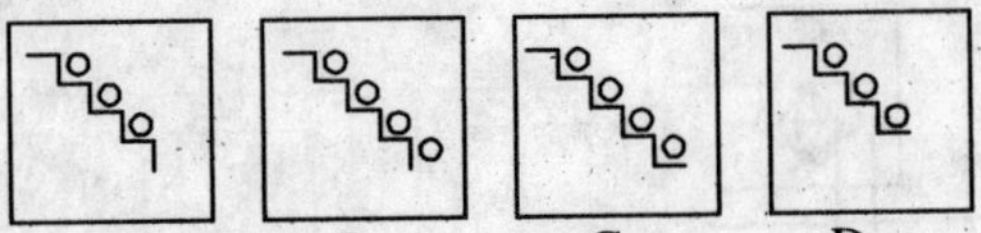

A. B. C. D.

16. प्रश्न चित्र

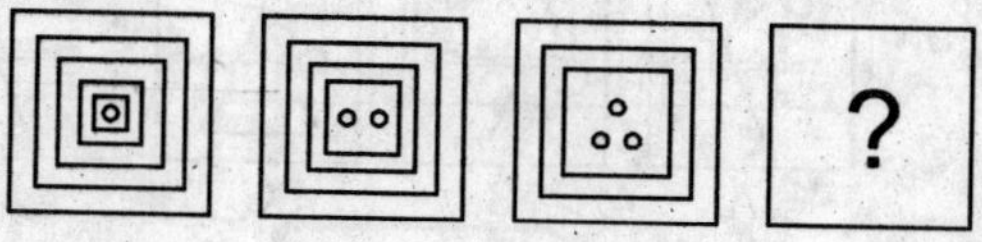

उत्तर चित्र

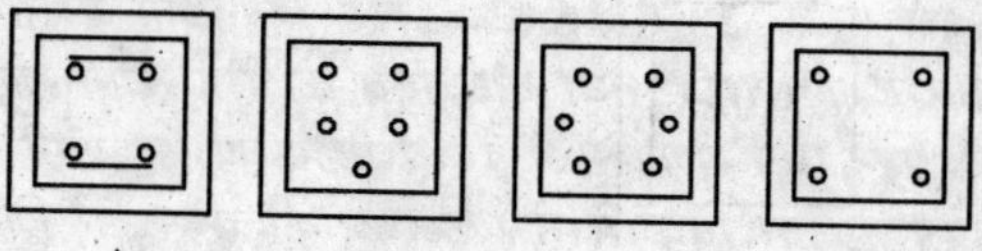

A. B. C. D.

भाग-V

निर्देश (प्र.सं. 17 से 20 तक): *प्रत्येक प्रश्न में प्रश्न चित्रों के दो सेट दिए गए हैं। दूसरे सेट में एक प्रश्न चिह्न (?) है। प्रथम सेट के दो प्रश्न चित्रों में एक निश्चित सम्बन्ध है। इसी तरह का सम्बन्ध दूसरे सेट के तीसरे तथा चौथे प्रश्न चित्र में भी होना आवश्यक है। उत्तर चित्रों से उस चित्र का चयन करें जो प्रश्न चिह्न को प्रतिस्थापित करेगा।*

17. प्रश्न चित्र

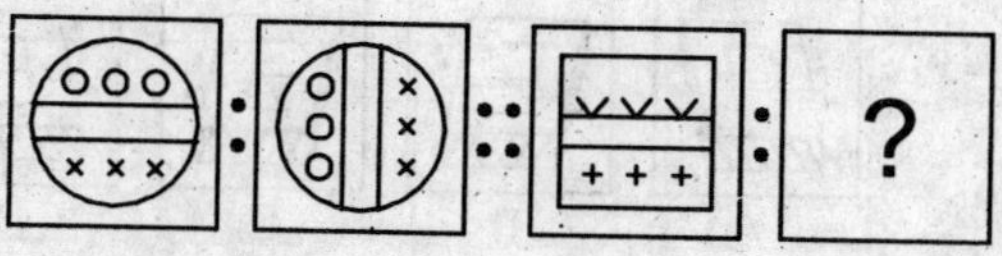

उत्तर चित्र

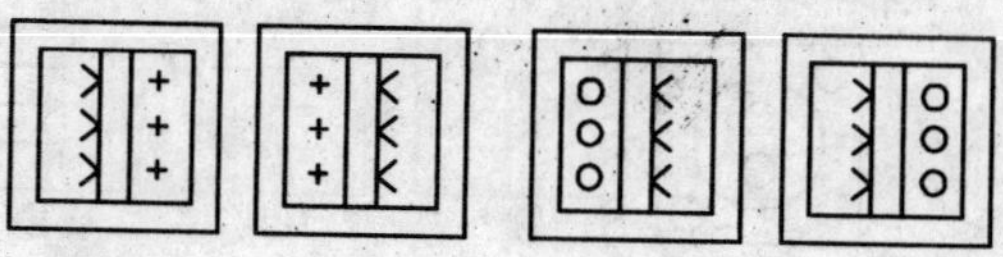

A. B. C. D.

18. प्रश्न चित्र

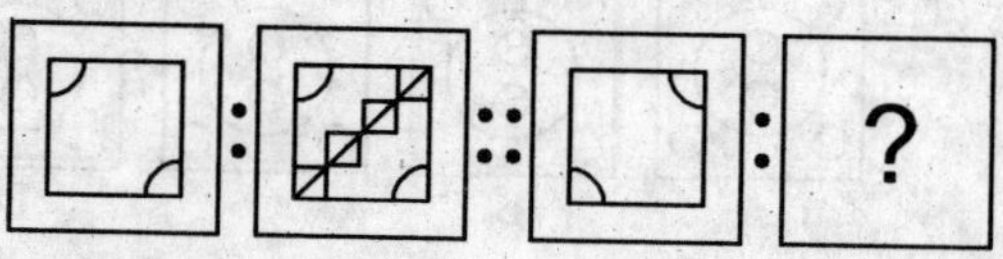

उत्तर चित्र

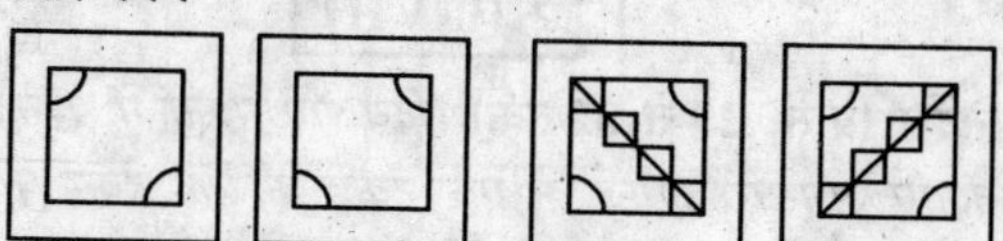

A. B. C. D.

19. प्रश्न चित्र

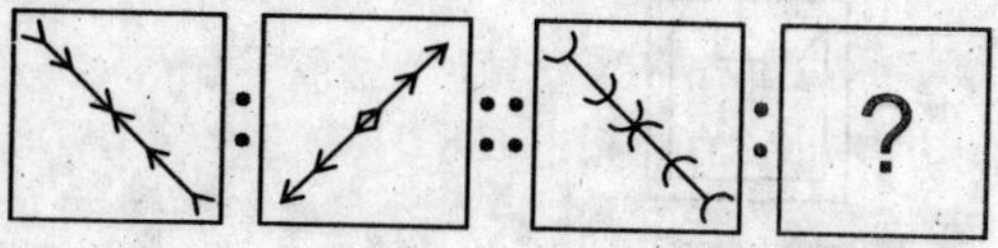

उत्तर चित्र

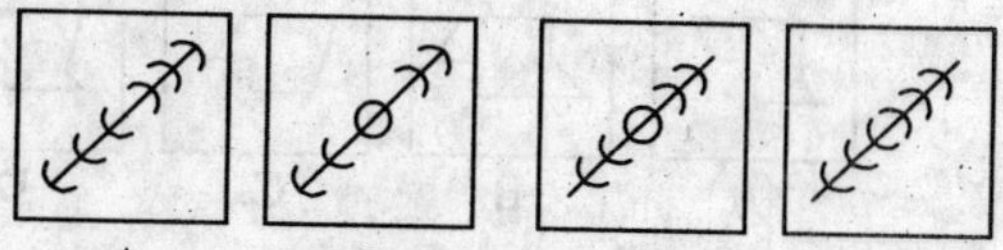

A. B. C. D.

20. प्रश्न चित्र

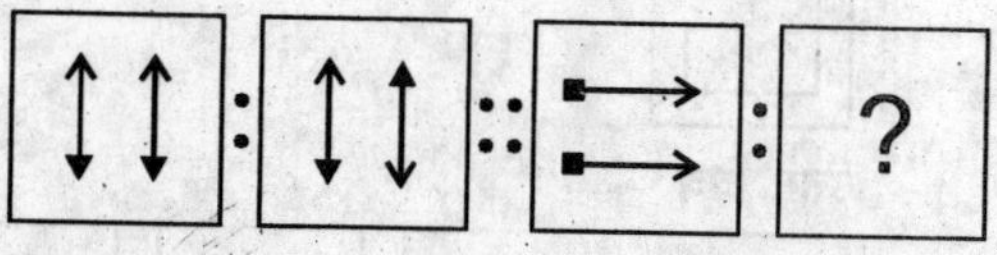

उत्तर चित्र

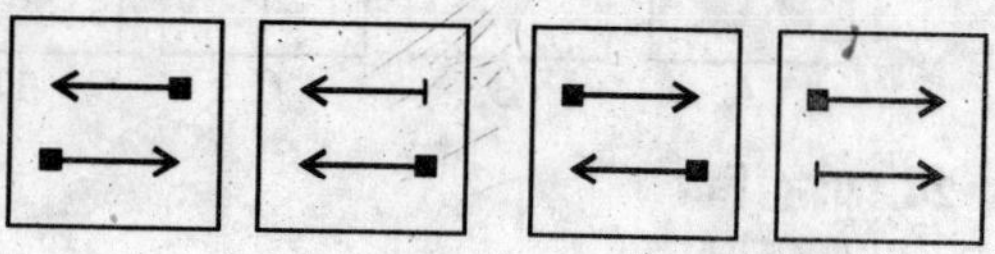

A. B. C. D.

भाग-VI

निर्देश (प्र.सं. 21 से 24 तक): *प्रश्न चित्र के रूप में ज्यामितीय चित्र (त्रिभुज, वर्ग तथा वृत्त) के एक भाग को दर्शाया गया है तथा नीचे की ओर दूसरे भाग को उत्तर चित्र के रूप में (A), (B), (C) और (D) से दर्शाया गया है। नीचे के चित्र से ज्यामितीय चित्र को पूर्ण करने वाले चित्र को ज्ञात करें।*

21. प्रश्न चित्र

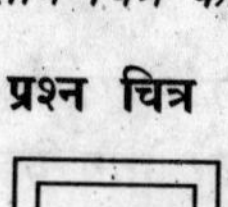

उत्तर चित्र

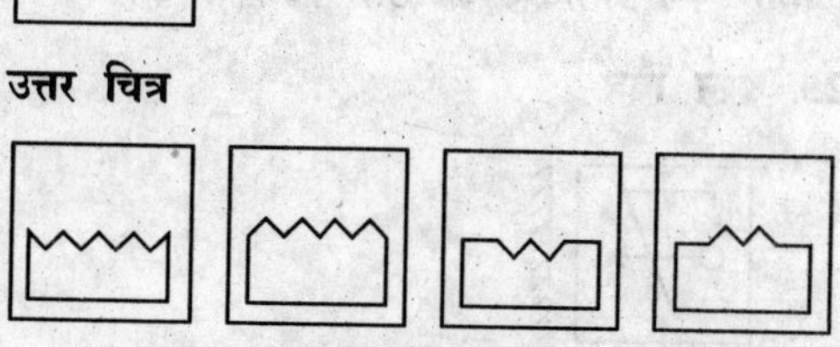

A. B. C. D.

22. प्रश्न चित्र

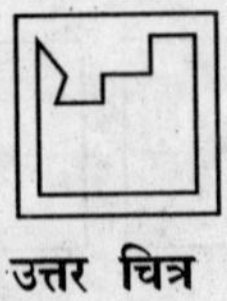

उत्तर चित्र

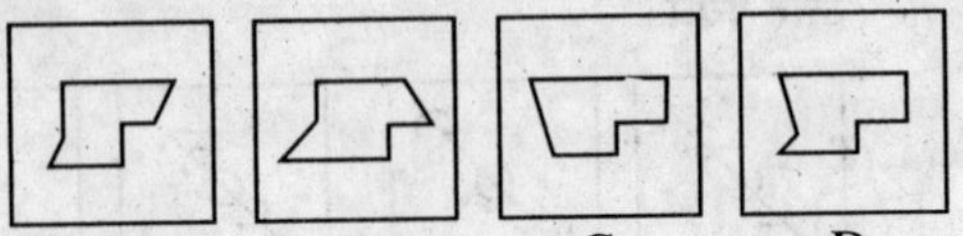

A. B. C. D.

23. प्रश्न चित्र

उत्तर चित्र

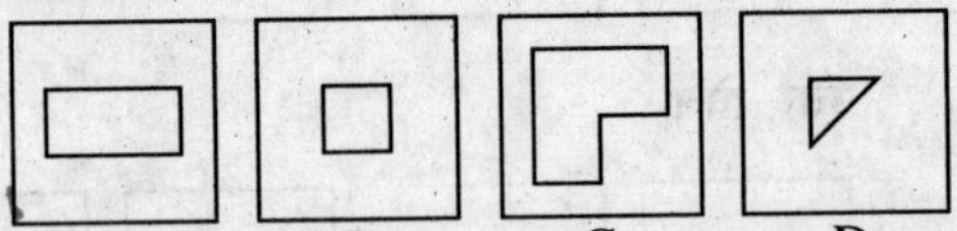

A. B. C. D.

24. प्रश्न चित्र

उत्तर चित्र

A. B. C. D.

भाग-VII

निर्देश (प्र.सं. 25 से 28 तक): *दिये गए प्रश्नों में एक प्रश्न चित्र तथा (A), (B), (C) और (D) से चिह्नित चार उत्तर चित्र दर्शाए गए हैं। किसी दर्पण को XY के अनुदिश रखे जाने पर प्रश्न चित्र के सही दर्पण प्रतिबिम्ब को उत्तर चित्र से चुनें।*

25. प्रश्न चित्र

उत्तर चित्र

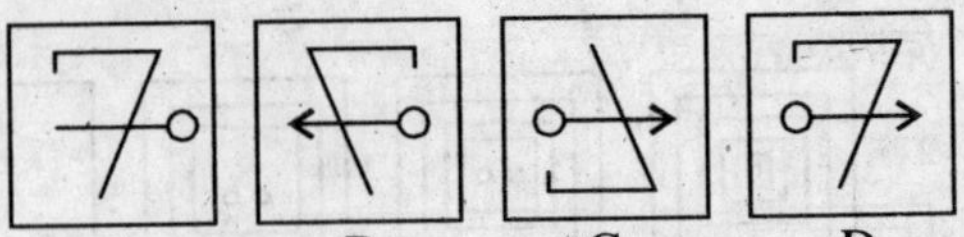

A. B. C. D.

26. प्रश्न चित्र

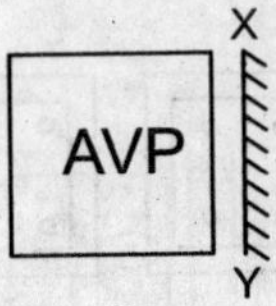

उत्तर चित्र

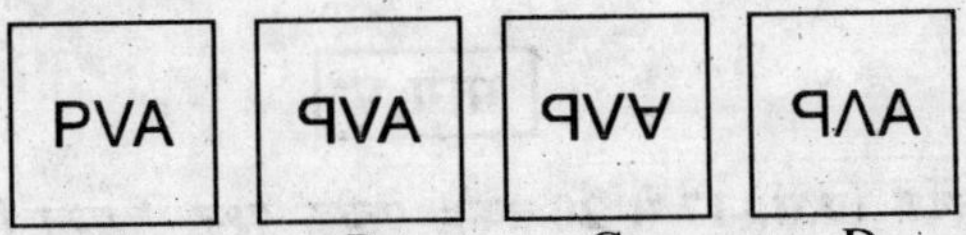

A. B. C. D.

27. प्रश्न चित्र

उत्तर चित्र

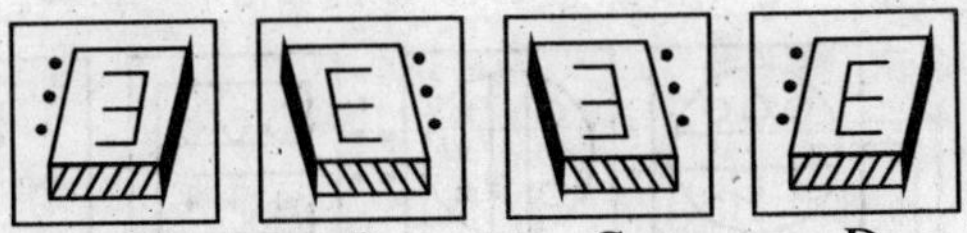

A. B. C. D.

28. प्रश्न चित्र

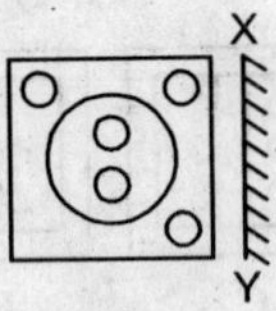

उत्तर चित्र

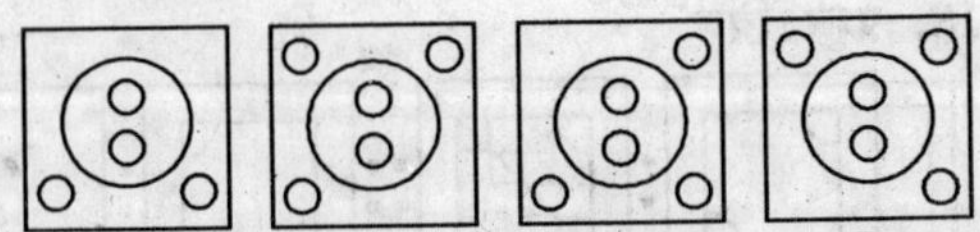

A. B. C. D.

भाग-VIII

निर्देश (प्र.सं. 29 से 32 तक): *दिये गए प्रश्नों में प्रश्न चित्र में दर्शाए अनुसार कागज के एक टुकड़े को तह देकर पंच किया गया है तथा (A), (B), (C) और (D) से चिह्नित चार उत्तर चित्र*

दर्शाए गए हैं। कागज के टुकड़े के तह को खोलने पर वह जिस प्रकार दिखेगा वैसा ही चित्र उत्तर चित्र से चुनें।

29. प्रश्न चित्र

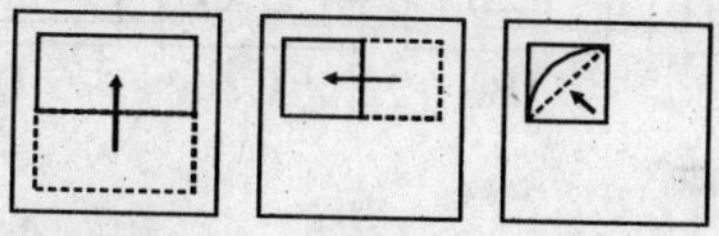

उत्तर चित्र

A. B. C. D.

30. प्रश्न चित्र

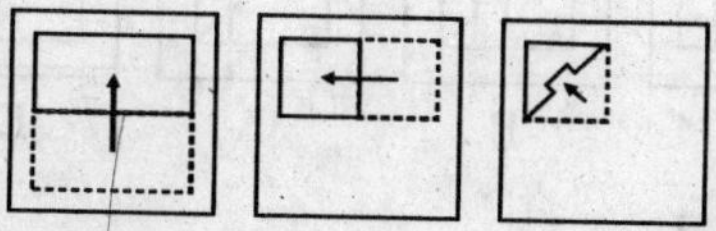

उत्तर चित्र

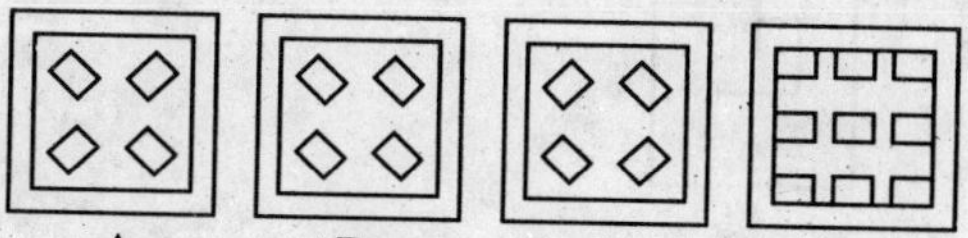

A. B. C. D.

31. प्रश्न चित्र

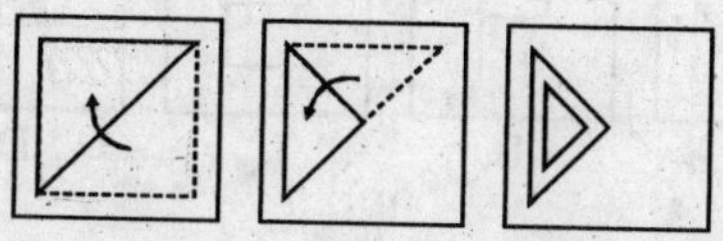

उत्तर चित्र

A. B. C. D.

32. प्रश्न चित्र

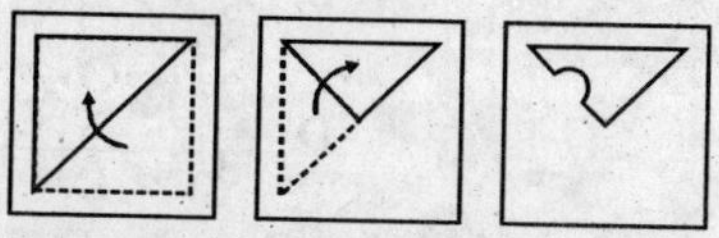

उत्तर चित्र

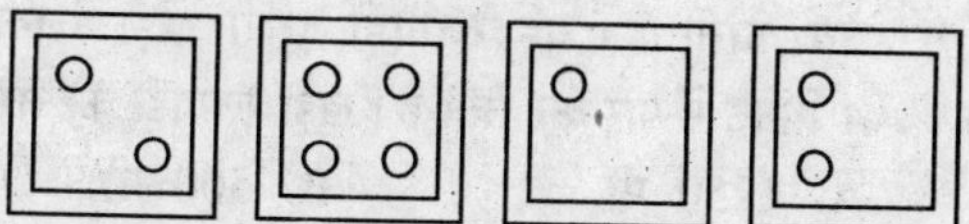

A. B. C. D.

भाग-IX

निर्देश (प्र.सं. 33 से 36 तक): *दिये गए प्रश्नों में एक प्रश्न चित्र तथा (A), (B), (C) और (D) से चिह्नित चार उत्तर चित्र दर्शाए गए हैं। उत्तर चित्र से उस चित्र का चयन करें जिसे प्रश्न चित्र में उपलब्ध कट-आउट टुकड़ों से बनाया जा सकता हो।*

33. प्रश्न चित्र

उत्तर चित्र

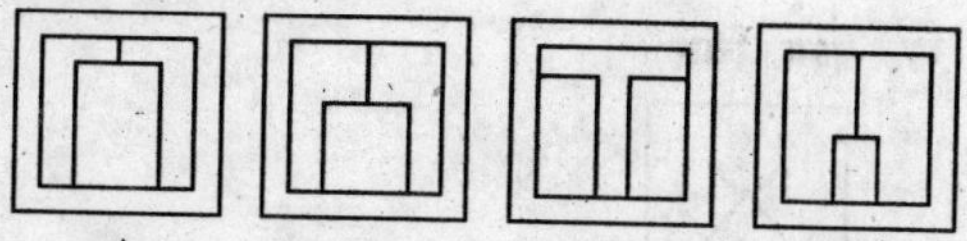

A. B. C. D.

34. प्रश्न चित्र

उत्तर चित्र

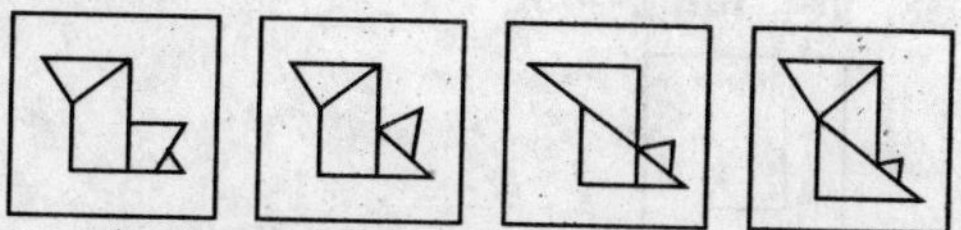

A. B. C. D.

35. प्रश्न चित्र

उत्तर चित्र

A. B. C. D.

36. प्रश्न चित्र

उत्तर चित्र

A. B. C. D.

भाग-X

निर्देश (प्र.सं. 37 से 40 तक): *दिये गए प्रश्नों में एक प्रश्न चित्र तथा (A), (B), (C) और (D) से चिह्नित चार उत्तर चित्र दर्शाए गए हैं। उत्तर चित्रों से, उस चित्र को चुनें जिसमें प्रश्न चित्र छिपा/सम्मिलित है।*

37. प्रश्न चित्र

उत्तर चित्र

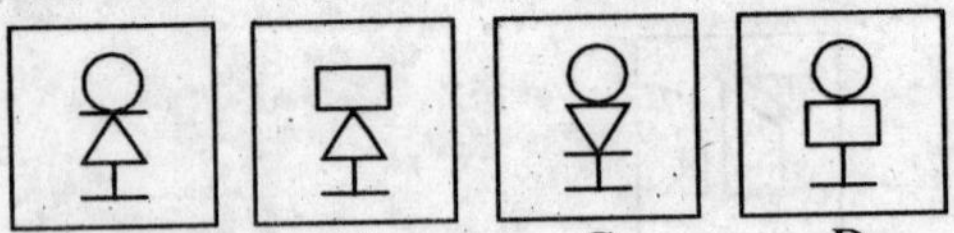

A. B. C. D.

38. प्रश्न चित्र

उत्तर चित्र

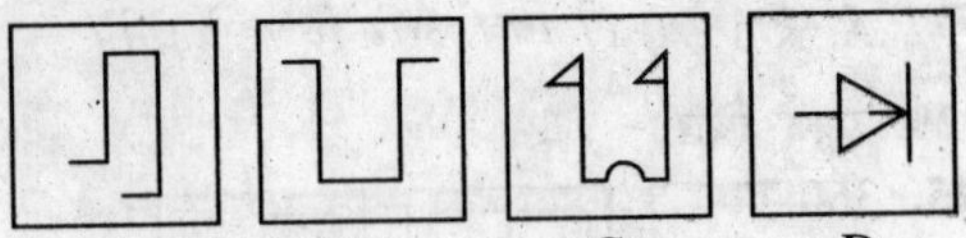

A. B. C. D.

39. प्रश्न चित्र

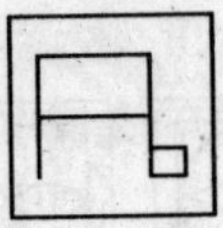

उत्तर चित्र

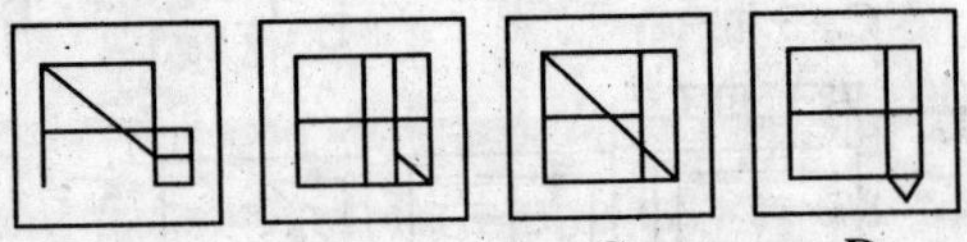

A. B. C. D.

40. प्रश्न चित्र

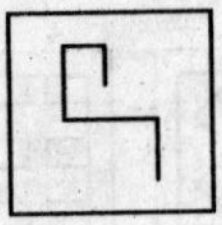

उत्तर चित्र

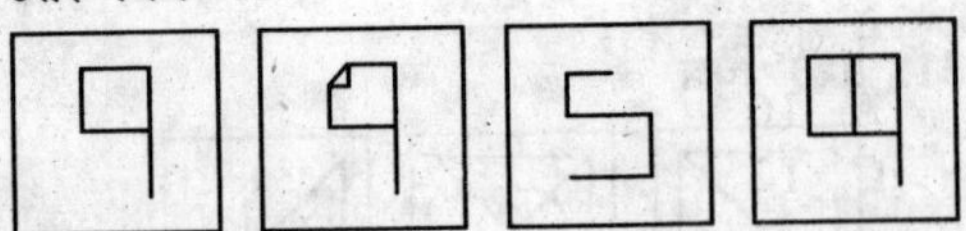

A. B. C. D.

खण्ड-II : अंकगणित परीक्षण

निर्देशः *प्रत्येक प्रश्न के लिए चार संभावित उत्तर हैं, जिन्हें (A), (B), (C) और (D) क्रम दिया गया है। इनमें से केवल एक उत्तर ही सही है। सही उत्तर चुनें।*

41. एक हॉल के फर्श जिसकी विमाएँ 12 मी. × 10 मी. हैं, को पूरी तरह से ढकने के लिए विमाएँ 10 सेमी. × 8 सेमी. की कितनी आयताकार टाइलें चाहिए?

A. 12,000 B. 15,000
C. 10,000 D. 18,000

42. एक पानी की टंकी की लम्बाई, चौड़ाई और ऊँचाई क्रमशः 11 मी., 10 मी. व 9 मी. हैं। यह टंकी पानी से 6 मी. की ऊँचाई तक भरी हुई है। पानी की टंकी का कितना भाग खाली है?

A. $\frac{1}{4}$ B. $\frac{1}{3}$
C. $\frac{1}{6}$ D. $\frac{2}{3}$

43. 1250 मी. लम्बी एक रेलगाड़ी 2 मिनट में 1 किमी की दूरी तय करती है। यह रेलगाड़ी दूसरी खड़ी रेलगाड़ी को 4 मिनट में पार कर लेती है। खड़ी रेलगाड़ी की लम्बाई है

A. 1250 मी. B. 500 मी.
C. 750 मी. D. 1000 मी.

44. एक वस्तु के क्रय मूल्य और विक्रय मूल्य का अन्तर ₹ 240 है। यदि लाभ 20% है, तो विक्रय मूल्य है :

A. ₹ 1200 B. ₹ 1440
C. ₹ 1800 D. ₹ 2440

45. 360 ग्राम, 3 किग्रा. का कितना प्रतिशत है?

A. 12% B. 15%
C. 18% D. 21%

46. एक मालगाड़ी जिसकी लम्बाई 1 किमी. है, 45 किमी./घंटा की चाल से चल रही है। इस मालगाड़ी को 2 किमी. लम्बी सुरंग से निकलने में समय लगेगा :

A. 1 मिनट B. 2 मिनट
C. 3 मिनट D. 4 मिनट

47. यदि एक विक्रेता एक कुर्सी को 15% लाभ के स्थान पर 8% लाभ पर बेचता है तो उसे ₹ 56 कम मिलते हैं। कुर्सी का क्रय मूल्य है :

A. ₹ 700 B. ₹ 800
C. ₹ 900 D. ₹ 950

48. 80 विद्यार्थियों का एक समूह पिकनिक पर गया। इस समूह में 20% विद्यार्थी लड़कियाँ हैं तथा शेष लड़के हैं। इसमें कितनी और लड़कियाँ सम्मिलित की जाएँ कि समूह में लड़के 70% हो जाएँ?

A. 16 B. 24
C. 12 D. 8

49. $10 \times 10 + \left[400 \div \left\{100 - \left(50 - \overline{3 \times 10}\right)\right\}\right]$

को सरलीकरण करने पर प्राप्त होता है :

A. 265 B. 65
C. 310 D. 105

50. रहीम ने दिनेश से 10 अंक अधिक प्राप्त किए। जॉर्ज ने रहीम से 25 अंक कम प्राप्त किए। सभी तीनों के अंकों का योगफल 235 है। जॉर्ज ने अंक प्राप्त किए :

A. 80 B. 65
C. 90 D. 75

51. $2^2 \times 3^3 \times 5^5$; $2^3 \times 3^2 \times 5^2 \times 7$ तथा $2^4 \times 3^4 \times 5 \times 7^2 \times 13$ का महत्तम समापवर्तक है :

A. $2^2 \times 3^2 \times 5 \times 7 \times 13$
B. $2^4 \times 3^4 \times 5^5$
C. $2^4 \times 3^4 \times 5^2 \times 7 \times 11$
D. $2^2 \times 3^2 \times 5$

52. दो संख्याओं का योगफल 8 तथा उनका गुणनफल 15 है। इनके व्युत्क्रमों का योगफल क्या होगा?

A. $\frac{8}{15}$ B. $\frac{15}{8}$
C. 23 D. 7

53. 5 सेमी. को किलोमीटर में लिखते हैं :

A. 0.005 किमी. B. 0.0005 किमी.
C. 0.00005 किमी. D. 0.000005 किमी.

54. संख्या जो 4 या अधिक अंकों की है, 8 से भाज्य है यदि :

A. संख्या सम है
B. अंतिम अंक 8 से भाज्य है
C. अंतिम दो अंक 8 से भाज्य हैं
D. अंतिम तीन अंक 8 से भाज्य हैं

55. मेरी घड़ी पर समय 7:05 प्रातः है। यह 25 मिनट आगे है। सही समय है :

A. 7:30 प्रातः B. 7:50 प्रातः
C. 6:40 प्रातः D. 5:40 प्रातः

56. यदि तीन क्रमागत संख्याओं का योगफल 15 है, तो बीच वाली संख्या का वर्ग होगा :

A. 16 B. 25
C. 36 D. 49

57. 4.239 को 0.9 से भाग करने पर प्राप्त होता है :

A. 0.471 B. 4.71
C. 47.1 D. 471

58. निम्नलिखित में से कौन-सी संख्या 3, 4, 5 तथा 6 से विभाज्य है?

A. 36 B. 60
C. 80 D. 90

59. सभी अंकों 9, 7, 0 तथा 4 का प्रयोग कर 4-अंकों वाली बड़ी-से-बड़ी संख्या तथा छोटी से छोटी संख्या का अन्तर है :

A. 8991 B. 5391
C. 9261 D. 5661

60. पाँच हजार पाँच सौ पचपन को लिखा जाता है :

A. 5055 B. 5505
C. 5550 D. 5555

खण्ड-III : भाषा परीक्षण

निर्देश (प्र.सं. 61-80) : *इस खण्ड में चार अनुच्छेद हैं। प्रत्येक अनुच्छेद पर पाँच प्रश्न हैं। प्रत्येक अनुच्छेद को सावधानी से पढ़ें और उसके नीचे दिए गए प्रश्नों के उत्तर दें। प्रत्येक प्रश्न के चार संभावित उत्तर दिए गए हैं, जिनकी क्रम संख्या (A), (B), (C) और (D) है। इनमें से केवल एक उत्तर ही सही है। सही उत्तर चुनें।*

अनुच्छेद-1

किसी व्यक्ति का आकलन हम केवल उसकी बाहरी दिखावट से नहीं कर सकते। बाहरी रूपरंग प्रायः धोखा देते हैं। एक बार देख लेने पर किसी व्यक्ति के सद्गुण या विशेषताएँ जानना कठिन होता है। कभी-कभी हम किसी व्यक्ति की ओर उसके बाहरी रंगरूप से आकर्षित हो जाते हैं। किंतु बाद में अनुभव करते हैं कि हमने उसे गलत समझा। बाहर से अनेक चीजें आकर्षक लगती हैं। परंतु प्रायः चीजें वैसी नहीं होती जैसी दिखाई देती हैं। हमें किसी व्यक्ति या चीज के वास्तविक स्वभाव को जानना चाहिए।

61. बाहरी रंगरूप प्रायः ________ ।
A. धोखा देते हैं
B. सबल होते हैं
C. स्पष्ट होते हैं
D. सत्य होते हैं

62. एक ही नजर में क्या जानना कठिन है?
A. किसी का नाम
B. किसी का पता
C. किसी के सद्गुण
D. किसी की आकांक्षा

63. अधिकतर हम किसी व्यक्ति के ________ से आकृष्ट हो जाते हैं।
A. भीतरी दर्शन
B. आकर्षक व्यक्तित्व
C. बाहरी रंगरूप
D. मानसिक शक्ति

64. 'आकर्षक' ________ का पर्यायवाची **नहीं** है।
A. सुंदर B. दर्शनीय
C. प्रिय D. असुंदर

65. 'वास्तविक' शब्द ________ है।
A. क्रिया-विशेषण
B. क्रिया
C. विशेषण
D. संज्ञा

अनुच्छेद-2

ज्वालामुखी जलता हुआ पर्वत है जिसमें पृथ्वी में गहराई तक जाने वाला एक बड़ा छिद्र होता है। इसके खुले हुए मुँह को ज्वालामुखी का 'मुख-विवर' कहा जाता है। कभी-कभी कोई ज्वालामुखी शताब्दियों तक शांत रहकर अचानक सक्रिय हो सकता है। इसे 'ज्वालामुखी का विस्फोट' कहा जाता है, और राख, धूल, गैस तथा भाप के बड़े बादल बड़ी आवाज सहित ज्वालामुखी के मुख-विवर से उठते हैं। कुछ समय के बाद गर्म पिघली हुई चट्टान, जिसे लावा कहा जाता है, पहाड़ से नीचे बहने लगती है। यह अनेक दिनों या सप्ताहों तक जारी रह सकता है। फिर ज्वालामुखी दुबारा 'सो जाता' है, या अनेक वर्ष तक 'सुप्तावस्था' में रहता है। बहुत से ज्वालामुखी समुद्रों के निकट पाए जाते हैं, जो द्वीपों का निर्माण करते हैं।

66. ज्वालामुखी के बारे में क्या सही **नहीं** है?
A. यह बड़ी जंगली आग-सा होता है।
B. यह राख, धूल और लावा फेंकता है।
C. यह अधिकांशतः समुद्र के निकट पाया जाता है।
D. इसमें पृथ्वी से नीचे तक बड़ा गहरा छिद्र होता है।

67. जब किसी ज्वालामुखी का विस्फोट होता है तो उसे ________ कहा जाता है।
A. सुप्त
B. सोया हुआ
C. सक्रिय
D. मौन

68. पहाड़ से नीचे बहने वाली लावा ________ अवस्था में होती है।
A. ठोस B. द्रव
C. वाष्प D. गैसीय

69. 'शांत' का यहाँ विलोम ________ है।

A. निश्चल
B. सुंदर
C. स्थिर
D. सक्रिय

70. अनुच्छेद में प्रयुक्त 'सहित' का अर्थ ________ है।

A. के साथ
B. पीछे से
C. घटित
D. निरंतर

अनुच्छेद-3

लाल बहादुर शास्त्री भारत के द्वितीय प्रधानमंत्री थे। उन्हें भारत के श्रेष्ठ राजनेताओं में गिना जाता है। लेकिन उनके आरंभिक जीवन के बारे में लोग बहुत कम जानते हैं। उन्होंने अपनी पढ़ाई पूर्ण करने के लिए अपने जीवन में अनेक बाधाओं के विरुद्ध संघर्ष किया। पढ़ाई पूरी करने के बाद उन्होंने कोई नौकरी नहीं की। वे स्वाधीनता आंदोलन से जुड़ना चाहते थे। शीघ्र ही वे एक जन नेता बन गए। वे 1964 में भारत के प्रधानमंत्री बने। वे बहुत मेहनती व्यक्ति थे और प्रतिदिन कम-से-कम अठारह घंटे काम करते थे।

71. लाल बहादुर शास्त्री भारत के ________ प्रधानमंत्री थे।

A. द्वितीय
B. प्रथम
C. तृतीय
D. चतुर्थ

72. उन्होंने अपने जीवन में अनेक बाधाओं ________ संघर्ष किया।

A. के लिए
B. के विरुद्ध
C. में
D. को

73. वह ________ नेता बन गए।

A. एक व्यक्ति के
B. कुछ व्यक्तियों के
C. भीड़ के
D. जन

74. 'बन गए' क्रिया का ________ काल है।

A. वर्तमान
B. भूत
C. भविष्य
D. अनिश्चित

75. 'पूरा करना' ________ का पर्यायवाची है।

A. आरंभ करना
B. जारी रखना
C. सम्पन्न करना
D. खुलना

अनुच्छेद-4

एक ही तरह का काम करते-करते हम कभी-कभी ऊब जाते हैं। इससे हमारी कार्यक्षमता कम हो जाती है, इसलिए हमें मनोरंजन द्वारा स्वयं को तरोताजा करना चाहिए। इससे हम अपना काम उसी क्षमता और उत्साह से पुनः आरंभ कर सकते हैं। तनाव या चिंता हमारे स्वास्थ्य के शत्रु हैं। हँसना अवांछित तनाव या चिंता को दूर करने की सबसे अच्छी दवा है। हम अपने तनाव को कम करने के लिए पार्कों, संग्रहालयों, अभयारण्यों आदि में भी जा सकते हैं। शारीरिक व्यायाम करना उतना ही महत्वपूर्ण है जितना कि खेल खेलना।

76. हम ________ तरह का काम करते-करते ऊब जाते हैं।

A. भिन्न-भिन्न
B. पृथक
C. समान
D. अलग

77. कुछ मनोरंजन करने के बाद हम अपना काम ________ कर सकते हैं।

A. समाप्त
B. पूर्ण
C. बंद
D. पुनः आरंभ

78. हँसने से हमें ________ दूर करने में मदद मिलती है।

A. केवल आनुवंशिक बीमारियाँ
B. अवांछित तनाव
C. केवल अप्रत्याशित समस्याएँ
D. विषाणुजनित बीमारियाँ

79. 'पुनः आरंभ' का अर्थ ________ है।

A. वापस लेना
B. फिर से शुरू करना
C. समाप्त करना
D. रोक देना

80. 'क्षमता' ________ का विपरीतार्थक है।

A. धारदार
B. प्रभावकारिता
C. अक्षमता
D. भावपूर्णता

उत्तरमाला

1	2	3	4	5	6	7	8	9	10
C	D	D	A	B	B	A	C	C	A
11	**12**	**13**	**14**	**15**	**16**	**17**	**18**	**19**	**20**
B	B	C	D	B	D	A	C	B	C
21	**22**	**23**	**24**	**25**	**26**	**27**	**28**	**29**	**30**
A	D	B	B	B	B	C	B	C	C
31	**32**	**33**	**34**	**35**	**36**	**37**	**38**	**39**	**40**
C	A	B	B	A	B	A	B	A	D
41	**42**	**43**	**44**	**45**	**46**	**47**	**48**	**49**	**50**
B	B	C	B	A	D	B	D	D	B
51	**52**	**53**	**54**	**55**	**56**	**57**	**58**	**59**	**60**
D	A	C	D	C	B	B	B	D	D
61	**62**	**63**	**64**	**65**	**66**	**67**	**68**	**69**	**70**
A	C	C	D	C	A	C	B	D	A
71	**72**	**73**	**74**	**75**	**76**	**77**	**78**	**79**	**80**
A	B	D	B	C	C	D	B	B	C

व्याख्यात्मक उत्तर

41. हॉल के फर्श का क्षेत्रफल

$= 12 \times 10$

$= 120$ वर्ग मीटर

आयताकार 1 टाइल का क्षेत्रफल

$= \frac{10}{100} \times \frac{8}{100}$ वर्ग मीटर

आयताकार टाइलों की संख्या

$= \frac{120}{80} \times 100 \times 100$

$= 15000.$

42. पानी का भरा हुआ भाग

$= \frac{6}{9} = \frac{2}{3}$

पानी की टंकी का खाली भाग

$= 1 - \frac{2}{3} = \frac{1}{3}.$

43. गाड़ी की गति = 500 मीटर/मिनट

माना कि खड़ी गाड़ी की लम्बाई = y मीटर

प्रश्नानुसार,

$$\frac{1250 + y}{4} = \frac{500}{1}$$

$\Rightarrow \quad 1250 + y = 2000$

$\Rightarrow \quad y = 2000 - 1250$

$= 750$ मीटर

अतः खड़ी गाड़ी की लम्बाई = 750 मीटर।

44. माना कि वस्तु का क्रय मूल्य = ₹ x

विक्रय मूल्य = ₹ $x + 240$

प्रश्नानुसार,

जब क्रय मूल्य ₹ 100 है, तब विक्रय मूल्य = ₹ 120

जब क्रय मूल्य ₹ x है, तब विक्रय मूल्य = ₹ $\frac{120}{100} \times x$

अब, $x + 240 = \frac{120x}{100}$

$\Rightarrow \quad 120x = 100x + 24000$

$\Rightarrow \quad 20x = 24000$

$\Rightarrow \quad x = 1200$

क्रय मूल्य = ₹ 1200

अतः विक्रय मूल्य = 1200 + 240

= ₹ 1440.

45. 3 किलोग्राम = 3000 ग्राम

3000 ग्राम का $x\%$ = 360 ग्राम

$\Rightarrow \quad 3000 \times \frac{x}{100} = 360$

$\Rightarrow \quad x = \frac{36000}{3000} = 12\%.$

अतः 360 ग्राम 3 किलोग्राम का 12 प्रतिशत है।

46. मालगाड़ी 45 किमी. की दूरी 60 मिनट में तय करती है

मालगाड़ी 3 किमी. की दूरी $\frac{60}{45} \times 3$ मिनट में तय करेगी = 4 मिनट

अतः मालगाड़ी 2 किमी. लम्बी सुरंग को 4 मिनट में पार कर जाएगी।

47. माना कि कुर्सी का क्रय मूल्य = ₹ x

प्रश्नानुसार,

x का 15% – x का 8% = 56

$\Rightarrow \quad x$ का 7% = 56

$\Rightarrow \quad x \times \frac{7}{100} = 56$

$\Rightarrow \quad x = \frac{100 \times 56}{7}$

$= 800$

अतः कुर्सी का क्रय मूल्य = ₹ 800 है।

48. 80 विद्यार्थियों में लड़कियों की संख्या

$= \frac{20}{100} \times 80 = 16$

लड़कों की संख्या = 80 – 16 = 64

$\therefore$ 80% लड़के = 64

$\therefore$ 70% लड़के = $\frac{64}{80} \times 70 = 56$

लड़कियों की संख्या = 80 – 56 = 24

अतः सम्मिलित की गई लड़कियों की संख्या

= 24 – 16 = 8.

49. $10 \times 10 + \left[400 \div \left\{100 - \left(50 - \overline{3 \times 10}\right)\right\}\right]$

$= 100 + [400 \div \{100 - (50 - 30)\}]$

$= 100 + [400 \div \{100 - 20\}]$

$= 100 + [400 \div 80]$

$= 100 + 5 = 105.$

50. माना कि जॉर्ज ने x अंक प्राप्त किए

रहीम द्वारा प्राप्त अंक = $x + 25$

दिनेश द्वारा प्राप्त अंक = $x + 15$

प्रश्नानुसार,

$x + (x + 25) + (x + 15) = 235$

$\Rightarrow \quad 3x + 40 = 235$

$\Rightarrow \quad 3x = 195$

$\Rightarrow \quad x = 65$

अतः जॉर्ज ने 65 अंक प्राप्त किए।

51. $2^2 \times 3^3 \times 5^5$, $2^3 \times 3^2 \times 5^2 \times 7$

तथा $2^4 \times 3^4 \times 5 \times 7 \times 13$ का महत्तम समापवर्तक

$= 2^2 \times 3^2 \times 5.$

52. माना कि संख्याएँ x तथा y हैं

$x + y = 8 \quad ...(i)$

$xy = 15$

$(x - y)^2 = (x + y)^2 - 4xy$

$= (8)^2 - 4 \times 15$

$= 64 - 60 = 4$

$\Rightarrow \quad (x - y) = 2 \quad ...(ii)$

समीकरण (i) तथा (ii) से,

$x = 5$

तथा $y = 3$

$$\frac{1}{x}+\frac{1}{y} = \frac{1}{5}+\frac{1}{3}$$

$$= \frac{3+5}{15} = \frac{8}{15}$$

अतः इनके व्युत्क्रमों का योगफल = $\frac{8}{15}$ होगा।

53. 5 सेमी. = $\frac{5}{100}$ मीटर

$= \frac{5}{100} \times \frac{1}{1000}$ किलोमीटर

$= \frac{5}{100000}$ किलोमीटर

= 0.00005 किलोमीटर।

54. संख्या जो 4 या 4 से अधिक अंकों की है, 8 से भाज्य तभी होगी जब उसके अन्तिम तीन अंक 8 से भाज्य होंगे।

55. सही समय = 7:05 a.m. – 25 मिनट

= 7 : 05

– : 25

6 : 40 प्रातः

56. माना कि तीन क्रमागत संख्याएँ x, $x + 1$ तथा $x + 2$ हैं

प्रश्नानुसार,

$$x + x + 1 + x + 2 = 15$$

$$\Rightarrow \quad 3x + 3 = 15$$

$$\Rightarrow \quad 3x = 12$$

$$\Rightarrow \quad x = 4$$

अतः संख्याएँ 4, 5 तथा 6 हैं

बीच वाली संख्या का वर्ग = $(5)^2 = 25$.

57. $$\frac{4.239}{0.9} = \frac{\frac{4239}{1000}}{\frac{9}{10}}$$

$$= \frac{4239}{1000} \times \frac{10}{9}$$

$$= \frac{471}{100} = 4.71.$$

58. 3, 4, 5 तथा 6 का लघुत्तम समापवर्त्य = 60

अतः अभीष्ट संख्या = 60 जो 3, 4, 5 तथा 6 से विभाज्य है।

59. 4 अंकों की बड़ी से बड़ी संख्या

= 9740

4 अंकों की छोटी से छोटी संख्या

= 4079

अभीष्ट अन्तर = 9740 – 4079

= 5661.

60. 5 हजार 5 सौ पचपन को 5555 लिखा जाता है।

पिछले प्रश्न-पत्र (हल सहित)

जवाहर नवोदय विद्यालय

कक्षा-VI, प्रवेश परीक्षा 2022*

खण्ड-I : मानसिक योग्यता परीक्षण

भाग-I

निर्देश (प्र.सं. 1 से 4 तक): *प्रत्येक प्रश्न में चार चित्र (A), (B), (C) और (D) दर्शाए गए हैं। इन चार चित्रों में से तीन चित्र किसी विधि से एकसमान हैं, जबकि एक चित्र अन्य से भिन्न है। अन्य से भिन्न चित्र का चयन करें।*

1. 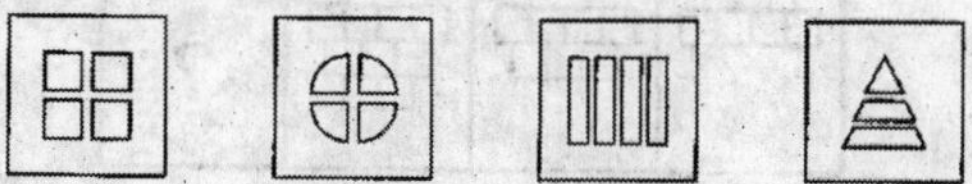

A B C D

2. 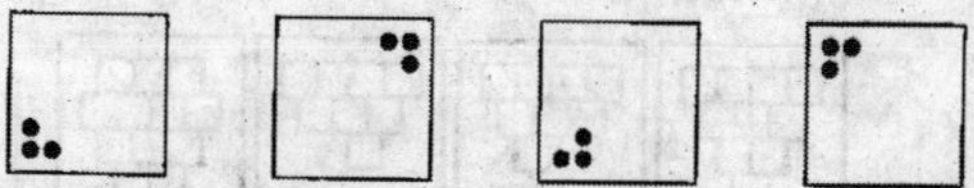

A B C D

3. 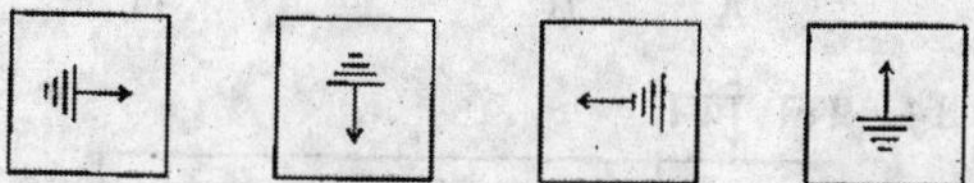

A B C D

4. 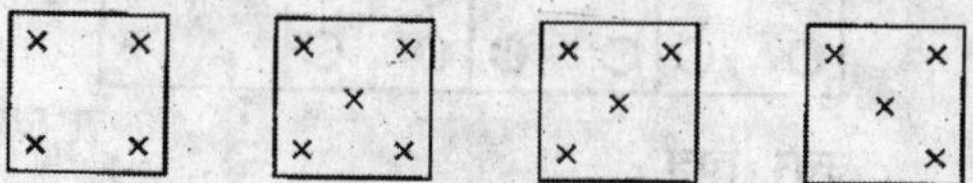

A B C D

भाग-II

निर्देश (प्र.सं. 5 से 8 तक): *निम्नलिखित प्रश्नों में एक प्रश्न चित्र दिया गया है तथा नीचे (A), (B), (C) और (D) से चिह्नित चार उत्तर चित्र दिए गए हैं। उत्तर चित्रों से प्रश्न चित्र के समरूप चित्र को चुनें।*

5. प्रश्न चित्र

उत्तर चित्र

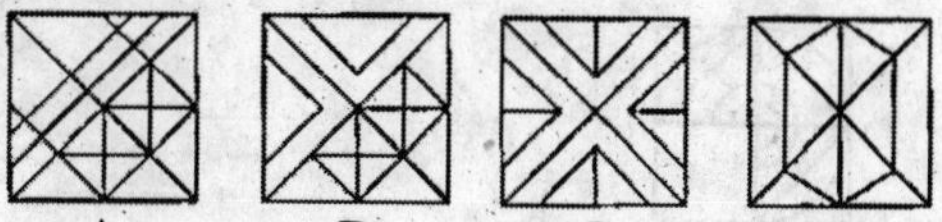

A B C D

6. प्रश्न चित्र

उत्तर चित्र

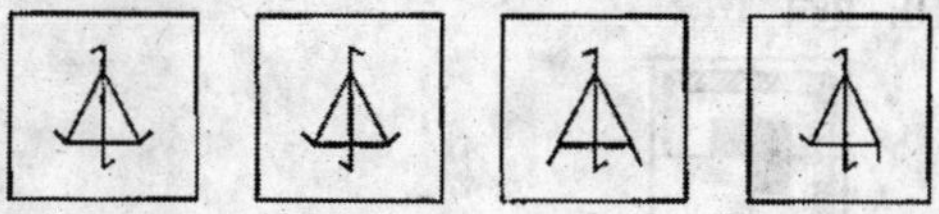

A B C D

7. प्रश्न चित्र

उत्तर चित्र

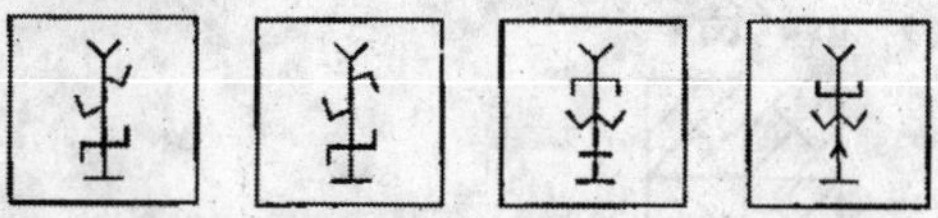

A B C D

8. प्रश्न चित्र

1, 2, 4
3, 5, 8
6, 7, 9

उत्तर चित्र

A	B	C	D
1, 2, 3	1, 2, 9	1, 2, 4	1, 2, 4
4, 5, 6	3, 5, 4	3, 5, 9	3, 5, 8
7, 8, 9	6, 8, 2	6, 8, 7	6, 7, 9

* *Exam held on 30-04-2022.*

भाग-III

निर्देश (प्र.सं. 9 से 12 तक): *दिये गए प्रश्नों में एक प्रश्न चित्र दिया गया है जिसका एक भाग लुप्त दर्शाया गया है। दिये गए उत्तर चित्र (A), (B), (C) और (D) पर गौर करें तथा उस उत्तर चित्र का पता लगाएँ जिसको* **बिना दिशा परिवर्तन के** *प्रश्न चित्र का पैटर्न पूरा करने के लिए प्रश्न चित्र के लुप्त भाग में बिठाया जा सके।*

9. प्रश्न चित्र

उत्तर चित्र

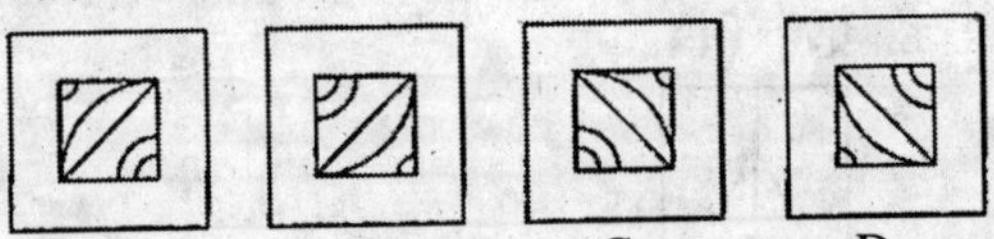

A B C D

10. प्रश्न चित्र

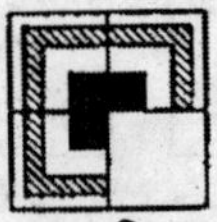

उत्तर चित्र

A B C D

11. प्रश्न चित्र

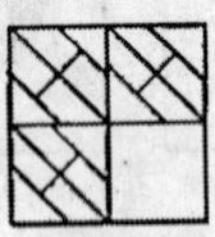

उत्तर चित्र

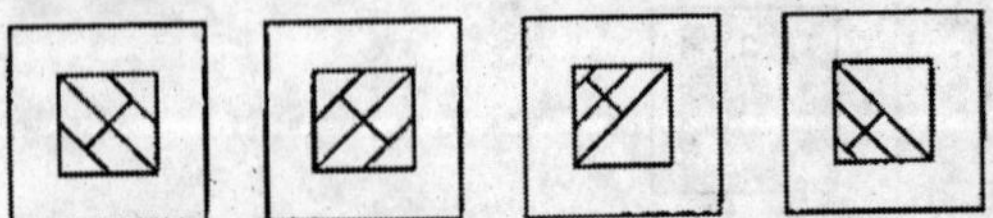

A B C D

12. प्रश्न चित्र

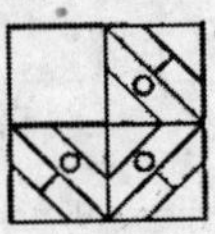

उत्तर चित्र

A B C D

भाग-IV

निर्देश (प्र.सं. 13 से 16 तक): *दिये गए प्रश्नों में तीन प्रश्न चित्र दर्शाए गए हैं तथा चौथे चित्र के लिए स्थान छोड़ा गया है। प्रश्न चित्र श्रेणीक्रम में हैं। श्रेणीक्रम को पूरा करने के लिए उपलब्ध उत्तर चित्रों में से एक चित्र का चयन करें जिसे प्रश्न चित्र के खाली स्थान में प्रतिस्थापित किया जा सके।*

13. प्रश्न चित्र

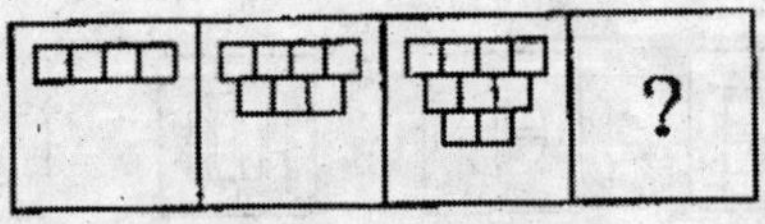

उत्तर चित्र

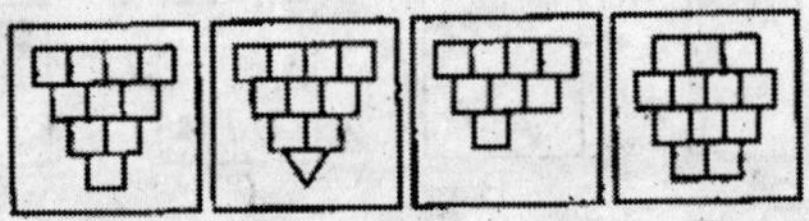

A B C D

14. प्रश्न चित्र

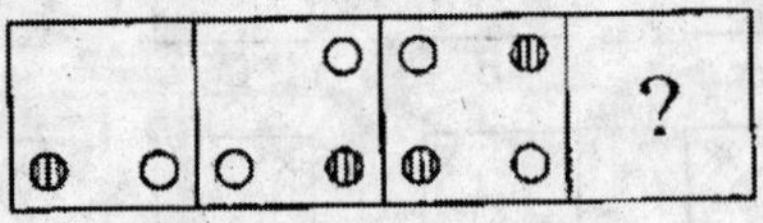

उत्तर चित्र

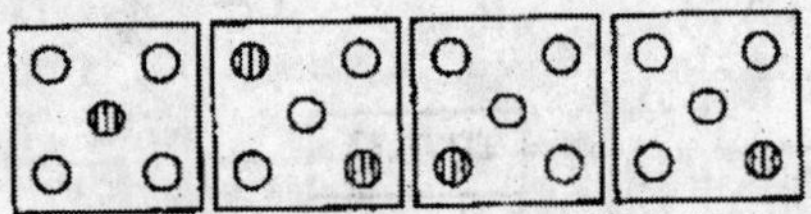

A B C D

15. प्रश्न चित्र

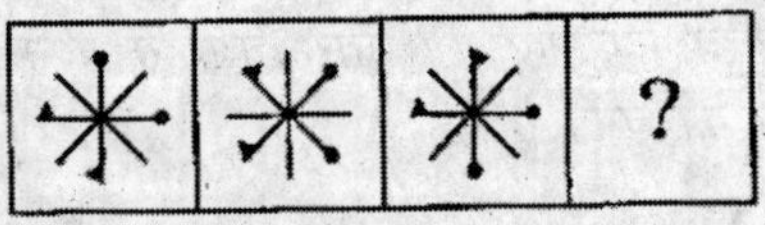

उत्तर चित्र

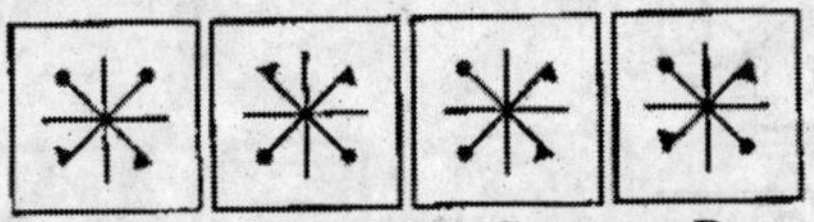

A B C D

16. प्रश्न चित्र

उत्तर चित्र

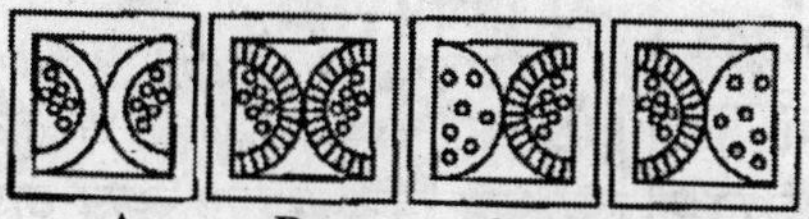

A B C D

भाग-V

निर्देश (प्र.सं. 17 से 20 तक): *प्रत्येक प्रश्न में प्रश्न चित्रों के दो सेट दिए गए हैं। दूसरे सेट में एक प्रश्न चिह्न (?) है। प्रथम सेट के दो प्रश्न चित्रों में एक निश्चित सम्बन्ध है। इसी तरह का सम्बन्ध दूसरे सेट के तीसरे तथा चौथे प्रश्न चित्र में भी होना आवश्यक है। उत्तर चित्रों से उस चित्र का चयन करें जो प्रश्न चिह्न को प्रतिस्थापित करेगा।*

17. प्रश्न चित्र

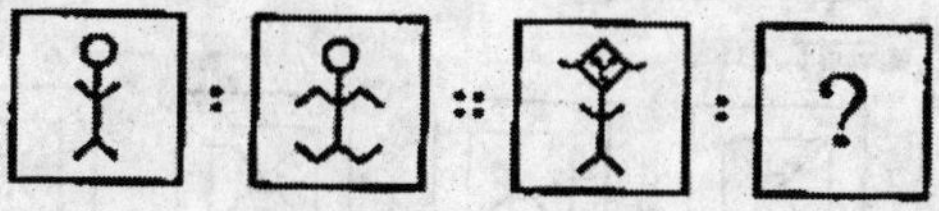

उत्तर चित्र

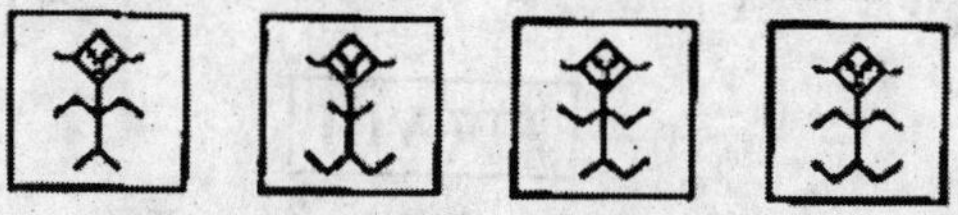

A B C D

18. प्रश्न चित्र

उत्तर चित्र

A B C D

19. प्रश्न चित्र

उत्तर चित्र

A B C D

20. प्रश्न चित्र

उत्तर चित्र

A B C D

भाग-VI

निर्देश (प्र.सं. 21 से 24 तक): *प्रश्न चित्र के रूप में ज्यामितीय चित्र (त्रिभुज, वर्ग तथा वृत्त) के एक भाग को दर्शाया गया है तथा नीचे की ओर दूसरे भाग को उत्तर चित्र के रूप में (A), (B), (C) और (D) से दर्शाया गया है। नीचे के चित्र से ज्यामितीय चित्र को पूर्ण करने वाले चित्र को ज्ञात करें।*

21. प्रश्न चित्र

उत्तर चित्र

A B C D

22. प्रश्न चित्र

उत्तर चित्र

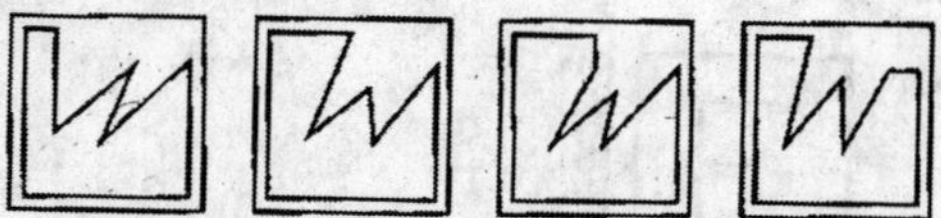

A B C D

23. प्रश्न चित्र

उत्तर चित्र

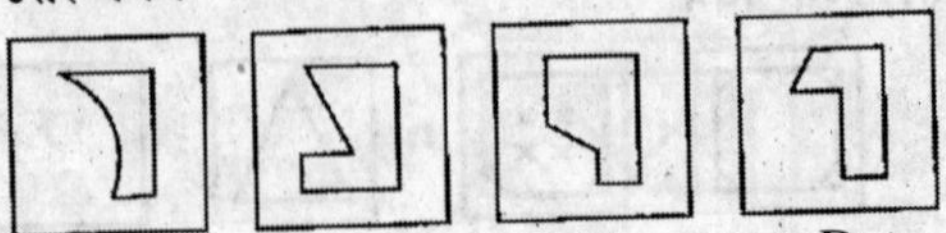

A B C D

24. प्रश्न चित्र

उत्तर चित्र

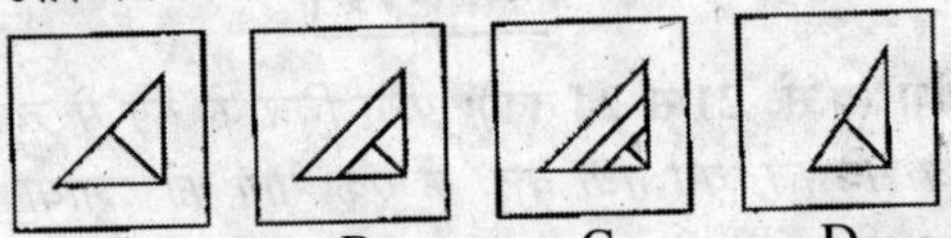

A B C D

भाग-VII

निर्देश (प्र.सं. 25 से 28 तक): *दिये गए प्रश्नों में एक प्रश्न चित्र तथा (A), (B), (C) और (D) से चिह्नित चार उत्तर चित्र दर्शाए गए हैं। किसी दर्पण को XY के अनुदिश रखे जाने पर प्रश्न चित्र के सही दर्पण प्रतिबिम्ब को उत्तर चित्र से चुनें।*

25. प्रश्न चित्र

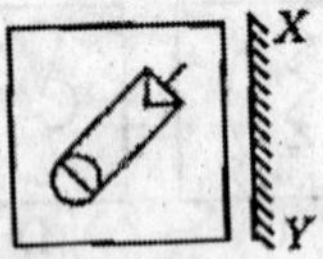

उत्तर चित्र

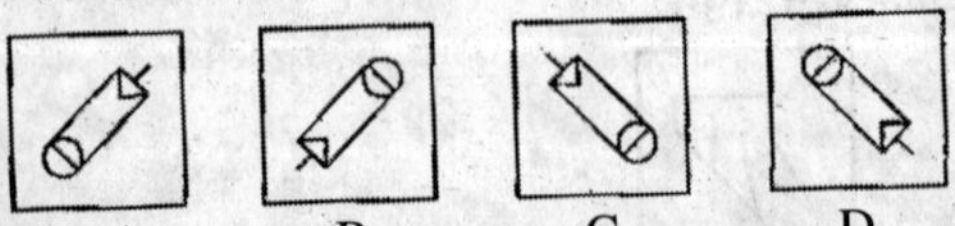

A B C D

26. प्रश्न चित्र

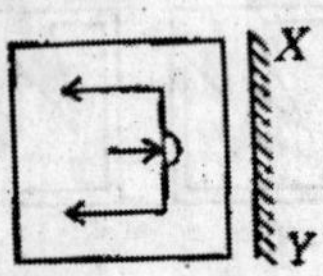

उत्तर चित्र

A B C D

27. प्रश्न चित्र

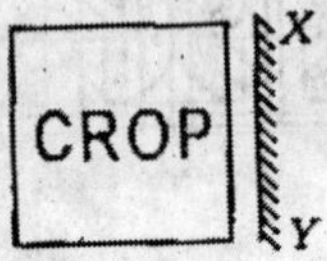

उत्तर चित्र

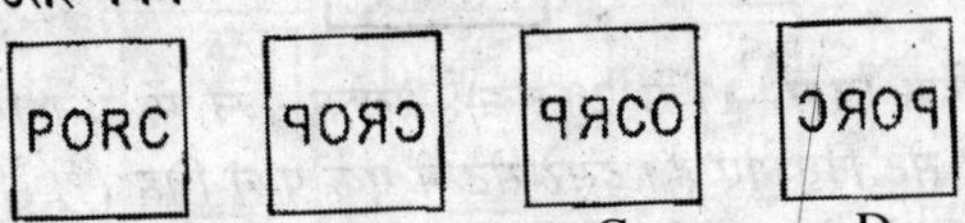

A B C D

28. प्रश्न चित्र

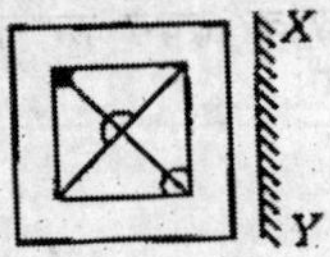

उत्तर चित्र

A B C D

भाग-VIII

निर्देश (प्र.सं. 29 से 32 तक): *दिये गए प्रश्नों में प्रश्न चित्र मे दर्शाए अनुसार कागज के एक टुकड़े को तह देकर पंच किया गया है तथा (A), (B), (C) और (D) से चिह्नित चार उत्तर चित्र दर्शाए गए हैं। कागज के टुकड़े के तह को खोलने पर वह जिस प्रकार दिखेगा वैसा ही चित्र उत्तर चित्र से चुनें।*

29. प्रश्न चित्र

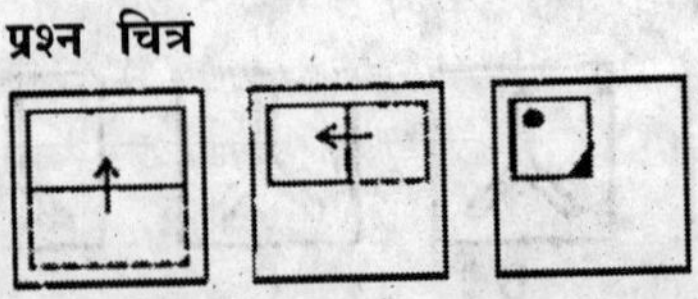

उत्तर चित्र

A B C D

30. प्रश्न चित्र

उत्तर चित्र

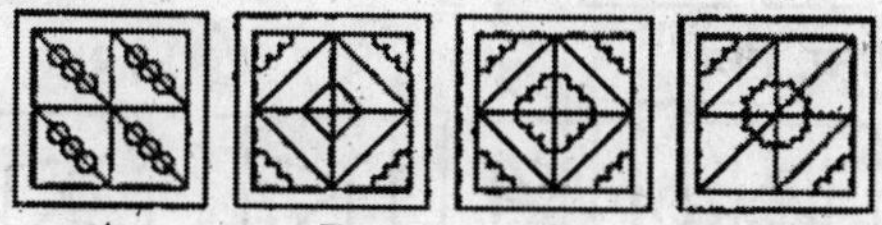

A B C D

31. प्रश्न चित्र

उत्तर चित्र

A B C D

32. प्रश्न चित्र

उत्तर चित्र

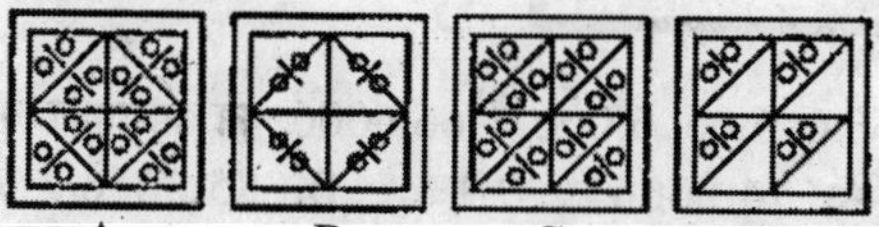

A B C D

भाग-IX

निर्देश (प्र.सं. 33 से 36 तक): *दिये गए प्रश्नों में एक प्रश्न चित्र तथा (A), (B), (C) और (D) से चिह्नित चार उत्तर चित्र दर्शाए गए हैं। उत्तर चित्र से उस चित्र का चयन करें जिसे प्रश्न चित्र में उपलब्ध कट-आउट टुकड़ों से बनाया जा सकता हो।*

33. प्रश्न चित्र

उत्तर चित्र

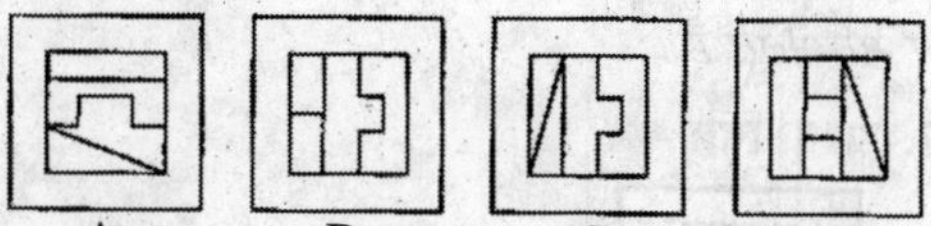

A B C D

34. प्रश्न चित्र

उत्तर चित्र

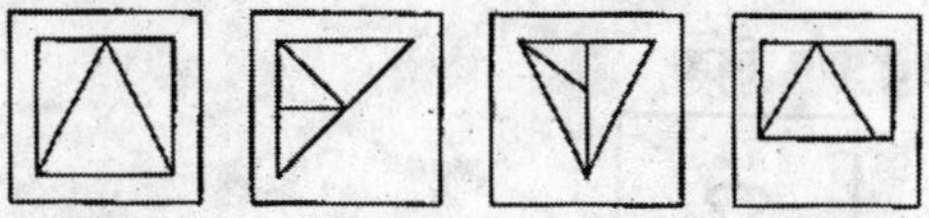

A B C D

35. प्रश्न चित्र

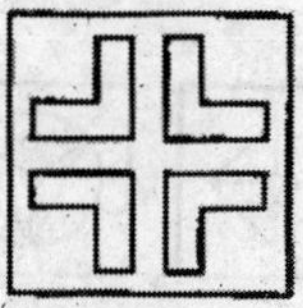

उत्तर चित्र

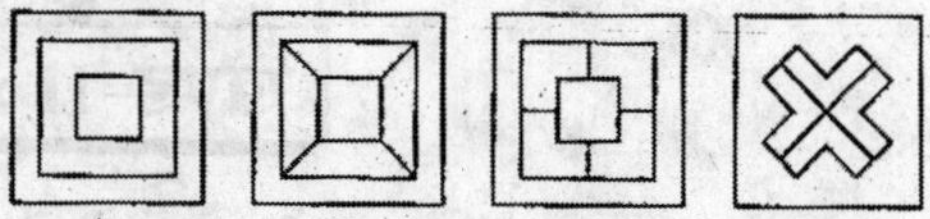

A B C D

36. प्रश्न चित्र

उत्तर चित्र

A B C D

भाग-X

निर्देश (प्र.सं. 37 से 40 तक): *दिये गए प्रश्नों में एक प्रश्न चित्र तथा (A), (B), (C) और (D) से चिह्नित चार उत्तर चित्र दर्शाए*

गए हैं। उत्तर चित्रों से, उस चित्र को चुनें जिसमें प्रश्न चित्र छिपा/सम्मिलित है।

37. प्रश्न चित्र

उत्तर चित्र

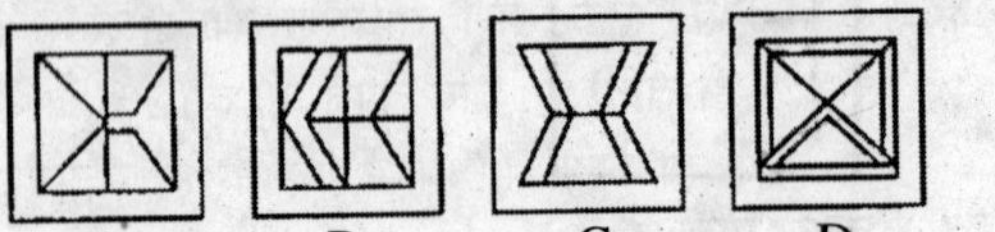

A B C D

38. प्रश्न चित्र

उत्तर चित्र

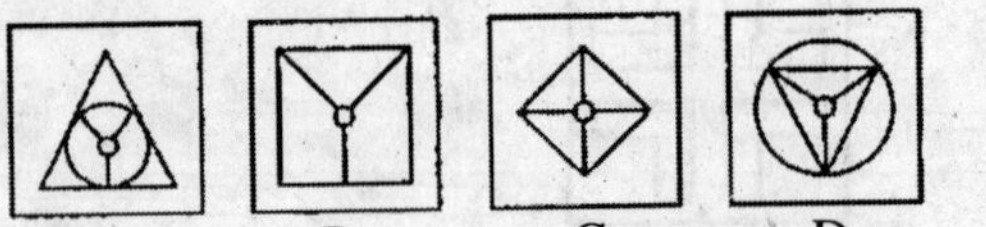

A B C D

39. प्रश्न चित्र

उत्तर चित्र

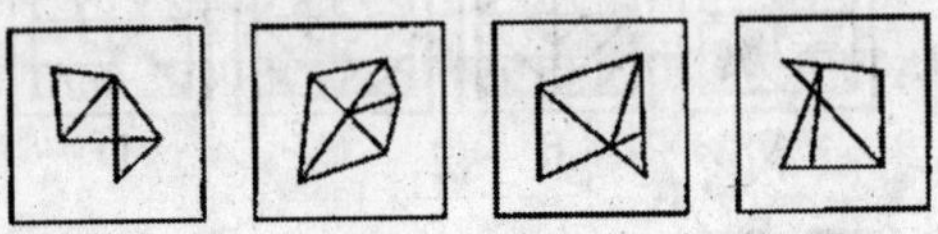

A B C D

40. प्रश्न चित्र

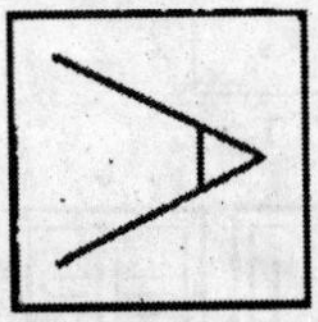

उत्तर चित्र

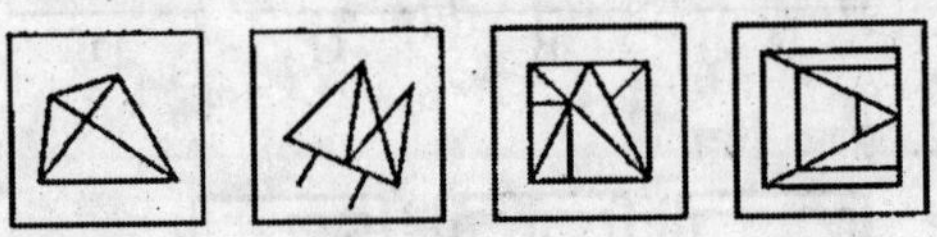

A B C D

खण्ड-II : अंकगणित परीक्षण

निर्देशः *प्रत्येक प्रश्न के लिए चार संभावित उत्तर हैं, जिन्हें (A), (B), (C) और (D) क्रम दिया गया है। इनमें से केवल एक उत्तर ही सही है। सही उत्तर चुनें।*

41. दो अंकों वाली प्राकृत संख्याओं की संख्या है :

A. 89 B. 90

C. 91 D. 99

42. एक संख्या से उसके अंकों का योगफल घटा दिया जाता है। परिणामस्वरूप प्राप्त संख्या सर्वदा विभाजित होगी :

A. 2 से B. 5 से

C. 8 से D. 9 से

43. $\frac{1}{13}[7+2\times5\times11+2\times13]$ का सरलीकरण करने पर परिणाम आता है :

A. 13 B. 9

C. 11 D. 12

44. 6.6, 6.06, 6.006 व 66.6006 का योगफल क्या है?

A. 74.2666 B. 85.2666

C. 84.0606 D. 84.0666

45. 0.0725 को सरलतम भिन्न के रूप में लिखने पर प्राप्त होता है :

A. $\frac{29}{4000}$ B. $\frac{29}{400}$

C. $\frac{29}{40}$ D. $\frac{129}{400}$

46. 25, 45 तथा 75 का लघुत्तम समापवर्त्य (LCM) है :

A. 450 B. 125

C. 175 D. 225

47. 4-अंकों की छोटी-से-छोटी संख्या को अभाज्य संख्याओं के गुणनफल के रूप में व्यक्त करने पर प्राप्त होता है :

A. $5 \times 5 \times 5 \times 8$
B. $5 \times 5 \times 5 \times 4 \times 2$
C. $5 \times 5 \times 5 \times 2 \times 2 \times 2$
D. $10 \times 10 \times 10$

48. यदि 72 तथा 180 का महत्तम समापवर्तक 36 है, तो इनका लघुत्तम समापवर्त्य है :
A. 180 B. 360
C. 540 D. 720

49. निम्न का सरलीकरण करने पर परिणाम आता है :

$$2\frac{1}{17} \div \frac{7}{10} \times 1\frac{1}{33}$$

A. $3\frac{1}{33}$ B. $2\frac{1}{33}$
C. $4\frac{1}{22}$ D. $\frac{100}{17}$

50. एक रेलगाड़ी एक स्टेशन से 72 कि.मी./घंटे की गति से 2 : 15 pm पर चलती है। 90 कि.मी. दूर एक स्टेशन पर यह कितने बजे पहुँचेगी?
A. 3 : 00 p.m. B. 3 : 30 p.m.
C. 4 : 00 p.m. D. 4 : 30 p.m.

51. एक हॉल की लम्बाई तथा चौड़ाई में 23 मी. का अन्तर (लम्बाई > चौड़ाई) है। यदि हॉल के फर्श का परिमाप 206 मी. है, तो इसका फर्श का क्षेत्रफल (वर्ग मी. में) है :
A. 2420 B. 2520
C. 2640 D. 2760

52. $12\frac{1}{16}$ का दशमलव समतुल्य है :
A. 12.625 B. 12.6025
C. 12.0625 D. 12.0525

53. 8% वार्षिक दर से साधारण ब्याज पर कितने वर्षों में ₹ 1,500, ₹ 1,800 हो जायेंगे?
A. $1\frac{1}{2}$ वर्ष B. 2 वर्ष
C. $2\frac{1}{2}$ वर्ष D. 3 वर्ष

54. एक साइकिल की कीमत में 20% की घटोतरी पर उसकी खरीदारी (माँग) में 20% की बढ़ोतरी होती है। दुकान की बिक्री पर इसका असर है :
A. 4% कमी
B. 4% बढ़ोतरी
C. 10% कमी
D. 10% बढ़ोतरी

55. $(20 \div 5) \div 2 + (16 \div 8) \times 2 + (10 \div 5) \times (3 + 2)$ का मान है :
A. 12 B. 15
C. 16 D. 18

56. ₹ 600 की एक राशि साधारण ब्याज पर 4 वर्ष में ₹ 720 हो जाती है। यदि ब्याज की दर 2% अधिक कर दी जाए, तो राशि 4 वर्ष में कितनी हो जाएगी?
A. ₹ 648
B. ₹ 768
C. ₹ 668
D. ₹ 968

57. एक तार $2\frac{3}{4}$ मी. लम्बा है, वह दो भागों में टूट जाता है। एक भाग दूसरे भाग से $\frac{5}{8}$ मी. बड़ा है। तार के बड़े भाग की लम्बाई है :
A. $1\frac{11}{16}$ मी. B. $1\frac{1}{16}$ मी.
C. 2 मी. D. $\frac{3}{4}$ मी.

58. एक सीसे के घन, जिसकी भुजा 6 से.मी. है, को पिघलाकर 27 एकसमान घन बनाए जाते हैं। इस प्रकार बने प्रत्येक छोटे घन की भुजा की लम्बाई है :
A. 1.5 से.मी. B. 2.0 से.मी.
C. 3.0 से.मी. D. 4.0 से.मी.

59. 2100 का अभाज्य गुणनखंड है :
A. $2 \times 2 \times 7 \times 15 \times 5$
B. $2 \times 2 \times 3 \times 5 \times 35$
C. $2 \times 2 \times 3 \times 5 \times 5 \times 7$
D. $4 \times 3 \times 5 \times 5 \times 7$

60. एक कमरे की लम्बाई 15 मी. है। इसके संपूर्ण फर्श पर 15 से.मी. × 12 से.मी. विमाओं की 7500 टाइलें लगती हैं। कमरे की चौड़ाई है :
A. 9 मी. B. 10 मी.
C. 12 मी. D. 10.5 मी.

खण्ड-III : भाषा परीक्षण

निर्देश (प्र.सं. 61-80) : *इस खण्ड में* ***चार*** *अनुच्छेद हैं। प्रत्येक अनुच्छेद पर पाँच प्रश्न हैं। प्रत्येक अनुच्छेद को सावधानी से पढ़ें और उसके नीचे दिए गए प्रश्नों के उत्तर दें। प्रत्येक प्रश्न के* ***चार*** *संभावित उत्तर दिए गए हैं, जिनकी क्रम संख्या (A), (B), (C) और (D) है। इनमें से केवल एक उत्तर ही सही है। सही उत्तर चुनें।*

अनुच्छेद-1

यह रविवार का दिन था। हरीश पार्क में अपने मित्रों के साथ खेल रहा था। निकट में एक तालाब था। हरीश तैरना चाहता था। वह छपाक के साथ तालाब में कूद गया। तालाब के दूसरे छोर पर पानी में कुछ बत्तखें थीं। हरीश ठंडे पानी और हल्की धूप का आनंद लेते हुए तैरा। अचानक उसने जोर की आवाज सुनी और पानी छितर गया। उसने चारों तरफ देखा कि कहीं किसी ने तालाब में गोता तो नहीं लगाया। उसे कोई दिखाई नहीं दिया।

61. हरीश पार्क में अपने .... के साथ खेल रहा था।
A. भाइयों
B. सहपाठियों
C. मित्रों
D. टोली

62. हरीश .... तालाब में कूदा।
A. तैरने के लिए
B. मछली पकड़ने के लिए
C. बत्तखों का पीछा करने के लिए
D. स्नान करने के लिए

63. मौसम .... था।
A. बहुत गरम
B. थोड़ा गरम
C. बहुत ठंडा
D. ठंडा और वर्षा वाला

64. तालाब में और कौन था?
A. कुछ बत्तखें
B. दो लड़के
C. हरीश के मित्र
D. मछुआरे

65. 'गोता लगाना' शब्द का वैसा ही अर्थ है जैसा .... का।
A. फिसलना
B. गिर जाना
C. कूदना
D. चढ़ना

अनुच्छेद-2

साँप रेंगने वाले कहे जाने वाले प्राणियों की श्रेणी में आते हैं। इस समूह में मगरमच्छ, छिपकलियाँ और कछुओं को भी शामिल किया जाता है। साँप वनों, मरुस्थलों और झीलों आदि सभी जगह पाए जाते हैं। वे साल भर बर्फ से ढके रहने वाले स्थानों में जीवित नहीं रह सकते हैं। साँपों की दृष्टि बहुत कमजोर होती है। क्षति से बचने और भोजन पाने के लिए वे अन्य इंद्रियों का उपयोग करते हैं। कुछ साँप अपनी नाक से सूँघते हैं पर अधिकतर वे जीभ से सूँघते हैं। साँप का शरीर कोशिकाओं की परतों से बनी शल्कों से ढका रहता है। वर्ष में कई बार साँप अपनी मृत चमड़ी की बाहरी परत छोड़ देता है। उसके नीचे की कोशिकाएँ तुरंत बाहरी परत का निर्माण कर देती हैं, जो साँप की सुरक्षा करती है।

66. साँपों को .... कहा जाता है।
A. छिपकली
B. शल्क
C. रेंगने वाला
D. कछुआ

67. साँप कहाँ जीवित नहीं रह सकते हैं?
A. बर्फ से जमे स्थानों
B. मरुस्थलों
C. वनों
D. झीलों

68. साँपों का/की .... कमजोर होता/होती है।
A. सूँघने का बोध
B. सुनना
C. स्पर्श-बोध
D. दृष्टि

69. .... साँप को चोट लगने से बचाता/बचाती है।
A. जीभ
B. शल्क
C. मृत चमड़ी
D. नाक

70. 'जीवित रहना' शब्द का अभिप्राय .... है।
A. जीना
B. चलना
C. पलायन करना
D. संबंधित होना

अनुच्छेद-3

दूध सबसे अच्छा भोजन है। इसमें पानी, चीनी, चर्बी (वसा), विटामिन और प्रोटीन होते हैं। लोग भिन्न-भिन्न पशुओं के दूध

पीते हैं। इंग्लैंड और अनेक अन्य ठंडे देशों में गाय होती हैं। अरब और मध्य एशिया जैसे गर्म शुष्क स्थानों में ऊँट होते हैं। भारत में गाय और भैंस दोनों हैं। अनेक स्थानों पर बकरियाँ होती हैं। यदि लोग गाय और अन्य पशु रखते हैं, तो उनको बहुत दूध मिलता है। दूध से वे मक्खन और चीज बना सकते हैं। यह जरूरी है कि जिस दूध का हम उपयोग करते हैं, वह शुद्ध और विषाणु-मुक्त होना चाहिए। अशुद्ध दूध से मानव शरीर को लाभ की बजाय हानि अधिक होती है।

71. लोग .... पशुओं का दूध पीते हैं।
A. एक जैसे B. भिन्न-भिन्न
C. समान D. उसी तरह के

72. .... स्थानों में ऊँट होते हैं।
A. शीतल B. जमे हुए
C. गर्म D. ठंडे

73. यदि लोग गाय जैसे पशु रखते हैं, तो उन्हें .... दूध मिलता है।
A. बहुत कम B. कम
C. थोड़ा D. बहुत सारा

74. यह .... है कि जिस दूध का हम उपयोग करते हैं, वह शुद्ध हो।
A. आवश्यक B. अनावश्यक
C. अनपेक्षित D. गैर-जरूरी

75. 'हानि' का अर्थ .... के समान है।
A. लाभ B. मरम्मत
C. क्षति D. स्थिर

अनुच्छेद-4

एक बार हम गाँव गए, जहाँ अनेक परिवार अपने बनाए हुए चिकनी मिट्टी के बर्तन बेच रहे थे। वहाँ हमें किसी परिवार के बनाए कृत्रिम फल और सब्जियों ने बहुत आकर्षित किया। हमने वहाँ ऐसे उत्तम आकारों और रंगों के बने सेब, संतरे और टमाटर देखे कि असली और उनमें अंतर करना मुश्किल था। प्रत्येक ने उनकी बहुत प्रशंसा की।

76. कुछ परिवारों ने चिकनी मिट्टी के .... बनाए।
A. मेज और कुर्सियाँ
B. फल और सब्जियाँ
C. खिलौने और बर्तन
D. गुल्लक (पिगी बैंक) और गेंद

77. हम मुश्किल से ही .... फलों और असली में अंतर कर सके।
A. प्राकृतिक B. कृत्रिम
C. मूल D. यथार्थ

78. 'ऐसे' (such) शब्द .... है।
A. क्रिया B. क्रिया-विशेषण
C. विशेषण D. समुच्चयबोधक

79. .... 'भेद' का समानार्थी है।
A. अंतर B. मिश्रण
C. भ्रम D. अशुद्धि

80. 'प्रत्येक' का वही अर्थ है, जो .... का है।
A. विशिष्ट B. सटीक
C. हरेक D. कुछ

उत्तरमाला

1. (D) **2.** (C) **3.** (C)
4. (B) **5.** (B) **6.** (A)
7. (A) **8.** (D) **9.** (B)
10. (A) **11.** (A) **12.** (D)
13. (A) **14.** (B) **15.** (B)
16. (B) **17.** (D) **18.** (B)
19. (A) **20.** (B) **21.** (A)
22. (C) **23.** (C) **24.** (A)
25. (C) **26.** (B) **27.** (B)
28. (A) **29.** (C) **30.** (C)
31. (A) **32.** (A) **33.** (C)
34. (B) **35.** (D) **36.** (B)
37. (C) **38.** (A) **39.** (B)
40. (D)

41. (B): 2 अंकों वाली प्राकृत संख्या 10 से 99 तक होती है।

$\therefore$ प्राकृत संख्याओं की संख्या $99 - 9 = 90$.

42. (D): 18 – (1 + 8) = 18 – 9 = 9 जो 9 से विभाजित है।

27 – (2 + 7) = 27 – 9 = 18 जो 9 से विभाजित है।

72 – (7 + 2) = 72 – 9 = 63 जो 9 से विभाजित है।

37 – (3 + 7) = 37 – 10 = 27 जो 9 से विभाजित है।

अतः एक संख्या से उसके अंकों का योगफल घटाने पर वह सर्वदा 9 से विभाजित होगी।

43. (C): $\frac{1}{13}[7+2\times5\times11+2\times13]$

$= \frac{1}{13}[7+110+26] = \frac{1}{13}[143] = 11.$

44. (B):

```
    6.6
    6.06
    6.006
  + 66.6006
    85.2666
```

अतः 6.6 + 6.06 + 6.006 + 66.6006 = 85.2666.

45. (B): $0.0725 = \frac{725}{10000} = \frac{145}{2000} = \frac{29}{400}.$

46. (D):

3	25,	45,	75
5	25,	15,	25
5	5,	3,	5
3	1,	3,	1
	1,	1,	1

लघुत्तम समापवर्त्य = 3 × 5 × 5 × 3 = 225.

47. (C): चार अंकों की सबसे छोटी संख्या = 1000

2	1000
2	500
2	250
5	125
5	25
5	5
	1

अतः 1000 = 5 × 5 × 5 × 2 × 2 × 2 होगा।

48. (B): $\text{लघुत्तम समापवर्त्य} = \frac{\text{संख्याओं का गुणनफल}}{\text{महत्तम समापवर्तक}}$

$= \frac{72\times180}{36} = 2\times180 = 360.$

49. (A): $2\frac{1}{17} \div \frac{7}{10} \times 1\frac{1}{33}$

$= \frac{35}{17} \div \frac{7}{10} \times \frac{34}{33}$

$= \frac{35}{17} \times \frac{10}{7} \times \frac{34}{33}$

$= \frac{5\times10\times2}{33} = \frac{100}{33} = 3\frac{1}{33}.$

50. (B): रेलगाड़ी की गति = 72 कि.मी./घंटा

रेलगाड़ी द्वारा तय की गई दूरी = 90 कि.मी.

$\text{समय} = \frac{\text{दूरी}}{\text{गति}} = \frac{90}{72} = \frac{5}{4}$ घंटे

$= 1\frac{1}{4}$ घंटे

= 1 घंटे 15 मिनट

∴ पहुँचने का समय = 2 : 15 p.m. + 1 घंटा 15 मिनट

= 3 : 30 p.m.

अतः गाड़ी 90 कि.मी. दूर स्टेशन पर 3 : 30 p.m. बजे पहुँचेगी।

51. (B): माना कि चौड़ाई = x मी.

अतः लम्बाई = x + 23 मी.

फर्श का परिमाप = 2(लम्बाई + चौड़ाई)

⇒ $206 = 2(x + 23 + x)$

⇒ $\frac{206}{2} = 2x + 23$

⇒ $103 = 2x + 23$

⇒ $103 - 23 = 2x$

⇒ $80 = 2x$

⇒ $x = 40$

फर्श की चौड़ाई = 40 मी. तथा लम्बाई = 63 मी.

∴ फर्श का क्षेत्रफल = लम्बाई × चौड़ाई

= 63 × 40 = 2520 वर्ग मी.।

52. (C): $12\frac{1}{16} = 12 + \frac{1}{16} = 12 + 0.0625 = 12.0625.$

53. (C): दर $= 8\%$

मूलधन = ₹ 1500

मिश्रधन = ₹ 1800

समय = ?

साधारण ब्याज = मिश्रधन − मूलधन

= 1800 − 1500 = ₹ 300

$$\text{समय} = \frac{\text{ब्याज} \times 100}{\text{मूलधन} \times \text{दर}} = \frac{300 \times 100}{1500 \times 8}$$

$$= \frac{20}{8} = \frac{5}{2} = 2\frac{1}{2} \text{ वर्ष।}$$

54. (A): प्रतिशत कमी $= \left(\frac{20}{10}\right)^2 = (2)^2 = 4\%$

अतः दुकान की बिक्री पर असर = 4% की कमी होगी।

$$\left[\text{प्रतिशत कमी} = \left(\frac{x}{10}\right)^2\right]$$

55. (C): $(20 \div 5) \div 2 + (16 \div 8) \times 2 + (10 \div 5) \times (3 + 2)$

$= 4 \div 2 + 2 \times 2 + 2 \times 5$

$= 2 + 4 + 10 = 16.$

56. (B): ब्याज = मिश्रधन − मूलधन

= 720 − 600 = ₹ 120

$$\Rightarrow \text{दर} = \frac{\text{ब्याज} \times 100}{\text{मूलधन} \times \text{समय}} = \frac{120 \times 100}{600 \times 4} = 5\%$$

अब, दर = 7% [2% बढ़ा दिया गया]

$$\text{ब्याज} = \frac{\text{मूलधन} \times \text{दर} \times \text{समय}}{100}$$

$$= \frac{600 \times 7 \times 4}{100} = ₹\ 168$$

मिश्रधन = मूलधन + ब्याज = 600 + 168 = ₹ 768

अतः ब्याज की दर 2% बढ़ाने पर 4 वर्ष में राशि ₹ 768 हो जाएगी।

57. (A): तार की लम्बाई $= 2\frac{3}{4}$ मी. $= \frac{11}{4}$ मी.

माना कि तार के बड़े भाग की लम्बाई = x मी.

छोटे भाग की लम्बाई $= x - \frac{5}{8}$ मी.

प्रश्नानुसार,

$$x + x - \frac{5}{8} = \frac{11}{4}$$

$$\Rightarrow \quad 2x = \frac{11}{4} + \frac{5}{8} = \frac{22+5}{8}$$

$$\Rightarrow \quad 2x = \frac{27}{8}$$

$$\Rightarrow \quad x = \frac{27}{16} = 1\frac{11}{16} \text{ मी.}$$

अतः तार के बड़े भाग की लम्बाई $1\frac{11}{16}$ मी. है।

58. (B): सीसे के घन का आयतन $= (6)^3$

= 216 घन से.मी.

प्रत्येक छोटे घन का आयतन $= \frac{216}{27} = 8$ घन से.मी.

प्रत्येक छोटे घन के भुजा की लम्बाई $= \sqrt[3]{8}$

$\sqrt[3]{2 \times 2 \times 2} = 2$ से.मी.।

59. (C): 2100 का अभाज्य गुणनखण्ड

$= 2 \times 2 \times 3 \times 5 \times 5 \times 7$

2	2100
2	1050
5	525
5	105
3	21
7	7
	1

60. (A): कमरे की चौड़ाई $= \frac{15 \times 12 \times 7500}{15 \times 100}$

$= 900$ से.मी. $= \frac{900}{100}$ मी. $= 9$ मी.।

61. (C)	**62. (A)**	**63. (C)**
64. (A)	**65. (C)**	**66. (C)**
67. (A)	**68. (D)**	**69. (B)**
70. (A)	**71. (B)**	**72. (C)**
73. (D)	**74. (A)**	**75. (C)**
76. (B)	**77. (B)**	**78. (D)**
79. (A)	**80. (C)**	

पिछले प्रश्न-पत्र (हल सहित)

जवाहर नवोदय विद्यालय

कक्षा-VI, प्रवेश परीक्षा 2021*

खण्ड-I : मानसिक योग्यता परीक्षण

भाग-I

निर्देश (प्र.सं. 1 से 4 तक) : *प्रत्येक प्रश्न में चार चित्र (A), (B), (C) और (D) दर्शाए गए हैं। इन चार चित्रों में से तीन चित्र किसी विधि से एकसमान हैं, जबकि एक चित्र अन्य से भिन्न है। अन्य से भिन्न चित्र का चयन करें।*

1.

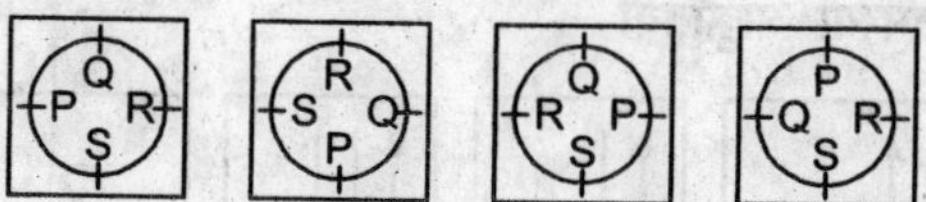

A. B. C. D.

2.

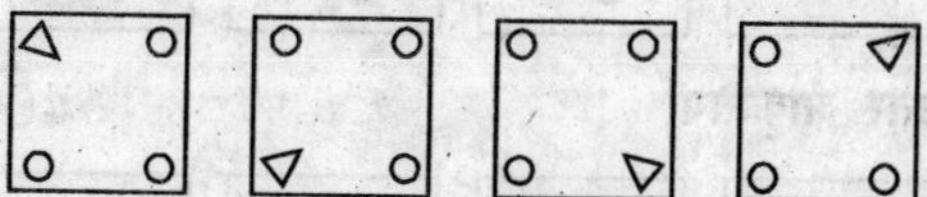

A. B. C. D.

3.

TIC	CTI	TEC	ITC
A.	B.	C.	D.

4.

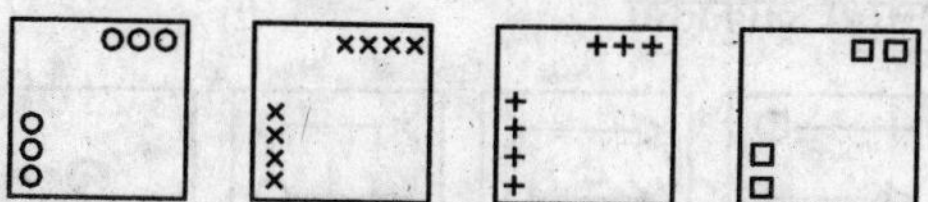

A. B. C. D.

भाग-II

निर्देश (प्र.सं. 5 से 8 तक) : *निम्नलिखित प्रश्नों में एक प्रश्न चित्र दिया गया है तथा नीचे (A), (B), (C) और (D) से चिह्नित चार उत्तर चित्र दर्शाए गए हैं। उत्तर चित्रों से प्रश्न चित्र के समरूप चित्र को चुनें।*

5. प्रश्न चित्र

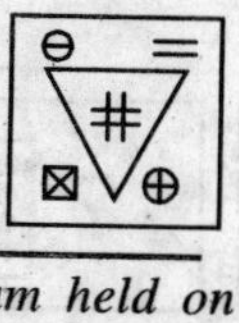

उत्तर चित्र

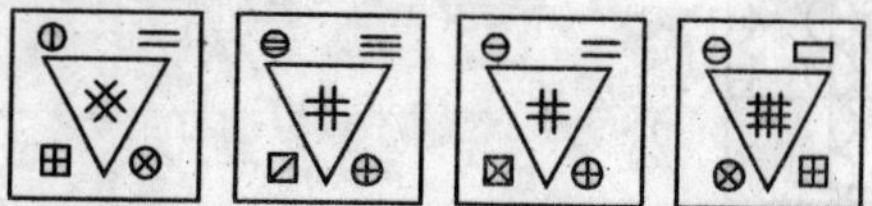

A. B. C. D.

6. प्रश्न चित्र

उत्तर चित्र

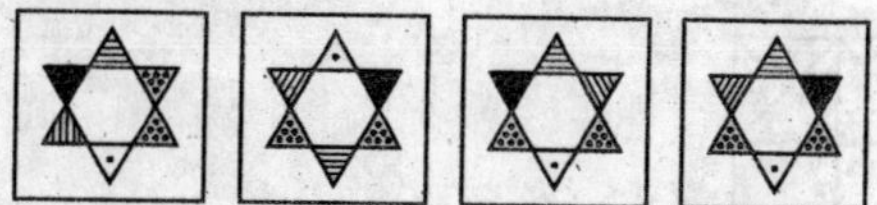

A. B. C. D.

7. प्रश्न चित्र

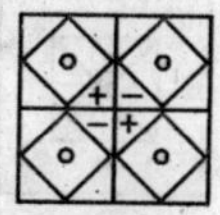

उत्तर चित्र

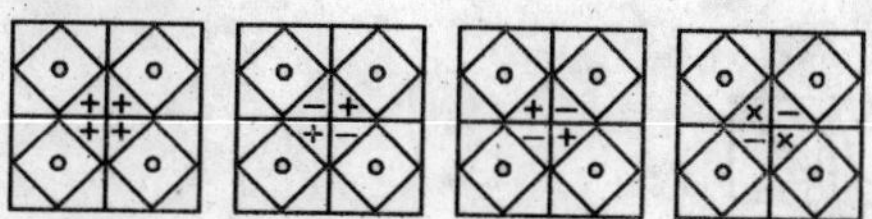

A. B. C. D.

8. प्रश्न चित्र

उत्तर चित्र

A. B. C. D.

* *Exam held on 11-08-2021.*

भाग-III

निर्देश (प्र.सं. 9 से 12 तक) : *निम्नलिखित प्रश्नों में एक प्रश्न चित्र दिया गया है जिसका एक भाग लुप्त दर्शाया गया है तथा नीचे दिए गए उत्तर चित्र (A), (B), (C) और (D) पर गौर करें तथा उस उत्तर चित्र का पता लगाएँ जिसको बिना दिशा परिवर्तन के प्रश्न चित्र का पैटर्न पूरा करने के लिए प्रश्न चित्र के लुप्त भाग में बिठाया जा सके।*

9. प्रश्न चित्र

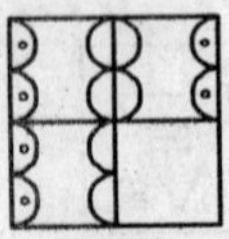

उत्तर चित्र

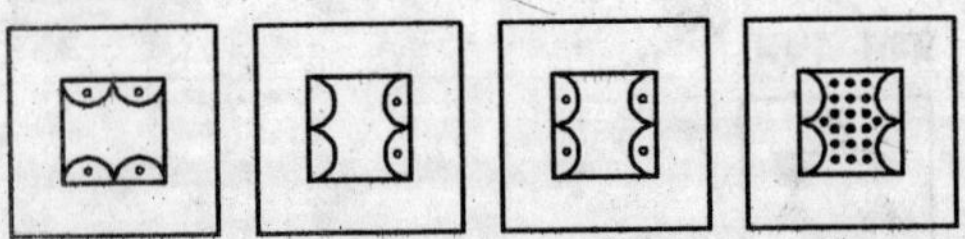

A. B. C. D.

10. प्रश्न चित्र

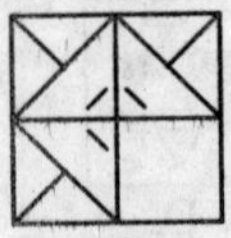

उत्तर चित्र

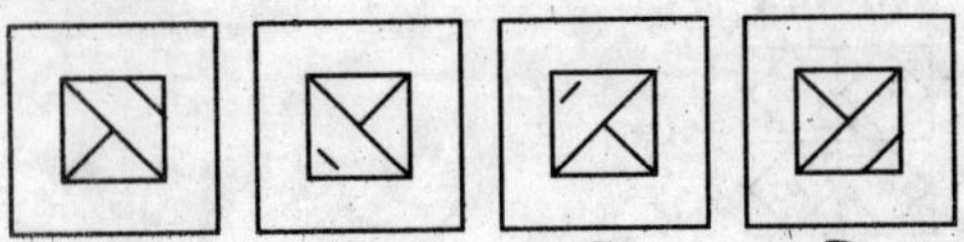

A. B. C. D.

11. प्रश्न चित्र

उत्तर चित्र

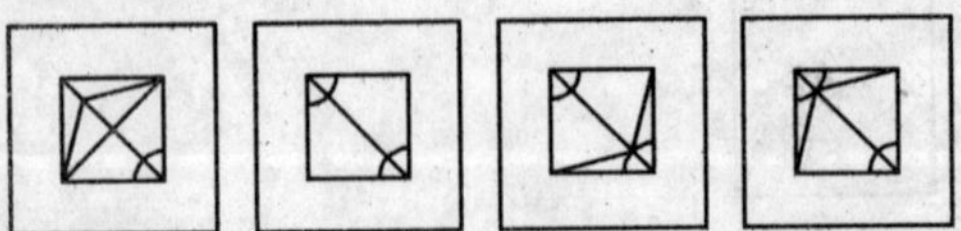

A. B. C. D.

12. प्रश्न चित्र

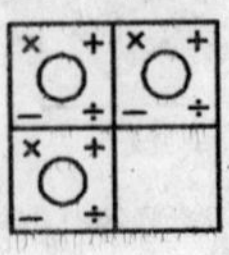

उत्तर चित्र

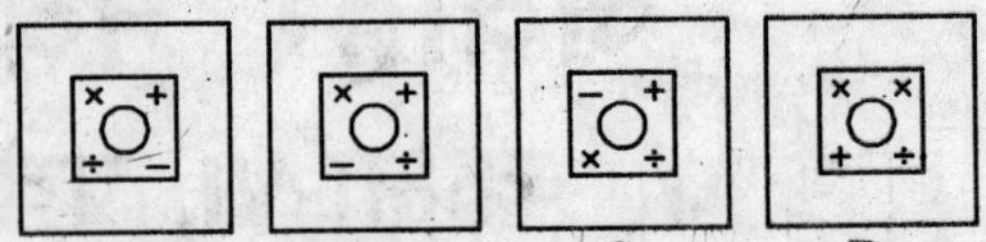

A. B. C. D.

भाग-IV

निर्देश (प्र.सं. 13 से 16 तक) : *निम्नलिखित प्रश्नों में, प्रत्येक प्रश्न में तीन प्रश्न चित्र दर्शाए गए हैं तथा चौथे चित्र के लिए स्थान छोड़ा गया है। प्रश्न चित्र श्रेणीक्रम में हैं। श्रेणीक्रम को पूरा करने के लिए नीचे उपलब्ध चित्रों में से एक चित्र का चयन करें जिसे प्रश्न चित्र के खाली स्थान में प्रतिस्थापित किया जा सके।*

13. समस्या आकृतियाँ

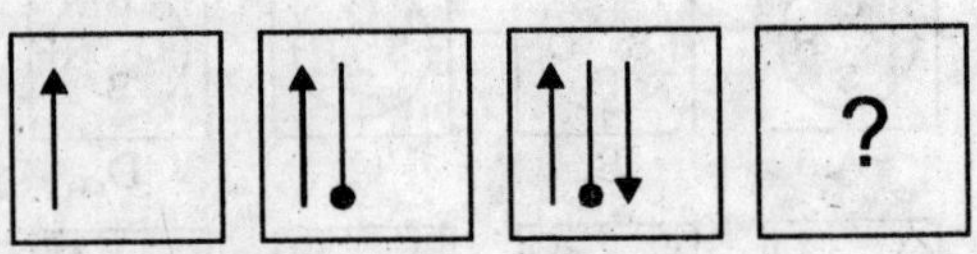

उत्तर आकृतियाँ

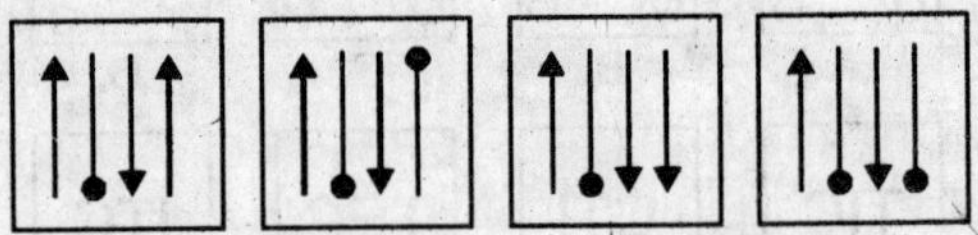

A. B. C. D.

14. समस्या आकृतियाँ

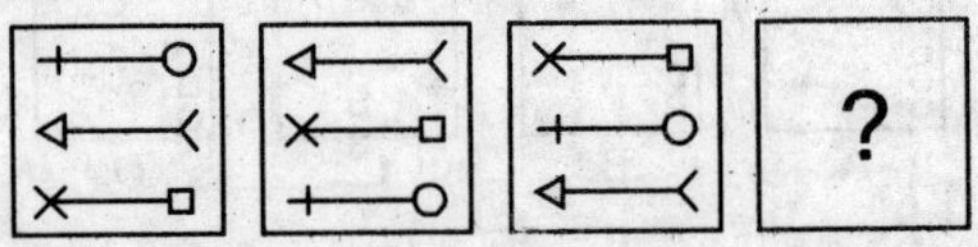

उत्तर आकृतियाँ

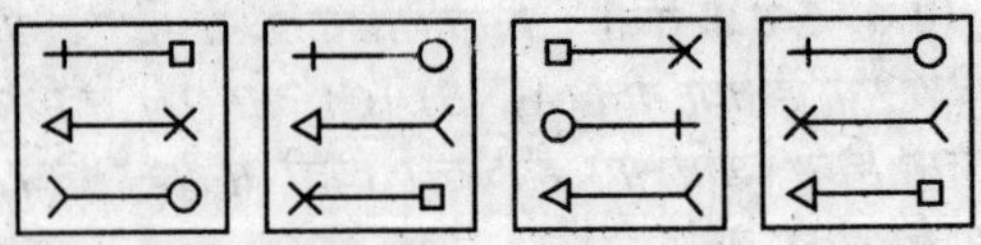

A. B. C. D.

15. समस्या आकृतियाँ

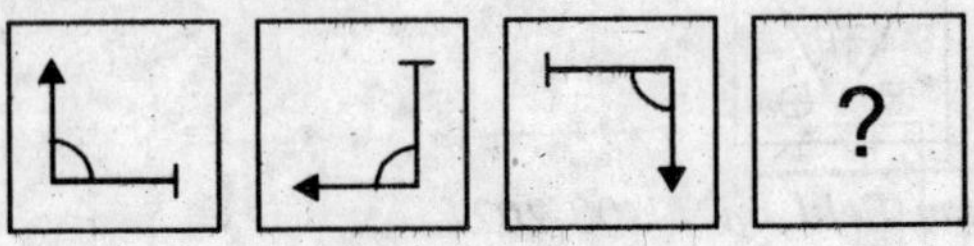

उत्तर आकृतियाँ

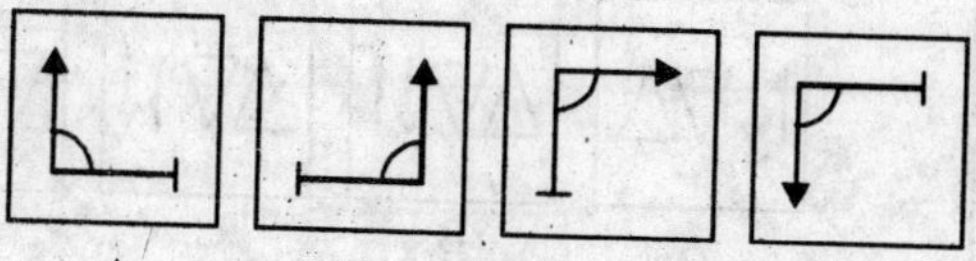

A. B. C. D.

16. समस्या आकृतियाँ

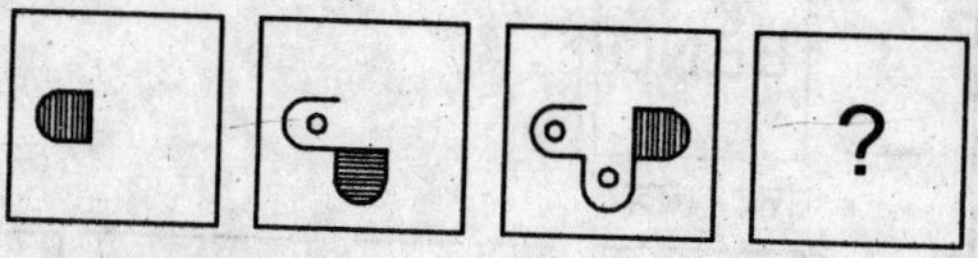

उत्तर आकृतियाँ

A. B. C. D.

भाग-V

निर्देश (प्र.सं. 17 से 20 तक) : *प्रत्येक प्रश्न में दो प्रश्न चित्रों के दो सेट दिए गए हैं। दूसरे सेट में एक प्रश्न चिह्न (?) है। प्रथम सेट के दो प्रश्न चित्रों में एक निश्चित सम्बन्ध है। इसी तरह का सम्बन्ध दूसरे सेट के तीसरे तथा चौथे प्रश्न चित्र में भी होना आवश्यक है। उत्तर चित्रों से उस चित्र का चयन करें जो प्रश्न चिह्न को प्रतिस्थापित करेगा।*

17. प्रश्न चित्र

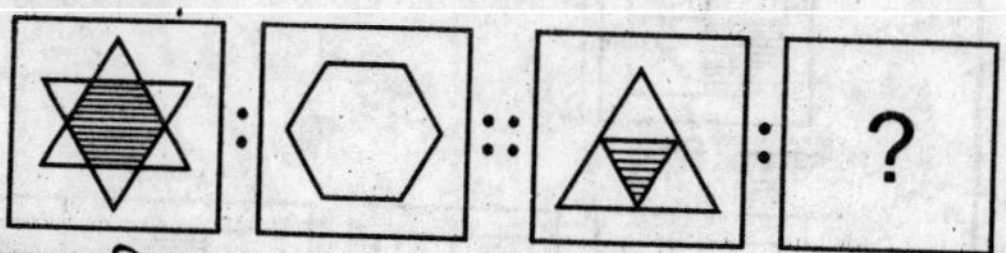

उत्तर चित्र

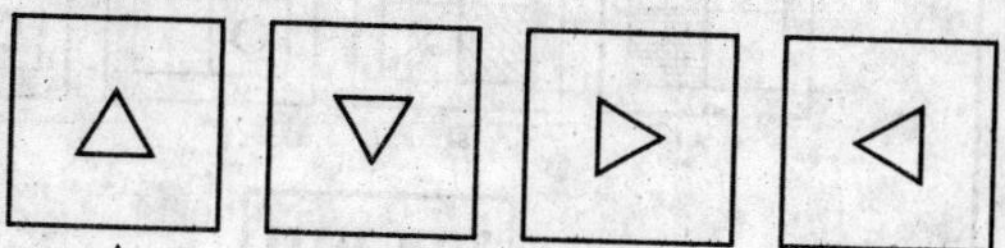

A. B. C. D.

18. प्रश्न चित्र

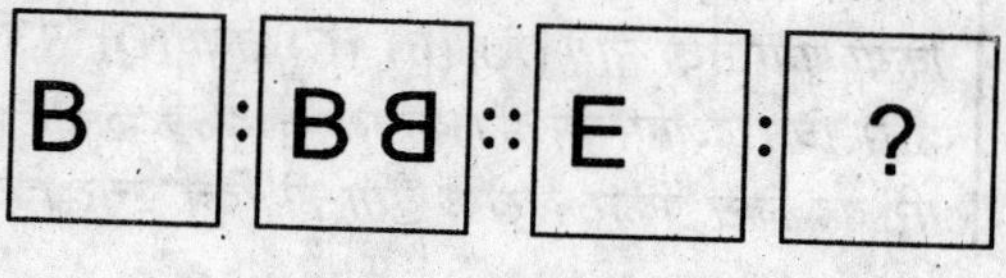

उत्तर चित्र

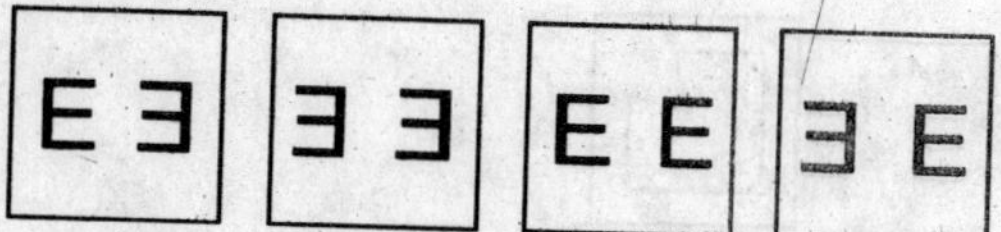

A. B. C. D.

19. प्रश्न चित्र

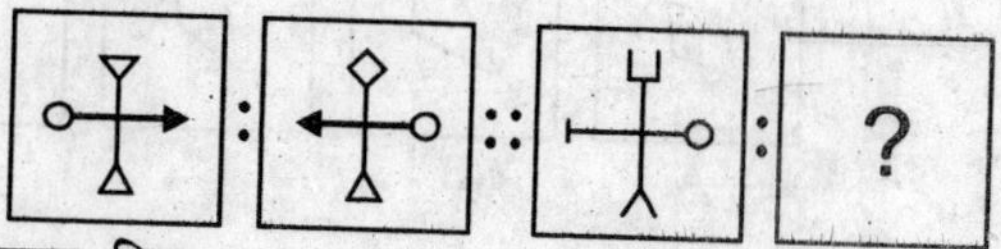

उत्तर चित्र

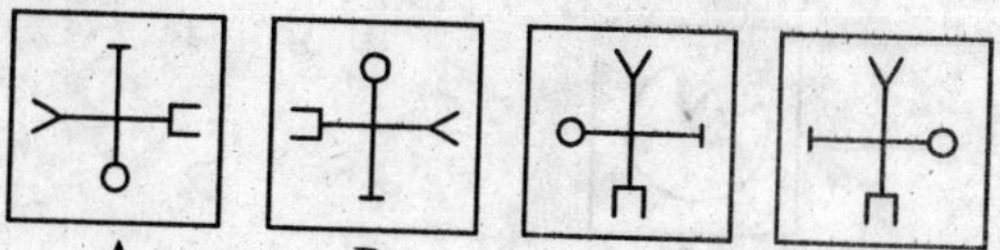

A. B. C. D.

20. प्रश्न चित्र

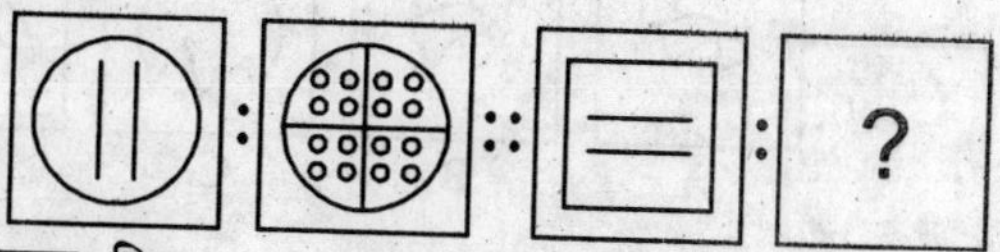

उत्तर चित्र

A. B. C. D.

भाग-VI

निर्देश (प्र.सं. 21 से 24 तक) : *निम्नलिखित प्रश्नों में प्रश्न चित्र के रूप में ज्यामितीय चित्र (त्रिभुज, वर्ग, वृत्त) के एक भाग को दर्शाया गया है तथा नीचे दूसरे भाग को उत्तर चित्र के रूप में (A), (B), (C) तथा (D) से दर्शाया गया है। नीचे के चित्र से ज्यामितीय चित्र को पूर्ण करने वाले चित्र को ज्ञात करें।*

21. प्रश्न चित्र

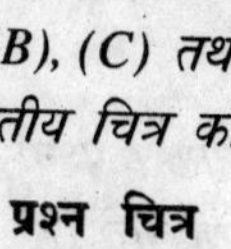

उत्तर चित्र

A. B. C. D.

22. प्रश्न चित्र

उत्तर चित्र

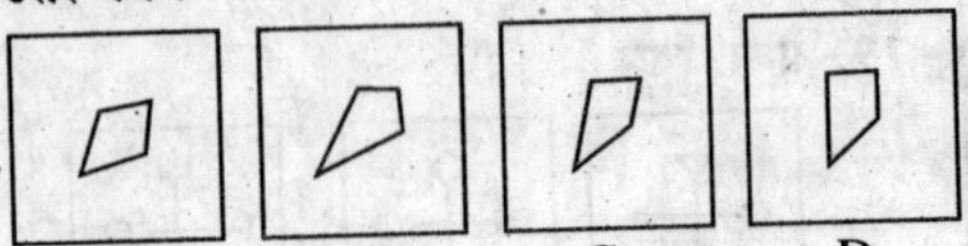

A. B. C. D.

23. प्रश्न चित्र

उत्तर चित्र

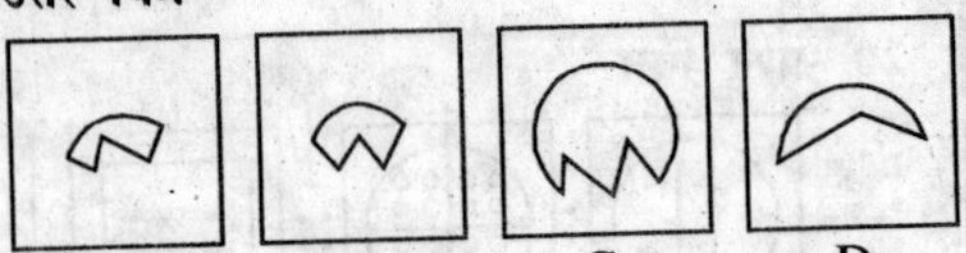

A. B. C. D.

24. प्रश्न चित्र

उत्तर चित्र

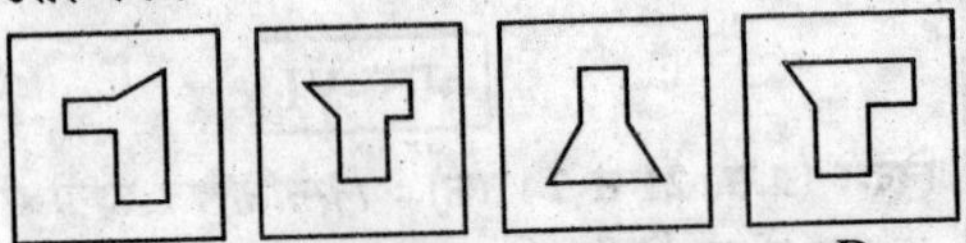

A. B. C. D.

भाग-VII

निर्देश (प्र.सं. 25 से 28 तक) : *निम्नलिखित प्रश्नों में, प्रत्येक प्रश्न में एक प्रश्न चित्र दर्शाया गया है तथा नीचे (A), (B), (C) तथा (D) से चिह्नित चार उत्तर चित्र दर्शाए गए हैं। किसी दर्पण को XY के अनुदिश रखे जाने पर प्रश्न चित्र के सही दर्पण प्रतिबिम्ब को उत्तर चित्र से चुनें।*

25. प्रश्न चित्र

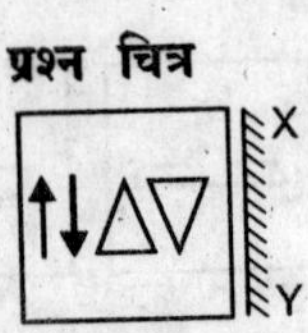

उत्तर चित्र

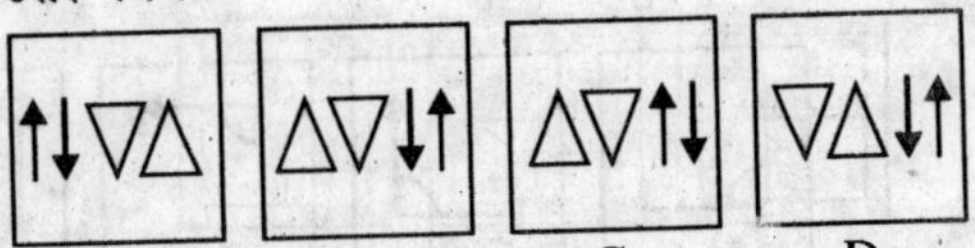

A. B. C. D.

26. प्रश्न चित्र

उत्तर चित्र

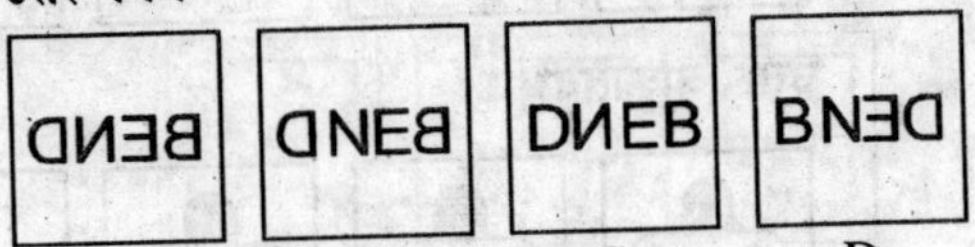

A. B. C. D.

27. प्रश्न चित्र

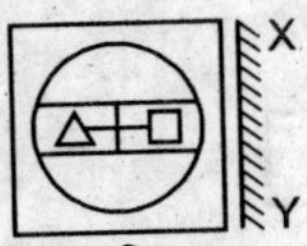

उत्तर चित्र

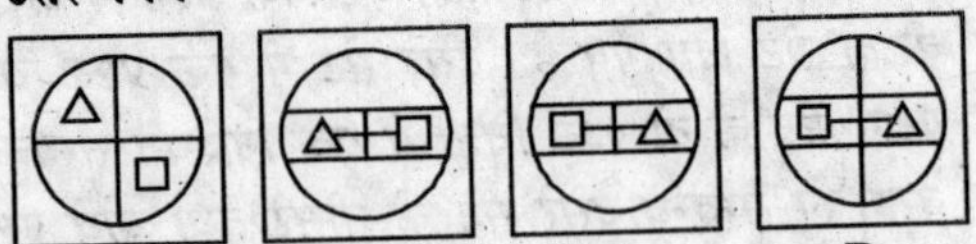

A. B. C. D.

28. प्रश्न चित्र

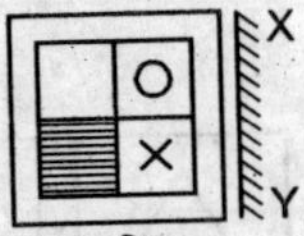

उत्तर चित्र

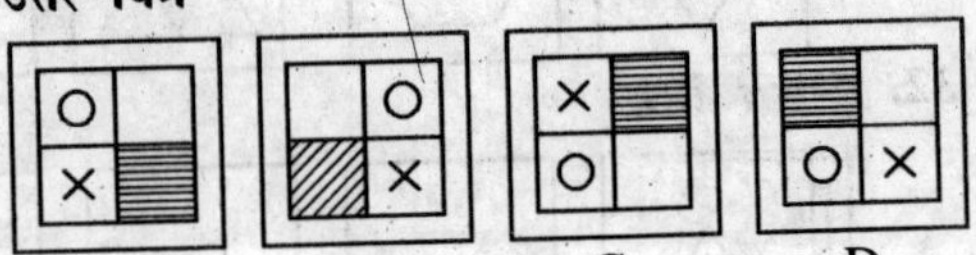

A. B. C. D.

भाग-VIII

निर्देश (प्र.सं. 29 से 32 तक) : *निम्नलिखित प्रश्नों में, एक प्रश्न चित्र में दर्शाए अनुसार कागज के एक टुकड़े को तह देकर पंच किया गया तथा नीचे (A), (B), (C) तथा (D) से चिह्नित चार उत्तर चित्र दर्शाए गए हैं। कागज के टुकड़े के तह को खोलने पर वह जिस प्रकार दिखेगा वैसा ही चित्र उत्तर चित्र से चुनें।*

29. प्रश्न चित्र

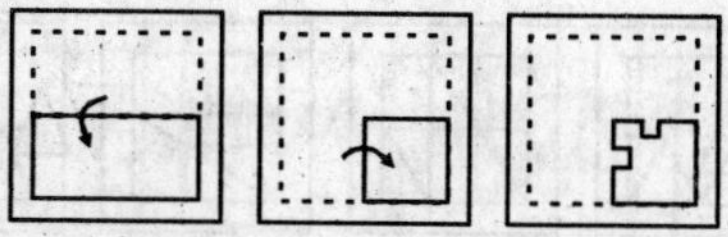

उत्तर चित्र

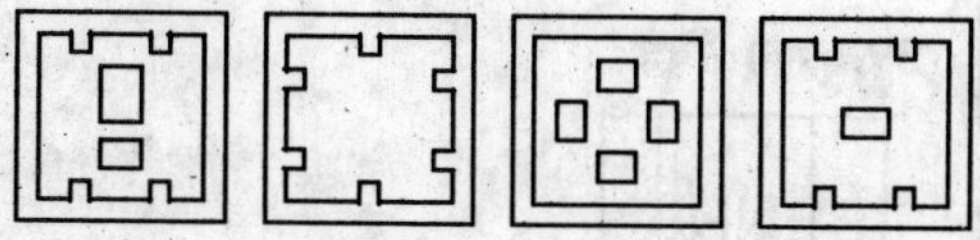

A. B. C. D.

30. प्रश्न चित्र

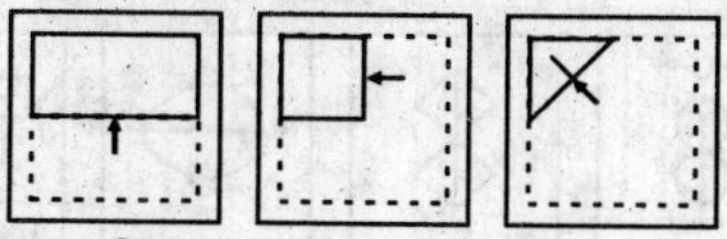

उत्तर चित्र

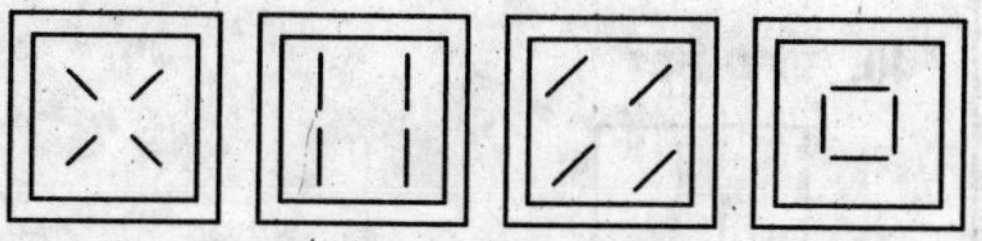

A. B. C. D.

31. प्रश्न चित्र

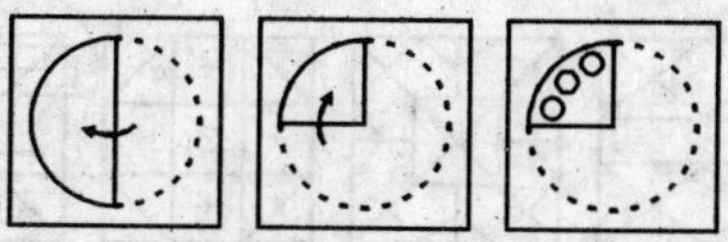

उत्तर चित्र

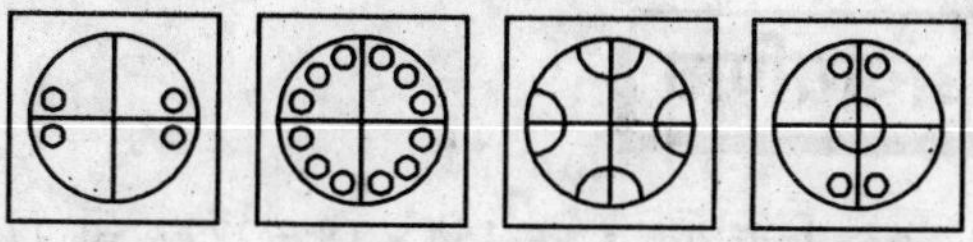

A. B. C. D.

32. प्रश्न चित्र

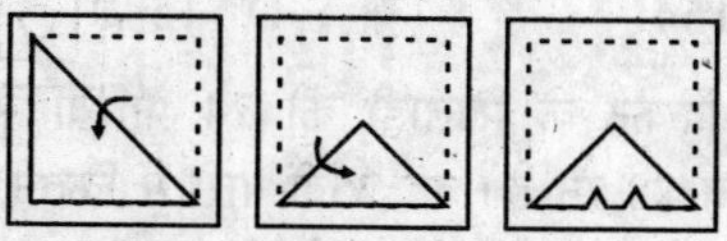

उत्तर चित्र

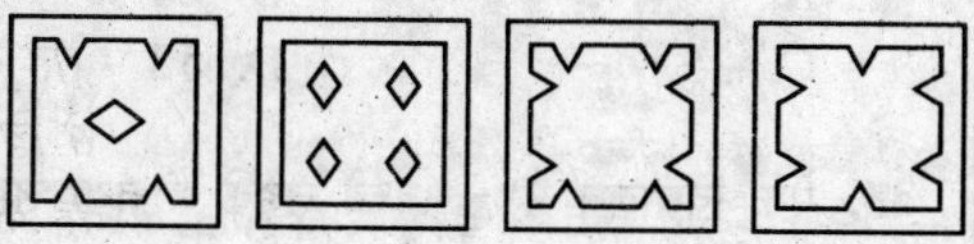

A. B. C. D.

भाग-IX

निर्देश (प्र.सं. 33 से 36 तक) : *निम्नलिखित प्रश्नों में एक प्रश्न चित्र दिया गया है तथा नीचे (A), (B), (C) तथा (D) से चिह्नित चार उत्तर चित्र दर्शाए गए हैं। उत्तर चित्र से उस चित्र का चयन करें जिसे प्रश्न चित्र में उपलब्ध कट-आउट से बनाया जा सकता हो।*

33. प्रश्न चित्र

उत्तर चित्र

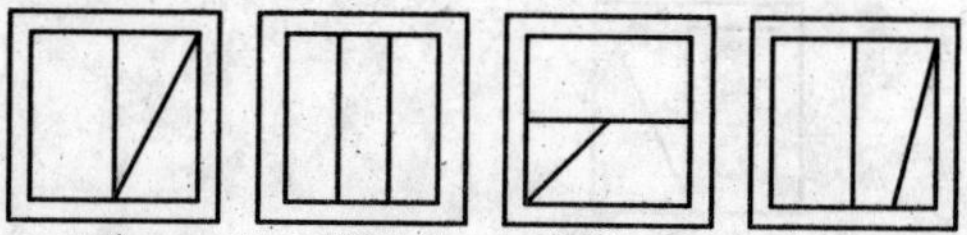

A. B. C. D.

34. प्रश्न चित्र

उत्तर चित्र

A. B. C. D.

35. प्रश्न चित्र

उत्तर चित्र

A. B. C. D.

36. प्रश्न चित्र

उत्तर चित्र

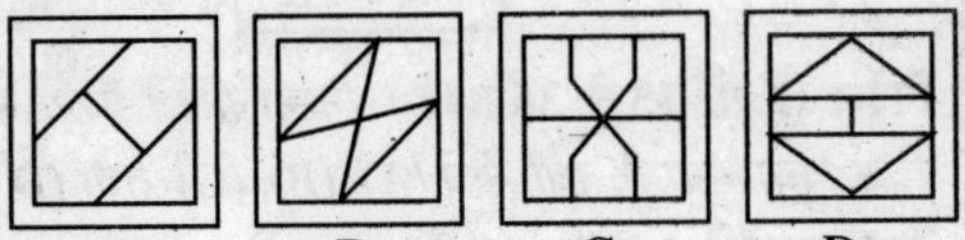

A. B. C. D.

भाग-X

निर्देश (प्र.सं. 37 से 40 तक) : *निम्नलिखित प्रश्नों में एक प्रश्न चित्र दिया गया है तथा नीचे (A), (B), (C) तथा (D) से चिह्नित चार उत्तर चित्र दर्शाए गए हैं। उत्तर चित्रों से उस चित्र को चुनें जिसमें प्रश्न चित्र छिपा/सम्मिलित है।*

37. प्रश्न चित्र

उत्तर चित्र

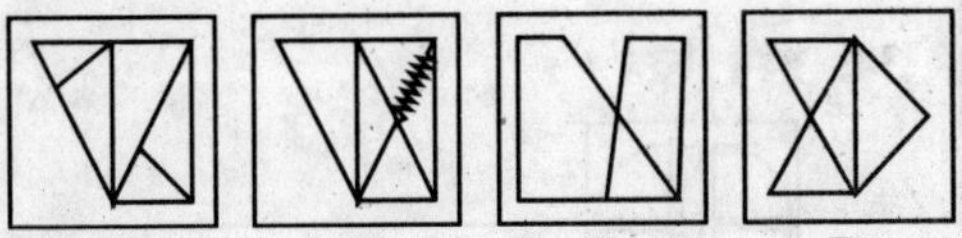

A. B. C. D.

38. प्रश्न चित्र

उत्तर चित्र

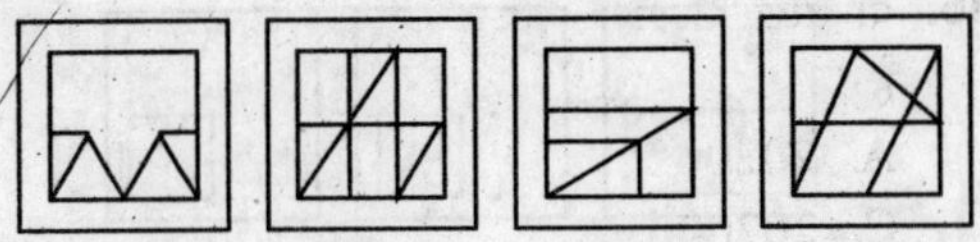

A. B. C. D.

39. प्रश्न चित्र

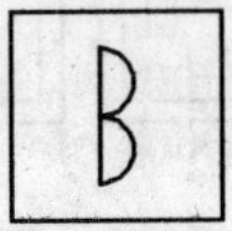

उत्तर चित्र

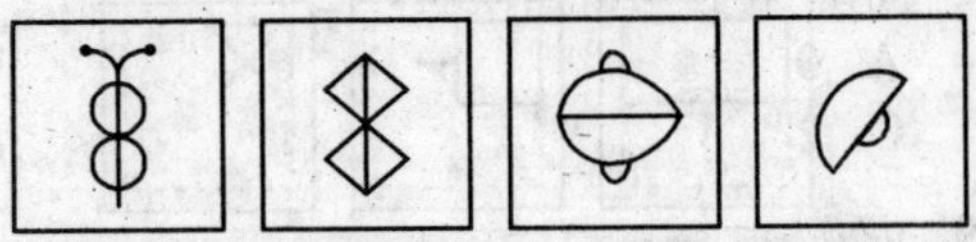

A. B. C. D.

40. प्रश्न चित्र

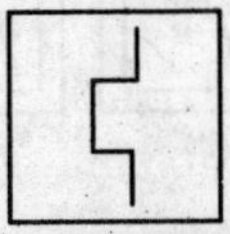

उत्तर चित्र

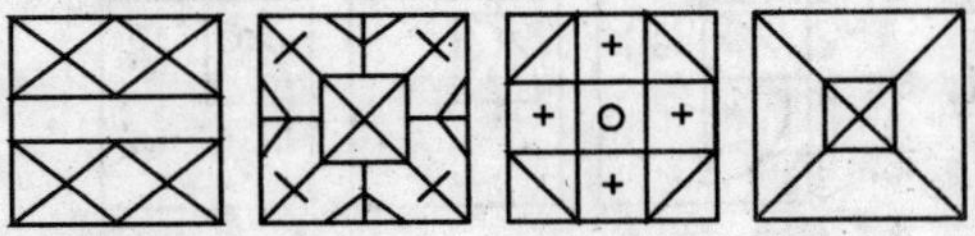

A. B. C. D.

खण्ड-II : अंकगणित

निर्देश : *प्रत्येक प्रश्न के चार विकल्प दिए गए हैं जिसमें से एक विकल्प सही है। सही विकल्प चुनिए।*

41. एक राशि 16 वर्ष में साधारण ब्याज से दुगुनी हो जाती है। वार्षिक दर होगी :

A. 10% B. $6\frac{1}{4}\%$

C. 8% D. 16%

42. यदि एक समकोण त्रिभुज की दो लम्बवत् भुजाएँ 5 सेमी. तथा 12 सेमी. हैं, तो इस त्रिभुज का परिमाप है :

A. 13 सेमी. B. 17 सेमी.

C. 27 सेमी. D. 30 सेमी.

43. दिया गया है कि $154 \times 18 = 2772$, तो $27.72 \div 1.8$ का मान क्या है?

A. 1.54 B. 15.4

C. 154 D. 1540

44. एक क्रिकेट के खिलाड़ी की 24 पारियों में रनों का औसत 28 रन है। वह 25वीं पारी में कितने रन बनाए ताकि उसका औसत 29 हो जाए?

A. 1 B. 24

C. 35 D. 53

45. एक विद्यालय में $\frac{3}{5}$ बच्चे लड़के हैं तथा लड़कियों की संख्या 800 है। लड़कों की संख्या है :

A. 800
B. 1000
C. 1200
D. 2000

46. दो लाख दो हजार को अंकों द्वारा लिखने पर प्राप्त होता है :
A. 20200
B. 200200
C. 202000
D. 22000

47. 6 अंकों की छोटी-से-छोटी संख्या तथा 4 अंकों की बड़ी-से-बड़ी संख्या में अंतर है :
A. 1
B. 90000
C. 90001
D. 900001

48. $3(13 + 6 \times 7) \div (11 \times 3) - (12 - 4 \times 2)$ को सरल करने पर प्राप्त होता है :
A. 0
B. 1
C. 2
D. 9

49. प्रथम चार अभाज्य संख्याओं का योगफल क्या है?
A. 10
B. 11
C. 26
D. 17

50. $12\frac{1}{16}$ का दशमलव समतुल्य है :
A. 12.625
B. 12.6025
C. 12.0625
D. 12.0525

51. वह कौन-सी संख्या है, जो 4, 8 और 6 तीनों संख्याओं का गुणज है?
A. 396
B. 664
C. 696
D. 5432

52. वह बड़ी से बड़ी संख्या, जो 270 तथा 426 को भाग करने पर प्रत्येक अवस्था में 6 शेषफल देती है, है :
A. 12
B. 22
C. 30
D. 36

53. 7.7, 7.07, 7.007 तथा 77.0077 का योगफल है :
A. 98.7807
B. 98.7847
C. 98.7877
D. 98.7777

54. $3.003 \times 15 + 0.0123 + 5.002575$ को सरल करने पर मान आता है, लगभग :
A. 48
B. 49
C. 50
D. 51

55. एक रेलगाड़ी दिल्ली से 8:15 a.m. पर चलती है तथा अजमेर 2:30 p.m. पर पहुँचती है। रेलगाड़ी द्वारा दिल्ली से अजमेर पहुँचने में लगा समय है :
A. 10 घंटे 45 मिनट
B. 6 घंटे 15 मिनट
C. 6 घंटे 30 मिनट
D. 6 घंटे

56. एक मैच कुल आधा घंटा चलता है। मैच के समय का $\frac{1}{10}$ भाग टाइम-आउट के लिए लिया जाता है। यह टाइम-आउट कितने मिनट का होता है?
A. 5 मिनट
B. 3 मिनट
C. 6 मिनट
D. 4 मिनट

57. यदि $\frac{x}{25} = \frac{196}{x}$ है, तो x का मान है :
A. 56
B. 70
C. 84
D. 42

58. एक वस्तु ₹ 7,500 में खरीदी जाती है और ₹ 8,400 में बेची जाती है। लाभ प्रतिशत है :
A. 8%
B. 10%
C. 12%
D. $10\frac{5}{7}\%$

59. A एक रेडियो को उसके अंकित मूल्य के $\frac{3}{4}$ में खरीदता है तथा इसे अंकित मूल्य से 20% अधिक पर बेच देता है। A का प्रतिशत लाभ क्या है?
A. 30%
B. 45%
C. 60%
D. 75%

60. निम्नलिखित व्यंजक का (पूर्ण संख्या में) निकटतम मान ज्ञात कीजिए :
$349 \times 51 + (632 \div 31)$
A. 17522
B. 17520
C. 17821
D. 17521

खण्ड-III : भाषा परीक्षण

निर्देश : *इस खण्ड में चार अनुच्छेद हैं। प्रत्येक अनुच्छेद के अंत में पाँच प्रश्न पूछे गए हैं। प्रत्येक अनुच्छेद को ध्यान से पढ़िए और उस पर पूछे गए प्रश्नों के उत्तर लिखिए। प्रत्येक प्रश्न के लिए चार संभावित उत्तर हैं जिन्हें A, B, C और D नाम दिया गया है। इनमें से केवल एक ही सही है। आप सही उत्तर दीजिए।*

अनुच्छेद–1

शरद् ऋतु गर्मी और जाड़े के मौसम के बीच आती है। इस सुंदर ऋतु में बहुत-से परिवर्तन होते हैं। दिन छोटे हो जाते हैं। पेड़ों की पत्तियाँ हरे रंग से बदलकर जीवंत लाल, पीली और नारंगी हो जाती हैं। वस्तुतः पत्तियों को हरा बनाए रखने के लिए पेड़ों को धूप चाहिए। धूप के बिना पत्तियाँ पीली हो जाती हैं। घास पर अब ओस नहीं बिछी होती, बल्कि प्रायः प्रत्येक प्रातःकाल को पाला पड़ता है क्योंकि तापमान हिमबिन्दु तक जा पहुँचता है। पशु जाड़े के लंबे महीनों के लिए पर्याप्त भोजन एकत्र करने लगते हैं। ये परिवर्तन तब होते हैं जब हम ग्रीष्मकाल की गर्मी से शीतकाल की सर्दी के अनुकूल हो रहे होते हैं।

61. ग्रीष्म और _____ के बीच शरद् ऋतु आती है।

A. जनवरी

B. वसंत

C. शीत

D. अयनांत

62. शरद् ऋतु में निम्नलिखित में से क्या परिवर्तन हो सकता है?

A. दिन छोटे होते हैं

B. इसमें बहुत गर्मी पड़ती है

C. दिन बड़े होते हैं

D. अधिक धूप होती है

63. शरद् ऋतु में पत्तियाँ पीली हो जाती हैं, क्योंकि :

A. उन्हें पर्याप्त ऑक्सीजन नहीं मिलती

B. उन्हें पर्याप्त प्रकाश नहीं मिलता

C. उन्हें पर्याप्त जल नहीं मिलता

D. उनमें बहुत अधिक ऑक्सीजन एकत्रित होती है

64. शरद् ऋतु के बीतने की तैयारी करते हुए पशु क्या करते हैं?

A. भोजन एकत्र करते हैं | B. कम भोजन खाते हैं

C. फर गिरा देते हैं | D. रंग बदल लेते हैं

65. 'बिछी होती' के लिए दूसरा शब्द हो सकता है :

A. घास वाली | B. ऊनी

C. ढकी हुई | D. बढ़ती हुई

अनुच्छेद–2

दीपक उत्साहित था। वह अपने चाचाजी और चचेरे भाई-बहन प्रीता और रिया के साथ रविवार को पिकनिक पर जा रहा था। उसने अपने तैराकी के सामान, नाश्ते और खेलने के सामान को अपने एक पिट्ठू बैग में रख लिया। वे सुबह छह बजे चल दिए। बहुत दूर तक गाड़ी चलाने के बाद वे पिकनिक के स्थान पर सुबह नौ बजे पहुँच गए। यह गाँव में एक फार्महाउस था। उन्होंने गाँव के चारों ओर घूमकर धान के खेत देखे और जाना कि चावल कैसे उगाया जाता है। वे पेड़ों पर चढ़े और आम तथा अमरूद तोड़े। दोपहर को एक पेड़ के नीचे बैठकर उन्होंने दोपहर का भोजन किया। जब चाचाजी ने कहा कि अब घर लौटने का समय है तो वे और देर तक ठहरना चाहते थे क्योंकि उन्हें गाँव बहुत अच्छा लगा।

66. 'उत्साहित' शब्द का अर्थ है :

A. विश्वस्त | B. बहुत प्रसन्न

C. व्यस्त | D. निराश

67. दीपक और उसके चचेरे भाई-बहन _____।

A. गाँव में ऊब गए

B. ने पिकनिक का आनंद लिया

C. घर वापस आना चाहते थे

D. पेड़ों पर न चढ़ सके

68. दीपक अपने _____ के साथ पिकनिक पर गया।

A. माता-पिता

B. चाचाजी और चचेरे भाई-बहन

C. मित्रों

D. बहन

69. पिकनिक का स्थान एक ______ में था।

A. पार्क B. समुद्र-तट

C. गाँव D. तरण-ताल

70. चाचाजी ने दीपक को दिखाया कि कैसे ______।

A. हम खाते हैं B. तैरते हैं

C. गाड़ी चलाते हैं D. चावल उगाते हैं

अनुच्छेद–3

क्या आपने रस्सा-कशी खेल खेला है? यह एक रोचक खेल है। रस्सा-कशी का खेल खेलने के लिए आपको कुछ खुली जगह, एक लंबी एवं मजबूत रस्सी और खिलाड़ियों की दो टीमों की आवश्यकता होती है। खेल तभी रोचक होगा जब दोनों टीमें बराबर मजबूत होंगी। दोनों टीमों के बीच एक रेखा खींच दी जाती है। जो टीम खींची जाती है और बीच की रेखा पार करने को बाध्य कर दी जाती है, खेल हार जाती है। टीम के सबसे शक्तिशाली सदस्य को चाहिए कि वह रस्सी के अंतिम छोर को मजबूती से पकड़े रहे और टीम को संगठित होकर रस्सी को खींचना चाहिए। खेलने के स्थान से पत्थरों को साफ कर देना चाहिए। अन्यथा उनसे चोट लग सकती है।

71. रस्सा-कशी है ______।

A. एक युद्ध B. एक रस्सी

C. एक खेल D. एक लड़ाई

72. 'रस्सा-कशी' में हम ______।

A. मुक्केबाजी करते हैं

B. छुपा-छुपी करते हैं

C. रस्सी खींचते हैं

D. बल्लेबाजी और गेंदबाजी करते हैं

73. रस्सी के अंतिम छोर को पकड़ने वाला टीम का ______ सदस्य होता है।

A. सबसे लम्बा B. सबसे छोटा

C. सबसे शक्तिशाली D. सबसे युवा

74. टीम, जो बीच की रेखा के पार खींच ली जाती है, ______।

A. विजयी होती है

B. हार जाती है

C. सफल होती है

D. को दूसरा अवसर दिया जाता है

75. 'संगठित' शब्द का अर्थ है :

A. साथ-साथ B. लड़ाई

C. खींचना D. विजयी होना

अनुच्छेद–4

शरीर का भार कम करने या स्वस्थ भार बनाए रखने के लिए केवल दो साधारण नियम हैं। वे हैं कम वसा और शर्करा वाला संतुलित भोजन करना और अधिक व्यायाम करना। भार कम करने के लिए आपको भूखे रहने की कोई आवश्यकता नहीं है। यदि आप चीनी, केक, बिस्कुट कम लें तथा अधिक फल और सब्जियाँ खाएँ और पर्याप्त पानी पिएँ, तो आपका भार कम हो जाएगा और आप अधिक स्वस्थ हो जाओगे। प्रतिदिन सैर के लिए जाएँ या साइकिल चलाएँ। टेलीविजन देखने या वीडियो गेम्स खेलने के स्थान पर अधिक सक्रिय रहें।

76. हम स्वस्थ कैसे रह सकते हैं?

A. केवल बिस्कुट खाकर

B. केवल व्यायाम करके

C. संतुलित भोजन खाकर और व्यायाम करके

D. अधिक फल खाकर

77. भार कम करने के लिए हमें क्या अधिक खाना चाहिए?

A. चीनी और केक

B. फल और सब्जियाँ

C. बिस्कुट और चीनी

D. बिस्कट और फल

78. स्वस्थ रहने के लिए हमें क्या अधिक पीना चाहिए?

A. कोला पेय

B. फलों का रस

C. पानी

D. सब्जियों का रस

79. कौन-सा व्यायाम सबके लिए अच्छा है?

A. सैर करना और साइकिल चलाना

B. पतंग उड़ाना

C. वीडियो गेम्स खेलना

D. टेलीविजन देखना

80. 'सक्रिय' शब्द का विलोम शब्द क्या है?

A. सुस्त B. निष्क्रिय

C. इच्छुक D. ऊर्जावान

उत्तरमाला

1	2	3	4	5	6	7	8	9	10
A	D	C	C	C	D	C	C	B	C
11	**12**	**13**	**14**	**15**	**16**	**17**	**18**	**19**	**20**
D	B	B	B	C	B	B	A	C	C
21	**22**	**23**	**24**	**25**	**26**	**27**	**28**	**29**	**30**
C	B	B	D	D	A	C	A	C	A
31	**32**	**33**	**34**	**35**	**36**	**37**	**38**	**39**	**40**
B	C	A	A	B	A	A	A	A	C
41	**42**	**43**	**44**	**45**	**46**	**47**	**48**	**49**	**50**
B	D	B	D	C	C	C	B	D	C
51	**52**	**53**	**54**	**55**	**56**	**57**	**58**	**59**	**60**
C	A	B	C	B	B	B	C	C	C
61	**62**	**63**	**64**	**65**	**66**	**67**	**68**	**69**	**70**
C	A	B	A	C	B	B	B	C	D
71	**72**	**73**	**74**	**75**	**76**	**77**	**78**	**79**	**80**
C	C	C	B	A	C	B	C	A	B

व्याख्यात्मक उत्तर

41. माना मूलधन की राशि = ₹ P

तब मिश्रधन = ₹ 2P

$\therefore$ साधारण ब्याज = मिश्रधन − मूलधन

= 2P − P = ₹ P

दिया है, समय = 16 वर्ष

$$\text{दर} = \frac{\text{ब्याज} \times 100}{\text{मूलधन} \times \text{समय}}$$

$$= \frac{P \times 100}{P \times 16}\%$$

$$= \frac{25}{4}$$

$$= 6\frac{1}{4}\%.$$

42. माना ΔABC एक समकोण त्रिभुज है।

AB = 5 सेमी.,

तथा BC = 12 सेमी.

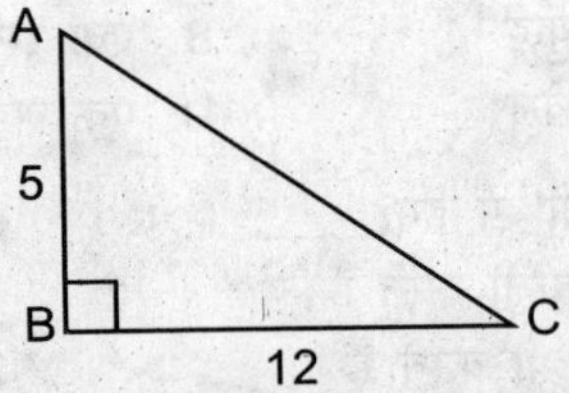

तब, पाइथागोरस प्रमेय से,

कर्ण^2 = लम्ब^2 + आधार^2

$\therefore$ $AC^2 = AB^2 + BC^2$

$\Rightarrow$ $AC^2 = 5^2 + 12^2$

$= 25 + 144$

$= 169$

$\Rightarrow$ $AC^2 = 13^2$

$\Rightarrow$ AC = 13 सेमी.

अतः ΔABC का परिमाप

= AB + BC + AC

= 5 + 12 + 13

= 30 सेमी.।

43. दिया है, 154 × 18 = 27.72

$\Rightarrow \quad \frac{2772}{18} = 154$

$\Rightarrow \quad \frac{27.72 \times 100}{1.8 \times 10} = 154$

$\Rightarrow \quad \frac{27.72 \times 10}{1.8} = 154$

$\Rightarrow \quad \frac{27.72}{1.8} = \frac{154}{10}$

$\Rightarrow \quad \frac{27.72}{1.8} = 15.4$

$\Rightarrow \quad 27.72 \div 1.8 = 15.4.$

44. 24 पारियों में रनों की कुल संख्या

= 24 × 28 = 672

और 25 पारियों में रनों की कुल संख्या

= 25 × 29 = 725

माना 25वीं पारी में रनों की संख्या x है

तब, $672 + x = 725$

$\Rightarrow \quad x = 725 - 672$

$\Rightarrow \quad x = 53.$

45. माना विद्यालय में बच्चों की संख्या x है

तब, लड़कों की संख्या $= \frac{3}{5}x$

$\therefore$ लड़कियों की संख्या $= x - \frac{3}{5}x = \frac{2}{5}x$

प्रश्नानुसार, $\frac{2}{5}x = 800$

$\Rightarrow \quad x = 800 \times \frac{5}{2}$

$= 400 \times 5 = 2000$

अतः लड़कों की संख्या $= \frac{3}{5}x$

$= \frac{3}{5} \times 2000$

$= 1200.$

47. 6 अंकों की छोटी-से-छोटी संख्या = 100000

तथा 4 अंकों की बड़ी-से-बड़ी संख्या = 9999

अतः अभीष्ट अंतर = 100000 − 9999

= 90001.

48. $3(13 + 6 \times 7) \div (11 \times 3) - (12 - 4 \times 2)$

$= 3(13 + 42) \div (11 \times 3) - (12 - 8)$

$= \frac{3(55)}{11 \times 3} - (4)$

$= \frac{55}{11} - 4$

$= 5 - 4$

$= 1.$

49. प्रथम चार अभाज्य संख्याएँ

= 2, 3, 5 एवं 7

अतः अभीष्ट योगफल = 2 + 3 + 5 + 7

= 17.

50. $12\frac{1}{16} = 12 + \frac{1}{16}$

$= 12 + .0625$

$= 12.0625.$

51. $\because$ 4, 8 और 6 का ल.स. = 24

A. 396 = 24 × 16 + 12

B. 664 = 24 × 27 + 18

C. 696 = 24 × 29

D. 5432 = 24 × 226 + 8

अतः दिए गए तीनों संख्याओं का गुणज 696 है।

52. अभीष्ट संख्या

= (270 − 6) तथा (426 − 6) का म.स.

= 264 तथा 420 का म.स.

= 12 × 22 तथा 12 × 35 का म.स.

= 12.

53. अभीष्ट योगफल

= 7.7 + 7.07 + 7.007 + 77.0077

= 98.7847.

54. $3.003 \times 15 + 0.0123 + 5.002575$
$= 45.045 + 0.0123 + 5.002575$
$= 50.059875$
$= 50$ (लगभग)

55. रेलगाड़ी द्वारा दिल्ली से अजमेर पहुँचने में लगा समय
= 3 घंटा 45 मिनट (8.15 am से 12.00 pm तक)
+ 2 घंटा 30 मिनट (12.00 pm से 2.30 pm तक)
= 5 घंटा 75 मिनट [1 घंटा = 60 मिनट]
= 6 घंटा 15 मिनट।

56. टाइम आउट का समय

= (आधा घंटा) × $\frac{1}{10}$

= 30 मिनट × $\frac{1}{10}$

= 3 मिनट।

57. दिया है, $\frac{x}{25} = \frac{196}{x}$

$\Rightarrow \quad x^2 = 196 \times 25$
$\Rightarrow \quad x^2 = (14)^2 \times (5)^2$
$\Rightarrow \quad x = 14 \times 5$
$\Rightarrow \quad x = 70.$

58. यहाँ, वस्तु का क्रय मूल्य = ₹ 7,500
और विक्रय मूल्य = ₹ 8,400
$\therefore$ लाभ = विक्रय मूल्य − क्रय मूल्य
= 8400 − 7500
= ₹ 900

लाभ प्रतिशत = $\frac{\text{लाभ} \times 100}{\text{क्रय मूल्य}}$
$= \frac{900 \times 100}{7500}\%$
$= \frac{9 \times 100}{75}\%$
$= \frac{9 \times 4}{3}\%$
$= 3 \times 4\%$
$= 12\%.$

59. माना रेडियो का अंकित मूल्य = ₹ 100

तब, क्रय मूल्य = $100 \times \frac{3}{4}$ = ₹ 75

और विक्रय मूल्य = ₹ 100 + 20
= ₹ 120
$\therefore$ लाभ = 120 − 75 = ₹ 45

अतः लाभ प्रतिशत = $\frac{\text{लाभ} \times 100}{\text{क्रय मूल्य}}$
$= \frac{45 \times 100}{75}\%$
$= \frac{3 \times 100}{5}\%$
$= 3 \times 20\%$
$= 60\%.$

60. $349 \times 51 + (632 \div 31)$
$= 17799 + 20.3870$
$= 17819.3870$
$= 17821$ (लगभग)

पिछले प्रश्न-पत्र (हल सहित)

जवाहर नवोदय विद्यालय

कक्षा-VI, प्रवेश परीक्षा 2020*

खण्ड-I : मानसिक योग्यता परीक्षण

भाग-I

निर्देश (प्र.सं. 1 से 4 तक): *प्रत्येक प्रश्न में चार चित्र (A), (B), (C) और (D) दर्शाए गए हैं। इन चार चित्रों में से तीन चित्र किसी विधि से एकसमान हैं, जबकि एक चित्र अन्य से भिन्न है। अन्य से भिन्न चित्र का चयन करें।*

1.

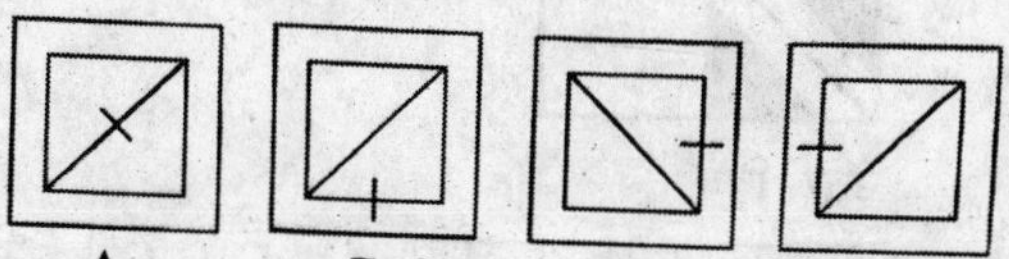

A B C D

2.

KIT	TIK	ITK	IKC
A	B	C	D

3.

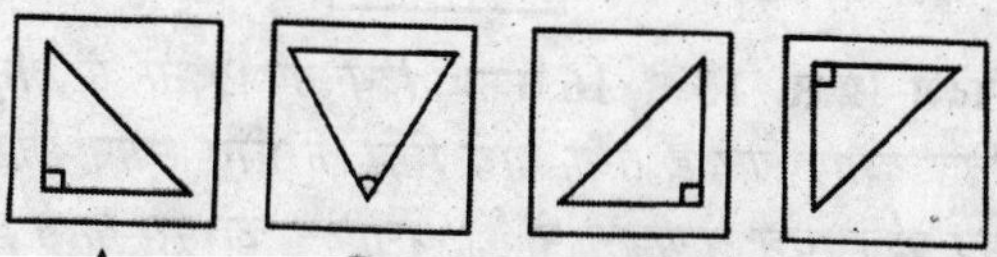

A B C D

4.

A B C D

भाग-II

निर्देश (प्र.सं. 5 से 8 तक): *बाईं ओर एक प्रश्न चित्र दिया गया है तथा दाईं ओर (A), (B), (C) और (D) से चिह्नित चार उत्तर चित्र दिए गए हैं। उत्तर चित्रों से प्रश्न चित्र के समरूप चित्र को चुनें।*

5. प्रश्न चित्र

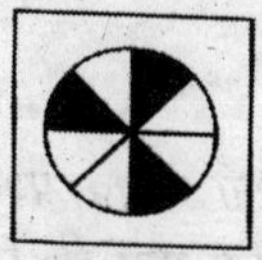

उत्तर चित्र

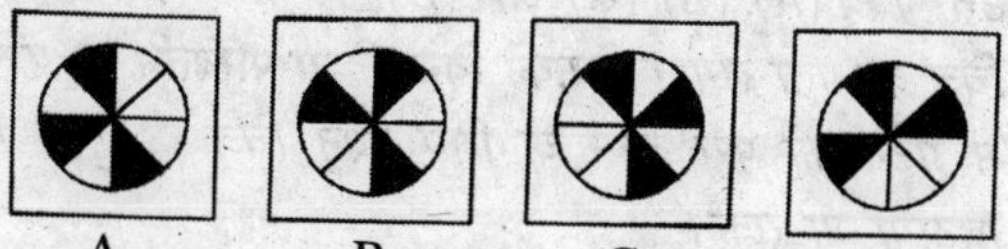

A B C D

6. प्रश्न चित्र

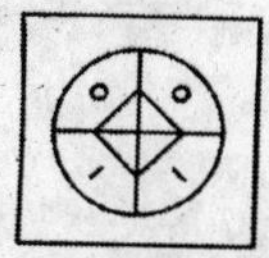

उत्तर चित्र

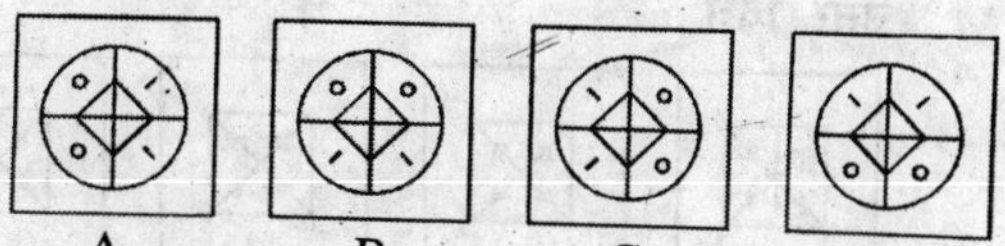

A B C D

7. प्रश्न चित्र

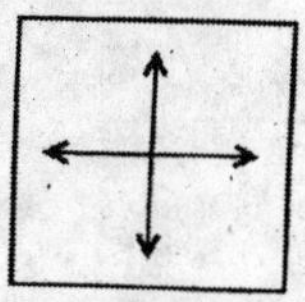

उत्तर चित्र

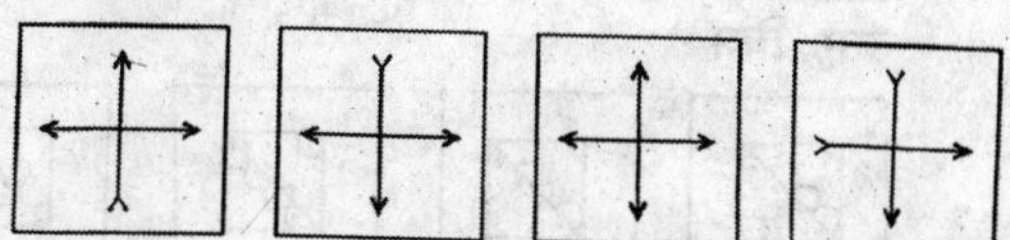

A B C D

* *Exam held on 11-01-2020.*

8. प्रश्न चित्र

उत्तर चित्र

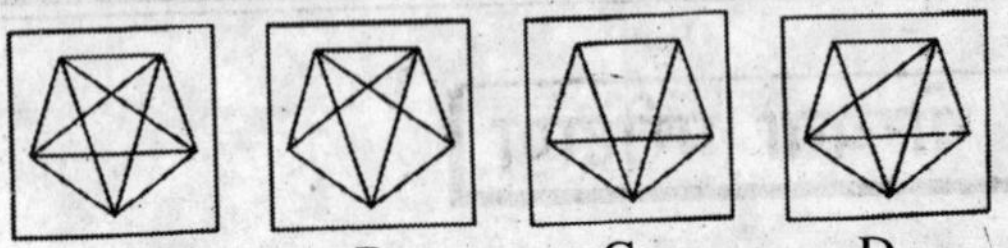

A B C D

भाग-III

निर्देश (प्र.सं. 9 से 12 तक): *दिये गए प्रश्नों में एक प्रश्न चित्र दिया गया है जिसका एक भाग लुप्त दर्शाया गया है। दिये गए उत्तर चित्र (A), (B), (C) और (D) पर गौर करें तथा उस उत्तर चित्र का पता लगाएँ जिसको* **बिना दिशा परिवर्तन के** *प्रश्न चित्र से पैटर्न को पूरा करने के लिए प्रश्न चित्र के लुप्त भाग में बिठाया जा सके।*

9. प्रश्न चित्र

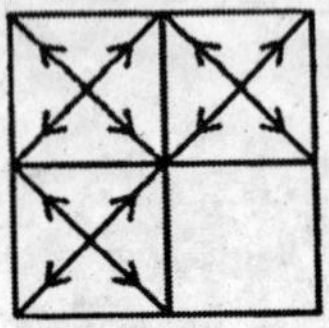

उत्तर चित्र

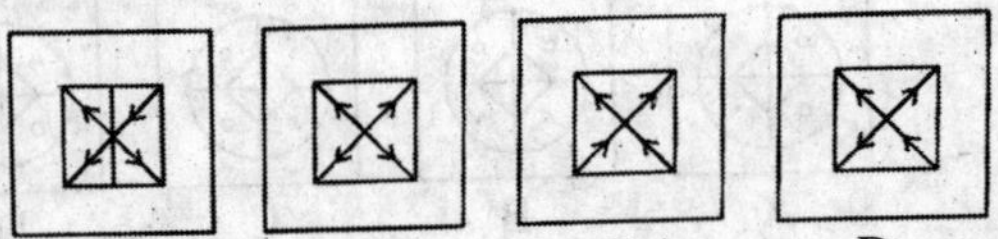

A B C D

10. प्रश्न चित्र

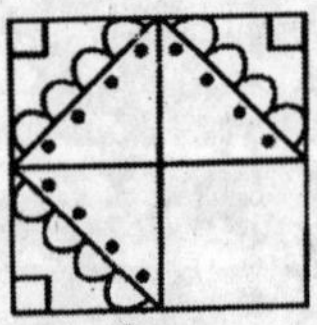

उत्तर चित्र

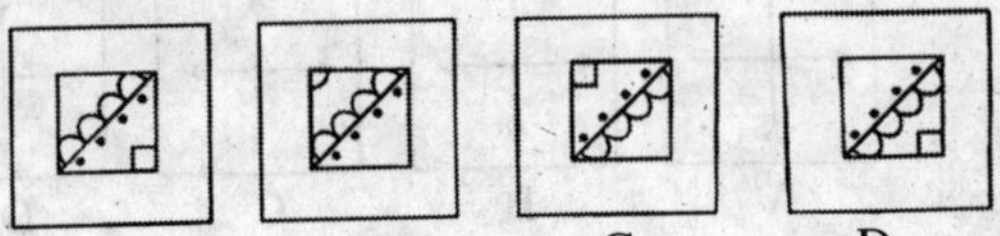

A B C D

11. प्रश्न चित्र

उत्तर चित्र

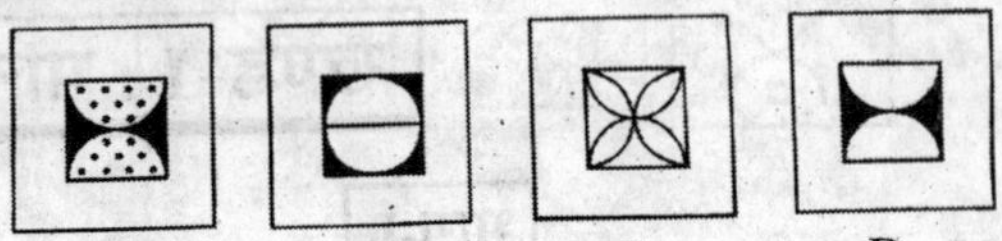

A B C D

12. प्रश्न चित्र

उत्तर चित्र

A B C D

भाग-IV

निर्देश (प्र.सं. 13 से 16 तक): *दिये गए प्रश्नों में तीन प्रश्न चित्र दर्शाए गए हैं तथा चौथे चित्र के लिए स्थान छोड़ा गया है। प्रश्न चित्र श्रेणीक्रम में हैं। श्रेणीक्रम को पूरा करने के लिए उपलब्ध उत्तर चित्रों में से एक चित्र का चयन करें जिसे प्रश्न चित्र के खाली स्थान में प्रतिस्थापित किया जा सके।*

13. प्रश्न चित्र

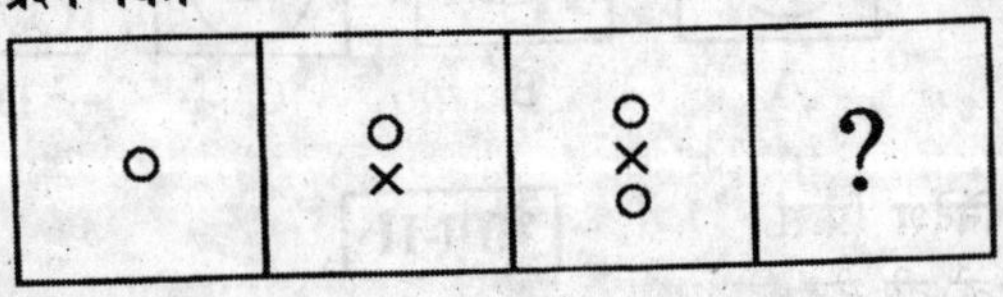

उत्तर चित्र

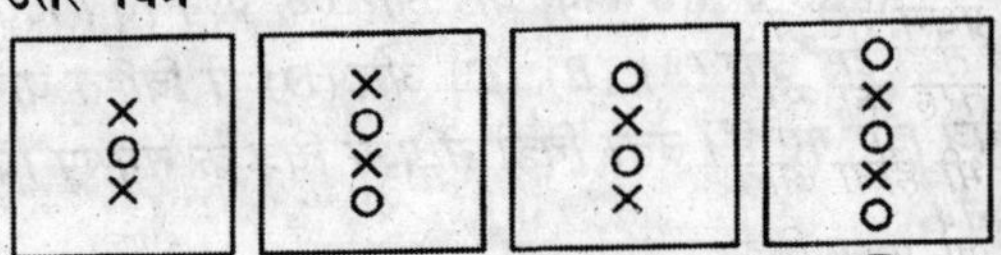

A B C D

14. प्रश्न चित्र

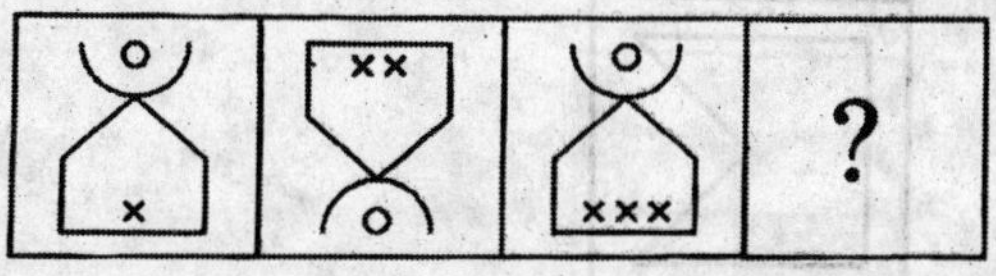

उत्तर चित्र

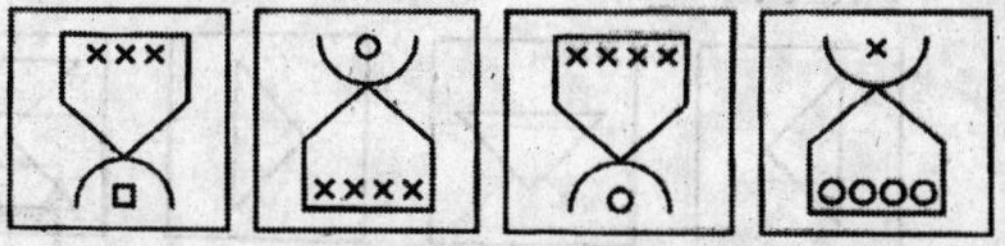

A B C D

15. प्रश्न चित्र

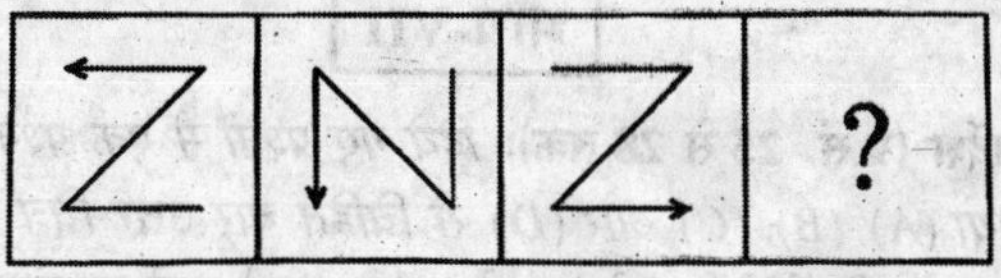

उत्तर चित्र

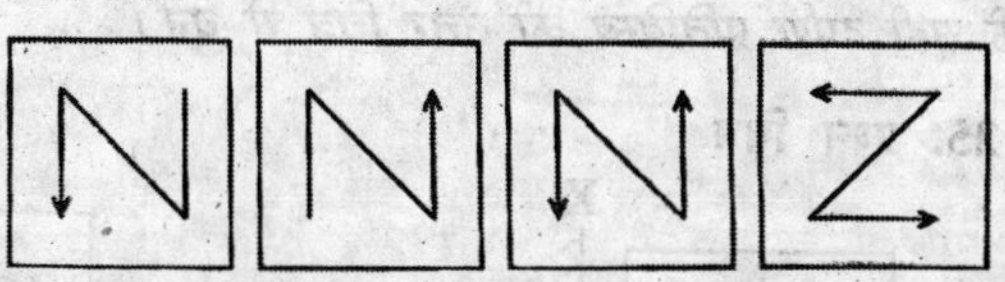

A B C D

16. प्रश्न चित्र

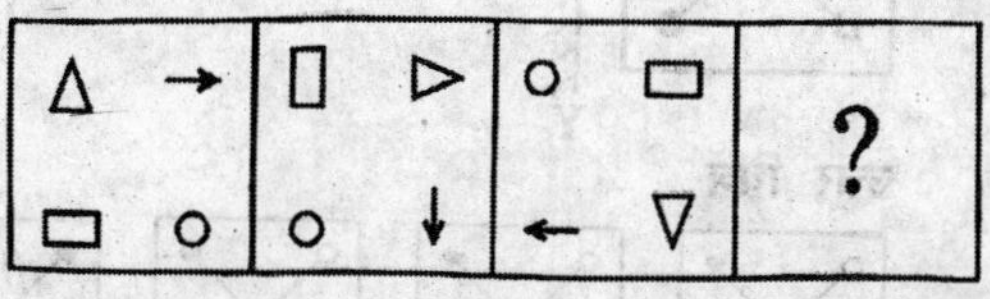

उत्तर चित्र

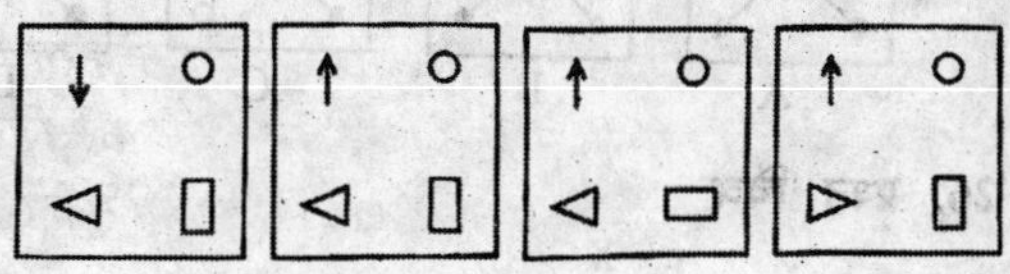

A B C D

भाग-V

निर्देश (प्र.सं. 17 से 20 तक): *प्रत्येक प्रश्न में दो प्रश्न चित्रों के दो सेट दिए गए हैं। दूसरे सेट में एक प्रश्न चिह्न (?) है। प्रथम सेट के दो प्रश्न चित्रों में एक निश्चित सम्बन्ध है। इसी तरह का सम्बन्ध दूसरे सेट के तीसरे तथा चौथे प्रश्न चित्र में भी होना आवश्यक है। उत्तर चित्रों से उस चित्र का चयन करें जो प्रश्न चिह्न को प्रतिस्थापित करेगा।*

17. प्रश्न चित्र

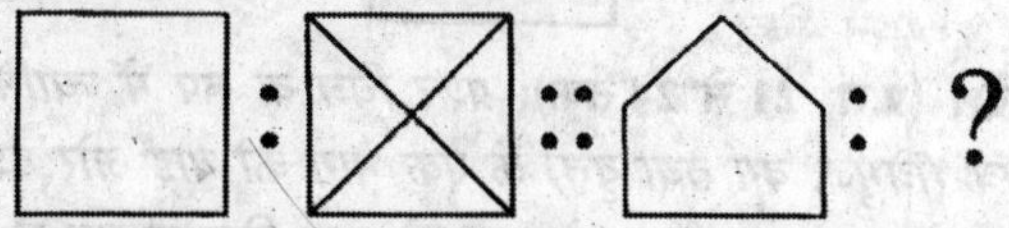

उत्तर चित्र

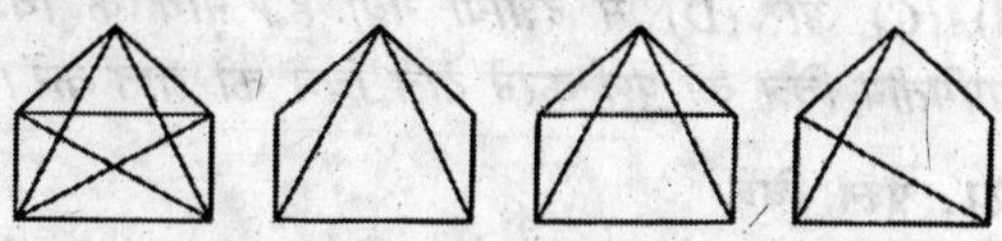

A B C D

18. प्रश्न चित्र

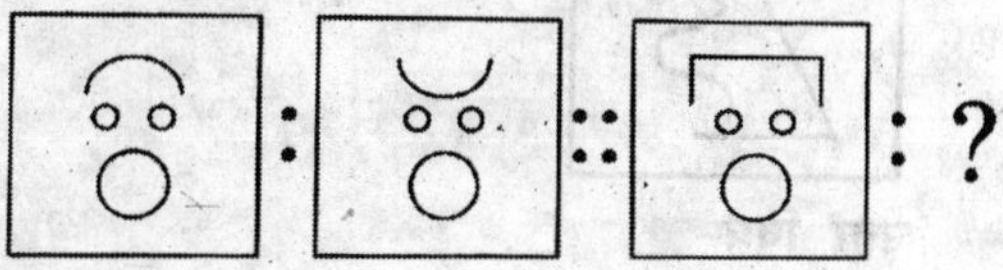

उत्तर चित्र

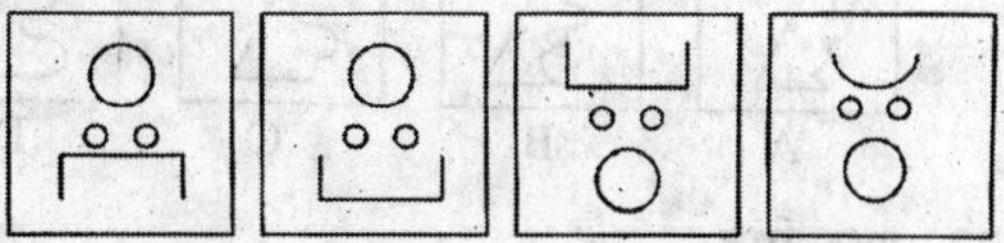

A B C D

19. प्रश्न चित्र

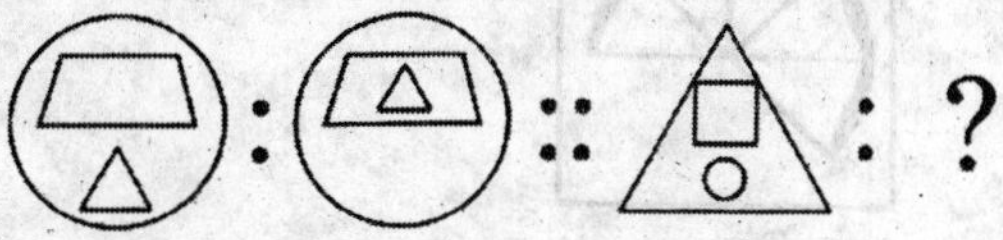

उत्तर चित्र

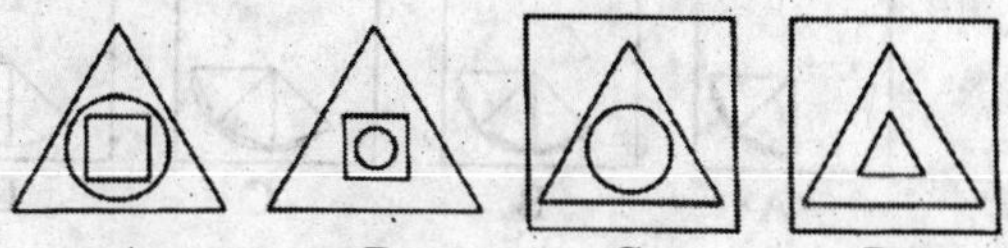

A B C D

20. प्रश्न चित्र

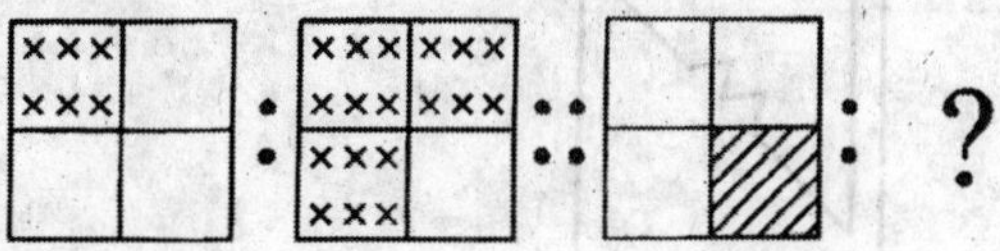

उत्तर चित्र

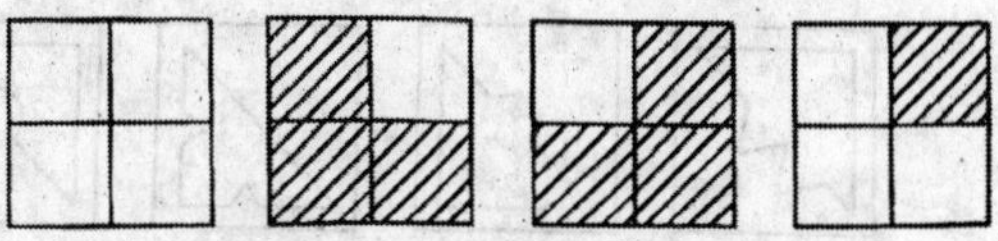

A B C D

भाग-VI

निर्देश (प्र.सं. 21 से 24 तक): *प्रश्न चित्र के रूप में ज्यामितीय चित्र (त्रिभुज, वर्ग तथा वृत्त) के एक भाग को बाईं ओर दर्शाया गया है तथा दाईं ओर दूसरे भाग को उत्तर चित्र के रूप में (A), (B), (C) और (D) से दर्शाया गया है। नीचे के चित्र से ज्यामितीय चित्र को पूर्ण करने वाले चित्र को ज्ञात करें।*

21. प्रश्न चित्र

उत्तर चित्र

A B C D

22. प्रश्न चित्र

उत्तर चित्र

A B C D

23. प्रश्न चित्र

उत्तर चित्र

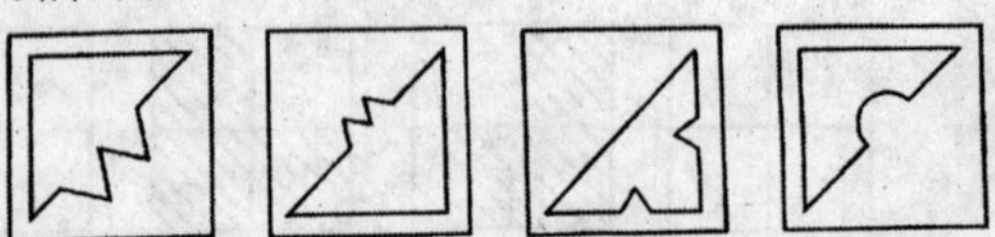

A B C D

24. प्रश्न चित्र

उत्तर चित्र

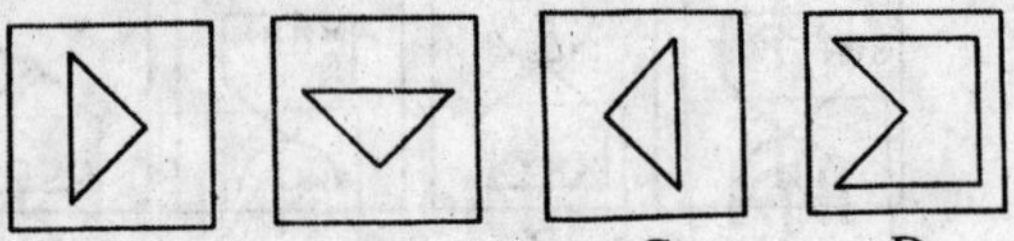

A B C D

भाग-VII

निर्देश (प्र.सं. 25 से 28 तक): *दिये गए प्रश्नों में एक प्रश्न चित्र तथा (A), (B), (C) और (D) से चिह्नित चार उत्तर चित्र दर्शाए गए हैं। किसी दर्पण को XY के अनुदिश रखे जाने पर प्रश्न चित्र के सही दर्पण प्रतिबिम्ब को उत्तर चित्र से चुनें।*

25. प्रश्न चित्र

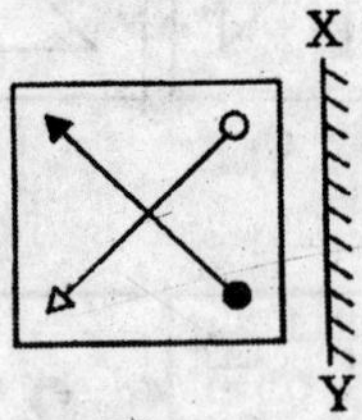

उत्तर चित्र

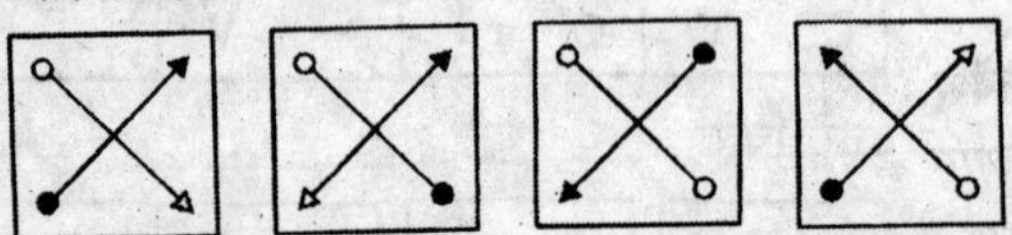

A B C D

26. प्रश्न चित्र

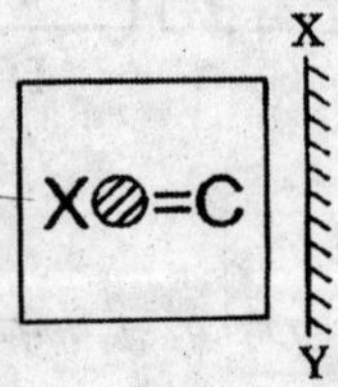

उत्तर चित्र

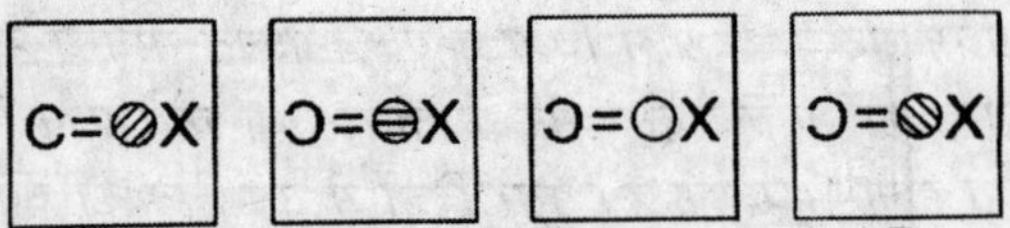

A B C D

27. प्रश्न चित्र

उत्तर चित्र

A B C D

28. प्रश्न चित्र

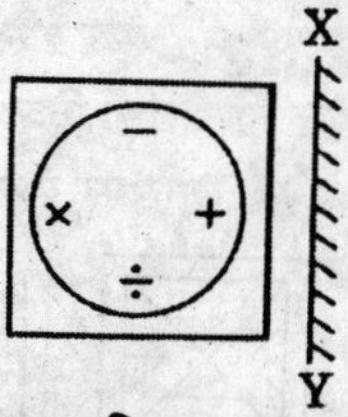

उत्तर चित्र

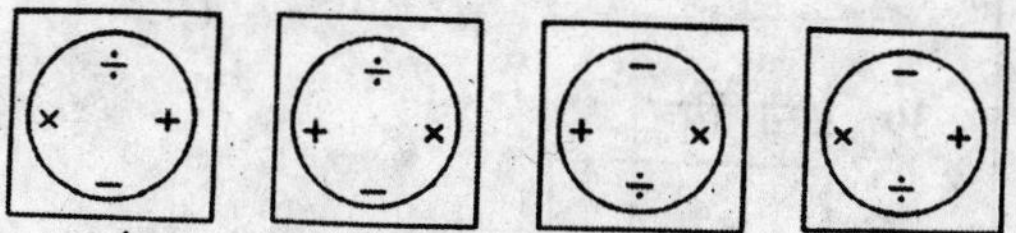

A B C D

भाग-VIII

निर्देश (प्र.सं. 29 से 32 तक): *दिये गए प्रश्नों में प्रश्न चित्र में दर्शाए अनुसार कागज के एक टुकड़े को तह देकर पंच किया गया है तथा (A), (B), (C) और (D) से चिह्नित चार उत्तर चित्र दर्शाए गए हैं। कागज के टुकड़े के तह को खोलने पर वह जिस प्रकार दिखेगा वैसा ही चित्र उत्तर चित्र से चुनें।*

29. प्रश्न चित्र

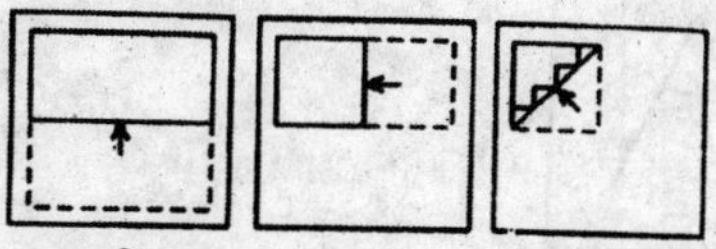

उत्तर चित्र

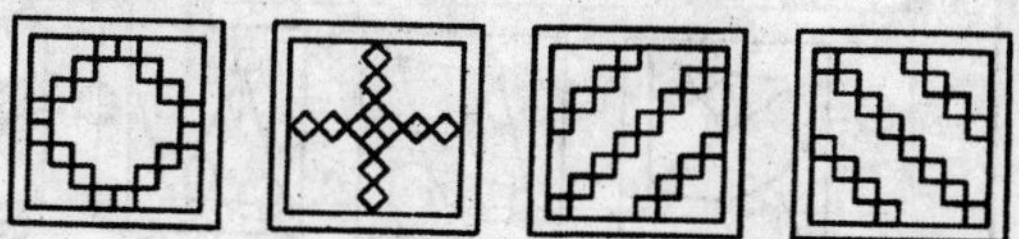

A B C D

30. प्रश्न चित्र

उत्तर चित्र

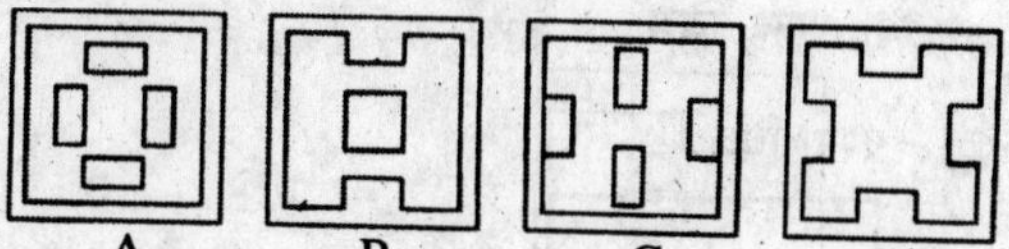

A B C D

31. प्रश्न चित्र

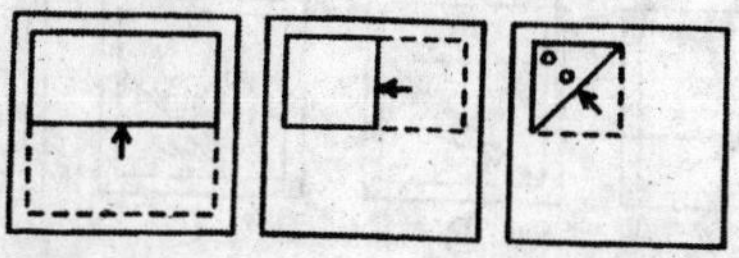

उत्तर चित्र

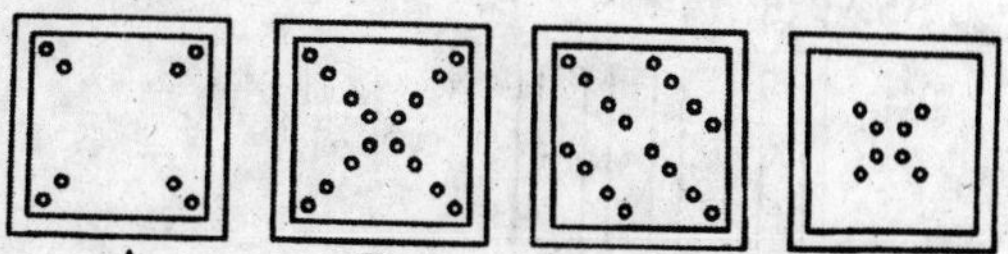

A B C D

32. प्रश्न चित्र

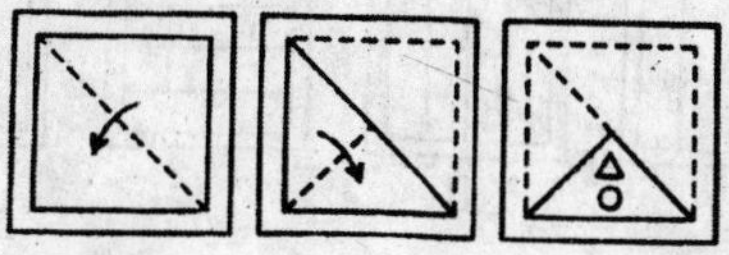

उत्तर चित्र

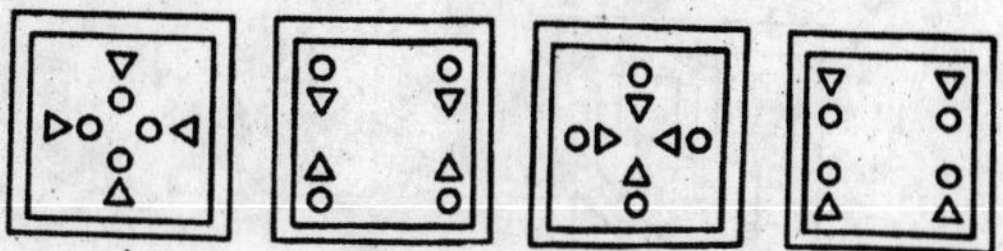

A B C D

भाग-IX

निर्देश (प्र.सं. 33 से 36 तक): *दिये गए प्रश्नों में एक प्रश्न चित्र तथा (A), (B), (C) और (D) से चिह्नित चार उत्तर चित्र दर्शाए गए हैं। उत्तर चित्र से उस चित्र का चयन करें जिसे प्रश्न चित्र में उपलब्ध कट-आउट से बनाया जा सकता हो।*

33. प्रश्न चित्र

उत्तर चित्र

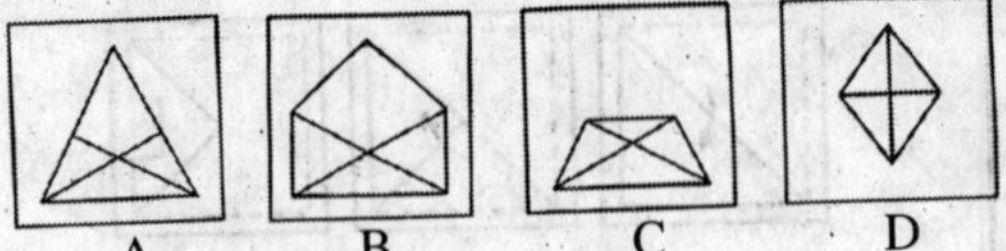

A B C D

34. प्रश्न चित्र

उत्तर चित्र

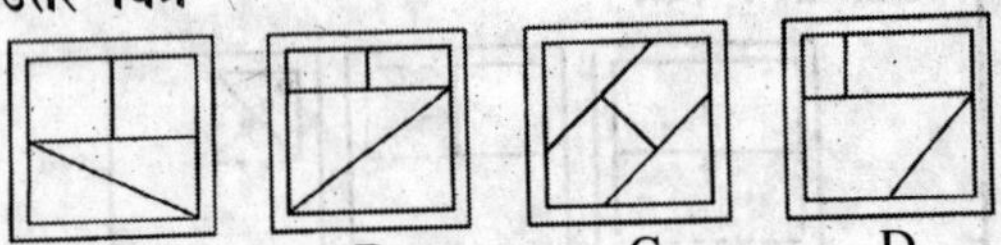

A B C D

35. प्रश्न चित्र

उत्तर चित्र

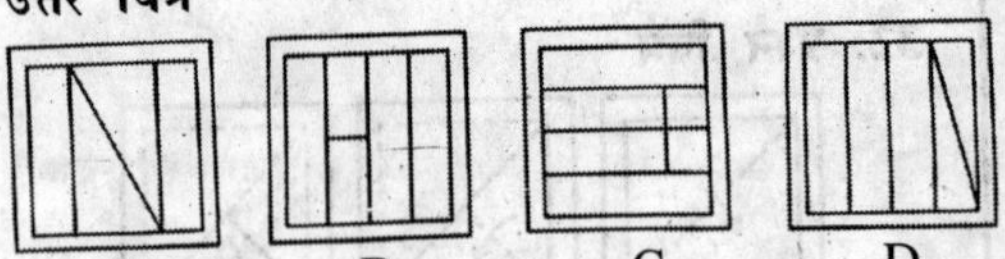

A B C D

36. प्रश्न चित्र

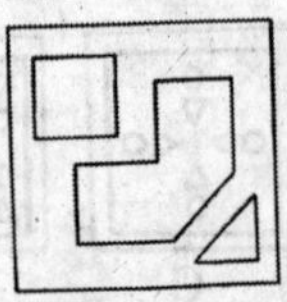

उत्तर चित्र

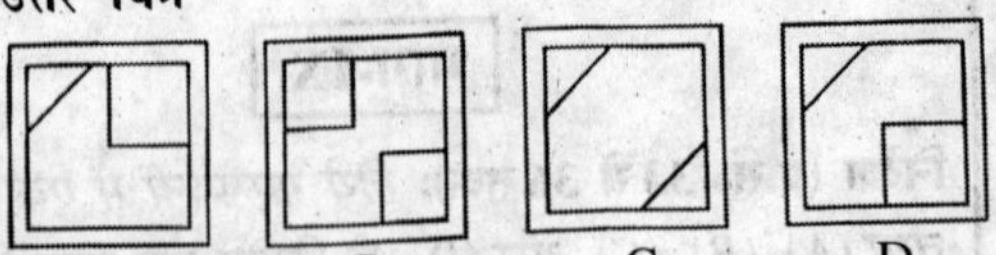

A B C D

भाग-X

निर्देश (प्र.सं. 37 से 40 तक): *दिये गए प्रश्नों में एक प्रश्न चित्र तथा (A), (B), (C) और (D) से चिह्नित चार उत्तर चित्र दर्शाए गए हैं। उत्तर चित्रों से, उस चित्र को चुनें जिसमें प्रश्न चित्र छिपा/सम्मिलित है।*

37. प्रश्न चित्र

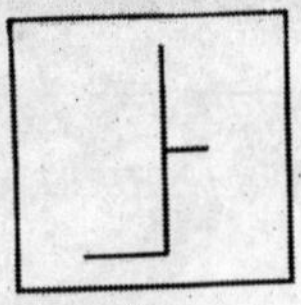

उत्तर चित्र

A B C D

38. प्रश्न चित्र

उत्तर चित्र

A B C D

39. प्रश्न चित्र

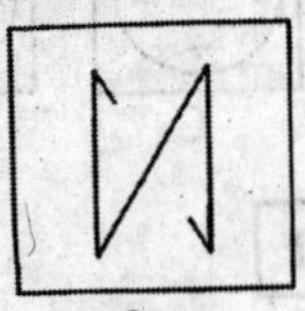

उत्तर चित्र

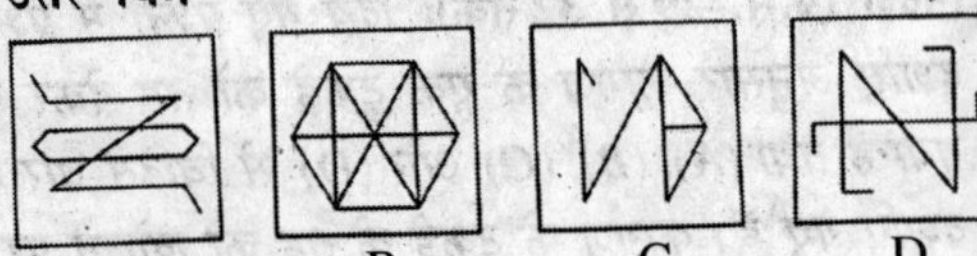

A B C D

40. प्रश्न चित्र

उत्तर चित्र

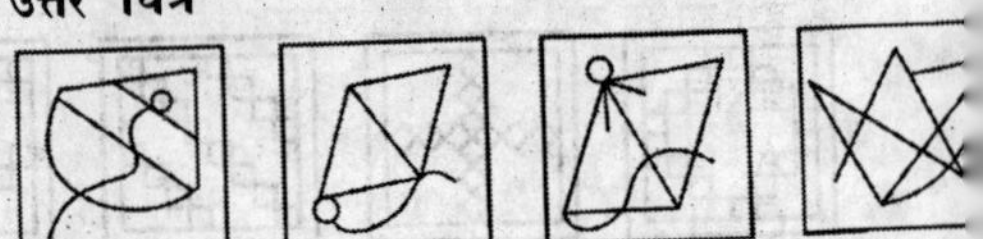

A B C D

खण्ड-II : अंकगणित परीक्षण

निर्देशः *प्रत्येक प्रश्न के लिए चार संभावित उत्तर हैं, जिन्हें (A), (B), (C) और (D) क्रम दिया गया है। इनमें से केवल एक उत्तर ही सही है। सही उत्तर चुनें।*

41. एक संख्या B एक अन्य संख्या C से 10% कम है तथा C, 150 से 5% अधिक है, तो B बराबर है :
A. 157.85 B. 153.85
C. 151.75 D. 141.75

42. 45, 60 तथा 75 के महत्तम समापवर्तक (HCF) तथा लघुतम समापवर्त्य (LCM) का योगफल है :
A. 330 B. 960
C. 915 D. 630

43. $0.9 \div (0.3 \times 0.3)$ का मान है :
A. 0.01 B. 0.1
C. 1 D. 10

44. 6 अंकों की बड़ी से बड़ी संख्या तथा 5 अंकों की बड़ी से बड़ी संख्या का अंतर क्या है?
A. 100000 B. 100001
C. 99999 D. 900000

45. 7 अंकों की बड़ी से बड़ी संख्या तथा 4 अंकों की छोटी से छोटी संख्या में कितना अंतर है?
A. 9990999 B. 9993999
C. 9996999 D. 9998999

46. अमित ने एक मेज ₹ 1,200 में खरीदी तथा इसकी मरम्मत पर ₹ 200 व्यय किये। फिर इसको ₹ 1,680 में बेच दी। उसका प्रतिशत लाभ अथवा हानि है :
A. 12% लाभ B. $16\frac{2}{3}\%$ लाभ
C. 20% हानि D. 20% लाभ

47. 140.75×0.01 बराबर है :
A. 140.75 B. 14000.75
C. 1.4075 D. 0.14075

48. पक्षियों के एक झुंड के एक-चौथाई पक्षी नदी के किनारे पर हैं तथा झुंड के 1/5 भाग के पक्षी अपने घोंसले में हैं। बाकी बचे 22 पक्षी भोजन की तलाश में घूम रहे हैं। घोंसले में कितने पक्षी हैं?
A. 40 B. 18
C. 10 D. 8

49. कितने वर्षों में ₹ 1,200 की राशि 5% वार्षिक की साधारण ब्याज की दर से ₹ 1,800 हो जाएगी?
A. 10 B. 20
C. 15 D. 25

50. 8 मी. लम्बी, 6 मी. ऊँची तथा 22.5 सेमी मोटी एक दीवार बनाने हेतु कितने ईंटें चाहिए यदि एक ईंट का माप 25 सेमी × 11.25 सेमी × 6 सेमी है?
A. 640 B. 1380
C. 6400 D. 7600

51. यदि $15 - 15 \div 15 \times 6 = x$ है, तो x का मान है :
A. 6 B. 0
C. 9 D. 84

52. $\frac{3}{8} \div \left(\frac{5}{3} - \frac{1}{6}\right) + \frac{5}{8}$ बराबर है :
A. $\frac{3}{8}$ B. $2\frac{5}{8}$
C. $\frac{7}{8}$ D. $1\frac{1}{8}$

53. x का वह मान जिसके लिए निम्न कथन सत्य है, है :
$$\left(3\frac{7}{11} \times \frac{11}{5}\right) \div \left(\frac{3}{7} \times x\right) = \frac{4}{3}$$
A. $\frac{7}{2}$ B. 14
C. 7 D. 28

54. 175 ग्राम के 10% का 5% बराबर है :
A. 8.75 ग्राम B. 0.5 ग्राम
C. 0.875 ग्राम D. 17.5 ग्राम

55. निम्नलिखित में से कौन-सा 25 के बराबर नहीं है?
A. $50 - (100 \div 4)$
B. $20 + (20 \div 4)$
C. $10 + (5 \times 2) + (10 - 5)$
D. $24 + (2 \times 1)$

56. एक वर्ग तथा एक आयत के परिमाप समान हैं। यदि वर्ग की भुजा 16 मी. है तथा आयत की लम्बाई 18 मी. है, तो आयत की चौड़ाई है :
A. 14 मी. B. 15 मी.
C. 16 मी. D. 17 मी.

57. एक पार्क 1500 मीटर लंबा तथा 750 मीटर चौड़ा है। एक साइकल सवार को इस पार्क के चार चक्कर लगाने हैं। 4.5 किमी/घंटा की चाल से उसे कितना समय लगेगा?

A. 40 घंटे   B. 20 घंटे
C. 10 घंटे   D. 4 घंटे

58. 640 का अभाज्य गुणनखण्ड है :

A. $2 \times 2 \times 2 \times 2 \times 2 \times 5$
B. $2 \times 2 \times 2 \times 2 \times 2 \times 2 \times 5$
C. $2 \times 2 \times 2 \times 2 \times 2 \times 5 \times 5$
D. $2 \times 2 \times 2 \times 2 \times 2 \times 2 \times 2 \times 5$

59. निम्नलिखित व्यंजक का निकटतम परिणाम (पूर्ण संख्या में) है :

$49.6 \times 10.2 - 7.1 \times 29.7 - 5.1 \times 20.1$

A. 390   B. 290
C. 209   D. 190

60. हम अपने गंतव्य स्थान पर $4\frac{1}{2}$ घंटे यात्रा करने के पश्चात् 2 : 45 pm पर पहुँचे। हमने यात्रा कितने बजे आरम्भ की थी?

A. 9 : 00 am   B. 10 : 00 am
C. 10 : 15 am   D. 8 : 15 am

खण्ड-III : भाषा परीक्षण

निर्देश (प्र.सं. 61-80) : *इस खण्ड में चार अनुच्छेद हैं। प्रत्येक अनुच्छेद पर कुछ प्रश्न हैं। प्रत्येक अनुच्छेद को सावधानी से पढ़ें और उसके नीचे दिए गए प्रश्नों के उत्तर दें। प्रत्येक प्रश्न के चार संभावित उत्तर दिए गए हैं, जिनकी क्रम संख्या (A), (B), (C) और (D) है। इनमें से केवल एक उत्तर ही सही है। सही उत्तर चुनें।*

अनुच्छेद-1

प्रति वर्ष करोड़ों रुपयों और असंख्य जीवनों की हानि के लिए आग को दोष दिया जाता है। अग्निशमनकर्ता चोट और हानि से लोगों की और उनकी संपत्ति की रक्षा करने में सहायक होते हैं। उन्हें जब भी कोई सूचना मिलती है, हर बार वे अपना जीवन हथेली पर लेकर प्रस्तुत रहते हैं। जब भी काम पर हों तो अग्निशमनकर्ता को किसी भी घटना के घटित होने पर कुछ ही मिनटों में तैयार होकर प्रस्तुत होना होता है। प्रत्येक अग्निकांड के स्थल पर एक वरिष्ठ अधिकारी नियंत्रण संभालता है और घटना स्थल पर मौजूद सभी लोगों को काम का आदेश देता है। कुछ अग्निशमनकर्ता होज पाइप को पानी के नलकों से जोड़ते हैं। अन्य लोग होजों तक पानी भेजने के लिए हाथों से पंप चलाते हैं। अग्निशमनकर्ताओं के दल ऊँची जगहों तक पहुँचने के लिए सीढ़ियों का उपयोग भी करते हैं।

61. अग्निशमनकर्ताओं के बारे में क्या सत्य नहीं है?

A. वे बहादुर होते हैं।
B. वे प्रायः अपने जीवन को खतरे में डालते हैं।
C. वे अपने जीवन पर कभी कोई संकट नहीं आने देते।
D. उन्हें उच्च प्रशिक्षण मिला होता है।

62. किसी अग्निशमनकर्ता को आग बुझाने के लिए तैयार होना पड़ता है :

A. मिनटों में।   B. घंटों में।
C. दिनों में।   D. सप्ताहों में।

63. अग्निशमनकर्ता 'जान हथेली पर लेकर प्रस्तुत रहते हैं'—का अर्थ है :

A. वे एक पंक्ति में खड़े होते रहते हैं।
B. वे आग बुझाते हैं।
C. वे अपना जीवन संकट में डालते हैं।
D. वे पंप से होज पाइप को जोड़ते हैं।

64. 'अपने हाथों से चलाने' से आशय है :

A. किसी व्यक्ति से काम लेना।
B. अपने हाथों से काम करना।
C. किसी मशीन का उपयोग करना।
D. अपने शरीर का उपयोग करना।

65. शब्द 'घटित होना' का अर्थ वही है जो .... का है।

A. आना   B. होना
C. बुलाना   D. आग लगाना

अनुच्छेद-2

हेमा अपने बिस्तर पर लेटी अपने कमरे की छत पर लगे तारों को एकटक देख रही थी। वह खिन्न थी क्योंकि कोई भी कपड़ा उस पर फिट नहीं लग रहा था। उसने उन्हें एक-एक कर दुबारा पहना किंतु वे या तो बहुत तंग थे या बहुत छोटे। एक अलमारी कपड़ों से भरी हुई थी किंतु वह उनमें से एक भी नहीं पहन सकती। तब उसे एक विचार आया। उसकी आँखों में चमक आ

गई और वह माँ के कमरे की ओर भागी। उसने कहा, ''माँ मुझे नए कपड़े चाहिए, किंतु तभी जब मैं अपने सारे पुराने कपड़े दान कर दूँ। अब अधिक कपड़े संग्रह करने की आवश्यकता नहीं।'' उसकी माँ मुस्कराई और उसे गले से लगा लिया। उसकी लड़की दयालु थी।

66. हेमा अपने बिस्तर पर लेटी थी क्योंकि वह :

A. थक गई थी।

B. तारे देखना पसंद करती थी।

C. सोच रही थी कि क्या पहना जाए।

D. आलसी लड़की थी।

67. वह कोई भी कपड़ा नहीं पहन सकी क्योंकि :

A. वे फैशन के अनुसार नहीं थे।

B. वे बहुत रंगीन थे।

C. उसे पता नहीं था कि क्या पहनना है।

D. कपड़े उसे फिट नहीं बैठे।

68. 'संग्रह' का समानार्थक शब्द है :

A. इकट्ठा करना। B. बाँटना।
C. साझा करना। D. उपहार देना।

69. हेमा है :

A. लालची B. दानी
C. स्वार्थी D. कंजूस

70. 'दान करना' का विपरीतार्थक है :

A. सौंपना B. लेना
C. बाँटना D. खर्च करना

अनुच्छेद-3

पर्यटन मनोरंजन और शैक्षिक दोनों ही होता है। इसे सदा ही शिक्षा का महत्वपूर्ण अंग माना गया है। यूरोप में किसी नवयुवक को तभी पूर्ण शिक्षित माना जाता है जब वह यूरोप के बहुत से देशों में भ्रमण कर चुका हो। प्राचीन भारत में भी हमारे ऋषि पर्यटन के महान मूल्य को समझते थे। उन्हें इसे सबका पवित्र कर्म बना दिया कि वे भारत के विभिन्न भागों में स्थित तीर्थस्थानों में घूमें। इससे भारतीयों में एकता की भावना को प्रोत्साहन मिला।

71. यदि कोई वास्तविक शिक्षा पाना चाहे तो उसके लिए .... करना महत्वपूर्ण है।

A. अध्ययन B. कार्य
C. पर्यटन D. ध्यान

72. निम्नलिखित में से कौन-सा शब्द 'मनोरंजन का समानार्थी है?

A. शैक्षिक B. मनभावन
C. थकाने वाला D. दृश्यावलोकन

73. .... स्थानों की यात्रा करना प्राचीन भारत में पवित्र समझा जाता था।

A. प्रशिक्षण B. तीर्थ
C. शहरी D. व्यापारिक

74. लोग यदि अधिक .... करें तो उन्हें दूसरों के साथ एकता का अनुभव होता है।

A. पर्यटन B. बातचीत
C. खेल D. प्रश्न

75. ऋषि वह व्यक्ति है जो .... होता है।

A. विद्वान B. चतुर
C. स्वतंत्र D. धूर्त

अनुच्छेद-4

चुस्त और स्वस्थ रहने के लिए आपको शारीरिक रूप से सक्रिय रहना आवश्यक है। नियमित शारीरिक सक्रियता से भार बढ़ना, हृदय रोग, कैंसर, मानसिक रोग, मधुमेह और गठिया जैसे गंभीर रोगों से सुरक्षित रहते हैं। निष्क्रिय जीवनशैली से जुड़ी स्वास्थ समस्याओं के खतरे को कम करने के उपायों में सर्वश्रेष्ठ है नियमित रूप से साइकिल की सवारी करना। साइकिल चलाना स्वस्थ, न्यून-आघात वाला व्यायाम है जिसका आनंद छोटे बच्चों से लेकर बड़ी उम्र के प्रौढ़ों तक सभी उठा सकते हैं। यह आनंददायक, सस्ते होने के साथ-साथ पर्यावरण के लिए भी अच्छा है। काम पर जाने या दुकान पर जाने के लिए इसकी सवारी करना समय की सर्वाधिक बचत करने वाला उपाय है जिससे नियमित व्यायाम को दैनिक गतिविधियों से जोड़ा जा सकता है। आवागमन, मनोरंजन और खेल के लिए प्रतिदिन एक अरब लोगों के द्वारा साइकिल का उपयोग किए जाने का अनुमान है। भार घटाने के लिए साइकिल चलाना एक अच्छा उपाय है क्योंकि इससे मांसपेशियों का निर्माण होता है और शरीर की वसा जलती है। शोधों ने संकेत किया है कि प्रतिदिन आधे घंटे साइकिल चलाने से हम एक वर्ष में कम-से-कम 5 किलो भार कम कर सकते हैं।

76. अनुच्छेद का मुख्य उद्देश्य हमें .... के साथ बताना है।

A. स्वस्थ रहने B. साइकिल चलाने
C. व्यायाम करने D. भार कम करने

77. जब लेखक ने कहा कि ''साइकिल चलाना पर्यावरण के लिए अच्छा है'', तो निम्न में से कौन-सा सही नहीं है?

A. इससे कोई अस्वास्थ्यकर गैस नहीं निकलती।

B. इसे पेट्रोल तथा डीजल के बिना चलाया जा सकता है।

C. इसे वातावरण प्रदूषित नहीं होता है।

D. इसकी सवारी सभी आयु वर्ग के लोग कर सकते हैं।

78. 'निष्क्रिय' शब्द का विपरीतार्थी शब्द है :

A. सक्रिय B. आलसी

C. बेकार D. काम से बँधा

79. न्यू-आघात वाला व्यायाम वह है :

A. जो थकाए नहीं।

B. जिस पर अधिक व्यय न आए।

C. जो कार्यकुशल न हो।

D. जो उबाऊ न हो।

80. नियमित रूप से साइकिल चलाना हमारे लिए निम्नलिखित सभी में सहायक होता है, केवल इसे छोड़ कर :

A. वसा कम करके मांसपेशियों को सशक्त करने में

B. काम को आनंद से जोड़ने में

C. गंभीर दुर्घटनाओं से बचने में

D. स्वस्थ बने रहने में

उत्तरमाला

1 A	**2** D	**3** B	**4** D	**5** B	**6** B	**7** C	**8** B	**9** B	**10** D
11 D	**12** A	**13** C	**14** C	**15** B	**16** B	**17** D	**18** C	**19** B	**20** C
21 D	**22** B	**23** B	**24** C	**25** A	**26** D	**27** B	**28** C	**29** A	**30** D
31 B	**32** C	**33** B	**34** B	**35** B	**36** D	**37** D	**38** B	**39** B	**40** C
41 D	**42** C	**43** D	**44** D	**45** D	**46** D	**47** C	**48** D	**49** A	**50** C
51 C	**52** C	**53** B	**54** C	**55** D	**56** A	**57** D	**58** D	**59** D	**60** C
61 C	**62** A	**63** C	**64** B	**65** B	**66** C	**67** D	**68** A	**69** B	**70** B
71 C	**72** B	**73** B	**74** A	**75** A	**76** C	**77** D	**78** A	**79** B	**80** C

व्याख्यात्मक उत्तर

41. $C = 150 \times \frac{105}{100} = \frac{3}{2} \times 105$

$= \frac{315}{2}$

तब, $B = \frac{315}{2} \times \frac{90}{100} = \frac{315}{2} \times \frac{9}{10}$

$= \frac{63 \times 9}{2 \times 2} = \frac{567}{4}$

$= 141.75$

42. 45, 60 और 75 का महत्तम समापवर्त्तक

45) 60 (1
−45
15) 75 (5
−75
× ×

∴ महत्तम = 15

45, 60 और 75 का लघुत्तम समापवर्त्य

3	45, 60, 75
5	15, 20, 25
	3, 4, 5

∴ $= 3 \times 5 \times 3 \times 4 \times 5 = 900$

$\therefore$ लघुत्तम समापवर्त्य = 900

$\therefore$ महत्तम समावर्तक और लघुतम समापवर्त्य का योगफल

$= 15 + 900 = 915.$

43. $0.9 \div (0.3 \times 0.3) = 0.9 \div (.09)$

$$= \frac{0.9}{.09} = \frac{0.90}{.09} = \frac{90}{9} = 10$$

$0.9 \div (0.3 \times 0.3)$ का मान 10 है।

44. 6 अंकों की सबसे बड़ी संख्या = 999999

तथा 5 अंकों की सबसे बड़ी संख्या = 99999

$\therefore$ दोनों के बीच का अंतर = 999999 − 99999

= 900000

45. 7 अंकों की सबसे बड़ी संख्या = 9999999

और 4 अंकों की सबसे छोटी संख्या = 1000

$\therefore$ दोनों के बीच का अंतर = 9999999 − 1000

= 9998999

46. मेज का क्रयमूल्य = ₹ 1200 + ₹ 200 = ₹ 14000

और मेज का विक्रयमूल्य = ₹ 1680

यहाँ, विक्रयमूल्य > क्रयमूल्य

$\therefore$ लाभ = विक्रयमूल्य − क्रयमूल्य

= ₹ 1680 − ₹ 1400 = ₹ 280

$$\therefore \text{प्रतिशत लाभ} = \frac{\text{लाभ} \times 100}{\text{क्रयमूल्य}} = \frac{280 \times 100}{1400} = 20\%.$$

47. $140.75 \times 0.01 = 1.4075$

48. माना कि पक्षियों की संख्या = x

तब, नदी के किनारे पर पक्षियों की संख्या = $\frac{x}{4}$

तथा घोंसले में पक्षियों की संख्या = $\frac{x}{5}$

इसलिए, $x - \left(\frac{x}{4} + \frac{x}{5}\right) = 22$

$$\Rightarrow x - \left(\frac{5x + 4x}{20}\right) = 22 \Rightarrow x - \frac{9x}{20} = 22$$

$$\Rightarrow \frac{20x - 9x}{20} = 22 \Rightarrow \frac{11x}{20} = 22$$

$$\Rightarrow 11x = 22 \times 20$$

$$\Rightarrow x = \frac{22 \times 20}{11} = 40$$

$\therefore$ अपने घोंसले में पक्षियों की संख्या

$$= \frac{x}{5} = \frac{40}{5} = 8.$$

49. यहाँ, P = ₹ 1200, A = ₹ 1800, $r = 5\%$

$\therefore$ साधारण ब्याज = A − P

= ₹ 1800 − ₹ 1200

= ₹ 600

$$t = \frac{\text{S.I.} \times 100}{\text{P} \times r}$$

$$= \frac{600 \times 100}{1200 \times 5} = \frac{6 \times 20}{12} = \frac{20}{2} = 10$$

$\therefore$ समय = 10 वर्ष।

50. एक दीवार बनाने हेतु

l = 8 मी., b = 6 मी., h = 22.5 सेमी.

$\therefore$ l = 8 × 100 सेमी., b = 6 × 100 सेमी.,

h = 22.5 सेमी

$\therefore$ l = 800 सेमी, b = 600 सेमी.

दीवार का आयतन = $l \times b \times h$

= 800 × 600 × 22.5 सेमी.^{3}

= 480000 × 22.5 सेमी.^{3}

= 10800000 सेमी.^{3}

ईंट का आयतन,

25 सेमी. × 11.25 सेमी. × 6 सेमी.

$\therefore$ ईंट का आयतन = 25 सेमी. × 11.25 सेमी. × 6 सेमी.

= 150 × 11.25 सेमी.^{3}

= 1687.50

$\therefore$ एक दीवार बनाने हेतु ईंटों की संख्या

$$= \frac{\text{दीवार का आयतन}}{\text{ईंट का आयतन}}$$

$$= \frac{10800000}{1687.50} = 6400$$

51. दिया है, $15 - 15 \div 15 \times 6 = x$

$$\therefore \quad x = 15 - 15 \times \frac{1}{15} \times 6$$

$$= 15 - 1 \times 6 = 15 - 6 = 9$$

$\therefore$ $x = 9$

52. $\frac{3}{8} \div \left(\frac{5}{3} - \frac{1}{6}\right) + \frac{5}{8}$

$$= \frac{3}{8} \div \left(\frac{10-1}{6}\right) + \frac{5}{8}$$

$$= \frac{3}{8} \div \frac{9}{6} + \frac{5}{8} = \frac{3}{8} \times \frac{6}{9} + \frac{5}{8}$$

$$= \frac{3}{2 \times 4} \times \frac{2 \times 3}{9} + \frac{5}{8}$$

$$= \frac{1}{4} + \frac{5}{8} = \frac{7}{8}$$

53. $\left(3\frac{7}{11} \times \frac{11}{5}\right) \div \left(\frac{3}{7} \times x\right) = \frac{4}{3}$

$\Rightarrow \quad \frac{40}{11} \times \frac{11}{5} \times \frac{7}{3 \times x} = \frac{4}{3}$

$\Rightarrow \quad 8 \times \frac{7}{3x} = \frac{4}{3}$

$\Rightarrow \quad 8 \times 7 \times 3 = 3x \times 4$

$\Rightarrow \quad 8 \times 7 = 4x$

$\Rightarrow \quad x = \frac{8 \times 7}{4} = 2 \times 7 = 14$

$\therefore \quad x = 14$

54. 175 ग्राम के 10% का 5%

$= 175 \times \frac{5}{100} \times \frac{10}{100}$ ग्राम

$= 175 \times \frac{1}{20} \times \frac{1}{10}$ ग्राम

$= 35 \times \frac{1}{4} \times \frac{1}{10}$ ग्राम $= 7 \times \frac{1}{4} \times \frac{1}{2}$ ग्राम

$= \frac{7}{8}$ ग्राम = 0.875 ग्राम।

55. (A) $50 - (100 \div 4) = 50 - 25 = 25$

(B) $20 + (20 \div 4) = 20 + 5 = 25$

(C) $10 + (5 \times 2) + (10 - 5)$
$= 10 + 10 + 5 = 25$

(D) $24 + (2 \times 1) = 24 + 2 = 26$

56. वर्ग की भुजा = 16 मी.

$\therefore$ वर्ग की परिमाप = 4 × भुजा
= 4 × 16 मी. = 64 मी.

और आयत की लंबाई = 18 मी.

चौड़ाई = x मी.

$\therefore$ परिमाप = $2(l + b) = 2(18 + x)$ मी.

चुंकि एक वर्ग तथा एक आयत के परिमाप समान है

इसलिए, $2(18 + x) = 64$

$\Rightarrow \quad 18 + x = 32$

$\Rightarrow \quad x = 32 - 18 = 14$ मी.

$\therefore$ आयत की चौड़ाई = 14 मी.

57. दिया गया है, एक पार्क की

लम्बाई = l = 1500 मी.

और चौड़ाई = b = 750 मी.

चुंकि यह एक आयताकार पार्क है।

इसलिए, परिमाप = $2(l + b) = 2(1500 + 750)$ मी.
= 2 × 2250 मी. = 4500 मी.
= $\frac{4500}{1000}$ किमी. = 4.5 किमी.

एक साइकिल सवार पार्क के 4 चक्कर लगाते हैं

$\therefore$ दूरी = 4 × परिमाप = 4 × 4.5 किमी. = 18 किमी.

चाल = 4.5 किमी./घंटा

$\therefore$ समय = $\frac{\text{दूरी}}{\text{चाल}} = \frac{18 \text{ किमी.}}{4.5 \text{ किमी./घंटा}}$ = 4 घंटे

58.

2	640
2	320
2	160
2	80
2	40
2	20
2	10
	5

$\therefore$ 640 का अभाज्य गुणनखण्ड
$= 2 \times 2 \times 2 \times 2 \times 2 \times 2 \times 2 \times 5$

59. $49.6 \times 10.2 - 7.1 \times 29.7 - 5.1 \times 20.1$
$= 505.92 - 210.87 - 102.51$
$= 505.92 - 313.38$
= 192.54 = 190 (पूर्ण संख्या में)।

60. चुंकि गंतव्य स्थान पर 4½ घंटे यात्रा करने के पश्चात 2:45 PM पर पहुँचे

इसलिए, यात्रा आरंभ करने का समय
= 2:45 PM – 4½ घंटे
= 2:45 – 4.30 घंटे = 10:15 AM

पिछले प्रश्न-पत्र (हल सहित)

जवाहर नवोदय विद्यालय

कक्षा-VI, प्रवेश परीक्षा 2019*

खण्ड-I : मानसिक योग्यता परीक्षण

भाग-I

निर्देश (प्र.सं. 1 से 4 तक): *प्रत्येक प्रश्न में चार चित्र (A), (B), (C) और (D) दर्शाए गए हैं। इन चार चित्रों में से तीन चित्र किसी विधि से एकसमान हैं, जबकि एक चित्र अन्य से भिन्न है। अन्य से भिन्न चित्र का चयन करें।*

1. 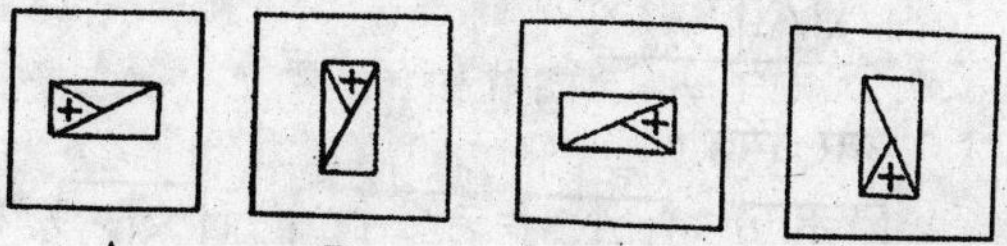

A B C D

2. 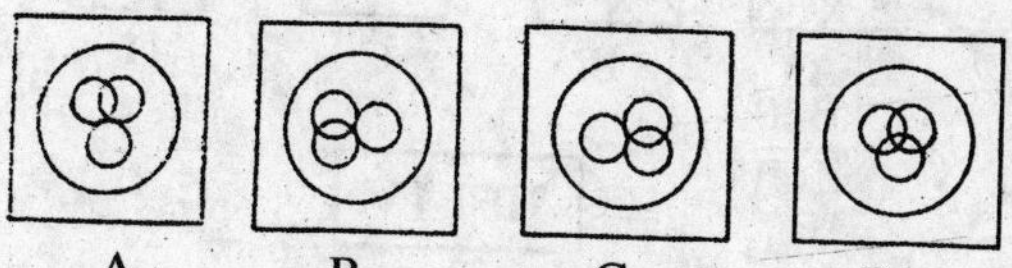

A B C D

3. 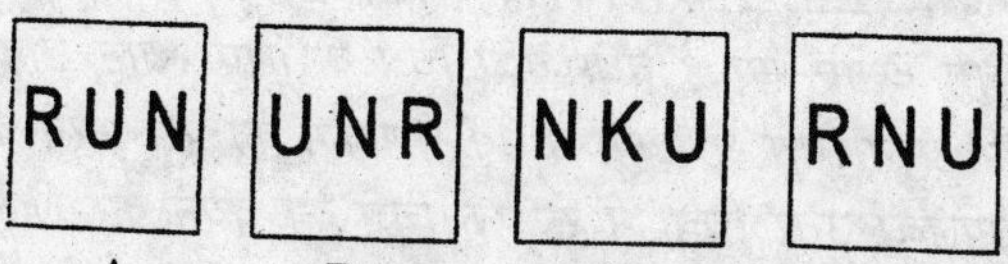

A B C D

4. 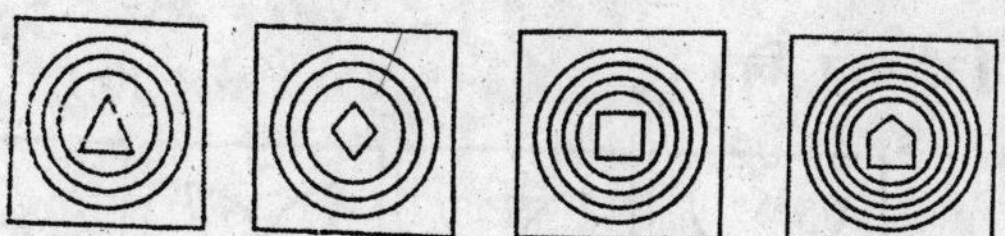

A B C D

भाग-II

निर्देश (प्र.सं. 5 से 8 तक): *दिये गए प्रश्नों में एक प्रश्न चित्र तथा (A), (B), (C) और (D) से चिह्नित चार उत्तर चित्र दिए गए हैं। उत्तर चित्रों से प्रश्न चित्र के समरूप चित्र को चुनें।*

5. **प्रश्न चित्र**

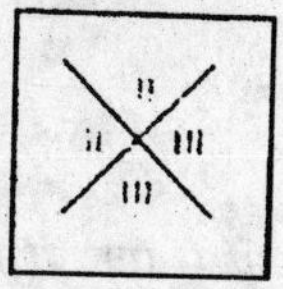

उत्तर चित्र

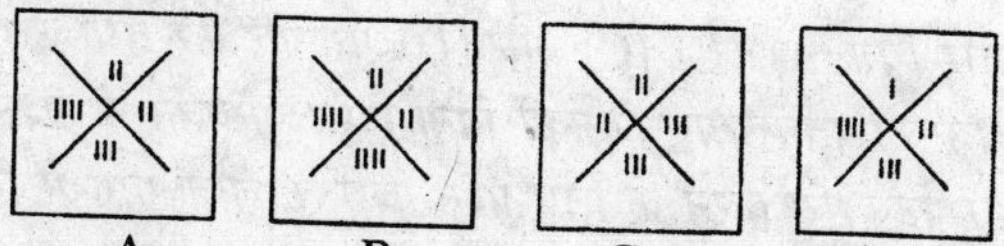

A B C D

6. **प्रश्न चित्र**

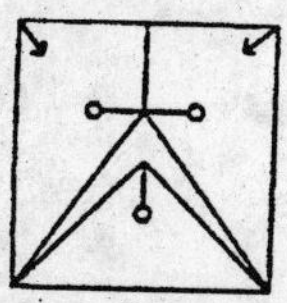

उत्तर चित्र

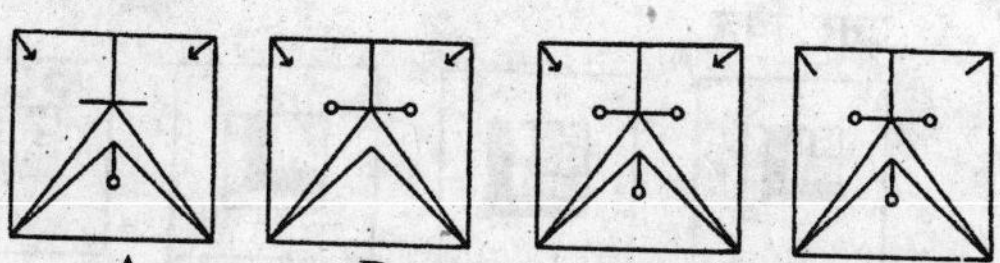

A B C D

7. **प्रश्न चित्र**

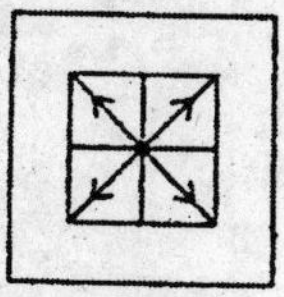

उत्तर चित्र

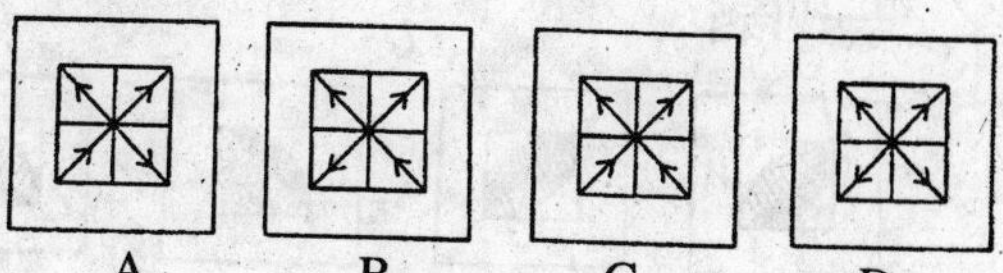

A B C D

* *Exam held on 06-04-2019.*

8. प्रश्न चित्र

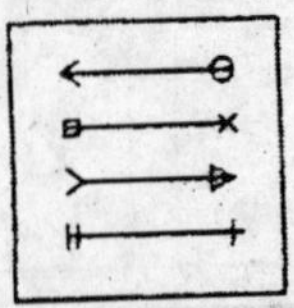

उत्तर चित्र

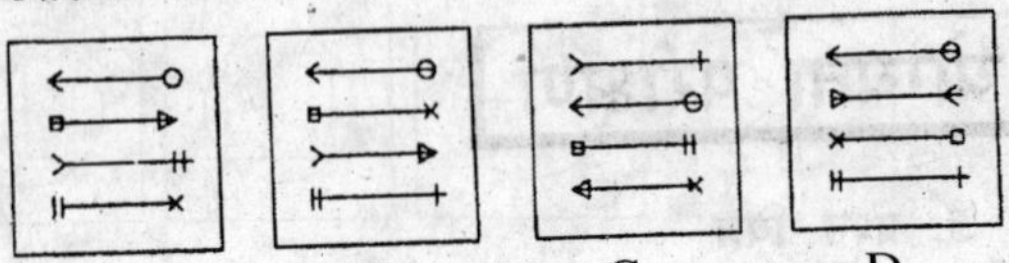

A B C D

भाग-III

निर्देश (प्र.सं. 9 से 12 तक): *दिये गए प्रश्नों में एक प्रश्न चित्र दिया गया है जिसका एक भाग लुप्त दर्शाया गया है। दिये गए उत्तर चित्र (A), (B), (C) और (D) पर गौर करें तथा उस उत्तर चित्र का पता लगाएँ जिसको* **बिना दिशा परिवर्तन के** *प्रश्न चित्र का पैटर्न पूरा करने के लिए प्रश्न चित्र के लुप्त भाग में बिठाया जा सके।*

9. प्रश्न चित्र

उत्तर चित्र

A B C D

10. प्रश्न चित्र

उत्तर चित्र

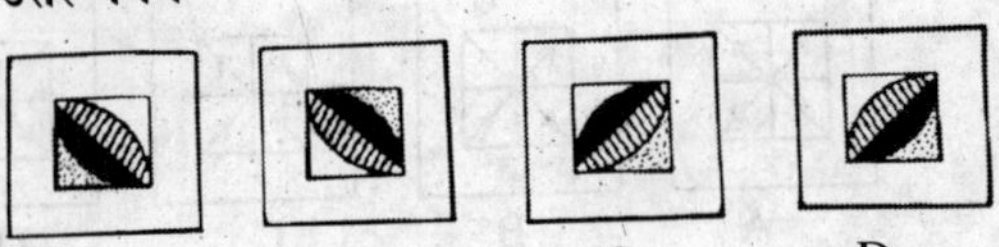

A B C D

11. प्रश्न चित्र

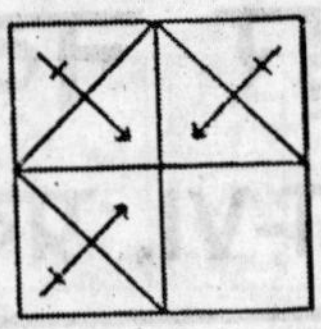

उत्तर चित्र

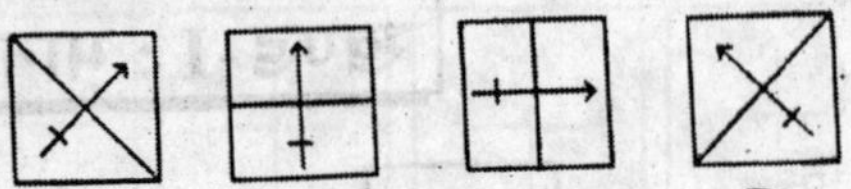

A B C D

12. प्रश्न चित्र

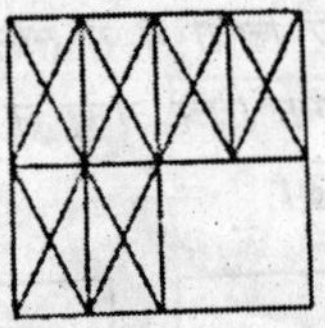

उत्तर चित्र

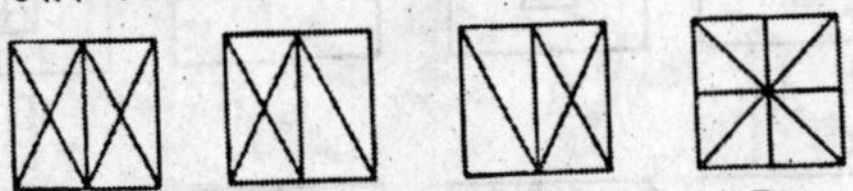

A B C D

भाग-IV

निर्देश (प्र.सं. 13 से 16 तक): *दिये गए प्रश्नों में तीन प्रश्न चित्र दर्शाए गए हैं तथा चौथे चित्र के लिए स्थान छोड़ा गया है। प्रश्न चित्र श्रेणीक्रम में हैं। श्रेणीक्रम को पूरा करने के लिए उपलब्ध उत्तर चित्रों में से एक चित्र का चयन करें जिसे प्रश्न चित्र के खाली स्थान में प्रतिस्थापित किया जा सके।*

13. प्रश्न चित्र

उत्तर चित्र

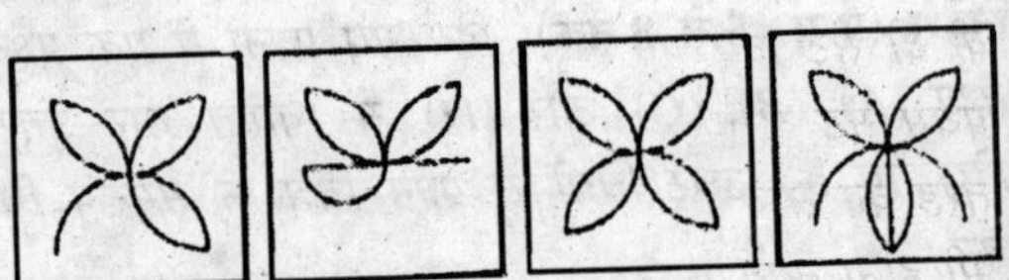

A B C D

14. प्रश्न चित्र

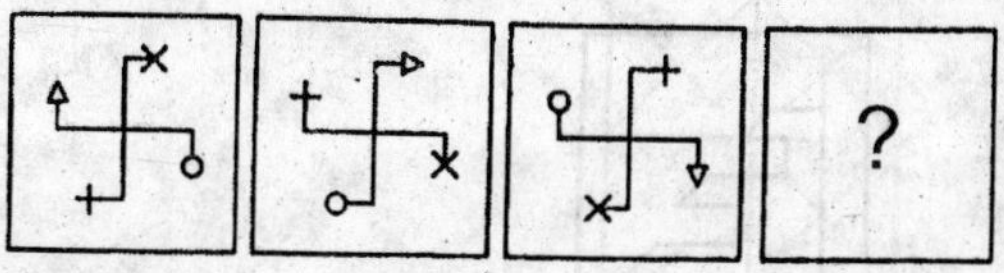

उत्तर चित्र

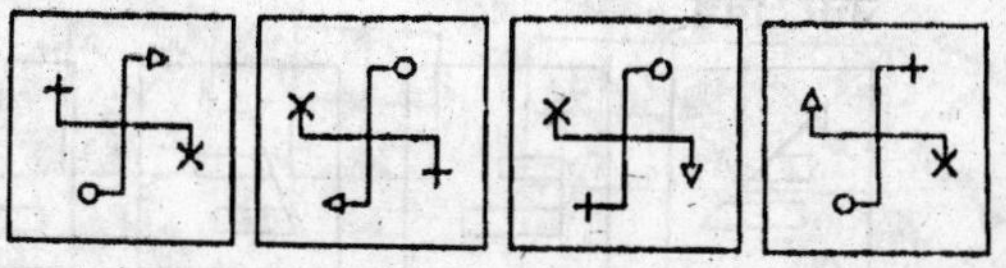

A B C D

15. प्रश्न चित्र

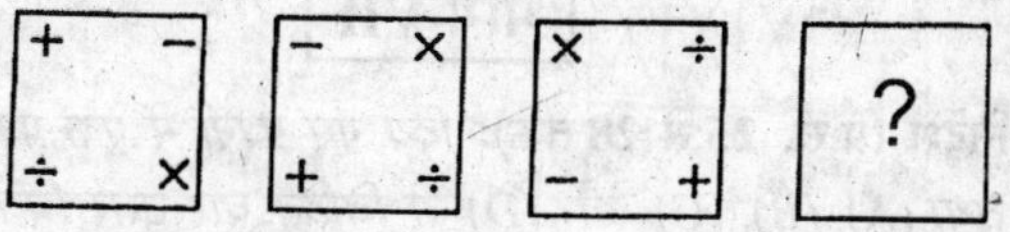

उत्तर चित्र

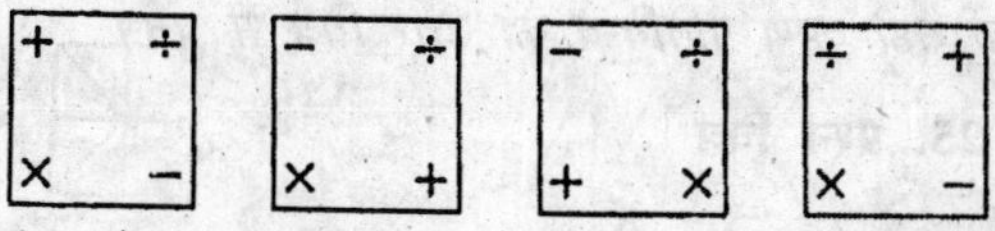

A B C D

16. प्रश्न चित्र

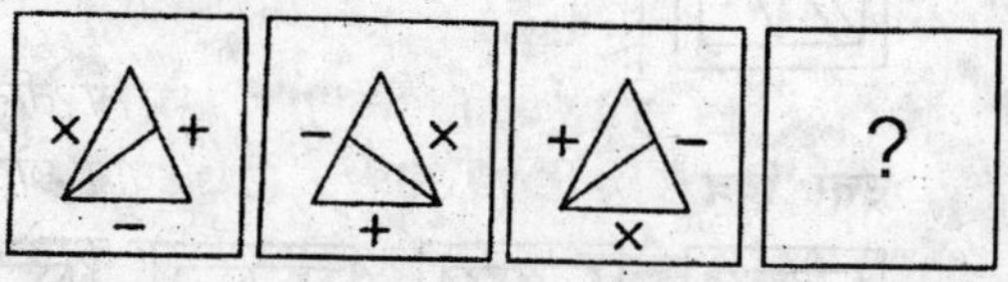

उत्तर चित्र

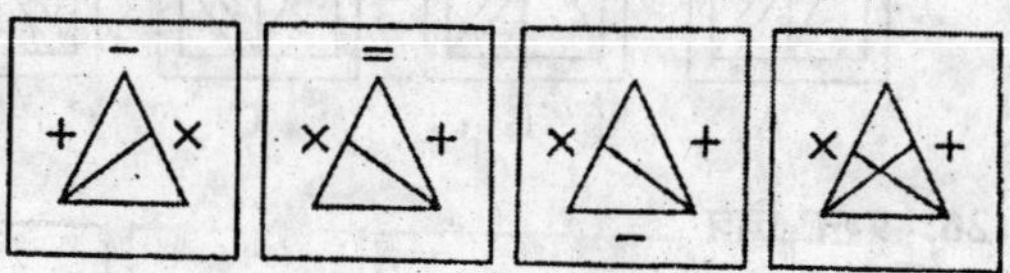

A B C D

भाग-V

निर्देश (प्र.सं. 17 से 20 तक): *प्रत्येक प्रश्न में दो प्रश्न चित्रों के दो सेट दिए गए हैं। दूसरे सेट में एक प्रश्न चिह्न (?) है। प्रथम सेट के दो प्रश्न चित्रों में एक निश्चित सम्बन्ध है। इसी तरह का सम्बन्ध दूसरे सेट के तीसरे तथा चौथे प्रश्न चित्र में भी होना आवश्यक है। उत्तर चित्रों से उस चित्र का चयन करें जो प्रश्न चिह्न को प्रतिस्थापित करेगा।*

17. प्रश्न चित्र

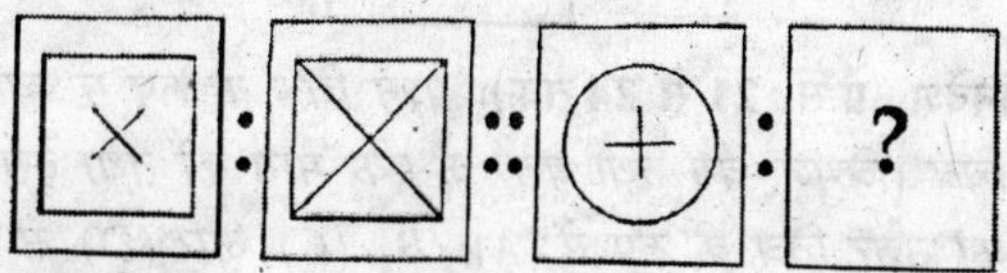

उत्तर चित्र

A B C D

18. प्रश्न चित्र

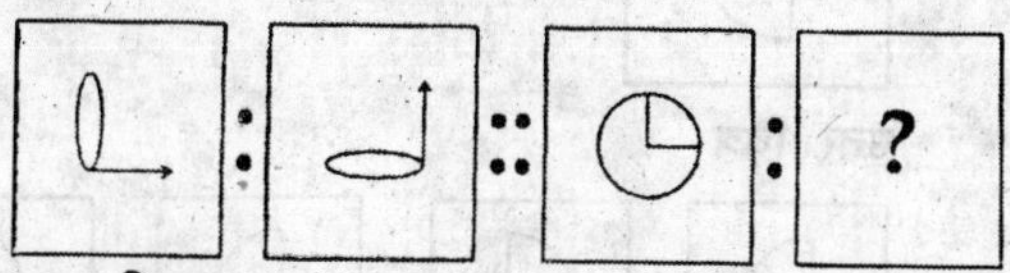

उत्तर चित्र

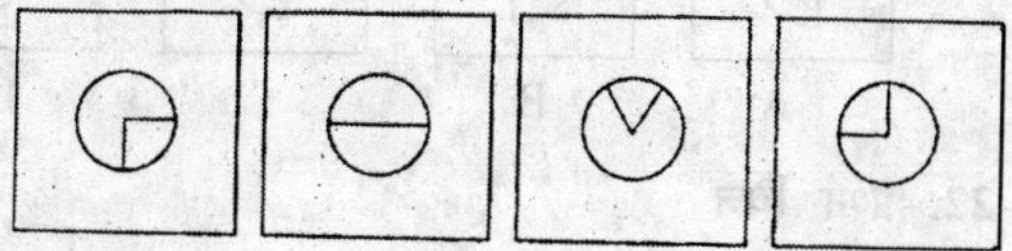

A B C D

19. प्रश्न चित्र

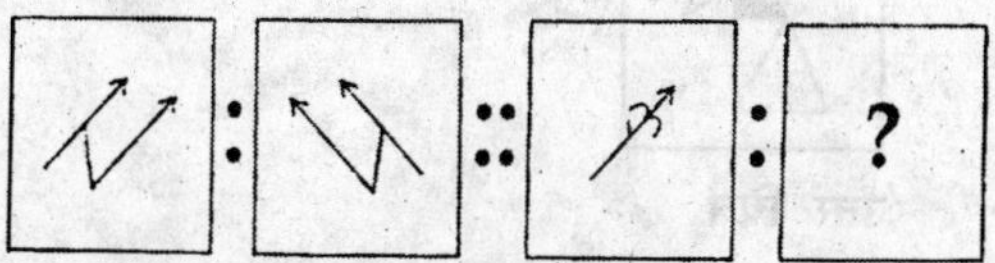

उत्तर चित्र

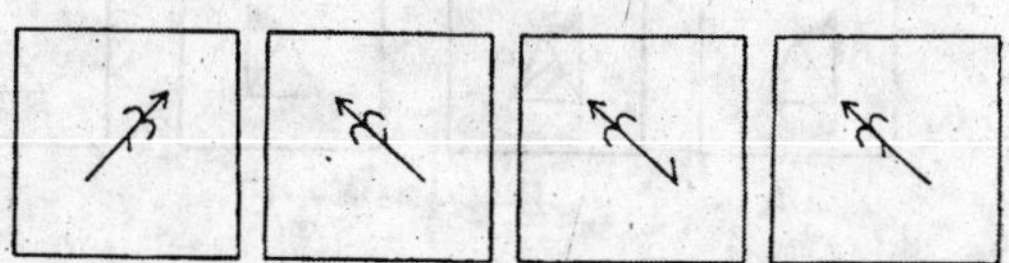

A B C D

20. प्रश्न चित्र

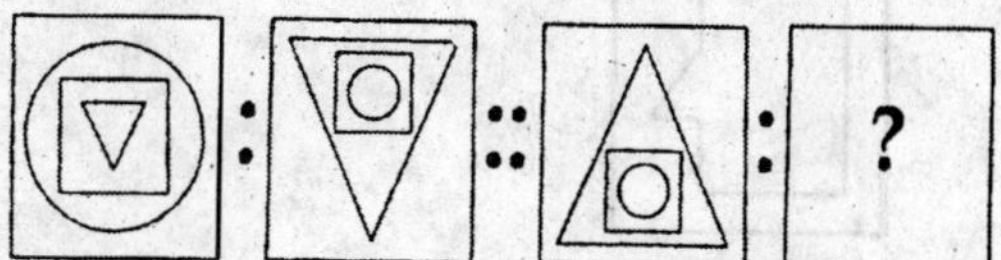

उत्तर चित्र

A B C D

भाग-VI

निर्देश (प्र.सं. 21 से 24 तक): *प्रश्न चित्र के रूप में ज्यामितीय चित्र (त्रिभुज, वर्ग तथा वृत्त) के एक भाग को तथा दूसरे भाग को उत्तर चित्र के रूप में (A), (B), (C) और (D) से दर्शाया गया है। दाईं ओर के चित्र से ज्यामितीय चित्र को पूर्ण करने वाले चित्र को ज्ञात करें।*

21. प्रश्न चित्र

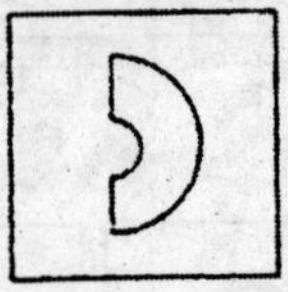

उत्तर चित्र

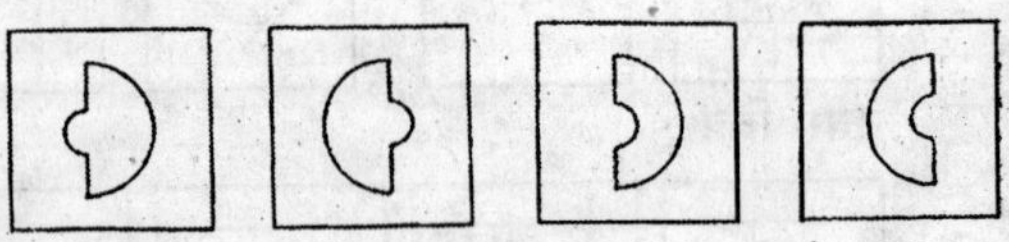

A B C D

22. प्रश्न चित्र

उत्तर चित्र

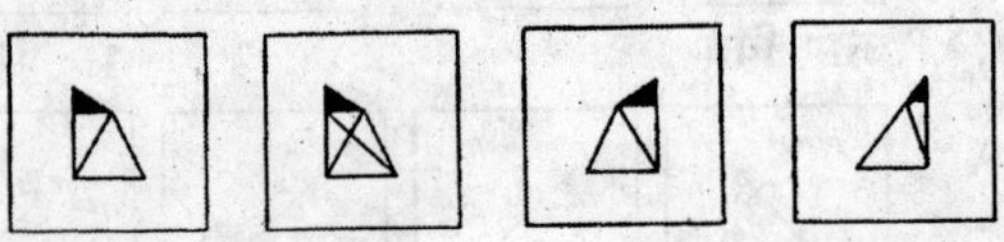

A B C D

23. प्रश्न चित्र

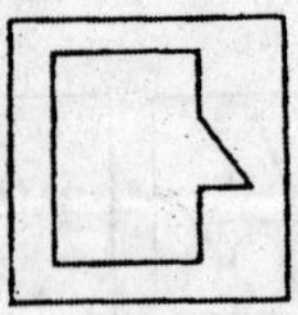

उत्तर चित्र

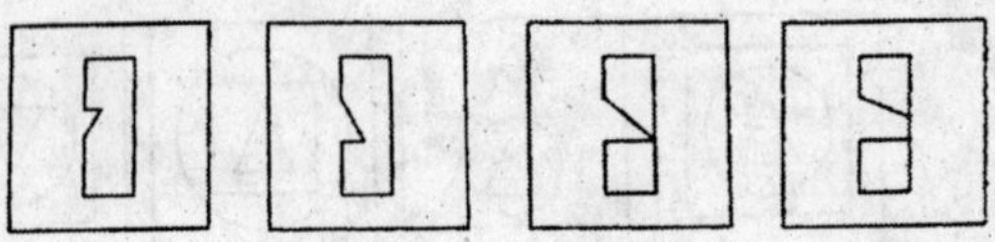

A B C D

24. प्रश्न चित्र

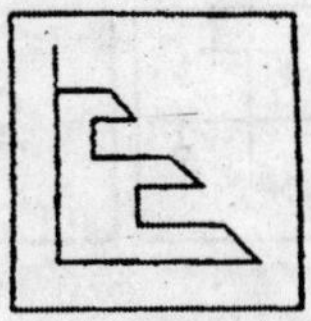

उत्तर चित्र

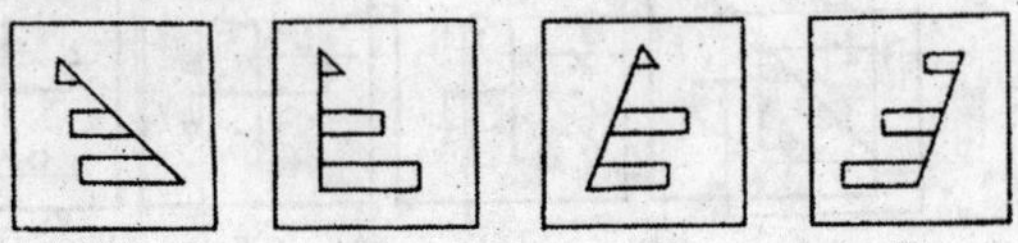

A B C D

भाग-VII

निर्देश (प्र.सं. 25 से 28 तक): *दिये गए प्रश्नों में एक प्रश्न चित्र तथा (A), (B), (C) और (D) से चिह्नित चार उत्तर चित्र दर्शाए गए हैं। किसी दर्पण को XY के अनुदिश रखे जाने पर प्रश्न चित्र के सही दर्पण प्रतिबिम्ब को उत्तर चित्र से चुनें।*

25. प्रश्न चित्र

उत्तर चित्र

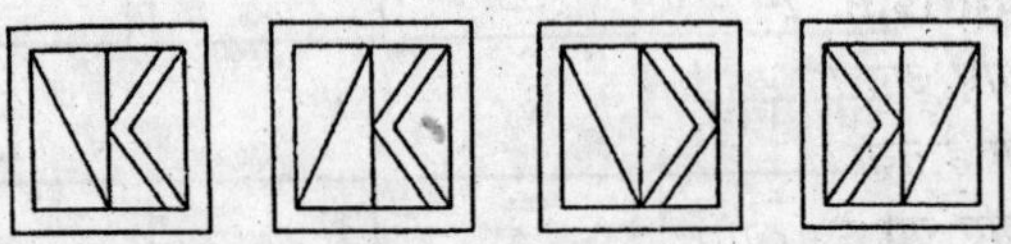

A B C D

26. प्रश्न चित्र

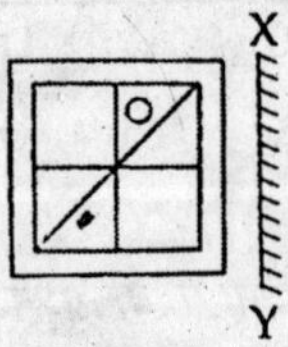

उत्तर चित्र

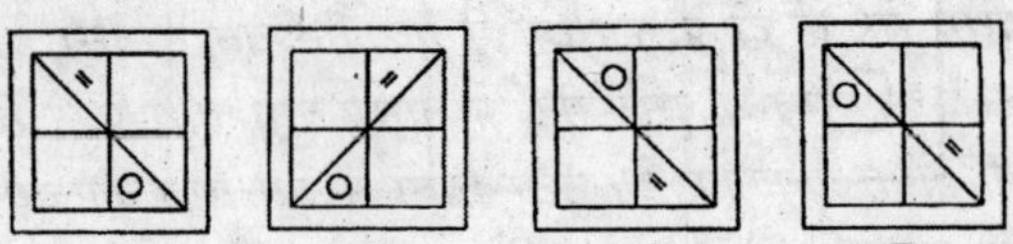

A B C D

27. प्रश्न चित्र

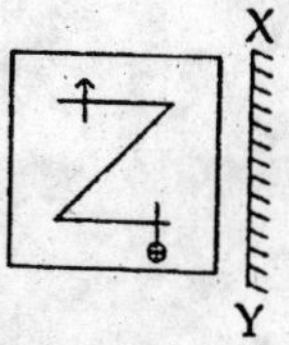

उत्तर चित्र

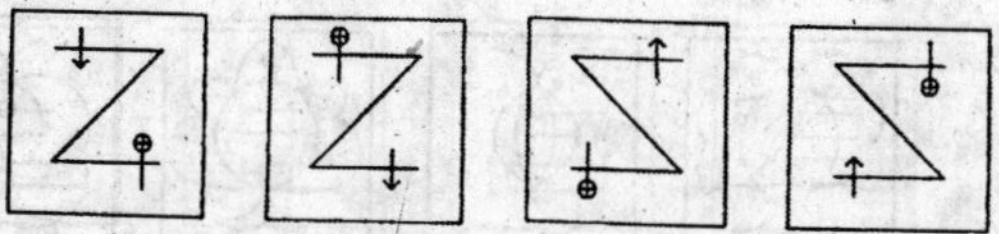

A B C D

28. प्रश्न चित्र

उत्तर चित्र

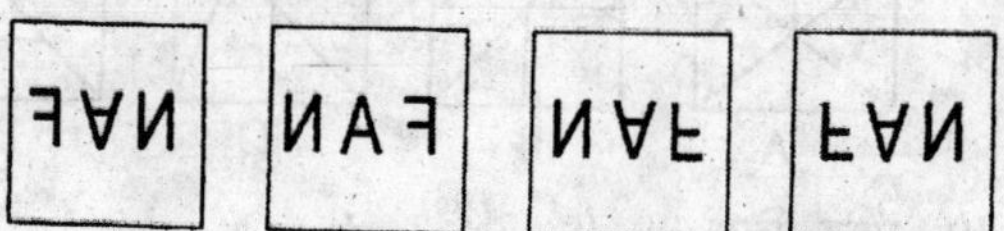

A B C D

भाग-VIII

निर्देश (प्र.सं. 29 से 32 तक): *दिये गए प्रश्नों में प्रश्न चित्र में दर्शाए अनुसार कागज के एक टुकड़े को तह देकर पंच किया गया है तथा (A), (B), (C) और (D) से चिह्नित चार उत्तर चित्र दर्शाए गए हैं। कागज के टुकड़े के तह को खोलने पर वह जिस प्रकार दिखेगा वैसा ही चित्र उत्तर चित्र से चुनें।*

29. प्रश्न चित्र

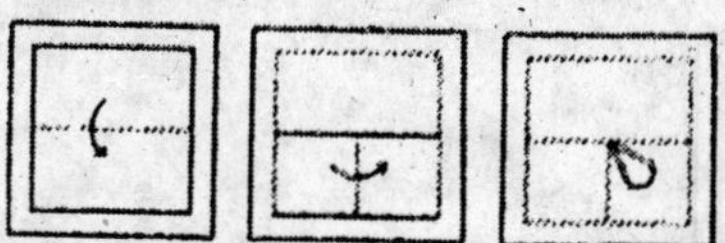

उत्तर चित्र

A B C D

30. प्रश्न चित्र

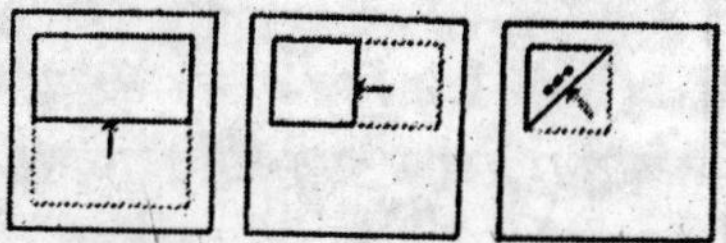

उत्तर चित्र

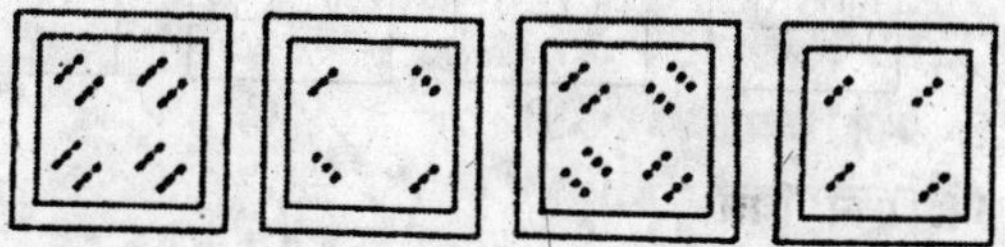

A B C D

31. प्रश्न चित्र

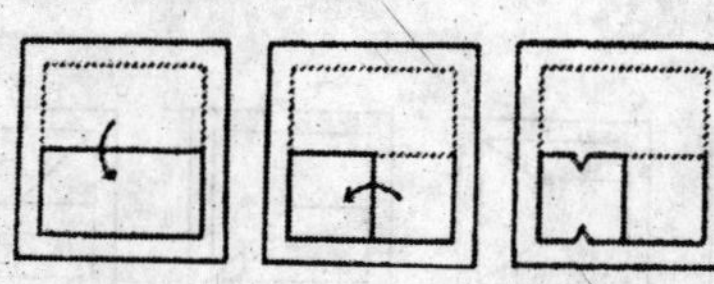

उत्तर चित्र

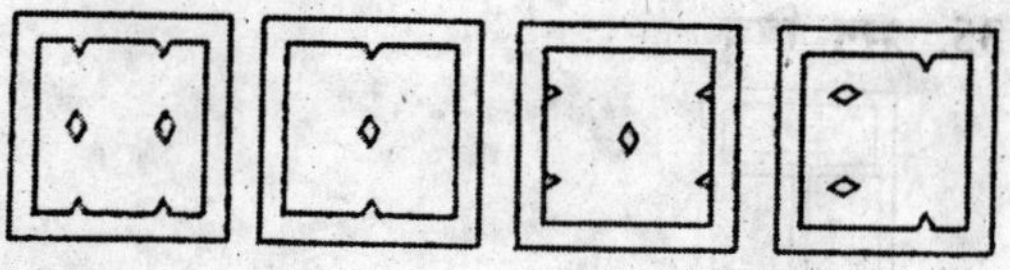

A B C D

32. प्रश्न चित्र

उत्तर चित्र

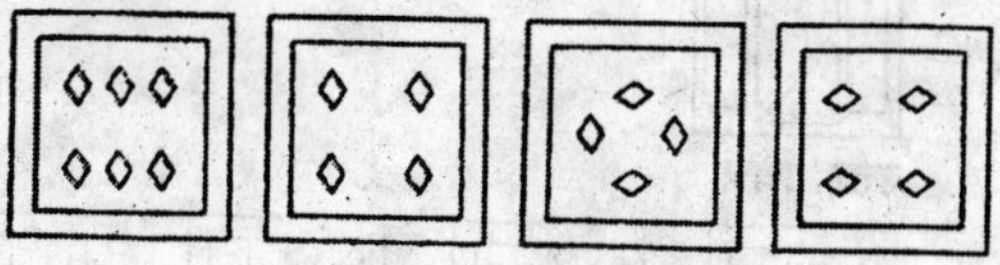

A B C D

भाग-IX

निर्देश (प्र.सं. 33 से 36 तक): *दिये गए प्रश्नों में एक प्रश्न चित्र तथा (A), (B), (C) और (D) से चिह्नित चार उत्तर चित्र दर्शाए गए हैं। उत्तर चित्र से उस चित्र का चयन करें जिसे प्रश्न चित्र में उपलब्ध कट-आउट से बनाया जा सकता हो।*

33. प्रश्न चित्र

उत्तर चित्र

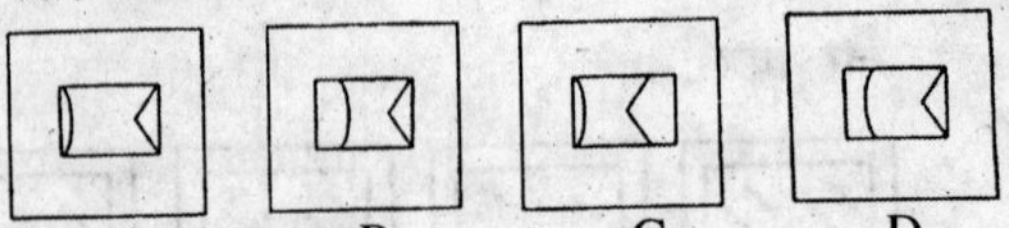

A B C D

34. प्रश्न चित्र

उत्तर चित्र

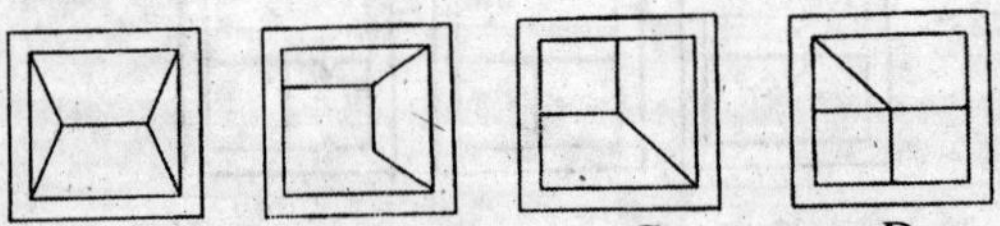

A B C D

35. प्रश्न चित्र

उत्तर चित्र

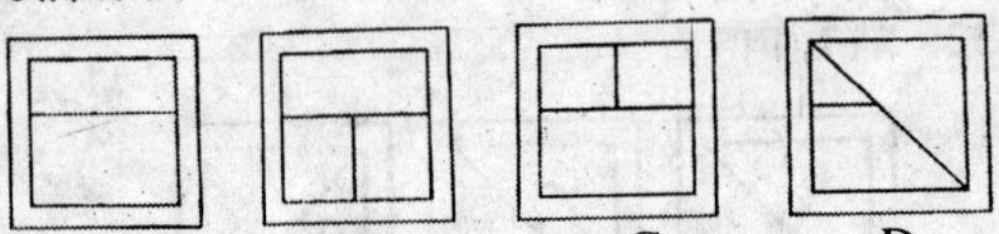

A B C D

36. प्रश्न चित्र

उत्तर चित्र

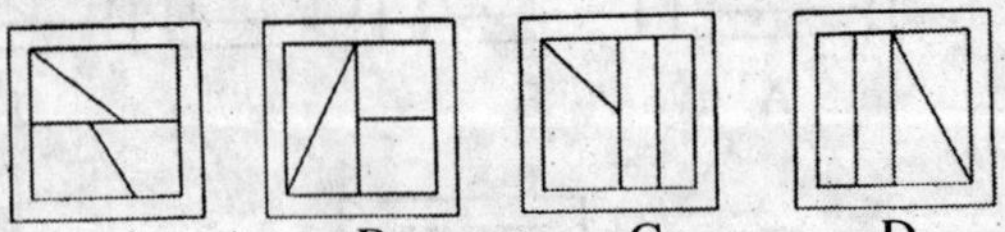

A B C D

भाग-X

निर्देश (प्र.सं. 37 से 40 तक): *दिये गए प्रश्नों में एक प्रश्न चित्र तथा (A), (B), (C) और (D) से चिह्नित चार उत्तर चित्र दर्शाए गए हैं। उत्तर चित्रों से, उस चित्र को चुनें जिसमें प्रश्न चित्र छिपा/सम्मिलित है।*

37. प्रश्न चित्र

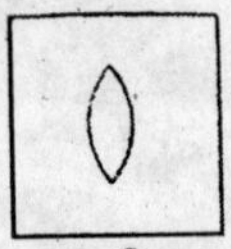

उत्तर चित्र

A B C D

38. प्रश्न चित्र

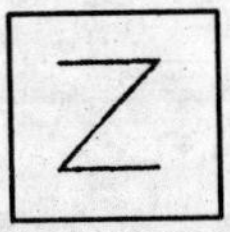

उत्तर चित्र

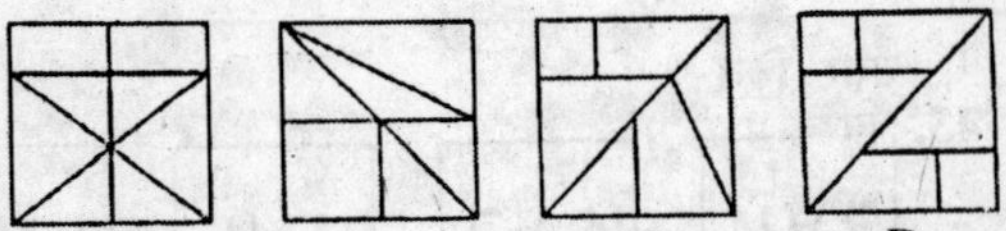

A B C D

39. प्रश्न चित्र

उत्तर चित्र

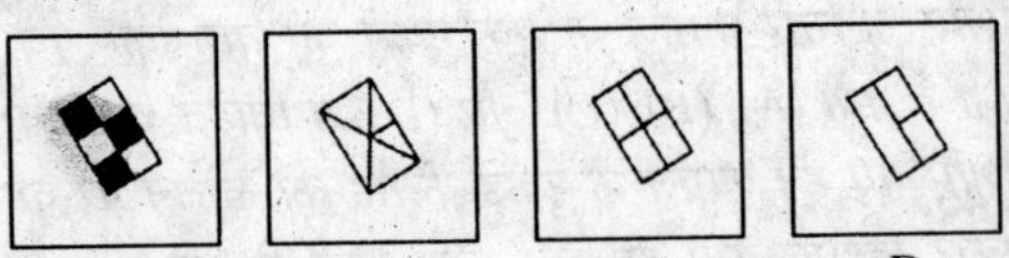

A B C D

40. प्रश्न चित्र

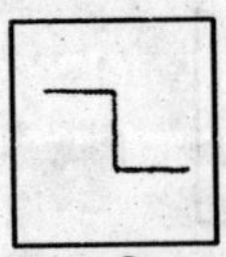

उत्तर चित्र

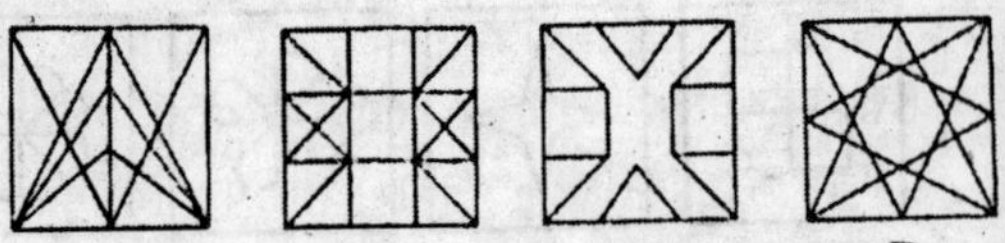

A B C D

खण्ड-II : अंकगणित परीक्षण

निर्देशः *प्रत्येक प्रश्न के लिए चार संभावित उत्तर हैं, जिन्हें (A), (B), (C) और (D) क्रम दिया गया है। इनमें से केवल एक उत्तर ही सही है। सही उत्तर चुनें।*

41. कौन-सी राशि 8% वार्षिक साधारण ब्याज की दर से 4 वर्षों में ₹ 6,600 हो जाएगी?

A. ₹ 6,000 B. ₹ 5,000
C. ₹ 4,000 D. ₹ 6,200

42. निम्न को सरल करने से प्राप्त होता है

$$15\frac{1}{2}-\left[\frac{12}{5}\times\frac{5}{8}+\left(7\div1\frac{3}{4}\right)\right]\times2$$

A. $\frac{2}{9}$ B. $\frac{7}{2}$
C. $\frac{9}{2}$ D. $\frac{11}{2}$

43. निम्न में से कौन-सी एक संख्या 3, 4, 5 तथा 6 से भाज्य है?

A. 36 B. 60
C. 80 D. 90

44. निम्न में से कौन-सा कथन सत्य है?

A. शून्य एक विषम संख्या है।
B. शून्य एक सम संख्या है।
C. शून्य एक अभाज्य संख्या है।
D. शून्य न तो विषम और न सम संख्या है।

45. एक डिब्बे में 500 अण्डे हैं। $\frac{3}{25}$ अण्डे टूट गए, शेष अण्डों का $\frac{4}{5}$ भाग बेच दिया गया। शेष बचे अण्डों की संख्या है

A. 80 B. 88
C. 40 D. 36

46. यदि एक व्यक्ति 30 कि.मी./घंटा की चाल से जाता है, तो वह अपने गंतव्य स्थान पर 10 मिनट की देरी से पहुँचता है, जबकि 42 कि.मी./घंटा की चाल से चलने पर वह अपने गंतव्य स्थान पर 10 मिनट पहले पहुँच जाता है। तय की गई दूरी है:

A. 36 कि.मी. B. 35 कि.मी.
C. 40 कि.मी. D. 42 कि.मी.

47. एक यात्री गाड़ी, जो 80 कि.मी./घंटा की चाल से चलती है, स्टेशन से एक मालगाड़ी के रेलवे स्टेशन से जाने के 6 घंटे बाद चलती है तथा 4 घंटों में मालगाड़ी से आगे हो जाती है। मालगाड़ी की चाल क्या है?

A. 32 कि.मी./घंटा B. 48 कि.मी./घंटा
C. 60 कि.मी./घंटा D. 50 कि.मी./घंटा

48. एक वस्तु को ₹ 500 में बेचने पर हानि होती है। यदि इस वस्तु को ₹ 700 में बेचा जाता, तो दुकानदार को पहले होने वाली हानि से तीन गुना लाभ होता। इस वस्तु का क्रय मूल्य क्या है?

A. ₹ 525 B. ₹ 550
C. ₹ 600 D. ₹ 650

49. एक फल विक्रेता एक रुपए के 2 के हिसाब से नींबू खरीदता है तथा तीन रुपए के 5 के हिसाब से बेचता है। उसका प्रतिशत लाभ क्या है?

A. 8% B. 10%
C. 15% D. 20%

50. 12 मी. × 10 मी. के कक्ष की फर्श को पूरा ढकने के लिए 10 से.मी. × 8 से.मी. की कितनी आयताकार पट्टियों की आवश्यकता है?

A. 12000 B. 15000
C. 10000 D. 18000

51. 10 से.मी. भुजा वाले दो ठोस घनों को साथ-साथ रखने पर प्राप्त घनाभ का आयतन क्या है?

A. 500 घन से.मी. B. 2000 घन से.मी.
C. 1000 cm^3 D. 10000 घन से.मी.

52. दोपहर बाद, 3 बजकर 5 मिनट को लिखा जाता है:

A. 5:30 am B. 5:30 pm
C. 3:50 pm D. 3:05 pm

53. जब –1 को –1 से 100 बार गुणा किया जाए, तो गुणनफल है

A. 1 B. –1
C. 100 D. –100

54. एक आयताकार प्लॉट की लंबाई इसकी चौड़ाई की दुगुनी है। 8 मी. भुजा वाला एक वर्गाकार तरणताल इस प्लॉट का $\frac{1}{8}$ भाग घेरता है। प्लॉट की लंबाई है:

A. 64 मी. B. 32 मी.
C. 16 मी. D. 12 मी.

55. प्रथम 100 प्राकृत संख्याओं में 3 और 5 दोनों से भाग हो जाने वाली संख्याओं की संख्या है:

A. 10 B. 9
C. 7 D. 6

56. संख्या 5,84,356 में अंक 5 के स्थानीय मूल्यों का योग क्या है?

A. 10 B. 50,050
C. 5,050 D. 5,00,050

57. बड़े-से-बड़ी तथा छोटे-से-छोटी 5 अंकों की संख्याएँ, जो अंकों 0, 3, 6, 7 तथा 9 से बनती हैं जब कोई अंक दोबारा नहीं आए, का अंतर है

A. 93951 B. 67061
C. 66951 D. 60840

58. 5,045 ग्राम बराबर है:

A. 50 कि.ग्रा., 45 ग्राम B. 5 कि.ग्रा., 45 ग्राम
C. 5 कि.ग्रा., 450 ग्राम D. 50 कि.ग्रा., 450 ग्राम

59. 150% बराबर है:

A. 1.5 B. 5.1
C. 0.15 D. 15.0

60. निम्न को भिन्न के रूप में सरल करने पर प्राप्त होता है
$2.75 - 1.25 + 4.75 - 3.80$

A. $2\frac{9}{20}$ B. $2\frac{9}{10}$
C. $1\frac{9}{10}$ D. $5\frac{9}{20}$

खण्ड-III : भाषा परीक्षण

निर्देश (प्र.सं. 61-80) : *इस खण्ड में* ***चार*** *अनुच्छेद हैं। प्रत्येक अनुच्छेद पर* ***पाँच*** *प्रश्न हैं। प्रत्येक अनुच्छेद को सावधानी से पढ़ें और उसके नीचे दिए गए प्रश्नों के उत्तर दें। प्रत्येक प्रश्न के* ***चार*** *संभावित उत्तर दिए गए हैं, जिनकी क्रम संख्या (A), (B), (C) और (D) है। इनमें से केवल एक उत्तर ही सही है। सही उत्तर चुनें।*

अनुच्छेद-1

अपने बीजों, छाल और पत्तियों के औषधीय लाभों के कारण नीम के वृक्ष को गाँव का औषधालय कहा जाता है। संस्कृत में इसे 'अरिष्ट' कहा जाता है जिसका अर्थ है निर्दोष, नष्ट न होने वाला और पूर्ण। कीटों के नियंत्रण में नीम का तेल महत्वपूर्ण भूमिका अदा करता है और इसका उपयोग मच्छर प्रतिरोधक के विकल्प के रूप में भी किया जा सकता है। नीम के बीजों की खली उर्वरक के रूप में प्रयुक्त होती है। नीम की पत्तियों का लेप चेचक की चिकित्सा में काम में आता है। नीम की टहनियाँ, जिन्हें सामान्यतः 'दातून' कहते हैं, गाँवों में दाँत के ब्रुश के रूप में प्रयुक्त होती हैं। मक्खियों और पशुओं की किलनियों पर, उनके नियंत्रण के लिए, छाल और जड़ों का उपयोग भी चूर्ण के रूप में होता है।

61. औषधालय है:

A. कृषि-भूमि B. औषध भंडार
C. खेल का मैदान D. फार्म हाउस

62. नीम के पेड़ का किसान के लिए उपयोग भाग है:

A. बीज B. छाल
C. टहनियाँ D. पत्तियाँ

63. निम्नलिखित में से कौन-सा शब्द 'निर्दोष' का पर्यायवाची नहीं है?

A. दोष रहित B. त्रुटिहीन
C. बेजोड़ D. कुरूप

64. अनुच्छेद में शब्द 'कीट' से तात्पर्य है:

A. फसल नष्ट करने वाले कीड़े-मकोड़े
B. क्रुद्ध व्यक्ति
C. गंदा पानी
D. प्रदूषण

65. गाँवों में नीम की .... का उपयोग दाँत के ब्रुश के रूप में किया जाता है।

A. जड़ों B. पत्तियों
C. टहनियों D. बीज की खली

अनुच्छेद-2

अजित का जन्मदिन था। उसके सभी मित्र और संबंधी एकत्र हुए थे। उसे कई भेंट मिली उनमें किताबें, खिलौने और कपड़े थे। अजित की चाची ने उसे एक आश्चर्यजनक भेंट दी। वह था गुलाब का एक पौधा। अजित को चाची की भेंट सबसे अधिक पसंद आई और वह भागकर बगीचे में गया और उसे वहाँ रोप दिया। अजित रोज ही उसे सींचता था। वह ज्यों ही सुबह जागता, भागकर देखने जाता कि वह कितना बड़ा हो गया है। एक दिन उसने देखा कि दो छोटी कलियाँ बाहर झाँक रही थीं। वह कलियों को सुंदर पीला गुलाब बनते देखता रहा। वह प्रसन्न और रोमांचित था। उसने अपनी माँ की मदद से फूल तोड़े उसने वे पहले दो गुलाब अपनी माँ और बहन को भेंट किए। अजित ने निर्णय किया कि वह अपने बगीचे में और भी पौधे लगाएगा।

66. जन्मदिन पर अजित की सबसे अच्छी भेंट थी:

A. रेस कार B. कमीज
C. गुलाब का पौधा D. किताब

67. ज्यों ही अजित जागता, वह:

A. पढ़ना प्रारंभ कर देता
B. पौधे की ओर दौड़ता
C. स्नान करता
D. स्कूल चल देता

68. पहले गुलाब में कितनी कलियाँ आईं?

A. एक B. चार
C. दो D. बहुत-सी

69. अजित ने पहले दो गुलाब किसे भेंट किए?

A. मित्रों को
B. चाची को
C. माँ और बंहन को
D. माँ और चाची को

70. 'रोमांचित' शब्द का अर्थ है:

A. उदास B. उत्तेजित
C. भयभीत D. चकित

अनुच्छेद-3

भारत तीर्थयात्रियों और तीर्थयात्राओं का देश है। ये पवित्र स्थान, चाहे पहाड़ों पर हों या मैदानों में, सामान्यतया या तो नदियों के तटों पर स्थित हैं या समुद्र के तटों पर। इन तीर्थस्थानों पर जाने वाले केवल धार्मिक लोग ही नहीं होते, वरन सारे भारत से और विदेशों से पर्यटक और सैर-सपाटे वाले लोग भी यहाँ आते हैं। जहाँ कहीं दो या अधिक नदियाँ मिलती हैं, तीर्थयात्री वहाँ स्नान और पूजा करते हैं क्योंकि माना जाता है कि वह स्थान पवित्र होता है। ऐसा ही एक स्थान हरिद्वार है जो गंगा नदी के तट पर स्थित है।

71. पवित्र स्थानों पर जाने वाले लोग होते हैं धार्मिक, सैर-सपाटा करने वाले और

A. बच्चे B. पर्यटक
C. व्यापारी D. समुद्री यात्री

72. निम्नलिखित में कौन-सा शब्द 'सामान्यतया' का पर्यायवाची है?

A. आमतौर पर B. सार्वजनिक रूप से
C. कभी-कभी D. परिणामस्वरूप

73. उस स्थान को 'पवित्र' माना जाता है, जहाँ दो या अधिक नदियाँ मिलती हैं। इस कथन में शब्द 'पवित्र' का विलोम है:

A. ईश्वरीय B. धार्मिक
C. अपावन D. धर्मनिष्ठ

74. लोग गंगा नदी में स्नान और पूजा के लिए आते हैं, क्योंकि इसका जल है

A. पवित्र B. साफ और स्वच्छ
C. शीतल D. स्वास्थ्यवर्द्धक

75. लोग तीर्थयात्रा पर जाते हैं, क्योंकि वे .... होते हैं।

A. उत्सुक B. धार्मिक
C. खोजी D. वृद्ध

अनुच्छेद-4

चबाने की गोंद (च्युइंग गम) की खोज मेक्सिको के जंगलों में मायन लोगों ने एक हजार वर्ष पूर्व की थी। उन्होंने पाया कि एक सैपोडिला के पेड़ से कोई तरल पदार्थ बह रहा है। जब वह बाहर निकल आता तो गाढ़ा हो जाता था, वे इसे चिकल कहते थे, जो चबाया जा सकता था और स्वादिष्ट होता था। आज भी चिकलेरो कहे जाने वाले श्रमिक चिकल का संग्रह करते हैं। चिकल को उसका पानी हटाने के लिए

उबाला जाता है। इसके बाद इसके बड़े टुकड़े प्रत्येक लगभग 30 पौंड या 14 किलाग्राम के बनाए जाते हैं। इन टुकड़ों को गोंद की फैक्टरी में भेजा जाता है। वहाँ इसे मीठा, नरम, सुगंधित और रंगीन बनाने के लिए अनेक चीजों के साथ मिलाया जाता है।

76. .... ने चबाने वाली गोंद की खोज की।

A. मायन
B. सैपोडिला
C. चिकलेरो
D. गोंद की फैक्टरी

77. .... वे श्रमिक होते हैं, जो चिकल एकत्र करते हैं।

A. सैपोडिला
B. मायन
C. चिकलेरो
D. गमर

78. चिकल के बड़े टुकड़े कहाँ भेजे जाते हैं?

A. पुनर्चक्रण केंद्रों में
B. गोंद की फैक्टरी में
C. मेक्सिको के जंगलों में
D. कैंडी स्टोरों में

79. चिकल में बहुत-से पदार्थ निम्न सभी के लिए मिलाए जाते हैं, *सिवाय* .... के लिए।

A. नरम बनाने
B. सुगंधित बनाने
C. गाढ़ा करने
D. मीठा बनाने

80. इस अनुच्छेद के लिए उपयुक्त शीर्षक चुनिएः

A. गोंद
B. चिकलेरो
C. चिकलेरो की कथा
D. च्युइंग गम की कथा

उत्तरमाला

1	2	3	4	5	6	7	8	9	10
B	D	C	B	C	C	D	B	D	C
11	**12**	**13**	**14**	**15**	**16**	**17**	**18**	**19**	**20**
D	A	A	B	D	C	B	D	B	C
21	**22**	**23**	**24**	**25**	**26**	**27**	**28**	**29**	**30**
B	A	C	A	A	C	C	B	C	C
31	**32**	**33**	**34**	**35**	**36**	**37**	**38**	**39**	**40**
A	C	A	B	B	C	B	D	C	B
41	**42**	**43**	**44**	**45**	**46**	**47**	**48**	**49**	**50**
B	C	B	D	B	B	A	B	D	B
51	**52**	**53**	**54**	**55**	**56**	**57**	**58**	**59**	**60**
B	D	A	B	D	D	C	B	A	A
61	**62**	**63**	**64**	**65**	**66**	**67**	**68**	**69**	**70**
B	A	D	A	C	C	B	C	C	B
71	**72**	**73**	**74**	**75**	**76**	**77**	**78**	**79**	**80**
B	A	C	A	B	A	C	B	C	D

व्याख्यात्मक उत्तर

41. माना राशि = ₹ x

∴ साधारण ब्याज = $6600 - x$

∵ साधारण ब्याज = $\frac{P \times r \times t}{100}$

$$6600 - x = \frac{x \times 8 \times 4}{100}$$

$$32x = 660000 - 100x$$

$$132x = 660000$$

$$x = \frac{660000}{132} = 5000$$

अतः राशि = ₹ 5000.

42. $15\frac{1}{2}-\left[\frac{12}{5}\times\frac{5}{8}+\left(7\div1\frac{3}{4}\right)\right]\times2$

BODMAS नियमानुसार,

$= \frac{31}{2}-\left[\frac{12}{8}+\left(7\times\frac{4}{7}\right)\right]\times2$

$= \frac{31}{2}-\left[\frac{12}{8}+4\right]\times2$

$= \frac{31}{2}-\left[\frac{44}{8}\right]\times2$

$= \frac{31}{2}-11=\frac{9}{2}.$

43. वह संख्या जो 3, 4, 5 और 6 से विभाज्य हो

= ल.स.प. (3, 4, 5, 6)

$= 2 \times 2 \times 3 \times 5 = 60.$

45. टूट गए अण्डों की संख्या $= 500\times\frac{3}{25} = 60$

बचे हुए अण्डे = 500 − 60 = 440

अण्डों की संख्या जो बेच दिये गए हैं

$= 440\times\frac{4}{5} = 352$

शेष बचे अण्डों की संख्या

$= 500 - (60 + 352)$

$= 500 - 412 = 88.$

46. माना तय की गई दूरी x किमी है

तब, समय $= \frac{\text{दूरी}}{\text{चाल}}$

$\therefore \quad \frac{x}{30}-\frac{10}{60} = \frac{x}{42}+\frac{10}{60}$

$\frac{x}{30}-\frac{x}{42} = \frac{20}{60}$

$\frac{7x-5x}{210} = \frac{1}{3}$

$2x \times 3 = 210$

$x = \frac{210}{6} = 35$

$\therefore$ दूरी = 35 किमी.

47. माना मालगाड़ी की चाल = x किमी/घंटा

मालगाड़ी द्वारा 6 घण्टे में तय की गई दूरी

$= x \times 6 = 6x$ किमी.

दोनों गाड़ियों की सापेक्ष चाल = $80 - x$

$\therefore$ दूरी = चाल × समय

$6x = (80 - x) \times 4$

$6x = 320 - 4x$

$10x = 320$

$x = 32$ किमी/घंटा

अतः मालगाड़ी की चाल = 32 किमी/घंटा

48. माना वस्तु का क्रय मूल्य = ₹ x

प्रश्नानुसार,

3 × (₹ 500 में बेचने पर प्राप्त हानि)

= ₹ 700 में बेचने पर लाभ

$3(x - 500) = (700 - x)$

$3x - 1500 = 700 - x$

$4x = 2200$

$x = 550$

अतः वस्तु का क्रय मूल्य = ₹ 550.

49. एक नींबू का क्रय मूल्य = ₹$\frac{1}{2}$

एक नींबू का विक्रय मूल्य = ₹$\frac{3}{5}$

$\%\text{ लाभ} = \frac{\text{विक्रय मूल्य}-\text{क्रय मूल्य}}{\text{क्रय मूल्य}}\times100$

$= \frac{\frac{3}{5}-\frac{1}{2}}{\frac{1}{2}}\times100 = \frac{\frac{6-5}{10}}{\frac{1}{2}}\times100$

$= \frac{1\times2}{10}\times100 = 20\%.$

50. आयताकार पट्टियों की संख्या $= \frac{\text{फर्श का क्षेत्रफल}}{\text{एक पट्टी का क्षेत्रफल}}$

$= \frac{(12\times100)\text{ सेमी}\times(10\times100)\text{ सेमी}}{10\text{ सेमी}\times8\text{ सेमी}}$

$= \frac{1200\times1000}{80} = 15000.$

51.

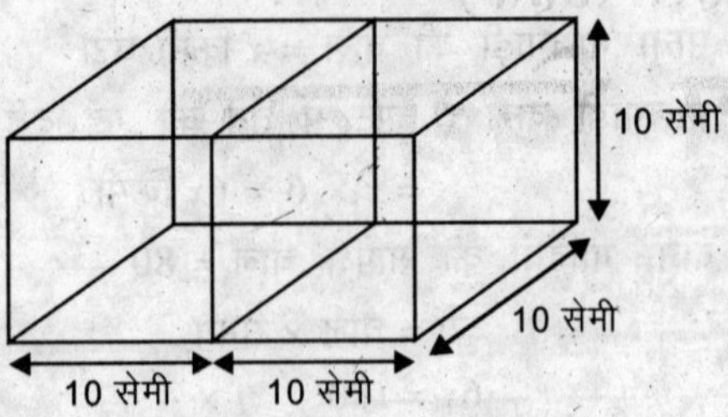

घनाभ की लम्बाई (l) = 10 + 10

= 20 सेमी

घनाभ की चौड़ाई (b) = 10 सेमी

घनाभ की ऊँचाई (h) = 10 सेमी

$\because$ घनाभ का आयतन = $l \times b \times h$

= 20 × 10 × 10

= 2000 घन सेमी.

52. दोपहर बाद, 3 बजकर 5 मिनट को 3:05 लिखा जाता है।

53. (–1 × –1 × –1 × –1 × ..... × –1) 100 बार

= 1 [$\because$ –1 × –1 = 1].

54. माना प्लॉट की लम्बाई (l) = x मी.

तब, प्लॉट की चौड़ाई (b) = $\frac{x}{2}$ मी.

वर्गाकार तरणताल का क्षेत्रफल = $(8)^2 = 64$ मी^{2}

तब, प्लॉट का क्षेत्रफल = 8 × 64 = 512 मी.^{2}

$$(l \times b) = 512$$

$$\left(x \times \frac{x}{2}\right) = 512$$

$$\frac{x^2}{2} = 512$$

$$x^2 = 512 \times 2$$

$$x = 1024$$

$$x = 32$$

$\therefore$ प्लॉट की लम्बाई = 32 मी.

55. वह संख्या जो 3 और 5 दोनों की गुणज हो

= ल.स.प. (3, 5) = 15

$\therefore$ अतः संख्याएँ 15, 30, 45, 60, 75, 90

कुल संख्याओं की संख्या = 6.

56. 5 के स्थानीय मूल्यों का योग = 500000 + 50

= 500050.

57. दिए गये अंकों से 5 अंकों की बड़ी से बड़ी संख्या

= 97630

दिए गये अंकों से 5 अंकों की छोटी से छोटी संख्या

= 30679

अभिष्ट अन्तर = 97630 – 30679

= 66951.

58. $\because$ 1 किग्रा. = 1000 ग्राम

5045 ग्राम = 5000 ग्राम + 45 ग्राम

= 5 किग्रा., 45 ग्राम.

59. $150\% = 150 \times \frac{1}{100} = 1.5.$

60. 2.75 – 1.25 + 4.75 – 3.80

$$= \frac{275}{100} - \frac{125}{100} + \frac{475}{100} - \frac{380}{100}$$

$$= \frac{275 - 125 + 475 - 380}{100}$$

$$= \frac{750 - 505}{100}$$

$$= \frac{245}{100} = \frac{49}{20} = 2\frac{9}{20}.$$

पिछले प्रश्न-पत्र (हल सहित)

जवाहर नवोदय विद्यालय

कक्षा-VI, प्रवेश परीक्षा 2018

खण्ड-I : मानसिक योग्यता परीक्षण

भाग-I

निर्देश (प्र.सं. 1 से 5 तक) : *निम्नलिखित प्रश्नों में एक समस्या आकृति तथा चार उत्तर आकृतियाँ (A), (B), (C) तथा (D) दी गई हैं। समस्या आकृति में कटे हुए टुकड़े से बनी उत्तर आकृति को चुनिए।*

1. समस्या आकृति

उत्तर आकृतियाँ

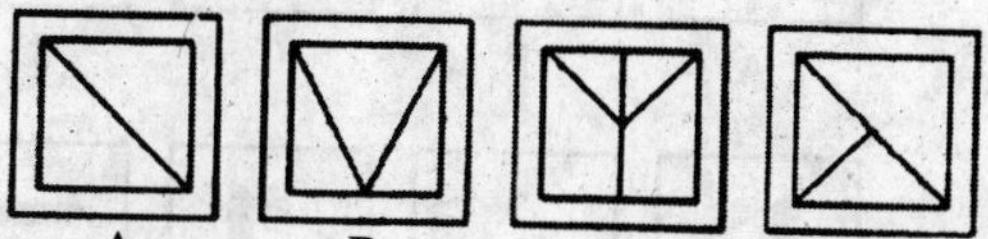

A. B. C. D.

2. समस्या आकृति

उत्तर आकृतियाँ

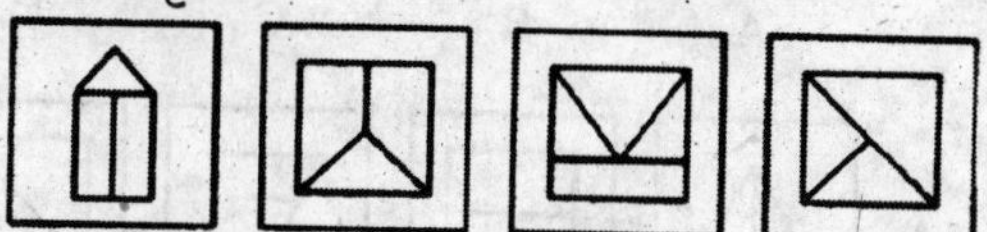

A. B. C. D.

3. समस्या आकृति

उत्तर आकृतियाँ

A. B. C. D.

4. समस्या आकृति

उत्तर आकृतियाँ

A. B. C. D.

5. समस्या आकृति

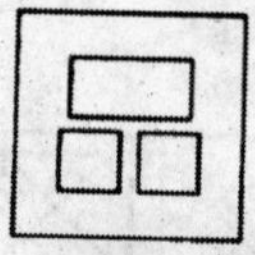

उत्तर आकृतियाँ

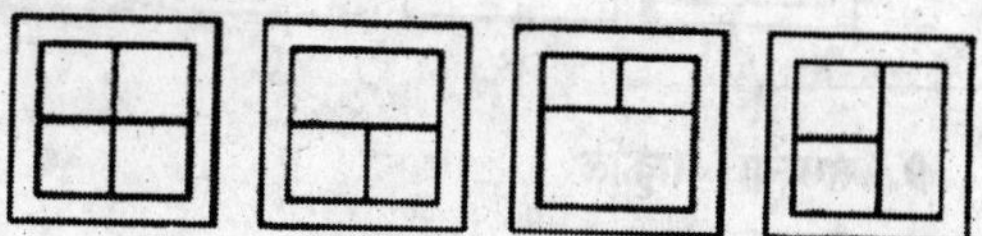

A. B. C. D.

भाग-II

निर्देश (प्र.सं. 6 से 10 तक) : *निम्नलिखित प्रश्नों में एक प्रश्न आकृति तथा चार उत्तर आकृतियाँ (A), (B), (C) तथा (D) दी गई हैं। निम्नलिखित प्रश्नों में उस उत्तर आकृति को चुनिए जिसमें समस्या आकृति निहित है।*

* *Exam held on 22-04-2018.*

6. समस्या आकृति

उत्तर आकृतियाँ

A. B. C. D.

7. समस्या आकृति

उत्तर आकृतियाँ

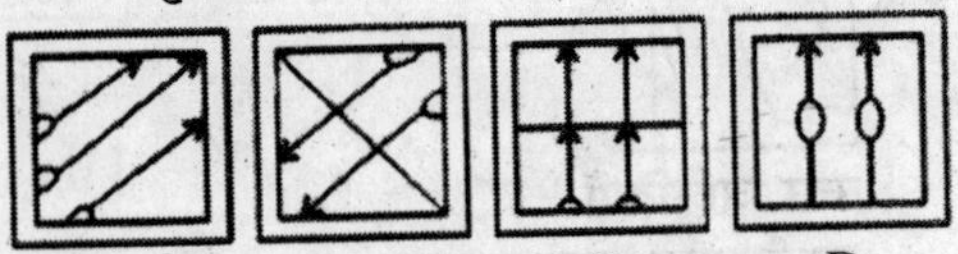

A. B. C. D.

8. समस्या आकृति

उत्तर आकृतियाँ

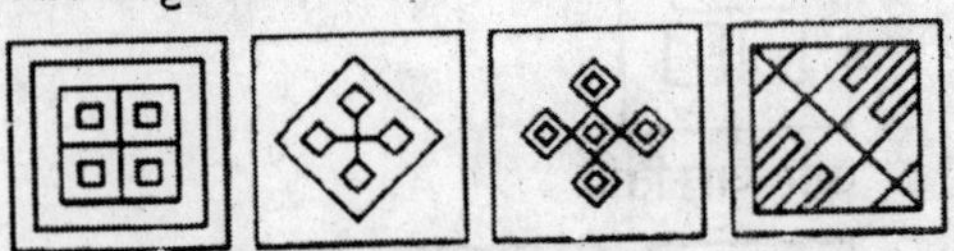

A. B. C. D.

9. समस्या आकृति

उत्तर आकृतियाँ

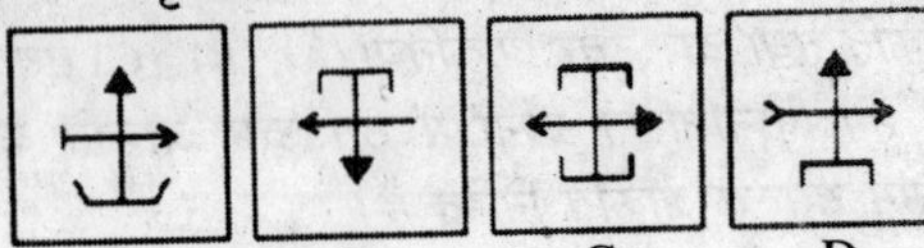

A. B. C. D.

10. समस्या आकृति

उत्तर आकृतियाँ

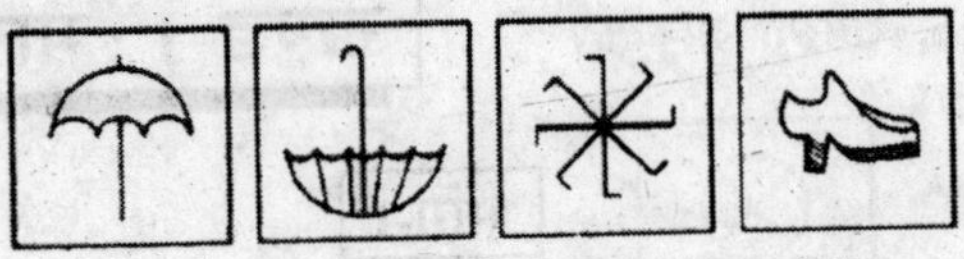

A. B. C. D.

भाग-III

निर्देश (प्र.सं. 11 से 15 तक) : *प्रत्येक प्रश्न में चार आकृतियाँ (A), (B), (C) तथा (D) दी गई हैं। इन चार आकृतियों में से तीन आकृतियाँ कुछ हद तक सदृश हैं तथा एक अलग। अलग आकृति को चुनिए।*

11. 

A. B. C. D.

12. 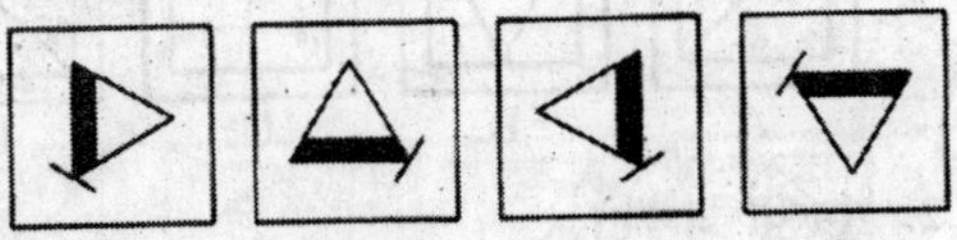

A. B. C. D.

13. 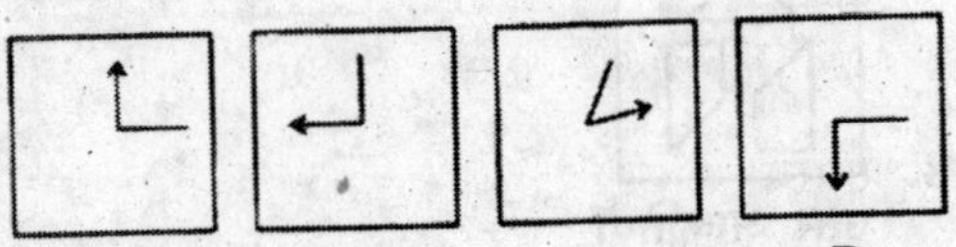

A. B. C. D.

14. 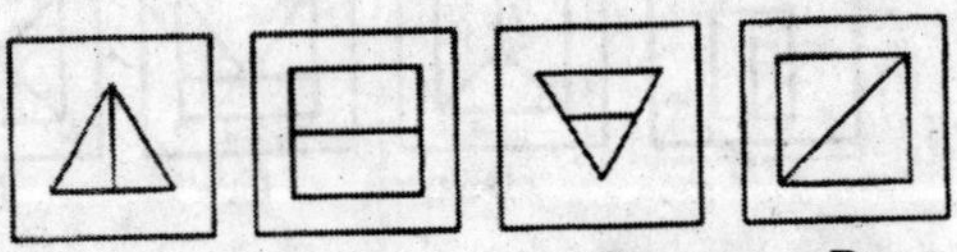

A. B. C. D.

15. 

A. B. C. D.

भाग-IV

निर्देश (प्र.सं. 16 से 20 तक) : *प्रत्येक प्रश्न में एक समस्या आकृति तथा चार उत्तर आकृतियाँ (A), (B), (C) तथा (D) दी गई हैं। उस उत्तर आकृति को चुनिए, जो समस्या आकृति के बिल्कुल सदृश हो।*

16. समस्या आकृति

उत्तर आकृतियाँ

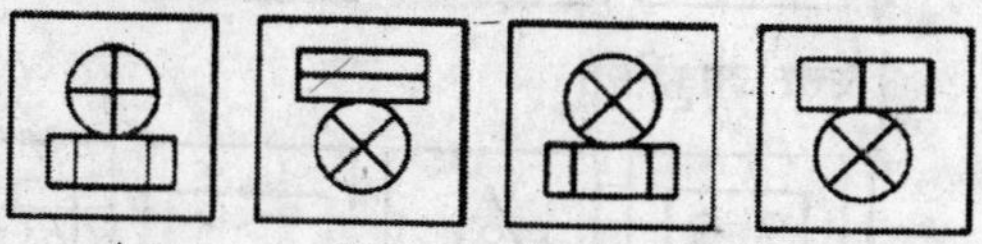

A. B. C. D.

17. समस्या आकृति

उत्तर आकृतियाँ

A. B. C. D.

18. समस्या आकृति

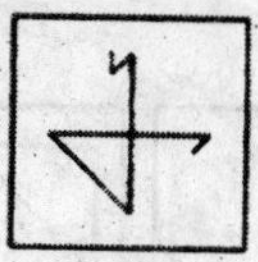

उत्तर आकृतियाँ

A. B. C. D.

19. समस्या आकृति

उत्तर आकृतियाँ

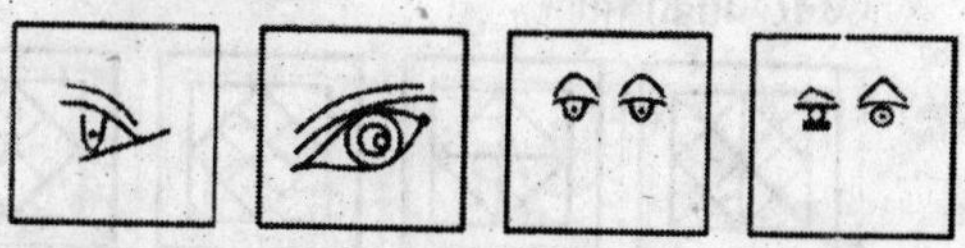

A. B. C. D.

20. समस्या आकृति

उत्तर आकृतियाँ

A. B. C. D.

भाग-V

निर्देश (प्र.सं. 21 से 25 तक) : *निम्नलिखित प्रश्नों में एक प्रश्न आकृति दी गई है जिसका एक हिस्सा गायब है। उत्तर आकृतियों (A), (B), (C) तथा (D) का निरीक्षण कीजिए तथा उस उत्तर आकृति का ढूँढिए जो बिना अपनी दिशा बदले प्रश्न आकृति के गायब हिस्से में फिट आ जाए तथा प्रश्न के पैटर्न को पूरा करे। प्रश्न का उत्तर दीजिए।*

21. समस्या आकृति

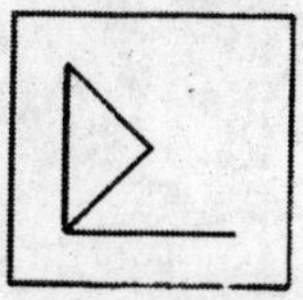

उत्तर आकृतियाँ

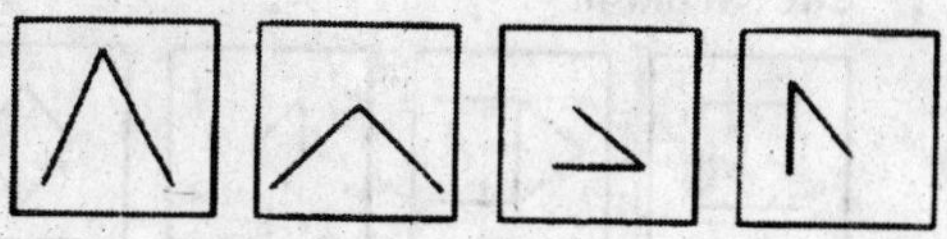

A. B. C. D.

22. समस्या आकृति

उत्तर आकृतियाँ

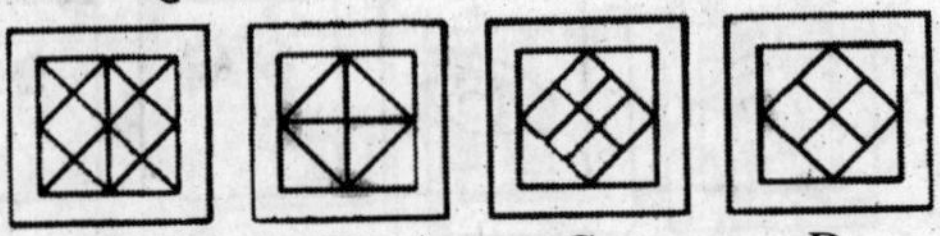

A. B. C. D.

23. समस्या आकृति

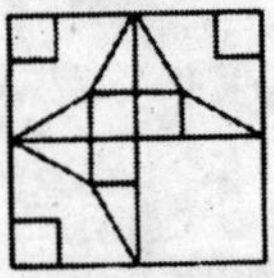

उत्तर आकृतियाँ

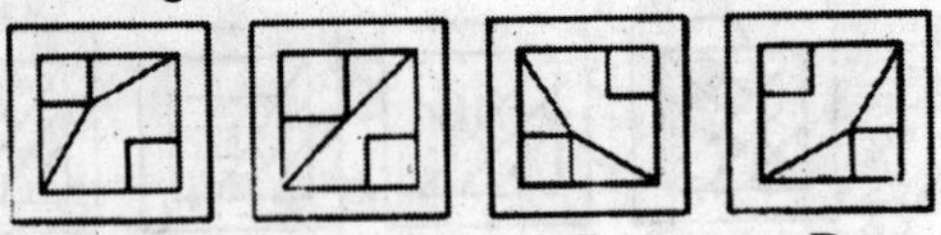

A. B. C. D.

24. समस्या आकृति

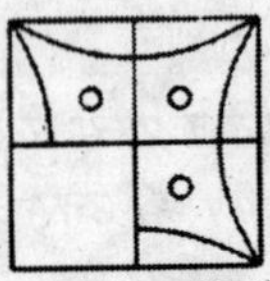

उत्तर आकृतियाँ

A. B. C. D.

25. समस्या आकृति

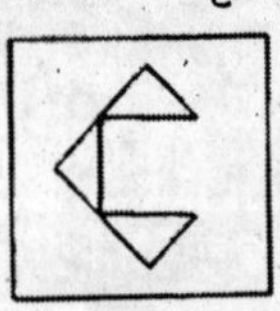

उत्तर आकृतियाँ

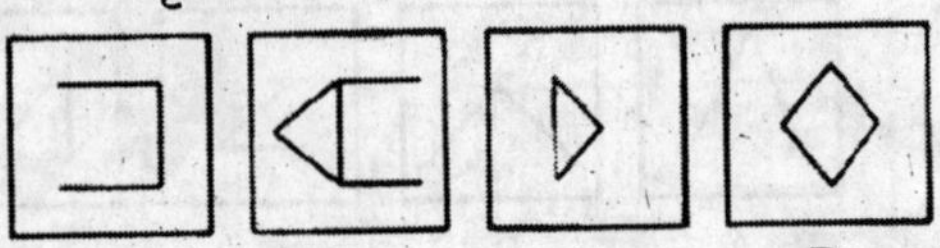

A. B. C. D.

भाग-VI

निर्देश (प्र.सं. 26 से 30 तक) : *निम्नलिखित प्रश्नों में, प्रत्येक प्रश्न में तीन समस्या आकृतियाँ दी गई हैं तथा चौथी के लिए स्थान रिक्त रखा गया है। प्रश्न आकृतियाँ एक शृंखला में हैं। उत्तर आकृतियों में से उस आकृति को छाँटिए जो प्रश्न में दिए गए रिक्त स्थान को पूरा करे तथा शृंखला को पूरा करे। अपने उत्तर को चिह्नित कीजिए।*

26. समस्या आकृतियाँ

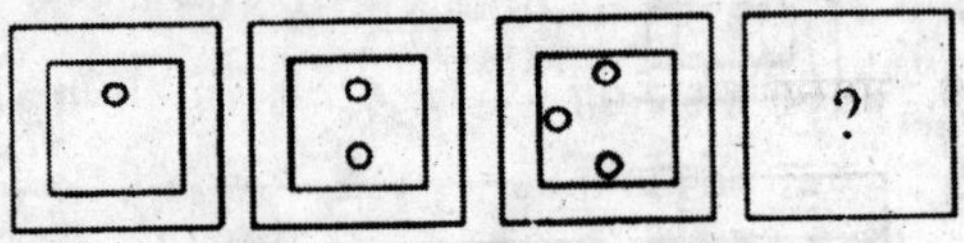

उत्तर आकृतियाँ

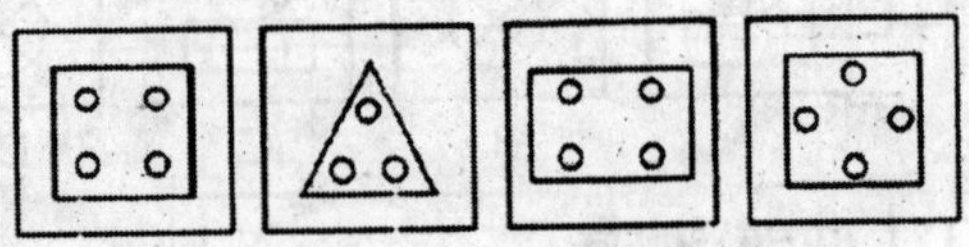

A. B. C. D.

27. समस्या आकृतियाँ

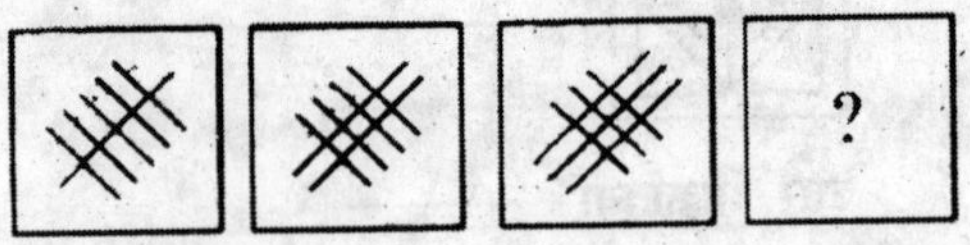

उत्तर आकृतियाँ

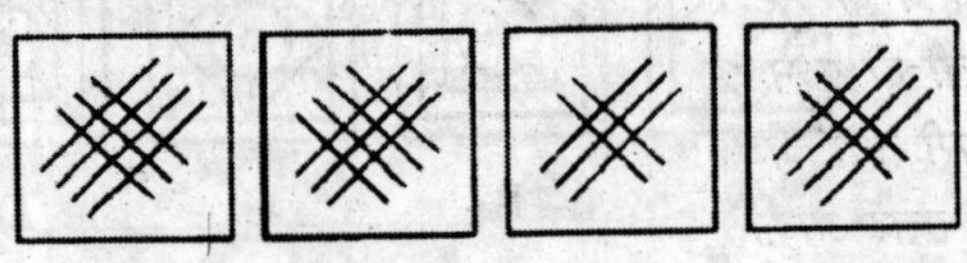

A. B. C. D.

28. समस्या आकृतियाँ

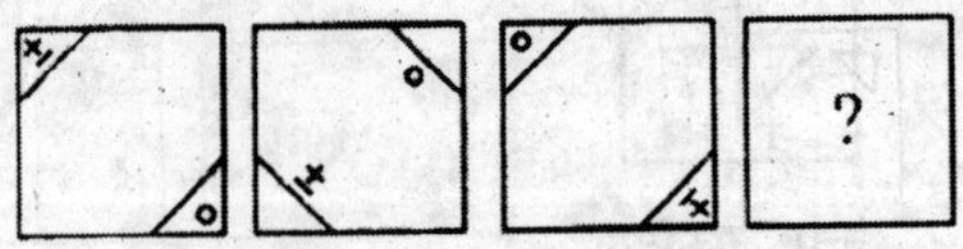

उत्तर आकृतियाँ

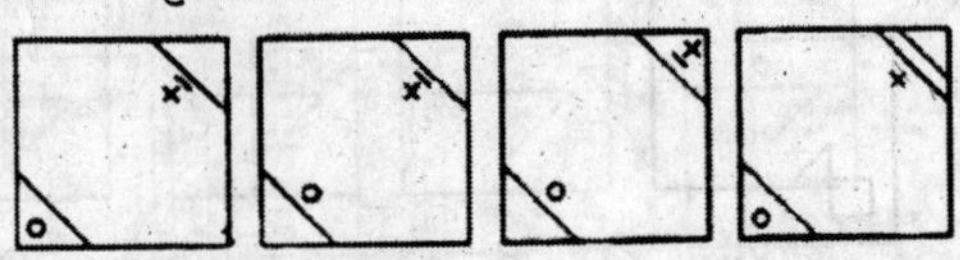

A. B. C. D.

29. समस्या आकृतियाँ

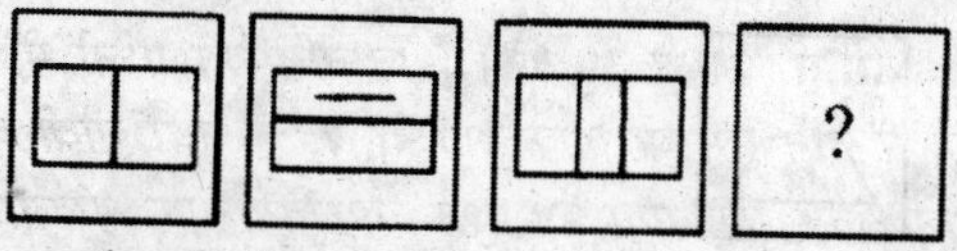

उत्तर आकृतियाँ

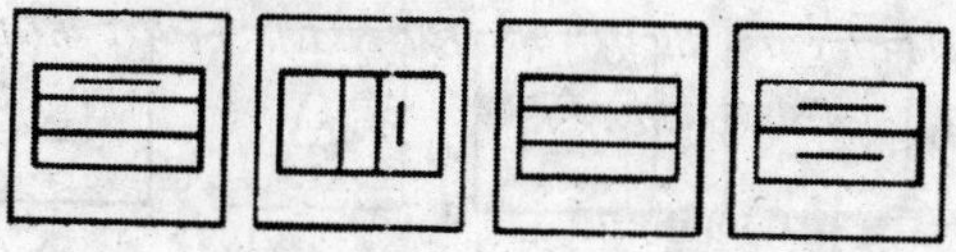

A. B. C. D.

30. समस्या आकृतियाँ

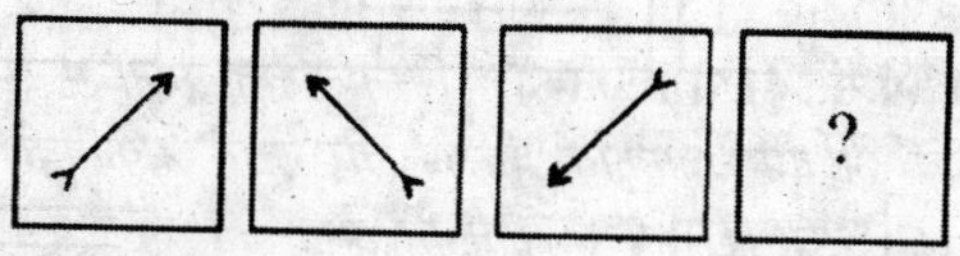

उत्तर आकृतियाँ

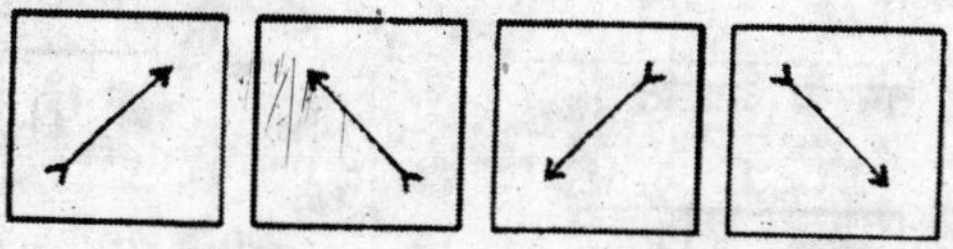

A. B. C. D.

भाग-VII

निर्देश (प्र.सं. 31 से 35 तक) : *निम्नलिखित प्रश्नों में, प्रत्येक प्रश्न में दो सेट दिए गए हैं। दूसरे सेट में एक प्रश्नवाचक है। पहली दो प्रश्न आकृतियों में एक सम्बन्ध दर्शाया गया है तथा तीसरी तथा चौथी प्रश्न आकृतियों में वही संबंध दर्शाया गया है। उस उत्तर आकृति को छाँटिए जो प्रश्नवाचक के स्थान को बदल सके।*

31. समस्या आकृतियाँ

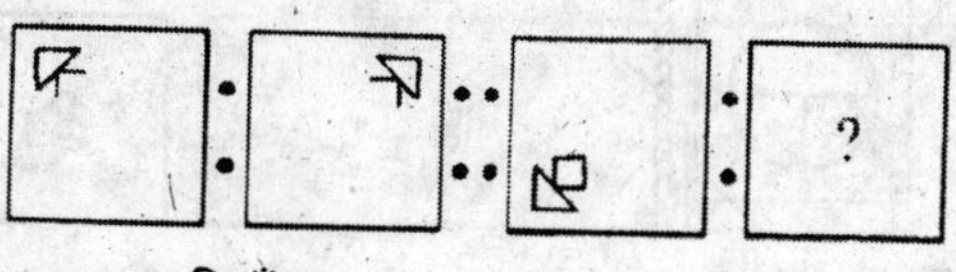

उत्तर आकृतियाँ

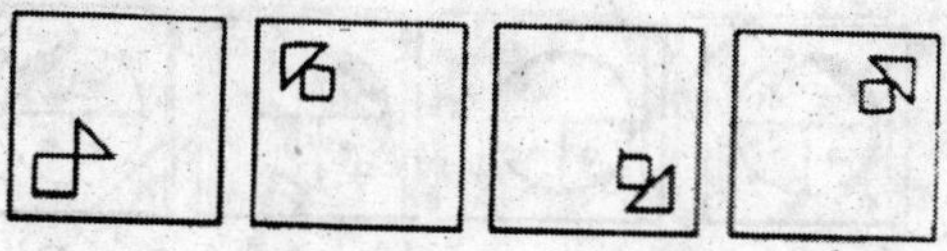

A. B. C. D.

32. समस्या आकृतियाँ

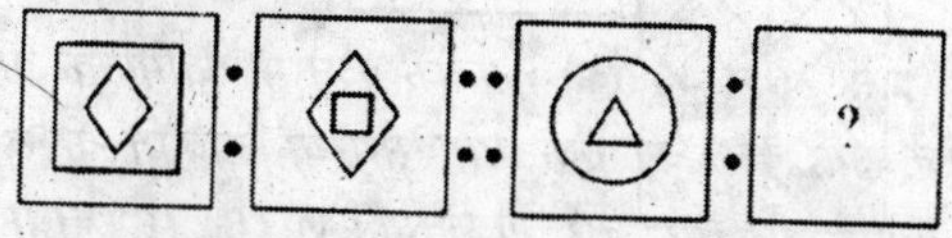

उत्तर आकृतियाँ

A. B. C. D.

33. समस्या आकृतियाँ

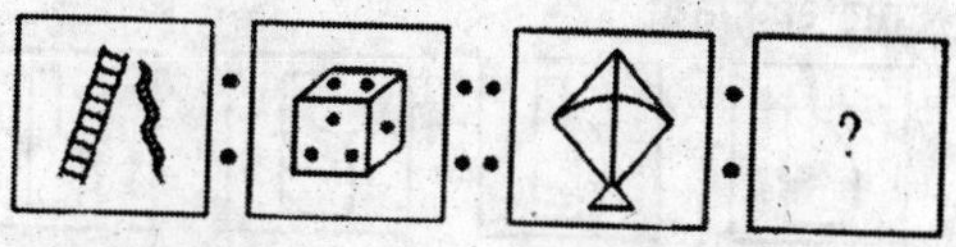

उत्तर आकृतियाँ

A. B. C. D.

34. समस्या आकृतियाँ

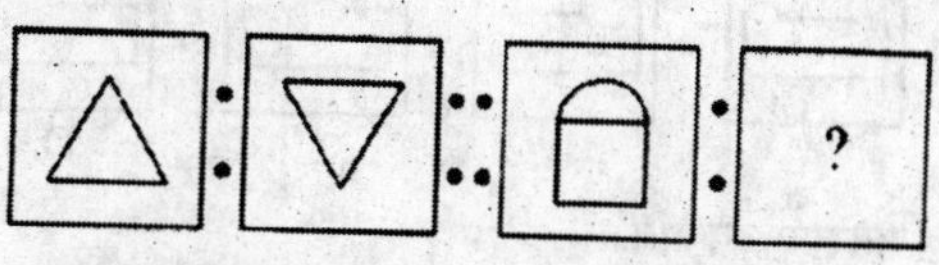

उत्तर आकृतियाँ

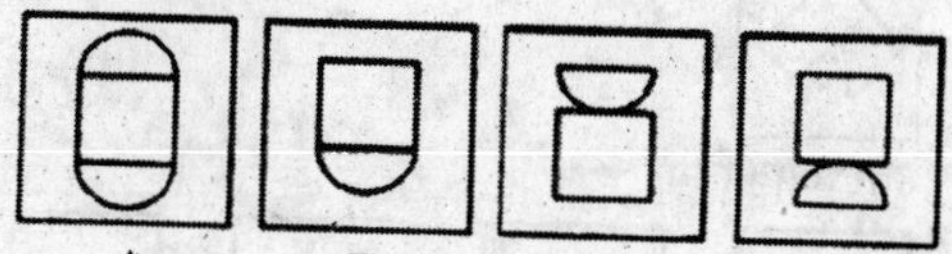

A. B. C. D.

35. समस्या आकृतियाँ

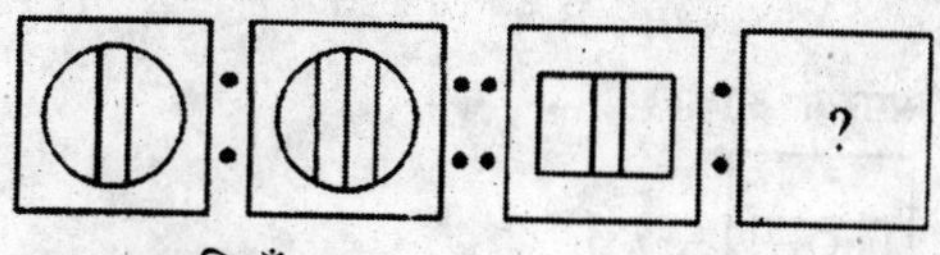

उत्तर आकृतियाँ

A. B. C. D.

भाग-VIII

निर्देश (प्र.सं. 36 से 40 तक) : *प्रत्येक प्रश्न में ज्यामितिक आकृति (त्रिभुज, वर्ग, वृत्त) का एक भाग समस्या आकृति के रूप में दिया गया है और चार उत्तर आकृतियाँ (A), (B), (C) तथा (D) दी गई हैं। उत्तर आकृतियों में से कौन-सी आकृति ज्यामितिक आकृति को पूरा करेगी?*

36. समस्या आकृति

उत्तर आकृतियाँ

A. B. C. D.

37. समस्या आकृति

उत्तर आकृतियाँ

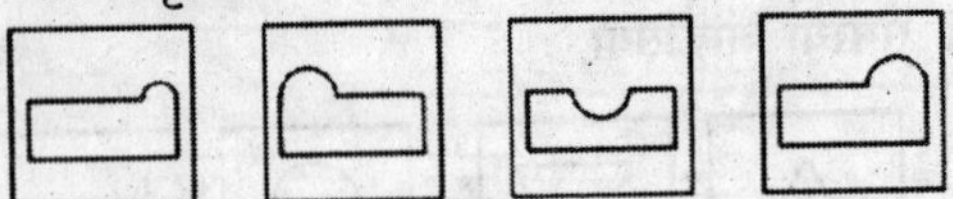

A. B. C. D.

38. समस्या आकृति

उत्तर आकृतियाँ

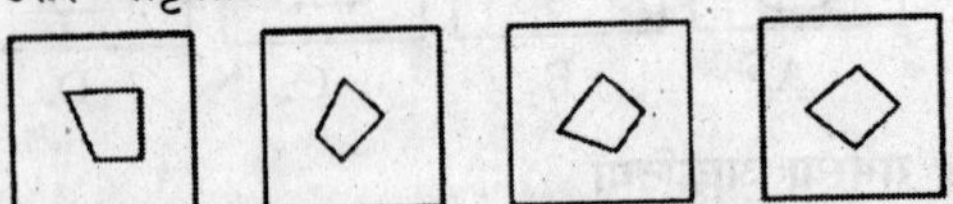

A. B. C. D.

39. समस्या आकृति

उत्तर आकृतियाँ

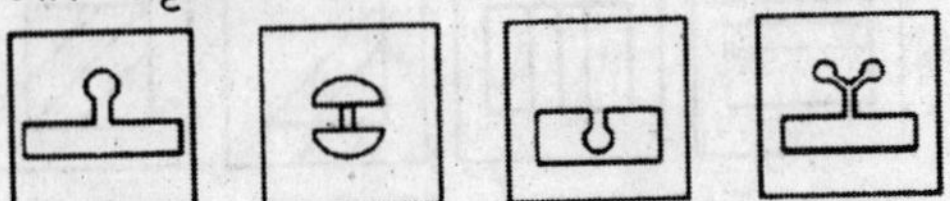

A. B. C. D.

40. समस्या आकृति

उत्तर आकृतियाँ

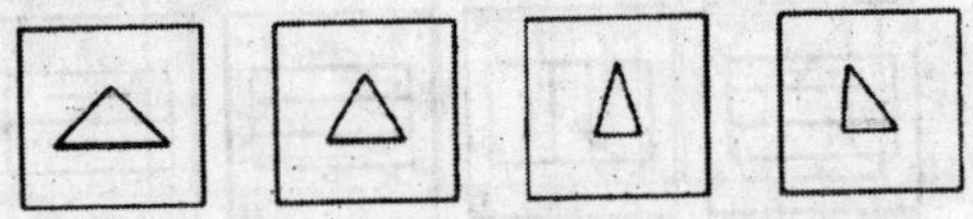

A. B. C. D.

भाग-IX

निर्देश (प्र.सं. 41 से 45 तक) : *निम्नलिखित प्रश्नों में समस्या आकृति की दर्पण आकृति, दी गई चार उत्तर आकृतियों (A), (B), (C) तथा (D) में से कौन-सी होगी जब दर्पण को X, Y रेखा पर रखा गया हो?*

41. समस्या आकृति

उत्तर आकृतियाँ

A. B. C. D.

42. समस्या आकृति

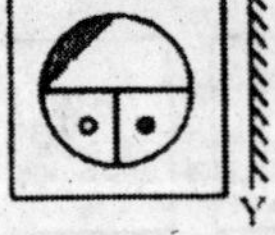

उत्तर आकृतियाँ

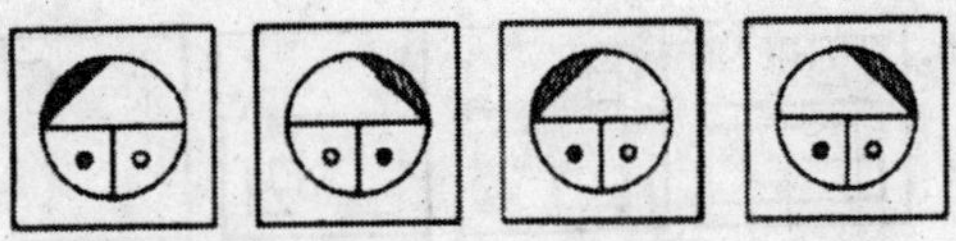

A. B. C. D.

43. समस्या आकृति

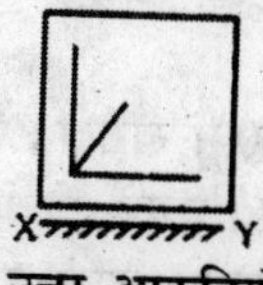

उत्तर आकृतियाँ

A. B. C. D.

44. समस्या आकृति

उत्तर आकृतियाँ

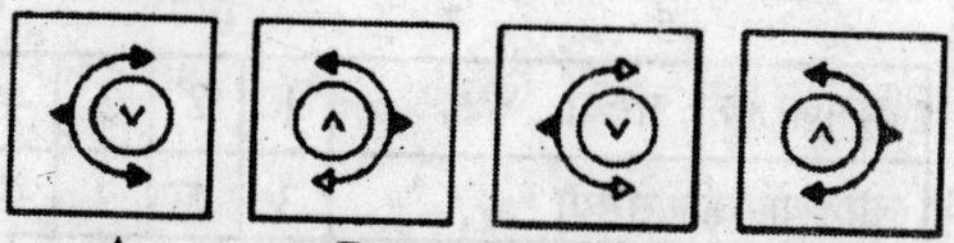

A. B. C. D.

45. समस्या आकृति

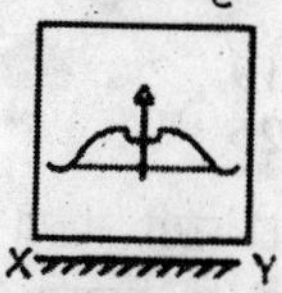

उत्तर आकृतियाँ

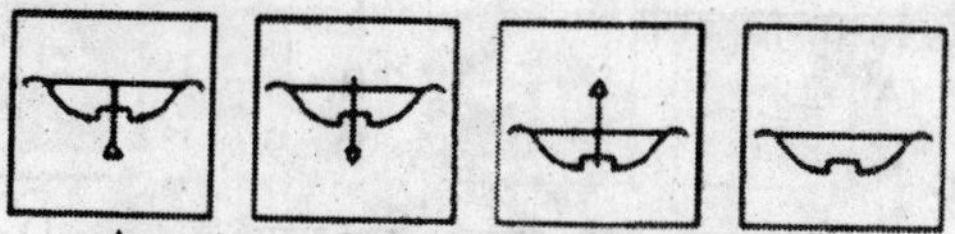

A. B. C. D.

भाग-X

निर्देश (प्र.सं. 46 से 50 तक) : *निम्नलिखित प्रश्नों में कागज के एक टुकड़े को मोड़ा जाता है और पंच भी किया जाता है जैसा कि समस्या आकृतियों में दिखाया गया है। चार उत्तर आकृतियाँ दी गई हैं, कागज को खोलने के बाद वह किस उत्तर आकृति जैसा दिखाई देगा?*

46. समस्या आकृतियाँ

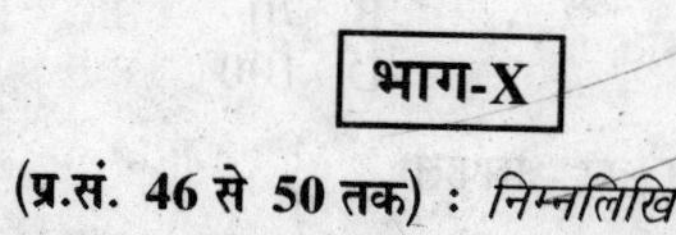

उत्तर आकृतियाँ

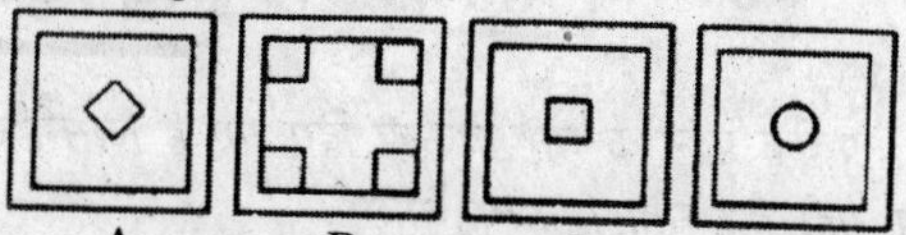

A. B. C. D.

47. समस्या आकृतियाँ

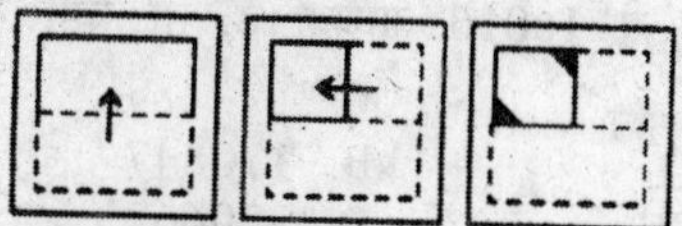

उत्तर आकृतियाँ

A. B. C. D.

48. समस्या आकृतियाँ

उत्तर आकृतियाँ

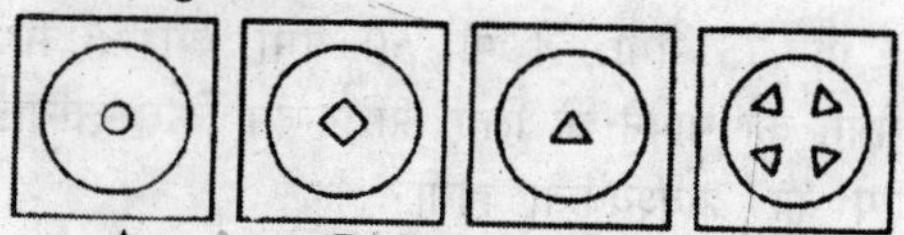

A. B. C. D.

49. समस्या आकृतियाँ

उत्तर आकृतियाँ

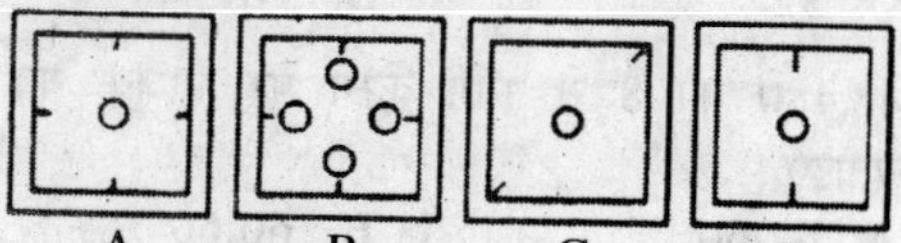

A. B. C. D.

50. समस्या आकृतियाँ

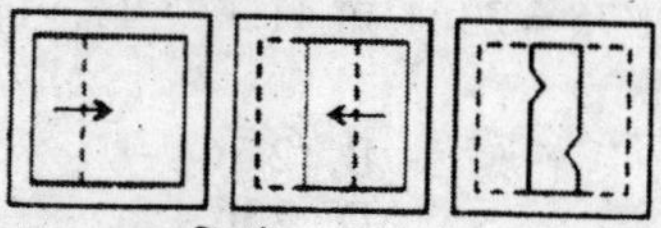

उत्तर आकृतियाँ

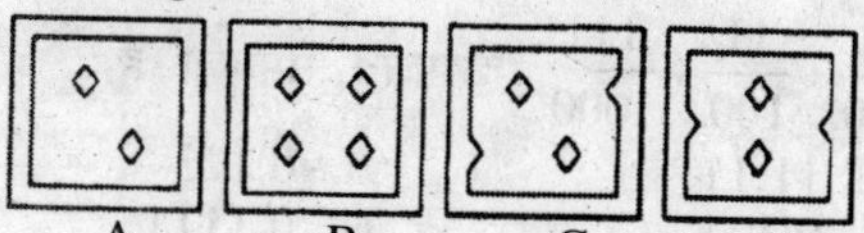

A. B. C. D.

खण्ड-II : अंकगणित

निर्देश : *प्रत्येक प्रश्न के चार विकल्प दिए गए हैं जिसमें से एक विकल्प सही है। सही विकल्प चुनिए।*

51. दो संख्याओं का योग 345678 है। यदि एक संख्या दूसरी संख्या से 16016 अधिक है, तो बड़ी संख्या क्या है?

A. 164831 B. 170847
C. 180847 D. 329662

52. निम्न में से कौन-सी संख्या 18 से पूर्णतः विभाज्य है?

A. 444444 B. 555555
C. 666660 D. 666666

53. 128 बक्से हैं, जिनमें प्रत्येक में 36 टॉफियाँ हैं। यदि प्रत्येक बक्से में से 4 टॉफियाँ कम कर दी जाएं, तो समान टॉफियों को पैक करने के लिए अब कितने बक्सों की आवश्यकता होगी?

A. 108 B. 144
C. 216 D. 360

54. 1 मी. 75 सेमी., 4 मी. 50 सेमी. और 6 मी. 50 सेमी. को मापने के लिए अधिकतम किस लम्बाई की टेप की आवश्यकता होगी?

A. 25 सेमी. B. 50 सेमी.
C. 55 सेमी. D. 75 सेमी.

55. दो संख्याओं के म.स.प. और ल.स.प. का गुणनफल 384 है। यदि एक संख्या 24 है, तो दूसरी संख्या क्या है?

A. 18 B. 6
C. 32 D. 16

56. 48.480 को 8 से भाग करने पर भाजक का मान बताइए।

A. 6.060 B. 60.60
C. 6.006 D. 6.60

57. यदि 4137 ÷ 1.75 = 2364, तो 41.37 ÷ 17.5 किसके समतुल्य है?

A. 0.2364 B. 2.364
C. 23.64 D. 236.4

58. $\frac{1}{10}+\frac{11}{100}+\frac{111}{1000}$ दशमलव समतुल्य है :

A. 11.11 B. 0.123
C. 0.321 D. 0.1111

59. राहुल ने एक पुराना टी.वी. ₹ 3,000 में खरीदा। उसकी मरम्मत में उसने ₹ 300 खर्च किए। उसने टी.वी. को ₹ 3,500 में बेच दिया। उसे कितना लाभ हुआ?

A. ₹ 500 B. ₹ 250
C. ₹ 200 D. ₹ 300

60. अमर ने 5% वार्षिक ब्याज दर से ₹ 800 उधार लिए। 3½ वर्ष बाद अमर को कितनी राशि देनी पड़ेगी?

A. ₹ 920 B. ₹ 940
C. ₹ 960 D. ₹ 980

61. तीलियों द्वारा बनाए गए त्रिभुजों के पैटर्न को ध्यान में रखते हुए

3 5 7 9

त्रिभुजों की संख्या	1	2	3	4
तीलियों की संख्या	3	5	7	9

10 त्रिभुजों को बनाने में कितनी तीलियों की आवश्यकता होगी?

A. 15 B. 19
C. 21 D. 25

62. किसी संख्या के अंकों के योग को उसी संख्या में से घटाने पर प्राप्त संख्या, निम्न में से किससे हमेशा विभाजित होगी?

A. 2 B. 5
C. 8 D. 9

63. 8 के प्रथम चार गुणज का योग है :

A. 60 B. 70
C. 80 D. 100

64. निम्न आकृति का क्षेत्रफल है :

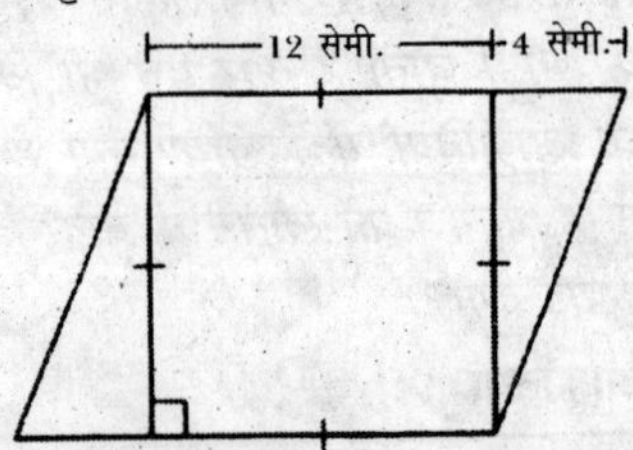

A. 144 सेमी.^{2} B. 168 सेमी.^{2}
C. 192 सेमी.^{2} D. 236 सेमी.^{2}

65. एक रेलगाड़ी दोपहर 1 : 45 बजे, एक स्टेशन से 60 किमी. की चाल से चलना प्रारम्भ करती है। किस समय वह दूसरे स्टेशन, जो प्रथम स्टेशन से 165 किमी. दूर है, पहुँच जाएगी?

A. 3.45 PM B. 4.15 PM
C. 4.30 PM D. 6.00 PM

66. यदि एक वर्ग का परिमाप उसके क्षेत्रफल के बराबर हो, तो वर्ग की भुजा क्या होगी?

A. 6 सेमी. B. 2 सेमी.
C. 4 सेमी. D. 8 सेमी.

67. जम्मू एक्सप्रेस जम्मू से प्रातः 8:20 बजे चलना प्रारम्भ करती है जो दिल्ली तक पहुँचने में 8 घंटे 35 मिनट का समय लेती है। यदि रेलगाड़ी दिल्ली 25 मिनट देरी से पहुँचे, तो वह दिल्ली कितने बजे पहुँचेगी?

A. 5.15 PM B. 4.55 PM
C. 5.20 PM D. 4.40 PM

68. 12 आदमी अथवा 15 औरतें किसी काम को 24 दिन में कर सकते हैं। उसी काम को 8 आदमी और 8 औरतें कितने समय में समाप्त करेंगे?

A. 16 दिन B. 20 दिन
C. 24 दिन D. 28 दिन

69. दिया गया बार ग्राफ संयुक्ता की एक निश्चित वर्ष के प्रथम 5 महीनों की बचत दर्शाता है। इन पाँच eghukaeamldhdq cpr ₹ 950 रुपये थी। फरवरी और मार्च महीने में उसकी बचत समान थी। फरवरी महीने में उसकी बचत कितनी थी?

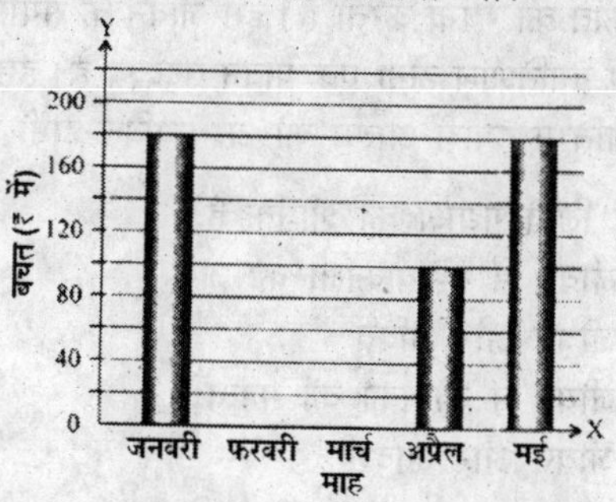

A. ₹ 245 B. ₹ 275
C. ₹ 250 D. ₹ 225

70. एक मछलियों के टैंक में 45 लीटर पानी आ सकता है जब वह ऊपर तक भरा हो। इस टैंक का 4/9 भाग भरा हुआ है। यदि पानी का 2/5 भाग निकाल दिया जाए, तो टैंक को ऊपर तक भरने के लिए कितने लीटर अतिरिक्त पानी की आवश्यकता होगी?

A. 12 लीटर B. 20 लीटर
C. 33 लीटर D. 35 लीटर

71. एक फल विक्रेता ₹ 40 प्रति दर्जन अथवा ₹ 5 प्रति केला की दर से केला बेचता है। 99 केलों को खरीदने के लिए फल विक्रेता को कितने पैसे देने होंगे?

A. ₹ 335 B. ₹ 320
C. ₹ 300 D. ₹ 495

72. एक परीक्षा में जोसेफ को, अमित से 8 अंक कम प्राप्त हुए। कुमार को अमित से 12 अंक अधिक प्राप्त हुए। उन्हें कुल 205 अंक प्राप्त हुए। जोसेफ को कितने अंक प्राप्त हुए?

A. 67 B. 79
C. 59 D. 75

73. शारदा ने एक नोटबुक ₹ 25.50, एक पैन ₹ 7.50 और 6 पेंसिलें, ₹ 1.25 प्रति पेंसिल की दर से खरीदीं। उसने दुकानदार को ₹ 50 का नोट दिया। दुकानदार ने उसे कितने पैसे वापस दिए?

A. ₹ 9.50 B. ₹ 15.75
C. ₹ 40.50 D. ₹ 18.50

74. दिया गया आकृति ग्राफ एक व्यापारी द्वारा 5 दिनों में बेची गई आम की टोकरियों को दर्शाता है–

सोमवार	○ ○ ○ ○ ○
मंगलवार	○ ○ ○ ○ ○ ○ ○ ○
बुधवार	○ ○ ○ ○
बृहस्पतिवार	○ ○ ○ ○ ○ ○ ○ ○ ○ ○
शुक्रवार	○ ○ ○ ○

(20 टोकरी ○ को दर्शाता है)

यदि व्यापारी के पास 5 दिनों के बाद 200 टोकरियाँ बच जाएं, तो प्रारम्भ में उसके पास कितनी टोकरियाँ थीं?

A. 620 B. 720
C. 820 D. 931

75. यदि a, b का पूर्ववर्ती है, तो $(a - b)$ और $(b - a)$ का मान क्या है?

A. –1 और 1 B. 1 और –1
C. 0 और 1 D. 1 और 0

खण्ड-III : भाषा

निर्देश : *इस अनुभाग में पाँच अनुच्छेद हैं। प्रत्येक अनुच्छेद के अंत में पाँच प्रश्न पूछे गए हैं। प्रत्येक अनुच्छेद को ध्यान से पढ़िए और उस पर पूछे गए प्रश्नों के उत्तर लिखिए। प्रत्येक प्रश्न के लिए चार संभावित उत्तर हैं जिन्हें A, B, C और D नाम दिया गया है। इनमें से केवल एक ही सही है। आप सही उत्तर दीजिए।*

अनुच्छेद–1

बारात आगरा पहुँच चुकी थी। बाराती यह सोचकर प्रसन्न थे कि विवाह का आनन्द उठाएंगे। उनके लिए आगरा जाने का एक विशिष्ट आकर्षण था आगरा का ताजमहल, लालकिला तथा अन्य दर्शनीय स्थल देखना, बारात धर्मशाला में ठहराई गई। वहाँ पहुँचते ही उन्हें पता चला कि महंगाई भत्ते में वृद्धि के लिए प्रदर्शन करते हड़ताली श्रमिकों और पुलिस के बीच झड़प हो गई है, और अब शहर में धारा 144 लागू कर दी गई है। अतः अब बारात का जुलूस नहीं निकल सकता था। बाराती मन मारकर रह गए, केवल दूल्हा, उसके पिता और भाई समधी के घर गए। बारातियों के भोजन का प्रबन्ध धर्मशाला में हो गया। चाहते हुए भी बाराती न तो विवाह समारोह में जा सके और न ही धर्मशाला से बाहर निकल सके।

76. बारातियों के सम्मुख विशिष्ट आकर्षण क्या था?
A. आगरा जाना
B. बाराती बनकर जाना
C. स्वागत सत्कार करवाना
D. पर्यटन स्थल देखना

77. श्रमिक हड़ताल क्यों कर रहे थे?
A. पुलिस उन्हें प्रदर्शन से रोक रही थी
B. महँगाई भत्ते की वृद्धि के लिए
C. पुलिस के अत्याचार के विरोध में
D. वेतन वृद्धि के लिए

78. बारात का जुलूस इसलिए नहीं निकला, क्योंकि :
A. बाराती एकत्र नहीं हुए
B. धारा 144 लागू हो गई थी
C. समधियों से झगड़ा हो गया
D. श्रमिकों और पुलिस में झगड़ा हो गया

79. समधियों के घर विवाह के लिए कौन-कौन गए?
A. दूल्हा, उसके पिता और भाई
B. बारात के सभी लोग
C. दूल्हा और उसके परिजन
D. दूल्हा और उसके मित्र

80. समधियों ने बारातियों के लिए खाने की व्यवस्था कहाँकी?
A. होटल में B. अपने घर में
C. धर्मशाला में D. बाजार में

अनुच्छेद–2

केवल जीविका कमाने से अपना दिनभर का काम आसानी से पूरा कर लेने से, कहीं अधिक उच्च वस्तु आपके भीतर आपको संतुष्ट करने के लिए विद्यमान है। यह है, आपके सही काम करने की भावना, आपके पूरी शक्ति से काम करने की आकांक्षा, अपना उच्चतम विकास करने की तथा अपने व्यक्तित्व को पाने की कामना। इस आकांक्षा का स्वर इतना प्रखर होना चाहिए कि केवल जीविका कमाने की समस्या, केवल रुपया कमाने का प्रश्न गौण होना चाहिए। कितने ही व्यक्ति निरुद्देश्य अपने ध्येय में अधूरी निष्ठा करते हुए केवल तब तक अपने धन्धे में व्यस्त रहने की इच्छा करते हैं। मनुष्य को अपने जीवन कार्य के प्रति, चाहे वह कितना ही तुच्छ हो उन उच्च आदर्शों से बढ़ना चाहिए जो किसी महान् कलाकार के आदर्श होते हैं जिनके आधार पर वह अपनी कृति की रचना करता है। इस जीवन के संगमरमर को गढ़ने के लिए प्रगतिशील होना एक पावन उद्देश्य है। हमारे कार्यों की प्रत्येक प्रतिभा हमारी आत्मा की अभिव्यक्ति होनी चाहिए।

81. ऊपर लिखे गद्यांश का शीर्षक है :
A. जीवन में महत्वाकांक्षा का अर्थ
B. जीवन और शक्ति
C. जीवन में जीविका का महत्व
D. जीवन और आदर्श

82. जीविका कमाने से :
A. आत्म-संतुष्टि हो जाती है
B. आत्म-संतुष्टि नहीं होती है
C. दिनभर का काम चल जाता है
D. यह जीवन का सर्वस्व है

83. हमारी आकांक्षा का स्वर इतना प्रबल हो कि :
A. जीविका कमाने की इच्छा पूरी हो जाए
B. जीविका कमाने में पूरी शक्ति लग जाए
C. जीविका कमाने की इच्छा गौण हो जाए
D. जीविका कमाने की इच्छा सर्वस्व बन जाए

84. प्रायः लोग अधूरी निष्ठा से काम करते रहते हैं जब तक :
A. आकस्मिक बाधा न आ जाए
B. जब तक आकस्मिक लाभ न हो जाए
C. पूरी शक्ति काम दे
D. अन्य उद्देश्य सामने न आ जाएं

85. हमारे कार्यों की प्रत्येक प्रतिभा :
A. कलाकार के आदर्शों के अनुरूप होनी चाहिए
B. जीवन का उद्देश्य पूरा करने वाली होनी चाहिए
C. कार्य के प्रति प्रेरणा देने वाली होनी चाहिए
D. आत्मा की अभिव्यक्ति होनी चाहिए

अनुच्छेद – 3

लंदन शहर टेम्स नदी के किनारे पर बसा है जिसका पाट चौड़ा है और पानी गहरा। समुद्र तट के निकट होने और टेम्स नदी में काफी पानी रहने के कारण, लंदन एक विशाल बंदरगाह भी है। वहां रोज सैकड़ों जहाज आते-जाते हैं और दूर से देखने पर टेम्स नदी के ऊपर मस्तूलों का जंगल मालूम होता है। यहाँ से पृथ्वी की सभी दिशाओं को माल जाता है और वहाँ से आता है। लंदन तथा इंगलिस्तान की भोजन सामग्री का बहुत बड़ा भाग इसी बंदरगाह पर पहुँचता है। यदि एक सप्ताह के लिए जहाजों का आना-जाना बंद हो जाए, तो इस देश में त्राहि-त्राहि मच जाए। इसलिए ब्रिटिश साम्राज्य ने अपनी नाविक शक्ति इतनी प्रबल कर ली है कि उससे दुनिया में कोई भी राजशक्ति समुद्री युद्ध में टक्कर नहीं ले सकती।

86. ब्रिटिश साम्राज्य ने अपनी नाविक शक्ति क्यों इतनी प्रबल बना ली?
A. कोई शत्रु इसे हरा न सके
B. कोई लंदन पर आक्रमण न कर सके
C. कोई इसके जहाजों का आना-जाना न रोक सके
D. लंदन शहर को कोई क्षति न पहुँचा सके

87. 'मस्तूलों का जंगल' कहने से लेखक का क्या अभिप्राय है?
A. मस्तूलों की पत्तियाँ
B. असंख्य मस्तूल
C. मस्तूलों का आकर्षण दृश्य
D. मस्तूलों की बहार

88. 'त्राहि-त्राहि मच जाने' का क्या अर्थ है?
A. हल्ला मच जाना
B. हल्ला-गुल्ला आरम्भ होना
C. शोर-शराबा होना
D. हाहाकार मच जाना

89. 'टक्कर लेने' का अर्थ है :
A. तुलना करना B. मुकाबला करना
C. टकराना D. लोहा मानना

90. लंदन बंदरगाह कहाँ पर स्थित है?
A. समुद्र तट पर B. काफी गहरे पानी पर
C. जहाजों के जंगल में D. नदी के तट पर

अनुच्छेद – 4

बहुआयामी भारतीय समाज की स्वतन्त्र चिंतनधाराओं के अनुरूप जिस सामाजिक, धार्मिक या आर्थिक चक्र का उद्भव हुआ वह मूल रूप से न केवल दार्शनिक वरन् वैज्ञानिक कसौटी पर खरा था। सामाजिक क्रान्ति का यह इतिहास चिरकाल से महिलाओं से सम्बद्ध रहा है। रूढ़ियों के उन्मूलन या किसी नवीन संस्कृति के उद्भव और विकास में महिला-वर्ग ने जो योगदान प्रस्तुत किया, वह न केवल इन आंदोलनों को व्यापक बनाने में समर्थ हुआ वरन् इसके द्वारा समाज में क्रांतिकारी विचारधारा को स्थायित्व प्राप्त हुआ। धीरे-धीरे समय के साथ उनमें विसंगतियाँ पनपीं और दया, प्यार, परोपकार की साक्षात् मूर्ति मैत्रेयी, गार्गी, सीता, सावित्री जैसी नारियों का देश रूढ़ियों, जाति-पाँति, छुआछूत जैसी सामाजिक कुरीतियों का पोषक बन गया। स्वतन्त्रता प्राप्ति के पश्चात् विभिन्न संगठनों एवं संस्थाओं के माध्यम से शिक्षा के प्रचार-प्रसार के साथ ही उनकी सक्रिय भागीदारी का प्रयास प्रत्येक क्षेत्र में किया गया।

91. ''धीरे-धीरे समय के साथ उनमें विसंगतियाँ पनपीं'' वाक्य में 'विसंगतियाँ' किससे सम्बद्ध हैं?
A. राजनैतिक क्रान्ति से
B. आर्थिक असमानता से
C. धार्मिक अंधविश्वासों से
D. सामाजिक कुरीतियों से

92. मैत्रेयी, गार्गी, सीता और सावित्री अपने किस गुण के कारण सर्वाधिक प्रसिद्ध हैं?

A. क्रान्तिकारी विचारधारा

B. प्रेम और परमार्थ भावना

C. शिक्षा का प्रचार-प्रसार

D. स्वतन्त्र चिन्तनधारा

93. भारतीय महिलाओं का सर्वश्रेष्ठ योगदान क्या है?

A. स्वतन्त्र चिन्तनधारा का विकास

B. रूढ़ियों का उन्मूलन और सांस्कृतिक विकास

C. शिक्षा के प्रचार-प्रसार में सक्रिय भागीदारी

D. सामाजिक, धार्मिक तथा आर्थिक विकास

94. स्वतन्त्रता-प्राप्ति के पश्चात् महिलाओं के सर्वाधिक सहयोग की अपेक्षा किस क्षेत्र में की गई?

A. राजनीति में B. धर्म में

C. प्रत्येक क्षेत्र में D. संस्कृति में

95. इस अनुच्छेद का सर्वाधिक उपयुक्त शीर्षक क्या है?

A. प्राचीन भारत की नारी B. आधुनिक नारी

C. भारतीय नारी D. शिक्षित नारी

अनुच्छेद–5

आधुनिक युग में समाज और राष्ट्र के जीवन में समाचार-पत्रों का बहुत ही विशिष्ट और ऊँचा स्थान है। समाचार-पत्र मानों अपने देश की सभ्यता, संस्कृति और शक्ति के मानदण्ड बन गए हैं। जिस देश में जितने अच्छे और जितने अधिक समाचार-पत्र होते हैं वह देश उतना ही उन्नत और प्रभावशाली समझा जाता है। बहुत से क्षेत्रों में जो काम समाचार-पत्र कर जाते हैं, उन्हें बड़ी-बड़ी सेनाएँ और बड़े-बड़े राजनीतिज्ञ भी नहीं कर पाते। समाचार-पत्र एक ओर तो जनता का मत सरकार और संसद पर प्रकट करते हैं, दूसरी ओर देश में सुदृढ़ और सम्पुष्ट लोकमत तैयार करते हैं। देश को सब प्रकार से जाग्रत और सजीव रखने में जितनी अधिक सहायता समाचार-पत्रों से मिलती है उतनी शायद किसी और चीज से नहीं। इसलिए आजकल समाचार-पत्रों का बहुत महत्व है।

96. समाचार-पत्रों का मुख्य उद्देश्य है :

A. नागरिकों का मनोरंजन करना

B. मानव-हित की भावना का प्रचार करना

C. लोगों को समाज और राष्ट्र की गतिविधियों की जानकारी देना

D. क्रान्तिसम्मत उपदेश देना

97. किसी देश की महानता और शक्ति का आधार है :

A. समाचार-पत्रों की संख्या में वृद्धि

B. समाचार-पत्रों का बृहदाकार

C. समाचार-पत्रों की स्वतंत्रता

D. प्रकाशित समाचारों की सरल भाषा

98. प्रस्तुत अवतरण का सर्वाधिक उपयुक्त शीर्षक है :

A. समाचार-पत्र और भारतीय राजनीति

B. आधुनिक युग में समाचार-पत्रों का महत्व

C. समाचार-पत्र और लोकमत

D. समसामयिक समाचार-पत्र

99. समाचार-पत्र बड़ी-बड़ी सेनाओं और बड़े-बड़े राजनीतिज्ञों को भी मात दे देते हैं। क्योंकि :

A. वे विभिन्न शस्त्रों से सज्जित होते हैं

B. उनकी मारक शक्ति अचूक होती है

C. वे जन-जागरण में अद्वितीय भूमिका निभाते हैं

D. वे चटपटी खबरें देते हैं

100. समाचार-पत्रों का महत्व मुख्यतः

A. चिरकालिक है B. अल्पकालिक है

C. सामयिक है D. शाश्वत है

उत्तरमाला

1	2	3	4	5	6	7	8	9	10
B	B	B	D	B	D	D	C	B	B
11	**12**	**13**	**14**	**15**	**16**	**17**	**18**	**19**	**20**
A	C	C	C	C	C	A	B	B	A
21	**22**	**23**	**24**	**25**	**26**	**27**	**28**	**29**	**30**
B	D	A	D	C	D	D	B	A	D

31	32	33	34	35	36	37	38	39	40
C	C	B	B	B	D	D	B	A	B
41	**42**	**43**	**44**	**45**	**46**	**47**	**48**	**49**	**50**
B	D	A	D	B	A	A	B	A	A
51	**52**	**53**	**54**	**55**	**56**	**57**	**58**	**59**	**60**
C	D	B	A	D	A	B	C	C	B
61	**62**	**63**	**64**	**65**	**66**	**67**	**68**	**69**	**70**
C	D	C	C	C	C	C	B	A	C
71	**72**	**73**	**74**	**75**	**76**	**77**	**78**	**79**	**80**
A	C	A	C	B	D	D	A	A	C
81	**82**	**83**	**84**	**85**	**86**	**87**	**88**	**89**	**90**
A	B	C	A	D	C	B	D	B	D
91	**92**	**93**	**94**	**95**	**96**	**97**	**98**	**99**	**100**
A	B	B	C	C	C	A	B	C	A

व्याख्यात्मक उत्तरमाला

51. माना संख्याएँ क्रमशः x और y हैं

$$x + y = 345678 \quad ...(i)$$
$$x - y = 16016 \quad ...(ii)$$

समीकरण (*i*) और (*ii*) को जोड़ने पर

$$2x = 345678 + 16016$$
$$2x = 361694$$
$$x = 180847$$

x का मान समीकरण (*i*) में रखने पर,

$$180847 + y = 345678$$
$$y = 345678 - 180847$$
$$y = 164831$$

$\because x > y$ अतः बड़ी संख्या $x = 180847$.

52. एक संख्या 18 से विभाजित होगी यदि वह इसके अभाज्य गुणनखण्ड 2, 9 से विभाजित हो।

(*i*) एक संख्या 2 से विभाज्य होगी यदि इकाई का अंक सम संख्या हो जैसे–0, 2, 4, 6, 8...

(*ii*) एक संख्या 9 से विभाजित होगी जब उसके अंकों का योग 9 से विभाजित हो

अब विकल्प को जांचते हैं

(A) 444444 (×)

इकाई अंक = 4 (2 से विभाज्य)

अंकों का योग = 24 (9 से विभाज्य नहीं)

(B) 555555 (×)

इकाई अंक = 5 (विषम अंक)

2 से विभाज्य नहीं

(C) 666660 (×)

इकाई अंक = 0 (2 से विभाज्य)

अंकों का योग = 30 (9 से विभाज्य नहीं)

(D) 666666 (✓)

इकाई अंक = 6 (2 से विभाज्य)

अंकों का योग = 36 (9 से विभाज्य)

53. बक्सों में कुल टॉफी = 128×36

= 4608 टॉफियाँ

अब, प्रत्येक बक्से में पैक टॉफियों की संख्या

= 36 – 4 = 32 [4 कम]

$$\text{कुल बक्सों की संख्या} = \frac{\text{कुल टॉफियाँ}}{\text{प्रत्येक बक्से में टॉफी}}$$

$$= \frac{4608}{32} = 144$$

54. $\because$ 1 मी. = 100 सेमी.

सभी मापन को सेमी. में बदलने पर

1 मी. 75 सेमी. = 175 सेमी.

4 मी. 50 सेमी. = 450 सेमी.

6 मी. 50 सेमी. = 650 सेमी.

मापने के लिए सबसे लम्बी टेप की लम्बाई

= म.स. (175, 450, 650)

$$175 = \boxed{5} \times \boxed{5} \times 7$$

$$450 = \boxed{5} \times \boxed{5} \times 2 \times 9$$

$$650 = \boxed{5} \times \boxed{5} \times 2 \times 13$$

म.स. (175, 450, 650) = 5 × 5 = 25 सेमी.

55. हम जानते हैं,

दो संख्याओं का गुणनफल = म.स. × ल.स.

अर्थात्, $a \times b$ = म.स. (a, b) × ल.स. (a, b)

$24 \times b = 384$

[दिया है म.स. × ल.स. = 384]

$b = 16.$

56.

```
8 ) 48.480 ( 6.060
    48
    ----
      48
      48
      ----
       0
```

अतः भाजक = 6.060.

57. दिया है,

$4137 \div 1.75 = 2364$

$41.37 \div 17.5 = ?$

दोनों तरफ 1000 से भाग करने पर

$$\frac{4137}{1.75} \times \frac{1}{1000} = \frac{2364}{1000}$$

$$\frac{\frac{4137}{100}}{1.75 \times 10} = 2.364$$

$$\frac{41.37}{17.5} = 2.364.$$

58. $\frac{1}{10} + \frac{11}{100} + \frac{111}{1000} = ?$

$= 0.1 + 0.11 + 0.111$

$= 0.321.$

59. कुल क्रय मूल्य = ₹ 3000 + ₹ 300 = ₹ 3300

विक्रय मूल्य = ₹ 3500

लाभ = विक्रय मूल्य − क्रय मूल्य

= 3500 − 3300 = ₹ 200.

60. दिया है,

मूलधन (P) = ₹ 800

दर (r) = 5%

समय (t) = $3\frac{1}{2}$ वर्ष = $\frac{7}{2}$

हम जानते हैं,

$$\text{साधारण ब्याज} = \frac{\text{मूलधन} \times \text{दर} \times \text{समय}}{100}$$

$$\text{साधारण ब्याज} = \frac{800 \times 5 \times \frac{7}{2}}{100}$$

साधारण ब्याज = ₹ 140

राशि = मूलधन + साधारण ब्याज

= 800 + 140 = ₹ 940.

61. जैसे कि हम सारणी से देखते हैं,

तीलियों की आवश्यकता = 2 × त्रिभुजों की संख्या + 1

अर्थात्, 1 त्रिभुज के लिए = 2 × 1 + 1 = 3

2 त्रिभुज के लिए = 2 × 2 + 1 = 5

3 त्रिभुज के लिए = 2 × 3 + 1 = 7

4 त्रिभुज के लिए = 2 × 4 + 1 = 9

.... = ...

10 त्रिभुज के लिए = 2 × 10 + 1 = 21.

62. माना संख्या = $10y + x$

अंकों का योग = $x + y$

प्रश्नानुसार, $= (10y + x) - (x + y)$

$= 9y$

जो 9 से विभाज्य है।

63. 8 के प्रथम 4 गुणज = 8, 16, 24, 32

योग = 8 + 16 + 24 + 32

= 80.

64. ABCD एक वर्ग है। ΔEAD और ΔBCF दो समकोण त्रिभुज हैं।

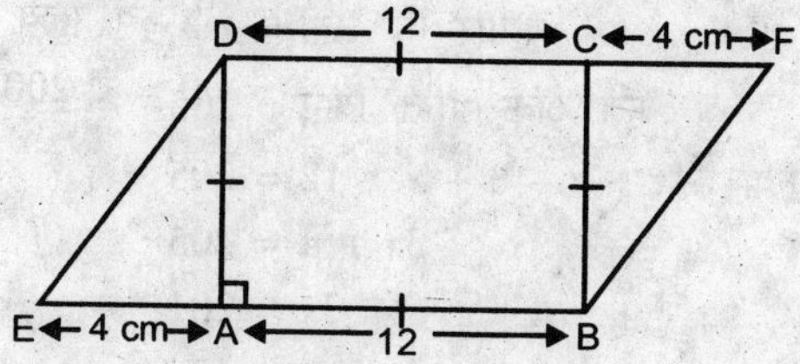

आकृति का क्षेत्रफल

= Ar [□ ABCD] + Ar [Δ EAD] + Ar [Δ BCF]

$= (\text{भुजा} \times \text{भुजा}) + \frac{1}{2} \times \text{आधार} \times \text{ऊँचाई}$

$+ \frac{1}{2} \times \text{आधार} \times \text{ऊँचाई}$

∵ वर्ग की चारों भुजाएँ बराबर होती हैं

∴ AB = BC = CD = DA

= 12

अतः आकृति का क्षेत्रफल

$= 12 \times 12 + \frac{1}{2} \times 4 \times 12 + \frac{1}{2} \times 4 \times 12$

= 144 + 24 + 24 = 192 सेमी.^{2}.

65. रेलगाड़ी की चाल 'S' = 60 किमी./घं.

रेलगाड़ी द्वारा तय दूरी 'd' = 165 किमी.

अतः दूरी तय करने में लिया गया समय

$= \frac{\text{दूरी}}{\text{चाल}}$

अर्थात्, $t = \frac{165}{60} = \frac{33}{12} = \frac{11}{4}$

$t = 2\frac{3}{4}$

t = 2 घंटे 45 मिनट

प्रारम्भिक समय = 1.45 PM

165 किमी. दूर पहुँचने में रेलगाड़ी द्वारा लिया गया कुल समय

= 1.45 PM + 2 घंटा 45 मिनट

= 4.30 PM.

66. हम जानते हैं,

वर्ग का क्षेत्रफल = a^2 (भुजा = a)

वर्ग का परिमाप = $4a$

दिया है, परिमाप = क्षेत्रफल

$4 \times a = a^2$

a = 4 सेमी.

67. दिल्ली स्टेशन पहुँचने में लिया गया वास्तविक समय

= 8.20 AM + 8 घंटे 35 मिनट

= 4.55 PM

∵ दिया है, रेलगाड़ी 25 मिनट देरी से है

अतः दिल्ली पहुँचने का समय

= 4.55 PM + 25 मिनट

= 5.20 PM.

68. माना एक आदमी का एक दिन का कार्य = x और एक महिला का एक दिन का कार्य = y

तब, $12x = \frac{1}{24}$

$\Rightarrow \quad x = \frac{1}{288}$

$15y = \frac{1}{24}$

$\Rightarrow \quad y = \frac{1}{360}$

(8 आदमी + 8 महिलाओं) का 1 दिन का कार्य

$= 8 \times \frac{1}{288} + 8 \times \frac{1}{360}$

$= \frac{1}{36} + \frac{1}{45} = \frac{5+4}{180}$

$= \frac{9}{180} = \frac{1}{20}$

अतः (8 आदमी + 8 महिलाओं) कार्य का $\frac{1}{20}$ भाग पूरा करते हैं = 1 दिन

8 आदमी + 8 महिलाएँ कार्य पूरा करेंगे = 20 दिन

69. बार ग्राफ से

जनवरी में बचत = ₹ 180

अप्रैल में बचत = ₹ 100

मई में बचत = ₹ 180

जनवरी, अप्रैल और मई में कुल बचत

= 180 + 100 + 180

= ₹ 460

दिया है, 5 महीनों में कुल बचत = ₹ 950

दिया है, फरवरी में बचत = मार्च में बचत

माना ₹ x

तब $x + x + 460 = 950$

$2x = 490$

फरवरी में बचत

x = ₹ 245.

70. टैंक की क्षमता = 45 ली.

टैंक में भरा पानी = $45 \times \frac{4}{9}$

= 20 ली.

निकाला गया पानी = $20 \times \frac{2}{5}$

= 8 ली.

टैंक में बचा पानी = 20 − 8 = 12

अतः टैंक को भरने में पानी की आवश्यकता

= 45 − 12

= 33 लीटर।

71. एक दर्जन केले की कीमत = ₹ 40

1 केले की कीमत = ₹ 5

99 केलों की कीमत = 8 दर्जन + 3 केले

= 8 × 40 + 3 × 5

= 320 + 15

= ₹ 335.

72. माना कि अमित के अंक = x अंक

तब, जोसेफ के अंक = $x - 8$

कुमार के अंक = $x + 12$

कुल अंक प्राप्त किए = 205

$x + x - 8 + x + 12 = 205$

$3x + 4 = 205$

$3x = 201$

$x = 67$

अतः जोसेफ ने अंक प्राप्त किए = 67 − 8 = 59.

73. एक नोटबुक की कीमत = ₹ 25.50

एक पेन की कीमत = ₹ 7.50

एक पेंसिल की कीमत = ₹ 1.25

उसने 6 पेंसिल खरीदीं

6 पेंसिलों की कीमत = 1.25 × 6 = 7.50

कुल कीमत = 25.5 + 7.5 + 7.5 = ₹ 40.5

दुकानदार द्वारा वापस किया गया पैसा

= 50 − 40.5 = ₹ 9.5.

74. सोमवार को कुल टोकरियाँ = 5 × 20

= 100

मंगलवार को कुल टोकरियाँ = 8 × 20 = 160

बुधवार को कुल टोकरियाँ = 4 × 20 = 80

बृहस्पतिवार को कुल टोकरियाँ = 10 × 20 = 200

शुक्रवार को कुल टोकरियाँ = 4 × 20 = 80

बची टोकरियाँ = 200

कुल टोकरियाँ

= 100 + 160 + 80 + 200 + 80 + 200

= 820 टोकरियाँ।

75. माना कि, $a = x$ तब, a का पूर्ववती b

$b = x - 1$

तब, $a - b = 1$

$b - a = -1$.

पिछले प्रश्न-पत्र (हल सहित)

जवाहर नवोदय विद्यालय

कक्षा-VI, प्रवेश परीक्षा 2017

खण्ड-I : मानसिक योग्यता परीक्षण

भाग-I

निर्देश (प्र.सं. 1 से 5 तक) : *प्रत्येक प्रश्न में चार आकृतियाँ (A), (B), (C) तथा (D) दी गई हैं। इन चार आकृतियों में से तीन आकृतियाँ कुछ हद तक सदृश हैं तथा एक अलग। अलग आकृति को चुनिए।*

1. 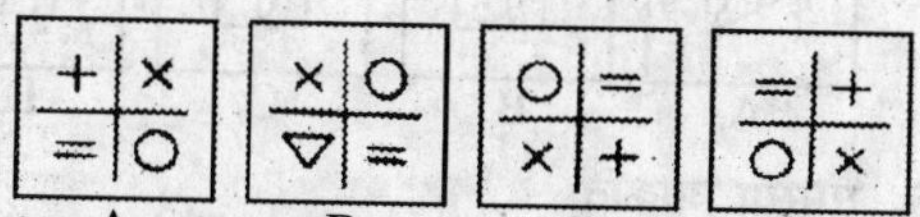

A. B. C. D.

2. 

A. B. C. D.

3. 

A. B. C. D.

4. 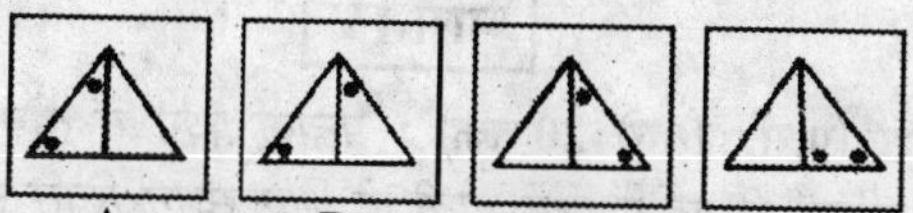

A. B. C. D.

5. 

A. B. C. D.

भाग-II

निर्देश (प्र.सं. 6 से 10 तक) : *प्रत्येक प्रश्न में एक समस्या आकृति तथा चार उत्तर आकृतियाँ (A), (B), (C) तथा (D) दी गई हैं। उस उत्तर आकृति को चुनिए, जो समस्या आकृति के बिल्कुल सदृश हो।*

6. समस्या आकृति

उत्तर आकृतियाँ

A. B. C. D.

7. समस्या आकृति

उत्तर आकृतियाँ

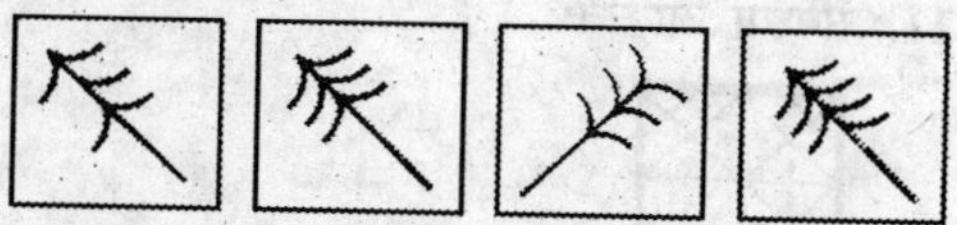

A. B. C. D.

8. समस्या आकृति

उत्तर आकृतियाँ

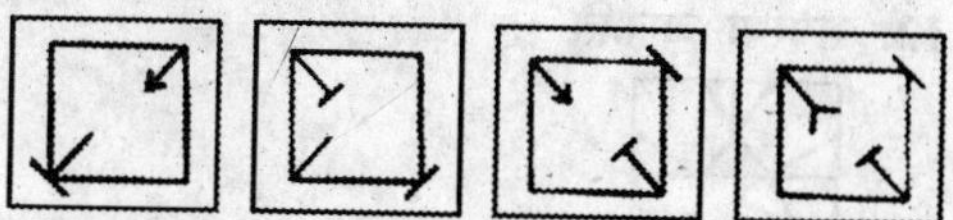

A. B. C. D.

9. समस्या आकृति

उत्तर आकृतियाँ

A. B. C. D.

10. समस्या 'आकृति

उत्तर आकृतियाँ

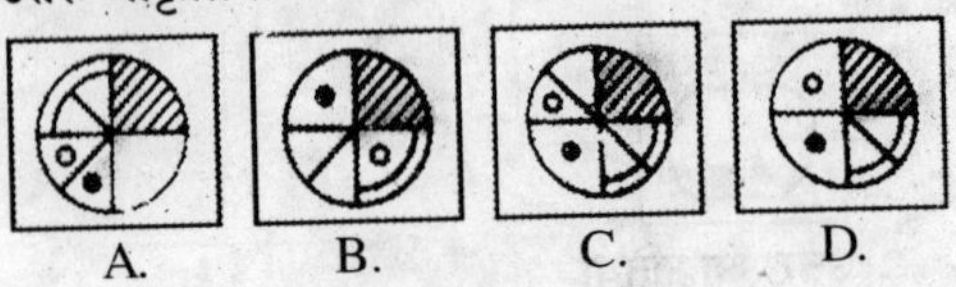

A. B. C. D.

भाग-III

निर्देश (प्र.सं. 11 से 15 तक) : *प्रत्येक प्रश्न में एक समस्या आकृति दी गई है। इस आकृति का एक भाग गायब है। दी गई चार उत्तर आकृतियों (A), (B), (C) तथा (D) को देखकर उस आकृति को ढूँढिए जो बिना अपनी दिशा बदले समस्या आकृति के गायब भाग में इस तरह ठीक बैठती है कि समस्या आकृति का पैटर्न पूरी तरह बन जाता है।*

11. समस्या आकृति

उत्तर आकृतियाँ

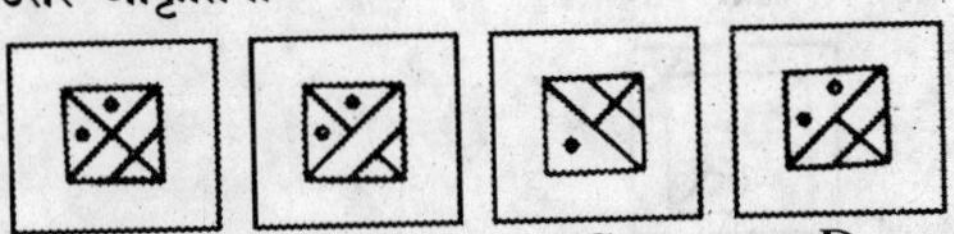

A. B. C. D.

12. समस्या आकृति

उत्तर आकृतियाँ

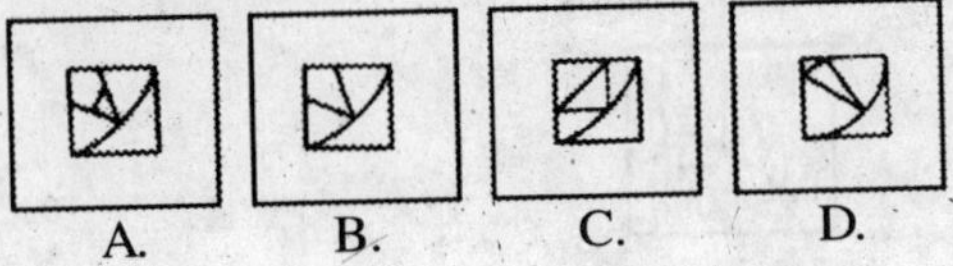

A. B. C. D.

13. समस्या आकृति

उत्तर आकृतियाँ

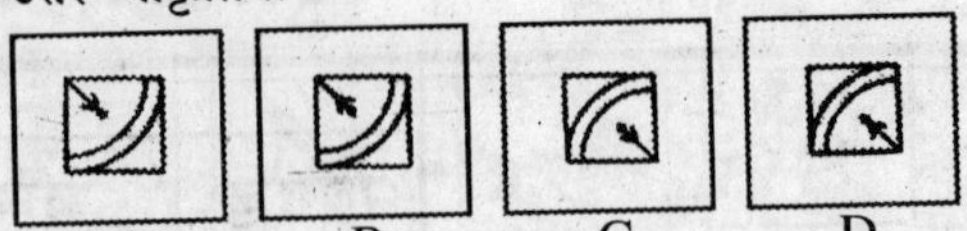

A. B. C. D.

14. समस्या आकृति

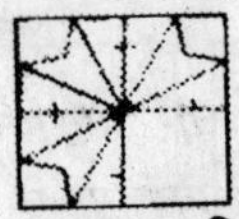

उत्तर आकृतियाँ

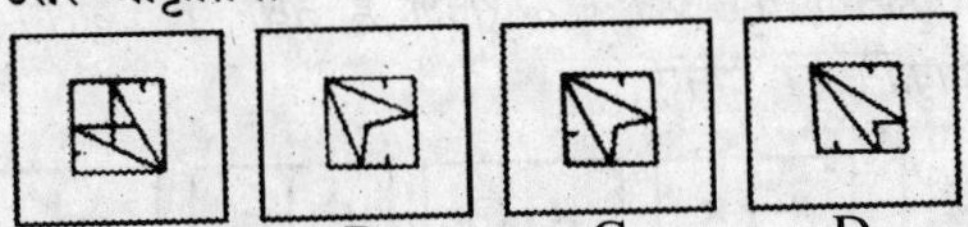

A. B. C. D.

15. समस्या आकृति

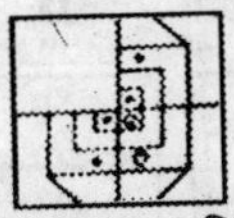

उत्तर आकृतियाँ

A. B. C. D.

भाग-IV

निर्देश (प्र.सं. 16 से 20 तक) : *प्रत्येक प्रश्न में तीन समस्या आकृतियाँ दी गई हैं तथा चौथी के लिए स्थान रिक्त रखा गया है। दी गई उत्तर आकृतियों में से कौन-सी आकृति समस्या आकृति की शृंखला को पूरा करेगी?*

16. समस्या आकृतियाँ

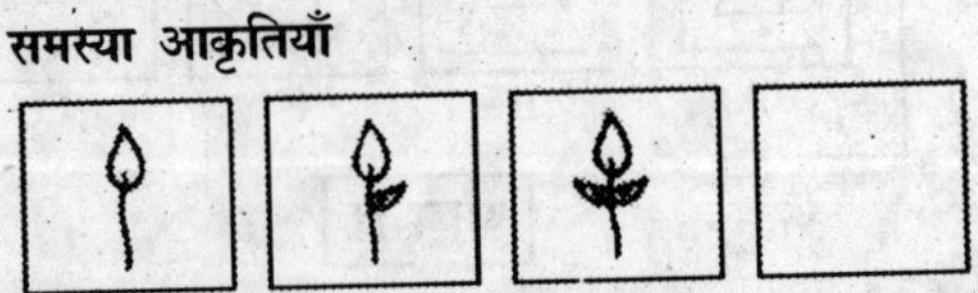

उत्तर आकृतियाँ

A. B. C. D.

17. समस्या आकृतियाँ

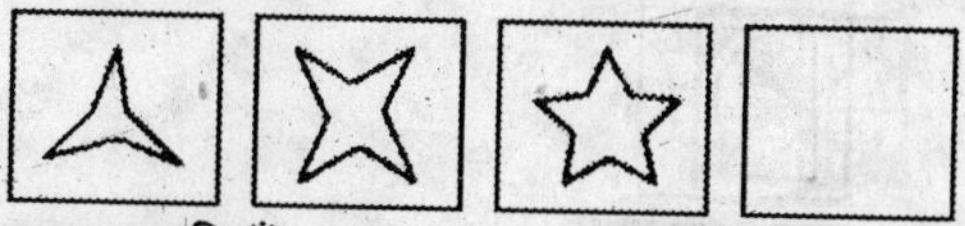

उत्तर आकृतियाँ

A. B. C. D.

18. समस्या आकृतियाँ

उत्तर आकृतियाँ

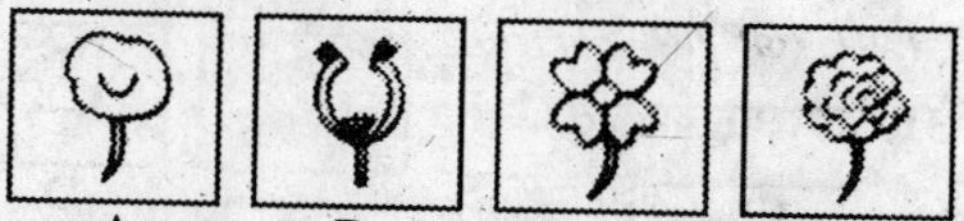

A. B. C. D.

19. समस्या आकृतियाँ

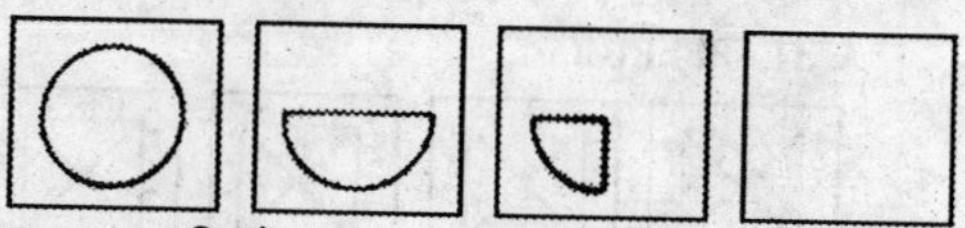

उत्तर आकृतियाँ

A. B. C. D.

20. समस्या आकृतियाँ

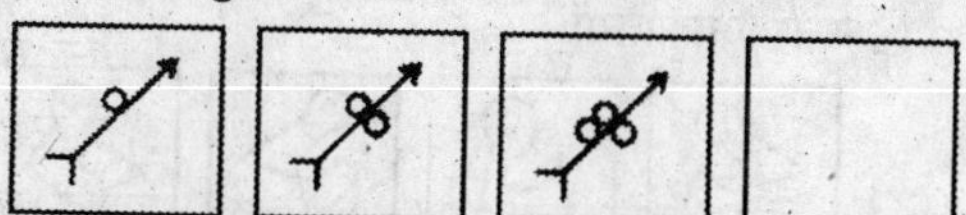

उत्तर आकृतियाँ

A. B. C. D.

भाग-V

निर्देश (प्र.सं. 21 से 25 तक) : *नीचे दी गई समस्या आकृतियों में प्रश्नवाचक चिह्न (?) के स्थान पर दी गई चार उत्तर आकृतियों (A), (B), (C) तथा (D) में से कौन-सी आकृति आएगी?*

21. समस्या आकृति

उत्तर आकृतियाँ

A. B. C. D.

22. समस्या आकृति

उत्तर आकृतियाँ

A. B. C. D.

23. समस्या आकृति

उत्तर आकृतियाँ

A. B. C. D.

24. समस्या आकृति

उत्तर आकृतियाँ

A. B. C. D.

25. समस्या आकृति

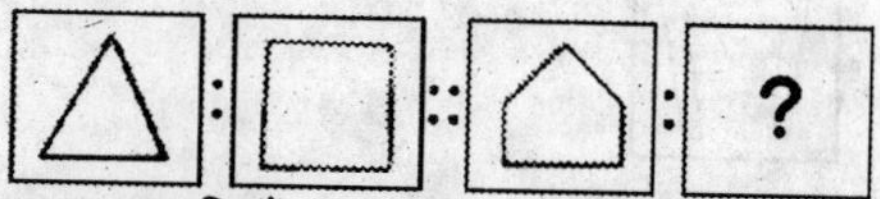

उत्तर आकृतियाँ

A. B. C. D.

भाग-VI

निर्देश (प्र.सं. 26 से 30 तक) : *प्रत्येक प्रश्न में ज्यामितिक आकृति का एक भाग समस्या आकृति के रूप में दिया गया है और चार उत्तर आकृतियाँ (A), (B), (C) तथा (D) दी गई हैं। उत्तर आकृतियों में से कौन-सी आकृति समस्या आकृति को पूरा करेगी?*

26. समस्या आकृति

उत्तर आकृतियाँ

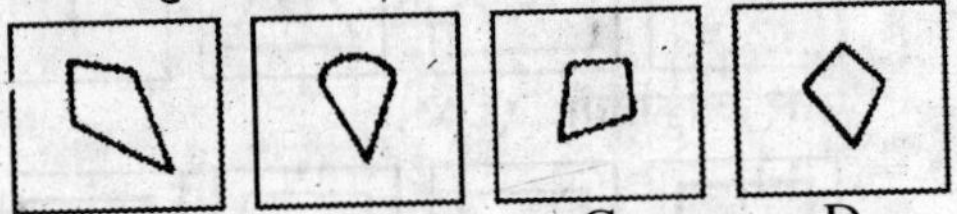

A. B. C. D.

27. समस्या आकृति

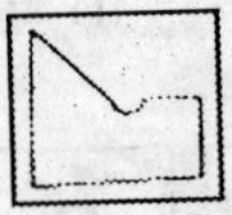

उत्तर आकृतियाँ

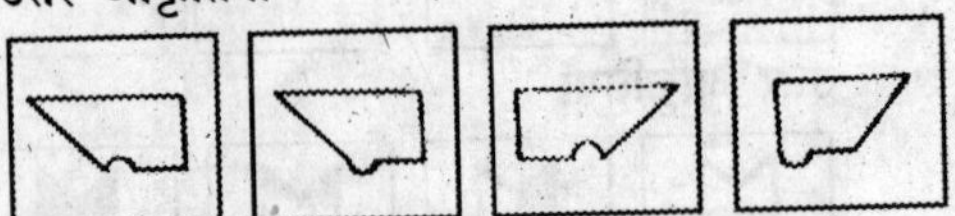

A. B. C. D.

28. समस्या आकृति

उत्तर आकृतियाँ

A. B. C. D.

29. समस्या आकृति

उत्तर आकृतियाँ

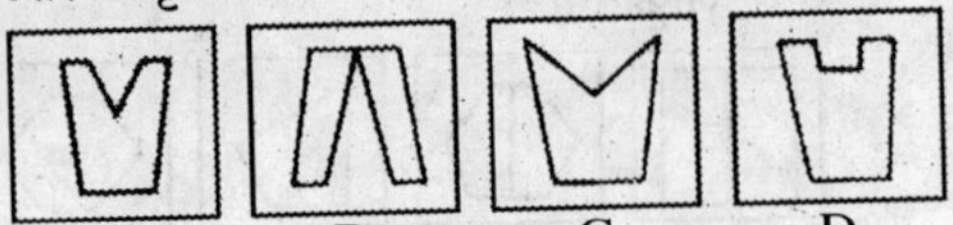

A. B. C. D.

30. समस्या आकृति

उत्तर आकृतियाँ

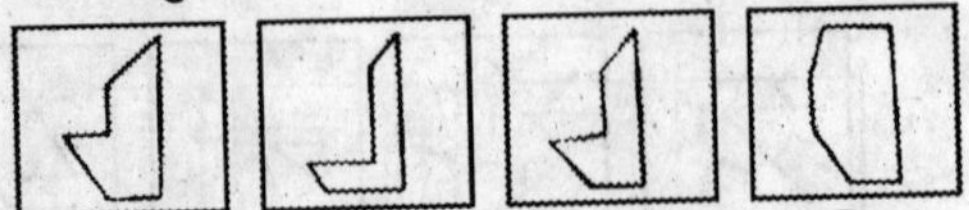

A. B. C. D.

भाग-VII

निर्देश (प्र.सं. 31 से 35 तक) : *निम्नलिखित प्रश्नों में समस्या आकृति की दर्पण आकृति, दी गई चार उत्तर आकृतियों (A), (B), (C) तथा (D) में से कौन-सी होगी जब दर्पण को X, Y रेखा पर रखा गया हो?*

31. समस्या आकृति

उत्तर आकृतियाँ

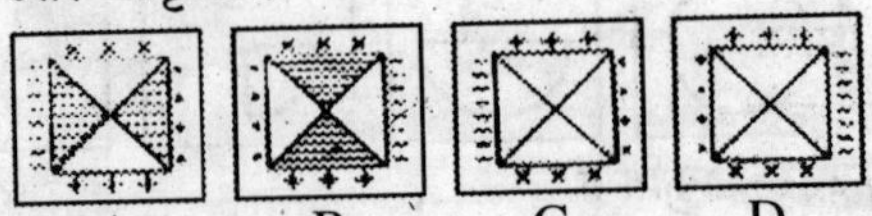

A. B. C. D.

32. समस्या आकृति

उत्तर आकृतियाँ

A. B. C. D.

33. समस्या आकृति

उत्तर आकृतियाँ

A. B. C. D.

34. समस्या आकृति

उत्तर आकृतियाँ

A. B. C. D.

35. समस्या आकृति

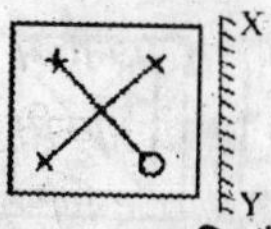

उत्तर आकृतियाँ

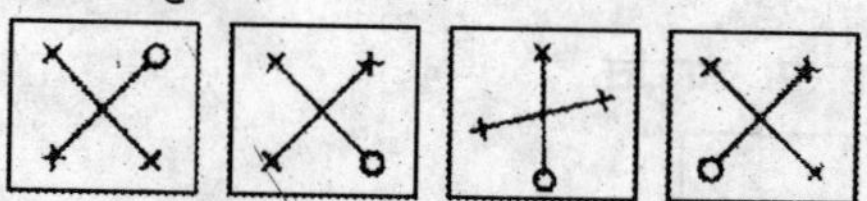

A. B. C. D.

भाग-VIII

निर्देश (प्र.सं. 36 से 40 तक) : *निम्नलिखित प्रश्नों में कागज के एक टुकड़े को मोड़ा जाता है और पंच भी किया जाता है जैसा कि समस्या आकृतियों में दिखाया गया है। चार उत्तर आकृतियाँ दी गई हैं, कागज को खोलने के बाद वह किस उत्तर आकृति जैसा दिखाई देगा?*

36. समस्या आकृतियाँ

उत्तर आकृतियाँ

A. B. C. D.

37. समस्या आकृतियाँ

उत्तर आकृतियाँ

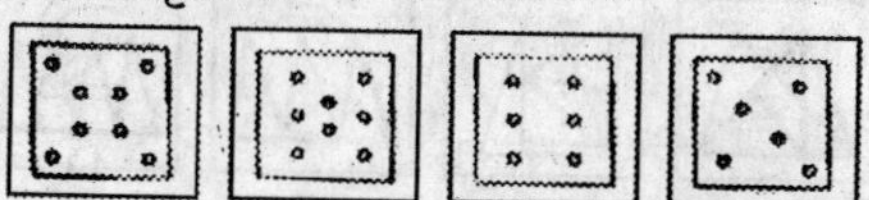

A. B. C. D.

38. समस्या आकृतियाँ

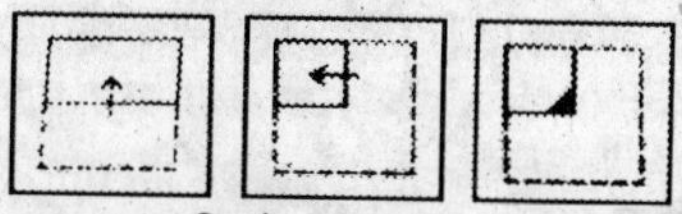

उत्तर आकृतियाँ

A. B. C. D.

39. समस्या आकृतियाँ

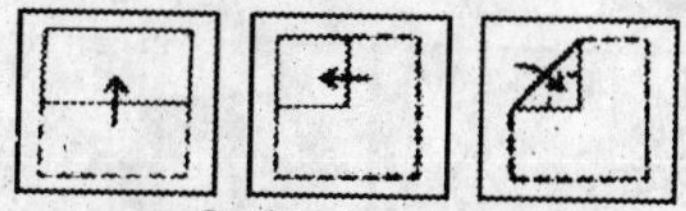

उत्तर आकृतियाँ

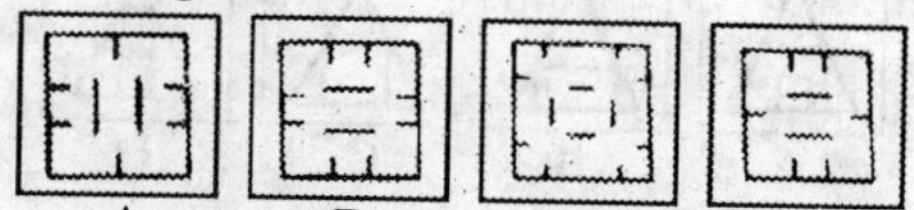

A. B. C. D.

40. समस्या आकृतियाँ

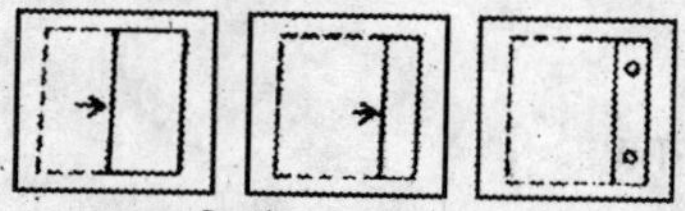

उत्तर आकृतियाँ

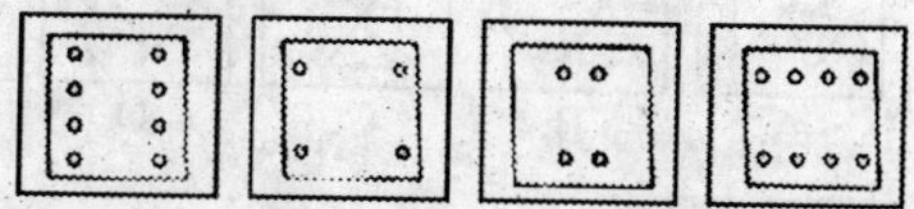

A. B. C. D.

भाग-IX

निर्देश (प्र.सं. 41 से 45 तक) : *निम्नलिखित प्रश्नों में एक समस्या आकृति तथा चार उत्तर आकृतियाँ (A), (B), (C) तथा (D) दी गई हैं। समस्या आकृति में कटे हुए टुकड़े से बनी उत्तर आकृति को चुनिए।*

41. समस्या आकृति

उत्तर आकृतियाँ

A. B. C. D.

42. समस्या आकृति

उत्तर आकृतियाँ

A. B. C. D.

43. समस्या आकृति

उत्तर आकृतियाँ

A. B. C. D.

44. समस्या आकृति

उत्तर आकृतियाँ

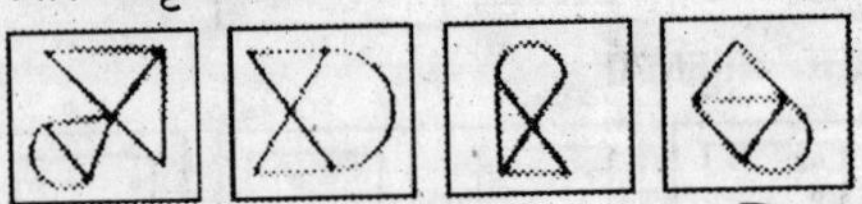

A. B. C. D.

45. समस्या आकृति

उत्तर आकृतियाँ

A. B. C. D.

भाग-X

निर्देश (प्र.सं. 46 से 50 तक) : *निम्नलिखित प्रश्नों में उस उत्तर आकृति को चुनिए जिसमें समस्या आकृति निहित है।*

46. समस्या आकृति

उत्तर आकृतियाँ

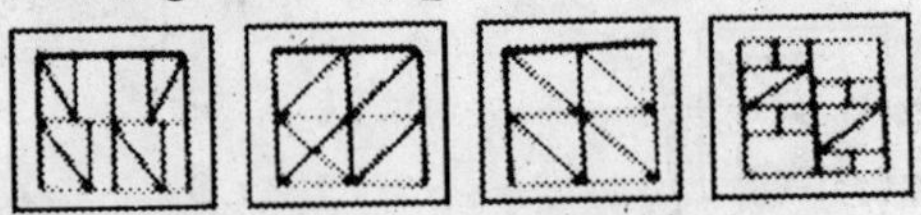

A. B. C. D.

47. समस्या आकृति

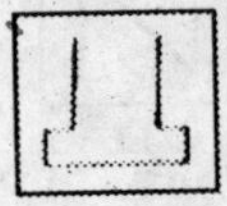

उत्तर आकृतियाँ

A. B. C. D.

48. समस्या आकृति

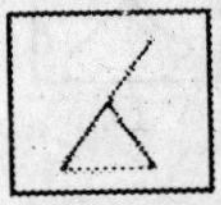

उत्तर आकृतियाँ

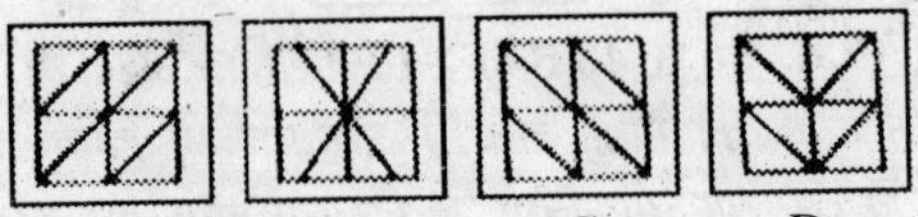

A. B. C. D.

49. समस्या आकृति

उत्तर आकृतियाँ

A. B. C. D.

50. समस्या आकृति

उत्तर आकृतियाँ

A. B. C. D.

खण्ड-II : अंकगणित

निर्देश : *निम्नलिखित प्रश्नों में प्रत्येक प्रश्न में (A), (B), (C) तथा (D) चार विकल्प दिए गए हैं। सही उत्तर का चयन कीजिए और उसे उत्तर पुस्तिका में लिखिए।*

51. यदि $5.28 \times 0.8 = 4.224$ हो, तो 52.8×0.8 का मान क्या होगा?

A. 42.24　B. 4.224
C. 422.4　D. 4224

52. 800 का 6% कितना होगा?

A. 12　B. 48
C. 80　D. 60

53. एक व्यक्ति ने एक स्कूटर ₹ 47,000 में खरीदा तथा उसने उस पर ₹ 3,000 मरम्मत कराने में खर्च किया। इसके बाद उसने स्कूटर को ₹ 52,000 में बेच दिया। प्रतिशत लाभ या हानि कितना हुआ?

A. हानि 4%　B. लाभ 8%
C. लाभ 4%　D. हानि 8%

54. कितने वर्षों में कोई राशि 10% वार्षिक साधारण ब्याज की दर से दोगुनी हो जाएगी?

A. 2 वर्ष　B. 5 वर्ष
C. 10 वर्ष　D. 15 वर्ष

55. 32 का अभाज्य गुणनखण्ड निम्न में से कौन-सा होगा?

A. $2 \times 2 \times 2 \times 2 \times 2$　B. $3 \times 3 \times 2 \times 2$
C. $2 \times 2 \times 8$　D. $2 \times 2 \times 2 \times 4$

56. निम्न में से कौन-सी संख्या है जो 8 से पूर्ण विभाजित हो जाती है लेकिन 12 से नहीं?

A. 24, 48, 72　B. 8, 16, 24
C. 12, 24, 36　D. 96, 192, 288

57. श्रेणी 1, 2, 4, 8, 16, ... का अगला पद क्या होगा?

A. 20　B. 64
C. 24　D. 32

58. नीचे की कौन-सी संख्या 2.4 के बराबर नहीं है?

A. $2\frac{2}{5}$　B. 22.5%
C. $\frac{12}{5}$　D. $2\frac{4}{10}$

59. 6.666, 6.66 तथा 6.06 का योग क्या होगा?

A. 1.9386　B. 19.386
C. 193.86　D. 1938.6

60. एक कमरे की लम्बाई 24 मीटर तथा चौड़ाई 20 मीटर है। इसके अन्दर 0.4 मीटर लम्बी तथा 0.3 मीटर चौड़ी वाली टाइलें लगानी हैं। कुल टाइलों की संख्या कितनी होगी?

A. 1500　B. 4000
C. 3000　D. 2500

61. 64, 120 तथा 144 का महत्तम समापवर्तक (HCF) है:

A. 4　B. 8
C. 12　D. 8640

62. A एक संख्या है। A में 5 जोड़कर, प्राप्त संख्या को 10 से गुणा कीजिए। इस गुणनफल में से 8 घटाकर प्राप्त संख्या को 2 से भाग देने पर 151 प्राप्त होता है। संख्या A क्या है?

A. 14　B. 18
C. 26　D. 32

63. $23208 \times 254 \times 0 \times 126 =$ ______ ?

A. 15351470　B. 189765
C. 0　D. 232080

64. 30030, 30330, 30033 को बढ़ते क्रम में लिखने पर प्राप्त होता है:

A. 30330, 30033, 30030
B. 30033, 30030, 30330
C. 30033, 30330, 30030
D. 30030, 30033, 30330

65. 6 अंकों की बड़ी से बड़ी संख्या तथा 6 अंकों की छोटी से छोटी संख्या में अंतर है :

A. 999990　B. 899990
C. 989990　D. 899999

66. 84, 140 तथा 70 का ल.स. (LCM) है :

A. 210　B. 420
C. 630　D. 294

67. एक कार 16% हानि पर ₹ 42,000 में बेची गई। कार का क्रय मूल्य क्या है?

A. ₹ 68,000　B. ₹ 50,000
C. ₹ 26,000　D. ₹ 26,250

68. साधारण ब्याज की किस वार्षिक दर से चार वर्ष में ₹ 28,000 पर साधारण ब्याज ₹ 7,000 हो जाएगा?

A. 5%　B. $6\frac{1}{4}\%$
C. 10%　D. $12\frac{1}{2}\%$

69. यदि $29 \times 23 = 667$ है, तो 0.29×0.23 का मान है :

A. 6.67
B. 0.667
C. 0.0667
D. 0.00667

70. $\frac{1}{10}+\frac{11}{100}+\frac{111}{1000}$ का दशमलव तुल्य है :

A. 1.111
B. 0.111
C. 0.321
D. 0.1111

71. संख्या पैटर्न 7, 14, ..., 56, 112 में लुप्त संख्या है।

A. 21
B. 24
C. 25
D. 28

72. 13, 23 तथा 29 के लिए निम्न में से कौन-सा कथन सत्य है?

A. सभी अभाज्य संख्याएँ हैं।
B. सभी भाज्य संख्याएँ हैं।
C. सभी सम संख्याएँ हैं।
D. सभी 3 से भाज्य हैं।

73. यदि $7.71 + 7.071 + 7.0071 + ... = 21.79581$, है, तो लुप्त संख्या है :

A. 7.00711
B. 7.00177
C. 0.00771
D. 0.070071

74. जब 204340 को 17 से भाग किया जाए तो प्राप्त भागफल है :

A. 1202
B. 10022
C. 12200
D. 12020

75. 7 के प्रथम सात गुणजों का योग है :

A. 156
B. 176
C. 196
D. 216

खण्ड-III : भाषा

निर्देश : *इस अनुभाग में पाँच अनुच्छेद हैं। प्रत्येक अनुच्छेद के अंत में पाँच प्रश्न पूछे गए हैं। प्रत्येक अनुच्छेद को ध्यान से पढ़िए और उस पर पूछे गए प्रश्नों के उत्तर लिखिए। प्रत्येक प्रश्न के लिए चार संभावित उत्तर हैं जिन्हें A, B, C और D नाम दिया गया है। इनमें से केवल एक ही सही है। आप सही उत्तर चुनकर संलग्न उत्तर पुस्तिका में हर प्रश्न के आगे दिए गए बॉक्स में अंग्रेजी संख्या में लिखें।*

अनुच्छेद-1

कुछ लेखक कहते हैं कि शेर ऐसे दहाड़ता है कि उसकी दहाड़ की आवाज एक बार में दो-तीन दिशाओं से आती प्रतीत होती है। यह बात वैसे असंभव नहीं है, जैसी लगती है, क्योंकि पक्षियों की और कीटों की बहुत सी प्रजातियों में यही चकित कर देने वाली शक्ति होती है। स्पष्ट है कि यदि शेर के पास भी यह शक्ति है तो यह उसके लिए बहुत उपयोगी है। वह अपने शिकार को रात में आतंक की स्थिति में डाल देगा और वे इससे डरकर उससे दूर भागने के बदले अपने शिकारी की ओर ही भाग सकते हैं।

76. यह अद्‌भुत शक्ति शेर के लिए इस रूप में उपयोगी हो सकती है कि उसका शिकार

A. उससे दूर भाग सकता है।
B. कई फीट दूर होने से सुन नहीं सकता।
C. उसकी ओर भागा आ सकता है।
D. छिपा ही रह सकता है।

77. 'बहुत' का पर्यायवाची है :

A. जरूरी
B. आशा करना
C. अधिक
D. सघन

78. आतंक का अर्थ है ________ का भाव।

A. आश्चर्य
B. बहुत भय
C. बहुत दुख
D. प्रसन्नता

79. शेर की दहाड़ आती हुई लगती है :

A. आप यदि उसके पास हों.
B. एक ही दिशा से
C. दो या तीन दिशाओं से
D. केवल जंगली जानवरों को

80. बहुत से ______ के पास यही शक्ति होती है।

A. बाघों और लकड़बग्घों
B. शिकार बनने वाले पशुओं
C. बड़े लगने वाले पक्षियों
D. पक्षियों और कीटों की प्रजातियों

अनुच्छेद-2

एक समय एक तोता था जो अन्य बहुत से तोतों के साथ एक अंजीर के पेड़ में रहता था। वे सब पके फलों को खाने का आनंद उठाते थे और पेड़ पर खुशी से रहते थे। कुछ साल में अंजीर का पेड़ बूढ़ा हो गया और उसने फल देना बंद कर दिया। केवल एक को छोड़कर अधिकांश तोते उड़कर भाग गए। उसने

कहीं भी जाने से इनकार कर दिया। देवताओं के राजा सक्का ने तय किया कि वह तोते की परीक्षा लेगा। वह हंस का वेश बदलकर तोते के पास आया और पूछा कि उसने अभी तक पेड़ को क्यों नहीं छोड़ा। तोते ने उत्तर दिया, ''मैं अपने मित्र को नहीं छोड़ सकता क्योंकि उसने बरसों तक मुझे भोजन दिया है।''

यह सुनकर सक्का प्रसन्न हो गया। वह तुरंत अपने पुराने रूप में आ गया और बोला, ''पेड़ के प्रति तुम्हारी भावनाओं से मैं प्रभावित हुआ।'' उसके बाद उसने तोते से कहा, ''तुम क्या चाहते हो, मुझसे माँगो।'' तोते ने सम्मान में अपना सिर झुकाया और कहा, ''महाराज, मेरे मित्र ने अनेक वर्ष तक मुझे शरण दी। उसे शक्ति दीजिए कि उसमें सालभर फल लगें जैसे पहले लगते थे।''

''ऐसा ही हो'' सक्का ने कहा और वह अंजीर का वृक्ष जीवित हो गया और फलों से लद गया।

81. अनुच्छेद में 'वेश बदलकर' का अर्थ है :
A. अपना रूप-रंग बदलना
B. सूरत बिगाड़ लेना
C. मेकअप करना
D. कोई वरदी पहनना

82. तोते ने सक्का से माँगा कि :
A. अन्य तोतों को वापिस बुला ले।
B. पेड़ा सदा जीवित रहे।
C. पेड़ फिर से शरण दे।
D. पेड़ में सालभर फल लगे।

83. कहानी हमें क्या बनने की शिक्षा देती है?
A. ईमानदार
B. सच्चा
C. कृतज्ञ
D. ध्यान रखनेवाला

84. अधिकांश तोते उड़कर भाग गए क्योंकि :
A. वे अब अंजीर के फल का आनंद नहीं ले सकते।
B. पेड़ चाहता था कि वे चले जाएँ।
C. वे हंस से डरते थे।
D. देवताओं का राजा चाहता था कि वे जाएँ।

85. तोते ने वहीं रहने का निर्णय किया क्योंकि :
A. वह उड़ने में बहुत आलस्य करता था।
B. उसे अंजीर के फल बहुत प्रिय थे।
C. वह स्वार्थी पक्षी नहीं था।
D. उसे अन्य फल पसंद नहीं थे।

अनुच्छेद-3

ला को रात का आकाश देखना अच्छा लगता है। रात में बहुत तारे चमकते हैं। कभी-कभी, वह अपने पिताजी के कंधों पर चढ़ जाती। उसे लगता वह राजकुमारी है और तारों के निकट बैठी है।

एक दिन दोपहर बाद उसके पिता ने कहा, ''हम समुद्रतट को जाने वाले हैं। क्या यह मजेदार नहीं है?'' शीला खुश नहीं थी। अगले दिन सुबह वे समुद्रतट को गए और शीला ने सीपियाँ इकट्ठी कीं। शीला को एक अनूठी चीज मिली। यह बड़े संतरी रंग के गुदगुदे तारे-सी लग रही थी। क्या यह आकाश से गिरा? और यह चमक क्यों नहीं रहा है?

''यह तारा नहीं है'' उसके पिता मुस्कराए। ''यह तारामीन है। यह समुद्र में रहती है।''

शीला ने तारामीन को समुद्र में रख दिया। वे लहरें देखते रहे जो तारामीन को वापिस समुद्र की ओर को बहा ले गई।

इसके बाद शीला और तारामीनों को ढूँढ़ने लगी। उसे तारे और तारामीन दोनों पसंद हैं। उसने समुद्रतट पर लाने के लिए अपने पिता को धन्यवाद दिया।

86. तारामीन के बारे में कौन-सा कथन सत्य है?
A. आकाश से गिरी थी।
B. चमक रही थी।
C. संतरी रंग की थी।
D. मरी हुई थी।

87. 'अनूठी' का क्या अर्थ है?
A. अनोखी
B. बुरी
C. डरावनी
D. मजेदार

88. आपके विचार से शीला क्या है?
A. सुंदर राजकुमारी
B. सीपियाँ बेचने वाली लड़की
C. समुद्रतट पर रहने वाली लड़की
D. छोटी और प्यारी बच्ची

89. शीला को क्या करना पसंद नहीं था?
A. पिता के कंधों पर चढ़ना।
B. सीपें एकत्र करना।
C. समुद्रतट पर जाना।
D. तारामीन एकत्र करना।

90. शीला ने समुद्रतट पर क्या किया?
A. आकाश को देखा।
B. तारामीनों को एकत्र किया।
C. सपीं एकत्र कीं।
D. तारे देखे।

अनुच्छेद-4

एक शेर अपनी गुफा में बैठा था। उसने बड़ा आहार कर लिया था और उसे नींद आ रही थी। थोड़ी देर में वह सो गया। एक छोटा चूहा भागता हुआ गुफा में पहुँचा और इधर-उधर दौड़ता

रहा। वह कुछ खाना ढूँढ रहा था। उसने शेर को देखा और उसकी पूँछ से खेलने लगा। वह शेर की पीठ पर दौड़ने लगा। अचानक शेर जाग गया। उसने अपने को झटका और छोटे चूहे को देखा। ''तुम मेरी पीठ पर कूद रहे थे।'' शेर ने कहा, ''तुमने मेरी पूँछ से खेला और मेरे कान खींचे। मुझे बहुत क्रोध आया है। मैं तुम्हें खाने वाला हूँ।'' शेर ने चूहे को अपने बड़े पंजों में उठा लिया।

''नहीं, श्रीमान शेरजी,'' चूहा बोला, ''मुझे मत खाइए। एक दिन मैं आपकी मदद करूँगा।''

''यह बात बड़ी मजेदार है,'' शेर ने कहा, ''एक छोटा-सा चूहा बड़े शेर की मदद नहीं कर सकता। फिर भी तुम भाग जाओ। आज मुझे भूख नहीं है।''

अगले दिन चूहे ने शेर को देखा। वह एक शिकारी के जाल में फँसा था। चूहा दौड़कर शेर के पास पहुँचा। ''मैं आपकी मदद करूँगा।'' उसने कहा।

पूरी रात चूहे ने जाल को काटा और उसमें बड़ा सा छेद कर दिया। शेर बाहर निकल आया। उसने कहा, ''धन्यवाद मेरे मित्र। अब मैं समझ गया हूँ कि यदि कोई छोटा और कमजोर भी हो तो भी वह किसी बड़े और बलवान की मदद कर सकता है।''

91. चूहे ने जब शेर को देखा तो क्या किया?
A. डरकर भाग गया।
B. शेर की पूँछ से खेलने लगा।
C. जोर से चूँ-चूँ करने लगा।
D. शेर का कान कुतरने लगा।

92. शेर ने क्यों कहा, ''यह बात बड़ी मजेदार है?''
A. उसने सोचा कि छोटा चूहा उसकी मदद नहीं कर सकता।
B. उसने सोचा कि चूहा बड़ा मजेदार है।
C. उसने सोचा कि चूहा मजेदार कहानी सुना रहा है।
D. उसने सोचा कि चूहा कुछ मजेदार काम कर रहा है।

93. इस पाठ से हमें क्या शिक्षा मिलती है?
A. चूहे हमेशा शेर की मदद करते हैं।
B. यदि चूहे जाल काटें तो शिकारी चूहे को पकड़ सकते हैं।
C. शिकारी चूहे की दोस्ती वाले शेर को नहीं पकड़ सकते।
D. छोटे और कमजोर भी बड़े और बलवानों की मदद कर सकते हैं।

94. शेर को नींद क्यों आ रही थी?
A. उसने लंबी सैर की थी।
B. उसने बहुत खाना खा लिया था।
C. रात काफी हो गई थी।
D. वह बहुत थक गया था।

95. चूहा इधर-उधर क्यों दौड़ रहा था?
A. खाने के लिए कुछ ढूँढ़ रहा था।
B. खेलना चाहता था।
C. शेर की रखवाली कर रहा था।
D. छिपने की जगह ढूँढ रहा था।

अनुच्छेद-5

द्वीप में उगने वाली छोटी घास तथा कँटीली पत्तियों को बकरियाँ चरती थीं। कुछ मुर्गियाँ उनका पीछा करती थीं। वहाँ एक तरबूजों का और एक सब्जियों का खेत था।

द्वीप के बीच में एक पीपल का पेड़ था। वह वहाँ अकेला पेड़ था।

बड़ी बाढ़ के दिनों में भी जबकि पूरा द्वीप पानी में डूब गया था, पेड़ दृढ़ता से खड़ा रहा।

वह बूढ़ा पेड़ था। लगभग पचास वर्ष पूर्व बलशाली हवाएँ एक बीज को वहाँ उड़ाकर ले गई, उसे दो चट्टानों के बीच शरण मिल गई, वहाँ उसने जड़ें जमा दीं और एक छोटे परिवार को छाया और शरण देने के लिए वह बड़ा हो गया।

96. द्वीप पर कौन रहता था?
A. एक नाविक
B. किसानों का बड़ा परिवार
C. एक मछुआरा
D. एक छोटा परिवार

97. पीपल का पेड़ किसने लगाया?
A. किसान परिवार ने B. नाविक ने
C. हवा और प्रकृति ने D. नदी के पानी ने

98. 'शरण' का अर्थ है :
A. मकान B. सुरक्षा
C. छाया D. वर्षा

99. बकरियाँ क्या खाती थीं?
A. पीपल के पत्ते
B. तरबूज
C. सब्जियाँ
D. घास और कँटीली पत्तियाँ

100. पीपल का पेड़ कितना पुराना था?
A. बीस वर्ष B. पचास वर्ष
C. पाँच वर्ष D. दस वर्ष

ANSWERS

1	2	3	4	5	6	7	8	9	10
B	B	D	B	B	C	B	C	C	D
11	**12**	**13**	**14**	**15**	**16**	**17**	**18**	**19**	**20**
A	D	B	C	B	B	D	B	A	C
21	**22**	**23**	**24**	**25**	**26**	**27**	**28**	**29**	**30**
B	B	D	B	D	C	B	A	A	A
31	**32**	**33**	**34**	**35**	**36**	**37**	**38**	**39**	**40**
B	C	A	B	D	A	A	A	C	D
41	**42**	**43**	**44**	**45**	**46**	**47**	**48**	**49**	**50**
A	B	C	B	C	B	C	B	C	B
51	**52**	**53**	**54**	**55**	**56**	**57**	**58**	**59**	**60**
A	B	C	C	A	B	D	B	B	B
61	**62**	**63**	**64**	**65**	**66**	**67**	**68**	**69**	**70**
B	C	C	D	D	B	B	B	C	C
71	**72**	**73**	**74**	**75**	**76**	**77**	**78**	**79**	**80**
D	A	C	D	C	C	C	B	C	D
81	**82**	**83**	**84**	**85**	**86**	**87**	**88**	**89**	**90**
A	D	C	A	C	C	A	D	C	C
91	**92**	**93**	**94**	**95**	**96**	**97**	**98**	**99**	**100**
B	A	D	B	A	D	C	B	D	B

EXPLANATORY ANSWERS

51. $\because$ $5.28 \times 0.8 = 4.224$

$\therefore$ $52.8 \times 0.8 = 42.24.$

52. 800 का $6\% = \frac{6}{100} \times 800 = 48.$

53. स्कूटर का क्रयमूल्य = 47,000 + 3,000 = ₹ 50,000

विक्रय मूल्य = ₹ 52,000

लाभ = 52000 − 50000 = ₹ 2000

$\%$ लाभ $= \frac{2000}{50000} \times 100 = 4\%.$

54. माना कि, मूलधन = P, मिश्रधन = 2P

साधारण ब्याज = 2P − P = P

$$\text{समय} = \frac{\text{साधारण ब्याज} \times 100}{\text{मूलधन} \times \text{दर}} = \frac{P \times 100}{P \times 10}$$

= 10 वर्ष

55. $32 = 2 \times 2 \times 2 \times 2 \times 2$

अतः 32 का अभाज्य गुणनखण्ड $2 \times 2 \times 2 \times 2 \times 2$ होगा।

56. 8, 16, 24 की सभी संख्याएँ 8 से विभाजित हो जाती हैं लेकिन 12 से नहीं। अन्य सभी विकल्पों की संख्याएँ 12 से विभाजित हो जाती हैं।

अतः सही विकल्प (B) है।

57. 1 →(×2)→ 2 →(×2)→ 4 →(×2)→ 8 →(×2)→ 16 →(×2)→ [32]

अतः अगला पद 32 होगा।

58. A. $2\frac{2}{5} = \frac{12}{5} = 2.4$

B. $22.5\% = \frac{225}{10 \times 100} = \frac{225}{1000} = 0.225$

C. $\frac{12}{5} = 2.4$

D. $2\frac{4}{10} = \frac{24}{10} = 2.4$

स्पष्टतः 22.5%, 2.4 के बराबर नहीं है।

59.

$$\begin{array}{r} 6.666 \\ 6.66 \\ +\ 6.06 \\ \hline 19.386 \end{array}$$

अतः 6.666, 6.66 तथा 6.06 का योग 19.386 होगा।

60. कमरे का क्षेत्रफल = लम्बाई × चौड़ाई

= 24 × 20 वर्ग मीटर

एक टाइल का क्षेत्रफल = 0.4 × 0.3 वर्ग मीटर

टाइलों की संख्या = $\frac{24 \times 20}{0.4 \times 0.3}$

$= \frac{24 \times 20 \times 10 \times 10}{4 \times 3} = 4000.$

61.

$$\begin{array}{l} 64\overline{)120(}\ 1 \\ \quad 64 \\ \hline \quad 56)\ 64\ (1 \\ \qquad 56 \\ \hline \qquad 8)56\ (7 \\ \qquad\ 56 \\ \hline \qquad\ \times \end{array}$$

$$\begin{array}{l} 8\overline{)144(}\ 18 \\ \ 8 \\ \hline \ 64 \\ \ 64 \\ \hline \ \times \end{array}$$

अतः 64, 120 तथा 144 का महत्तम समापवर्तक (HCF) = 8 है।

62. प्रश्नानुसार,

$\frac{[(A+5)\times 10]-8}{2} = 151$

$\Rightarrow$ 10A + 50 − 8 = 302

$\Rightarrow$ 10A + 42 = 302

$\Rightarrow$ 10A = 302 − 42 = 260

$\Rightarrow$ A = 26.

63. 23208 × 254 × 0 × 126 = 0

क्योंकि किसी भी संख्या को शून्य से गुणा करने पर शून्य होता है।

64. 30030, 30330, 30033 को बढ़ते क्रम में 30030, 30033, 30330 लिखा जाएगा।

अतः विकल्प (D) सही है।

65. 6 अंकों की सबसे बड़ी संख्या = 999999

6 अंकों की सबसे छोटी संख्या = 100000

अभीष्ट अन्तर = 999999 − 100000

= 899999.

66. 84, 140 तथा 70 का ल.स. (LCM) =

2	84,	140,	70
2	42,	70,	35
5	21,	35,	35
7	21,	7,	7
	3,	1,	1

ल.स. = 2 × 2 × 5 × 7 × 3 = 420.

67. 100 − 16 = 84

जब विक्रय मूल्य ₹ 84 है तब क्रय मूल्य = ₹ 100

जब विक्रय मूल्य ₹ 42,000 है तब क्रय मूल्य

$= \frac{100}{84} \times 42000 = 50000$

अतः कार का क्रय मूल्य = ₹ 50000.

68. दर $= \frac{7000 \times 100}{28000 \times 4} = \frac{25}{4} = 6\frac{1}{4}\%$

69. $\because$ 29 × 23 = 667

$\therefore$ 0.29 × 0.23 = 0.0667.

70. $\frac{1}{10} + \frac{11}{100} + \frac{111}{1000} = 0.1 + 0.11 + 0.111$

= 0.321

71. 7 → 14 → [28] → 56 → 112 (प्रत्येक ×2)

अतः 28 लुप्त संख्या है।

72. 13, 23 तथा 29 सभी अभाज्य संख्याएँ हैं।

73. 7.71 + 7.071 + 7.0071 + x = 21.79581

$\Rightarrow$ 21.7881 + x = 21.79581

$\Rightarrow$ x = 21.79581 − 21.7881

= 0.00771.

74. 204340 ÷ 17 = 12020.

75. 7 + 14 + 21 + 28 + 35 + 42 + 49

= 7 (1 + 2 + 3 + 4 + 5 + 6 + 7)

$= 7 \times \frac{7 \times 8}{2} = 196.$

पिछले प्रश्न-पत्र (हल सहित)

जवाहर नवोदय विद्यालय प्रवेश परीक्षा—2016*

कक्षा VI

खण्ड-I

मानसिक योग्यता परीक्षण

भाग-I

निर्देश (प्र.सं. 1-5) : *प्रत्येक प्रश्न में चार आकृतियाँ (A), (B), (C) तथा (D) दी गई हैं। इन चार आकृतियों में से तीन आकृतियाँ कुछ हद तक सदृश हैं तथा एक अलग। अलग आकृति को चुनिए।*

1. 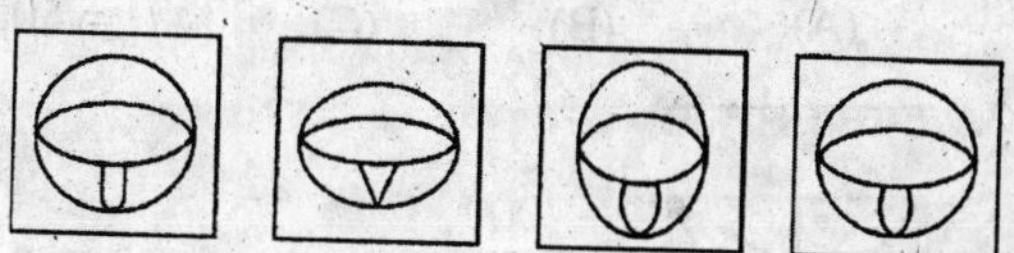

(A) (B) (C) (D)

2. 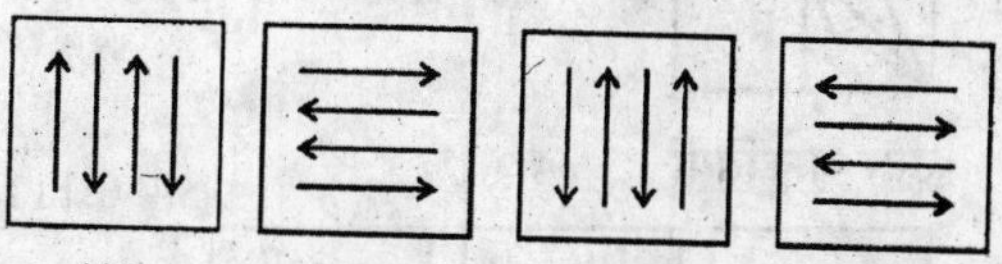

(A) (B) (C) (D)

3. 

(A) (B) (C) (D)

4. 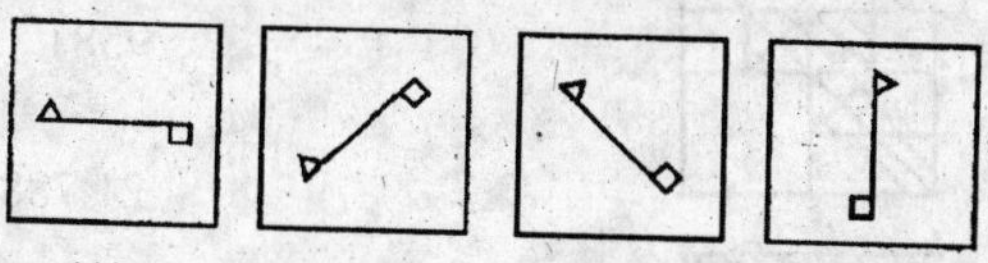

(A) (B) (C) (D)

5. 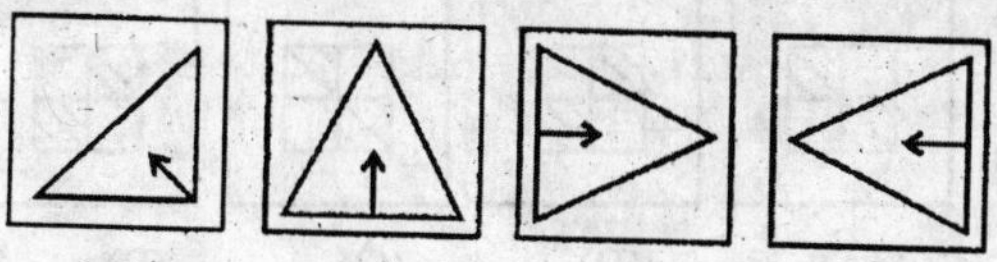

(A) (B) (C) (D)

भाग-II

निर्देश (प्र.सं. 6-10) : *प्रत्येक प्रश्न में एक समस्या आकृति तथा चार उत्तर आकृतियाँ (A), (B), (C) तथा (D) दी गई हैं। उस उत्तर आकृति को चुनिए, जों समस्या आकृति के बिल्कुल सदृश हो।*

6. समस्या आकृति

उत्तर आकृतियाँ

(A) (B) (C) (D)

7. समस्या आकृति

उत्तर आकृतियाँ

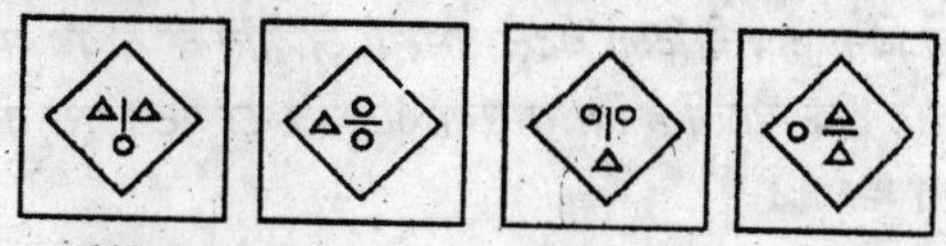

(A) (B) (C) (D)

8. समस्या आकृति

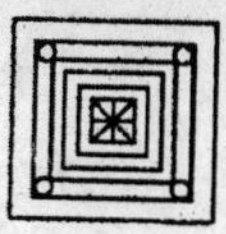

Held on 09-01-2016

उत्तर आकृतियाँ

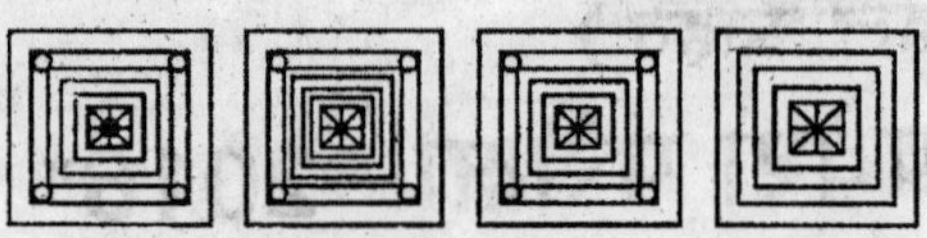

(A) (B) (C) (D)

9. समस्या आकृति

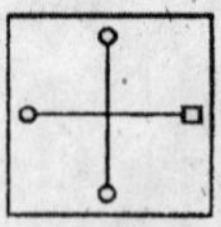

उत्तर आकृतियाँ

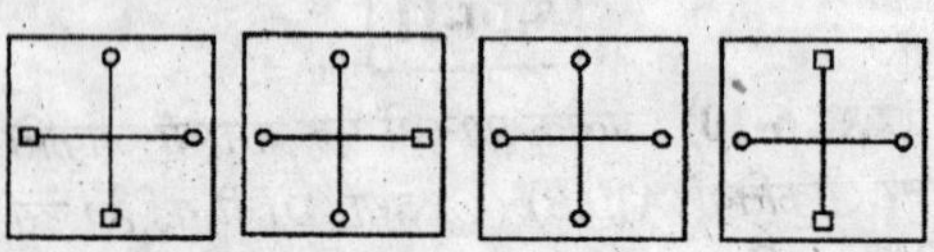

(A) (B) (C) (D)

10. समस्या आकृति

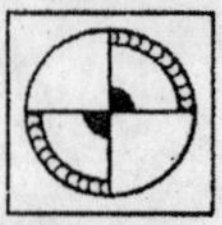

उत्तर आकृतियाँ

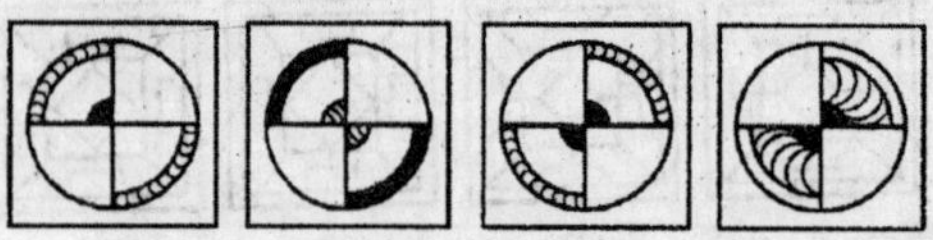

(A) (B) (C) (D)

भाग-III

निर्देश (प्र.सं. 11-15) : *प्रत्येक प्रश्न में एक समस्या आकृति दी गई है। इस आकृति का एक भाग गायब है। दी गई चार उत्तर आकृतियों (A), (B), (C) तथा (D) को देखकर उस आकृति को ढूँढ़िए जो बिना अपनी दिशा बदले समस्या आकृति के गायब भाग में इस तरह ठीक बैठती है कि समस्या आकृति का पैटर्न पूरी तरह बन जाता है।*

11. समस्या आकृति

उत्तर आकृतियाँ

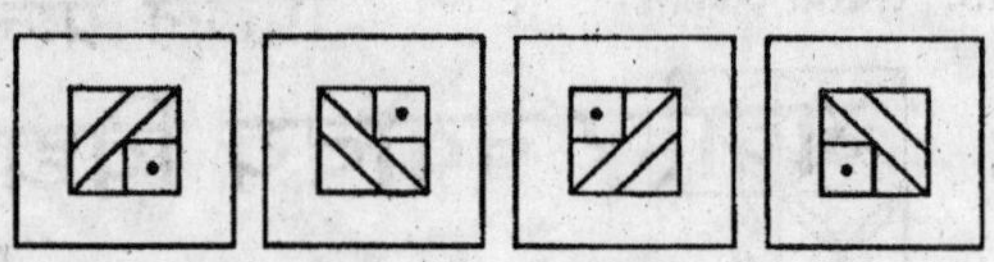

(A) (B) (C) (D)

12. समस्या आकृति

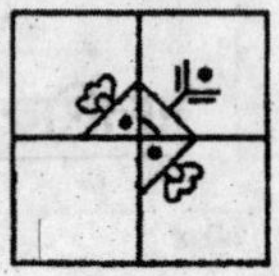

उत्तर आकृतियाँ

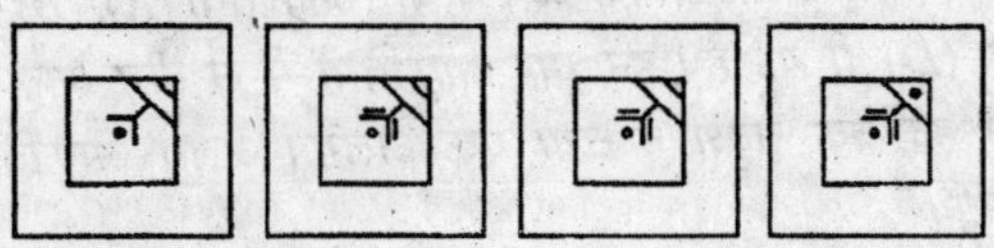

(A) (B) (C) (D)

13. समस्या आकृति

उत्तर आकृतियाँ

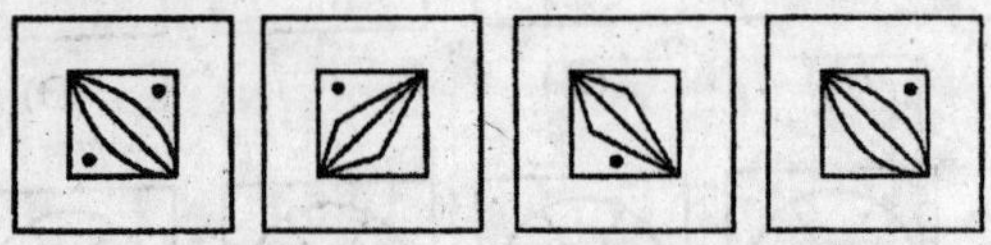

(A) (B) (C) (D)

14. समस्या आकृति

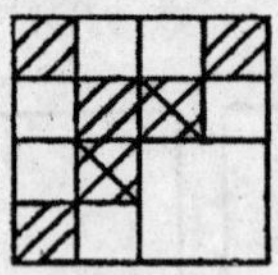

उत्तर आकृतियाँ

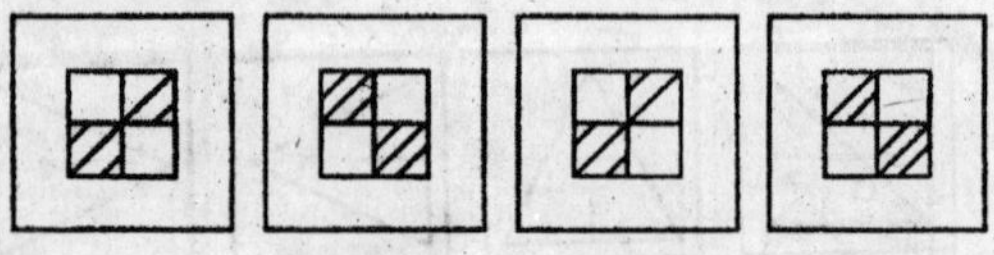

(A) (B) (C) (D)

15. समस्या आकृति

उत्तर आकृतियाँ

(A) (B) (C) (D)

भाग-IV

निर्देश (प्र.सं. 16-20) : *प्रत्येक प्रश्न में तीन समस्या आकृतियाँ दी गई हैं तथा चौथी के लिए स्थान रिक्त रखा गया है। दी गई उत्तर आकृतियों में से कौन-सी आकृति समस्या आकृति की शृंखला को पूरा करेगी?*

16. समस्या आकृतियाँ

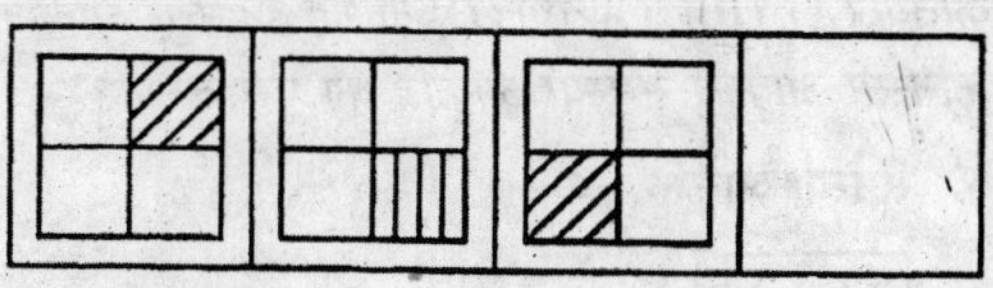

उत्तर आकृतियाँ

(A) (B) (C) (D)

17. समस्या आकृतियाँ

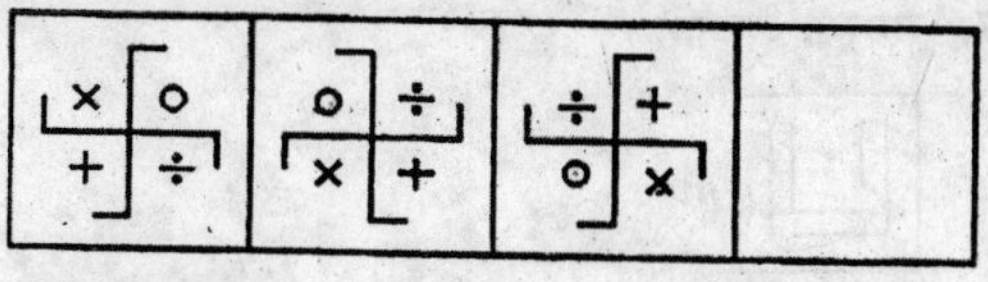

उत्तर आकृतियाँ

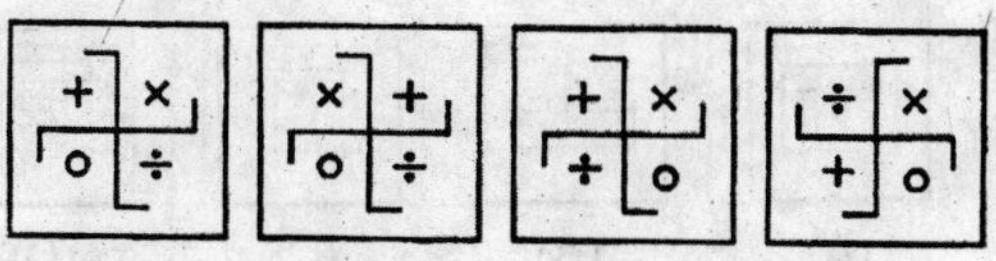

(A) (B) (C) (D)

18. समस्या आकृतियाँ

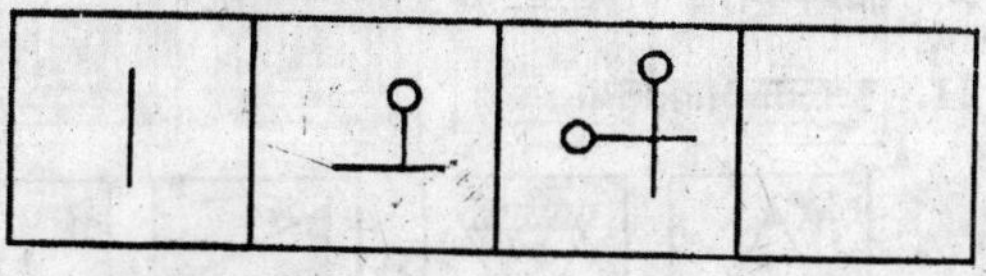

उत्तर आकृतियाँ

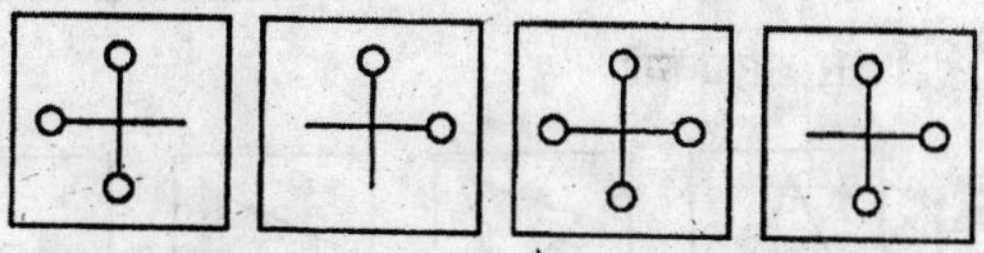

(A) (B) (C) (D)

19. समस्या आकृतियाँ

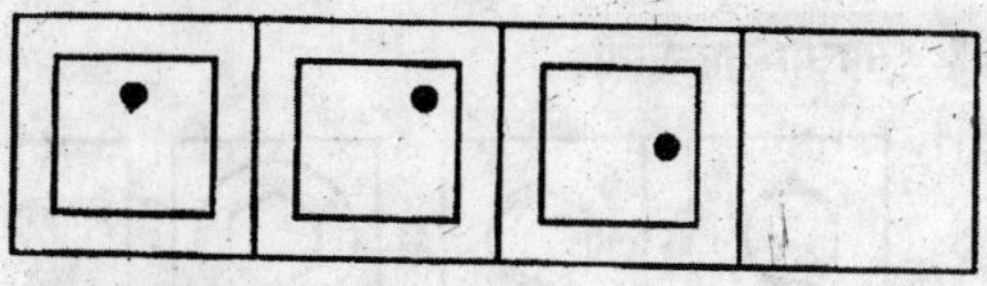

उत्तर आकृतियाँ

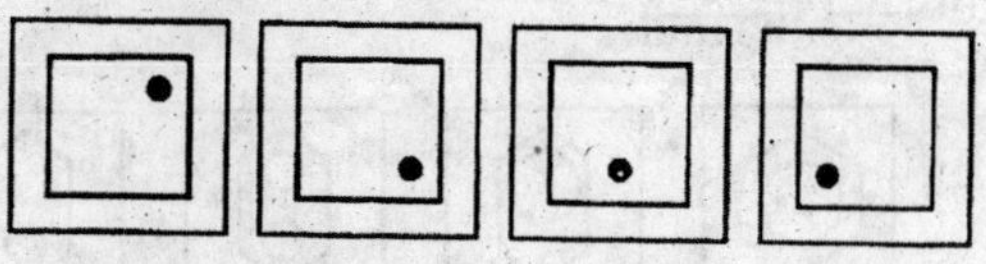

(A) (B) (C) (D)

20. समस्या आकृतियाँ

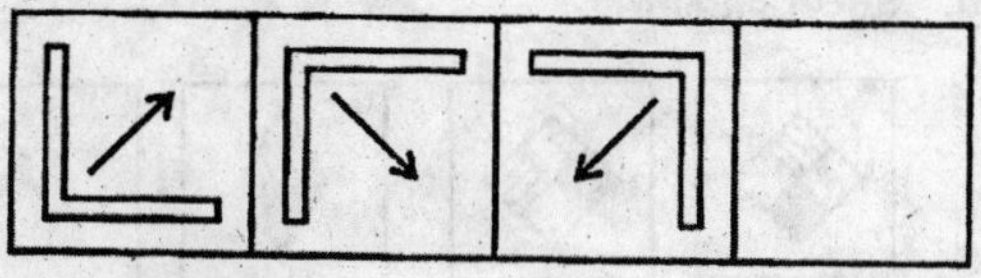

उत्तर आकृतियाँ

(A) (B) (C) (D)

भाग-V

निर्देश (प्र.सं. 21-25) : *नीचे दी गई समस्या आकृतियों में चौथे स्थान पर प्रश्नवाचक चिह्न (?) है। पहली दो समस्या आकृतियों में परस्पर एक सम्बन्ध है। इसी प्रकार तीसरी तथा चौथी समस्या*

आकृतियों के बीच भी वैसा ही सम्बन्ध होना चाहिए। उत्तर आकृतियों (A), (B), (C) तथा (D) में से वह आकृति चुनिए जो प्रश्नसूचक चिह्न वाले स्थान पर ठीक बैठ सके।

21. समस्या आकृतियाँ

उत्तर आकृतियाँ

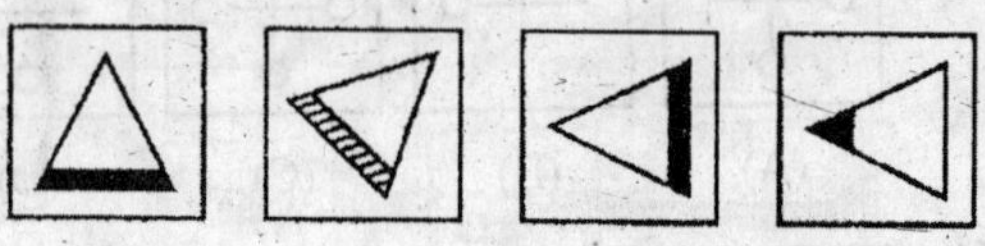

(A) (B) (C) (D)

22. समस्या आकृतियाँ

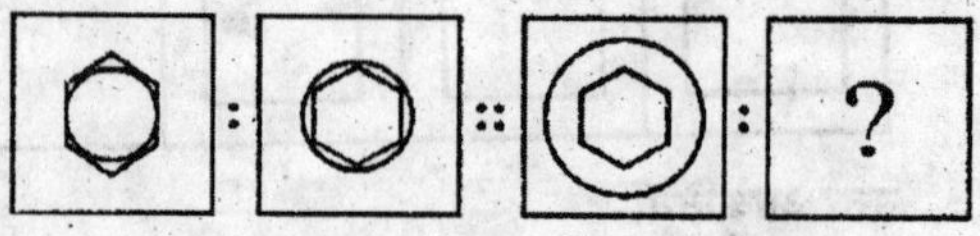

उत्तर आकृतियाँ

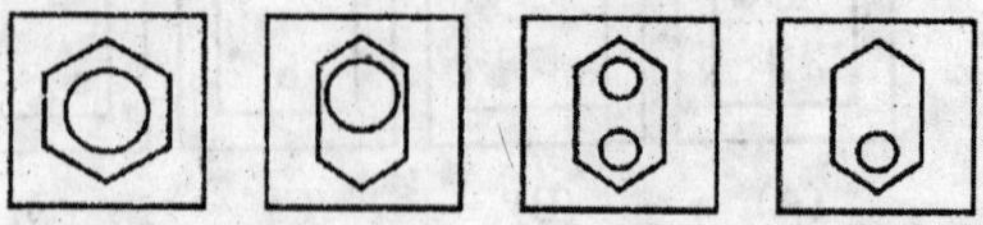

(A) (B) (C) (D)

23. समस्या आकृतियाँ

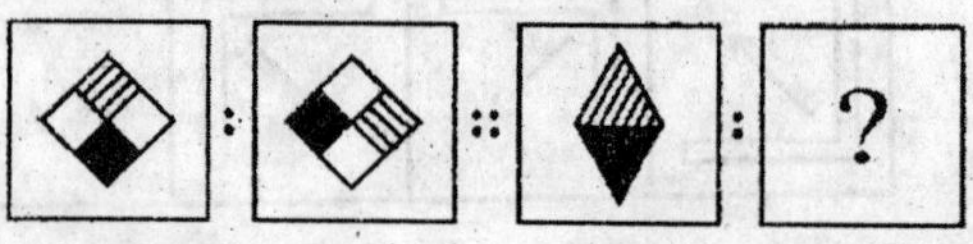

उत्तर आकृतियाँ

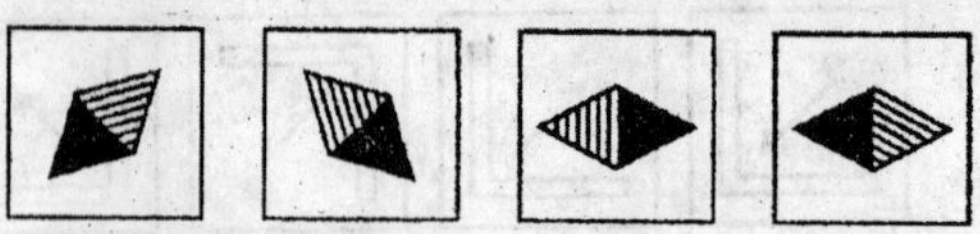

(A) (B) (C) (D)

24. समस्या आकृतियाँ

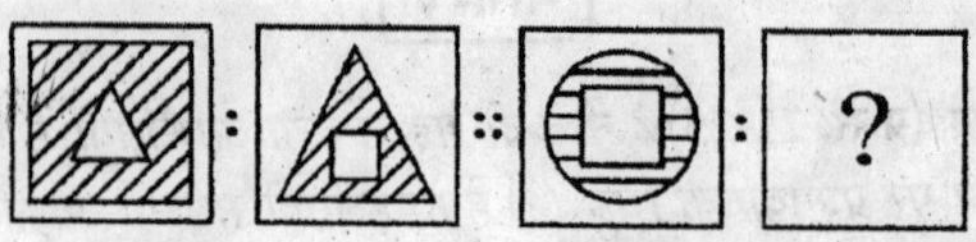

उत्तर आकृतियाँ

(A) (B) (C) (D)

25. समस्या आकृतियाँ

उत्तर आकृतियाँ

(A) (B) (C) (D)

भाग-VI

निर्देश (प्र.सं. 26-30) : *प्रत्येक प्रश्न में ज्यामितिक आकृति का एक भाग समस्या आकृति के रूप में दिया गया है और चार उत्तर आकृतियाँ (A), (B), (C) तथा (D) दी गई हैं। उत्तर आकृतियों में से कौन-सी आकृति समस्या आकृति को पूरा करेगी?*

26. समस्या आकृति

उत्तर आकृतियाँ

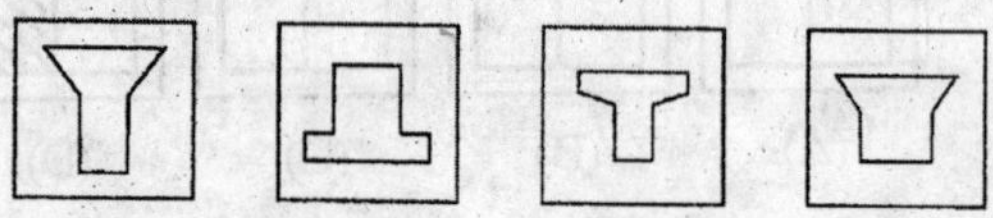

(A) (B) (C) (D)

27. समस्या आकृति

उत्तर आकृतियाँ

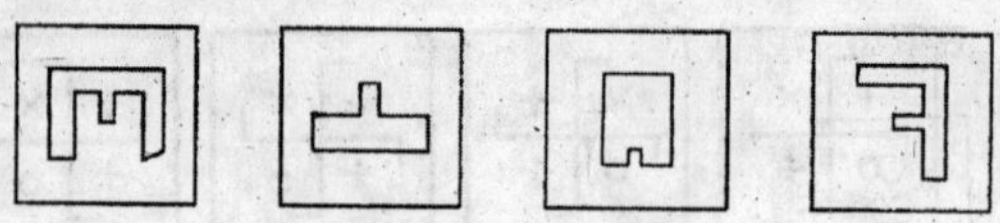

(A) (B) (C) (D)

28. समस्या आकृति

उत्तर आकृतियाँ

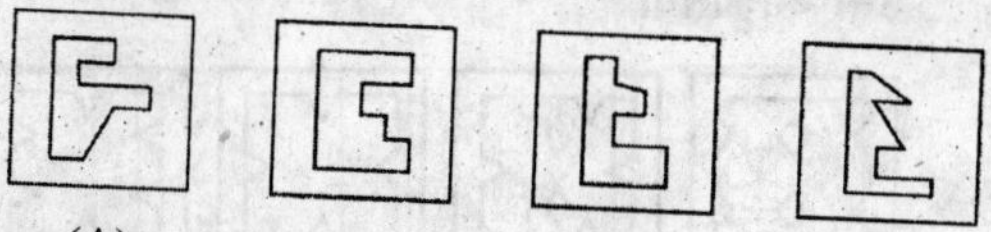

(A) (B) (C) (D)

29. समस्या आकृति

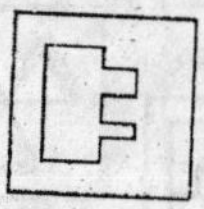

उत्तर आकृतियाँ

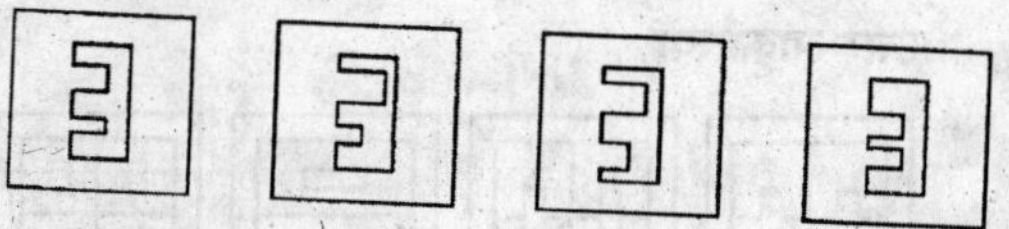

(A) (B) (C) (D)

30. समस्या आकृति

उत्तर आकृतियाँ

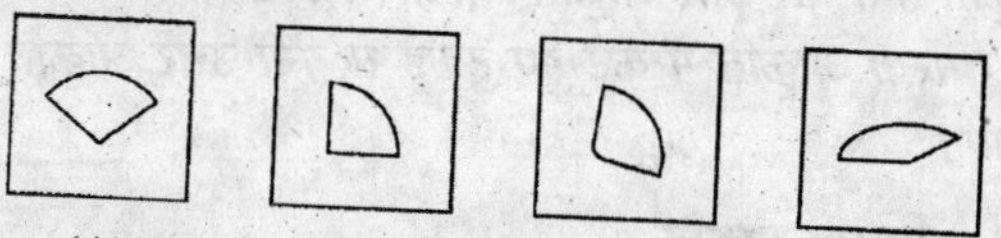

(A) (B) (C) (D)

भाग-VII

निर्देश (प्र.सं. 31-35) : *निम्नलिखित प्रश्नों में समस्या आकृति की दर्पण आकृति, दी गई चार उत्तर आकृतियों (A), (B), (C) तथा (D) में से कौन-सी होगी जब दर्पण को X, Y रेखा पर रखा गया हो?*

31. समस्या आकृति

उत्तर आकृतियाँ

(A) (B) (C) (D)

32. समस्या आकृति

उत्तर आकृतियाँ

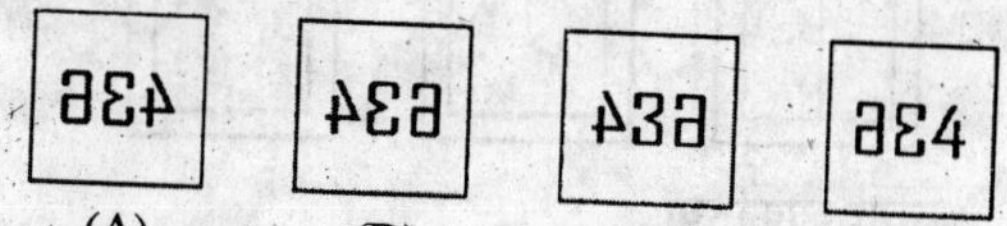

(A) (B) (C) (D)

33. समस्या आकृति

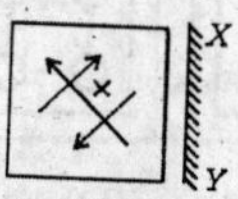

उत्तर आकृतियाँ

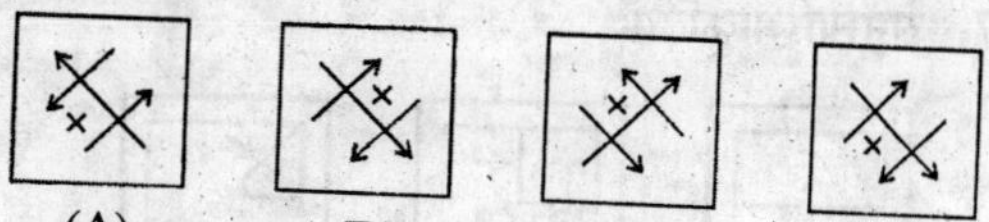

(A) (B) (C) (D)

34. समस्या आकृति

उत्तर आकृतियाँ

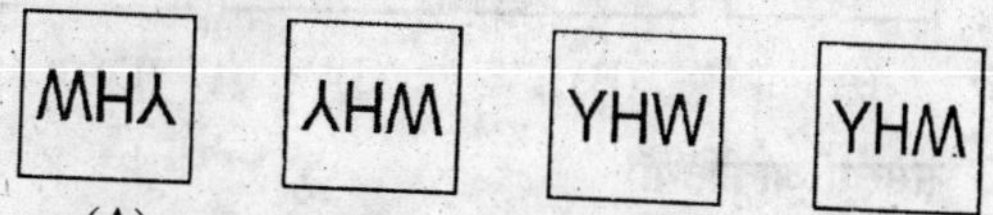

(A) (B) (C) (D)

35. समस्या आकृति

उत्तर आकृतियाँ

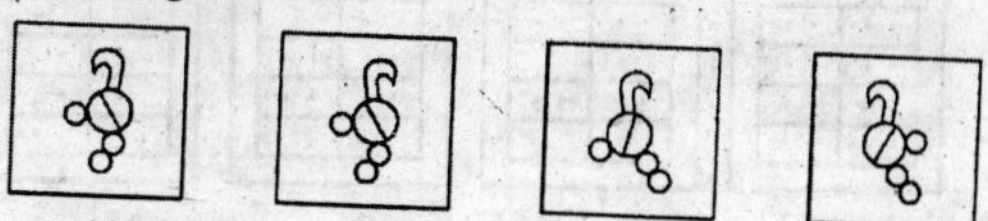

(A) (B) (C) (D)

भाग-VIII

निर्देश (प्र.सं. 36-40) : *निम्नलिखित प्रश्नों में कागज के एक टुकड़े को मोड़ा जाता है और पंच भी किया जाता है जैसा कि समस्या आकृतियों में दिखाया गया है। चार उत्तर आकृतियाँ (A), (B), (C) तथा (D) दी गई हैं, कागज को खोलने के बाद वह किस उत्तर आकृति जैसा दिखाई देगा?*

36. समस्या आकृतियाँ

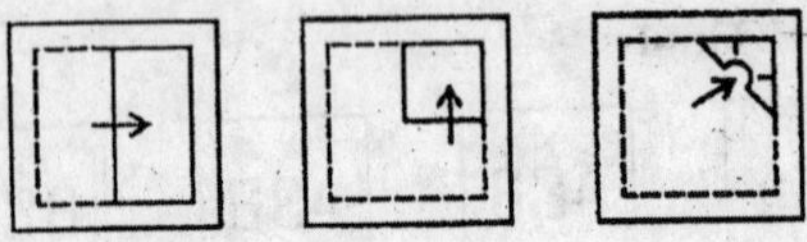

उत्तर आकृतियाँ

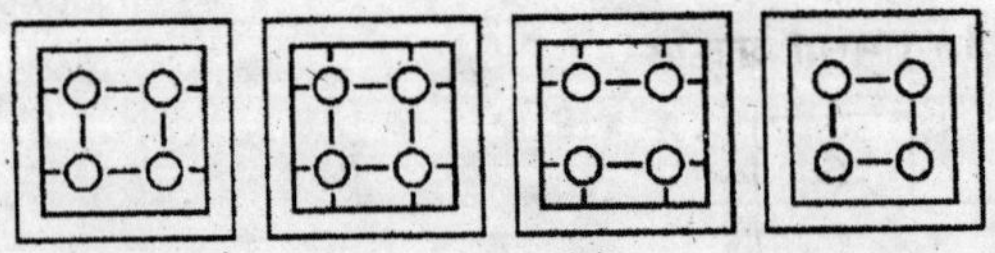

(A) (B) (C) (D)

37. समस्या आकृतियाँ

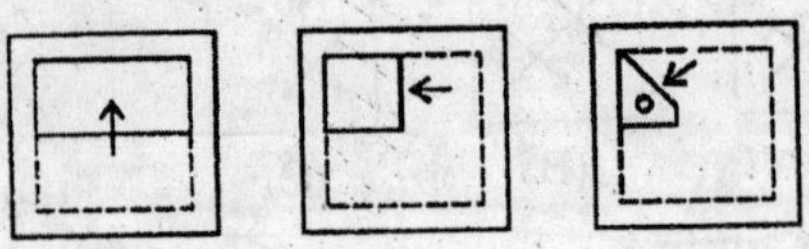

उत्तर आकृतियाँ

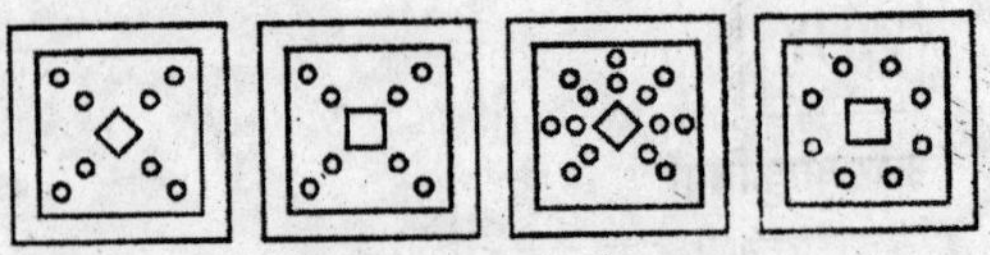

(A) (B) (C) (D)

38. समस्या आकृतियाँ

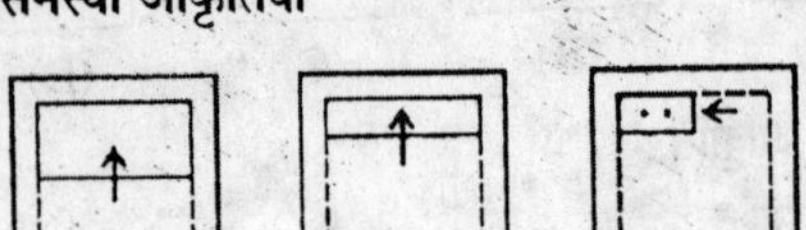

उत्तर आकृतियाँ

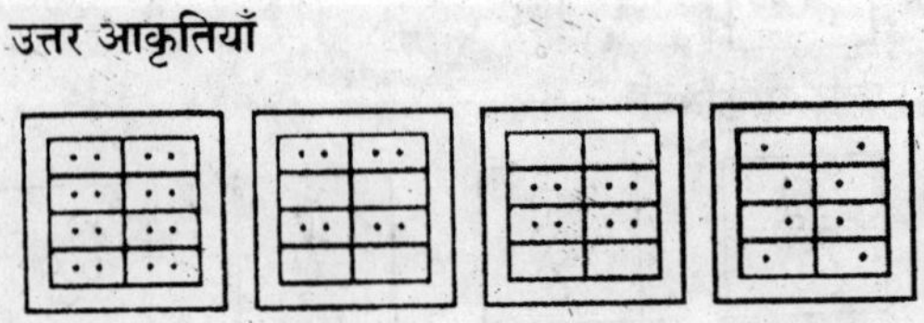

(A) (B) (C) (D)

39. समस्या आकृतियाँ

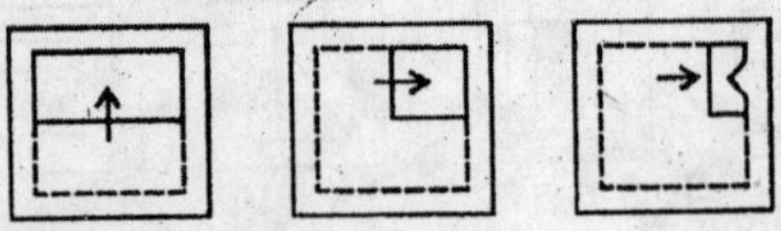

उत्तर आकृतियाँ

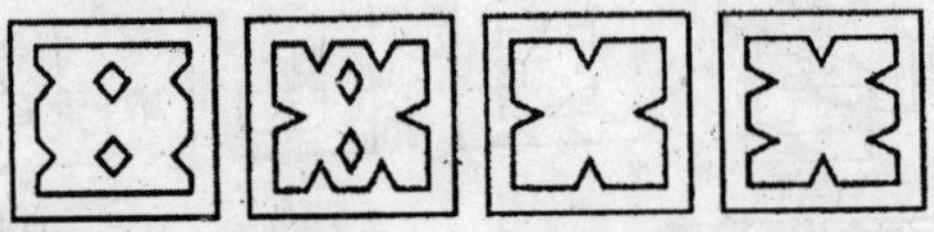

(A) (B) (C) (D)

40. समस्या आकृतियाँ

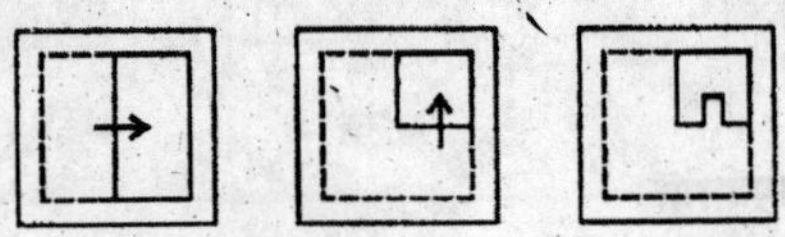

उत्तर आकृतियाँ

(A) (B) (C) (D)

भाग-IX

निर्देश (प्र.सं. 41-45) : *निम्नलिखित प्रश्नों में एक समस्या आकृति तथा चार उत्तर आकृतियाँ (A), (B), (C) तथा (D) दी गई हैं। समस्या आकृति में कटे हुए टुकड़े से बनी उत्तर आकृति को चुनिए।*

41. समस्यां आकृति

उत्तर आकृतियाँ

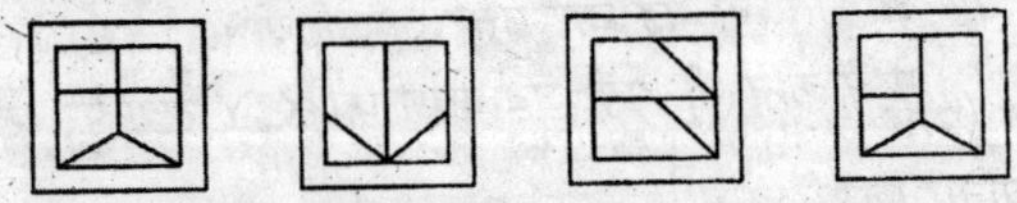

(A) (B) (C) (D)

42. समस्या आकृति

उत्तर आकृतियाँ

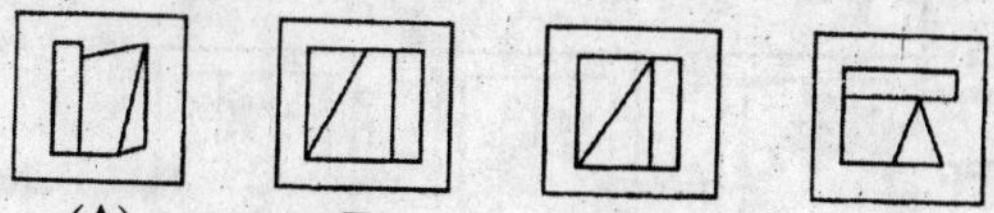

(A) (B) (C) (D)

43. समस्या आकृति

उत्तर आकृतियाँ

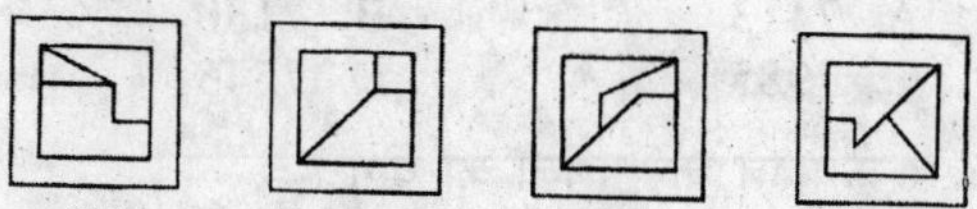

(A) (B) (C) (D)

44. समस्या आकृति

उत्तर आकृतियाँ

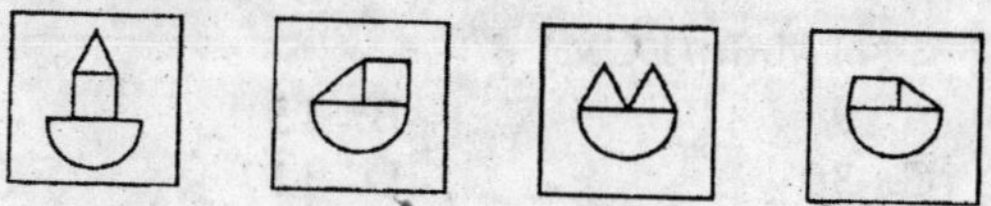

(A) (B) (C) (D)

45. समस्या आकृति

उत्तर आकृतियाँ

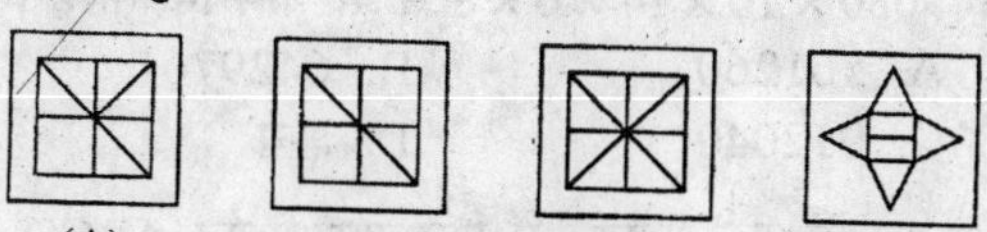

(A) (B) (C) (D)

भाग-X

निर्देश (प्र.सं. 46-50) : *निम्नलिखित प्रश्नों में उस उत्तर आकृति को चुनिए जिसमें समस्या आकृति निहित है।*

46. समस्या आकृति

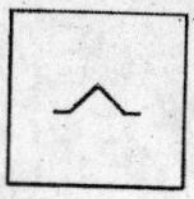

उत्तर आकृतियाँ

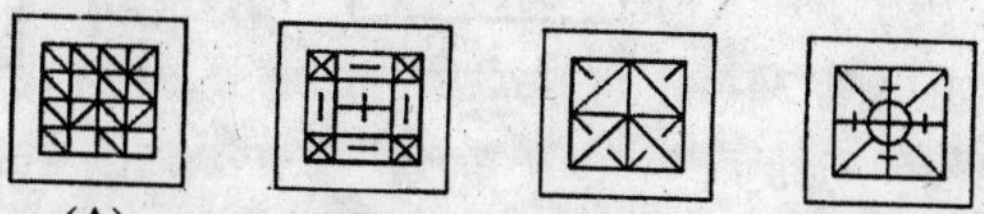

(A) (B) (C) (D)

47. समस्या आकृति

उत्तर आकृतियाँ

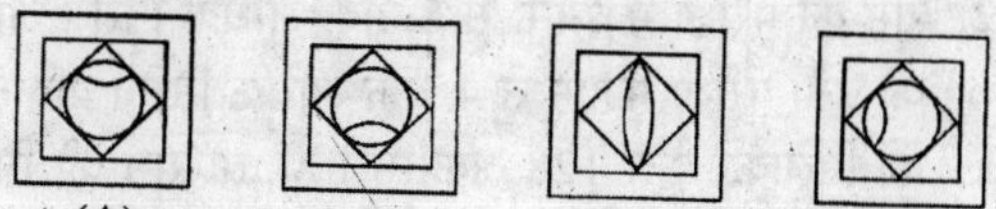

(A) (B) (C) (D)

48. समस्या आकृति

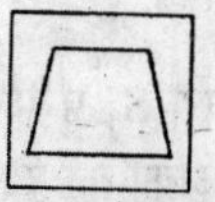

उत्तर आकृतियाँ

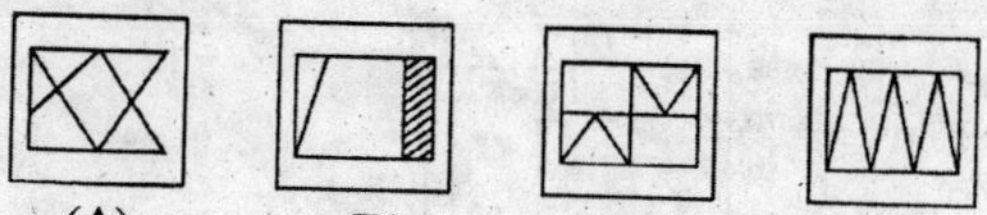

(A) (B) (C) (D)

49. समस्या आकृति

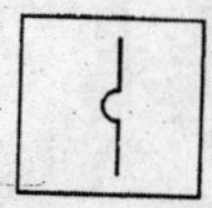

उत्तर आकृतियाँ

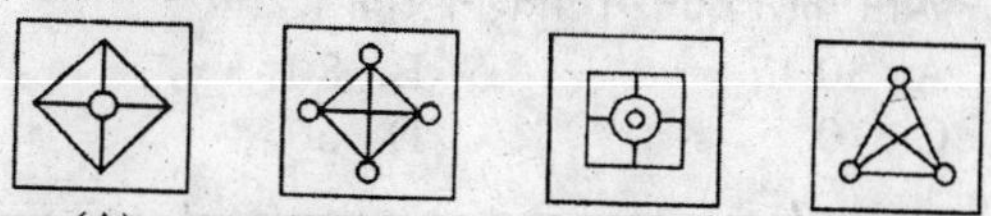

(A) (B) (C) (D)

50. समस्या आकृति

उत्तर आकृतियाँ

(A) (B) (C) (D)

खण्ड-II

अंकगणित

निर्देश : *सही उत्तर का चयन कीजिए।*

51. यदि बिस्कुटों के 12 पैकेटों का मूल्य ₹ 240 है, तो बिस्कुटों के 8 पैकेटों का मूल्य होगा :

A. ₹ 160 B. ₹ 140
C. ₹ 120 D. ₹ 240

52. राम को परीक्षा में श्याम से 8 अंक अधिक मिले। अनिल को उसी परीक्षा में राम से 4 अंक अधिक मिले। यदि तीनों को मिलाकर कुल 128 अंक मिले हों, तो राम को मिलने वाले अंक हैं :

A. 36 B. 44
C. 48 D. 54

53. नीचे दिए गए दण्ड चार्ट, जो कि श्याम द्वारा S_1 परीक्षा में विभिन्न विषयों में 100 अंकों में से प्राप्त अंकों को दर्शाता है, का अध्ययन कीजिए :

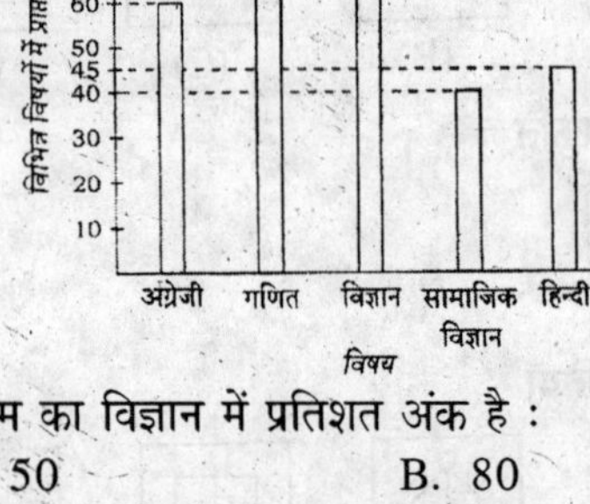

श्याम का विज्ञान में प्रतिशत अंक है :

A. 50 B. 80
C. 70 D. 60

54. एक गैराज में सोमवार से शुक्रवार तक जितनी कारें धुलाई तथा रिपेयर के लिए आईं, को नीचे दिए गए चित्रलेख में दर्शाया गया है :

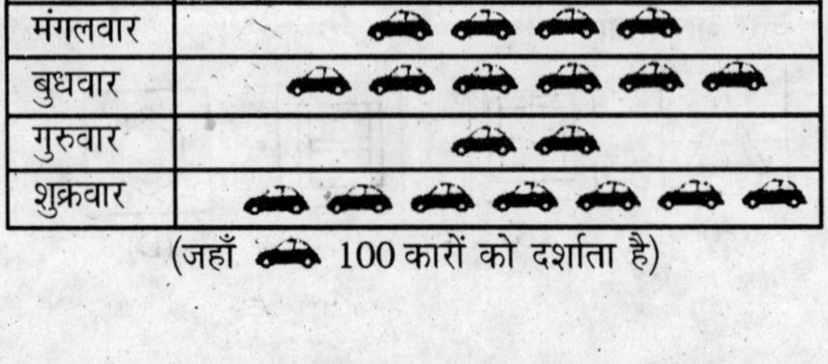

(जहाँ 🚗 100 कारों को दर्शाता है)

बुधवार को धुलाई तथा रिपेयर के लिए आई कारों की संख्या है :

A. 700 B. 600
C. 400 D. 300

55. निम्न में से सबसे छोटी संख्या कौन-सी है?

A. 7413 B. 7130
C. 7985 D. 7545

56. 6 के पहले चार गुणजों का योग है :

A. 66 B. 56
C. 72 D. 60

57. 128, 288 तथा 160 का म.स. (HCF) है :

A. 16 B. 24
C. 32 D. 48

58. यदि दो सहअभाज्य संख्याओं का गुणनफल 117 है, तो उनका ल.स. (LCM) है :

A. 9 B. 13
C. 39 D. 117

59. 1 कि.मी. की एक दौड़ प्रतियोगिता में A, B को 36 मी. या 18 सेकण्ड से हराता है। A ने पूरी दूरी तय करने में कितना समय (सेकण्ड में) लिया?

A. 500 B. 582
C. 460 D. 482

60. $9680 \times 10 \times 14 \times 0 \times 8$ से परिणाम मिलता है :

A. 561260 B. 642976
C. 912040 D. शून्य

61. नीचे दी गई आकृति में दिए गए आयत ABCD की लम्बाई AB कितनी है?

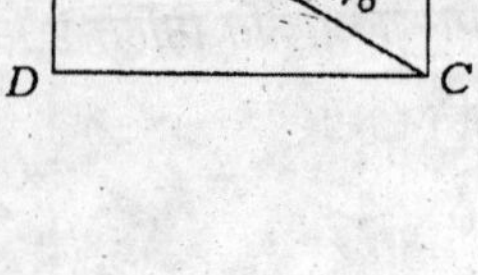

A. 8 सेमी.
B. 10 सेमी.
C. 12 सेमी.
D. 16 सेमी.

62. यदि

$4.75 \times 0.7 = 3.325$ है, तो 475×0.7 बराबर है :

A. 332.5
B. 33.25
C. 3.325
D. 0

63. यदि $4854.3 \div 3.3 = 1471$ है, तो $48.543 \div 33$ किसके बराबर है?

A. 1.471
B. 14.71
C. 147.1
D. 0.1471

64. 26.2% बराबर है :

A. 2.62
B. 0.262
C. 0.0262
D. 262.0

65. एक सेल फोन ₹ 1,500 में खरीदकर ₹ 1,650 में बेचा गया। प्रतिशत लाभ क्या है?

A. 10%
B. 15%
C. 20%
D. 16%

66. वह दर, जिस पर ₹ 17,500 की राशि साधारण ब्याज पर 2 वर्षों में ₹ 19,250 हो जाएगी, है :

A. 12½%
B. 10%
C. 7½%
D. 5%

67. श्रेणी

3, 4, 6, 9, 13, ... का अगला पद है :

A. 18
B. 17
C. 14
D. 19

68. 6-अंकीय छोटी-से-छोटी संख्या तथा 4-अंकीय बड़ी-से-बड़ी संख्या में अंतर है :

A. 90001
B. 91000
C. 90100
D. 90010

69. 56 तथा 84 दोनों के लिए निम्न में से कौन-सा सत्य है?

A. दोनों अभाज्य संख्याएँ हैं
B. दोनों सहअभाज्य संख्याएँ हैं
C. दोनों 14 के गुणज हैं
D. दोनों विषम संख्याएँ हैं

70. राम ने एक पुस्तक ₹ 178.50 में, ₹ 248.25 की दवाइयाँ खरीदकर ₹ 500 का नोट दुकानदार को दिया। शेष बची राशि है :

A. ₹ 126.50
B. ₹ 70.50
C. ₹ 75.50
D. ₹ 73.25

71. एक हॉल की विमाएँ 20 मी. × 12 मी. हैं। 4 मी. भुजा वाली वर्गाकार टाइलों की संख्या, जिनसे फर्श पाटा जा सके, है

A. 10
B. 15
C. 24
D. 12

72. निम्न आकृति का क्षेत्रफल क्या है?

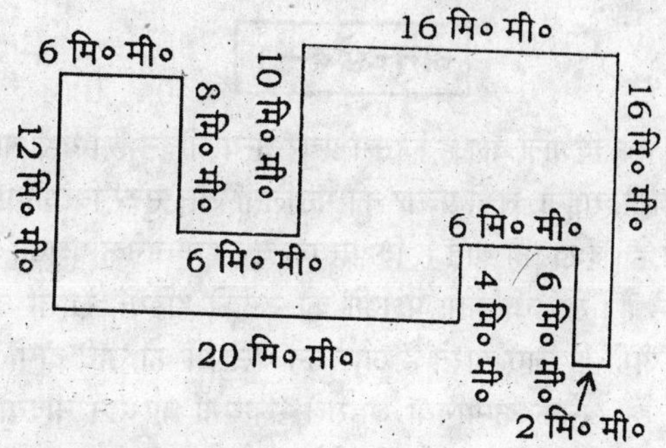

A. 240 वर्ग मि.मी.
B. 280 वर्ग मि.मी.
C. 300 वर्ग मि.मी.
D. 440 वर्ग मि.मी.

73. एक बस 9:45 बजे प्रातः 80 कि.मी./घंटा की चाल से चली। वह अपने गंतव्य, जो 300 कि.मी. दूर है, पर कितने बजे पहुँचेगी?

A. 12 बजे दोपहर
B. 12:30 बजे दोपहर बाद
C. 1:30 बजे दोपहर बाद
D. 2:45 बजे दोपहर बाद

74. 12 पुरुष अथवा 15 स्त्रियाँ एक कार्य को 10 दिनों में समाप्त कर सकते हैं। उसी काम को 7 पुरुष तथा 10 स्त्रियाँ मिलकर कितने दिनों में समाप्त करेंगे?

A. 12
B. 10
C. 9
D. 8

75. एक पानी की टंकी, जिसकी पूरी भरी होने पर, धारिता 36 कि. ली. है, आधी भरी है। यदि उसमें से $\frac{1}{3}$ भाग पानी निकाल लिया गया हो, तो और कितना पानी (कि.ली. में) डालने पर वह पूरा भर जाएगा?

A. 24
B. 21
C. 18
D. 15

खण्ड-III: भाषा

निर्देश (प्र.सं. 76-100) : *इस खण्ड में पाँच अनुच्छेद हैं। प्रत्येक अनुच्छेद में पाँच प्रश्न हैं। प्रत्येक अनुच्छेद को सावधानी से पढ़िए और उसके नीचे दिए गए प्रश्नों के उत्तर दीजिए।*

अनुच्छेद–1

भारत एक विशाल देश है जिसमें प्रचुर वन्य जीवन है। यहाँ बाघ, शेर, हाथी, राइनो, सभी प्रकार की मछलियाँ और सुंदर विदेशी पक्षी मिलते हैं। दुःख की बात है कि प्रत्येक वर्ष हम अनेक पशुओं को खो रहे हैं। लालची लोग पशुओं को उनकी हड्डियों, खालों और अन्य अंगों के लिए मारते हैं और उन वस्तुओं को ऊँचे दामों पर बेचते हैं। अनेक कम्पनियाँ जहरीले रसायनों को उन नदियों में बहने देती हैं जिनमें पशु पानी पीने आते हैं। साथ ही वृक्षों को काटकर हम वन्य क्षेत्र को घटा रहे हैं जो उनका प्राकृतिक घर होता है। यदि हमने यह नहीं रोका तो हम अपने पृथ्वी ग्रह के पारिस्थितिकी-तंत्र को क्षति पहुँचाएँगे। हमें अपनी मूल्यवान विरासत की रक्षा करने के लिए सभी प्रयत्न करने चाहिए।

76. 'मूल्यवान विरासत' किसे कहा गया है?

A. शेर B. बाघ
C. संपूर्ण वन्य जीवन D. पक्षी

77. अनुच्छेद में पशुओं को खोने के .... कारण दिए गए हैं।

A. दो B. तीन
C. चार D. पाँच

78. लेखक आग्रह कर रहा है :

A. पशुओं को मारने के लिए
B. वृक्षों को काटने के लिए
C. पशुओं के व्यापार के लिए
D. वन्य जीवन की रक्षा के लिए

79. 'पारिस्थितिकी-तंत्र' शब्द का प्रयोग तब होता है जब हम बात करते हैं :

A. हमारे पर्यावरण की
B. मौसम की
C. किसी वैज्ञानिक विधि की
D. जलवायु की

80. 'यदि हमने यह नहीं रोका'–यहाँ 'यह' शब्द किसके लिए प्रयुक्त हुआ है?

A. पशुओं को मारना
B. वृक्षों को काटना
C. अपने पर्यावरण को बिगाड़ना
D. भवनों को नष्ट करना

अनुच्छेद–2

चींटियाँ दुनिया की कुछ सबसे प्रबल कीटों में गिनी जाती हैं। उन्हें कभी न थकने वाली, सहयोगी और स्वामिभक्त मजदूर माना जाता है। भारत के कुछ भागों में यह विश्वास है कि अगर कोई चींटियों को कुछ खिलाता है तो संपन्न हो जाता है। कुछ लोग प्रातःकाल चींटियों की बस्तियों के निकट शक्कर रख देते हैं जिसे दान का ऐसा कार्य माना जाता है जिससे उनका दिन सौभाग्यशाली बना रहे।

अमेरिका के आदिवासी विश्वास करते हैं कि मनुष्यों ने चींटियों से बहुत-कुछ सीखा। उन्होंने सर्दियों में खाने के लिए गर्मियों में भोजन संग्रह कर लेना उनके सीखा। चींटियों ने हमें सिखाया कि कैसे गर्मियों में ठंडे रहें और सर्दियों में गर्म। हमने चाहे सीखा हो या नहीं, चींटियों ने हमें शांति और सहयोग का पाठ पढ़ाया है।

81. चींटियाँ दुनिया की .... कीट मानी जाती हैं?

A. प्रबल
B. सहायक
C. लोभी
D. विनोदी

82. चींटियों को खिलाने वाले लोग होते हैं :

A. दानी
B. सहयोगी
C. ईमानदार
D. धनी

83. 'दान' एक कार्य है जिसमें .... निहित है।

A. माँगना B. लेना
C. पूछना D. देना

84. अमेरिकी मूल निवासियों के अनुसार, चींटियों ने मनुष्य को सिखाया :

A. जाड़ों में खाना कैसे इकट्ठा करें
B. गर्मियों में ठंडे कैसे बने रहें
C. शत्रुओं से कैसे लड़ें
D. अच्छा भाग्य कैसे बनाएँ

85. 'संपन्न' शब्द का अर्थ है

A. राजभक्त
B. सहयोगी
C. धनी
D. निर्धन

अनुच्छेद – 3

तानसेन को भारत का महानतम संगीतकार कहा जाता है। यह माना जाता है कि उत्तर भारत में उसी ने शास्त्रीय संगीत का परिचय कराया था। तानसेन ने अपने गुरु हरिदास स्वामी से संगीत सीखा। उसे संगीत के प्रति बहुत लगाव था। वह अकबर महान के दरबार के नवरत्नों में से एक था।

तानसेन अपनी कला में इतना निपुण था कि वह अपने गायन से चमत्कार कर सकता था। कहा जाता है कि वह मेघ मल्हार राग गाकर वर्षा करा सकता था। इसी प्रकार दीपक राग गाकर वह दिये जला सकता था। ऐसा कोई नहीं था जो उससे अच्छा प्रदर्शन कर सकता हो। अकबर उसकी कला से इतना प्रसन्न हुआ कि उसने उसे 'मियाँ' की उपाधि दे दी।

संगीत की दुनिया में तानसेन का योगदान अमूल्य है। आज भी विश्व के अग्रणी गायकों और संगीतकारों द्वारा उसे पूजा जाता है।

86. पहले वाक्य में आए 'महानतम' शब्द का अर्थ है :

A. तानसेन से अच्छा कोई नहीं है
B. अन्य लोग हैं जो तानसेन से अच्छे हैं
C. तानसेन सबसे अच्छों में से हैं
D. तानसेन महान मानव हैं

87. 'बहुत लगाव' का आशय है :

A. बहुत ज्ञान
B. बहुत सृजन
C. बहुत प्यार
D. बहुत सम्मान

88. तानसेन के संगीत को श्रेष्ठ कहा जाता है, क्योंकि :

A. वह अनेक रागों को गा सकता था
B. वह महान मनोविनोद करने वाला था
C. उस जैसा शास्त्रीय संगीत कोई नहीं बजा सकता था
D. वह अपने संगीत से चमत्कार कर सकता था

89. उसे 'मियाँ' या 'नवरत्न' की उपाधि देकर सम्राट अकबर प्रदर्शित कर रहा था

A. उदारता
B. प्रशंसा
C. क्रोध
D. संपन्नता

90. किस राग को गाने से तानसेन दिये जला सकता था?

A. मियाँ की तोड़ी
B. दीपक राग
C. मेघ मल्हार
D. अग्नि राग

अनुच्छेद – 4

मेरे पिता, मेरी छोटी बहन और मैं एक बड़ी पिकनिक मनाने एक पार्क में गए। पार्क में हमें एक बड़ा-सा गुब्बारा दिखाई पड़ा। इसे गर्म हवा का गुब्बारा कहा जाता है। इसमें बहुत सारे रंग थे। इसके नीचे एक बड़ा-सा टोकरा लगा था। गर्म हवा के गुब्बारे की लोग सवारी कर सकते हैं। यह आकाश में ऊँचा उठ गया। जब यह ऊँचे आसमान में गया तो मेरी बहन रोमांचित हो गई।

मेरी बहन गुब्बारे की सवारी करना चाहती थी। उस बड़े गुब्बारे की सवारी के लिए वह बहुत छोटी थी। मेरे पिताजी ने उसके खेलने के लिए एक छोटा लाल गुब्बारा उसे खरीद कर दिया। उसे छोटा लाल गुब्बारा पसंद आ गया।

91. कहानी सुनाने वाले ने बड़ा-सा गुब्बारा कहाँ देखा?

A. बाजार में
B. स्कूल में
C. पार्क में
D. स्टोर में

92. गुब्बारे के बारे में कौन-सा कथन सबसे उपयुक्त है?

A. एक रंगबिरंगा गुब्बारा
B. एक गर्म हवा का गुब्बारा
C. एक बड़ा-सा गुब्बारा
D. एक छोटा लाल गुब्बारा

93. बहन गर्म हवा के गुब्बारे में क्यों नहीं बैठ सकी?
A. गुब्बारा बहुत छोटा था
B. वह बहुत छोटी थी
C. गर्म हवा के गुब्बारे में भीड़ थी
D. उसे छोटा लाल गुब्बारा पसंद था

94. पिता ने लड़की के लिए एक छोटा लाल गुब्बारा क्यों खरीदा?
A. वह रो रही थी
B. वह गर्म हवा के गुब्बारे की सवारी नहीं कर सकी
C. लाल गुब्बारे को देखकर वह रोमांचित हो गई थी
D. सबसे सस्ता गुब्बारा यही मिला था

95. 'रोमांचित' शब्द का अर्थ है
A. भयभीत
B. उत्तेजित
C. रुचिकर
D. जिज्ञासु

अनुच्छेद – 5

मोहित को भोजन से बड़ा प्यार था। वह कुछ भी ठूँसकर खा जाता था। जब वह सारे चुपड़े पराठे ढेर सारे मक्खन के साथ मुँह में डालता तो उसकी माँ मुस्कराती थी। लेकिन मोहित की बहन मीता अधिक नहीं खाती थी। जब उनकी माँ उन्हें फास्ट फूड के रेस्तराँ में ले जाती तो मोहित पिज्जा, बर्गर और फ्रेंच फ्राइज की दावत उड़ाता। उसके बाद वह कभी एक आइसक्रीम खाता या कभी दो! किंतु मीता अपने पहले ही बर्गर को कठिनता से निपटा रही होती। माँ सोचती, "काश, मीता भी मोहित की भाँति खाती होती।" एक दिन मोहित बहुत बीमार पड़ गया। जब डॉक्टर ने मोहित से पूछा कि तुमने क्या खाया, मोहित की माँ ने बड़े गर्व से कहा, "मेरा बेटा तो जो भी मैं उसके सामने रखती हूँ उसे खा जाता है।" यह सुनकर कि उसने क्या-क्या खाया–डॉक्टर चकित हो गया। डॉक्टर ने उसका ध्यानपूर्वक परीक्षण किया और कहा, "मोहित जो खाता है, वे सब चीजें ठीक नहीं हैं।" उसने मोहित की माँ से कहा, "उसे बहुत-से ताजे फल, हरी सब्जियाँ और अनाज दीजिए। कोई कैंडी, टॉफी या चॉकलेट न दें। उसके दाँत देखिए! सबमें कीड़े लग चुके हैं।"

96. मोहित की माँ उसके बारे में प्रसन्न क्यों थी?
A. मोहित अपनी बहन जैसा था
B. मोहित कुछ भी खा लेता था
C. मोहित को फास्ट फूड प्रिय था
D. मोहित माँ का कहना मानता था

97. मोहित की माँ चाहती थी कि :
A. मोहित अधिक खाए
B. मीता डॉक्टर से मिले
C. मोहित कम खाए
D. मीता मोहित की भाँति खाए

98. डॉक्टर ने मोहित की माँ को कहा कि :
A. मीता को अधिक खाना चाहिए
B. मोहित सारी गलत चीजें खा रहा था
C. मोहित को सिर्फ बर्गर और कैंडी खानी चाहिए
D. मीता को मोहित जैसा होना चाहिए

99. 'ध्यान से देखा' के लिए अनुच्छेद में प्रयुक्त हुआ है
A. मुँह में डालता
B. सोचती
C. चकित हो गया
D. परीक्षण किया

100. मोहित को क्या खाना चाहिए? निम्नलिखित में से चुनिए :
A. आइसक्रीम और बर्गर
B. पिज्जा और चॉकलेट
C. अनाज और फल
D. फ्रेंच फ्राइज और टॉफियाँ

उत्तरमाला

1	2	3	4	5	6	7	8	9	10
B	B	B	C	A	B	C	C	B	C
11	**12**	**13**	**14**	**15**	**16**	**17**	**18**	**19**	**20**
C	C	A	B	A	B	C	A	B	B

21	22	23	24	25	26	27	28	29	30
C	A	D	A	C	D	C	A	A	A
31	32	33	34	35	36	37	38	39	40
B	B	C	C	C	B	*	A	A	A
41	42	43	44	45	46	47	48	49	50
D	B	A	A	C	A	C	D	A	B
51	52	53	54	55	56	57	58	59	60
A	B	B	B	B	D	C	D	D	D
61	62	63	64	65	66	67	68	69	70
A	A	A	B	A	D	A	A	C	D
71	72	73	74	75	76	77	78	79	80
B	C	C	D	A	C	B	D	A	C
81	82	83	84	85	86	87	88	89	90
A	A	D	B	C	A	C	D	B	B
91	92	93	94	95	96	97	98	99	100
C	B	B	B	B	B	D	B	D	C

कुछ चुने हुए प्रश्नों के व्याख्यात्मक उत्तर

1. आकृति 'B' में नीचे की ओर लटकी आकृति त्रिभुजाकार है।

2. अन्य आकृतियों में दो क्रमागत किरणों की दिशा विपरीत है।

3. आकृति 'B' में स्थित दो बिन्दु क्षैतिज रेखीय हैं।

4. आकृति 'C' में त्रिभुज तथा वर्ग रेखाखण्ड के समान दिशा में हैं।

5. आकृति 'A' में इंगित रेखा त्रिभुज के कोण या त्रिभुज के दो भुजाओं के अंत बिन्दु से निकल रहा है।

8. आकृति 'C' में बने वर्गों की संख्या दिये गये प्रश्न आकृति में बने वर्गों की संख्या के बराबर है।

9. खड़ी रेखा के दोनों छोरों पर वृत्त तथा क्षैतिज रेखा के छोरों पर वृत्त तथा वर्ग हैं।

16. छायांकित वर्गखण्ड घड़ी की दिशा में घूम रही है तथा अंदर की रेखाएँ क्रमशः खड़ी तथा 45° से घूम जाती हैं।

17. स्वास्तिक के चार खण्डों में स्थित चार भिन्न प्रतीकें घड़ी की विपरीत दिशा में घूम रही हैं।

18. प्रत्येक अगली आकृति में रेखा के अंत बिन्दु पर एक वृत्त जुड़ जाता है तथा वृत्त के जुड़ने की दिशा घड़ी के विपरीत दिशा में है।

19. वर्ग के अंदर का बिन्दु प्रत्येक अगली आकृति में घड़ी की दिशा में चलते हुए वर्ग की भुजा की आधी लम्बाई से खिसक जाती है।

20. प्रत्येक अगली आकृति 90° कोण से घड़ी की दिशा में घूम रही है।

21. पहली आकृति को 180° घुमाने से दूसरी आकृति बन रही है।

22. पहली और दूसरी आकृति का संबंध विपरीतार्थक है, जहाँ पहली आकृति में वृत्त षट्कोण के अंदर है वहीं दूसरी आकृति में षट्कोण वृत्त के अंदर है।

23. दूसरी आकृति पहली आकृति को 90° घड़ी की दिशा में घुमाने से बन रही है।

24. पहली आकृति में त्रिभुज वर्ग के अंदर है जबकि दूसरी आकृति में वर्ग त्रिभुज के अंदर है तथा दोनों आकृतियों में त्रिभुज तथा वर्ग के बीच का क्षेत्र छायांकित है।

इस प्रकार चौथी आकृति में वृत्त वर्ग के अंदर होगा तथा दोनों के बीच का क्षेत्रफल छायांकित होगा।

25. दूसरी आकृति में वृत्तों के अंदर स्थित समान्तर रेखाएँ जुड़कर मोटी हो जाती हैं इस प्रकार चौथी आकृति में त्रिभुज के भुजाओं के समान्तर रेखाएँ जुड़कर मोटी हो जाती हैं।

26-30. इस प्रकार के प्रश्नों में हमें अपूर्ण आकृति के रिक्त भागों का सही प्रकार अवलोकन का उत्तर आकृतियों के साथ मिलान करना होता है तथा सही उत्तर आकृति का चयन करना होता है।

31-35. ज्ञात रहे कि किसी समतल दर्पण के सामने जब हम खड़े होते हैं तो दर्पण में बना प्रतिबिम्ब हमारे बायें भाग को दाहिने तथा दाएँ भाग को बायें दिखाता है तथा समतल दर्पण द्वारा बने किसी प्रतिबिम्ब का आकार दर्पण के सामने रखे वस्तु के आकार के बराबर होता है।

51. $\because$ 12 पैकेटों का मूल्य = ₹ 240

$\therefore$ 1 पैकेट का मूल्य = ₹$\frac{240}{12}$

$\therefore$ 8 पैकेटों का मूल्य = ₹$\frac{240}{12} \times 8$

= ₹ 160.

52. माना कि श्याम को x अंक मिले।

राम को $x + 8$ अंक प्राप्त हुए तथा अनिल को $x + 8 + 4$ अंक प्राप्त हुए।

प्रश्नानुसार,

$$x + (x + 8) + (x + 12) = 128$$
$$\Rightarrow 3x + 20 = 128$$
$$\Rightarrow 3x = 108$$
$$\Rightarrow x = 36$$

अतः राम को परीक्षा में 36 + 8 = 44 अंक मिले।

53. श्याम के विज्ञान में 80 प्रतिशत अंक हैं।

54. बुधवार को धुलाई तथा रिपेयर के लिए आई कारों की संख्या = 6 × 100 = 600 है।

55. सबसे छोटी संख्या 7130 है।

56.
$$6 \times 1 = 6$$
$$6 \times 2 = 12$$
$$6 \times 3 = 18$$
$$6 \times 4 = 24$$
$$\overline{60}$$

6 के प्रथम चार गुणजों का योग = 60 है।

57.
```
128) 288 (2
     256
     32) 128 (4
         128
         ×

32) 160 (5
    160
     ×
```

अतः 128, 288 तथा 160 का म.स. (HCF) = 32 होगा।

58. दो सह अभाज्य संख्याएँ 13 तथा 9 हैं जिनका गुणनफल 13 × 9 = 117 है।

13 तथा 9 का ल.स. (LCM) = 117 है।

59. स्पष्ट है कि B, 18 सेकेण्ड में 36 मी. दौड़ता है।

1 किमी. दौड़ने में B द्वारा लिया गया समय

$= \left(\frac{18}{36} \times 1000\right)$ सेकेण्ड

= 500 सेकेण्ड

1 किमी. दौड़ने में A द्वारा लिया गया समय

= (500 – 18) सेकेण्ड

= 482 सेकेण्ड

अतः अभीष्ट समय = 482 सेकेण्ड।

60. 9680 × 10 × 14 × 0 × 8 से परिणाम शून्य मिलता है।

61. 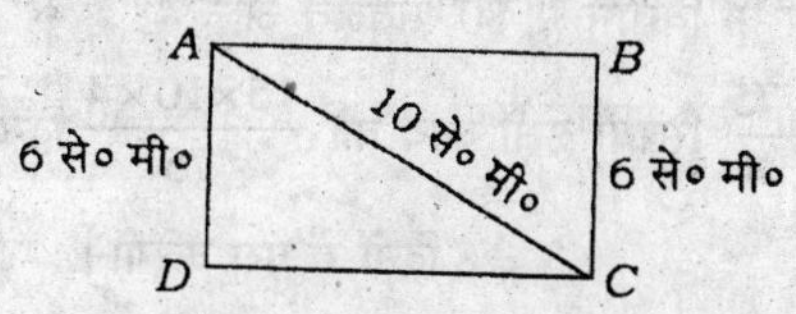

समकोण त्रिभुज ABC में,

$$(AB)^2 = (AC)^2 - (BC)^2$$
$$= (10)^2 - (6)^2$$
$$= 100 - 36$$
$$\Rightarrow \quad AB^2 = 64$$
$$\Rightarrow \quad AB = 8 \text{ सेमी.}$$

62. $\because \quad 4.75 \times 0.7 = 3.325$

$\therefore \quad 475 \times 0.7 = 332.5$ होगा।

63. $\because \quad 4854.3 \div 3.3 = 1471$

$\therefore \quad 48.543 \div 33 = 1.471.$

64.
$$26.2\% = \frac{262}{10 \times 100}$$
$$= \frac{262}{1000}$$
$$= 0.262.$$

65. सेलफोन का क्रय मूल्य = ₹ 1500

सेलफोन का विक्रय मूल्य = ₹ 1650

लाभ = 1650 − 1500

= ₹ 150

$$\text{प्रतिशत लाभ} = \frac{150}{1500} \times 100$$
$$= 10\%.$$

66. साधारण ब्याज = मिश्रधन − मूलधन

= ₹ 19250 − 17500

= ₹ 1750

$$\text{दर} = \frac{\text{ब्याज} \times 100}{\text{मूलधन} \times \text{समय}}$$
$$= \frac{1750 \times 100}{17500 \times 2} = 5\%.$$

67. 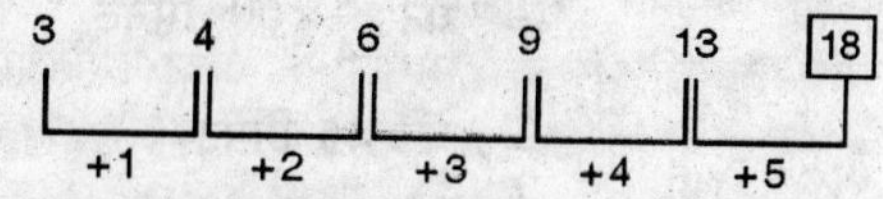

अतः अगला पद 18 होगा।

68. 6-अंकीय छोटी-से-छोटी संख्या = 100000

4-अंकीय बड़ी-से-बड़ी संख्या = 9999

अभीष्ट अन्तर = 100000

= − 9999

90001

69. $56 = 14 \times 4$

$84 = 14 \times 6$

अतः दोनों 14 के गुणज हैं।

70.

₹ 178.50
+ ₹ 248.25
₹ 426.75

शेष बची राशि =

₹ 500.00
− ₹ 426.75
₹ 73.25

71. टाइलों की संख्या

$$= \frac{20 \times 12}{4 \times 4}$$
$$= 5 \times 3 = 15$$

72. आकृति का क्षेत्रफल

$= 6 \times 8 \quad = \quad 48$ वर्ग मिमी.

$= 20 \times 4 \quad = \quad 80$ वर्ग मिमी.

$= 16 \times 10 \quad = \quad 160$ वर्ग मिमी.

$= 6 \times 2 \quad = \quad 12$ वर्ग मिमी.

300 वर्ग मिमी.

अतः अभीष्ट आकृति का क्षेत्रफल = 300 वर्ग मिमी.

73.
$$\text{समय} = \frac{\text{दूरी}}{\text{चाल}}$$
$$= \frac{300}{80} = \frac{15}{4} \text{ घंटे}$$

$= 3$ घंटे $\frac{3}{4} \times 60$ मिनट

$= 3$ घंटे 45 मिनट

अतः बस 1:30 बजे दोपहर बाद पहुँचेगी।

74. 12 पुरुष = 15 स्त्रियाँ

1 पुरुष $= \frac{15}{12} = \frac{5}{4}$ स्त्रियाँ

7 पुरुष $= \frac{5}{4} \times 7 = \frac{35}{4}$ स्त्रियाँ

$\frac{35}{4}$ स्त्रियाँ + 10 स्त्रियाँ $= \frac{75}{4}$ स्त्रियाँ

$\because$ 15 स्त्रियाँ किसी कार्य को 10 दिनों में समाप्त करती हैं

$\therefore$ 1 स्त्री उसी कार्य को 15×10 दिनों में पूरा करेगी

$\therefore$ $\frac{75}{4}$ स्त्रियाँ उसी कार्य को $\frac{15 \times 10 \times 4}{75}$ दिनों में

$= 8$ दिनों में पूरा करेंगी।

75. चूँकि टंकी की धारिता 36 कि.ली. है।

टंकी आधी भरी है।

टंकी से निकाली गयी पानी की मात्रा

$= \frac{1}{3} \times 18$

$= 6$ कि.ली.

टंकी में बचा पानी $= 18 - 6 = 12$ कि.ली.

अतः 24 कि.ली. पानी डालने पर टंकी पूरी तरह भर जायेगी।

पिछले प्रश्न–पत्र (हल सहित)

जवाहर नवोदय विद्यालय प्रवेश परीक्षा–2015*

कक्षा VI

खण्ड-I

मानसिक योग्यता परीक्षण

भाग-I

निर्देश (प्र.सं. 1-5) : *प्रत्येक प्रश्न में चार आकृतियाँ (A), (B), (C) तथा (D) दी गई हैं। इन चार आकृतियों में से तीन आकृतियाँ कुछ हद तक सदृश हैं तथा एक अलग। अलग आकृति को चुनिए।*

1. 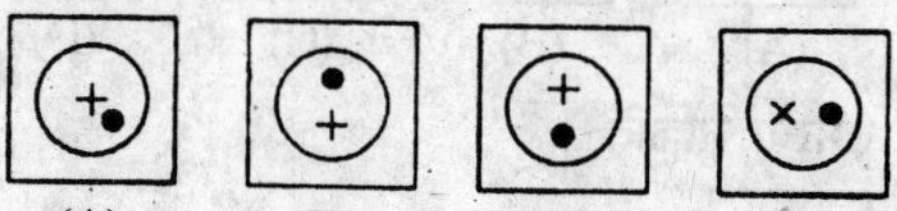

(A) (B) (C) (D)

2. 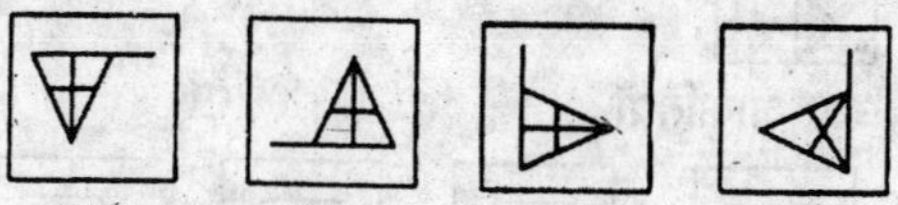

(A) (B) (C) (D)

3. 

(A) (B) (C) (D)

4. 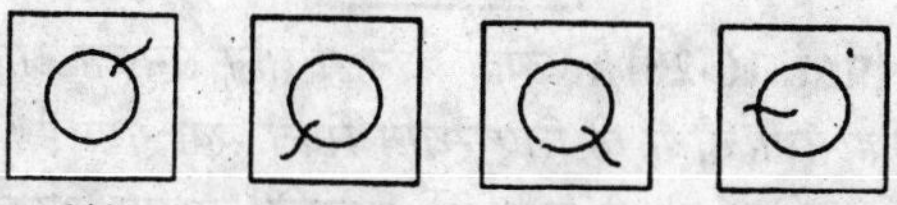

(A) (B) (C) (D)

5. 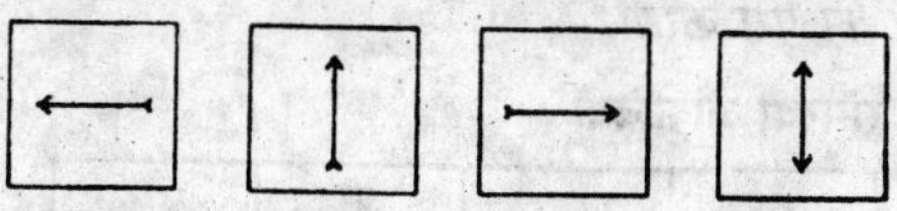

(A) (B) (C) (D)

भाग-II

निर्देश (प्र.सं. 6-10) : *प्रत्येक प्रश्न में एक समस्या आकृति तथा चार उत्तर आकृतियाँ (A), (B), (C) तथा (D) दी गई हैं। उस उत्तर आकृति को चुनिए, जो समस्या आकृति के बिल्कुल सदृश हो।*

6. समस्या आकृति

उत्तर आकृतियाँ

(A) (B) (C) (D)

7. समस्या आकृति

उत्तर आकृतियाँ

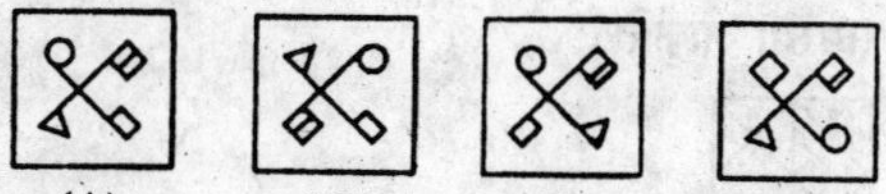

(A) (B) (C) (D)

8. समस्या आकृति

उत्तर आकृतियाँ

(A) (B) (C) (D)

9. समस्या आकृति

Held on 07-02-2015

उत्तर आकृतियाँ

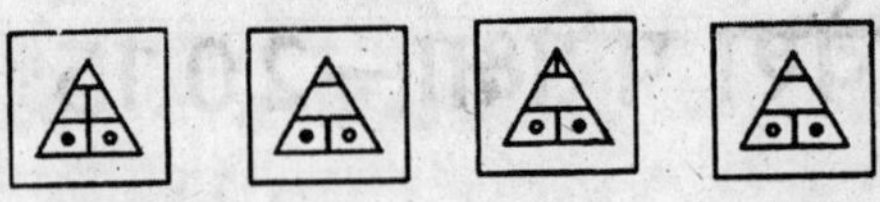

(A) (B) (C) (D)

10. समस्या आकृति

उत्तर आकृतियाँ

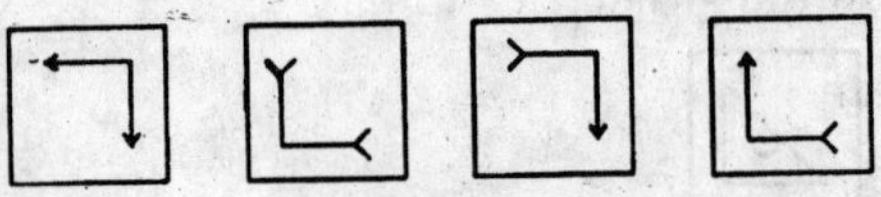

(A) (B) (C) (D)

भाग-III

निर्देश (प्र.सं. 11-15) : *प्रत्येक प्रश्न में एक समस्या आकृति दी गई है। इस आकृति का एक भाग गायब है। दी गई चार उत्तर आकृतियों (A), (B), (C) तथा (D) को देखकर उस आकृति को ढूँढ़िए जो बिना अपनी दिशा बदले समस्या आकृति के गायब भाग में इस तरह ठीक बैठती है कि समस्या आकृति का पैटर्न पूरी तरह बन जाता है।*

11. समस्या आकृति

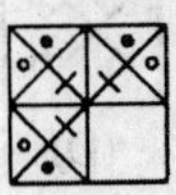

उत्तर आकृतियाँ

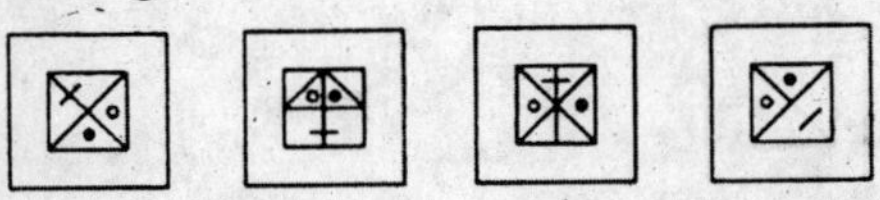

(A) (B) (C) (D)

12. समस्या आकृति

उत्तर आकृतियाँ

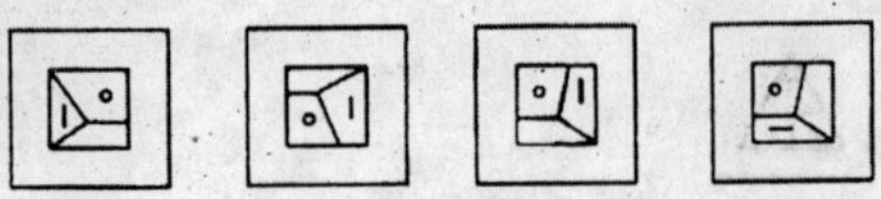

(A) (B) (C) (D)

13. समस्या आकृति

उत्तर आकृतियाँ

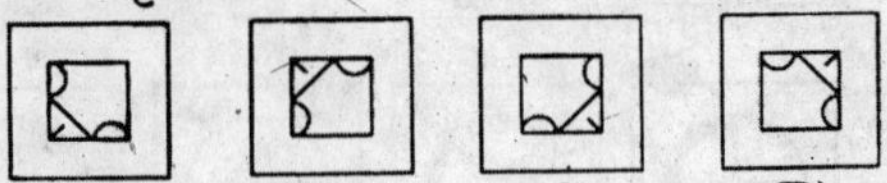

(A) (B) (C) (D)

14. समस्या आकृति

उत्तर आकृतियाँ

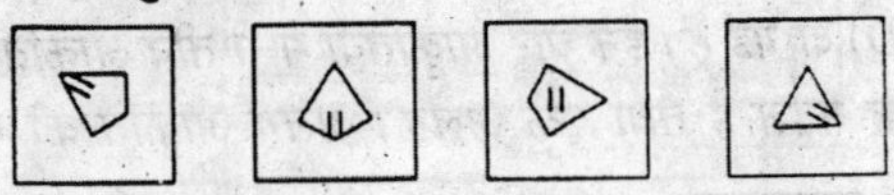

(A) (B) (C) (D)

15. समस्या आकृति

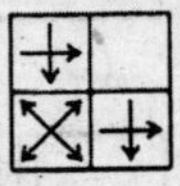

उत्तर आकृतियाँ

(A) (B) (C) (D)

भाग-IV

निर्देश (प्र.सं. 16-20) : *प्रत्येक प्रश्न में तीन समस्या आकृतियाँ दी गई हैं तथा चौथी के लिए स्थान रिक्त रखा गया है। दी गई उत्तर आकृतियों में से कौन-सी आकृति समस्या आकृति की शृंखला को पूरा करेगी?*

16. समस्या आकृतियाँ

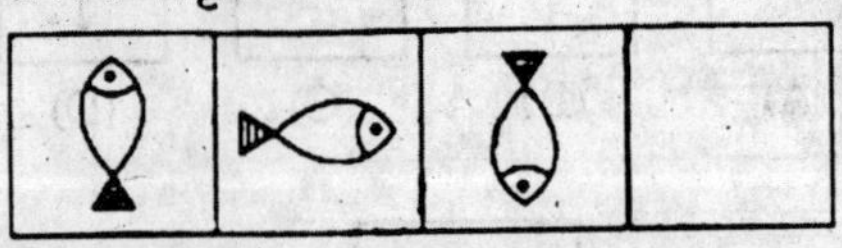

उत्तर आकृतियाँ

(A) (B) (C) (D)

17. समस्या आकृतियाँ

उत्तर आकृतियाँ

(A) (B) (C) (D)

18. समस्या आकृतियाँ

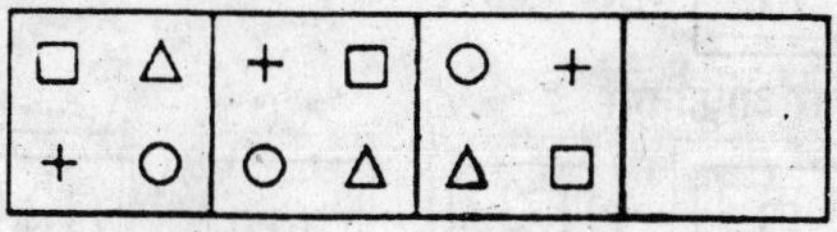

उत्तर आकृतियाँ

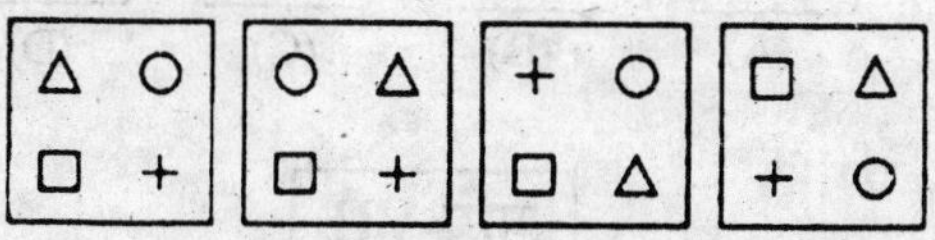

(A) (B) (C) (D)

19. समस्या आकृतियाँ

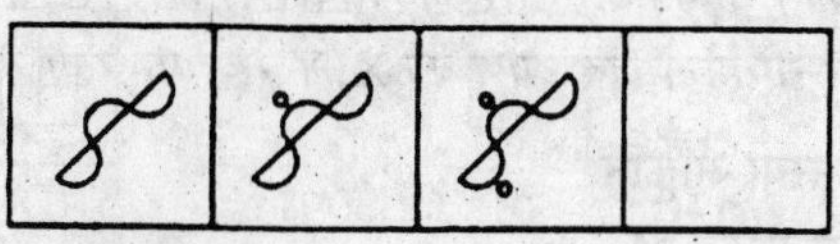

उत्तर आकृतियाँ

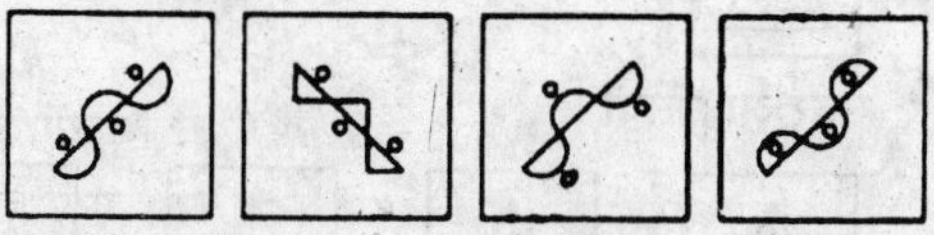

(A) (B) (C) (D)

20. समस्या आकृतियाँ

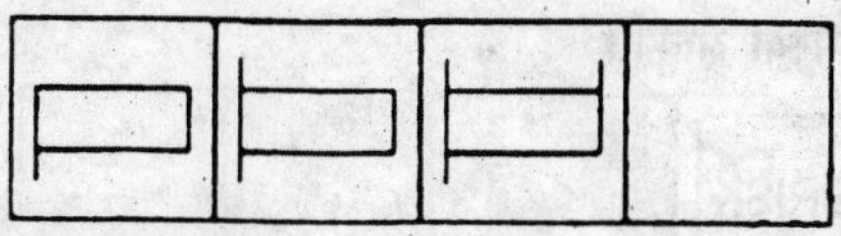

उत्तर आकृतियाँ

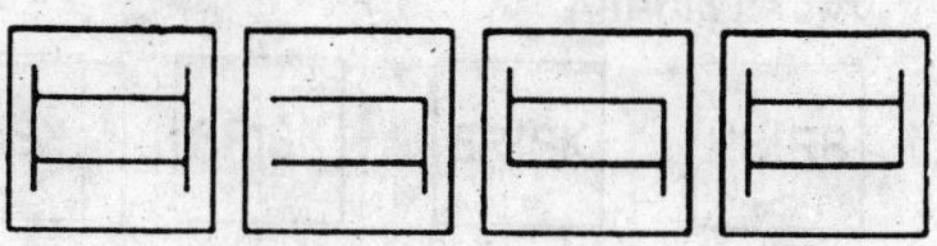

(A) (B) (C) (D)

भाग-V

निर्देश (प्र.सं. 21-25) : *नीचे दी गई समस्या आकृतियों में प्रश्नवाचक चिह्न (?) के स्थान पर दी गई चार उत्तर आकृतियों (A), (B), (C) तथा (D) में से कौन-सी आकृति आएगी?*

21. समस्या आकृतियाँ

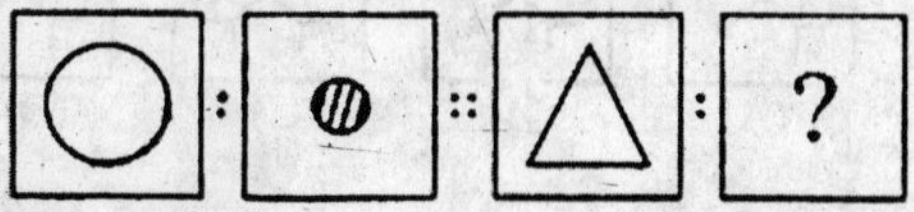

उत्तर आकृतियाँ

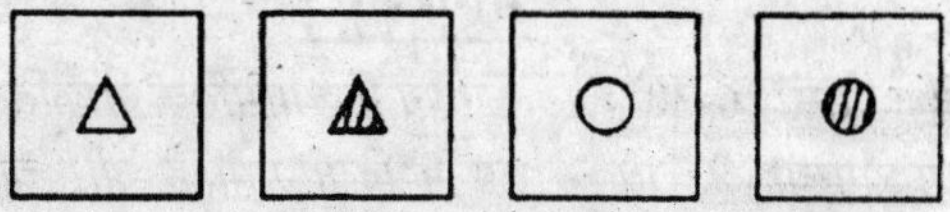

(A) (B) (C) (D)

22. समस्या आकृतियाँ

उत्तर आकृतियाँ

(A) (B) (C) (D)

23. समस्या आकृतियाँ

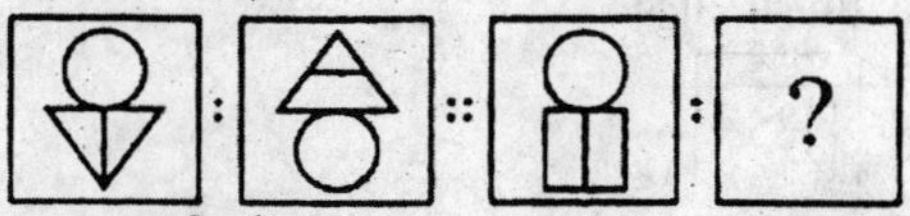

उत्तर आकृतियाँ

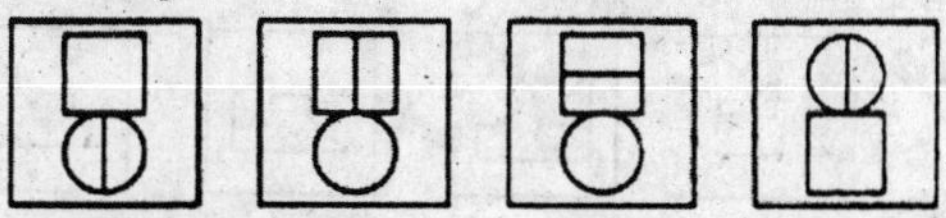

(A) (B) (C) (D)

24. समस्या आकृतियाँ

उत्तर आकृतियाँ

(A) (B) (C) (D)

25. समस्या आकृतियाँ

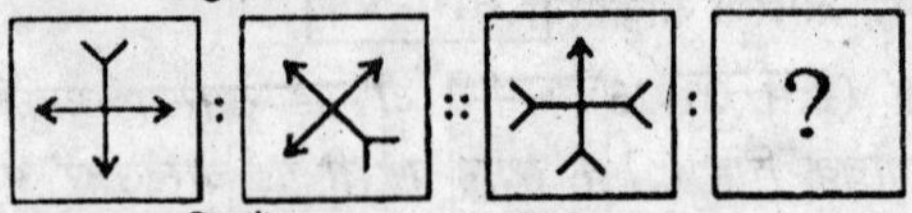

उत्तर आकृतियाँ

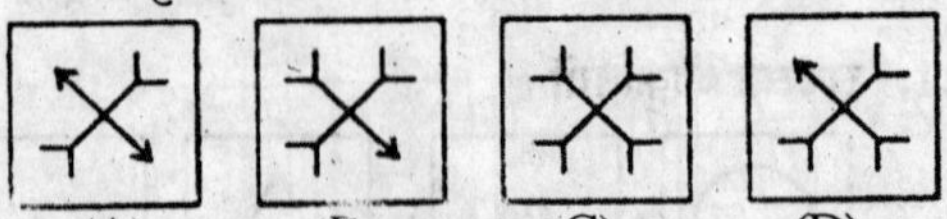

(A) (B) (C) (D)

भाग-VI

निर्देश (प्र.सं. 26-30) : *प्रत्येक प्रश्न में ज्यामितिक आकृति का एक भाग समस्या आकृति के रूप में दिया गया है और चार उत्तर आकृतियाँ (A), (B), (C) तथा (D) दी गई हैं। उत्तर आकृतियों में से कौन-सी आकृति समस्या आकृति को पूरा करेगी?*

26. समस्या आकृति

उत्तर आकृतियाँ

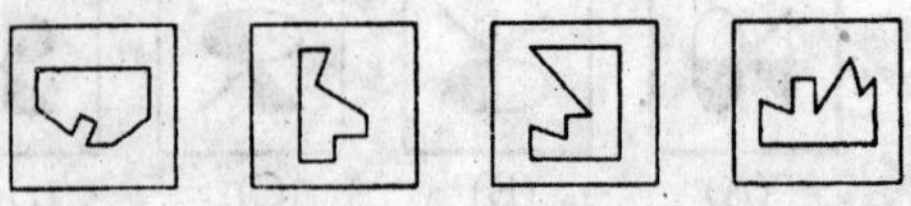

(A) (B) (C) (D)

27. समस्या आकृति

उत्तर आकृतियाँ

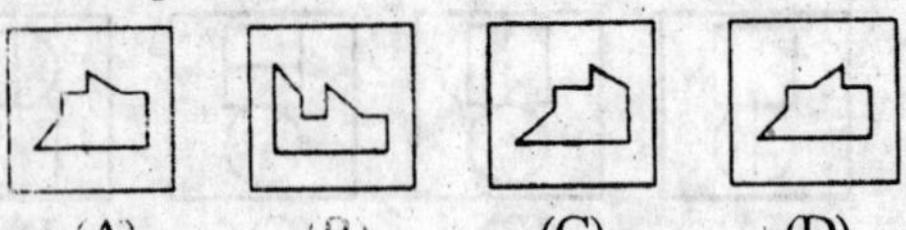

(A) (B) (C) (D)

28. समस्या आकृति

उत्तर आकृतियाँ

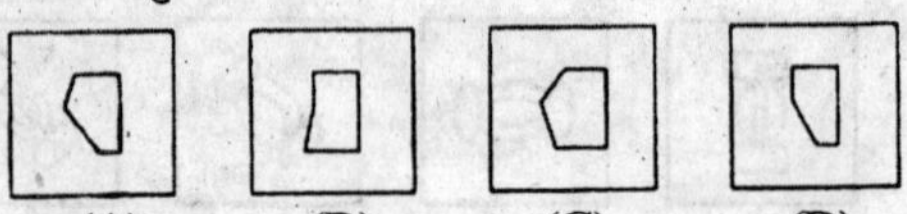

(A) (B) (C) (D)

29. समस्या आकृति

उत्तर आकृतियाँ

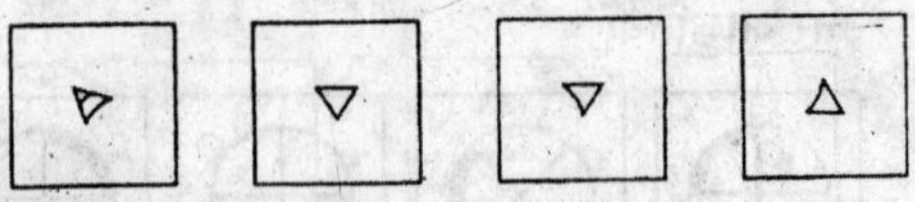

(A) (B) (C) (D)

30. समस्या आकृति

उत्तर आकृतियाँ

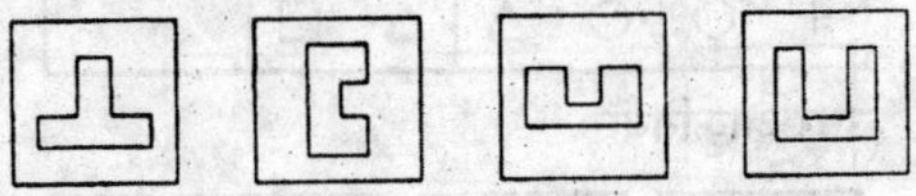

(A) (B) (C) (D)

भाग-VII

निर्देश (प्र.सं. 31-35) : *निम्नलिखित प्रश्नों में समस्या आकृति की दर्पण आकृति, दी गई चार उत्तर आकृतियों (A), (B), (C) तथा (D) में से कौन-सी होगी जब दर्पण को X, Y रेखा पर रखा गया हो?*

31. समस्या आकृति

उत्तर आकृतियाँ

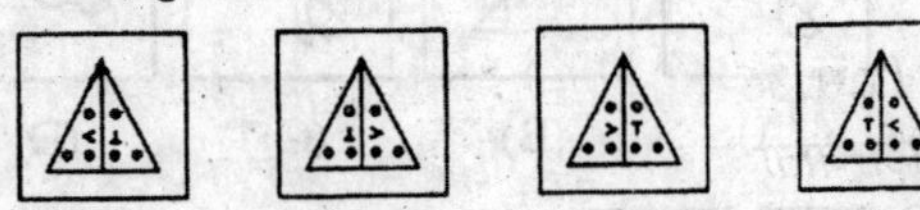

(A) (B) (C) (D)

32. समस्या आकृति

उत्तर आकृतियाँ

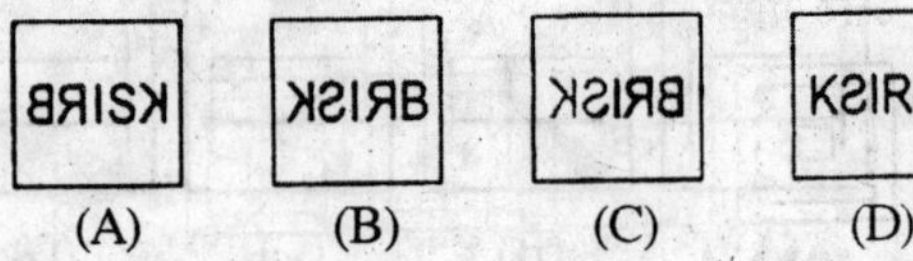

(A) (B) (C) (D)

33. समस्या आकृति

उत्तर आकृतियाँ

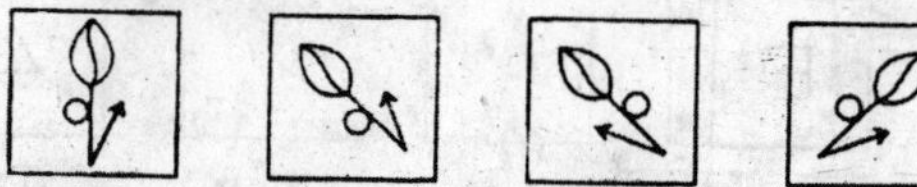

(A) (B) (C) (D)

34. समस्या आकृति

उत्तर आकृतियाँ

(A) (B) (C) (D)

35. समस्या आकृति

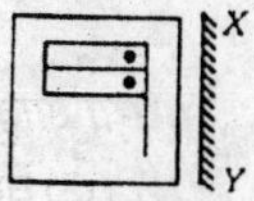

उत्तर आकृतियाँ

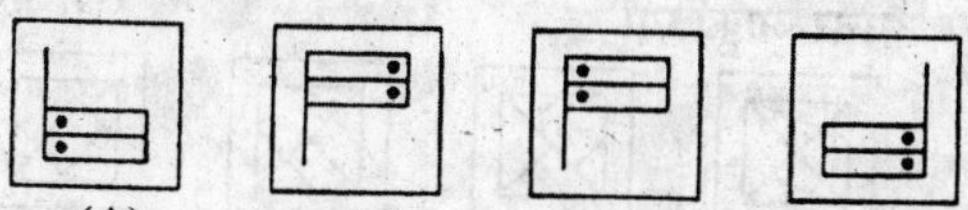

(A) (B) (C) (D)

भाग-VIII

निर्देश (प्र.सं. 36-40) : *निम्नलिखित प्रश्नों में कागज के एक टुकड़े को मोड़ा जाता है और पंच भी किया जाता है जैसा कि समस्या आकृतियों में दिखाया गया है। चार उत्तर आकृतियाँ दी गई हैं, कागज को खोलने के बाद वह किस उत्तर आकृति जैसा दिखाई देगा?*

36. समस्या आकृतियाँ

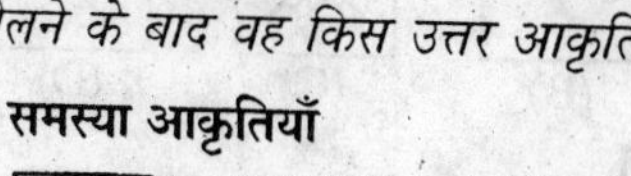

उत्तर आकृतियाँ

(A) (B) (C) (D)

37. समस्या आकृतियाँ

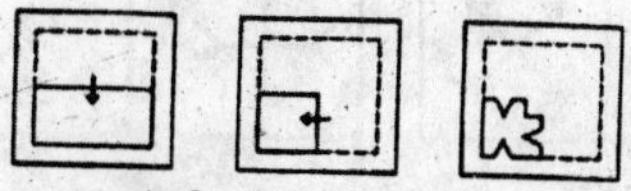

उत्तर आकृतियाँ

(A) (B) (C) (D)

38. समस्या आकृतियाँ

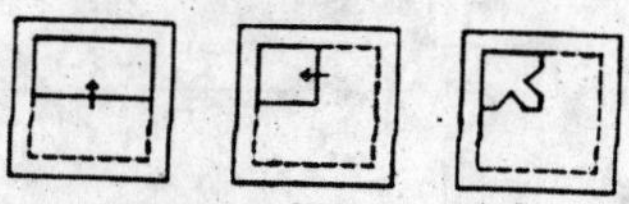

उत्तर आकृतियाँ

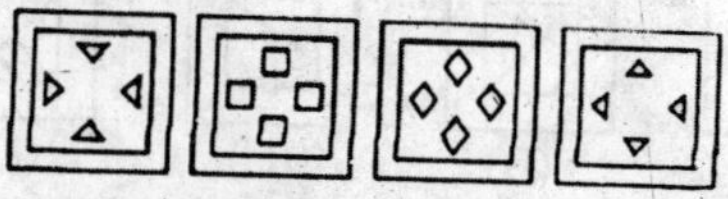

(A) (B) (C) (D)

39. समस्या आकृतियाँ

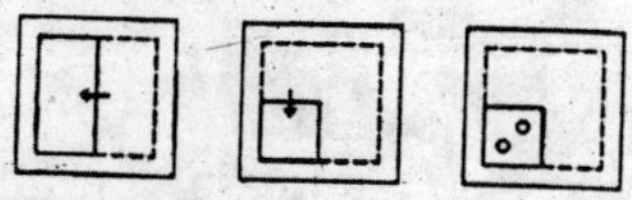

उत्तर आकृतियाँ

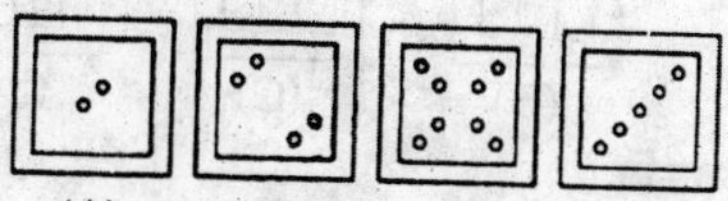

(A) (B) (C) (D)

40. समस्या आकृतियाँ

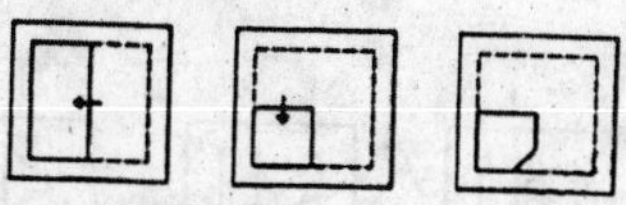

उत्तर आकृतियाँ

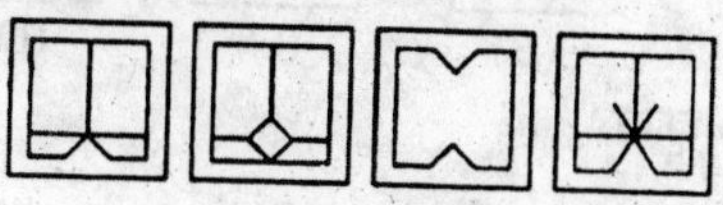

(A) (B) (C) (D)

भाग-IX

निर्देश (प्र.सं. 41-45) : *निम्नलिखित प्रश्नों में एक समस्या आकृति तथा चार उत्तर आकृतियाँ (A), (B), (C) तथा (D) दी गई हैं। समस्या आकृति में कटे हुए टुकड़े से बनी उत्तर आकृति को चुनिए।*

41. समस्या आकृति

उत्तर आकृतियाँ

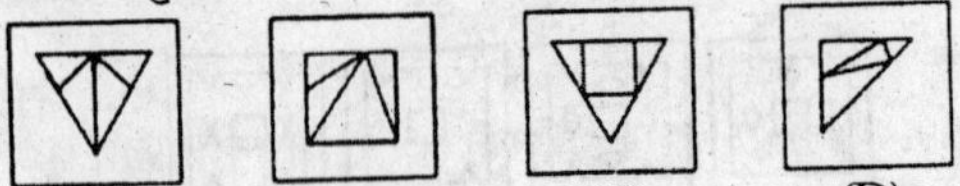

(A) (B) (C) (D)

42. समस्या आकृति

उत्तर आकृतियाँ

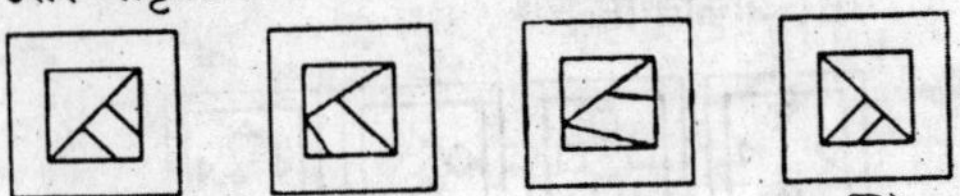

(A) (B) (C) (D)

43. समस्या आकृति

उत्तर आकृतियाँ

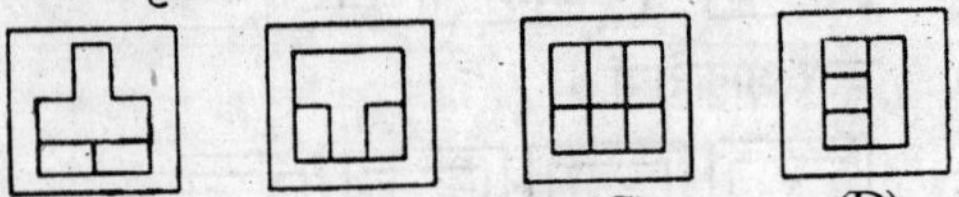

(A) (B) (C) (D)

44. समस्या आकृति

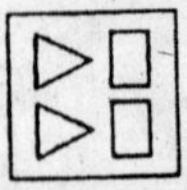

उत्तर आकृतियाँ

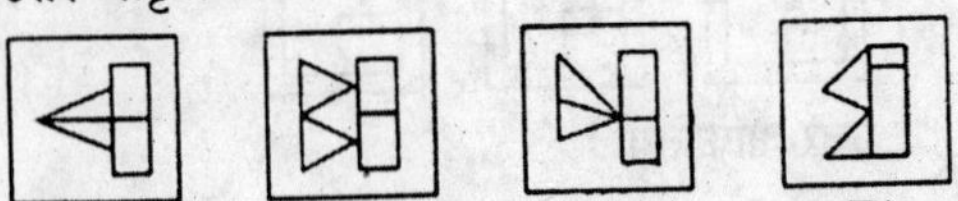

(A) (B) (C) (D)

45. समस्या आकृति

उत्तर आकृतियाँ

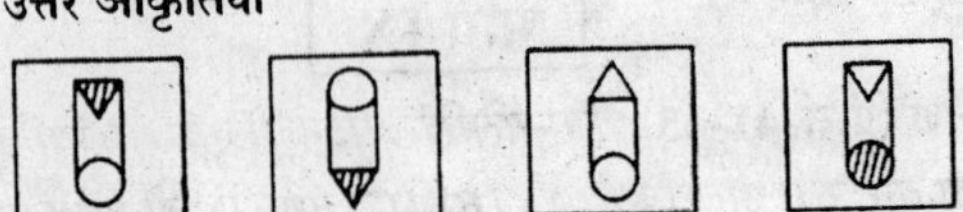

(A) (B) (C) (D)

भाग-X

निर्देश (प्र.सं. 46-50) : *निम्नलिखित प्रश्नों में उस उत्तर आकृति को चुनिए जिसमें समस्या आकृति निहित है।*

46. समस्या आकृति

उत्तर आकृतियाँ

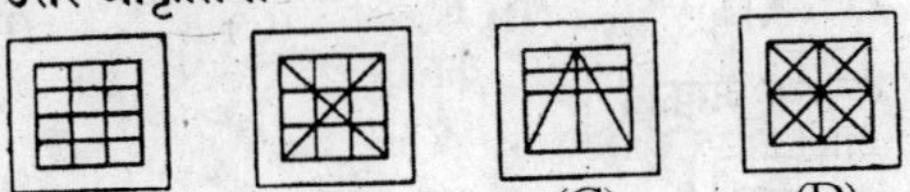

(A) (B) (C) (D)

47. समस्या आकृति

उत्तर आकृतियाँ

(A) (B) (C) (D)

48. समस्या आकृति

उत्तर आकृतियाँ

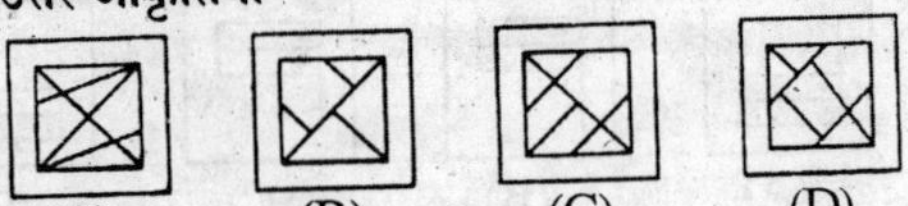

(A) (B) (C) (D)

49. समस्या आकृति

उत्तर आकृतियाँ

(A) (B) (C) (D)

50. समस्या आकृति

उत्तर आकृतियाँ

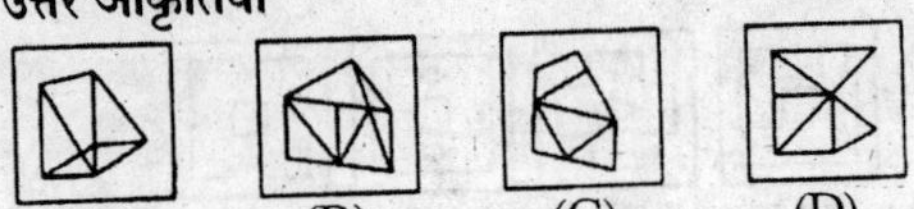

(A) (B) (C) (D)

खण्ड-II

अंकगणित

51. एक राशि 25% वार्षिक की दर से साधारण ब्याज पर कितने समय में अपने से तीन गुनी हो जायेगी?

A. 4 वर्ष B. 6 वर्ष
C. 8 वर्ष D. 10 वर्ष

52. 12 कि.ग्रा. आलुओं का मूल्य ₹ 360 है। 8 कि.ग्रा. आलुओं का मूल्य है

A. ₹ 180 B. ₹ 240
C. ₹ 300 D. ₹ 120

53. एक पुस्तक ₹ 150 में खरीदी गई तथा ₹ 180 में बेची गई। उस पर लाभ प्रतिशत है

A. 20% B. 25%
C. 30% D. 33%

54. एक हॉल की विमाएँ 4.8 मी. × 3.6 मी. हैं। 1.2 मी. भुजा वाली कितनी वर्गाकार टाइलें उसके फर्श को पाट सकती हैं?

A. 26 B. 12
C. 40 D. 20

55. एक आयताकार पार्क की विमाएँ 100 मी. × 60 मी. हैं। एक 2 मी. चौड़ा पथ पार्क के चारों ओर बनाया गया है। पथ का क्षेत्रफल (वर्ग मी. में) है

A. 324 B. 656
C. 675 D. 780

56. एक वर्गाकार पार्क की भुजा 100 मी. है। पार्क का परिमाप है

A. 1000 मी. B. 400 मी.
C. 200 मी. D. 800 मी.

57. दो व्यक्ति प्रातः 7:30 बजे एक-दूसरे की ओर चलना आरंभ करते हैं। यदि उनकी चालें 4 किमी./घंटा तथा 6 किमी./घंटा हैं एवं प्रारंभ में उनके बीच की दूरी 25 किमी. है, तो वे कितने बजे आपस में मिलेंगे?

A. 8:30 प्रातः B. 9:30 प्रातः
C. 10:00 प्रातः D. 10:30 प्रातः

58. 11 तथा 21 के लिए निम्न में से क्या सत्य है?

A. दोनों भाज्य संख्याएँ हैं
B. दोनों सम संख्याएँ हैं
C. दोनों सह-अभाज्य हैं
D. दोनों 3 के गुणज हैं

59. अंकों 7, 2, 4, 8 तथा 0 से बनने वाली बड़ी-से-बड़ी पाँच अंकीय संख्या, जब एक अंक एक ही बार प्रयोग हो, है

A. 80742 B. 87042
C. 87420 D. 87402

60. 144 का $\frac{3}{4}$ गुना, 96 के $\frac{2}{3}$ गुने से कितना अधिक है?

A. 20 B. 44
C. 54 D. 64

61. (641664 ÷ 16) को सरल करने पर प्राप्त होता है

A. 4104 B. 40104
C. 41404 D. 41004

62. 6 के प्रथम 5 गुणजों का योग है

A. 90 B. 54
C. 30 D. 84

63. $\left[\frac{3}{4}+\frac{4}{5}+\frac{8}{25}\right]$ का दशमलव समतुल्य है

A. 1.870 B. 18.70
C. 187.0 D. 1870.0

64. यदि 3.65 × 0.5 = 1.825 है, तो 365 × 0.5 का मान है

A. 182.5 B. 18.25
C. 1.825 D. 365

65. $\frac{17}{25}$ का प्रतिशत रूप है

A. 34% B. 68%
C. 17% D. 25%

66. 6 के प्रथम पाँच गुणजों के योग से आनेवाली संख्या के दहाई तथा इकाई के स्थानों पर आये अंकों का अंतर है

A. 6 B. 7
C. 8 D. 9

67. वह बड़ी-से-बड़ी संख्या प्राप्त कीजिए, जिससे यदि 1277 और 1368 को भाग किया जाय, तो प्रत्येक स्थिति में 3 शेष बचे।
A. 68 B. 77
C. 91 D. 97

68. 114 तथा 95 का ल.स. (LCM) है
A. 570 B. 950
C. 1140 D. 5700

69. 24 + [6 – {5 – 2(4 – 3)}] को सरल करने पर परिणाम आता है
A. 22 B. 23
C. 24 D. 27

70. 13 के प्रथम 7 गुणजों का योग किसके निकटतम है?
A. 360 B. 365
C. 370 D. 375

71. श्रेणी 1, 2, 4, 8, ... का अगला पद है
A. 12 B. 16
C. 10 D. 11

72. राजेश का भार राम के भार से 5 किग्रा. कम है तथा नेहा का भार राम के भार से 3 किग्रा. अधिक है। यदि तीनों का कुल भार 103 किग्रा. है, तो राम का भार है
A. 34 किग्रा. B. 38 किग्रा.
C. 33 किग्रा. D. 35 किग्रा.

73. एक बस 8 घंटे में 400 किमी. की दूरी तय करती है। बस की औसत चाल है
A. 30 किमी./घंटा B. 50 किमी./घंटा
C. $50\frac{1}{2}$ किमी./घंटा D. 60 किमी./घंटा

74. निम्न दंड चार्ट, जो विद्यार्थियों द्वारा खेले गए खेल दर्शाता है, का अध्ययन कर प्रश्न का उत्तर दीजिए :

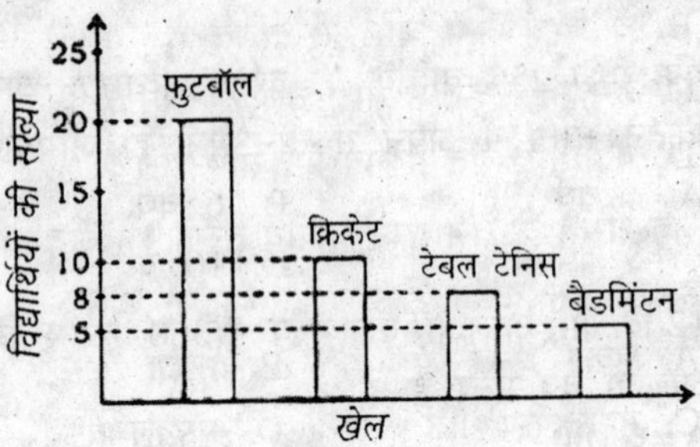

कितने विद्यार्थी टेबल टेनिस खेलते हैं?
A. 10 B. 8
C. 18 D. 20

75. निम्न चित्रालेख एक विद्यालय के छात्रों द्वारा प्रयोग किये गये यातायात के विभिन्न साधनों को दर्शाता है :

साधन	छात्रों की संख्या
साइकिल	● ●
स्कूटर	● ● ●
कार	● ● ● ●
स्कूल बस	● ● ● ● ● ●

(यहाँ ● = 50 छात्र)

कितने प्रतिशत छात्रों ने स्कूल बस का उपयोग किया?
A. 6% B. 16%
C. 40% D. 36%

खण्ड–III: भाषा

निर्देश (प्र.सं. 76-100) : *इस खण्ड में पाँच अनुच्छेद हैं। प्रत्येक अनुच्छेद में पाँच प्रश्न हैं। प्रत्येक अनुच्छेद को सावधानी से पढ़िए और उसके नीचे दिए गए प्रश्नों के उत्तर दीजिए।*

अनुच्छेद–1

पृथ्वी के भाग सदा गतिशील रहते हैं। पूरे पर्वत और महाद्वीप भी चलते रहते हैं। हमें इसका अनुभव इसलिए नहीं होता है कि हम भी इस गति के साथ चल रहे होते हैं। पृथ्वी की पपड़ी के भाग एक-दूसरे को धक्का देते हैं। अगर ये भाग आसानी से नहीं बढ़ें तो पृथ्वी वहाँ मुड़ जाती है और पृथ्वी के पूरे खंड तत्काल चार या पाँच फीट तक खिसक जाते हैं। इससे पैदा हुई विशाल कंपनों को भूकंपीय तरंगें कहा जाता है जिन्हें हम भूकंप के रूप में अनुभव करते हैं। हल्के भूकंप में बरतन खड़खड़ा सकते हैं या छत पर लगी रोशनियाँ झूल सकती हैं। बड़े भूकंप में भवन गिर सकते हैं। बहुत बड़े भूकंपों से भूस्खलन होता है और सुनामी नाम की विशाल समुद्री लहरें आती हैं जो बहुत हानि करती हैं।

76. हमें महाद्वीपों की गति का अनुभव क्यों नहीं होता?
A. केवल पृथ्वी के कुछ भाग गति करते हैं
B. वे बहुत कम चाल से चलते हैं
C. हम भी उन्हीं के साथ चल रहे होते हैं
D. वे तभी चलते हैं जब हम सोए होते हैं

77. जब धरती के तल पर भूकंपीय तरंगों का अनुभव होता है, तो इसे कहते हैं
A. भूकंप B. भूभ्रंश
C. महाद्वीपीय गति D. भूस्खलन

78. एक छोटे भूकंप में इनमें से क्या होने की संभावना सबसे कम है?
A. कैबिनेट में रखे बरतन खड़खड़ाते हैं
B. धरती थोड़ी झूलती है
C. बड़े भवन गिर जाते हैं
D. छत पर लगी रोशनियाँ झूलती हैं

79. सुनामी आने का कारण है
A. छोटे भूकंप B. बड़े भूकंप
C. ज्वारीय लहरें D. विशाल लहरें

80. उपरोक्त अनुच्छेद में प्रयुक्त 'तत्काल' का अर्थ है
A. केवल एक समय B. देर से
C. कुछ दूरी पर D. तुरंत

अनुच्छेद–2

सिंड्रेला भागकर बगीचे में गई और अपनी देवी माँ के लिए एक सबसे अच्छा कद्दू ले आई। वह हैरान थी कि इससे उसे बॉल में जाने की मदद कैसे मिलेगी।

देवी माँ ने कद्दू का भीतरी भाग खुरच कर निकाल दिया और अब केवल उसका छिलका ही बच गया। उसके बाद उसने उसे अपनी जादू की छड़ से छुआ तो कद्दू सोने का चमकता रथ बन गया।

उसके बाद उसने चूहे दानी में देखा जहाँ छह जिंदा चूहे थे। ज्यों ही उसने उन चूहों को जादू की छड़ से छुआ, वे छह सुंदर घोड़ों में बदल गए। इन बहुत ही सुंदर भूरे चितकबरे घोड़ों से एक रथ तैयार हो गया।

81. देवी माँ ने कद्दू का भीतरी भाग खुरच कर निकाल दिया–इसका अर्थ है–
A. उसने कद्दू का छिलका उतार दिया
B. कद्दू के छोटे टुकड़े कर दिए
C. कद्दू को पका लिया
D. कद्दू का गूदा निकाल दिया और बाहरी भाग वैसा ही बना रहा

82. देवी माँ ने जादू की छड़ी से सिंड्रेला के लिए एक सुंदर रथ बना दिया, ताकि
A. सिंड्रेला राजकुमारी-सी बनकर पार्टी में जा सके
B. वह उसमें सैर-सपाटा कर सके
C. लोग उसका मजाक उड़ाएँ
D. सिंड्रेला को फिर कभी पैदल न चलना पड़े

83. देवी माँ ने सिंड्रेला से एक अच्छा बड़ा कद्दू मंगवाया, क्योंकि
A. वह उसे कद्दू से बना सुंदर व्यंजन पकाना सिखाना चाहती थी
B. वह उसे अपनी जादुई शक्ति से रथ में बदल देना चाहती थी
C. वह सिंड्रेला को उसकी दयालुता के लिए भेंट देना चाहती थी
D. वह इसे बाजार में बेचकर सिंड्रेला को रुपए देना चाहती थी

84. देवी माँ थी–
A. सिंड्रेला की देखभाल के लिए रखी एक आया
B. एक धनी और दयालु महिला जिसने सिंड्रेला को गोद लिया था
C. जादुई शक्ति वाली परी
D. सिंड्रेला की सौतेली माँ

85. सिंड्रेला बॉल में जाना चाहती थी–इसका अर्थ है वह
A. बाजार जाकर बॉल खरीदना चाहती थी
B. दूसरे को चिढ़ाकर मस्ती करना चाहती थी
C. नाच पार्टी में जाना चाहती थी
D. उस बॉल को उठाना चाहती थी जिसे कुछ शैतान बच्चों ने बगीचे में फेंक दिया था

अनुच्छेद – 3

मेरा गुप्त, प्रिय स्थान कोई सुंदर भवन या कोई यादगार जगह नहीं था। यह न कोई उद्यान था, न मनोरंजन पार्क या नदी तट, यह तो एक नाले का पाइप था जो लंबी घास से घिरा और ढँका था। मैं इसे कोई नाम नहीं दे सकता, बस इतना कह सकता हूँ कि मैं इसे प्यार करता था और इसे छिपने की स्वर्गीय जगह कहता था। रोज लंच की छुट्टी के समय आधे घंटे मैं और मेरा प्रिय मित्र नाले के पाइप पर जाते और वहाँ बैठते थे। यह बढ़िया जगह थी क्योंकि यह शांत और सुंदर थी। एक दिन एक अध्यापक ने हमें देख लिया और पाइप पर हमारा जाना बंद कर दिया गया। यह बड़ा दुखदायी था। अब लंच टाइम वैसा नहीं रहा, हमारे चारों ओर शोरगुल था। मैं सोचता हूँ काश, हमारे अध्यापक को हमारा पता न चला होता।

86. वाचक का गुप्त और प्रिय स्थान था

A. स्कूल B. मनोरंजन पार्क

C. नदी तट D. नाले का पाइप

87. लेखक अपनी गुप्त जगह को कहता है

A. लंबी घास से घिरा नाले का पाइप

B. स्कूल से छिपने की जगह

C. छिपने की स्वर्गीय जगह

D. एक मनोरंजन पार्क

88. क्या हुआ जब अध्यापक को गुप्त स्थान का पता चल गया?

A. अध्यापक भी उनके साथ नाले के पाइप तक आया

B. अध्यापक ने उनके नाले के पाइप तक आने पर ध्यान नहीं दिया

C. वे स्कूल से फिर से नाले के पाइप पर नहीं जा सके

D. उनके लिए स्कूल में लंच टाइम को मनोरंजक बना दिया गया

89. आपके विचार से अध्यापक ने उनका नाले के पाइप पर जाना बंद क्यों किया होगा?

A. वह उन्हें दंड देना चाहता था

B. वह नहीं चाहता था कि बच्चे खुश रहें

C. नाले के पाइप पर जाना सुरक्षित न था

D. शोरगुल के बीच लंच करना अच्छा है

90. लेखक ने इसे अपना प्रिय स्थान क्यों कहा है?

A. इसके चारों ओर लम्बी घास थी

B. यह नदी के किनारे था

C. वहाँ वह अपने मित्र के साथ छुपन-छिपाई खेलता था

D. यह सुंदर और शांत स्थान था

अनुच्छेद – 4

कठफोड़वा एक प्रकार का पक्षी है। उत्तरी और दक्षिणी ध्रुवों, ऑस्ट्रेलिया और न्यूजीलैंड को छोड़कर यह सर्वत्र पाया जाता है। कठफोड़वे की 200 से अधिक प्रजातियाँ हैं। दो सबसे बड़े कठफोड़वे, इंपीरियल वुडपेकर और आइबरी-बिल्ड वुडपेकर अब प्रायः विलुप्त हो चुके हैं।

लकड़ी में छेद करने के लिए कठफोड़वे की चोंच बड़ी तीखी होती है और इसकी पूँछ छोटी तथा कड़ी होती है, जो उन्हें पेड़ के तने से और शाखाओं से चिपकने में सहायक होती है। कठफोड़वे की बड़ी लंबी जीभ होती है जो पेड़ के भीतर गहराई से कीड़े निकालने में मदद करती है। प्रायः कठफोड़वे दिखाई पड़ने से पहले पेड़ों पर जोर से आवाज करते सुनाई पड़ते हैं। कठफोड़वे हानिकारक भी हो सकते हैं यदि वे कभी मकानों पर खुदाई करने लगें।

91. कठफोड़वे नहीं पाए जाते हैं

A. भारत में B. ऑस्ट्रेलिया में

C. अफ्रीका में D. श्रीलंका में

92. कठफोड़वे की जीभ लंबी क्यों होती है?

A. ताकि वे पेड़ों पर खुदाई कर सकें

B. ताकि वे धरती पर से कीड़े उठा सकें

C. ताकि वे पेड़ों के अंदर से कीड़े पा सकें

D. ताकि वे बीजों को खा सकें

93. 'विलुप्त' पशु वे हैं, जो

A. विशिष्ट हैं B. मुश्किल से मिलते हैं

C. नष्ट हो गए हैं D. प्यारे होते हैं

94. 'आइवरी-बिल्ड वुडपेकर'

A. विलुप्त हो गए हैं

B. न्यूजीलैंड में मिलते हैं

C. सारी दुनिया में मिलते हैं

D. आमतौर पर पेड़ों पर मिलते हैं

95. अनुच्छेद में 'खुदाई करना' का आशय है

A. कीड़े ढूँढना B. छेद करना
C. अभ्यास करना D. नियमित रहना

अनुच्छेद – 5

रतन कुमार का जन्म एक छोटे किसान के परिवार में हुआ था। उसे खेती करना पसंद नहीं था, इसलिए उसने मुंबई में बसने का निर्णय लिया। उसने डॉक्टरी की पढ़ाई की और एक अमीर महिला से शादी कर ली।

उसकी प्रैक्टिस अच्छी नहीं चली, इसलिए उसने एक जहाज में सर्जन का पद संभाल लिया। उसकी पत्नी चाहती थी कि वह मुंबई में ही रहे। जब उसके पति का जहाज पूर्वी अफ्रीका की ओर रवाना हुआ, तो वह बीमार पड़ गई।

समुद्री यात्रा के सातवें दिन जहाज एक तूफान में फँस गया। यह कोई बड़ा जहाज नहीं था, इसलिए शक्तिशाली लहरों का सामना न कर सका और नष्ट हो गया।

96. रतन कुमार मुंबई चला गया, क्योंकि

A. वह फिल्मों में काम करना चाहता था
B. वह एक किसान का लड़का था
C. उसे खेती करना पसंद न था
D. वह अपने पिता से खुश नहीं था

97. वह डॉक्टर बन गया

A. जब उसकी पत्नी बीमार पड़ी
B. क्योंकि उसकी पत्नी अमीर थी
C. क्योंकि उसका पिता किसान था
D. अपनी आजीविका के लिए

98. उसकी पत्नी चाहती थी कि वह मुंबई में ही रहे

A. क्योंकि वह अमीर थी
B. क्योंकि वह चाहती थी कि वह फिल्मों में काम करे
C. ताकि वह डॉक्टर बन सके
D. ताकि उसे जहाज पर काम मिल जाए

99. उसने जहाज पर काम करना स्वीकार कर लिया, क्योंकि

A. वह एक डॉक्टर था
B. उसकी प्रैक्टिस अच्छी नहीं चल रही थी
C. उसे खतरनाक काम पसंद थे
D. उसकी पत्नी बड़ी झगड़ालू थी

100. जब वह जहाज के साथ चला गया, तो उसकी पत्नी

A. दुखी हो गई
B. प्रसन्न हुई
C. बीमार पड़ गई
D. चकित हुई

उत्तरमाला

1	2	3	4	5	6	7	8	9	10
D	D	D	D	D	D	C	D	B	D
11	**12**	**13**	**14**	**15**	**16**	**17**	**18**	**19**	**20**
A	C	B	A	B	A	C	A	C	A
21	**22**	**23**	**24**	**25**	**26**	**27**	**28**	**29**	**30**
B	D	C	B	B	A	A	D	B	C
31	**32**	**33**	**34**	**35**	**36**	**37**	**38**	**39**	**40**
C	C	C	C	C	C	B	C	C	C
41	**42**	**43**	**44**	**45**	**46**	**47**	**48**	**49**	**50**
C	B	B	B	D	D	D	A	B	B
51	**52**	**53**	**54**	**55**	**56**	**57**	**58**	**59**	**60**
C	B	A	B	B	B	C	C	C	B

61	62	63	64	65	66	67	68	69	70
B	A	A	A	B	D	C	A	D	B
71	72	73	74	75	76	77	78	79	80
B	D	B	B	C	C	A	D	B	D
81	82	83	84	85	86	87	88	89	90
D	A	B	C	C	D	C	C	C	D
91	92	93	94	95	96	97	98	99	100
B	C	C	A	B	C	D	A	B	C

कुछ चुने हुए प्रश्नों के व्याख्यात्मक उत्तर

1. आकृति A, B व C में बिन्दु के साथ जोड़ '+' का चिह्न है जबकि आकृति D में बिन्दु के साथ गुणा '×' का चिह्न है। अतः आकृति D अन्य तीन आकृतियों से भिन्न है।

2. आकृति 'D' अन्य तीन से भिन्न है क्योंकि आकृति A, B व C के त्रिभुज में सीधी रेखाएं हैं जबकि आकृति 'D' में ये रेखाएं तिरछी हैं।

3. आकृति 'D' अन्य तीन से भिन्न है क्योंकि आकृति A, B व C में बनी चोंच टेढ़ी है। जबकि आकृति 'D' में सीधी है।

4. आकृति A, B व C में वृत्त में बनी धागेनुमा रचना परिधि से शुरू होती है जबकि आकृति 'D' में यह रचना केन्द्र से शुरू होती है। अतः आकृति 'D' अन्य आकृतियों से भिन्न है।

5. आकृति 'D' अन्य तीनों आकृतियों से भिन्न है क्योंकि अन्य तीनों में केवल एक ओर बाणाग्र है जबकि आकृति 'D' में बाणाग्र दोनों ओर हैं।

16. समस्या आकृति में आकृति घड़ी की दिशा में 90° पर घूम जाती है। अतः अन्तिम आकृति के 90° घूमने पर आकृति 'A' प्राप्त होती है। अतः सही आकृति 'A' है।

17. दी गयी आकृति में एक वृत्त चार भागों में विभाजित है जिसमें एक भाग की परिधि पर बना निशान घड़ी की दिशा में एक बार में एक भाग पर चला जाता है। अंतिम आकृति से यह निशान बढ़कर आकृति 'C' के समान हो जाएगा। अतः 'C' उत्तर आकृति है।

18. दी गयी आकृति में सभी चिह्न घड़ी की सूई की दिशा में एक बार में एक कोना आगे बढ़ रहे हैं। इसी क्रम में चलते रहने पर हमें अन्त में आकृति 'A' प्राप्त होती है। अतः उत्तर आकृति 'A' है।

19. दी गयी आकृति में बनी तरंग के शीर्षों पर क्रमवार एक एक बिन्दु बढ़ता जाता है। इस प्रकार अन्त में तीनों शीर्षों पर बिन्दु हो जाते हैं जिससे हमें आकृति 'C' प्राप्त होती है। अतः आकृति 'C' उत्तर आकृति है।

20. दी गयी आकृति में दिये गये आयत में क्रमवार रूप में एक-एक करके सभी कोनों से रेखा निकलती जाती है। अन्त में चारों कोनों से रेखा खण्ड निकल आते हैं तथा आकृति 'A' प्राप्त होती है। अतः आकृति 'A' उत्तर आकृति है।

21. पहली आकृति में एक वृत्त दिया गया है जो दूसरी आकृति में छोटा कर दिया गया है तथा उसमें आड़ी रेखाएं खींची गयी हैं। इसी प्रकार तीसरी आकृति के त्रिभुज को छोटा करके उसमें आड़ी रेखाएं खींचने पर आकृति 'B' प्राप्त होती है। अतः आकृति 'B' उत्तर आकृति है।

22. आकृति एक में अक्षर K के 90° दक्षिणावर्त घुमाया गया है तथा फिर सीधी रेखा के परितः ऊपर की ओर उलट दिया गया है। तदोपरान्त काले रंग से रंग दिया गया है। R को भी इसी प्रकार घुमाने तथा पलटने के पश्चात् आकृति 'D' प्राप्त होती है। अतः आकृति 'D' उत्तर आकृति है।

23. दी गयी पहली आकृति में एक वृत्त तथा त्रिभुज के अन्दर खड़ी रेखा दी गयी है। दूसरी आकृति में वृत्त तथा त्रिभुज के स्थान आपस में बदल जाते हैं तथा खड़ी रेखा क्षैतिज में बदल जाती है। इसी प्रकार वृत्त तथा वर्ग के स्थान आपस में बदलकर रेखा को क्षैतिज करने पर आकृति 'C' प्राप्त होती है। अतः आकृति 'C' उत्तर आकृति है।

24. दी गयी समस्या आकृति में आकृति 'A' को दायीं ओर 90° घुमाने पर आकृति 'B' प्राप्त होती है। इसी प्रकार आकृति 'C' को 90° घुमाने पर आकृति 'B' प्राप्त होती है। अतः आकृति 'B' उत्तर आकृति है।

25. आकृति 'A' को दायीं ओर घुमाने पर आकृति 'B' प्राप्त होती है। इसी प्रकार आकृति 'C' को घुमाने पर आकृति 'B' प्राप्त होती है। अतः आकृति 'B' उत्तर आकृति है।

31. किसी आकृति के दर्पण प्रतिबिम्ब में बायां दायीं ओर तथा दायां बाईं ओर दिखाई देता है। इस आधार पर आकृति 'C' समस्या आकृति का दर्पण प्रतिबिम्ब है।

32. XY सतह से परावर्तन के बाद शब्द BRISK का प्रतिबिम्ब ꓘƧIЯB होगा। अतः आकृति 'C' समस्या आकृति का प्रतिबिम्ब है।

34. समस्या आकृति में दिया फूल दायीं ओर झुका हुआ है। इसे दर्पण में देखने पर बायीं ओर झुका दिखाई देगा। अतः आकृति 'C' समस्या आकृति का सही दर्पण प्रतिबिम्ब है।

51. माना कि मूलधन = ₹ x

मिश्रधन = ₹ $3x$

$\therefore$ साधारण ब्याज = $3x - x = 2x$

$$\text{समय} = \frac{\text{ब्याज} \times 100}{\text{मूलधन} \times \text{दर}} = \frac{2x \times 100}{x \times 25} = 8 \text{ वर्ष}$$

52. $\because$ 12 किग्रा. आलुओं का मूल्य = ₹ 360

$\therefore$ 1 किग्रा. आलुओं का मूल्य = ₹ $\frac{360}{12}$

$\therefore$ 8 किग्रा. आलुओं का मूल्य = $\frac{360}{12} \times 8 =$ ₹ 240.

53. क्रय मूल्य = ₹ 150

विक्रय मूल्य = ₹ 180

लाभ = 180 − 150 = ₹ 30

$$\text{लाभ प्रतिशत} = \frac{30}{150} \times 100 = 20\%$$

54. $\text{अभीष्ट टाइलों की संख्या} = \frac{4.8 \times 3.6}{1.2 \times 1.2}$

$$= \frac{48 \times 36}{12 \times 12} = 12.$$

55. पथ छोड़कर पार्क का क्षेत्रफल = 100 × 60

= 6000 वर्ग मी.

पथ सहित पार्क का क्षेत्रफल = 104 × 64

= 6656 वर्ग मी.

$\therefore$ पथ का क्षेत्रफल = 6656 − 6000 = 656 वर्ग मी.

56. वर्गाकार पार्क का परिमाप = भुजा × 4

= 100 × 4 = 400 मी.।

57. $\text{मिलने में लगा समय} = \frac{25}{4+6}$ घंटे

$$= \frac{25}{10} = \frac{5}{2} = 2\frac{1}{2} \text{ घंटे}$$

अतः दोनों प्रातः 10:00 बजे मिलेंगे।

58. 11 तथा 21 दोनों सह-अभाज्य हैं।

59. सबसे बड़ी संख्या = 87420

60. $144 \times \frac{3}{4} - 96 \times \frac{2}{3}$

= 36 × 3 − 32 × 2

= 108 − 64 = 44.

61. 641664 ÷ 16 = 40104

```
16) 641664 (40104
    64
    ----
      16
      16
      ----
        64
        64
        ----
         X
        ----
```

62. 6 के प्रथम 5 गुणज = 6, 12, 18, 24, 30

इनका योग = 6 + 12 + 18 + 24 + 30 = 90.

63. $\frac{3}{4}+\frac{4}{5}+\frac{8}{25} = \frac{75+80+32}{100}$

$= \frac{187}{100} = 1.87 \cong 1.870.$

64. $\because$ 3.65 × 0.5 = 1.825

$\therefore$ 365 × 0.5 = 182.5.

65. $\frac{17}{25} = \frac{17}{25} \times 100 = 68\%.$

66. 6 के प्रथम 5 गुणजों का योग = 90

संख्या के दहाई तथा इकाई के स्थानों का अन्तर

= 9 – 0 = 9.

67. 1277 – 3 = 1274

1368 – 3 = 1365

1274 तथा 1365 का महत्तम समापवर्तक = 91.

68.

19	114, 95
	6, 5

लघुत्तम समापवर्त्य = 19 × 6 × 5 = 570.

69. 24 + [6 – {5 – 2(4 – 3)}]

= 24 + [6 – {5 – 2(1)}]

= 24 + [6 – {5 – 2}]

= 24 + [6 – 3]

= 24 + 3 = 27.

70. 13 के प्रथम 7 गुणज हैं

13, 26, 39, 52, 65, 78, 91

योग = 13 + 26 + 39 + 52 + 65 + 78 + 91

= 13 [1 + 2 + 3 + 4 + 5 + 6 + 7]

$= 13 \times \frac{7 \times 8}{2} = 52 \times 7 = 364$

364, 365 के निकट है।

71. 1, 2, 4, 8, ...

श्रेणी एक दूसरे का दूना हो रहा है।

अतः श्रेणी का अगला पद 8 × 2 = 16 होगा।

72. माना कि राम का भार x किग्रा. है

राजेश का भार = $x - 5$ किग्रा.

नेहा का भार = $x + 3$ किग्रा.

प्रश्नानुसार,

$$x + x - 5 + x + 3 = 103$$

$$\Rightarrow 3x - 2 = 103$$

$$\Rightarrow 3x = 105$$

$$\Rightarrow x = 35$$

अतः राम का भार 35 किग्रा. है।

73. बस की औसत चाल = $\frac{400}{8}$ = 50 किग्रा/घंटा।

75. स्कूल बस से जाने वाले छात्रों की संख्या = 50 × 6 = 300

स्कूल बस से जाने वाले छात्रों का प्रतिशत

$= \frac{300}{750} \times 100 = 40\%.$

पिछले प्रश्न–पत्र (हल सहित)

जवाहर नवोदय विद्यालय प्रवेश परीक्षा–2014*

कक्षा VI

अनुभाग-I

मानसिक योग्यता परीक्षा

खण्ड-I

निर्देश (प्र.सं. 1-5) : *प्रत्येक प्रश्न में एक समस्या आकृति दी गई है। इस आकृति का एक भाग अदृश्य है। दी गई उत्तर आकृतियों में से उस आकृति को चुनिए जो समस्या आकृति को पूरा करेगी।*

1. समस्या आकृति

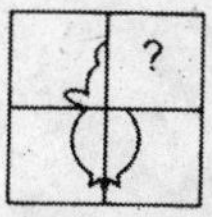

उत्तर आकृतियाँ

(A) (B) (C) (D)

2. समस्या आकृति

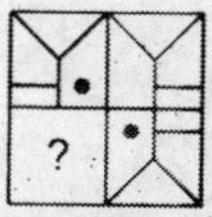

उत्तर आकृतियाँ

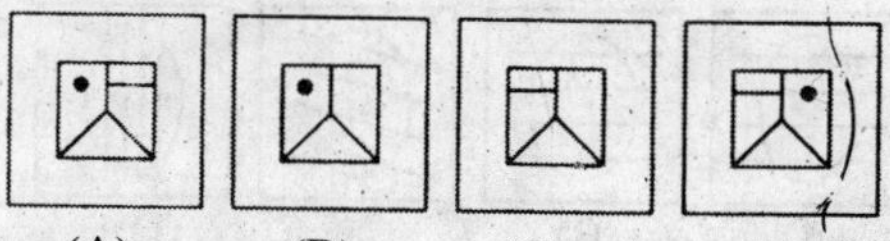

(A) (B) (C) (D)

3. समस्या आकृति

उत्तर आकृतियाँ

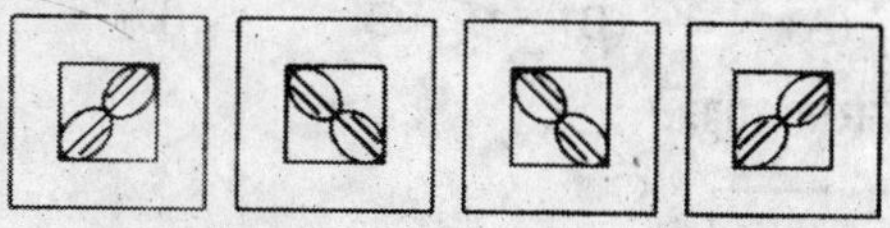

(A) (B) (C) (D)

4. समस्या आकृति

उत्तर आकृतियाँ

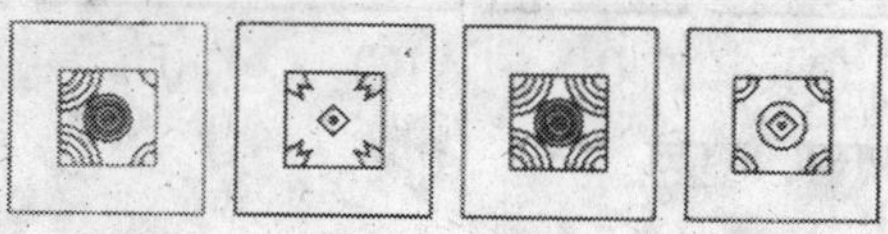

(A) (B) (C) (D)

5. समस्या आकृति

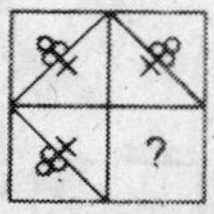

उत्तर आकृतियाँ

(A) (B) (C) (D)

खण्ड-II

निर्देश (प्र.सं. 6-10) : *निम्नलिखित प्रश्नों में समस्या आकृति की दर्पण आकृति, उत्तर आकृतियों में से कौन-सी होगी जबकि दर्पण X, Y रेखा पर रखा हो?*

6. **समस्या आकृति**

उत्तर आकृतियाँ

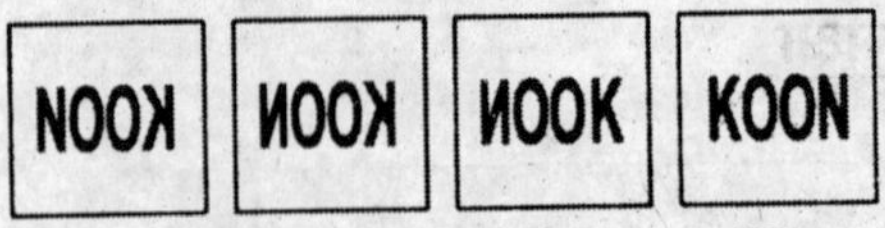

(A) (B) (C) (D)

7. **समस्या आकृति**

उत्तर आकृतियाँ

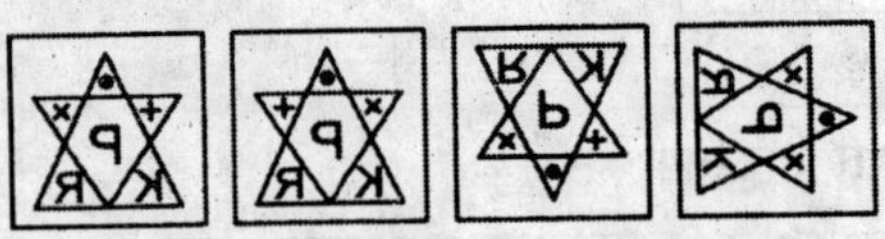

(A) (B) (C) (D)

8. **समस्या आकृति**

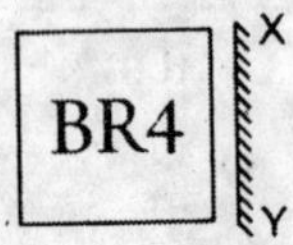

उत्तर आकृतियाँ

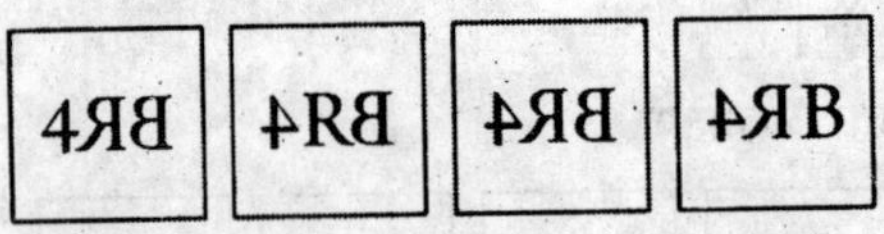

(A) (B) (C) (D)

9. **समस्या आकृति**

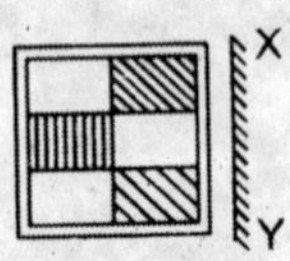

उत्तर आकृतियाँ

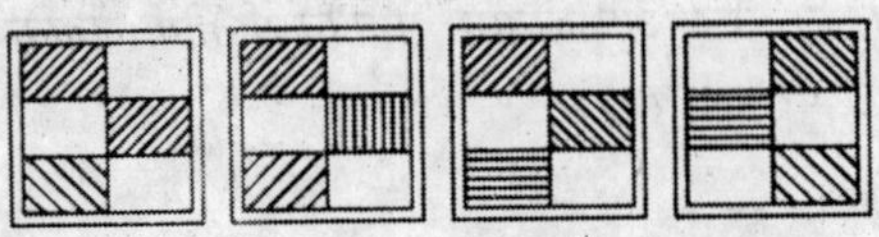

(A) (B) (C) (D)

10. **समस्या आकृति**

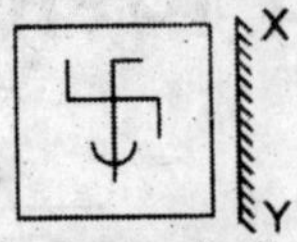

उत्तर आकृतियाँ

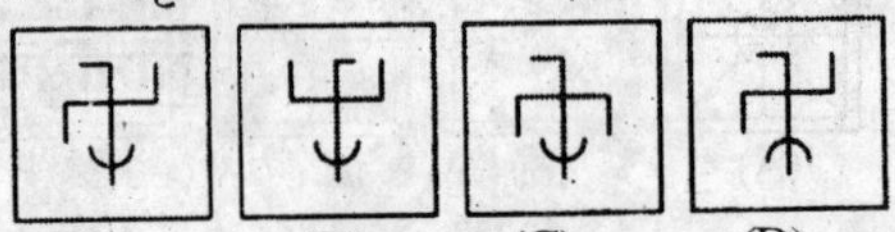

(A) (B) (C) (D)

खण्ड-III

निर्देश (प्र.सं. 11-15) : *प्रत्येक प्रश्न में एक समस्या आकृति तथा चार उत्तर आकृतियाँ (A), (B), (C) तथा (D) दी गई हैं। उस उत्तर आकृति को चुनिए, जो समस्या आकृति के बिल्कुल सदृश हो।*

11. **समस्या आकृति**

उत्तर आकृतियाँ

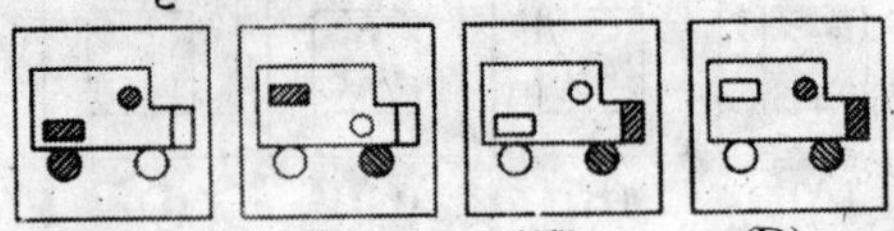

(A) (B) (C) (D)

12. **समस्या आकृति**

उत्तर आकृतियाँ

(A) (B) (C) (D)

13. **समस्या आकृति**

उत्तर आकृतियाँ

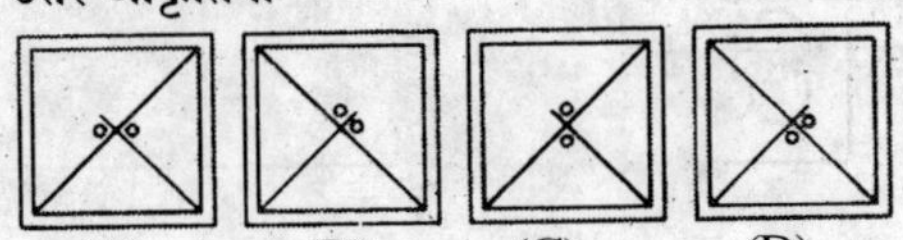

(A) (B) (C) (D)

14. समस्या आकृति

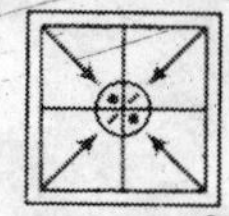

उत्तर आकृतियाँ

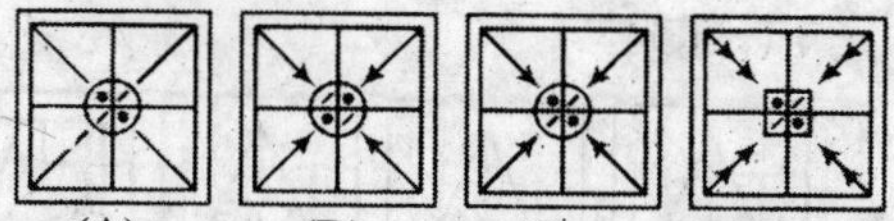

(A) (B) (C) (D)

15. समस्या आकृति

उत्तर आकृतियाँ

(A) (B) (C) (D)

खण्ड-IV

निर्देश (प्र.सं. 16-20) : *प्रत्येक प्रश्न में चार आकृतियाँ (A), (B), (C) तथा (D) दी गई हैं। इन चार आकृतियों में से तीन आकृतियाँ कुछ हद तक सदृश हैं तथा एक अलग है। अलग आकृति को चुनिए।*

16.

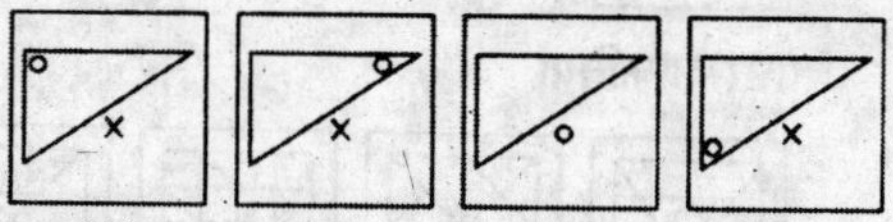

(A) (B) (C) (D)

17.

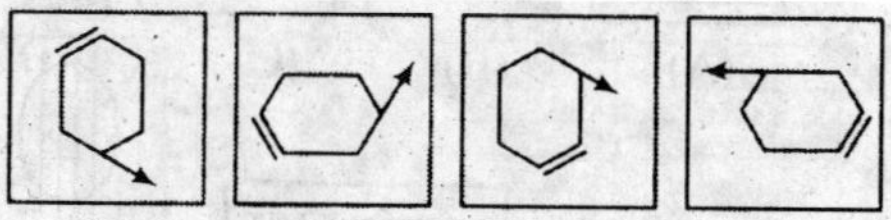

(A) (B) (C) (D)

18.

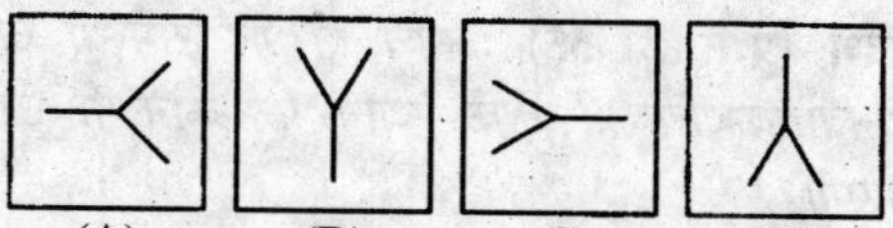

(A) (B) (C) (D)

19.

(A) (B) (C) (D)

20.

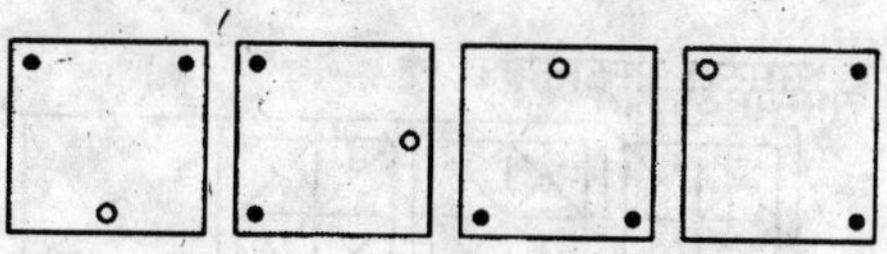

(A) (B) (C) (D)

खण्ड-V

निर्देश (प्र.सं. 21-25) : *प्रत्येक प्रश्न में तीन समस्या आकृतियाँ दी गई हैं तथा चौथी के लिए स्थान रिक्त रखा गया है। दी गई उत्तर आकृतियों में से कौन-सी आकृति समस्या आकृति की श्रृंखला को पूरा करेगी?*

21. समस्या आकृतियाँ

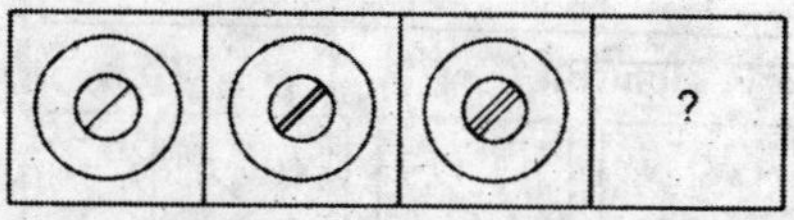

उत्तर आकृतियाँ

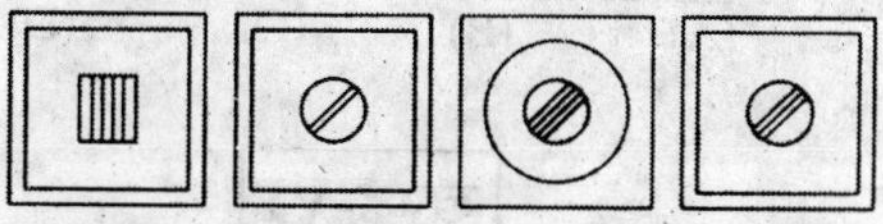

(A) (B) (C) (D)

22. समस्या आकृतियाँ

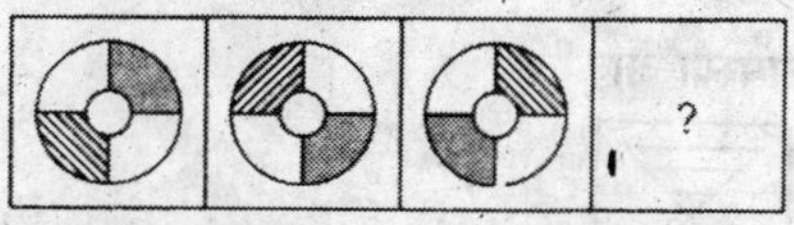

उत्तर आकृतियाँ

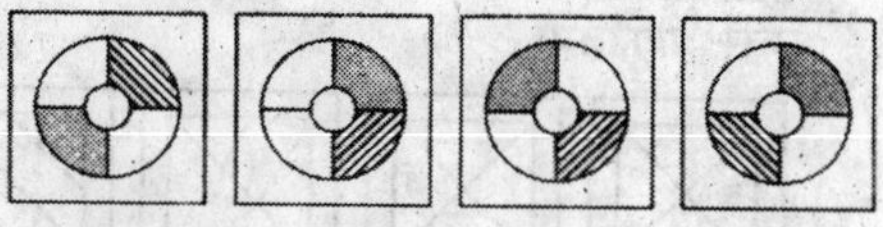

(A) (B) (C) (D)

23. समस्या आकृतियाँ

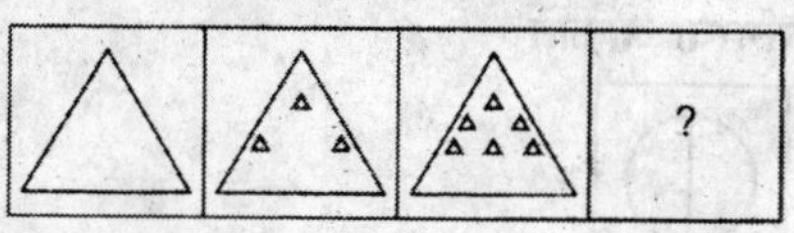

उत्तर आकृतियाँ

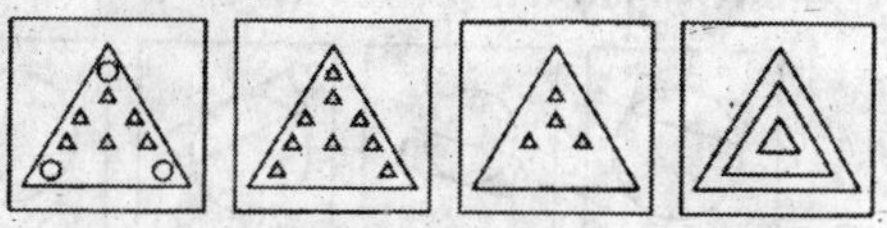

(A) (B) (C) (D)

24. समस्या आकृतियाँ

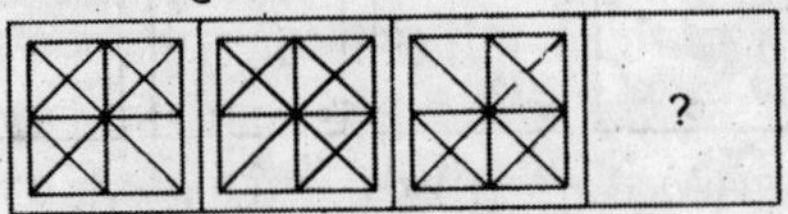

उत्तर आकृतियाँ

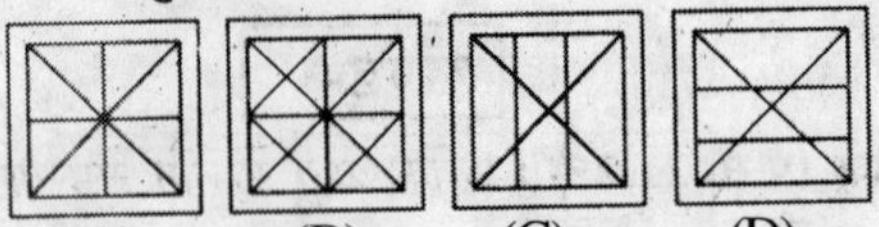

(A) (B) (C) (D)

25. समस्या आकृतियाँ

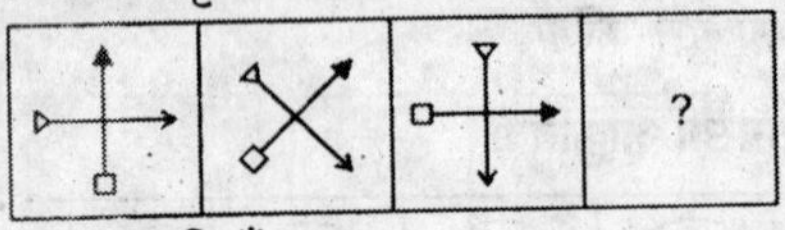

उत्तर आकृतियाँ

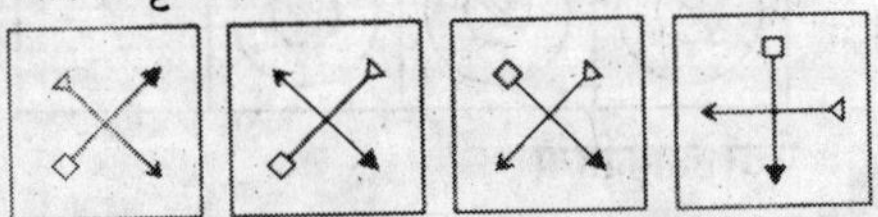

(A) (B) (C) (D)

खण्ड-VI

निर्देश (प्र.सं. 26-30) : *निम्नलिखित प्रश्नों में उस उत्तर आकृति को चुनिए जिसमें समस्या आकृति निहित है।*

26. समस्या आकृति

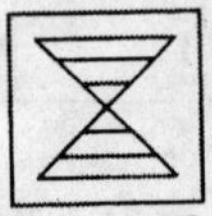

उत्तर आकृतियाँ

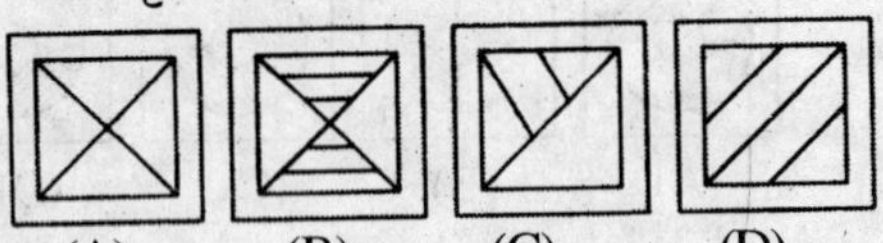

(A) (B) (C) (D)

27. समस्या आकृति

उत्तर आकृतियाँ

(A) (B) (C) (D)

28. समस्या आकृति

उत्तर आकृतियाँ

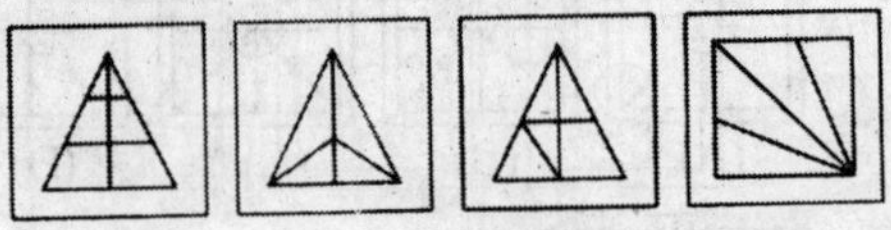

(A) (B) (C) (D)

29. समस्या आकृति

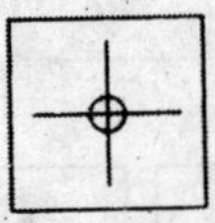

उत्तर आकृतियाँ

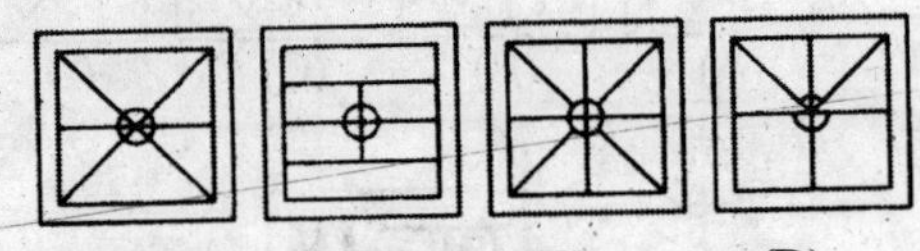

(A) (B) (C) (D)

30. समस्या आकृति

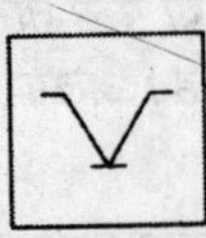

उत्तर आकृतियाँ

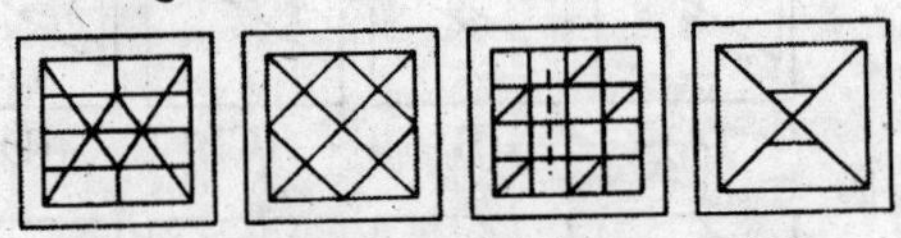

(A) (B) (C) (D)

खण्ड-VII

निर्देश (प्र.सं. 31-35) : *नीचे दी गई समस्या आकृतियों प्रश्नवाचक चिह्न (?) के स्थान पर कौन-सी उत्तर आकृ आएगी?*

31. समस्या आकृतियाँ

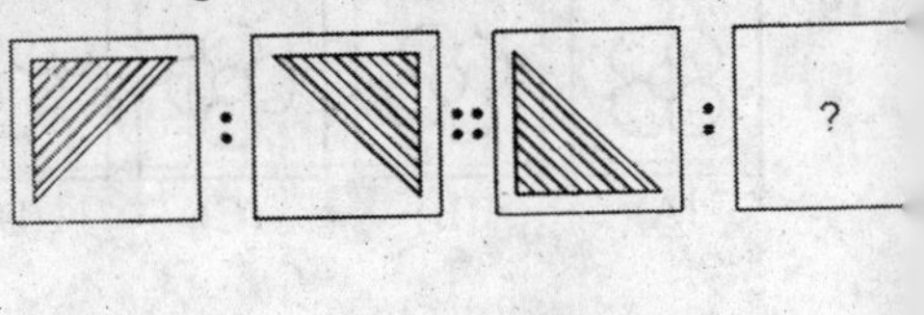

उत्तर आकृतियाँ

(A) (B) (C) (D)

32. समस्या आकृतियाँ

उत्तर आकृतियाँ

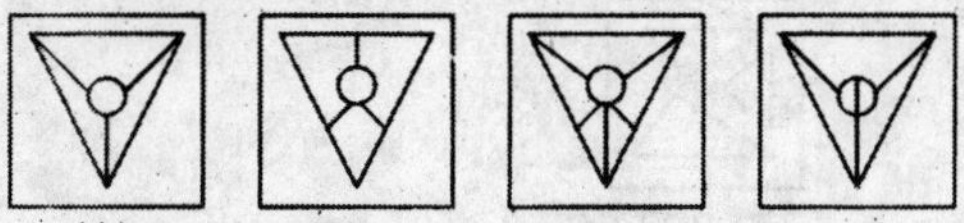

(A) (B) (C) (D)

33. समस्या आकृतियाँ

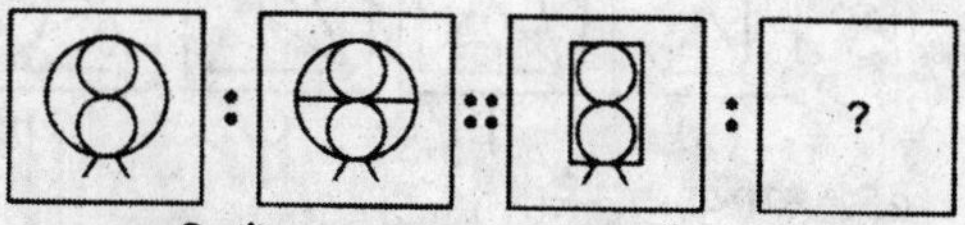

उत्तर आकृतियाँ

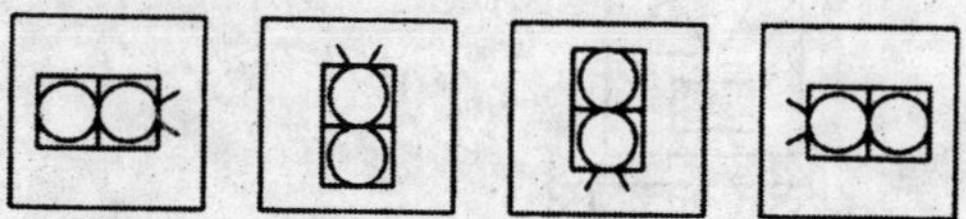

(A) (B) (C) (D)

34. समस्या आकृतियाँ

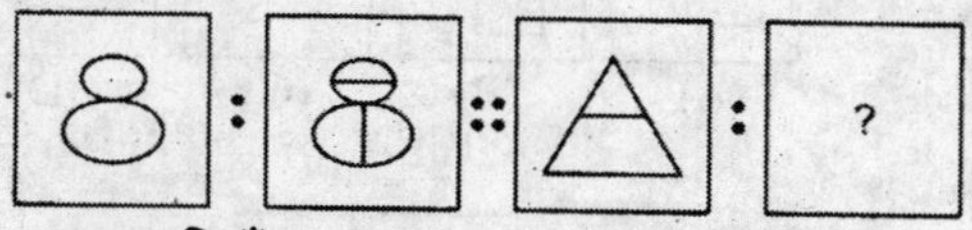

उत्तर आकृतियाँ

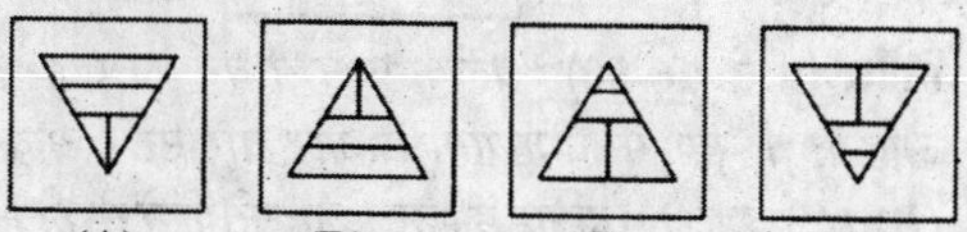

(A) (B) (C) (D)

35. समस्या आकृतियाँ

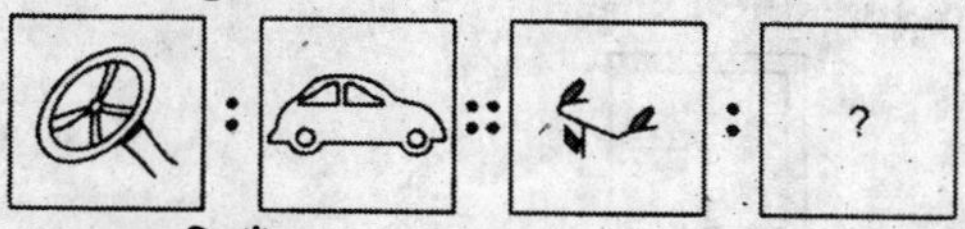

उत्तर आकृतियाँ

(A) (B) (C) (D)

खण्ड-VIII

निर्देश (प्र.सं. 36-40) : *निम्नलिखित प्रश्नों में कागज के एक टुकड़े को मोड़ा जाता है और पंच भी किया जाता है जैसा कि समस्या आकृतियों में दिखाया गया है। कागज को खोलने के बाद वह किस उत्तर आकृति जैसा दिखाई देगा?*

36. समस्या आकृतियाँ

उत्तर आकृतियाँ

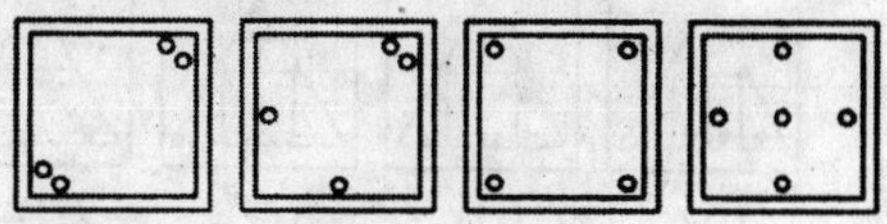

(A) (B) (C) (D)

37. समस्या आकृतियाँ

उत्तर आकृतियाँ

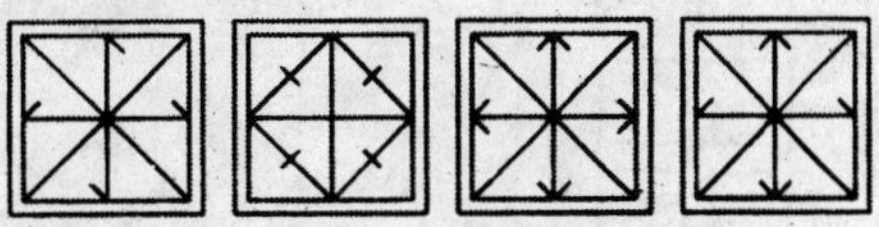

(A) (B) (C) (D)

38. समस्या आकृतियाँ

उत्तर आकृतियाँ

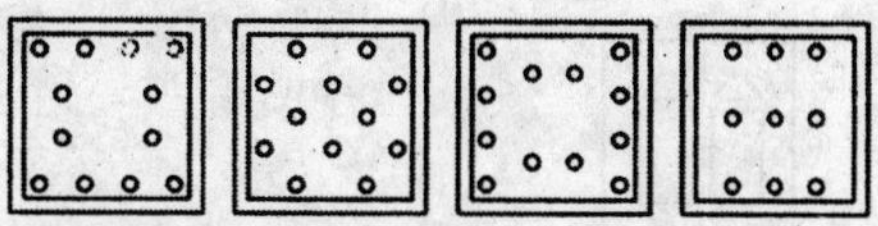

(A) (B) (C) (D)

39. समस्या आकृतियाँ

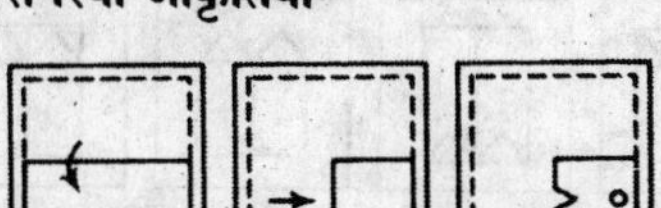

उत्तर आकृतियाँ

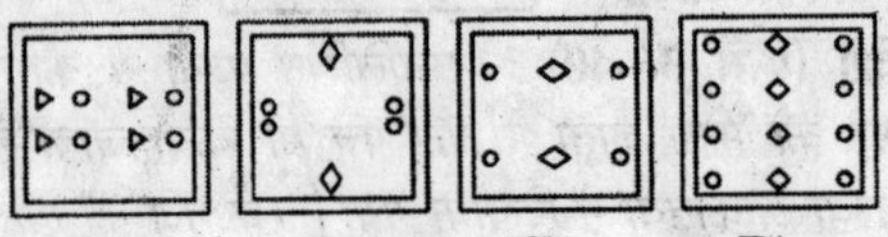

(A) (B) (C) (D)

40. समस्या आकृतियाँ

उत्तर आकृतियाँ

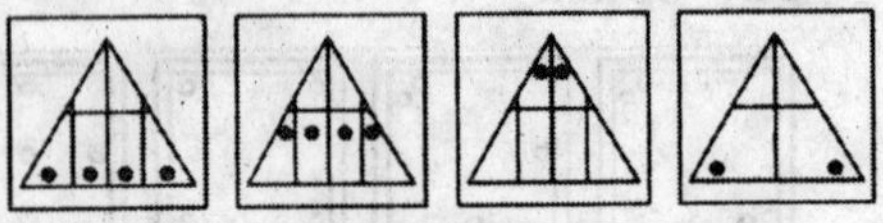

(A) (B) (C) (D)

खण्ड-IX

निर्देश (प्र.सं. 41-45) : *निम्नलिखित प्रश्नों में एक समस्या आकृति तथा चार उत्तर आकृतियाँ (A), (B), (C) तथा (D) दी गई हैं। समस्या आकृति में कटे हुए टुकड़े से बनी उत्तर आकृति को चुनिए।*

41. समस्या आकृति

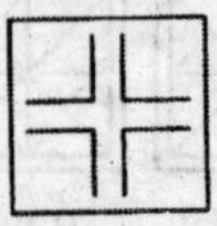

उत्तर आकृतियाँ

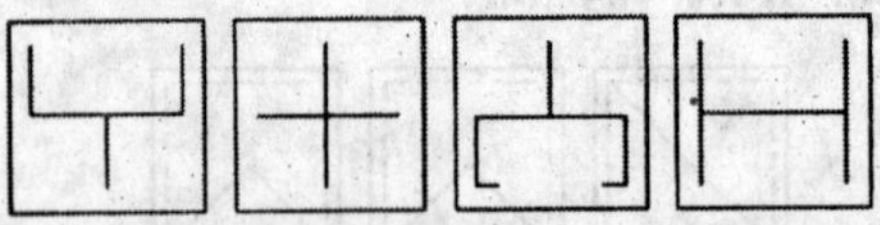

(A) (B) (C) (D)

42. समस्या आकृति

उत्तर आकृतियाँ

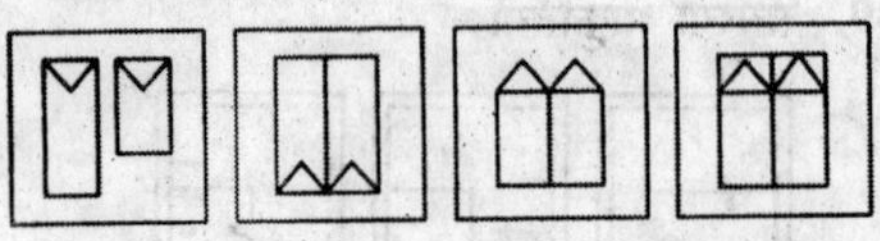

(A) (B) (C) (D)

43. समस्या आकृति

उत्तर आकृतियाँ

(A) (B) (C) (D)

44. समस्या आकृति

उत्तर आकृतियाँ

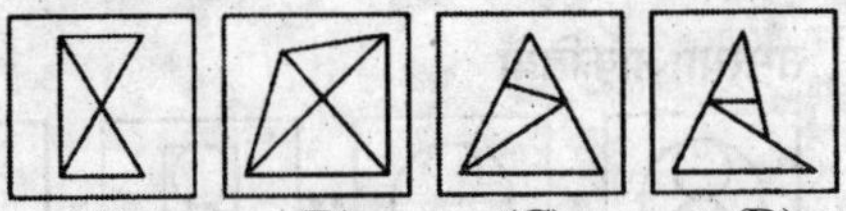

(A) (B) (C) (D)

45. समस्या आकृति

उत्तर आकृतियाँ

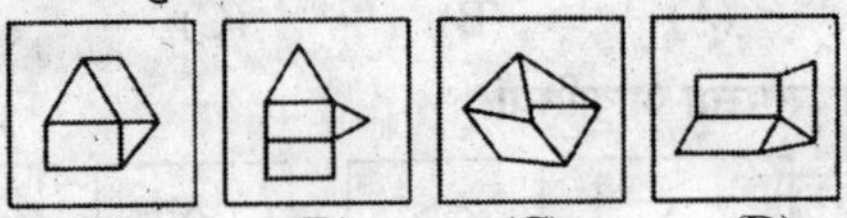

(A) (B) (C) (D)

खण्ड-X

निर्देश (प्र.सं. 46-50) : *प्रत्येक प्रश्न में वर्ग का एक भाग समस्या आकृति के रूप में दिया गया है और चार उत्तर आकृतियाँ (A), (B), (C) तथा (D) दी गई हैं। उत्तर आकृतियों में से कौन-सी आकृति समस्या आकृति के वर्ग को पूरा करेगी?*

46. समस्या आकृति

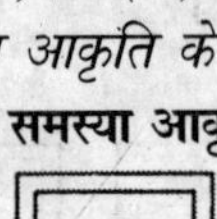

उत्तर आकृतियाँ

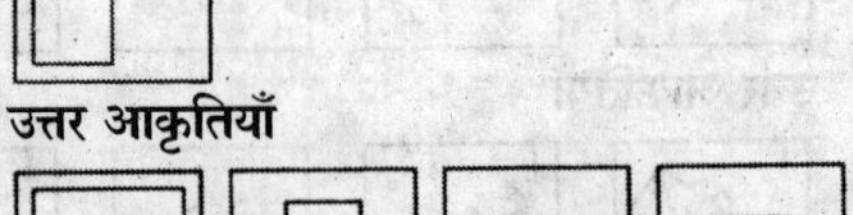

(A) (B) (C) (D)

47. समस्या आकृति

उत्तर आकृतियाँ

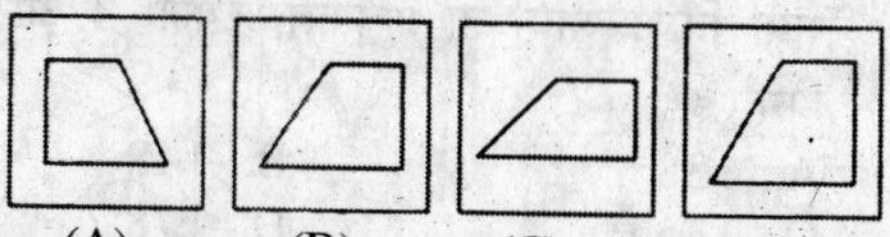

(A) (B) (C) (D)

48. समस्या आकृति

उत्तर आकृतियाँ

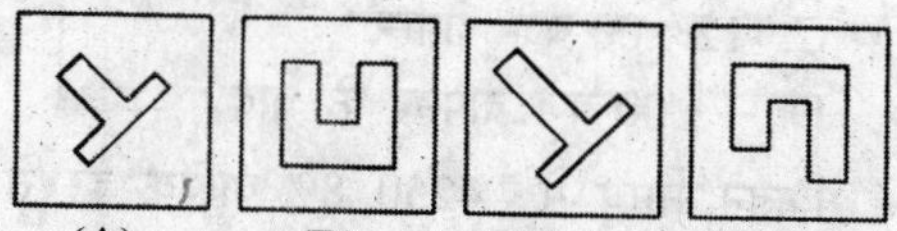

(A) (B) (C) (D)

49. समस्या आकृति

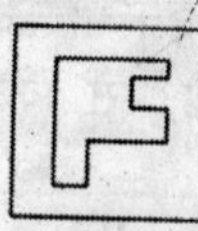

उत्तर आकृतियाँ

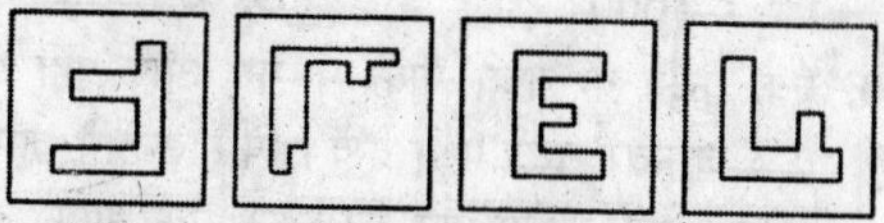

(A) (B) (C) (D)

50. समस्या आकृति

उत्तर आकृतियाँ

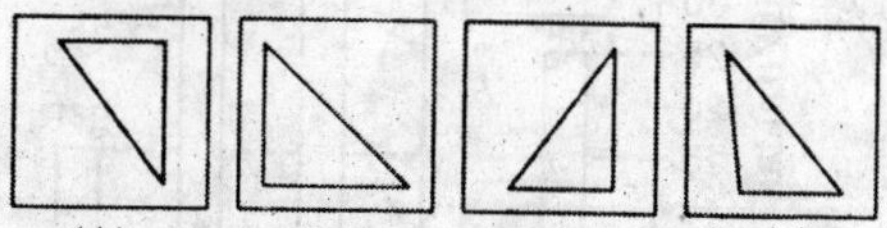

(A) (B) (C) (D)

अनुभाग-II

अंकगणित

51. टमाटर के भार में 90% पानी होता है। 25 किग्रा. टमाटरों में पानी का भार है

A. 24 किग्रा. B. 22.5 किग्रा.
C. 21 किग्रा. D. 19.5 किग्रा.

52. 893645 तथा 635489 के योग में से जिस संख्या को घटाने पर संख्या 1000000 प्राप्त हो, वह संख्या है

A. 106355 B. 364511
C. 51329 D. 529134

53. 7 विभिन्न अंकों से बनी न्यूनतम संख्या तथा 6 विभिन्न अंकों से बनी अधिकतम संख्या का अन्तर है

A. 1 B. 35802
C. 38502 D. 999998

54. एक कमीज के लिए 2 मी. 75 सेमी. कपड़ा चाहिए। ऐसी 6 कमीजों के लिए कितना कपड़ा लेना होगा?

A. 15 मी. 50 सेमी. B. 16 मी. 50 सेमी.
C. 18 मी. D. 21 मी.

55. निम्न में से कौन 1.01 के समतुल्य है?

A. 101% B. 10.1%
C. 1.01% D. 1010%

56. $\frac{0.1}{.01}+\frac{.01}{0.1}$ का मान है

A. $\frac{101}{10}$ B. $\frac{1101}{100}$
C. $\frac{11}{10}$ D. $\frac{1001}{100}$

57. एक परीक्षा में करन ने भावना से 10 अंक अधिक प्राप्त किए। ईशा ने भावना से 5 अंक कम प्राप्त किए। यदि तीनों के कुल प्राप्तांक 170 हैं, तो ईशा के प्राप्तांक क्या हैं?

A. 65 B. 55
C. 50 D. 45

58. एक संगीत समारोह में प्रथम श्रेणी के लिए 15% टिकट आरक्षित हैं। यदि सारे टिकट बिक गए हैं तथा प्रथम श्रेणी के 171 टिकट हैं, तो कुल कितने टिकट बिके हैं?

A. 1710 B. 1600
C. 1140 D. 180

59. एक दुकानदार कोक की प्रत्येक बोतल ₹ 10 या 30 बोतलों का क्रेट ₹ 240 में बेचता है। यदि वन्दना को 185 बोतल कोक खरीदनी हो, तो उसे कितनी राशि देनी होगी?

A. ₹ 1480
B. ₹ 1490
C. ₹ 1600
D. ₹ 1850

60. एक कक्षा के बच्चे पार्क में गए और वहाँ पर उन्होंने कुछ जानवर तथा पक्षी देखे। फिर उन्होंने जानवरों तथा पक्षियों की संख्या को लिखकर एक ग्राफ बनाया।

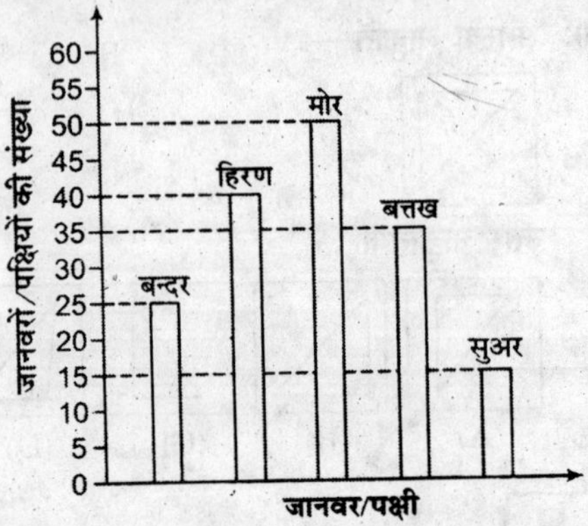

बन्दरों तथा हिरणों दोनों की संख्या का योग एवं मोरों की संख्या का अंतर है

A. 25
B. 15
C. 10
D. 5

61. 5-अंकीय बड़ी-से-बड़ी विषम संख्या, जो अंकों 3, 5, 7, 9 तथा 0 से बनाई जा सकती है, है

A. 90573
B. 97530
C. 97503
D. 97053

62. 5-अंकीय छोटी-से-छोटी संख्या, जो 75 से पूर्णतया विभाजित होती है, है

A. 10025
B. 10050
C. 10075
D. 9975

63. निम्न चित्रालेख एक रेहड़ी वाले द्वारा चार दिनों में सन्तरों के एक डिब्बे में से बेचे गए सन्तरों की बिक्री दर्शाता है

दिन	बेचे गए सन्तरों की संख्या
सोमवार	● ●
बुधवार	● ● ●
शुक्रवार	● ● ● ● ● ●
रविवार	● ● ● ●

● 15 संतरों को निरूपित करता है

यदि रेहड़ी वाले के डिब्बे में अभी भी 25 संतरे बचे हुए हैं, तो डिब्बे में कुल कितने संतरे थे?

A. 200
B. 225
C. 250
D. 300

64. वह बड़ी-से-बड़ी संख्या, जिससे यदि 280 और 1245 को भाग किया जाए, तो शेषफल क्रमशः 4 और 3 प्राप्त होंगे, है

A. 138
B. 148
C. 145
D. 178

65. तीन घंटियाँ क्रमशः 12 मिनट, 15 मिनट तथा 18 मिनट के अन्तराल में बजती हैं। यदि वे प्रातः 9 : 00 बजे एकसाथ बजीं, तो वे कब फिर एकसाथ बजेंगी?

A. प्रातः 10 : 00 बजे
B. प्रातः 11 : 00 बजे
C. 12 : 00 बजे दोपहर
D. 1 : 00 बजे दोपहर के बाद

66. कितने समय में ₹ 4250, 8% वार्षिक दर से साधारण ब्याज पर ₹ 5610 हो जाएंगे?

A. 8 वर्ष
B. 6 वर्ष
C. 5 वर्ष
D. 4 वर्ष

67. दिया है, कि 4015 ÷ 11 = 365, तो 40.15 ÷ 1. बराबर है

A. 36.5
B. 3.65
C. 0.365
D. 0.0365

68. जब 90.0675 को 15 से भाग दिया जाता है, त भागफल होगा

A. 6.0045
B. 6.0450
C. 60.0450
D. 0.6045

69. संख्या श्रेणी 80, 10, 70, 15, 60, ... का अगला पद

A. 20
B. 25
C. 30
D. 50

70. प्रथम दस अभाज्य संख्याओं के गुणनफल में इकाई स्थान का अंक है

A. 6
B. 4
C. 2
D. 0

71. यदि एक वर्ग की प्रत्येक भुजा दोगुनी कर दी जाए, इसका परिमाप होगा

A. 2 गुना
B. 3 गुना
C. 4 गुना
D. 8 गुना

72. यदि प्रत्येक पंक्ति, स्तम्भ तथा विकर्ण का योग समान है, तो x, y, z तथा w के मान हैं, क्रमशः

8	y	z
y	5	w
4	9	2

A. 4, 6, 8, 7 B. 1, 3, 6, 7
C. 1, 6, 3, 7 D. 3, 6, 7, 1

73. एक व्यक्ति 600 मी. लम्बा पुल 5 मिनट में पूरा पार कर लेता है। व्यक्ति की गति (किमी/घंटा में) होगी
A. 3.6 B. 7.2
C. 8.4 D. 9.6

74. एक व्यक्ति 8 घंटे प्रतिदिन कार्य करके एक काम को 12 दिनों में समाप्त कर सकता है। यदि वह 6 घंटे प्रतिदिन कार्य करे, तो वह काम समाप्त करेगा
A. 12 दिनों में B. 14 दिनों में
C. 16 दिनों में D. 18 दिनों में

75. एक ड्रम का 1/5 भाग दूध से भरा हुआ है। यदि इसको पूरा भरने के लिए 28 लीटर और दूध चाहिए, तो ड्रम का आयतन है
A. 30 लीटर B. 32 लीटर
C. 35 लीटर D. 140 लीटर

अनुभाग-III: भाषा

निर्देश (प्र.सं. 76-100) : *इस खण्ड में पाँच अनुच्छेद हैं। प्रत्येक अनुच्छेद में पाँच प्रश्न हैं। प्रत्येक अनुच्छेद को सावधानी से पढ़िए और उसके नीचे दिए गए प्रश्नों के उत्तर दीजिए।*

अनुच्छेद–1

पेनी कूड़े के ढेर में से बिल्ली के एक छोटे बच्चे को उठाकर घर लौटी, जिसकी आँखें अभी बन्द थीं। वह इतना छोटा था कि उसके शरीर का तापमान बनाए रखना भी कठिन था, इसलिए एक कम्बल के टुकड़े से जिंजर को लपेटे रखना जरूरी था। हर दो घंटे बाद, रात-दिन पेनी इस छोटे से प्राणी को खिलाती रहती थी। सरोगेट माँ के समान वह उसे अपनी गोद में उठाती और उसे पशु-चिकित्सक द्वारा दिया गया फॉर्मूला-मिश्रण बोतल से पिलाती। एक सप्ताह बाद उसने अपनी आँखें खोलीं और उसमें उत्सुकता जगी। अब उसे पीने की और चबाने की चीजें कुछ अधिक चाहिए थीं। पाँच सप्ताह तक तो वह सारी रात सोता था और प्लेट से लपलप करके दूध पीता और उसको बोतल की आवश्यकता कभी-कभी ही पड़ती, वह भी भूख की अपेक्षा आराम और लगाव जताने के लिए।

76. जिंजर को कम्बल में लपेटा गया था, क्योंकि वह
A. मर रहा था B. बहुत छोटा था
C. भूखा था D. कूड़े के ढेर पर मिला था

77. जिंजर फिर से स्वस्थ हो गया
A. कम्बल में लपेटे जाने से
B. कूड़े के ढेर से उठाए जाने से
C. रात-दिन खिलाने से
D. पशु-चिकित्सक के फॉर्मूले से

78. एक सप्ताह बाद बिल्ली का बच्चा
A. अधिक खाना-पीना चाहने लगा
B. रात-दिन सोने लगा
C. बोतल से भोजन लेने लगा
D. शरीर का तापमान बढ़ाने लगा

79. पाँच सप्ताह के बाद बिल्ली का बच्चा हो गया
A. उत्सुक B. कमजोर
C. स्वस्थ D. नटखट

80. अनुच्छेद में 'प्यार' का पर्यायवाची है
A. आराम B. लगाव
C. उत्सुक D. जिंजर

अनुच्छेद–2

एक राजा बहुत आलसी था। वह कोई शारीरिक काम नहीं करता था। परिणामस्वरूप वह बीमार पड़ गया। उसने डॉक्टर को बुलाकर कहा, "मुझे कोई दवाई दो और यदि तुम्हारी दवाई से मैं स्वस्थ नहीं हुआ, तो मैं तुम्हें मार दूँगा"।

डॉक्टर जानता था कि राजा की बीमारी का कारण क्या है? अगले दिन उसने राजा को कुछ गोलियाँ और एक जोड़ा डम्बल दिए और कहा, ''श्रीमान जी, आप रोज दो गोलियाँ लीजिए और सवेरे तथा शाम एक घंटे तक इन डम्बलों को घुमाइए। याद रखिए, यदि आपको पसीना न आया, तो ये गोलियाँ असर नहीं करेंगी।'' राजा ने रोज ऐसा ही किया और वह एक सप्ताह में ही स्वस्थ हो गया।

81. राजा था

A. महान B. धनी

C. आलसी D. उदार

82. अगर डॉक्टर राजा का इलाज न कर पाया, तो

A. उसे डाँटा जाएगा

B. उस पर हमला होगा

C. उसे निकाल दिया जाएगा

D. उसे मार दिया जाएगा

83. 'अगले दिन' का अर्थ है

A. बीता हुआ दिन B. आने वाला दिन

C. छुट्टी का दिन D. कोई भी दिन

84. गोलियाँ असर नहीं करेंगी, अगर

A. ठीक से नहीं ली गईं

B. खाने के बाद ली गईं

C. राजा ने पसीना न बहाया

D. अगले दिन ली गईं

85. राजा की बीमारी का कारण था

A. उसका आलस्य B. अस्वास्थ्यकर भोजन

C. डम्बल का जोड़ा D. शारीरिक व्यायाम

अनुच्छेद – 3

ईसा पूर्व 776 से प्रत्येक 4 वर्ष बाद यूनानवासी बहुत बड़ा उत्सव मनाया करते थे। महान देवता जियूस के सम्मान में कलाकार, लेखक और खिलाड़ी एकत्रित होते थे। ओलम्पिया शहर में प्रतियोगिताएँ आयोजित होती थीं, इसलिए इस आयोजन को ओलम्पिक खेल कहा जाने लगा। उन दिनों ओलम्पिक खेलों में केवल खेलकूद की प्रतियोगिताएँ ही नहीं होती थीं, नाटक और कवियों द्वारा कविता पाठ होते तथा साथ ही दौड़ें भी। यूनानवासियों के लिए ये खेल मन और शरीर के मेल थे और जीतने का प्रयास देवताओं के राजा जियूस के प्रति सम्मान था। ये कार्यक्रम तीन दिन तक चलते थे। खिलाड़ी दौड़ते, कुश्ती लड़ते, घुड़सवारी करते और रथ दौड़ाते थे। खेल ओलम्पिक की शपथ से प्रारम्भ होते थे और पुरस्कार तथा दावत के साथ समाप्त होते थे।

86. ओलम्पिक खेल सर्वप्रथम कब आयोजित हुए थे?

A. 1976 ई. B. 776 ई.पू.

C. 776 ई. D. 1976 ई.पू.

87. ओलम्पिक किस शहर में आयोजित किए जाते थे?

A. रोम B. पेरिस

C. जियूस D. ओलम्पिया

88. खेलों से मेल होता है

A. मन और शरीर का B. शरीर और आत्मा का

C. आत्मा और ईश्वर का D. ईश्वर और मन का

89. जियूस था

A. एक महान राजा B. एक ओलम्पिक देवता

C. एक यूनानी देवता D. एक महान पहलवान

90. यूनानियों के लिए ओलम्पिक में जीतने का प्रयास करने का अर्थ था

A. जियूस का सम्मान B. खिलाड़ियों को पुरस्कार

C. ईश्वर का उपहार D. ओलम्पिया का रिवाज

अनुच्छेद – 4

पशुओं के कल्याण के लिए काम कर रहे बहुत से संगठन सरकार और चिड़ियाघर के अधिकारियों से आग्रह करते रहे हैं कि मानव मनोरंजन के लिए सर्कसों के पशुओं का उपयोग बन्द किया जाए। वे चाहते हैं कि बाघों और हाथियों को जंजीरों से मुक्त किया जाए और उन्हें प्राकृतिक निवासों में रहने दिया जाए जहाँ वे स्वतंत्रता से घूम सकें। जिस प्रकार हम सब स्वतंत्र पैदा हुए हैं और अपनी स्वतंत्रता को प्यार करते हैं उसी प्रकार पशु भी स्वतंत्रता चाहते हैं। हमें कोई अधिकार नहीं कि उनसे गुलामों जैसा व्यवहार करें, उनकी स्वतंत्रता छीनें और बिना किसी अपराध के कैदियों जैसा जीवन जीने के लिए उन्हें बाध्य करें।

91. पशु कल्याण संगठन आग्रह करते रहे हैं

A. सर्कसों में पशुओं का उपयोग बन्द करने के लिए

B. पशुओं को चिड़ियाघर में रखने के लिए

C. पशुओं को कैद में रखने के लिए

D. अधिक पशु-प्रदर्शनियाँ आयोजित करने के लिए

92. पशु अधिक प्रसन्न होंगे, यदि उन्हें
A. सुरक्षित स्थानों में रखा जाए
B. अपने निवासों में स्वतंत्र रहने दिया जाए
C. कुछ सुरक्षा प्रदान की जाए
D. चिड़ियाघर में रखा जाए

93. मनुष्यों ने जानवरों से व्यवहार किया है
A. दयालुता से B. प्यार से
C. परवाह से D. क्रूरता से

94. पहले वाक्य में प्रयुक्त 'आग्रह' शब्द का अर्थ है
A. निवेदन करना B. आदेश देना
C. बाध्य करना D. अनुमति देना

95. निम्नलिखित में से किस वाक्य में 'अपराध' शब्द का प्रयोग ठीक नहीं हुआ है?
A. पशुओं को मारना अपराध है
B. पशुओं के प्रति दयालुता दिखाना अपराध है
C. पशुओं को जंजीरों से बाँधना अपराध है
D. पक्षियों को गोली मारना अपराध है

अनुच्छेद – 5

जल ही जीवन है। यह प्रकृति की बड़ी मूल्यवान देन है जिसका उपयोग समझदारी से किया जाना चाहिए। जागरुक होने से हमें बर्बादी रोकने में सहायता मिलेगी। कुछ सीधी-सी चीजें हैं जिन्हें हम सब आसानी से कर सकते हैं। हमें अपनी कारें धोने के लिए, घरों को धोने के लिए या लॉन की सिंचाई के लिए पीने वाले पानी का उपयोग नहीं करना चाहिए। दाँत साफ करते समय, दाढ़ी बनाते समय या अपना चेहरा धोते समय नल को बहते हुए नहीं रहने देना चाहिए। बहते पानी से सब्जियाँ भी नहीं धोनी चाहिए, एक बर्तन में रखे पानी से धोना ठीक रहेगा। दो सरल सावधानियाँ हैं जब इस्तेमाल न हो रहे हों, तो नलों को बन्द रखें और उन्हें लीक न करने दें। ये छोटे-छोटे कदम हैं पर जब एक-एक बूँद मूल्यवान हो, तो इन कदमों से बड़ा अन्तर पड़ सकता है।

96. अनुच्छेद का मुख्य विचार है
A. कारों को कैसे साफ करें?
B. पानी को कैसे बचाएँ?
C. अपने दाँतों की सफाई कैसे करें?
D. सब्जियों को कैसे धोएँ?

97. हम पानी की बचत कर सकते हैं
A. कम पानी पीने से
B. पकाने से पहले सब्जियाँ नहीं धोने से
C. जब नल इस्तेमाल न हो रहे हों, तो उन्हें बन्द रखने से
D. घरों की सफाई सप्ताह में एक बार करने से

98. 'मूल्यवान' शब्द का अर्थ है
A. अच्छा B. महँगा
C. मजबूत D. कीमती

99. हमें सिर्फ एक बर्तन में पानी चाहिए
A. कारें धोने के लिए
B. सब्जियाँ धोने के लिए
C. लॉन की सिंचाई के लिए
D. घरों की सफाई के लिए

100. .... जैसे छोटी बात से भी पानी की बर्बादी हो सकती है।
A. सब्जी धोने B. कारें धोने
C. नल लीक होने D. लॉन की सिंचाई करने

उत्तरमाला

1	2	3	4	5	6	7	8	9	10
D	C	B	C	D	B	A	C	B	A
11	12	13	14	15	16	17	18	19	20
C	B	D	C	C	C	C	A	D	D
21	22	23	24	25	26	27	28	29	30
C	C	B	B	C	B	D	C	C	A
31	32	33	34	35	36	37	38	39	40
D	A	C	C	B	A	C	B	C	D
41	42	43	44	45	46	47	48	49	50
B	C	B	C	A	D	C	A	D	B

51	52	53	54	55	56	57	58	59	60
B	D	A	B	A	A	C	C	B	B
61	62	63	64	65	66	67	68	69	70
C	B	C	A	C	D	A	A	A	D
71	72	73	74	75	76	77	78	79	80
A	B	B	C	C	B	D	A	D	B
81	82	83	84	85	86	87	88	89	90
C	D	B	C	A	B	D	A	C	A
91	92	93	94	95	96	97	98	99	100
A	B	D	A	B	Ь	C	D	B	C

कुछ चुने हुए प्रश्नों के व्याख्यात्मक उत्तर

6. XY सतह से परावर्तन के बाद KOON का प्रतिबिम्ब ИOOK होगा।

8. XY सतह से परावर्तन के बाद 'BR4' का प्रतिबिम्ब 4ЯB होगा।

16. आकृति (C) में चिह्न '×' लुप्त है।

17. किरण '→' और समानान्तर भुजा '=' की बीच की दूरी सबसे कम है।

19. केन्द्रीय वृत्त के चारों ओर के वृत्तों की संख्या पाँच है।

20. चिह्न 'o' शीर्ष बिन्दु पर है जबकि अन्य सभी आकृतियों में चिह्न 'o' भुजाओं के मध्य बिन्दुओं पर हैं।

21. प्रत्येक अगली आकृति में चापों की संख्या एक से बढ़ जाती है।

22. प्रत्येक अगली आकृति घड़ी की दिशा में 90° से मुड़ जाती है।

23. त्रिभुज के अंदर त्रिभुजों की संख्या में तीन की वृद्धि होती है।

25. अगली आकृति अपने ठीक पहले की आकृति से घड़ी की दिशा में 45° मुड़ जाती है।

26. दी गई प्रश्न आकृति उत्तर आकृति B में छिपी हुई है।

27. केवल आकृति D में वृत्त की चाप वृत्त का व्यास है।

31. दर्पण (परावर्तन सतह) को Y-अक्ष के अनुदिश रखते हुए दाईं ओर की आकृति बायीं ओर की आकृति का प्रतिबिम्ब है।

32. केन्द्र बिन्दु पर अवस्थित आकृति सभी शीर्ष बिन्दुओं से सरल रेखा द्वारा मुड़ जाती है।

33. दोनों वृत्तों के एकल संयोजन बिन्दु से एकल स्पर्श रेखा खिंचे जाती है।

34. आकृति के ऊपर के भाग में एक क्षैतिज तथा नीचे के भाग में ऊर्ध्वाधर रेखा खिंच जाती है।

36. कागज को फैलाने के बाद चिह्न 'o' दो विपरीत शीर्ष बिन्दु (विकर्ण बिन्दु) पर होगा।

41. प्रश्न आकृति में दिये गये चारों कोणों की आकृतियों को मिलाने पर उत्तर आकृति (B) प्राप्त होती है।

44. प्रश्न आकृति के तीनों भागों को त्रिभुजाकार स्वरूप में जोड़ने से उत्तर आकृति (C) प्राप्त होगी।

51. 25 किग्रा. टमाटरों में पानी का भार

= 25 किग्रा. का 90%

$$= \frac{90}{100} \times 25 = \frac{90}{4} = \frac{45}{2} \text{ किग्रा.}$$

= 22.5 किग्रा.

52. माना कि संख्या x है।

प्रश्नानुसार,

$$1000000 = (893645 + 635489) - x$$

$$\Rightarrow \quad x = 1529134 - 1000000$$

$$= 529134.$$

53. 7 अंकों की सबसे छोटी संख्या = 1000000

6 अंकों की सबसे बड़ी संख्या = 999999

अन्तर = 1000000 − 999999 = 1.

54. 1 कमीज के लिए कपड़ा चाहिए = 2.75 मी.
6 कमीजों के लिए कपड़ा चाहिए = 2.75 × 6 मी.
= 16.50 मी.
अतः 6 कमीजों के लिए 16 मी. 50 सेमी. कपड़ा लेना होगा।

55. $1.01 = \frac{101}{100} \times 100 = 101\%$.

56. $\frac{0.1}{.01} + \frac{.01}{.1} = \frac{\frac{1}{10}}{\frac{1}{100}} + \frac{\frac{1}{100}}{\frac{1}{10}}$

$= \frac{1}{10} \times \frac{100}{1} + \frac{1}{100} \times \frac{10}{1}$

$= 10 + \frac{1}{10} = \frac{100+1}{10} = \frac{101}{10}$.

57. माना कि भावना के प्राप्तांक x हैं।
∴ करन के प्राप्तांक = $x + 10$
ईशा के प्राप्तांक = $x - 5$
$x + x + 10 + x - 5 = 170$
$3x = 170 - 5 = 165$
⇒ $x = 55$
अतः ईशा के प्राप्तांक = 55 − 5 = 50.

58. माना कि कुल टिकटों की संख्या x है।
x का 15% = 171
⇒ $\frac{15}{100} \times x = 171$
⇒ $x = \frac{171 \times 100}{15} = 57 \times 20$
= 1140.

59. वन्दना 185 बोतल खरीदना चाहती है।
वन्दना 6 क्रेट बोतल ₹ 240 की दर से तथा 5 बोतल ₹ 10 की दर से खरीदती है।
वन्दना द्वारा दी गई राशि
= ₹ 240 × 6 + 10 × 5
= ₹ 1440 + 50
= ₹ 1490.

60. बन्दरों की संख्या = 25
हिरणों की संख्या = 40
मोरों की संख्या = 50
बन्दरों तथा हिरणों की संख्या का योग = 65
अभीष्ट अन्तर = 65 − 50 = 15.

61. वह संख्या जो 2 से पूर्णतः विभाजित नहीं होती है विषय संख्या कहलाती है। 5-अंकीय बड़ी-से-बड़ी विषम संख्या, जो अंकों 3, 5, 7, 9 तथा 0 से बनाई जा सकती है, वह है 97503.

62. पाँच अंकों की छोटी-से-छोटी संख्या = 10000

```
75 ) 10000 (133
     75
     ---
     250
     225
     ---
      250
      225
      ---
       25
```

75 − 25 = 50
अतः अभीष्ट संख्या = 10000 + 50 = 10050.

63. सोमवार को बेचे गए संतरों की संख्या = 15 × 2 = 30
बुधवार को बेचे गए संतरों की संख्या = 15 × 3 = 45
शुक्रवार को बेचे गए संतरों की संख्या = 15 × 6 = 90
रविवार को बेचे गए संतरों की संख्या = 15 × 4 = 60
चार दिनों में बेचे गये कुल संतरों की संख्या
= 30 + 45 + 90 + 60 = 225
डिब्बे में बचे संतरों की संख्या = 25
अतः डिब्बे में कुल संतरों की संख्या = 225 + 25 = 250 थी।

64. 280 − 4 = 276
1245 − 3 = 1242
276 तथा 1242 का महत्तम समापवर्तक

```
276 ) 1242 (4
      1104
      ----
      138 ) 276 (2
            276
            ---
             ×
```

अतः अभीष्ट संख्या = 138.

65. 12, 15 तथा 18 का लघुत्तम समावर्त्य

2	12,	15,	18,
3	6,	15,	9
	2,	5,	3

लघुत्तम समापवर्त्य = 2 × 3 × 2 × 5 × 3 = 180

180 मिनट = $\frac{180}{60}$ घंटे = 3 घंटे

$9:00 + 3 = 12:00$

अतः तीनों घंटियाँ दोपहर 12:00 बजे पुनः एक साथ बजेंगी।

66. मूलधन = ₹ 4250

मिश्रधन = ₹ 5610

साधारण ब्याज = मिश्रधन – मूलधन

$= 5610 - 4250 = 1360$

$$\text{समय} = \frac{\text{ब्याज} \times 100}{\text{मूलधन} \times \text{दर}}$$

$$= \frac{1360 \times 100}{4250 \times 8} = 4 \text{ वर्ष।}$$

67. $\because \quad 4015 \div 11 = 365$

$$40.15 \div 1.1 = \frac{4015}{100} \div \frac{11}{10}$$

$$= \frac{4015}{100} \times \frac{10}{11}$$

$$= \frac{4015}{11} \times \frac{1}{10}$$

$$= \frac{365}{10} = 36.5.$$

68. $$90.0675 \div 15 = \frac{900675}{10000} \times \frac{1}{15}$$

$$= \frac{60045}{10000} = 6.0045.$$

69. 80 10 70 15 60 ......

यहाँ पर दो तरह की श्रेणियाँ मिलाकर दी गई हैं

(*i*) 80 70 60 50 ...

(*ii*) 10 15 20 25

अतः अगला पद 20 होगा।

70. प्रथम दस अभाज्य संख्याएँ हैं

2, 3, 5, 9, 11, 13, 17, 19, 23, 29

$\because 2 \times 3 \times 5 = 30$

$\therefore 2 \times 3 \times 5 \times 7 \times 11 \times 13 \times 17 \times 19 \times 23 \times 29$

में इकाई का अंक 0 होगा।

अतः अभीष्ट इकाई का अंक = 0.

71. माना कि वर्ग की भुजा x इकाई है।

वर्ग की परिमिति = $4x$ इकाई होगी।

अब वर्ग की भुजा बढ़ाकर $2x$ कर दी गयी

अब वर्ग की परिमिति = $4(2x) = 8x$ इकाई

अतः यदि वर्ग की भुजा दोगुनी की जाएगी तो वर्ग की परिमिति भी दोगुनी हो जाएगी।

72.

8	x	z
y	5	w
4	9	2

8	1	6
3	5	7
4	9	2

अतः $x = 1$

$y = 3$

$z = 6$

$w = 7$

73. $\text{दूरी} = 600 \text{ मी.} = \frac{600}{1000}$ किमी.

$\text{समय} = 5 \text{ मिनट} = \frac{5}{60}$ घंटे

$$\text{गति} = \frac{\text{दूरी}}{\text{समय}} = \frac{\frac{600}{1000}}{\frac{5}{60}} = \frac{600}{1000} \times \frac{60}{5} = \frac{36}{5}$$

$= 7\frac{1}{5}$ किमी/घंटे = 7.2 किमी/घंटे

74. 8 घंटे प्रतिदिन काम करने पर काम 12 दिनों में समाप्त होता है।

1 घंटा प्रतिदिन काम करने पर काम 12×8 दिनों में पूरा होगा।

6 घंटे प्रतिदिन काम करने पर काम $\frac{12 \times 8}{6}$ दिनों में पूरा होगा, अतः 16 दिन लगेंगे।

75. माना कि ड्रम का आयतन x लीटर है।

प्रश्नानुसार,

$$\frac{1}{5} \times x + 28 = x$$

$$\Rightarrow \quad \frac{x + 140}{5} = x$$

$$\Rightarrow \quad 5x = x + 140$$

$$\Rightarrow \quad 4x = 140$$

$$\Rightarrow \quad x = \frac{140}{4} = 35 \text{ लीटर}$$

अतः ड्रम का आयतन = 35 लीटर।

*स्मृति पर आधारित

पिछले प्रश्न–पत्र (हल सहित)

जवाहर नवोदय विद्यालय चयन परीक्षा–2013*

कक्षा VI

अनुभाग-I : मानसिक योग्यता परीक्षा

खण्ड-I

निर्देश (प्र. 1-5): *नीचे दिए गए प्रत्येक प्रश्न में रेखा के बायीं ओर प्रश्न आकृति दी गई है तथा दाईं ओर चार उत्तर आकृतियाँ A, B, C तथा D दी गई हैं। उस उत्तर आकृति को चुनिए जिसमें समस्या आकृति छिपी है तथा अपना उत्तर, उत्तर आकृति के अंग्रेजी अक्षर द्वारा उत्तर पत्रिका में हर प्रश्न के आगे दिए गए बॉक्स में लिखें।*

प्रश्न आकृति **उत्तर-आकृतियाँ**

1.
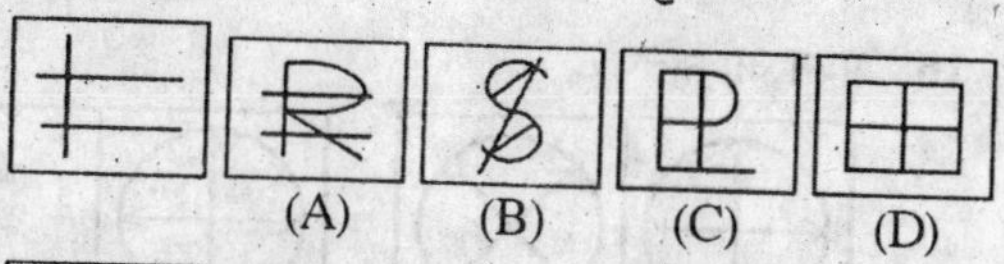

2.
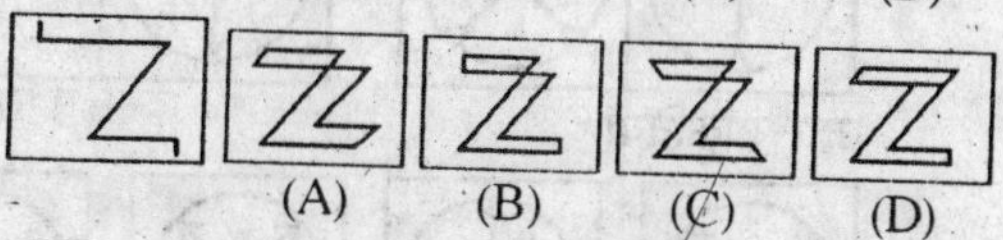

3.
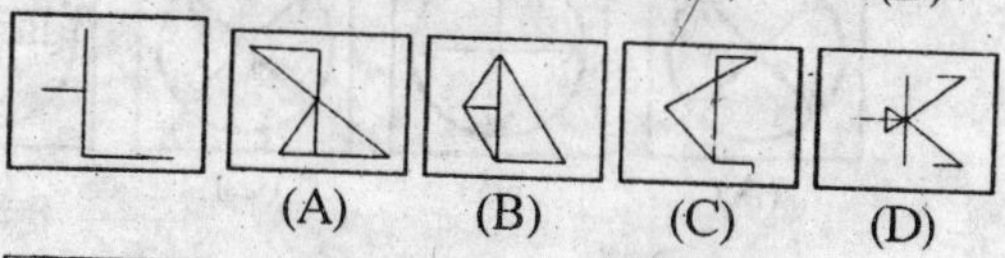

4.
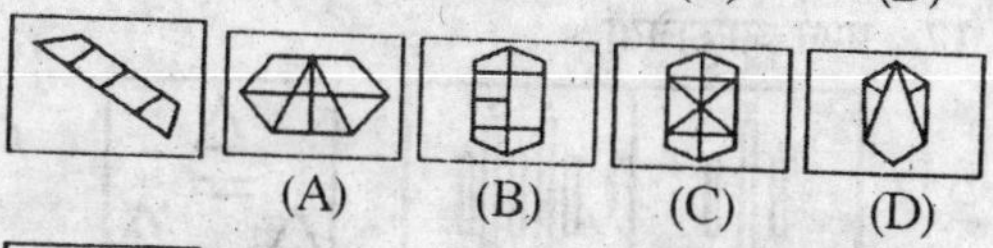

5.
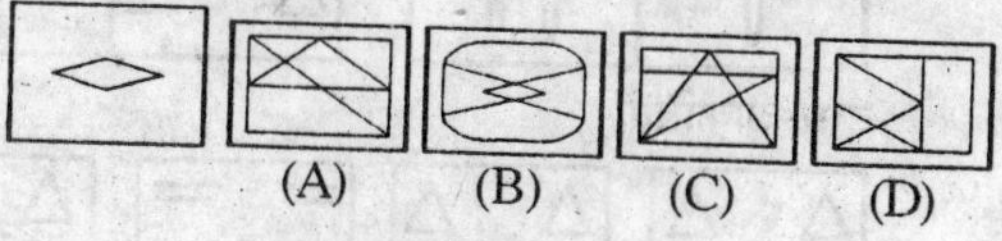

खण्ड-II

देश (प्र. 6-10): *नीचे दिए गए प्रत्येक प्रश्न में रेखा के बायीं फ तीन प्रश्न आकृतियाँ दी गई हैं तथा चौथी के लिए स्थान त्त रखा गया है। समस्या आकृतियाँ एक श्रृंखला में हैं। ढूँढ़िए रेखा के दायीं तरफ दी गई आकृतियों A, B, C तथा D में से कौन-सी आकृति इस श्रृंखला को पूरा करती है। सही उत्तर चुनकर उत्तर पुस्तिका में प्रत्येक प्रश्न संख्या के आगे दिए गए बॉक्स में अंग्रेजी में अंकित करें।*

6. प्रश्न आकृतियाँ

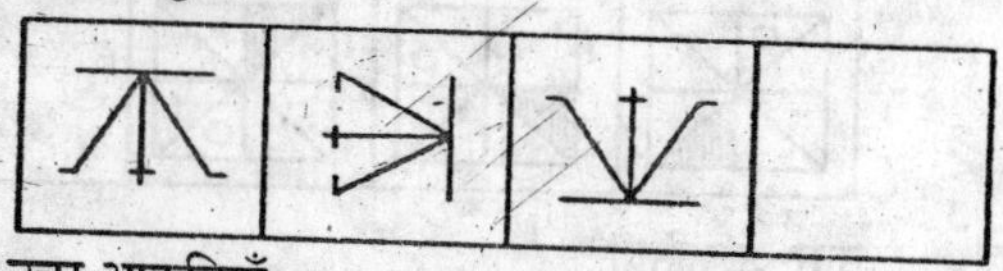

उत्तर-आकृतियाँ

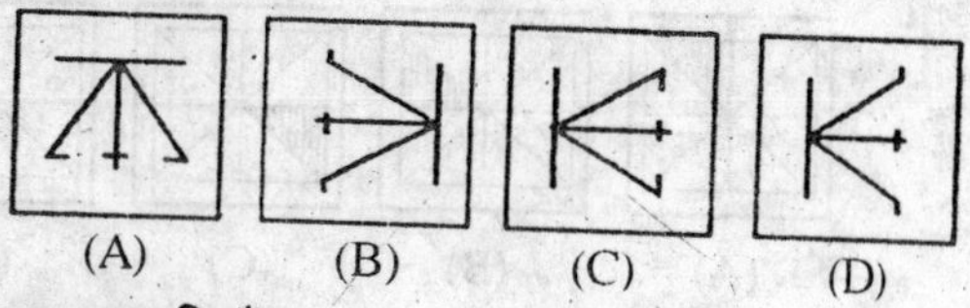

7. प्रश्न आकृतियाँ

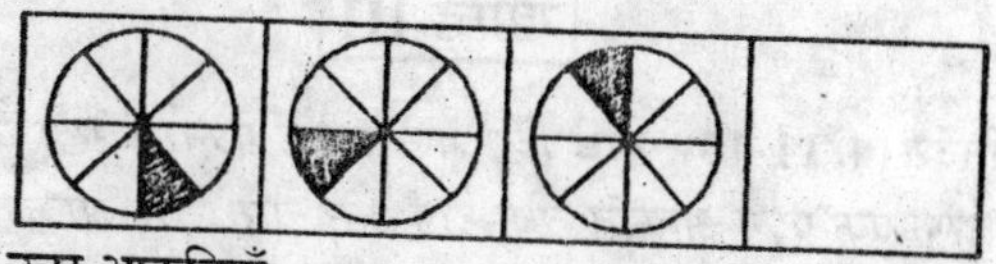

उत्तर-आकृतियाँ

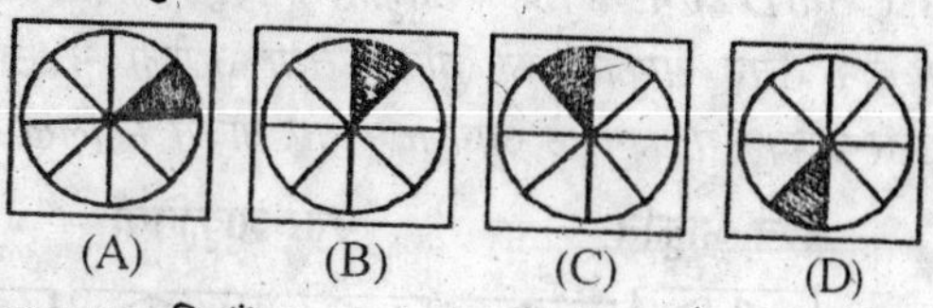

8. प्रश्न आकृतियाँ

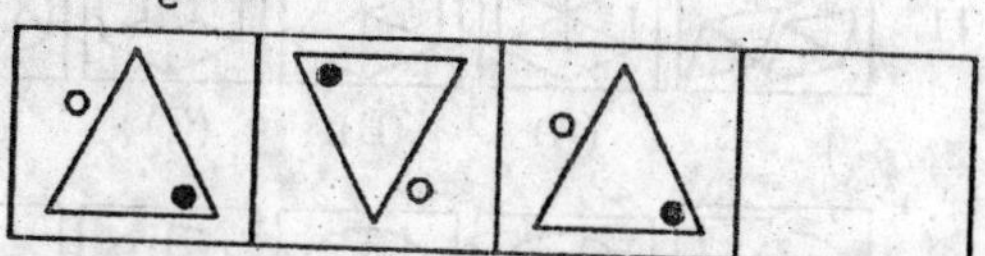

उत्तर-आकृतियाँ

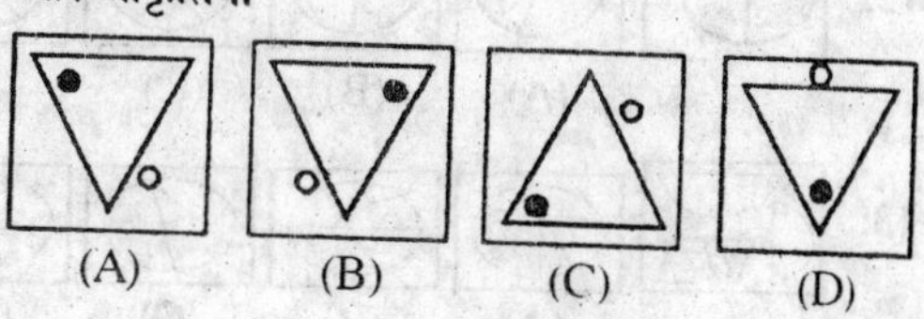

ृति पर आधारित

9. प्रश्न आकृतियाँ

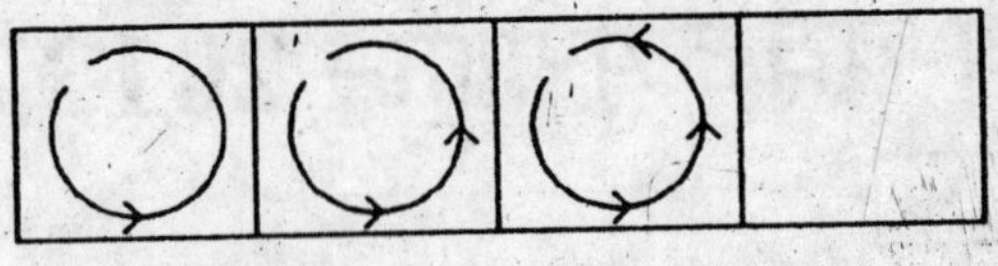

उत्तर-आकृतियाँ

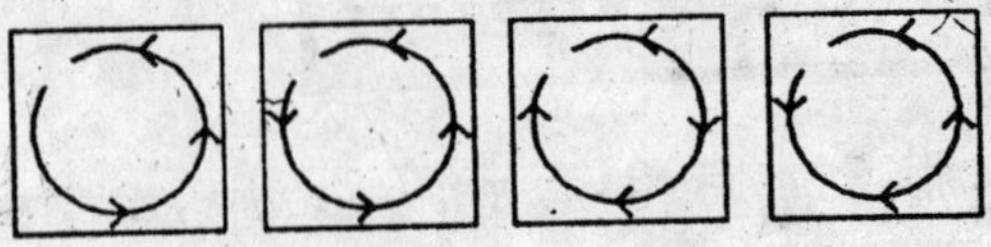

(A) (B) (C) (D)

10. प्रश्न आकृतियाँ

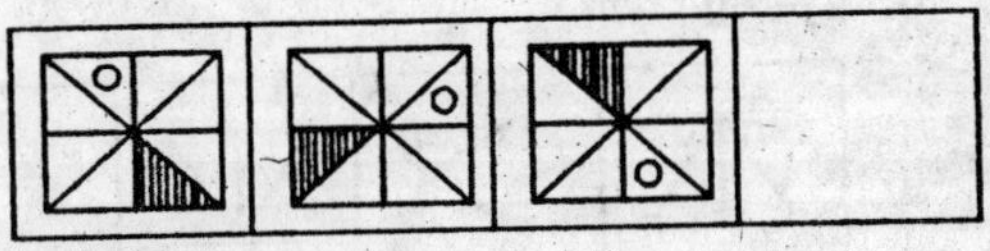

उत्तर-आकृतियाँ

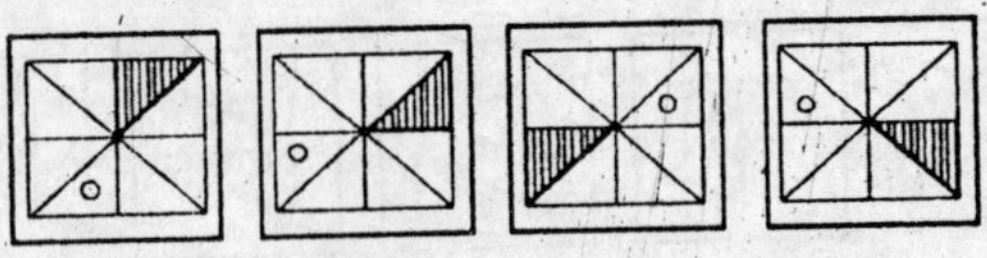

(A) (B) (C) (D)

खण्ड-III

निर्देश (प्र. 11-15): *नीचे दिए गए प्रत्येक प्रश्न में रेखा के बायीं तरफ एक प्रश्न आकृति तथा दाईं ओर चार उत्तर आकृतियाँ A, B, C तथा D दी गई हैं। प्रश्न आकृति में दिए गए कटे हुए टुकड़े से बने उत्तर आकृति को चुनिए तथा अंग्रेजी में उत्तर को उत्तर-पत्रिका में प्रश्न के आगे दिए गए बॉक्स में लिखें।*

प्रश्न आकृति उत्तर-आकृतियाँ

11. 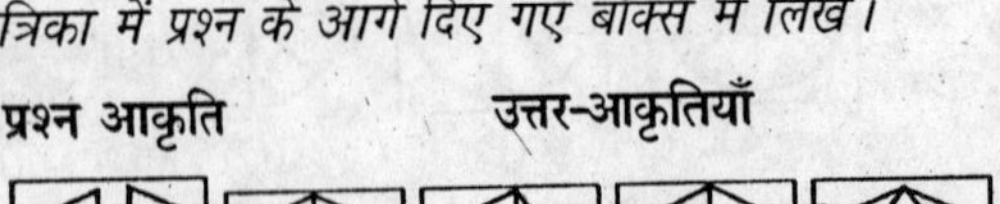

(A) (B) (C) (D)

12. 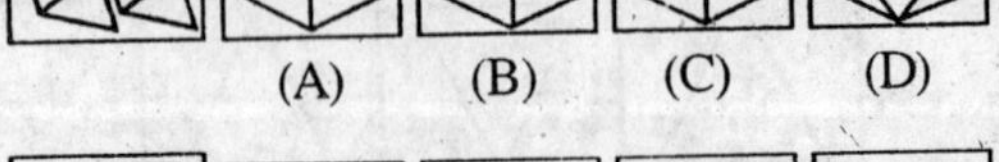

(A) (B) (C) (D)

13. 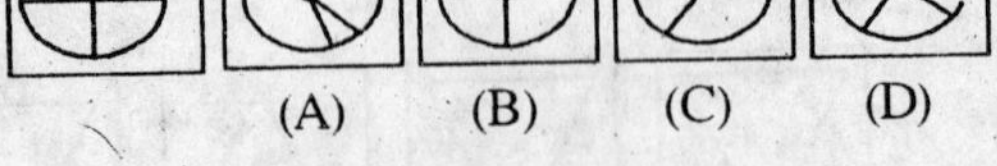

(A) (B) (C) (D)

14. 

(A) (B) (C) (D)

15. 

(A) (B) (C) (D)

खण्ड-IV

निर्देश (प्र. 16-20): *नीचे दिए गए प्रत्येक प्रश्न में तीन प्रश्न आकृतियों के बाद चौथे स्थान पर एक प्रश्नसूचक चिह्न (?) बना हुआ है। पहली दो समस्या आकृतियों में परस्पर एक संबंध है। इसी प्रकार तीसरी तथा चौथी समस्या आकृतियों के बीच भी एक संबंध होना चाहिए। उत्तर आकृतियों A, B, C तथा D में से एक आकृति चुनिए जो प्रश्नसूचक चिह्न वाले स्थान पर सही बैठ सके। सही उत्तर चुनकर उत्तर पुस्तिका में हर प्रश्न के आगे दिए गए बॉक्स में अंग्रेजी में उत्तर लिखें।*

16. प्रश्न आकृतियाँ

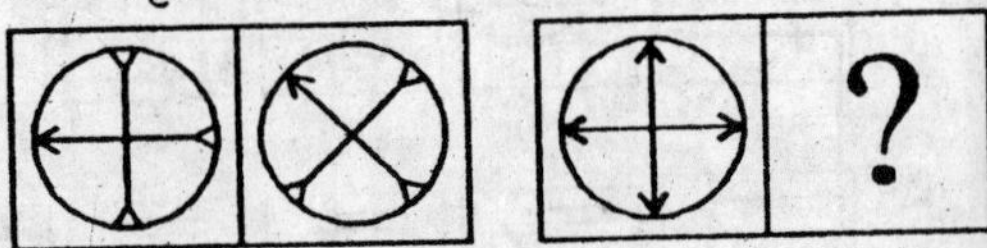

उत्तर-आकृतियाँ

(A) (B) (C) (D)

17. प्रश्न आकृतियाँ

उत्तर-आकृतियाँ

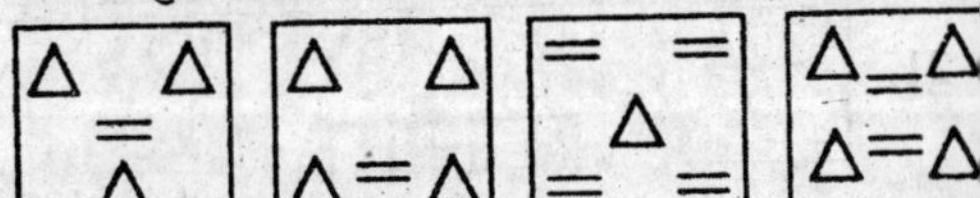

(A) (B) (C) (D)

18. प्रश्न आकृतियाँ

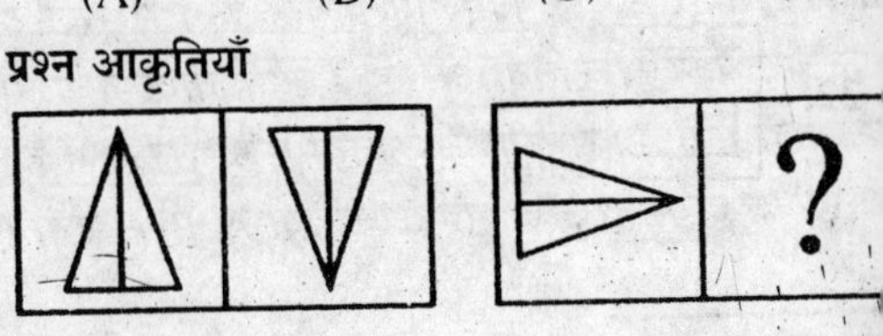

उत्तर-आकृतियाँ

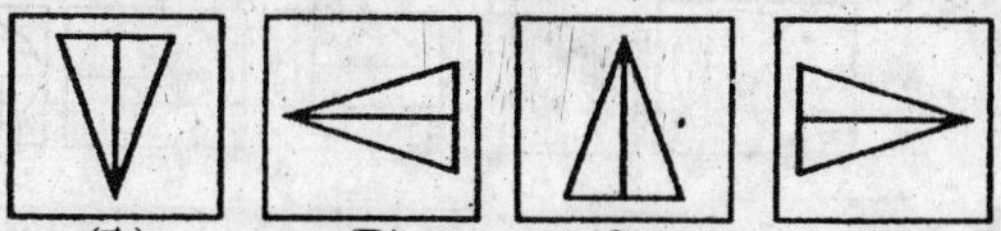

(A) (B) (C) (D)

19. प्रश्न आकृतियाँ

उत्तर-आकृतियाँ

(A) (B) (C) (D)

20. प्रश्न आकृतियाँ

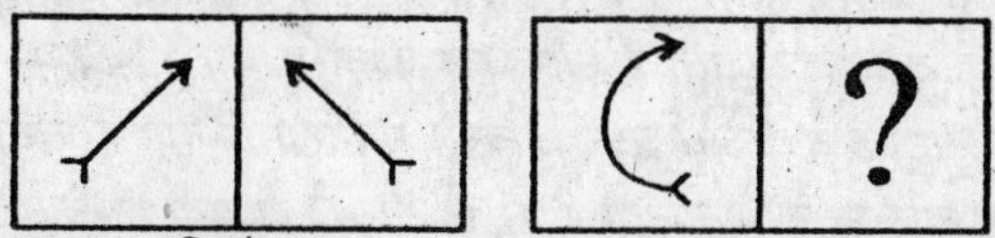

उत्तर-आकृतियाँ

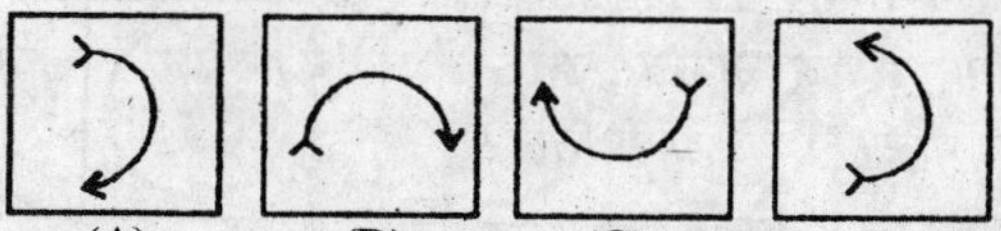

(A) (B) (C) (D)

खण्ड-V

निर्देश (प्र. 21-25): *नीचे दिए गए प्रत्येक प्रश्न में बाईं ओर एक समस्या आकृति तथा दाईं ओर चार आकृतियाँ A, B, C तथा D दी गई हैं। उस उत्तर आकृति को चुनिए जो समस्या आकृति की दर्पण आकृति के बिल्कुल समान हो जब दर्पण को XY पर रखा गया हो। अपना उत्तर चुनकर उत्तर पुस्तिका में हर प्रश्न के आगे दिए गए बॉक्स में अंग्रेजी में उत्तर लिखें।*

प्रश्न आकृति **उत्तर-आकृतियाँ**

21. 

(A) (B) (C) (D)

22. 

(A) (B) (C) (D)

23. 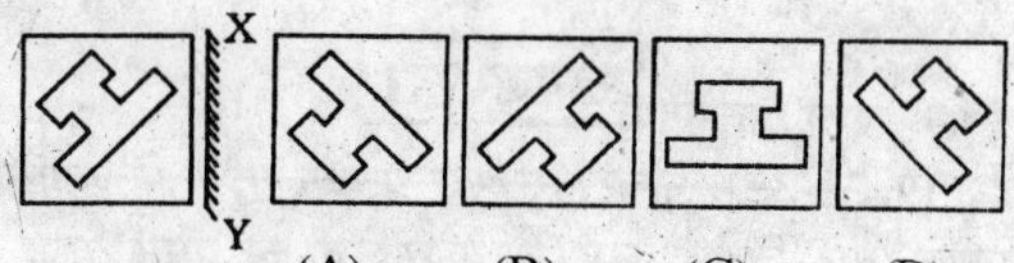

(A) (B) (C) (D)

24. 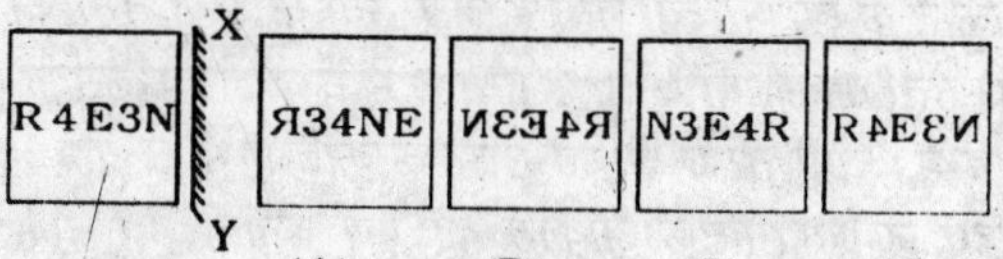

(A) (B) (C) (D)

25. 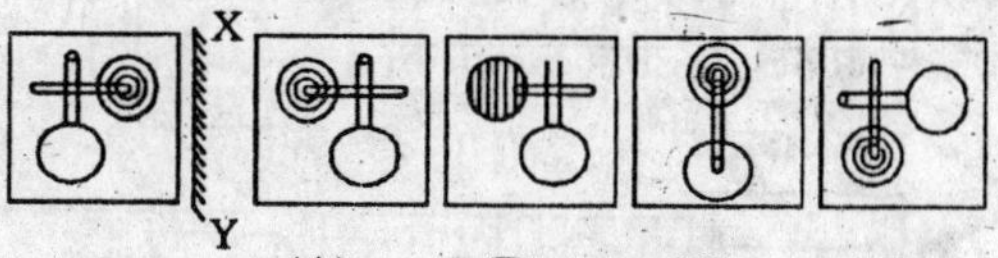

(A) (B) (C) (D)

खण्ड-VI

निर्देश (प्र. 26-30): *नीचे दिए गए प्रत्येक प्रश्न में चार आकृतियाँ A, B, C तथा D दी गई हैं। इन चार आकृतियों में से तीन आकृतियों में कोई न कोई समानता है जबकि एक आकृति भिन्न आकृति का पता लगाइए और उत्तर पुस्तिका में अंकित कीजिए।*

प्रश्न-आकृतियाँ

26. 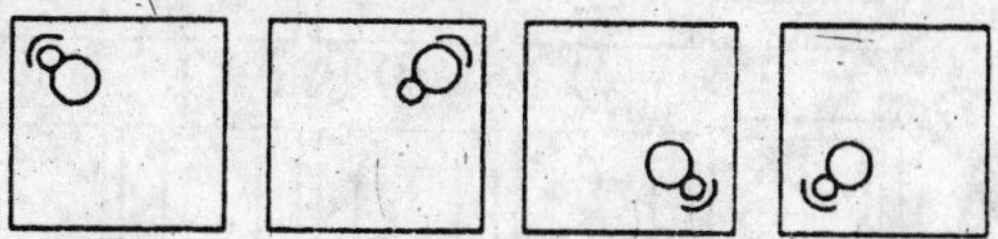

(A) (B) (C) (D)

27. 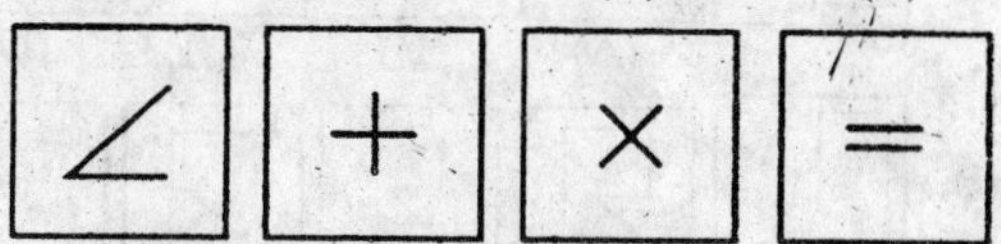

(A) (B) (C) (D)

28. 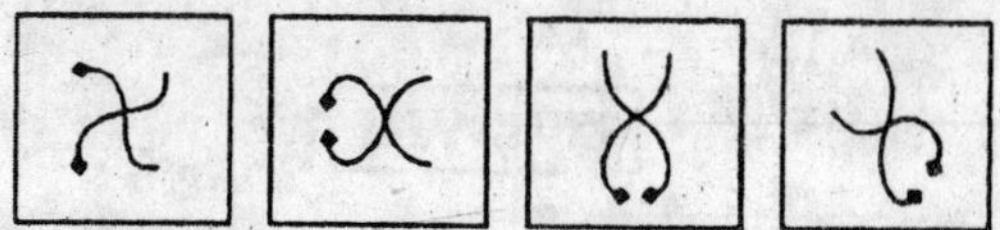

(A) (B) (C) (D)

29. 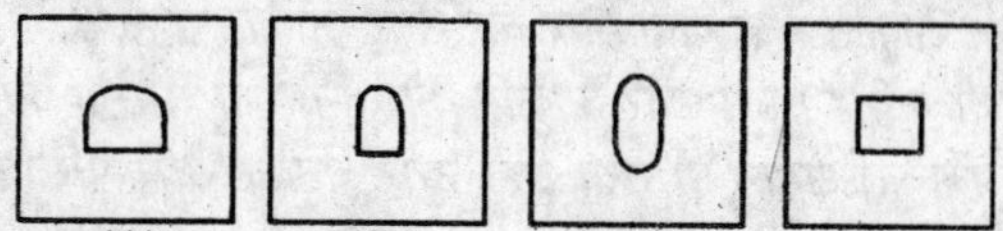

(A) (B) (C) (D)

30. 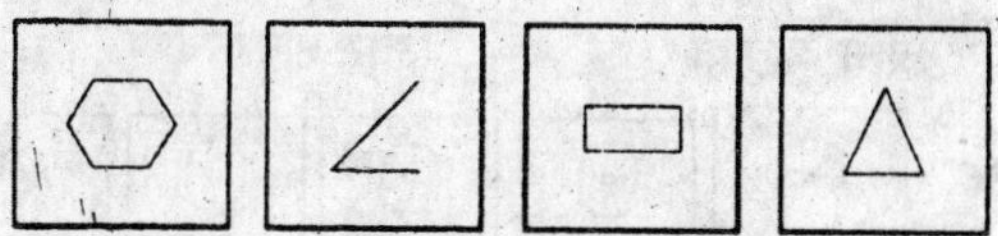

(A) (B) (C) (D)

खण्ड-VII

निर्देश (प्र. 31-35): *नीचे दिए गए प्रत्येक प्रश्न में ज्यामितिक आकृति (वर्ग, त्रिभुज) का एक भाग रेखा के बायीं तरफ प्रश्न आकृति के रूप में दिया गया है और रेखा के दायीं तरफ दी गयी चार उत्तर आकृतियों A, B, C तथा D में से कोई एक उसका दूसरा भाग है। दायीं तरफ दी गई उत्तर आकृतियों में से वह आकृति ढूँढ़िए जो ज्यामितिक आकृति को पूर्ण बनाती है। सही उत्तर चुनकर उत्तर पुस्तिका में प्रत्येक प्रश्न संख्या के आगे दिए गए बॉक्स में अंग्रेजी में उत्तर अंकित करें।*

प्रश्न आकृति **उत्तर-आकृतियाँ**

31. 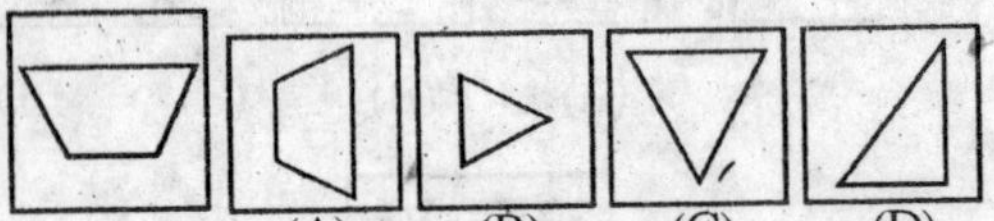

(A) (B) (C) (D)

32. 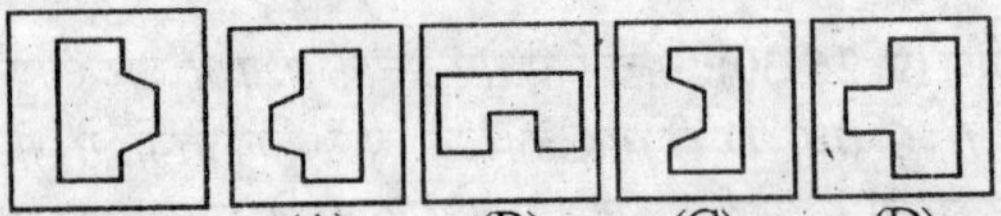

(A) (B) (C) (D)

33. 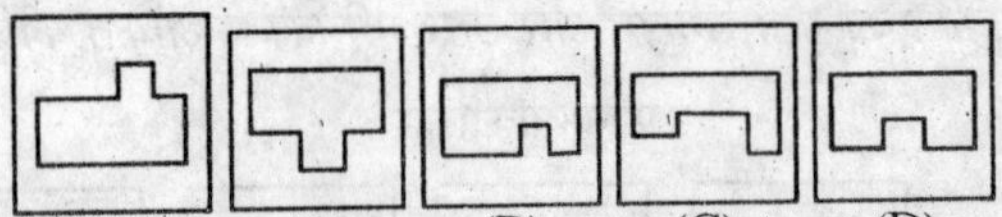

(A) (B) (C) (D)

34. 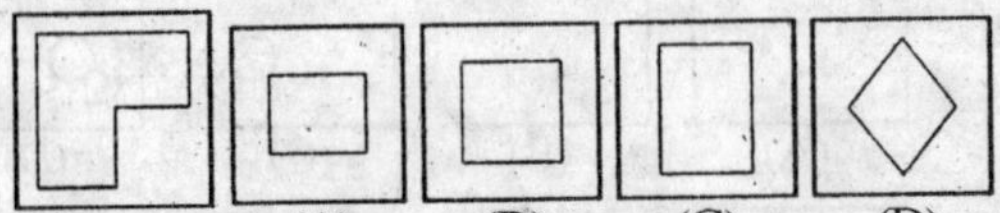

(A) (B) (C) (D)

35. 

(A) (B) (C) (D)

खण्ड-VIII

निर्देश (प्र. 36-40): *नीचे दिए गए प्रत्येक प्रश्न में बायीं ओर एक प्रश्न आकृति तथा दायीं ओर चार उत्तर आकृतियाँ A, B, C तथा D दी गयी हैं। उस उत्तर आकृति को चुनिए जो समस्या आकृति के बिल्कुल समान हो तथा सही उत्तर चुनकर उत्तर पुस्तिका में प्रश्न के आगे दिए गए बॉक्स में अंग्रेजी में उत्तर लिखें।*

प्रश्न आकृति **उत्तर-आकृतियाँ**

36. 

(A) (B) (C) (D)

37. 

(A) (B) (C) (D)

38. 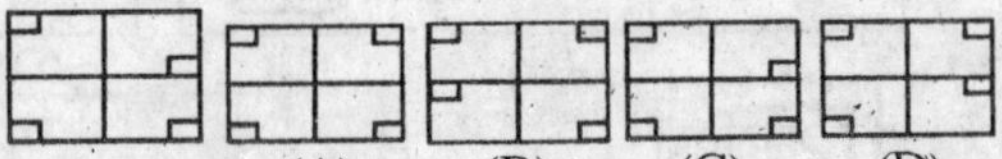

(A) (B) (C) (D)

39. 

(A) (B) (C) (D)

40. 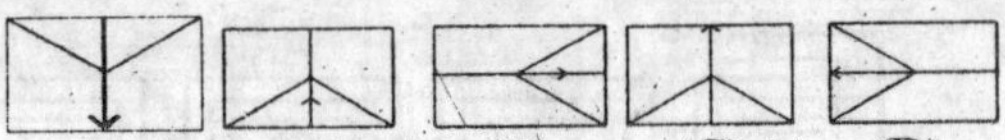

(A) (B) (C) (D)

खण्ड-IX

निर्देश (प्र. 41-45): *नीचे दिए गए प्रत्येक प्रश्न में कागज के एक टुकड़े को मोड़ा जाता है और कुछ प्रश्नों में पंच भी किया जाता है जैसा कि बाईं ओर प्रश्न आकृति में दिखाया गया है, तथा दाईं ओर चार उत्तर आकृतियाँ A, B, C और D दी गयी हैं। कागज को खोलने के बाद बने आकृति को दिए गए उत्तर आकृतियों में से चुनिए तथा अपना उत्तर, उत्तर-पुस्तिका में हर प्रश्न के आगे दिए गए बॉक्स में अंग्रेजी में लिखें।*

41. **प्रश्न आकृति**

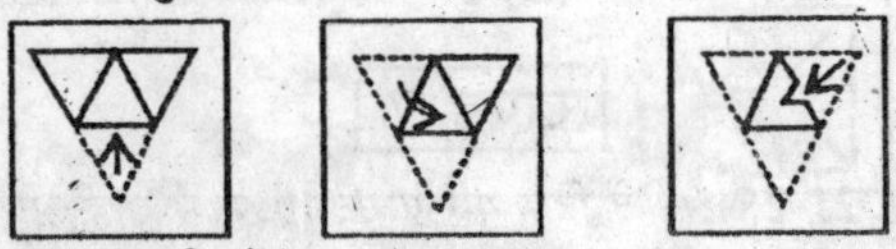

उत्तर-आकृतियाँ

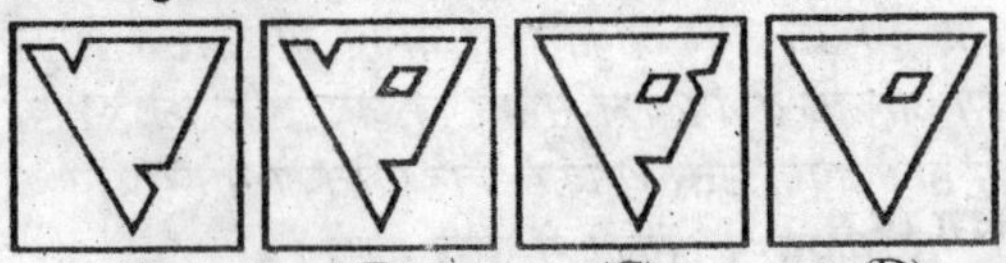

(A) (B) (C) (D)

42. **प्रश्न आकृति**

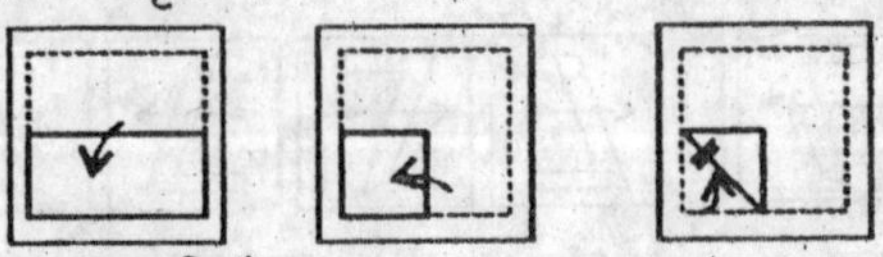

उत्तर-आकृतियाँ

(A) (B) (C) (D)

43. प्रश्न आकृति

उत्तर-आकृतियाँ

(A) (B) (C) (D)

44. प्रश्न आकृति

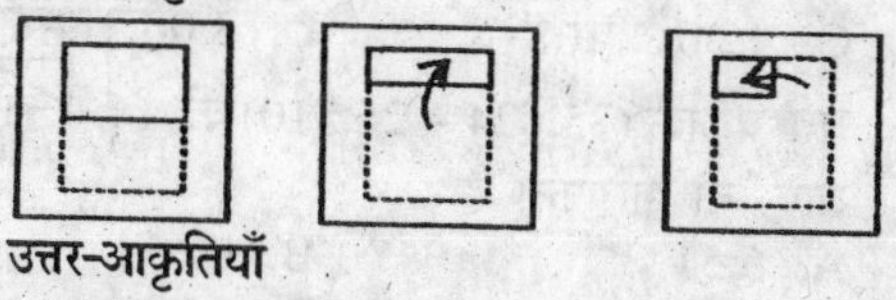

उत्तर-आकृतियाँ

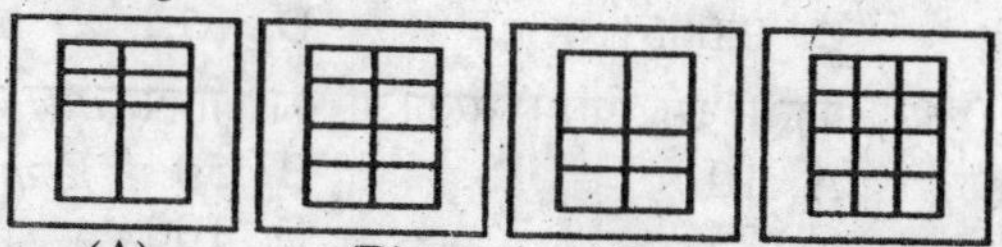

(A) (B) (C) (D)

45. प्रश्न आकृति

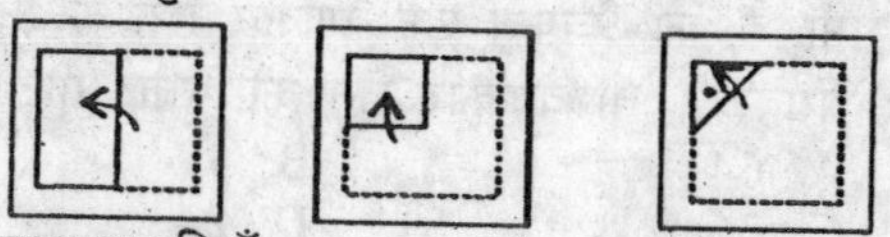

उत्तर-आकृतियाँ

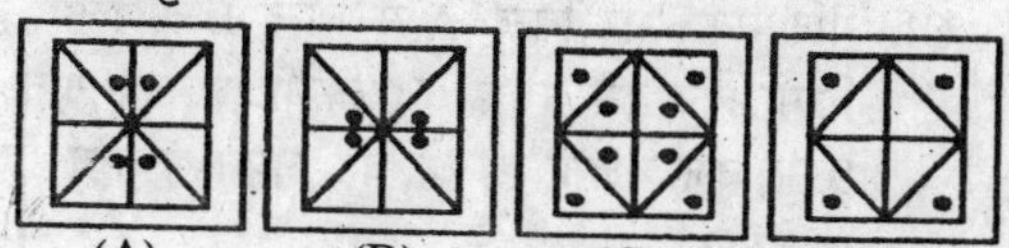

(A) (B) (C) (D)

खण्ड-X

निर्देश (प्र. 46-50): *नीचे दिए गए प्रत्येक प्रश्न में बायीं तरफ एक प्रश्न आकृति दी गयी है। इस आकृति का एक भाग गायब है। दायीं तरफ दी गयी A, B, C तथा D उत्तर आकृतियों को देखिए। उस आकृति को ढूँढ़िए जो बिना अपनी दिशा बदले प्रश्न-आकृति के गायब भाग में इस तरह ठीक बैठती है कि समस्या आकृति का पैटर्न पूरी तरह बन जाता है। सही उत्तर चुनकर उत्तर पुस्तिका में प्रत्येक प्रश्न के आगे दिए गए बॉक्स में अंग्रेजी में उत्तर लिखें।*

प्रश्न आकृति उत्तर-आकृतियाँ

46. 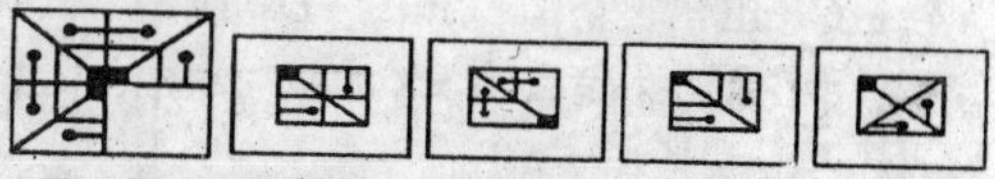

(A) (B) (C) (D)

47. 

(A) (B) (C) (D)

48. 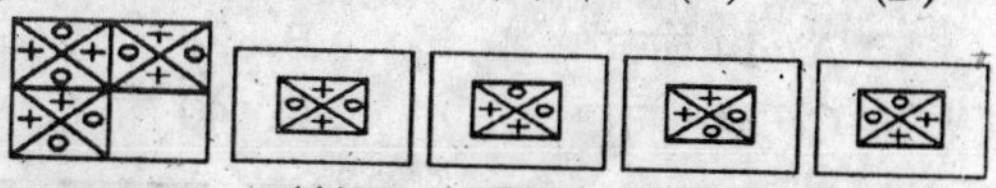

(A) (B) (C) (D)

49. 

(A) (B) (C) (D)

50. 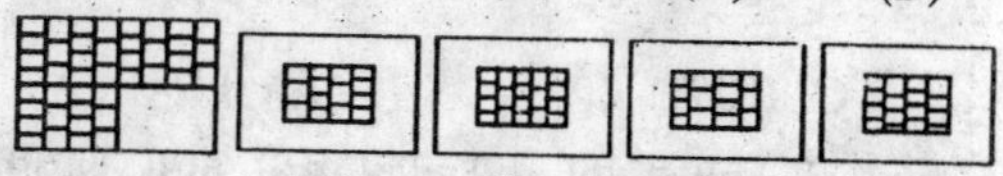

(A) (B) (C) (D)

अनुभाग-II: अंकगणित

निर्देश (प्र.सं. 51-75): *प्रत्येक प्रश्न के लिए चार सम्भावित उत्तर दिए गए हैं जिन्हें A, B, C और D क्रमांक दिया गया है। इनमें से केवल एक उत्तर ही सही है। आपको सही उत्तर चुनकर उत्तर पुस्तिका में संबंधित प्रश्न संख्या के सामने दिए गए बॉक्स में उसकी क्रमसंख्या में लिखना है।*

51. पंकज ने चारु से 15 अंक कम प्राप्त किए तथा चारु ने कान्ता से 5 अंक अधिक प्राप्त किए। यदि इन तीनों ने कुल 112 अंक प्राप्त किए हैं, तो कान्ता ने जो अंक प्राप्त किए, वह है

A. 29 B. 39
C. 44 D. 45

52. किसी कक्षा के विद्यार्थियों की रुचि दण्डआरेख द्वारा दर्शाई गई हैं:

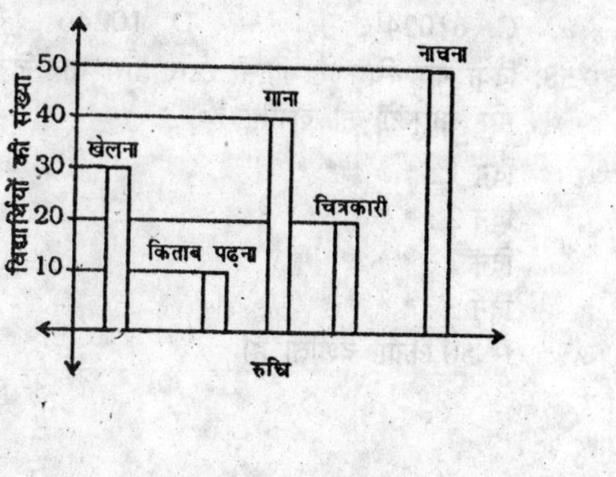

30 से अधिक तथा 50 से कम विद्यार्थियों की रुचि है

A. गाने में B. खेलने में
C. चित्रकारिता में D. नाचने में

53. विभिन्न प्रकार के कपड़े निम्न दर पर उपलब्ध हैं:

I. 23 मीटर 460 रुपए का
II. 38 मीटर 912 रुपए का
III. 15 मीटर 375 रुपए का
IV. 18 मीटर 396 रुपए का

उपर्युक्त में सबसे सस्ता कपड़ा है

A. I B. II
C. III D. IV

54. दूध के एक डिब्बे में 48 लीटर दूध डालने से पूरा भर जाता है। इसका $\frac{7}{12}$ भाग भरा हुआ है। यदि उसमें से आधा दूध निकाल लिया जाये, तो इसमें कितना दूध और डाला जा सकता है ताकि वह पूर्ण रूप से भर जाये?

A. 14 लीटर B. 28 लीटर
C. 34 लीटर D. 40 लीटर

55. ₹ 15,000 को 8 वर्ष के लिए साधारण ब्याज पर लगाने पर ₹ 25,800 रुपए हो गए। वार्षिक ब्याज दर होगी।

A. $5\frac{1}{2}\%$ B. 9%
C. 10% D. 11%

56. उस कमीज का क्रय मूल्य क्या होगा जिसको 25% लाभ पर बेचने से ₹ 2,500 प्राप्त होते हैं?

A. ₹ 1,250 B. ₹ 1,750
C. ₹ 2,000 D. ₹ 2,425

57. अंकों 6, 4, 2, 1 तथा 0 को केवल एक बार प्रयोग करके 5 अंकों की सबसे छोटी संख्या बनेगी

A. 12460 B. 01246
C. 61024 D. 10246

58. दिया गया चित्रलेख किसी स्टोर द्वारा चार दिन में बेचे गये आलुओं को दर्शाता है:

दिन 1 : * * * * *
दिन 2 : * * *
दिन 3 : * * * * * *
दिन 5 : * * * *
(* 50 किग्रा. दर्शाता है)

चारों दिनों को मिलाकर आलुओं की बिक्री (कि.ग्रा. में) है

A. 1080 B. 900
C. 700 D. 800

59. $150 \times 0 \times 5 \times 4 + 700$ का मान है

A. 0 B. 3700
C. 2300 D. 700

60. तीन घण्टियाँ क्रमशः 12 मिनट, 15 मिनट तथा 18 मिनट के अन्तराल में बजती हैं। वे एक साथ प्रातः 10:30 पर बजीं। वे फिर एक साथ कब बजेंगी?

A. 12:00 दोपहर B. 1:00 अपराह्न
C. 1:30 अपराह्न D. 3:00 अपराह्न

61. जब व्यंजक (35.624 – 26.510) को 14 से भाग दिया जाए, तो भागफल है

A. 6.51 B. 0.651
C. 0.0651 D. 65.1

62. पहली दस विषम संख्याओं का योगफल है

A. 10 B. 50
C. 75 D. 100

63. यदि एक आयताकार खेत, जिसकी विमाएँ 64 मी. × 36 मी. हैं, का क्षेत्रफल एक वर्गाकार खेत के क्षेत्रफल के बराबर है, तो वर्गाकार खेत की भुजा (मी. में) है

A. 64 B. 48
C. 36 D. 24

64. यदि एक कार बिन्दु A से बिन्दु B के लिए, जो 210 किमी. की दूरी पर है, 60 किमी./घं. की गति से प्रातः 9:30 बजे चलती है, तो वह अपने गन्तव्य B पर कब पहुँचेगी?

A. 12.00 दोपहर B. 12.30 दोपहर बाद
C. 1.00 दोपहर बाद D. 1.30 दोपहर बाद

65. दी गई भिन्नात्मक संख्या के अंश तथा हर में एक ही धनपूर्ण संख्या जोड़ दी जाए, तो

A. नई भिन्नात्मक संख्या में कोई अन्तर नहीं आत
B. नई भिन्नात्मक संख्या पहली भिन्नात्मक संख्या से बड़ी होगी
C. नई भिन्नात्मक संख्या पहली भिन्नात्मक संख्या से छोटी होगी
D. नई भिन्नात्मक संख्या पहली भिन्नात्मक संख्या से छोटी हो सकती है अथवा बड़ी भी

66. 320 के 68% का मान है

A. 2176 B. 217.6
C. 21.76 D. 21760

67. श्रेणी 4, 7, 11, 18, 29, ... का अगला पद है
A. 47 B. 45
C. 40 D. 36

68. निम्न संख्याओं में अभाज्य संख्याओं का योग क्या होगा?
17, 8, 21, 13, 41, 2, 27, 31, 51
A. 104 B. 102
C. 155 D. 125

69. एक ठेकेदार को किसी काम को 20 दिन में समाप्त करना है जिसके लिए उसने 30 व्यक्ति काम पर लगाये। यदि काम को 15 दिन में समाप्त करना है, तो उसे कितने और व्यक्ति काम पर लगाने होंगे?
A. 50 B. 40
C. 30 D. 10

70. एक हार का भार 25 ग्रा. 35 मिली ग्रा., एक चूड़ी का भार 15 ग्रा. 5 मिली ग्रा. तथा एक अँगूठी का भार 10 ग्रा. 450 मिली ग्रा. है। गहनों का कुल भार है
A. 40.300 ग्रा. B. 50.49 ग्रा.
C. 50.85 ग्रा. D. 45.130 ग्रा.

71. संख्याओं X, Y, Z तथा T में बड़ा-से-बड़ा अंक 7 का एक ही बार प्रयोग किया गया है तथा अन्य अंक ज्ञात नहीं हैं:
X : * 7 * *
Y : 7 * * *
Z : * * 7 *
T : * * * 7
X, Y, Z तथा T में सबसे बड़ी संख्या है
A. X B. Y
C. Z D. T

72. $7+\frac{4}{10}+\frac{9}{100}+\frac{8}{100}$ का समतुल्य दशमलव है
A. 7.21 B. 7.498
C. 2.8 D. 0.7498

73. 5 अंकों वाली बड़ी-से-बड़ी तथा छोटी-से-छोटी संख्याओं का अन्तर है
A. 1 B. 900
C. 9000 D. 89999

74. दो संख्याओं का योग 125600 है। यदि एक संख्या दूसरी संख्या से 14400 कम है, तो छोटी संख्या का मान है
A. 70000 B. 84400
C. 55600 D. 62800

75. 360, 108 तथा 252 का म.स. है
A. 36 B. 54
C. 72 D. 116

अनुभाग-III: भाषा

अनुच्छेद-1

"आरोग्य रक्षा के नियम माँ-बाप को न मालूम रहने के कारण उनके बाल-बच्चों को भोग भुगतने पड़ते हैं। उनकी जो दुर्गति होती है, उन पर जो आफतें आती हैं उनका ठौर-ठिकाना नहीं। हजारों बच्चे तो माँ-बाप की असावधानी और मूर्खता के कारण पैदा होते ही मर जाते हैं। जो बचते हैं उनमें लाखों अशक्त, निर्बल और जन्म-रोगी होते हैं और करोड़ों ऐसे नीरोग और सबल नहीं होते जैसे होने चाहिएँ। अब इन सबको आप जोड़ डालिए तो आपको मालूम हो जाएगा कि माँ-बाप की नादानी के कारण सन्तति को कितनी हानि उठानी पड़ती है; कितना दुःख सहना पड़ता है।"

हिन्दी निबंध साहित्य के प्रवर्तक एवं सरस्वती पत्रिका के सम्पादक आचार्य महावीर प्रसाद द्विवेदी का शिक्षा परक लेख।

76. इस गद्य खण्ड का उपयुक्त शीर्षक हो सकता है :
A. स्वास्थ्य रक्षा
B. माता-पिता और उनके बच्चों का स्वास्थ्य
C. नीरोग रहने के उपाय
D. स्वस्थ कैसे रहें ?

77. आचार्य पं. महावीर प्रसाद द्विवेदी अपने समय के :
A. श्रेष्ठ विद्वान् थे
B. शीर्षस्थ समालोचक थे
C. हिन्दी भाषा के प्रबल पक्षधर और आचार्य थे
D. श्रेष्ठ आयुर्वेदाचार्य थे

78. हिन्दी के निबन्ध साहित्य के विकास में आचार्य द्विवेदी का स्थान :
A. शीर्षस्थ था B. समालोचक जैसा था
C. प्रवर्तक जैसा था D. उन्नायक जैसा था

79. आचार्य पं. महावीर प्रसाद द्विवेदी निम्नलिखित में से किस/किन पत्रिका/पत्रिकाओं के सम्पादक थे ?
A. साहित्य संदेश B. सरस्वती
C. विशाल भारत D. उपर्युक्त तीनों

80. सन्तति का अर्थ होता है :

A. पत्नी तथा पुत्र
B. आत्मीय जन
C. सम्बन्धी लोग
D. औलाद (बाल बच्चे)

अनुच्छेद-2

''अन्तिम क्षण थे, सर्वदा के लिए वियोग हो रहा था। देखती आँखों शाहजहाँ का सर्वस्व लूट रहा था और वह भारत सम्राट हताश हाथ-पर-हाथ धरे बेबस बैठा था और अपनी किस्मत को रो रहा था। सिंहासनारूढ़ हुए कोई तीन वर्ष भी नहीं बीते थे कि उसकी प्रियतमा इस लोक से विदा लेने की तैयारी कर रही थी। शाहजहाँ की सभी आशाओं पर, उसकी सारी उमंगों पर पाला पड़ रहा था।...''

''हाय अन्त हो गया, सर्वस्व लुट गया! प्रेमी, जीवन-यात्रा का एकमात्र साथी सर्वदा के लिए छोड़कर चल बसा। भारत सम्राट शाहजहाँ की प्रेयसी, साम्राज्ञी मुमताज महल सदा के लिए इस लोक से विदा हो गई। शाहजहाँ भारत का सम्राट था, जहान का शाह था, किन्तु वह भी अपनी प्रेयसी को जाने से रोक न सका।''

—ताज, महाराज कुमार रघुबीर सिंह

81. इस गद्यांश में अभिव्यक्ति के लिए प्रयुक्त शैली को हम क्या कहेंगे?

A. विचार प्रधान शैली
B. व्यास शैली
C. भाव प्रवण शैली
D. कल्पना प्रधान शैली

82. इस गद्यांश में व्यक्त विचार यह दर्शाते हैं कि कोई व्यक्ति कितना ही साधन-सम्पन्न, सक्षम तथा सबल क्यों न हो, किन्तु वह महाबली काल के समक्ष :

A. एक भुनगा-सा होता है
B. अति तुच्छ होता है
C. किंकर्त्तव्यविमूढ़ हो जाता है
D. चुप हो जाता है

83. उक्त गद्यांश का सर्वाधिक उपयुक्त शीर्षक हो सकता है :

A. महाबली काल
B. मुमताज की मृत्यु
C. शाहजहाँ की बेबसी
D. प्रेयसी वियोग

84. उक्त गद्यांश में लेखक को शाहजहाँ की मन:स्थिति को चित्रित करने में :

A. बहुत कम सफलता मिली है
B. अत्यधिक सफलता मिली है
C. किंचित् सफलता मिली है
D. प्रशंसनीय सफलता मिली है

85. वियोग से तात्पर्य है:

A. वैमनस्य
B. विलाप
C. मेल-मिलाप
D. बिछुड़ना

अनुच्छेद-3

अकेला अध्यापक बालक के संपूर्ण विकास के लिए सब कुछ नहीं कर सकता। उसको सफलता तब मिल सकती है जब समाज उसकी सहायता करे। जिस प्रदेश में कलह मचा रहता हो, जिस समाज में गरीब-अमीर, ऊँच-नीच की विषमता पुकार-पुकार कर द्वन्द्व और प्रतियोगिता को प्रोत्साहन दे रही हो, जिस राष्ट्र की नीति शोषण पर खड़ी हो, उसके अध्यापक भला क्या करें।

जिन घरों में दाल-रोटी का ठिकाना न हो, पिता मद्यप और माता स्वैरिणी हो, माँ-बाप में मार-पीट और गाली-गलौच मची रहती हो, उसके बच्चों को पालने में ही मानस-विष दे दिया जाता है। तंग गलियों और गंदे घरों में रहने वाले, जो छोटे वय से ही अश्लीलता और अभद्रता में पले हों, सौन्दर्य को जल्दी नहीं समझ पाते। फिर भी अध्यापक परिस्थितियों को दोष देकर बैठा नहीं रह सकता। उसको तो अपना कर्त्तव्य पालन करना ही है।

86. बच्चों को संस्कारवान बनाने का प्रथम दायित्व किसका है?

A. माता-पिता का
B. समाज का
C. शासन का
D. शिक्षक का

87. उपर्युक्त गद्यांश में किसके कर्त्तव्य को मुख्य माना गया है?

A. समाज
B. राज्य
C. अध्यापक
D. बालक

88. स्वैरिणी का क्या अर्थ है?

A. मनमानी करने वाली
B. व्यभिचारिणी
C. बुरा व्यवहार करने वाली
D. सीधी और सरल

89. मानस-विष देने का अभिप्राय क्या है?

A. जहर पिला देना
B. मार डालना
C. बुरा व्यवहार करना
D. अपराधी बना देना

90. मद्यप का क्या अर्थ है?

A. मनमौजी
B. शराबी
C. उदंड
D. स्वतंत्र

निर्देश (प्र.सं. 91 से 95 तक): *नीचे दिया गया हर एक वाक्य चार भागों में बाँटा गया है जिन्हें (A), (B), (C) और (D) अक्षरांक दिए गए हैं। आपको यह देखना है कि वाक्य के किसी भाग में व्याकरण, भाषा, वर्तनी, शब्दों के गलत प्रयोग या इसी तरह की कोई त्रुटि तो नहीं है। त्रुटि अगर हो तो वाक्य के किसी एक भाग में ही होगी। उस भाग का अक्षरांक ही उत्तर है। अगर वाक्य त्रुटिरहित है तो उत्तर (E) दीजिए।*

91. शिक्षक ने विद्यार्थियों को (A)/ इस घटना के बाद (B)/ समझाया कि वे आपस में (C)/ मिल-मिल कर रहें। (D)/ त्रुटिरहित (E).

92. सम्बन्धों की बुनियाद (A)/ निजी अविश्वास पर (B)/ निर्भर करती (C)/ आयी है। (D)/ त्रुटिरहित (E).

93. अपना आलेख (A)/ तैयार करने से पहले (B)/ कृपया इस टिप्पणी पर (C)/ फिर से पुनर्विचार कर लें। (D)/ त्रुटिरहित (E).

94. जब मैं (A)/ कलकत्ते के अंदर (B)/ रहता था तो (C)/ ऐसी घटनाएं नहीं होती थीं। (D)/ त्रुटिरहित (E).

95. जब तक उसने (A)/ इस बात की रपट लिखवायी, (B)/ तभी तक बहुत देर (C)/ हो चुकी थी। (D)/ त्रुटिरहित (E).

निर्देश (प्र.सं. 96 से 100 तक): *नीचे दिए गए अनुच्छेदों के पहले और अन्तिम वाक्यों को क्रमशः (1) और (6) की संज्ञा दी गई है। इनके मध्यवर्ती वाक्यों को चार भागों में बाँटकर य, र, ल, व की संज्ञा दी गई है ये चारों वाक्य व्यवस्थित क्रम में नहीं हैं। इन्हें ध्यान से पढ़कर दिए गए विकल्पों में से उचित क्रम चुनिए, जिससे सही अनुच्छेद का निर्माण हो।*

96. (1) विद्यार्थियों में आजकल
(य) उसके लिए आधुनिक युगीन
(र) दिखाई देती है
(ल) भ्रष्ट राजनीति भी
(व) जो अनुशासहीनता
(6) कम उत्तरदायी नहीं है

A. ल य र व B. व र य ल
C. य र ल व D. र व य ल

97. (1) परछाइयों से
(य) कि आसपास ही कहीं
(र) क्योंकि उनकी उपस्थिति का
(ल) सीधा-सा अर्थ यह है
(व) कभी मत डरो
(6) रोशनी चमक रही है।

A. व ल य र B. व र ल य
C. ल य व र D. य र व ल

98. (1) तीर्थ-स्थानों और पवित्र नदियों के
(य) वहाँ के नागरिकों को चाहिए
(र) और चुनावों में सफाई को
(ल) घाटों की गंदगी दूर करने के लिए
(व) कि अपनी नगरपालिका पर दबाव डालें
(6) मुख्य मुद्दा बना लें।

A. य ल र व B. ल य व र
C. य र ल व D. ल र य व

99. (1) गृह-मंत्री ने
(य) इलाकों में दैनिक उपयोग की
(र) देश की आपदाओं की नियमित समीक्षा कर रहा है और ऐसे
(ल) दावा किया कि देश का आपदा-प्रबंधन
(व) पिछले पाँच वर्षों में बेहतर हुआ है और केन्द्र
(6) आवश्यक वस्तुएँ उपलब्ध करा रहा है।

A. ल व र य B. व य र ल
C. य र ल व D. र व य ल

100. (1) गाँवों की दुर्दशा देखकर
(य) तो इधर ध्यान दे देते हैं
(र) भगवान के भरोसे ही दिन काटते हैं, क्योंकि
(ल) जमींदार यदि समर्थ होते हैं
(व) नहीं तो गाँव के लोग
(6) उनमें संघशक्ति का अभाव है।

A. य व र ल B. ल य व र
C. र ल य व D. ल र य व

उत्तरमाला

1	2	3	4	5	6	7	8	9	10
A	B	B	B	B	C	A	A	B	B
11	**12**	**13**	**14**	**15**	**16**	**17**	**18**	**19**	**20**
A	B	C	D	B	C	D	B	B	D
21	**22**	**23**	**24**	**25**	**26**	**27**	**28**	**29**	**30**
B	B	D	B	A	B	D	A	D	B
31	**32**	**33**	**34**	**35**	**36**	**37**	**38**	**39**	**40**
B	C	B	B	C	B	D	C	A	C
41	**42**	**43**	**44**	**45**	**46**	**47**	**48**	**49**	**50**
B	A	D	D	C	C	C	D	D	C

51	52	53	54	55	56	57	58	59	60
B	A	A	C	B	C	D	B	D	C
61	**62**	**63**	**64**	**65**	**66**	**67**	**68**	**69**	**70**
B	D	B	C	B	B	A	A	B	B
71	**72**	**73**	**74**	**75**	**76**	**77**	**78**	**79**	**80**
B	B	D	C	A	B	C	C	B	D
81	**82**	**83**	**84**	**85**	**86**	**87**	**88**	**89**	**90**
C	C	C	D	D	A	A	B	D	B
91	**92**	**93**	**94**	**95**	**96**	**97**	**98**	**99**	**100**
D	B	D	B	C	B	B	B	A	B

कुछ चुने हुए प्रश्नों के व्याख्यात्मक उत्तर

1. प्रश्न आकृति उत्तर आकृति (A) में छिपी है।
2. प्रश्न आकृति उत्तर आकृति (B) में छिपी है।
3. प्रश्न आकृति उत्तर आकृति (B) में छिपी है।
4. प्रश्न आकृति उत्तर आकृति (B) में छिपी है।
5. प्रश्न आकृति उत्तर आकृति (B) में छिपी है।
6. हर अगली आकृति में मुख्य डिजाइन घड़ी की सूई की दिशा में 90° घूम जाता है तथा दो छोटे रेखाखंड दूसरी ओर चले जाते हैं।
7. हर अगली आकृति में वृत्त का छायांकित भाग घड़ी की सूई की दिशा में दो भाग आगे बढ़ता है।
8. पहली एवं तीसरी आकृति एक समान हैं। अतः उत्तर आकृति दूसरी आकृति के समान होगी।
9. हर अगली आकृति में घड़ी की सूई की विपरीत दिशा में एक तीर जुड़ जाता है।
10. हर अगली आकृति में वृत्त एवं छायांकित भाग घड़ी की सूई की दिशा में दो भाग आगे बढ़ रहे हैं।
11. प्रश्न आकृति में दिए गए भागों से उत्तर आकृति (A) बनेगी।
12. प्रश्न आकृति में दिए गए भागों से उत्तर आकृति (B) बनेगी।
13. प्रश्न आकृति में दिए गए भागों से उत्तर आकृति (C) बनेगी।
14. प्रश्न आकृति में दिए गए भागों से उत्तर आकृति (D) बनेगी।
15. प्रश्न आकृति में दिए गए भागों से उत्तर आकृति (B) बनेगी।
16. पहली आकृति से दूसरी आकृति में डिजाइन घड़ी की सूई की दिशा में 45° घूम जाता है। तीसरी आकृति को घड़ी की सूई की दिशा में 45° घुमाने पर उत्तर (C) प्राप्त होती है।
17. पहली आकृति से दूसरी आकृति में दोनों प्रकार के डिजाइनों की संख्या में एक-एक की बढ़त होती है।
18. पहली आकृति से दूसरी आकृति में डिजाइन 180° से घूम जाता है या उल्टा हो जाता है।
19. पहली आकृति से दूसरी आकृति में ⊙ के स्थान पर ⊠ आ जाता है।
20. दूसरी आकृति पहली आकृति का दर्पण प्रतिबिंब है।
21. उत्तर आकृति (B) प्रश्न आकृति का दर्पण प्रतिबिंब है।
22. उत्तर आकृति (B) प्रश्न आकृति का दर्पण प्रतिबिंब है।
23. उत्तर आकृति (D) प्रश्न आकृति का दर्पण प्रतिबिंब है।
24. उत्तर आकृति (B) प्रश्न आकृति का दर्पण प्रतिबिंब है।
25. उत्तर आकृति (A) प्रश्न आकृति का दर्पण प्रतिबिंब है।
26. आकृति (B) में चाप की स्थिति अलग है। अन्य आकृतियों में चाप छोटे वृत्त के साथ है जबकि आकृति (B) में यह बड़े वृत्त के साथ है।
27. आकृति (D) में दो समानांतर रेखाखंड हैं जबकि अन्य आकृतियों में दोनों किसी बिंदु पर मिलते हैं या एक दूसरे को काटते हैं।
28. आकृति (A) अन्य आकृतियों से अलग है जबकि अन्य तीनों आकृतियाँ समान हैं।
29. आकृति (D) केवल सरल रेखाओं से बनी है जबकि अन्य आकृतियाँ वक्र एवं सीधी रेखाओं दोनों से बनी हैं।
30. आकृति (B) के अलावा अन्य सभी बंद आकृतियाँ हैं।
31. प्रश्न आकृति के साथ उत्तर आकृति (B) को जोड़ने पर त्रिभुज बनेगा।
32. प्रश्न आकृति के साथ उत्तर आकृति (C) को जोड़ने पर वर्ग बनेगा।
33. प्रश्न आकृति के साथ उत्तर आकृति (B) को जोड़ने पर वर्ग बनेगा।

34. प्रश्न आकृति के साथ उत्तर आकृति (B) को जोड़ने पर वर्ग बनेगा।

35. प्रश्न आकृति के साथ उत्तर आकृति (C) को जोड़ने पर वर्ग बनेगा।

36. उत्तर आकृति (B) प्रश्न आकृति के एकदम समान है।

37. उत्तर आकृति (D) प्रश्न आकृति के एकदम समान है।

38. उत्तर आकृति (C) प्रश्न आकृति के एकदम समान है।

39. उत्तर आकृति (A) प्रश्न आकृति के एकदम समान है।

40. उत्तर आकृति (C) प्रश्न आकृति के एकदम समान है।

41. कागज खोलने पर वह उत्तर आकृति (B) जैसी दिखाई देगी।

42. कागज खोलने पर वह उत्तर आकृति (A) जैसी दिखाई देगी।

43. कागज खोलने पर वह उत्तर आकृति (D) जैसी दिखाई देगी।

44. कागज खोलने पर वह उत्तर आकृति (D) जैसी दिखाई देगी।

45. कागज खोलने पर वह उत्तर आकृति (C) जैसी दिखाई देगी।

46. उत्तर आकृति (C) प्रश्न आकृति के पैटर्न को पूर्ण करेगी।

47. उत्तर आकृति (C) प्रश्न आकृति के पैटर्न को पूर्ण करेगी।

48. उत्तर आकृति (D) प्रश्न आकृति के पैटर्न को पूर्ण करेगी।

49. उत्तर आकृति (D) प्रश्न आकृति के पैटर्न को पूर्ण करेगी।

50. उत्तर आकृति (C) प्रश्न आकृति के पैटर्न को पूर्ण करेगी।

51. माना कि कान्ता ने x अंक प्राप्त किये।
चारू का प्राप्तांक $= x + 5$
पंकज का प्राप्तांक $= (x + 5) - 15 = x - 10$
प्रश्नानुसार,
$$x + x + 5 + x - 10 = 112$$
$$\Rightarrow \quad 3x - 5 = 112$$
$$\Rightarrow \quad 3x = 112 + 5 = 117$$
$$\Rightarrow \quad x = \frac{117}{3} = 39$$
अतः कान्ता का प्राप्तांक = 39

52. 30 से अधिक तथा 50 से कम विद्यार्थियों की रूचि गाने में है।

53. $\frac{460}{23}$ = ₹ 20 प्रति मीटर सबसे सस्ता कपड़ा है।

54. दूध का डिब्बा 48 लीटर में पूरा भर जाता है।
प्रश्नानुसार,

डिब्बे में दूध की मात्रा $= \frac{7}{12} \times 48 = 28$ लीटर

28 लीटर का आधा यानी 14 लीटर दूध बाहर निकाल लिया गया।

अतः अब डिब्बे में दूध की मात्रा = 28 − 14 = 14 लीटर

अतः डिब्बे को भरने के लिए 48 − 14 = 34 लीटर दूध डालना चाहिए।

55. साधारण ब्याज = मिश्रधन − मूलधन
= 25800 − 15000 = ₹ 10,800
समय = 8 वर्ष
$$\text{ब्याज दर} = \frac{\text{साधारण ब्याज} \times 100}{\text{मूलधन} \times \text{समय}}$$
$$= \frac{10800 \times 100}{15000 \times 8} = 9\%.$$

56. 100 + 25 = ₹ 125
जब बिक्रय मूल्य ₹ 125 है तब क्रयमूल्य = ₹ 100
जब बिक्रय मूल्य ₹ 2500 है तब क्रयमूल्य $= \frac{100}{125} \times 2500$
$= 2000$
अतः कमीज का क्रयमूल्य = ₹ 2000 है।

57. सबसे छोटी संख्या = 10246

58.
50 × 5 = 250 किग्रा.
50 × 3 = 150 किग्रा.
50 × 6 = 300 किग्रा.
50 × 4 = 200 किग्रा.
चार दिनों में कुल आलुओं की बिक्री = 900 किग्रा.

59. 150 × 0 × 5 × 4 + 700 = 0 + 700 = 700.

60. 12, 15 और 18 का लघुत्तम समापवर्त्तक = 180
180 मिनट $= \frac{180}{60} = 3$ घंटे
अतः वे फिर एक साथ 1:30 अपराह्न बजेगी।

61. $\frac{(35.624 - 26.510)}{14} = \frac{9.114}{14} = 0.651$

62. पहली-दस विषम संख्याओं का योग
= 1 + 3 + 5 + 7 + 9 + 11 + 13 + 15 + 17 + 19
$$= \frac{10}{2}[2 \times 1 + (10-1)2]$$
$$\left[\because S_n = \frac{n}{2}[2a + (n-1)d]\right]$$

$= \frac{10}{2}[2+18] = \frac{10}{2} \times 20 = 100.$

63. आयताकार खेत का क्षेत्रफल = लम्बाई × चौड़ाई

$64 \times 36 = 2304$ वर्गमीटर

प्रश्नानुसार,

आयताकार खेत का क्षेत्रफल = वर्गाकार खेत का क्षेत्रफल

अतः वर्गाकार खेत का क्षेत्रफल = 2304 वर्गमीटर

वर्गाकार खेत की भुजा = $\sqrt{2304}$ = 48 मीटर

64. A ———————— B

210 किमी.

कार द्वारा लिया गया समय = $\frac{\text{दूरी}}{\text{चाल}}$

$= \frac{210}{60} = \frac{7}{2}$ घंटे $= 3\frac{1}{2}$ घंटे

अतः कार अपने गन्तव्य स्थान B पर 1.00 दोपहर बाद पहुँचेगी।

65. माना कि भिन्नात्मक संख्या = $\frac{1}{2} = .5$

$$\frac{1+2}{2+2} = \frac{3}{4} = .75$$

$$\frac{1+3}{2+3} = \frac{4}{5} = .8$$

$$\frac{1+4}{2+4} = \frac{5}{6} = .83$$

अतः नई भिन्नात्मक संख्या पहली भिन्नात्मक संख्या से बड़ी होगी।

66. 320 का 68%

$= \frac{68}{100} \times 320 = \frac{2176}{10} = 217.6$

अतः 320 के 68% का मान 217.6 है।

67. 4, 7, 11, 18, 29, [47]

क्योंकि 29 − 18 = 11

18 − 11 = 7

11 − 7 = 4

∴ 47 − 29 = 18

अतः श्रेणी का अगला पद 47 है।

68. अभाज्य संख्याएँ हैं 17, 13, 41, 2 तथा 31

अतः अभाज्य संख्याओं का योग

= 2 + 13 + 17 + 31 + 41 = 104

69. हम जानते हैं कि $M_1D_1W_2 = M_2D_2W_1$

[M_1 = आदमी की संख्या

D_1 = दिनों की संख्या

W_1 = कार्य करने की दर]

यहाँ पर, $M_1D_1 = M_2D_2$

$\therefore \quad M_2 = \frac{M_1 \times D_1}{D_2} = \frac{30 \times 20}{15}$

= 40 मजदूर

अतः अभीष्ट मजदूरों की संख्या = 40

70. गहनों का कुल भार = 25.035 ग्राम

+ 15.005 ग्राम

+ 10.450 ग्राम

= 50.490 ग्राम

= 50.49 ग्राम

71. सबसे बड़ी संख्या Y है।

72. 7 + .4 + .09 + .008 = 7.498

73. पाँच अंकों की सबसे बड़ी संख्या = 99999

पाँच अंकों की सबसे छोटी संख्या = 10000

अन्तर = 99999 − 10000 = 89999

74. माना कि एक संख्या = x

∴ दूसरी संख्या = $x - 14400$

प्रश्नानुसार,

$x + x - 14400 = 125600$

$\Rightarrow 2x = 125600 + 14400 = 140000$

$\Rightarrow x = \frac{140000}{2} = 70000$

$x - 14400 = 70000 - 14400 = 55600$

अतः छोटी संख्या = 55600

75.

```
108)252(2          36)360(10
    216                360
    ---                ---
     36)108(3           ×0
        108
        ---
         ×
```

अतः महत्तम समापवर्त्तक = 36

पिछले प्रश्न–पत्र (हल सहित)

जवाहर नवोदय विद्यालय चयन परीक्षा–2012*

कक्षा VI

अनुभाग-I

मानसिक योग्यता परीक्षा

खण्ड-I

निर्देश (प्रश्न 1 से 10 तक): नीचे तीन समस्या आकृतियाँ दी गई हैं तथा चौथी आकृति का स्थान रिक्त है। समस्या आकृतियाँ एक शृंखला में हैं। आपको समस्या आकृतियों की नीचे दी गई उत्तर आकृतियों में से एक आकृति चुननी है जो कि चौथी आकृति के रिक्त स्थान को भरकर शृंखला को पूर्ण कर सके। अपने द्वारा चुनी गई उत्तर आकृति का अंग्रेजी अक्षर उत्तर पुस्तिका में संबंधित प्रश्न क्रमांक के समक्ष बॉक्स में अंकित करें।

1. प्रश्न आकृति

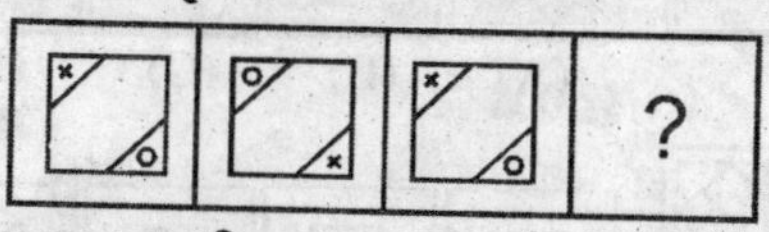

उत्तर आकृति

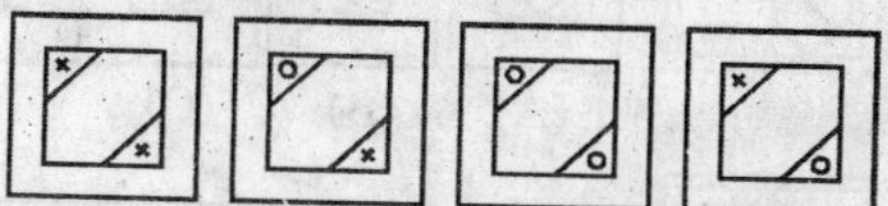

(A) (B) (C) (D)

2. प्रश्न आकृति

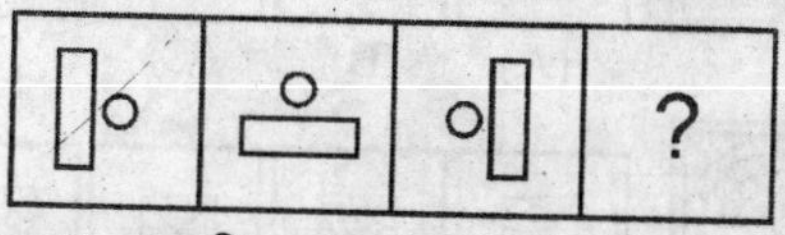

उत्तर आकृति

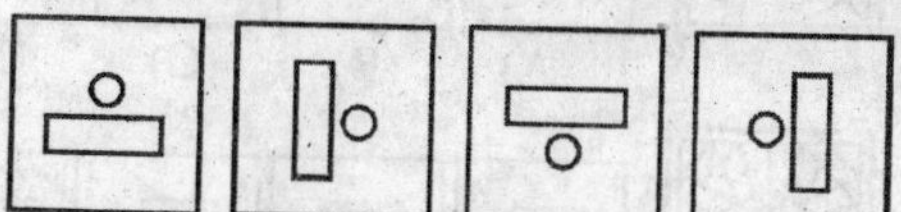

(A) (B) (C) (D)

3. प्रश्न आकृति

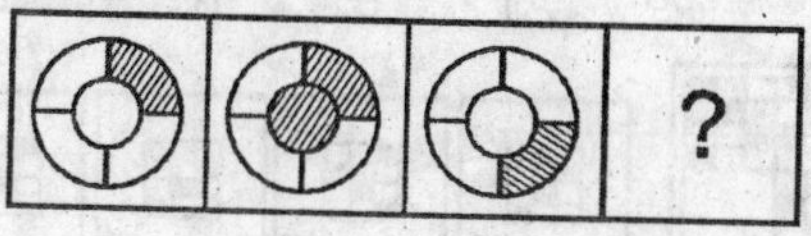

उत्तर आकृति

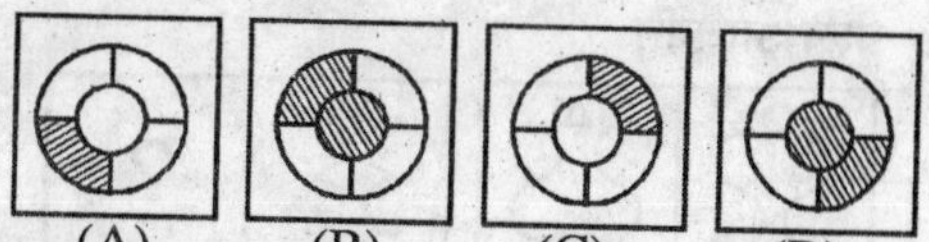

(A) (B) (C) (D)

4. प्रश्न आकृति

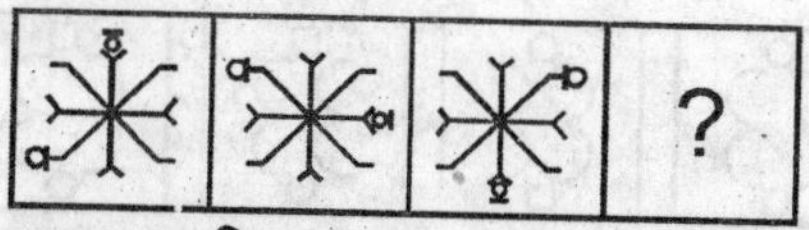

उत्तर आकृति

(A) (B) (C) (D)

5. प्रश्न आकृति

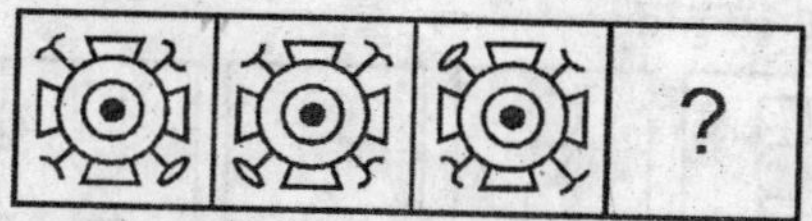

उत्तर आकृति

(A) (B) (C) (D)

6. प्रश्न आकृति

उत्तर आकृति

(A) (B) (C) (D)

*Based on memory

7. प्रश्न आकृति

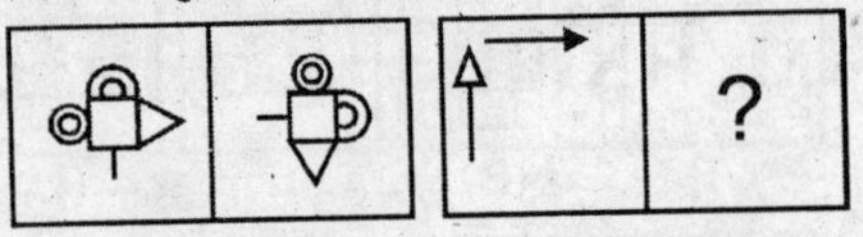

उत्तर आकृति

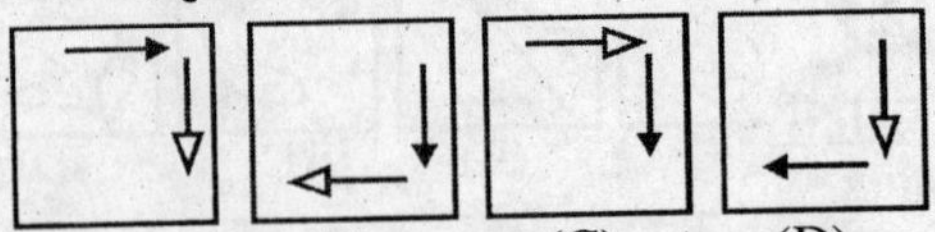

(A) (B) (C) (D)

8. प्रश्न आकृति

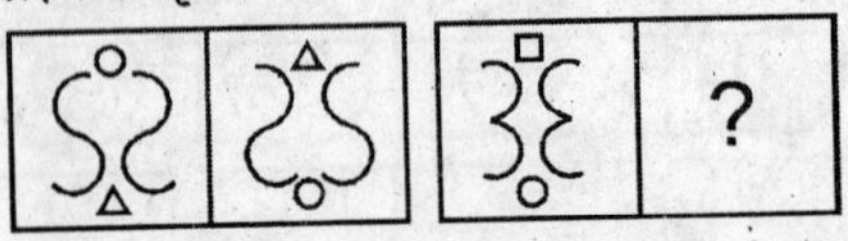

उत्तर आकृति

(A) (B) (C) (D)

9. प्रश्न आकृति

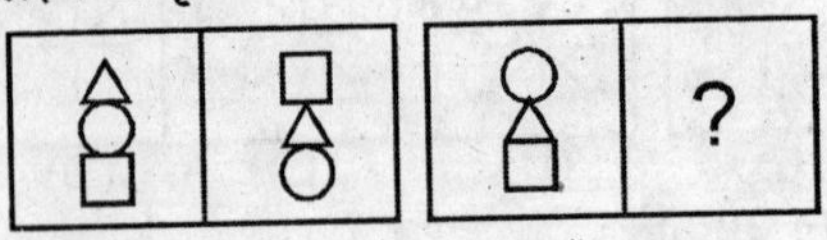

उत्तर आकृति

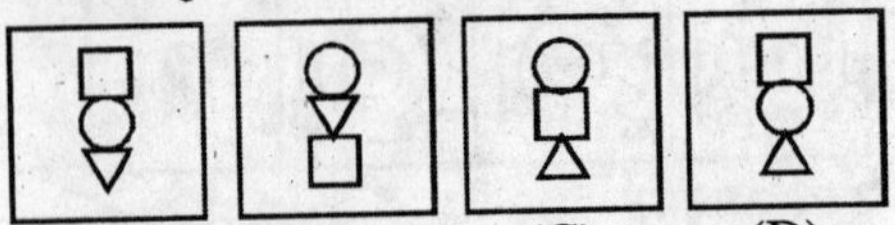

(A) (B) (C) (D)

10. प्रश्न आकृति

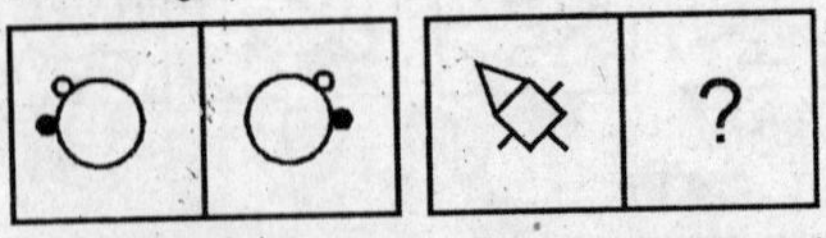

उत्तर आकृति

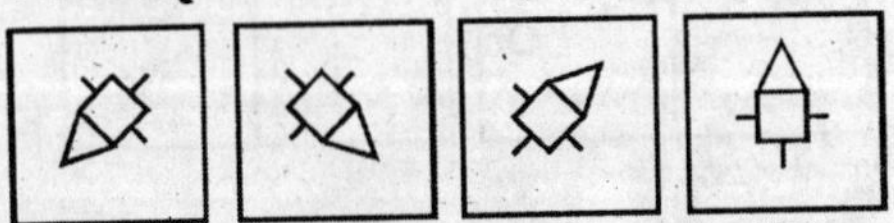

(A) (B) (C) (D)

खण्ड-II

निर्देश (प्रश्न 11 से 20 तक): *नीचे बाईं ओर एक समस्या आकृति दी गई है जिसका एक भाग गायब है। दाईं ओर दी गई उत्तर आकृतियों (A), (B), (C) तथा (D) को ध्यानपर्वूक देखिए तथा प्रश्न आकृति के गायब भाग को बिना अपनी दिशा बदले पूरा करने वाली उत्तर आकृति को चुनिए। अपने द्वारा चुनी गई उत्तर आकृति का अंग्रेजी अक्षर उत्तर-पुस्तिका में संबंधित प्रश्न क्रमांक के समक्ष बॉक्स में अंकित करें।*

प्रश्न आकृति	उत्तर आकृति

11.  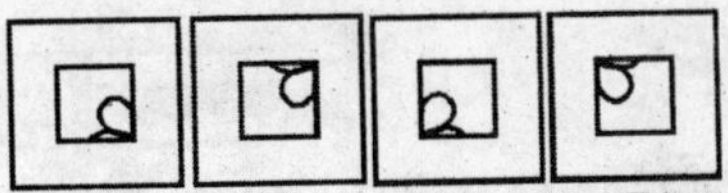

(A) (B) (C) (D)

12.  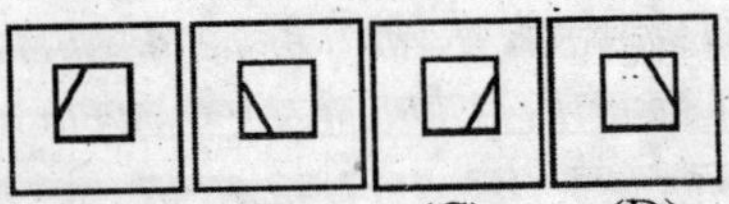

(A) (B) (C) (D)

13.  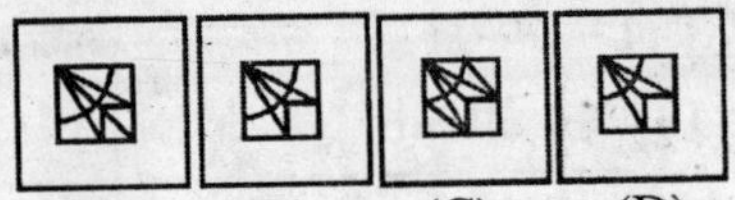

(A) (B) (C) (D)

14.  

(A) (B) (C) (D)

15. 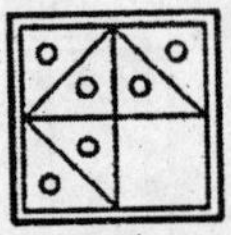 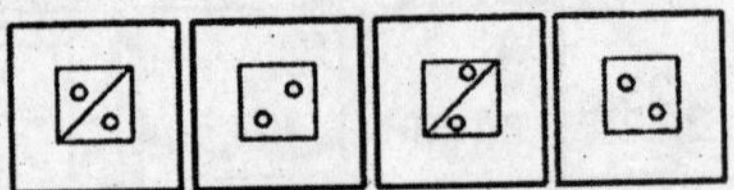

(A) (B) (C) (D)

16.  

(A) (B) (C) (D)

17.  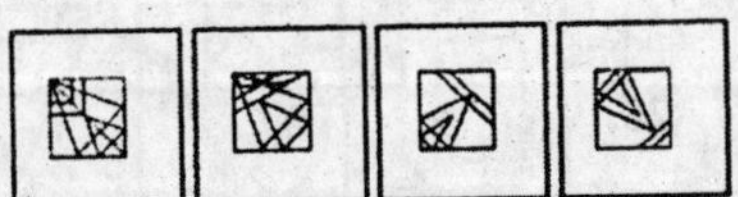

(A) (B) (C) (D)

18.  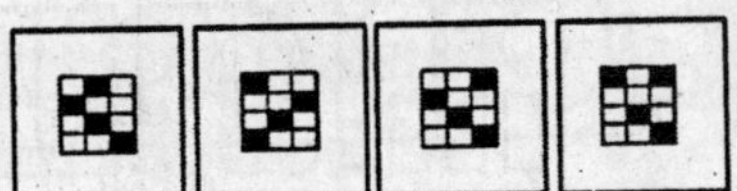

(A) (B) (C) (D)

19. 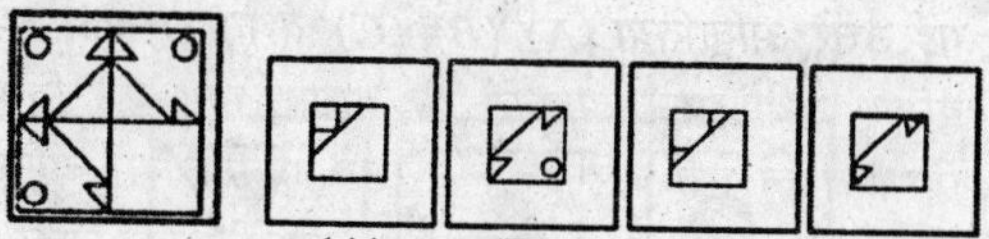

(A) (B) (C) (D)

20. 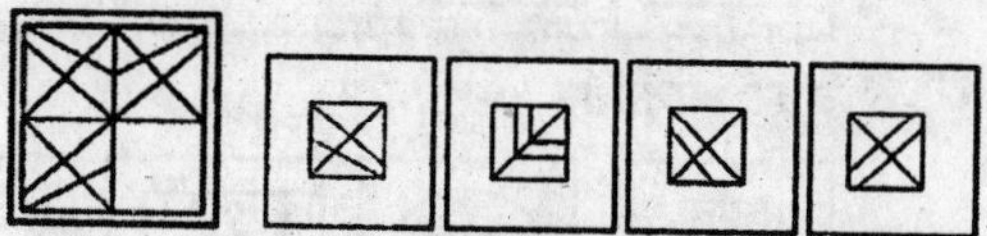

(A) (B) (C) (D)

खण्ड-III

निर्देश (प्रश्न 21 से 30 तक): *प्रत्येक प्रश्न में चार आकृतियाँ (A), (B), (C) तथा (D) दी गई हैं। इन चार आकृतियों में तीन आकृतियाँ सदृश हैं तथा एक आकृति अलग है। अलग आकृति चुनकर अपना उत्तर अंग्रेजी अक्षरों (A, B, C तथा D) में उत्तर पुस्तिका में संबंधित प्रश्न क्रमांक के समक्ष अंकित करें।*

21. 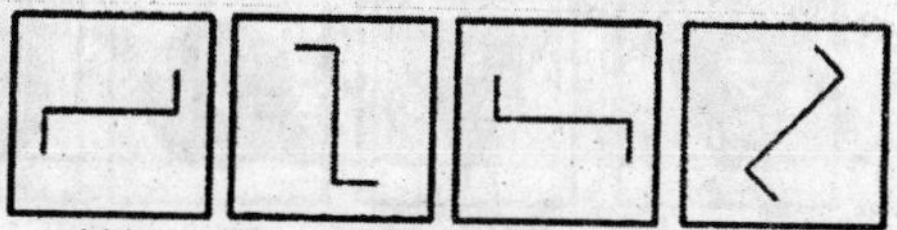

(A) (B) (C) (D)

22. 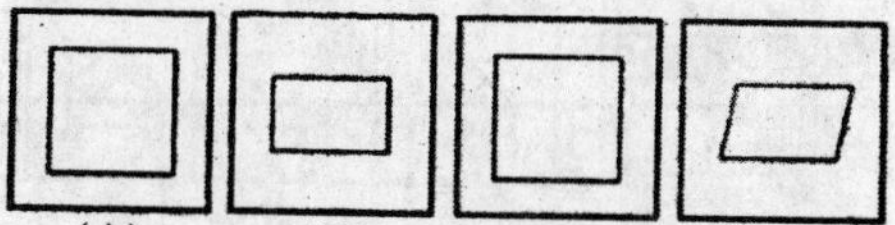

(A) (B) (C) (D)

23. 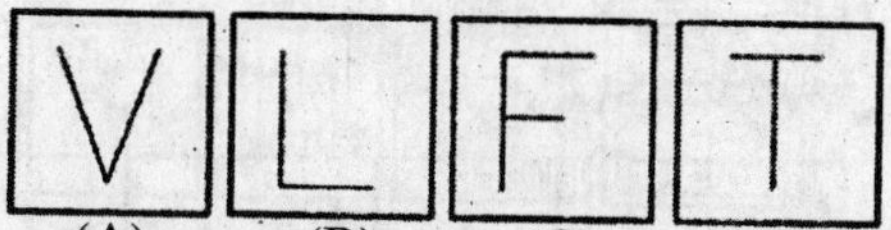

(A) (B) (C) (D)

24. 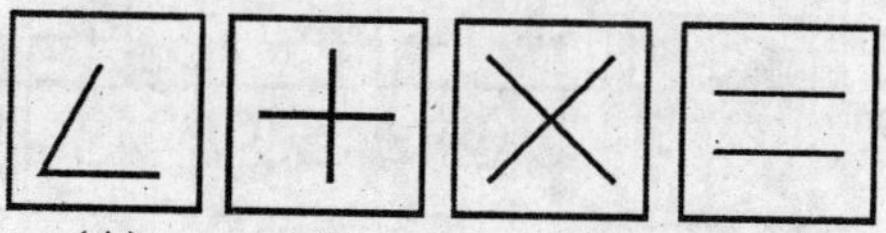

(A) (B) (C) (D)

25. 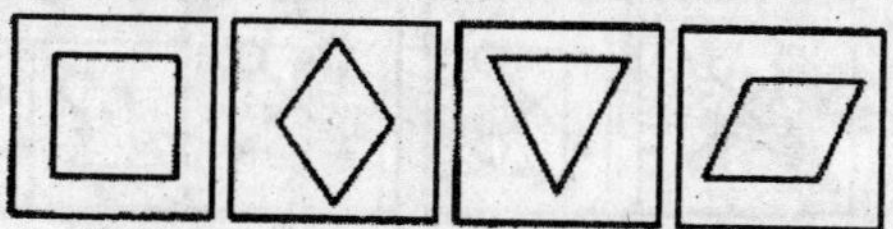

(A) (B) (C) (D)

26. 

(A) (B) (C) (D)

27. 

(A) (B) (C) (D)

28. 

(A) (B) (C) (D)

29. 

(A) (B) (C) (D)

30. 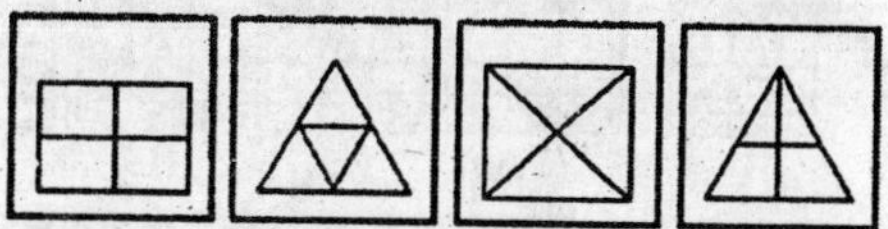

(A) (B) (C) (D)

खण्ड-IV

निर्देश (प्रश्न 31 से 40 तक): *नीचे बाईं ओर एक समस्या आकृति तथा चार उत्तर आकृतियाँ (A), (B), (C) तथा (D) दी गई हैं। उत्तर आकृति को चुनिए जो समस्या आकृति के बिल्कुल सदृश हो तथा सही विकल्प चुनकर संलग्न उत्तर पुस्तिका में प्रत्येक प्रश्न के समक्ष दिएं गए बॉक्स में अंग्रेजी अक्षर (A, B, C या D) में उत्तर लिखें।*

प्रश्न आकृति **उत्तर आकृति**

31. 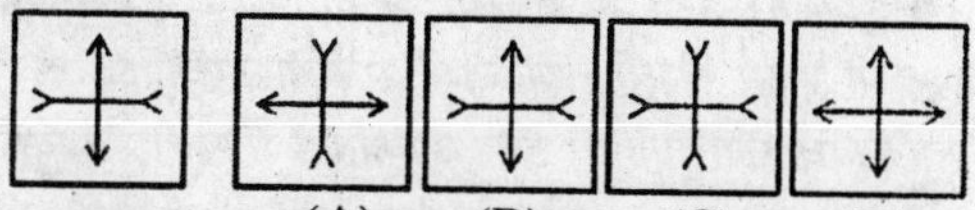

(A) (B) (C) (D)

32. 

(A) (B) (C) (D)

33. 

(A) (B) (C) (D)

34. 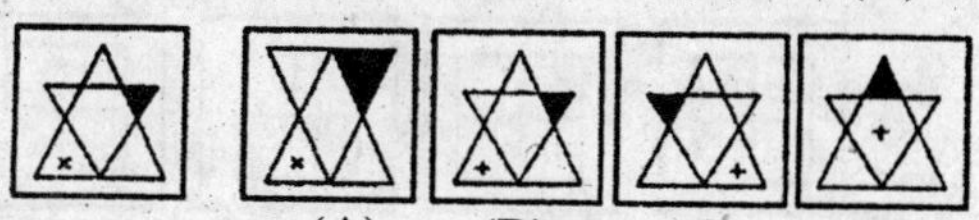

(A) (B) (C) (D)

35. 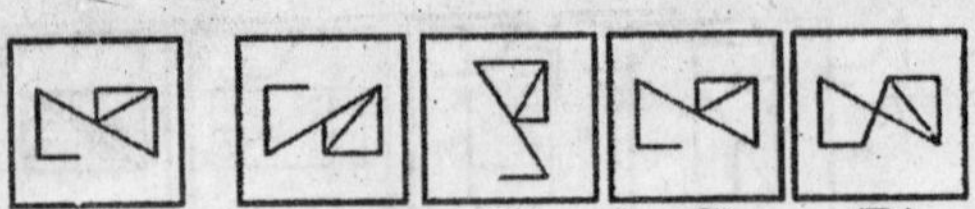

(A) (B) (C) (D)

36. 

(A) (B) (C) (D)

37. 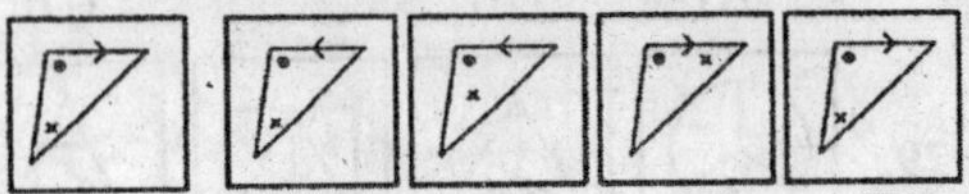

(A) (B) (C) (D)

38. 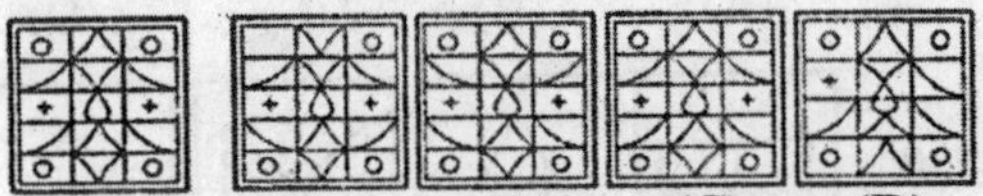

(A) (B) (C) (D)

39. 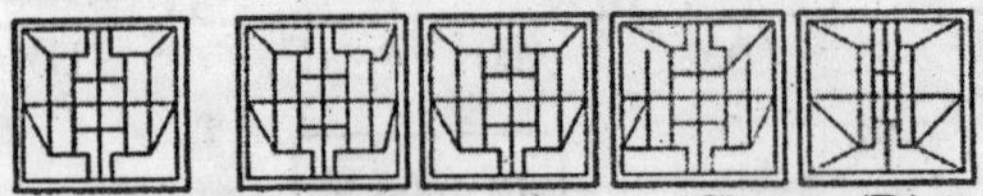

(A) (B) (C) (D)

40. 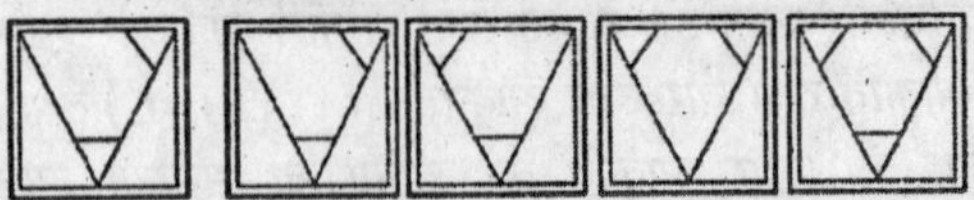

(A) (B) (C) (D)

खण्ड-V

निर्देश (प्रश्न 41 से 45 तक): *प्रश्नों में तीन समस्या आकृतियों के बाद चौथी के स्थान पर एक प्रश्न सूचक चिन्ह बना हुआ है पहली दो समस्या आकृतियों में परस्पर एक संबंध है। इसी प्रकार तीसरी तथा चौथी समस्या आकृतियों के बीच भी एक संबंध होना चाहिए। उत्तर आकृतियों में से वह आकृति चुनिए जो प्रश्न सूचक चिन्ह वाले स्थान पर ठीक बैठ सके। सही विकल्प चुनकर संलग्न उत्तर-पुस्तिका में प्रत्येक प्रश्न के समक्ष दिए गए बॉक्स में अंग्रेजी अक्षर (A, B, C या D) में उत्तर लिखें।*

41. **प्रश्न आकृति**

उत्तर आकृति

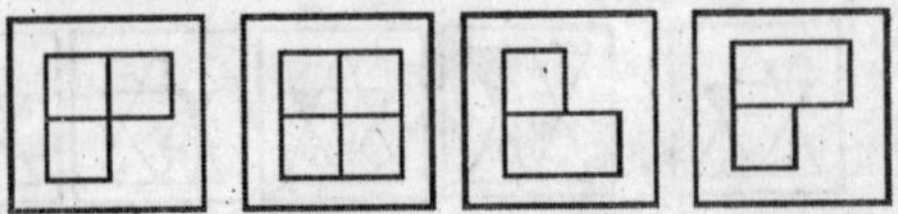

(A) (B) (C) (D)

42. **प्रश्न आकृति**

उत्तर आकृति

(A) (B) (C) (D)

43. **प्रश्न आकृति**

उत्तर आकृति

(A) (B) (C) (D)

44. **प्रश्न आकृति**

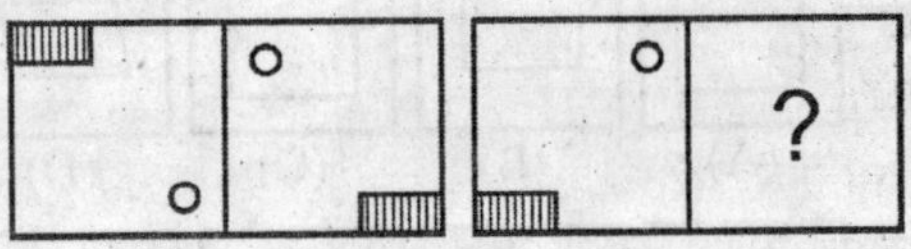

उत्तर आकृति

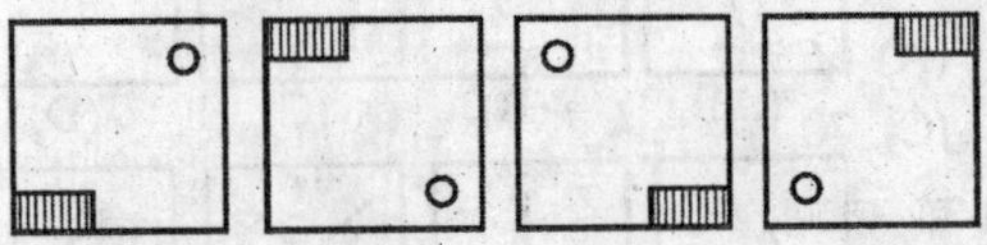

(A) (B) (C) (D)

45. **प्रश्न आकृति**

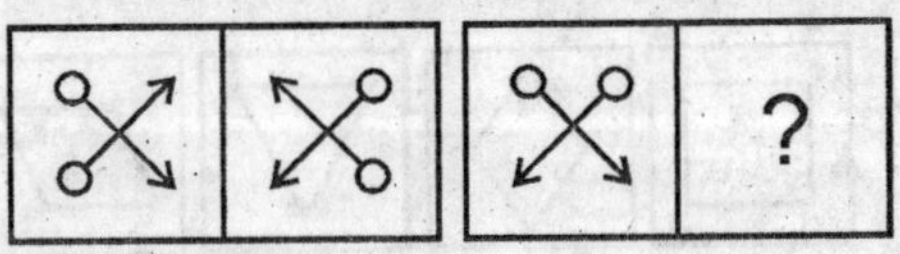

उत्तर आकृति

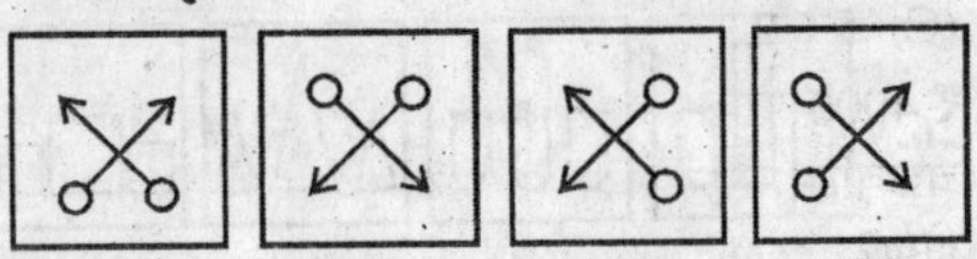

(A) (B) (C) (D)

खण्ड-VI

निर्देश (प्रश्न 46 से 50 तक): *प्रश्नों में वर्ग का एक भाग बाईं ओर है तथा दाईं ओर दी गई चार आकृतियों (A), (B), (C) तथा (D) में से कोई एक उसका दूसरा भाग है। दाईं ओर दी गई आकृतियों में से वह आकृति चुनिए जो वर्ग को पूर्ण बनाती है। सही विकल्प चुनकर संलग्न उत्तर-पुस्तिका में प्रत्येक प्रश्न के समक्ष दिए गए बॉक्स में अंग्रेजी अक्षर में उत्तर लिखें।*

प्रश्न आकृति **उत्तर आकृति**

46.

(A) (B) (C) (D)

47.

(A) (B) (C) (D)

48.

(A) (B) (C) (D)

49.

(A) (B) (C) (D)

50.

(A) (B) (C) (D)

अनुभाग-II

अंकगणित

निर्देश (प्रश्न 51 से 55 तक): *प्रत्येक प्रश्न के लिए चार संभावित उत्तर हैं जिन्हें (A), (B), (C) तथा (D) क्रम दिया गया है। सही विकल्प चुनकर संलग्न उत्तर-पुस्तिका में प्रत्येक प्रश्न के समक्ष दिए गए बॉक्स में अंग्रेजी अक्षरों में उत्तर लिखें।*

51. 7 वर्ष पूर्व, A तथा B की आयु (वर्षों में) 4 : 5 के अनुपात में भी तथा अब से 7 वर्ष पश्चात् उनका अनुपात 5 : 6 होगा। B की वर्तमान आयु है–

(A) 56 वर्ष (B) 63 वर्ष
(C) 70 वर्ष (D) 77 वर्ष

52. दो संख्या इस प्रकार हैं कि उनका अंतर, योग तथा गुणनफल क्रमशः 1 : 7 : 24 के अनुपात में है। संख्याओं का गुणनफल है–

(A) 24 (B) 36
(C) 48 (D) 60

53. यदि A : B = 2 : 3, B : C = 4 : 5 तथा C : D = 5 : 9, तो A : D =

(A) 11 : 17 (B) 8 : 27
(C) 5 : 9 (D) 2 : 9

54. ₹ 4000 पर 5% वार्षिक की दर से 2 वर्ष के लिए चक्रवृद्धि ब्याज तथा साधारण ब्याज में कितना अंतर होगा?

(A) ₹ 10 (B) ₹ 11
(C) ₹ 20 (D) ₹ 100

55. 43, 91 तथा 183 को विभाजित करने तथा समान शेषांक छोड़ने वाली अधिकतम संख्या है–

(A) 9 (B) 8
(C) 4 (D) 3

56. शृंखला 2, 3, 5, 7, 11, ... 17, 19 में गायब पद है–

(A) 16 (B) 15
(C) 14 (D) 13

57. जब एक खिलौने का मूल्य 20%, बढ़ाया गया तो उस खिलौने की संख्यात्मक बिक्री में 15% की कमी हो गई। इसका दुकान की कुल बिक्री पर क्या असर होगा?

(A) 2% बढ़त (B) 2% घटत
(C) 4% बढ़त (D) 4% घटत

58. दो संख्याएँ 5 : 6 के अनुपात में हैं। यदि उनका महत्तम समापवर्तक 4 है तो उनका लघुत्तम समापवर्त्य कितना होगा?

(A) 90 (B) 96
(C) 120 (D) 150

59. एक विक्रेता अपने सामान पर क्रय मूल्य से 30% अधिक मूल्य अंकित करता है तथा फिर उस पर

15% की छूट देता है। जिस वस्तु पर वह ₹ 84 कमाता है उसका क्रय मूल्य कितना होगा?

(A) ₹ 800 (B) ₹ 560
(C) ₹ 373.33 (D) ₹ 280

60. यदि एक आयत की लंबाई 6 : 7 के अनुपात में बढ़ाई जाए तथा उसकी चौड़ाई 5 : 4 के अनुपात में कम की जाए तो इसका क्षेत्रफल कम होने का अनुपात होगा–

(A) 17 : 16 (B) 15 : 14
(C) 9 : 8 (D) 8 : 7

61. राम ने अपनी आय का 4% धर्मार्थ दान किया तथा बाकी रकम का 10% बैंक में जमा कर दिया। यदि अब उसके पास ₹ 8640 बचे हैं तो उसकी आय कितनी होगी?

(A) ₹ 12,500 (B) ₹ 12,000
(C) ₹ 10,500 (D) ₹ 10,000

62. 1 से 100 तक संख्याओं के सभी अंकों का योग होगा–

(A) 5050 (B) 903
(C) 901 (D) 900

63. एक सैनिक अधिकारी अपने 6000 जवानों को एक वर्गाकार रूप में व्यवस्थित करते हुए 71 जवानों को शेष पाता है। प्रत्येक पंक्ति में कितने जवान होंगे?

(A) 73 (B) 77
(C) 87 (D) 93

64. एक संख्या क्रमशः 4, 5 तथा 6 से विभाजित होने पर 2, 3 तथा 4 शेषांक छोड़ती है। ऐसी न्यूनतम संख्या है–

(A) 50 (B) 53
(C) 19 (D) 238

65. एक संख्या जब 296 से विभाजित की जाती है तो शेषांक 75 छोड़ती है। यदि उस संख्या को 37 से विभाजित किया जाए तो शेषांक होगा–

(A) 1 (B) 2
(C) 19 (D) 31

66. यदि एक आयत की लंबाई 10% बढ़ा दी जाए तथा उसकी चौड़ाई 10% कम कर दी जाए तो उसका क्षेत्रफल–

(A) 1% घटेगा (B) 1% बढ़ेगा
(C) 2% घटेगा (D) वही रहेगा

67. यदि दो संख्याओं का गुणनफल 21 है तथा उनका अंतर 4 है तो उनके घनों के योग तथा घनों के अंतर में अनुपात होगा–

(A) 185 : 165 (B) 165 : 158
(C) 185 : 158 (D) 158 : 145

68. प्राकृत संख्याओं के ऐसे कितने युग्म हैं जिनके वर्गों का अंतर 60 है?

(A) 4 (B) 3
(C) 2 (D) 1

69. यदि *aabb* एक चार अंकों की संख्या है तथा एक पूर्ण वर्ग है तो $a + b$ का मान होगा–

(A) 12 (B) 11
(C) 10 (D) 9

70. यदि तीन क्रमागत विषम संख्याओं का योग 200 से 400 के मध्य पूर्ण वर्ग हो तो इस योगफल का मूल होगा–

(A) 15 (B) 16
(C) 18 (D) 19

71. एक दुकानदार ने 300 पेन खरीदे तथा प्रत्येक चार मे से एक पेन बिना लाभ-हानि के बेचा। उसने बाकी पेन 20% लाभ में बेचे। कुल मिलाकर उसे कितना प्रतिशत लाभ या हानि हुआ?

(A) 15% लाभ (B) 15% हानि
(C) 12% लाभ (D) 12% हानि

72. एक त्रिभुज की माध्यिकाएँ समान हैं। यह त्रिभुज किस प्रकार का होगा?

(A) समद्विबाहु त्रिभुज (B) समबाहु त्रिभुज
(C) विषमबाहु त्रिभुज (D) समकोण त्रिभुज

73. एक व्यक्ति एक वस्तु ₹ 220 में बेचकर 12% हानि उठाता है। 16% लाभ कमाने के लिए उसे यह वस्तु किस मूल्य पर बेचनी चाहिए?

(A) ₹ 290 (B) ₹ 250
(C) ₹ 310 (D) ₹ 270

74. एक पेचकस तथा हथौड़े का मूल्य समान है। यदि पेचकस का मूल्य 5% तथा हथौड़े का मूल्य 3% बढ़ जाए तो 3 पेचकस तथा 3 हथौड़े खरीदने के लिए कितना मूल्य अधिक चुकाना होगा?

(A) 3% (B) 4%
(B) 5% (B) 8%

75. एक फेरीवाला 100 संतरे बेचकर 20 संतरों के विक्रय मूल्य के समान लाभ कमाता है। उसके लाभ का प्रतिशत है–

(A) 20 (B) 25
(C) 30 (D) 32

अनुभाग-III: भाषा

निर्देश (प्रश्न 76 से 90 तक): *इस अनुभाग में तीन अनुच्छेद दिए गए हैं। प्रत्येक अनुभाग के अन्त में पाँच प्रश्न दिए गए हैं। प्रत्येक अनुच्छेद को ध्यान से पढ़िए और उस पर पूछे गए प्रश्नों के उत्तर लिखिए। प्रत्येक प्रश्न के चार सम्भावित उत्तर दिए गए हैं जिन पर (A), (B), (C) और (D) क्रमांक अंकित है। इन उत्तरों में से एक ही सही है। आपको सही उत्तर पहचानना है और उसके क्रमांक को उत्तर पुस्तिका में प्रत्येक प्रश्न संख्या के लिए निर्दिष्ट बॉक्स ☐ में अंग्रेजी के अक्षरों में अंकित करना है।*

अनुच्छेद–1

"लोग हंस की प्रशंसा करते है और मुझे काला कहते हैं। मैं तो हंस से भी तेज उड़ सकता हूँ। क्यों न मैं उसे उड़ने के मुकाबले के लिए ललकारूँ और उसे हरा दूँ। तब लोग मेरी प्रशंसा करेंगे और उसका अनादर।" यह सोचकर कौए ने हंस को समुद्र के बीच में स्थित एक द्वीप तक एक साथ उड़ने के लिए ललकारा। हंस तैयार नहीं हुआ, किन्तु कौए ने जिद्द न छोड़ी। दोनों ने उड़ना शुरू किया। आरम्भ में कौआ अत्यन्त तेज गति से उड़ता हुआ हंस से आगे निकल गया। हंस अपनी सामान्य गति से उड़ता रहा। कौआ शीघ्र ही थक गया और नीचे गिरने लगा। हंस को उस पर दया आई। उसने कौए को अपने पंखों पर बैठाकर द्वीप तक सुरक्षित पहुँचा दिया। कौआ अपने पर बहुत लज्जित हुआ।

76. हंस ने–
(A) कौए के प्रस्ताव का मजाक उड़ाया
(B) कौए के प्रस्ताव को अन्त में मान लिया
(C) कौए के प्रस्ताव का स्वागत किया
(D) कौए के प्रस्ताव को एकदम अस्वीकार कर दिया

77. कौए के विपरीत हंस अपनी सामान्य गति से उड़ा, क्योंकि उसे–
(A) अपने पर भरोसा था
(B) अपने पर गर्व था
(C) परिणाम के बारे में भरोसा नहीं था
(D) कौए से डर लगता था

78. कौआ हंस को मुकाबले में हराना चाहता था, क्योंकि इससे–
(A) हंस को उस पर दया आएगी
(B) हंस को प्रशंसा मिलेगी
(C) हंस को काला कहा जाएगा
(D) उसे प्रशंसा मिलेगी

79. कौए ने हंस को सलाह दी कि उन्हें–
(A) सैर करने चलना चाहिए
(B) एक साथ द्वीप की यात्रा करनी चाहिए
(C) उड़ने का मुकाबला करना चाहिए
(D) एक दूसरे की सहायता करनी चाहिए

80. कौआ–
(A) विनम्र था (B) ईर्ष्यालु था
(C) घमण्डी था (D) चतुर था

अनुच्छेद–2

कन्याकुमारी एक सुन्दर स्थल है। यह तीन ओर से समुद्र से घिरा हुआ है, दक्षिण में विशाल हिन्द महासागर है, पूर्व में बंगाल की खाड़ी और पश्चिम में अरब सागर। देश के अनेक भागों से तीर्थयात्री यहाँ तीन समुद्रों के संगम-स्थल में स्नान करने और मन्दिर में पूजा करने के लिए आते हैं। कन्याकुमारी के तीनों ओर समुद्र सामान्यत: शान्त रहता है। अनेक दर्शनार्थियों ने यह अनुभव किया है कि इस स्थान पर सदैव एक विशेष प्रकार की शान्ति एवम् नीरवता छाई रहती है। सूर्योदय एवम् सूर्यास्त का समय इस स्थल के सौन्दर्य का आनन्द लेने के सर्वश्रेष्ठ क्षण है। प्रात: काल बंगाल की खाड़ी से उदय होकर सूर्य सायंकाल अरब सागर में डूब जाता है। वास्तव में, समस्त भारत में यही एक स्थल है, जहाँ सूर्य को समुद्र से उदय होकर समुद्र में ही डूबते देखा जा सकता है। पूर्णिमा पर अनेक दर्शनार्थी कन्याकुमारी आते हैं। वे एक ही समय में सूर्य को अरब सागर में डूबते और चन्द्रमा को बंगाल की खाड़ी में उदित होते हुए देख सकते हैं। वे दोनों ही आग के दो गोले प्रतीत होते हैं।

81. कन्याकुमारी के सौन्दर्य का आनन्द लेने का सबसे अच्छा समय कौन सा है?
(A) सूर्योदय एवम् सूर्यास्त का समय
(B) केवल सूर्योदय का समय
(C) दिन का समय
(D) केवल सूर्यास्त का समय

82. कन्याकुमारी में सूर्योदय पूर्व में–
(A) अरब सागर से होता है
(B) प्रशान्त महासागर से होता है
(C) बंगाल की खाड़ी से होता है
(D) हिन्द महासागर से होता है

83. कन्याकुमारी एक सुन्दर स्थल है, क्योंकि–
(A) यह तीन ओर से समुद्र से घिरा हुआ है
(B) तीर्थयात्री समुद्र में स्नान कर सकते है
(C) इसके हर तरफ समुद्र अति शान्त है
(D) यहाँ अनेक तीर्थयात्री आते हैं

84. कन्याकुमारी में पूर्णिमा के दिन हम एक ही समय में आग के दो गोलों को देख सकते हैं। इनका अर्थ है कि हम–
(A) एक ही समय में पश्चिम में सूर्यास्त एवम् चन्द्रोदय देख सकते हैं
(B) प्रातः काल सूर्योदय एवम् सांयकाल सूर्यास्त देख सकते हैं
(C) प्रातः काल सूर्योदय एवम् सांयकाल चन्द्रोदय देख सकते हैं
(D) एक ही समय में पश्चिम सूर्यास्त एवम् पूर्व में चन्द्रोदय देख सकते हैं

85. भारत में कन्याकुमारी ही केवल ऐसा स्थान है–
(A) जहाँ सूर्य को समुद्र से उदित होकर समुद्र में ही डूबते देखा जा सकता है
(B) जहाँ लोग मन्दिर में पूजा करने आते हैं
(C) जहाँ लोग समुद्र में स्नान करने आते हैं
(D) जो सब तरफ से समुद्र से घिरा हुआ है

अनुच्छेद – 3

जॉर्ज वाशिंगटन अमरीका के प्रथम राष्ट्रपति थे। जब वे केवल 6 वर्ष के थे, उन्हें अपने पिता से उपहार स्वरूप एक छोटी कुल्हाड़ी मिली। जॉर्ज को वह कुल्हाड़ी अच्छी लगी और उसने उसे इस्तेमाल करने की सोची। वह बाग में गया, वहाँ उसने पहले छोटे-छोटे पौधों पर कुल्हाड़ी चलाई और फिर सेब के एक पेड़ पर। उस पेड़ का तना बड़ा मोटा था। इसलिए काफी गहरा कट जाने के बाद भी गिर न पाया। शाम को बाग में घूमते समय जब उसके पिता ने पेड़ की ऐसी हालत देखी तो उन्हें बहुत गुस्सा आया, उन्होंने चिल्ला कर पूछा, ''यह किसने किया? जिसने भी किया है आज उसकी खैर नहीं'' जॉर्ज ने यह सब सुना, डरते-डरते वह अपने पिता के पास आकर बोला, यह मैने किया है और दण्ड की प्रतीक्षा करने लगा। उसके पिता उसे गोद में उठा कर बोले, ''मुझे बड़ी प्रसन्नता हुई है कि तुमने सच-सच बता दिया। मैं अपने सारे पेड़ों की हानि बर्दाश्त कर सकता हूँ, किन्तु अपने बेटे का झूठ बोलना नहीं।''

86. जॉर्ज वाशिंगटन के पिता नें उन्हे दण्ड नहीं दिया क्योंकि–
(A) उनके बेटे को उनका दिया उपहार पसन्द आया
(B) वे उसे बहुत प्यार करते थे
(C) उन्हें प्रसन्नता हुई कि उनके बेटे ने सच बोला
(D) उन्हे लगा कि वह बहुत डर गया है

87. जॉर्ज वाशिंगटन के पिता के इस कथन से- ''मैं अपने सारे पेड़ों की हानि बर्दाश्त कर सकता हूँ किन्तु अपने बेटे का झूठ बोलना नहीं।'' पता चलता है कि–
(A) वे किसी को दण्ड नहीं देना चाहते थे
(B) उन्हें अपने पेड़ों से बिल्कुल प्यार नहीं था
(C) उन्हें सच्चाई सबसे अधिक प्रिय थी
(D) किसी भी चीज की अपेक्षा पेड़ अधिक प्रिय थे

88. जॉर्ज वाशिंगटन ने सेब का पेड़ काटने का प्रयत्न किया, क्योंकि–
(A) वे सेब खाना चाहते थे
(B) उन्हें पेड़ काटने का शौक था
(C) उनके पिता ने उन्हे पेड़ काटने के लिए कहा था
(D) वे किसी बड़े पेड़ पर अपनी कुल्हाड़ी आजमाना चाहते थे

89. जॉर्ज वाशिंगटन ने यह मान लिया कि उसने पेड़ काटा है, क्योंकि–
(A) उसे अपने पिता से डर नहीं लगता था
(B) वह अमेरिका का प्रथम राष्ट्रपति था
(C) उसे सच बोलने से डर नहीं लगता था
(D) वह यह दिखाना चाहता था कि उसे कुल्हाड़ी का प्रयोग करना आ गया है

90. जॉर्ज वाशिंगटन के पिता ने उसे एक छोटी कुल्हाड़ी दी, क्योंकि–
(A) वे उससे पेड़ कटवाना चाहते थे
(B) उनके बेटे ने उनसे एक कुल्हाड़ी की माँग की थी
(C) वे चाहते थे कि उनका बेटा अमरीका का राष्ट्रपति बने
(D) वे उसे एक उपहार देना चाहते थे

निर्देश (प्रश्न 91 से 92 तक): *सबसे उपयुक्त विकल्प चुनकर निम्नलिखित वाक्यों को पूरा कीजिए और संलग्न उत्तर पुस्तिका में हर प्रश्न के आगे दिये गये बॉक्स में अंग्रेजी के अक्षरों में उत्तर लिखें।*

91. मनुष्य अनेक बिमारियों का शिकार होता जा रहा है क्योंकि–
(A) बौद्धिक श्रम बढ़ गया है और तनाव कम हो गया है।
(B) तनाव बढ़ गया है और बौद्धिक श्रम कम हो गया है।
(C) बौद्धिक श्रम बढ़ जाने से तनाव भी बढ़ गया है।
(D) बौद्धिक श्रम और तनाव दोनों कम हो गया है।

92. आज बारिश की संभावना है क्योंकि
(A) आकाश में शीतल हवा बह रही है और काले बादल छाये हैं।
(B) आकाश में काली हवा चल रही है और शीतल बादल छाये हैं।
(C) आकाश में काले बादल बह रहे हैं और शीतल हवा छायी है।
(D) आकाश में काले बादल छाये हैं और शीतल हवा बह रही है।

निर्देश (प्रश्न 93 से 94 तक): *नीचे चार वाक्य दिए गए हैं जिन्हें 1, 2, 3, 4 क्रम दिया गया है। उन वाक्यों से एक अनुच्छेद बनाने के लिए सही क्रम चुनकर संलग्न उत्तर पुस्तिका में हर प्रश्न के आगे दिए गए बॉक्स में अंग्रेजी के अक्षरों में उत्तर लिखें।*

93. 1. वह लड़ते-लड़ते वीरगति को प्राप्त हुई।
2. 18 वर्ष की आयु में ही वह विधवा हो गई।
3. लक्ष्मीबाई की शादी झाँसी के राजा गंगाधर राव के साथ हुई थी।
4. उन्होंने अंग्रेजी हुकूमत का विरोध किया।
(A) 1, 2, 3, 4 (B) 3, 2, 4, 1
(C) 3, 2, 1, 4 (D) 2, 3, 4, 1

94. 1. जहाँ यह समतल जमीन पर उतरती है उसे 'हरिद्वार' कहते हैं।
2. गंगा-जल वर्षों तक खराब नहीं होता, अत: इसे अमृत कहते हैं।
3. गंगा को हिमालय की पुत्री कहा जाता है।
4. इन्हें लोग देवनदी और गंगा-माता भी कहते हैं।
(A) 4, 3, 2, 1 (B) 4, 2, 3, 1
(C) 3, 4, 1, 2 (D) 3, 2, 4, 1

निर्देश (प्रश्न 95 से 97 तक): *निम्नलिखित वाक्यों में रिक्त स्थान की पूर्ति के लिए दिए हुए शब्दों में से सबसे उपयुक्त शब्द चुनिए और संलग्न उत्तर पुस्तिका में हर प्रश्न के आगे दिये गये बॉक्स में अंग्रेजी के अक्षरों में उत्तर लिखें।*

95. मेरे भैया .... तैराक हैं।
(A) जाने-माने (B) कुख्यात
(C) जानने वाले (D) जानकार

96. मैं .... यहाँ रह रहा हूँ।
(A) अगले चार वर्षों से (B) पिछले चार वर्षों तक
(C) अगले चार वर्षों तक (D) पिछले चार वर्षों से

97. बिना .... के ज्ञान नहीं मिलता।
(A) पुस्तक (B) विद्यालय
(C) अध्ययन (D) खेल

निर्देश (प्रश्न 98 से 100 तक): *निम्नलिखित वाक्य चार भागों में बंटे हैं। प्रत्येक वाक्य में एक भाग अशुद्ध है। आप सही उत्तर चुनकर संलग्न उत्तर पुस्तिका में हर प्रश्न के आगे दिये गये बॉक्स में अंग्रेजी के अक्षरों में उत्तर लिखें।*

98. (A) मरुस्थल वह/ (B) स्थान है/
(C) रेत ही रेत/ (D) होता है।

99. (A) काला चिड़िया/ (B) पेड़ पर बैठ कर/
(C) राहगीरों की बातें/ (D) सुन रही थी।

100. (A) हमारी पृथ्वी/ (B) लगभग दो-तिहाई/
(C) महासागरों के जल में (D) ढकी हुई है।

उत्तरमाला

1	2	3	4	5	6	7	8	9	10
B	C	D	A	A	B	C	A	D	C
11	**12**	**13**	**14**	**15**	**16**	**17**	**18**	**19**	**20**
D	C	B	D	A	B	B	C	B	A
21	**22**	**23**	**24**	**25**	**26**	**27**	**28**	**29**	**30**
C	D	C	D	C	B	B	B	C	D
31	**32**	**33**	**34**	**35**	**36**	**37**	**38**	**39**	**40**
B	B	A	B	C	C	D	C	B	A

41	42	43	44	45	46	47	48	49	50
A	A	B	D	B	C	C	A	D	C
51	52	53	54	55	56	57	58	59	60
D	C	B	A	C	D	A	C	A	D
61	62	63	64	65	66	67	68	69	70
D	A	B	D	A	A	C	C	B	A
71	72	73	74	75	76	77	78	79	80
A	B	A	B	B	B	A	D	C	B
81	82	83	84	85	86	87	88	89	90
A	C	A	D	A	C	C	D	C	D
91	92	93	94	95	96	97	98	99	100
C	D	B	C	A	D	C	D	A	C

कुछ चुने हुए प्रश्नों के व्याख्यात्मक उत्तर

1. प्रत्येक आगामी आकृति में ऊपरी बाएँ कोने और निचले दाएँ कोने के डिजाइन परस्पर स्थान बदल रहे हैं।

2. प्रत्येक आगामी आकृति में डिजाइन 90° घड़ी की सुई की विपरीत दिशा में घूम रहा है।

3. पहली से दूसरी आकृति में मध्य वृत्त काला हो रहा है। इसी प्रकार तीसरी से चौथी आकृति में मध्य वृत्त काला हा रहा है।

4. प्रत्येक आगामी आकृति में मुख्य डिजाइन के साथ के दोनों डिजाइन एक साइड छोड़कर घड़ी की सुई की विपरीत दिशा में बन रहे हैं।

5. प्रत्येक आगामी आकृति में मुख्य डिजाइन पर चारों डिजाइन एक साइड घड़ी की सुई की विपरीत दिशा में बदल रहे हैं।

6. पहली से दूसरी आकृति में पहला डिजाइन आधी साइड घड़ी की सुई की दिशा में चल रहा है। इसी दिशा में दूसरा डिजाइन एक साइड चल रहा है।

7. पहली से दूसरी आकृति में डिजाइन 90° घड़ी की सुई की दिशा में घूम रहा है।

8. पहली से दूसरी आकृति में ऊपरी तथा निचला डिजाइन परस्पर अपना स्थाल बदल रहे हैं तथा बाकी दोनों डिजाइन इसके उलट बन रहे हैं।

9. पहली से दूसरी आकृति में डिजाइन एक पद नीचे की ओर जा रहे हैं तथा सबसे नीचे वाला डिजाइन सबसे ऊपर जा रहा है।

10. पहली से दूसरी आकृति में डिजाइन अपने प्रतिबिंब से बन रहा है।

21. बाकी सभी आकृतियों में डिजाइन '└──┘' एक ही दिशा में घूम रहा है।

22. बाकी सभी आकृतियों में डिजाइन केवल क्षितिज रेखा तथा ऊर्ध्वाधर रेखाओं से बन रहे हैं।

23. बाकी सभी आकृतियों में अक्षर केवल दो रेखाओं से ही बन रहे हैं।

24. बाकी तीनों आकृतियों में रेखाखंड या तो एक बिंदु पर मिल रहे हैं या परस्पर काट रहे हैं जबकि (D) में वे समानान्तर हैं।

25. बाकी तीन आकृतियों में मुख्य आकृति चार भुजाओं से बनी है जबकि (C) में वह तीन भुजाओं से बनी है।

26. बाकी सभी में तीनों डिजाइन आकार के अलावा समान हैं।

27. बाकी सभी में दो रेखाएँ परस्पर लंबवत हैं।

28. बाकी सभी में वक्र रेखाएँ हैं।

29. बाकी सभी में आकृतियाँ रेखाखंडों द्वारा तीन भागों में विभाजित हो रही हैं जबकि (C) में चार भागों में।

30. बाकी सभी में डिजाइन के चार भाग समान हैं।

41. पहली से दूसरी आकृति में डिजाइन के एक चौथाई भाग से डिजाइन पूरा हो रहा है।

42. पहली से दूसरी आकृति में डिजाइन के बीच वाला भाग रंगीन हो रहा है। अत: तीसरी से चौथी आकृति में भी डिजाइन के मध्य भाग का रंग बदलेगा।

43. पहली से दूसरी आकृति में डिजाइन उलटा हो रहा है तथा मध्य भाग को छोड़कर बाकी डिजाइन रंगीन हो रहा है।

44. पहली से दूसरी आकृति में दोनों डिजाइन परस्पर स्थान बदल रहे हैं तथा आयत में ऊर्ध्वाधर रेखाएँ विकर्ण की तरह तिरछी हो रही हैं।

45. पहली से दूसरी आकृति में डिजाइन क्षैतिज रूप से उलटा हो रहा है अथवा प्रतिबिंब बना रहा है।

51. माना A की वर्तमान आयु = x वर्ष

तथा B की आयु = y वर्ष

प्रश्नानुसार,

$$\frac{x-7}{y-7} = , \quad \frac{4}{5} \quad 5x - 35 = 4y - 28$$

$$5x - 4y = 7 \qquad ...(i)$$

7 वर्ष बाद

$$\frac{x+7}{y+7} = \frac{5}{6}, \quad 6x + 42 = 5y + 35$$

$$6x - 5y = -7 \qquad ...(ii)$$

(i) व (ii) से

$$5x - 4y = 7\ ] \times 6$$
$$6x - 5y = -7\ ] \times 5$$
$$30x - 24y = 42$$
$$30x - 25y = -35$$
$$- \quad + \quad +$$
$$y = 77$$

x का मान (i) में रखने पर

$$5x = 7 + 4y, \quad \Rightarrow 5x = 308 + 7$$

$$\therefore \quad x = \frac{315}{5} = 63$$

$\therefore$ B की वर्तमान आयु = 77 वर्ष

52. माना संख्याएं a और b हैं।

प्रश्नानुसार,

अंतर = $a - b$, योग = $a + b$, गुणनफल = ab

$a - b : a + b : ab$

1 : 7 : 24

2 : 14 : 48

$\therefore$ संख्याएं 8 और 6 हैं।

$\therefore$ उनका गुणनफल = $8 \times 6 = 48$

53. $\because \quad \frac{A}{B} = \frac{2}{3}, \quad \frac{B}{C} = \frac{4}{5}, \quad \frac{C}{D} = \frac{5}{9}$

$$\frac{A}{D} = \frac{A}{B} \times \frac{B}{C} \times \frac{C}{D} = \frac{2}{3} \times \frac{4}{5} \times \frac{5}{9} = \frac{8}{27}$$

54. साधारण ब्याज = $\frac{4000 \times 5 \times 2}{100}$ = ₹ 400

$$\text{मिश्रधन} = 4000\left(1 + \frac{5}{100}\right)^2 = 4000 \times \frac{21}{20} \times \frac{21}{20}$$
$$= 4410$$

चक्रवृद्धि ब्याज = 4410 − 4000 = ₹ 410

चक्रवृद्धि ब्याज − साधारण ब्याज = 410 − 400 = ₹ 10

55. इस प्रकार के प्रश्नों में अधिकतम संख्या दी गई संख्याओं के अंतर का महत्तम समापवर्तक होती हैं।

$\therefore$ (i) 91 − 43 = 48 $\quad (ii)$ 183 − 43 = 140 $\quad (iii)$ 183 − 91 = 92

अब तीन संख्याएँ 48, 140 तथा 72 हैं।

उनका महत्तम समापवर्तक = 4

अतः इच्छित अधिकतम संख्या = 4

56. दी गई श्रृंखला में गायब पद 13 है क्योंकि इसमें सभी अभाज्य संख्याएं हैं।

57. बिक्री = प्रति खिलौना मूल्य × खिलौने बेचे

माना पहले प्रति खिलौना मूल्य ₹ x तथा खिलौने बिके y

पहले बिक्री = ₹ xy

मूल्य बढ़ने पर

प्रति खिलौना मूल्य = ₹ $1.20\,x$

खिलौने बिके = $0.85\,y$

बिक्री = ₹$(1.20 \times 0.85)xy$ = ₹ $1.02\,xy$

$$\%\ \text{बिक्री में बढ़त} = \left(\frac{1.02xy - xy}{xy}\right) \times 100\% = 2\%$$

58. माना संख्याएँ $5x$ और $6x$ हैं।

$5x$ और $6x$ का महत्तम समापवर्तक = x

प्रश्नानुसार, $x = 4$

$\therefore$ संख्याएँ 20 और 24 हैं।

$$\therefore \quad \text{लघुत्तम समापवर्त्य} = \frac{20 \times 24}{4}$$

$$\left[\text{लघुतम समापवर्त्य} = \frac{\text{संख्याओं का गुणनफल}}{\text{महत्तम समापवर्तक}}\right]$$

लघुत्तम समापवर्त्य = 120

59. माना वस्तुओं का क्रय मूल्य = ₹ 100

अंकित मूल्य = ₹ 130

छूट = $\frac{15}{100} \times 130$ = ₹ 19.50

विक्रय मूल्य = 130 − 19.50 = 110.50

लाभ = 110.50 − 100 = 10.50

यदि लाभ ₹ 10.50 तब क्रय मूल्य = ₹ 100

यदि लाभ ₹ 84 तब क्रय मूल्य = $\frac{100}{10.50}\times 84$

क्रय मूल्य = ₹ 800

61. माना राम की आय = ₹ 100

$\frac{4}{100}\times 100$ = ₹ 4, 100 – 4 = ₹ 96

$\frac{10}{100}\times 96$ = ₹ 9.6, 96 – 9.6 = 86.40

प्रश्नानुसार, ₹ 86.40 बचत जब आय ₹ 100

8640 बचत जब आय = $\frac{100}{86.40}\times 8640$

∴ आय = ₹ 10,000

62. 1 + 2 + 3 + 4 + ... + 100

$S = \frac{100\times 101}{2} = 5050 \quad \left(S=\frac{n(n+1)}{2}\right)$

63. 6000 – 71 = 5929

प्रत्येक पंक्ति में जवान = $\sqrt{5929} = 77$

64. न्यूनतम संख्या = 238

65. $296 + 75 = 371, \quad 371 \div 37 = 10\frac{1}{37}$

जब 371 विभाजित हुआ 37 से तो शेषांक = 1

66. माना $l = x, \quad b = y$

क्षेत्रफल = xy

$x+\frac{10}{100}x = \frac{110x}{100}, \quad y-\frac{10}{100}y = \frac{90y}{100}$

क्षेत्रफल = $\frac{110x}{100}\times\frac{90y}{100}$

$xy = \frac{99xy}{100}$

$\frac{100xy-99xy}{100} = \frac{xy}{100}$

क्षेत्रफल घटा = 1%

67. 7 × 3 = 21

7 – 3 = 4

$(7)^3 + (3)^3 = 343 + 27 = 370$

$(7)^3 - (3)^3 = 343 - 27 = 316$

अनुपात = $\frac{370}{316}=\frac{185}{158}$

68. $\because \quad a^2 - b^2 = 60$

$(a + b)(a - b) = 60$

$(8 + 2)(8 - 2) = 60$

$(16 + 14)(16 - 14) = 60$

संख्याओं के दो युग्म हैं (8, 2) और (16, 14) जिनके वर्गों में अंतर 60 है।

69. 7744 इसका वर्गमूल 88 है।

7 + 4 = 11

70. तीन क्रमागत संख्याएँ 73, 75, 77 हैं।

इनका योग = 225

225 का वर्गमूल = 15

71. 4 पेनों की बिक्री पर 1 पेन

300 पेन बेचे = $\frac{1}{4}\times 300 = 75$

300 – 75 = 225 पेन

बाकी पेनों पर लाभ 20%

∴ लाभ = $\frac{20}{100}\times 225$ = ₹ 45

% लाभ = $\frac{45}{300}\times 100 = 15\%$

73. 100 – 12 = 88

जब विक्रय मूल्य ₹ 88 तब क्रय मूल्य = ₹ 100

जब विक्रय मूल्य ₹ 220 तब क्रय मूल्य = $\frac{100}{88}\times 220$

∴ क्रय मूल्य = ₹ 250

100 + 16 = 116

जब क्रय मूल्य ₹ 100 तब विक्रय मूल्य = ₹ 116

जब क्रय मूल्य ₹ 250 तब विक्रय मूल्य = $\frac{116}{100}\times 250$

∴ विक्रय मूल्य = ₹ 290

74. माना प्रत्येक का क्रय मूल्य = ₹ 100

कुल खर्च = 300 + 300 = ₹ 600

मूल्य बढ़ने पर खर्च

= (105 × 3 = 315) + (103 × 3 = 309)

= 315 + 309 = ₹ 624

अंतर = 624 – 600 = 24

% = $\frac{24}{600}\times 100 = 4\%$

75. 100 – 20 = 80

80 संतरों पर लाभ 20 संतरे

100 संतरों पर लाभ = $\frac{20}{80}\times 100 = 25\%$

पिछले प्रश्न-पत्र (हल सहित)

जवाहर नवोदय विद्यालय चयन परीक्षा–2011*

कक्षा VI

अनुभाग-I

मानसिक योग्यता परीक्षा

खण्ड -I

निर्देश (प्रश्न 1 से 5 तक): *प्रत्येक प्रश्न में चार आकृतियाँ (A), (B), (C) तथा (D) दी गई हैं। इन चार आकृतियों में तीन आकृतियाँ कुछ हद तक सदृश हैं तथा एक अलग-अलग आकृति को चुनकर संलग्न उत्तर पुस्तिका में हर प्रश्न के आगे दिए गए बॉक्स में अंग्रेजी अक्षर (अर्थात् A, B, C, D) में उत्तर लिखें।*

1. 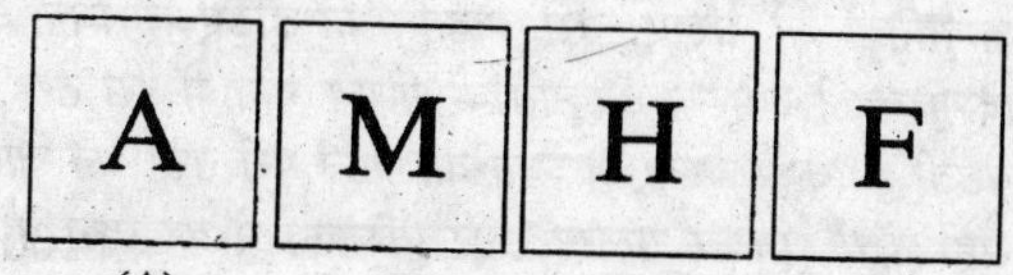

(A) (B) (C) (D)

2. 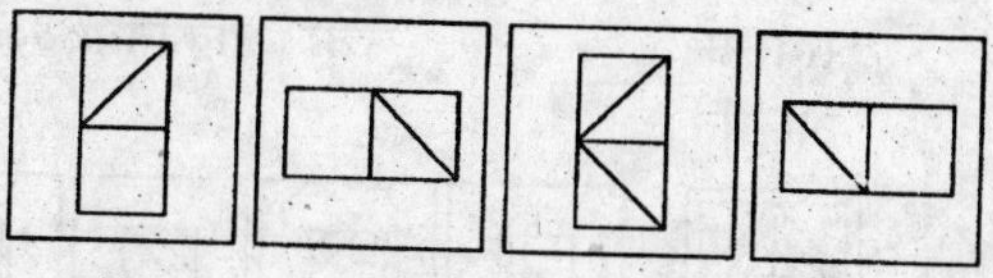

(A) (B) (C) (D)

3. 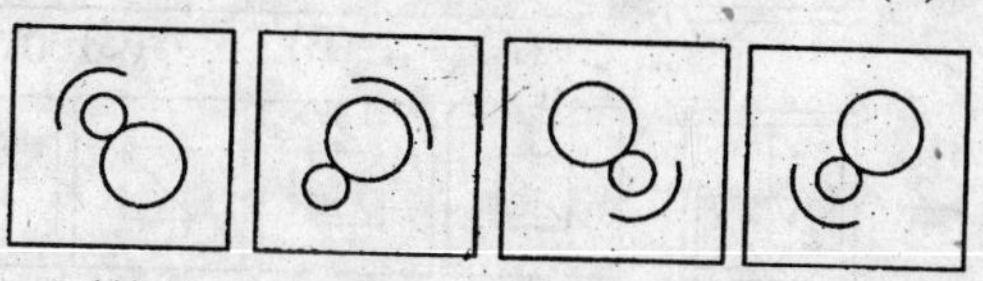

(A) (B) (C) (D)

4. 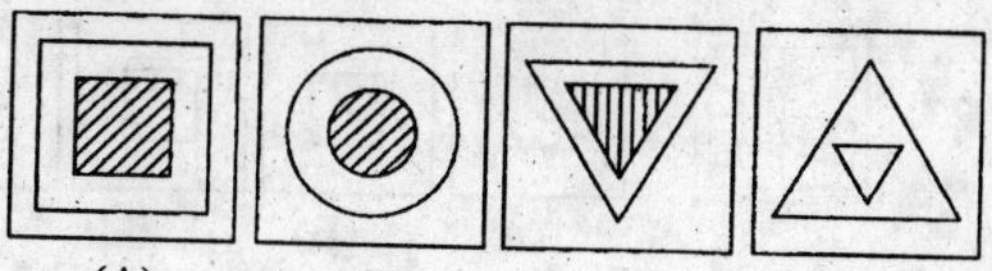

(A) (B) (C) (D)

5. 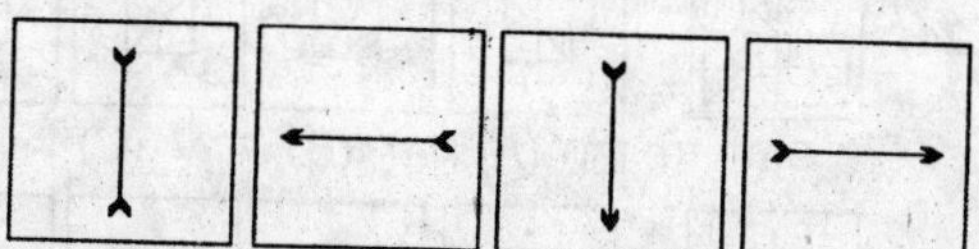

(A) (B) (C) (D)

खण्ड - II

निर्देश(प्रश्न 6 से 10 तक): *प्रश्नों में बाईं ओर एक समस्या आकृति तथा दाईं ओर चार उत्तर आकृतियाँ (A), (B), (C) तथा (D) दी गयी है। उत्तर आकृति को चुनिए जो समस्या आकृति के बिलकुल सदृश हो तथा सही उत्तर चुनकर संलग्न उत्तर पुस्तिका में हर प्रश्न के आगे दिए गए बॉक्स में अंग्रेजी अक्षर अर्थात् (A, B, C, D) में उत्तर लिखें।*

समस्या आकृति **उत्तर आकृतियाँ**

6. 

(A) (B) (C) (D)

7. 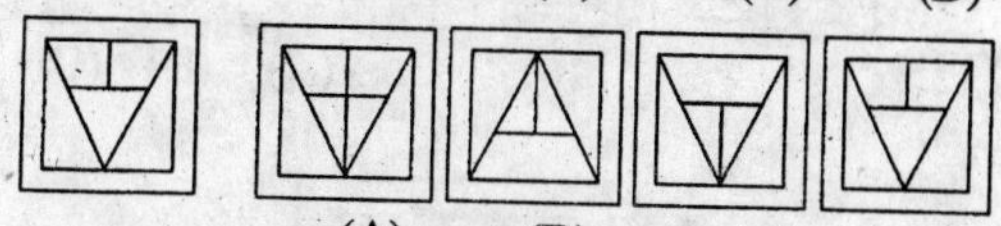

(A) (B) (C) (D)

8. 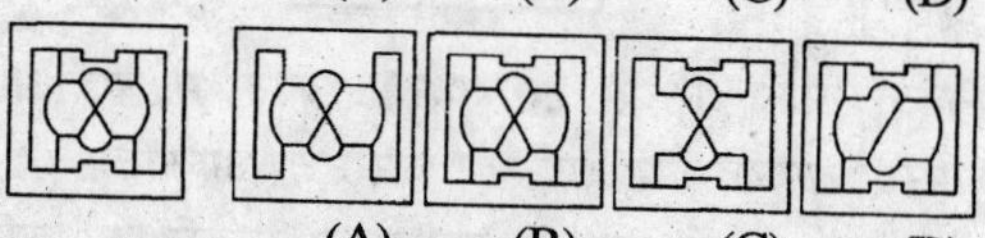

(A) (B) (C) (D)

9. 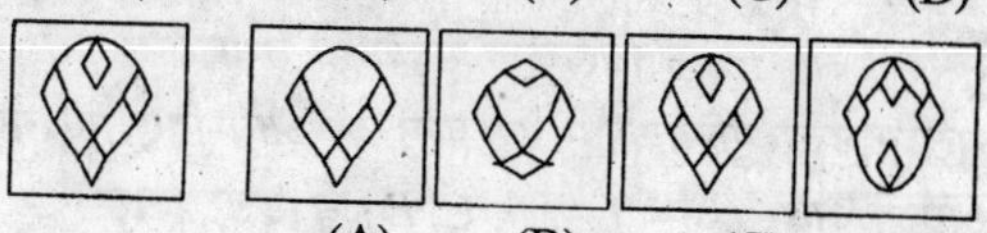

(A) (B) (C) (D)

10. 

(A) (B) (C) (D)

खण्ड - III

निर्देश (प्रश्न 11 से 15 तक): *प्रश्नों में तीन समस्या आकृतियों के बाद चौथी के स्थान पर एक प्रश्नसूचक चिह्न*

*स्मृति पर आधारित

बना हुआ है। पहली दो समस्या आकृतियों में परस्पर एक सम्बन्ध है। इसी प्रकार तीसरी तथा चौथी समस्या आकृतियों के वीच भी एक सम्बन्ध होना चाहिए। उत्तर आकृतियों में से वह आकृति चुनिए जो प्रश्नसूचक चिह्न वाले स्थान पर ठीक बैठ सके। सही उत्तर चुनकर संलग्न उत्तर पुस्तिका में हर प्रश्न के आग दिए गए बॉक्स में अंग्रेजी अक्षर में उत्तर लिखें।

समस्या आकृतियाँ **उत्तर आकृतियाँ**

11. 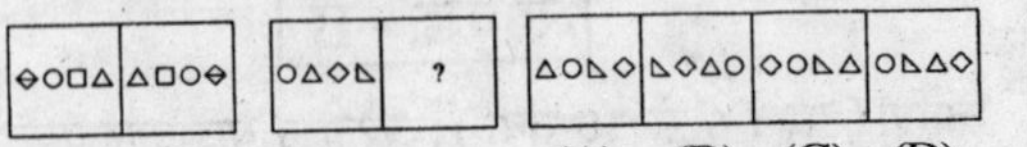
(A) (B) (C) (D)

12. 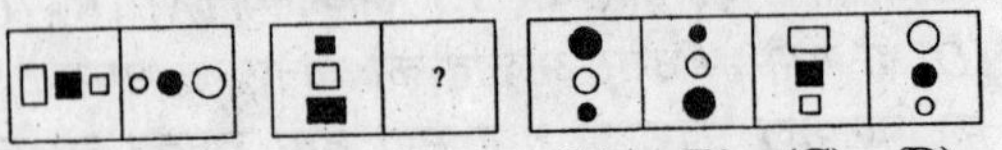
(A) (B) (C) (D)

13. 
(A) (B) (C) (D)

14. 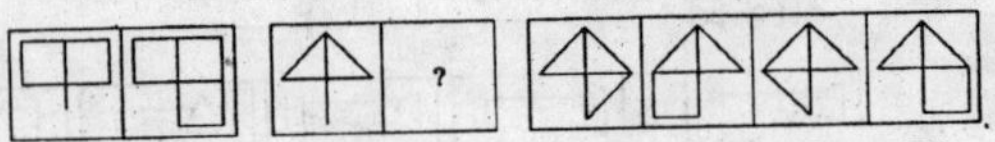
(A) (B) (C) (D)

15. 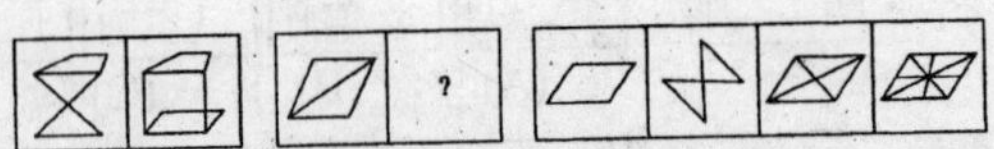
(A) (B) (C) (D)

खण्ड-IV

निर्देश (प्रश्न 16 से 20 तक): प्रश्नों में बाईं ओर एक समस्या आकृति तथा दाईं ओर चार उत्तर आकृतियाँ *(A), (B), (C)* तथा *(D)* दी गयी है। उस उत्तर आकृति को चुनिए जो समस्या आकृति के बिलकुल सदृश हो तथा सही उत्तर चुनकर संलग्न उत्तर पुस्तिका में हर प्रश्न के आग दिए गए बॉक्स में अंग्रेजी अक्षर (अर्थात् *A, B, C, D*) में उत्तर लिखें।

समस्या आकृति **उत्तर आकृतियाँ**

16. 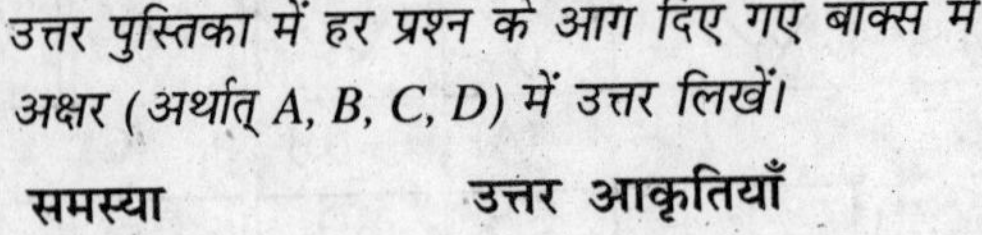
(A) (B) (C) (D)

17. 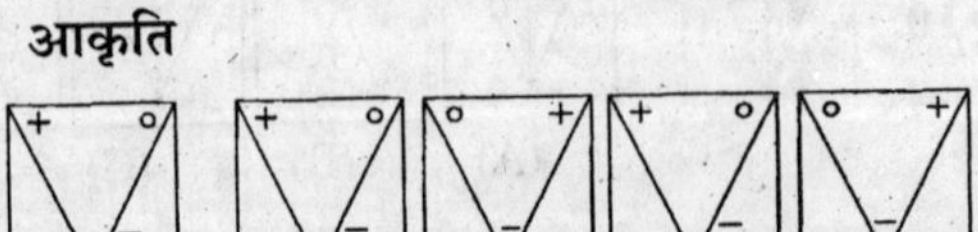
(A) (B) (C) (D)

18. 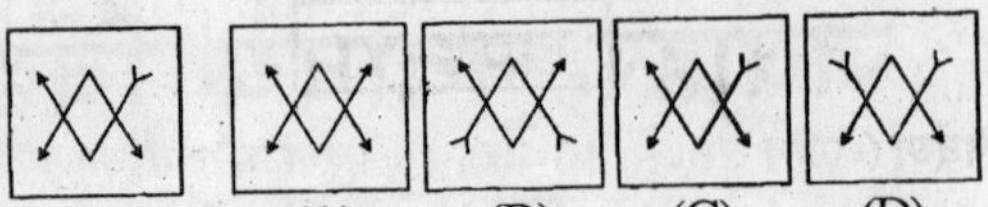
(A) (B) (C) (D)

19. 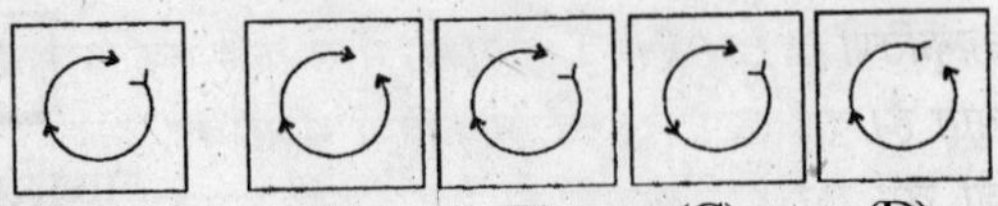
(A) (B) (C) (D)

20. 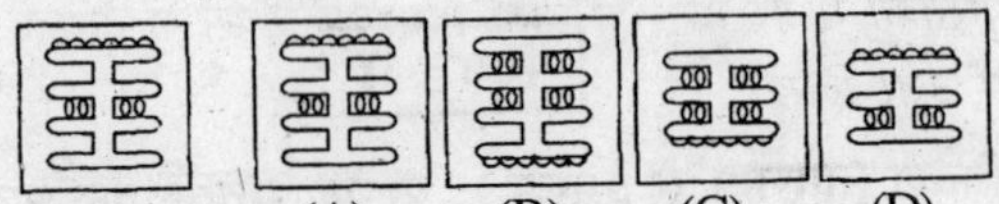
(A) (B) (C) (D)

खण्ड-V

निर्देश (प्रश्न 21 से 25 तक): प्रश्नों में रेखा के बाईं तरफ एक समस्या आकृति दी गई है। इस आकृति का एक भाग गायब है। दाईं तरफ दी गई *(A), (B), (C)* तथा *(D)* उत्तर आकृतियों को देखिए। उस आकृति को ढूँढ़िए जो बिना अपनी दिशा बदले समस्या आकृति के गायब भाग में इस तरह ठीक बैठती है कि समस्या आकृति का पैटर्न पूरी तरह बन जाता है। सही उत्तर चुनकर संलग्न उत्तर पुस्तिका में हर प्रश्न के आगे दिए गए बॉक्स में अंग्रेजी अक्षर में उत्तर लिखें।

समस्या आकृति **उत्तर आकृतियाँ**

21. 
(A) (B) (C) (D)

22. 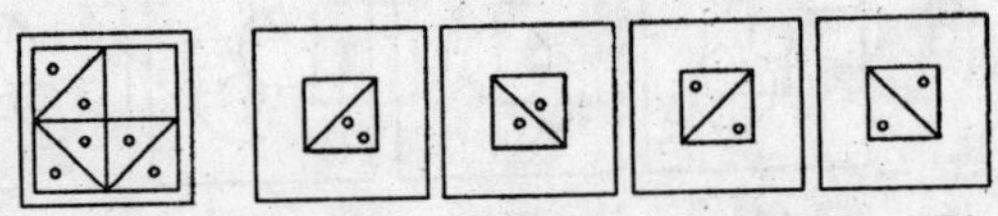
(A) (B) (C) (D)

23. 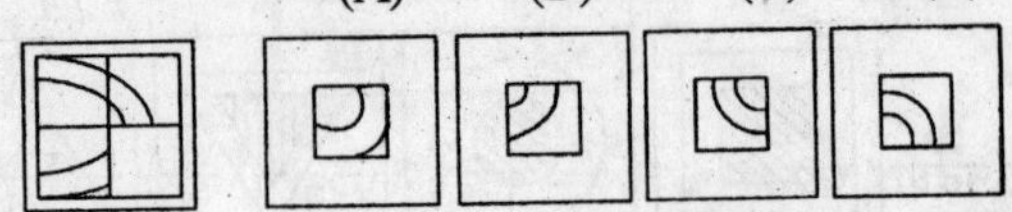
(A) (B) (C) (D)

24. 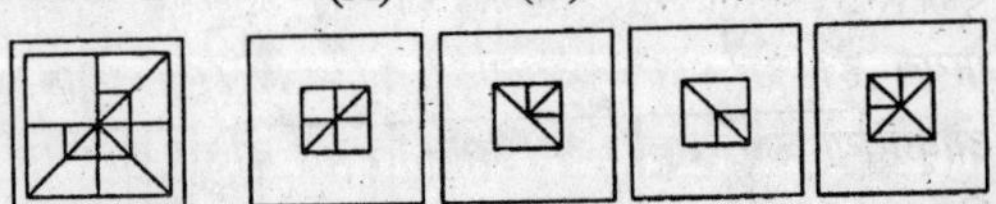
(A) (B) (C) (D)

25. 
(A) (B) (C) (D)

खण्ड-VI

निर्देश (प्रश्न 26 से 30 तक): *प्रश्नों में वर्ग का एक भाग रेखा के बाईं तरफ है और रेखा के दाईं तरफ दी गई चार आकृतियों (A), (B), (C) और (D) में से कोई एक उसका दूसरा भाग है। दाईं तरफ दी गई आकृतियों में से वह आकृति ढूँढ़िए जो वर्ग को पूर्ण बनाती है। सही उत्तर चुनकर संलग्न उत्तर पुस्तिका में हर प्रश्न के आगे दिए गए बॉक्स में अंग्रेजी अक्षर में उत्तर लिखें।*

समस्या आकृति **उत्तर आकृतियाँ**

26. 

(A) (B) (C) (D)

27. 

(A) (B) (C) (D)

28. 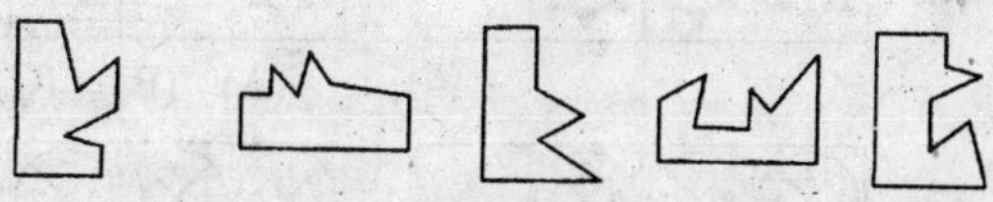

(A) (B) (C) (D)

29. 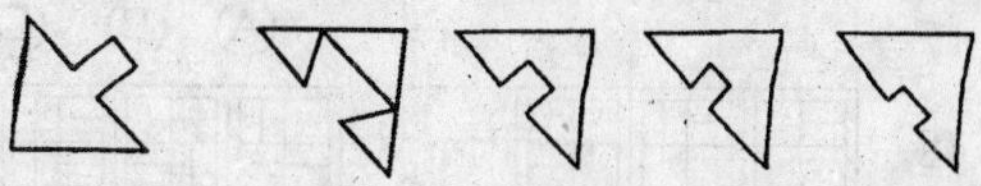

(A) (B) (C) (D)

30. 

(A) (B) (C) (D)

खण्ड-VII

निर्देश (प्रश्न 31 से 35 तक): *प्रश्नों में रेखा के बाईं तरफ एक समस्या आकृति दी गई है। इस आकृति का एक भाग गायब है। दाईं तरफ दी गई (A), (B), (C) तथा (D) उत्तर आकृतियों को देखिए। उस आकृति को ढूँढ़िए जो बिना अपनी दिशा बदले समस्या आकृति के गायब भाग में इस तरह ठीक बैठती है कि समस्या आकृति का पैटर्न पूरी तरह बन जाता है। सही उत्तर चुनकर संलग्न उत्तर पुस्तिका में हर प्रश्न के आगे दिए गए बॉक्स में अंग्रेजी अक्षर में उत्तर लिखें।*

समस्या आकृति **उत्तर आकृतियाँ**

31. 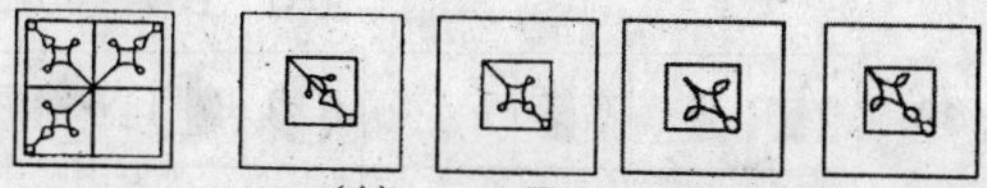

(A) (B) (C) (D)

32. 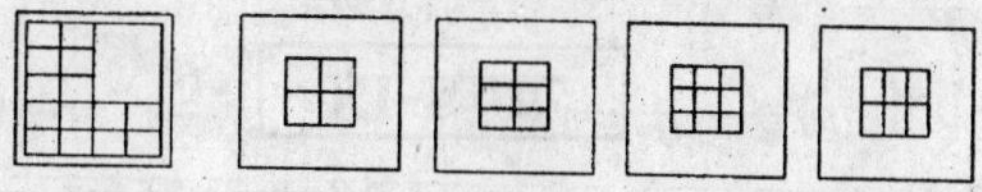

(A) (B) (C) (D)

33. 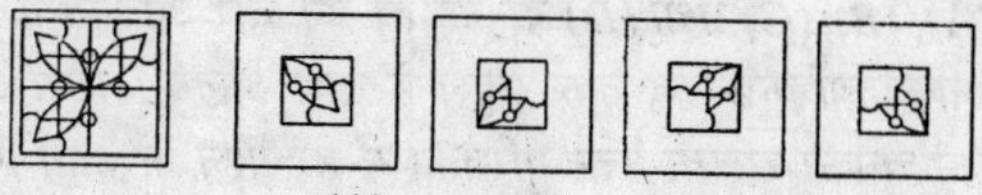

(A) (B) (C) (D)

34. 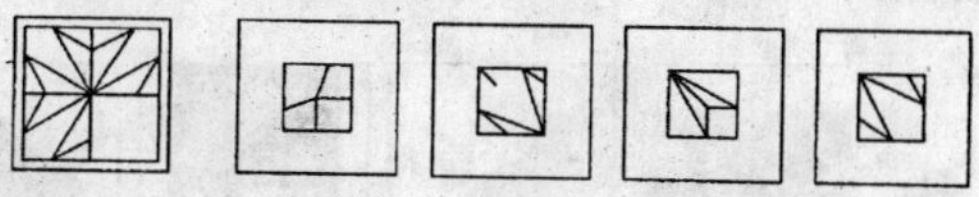

(A) (B) (C) (D)

35. 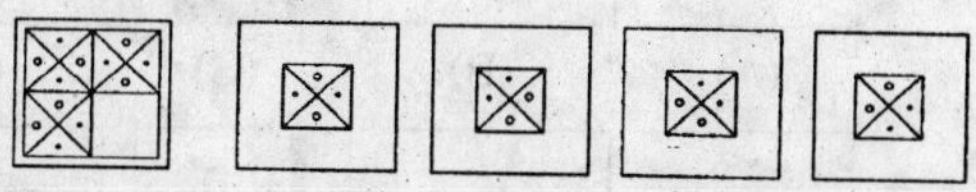

(A) (B) (C) (D)

खण्ड-VIII

निर्देश (प्रश्न 36 से 40 तक): *प्रश्नों में रेखा के बाईं तरफ तीन समस्या आकृतियाँ दी गई हैं तथा चौथे के लिए स्थान रिक्त रखा गया है। समस्या आकृतियाँ एक श्रृंखला में हैं। ढूँढ़िए कि रेखा के दाईं तरफ दी गई उत्तर आकृतियों में से कौन-सी आकृति इस श्रृंखला को पूरा करती है। सही उत्तर चुनकर संलग्न उत्तर पुस्तिका में हर प्रश्न के आगे दिए गए बॉक्स में अंग्रेजी अक्षर में उत्तर लिखें।*

समस्या आकृतियाँ **उत्तर आकृतियाँ**

36. 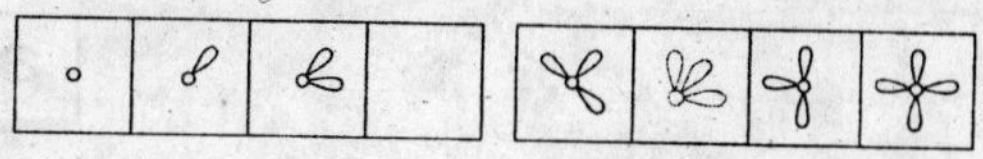

(A) (B) (C) (D)

37. 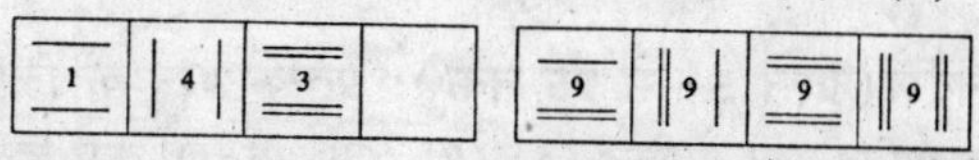

(A) (B) (C) (D)

38. 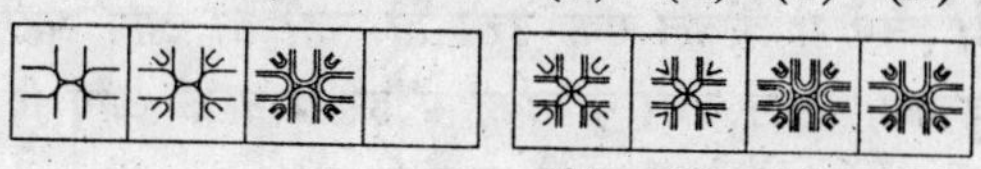

(A) (B) (C) (D)

39. 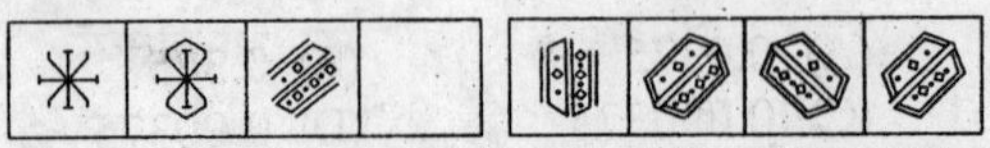
(A) (B) (C) (D)

40. 
(A) (B) (C) (D)

खण्ड-IX

निर्देश (प्रश्न 41 से 45 तक): *प्रत्येक प्रश्न में चार आकृतियाँ (A), (B), (C) तथा (D) दी गई हैं। इन चार आकृतियों में तीन आकृतियाँ कुछ हद तक सदृश हैं तथा अलग-अलग आकृति को चुनकर संलग्न उत्तर पुस्तिका में हर प्रश्न के आगे दिए गए बॉक्स में अंग्रेजी अक्षर अर्थात् (A, B, C, D) में उत्तर लिखें।*

41. 
(A) (B) (C) (D)

42. 
(A) (B) (C) (D)

43. 
(A) (B) (C) (D)

44. 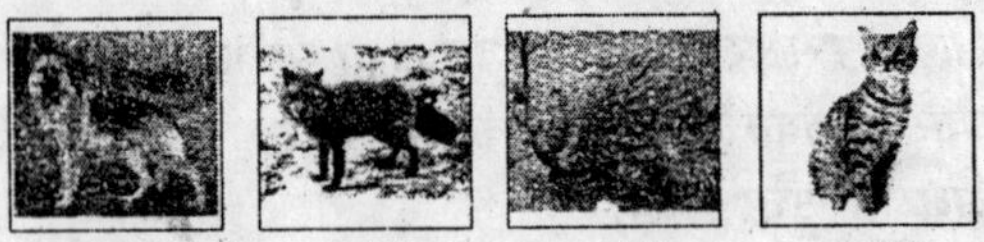
(A) (B) (C) (D)

45. 
(A) (B) (C) (D)

खण्ड-X

निर्देश (प्रश्न 46 से 50 तक): *प्रश्नों में रेखा के बाईं तरफ तीन समस्या आकृतियाँ दी गई हैं तथा चौथे के लिए स्थान रिक्त रखा गया है। समस्या आकृतियाँ एक शृंखला में हैं। ढूँढ़िए कि रेखा के दाईं तरफ दी गई उत्तर आकृतियों में से कौन-सी आकृति इस शृंखला को पूरा करती है। सही उत्तर चुनकर संलग्न उत्तर पुस्तिका में हर प्रश्न के आगे दिए गए बॉक्स में अंग्रेजी अक्षर में उत्तर लिखें।*

समस्या आकृतियाँ **उत्तर आकृतियाँ**

46. 
(A) (B) (C) (D)

47. 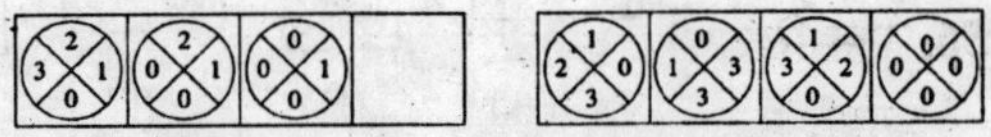
(A) (B) (C) (D)

48. 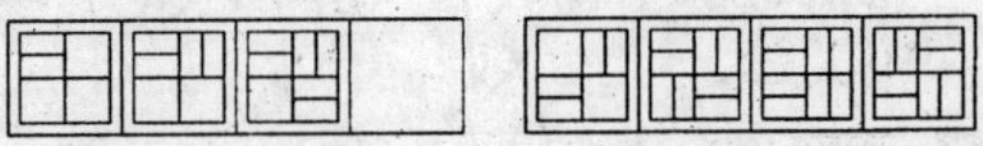
(A) (B) (C) (D)

49. 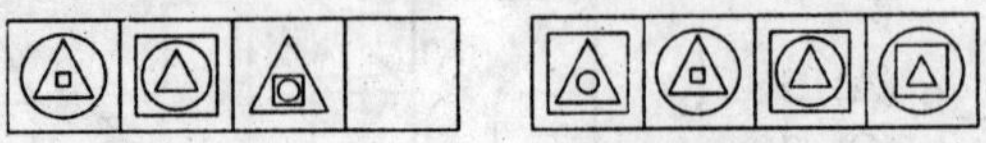
(A) (B) (C) (D)

50. 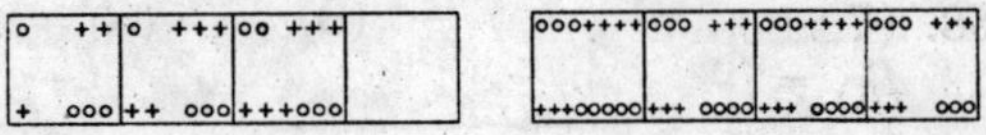
(A) (B) (C) (D)

अनुभाग-II

अंकगणित

निर्देश (प्रश्न 51 से 75 तक): *प्रत्येक प्रश्न के लिए चार सम्भावित उत्तर हैं जिन्हें (A), (B), (C) और (D) क्रम दिया गया है। इनमें से केवल एक उत्तर ही सही है। आप सही उत्तर चुनकर संलग्न उत्तर पुस्तिका में हर प्रश्न के आगे दिए गए बॉक्स में अंग्रेजी अक्षर में उत्तर लिखें।*

51. 133 तथा 80 के गुणनफल से क्या घटाया जाए कि परिणाम 10600 आए?

(A) 140 (B) 40
(C) 60 (D) 160

52. एक कार 200 मी. की दूरी 10 सेकन्ड में जबकि एक ट्रेन 300 मी. की दूरी 18 सेकन्ड में तय करती है।

कौन-सी सेवाएँ अधिक तेज हैं तथा कितनी (मी./से. में)?

(A) कार; $\frac{10}{3}$ (B) कार; 4

(C) ट्रेन; 4 (D) ट्रेन; $\frac{10}{3}$

53. अंकों 4, 0, 6, 7, 3 तथा 8 से बनने वाली पाँच अंकों की बड़ी-से-बड़ी सम संख्या कौन-सी है?

(A) 70648 (B) 87643
(C) 87634 (D) 87640

54. निम्नलिखित में से कौन-सी संख्या 3, 4, 5 तथा 6 से विभाजित हो सकती है?

(A) 1440 (B) 1448
(C) 1720 (D) 1472

55. $\frac{1}{2}+\frac{3}{4}$ का समतुल्य दशमलव भिन्न है–

(A) 1.5 (B) 2.5
(C) 1.75 (D) 1.25

56. एक खिलौना ₹ 60 का खरीद कर 25% लाभ पर बेचा गया। खिलौने का विक्रय मूल्य क्या होगा?

(A) ₹ 80 (B) ₹ 45
(C) ₹ 75 (D) ₹ 65

57. संख्या 396591 को 13 से भाग देने पर भागफल आता है–

(A) 30570 (B) 30527
(C) 30507 (D) 3057

58. (₹ 5,000 के 20%) के 12% का मान क्या है?

(A) ₹ 1,200 (B) ₹ 120
(C) ₹ 12 (D) ₹ 240

59. 126, 91 तथा 84 का म. स. (GCD) क्या होगा?

(A) 42 (B) 36
(C) 21 (D) 7

60. यदि 102.005 को 7.002 से गुणा किया जाए तो लगभग मान क्या होगा?

(A) 714 (B) 716
(C) 715 (D) 7.14

61. $\frac{3}{8}$% का समतुल्य दशमलव भिन्न क्या है?

(A) 0.0375 (B) 0.375
(C) 0.000375 (D) 0.00375

62. 12 घन मीटर तेल द्वारा 200 मि. लि. वाली कितनी बोतलें भरी जा सकती हैं?

(A) 600 (B) 6000
(C) 60000 (D) 6600

63. 2730 के अभाज्य गुणनखण्डों की संख्या कितनी है?

(A) 1 (B) 3
(C) 5 (D) 4

64. संख्या क्रम की अगली पंक्ति क्या है?

25	50	520
27	54	420
29	58	320
—	—	—

(A)	30	60	320
(B)	31	62	220
(C)	30	60	220
(D)	32	64	320

65. यदि दो संख्याओं का म .स. तथा ल. स. क्रमश: 19 तथा 570 है तथा एक संख्या 95 है, तो दूसरी संख्या क्या होगी?

(A) 114 (B) 57
(C) 190 (D) 228

66. $2 \times [42 - \{13 + (8 \times 2)\}]$ को सरल करने पर क्या परिणाम आएगा?

(A) 13 (B) 26
(C) 12 (D) 52

67. जब 303.004 को 13 से भाग दिया जाए तो भागफल क्या होगा?

(A) 23.308 (B) 23.38
(C) 203.38 (D) 230.38

68. दंडआलेख से उस दिन कक्षा VII के विद्यार्थियों की उपस्थिति क्या है?

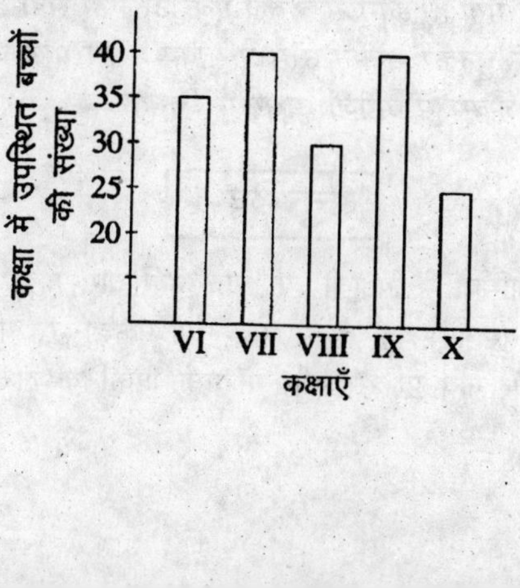

(A) 20 (B) 35
(C) 30 (D) 40

69. 5.05, 5.005, 0.505 तथा 55.0005 का योगफल क्या होगा?
(A) 65.0565 (B) 65.5065
(C) 65.5605 (D) 56.5605

70. यदि ₹ 5,000 पर 2 वर्ष का साधारण ब्याज किसी दर से ₹ 500 है तो उसी दर से 3 वर्ष के लिए ₹ 12,000 पर ब्याज क्या होगा?
(A) ₹ 500 (B) ₹ 1,000
(C) ₹ 1,500 (D) ₹ 1,800

71. तीन अंकों की बड़ी-से-बड़ी तथा चार अंकों की छोटी-से-छोटी संख्या का योगफल होगा–
(A) 1 (B) 1999
(C) 1099 (D) 0999

72. एक बच्चे को 39.5° सेल्सियस का बुखार है। उसका बुखार फाहरेनहाइट डिग्री में है–

$\left(\frac{F-32}{180} = \frac{C}{100} \text{ का प्रयोग करें}\right)$

(A) 100.1 °F (B) 102.4 °F
(C) 103.7 °F (D) 103.1 °F

73. कुछ विद्यार्थियों ने पिकनिक के लिए कुल ₹ 2,160 एकत्रित किए। यदि प्रत्येक विद्यार्थी ने ₹ 45 दिए, तो विद्यार्थियों की संख्या कितनी है?
(A) 48 (B) 42
(C) 45 (D) 50

74. आयत ABCD, जिसकी विमाएँ 15 सेंमी. × 8 सेंमी. हैं, में से चार वर्ग, जिनमें से प्रत्येक की भुजा 2 सेंमी. है तथा एक अन्य 3 सेंमी. भुजा का वर्ग काट लिए जाते हैं (जैसा आकृति में दिखाया गया है)। रेखांकित भाग का क्षेत्रफल क्या होगा?

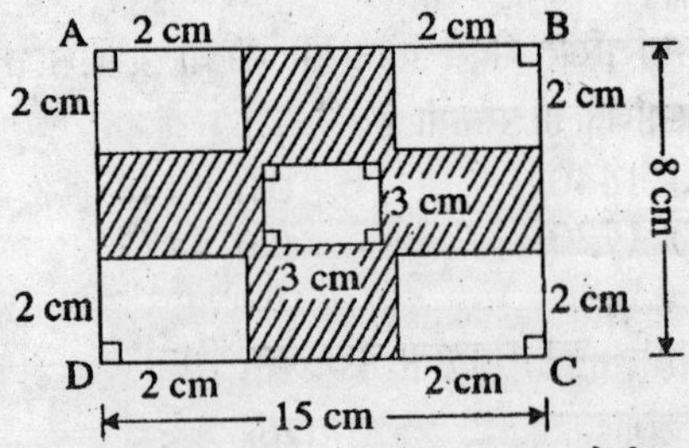

(A) 104 सेंमी^{2} (B) 100 सेंमी^{2}
(C) 95 सेंमी^{2} (D) 92 सेंमी^{2}

75. 6 के सभी गुणनखण्डों का योगफल है–
(A) 5 (B) 6
(C) 12 (D) 36

अनुभाग-III

भाषा

निर्देश: *इस अनुभाग में तीन अनुच्छेद हैं। प्रत्येक अनुच्छेद के अन्त में पाँच प्रश्न पूछे गए हैं। प्रत्येक अनुच्छेद को ध्यान से पढ़िए और उस पर पूछे गए प्रश्नों के उत्तर लिखिए। प्रत्येक प्रश्न के लिए चार सम्भावित उत्तर हैं जिन्हें A, B, C और D क्रम दिया गया है। इनमें से केवल* ***एक*** *उत्तर ही* ***सही*** *है। आप सही उत्तर चुनकर संलग्न उत्तर पुस्तिका में हर प्रश्न के आगे दिए गए बॉक्स में अंग्रेजी अक्षर में लिखें।*

अनुच्छेद-1

पिछली गर्मियों में पिताजी, माँ, राज और तारा गोवा में एक समुद्रतट पर गए। वहाँ वे तैरे, मछलियाँ पकड़ीं, रेत के महल बनाए और नाव पर सैर की। माँ एक पिकनिक लंच लेकर आई थीं। उन्होंने रेत पर कंबल बिछाया और सैंडविच, आलू चिप्स, सेब और कुकीज परोस दीं। वे बोतलों में नींबू पानी भी लेकर आई थीं। बाद में राज और तारा ने रेत का महल बनाया और समुद्रतट पर टहलने लगे। उन्होंने केकड़ों को तिरछे चलते देखा। एक कुत्ता उन पर भौंक रहा था। तट पर एक स्टारफिश भी बहकर आ गई थी। राज ने रोटी के कुछ टुकड़े हवा में उछाले ताकि सी-गल उन्हें खा सकें। उसके बाद परिवार होटल में लौट आया और राज तथा तारा सोने तक वीडियो गेम्स खेलते रहे।

76. उनकी माँ ने क्या किया?
(A) कंबल बिछाया (B) कपड़े धोए
(C) पुस्तक पढ़ी (D) तैरने चली गई

77. नींबू पानी किसमें लाया गया था?

(A) कनस्तरों में (B) मगों में

(C) बोतलों में (D) जारों में

78. एक आवारा कुत्ता भौंक रहा था–

(A) राज और तारा पर (B) सी-गल पर

(C) स्टारफिश पर (D) केकड़े पर

79. तारा का परिवार किस समुद्रतट पर गया?

(A) मरीना (B) एलियट्स

(C) गोवा (D) मरीन ड्राइव

80. राज और तारा ने–

(A) सीपियाँ बटोरीं (B) रेत में महल बनाया

(C) खाना पकाया (D) तैराकी की

अनुच्छेद-2

हाथी घास, पत्तियाँ, जंगली फल और बाँस के कल्ले खाते हैं। वे बहुत सारा पानी पीते हैं। वे अपनी सूँड़ में पानी भरकर उसे अपने मुँह में उँड़ेल देते हैं। वे दिन में कम-से-कम दो बार किसी नदी या झील में जाते हैं। उन्हें नहाना बहुत अच्छा लगता है। वे सूँड़ में पानी भर लेते हैं और उसे अपने शरीर पर बिखरा देते हैं। हाथियों के बारे में एक खास बात यह है कि वे दौड़ नहीं सकते। हाँ, ये तेज चल सकते हैं। इनकी चाल लगभग 13 किमी. प्रति घंटा होती है। ये अपनी चाल 24 किमी. प्रति घंटा तक बढ़ा सकते हैं। यद्यपि हाथी कूद नहीं सकता, पर यह तैर सकता है।

81. हाथियों को अच्छा लगता है–

(A) नहाना (B) खेलना

(C) सोना (D) खाना

82. हाथी .... नहीं सकता।

(A) चल (B) दौड़

(C) मुड़ (D) बैठ

83. 'खास' शब्द का अर्थ है–

(A) विशेष (B) सामान्य

(C) अनहोनी (D) असामान्य

84. हाथी क्या खाते हैं?

(A) चावल और रोटी

(B) घास, पत्तियाँ और जंगली फल

(C) छोटे जीव

(D) कीचड़ और पानी

85. हाथियों को क्या पीना पसंद है?

(A) कैंपाकोला (B) फलों का रस

(C) पानी (D) दूध

अनुच्छेद-3

जब द्रोण की भेंट कुरु राजकुमारों से हुई तो वे हस्तिनापुर जा रहे थे। राजकुमारों की गेंद एक पुराने कुएँ में जा गिरी थी और वे उसे निकाल नहीं पा रहे थे। उन्होंने द्रोण से सहायता करने को कहा।

द्रोण ने राजकुमारों से पूछा, क्या वे तीर चलाना जानते हैं। उन्होंने बताया कि उन्होंने धनुर्विद्या सीखी तो है, पर उससे कुएँ से गेंद निकालने में क्या मदद मिलेगी।

द्रोण ने कहा, ''मैं तुम्हें बताता हूँ।'' उन्होंने आसपास से घास की कुछ तीलियाँ चुनीं। फिर एक तीली को तीर की भाँति सीधा कुएँ में फेंका। यह गेंद से जा लगी। उसके बाद द्रोण ने एक-एक कर कई तीलियाँ फेंकीं। प्रत्येक तीली अपने से नीचे वाली तीली के पीछे जुड़ती गई। शीघ्र ही एक लड़ी बन गई। द्रोण ने उस लड़ी का सिरा पकड़कर गेंद को बाहर निकाल दिया।

कुरु राजकुमार चकित रह गए। उन्होंने द्रोण से आग्रह किया कि वे उनके साथ ही रहें और उनके गुरु बन जाएँ। द्रोण राजी हो गए। बहुत जल्दी छोटे राजकुमारों ने धनुर्विद्या सीख ली और धनुष-बाण चलाने में निपुण बन गए।

86. धनुर्विद्या किसे कहते हैं?

(A) धनुष बनाने की कला

(B) कुएँ से गेंद निकालने की कला

(C) धनुष-बाण से निशानेबाजी की कला

(D) समस्या समाधान करने की कला

87. अनुच्छेद में 'तीली' शब्द का अर्थ क्या है?

(A) तेज चाकू

(B) पेंसिल नुकीली बनाने का उपकरण

(C) घास की एक छोर से तीखी नुकीली डंडी

(D) दाढ़ी बनाने का तेज औजार

88. राजकुमार चकित क्यों रह गए?

(A) द्रोण धनुर्विद्या में निपुण थे

(B) द्रोण ने गेंद में तीर मारा

(C) द्रोण ने तीलियाँ कुएँ में फेंककर लड़ी बनाई और उसे खींचकर गेंद निकाल दी

(D) द्रोण ने एक तीली कुएँ में फेंककर उससे गेंद निकाल दी

89. गेंद कहाँ गिर गई थी?

(A) कुएँ में (B) झील में

(C) नदी में (D) तालाब में

90. कुरु राजकुमारों ने द्रोण की सहायता क्यों माँगी?

(A) वे उन्हें अच्छी तरह जानते थे

(B) वे जानते थे वे धनुर्विद्या में निपुण हैं

(C) उन्होंने समझा वे उनसे बड़े हैं इसलिए गेंद निकालना जानते होंगे

(D) उन्हें लगा वे तैरना जानते होंगे और कुएँ में कूदकर गेंद ले जाएँगे

निर्देश: *सबसे उपयुक्त विकल्प चुनकर निम्नलिखित वाक्यों को पूरा कीजिए और संलग्न उत्तर पुस्तिका में हर प्रश्न के आगे दिए गए बॉक्स में अंग्रेजी अक्षर में लिखें।*

91. माँ को अच्छा नहीं लगता कि–

(A) बहुत से लोग मिलकर साथ खाना बनाएँ

(B) अनेक लोग उसे राय दें

(C) अनेक लोग सूप उबालें

(D) दलिया बनाना

92. मसखरे इतने मजेदार थे कि–

(A) छत गिर पड़ी

(B) वे घर को उठा ले गए

(C) दर्शक सोते रहे

(D) दर्शक तालियाँ बजाते रहे

निर्देश: *निम्नलिखित वाक्यों को चार भागों में बाँटा गया है। प्रत्येक वाक्य में एक भाग अशुद्ध है। आप सही उत्तर चुनकर संलग्न उत्तर पुस्तिका में हर प्रश्न के आगे दिए गए बॉक्स में अंग्रेजी अक्षर में लिखें।*

93. जनवरी/(A) और मार्च में/(B) होते हैं/(C) इकतीस दिन (D)।

94. मेरा भाई/(A) चाहती है/(B) कि वह/(C) कार खरीदे (D)।

95. इन/(A) टेलीफोनों को/(B) नई रिसीवर/(C) चाहिए (D)।

निर्देश: *निम्नलिखित वाक्यों में रिक्त स्थान की पूर्ति के लिए दिए हुए शब्दों में से सबसे उपयुक्त शब्द चुनिए और संलग्न उत्तर पुस्तिका में हर प्रश्न के आगे दिए गए बॉक्स में अंग्रेजी अक्षर में लिखें।*

96. बच्चों ने किताबें बाँधी और घर .... चल दिए।

(A) में (B) का

(C) को (D) के द्वारा

97. यह फिल्म पिछली फिल्म से .... है।

(A) पुरानी (B) अच्छी

(C) अच्छा (D) अच्छे

98. भीड़ ने चोर को महिला का पर्स .... देखा।

(A) झपटा (B) झपटते हुए

(C) झपटने को (D) झपटती

निर्देश: *नीचे चार वाक्य दिए गए हैं जिन्हें A, B, C, D क्रम दिया गया है। उन वाक्यों से एक अनुच्छेद बनाने के लिए सही क्रम चुनकर संलग्न उत्तर पुस्तिका में हर प्रश्न के आगे दिए गए बॉक्स में अंग्रेजी अक्षर में लिखें।*

99. 1. उसने ठहरे हुए साफ पानी का तालाब देखा।

2. उसे प्यास लगी थी।

3. एक हिरन जंगल में घूम रहा था।

4. वह अपनी प्यास बुझाने तालाब पर गया।

सही क्रम होगा–

(A) 1, 2, 3, 4 (B) 2, 1, 3, 4

(C) 3, 2, 1, 4 (D) 3, 2, 4, 1

100. 1. पृथ्वी में जीवन जल पर निर्भर है।

2. जल के बिना सब मर जाएँगे।

3. हम अक्सर मान लेते हैं कि यह संसाधन नष्ट नहीं होगा।

4. जल एक बहुमूल्य संसाधन है।

सही क्रम होगा–

(A) 4, 3, 2, 1 (B) 4, 3, 1, 2

(C) 2, 1, 4, 3 (D) 1, 3, 4, 2

ANSWERS

1	2	3	4	5	6	7	8	9	10
B	C	B	D	A	B	D	B	C	C
11	**12**	**13**	**14**	**15**	**16**	**17**	**18**	**19**	**20**
B	A	D	A	C	A	B	C	B	A
21	**22**	**23**	**24**	**25**	**26**	**27**	**28**	**29**	**30**
C	D	B	C	C	B	C	D	B	B
31	**32**	**33**	**34**	**35**	**36**	**37**	**38**	**39**	**40**
B	B	A	D	C	B	D	C	B	B
41	**42**	**43**	**44**	**45**	**46**	**47**	**48**	**49**	**50**
D	D	A	C	D	A	D	B	B	B
51	**52**	**53**	**54**	**55**	**56**	**57**	**58**	**59**	**60**
B	A	D	A	D	C	C	B	D	A
61	**62**	**63**	**64**	**65**	**66**	**67**	**68**	**69**	**70**
D	C	C	B	A	B	A	D	C	D
71	**72**	**73**	**74**	**75**	**76**	**77**	**78**	**79**	**80**
B	D	A	C	C	A	C	D	C	B
81	**82**	**83**	**84**	**85**	**86**	**87**	**88**	**89**	**90**
A	C	A	B	C	C	C	C	A	C
91	**92**	**93**	**94**	**95**	**96**	**97**	**98**	**99**	**100**
C	D	C	B	C	C	B	B	C	B

कुछ चुने हुए प्रश्नों के व्याख्यात्मक उत्तर

2. अन्य आकृतियों में एक ही विकर्ण है।

3. अन्य आकृतियों में वक्र रेखा छोटे वृत्त के ऊपर बनी हुई है।

4. अन्य सभी आकृतियों में अन्दर की आकृतियों रेखांकित हैं।

5. आकृति (A) को छोड़कर सभी आकृति में एक तीर का निशान बना हुआ है।

11. आकृतियों का क्रम बदल रहा है। अतः उत्तर आकृति (B) प्रश्नवाचक चिह्न (?) के स्थान पर आएगी।

13. प्रश्न आकृति पहली में खड़ी आकृतियों को घड़ी की सूई की विपरीत दिशा में 90° के कोण पर घुमाने पर प्रश्न आकृति दूसरी प्राप्त होती है। इसी नियम के अनुसार आकृति (D) प्रश्नवाचक चिह्न के स्थान पर आएगी।

14. प्रश्न आकृति की पहली आकृति में एक छोटा वर्ग पूरा करने पर प्रश्न आकृति दूसरी प्राप्त होती है। इसी सम्बन्ध के अनुसार प्रश्न आकृति तीसरी में अगर एक त्रिभुज लगाने की प्रश्न आकृति चौथी प्राप्त होगी। इस प्रकार उत्तर आकृति (A) रिक्त स्थान (?) पर आएगी।

15. भुजाओं की संख्या बढ़ रही है। अतः आकृति (C) प्रश्नवाचक चिह्न (?) के स्थान पर आएगी।

41. गाजर, प्याज और मूली जमीन के अन्दर पैदा होते हैं जबकि करेला जमीन के ऊपर बेल में लगता है।

44. मोर उड़ सकता है जबकि शेष जानवर, भेड़िया, कुत्ता और बिल्ली नहीं उड़ सकते।

45. फूलगोभी एक सब्जी है। अन्य आकृतियों सेब, आम व अनार फल हैं।

46. शृंखला में बायीं तरफ का छायांकित छोटा त्रिभुज घड़ी की सूई की विपरीत दिशा में घूमता है और दाहिनी तरफ का छोटा त्रिभुज घड़ी की सूई की दिशा दाहिनी तरफ का छोटा त्रिभुज घड़ी की सूई की दिशा में घूमता है। अतः रिक्त स्थान पर आकृति (A) आएगी।

47. इस शृंखला में संख्याओं के घटते हुए क्रम के अनुसार रिक्त स्थान पर आकृति (D) शृंखला को पूरा करेगी।

49. प्रश्न आकृतियाँ विशेष क्रम में हैं। यदि इस शृंखला में सबसे अन्दर की आकृति को संख्या 1, बीज की आकृति को संख्या 2 और बाहरी आकृति को संख्या 3 से निरूपित किया जाय तो आकृतियाँ इस क्रम से बदलती हैं–

$1 \rightarrow 3 \quad 2 \rightarrow 1 \quad 3 \rightarrow 2$

51. $133 \times 80 = 10640$

$\because \quad 10640 - 10600 = 40$

अतः 40 घटाने पर उत्तर 10600 आएगा।

52. कार की चाल $= \dfrac{200}{10}$

= 20 मी. प्रति सेकण्ड

ट्रेन की चाल $= \dfrac{300}{10}$

$= \dfrac{50}{3}$ मी. प्रति सेकण्ड

अतः कार अधिक तेज चलती है।

अतः तेज सेवायें $= \left(20 - \dfrac{50}{3}\right)$

$= \dfrac{60-50}{3}$

$= \dfrac{10}{3}$ मी. प्रति सेकण्ड।

53. अंकों की 4, 0, 6, 7, 3 और 8 से बनने वाली पाँच अंकों की बड़ी-से-बड़ी सम संख्या = 87640.

54. 3, 4, 5 तथा 6 का ल. स.

$$\begin{array}{r|l} 2 & 3,4,5,6 \\ \hline 3 & 3,2,5,3 \\ \hline & 1,2,5,1 \end{array}$$

ल. स. $= 2 \times 3 \times 2 \times 5$

$= 60$

अतः संख्या 1440 ही दी हुई संख्याओं से विभाजित होगी।

55. अभीष्ट दशमलव समतुल्य $= \dfrac{1}{2} + \dfrac{3}{4}$

$= \dfrac{2+3}{4} = \dfrac{5}{4}$

$= 1.25$

56. खिलौने का विक्रय मूल्य $= \dfrac{125 \times 60}{100}$

= ₹ 75.

57.

$$\begin{array}{l} 13)\,396591\,(30507 \\ \underline{39} \\ \quad 65 \\ \quad \underline{65} \\ \qquad 91 \\ \qquad \underline{91} \\ \qquad \times \end{array}$$

∴ अभीष्ट भागफल = 30507.

58. (₹ 5000 के 20%) का 12% का मान

$= ₹\, \dfrac{5000 \times 20}{100} \times \dfrac{12}{100}$

= ₹ 120.

59.

$$\begin{array}{l} 91)\,126\,(1 \\ \quad \underline{91} \\ 35)\,91\,(2 \\ \quad \underline{70} \\ 21)\,35\,(1 \\ \quad \underline{21} \\ 14)\,21\,(1 \\ \quad \underline{14} \\ 7)\,14\,(2 \\ \quad \underline{14} \\ \quad \times \\ 7)\,84\,(12 \\ \quad \underline{84} \\ \quad \times \end{array}$$

अतः अभीष्ट म. स. = 7.

60. $102.005 \times 7.002 \simeq 102 \times 7$ (लगभग)

$\simeq 714$ (लगभग)।

61. $\frac{3}{8}\%$ का समतुल्य $= \frac{3}{8 \times 100}$

$= \frac{0.03}{8} = 0.00375.$

62. 12 घन मीटर $= 12 \times 100 \times 100 \times 100$ घ. सेंमी.

$\because$ 1000 घन सेंमी. = 1 लीटर

$\therefore$ 12 घन मीटर $= \frac{12 \times 100 \times 100 \times 100}{1000}$ लीटर

= 12000 लीटर

= 12000 × 1000 मिली लीटर

बोतलों की संख्या $= \frac{12000 \times 1000}{200}$

= 60000.

63. 2730 के अभाज्य गुणनखण्ड

2	2730
3	1365
5	455
7	91
	13

$2730 = 2 \times 3 \times 5 \times 7 \times 13$

अभीष्ट अभाज्य गुणनखण्डों की संख्या = 5.

65. दूसरी संख्या $= \frac{\text{म. स.} \times \text{ल. स.}}{\text{पहली संख्या}}$

$= \frac{19 \times 570}{95} = 114.$

66. व्यंजक $= 2 \times [42 - \{13 + (8 \times 2)\}]$

$= 2 \times [42 - \{13 + 16\}]$

$= 2 \times [42 - 29] = 2 \times 13 = 26.$

67. 13) 303.004 (23.308

```
13) 303.004 (23.308
    26
    --
     43
     39
     --
      40
      39
      --
       104
       104
       ---
        ×
```

$\therefore$ अभीष्ट भागफल = 23.308.

68. दण्ड आलेख के अनुसार, अभीष्ट संख्या = 40.

69. कुल योग

$= 5.0 + 5.005 + 0.505 + 55.0005$

$= 65.5605.$

70. मूलधन = ₹ 5000,

समय = 2 वर्ष

साधारण ब्याज = ₹ 500

$\therefore$ दर $= \frac{\text{ब्याज} \times 100}{\text{मूलधन} \times \text{समय}}$

अभीष्ट दर $= \frac{500 \times 100}{5000 \times 2}$

= 5%

मूलधन = ₹ 12000 समय = 3 वर्ष

$\therefore$ साधारण ब्याज $= \frac{12000 \times 5 \times 3}{100}$

= ₹ 1800.

71. तीन अंकों की बड़ी-से-बड़ी संख्या = 999

चार अंकों की छोटी-से-छोटी संख्या = 1000

अतः योगफल = 1000 + 999

= 1999.

73. विद्यार्थियों की संख्या $= \frac{2160}{45} = 48.$

74. आयत का क्षेत्रफल $= 15 \times 8$

= 120 वर्ग सेंमी.

$\Rightarrow$ पाँच काटे हुए वर्गों का क्षेत्रफल $= 4 \times 4 + 3 \times 3$

$= 16 + 9$

= 25 वर्ग सेंमी.

$\therefore$ छायांकित क्षेत्र का क्षेत्रफल $= 120 - 25$

= 95 वर्ग सेंमी.

75. 6 के सभी गुणनखण्ड = 1, 2, 3 और 6 हैं।

$\therefore$ अभीष्ट योग $= 1 + 2 + 3 + 6$

= 12.

पिछले प्रश्न-पत्र (हल सहित)

जवाहर नवोदय विद्यालय चयन परीक्षा–2010*

कक्षा VI

अनुभाग-अ

मानसिक योग्यता परीक्षा

खण्ड - I

निर्देश–(प्रश्न सं. 1 से 10) : यहाँ तीन समस्या आकृतियाँ दी गयी हैं तथा चौथी आकृति को रिक्त रखा गया है। उत्तर आकृतियों में से उस आकृति का चयन कीजिए, जो चौथी रिक्त समस्या आकृति पर रखने पर उस शृंखला को पूर्ण करती है।

समस्या आकृति **उत्तर आकृतियाँ**

1. 
(A) (B) (C) (D)

2. 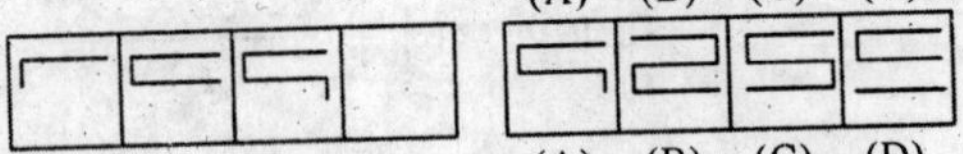
(A) (B) (C) (D)

3. 
(A) (B) (C) (D)

4. 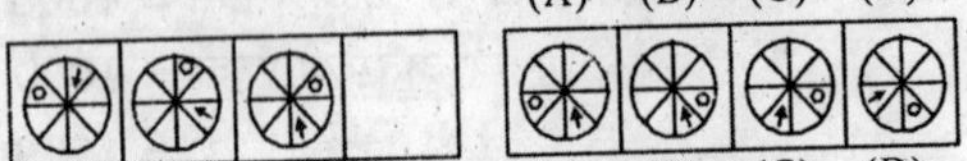
(A) (B) (C) (D)

5. 
(A) (B) (C) (D)

6. 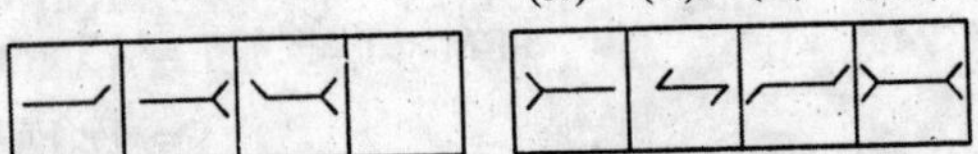
(A) (B) (C) (D)

7. 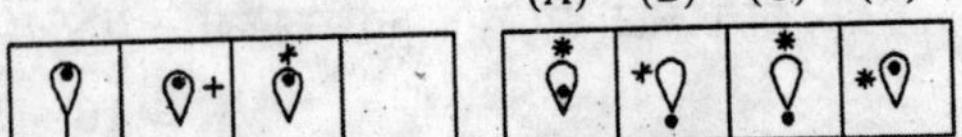
(A) (B) (C) (D)

8. 
(A) (B) (C) (D)

9. 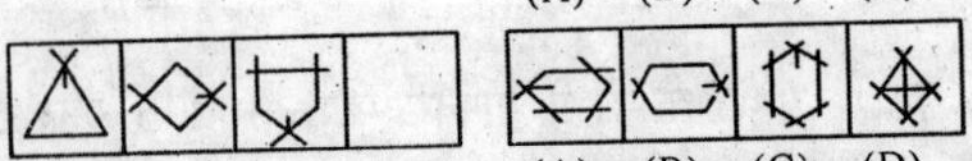
(A) (B) (C) (D)

10. 
(A) (B) (C) (D)

खण्ड - II

निर्देश–(प्रश्न सं. 11 से 20) : यहाँ बांयी तरफ एक समस्या आकृति दी गयी है तथा दांयी तरफ चार उत्तर आकृतियाँ (A), (B), (C) तथा (D) दी गयी है। उत्तर आकृतियों में से उस आकृति का चयन कीजिए जो समस्या आकृति के बिल्कुल समरूप है।

समस्या आकृति **उत्तर आकृतियाँ**

11. 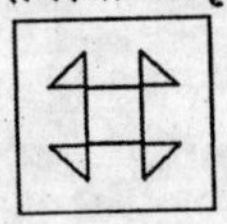 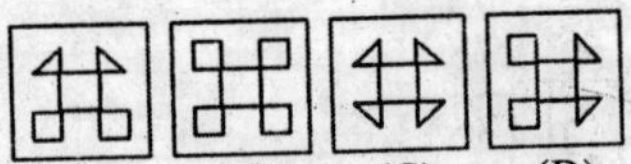
(A) (B) (C) (D)

12. 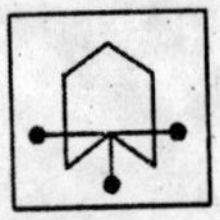 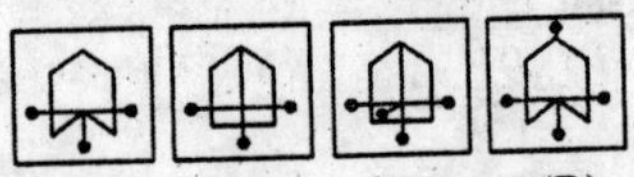
(A) (B) (C) (D)

13. 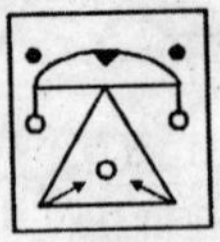 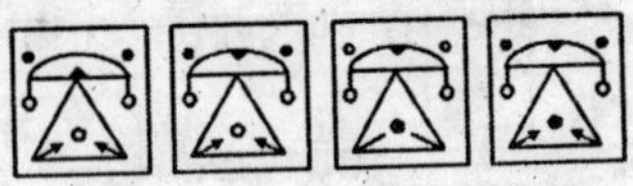
(A) (B) (C) (D)

14. 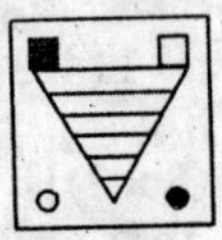 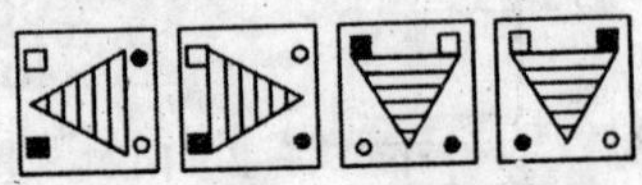
(A) (B) (C) (D)

15. 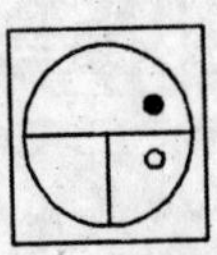 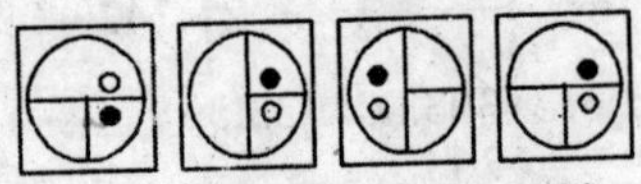
(A) (B) (C) (D)

16.  
(A) (B) (C) (D)

17. 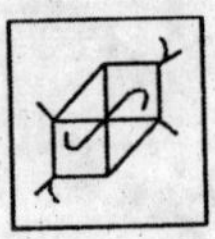 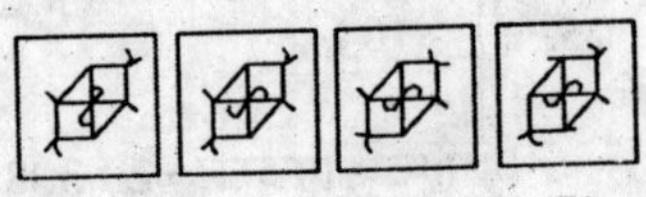
(A) (B) (C) (D)

*स्मृति पर आधारित

समस्या आकृति | उत्तर आकृतियाँ

18. 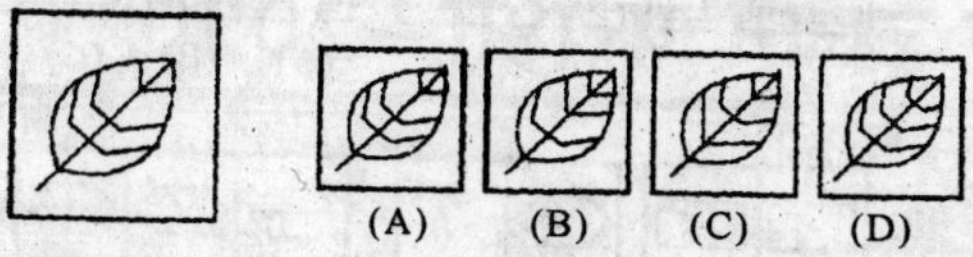

(A) (B) (C) (D)

19. 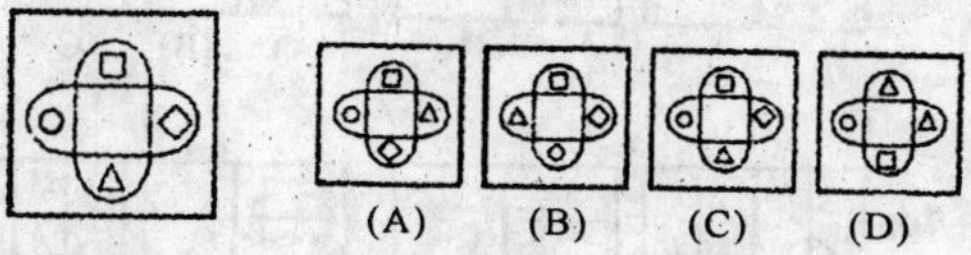

(A) (B) (C) (D)

20. 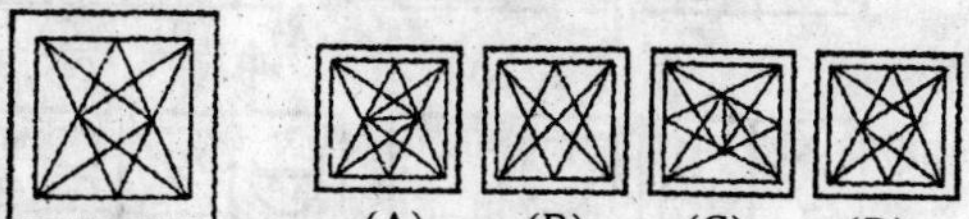

(A) (B) (C) (D)

खण्ड - III

निर्देश–(प्रश्न सं. 21 से 30) : दांयी तरफ एक समस्या आकृति दी गयी है। इस आकृति का एक भाग गायब है। उत्तर आकृतियों (A), (B), (C) तथा (D) में उसका चयन कीजिए, जिसे रिक्त भाग में प्रयुक्त करने पर समस्या आकृति पूर्ण हो जाती है।

समस्या आकृति | उत्तर आकृतियाँ

21. 

(A) (B) (C) (D)

22. 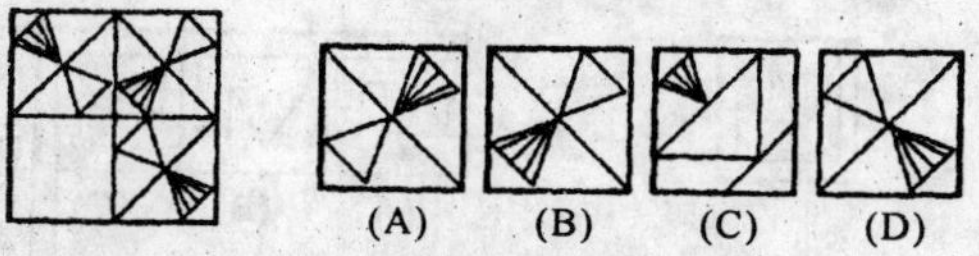

(A) (B) (C) (D)

23. 

(A) (B) (C) (D)

24. 

(A) (B) (C) (D)

25. 

(A) (B) (C) (D)

समस्या आकृति | उत्तर आकृतियाँ

26. 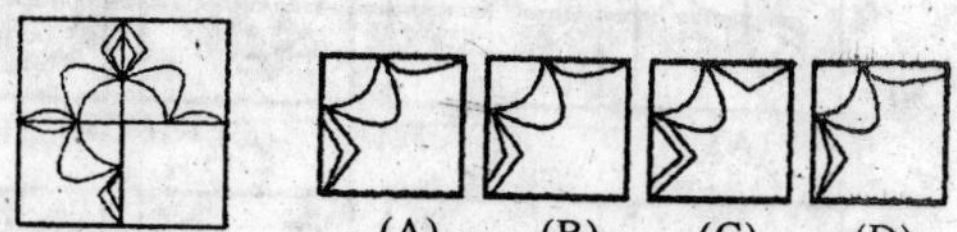

(A) (B) (C) (D)

27. 

(A) (B) (C) (D)

28. 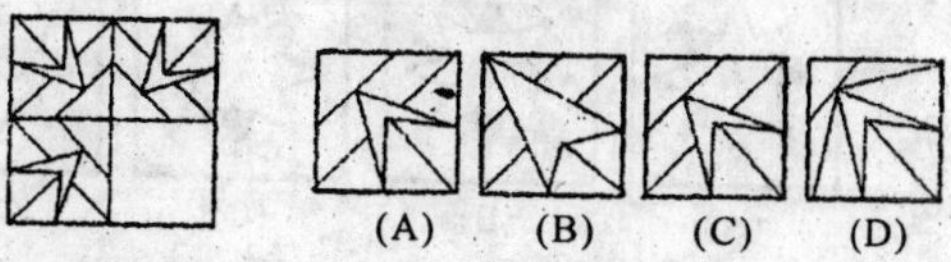

(A) (B) (C) (D)

29. 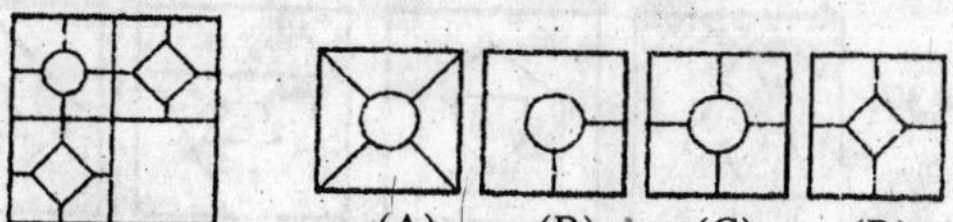

(A) (B) (C) (D)

30. 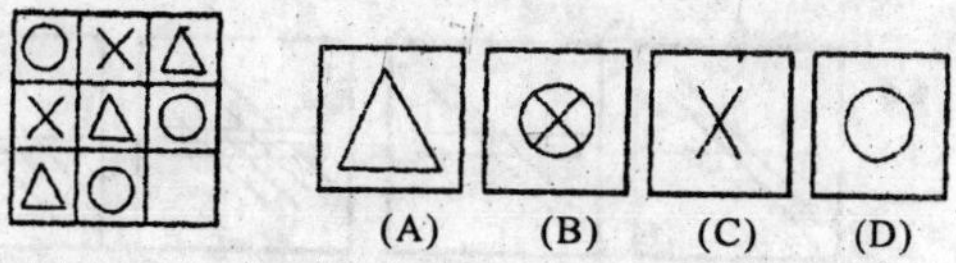

(A) (B) (C) (D)

खण्ड - IV

निर्देश–(प्रश्न सं. 31 से 40) : प्रत्येक प्रश्न में चार आकृतियाँ (A), (B), (C) तथा (D) दी गयी है। इन आकृतियों में तीन आकृतियाँ किसी प्रकार से समानता रखती है, जबकि चतुर्थ आकृति भिन्न होती है उस भिन्न आकृति का चयन कीजिए।

31. 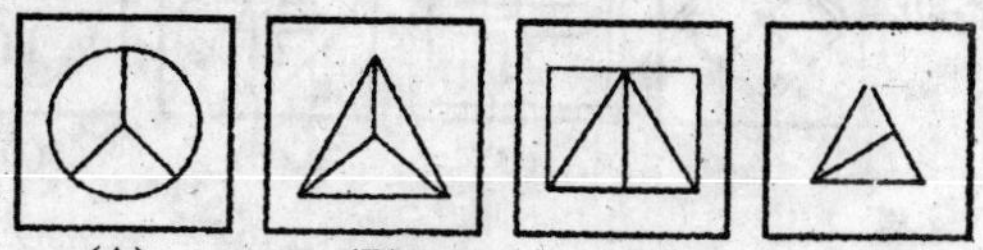

(A) (B) (C) (D)

32. 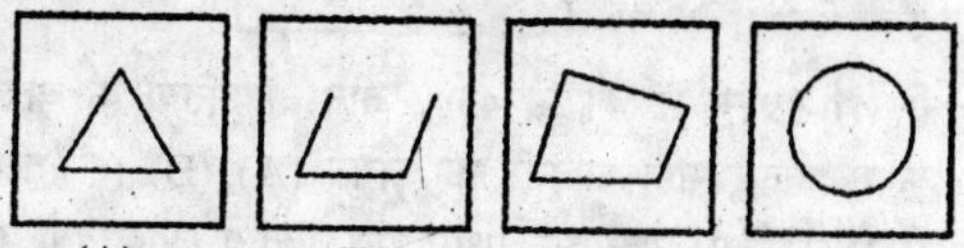

(A) (B) (C) (D)

33. 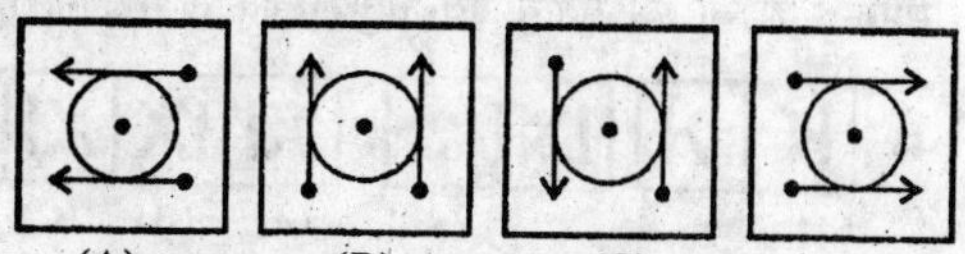

(A) (B) (C) (D)

34. 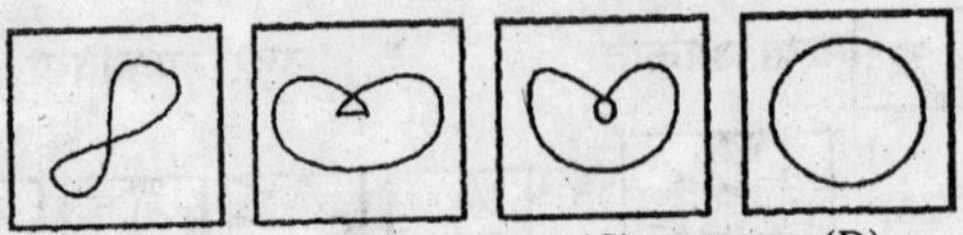
(A) (B) (C) (D)

35. 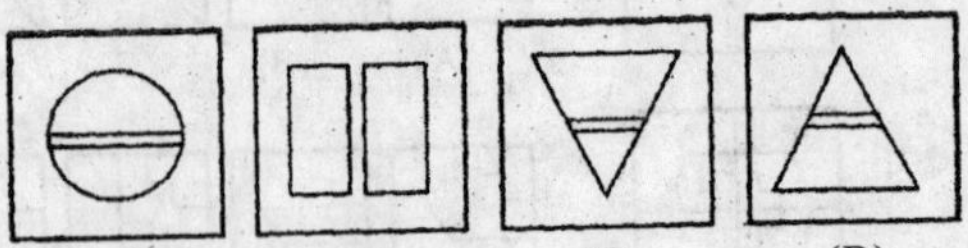
(A) (B) (C) (D)

36. 
(A) (B) (C) (D)

37. 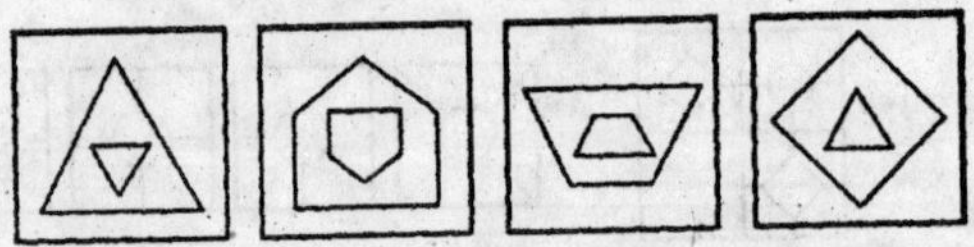
(A) (B) (C) (D)

38. 
(A) (B) (C) (D)

39. 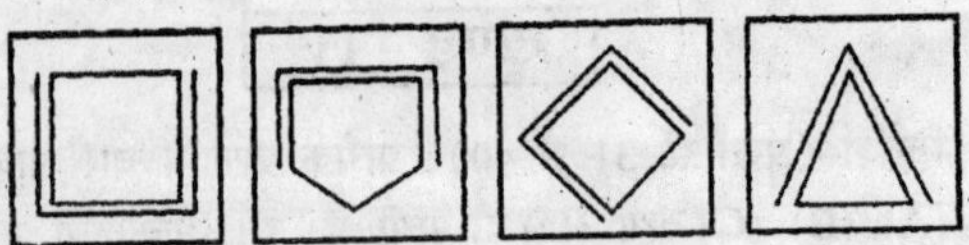
(A) (B) (C) (D)

40. 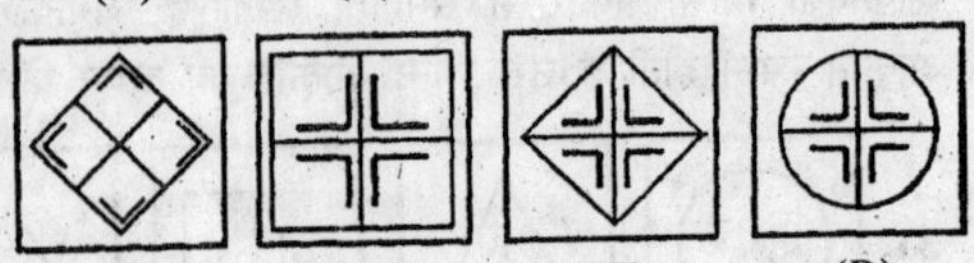
(A) (B) (C) (D)

खण्ड - V

निर्देश–(प्रश्न सं. 41 से 45) : तीन आकृतियों के बाद चिन्ह के स्थान पर सही आकृति का चयन (A), (B), (C) तथा (D) में से कीजिए। यहाँ पर प्रथम एवं द्वितीय आकृतियों में वही समबन्ध है जो कि तृतीय एवं चतुर्थ आकृति में होता है।

41. 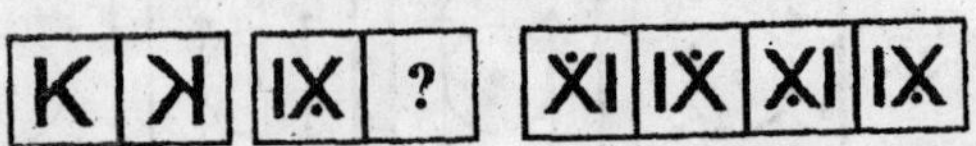
(A) (B) (C) (D)

42. 
(A) (B) (C) (D)

43. 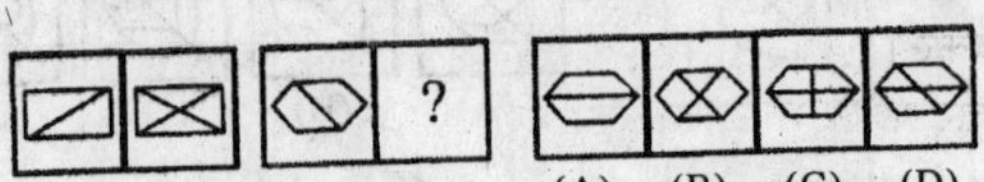
(A) (B) (C) (D)

44. 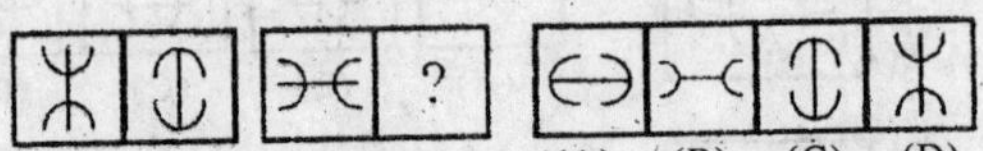
(A) (B) (C) (D)

45. 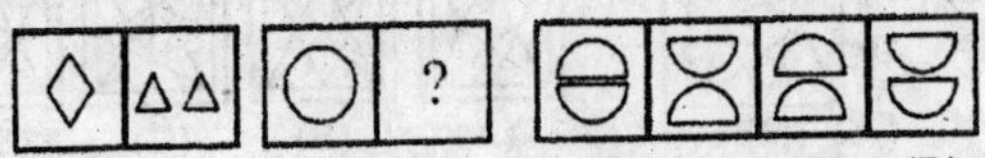
(A) (B) (C) (D)

खण्ड - VI

निर्देश–(प्रश्न सं. 46 से 50) : वर्ग का एक भाग दायीं तरफ प्रश्न आकृति के रूप में दिया गया है। दायीं तरफ दी गयी आकृति में से उस आकृति का चयन (A), (B), (C) तथा (D) में से कीजिए जो वर्ग को पूर्ण करता है

समस्या आकृति **उत्तर आकृतियाँ**

46. 
(A) (B) (C) (D)

47. 
(A) (B) (C) (D)

48. 
(A) (B) (C) (D)

49. 
(A) (B) (C) (D)

50. 
(A) (B) (C) (D)

अनुभाग - ब

निर्देश-(प्रश्न 51 से 75 तक) प्रत्येक प्रश्न के चार उत्तर विकल्प (A), (B), (C) व (D दिये है। सही विकल्प चुनिए तथा उत्तर पत्रक में अंकित कीजिए।

51. 8 अंकों की न्यूनतम व 7 अंकों की अधिकतम संख्या का अंतर है।

(A) 10 (B) 1
(C) 101 (D) 100

52. निम्नलिखित में से दशमलव संख्याओं का कौन सा समूह घटते हुए क्रम में है।

(A) 12.075, 12.705, 12.750
(B) 12.750, 12.705, 12.070
(C) 12.075, 12.750, 12.705
(D) 12.750, 12.075, 12.705

53. एक छिपकली 25 मिनट में 675 सेमी चलती है। 1 घंटे में वह कितनी दूरी तय करेगी।

(A) 16 सेमी (B) 16.1सेमी
(C) 16.15 सेमी (D) 16.2 सेमी

54. निम्नलिखित में कौन-सी संख्या 6.25% के बराबर है?

(A) 0.625 (B) 0.0625
(C) 6.25 (D) 6.025

55. एक वर्ग का परिमाप 144 मी है। वर्ग का क्षेत्रफल होगा-

(A) 1712 वर्ग मी. (B) 1726 वर्ग मी.
(C) 1296 वर्ग मी. (D) 1728 वर्ग मी.

56. 20% की दर से एक राशि कितने समय में दोगुनी हो जाएगी?

(A) 4 वर्ष (B) 8 वर्ष
(C) 10 वर्ष (D) 5 वर्ष

57. एक कुर्सी का विक्रय मूल्य 240 रु. है। यदि हानि 20% हो तो कुर्सी का क्रय मूल्य होगा?

(A) 290 रु. (B) 300 रु.
(C) 310 रु. (D) 320 रु.

58. 1650 रु. का 3 वर्ष के लिए 5% प्रति वर्ष की दर से साधारण ब्याज होगा-

(A) 250 रु. (B) 260 रु.
(C) 247.50 रु. (D) 255.70 रु.

59. एक लीटर दूध 20 रु. से खरीदकर 25 रु. में बेचा गया। लाभ % या हानि % होगा -

(A) 25% हानि (B) 25% लाभ
(C) 20% लाभ (D) 20% हानि

60. एक रेलगाड़ी 15 घंटे 15 मिनट चलकर अपने गंतव्य स्थान 9:30 पूर्वाह्न पर पहुंचती है। रेलगाड़ी का यात्रा शुरु करने का समय है।

(A) 6:00 पूर्वाह्न (B) 6:05 अपराह्न
(C) 6:10 अपराह्न (D) 6:15 अपराह्न

61. $0.4 \times 0.04 \times 0.004$ का गुणनफल है।

(A) 0.00064 (B) 0.00640
(C) 0.640 (D) 0.000064

62. $118 \div \{121 \div (11 \times 11) + 14 - (9 - \overline{6-2})\}$ का सरलीकृत मान है-

(A) 11.8 (B) 118
(C) 1.118 (D) 1.18

63. दो संख्याओं का महत्तम समापवर्तक व लघुत्तम समापवर्त्य क्रमश: 3 व 120 है। यदि एक संख्या 90 हो तो दूसरी संख्या है।

(A) 4 (B) 5
(C) 6 (D) 8

64. 480 व 840 को पूर्णत: विभाजित करने वाली अधिकतम संख्या है।

(A) 110 (B) 115
(C) 120 (D) 125

65. निम्नलिखित में कौन-सी संख्या अधिकतम है।

(A) 98787878 (B) 8787877
(C) 9725319 (D) 87878787

66. 1, 3, 0, 9, 7 का प्रयोग करके बनने वाली अधिकतम संख्या क्या होगी यदि एक संख्या को एक ही बार प्रयोग करें

(A) 10379 (B) 97310
(C) 99731 (D) 79031

67. निम्नलिखित में से किस भिन्न का मान अधिकतम है।

(A) $\frac{3}{4}$ (B) $\frac{3}{8}$
(C) $\frac{2}{3}$ (D) $\frac{5}{9}$

68. 888.888 मी का निकटतम मी मे मान है –

(A) 888 मी (B) 890 मी

(C) 889 मी (D) 887 मी

69. व्यंजक $\{(0.25+0.37-0.12)\times 0.4+0.8\}-0.37+2.13-1\}$ का मान है।

(A) 1.36 (B) 1.57

(C) 2.76 (D) 1.76

70. 12, 15 व 25 से पूर्णत: विभाजित होने वाली न्यूनतम संख्या है।

(A) 300 (B) 150

(C) 200 (D) 400

71. दिए गये चित्र में कंपनी का वर्ष 2006 में लाभ वर्ष 2002 के लाभ का कितने गुना है?

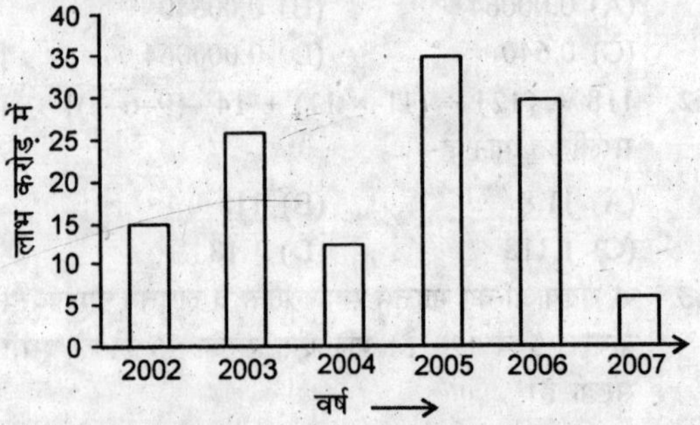

(A) दो गुना (B) तीन गुना

(C) चार गुना (D) पांच गुना

72. व्यंजक $12-\left\{\frac{5}{3}+\left(3\frac{7}{9}-2\frac{1}{3}+7\frac{1}{9}\right)\right\}$ का सरलीकृत मान है

(A) $\frac{9}{26}$ (B) $\frac{7}{26}$

(C) $\frac{26}{9}$ (D) $\frac{16}{9}$

73. 48 विद्यार्थियों की कक्षा में 12 विद्यार्थी अनुपस्थित थे। उपस्थित विद्यार्थियों का प्रतिशत है –

(A) 50 % (B) 75 %

(C) 20 % (D) 25 %

74. 210 मी भुजा के वर्गाकार पार्क की चार दीवारी बनाने का खर्च 5.50 रु. प्रति वर्ग मी. की दर से होगा।

(A) 4620 रु. (B) 4000 रु.

(C) 4680 रु. (D) 4840 रु.

75. चित्र में छात्रों के प्राप्तांक प्रदर्शित है। कुल प्राप्तांक है।

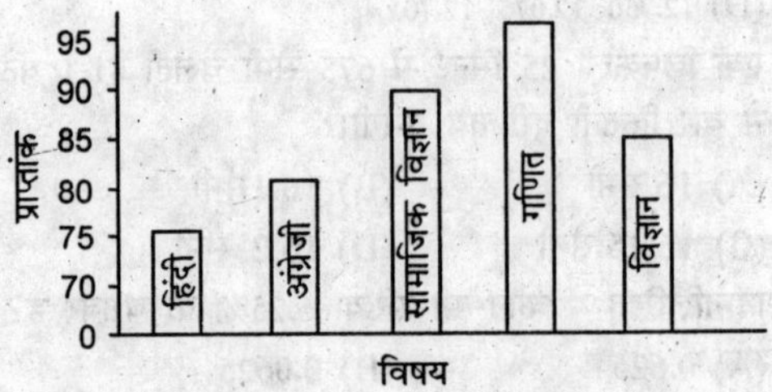

(A) 425 (B) 430

(C) 400 (D) 95

अपठित गद्यांश - I

सीबीएसई के अधिकार क्षेत्र में देश की भौगोलिक सीमा से बाहर के भी कुछ स्कूल आते है। वैसे पूरे देश में हजारों सरकारी स्कूलों और प्राइवेट स्कूलों के अतिरिक्त 897 केंद्रीय विद्यालय, 480 जवाहर नवोदय विद्यालय और 14 सेंट्रल तिब्बतन स्कूल भी सीबीएसई के अधीन आते हैं। भारत से बाहर स्थित स्कूल दिल्ली स्थित सीबीएसई के दफ्तर के अधीन आते हैं। बोर्ड के अन्य दफ्तर इलाहाबाद, अजमेर, चेन्नई, गुवाहाटी, पंचकुला, पटना और भुवनेश्वर में स्थित हैं। इस लिहाज से बोर्ड का विकेंद्रीकरण किया गया है। स्थानीय कार्यालय मुख्यालय के अधीन कार्य करते हैं, वैसे उन्हें व्यापक अधिकार दिए गए हैं। सीबीएसई एक स्वायत्त संस्था है और यह अपने खर्च के लिए केंद्र सरकार या किसी अन्य स्रोत पर आश्रित नहीं रहती।

निर्देश–(प्रश्न 76 से 90 तक) : प्रत्येक प्रश्न के चार उत्तर विकल्प (A), (B), (C) व (D दिये है। सही विकल्प चुनिए तथा उत्तर पत्रक में अंकित कीजिए।

76. किसके अधिकार क्षेत्र में देश की सीमा से बाहर के स्कूल आते हैं?

(A) सीबीएसई बोर्ड (B) आईसीएसई बोर्ड

(C) उत्तर प्रदेश बोर्ड (D) उत्तरांचल बोर्ड

77. केन्द्रीय तिब्बतन स्कूल की संख्या क्या है?

(A) 897 (B) 480

(C) 14 (D) 41

78. सीबीएसई बोर्ड के अन्य दफ्तर कहाँ-कहाँ हैं?

(A) पटना, अजमेर, ग्वालियर, भोपाल

(B) चेन्नई, गुवाहाटी, आगरा, अजमेर

(C) पंचकुला, गुवाहाटी, इलाहाबाद, भुवनेश्वर

(D) इलाहाबाद, अजमेर, चेन्नई, आगरा

79. स्थानीय कार्यालय किसके अधीन कार्य करते हैं?

(A) राज्य सरकार (B) मुख्यालय

(C) स्वायत्त संस्था (D) स्वयंसेवी संस्था

80. सीबीएसई कैसी संस्था है?

(A) वैयक्तिक संस्था (B) आश्रित संस्था

(C) स्वतंत्र संस्था (D) स्वायत्त संस्था

अपठित गद्यांश - II

आम बजट के पहले वित्त मंत्री प्रणव मुखर्जी के लिए वित्तीय मोर्चे पर चुनौती बढ़ गई है। महंगाई के नये आंकड़े और भी चिंता में डालने वाले हैं। रिजर्व बैंक की आशंका के मुताबिक जनवरी माह के दौरान महंगाई दर पिछले 16 महीनों के आंकड़ों को पीछे छोड़ती हुई 8.56 फीसदी पर पहुंच गई। दिसंबर माह के दौरान महंगाई दर 7.31 फीसदी पर रही थी। पिछले वित्त वर्ष के इसी माह के दौरान महंगाई दर 4.95 फीसदी पर दर्ज की गई थी। वहीं चालू वित्त वर्ष के दौरान कुल महंगाई दर 8.90 फीसदी पर दर्ज की गई है।

81. भारत के वित्तमंत्री कौन हैं?

(A) के.जी. बालाकृष्णन

(B) पी. चिदम्बरम

(C) जॉर्ज फर्नांडिस

(D) प्रणव मुखर्जी

82. हमारी चिंता का कारण निम्न में से क्या है?

(A) महंगाई (B) बेरोजगारी

(C) भ्रष्टाचार (D) पर्यावरण सुरक्षा

83. गद्यांश में किस बैंक के बारे में बात की जा रही है?

(A) भारतीय स्टेट बैंक (B) पंजाब नेशनल बैंक

(C) बैंक ऑफ इंडिया (D) रिजर्व बैंक

84. वर्तमान वित्त वर्ष के दौरान महंगाई दर कितनी फीसदी दर्ज की गई है?

(A) 8.90 (B) 7.31

(C) 8.56 (D) 4.95

85. वित्त शब्द का अर्थ निम्न में से किस शब्द से मेल खाता है ?

(A) मंहगाई (B) बीमारी

(C) धन (D) व्यवस्था

अपठित गद्यांश - III

झारखंड में नक्सली समस्या भयावह है। राज्य के कई इलाकों में नक्सलियों की हुकूमत चलती है। उनके एक आह्वान पर पूरा राज्य ठप हो जाता है। लगता है पुलिस बेबस हो गई हैं करीब 45 हार्डकोर नक्सलियों की पहचान की गई है, जो अपने कमांडर के इशारे पर कुछ भी करते हैं। पूरी व्यवस्था को चुनौती देने के कई उदाहरण राज्य में हैं। झारखंड की औद्योगिक नगरी जमशेदपुर, बोकारो, लौह अयस्क की नगरी चाई बासा, कोयला उत्पादक जिले धनबाद, रामगढ़, हजारीबाग, गिरीडीह, लातेहार के अलावा गढ़वा, पलामू, अभ्रक के लिए प्रसिद्ध कोडरमा, बॉक्साइड के लिए प्रसिद्ध लोहरदगा नक्सलियों के प्रभाव में है। नक्सलियों ने प्रभाव कायम करने के लिए ग्रामीणों को ढाल बनाया और उनकी वकालत कर पैठ मजबूत कर रहे हैं।

86. झारखंड की राजधानी है

(A) रांची (B) भुवनेश्वर

(C) पटना (D) छत्तीसगढ़

87. झारखंड में भयानकतम रूप किस समस्या ने लिया है?

(A) नक्सली समस्या (B) आतंकवादी समस्या

(C) भुखमरी समस्या (D) उल्फा समस्या

88. करीब पैंतालीस फीसदी नक्सली क्या करते हैं?

(A) किसी की नहीं सुनते (B) कमांडर के अनुसार चलते हैं

(C) कमांडर के अनुसार नहीं चलते

(D) स्वयं के मालिक हैं

89. झारखंड की लौह अयस्क नगरी किस क्षेत्र में है?

(A) धनबाद (B) पलामू

(C) कोडरमा (D) चाईबासा

90. अपने प्रभाव को कायम करने के लिए नक्सलियों ने किनको अपनी ढाल बनाया?

(A) केन्द्र सरकार को (B) शहरवासियों को

(C) ग्रामीणों को (D) राज्य सरकार को

निर्देश-(प्रश्न 91 से 100 तक) : प्रत्येक प्रश्न के चार उत्तर विकल्प (A), (B), (C) व (D दिये है। सही विकल्प चुनिए तथा उत्तर पत्रक में अंकित कीजिए।

91. हमारी राष्ट्र भाषा इनमें से कौन सी है।?

(A) मराठी (B) हिंदी

(C) पंजाबी (D) तेलगु

92. वाद-विवाद भाषा का कौन-सा रूप है?
(A) मौखिक (B) लिखित
(C) व्याकरणिक (D) बातचीत

93. एक या अधिक वर्णो का समूह क्या कहलाता है?
(A) वाक्य (B) वर्ण
(C) शब्द (D) पद

94. त्रियक्ष का सार्थक शब्द क्या है?
(A) यक्षत्रि (B) यक्षत्री
(C) क्षत्रिय (D) क्षत्रीय

95. नायक का स्त्रीलिंग रूप क्या है?
(A) नाइका (B) नाईका
(C) नायीका (D) नायिका

96. अंधेरा का सही विलोम शब्द चुनकर लिखें?
(A) उजाला (B) प्रकाश
(C) उज्ज्वल (D) सफेदी

97. रेखांकित मुहावरे का उचित अर्थ बताओ?
जेब में पर्स न देखकर मेरे हाथ-पाँव फूल गए।
(A) मुझे दुख हुआ (B) मैं मुसीबत में पड़ गया
(C) मैं प्रसन्न हो गया (D) मुझे ताज्जुब हुआ

98. एक शब्द अर्थ में अलग है
(A) कुसुम (B) सुमन
(C) फूल (D) पराग

99. रेखांकित शब्द का उपयुक्त समानार्थी शब्द लिखो भोर होते ही किसान निकल पड़ते हैं
(A) बारिश (B) इच्छा
(C) सवेरा (D) शाम

100. वाक्य पूरा करें
यह दूध बहुत ________ है।
(A) ठंडा (B) ठंडी
(C) ठंडाई (D) ठंडक

ANSWERS

1 C	2 C	3 C	4 D	5 B	6 D	7 D	8 A	9 A	10 D
11 C	12 A	13 B	14 C	15 D	16 C	17 B	18 A	19 C	20 D
21 C	22 A	23 D	24 B	25 C	26 B	27 B	28 C	29 C	30 C
31 D	32 B	33 C	34 D	35 B	36 B	37 D	38 B	39 B	40 A
41 C	42 D	43 B	44 A	45 C	46 B	47 B	48 A	49 B	50 C
51 B	52 B	53 D	54 B	55 C	56 D	57 B	58 C	59 B	60 D
61 D	62 A	63 A	64 C	65 A	66 B	67 A	68 C	69 D	70 A
71 A	72 D	73 B	74 A	75 A	76 A	77 C	78 C	79 B	80 D
81 D	82 A	83 D	84 C	85 C	86 A	87 A	88 B	89 D	90 C
91 B	92 D	93 C	94 C	95 D	96 A	97 D	98 D	99 C	100 A

कुछ चुने हुए प्रश्नों के व्याख्यात्मक उत्तर

1. प्रत्येक क्रमागत आकृति में एक रेखा बढ़ जाती है।
2. प्रत्येक क्रमागत आकृति पिछली आकृति में एक रेखा जुड़ने से बनती है।
3. उत्तर आकृति (C) शृंखला को पूर्ण करने हेतु सही विकल्प है।
4. छोटा वृत्त एवं तीर समस्या आकृतियों में पहले दो स्थान घड़ी की दिशा में तत्पश्चात् एक स्थान घड़ी की दिशा में आगे बढ़कर तीसरी अवस्था प्राप्त करता है। अतः आकृति (C) सही उत्तर है।
5. समस्या आकृतियों में खाली वृत्त एवं काला वृत्त घड़ी की दिश में घूम रहे हैं। अतः आकृति (B) सही विकल्प है।
6. प्रत्येक क्रमागत आकृति में एक छोटी रेखा बढ़ जाती है अतः आकृति (D) सही विकल्प होगा।
7. मुख्य चित्र श्रेणी में समान रहता है जबकि बाह्य भाग घड़ी की विपरीत दिशा में पदों में परिवर्तित होता रहता है। अतः आकृति पिछली आकृति से भिन्न होती है।
8. आकृति में एक पैटर्न में एक लाइन घट रही है जबकि अन्य पैटर्न में एक लाइन बढ़ रही है। इसलिए चतुर्थ आकृति में पैटर्न में 1 एवं 5 रेखाए होती है।
9. आकृति (A) शृंखला को पूर्ण करने हेतु सही विकल्प है।
10. शृंखला में प्रत्येक क्रमागत आकृति में मुख्य आकृति 90° घड़ी के विपरीत दिशा में घूमता है। शृंखला X तथा O प्रत्येक समय एक दूसरे को प्रतिस्थापित कर रहे हैं। प्रत्येक समय रेखाओं का आकार भी परिवर्तित होता है। आकृति (D) उचित विकल्प है।

21. 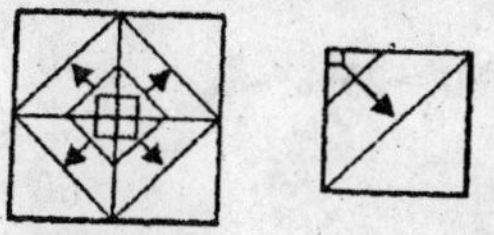

22. 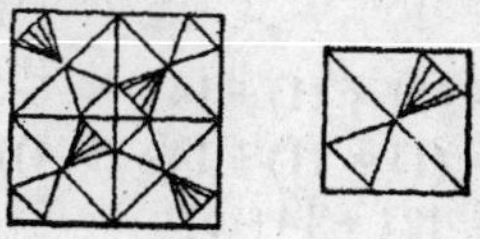

23. 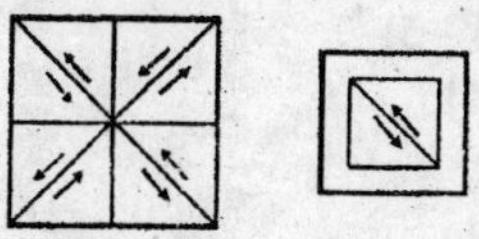

24. 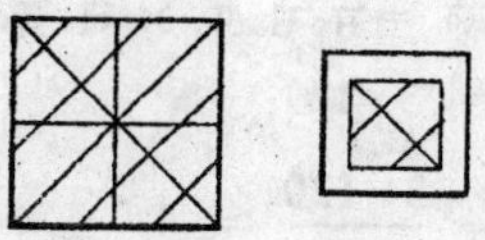

25. 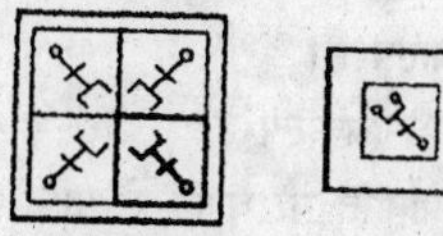

26. 

27. 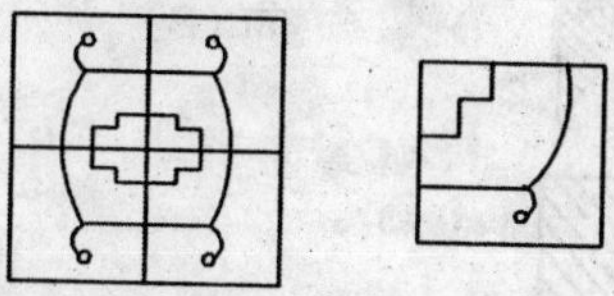

28. 

29. 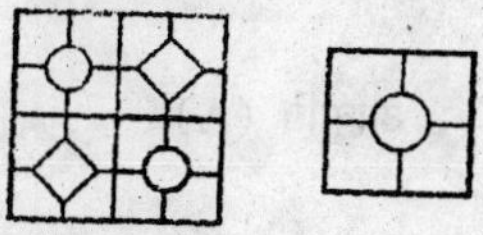

30. 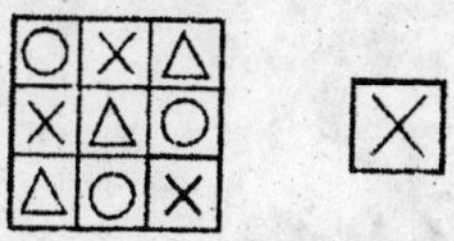

31. आकृति (D) में केवल एक रेखा ही होती है।
32. आकृति (B) भिन्न है क्योंकि यह एक बन्द आकृति नहीं रखती है।
33. आकृति (C) में तीरों की दिशा विपरीत होती है।
34. आकृति (D) एक पूर्ण वृत्त को इंगित करता है।
35. आकृति A, C, D में दो रेखाएं समान्तर रेखाएं है। जबकि आकृति (B) में रेखाएं होती है।
36. आकृति (B) में छायांकित भाग एक भाग छोड़कर दूसरे भाग पर है जबकि आकृति (C) में भिन्नता है।
37. आकृति (D) के अतिरिक्त, सभी आकृतियाँ समतुल्य है।
38. आकृति (B) भिन्न है।
39. आकृति (B) के अतिरिक्त अन्य में आन्तरिक डिजाइन की एक बाह्य रेखा गायब है जबकि आकृति (B) में दो रेखाएं गायब है।
40. आकृति (A) के अतिरिक्त सभी डिजाइन में आन्तरिक भाग समान ╬ होता है।

41. आकृति (iii) की दर्पण प्रतिबिम्ब आकृति (C) होगा।

42. आकृति (D) सही विकल्प है।

43. आकृति (B)  सही विकल्प है।

44. आकृति (A), तृतीय आकृति के घूर्णन से प्राप्त आकृति सही होगा।

45. आकृति (C) में दोनों भाग सही दिशा में व्यवस्थित है।

46.  आकृति (B)

47.  आकृति (B)

48.  आकृति (A)

49. 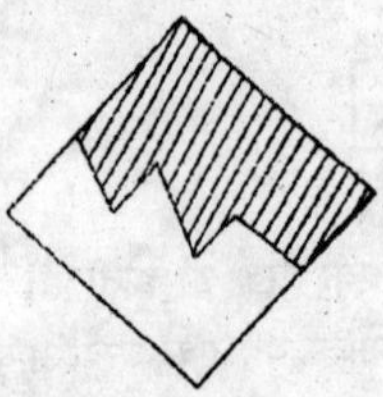 आकृति (B)

50.  आकृति (C)

51. 8 अंकों की अधिकतम संख्या = 10000000

7 अंकों की अधिकतम संख्या = 9999999

अंतर = 100000000 - 9999999 = 1

52. 12.750, 12.705, 120.070

53. 25 मिनट में तय की गई दूरी = 675 सेमी

1 मिनट में तय की गई दूरी = $675 \div 25 = 27$ सेमी

60 मिनट में तय की गई दूरी = 60×27 सेमी

= 1620 से मी = 16.20 मी

54. $\frac{6.25}{100} = .0625$

55. वर्ग का परिमाप = $4 \times$ भुजा

$4 \times$ भुजा = 144

भुजा = 36

क्षेत्रफल = $36 \times 36 = 1296$ वर्ग मी

56. माना राशि = 100 रु., तब ब्याज = 100 रु.

साधारण ब्याज = $\frac{\text{मूलधन} \times \text{दर} \times \text{समय}}{100}$

$100 = \frac{100 \times 20 \times \text{समय}}{100}$

अतः समय = 5 वर्ष

57. क्रय मूल्य = विक्रय मूल्य $\times \frac{100}{100 - \text{हानि \%}}$

$= 240 \times \frac{100}{100-20}$

$= 240 \times \frac{100}{80}$

= 300 रु.

58. साधारण ब्याज = $\frac{\text{मूलधन} \times \text{दर} \times \text{समय}}{100}$

$= \frac{1650 \times 5 \times 3}{100}$

= 247.50 रु.

59. लाभ = (25 – 20) रु. = 5 रु.

लाभ % = $\frac{5}{20} \times 100 = 25\%$

60. 6:15 अपराह्न

61. 0.000064

62. $118 \div \{121 \div (11 \times 11) + 14 - (9 - \overline{6-2})\}$

$= 118 \div \{121 \div (11 \times 11) + 14 - (9-4)\}$

$= 118 \div \{121 \div 121 + 14 - 5\}$

$= 118 \div \{1 + 14 - 5\}$

$= 118 \div \{15 - 5\}$

$= 118 \div 10$

$= 11.8$

63. संख्याओं का गुणनफल = म.स.प. × ल.स.प.

$90 \times$ दूसरी संख्या = 3×120

दूसरी संख्या = $\frac{3 \times 120}{90} = 4$

64. 480 व 840 का म.स.प.

$$480 = 2 \times 2 \times 2 \times 2 \times 2 \times 3 \times 5$$
$$840 = 2 \times 2 \times 2 \times 3 \times 7 \times 5$$

म.स.प. $= 2 \times 2 \times 2 \times 3 \times 5 = 120$

65. 98787878

66. 97310

67. $\frac{3}{4} = \frac{54}{72}, \frac{3}{8} = \frac{27}{72}$

$\frac{2}{3} = \frac{48}{72}, \frac{5}{9} = \frac{40}{72}$

अत: $\frac{3}{4}$ अधिकतम है।

68. 889 मी

69. $\{(0.25+0.37-0.12)\times 0.4+0.8\}-0.37+2.13-1$

$= \{(0.62-0.12)\times 0.4+0.8\}-1.37+2.13$

$= \{(0.5\times 0.4+0.8\}-1.37+2.13$

$= \{0.20+0.8\}-1.37+2.13$

$= 1-1.37+2.13$

$= 3.13-1.37 = 1.76$

70. 12, 15, 25 का लघुत्तम समापवर्त्य

2	12, 15, 25
2	6, 15, 25
3	3, 15, 25
5	1, 5, 25
5	1, 1, 5
	1, 1, 1

ल. स. $= 2 \times 2 \times 3 \times 5 \times 5$

$= 300$

71. वर्ष 2002 में लाभ = 15

वर्ष 2006 में लाभ = 30

लाभ = दोगुना

72. $12-\left\{\frac{5}{3}+\left(3\frac{7}{9}-2\frac{1}{3}+7\frac{1}{9}\right)\right\}$

$= 12-\left\{\frac{5}{3}+\left(\frac{34}{9}-\frac{7}{3}+\frac{64}{9}\right)\right\}$

$= 12-\left\{\frac{5}{3}+\left(\frac{34-21+64}{9}\right)\right\}$

$= 12-\left\{\frac{5}{3}+\frac{77}{9}\right\}$

$= 12-\frac{92}{9}$

$= \frac{108-92}{9} = \frac{16}{9}$

73. उपस्थित विद्यार्थियों की संख्या $= 48-12 = 36$

उपस्थिति % $= \frac{36}{48} \times 100 = 75\%$

74. पार्क की परिमाप $= 4 \times 210 = 840$ मी

चारदीवारी का खर्च $= 840 \times 5.5 = 4620$ रु.

75. कुल प्राप्तांक $= 75+80+90+95+85$

$= 425$

पिछले प्रश्न-पत्र (हल सहित)

जवाहर नवोदय विद्यालय प्रवेश परीक्षा, 2009*

कक्षा-VI

अनुभाग-I: मानसिक योग्यता परीक्षा

खण्ड-I

निर्देश–(प्रश्न 1 से 5 तक) *निम्नलिखित प्रत्येक प्रश्न में, चार आकृतियों में कुछ विभिन्न चित्र दिए गए हैं इन चार आकृतियों में तीन आकृतियों के चित्र समान हैं तथा एक अलग। अलग आकृति को चुनिए और सही उत्तर को इंगित कीजिए।*

1. 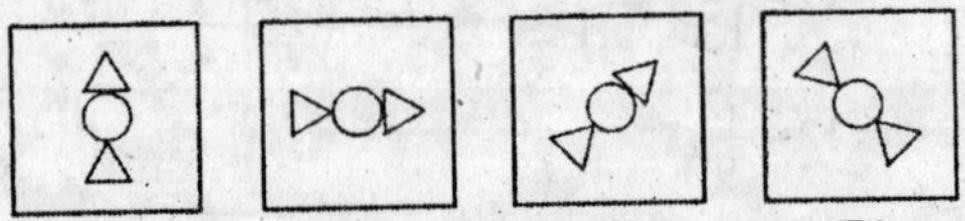

(A) (B) (C) (D)

2. 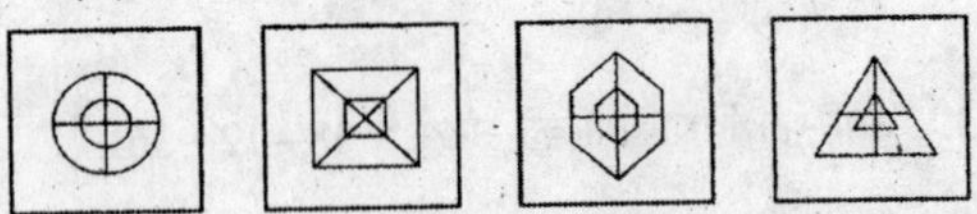

(A) (B) (C) (D)

3. 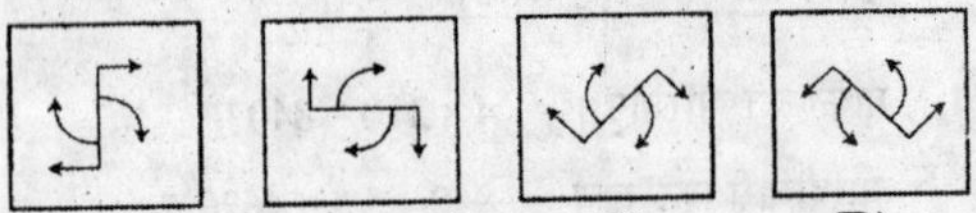

(A) (B) (C) (D)

4. 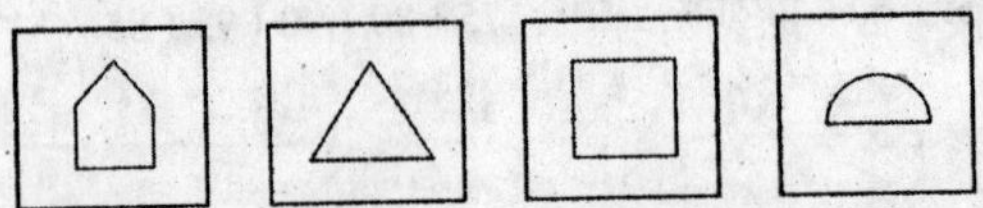

(A) (B) (C) (D)

5. 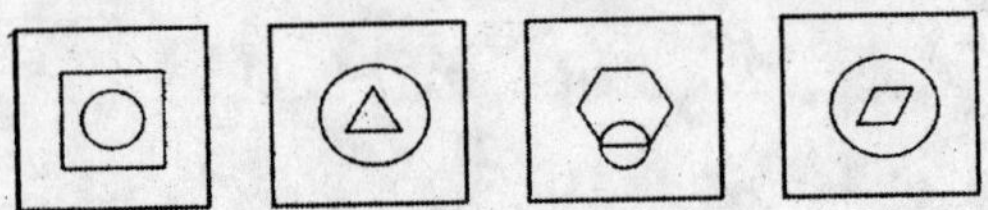

(A) (B) (C) (D)

खण्ड–I

निर्देश–(प्रश्न 6 से 10 तक) *निम्नलिखित प्रश्नों में, बाईं ओर एक समस्या आकृति तथा दाईं ओर चार उत्तर आकृतियाँ (A), (B), (C) तथा (D) दी गई हैं। उत्तर आकृतियों में से उस आकृति को चुनिए जो समस्या आकृति के बिल्कुल सदृश हो और इंगित कीजिए।*

समस्या आकृति **उत्तर आकृतियाँ**

6. 

(A) (B) (C) (D)

7. 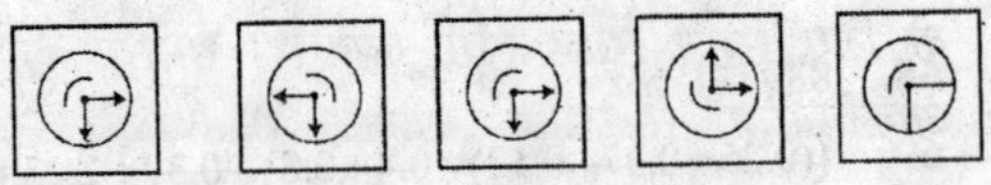

(A) (B) (C) (D)

8. 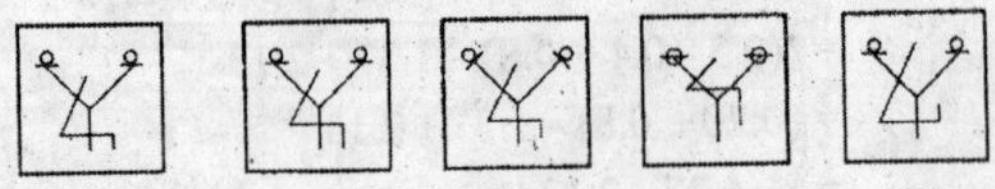

(A) (B) (C) (D)

9. 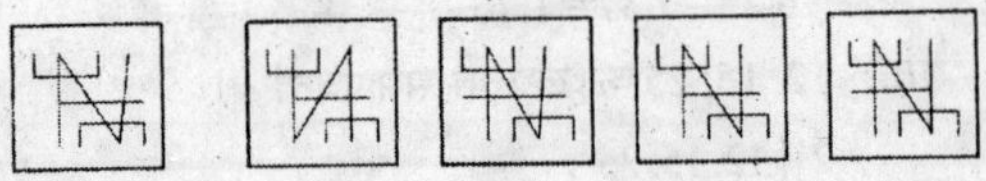

(A) (B) (C) (D)

10. 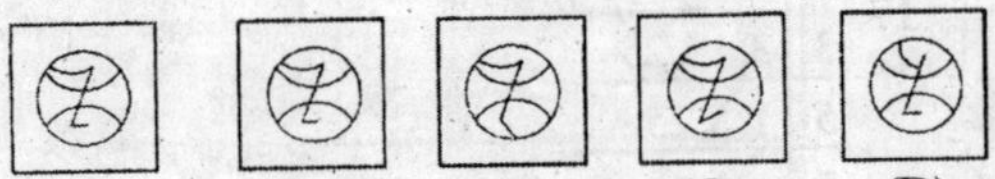

(A) (B) (C) (D)

खण्ड–III

निर्देश–(प्रश्न 11 से 15 तक) *निम्नलिखित प्रश्नों में रेखा के बाईं तरफ एक समस्या आकृति दी गई है इस आकृति का एक भाग लुप्त है। दाईं तरफ दी गई (A), (B), (C) तथा (D) उत्तर आकृतियों को देखिए। उस आकृति को ढूँढ़िए जो बिना अपनी दिशा बदले समस्या आकृति के गायब भाग में इस तरह बैठती है कि समस्या आकृति का पैटर्न पूरी तरह बन जाता है। अपने सही उत्तर को चुनिए।*

समस्या आकृति **उत्तर आकृतियाँ**

11. 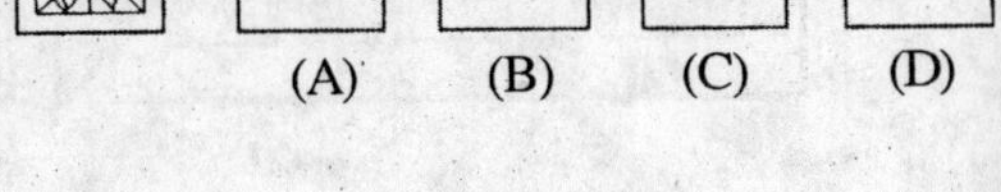

(A) (B) (C) (D)

*स्मृति पर आधारित

समस्या आकृति उत्तर आकृतियाँ

12.  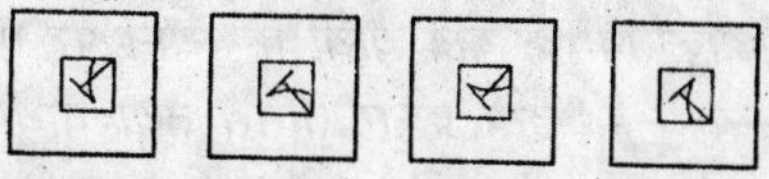

(A) (B) (C) (D)

13.  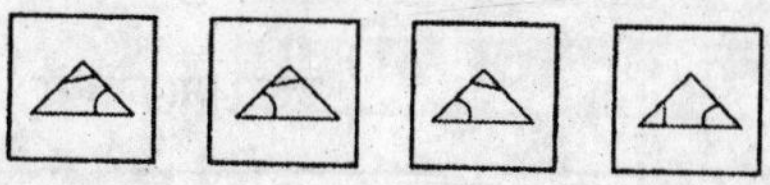

(A) (B) (C) (D)

समस्या आकृति उत्तर आकृतियाँ

14. 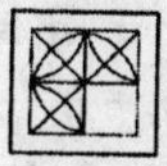 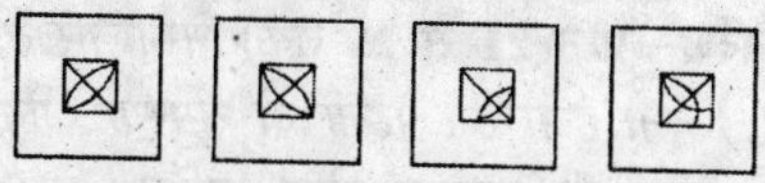

(A) (B) (C) (D)

15. 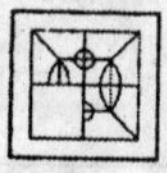 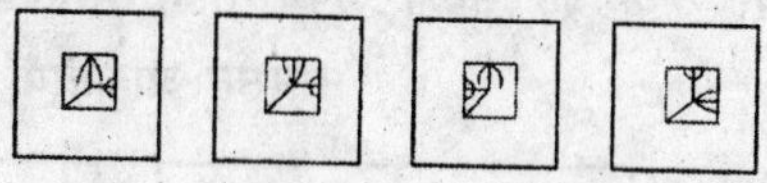

(A) (B) (C) (D)

खण्ड–IV

निर्देश–(प्रश्न 16 से 20 तक) *निम्नलिखित प्रश्नों में से रेखा के बाईं तरफ तीन समस्या आकृतियाँ दी गई हैं तथा चौथे के लिए स्थान रिक्त रखा गया है। समस्या आकृतियाँ एक शृंखला में हैं ढूँढ़िए कि रेखा के बाईं तरफ दी गई उत्तर आकृतियों में से कौनसी आकृति इस शृंखला को पूर्ण करती है। अपने सही उत्तर को चुनिए।*

समस्या आकृतियाँ उत्तर आकृतियाँ

16. 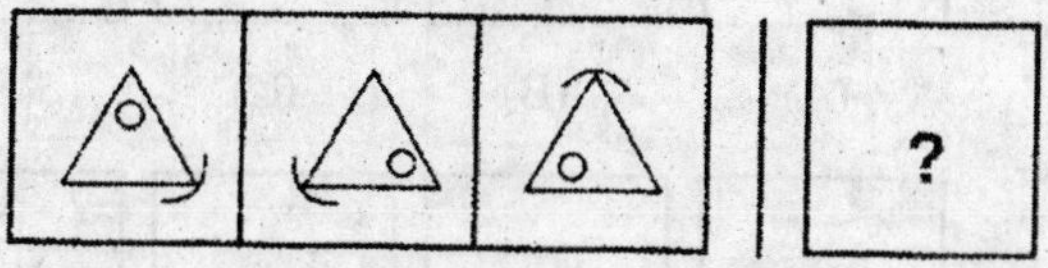 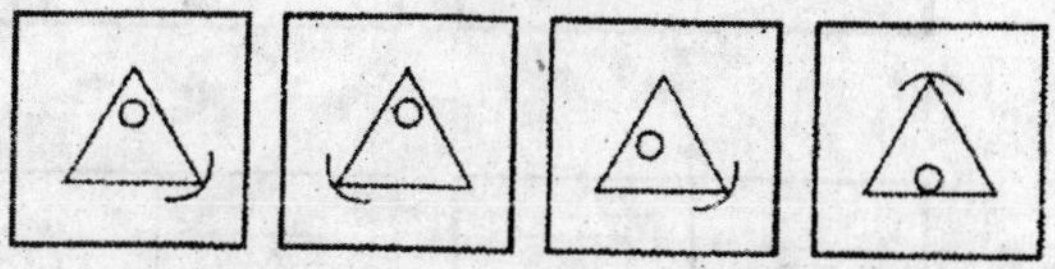

(A) (B) (C) (D)

17. 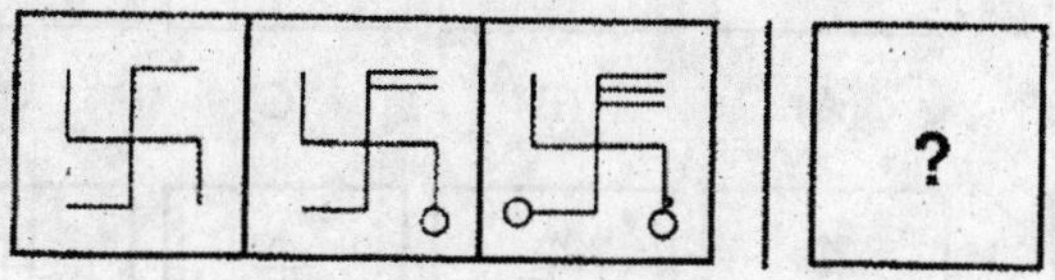 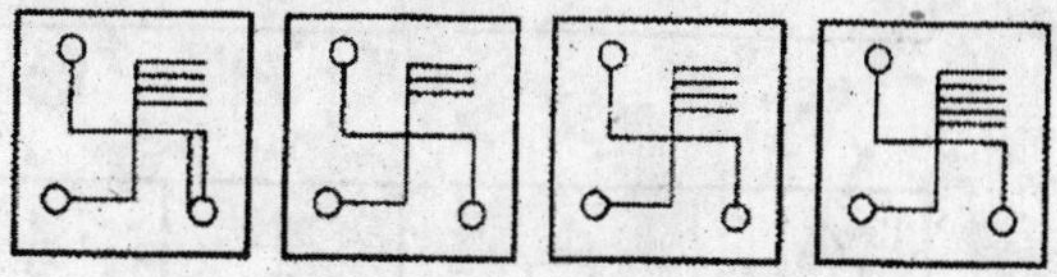

(A) (B) (C) (D)

18. 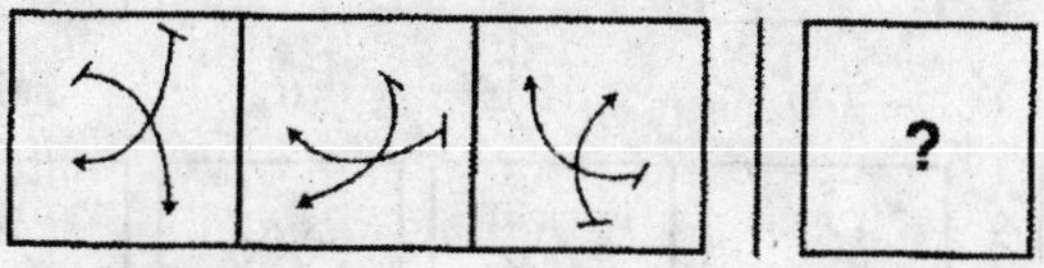 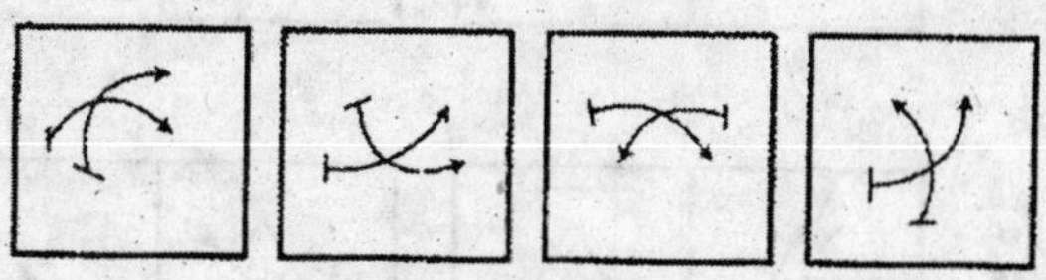

(A) (B) (C) (D)

19. 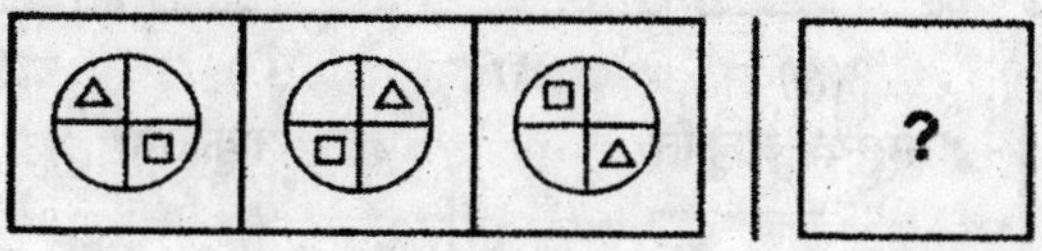 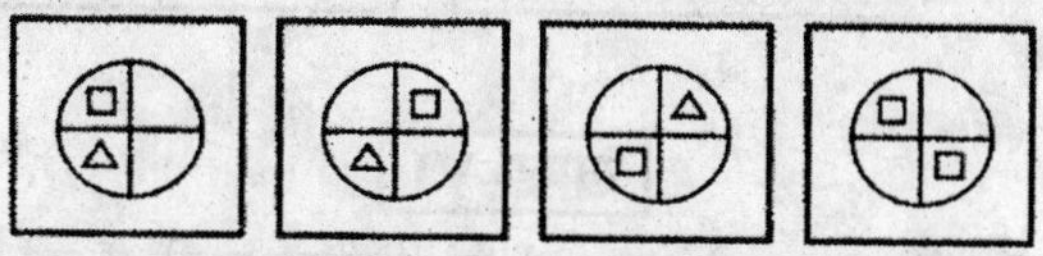

(A) (B) (C) (D)

20. 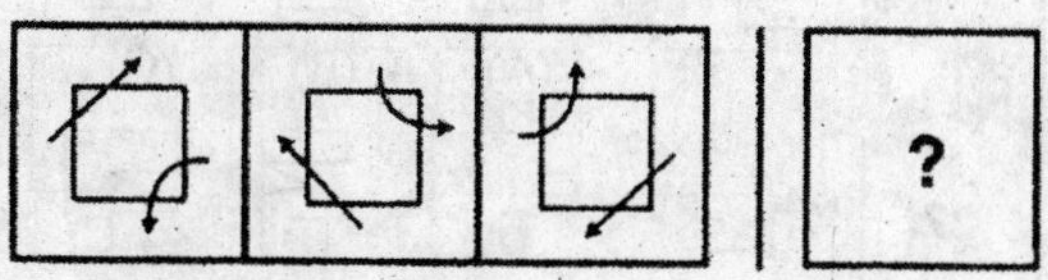 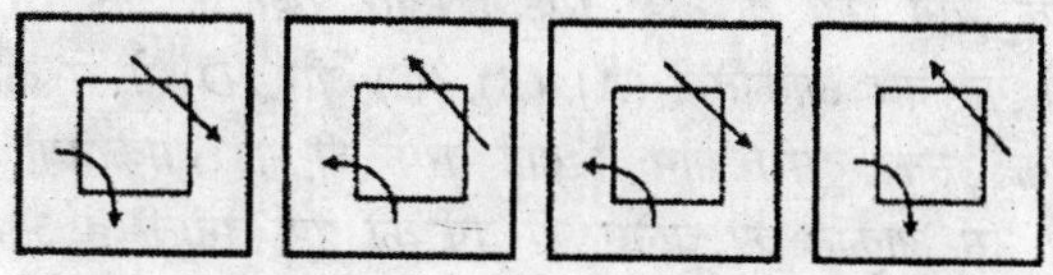

(A) (B) (C) (D)

खण्ड–V

निर्देश–(प्रश्न 21 से 25 तक) *निम्नलिखित प्रश्नों में तीन समस्या आकृतियों के बाद चौथी के स्थान पर एक प्रश्नसूचक-चिन्ह (?) बना हुआ है। पहली दो समस्या आकृतियों में परस्पर एक सम्बन्ध है। इसी प्रकार तीसरी तथा चौथी समस्या आकृतियों के बीच भी सम्बन्ध होना चाहिए। उत्तर-आकृतियों में से वह उत्तर आकृति चुनिए जो प्रश्नसूचक-चिन्ह (?) वाले स्थान पर ठीक बैठ सके। अपने सही उत्तर को चुनिए।*

समस्या आकृतियाँ **उत्तर आकृतियाँ**

21. 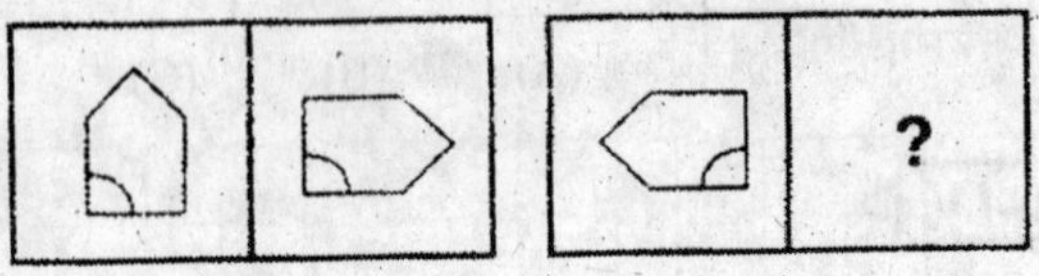 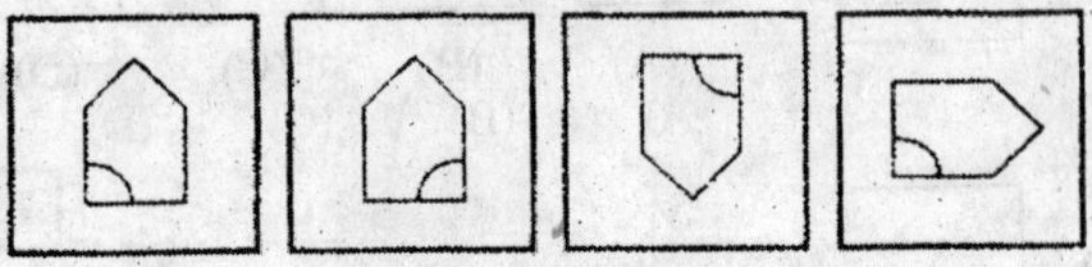

(A) (B) (C) (D)

22. 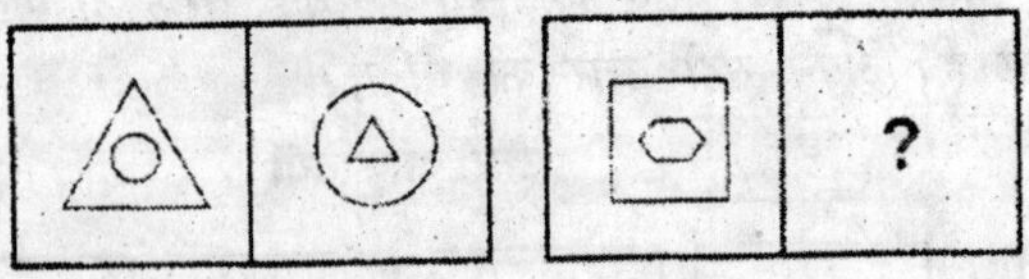 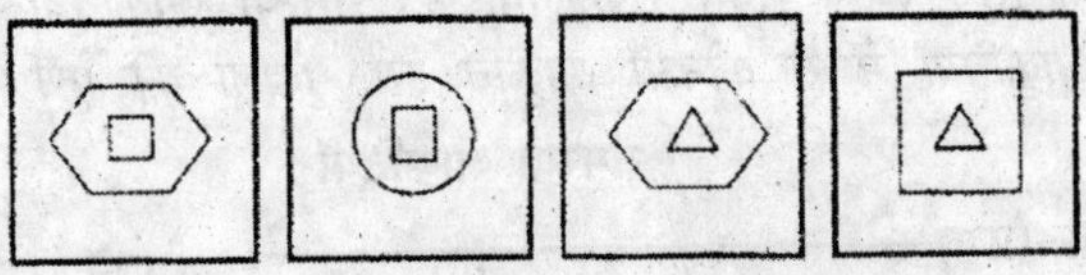

(A) (B) (C) (D)

23. 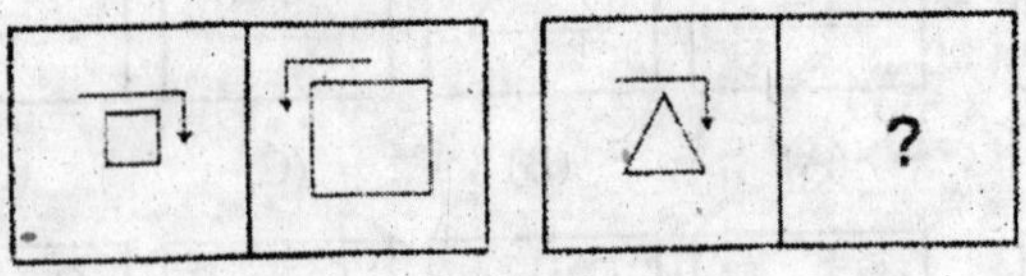 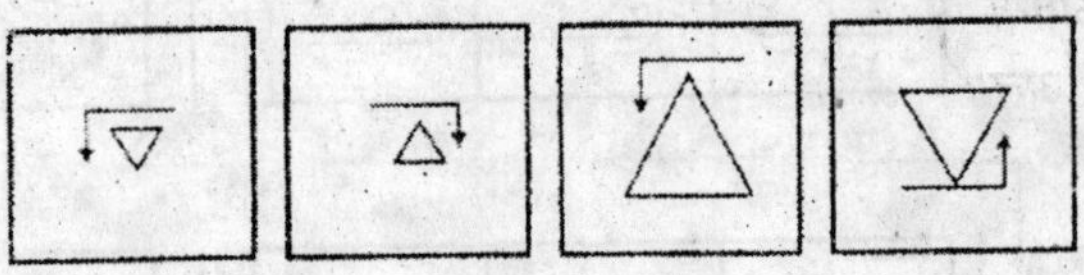

(A) (B) (C) (D)

24. 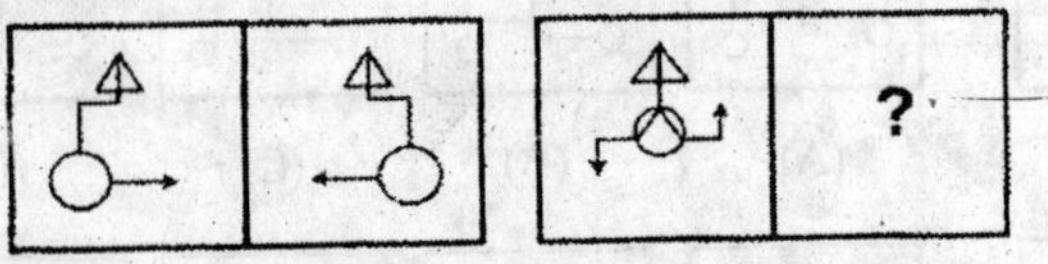 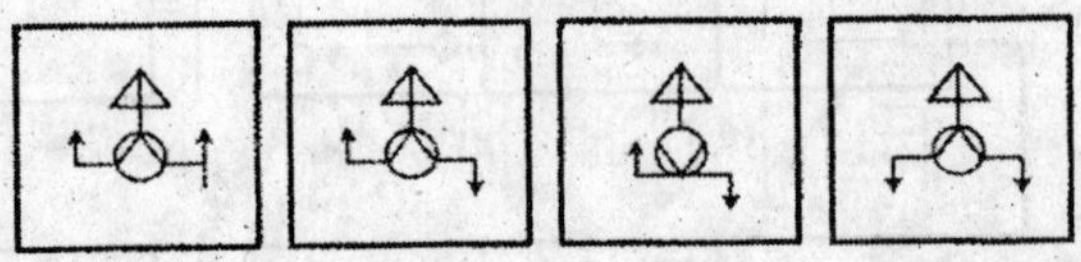

(A) (B) (C) (D)

25. 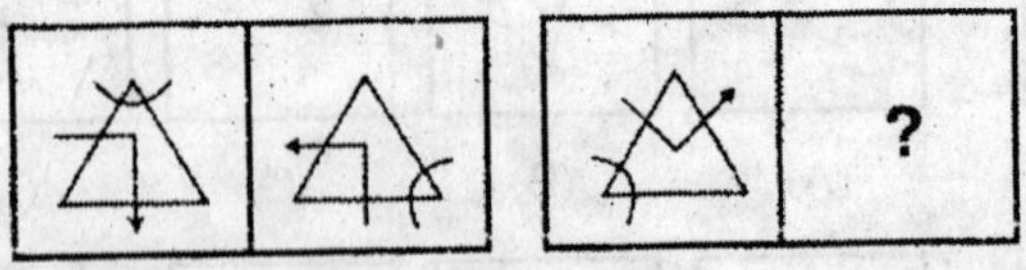 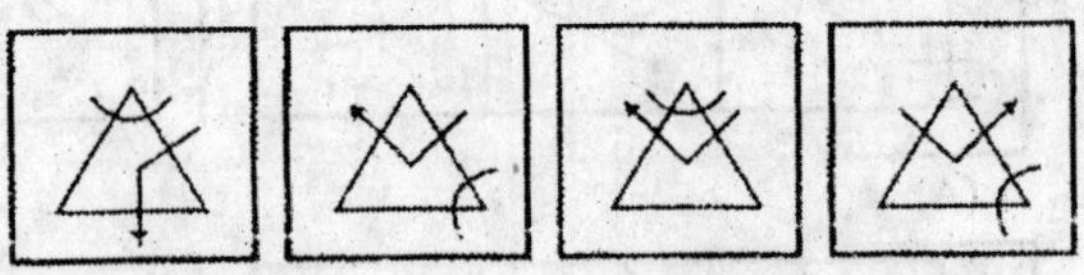

(A) (B) (C) (D)

खण्ड–VI

निर्देश–(प्रश्न 26 से 30 तक) *निम्नलिखित प्रश्नों में वर्ग का एक भाग रेखा के बाईं तरफ है और रेखा के बाईं तरफ दी गई चार आकृतियों (A), (B), (C) और (D) में से कोई एक उसका दूसरा भाग है दाईं तरफ दी गई आकृतियों में से उस आकृति को चुनिए जो वर्ग को पूर्ण बनाती है अपने सही उत्तर को चुनिए।*

समस्या आकृति **उत्तर आकृतियाँ**

26. 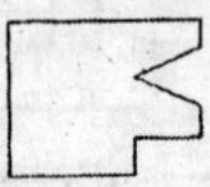 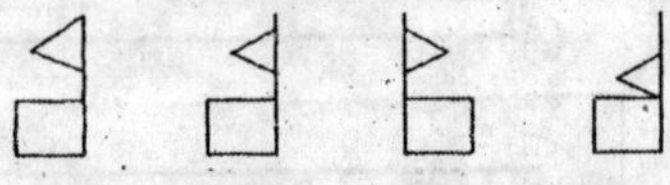

(A) (B) (C) (D)

27.  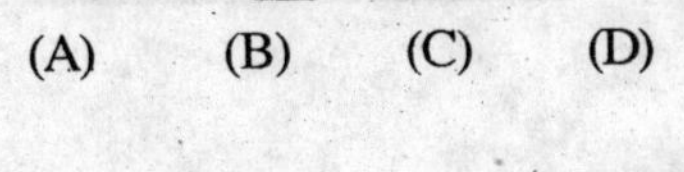

(A) (B) (C) (D)

समस्या आकृति **उत्तर आकृतियाँ**

28. 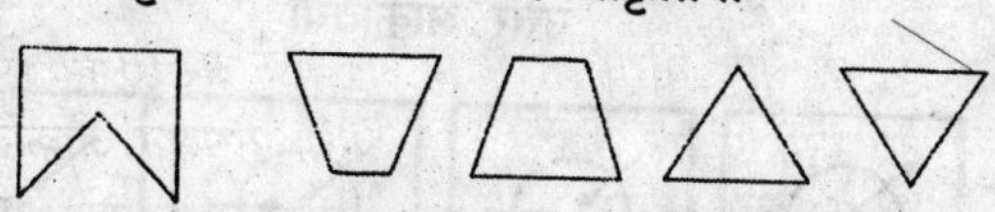

(A) (B) (C) (D)

29. 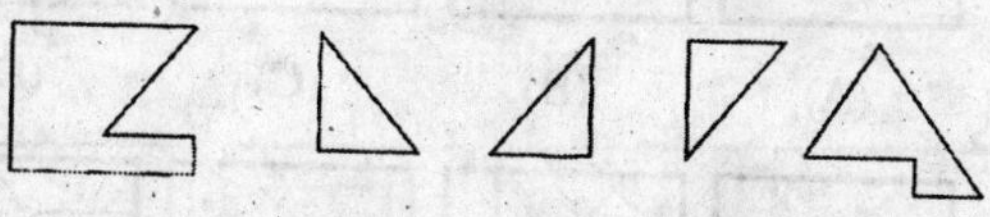

(A) (B) (C) (D)

30. 

(A) (B) (C) (D)

खण्ड–VII

निर्देश–(प्रश्न 31 से 35 तक) *निम्नलिखित प्रत्येक प्रश्न में, चार आकृतियाँ (A), (B), (C) तथा (D) दी गई हैं। इन चार आकृतियों में तीन आकृतियाँ कुछ हद तक सदृश हैं तथा एक अलग। अलग उत्तर आकृति को चुनिए।*

31. 

(A) (B) (C) (D)

32. 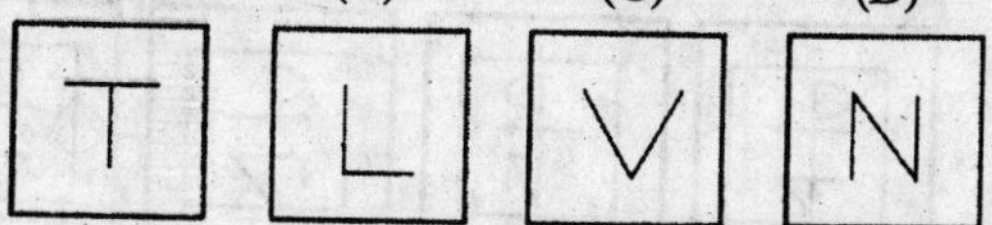

(A) (B) (C) (D)

33. 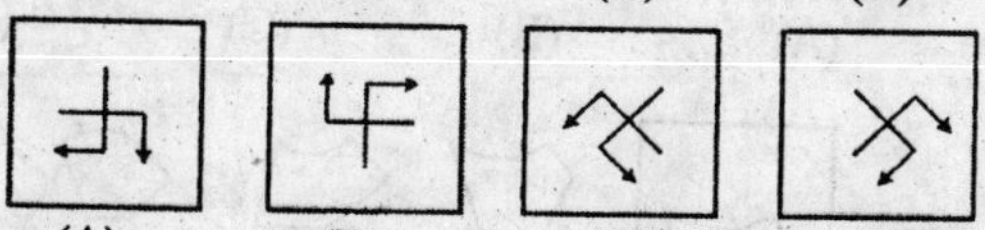

(A) (B) (C) (D)

34. 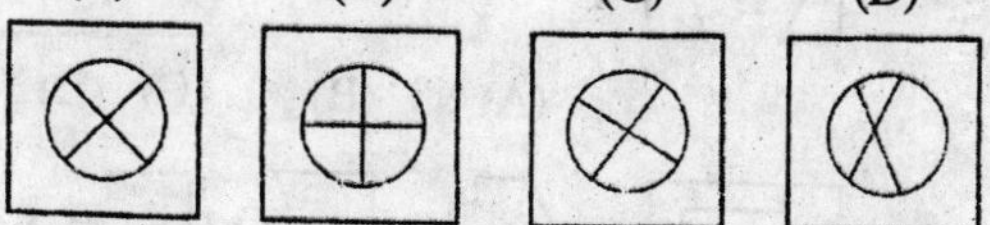

(A) (B) (C) (D)

35. 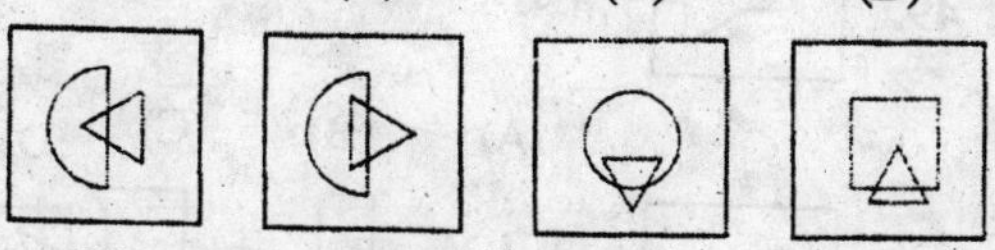

(A) (B) (C) (D)

खण्ड–VIII

निर्देश–(प्रश्न 36 से 40 तक) *प्रत्येक प्रश्न में बाईं ओर एक समस्या आकृति तथा दाईं ओर चार उत्तर आकृतियाँ (A), (B), (C) और (D) दी गई हैं उस उत्तर आकृति को चुनिए जो समस्या आकृति के बिल्कुल सदृश हो और अपना सही उत्तर चुनिए।*

समस्या आकृति **उत्तर आकृतियाँ**

36. 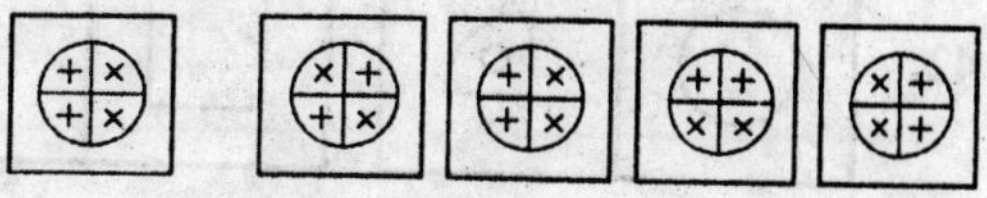

(A) (B) (C) (D)

37. 

(A) (B) (C) (D)

38. 

(A) (B) (C) (D)

39. 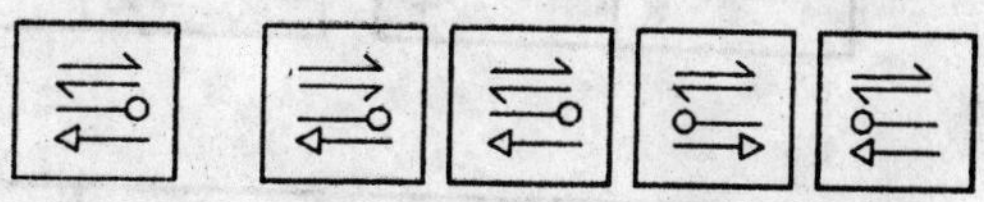

(A) (B) (C) (D)

40. 

(A) (B) (C) (D)

खण्ड–IX

निर्देश–(प्रश्न 41 से 45 तक) *निम्नलिखित प्रश्नों में, तीन समस्या आकृतियों के बाद चौथी के स्थान पर एक प्रश्नसूचक-चिन्ह (?) बना हुआ है। पहली दो समस्या आकृतियों में परस्पर एक सम्बन्ध है। इसी प्रकार तीसरी तथा चौथी समस्या आकृतियों के बीच भी एक सम्बन्ध होना चाहिए। उत्तर-आकृतियों में से वह आकृति चुनिए जो प्रश्नसूचक-चिन्ह (?) वाले स्थान पर ठीक बैठ सके। अपने सही उत्तर को चुनिए।*

समस्या आकृतियाँ उत्तर आकृतियाँ

41. 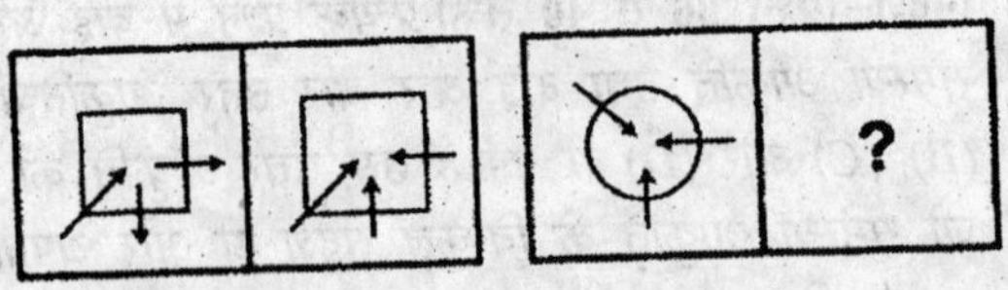 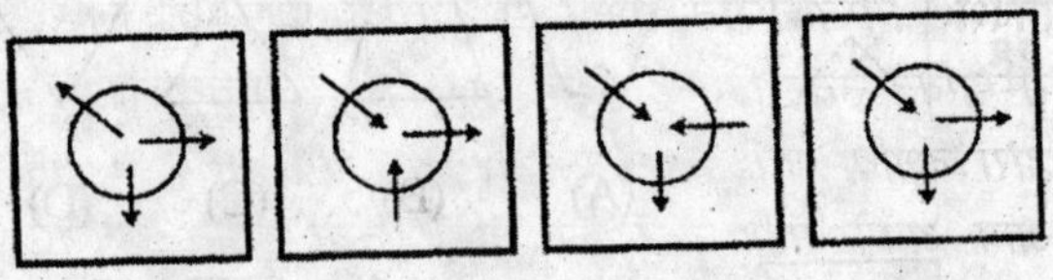

(A) (B) (C) (D)

42. 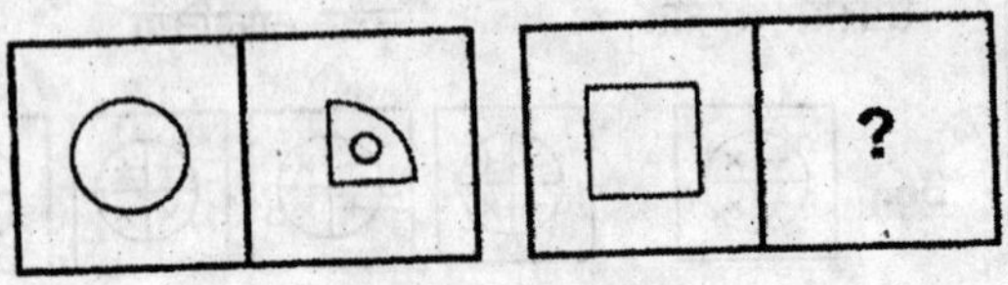 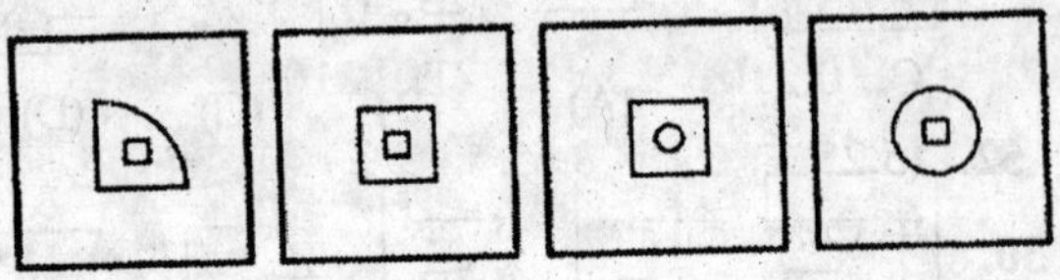

(A) (B) (C) (D)

43. 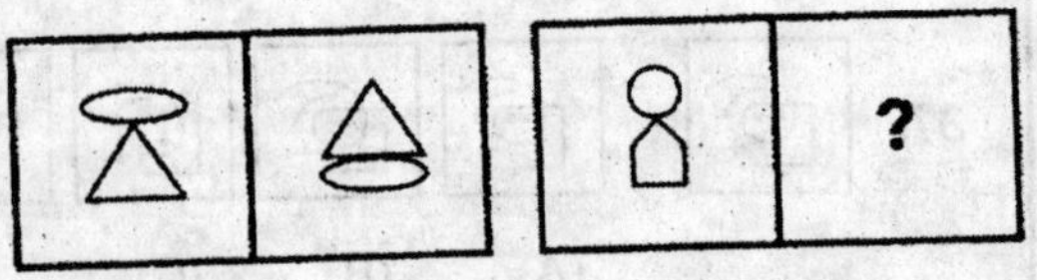 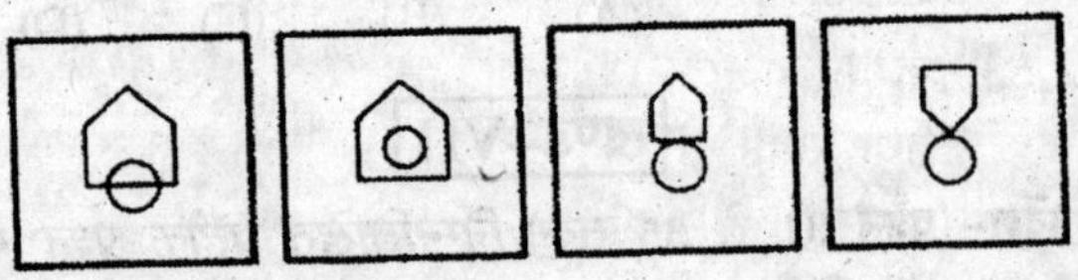

(A) (B) (C) (D)

44. 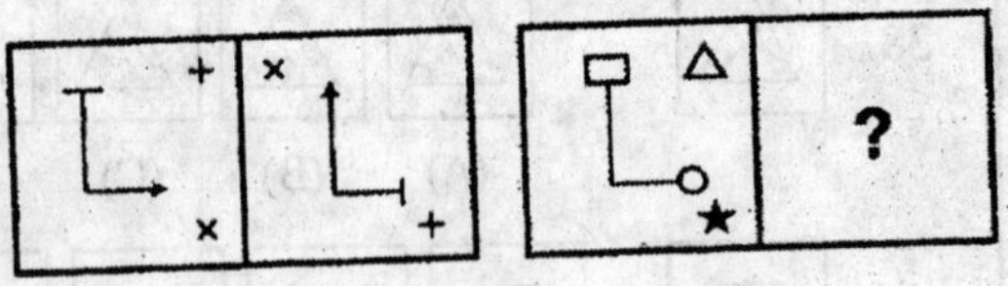 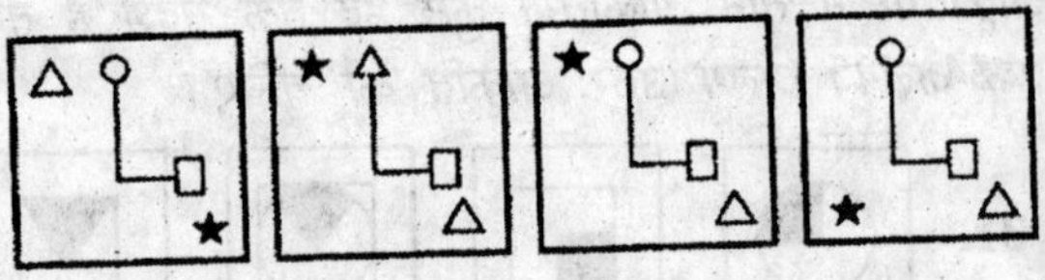

(A) (B) (C) (D)

45. 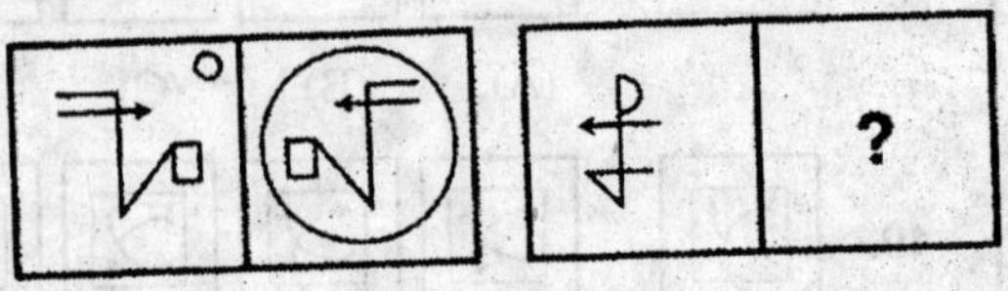 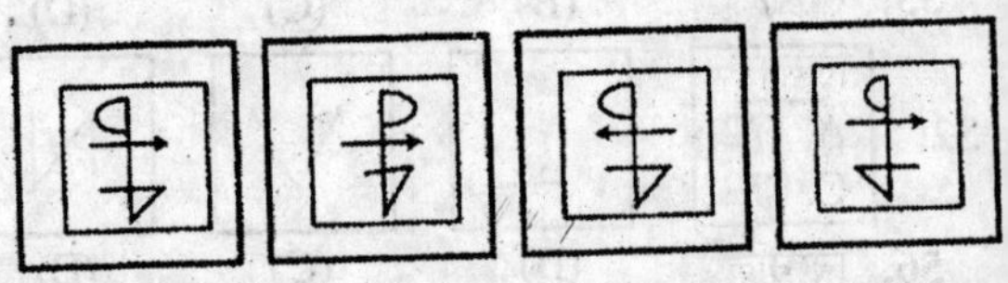

(A) (B) (C) (D)

खण्ड–X

निर्देश–(प्रश्न 46 से 50 तक) *निम्नलिखित प्रश्नों में, वर्ग का एक भाग रेखा के बाईं तरफ है तथा रेखा के दाईं तरफ दी गई चार आकृतियों (A), (B), (C) तथा (D) में से कोई एक उसका दूसरा भाग है दाईं तरफ दी गई आकृतियों में से वह आकृति ढूँढ़िए जो वर्ग को पूर्ण बनाती है। अपना सही उत्तर चुनिए।*

46. 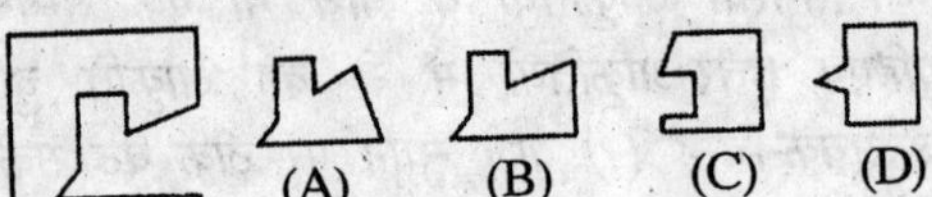

(A) (B) (C) (D)

47. 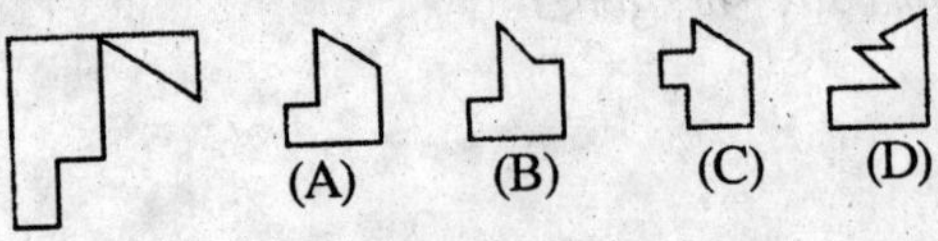

(A) (B) (C) (D)

48. 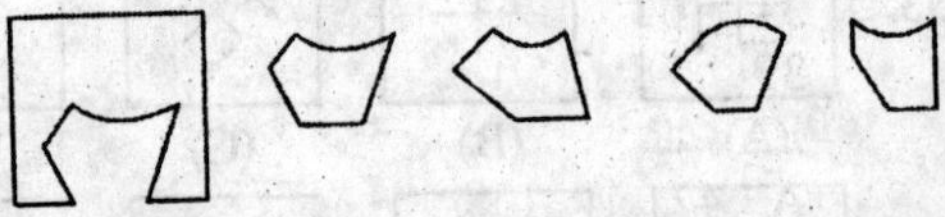

(A) (B) (C) (D)

49. 

(A) (B) (C) (D)

50. 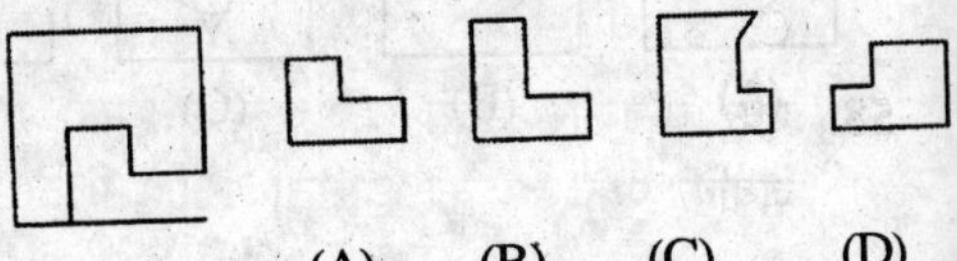

(A) (B) (C) (D)

अनुभाग-II: अंकगणित

निर्देशः *निम्नलिखित प्रश्नों में, प्रत्येक प्रश्न के लिए चार सम्भावित उत्तर दिए हैं जिन्हें (A), (B), (C) तथा (D) अक्षर द्वारा दर्शाया गया है। इनमें से केवल एक उत्तर ही सही है आप अपने सही उत्तर को चुनिए तथा इंगित कीजिए।*

51. 42000 का 0.05% क्या होगा?

A. 2.10 B. 21
C. 0.210 D. 210

52. (5.25 का 6% + 8.65 का 5%) को दशमलव संख्या में व्यक्त कीजिए:

A. 0.7574 B. 7.475
C. 0.7475 D. 7.574

53. दो संख्याओं को म.स.प. 21 तथा ल.स.प. 420 है, तथा उसमें से एक संख्या 84 है, तब दूसरी संख्या कौन-सी होगी?

A. 105 B. 126
C. 63 D. इनमें से कोई नहीं

54. [25 + {205 × 5 ÷ 10 – 10 + 15}] का मान कितना होगा?

A. 13.25 B. 132.50
C. 1325 D. इनमें से कोई नहीं

55. संख्या 725670 को निकटतम हजार में किस प्रकार लिखा जाएगा?

A. 726000 B. 725000
C. 725600 D. 725700

56. निम्नलिखित में संख्याओं की अगली पंक्ति क्या होगी?

23 46 92
31 62 124
39 78 156
....

A. 47, 94, 188 B. 46, 92, 184
C. 41, 82, 164 D. 48, 96, 192

57. एक आयत तथा वर्ग का परिमाप समान है आयत की लम्बाई 10 सेमी तथा चौड़ाई 8 सेमी है, तो वर्ग का क्षेत्रफल क्या होगा?

A. 144 वर्ग सेमी B. 36 वर्ग सेमी
C. 81 वर्ग सेमी D. 64 वर्ग सेमी

58. एक घनाकार डिब्बे की प्रत्येक भुजा 10 सेमी है, जबकि एक ड्रम की धारिता 1000 लिटर है, तो ड्रम को पूरा करने के लिए कितने डिब्बों की आवश्यकता होगी?

A. 100 B. 1000
C. 10000 D. 10

59. एक नाव शान्त जल में 18 किमी प्रति घंटा की गति से बह रही है। नाव की मी/से. चाल क्या है:

A. 50 मी/से B. 72 मी/से
C. 7.2 मी/से D. 5 मी/से

60. एक रेलगाड़ी पटना से सुबह 8:25 पर मुम्बई के लिए रवाना हुई तथा उसी दिन शाम को 7:35 पर मुम्बई पहुँची। रेलगाड़ी ने यात्रा में कितना समय लिया?

A. 11 घण्टे 50 मिनट
B. 11 घण्टे 40 मिनट
C. 12 घण्टे 50 मिनट
D. 11 घण्टे 10 मिनट

61. 16 के प्रथम 6 गुणजों का योग क्या है?

A. 336 B. 240
C. 180 D. 192

62. निम्नलिखित में से कौन-सी संख्या सबसे छोटी है?
16192, 16099, 16289, 16329, 16129

A. 16129 B. 16099
C. 16192 D. 16289

63. चार अंकों की सबसे छोटी तथा पाँच अंकों की सबसे बड़ी संख्या का अन्तर क्या है?

A. 0 B. 98999
C. 11111 D. 9999

64. अंकों 6, 9, 0, 2, 1 से बनी पाँच अंकों की सबसे बड़ी संख्या निम्नलिखित में से होगी:

A. 10926 B. 69210
C. 96210 D. 29610

65. यदि संख्या 96750 में अंक 7 व 6 अपना स्थान बदल लें, तो मूल संख्या तथा नई संख्या में अन्तर क्या होगा?

A. 1050 B. 1100
C. 1000 D. 900

66. $\frac{325}{1000}$ का दशमलव समतुल्य क्या है?

A. 0.325 B. 3.25
C. 0.0325 D. 32.5

67. संख्याएँ 2.363, 7.965, 0.0363 तथा 0.0079 का योग कितना होगा?
A. 103.722 B. 1.03722
C. 10.3722 D. इनमें से कोई नहीं

68. 6.25 को 0.25 से भाग देने पर क्या प्राप्त होगा?
A. 0.25 B. 2.5
C. 250 D. 25

69. 104, 169, 117 का म.स.प. क्या है?
A. 17 B. 13
C. 19 D. 23

70. दो अंकों की सबसे बड़ी अभाज्य संख्या कौन-सी है?
A. 99 B. 98
C. 97 D. 93

71. 200°F का मान डिग्री सेल्सियस में होगा?
A. 80.3°C B. 93.3°C
C. 100.3°C D. 105.3°C

72. एक दुकानदार 12000 रुपए में एक मोटर-साइकिल खरीदता है तथा 3000 रुपए उसकी मरम्मत पर खर्च करता है, उसने मोटर-साइकिल को 18000 रुपए में बेच दिया। दुकानदार का लाभ प्रतिशत कितना है?
A. 20% B. 80%
C. 30% D. 70%

73. एक फल विक्रेता ने कुछ सन्तरे 20 रुपए के 5 के भाव से खरीदे, तथा 20 रुपए में 4 के भाव से बेचे, उसका लाभ प्रतिशत क्या होगा?
A. 20% B. 25%
C. 30% D. 75%

74. एक किसान बैंक से 20000 रुपए 12% ब्याज की दर से 2 वर्ष के लिए ऋण लेता है, तो 2 वर्ष बाद उसे कुल कितना धन वापस करना पड़ेगा?
A. 28400 रु. B. 24000 रु.
C. 24800 रु. D. इनमें से कोई नहीं

75. यदि एक व्यापारी एक टी.वी. को 900 रुपए में खरीद कर 1080 रु. में बेचता है, तो व्यापारी का लाभ प्रतिशत है:
A. 20% B. 2%
C. 25% D. 10%

अनुभाग-III: भाषा

निर्देशः इस अनुभाग में तीन अनुच्छेद है। प्रत्येक अनुच्छेद के अन्त में पाँच प्रश्न पूछे गए हैं। प्रत्येक अनुच्छेद को ध्यान से पढ़िए और उस पर पूछे गए प्रश्नों के उत्तर लिखिए। प्रत्येक प्रश्न के लिए चार सम्भावित उत्तर हैं। जिन्हें (A), (B), (C) और (D) क्रम दिया गया है। इनमें से केवल एक उत्तर सही है। आप अपने सही उत्तर को चुनिए तथा इंगित कीजिए।

अनुभाग-1

लिंकन के सम्बन्ध में सबसे प्रथम वस्तु जो सभी को प्रभावित करती थी, वह था उनका अनोखा व्यक्तित्व। वह सदैव काले वस्त्र पहनते थे, बड़ा काला टाई बांधते थे, जो प्रायः ढीली होती थी, या गलत स्थान पर लगी रहती थी। उसके वस्त्र ऐसे दिखते थे जैसे मानो और किसी के लिए सिले गए हैं। वे प्रायः नए वस्त्र नहीं होते थे उनके पैर बहुत लम्बे थे और वैसे ही उनके हाथ थे जो प्रायः राजकीय अवसरों पर सफेद बकरी के चमड़े के बने दस्तानों से ढके रहते थे। जाड़े में ओवरकोट के स्थान पर वह बड़ा भूरा रंग का शॉल ओढ़ते थे। एक दिन कुछ मित्र लिंकन तथा डगलस के सम्बन्ध में वार्तालाप कर रहे थे तथा उनकी ऊँचाई की तुलना कर रहे थे जब लिंकन अपने कमरे में आए तो किसी ने पूछा, "आदमी के पैर कितने लम्बे होने चाहिए?" इतने लम्बे कि शरीर से पृथ्वी तक पहुँच जाएं। लिंकन ने शान्त भाव से उत्तर दिया।

76. लिंकन के सम्बन्ध में ऐसी कौन-सी बात थी जो सभी को प्रभावित करती थी?
A. उनके चेहरा
B. उनके कपड़े
C. उनके पैर व हाथ
D. उनका अनोखा व्यक्तित्व

77. "लिंकन के वस्त्र ऐसे दिखते थे जैसे मानो और किसी अन्य के लिए सिले गए हों"। क्योंकि
A. वस्त्र धुले हुए नहीं होते थे
B. वस्त्र काले रंग के होते थे

C. वह बड़ी काली टाई बाँधते थे जो प्रायः ढीली होती थी या गलत स्थान पर लगी रहती थी
D. उनके हाथ पैर बहुत लम्बे होते थे

78. वह राजकीय अवसरों पर प्रायः क्या पहनते थे?
A. ओवर कोट
B. सफेद रंग का शॉल
C. सफेद बकरी के चमड़े के दस्ताने
D. काले रंग की लम्बी टाई

79. कुछ मित्र लिंकन तथा डगलस के सम्बन्ध में क्या बातें कर रहे थे?
A. उनकी ऊँचाई के बारे में
B. उनके कपड़ों के बारे में
C. उनकी आदतों के बारे में
D. उनके व्यक्तित्व के बारे में

80. जब लिंकन कमरे में घुसे, तो किसी व्यक्ति ने उनसे क्या पूछा?
A. आदमी के हाथ कितने लम्बे होने चाहिए
B. आदमी के पैर कितने लम्बे होने चाहिए
C. आदमी के ऊँचाई कितनी होनी चाहिए
D. आदमी को कैसे कपड़े पहनने चाहिए

अनुभाग-2

हमारी सभ्यता का एक बड़ा दोष यह है कि उसे यह नहीं पता कि वह अपने ज्ञान का क्या करे? जैसाकि हम देखते हैं कि विज्ञान ने हमें दैवीय शक्तियाँ प्रदान की हैं, लेकिन हम उनका प्रयोग छोटे बच्चे की भांति करते हैं। उदाहरणार्थ हम अपनी मशीनों का प्रबन्ध करना नहीं जानते। मशीनों को आदमी का सेवक बनाया था, लेकिन वह मशीनों पर इतना निर्भर हो गया है कि वे बहुत सीमा तक उनकी मालिक बन गई हैं। अधिकतर आदमी अपना समय मशीनों की देख-रेख एवं उनके रखरखाव में ही व्यतीत करता है। इसके अतिरिक्त मशीनें बड़ी कठोर स्वामी होती हैं उन्हें खाने के लिए कोयला, पीन के लिए पेट्रोल एवं सफाई के लिए तेल अवश्य चाहिए और उन्हें सही तापमान में रखा जाना चाहिए। अगर उन्हें समय पर भोजन न मिले तो अपना काम बन्द कर देंगी या क्रोध में आकर विस्फोट कर देंगी।

81. लेखक ने हमारी सभ्यता को दोषी क्यों माना है?
A. क्योंकि वह हमें सही रास्ता नहीं दिखाती है
B. क्योंकि उसे यह नहीं पता है कि वह अपने ज्ञान का क्या करें?
C. क्योंकि उसने हमें मशीनें प्रदान की हैं
D. क्योंकि उसका आधारा विज्ञान है

82. हम विज्ञान की दैवीय शक्तियों का प्रयोग किस प्रकार करते हैं?
A. वैज्ञानिकों की तरह B. जानवरों की तरह
C. मनुष्यों की तरह D. छोटे बच्चों की तरह

83. हम अपनी मशीनों का प्रबंध करना नहीं जानते, अनुच्छेद में ऐसा क्यों कहा गया है?
A. क्योंकि हमारी सभ्यता में दोष है
B. हम अयोग्य हैं
C. क्योंकि हम उनका प्रयोग छोटे बच्चों की तरह करते हैं
D. क्योंकि मशीनें बहुत बड़ी होती हैं

84. मशीनें बहुत सीमा तक आदमी की मालिक बन गई हैं, क्योंकि
A. मशीनों को आदमी का सेवक बनाया था
B. हम उनका प्रबन्ध नहीं जानते हैं
C. आदमी मशीनों पर निर्भर हो गया है
D. उसकी देख-रेख करने में बहुत समय व्यतीत करता है

85. मशीनों को खाने-पीने के लिए क्या चाहिए?
A. उन्हें खाने के लिए कोयला तथा पीने के लिए पेट्रोल चाहिए
B. मशीन न कुछ खाती है न पीती है
C. उन्हें खाने के लिए भोजन तथा पीने के लिए पानी चाहिए
D. उन्हें खाने-पीने के लिए सही तापमान चाहिए

अनुभाग-3

एक बार महात्मा गांधी ने कहा था कि इस पृथ्वी पर सभी लोगों की आवश्यकता के लिए पर्याप्त संसाधन हैं, लेकिन व्यक्ति के लालच के लिए नहीं। जब हम कम समय में अधिक लाभ कमाने के लिए हरे-भरे वृक्षों को जल्दबाजी में काटने लग जाते हैं तब हम अपने स्वयं के अस्तित्व की जड़ों पर प्रहार करते हैं बढ़ती हुई जनसंख्या से वनों पर इतना बोझ पड़ा है कि वे हरे-भरे नहीं रह सकते। औद्योगीकरण

एवं लकड़ी काटने के मशीनी साधनों के कारण वनों को काटने की गति बढ़ी है। कृषि तथा लोगों के आवास के लिए भूमि उपलब्ध कराने के लिए वनों को काटा जा रहा है।

86. किसके कारण वन हरे-भरे नहीं रह सकते?
A. बढ़ती हुई जनसंख्या के कारण
B. जड़ सूख जाने के कारण
C. मशीनी संसाधनों के कारण
D. वनों के काटने के कारण

87. गांधीजी ने कहा है कि वनों को काटा जा रहा है, क्योंकिः
A. कृषि तथा लोगों के आवास के लिए भूमि उपलब्ध कराई जा सके
B. वनों पर काफी बोझ पड़ रहा है
C. लकड़ी काटने के लिए मशीनी संसाधन उपलब्ध हैं
D. वन अपने स्वयं की जड़ों पर प्रहार करते हैं

88. लाभ कमाने के लिए जल्दबाजी में हम वन काटते हैं तबः
A. हम अपने स्वयं के अस्तित्व की जड़ों पर प्रहार करते हैं
B. हमारा लालच और बढ़ जाता है
C. कृषि की अधिकता व महत्व बढ़ जाता है
D. लकड़ी काफी मात्रा में प्राप्त होती है

89. "पृथ्वी पर सभी लोगों के लिए पर्याप्त संसाधन हैं, लेकिन किसी व्यक्ति के लालच के लिए नहीं।" इसका आशय निम्नलिखित में से क्या है?
A. लालच पाप का कारण है
B. अधिकता दुखदायी होती है
C. साधनों का सदुपयोग करें
D. साधनों से आनन्द प्राप्त होता है

90. वनों को काटने की गति बढ़ी है, क्योंकिः
A. लकड़ी अधिक चाहिए
B. भूमि की कमी है
C. हरे-भरे वन अच्छे नहीं लगते हैं
D. औद्योगीकरण एवं लकड़ी काटने के मशीनी साधन उपलब्ध हैं

निर्देशः *निम्नलिखित वाक्य चार भागों में बँटे है। प्रत्येक वाक्य में एक भाग अशुद्ध है। आप अपने सही उत्तर को चुनिए तथा इंगित कीजिए।*

91. खेलता हूँ / और मैं / मेरी पत्नी / टेनिस
(A) (B) (C) (D)

92. घर / बनती हैं / लकड़ी के / जंगली
(A) (B) (C) (D)

93. अध्यापक / हमेशा / डाँटते हैं / मेरे को
(A) (B) (C) (D)

निर्देशः *निम्नलिखित वाक्यों में रिक्त-स्थान की पूर्ति के लिए दिए गए शब्दों में से सबसे उपयुक्त शब्द चुनिए और अपने सही विकल्प को इंगित कीजिए।*

94. मैने सदैव .... दिल से चाहा है।
A. अच्छे B. सच्चे
C. साफ D. अपने

95. यह अकेला बाजार .... घूमता है।
A. से B. में
C. तक D. में से

96. पेड़ .... फल गिरता है।
A. में B. को
C. से D. पर

निर्देशः *सबसे उपयुक्त विकल्प चुनकर निम्नलिखित वाक्यों को पूरा कीजिए और अपने सही विकल्प को इंगित कीजिए।*

97. यदि इस माह वर्षा नहीं होती,
A. सारी फसल नष्ट हो जाती
B. तो सारी फसल नष्ट हो जाती
C. तो नष्ट हो जाती सारी फसल
D. सारी तो फसल नष्ट हो जाती

98. रेलगाड़ी स्टेशन से छूट जाती, अगरः
A. मैं एक पल भी देर से पहुँचता
B. एक पल भी देर से मैं पहुँचता
C. मैं पहुँचता एक पल भी देर से
D. पहुँचता एक पल भी देर मैं

निर्देशः *नीचे चार वाक्य दिए गए हैं जिन्हें 1, 2, 3 औ 4 क्रम दिया गया है उन वाक्यों से एक अनुच्छेद बना के लिए सही क्रम चुनकर अपने सही विकल्प को इंगि कीजिए।*

99. 1. खेती में बीच अच्छा बोना चाहिए।
2. फसल काटने से पहले, उसके दाने की परख करे

3. फसल जब युवावस्था में हो, तो खाद जरूरी है।
4. छोटे पौधे निकलने पर उनकी निराई जरूरी है।

A. 1, 4, 3, 2 B. 1, 2, 3, 4
C. 1, 3, 4, 2 D. 1, 4, 2, 3

100. 1. स्कूल पहुँचते ही, अध्यापकों को नमन करें
2. स्नानकर व्यायाम करें
3. सुबह जल्दी उठें
4. थोड़ा-सा नाश्ता अवश्य लें

A. 3, 2, 4, 1 B. 3, 4, 2, 1
C. 4, 3, 2, 1 D. 1, 3, 4, 2

उत्तरमाला

1	2	3	4	5	6	7	8	9	10
D	D	D	D	C	A	B	A	C	A
11	**12**	**13**	**14**	**15**	**16**	**17**	**18**	**19**	**20**
C	D	A	A	B	A	C	A	B	C
21	**22**	**23**	**24**	**25**	**26**	**27**	**28**	**29**	**30**
B	A	C	B	C	B	A	C	B	D
31	**32**	**33**	**34**	**35**	**36**	**37**	**38**	**39**	**40**
D	D	C	D	D	B	A	A	B	A
41	**42**	**43**	**44**	**45**	**46**	**47**	**48**	**49**	**50**
D	B	C	C	A	B	A	A	C	A
51	**52**	**53**	**54**	**55**	**56**	**57**	**58**	**59**	**60**
B	C	A	B	A	A	C	B	D	D
61	**62**	**63**	**64**	**65**	**66**	**67**	**68**	**69**	**70**
A	B	B	C	D	A	C	D	B	C
71	**72**	**73**	**74**	**75**	**76**	**77**	**78**	**79**	**80**
B	A	B	C	A	D	C	C	A	B
81	**82**	**83**	**84**	**85**	**86**	**87**	**88**	**89**	**90**
B	D	C	C	A	A	A	A	C	D
91	**92**	**93**	**94**	**95**	**96**	**97**	**98**	**99**	**100**
A	B	D	B	B	C	B	A	A	A

कुछ चुने हुए प्रश्नों के व्याख्यात्मक उत्तर

1. (D) के अलावा अन्य सभी में दोनों त्रिभुज समान दिशा में है।

2. (D) के अलावा अन्य सभी में लघु एवं वृहद् डिजाइनें समान चार भागों में विभाजित हैं।

3. (D) के अलावा अन्य सभी की दिशा समान है।

4. (D) के अलावा अन्य सभी रेखाओं से बनी आकृति है।

5. (C) के अलावा अन्य सभी में एक आकृति के अन्दर है।

16. प्रत्येक अगली प्रश्नाकृति में अन्दर की लघु डिजाइन तथा बाहर का वक्र क्रमशः दक्षिणावर्त अगले कोने तथा वामावर्त अगले कोने पर पहुँच जाता है इस प्रकार उत्तर आकृति (A) प्राप्त होती है।

17. प्रत्येक अगली आकृति में एक रेखा तथा एक लघु वृत्त की वामावर्त दिशा में वृद्धि होती है। इस प्रकार उत्तर आकृति (C) प्राप्त होती है।

18. प्रत्येक अगली प्रश्नाकृति में सम्पूर्ण डिजाइन दक्षिणावर्त 90° से घूम जाती है। इस प्रकार उत्तर आकृति (A) प्राप्त होती है।

19. प्रत्येक अगली प्रश्नाकृति में लघु डिजाइनें दक्षिणावर्त दिशा में एक-एक स्थान आगे बढ़ रही है। इस प्रकार उत्तर आकृति (B) प्राप्त होती है।

20. प्रत्येक अगली प्रश्नाकृति में कोनों पर लगी लघु डिजाइनें वामावर्त दिशा में अगले कोने पर पहुँच जाती है। इस प्रकार उत्तर आकृति (C) प्राप्त होती है।

21. प्रश्नाकृति 1 से 2 में सम्पूर्ण डिजाइन दक्षिणावर्त दिशा में 90° से घूम जाती है तथा कोने में लगा वक्र वामावर्त दिशा में एक कोना आगे बढ़ जाती है। इस प्रकार उत्तराकृति (B) प्राप्त होती है।

22. प्रश्नाकृति 1 से 2 में अन्दर तथा बाहर की डिजाइन आपस में स्थान बदल लेती है। इस प्रकार उत्तर आकृति (A) प्राप्त होती है।

23. प्रश्नाकृति 1 से 2 में मध्य की डिजाइन बड़ी तथा ऊपर लगे तीर की दिशा पलट जाती है। इस प्रकार उत्तराकृति (C) प्राप्त होती है।

24. प्रश्नाकृति 1 से 2 में सम्पूर्ण डिजाइन दर्पण के प्रतिबिम्ब रूप में है। इस प्रकार उत्तर आकृति (B) प्राप्त होती है।

25. प्रश्नाकृति 1 से 2 में तीर विपरीत छोर पर तथा कोने पर बना चाप दक्षिणावर्त अगले कोने पर पहुँचता है। इस प्रकार उत्तराकृति (C) प्राप्त होती है।

41. प्रश्नाकृति 1 से 2 में कोने वाला बड़ा तीर यथावत् रहता है, जबकि दोनों लघु तीर बाहर की दिशा में होते हैं इसी नियम का पालन 3 से 4 में करने पर उत्तर आकृति (D) प्राप्त होती है।

42. प्रश्नाकृति 1 से 2 में मुख्य डिजाइन का एक-चौथाई भाग ही रहता है तथा इसके अन्दर मुख्य डिजाइन छोटी होकर स्थापित हो जाती है। इसी नियम का पालन प्रश्नाकृति 3 से 4 में करने पर उत्तर आकृति (B) प्राप्त होती है।

43. प्रश्नाकृति 1 से 2 में ऊपर की डिजाइन तथा नीचे की डिजाइन आपस में स्थान परिवर्तन कर लेती हैं। इसी नियम के अनुपालन से उत्तर आकृति (C) प्राप्त होती है।

44. प्रश्नाकृति 1 से 2 में मुख्य आकृति 180° से घूम जाती है तथा लघु डिजाइन '+' दक्षिणावर्त 1 भुजा तथा '×' दक्षिणावर्त 2 भुजा आगे खिसक जाती है। इसी प्रकार 3 से 4 में करने पर उत्तराकृति (C) प्राप्त होती है।

45. प्रश्नाकृति 1 से 2 में मुख्याकृति दर्पण के प्रतिबिम्ब के रूप में आती है तथा लघु डिजाइन वृहद् होकर उसके बाहर आती है इसी नियम का पालन 3 से 4 में करने पर उत्तर आकृति (A) प्राप्त होती है।

51. $42000 \times \frac{0.05}{100} = 420 \times 0.05 = 21$

52. 5.25 का 6% + 8.65 का 5%

$$= \frac{5.25 \times 6}{100} + \frac{8.65 \times 5}{100} = 0.3150 + 0.4325$$
$$= 0.7475$$

53. $\text{दूसरी संख्या} = \frac{\text{ल.स.प.} \times \text{म.स.प.}}{\text{पहली संख्या}}$

$$= \frac{21 \times 420}{84} = 105$$

54. $[25 + \{205 \times 5 \div 10 - 10 + 15\}]$

$$= \left[25 + \left\{\frac{205 \times 5}{10} - 10 + 15\right\}\right]$$
$$= [25 + \{102.50 - 10 + 15\}]$$
$$= [25 + \{102.50 + 5\}]$$
$$= [25 + 107.50] = 132.50$$

56. 23 46 (23 × 2) 92 (23× 4)

23 →(+8)→ 31 →(+8)→ 39 →(+8)→ 47

अर्थात्, अगली पंक्ति

47 94 188 होगी

57. आयत का परिमाप = 2(10 + 8) = 36 सेमी

अब वर्ग की एक भुजा = $\frac{36}{4}$ = 9 सेमी

अर्थात् वर्ग का क्षे. = 9 × 9 = 81 वर्ग सेमी

58. डिब्बे की धारिता = $\frac{10 \times 10 \times 10}{1000}$ = 1 लीटर

अतः अभीष्ट डिब्बों की संख्या = 1000

59. 18 किमी/घण्टा = $\frac{18 \times 1000}{60 \times 60}$ मी./से. = 5 मी./से.

61. 16 के प्रथम 6 गुणजों का योग

= 16 + 32 + 48 + 64 + 80 + 96 = 336

63. अभीष्ट अन्तर = 99999 − 1000 = 98999

65. मूल संख्या = 96750

अंक बदलने पर बनी नई संख्या = 97650

∴ अभीष्ट अन्तर = 97650 − 96750 = 900

67. अभीष्ट योग

= 2.363 + 7.965 + 0.0363 + 0.0079 = 10.3722

69. $104 = 2 \times 2 \times 2 \times 13$

$169 = 13 \times 13$

$117 = 3 \times 3 \times 13$

म.स.प. = 13

71. $C = \frac{5}{9}(F-32) = \frac{5}{9}(200-32)$

$= \frac{5}{9} \times 168 = \frac{840}{9} = 93.3°C$

72. मोटर साइकिल का लागत सहित कुल मूल्य

= 12000 + 3000 = 15000 रु.

लाभ = 18000 − 15000 = 3000 रु.

तब लाभ % = $\frac{3000}{15000} \times 100 = 20\%$

73. एक सन्तरे का क्रय मूल्य = $\frac{20}{5}$ = 4 रु.

तथा एक सन्तरे का वि. मूल्य = $\frac{20}{4}$ = 5 रु.

लाभ = 5 − 4 = 1 रु.

∴ लाभ % = $\frac{1}{4} \times 100 = 25\%$

74. साधारण ब्याज = $\frac{20000 \times 12 \times 2}{100}$ = 4800 रु.

∴ अभीष्ट देय राशि = 20000 + 4800

= 24800 रु.

75. लाभ = 1080 − 900 = 180 रु.

व्यापारी का लाभ प्रतिशत = $\frac{\text{लाभ}}{\text{क्रय मूल्य}} \times 100$

$= \frac{180}{900} \times 100 = 20\%$

91. मेरी पत्नी और मैं टेनिस खेलते हैं।

92. सही वाक्य होगाः जंगली लकड़ी के घर बनते हैं।

93. 'मेरे के' स्थान पर मुझको आएगा।

पिछले प्रश्न-पत्र (हल सहित)

जवाहर नवोदय विद्यालय प्रवेश परीक्षा, 2008*

कक्षा-VI

अनुभाग-I : मानसिक योग्यता परीक्षा

खण्ड-I

निर्देश (प्रश्न 1 से 5 तक): *प्रत्येक प्रश्न में चार आकृतियाँ (A), (B), (C) तथा (D) दी गई हैं। इन चार आकृतियों में से तीन आकृतियाँ कुछ हद तक सदृश हैं तथा एक अलग। अलग आकृति को चुनकर संलग्न उत्तर पुस्तिका में हर प्रश्न के आगे दिए गए बॉक्स ☐ में अंग्रेजी संख्या में उत्तर लिखें।*

1.

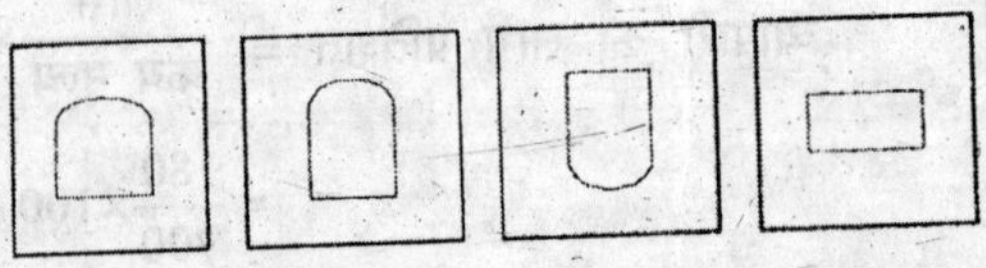

(A) (B) (C) (D)

2.

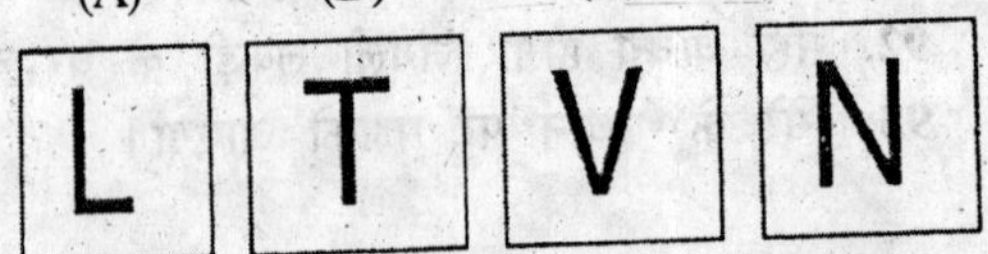

(A) (B) (C) (D)

3.

(A) (B) (C) (D)

4.

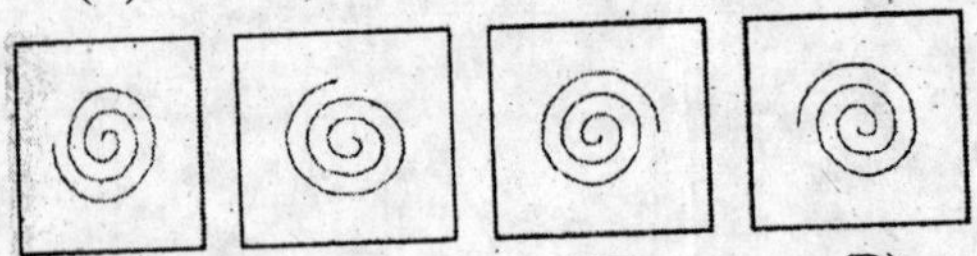

(A) (B) (C) (D)

5.

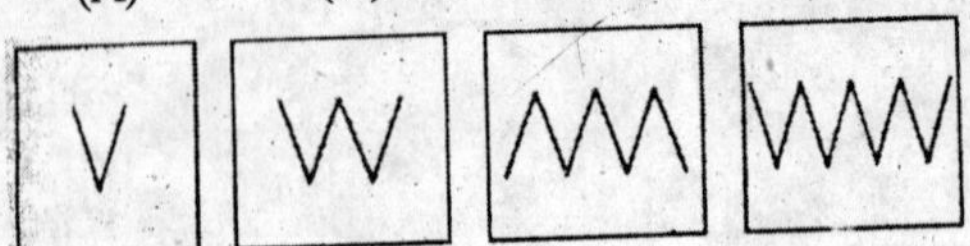

(A) (B) (C) (D)

खण्ड-II

निर्देश (प्रश्न 6 से 10 तक): *प्रत्येक प्रश्न में बाईं ओर एक समस्या आकृति तथा दाईं ओर चार उत्तर आकृतियाँ (A), (B), (C) तथा (D) दी गई हैं। उस उत्तर आकृति को चुनिये जो समस्या आकृति के बिल्कुल सदृश हो तथा सही उत्तर चुनकर संलग्न उत्तर पुस्तिका में हर प्रश्न के आगे दिए गए बॉक्स ☐ में अंग्रेजी संख्या में उत्तर लिखें।*

समस्या-आकृति | **उत्तर-आकृतियाँ**

6.

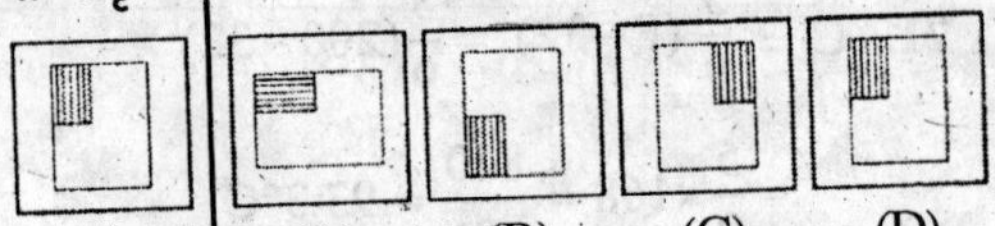

(A) (B) (C) (D)

7.

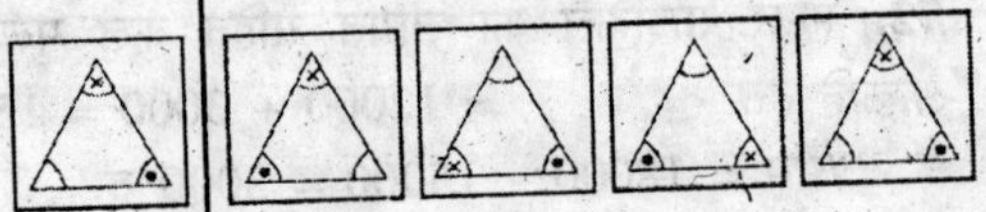

(A) (B) (C) (D)

8.

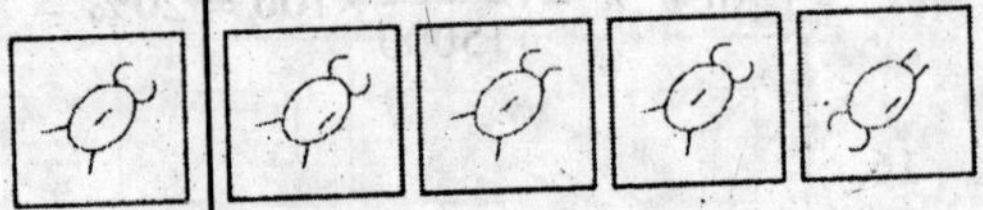

(A) (B) (C) (D)

9.

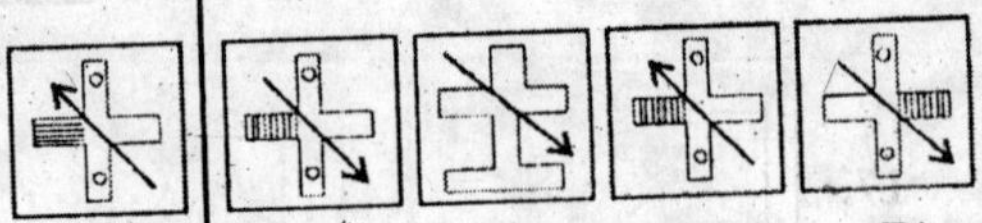

(A) (B) (C) (D)

10.

(A) (B) (C) (D)

खण्ड-III

निर्देश (प्रश्न 11 से 15 तक): *प्रत्येक प्रश्न में रेखा के बा[illegible] तरफ एक समस्या-आकृति दी गयी है। इस आकृति का ए[illegible] भाग गायब है। दाईं तरफ दी गई (A), (B), (C) तथा (D[illegible] उत्तर-आकृतियों को देखिए। उस आकृति को ढूँढ़िए जो बिन[illegible] अपनी दिशा बदले समस्या-आकृति के गायब भाग में इस तर[illegible] ठीक बैठती है कि समस्या आकृति का पैटर्न पूरी तरह ब[illegible]*

*स्मृति पर आधारित।

जाता है। सही उत्तर चुनकर उसका क्रमांक उत्तर पुस्तिका में प्रत्येक प्रश्न संख्या के आगे दिए गए बॉक्स ☐ में अंग्रेजी संख्या अंकित करें।

समस्या-आकृति | **उत्तर-आकृतियाँ**

11.

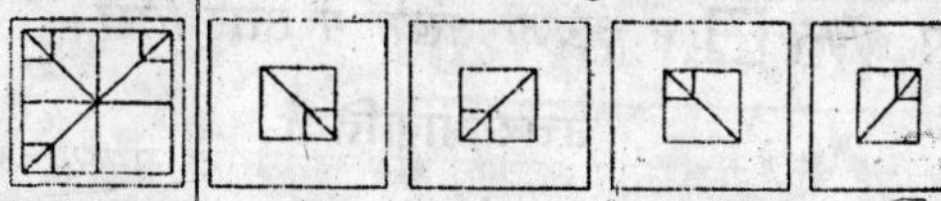

(A) (B) (C) (D)

12.

(A) (B) (C) (D)

13.

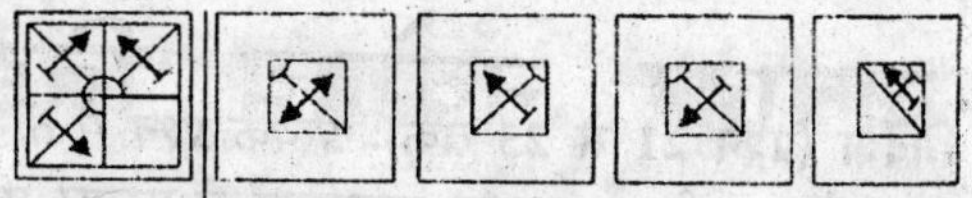

(A) (B) (C) (D)

14.

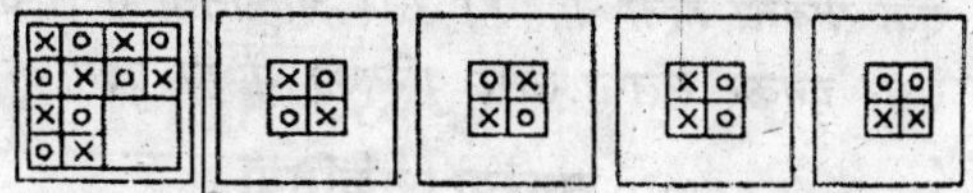

(A) (B) (C) (D)

15.

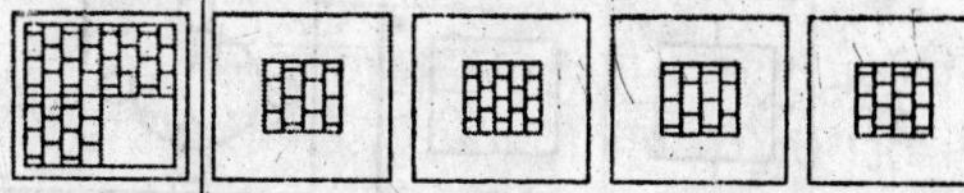

(A) (B) (C) (D)

खण्ड-IV

निर्देश (प्रश्न 16 से 20 तक): प्रत्येक प्रश्न में रेखा के बाईं तरफ तीन समस्या आकृतियाँ दी गई हैं तथा चौथे के लिए स्थान रिक्त रखा गया है। समस्या आकृतियाँ एक शृंखला में हैं। ढूँढ़िए कि रेखा के दाईं तरफ दी गईं उत्तर आकृतियों में से कौन-सी आकृति इस शृंखला को पूरा करती है। सही उत्तर चुनकर उत्तर पुस्तिका में प्रत्येक प्रश्न संख्या के आगे दिए गए बॉक्स ☐ में अंग्रेजी संख्या में उत्तर अंकित करें।

समस्या-आकृतियाँ | **उत्तर-आकृतियाँ**

16.

(A) (B) (C) (D)

17.

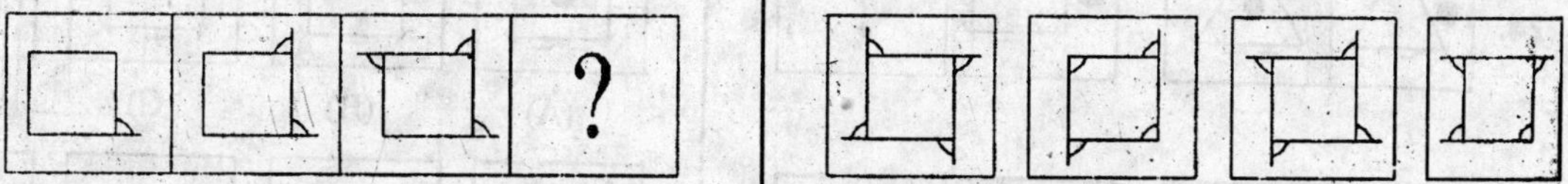

(A) (B) (C) (D)

18.

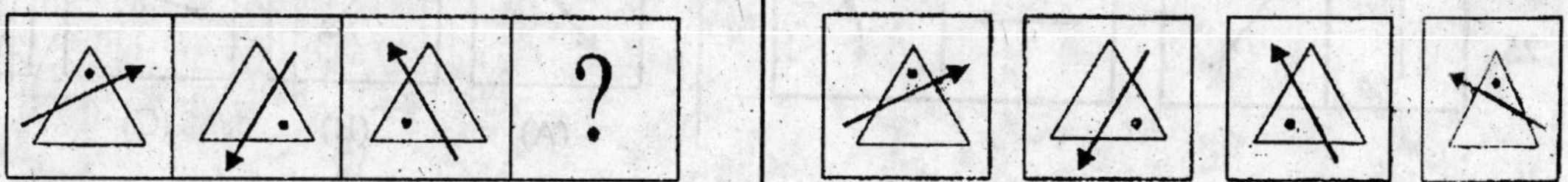

(A) (B) (C) (D)

19.

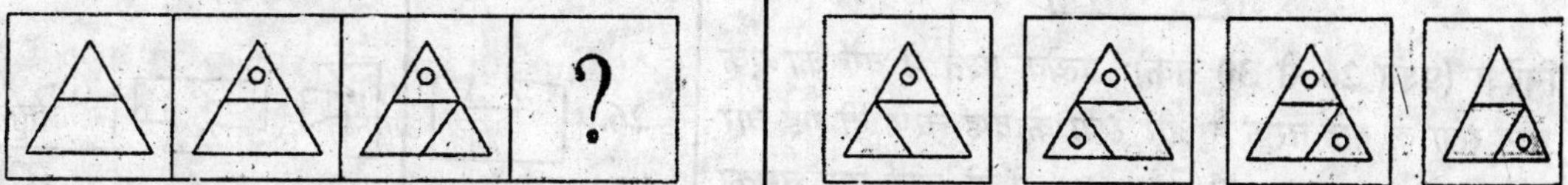

(A) (B) (C) (D)

20.

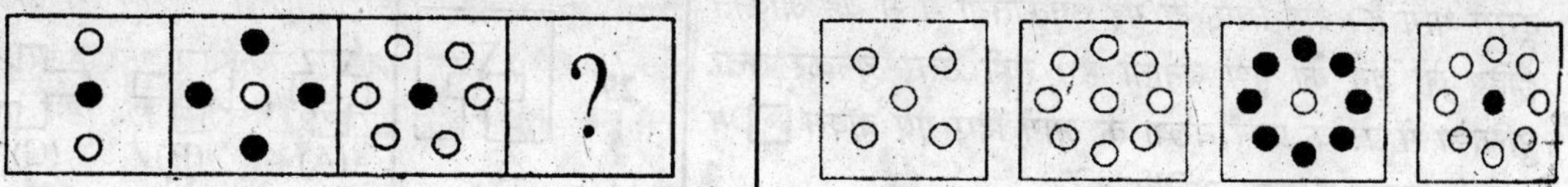

(A) (B) (C) (D)

खण्ड-V

निर्देश (प्रश्न 21 से 25 तक): *प्रत्येक प्रश्न में तीन समस्या आकृतियों के बाद चौथी के स्थान पर एक प्रश्नसूचक चिह्न बना हुआ है। पहली दो समस्या आकृतियों में परस्पर एक संबंध है। इसी प्रकार तीसरी तथा चौथी समस्या आकृतियों के बीच भी एक सम्बन्ध होना चाहिए। उत्तर आकृतियों में से वह आकृति चुनिए जो प्रश्नसूचक चिह्न वाले स्थान पर ठीक बैठ सके। सही उत्तर चुनकर संलग्न उत्तर पुस्तिका में हर प्रश्न के आगे दिए गए बॉक्स □ में अंग्रेजी संख्या में उत्तर लिखें।*

समस्या-आकृतियाँ | उत्तर-आकृतियाँ

21. 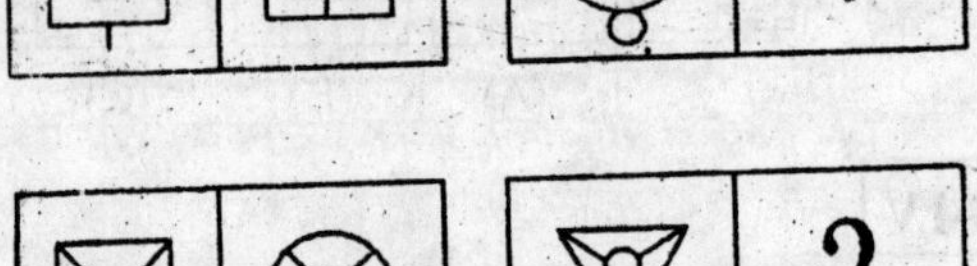 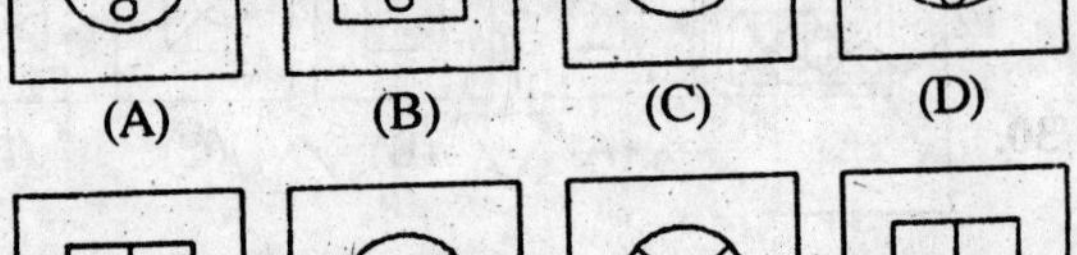
(A) (B) (C) (D)

22.  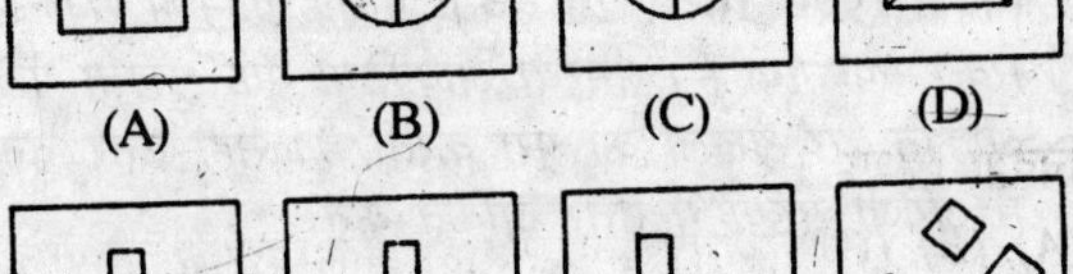
(A) (B) (C) (D)

23. 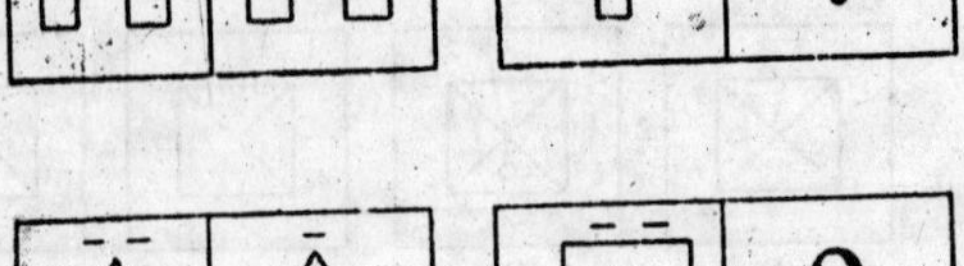 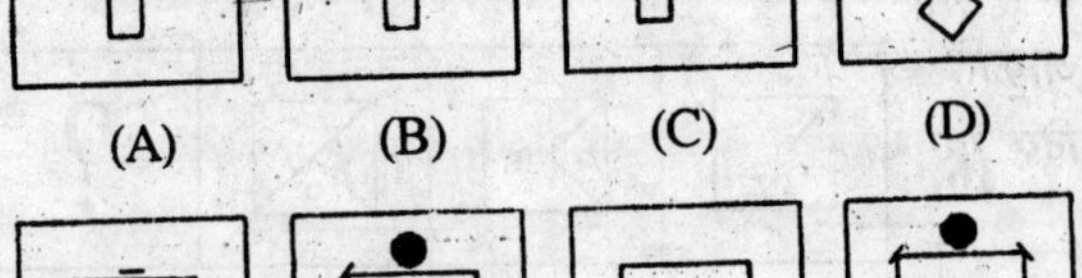
(A) (B) (C) (D)

24. 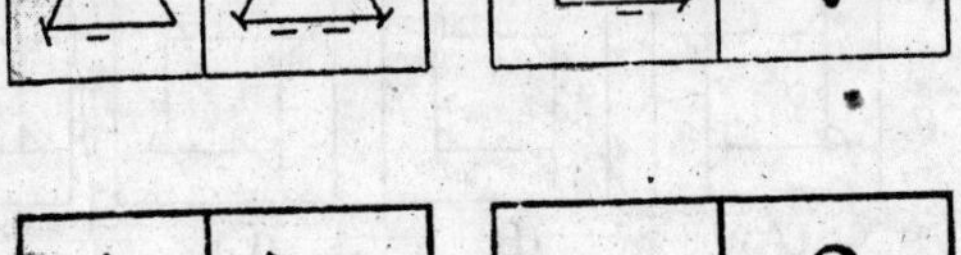 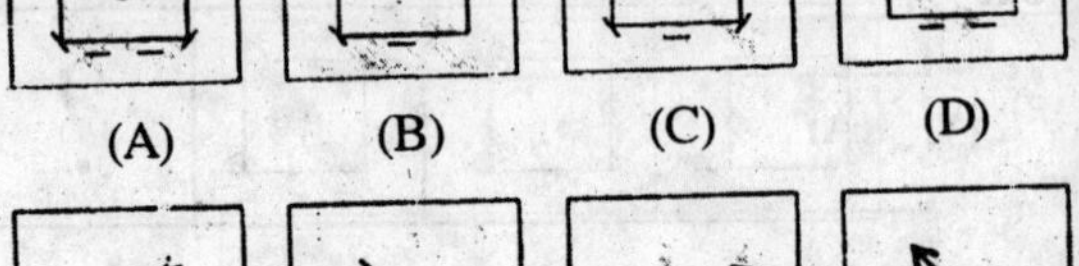
(A) (B) (C) (D)

25. 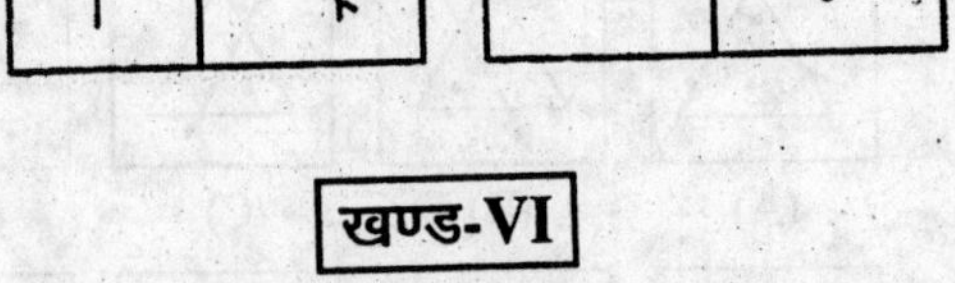 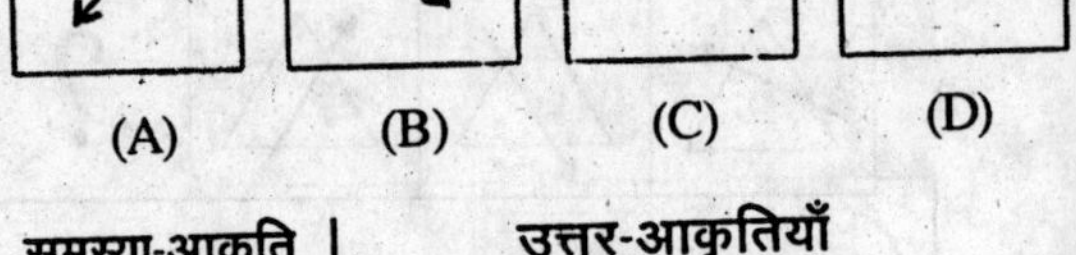
(A) (B) (C) (D)

खण्ड-VI

निर्देश (प्रश्न 26 से 30 तक): *प्रत्येक प्रश्न में वर्ग का एक भाग रेखा के बाईं तरफ है और रेखा के दाईं तरफ दी गई चार आकृतियों (A), (B), (C) और (D) में से कोई एक उसका दूसरा भाग है। दाईं तरफ दी गई आकृतियों में से वह आकृति ढूँढ़िए जो वर्ग को पूर्ण बनाती है। सही उत्तर चुनकर उत्तर पुस्तिका में प्रत्येक प्रश्न संख्या के आगे दिए गए बॉक्स □ में अंग्रेजी संख्या में उत्तर अंकित करें।*

समस्या-आकृति | उत्तर-आकृतियाँ

26.  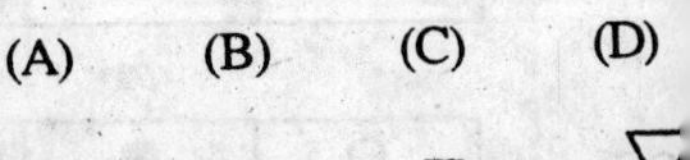
(A) (B) (C) (D)

27. 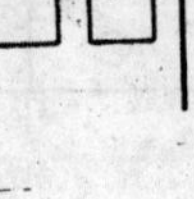 
(A) (B) (C) (D)

समस्या-आकृति उत्तर-आकृतियाँ

28. 

(A) (B) (C) (D)

29. 

(A) (B) (C) (D)

30. 

(A) (B) (C) (D)

खण्ड-VII

निर्देश (प्रश्न 31 से 35 तक): *प्रत्येक प्रश्न में चार आकृतियाँ (A), (B), (C) तथा (D) दी गई हैं। इन चार आकृतियों में से तीन आकृतियाँ कुछ हद तक सदृश हैं तथा एक अलग। अलग आकृति को चुनकर संलग्न उत्तर पुस्तिका में हर प्रश्न के आगे दिए गए बॉक्स ☐ में अंग्रेजी संख्या में उत्तर लिखें।*

31. 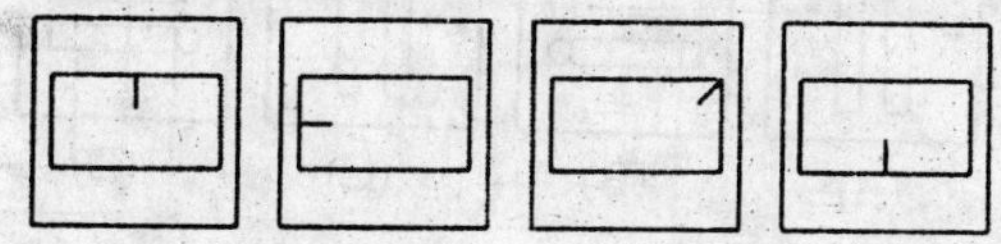

(A) (B) (C) (D)

32. 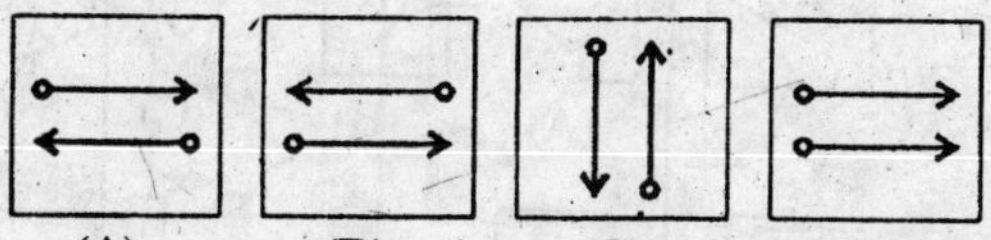

(A) (B) (C) (D)

33. 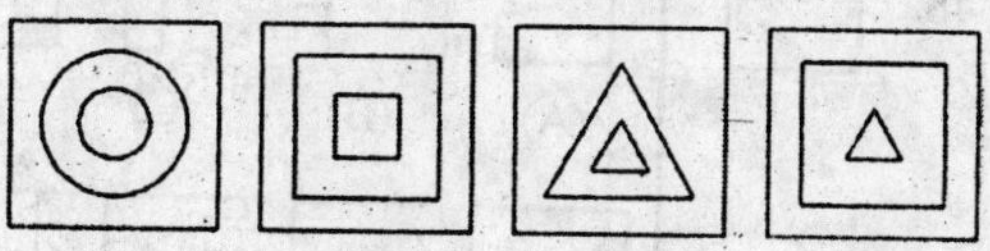

(A) (B) (C) (D)

34. 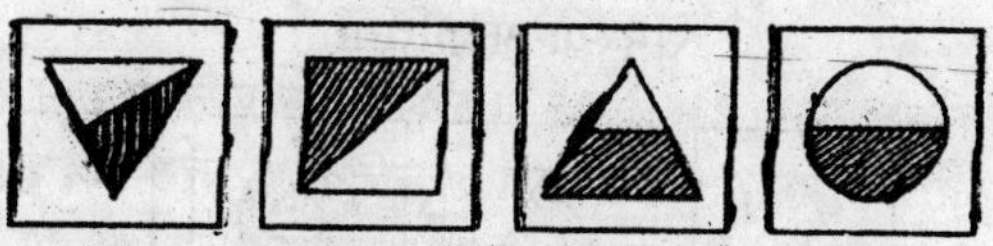

(A) (B) (C) (D)

35. 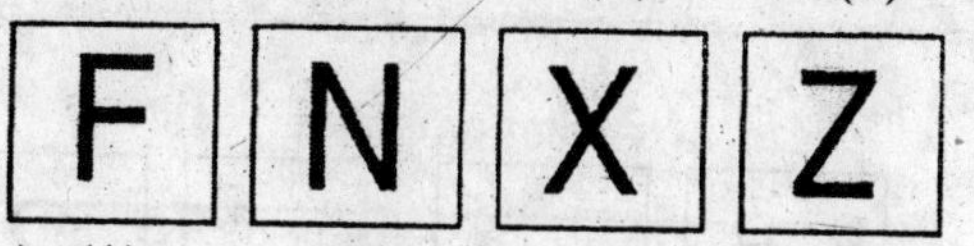

(A) (B) (C) (D)

खण्ड-VIII

निर्देश (प्रश्न 36 से 40 तक): प्रत्येक प्रश्न में बाईं ओर एक समस्या आकृति तथा दाईं ओर चार उत्तर आकृतियाँ (A), (B), (C) तथा (D) दी गई हैं। उस उत्तर आकृति को चुनिये जो समस्या आकृति के बिल्कुल सदृश हो तथा सही उत्तर चुनकर संलग्न उत्तर पुस्तिका में हर प्रश्न के आगे दिए गए बॉक्स ☐ में अंग्रेजी संख्या में उत्तर अंकित करें।

समस्या-आकृति उत्तर-आकृतियाँ

36. 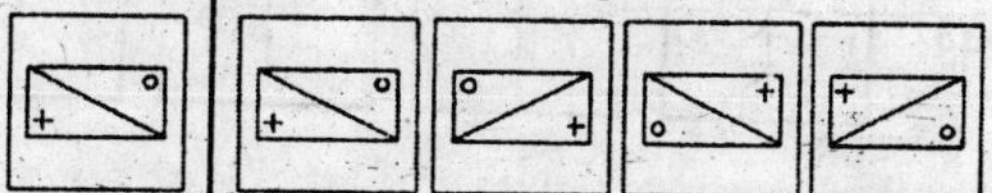

(A) (B) (C) (D)

37. 

(A) (B) (C) (D)

38. 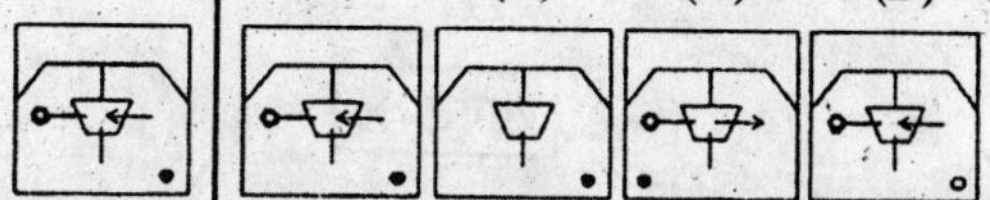

(A) (B) (C) (D)

39. 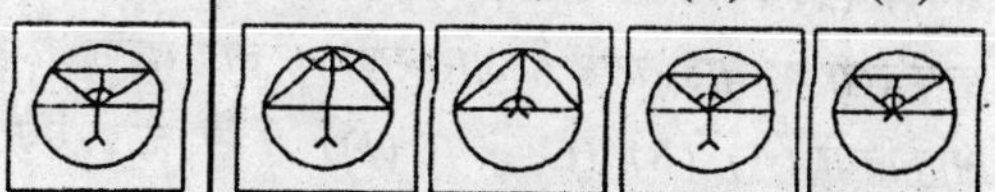

(A) (B) (C) (D)

40. 

(A) (B) (C) (D)

खण्ड-IX

निर्देश (प्रश्न 41 से 45 तक): *प्रत्येक प्रश्न में बाईं तरफ तीन समस्या आकृतियाँ दी गई हैं तथा चौथी के स्थान पर एक प्रश्नसूचक चिह्न बना हुआ है। पहली दो समस्या आकृतियों में परस्पर एक संबंध है। इसी प्रकार तीसरी तथा चौथी समस्या आकृतियों के बीच भी एक संबंध होना चाहिए। उत्तर आकृतियों में से वह आकृति चुनिए जो प्रश्नसूचक चिह्न वाले स्थान पर ठीक बैठ सके। सही उत्तर चुनकर उत्तर पुस्तिका में प्रत्येक प्रश्न संख्या के आगे दिए गए बॉक्स ☐ में अंग्रेजी संख्या में उत्तर अंकित करें।*

समस्या-आकृतियाँ | उत्तर-आकृतियाँ

41.  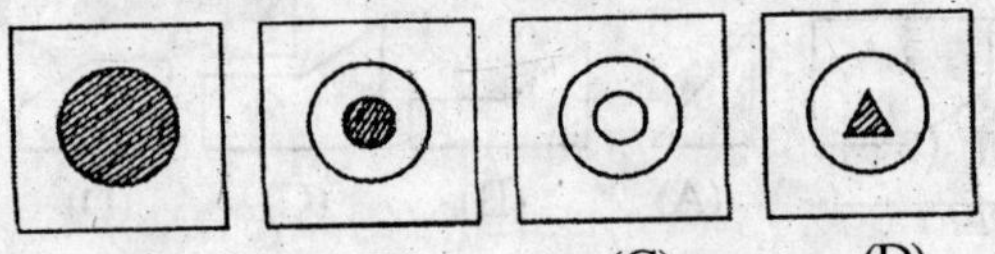

(A) (B) (C) (D)

42. 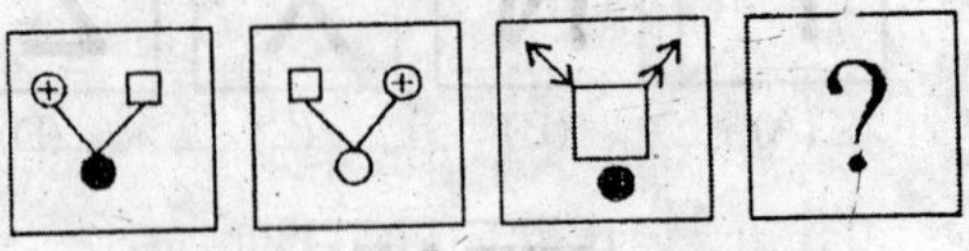 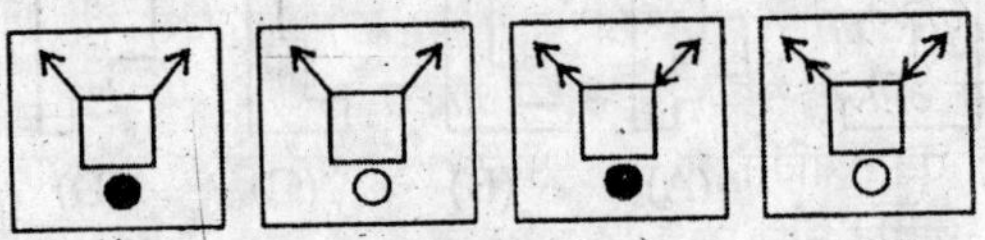

(A) (B) (C) (D)

43. 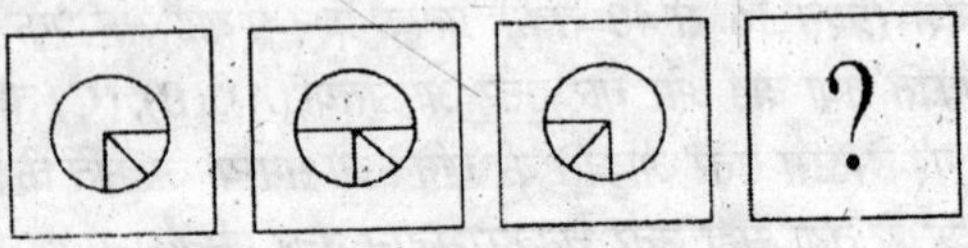 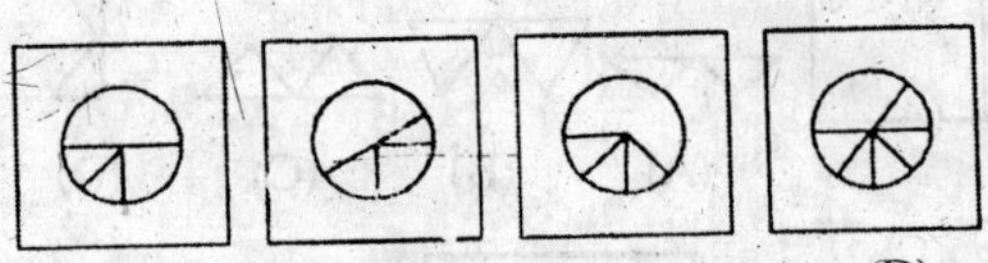

(A) (B) (C) (D)

44. 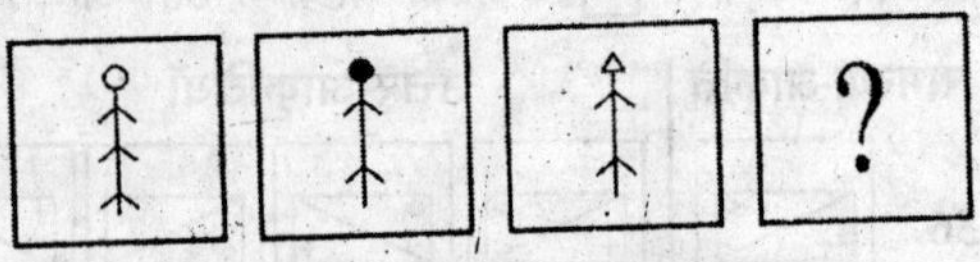 

(A) (B) (C) (D)

45. 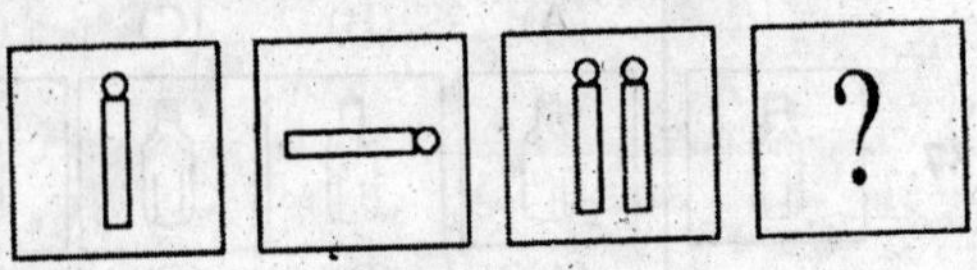 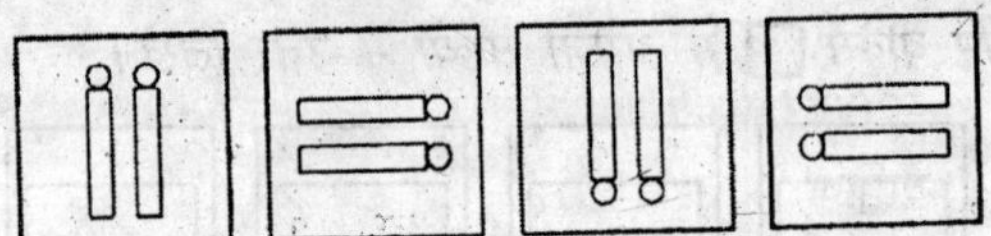

(A) (B) (C) (D)

खण्ड-X

निर्देश (प्रश्न 46 से 50 तक): *प्रत्येक प्रश्न में वर्ग का एक भाग रेखा के बाईं तरफ है और रेखा के दाईं तरफ दी गई चार आकृतियों (A), (B), (C) और (D) में से कोई एक उसका दूसरा भाग है। दाईं तरफ दी गई आकृतिय्रों में से वह आकृति ढूँढ़िए जो वर्ग को पूर्ण बनाती है। सही उत्तर चुनकर संलग्न उत्तर पुस्तिका में प्रत्येक प्रश्न संख्या के आगे दिए गए बॉक्स ☐ में अंग्रेजी संख्या में उत्तर अंकित करें।*

समस्या-आकृति | उत्तर-आकृतियाँ

46.  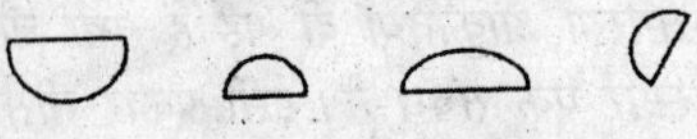

(A) (B) (C) (D)

47.  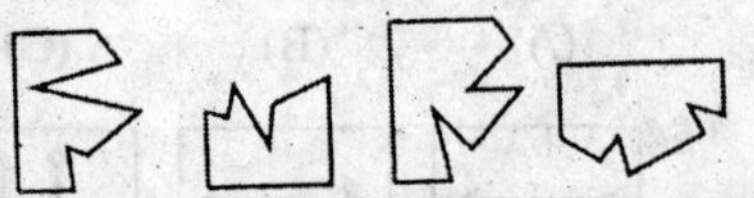

(A) (B) (C) (D)

48.  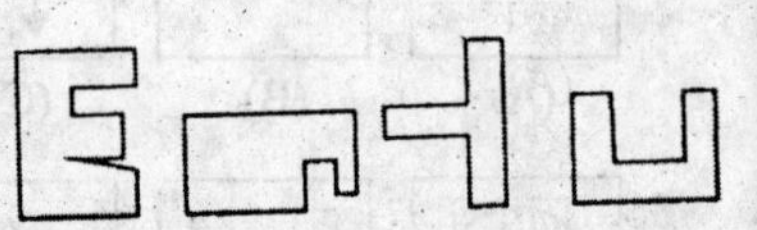

(A) (B) (C) (D)

49.  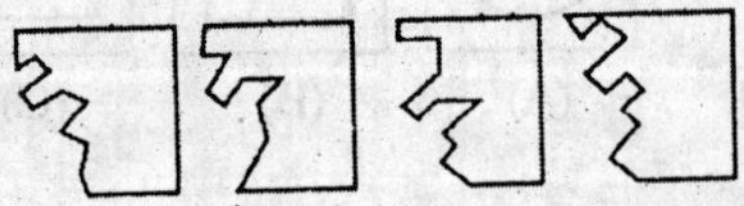

(A) (B) (C) (D)

50.  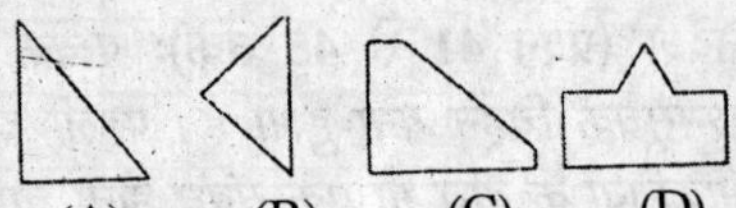

(A) (B) (C) (D)

अनुभाग-II : अंकगणित

निर्देश (प्रश्न 51 से 75 तक): *प्रत्येक प्रश्न के लिए चार सम्भावित उत्तर हैं जिन्हें (A), (B), (C) और (D) क्रम दिया गया है। इनमें से केवल एक उत्तर सही है। आप सही उत्तर चुनकर उत्तर पुस्तिका में प्रत्येक प्रश्न संख्या के आगे दिए गए बॉक्स ☐ में अंग्रेजी संख्या में उत्तर अंकित करें।*

51. एक व्यक्ति ने कुछ संतरे 15 रुपए के 5 के भाव से खरीदे तथा उन्हें 16 रुपए के 4 के भाव से बेचे। उसका लाभ प्रतिशत क्या है?

(A) $33\frac{1}{3}\%$ (B) 15%

(C) $12\frac{1}{2}\%$ (D) 10%

52. एक व्यक्ति ने जूतों का एक जोड़ा 200 रुपए में खरीदकर उस पर 20 रुपए बिक्री कर दिया। यदि वह उस जोड़े को 300 रुपए में बेचे, तो उसका लाभ क्या है?

(A) 100 रुपए (B) 80 रुपए

(C) 60 रुपए (D) 20 रुपए

53. यदि एक व्यक्ति ने 1000 रुपए उधार लेकर 2 वर्ष बाद 1200 रुपए वापिस किए, तो उसने कितने प्रतिशत वार्षिक ब्याज दिया?

(A) 5% (B) 10%

(C) $12\frac{1}{2}\%$ (D) 15%

54. एक आयत की विमाएँ 20 मी. × 10 मी. हैं। उसके फर्श पर लगाने के लिए 5 मी. भुजा वाले वर्गाकार कितने पत्थर चाहिए?

(A) 20 (B) 12

(C) 10 (D) 8

55. कौन-सा रास्ता अधिक लम्बा है, AB + BC अथवा सीढ़ियाँ वाला?

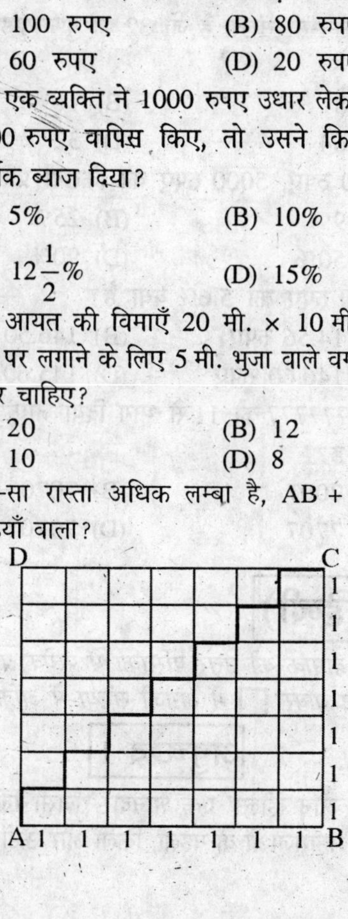

(A) AB + BC

(B) सीढ़ियों वाला

(C) कुछ नहीं कहा जा सकता

(D) बराबर है

56. प्रत्येक 100 रुपए पर 1 रुपए मासिक की ब्याज की दर से 1000 रुपये उधार लिये गए। एक वर्ष बाद कितनी अधिक राशि (ब्याज) दिया जायेगा?

(A) 100 रुपए (B) 120 रुपए

(C) 60 रुपए (D) 50 रुपए

57. एक घन की आयतन 729 सेमी.^{3} है। उसकी एक भुजा क्या है?

(A) 5 सेमी. (B) 7 सेमी.

(C) 9 सेमी. (D) 11 सेमी.

58. 2 घन मी. आयतन वाली बाल्टी को भरने के लिए 200 मिली. वाली कितनी बोतलों की आवश्यकता है?

(A) 100 (B) 1000

(C) 4000 (D) 10000

59. नीचे के दण्ड चार्ट से बताइए कि कितने विद्यार्थी विद्यालय आने के लिए 5 किमी. अथवा अधिक दूरी तय करते हैं?

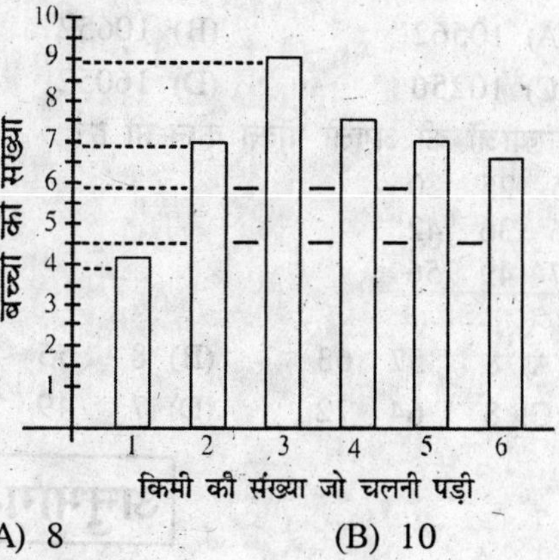

(A) 8 (B) 10

(C) 11 (D) 14

60. $\frac{1}{2}+\frac{1}{6}+\frac{1}{12}+\frac{1}{20}$ को सरल करने पर क्या मिलता है?

(A) $\frac{4}{5}$ (B) $\frac{4}{7}$

(C) $\frac{3}{5}$ (D) $\frac{6}{7}$

61. $3\frac{5}{8}$ का दशमलव समतुल्य क्या है?

(A) 3.580 (B) 3.850
(C) 3.65 (D) 3.625

62. 65067 में से छोटी से छोटी कौन-सी संख्या घटाई जाए कि यह 13 से पूर्णतया विभाजित हो जाए?

(A) 2 (B) 5
(C) 9 (D) 11

63. 37 तथा 29 के गुणनफल में से क्या घटाया जाए कि परिणाम 1000 आ जाए?

(A) 37 (B) 43
(C) 73 (D) 53

64. 207 से 237 तक कुल कितने नोट होंगे?

(A) 30 (B) 31
(C) 32 (D) 444

65. एक अंक की छोटी से छोटी अभाज्य संख्या क्या होगी?

(A) 0 (B) 1
(C) 2 (D) 3

66. अंकों 2, 0, 5, 6 तथा 1 से बनने वाली छोटी से छोटी पांच अंकों की सम संख्या कौन-सी है?

(A) 10562 (B) 10652
(C) 10256 (D) 16052

67. संख्याओं की अगली पंक्ति कौन-सी है?

5 25 30
6 36 42
7 49 56
....

(A) 8 57 63 (B) 8 55 63
(C) 8 64 72 (D) 7 49 72

68. जब 2.05 को 302.005, से गुणा किया जाए तो निकटतम परिणाम क्या है?

(A) 605 (B) 615
(C) 620 (D) 625

69. $12-\left[12-\left\{8-\left(2-\overline{3+5}\right)\right\}\right]$ को सरल करने पर क्या मिलेगा?

(A) 14 (B) 12
(C) 10 (D) −2

70. 12, 16, 36 का ल.स. है—

(A) 16 (B) 36
(C) 72 (D) 144

71. दो संख्याओं का म.स. तथा ल.स. क्रमशः 12 तथा 144 हैं। इन संख्याओं का गुणनफल क्या है?

(A) 144×12 (B) $\frac{144}{12}$
(C) $144 - 12$ (D) $144 + 12$

72. वह कौन-सी संख्या है जो 32 का गुणनखंड तथा गुणज दोनों हैं?

(A) 8 (B) 16
(C) 64 (D) 32

73. 4500 रुपए, 5000 रुपए का कितना प्रतिशत है?

(A) 9% (B) 25%
(C) 50% (D) 90%

74. 2600 रुपए का 5.6% क्या है?

(A) 14.56 रुपए (B) 146.50 रुपए
(C) 146.60 रुपए (D) 145.60 रुपए

75. जब 777777 को 11 से भाग दिया जाए, तो भागफल क्या है?

(A) 7007 (B) 7070
(C) 7707 (D) 70707

अनुभाग-III : भाषा (हिन्दी)

निर्देश (प्रश्न 76 से 90 तक): *इस अनुभाग में तीन अनुच्छेद दिए गए हैं। प्रत्येक अनुभाग के अन्त में पाँच प्रश्न दिए गए हैं। प्रत्येक अनुच्छेद को ध्यान से पढ़िए और उस पर पूछे गए प्रश्नों के उत्तर लिखिए। प्रत्येक प्रश्न के चार सम्भावित उत्तर दिए गए हैं जिन पर (A), (B), (C) और (D) क्रमांक अंकित है। इन उत्तरों में से एक ही सही है। आपको सही उत्तर पहचानना है और उसके क्रमांक को उत्तर पुस्तिका में प्रत्येक प्रश्न संख्या के लिए निर्दिष्ट बॉक्स ☐ में अंग्रेजी संख्या में अंकित करना है।*

अनुच्छेद-1

'पैलेस ऑन व्हील्स' एक शानदार राजसी रेल गाड़ी है जो पर्यटकों को महाराजाओं के महलों, किलों और ऊँटों के कारवाओं

वाले जादुई क्षेत्रों को सप्ताह भर तक घुमाती-फिराती है। यह सभी रेलगाड़ियों की रानी दिल्ली कैंट रेलवे स्टेशन से चलती है। यह बेदाग सफाई वाली गाड़ी पूरी वातानुकूलित है। इसके भोजन यान में विशेष राजस्थानी व्यंजन तथा चुनिंदा भारतीय और महाद्वीपीय व्यंजन परोसे जाते हैं। यह चित्तौड़गढ़ और उदयपुर में ठहरती है और उसके बाद रणथंभौर राष्ट्रीय उद्यान पहुँचती है जो बाघ परियोजना के अंतर्गत सबसे पहले लाया गया था। इसके बाद यह थार मरुस्थल में स्थित जैसलमेर पहुँचती है। उसके बाद यह जोधपुर पहुँचती है, जहाँ पर्यटक मेहरानगढ़ किला, मोती महल, फूल महल और शीश महल देखते हैं। उसके बाद यह भरतपुर जाती है। यहाँ एक सुंदर पक्षी-विहार है जहाँ साइबेरियाई सारस, जल मुर्ग, बगुट और ऐसे अनेक पक्षी घोंसले बनाते हैं, फतेहपुर सीकरी में एक दिन विश्राम तथा आश्चर्यों के आश्चर्य शानदार ताजमहल के अविस्मरणीय दर्शन के बाद यह यात्रा समाप्त होती है।

76. उक्त अनुच्छेद के लिए सबसे उपयुक्त शीर्षक कौन-सा है?

(A) शानदार गाड़ी
(B) पैलेस ऑन व्हील्स
(C) रेलगाड़ियों की रानी
(D) एक रेलयात्रा

77. अनुच्छेद में आए किस शब्द का अर्थ है—जो भुलाया नहीं जा सकता।

(A) आश्चर्यजनक
(B) सुंदर
(C) अविस्मरणीय
(D) शानदार

78. बाघ परियोजना के अंतर्गत सबसे पहले आया क्षेत्र था—

(A) रणथंभौर राष्ट्रीय उद्यान
(B) जैसलमेर
(C) जोधपुर
(D) भरतपुर

79. पैलेस ऑन व्हील्स में निम्नलिखित में से कौन-से व्यंजन परोसे जाते हैं?

(A) राजस्थानी
(B) भारतीय
(C) महाद्वीपीय
(D) राजस्थानी, भारतीय और महाद्वीपीय

80. पैलेस ऑन व्हील्स है एक शानदार—

(A) बस
(B) रेलगाड़ी
(C) कार
(D) डिब्बा

अनुच्छेद-2

सिंड्रेला भागकर बगीचे में गई और अपनी देवी माँ के लिए एक सबसे अच्छा कद्दू ले आई। वह हैरान थी कि इससे उसे बॉल में जाने की मदद कैसे मिलेगी।

देवी माँ ने कद्दू का भीतरी भाग खुरच कर निकाल दिया और अब केवल उसका छिलका ही बच गया। उसके बाद उसने उसे अपनी जादू की छड़ से हुआ तो कद्दू सोने का चमकतो रथ बन गया।

उसके बाद उसने चूहे दानी में देखा जहाँ छह जिंदा चूहे थे। ज्यों ही उसने उन चूहों को जादू की छड़ से छुआ, वे छह सुंदर घोड़ों में बदल गए। इन बहुत ही सुंदर भूरे चितकबरे घोड़ों से एक रथ तैयार हो गया।

81. देवी माँ ने कद्दू का भीतरी भाग खुरच कर निकाल दिया-इसका अर्थ है—

(A) उसने कद्दू का छिलका उतार दिया
(B) कद्दू के छोटे टुकड़े कर दिए
(C) कद्दू को पका लिया
(D) कद्दू का गूदा निकाल दिया और बाहरी भाग वैसा ही बना रहा

82. देवी माँ ने जादू की छड़ी से सिंड्रेला के लिए एक सुंदर रथ बना दिया, ताकि

(A) सिंड्रेला राजकुमारी सी बनकर पार्टी में जा सके
(B) वह उसमें सैर-सपाटा कर सके
(C) लोग उसका मजाक उड़ाएँ
(D) सिंड्रेला को फिर कभी पैदल न चलना पड़े

83. देवी माँ ने सिंड्रेला से एक अच्छा बड़ा कद्दू मंगवाया, क्योंकि

(A) वह उसे कद्दू से बना सुंदर व्यंजन पकाना सिखाना चाहती थी
(B) वह उसे अपनी जादुई शक्ति से रथ में बदल देना चाहती थी
(C) वह सिंड्रेला को उसकी दयालुता के लिए भेंट देना चाहती थी
(D) वह इसे बाजार में बेचकर सिंड्रेला को रुपए देना चाहती थी

84. देवी माँ थी—

(A) सिंड्रेला की देखभाल के लिए रखी एक आया
(B) एक धनी और दयालु महिला जिसने सिंड्रेला को गोद लिया था

(C) जादुई शक्ति वाली परी

(D) सिंड्रेला की सौतेली माँ

85. सिंड्रेला बॉल में जाना चाहती थी-इसका अर्थ है वह

(A) बाजार जाकर बॉल खरीदना चाहती थी

(B) दूसरे को चिढ़ाकर मस्ती करना चाहती थी

(C) नाच पार्टी में जाना चाहती थी

(D) उस बॉल को उठाना चाहती थी जिसे कुछ शैतान बच्चों ने बगीचे में फेंक दिया था

अनुच्छेद-3

वास्को-डि-गामा ने अपने दो आदमी कालीकट के राजा के पास यह बताने भेजा कि वह समुद्र के रास्ते पुर्तगाल से आए हैं और उसे पुर्तगाल के राजा ने एक पत्र दिया है। कालीकट के राजा ने उत्तर दिया कि वास्को-डि-गामा का स्वागत है और उसने अपने अधिकारी भेजकर उसे अपने महल में बुलवाया। वास्को-डि-गामा ने अपने सबसे अच्छे कपड़े पहने, अपने साथ तेरह आदमियों को लिया और चल पड़ा। वह एक प्रकार की ढोई जाने वाली कुर्सी पर बैठा जिसे 'पालकी' कहा जाता है। यह एक प्रकार का बक्सा था जिसमें एक खिड़की थी और बैठने के लिए एक आसन था। उसके सामने एक डंडा निकला था और एक डंडा पीछे, और इन्हीं डंडों के सहारे उसे लोगों के कंधों पर उठाया गया।

86. राजा से मिलने के लिए उसने तैयारी कैसे की?

(A) अनेक लोगों को बताकर

(B) अपने सबसे सुंदर कपड़े पहनकर

(C) अपने साथ एक कुरसी लेकर

(D) अपने साथ एक बड़ा बक्सा लेकर

87. वास्को-डि-गामा ने राजा के महल पहुँचने के लिए कैसे यात्रा की?

(A) महल तक पैदल चला

(B) कंधों पर ढोई जाने वाली पालकी में बैठकर

(C) समुद्री यात्रा करके

(D) लोगों के कंधों पर बैठकर

88. उत्तर में कालीकट के राजा ने क्या किया?

(A) वास्को-डि-गामा को अपने महल में बुलवाने के लिए अपने अधिकारियों को भेजा

(B) अपने सुंदर कपड़े भिजवाए

(C) उसे एक पत्र भेजा

(D) उसे एक पालकी भेजी

89. वह कालीकट के राजा को क्या कहना चाहता था?

(A) स्वागत करना चाहता था

(B) मिलना चाहता था

(C) वह यूरोप से आया है और पुर्तगाल के राजा का पत्र लाया है

(D) वह यूरोप का रहने वाला है

90. वास्को-डि-गामा ने कालीकट के राजा के पास किसे भेजा?

(A) अपने अधिकारी

(B) अपने दो आदमी

(C) पुर्तगाल का राजा

(D) तेरह आदमी

निर्देश (प्रश्न 91 से 92 तक): *सबसे उपयुक्त विकल्प चुनकर निम्नलिखित वाक्यों को पूरा कीजिए और संलग्न उत्तर पुस्तिका में हर प्रश्न के आगे दिये गये बॉक्स में अंग्रेजी में उत्तर लिखें।*

91. प्रातः काल नाश्ते में हमें—

(A) एक गिलास कम पीने चाहिए और कुछ दूध खाना चाहिए

(B) कुछ दूध पीना चाहिए और फलों का एक गिलास लेना चाहिए

(C) फल और दूध का एक गिलास खाना-पीना चाहिए

(D) एक गिलास दूध पीना चाहिए और कुछ फल खाने चाहिए

92. कमरा बहुत सुंदर लग रहा है क्योंकि—

(A) दीवारों पर चमकीले रंग पुते हैं

(B) चमकीली दीवारों पर रंग पुते हैं

(C) पुती दीवारों पर रंग चमकीले हैं

(D) दीवारों से चमकीले पुते रंग हैं

निर्देश (प्रश्न 93 से 94 तक): *नीचे चार वाक्य दिए गए हैं जिन्हें 1, 2, 3, 4 क्रम दिया गया है। उन वाक्यों से एक अनुच्छेद बनाने के लिए सही क्रम चुनकर संलग्न उत्तर पुस्तिका में हर प्रश्न के आगे दिये गये बॉक्स में अंग्रेजी संख्या में उत्तर लिखें।*

93. 1. पुस्तकें हमारी सबसे अच्छी मित्र हैं

2. हम कहानियाँ पढ़ सकते हैं

3. पुस्तकें पढ़ने से हमारा ज्ञान बढ़ता है

4. हमें अच्छी पुस्तकें चुननी चाहिए

सही क्रम होगा—

(A) 1234 (B) 2431

(C) 1432 (D) 3412

94. 1. और बच्चे प्यार से उन्हें चाचा नेहरू कहते थे
2. इसलिए उनके जन्मदिन को बालदिवस के रूप में मनाते हैं
3. वे बच्चों से प्यार करते थे
4. जवाहरलाल नेहरू का जन्म 14 नवम्बर को हुआ था

सही क्रम होगा–
(A) 4321 (B) 1234
(C) 3412 (D) 4312

निर्देश (प्रश्न 95 से 97 तक): *निम्नलिखित वाक्यों में रिक्तस्थान की पूर्ति के लिए दिए हुए शब्दों में से सबसे उपयुक्त शब्द चुनिए और संलग्न उत्तर पुस्तिका में हर प्रश्न के आगे दिये गये बॉक्स में अंग्रेजी संख्या में उत्तर लिखें।*

95. मेरे पिताजी .... कि शतरंज कैसे खेली जाती है?
(A) जाने थे
(B) जाने-माने थे
(C) जानते हैं
(D) जानते रहे हैं

96. रमा .... दस कपड़े हैं।
(A) से अलग (B) के पास
(C) के बिना (D) ऊपर

97. मैं चार वर्ष .... इस विद्यालय में पढ़ रहा हूँ।
(A) में (B) से
(C) तक (D) लगभग

निर्देश (प्रश्न 98 से 100 तक): *निम्नलिखित वाक्य चार भागों में बंटे हैं। प्रत्येक वाक्य में एक भाग अशुद्ध है। आप सही उत्तर चुनकर संलग्न उत्तर पुस्तिका में हर प्रश्न के आगे दिये गये बॉक्स में अंग्रेजी संख्या में उत्तर लिखें।*

98. (A) सभी/ (B) लड़के/
(C) बगीचा में/ (D) खेल रहे हैं।

99. (A) मेरे भाई/
(B) जिन्हें/
(C) एक डॉक्टर हैं/
(D) अमेरिका गए हैं।

100. (A) मेरे/
(B) माता-पिता/
(C) एक फ्लैट से/
(D) रहते हैं।

उत्तरमाला

1	2	3	4	5	6	7	8	9	10
(D)	(D)	(D)	(D)	(C)	(D)	(D)	(C)	(C)	(B)
11	**12**	**13**	**14**	**15**	**16**	**17**	**18**	**19**	**20**
(A)	(A)	(C)	(A)	(C)	(A)	(C)	(A)	(C)	(C)
21	**22**	**23**	**24**	**25**	**26**	**27**	**28**	**29**	**30**
(D)	(C)	(B)	(A)	(C)	(B)	(D)	(B)	(A)	(A)
31	**32**	**33**	**34**	**35**	**36**	**37**	**38**	**39**	**40**
(C)	(D)	(D)	(C)	(C)	(A)	(C)	(A)	(C)	(C)
41	**42**	**43**	**44**	**45**	**46**	**47**	**48**	**49**	**50**
(B)	(D)	(A)	(A)	(B)	(A)	(D)	(C)	(D)	(B)
51	**52**	**53**	**54**	**55**	**56**	**57**	**58**	**59**	**60**
(B)	(A)	(B)	(D)	(D)	(C)	(B)	(D)	(C)	(A)
61	**62**	**63**	**64**	**65**	**66**	**67**	**68**	**69**	**70**
(D)	(A)	(C)	(B)	(C)	(C)	(C)	(C)	(A)	(D)
71	**72**	**73**	**74**	**75**	**76**	**77**	**78**	**79**	**80**
(A)	(D)	(D)	(D)	(D)	(B)	(C)	(A)	(D)	(B)
81	**82**	**83**	**84**	**85**	**86**	**87**	**88**	**89**	**90**
(D)	(A)	(B)	(C)	(C)	(B)	(B)	(A)	(C)	(B)
91	**92**	**93**	**94**	**95**	**96**	**97**	**98**	**99**	**100**
(D)	(A)	(C)	(D)	(C)	(B)	(B)	(C)	(B)	(C)

कुछ चुने हुए प्रश्नों के व्याख्यात्मक उत्तर

1. अन्य सभी आकृतियाँ सीधी रेखाओं एवं वक्र रेखाओं से बनी हैं।

2. अन्य सभी आकृतियों में पैटर्न दो रेखाखंडों से बना है।

3. अन्य सभी आकृतियों में पक्षियों (मुर्गा, उल्लू तथा तोता) के चित्र दिए गए हैं।

4. अन्य सभी आकृतियाँ घड़ी की सूई की दिशा में घूम रही हैं।

5. अन्य सभी आकृतियों में पैटर्न (V) की पुनरावृत्ति हो रही है।

16. प्रत्येक अगली आकृति में एक रेखाखंड जुड़ रहा है तथा बिंदु घड़ी की सूई की विपरीत दिशा में एक घर आगे बढ़ती है।

17. प्रत्येक अगली आकृति में घड़ी की सूई की विपरीत दिशा में एक-एक डिजाइन (⌓) जुड़ रहा है।

18. प्रत्येक अगली आकृति में काली बिंदु घड़ी की सूई की दिशा में एक चरण आगे बढ़ती है तथा उसी के अनुदिश तीर पर घूमता है।

19. पहली आकृति से दूसरी आकृति में एक बिंदु जुड़ जाता है। दूसरी आकृति से तीसरी आकृति में एक रेखाखंड जुड़ जाता है। इस प्रकार तीसरी आकृति से उत्तर आकृति में एक बिंदु की वृद्धि होगी।

20. प्रत्येक अगली आकृति में दो छोटे वृत्त जुड़ रहे हैं तथा छायांकित वृत्त सफेद हो जाते हैं तथा सफेद वृत्त छायांकित हो जाते हैं। इस प्रकार उत्तर आकृति में नौ वृत्त होंगे तथा केंद्र में स्थित वृत्त सफेद हो जाएगा।

21. पहली आकृति से दूसरी आकृति में वर्ग के बाहर की चार रेखाएँ वर्ग के अंदर चली जाती हैं। इसी प्रकार तीसरी से चौथी आकृति में वृत्त के बाहर की चार छोटे-छोटे वृत्त भी बड़े वृत्त के अंदर चले जाएंगे।

22. पहली आकृति से दूसरी आकृति में दोनों मुख्य डिजाइनें (वर्ग एवं वृत्त) आपस में स्थान परिवर्तन करते हैं। इसी प्रकार जब तीसरी आकृति के त्रिभुज एवं वृत्त आपस में स्थान परिवर्तन करेंगे तो चौथी आकृति प्राप्त होगी।

23. पहली आकृति से दूसरी आकृति में केंद्र में स्थित चार छोटे रेखाखंड विलुप्त हो जाते हैं। तीसरी से चौथी आकृति में भी इसी प्रकार का परिवर्तन होता है।

24. पहली आकृति से दूसरी आकृति में बिंदु त्रिभुज के अंदर आ जाती है, ऊपर दो रेखाखंडों में से एक रेखाखंड विलुप्त हो जाता है तथा नीचे दो छोटे-छोटे रेखाखंड जुड़ जाते हैं। तीसरी से चौथी आकृति में इसी प्रकार का परिवर्तन होता है।

25. पहली प्रश्नाकृति से दूसरी में तीर घड़ी की सूई की विपरीत दिशा में घूम जाता है तथा नीचे दो छोटे-छोटे रेखाखंड जुड़ जाते हैं। तीसरी से चौथी प्रश्नाकृति में भी इसी प्रकार का परिवर्तन होता है।

31. अन्य सभी आकृतियों में अंदर छोटी रेखा सीधी है तथा आयत की भुजाओं के मध्य में स्थित है।

32. अन्य सभी आकृतियों में दोनों डिजाइनों की दिशा अलग-अलग है।

33. अन्य सभी आकृतियों में दोनों डिजाइन एक समान हैं।

34. अन्य सभी आकृतियों में आधा भाग छायांकित है।

35. अन्य सभी आकृतियां तीन रेखाखंडों से बनी हैं।

41. पहली आकृति से दूसरी आकृति में सफेद भाग छायांकित हो जाता है तथा छायांकित भाग सफेद हो जाता है। इसी प्रकार का परिवर्तन तीसरी से चौथी आकृति में होता है।

42. पहली आकृति से दूसरी आकृति में ऊपर की दो डिजाइनें आपस में स्थान परिवर्तन करती हैं तथा नीचे का वृत्त सफेद हो जाता है। तीसरी से चौथी आकृति में भी इसी प्रकार का परिवर्तन होता है।

43. पहली आकृति से दूसरी आकृति में एक रेखाखंड जुड़ जाती है। तीसरी से चौथी आकृति में भी इसी प्रकार का परिवर्तन होता है।

44. पहली आकृति से दूसरी आकृति में वृत्त छायांकित हो जाता है तथा नीचे की दो रेखाखंड गायब हो जाती है। इसी प्रकार तीसरी से चौथी आकृति में त्रिभुज छायांकित हो जाएगा तथा नीचे की दो रेखाखंड विलुप्त हो जाएगी।

45. पहली आकृति से दूसरी आकृति में डिजाइन घड़ी की सूई की दिशा में 90° से घूम जाती है। तीसरी आकृति में इसी प्रकार का परिवर्तन करने पर चौथी आकृति प्राप्त होती है।

51. माना कि व्यक्ति ने 20 (5 एवं 4 का लघुत्तम समापवर्त्य) संतरे खरीदा।

$\because$ 5 संतरों का क्रय मूल्य = 15 रुपए

$\therefore$ 1 संतरे का क्रय मूल्य $= \frac{15}{5} = 3$ रुपए

$\therefore$ 20 संतरों का क्रय मूल्य $= 3 \times 20 = 60$ रुपए

पुनः,

$\because$ 4 संतरों का विक्रय मूल्य = 16 रुपए

$\therefore$ 1 संतरे का विक्रय मूल्य $= \frac{16}{4} = 4$ रुपए

$\therefore$ 20 संतरों का विक्रय मूल्य $= 4 \times 20 = 80$ रुपए

$\therefore$ लाभ = विक्रय मूल्य − क्रय मूल्य

$= 80 - 60 = 20$ रुपए

$\therefore$ लाभ % $= \frac{\text{लाभ} \times 100}{\text{क्रय मूल्य}} = \frac{20 \times 100}{60} = \frac{100}{3}$

$= 33\frac{1}{3}\%$

52. जूते का क्रय मूल्य = 200 रुपए + बिक्री कर

$= 200 + 20 = 220$ रुपए

विक्रय मूल्य = 300 रुपए

$\therefore$ लाभ = विक्रय मूल्य − क्रय मूल्य

$= 300 - 220 = 80$ रुपए

53. समय = 2 वर्ष

मूलधन = 1000 रुपए

मिश्रधन = 1200 रुपए

$\therefore$ ब्याज = मिश्रधन − मूलधन

$= 1200 - 1000 = 200$ रुपए

$\therefore$ दर $= \frac{\text{ब्याज} \times 100}{\text{मूलधन} \times \text{समय}} = \frac{200 \times 100}{1000 \times 2} = 10\%$

54. फर्श का क्षेत्रफल = लम्बाई × चौड़ाई

$= 20 \times 10 = 200$ वर्ग मीटर

एक वर्गाकार पत्थर का क्षेत्रफल

= भुजा × भुजा

$= 5 \times 5 = 25$ वर्ग मीटर

$\therefore$ पत्थरों की संख्या $= \frac{\text{फर्श का क्षेत्रफल}}{\text{एक पत्थर का क्षेत्रफल}}$

$= \frac{200}{25} = 8$

55. $AB + BC = (1 + 1 + 1 + 1 + 1 + 1 + 1) + (1 + 1 + 1 + 1 + 1 + 1 + 1) = 7 + 7 = 14$ इकाई

सीढ़ी से जाने पर भी 14 इकाई की दूरी तय करनी होगी।

56. ब्याज की दर = 100 रुपए पर 1 रुपया मासिक

= 100 रुपए पर 12 रुपए वार्षिक

= 12% वार्षिक

समय = 1 वर्ष

मूलधन = 1000 रुपए

$\therefore$ ब्याज $= \frac{\text{मूलधन} \times \text{समय} \times \text{दर}}{100}$

$= \frac{1000 \times 1 \times 12}{100} = 120$ रुपए

57. घन का आयतन = 729 सेमी^{3}

$\therefore$ घन की एक भुजा $= \sqrt[3]{\text{घन का आयतन}}$

$= \sqrt[3]{729}$

$= \sqrt[3]{9 \times 9 \times 9}$

= 9 सेमी.

58. 1 घन मीटर = 1000 लीटर = 1000000 मिली लीटर

$\therefore$ 2 घन मीटर = 2000000 मिली लीटर

एक बोतल का आयतन = 200 मिली लीटर

$\therefore$ बोतलों की संख्या $= \frac{\text{बाल्टी का आयतन}}{\text{एक बोतल का आयतन}}$

$= \frac{2000000}{200} = 10000$

59. दिये गये दण्ड चार्ट से 5 किमी. की दूरी तय करने वाले विद्यार्थियों की संख्या = 6

6 किमी. की दूरी तय करने वाले विद्यार्थियों की संख्या = 5

$\therefore$ अभीष्ट विद्यार्थियों की संख्या = 6 + 5 = 11

60. व्यंजक $\frac{1}{2} + \frac{1}{6} + \frac{1}{12} + \frac{1}{20}$

$= \frac{30 + 10 + 5 + 3}{60}$

$= \frac{48}{60} = \frac{4}{5}$

61. $3\frac{5}{8} = 3 + \frac{5}{8}$

अब,

```
8) 50 (0.625
   48
   20
   16
   40
   40
    ×
```

$\therefore 3\frac{5}{8} = 3 + 0.625 = 3.625$

62. 65067 में 13 से भाग देने पर,

```
13 ) 65067 (5005
     65
     ×067
       65
        2
```

शेषफल = 2

अतः 65067 में से 2 घटाने पर संख्या 65065 प्राप्त होगी जो 13 से पूर्णतः विभाज्य है।

63. 37 × 29 = 1073

∴ अभीष्ट संख्या = 1073 − 1000 = 73

अर्थात् 1073 में से 73 घटाने पर हमें 1000 प्राप्त होगा।

64. 207 से 237 तक नोटों की संख्या = 237 − 207 + 1

= 31

65. एक अंक की सबसे छोटी अभाज्य संख्या 2 है।

66. 2, 0, 5, 6 तथा 1 से बनने वाली पांच अंकों की सबसे छोटी सम संख्या = 10256

67. प्रत्येक पंक्ति की संख्याओं का पैटर्न इस प्रकार है:

5 × 5 × 25, 5 × 6 = 30
6 × 6 = 36, 6 × 7 = 42
7 × 7 × 49, 7 × 8 = 56

∴ अभीष्ट पंक्ति–

8 8 × 8 = 64
8 × 9 = 72

अर्थात् 8 64 72

68. 2.05 × 302.005

= 619.11025

= 620

अर्थात् निकटतम मान = 620

69. व्यंजक $= 12 - \left[12 - \left\{8 - \left(2 - \overline{3+5}\right)\right\}\right]$

= 12 − [12 − {8 − (2 − 8)}]
= 12 − [12 − {8 − (− 6)}]
= 12 − [12 − {8 + 6}]
= 12 − [12 − 14]
= 12 − [−2] = 12 + 2 = 14

70.

2	12,	16,	36
2	6,	8,	18
3	3,	4,	9
	1,	4,	3

∴ ल.स. = 2 × 2 × 3 × 4 × 3 = 144

71. म.स. = 12

ल.स. = 144

∵ दो संख्याओं का गुणनफल = म.स. × ल.स.

= 12 × 144

72. $32 \times 1 = 32, \ \frac{32}{32} = 1$

∴ अभीष्ट संख्या = 32

73. अभीष्ट प्रतिशत $= \frac{4500}{5400} \times 100 = 90\%$

74. 2600 रुपए का 5.6%

$= \left(2600 \times \frac{5.6}{100}\right)$ रुपए

= (26 × 5.6) रुपए = 145.60 रुपए

75.

```
11 ) 777777 (70707
     77
     ×77
      77
      ×77
       77
        ×
```

∴ भागफल = 70707

पिछले प्रश्न-पत्र (हल सहित)

जवाहर नवोदय विद्यालय प्रवेश परीक्षा, 2007*

अनुभाग-I

मानसिक योग्यता परीक्षा

खण्ड-I

निर्देश (प्रश्न 1 से 10 तक): *प्रत्येक प्रश्न में चार आकृतियाँ (A), (B), (C) तथा (D) दी गई हैं। इन चार आकृति में से तीन आकृतियां कुछ हद तक सदृश हैं तथा एक अलग। अलग आकृति को चुनकर सही उत्तर को इंगित कीजिए।*

1.

(A) (B) (C) (D)

2.

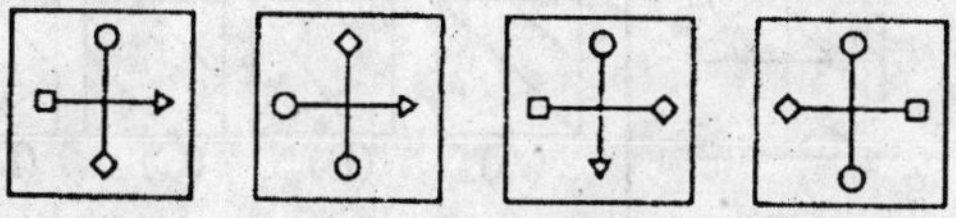

(A) (B) (C) (D)

3.

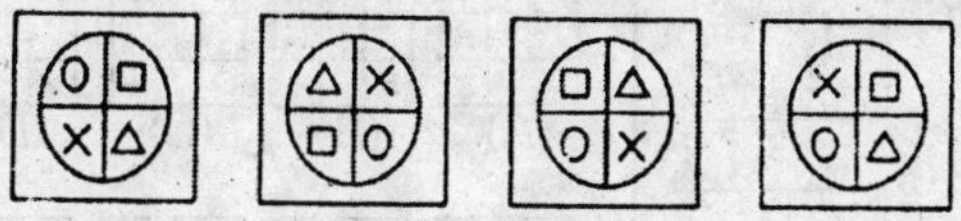

(A) (B) (C) (D)

4.

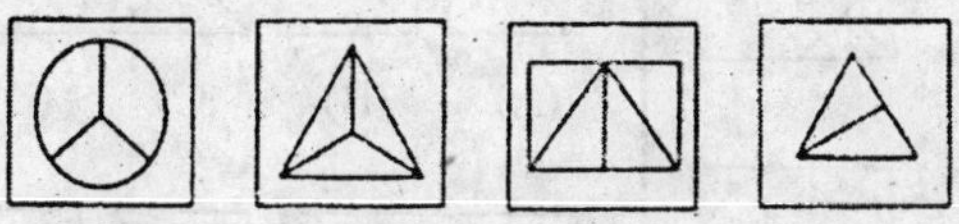

(A) (B) (C) (D)

5.

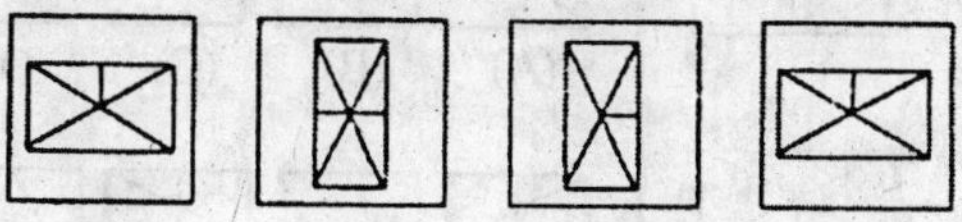

(A) (B) (C) (D)

6.

(A) (B) (C) (D)

7.

(A) (B) (C) (D)

8.

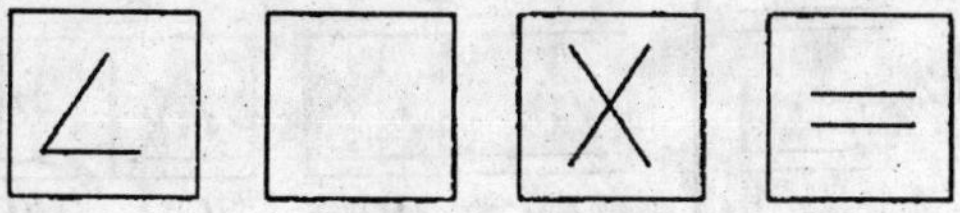

(A) (B) (C) (D)

9.

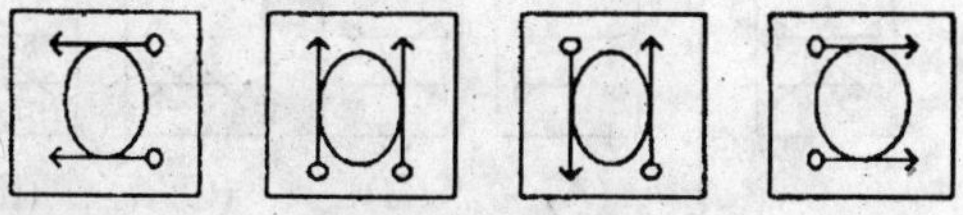

(A) (B) (C) (D)

10.

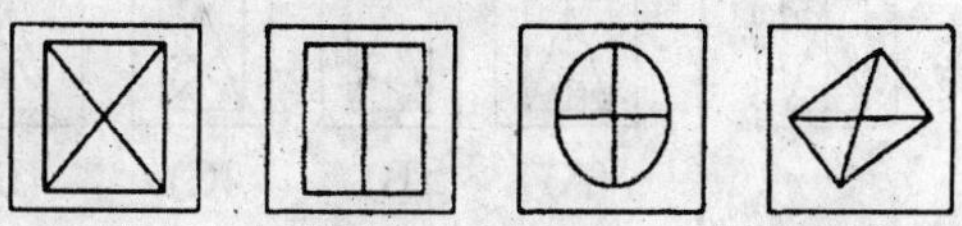

(A) (B) (C) (D)

खण्ड-II

निर्देश (प्रश्न 11 से 20 तक): *प्रश्नों में बाईं ओर एक समस्या आकृति तथा दाईं ओर चार उत्तर आकृतियाँ (A), (B), (C) तथा (D) दी गई हैं। उस उत्तर आकृति को चुनिए जो समस्या आकृति के बिलकुल सदृश है। सही उत्तर को इंगित कीजिए।*

समस्या-आकृति | **उत्तर-आकृतियाँ**

11.

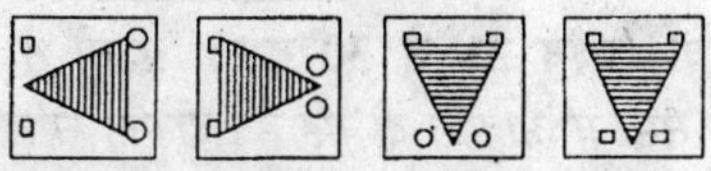

(A) (B) (C) (D)

12.

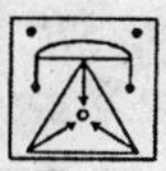

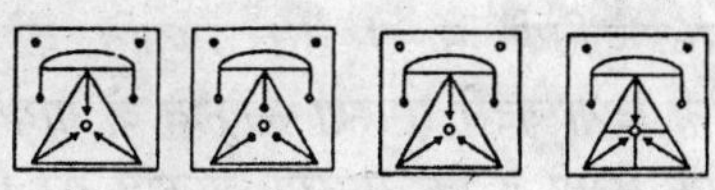

(A) (B) (C) (D)

*स्मृति पर आधारित।

समस्या-आकृति | उत्तर-आकृतियाँ

13.

(A) (B) (C) (D)

14.
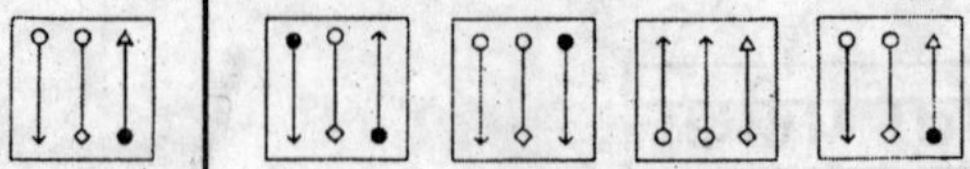
(A) (B) (C) (D)

15.
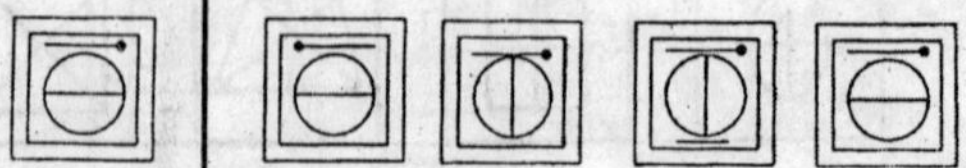
(A) (B) (C) (D)

16.
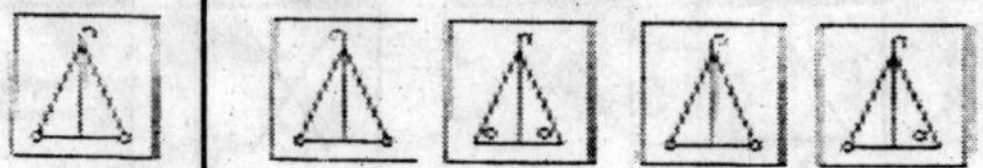
(A) (B) (C) (D)

17.
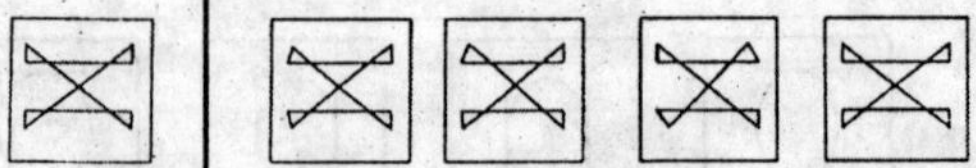
(A) (B) (C) (D)

18.
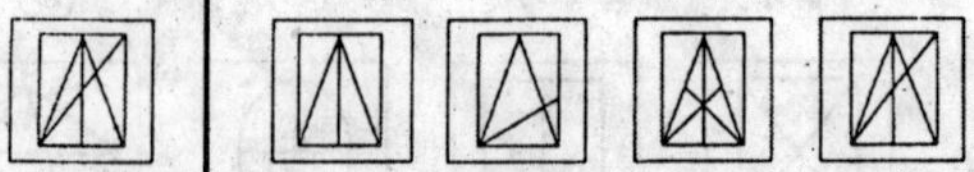
(A) (B) (C) (D)

19.
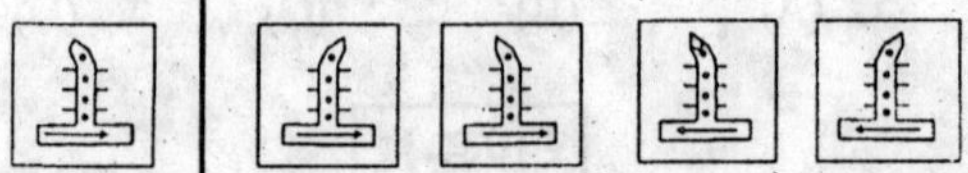
(A) (B) (C) (D)

20.
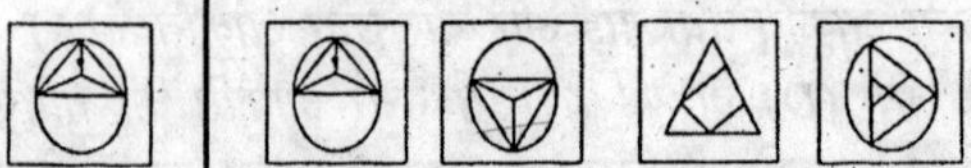
(A) (B) (C) (D)

खण्ड-III

निर्देश (प्रश्न 21 से 30 तक): *प्रश्नों में रेखा के बाईं तरफ एक समस्या आकृति दी गई है। दी गई समस्या आकृति का एक भाग गायब है। दाईं तरफ दी गई (A), (B), (C) तथा (D) उत्तर-आकृतियों में से उस आकृति को ढूँढ़िए जो बिना अपनी दिशा बदले समस्या आकृति के गायब भाग में इस तरह सटीक बैठती है कि समस्या आकृति का पैटर्न पूरी तरह बन जाता है।*

समस्या-आकृति | उत्तर-आकृतियाँ

21.
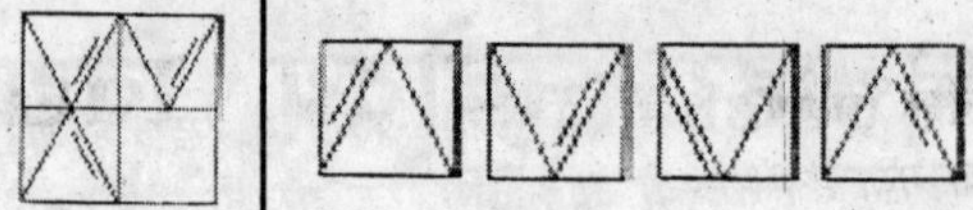
(A) (B) (C) (D)

22.
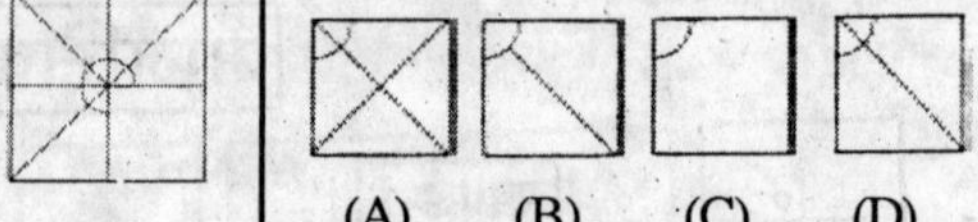
(A) (B) (C) (D)

23.
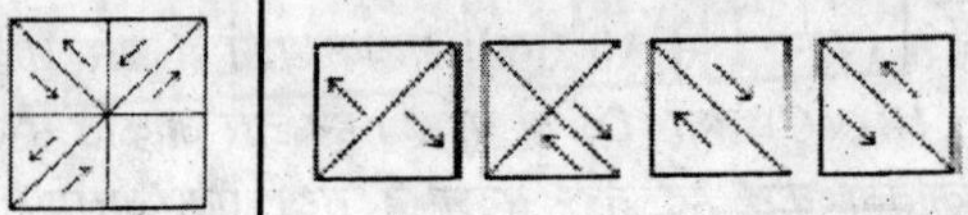
(A) (B) (C) (D)

24.

(A) (B) (C) (D)

25.

(A) (B) (C) (D)

26.
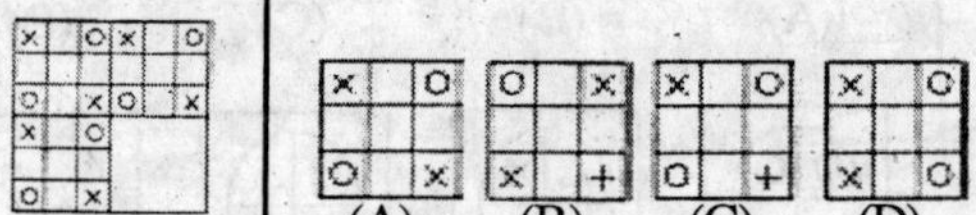
(A) (B) (C) (D)

27.
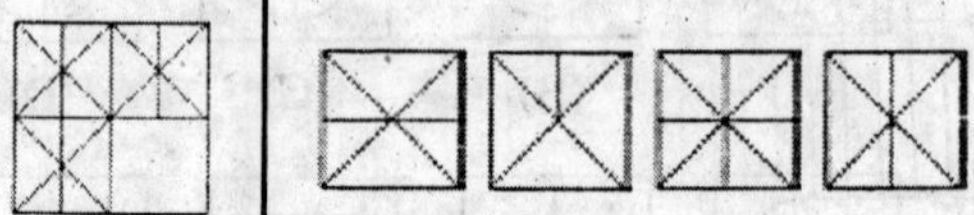
(A) (B) (C) (D)

28.
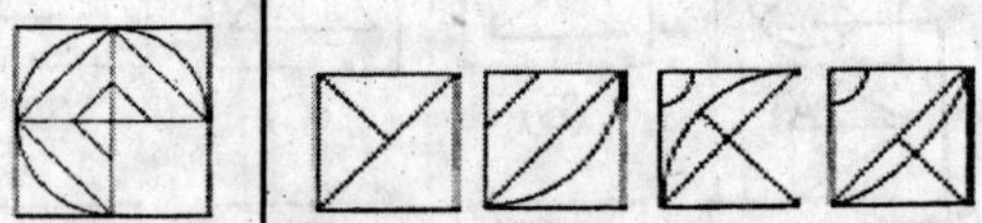
(A) (B) (C) (D)

29.
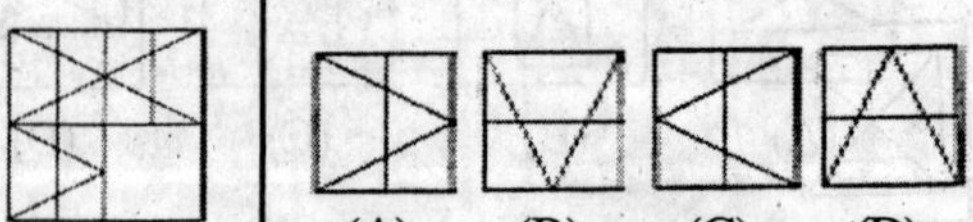
(A) (B) (C) (D)

30.
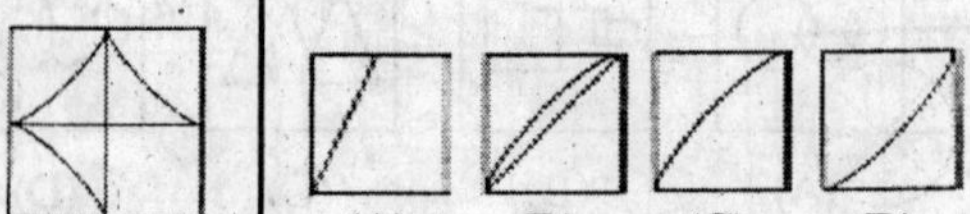
(A) (B) (C) (D)

खण्ड-IV

निर्देश (प्रश्न 31 से 40 तक): *प्रश्नों में रेखा के बाईं तरफ तीन समस्या आकृति दी गई हैं तथा चौथे के लिए स्थान रिक्त रखा गया है। समस्या आकृतियाँ एक शृंखला में हैं। ढूँढ़िए कि रेखा के दाईं तरफ दी गईं उत्तर आकृतियों में से कौन-सी आकृति इस शृंखला को पूरा करती है। इस आकृति को चुनकर, सही उत्तर को इंगित कीजिए।*

समस्या-आकृतियाँ | **उत्तर-आकृतियाँ**

31. 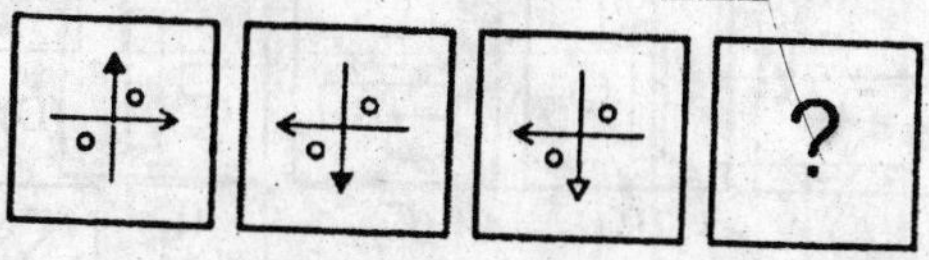 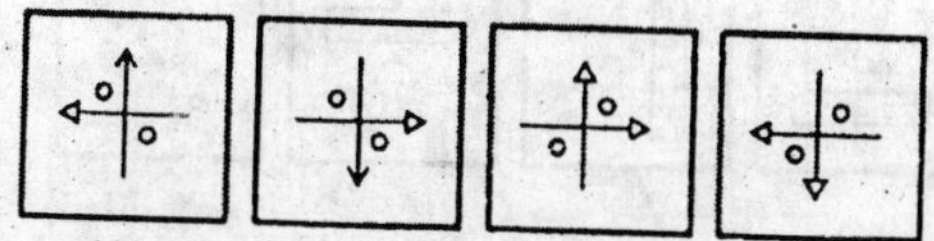

(A) (B) (C) (D)

32. 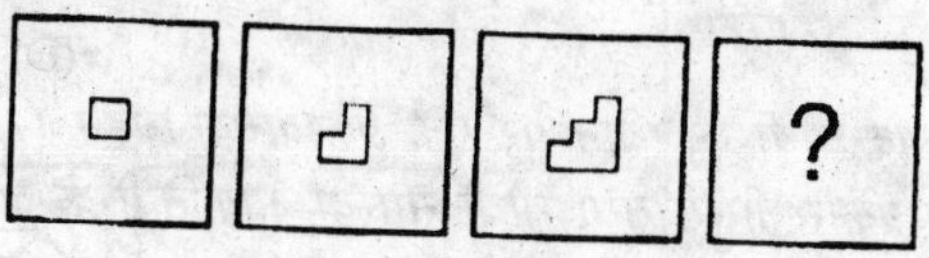 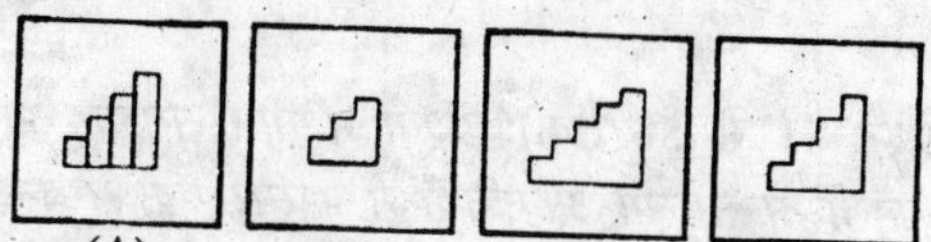

(A) (B) (C) (D)

33. 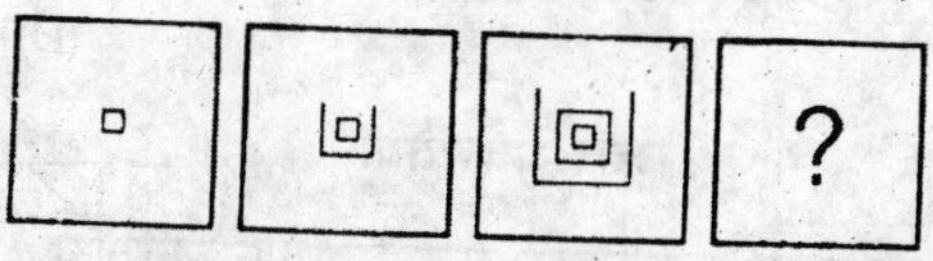 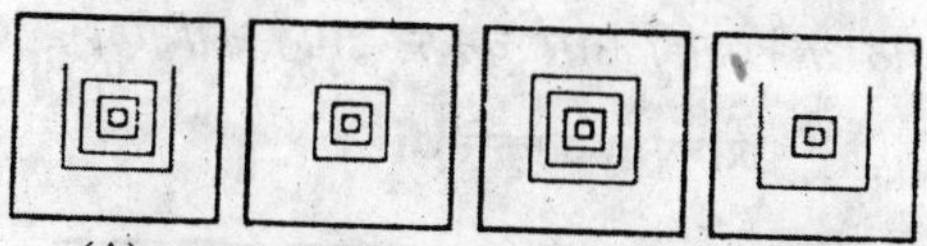

(A) (B) (C) (D)

34. 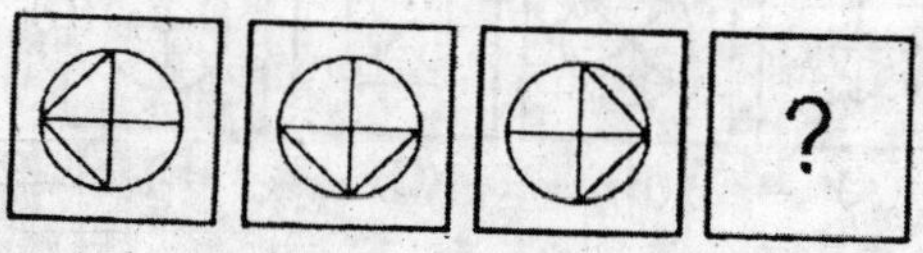 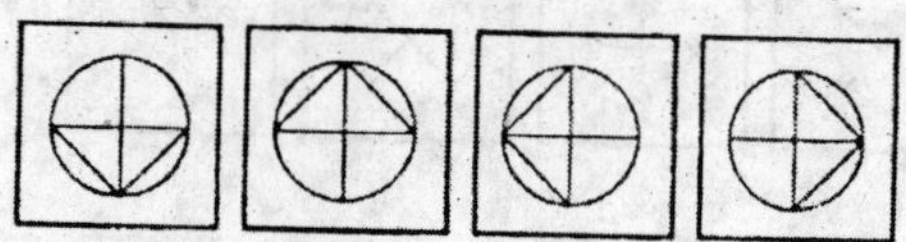

(A) (B) (C) (D)

35. 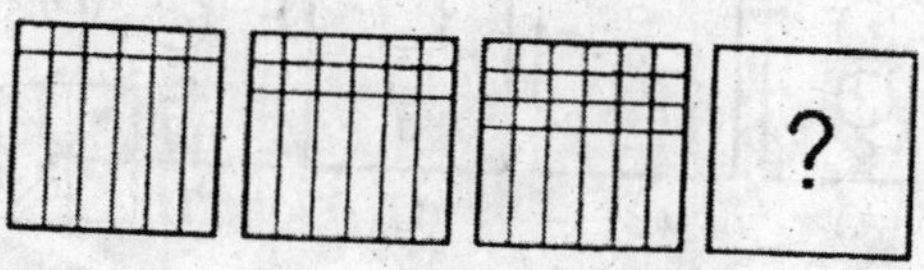 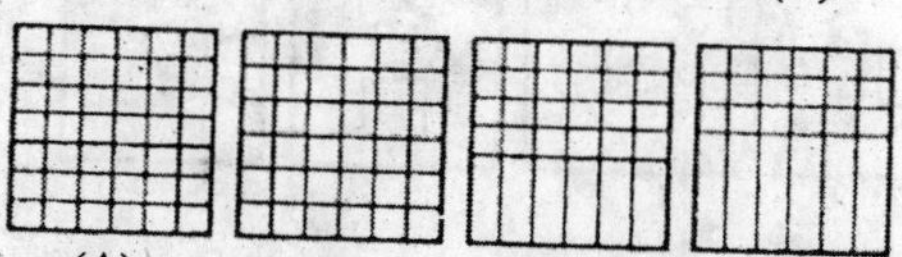

(A) (B) (C) (D)

36. 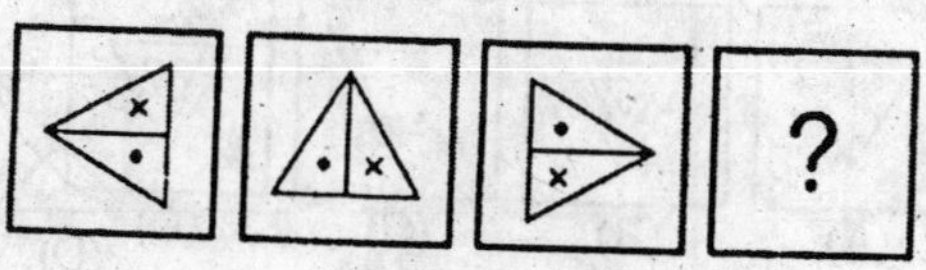 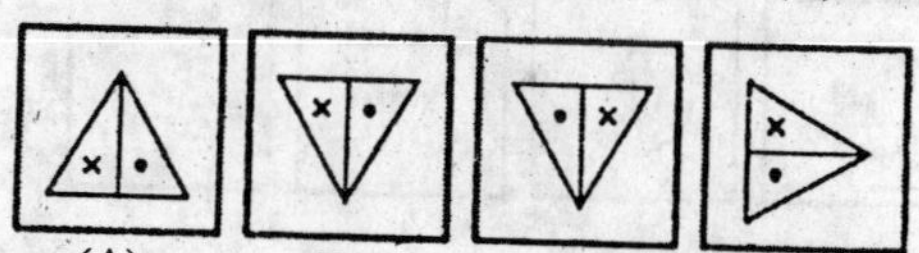

(A) (B) (C) (D)

37. 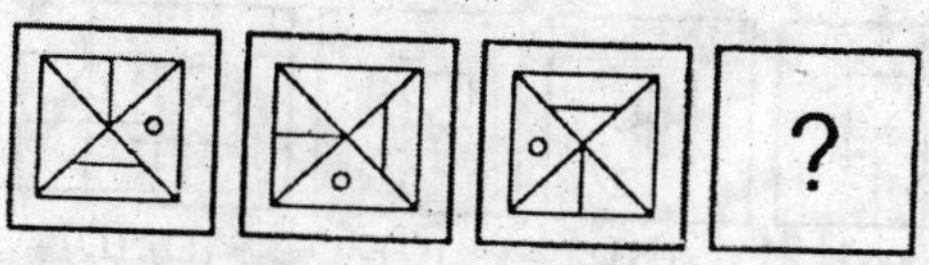 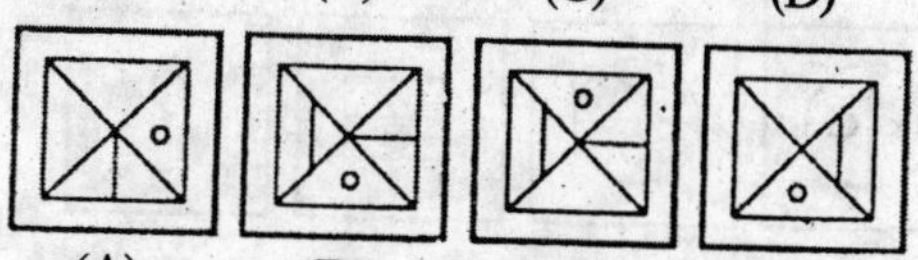

(A) (B) (C) (D)

38. 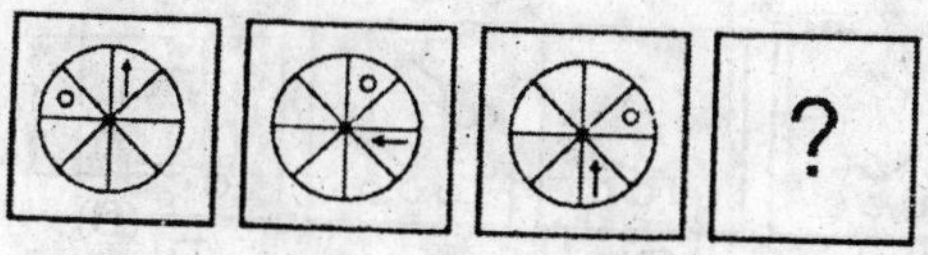 

(A) (B) (C) (D)

	समस्या-आकृतियाँ	उत्तर-आकृतियाँ
39.	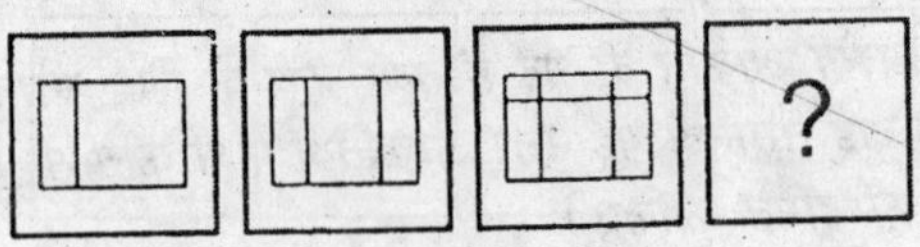	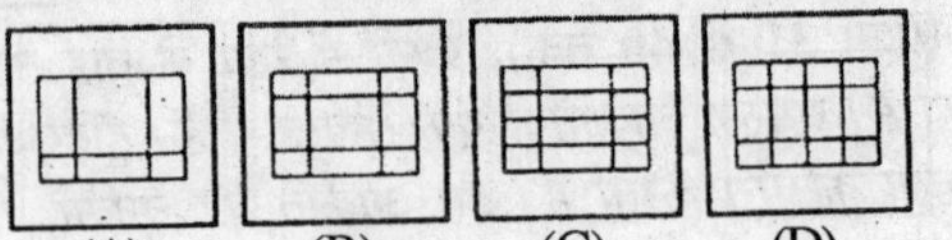 (A) (B) (C) (D)
40.	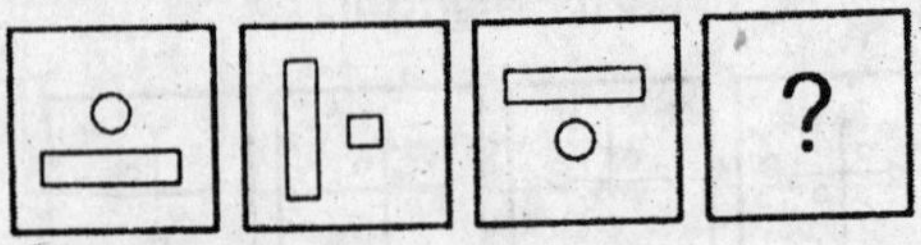	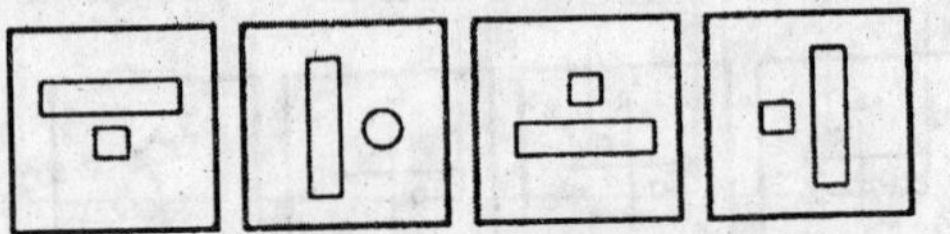 (A) (B) (C) (D)

खण्ड-V

निर्देश (प्रश्न 41 से 50 तक): *प्रश्नों में तीन समस्या आकृति के बाद चौथी के स्थान पर एक प्रश्नवाचक-चिह्न (?) छपा हुआ है। पहली दो समस्या आकृतियों में परस्पर एक सम्बन्ध है। इसी प्रकार तीसरी तथा चौथी समस्या आकृतियों के बीच भी एक सम्बन्ध होना चाहिए। उत्तर आकृतियों में से वह आकृति चुनिए जो समस्या आकृति के प्रश्नवाचक-चिह्न (?) वाले स्थान पर ठीक बैठ सके। सही उत्तर चुनकर इंगित कीजिए।*

	समस्या-आकृतियाँ	उत्तर-आकृतियाँ
41.	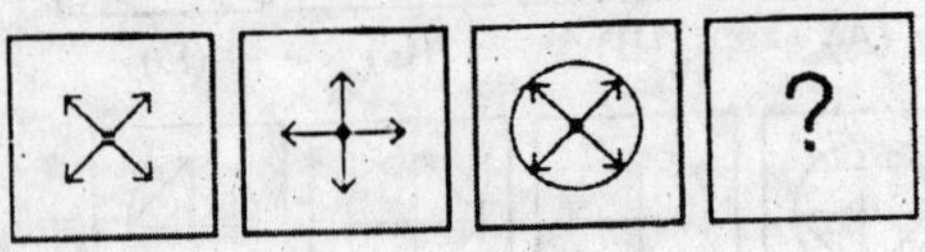	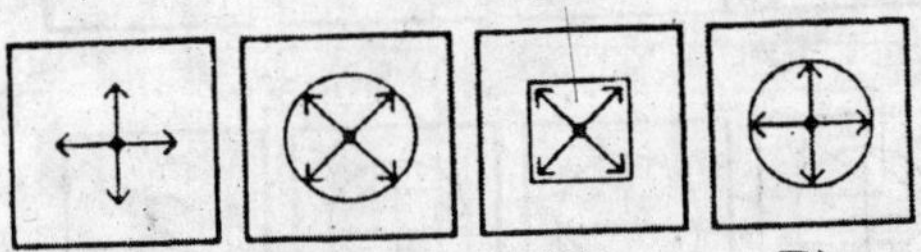 (A) (B) (C) (D)
42.	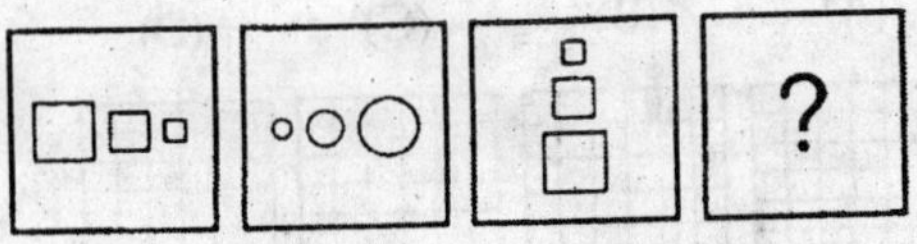	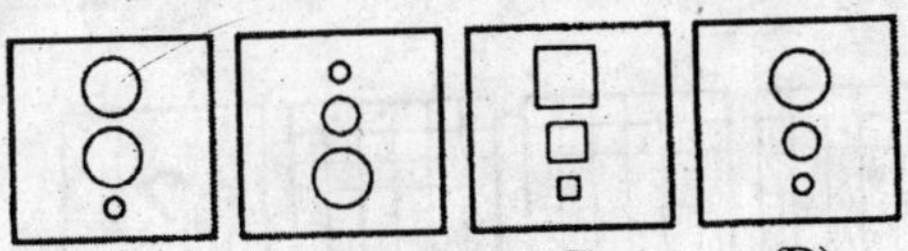 (A) (B) (C) (D)
43.	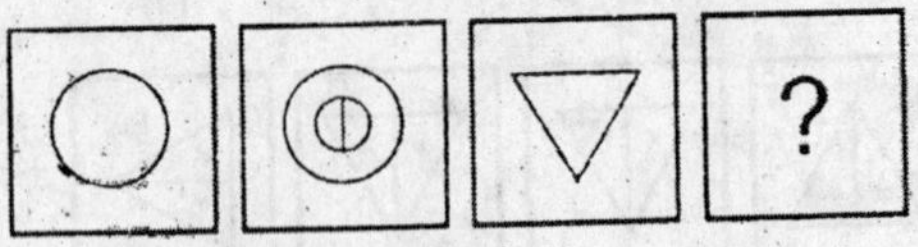	 (A) (B) (C) (D)
44.	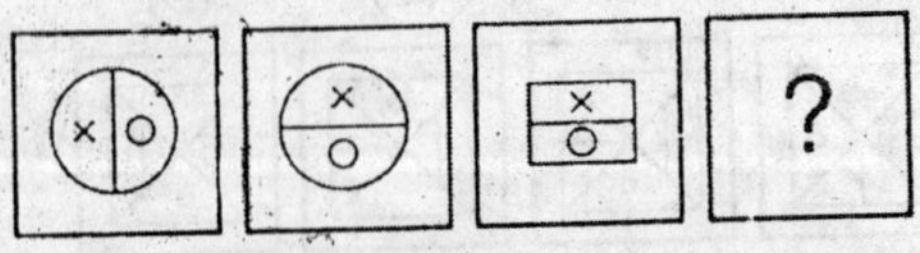	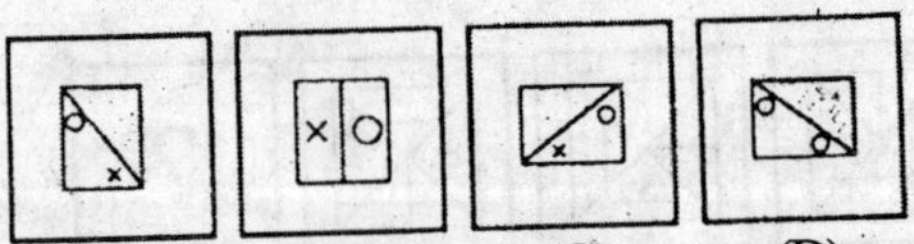 (A) (B) (C) (D)
45.	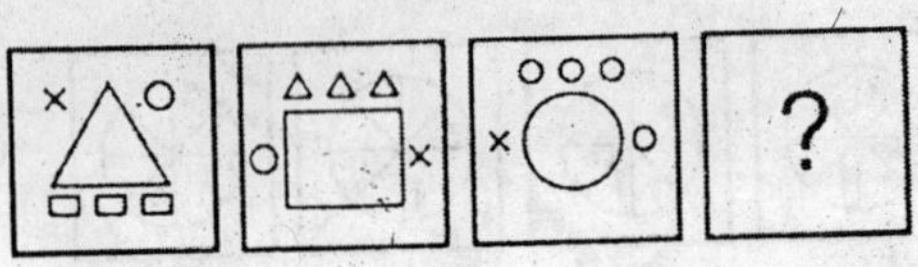	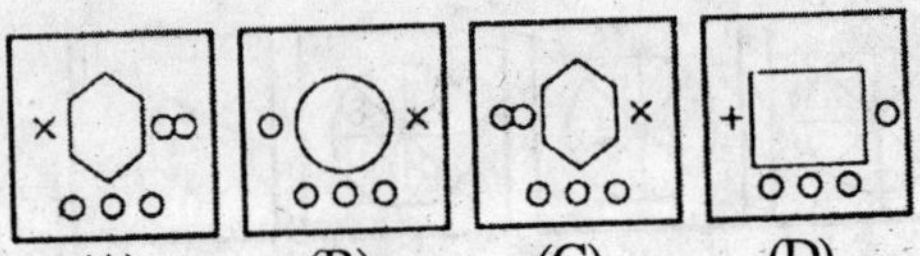 (A) (B) (C) (D)

समस्या-आकृतियाँ | उत्तर-आकृतियाँ

46. 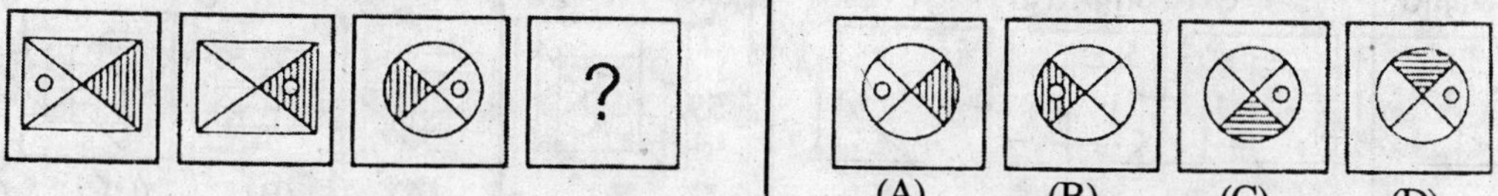

(A) (B) (C) (D)

47. 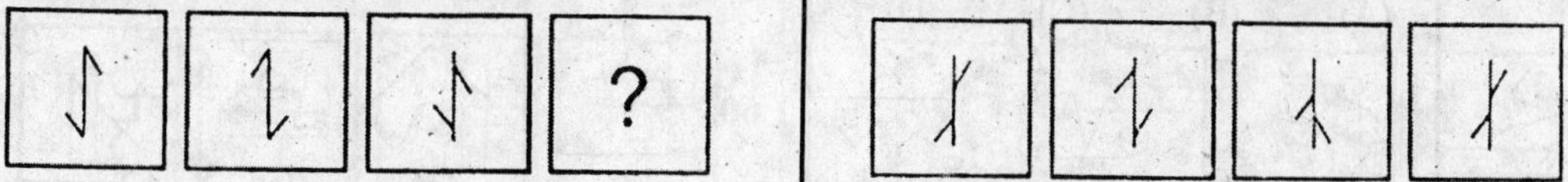

(A) (B) (C) (D)

48. 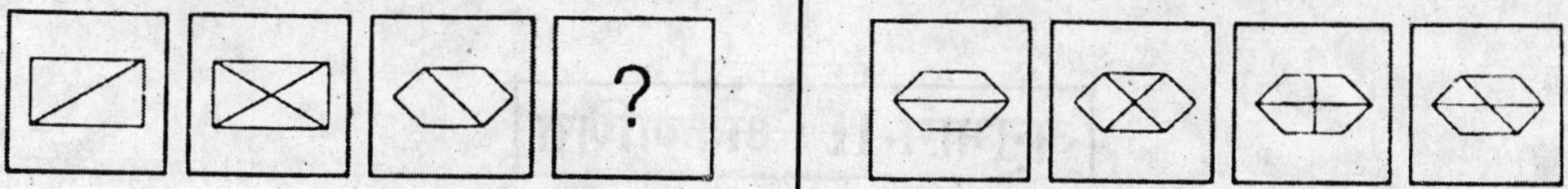

(A) (B) (C) (D)

49. 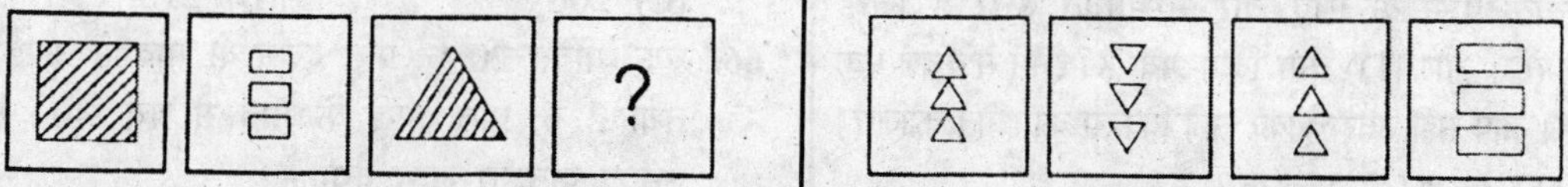

(A) (B) (C) (D)

50. 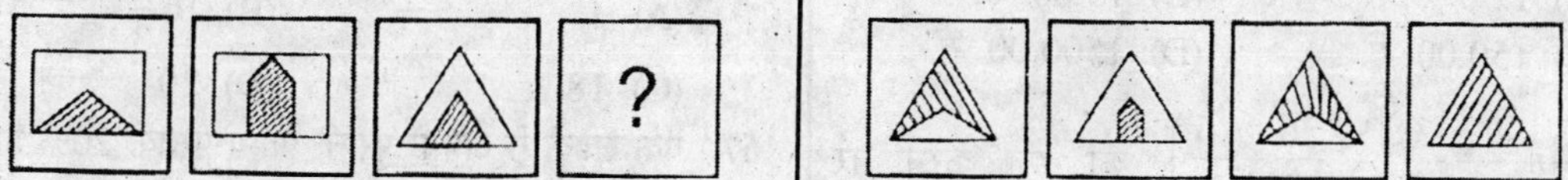

(A) (B) (C) (D)

खण्ड-VI

निर्देश (प्रश्न 51 से 60 तक): *प्रश्नों में वर्ग का एक भाग रेखा के बाईं तरफ है और रेखा के दाईं तरफ दी गई चार आकृतियाँ (A), (B), (C) और (D) में से कोई एक उसका दूसरा भाग है। दाईं तरफ दी गई आकृतियों में से वह आकृति ढूँढिए जो वर्ग को पूर्ण बनाती है। सही विकल्प को इंगित कीजिए।*

समस्या-आकृति | उत्तर-आकृतियाँ

51. 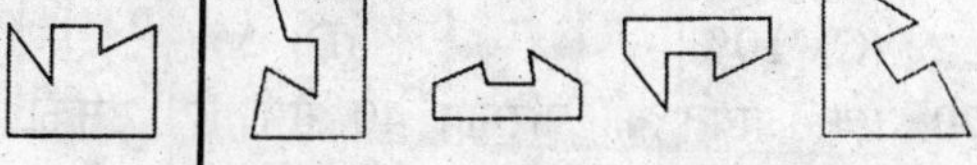

(A) (B) (C) (D)

52. 

(A) (B) (C) (D)

समस्या-आकृति | उत्तर-आकृतियाँ

53. 

(A) (B) (C) (D)

54. 

(A) (B) (C) (D)

55. 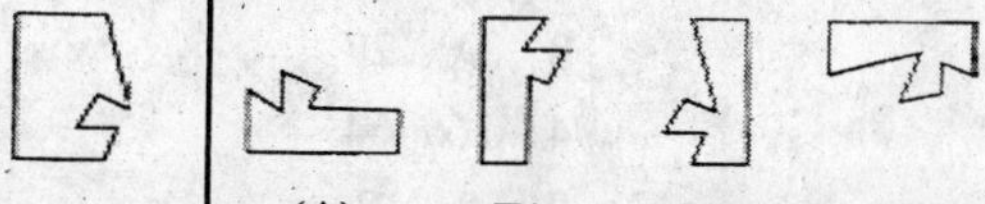

(A) (B) (C) (D)

56. 

(A) (B) (C) (D)

समस्या-आकृति	उत्तर-आकृतियाँ

57.  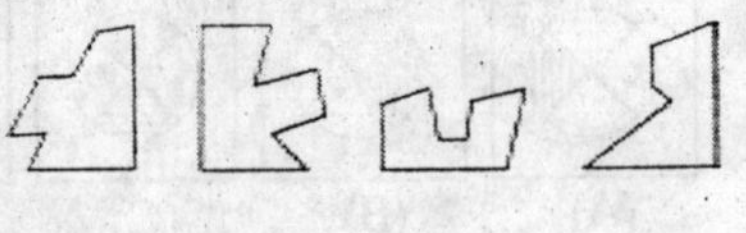

(A) (B) (C) (D)

58.  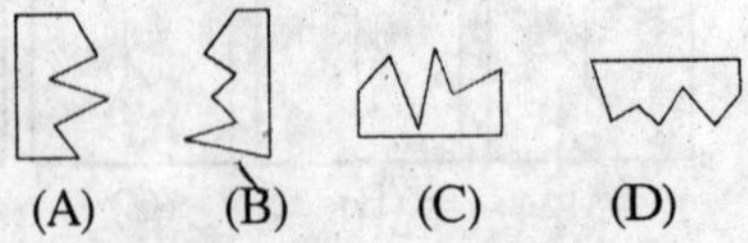

(A) (B) (C) (D)

समस्या-आकृति	उत्तर-आकृतियाँ

59.  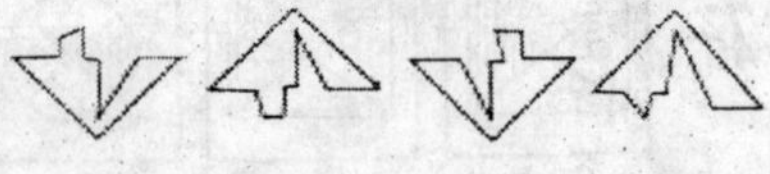

(A) (B) (C) (D)

60.  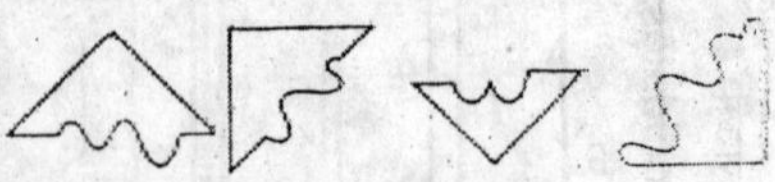

(A) (B) (C) (D)

अनुभाग-II : अंकगणित

निर्देश—प्रत्येक प्रश्न के लिए चार सम्भावित उत्तर हैं जिन्हें (A), (B), (C) और (D) क्रम दिया गया है। इनमें से केवल एक उत्तर सही है। आप सही उत्तर चुनकर सही विकल्प को इंगित कीजिए।

61. 2,000 रु. का 7.5% क्या है?

(A) 1.50 रु. (B) 15.00 रु.

(C) 150.00 रु. (D) 1500.00 रु.

62. $\left(\frac{3}{5}+\frac{1}{5}\div\frac{3}{10}\right)\times\left(\frac{36}{45}+\frac{16}{5}\right)$ को हल करने पर परिणाम क्या होगा?

(A) $\frac{1}{3}$ (B) $\frac{76}{15}$

(C) $\frac{32}{25}$ (D) $\frac{64}{125}$

63. यदि 25 को 09.93 से गुणा किया जाये तो निकटतम गुणनफल क्या होगा?

(A) 300 (B) 375

(C) 447 (D) 250

64. संख्याओं की अगली पंक्ति क्या है ?

2 4 8

3 9 27

4 16 64

? ? ?

(A) 2 10 15 (B) 5 15 200

(C) 5 25 125 (D) 5 30 150

65. 7 लीटर तेल में से 300 मिलीलीटर वाली कितनी बोतलें भरी जाती हैं?

(A) 2 (B) 23

(C) 200 (D) 215

66. एक व्यक्ति 20 रु. प्रति दर्जन के भाव से अण्डे खरीदे तथा 2 रु. प्रति अण्डे के भाव से बेच दिये। सौदे में उसका प्रतिशत लाभ क्या है?

(A) 4 (B) $16\frac{2}{3}$

(C) 18 (D) 20

67. एक लड़के ने अपनी पुरानी पाठ्य-पुस्तक 20% हानि पर 64 रु. में बेची। पाठ्य-पुस्तक का क्रय मूल्य क्या है?

(A) 78.80 रु. (B) 80 रु.

(C) 100 रु. (D) 120 रु.

68. जोसेफ 60 सेकण्ड में 150 मीटर दूरी तय करता है उसकी गति किमी प्रति घण्टा में क्या है?

(A) 9 (B) 90

(C) 900 (D) 9000

69. 2000 रु. की जमा राशि पर 5 वर्ष बाद एक बैंक 3000 रु. वापस करता है। साधारण ब्याज की प्रतिशत दर क्या है?

(A) 20% (B) 15%

(C) 10% (D) 5%

70. एक आयत की परिमाप 40 सेमी है। उसकी विमाएँ (सेमी में) क्या होगीं यदि उसका क्षेत्रफल अधिकतम हो?

(A) 1, 19 (B) 4, 10

(C) 5, 10 (D) 8, 12

71. एक घनाभ का आयतन 36000 सेमी है तथा उसकी चौड़ाई एवं ऊँचाई क्रमशः 30 सेमी तथा 40 सेमी है। उसकी लम्बाई क्या है?

(A) 20 सेमी (B) 30 सेमी
(C) 40 सेमी (D) 50 सेमी

72. दण्ड चार्ट से ज्ञात कीजिए कि कितने अभ्यर्थियों ने 20 अधिक अंक पाए?

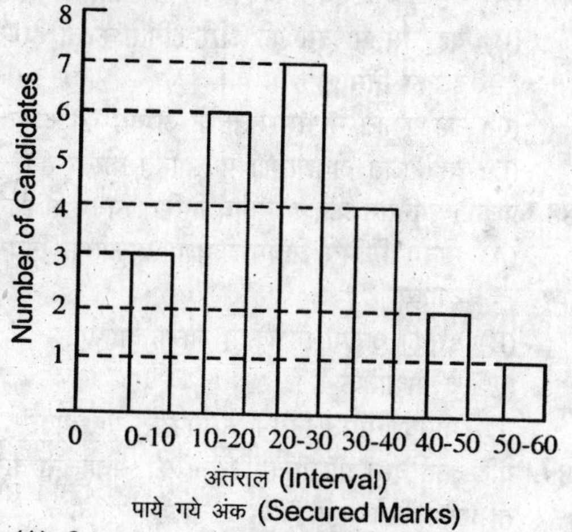

(A) 3 (B) 5
(C) 13 (D) 14

73. 7, 0, 1, 2 तथा 3 से बनने वाली छोटी-से-छोटी सम संख्या क्या है?

(A) 10372 (B) 10237
(C) 73210 (D) 12370

74. निम्नलिखित में कौन-सी अभाज्य संख्या है?

(A) 91 (B) 93
(C) 95 (D) 97

75. एक ट्रक 175 बोरे सीमेंट ले जा सकता है। 58ए275 बोरों को ले जा सकने के लिए कितने ट्रकों की आवश्यकता होगी।

(A) 57950 (B) 53000
(C) 55900 (D) 333

76. तीन अंकों की छोटी से छोटी संख्या जो 4ए 8 तथा 12 से पूर्णतः विभाजित हो ज्ञात करें–

(A) 104 (B) 120
(C) 240 (D) 984

77. तीन गिरजाघरों की घंटियाँ क्रमशः 10ए 12 तथा 15 मिनट के अन्तराल पर बजती हैं। यदि वह एक साथ प्रातः 8 रू 30 बजे बजीं, तो अगली दफा/बार वह कब एक साथ बजेंगी?

(A) 9:00 बजे प्रातः (B) 9:30 बजे प्रातः
(C) 10:00 प्रातः (D) 12:00 बजे प्रातः

78. संख्या 52792 छोटी-से-छोटी कौनसी संख्या जोड़ी जाये कि वह 15 से पूर्णतः विभाजित हो जाये?

(A) 6 (B) 7
(C) 8 (D) 15

79. 13.3, 1.33, 1.0033 तथा 1.0333 का योगफल क्या है?

(A) 16ण6060 (B) 16ण3066
(C) 16ण3333 (D) 16ण6666

80. ☆ के किस मान के लिए संख्या 56 ☆ 890ए 13 से पूर्णतया विभाजित होगी?

(A) 1 (B) 3
(C) 5 (D) 7

अनुभाग-III : भाषा

निर्देश—*इस अनुभाग में चार अनुच्छेद हैं। प्रत्येक अनुच्छेद के अन्त में पाँच प्रश्न पूछे गये हैं। प्रत्येक अनुच्छेद को ध्यान से पढ़िए और उस पर पूछे गए प्रश्नों के उत्तर लिखिए। प्रत्येक प्रश्न के लिए चार सम्भावित उत्तर हैं जिन्हें (A), (B), (C) और (D) क्रम दिया गया है। इनमें से केवल एक उत्तर सही है।*

अनुच्छेद-I

दस वर्ष की अवस्था तक अलेक्सेंडर फेलमिंग ने अपने घर के नज़दीक एक स्कूल लूडन मूर में शिक्षा प्राप्त की। इसके पश्चात् उसका स्थानांतरण डारवेल स्कूल में कर दिया गया, जहाँ इनके भाई भी पढ़ते थे। घर से स्कूल की दूरी चार मील थी, अतः स्कूल आते-जाते समय अलेक्सेंडर को प्रकृति के बारे में जानने का नज़दीक से मौका मिला। वह एक मेधावी छात्र था, बाराह वर्ष तक डारवेल स्कूल में शिक्षा प्राप्त करने के बाद उसे उच्च अध्ययन संस्था किलमारनोंक भेज दिया गया। दो वर्ष तक अलेक्सेंडर अपने भाई जोंन एवं गर्वट के साथ लंदन के प्रसिद्ध नेत्र विशेषज्ञ थामस के यहाँ रहा। अलेक्सेंडर आगे अपनी पढ़ाई घर की खराब आर्थिक स्थिति के कारण जारी नहीं रख सका उसे स्कूल छोड़ना पड़ा। सोलह वर्ष की आयु में उसने जहाज़रानी में नौकरी प्राप्त कर ली। स्वर्णिम भविष्य, मानो, उसके भाग्य और मानवता के तरफ था। सन् 1901 में उसे पैतृक संपत्ति का एक हिस्सा मिला, जिसकी मदद से पुनः स्कूल जा सका। उसने चिकित्साशास्त्र में अपनी पढ़ाई जारी रखी।

81. अलेक्सेंडर को डारवेल स्कूल जाने के लिए प्रतिदिन .... मील दूरी तय करनी पड़ती थी।

(A) चार (B) आठ

(C) बारह (D) अज्ञात

82. वह एक मेधावी छात्र था .... इसका अर्थ है अलेक्सेंडर :

(A) भाइयों से पहले स्कूल में दाखिला पाया।

(B) स्कूल छोड़ने के आयु में स्कूल गया।

(C) अतिशीघ्र मेधावी बन गया।

(D) जल्द ही सब कुछ सीख गया।

83. ''डारवेल स्कूल में अधिकतम बारह वर्ष तक शिक्षा लेने का प्रावधान था''। इसका अर्थ हुआ :

(A) बारह वर्ष के पहले दाखिला दी जाती थी।

(B) बारह वर्ष से पहले दाखिला नहीं दी जाती थी।

(C) अधिकतम बारह वर्ष की आयु तक स्कूल में रह सकते थे।

(D) स्कूल में बारह वर्ष से अधिक होने पर भी दाखिला बना रहता था।

84. पैतृक सम्पति का अर्थ है :

(A) लॉटरी/भाग्यादा (B) साखधन

(C) उत्तराधिकार में पाना (D) विधिक भुगतन

85. अलेक्सेंडर धनी हुआ :

(A) जहाज़रानी में नौकरी प्राप्त करने पर।

(B) अपने भाई के प्रसिद्ध नेत्र विशेषज्ञ बनने पर।

(C) चिकित्साशास्त्र अध्ययन करने पर।

(D) पैतृक संपित प्राप्त करने पर।

अनुच्छेद-II

प्राकृतिक नियम आदेश नहीं बल्कि यथार्थता का विवरण है। इस संदर्भ में 'विधि' शब्द का प्रयोग दुर्भाग्यपूर्ण है। इससे बेहतर है कि इसे प्रकृति की एक नियमानुवर्तिता कहा जाए। ऐसा कहने से वह प्राथमिक दोष समाप्त हो जाता है जो विधि ा और विधि-निर्माता के संदर्भ में इंगित करता है। कारण कि यदि कोई वस्तु प्राकृतिक नियम की अवहेलना करता है तो इसके लिए उसे दंडित नहीं किया जाता है बल्कि हम यह कह सकते हैं कि विधि की व्याख्या समुचित ढंग से नहीं की गई है।

86. अवलोकन के आधार पर प्राकृतिक नियम :

(A) ब्रह्मांड की प्रकृति के बारे में निर्णायक है।

(B) सत्य एवं दोषमुक्त है।

(C) अवलोकनकर्ता की कल्पना पर आधारित है।

(D) नए तथ्यों में परिवर्तन पर आधारित है।

87. लेखक 'विधि' शब्द से संतुष्ट नहीं है क्योंकि :

(A) यह दृढ़ता एवं कठोरता को परिभाषित करता है।

(B) यह उस माध्यम की ओर इंगित करता है जिससे इसका निर्माण हुआ है।

(C) यह प्रकृति में समरसता के अभाव को दर्शाता है।

(D) यह गलत अवधारणा प्रोत्साहित करता है।

88. प्राकृतिक नियम क्रमशः मानव निर्मित नियम से भिन्न हैः

(A) मानव निर्मित नियम क्रमशः प्राकृतिक नियम की व्याख्या है।

(B) इसका अनुपालन किया जाना चाहिए।

(C) ये प्राकृतिक हैं।

(D) मानव निर्मित नियम के विपरीत यह व्यवस्थित है।

89. यदि कोई वस्तु प्राकृतिक नियमों की अवहेलना करता है तो उसे दंडित नहीं किया जाता है क्योंकि :

(A) उसका अनुपालन करने के लिए बाध्य नहीं है।

(B) कोई ऐसी सत्ता नहीं है जो प्राकृतिक नियम के पालन करने के लिए बाध्य करे।

(C) किसी को दंडित नहीं किया जा सकता है।

(D) इसका अर्थ कि तथ्यों को नियमों द्वारा सही से परिभाषित नहीं किया गया है।

90. 'प्रतिकूल' शब्द से आप क्या समझते हैं?

(A) संयोगवश (B) क्योंकि

(C) बदले में (D) अतः।

अनुच्छेद-III

साक्षात्कार-पत्र, टेलीफोन तथा स्वयं की उपस्थिति में संपन्न होता है। पत्र और टेलीफोन के द्वारा साक्षात्कार कम संतोषप्रद होता है। प्रत्यक्ष साक्षात्कार तथा आमने-सामने का संबंध साक्षात्कारकर्ता और प्रत्याशी दोंनों के लिए एक प्रेरक स्थिति उत्पन्न करता है। प्रत्यक्ष साक्षात्कार के समय प्रत्याशी द्वारा व्यक्त की गई प्रतिक्रियाएँ उस व्यक्ति के संबंध में बहुत सारी जानकारी प्रदान करती हैं।

अतः साक्षात्कार के लिए पूर्ण तैयारी आवश्यक है। सावधानीपूर्वक एवं योजनाबद्ध साक्षात्कार से दोनों पक्षों के समय और ऊर्जा की बचत होती है। साक्षात्कार का आयोजन किसी भी व्यक्ति के संबंध में व्यक्तिनिष्ठ आँकड़े प्राप्त करने के लिए किया जाता है, जैसे उसके विचार, सोच एवं उसकी अभिमान्यता

आदि। साक्षात्कार का उपयोग उन प्रश्नावलियों की जाँच के लिए होता है जो आँकड़े जुटाने में सहायक सिद्ध होती हैं; या जब जाँच की जा रही समस्या जटिल हो; या जब समस्याओं के समाधान हेतु सूचना किसी अन्य तरीके से प्राप्त न हो सके। साधारणतया कोई भी व्यक्ति मौखिक रूप से जानकारी या सूचना देना पसंद करता है न कि लिखित रूप में।

91. यदि मैं किसी व्यक्ति का साक्षात्कार लेना चाहता हूँ :
(A) मुझे सिर्फ उससे बातचीत करनी होगी।
(B) मुझे साक्षात्कार के लिए पूर्व नियोजन एवं पूर्वाभ्यास करना पड़ेगा।
(C) मुझे उस व्यक्ति को फोन करके आवश्यक प्रश्न पूछने पड़ेंगे।
(D) प्रत्याशी के साथ सौहार्द कायम करना काफी है।

92. लेखक 'व्यक्तिगत विचार', 'अभिमत' एवं 'सोच' का उपयोग करते हैं, जैसे—
(A) प्रत्याशी से संबंधित व्यक्तिनिष्ठ आँकड़े।
(B) साक्षात्कार की प्रक्रिया से भिन्न दार्शनिक मत।
(C) प्रत्याशी से संबंधित खास मनोवैज्ञानिक अभिलक्षण।
(D) प्रत्याशी एवं साक्षात्कारकर्त्ता की पंसद-नापसंद।

93. इस अनुच्छेद के लेखक का उद्देश्य है—
(A) पाठकों को साक्षात्कार-संचालन से सावधान करना।
(B) लोगों को साक्षात्कार-संबंधित उचित जानकारी देना।
(C) लोगों की साक्षात्कारकर्त्ता से मित्रता करने के तरीके बताना।
(D) लोगों को पत्र और टेलीफोन के उपयोग संबंधित जानकारी देना।

94. लेखक के अनुसार साक्षात्कार-संचालन का सर्वश्रेष्ठ तरीका है—
(A) प्रत्याशी से टेलीफोन के द्वारा बातें करना।
(B) प्रत्याशी को पत्र लिखना।
(C) प्रत्याशी को दूर से प्रेक्षण करना।
(D) प्रत्याशी से आमने-सामने बात करना।

95ण साक्षात्कारकर्त्ता और प्रत्याशी के बीच प्रत्यक्ष बातचीत से सहायता मिलती है—
(A) उन तथ्यों को उजागर करने में जो लिखित जानकारी के आधार पर प्राप्त नहीं हो सकते।
(B) प्रत्याशी की शारीरिक संरचना को समझने में।
(C) प्रत्याशी की आवाज को समझने में।
(D) प्रत्याशी से लिखित जानकारी हासिल करने हेतु प्रोत्साहित करने में।

अनुच्छेद-IV

प्रायः प्राकृतिक संसाधनों, जिसके आधार पर राष्ट्रीय योजना बनाकर विकास का प्रारूप तैयार किया जाता है, उनमें मानव श्रम सर्वाधिक महत्त्वपूर्ण है; उत्पादनकारी मानव श्रम, कुशल नेतृत्व एवं मध्य प्रबंधन के बिना किसी भी प्रकार की विदेशी सहायता या मौजूद प्राकृतिक संसाधन सफल विकास एवं आधुनिकीकरण को सुनिश्चित नहीं कर सकता है। एक अहम मुद्दा जिसे प्रायः अनदेखी की जाती है, वह है, राष्ट्रीय विकास में महिलाओं की भागीदारी। विकास में तब तक विकलांगता की स्थिति कायम रहेगी जब तक महिलाओं को द्वितीय दर्जे का नागरिक समझा जाएगा। हमारे समाज में महिलाएँ प्रायः अशिक्षित, परिवार या समुदाय के निर्णयों में उनकी भागीदारी नहीं होती, उन्हें कोई कानूनी या आर्थिक प्रतिष्ठा प्राप्त नहीं होती, बचपन में ही उनकी शादी कर दी जाती है और उन्हें कम उम्र में ही अनेक बच्चों का मातृत्व ग्रहण करना पड़ता है जिनमें से आधे स्कूल जाने से पहले ही मौत के शिकार हो जाते हैं। अतः विकास के लिए आवश्यक है कि महिलाओं की सहभागिता को सशक्त बनाया जाए तथा उन्हें विकास हेतु अधिक से अधिक मौके दिए जाएँ।

96. राष्ट्रीय विकास के लिए सर्वाधिक महत्त्वपूर्ण प्राकृतिक संसाधन है:
(A) मानव श्रम (B) प्रभावकारी नेतृत्व
(C) कुशल मध्य प्रबंधन (D) विदेशी सहायता

97. मानव क्षमता का अर्थ है:
(A) केवल पुरुष (B) केवल महिलाएँ
(C) लोग और बच्चे (D) पुरुष और महिलाएँ दोनों

98. वह कारक जिसकी राष्ट्रीय विकास के संदर्भ में अनदेखी की जाती है:
(A) महिलाओं की भूमिका
(B) मध्य-प्रबंधन की भूमिका
(C) बाल-श्रम की भूमिका
(D) विदेशी सहायता की भूमिका

99. महिलाओं की:
(A) परिवार या समुदाय के निर्णयों में भूमिका का अभाव
(B) आर्थिक या कानूनी प्रतिष्ठा का अभाव
(C) उपरोक्त (A) एवं (B)
(D) अपने बारे में निर्णय का अभाव

100. महिला शक्ति का अर्थ है :
(A) राष्ट्रीय विकास में एक सशक्त शक्ति
(B) मातृत्व क्षमता
(C) वैवाहिक भूमिका
(D) बच्चों के मृत्यु के लिए उत्तरदायित्व।

39. प्रत्येक अगली आकृति में एक-एक रेखा की वृद्धि क्रमशः बाएं, दाएं, ऊपर एवं नीचे होती है।

40. प्रत्येक अगली आकृति में छोटा आयत दक्षिणावर्त 90° से घूम जाता है तथा इसके एक ओर क्रमशः वृत्त व वर्ग का निमार्ण होता जाता है।

41. प्रथम से द्वितीय आकृति में तीरों का समूह 45° घूम जाता है। इसी प्रकार, वृत्त के अन्दर का तीरों का समूह भी घूमेगा।

42. प्रथम से द्वितीय आकृति में डिजाइनों का क्रम विपरीत दिशा में हो जाता है। इसी प्रकार, तृतीय से चतुर्थ आकृति में भी होगा।

43. प्रथम से द्वितीय आकृति में वृत्त के अन्दर एक और वृत्त बनकर इसके मध्य में एक रेखा खींच जाती है। इसी प्रकार, तृतीय से चतुर्थ आकृति में त्रिभुज के अन्दर एक और त्रिभुज बनकर इसके मध्य एक रेखा खींच जाएगी।

44. प्रथम से द्वितीय आकृति में डिजाइन 90° घूम जाती है। इसी प्रकार, तृतीय से चतुर्थ आकृति में भी डिजाइन घूम जाएगी।

45. प्रथम से द्वितीय आकृति में नीचे की तीन छोटी डिजाइनें मध्य में एक बड़ी आकार में तथा मध्य की एक डिजाइन ऊपर छोटी आकार में तीन बनती हैं। मध्य के दोनों ओर की डिजाइनें आपस में स्थान बदल लेती हैं। यही प्रक्रिया तृतीय से चतुर्थ आकृति में होगी।

46. प्रथम से द्वितीय आकृति में लघु वृत्त अपने सम्मुख भाग में आ जाता है। इसी प्रकार, तृतीय से चतुर्थ आकृति में भी लघु वृत्त सम्मुख भाग में चला ज़ाएगा।

47. प्रथम से द्वितीय आकृति में ऊर्ध्वाधर रेखा पर ऊपर व नीचे बनी छोटी रेखाओं की दिशाएं बदल जाती हैं। यही सम्बन्ध तृतीय से चतुर्थ आकृति में भी होगा।

48. प्रथम से द्वितीय आकृति में दूसरी विकर्णवत् रेखा पहली को बीचोबीच काटते हुए बनी है। इसी प्रकार, तृतीय से चतुर्थ आकृति में भी रेखा बनेगी।

49. प्रथम से द्वितीय आकृति में दूसरी एक रेखांकित आयत के स्थान पर तीन साधारण आयत क्रमशः अलग-अलग बनते हैं। इसी प्रकार, त्रिभुज भी तीन बनेंगे।

50. प्रथम से द्वितीय आकृति में आयत के अन्दर रेखांकित त्रिभुज बदलकर रेखांकित पंचभुज बन जाता है। इसी प्रकार, त्रिभुज के अन्दर का रेखांकित त्रिभुज भी रेखांकित पंचभुज में बदल जाएगा।

61. 2000 रु. का 7.5% $= 2000 \times \frac{7.5}{100}$

$= 20 \times 7.5 = 150$ रु.

62. $\left(\frac{3}{5}+\frac{1}{5}\div\frac{3}{10}\right)\times\left(\frac{36}{45}+\frac{16}{5}\right)$

$= \left(\frac{3}{5}+\frac{1}{5}\times\frac{10}{3}\right)\times\left(\frac{36+144}{45}\right)$

$= \left(\frac{3}{5}+\frac{2}{3}\right)\times\left(\frac{180}{45}\right)$

$= \left(\frac{9+10}{15}\right)\times(4)$

$= \frac{19}{15}\times 4$

$= \frac{76}{15}$

63. अभीष्ट निकटतम गुणनफल $= 25 \times 09.93$

$= 248.25 \approx 250$

64. अगली पंक्ति में पहली संख्या क्रमशः एक बढ़ रही है अर्थात् पहली संख्या = 5

दूसरी संख्या, पहली संख्या का वर्ग है तो, $(5)^2 = 25$

तीसरी संख्या, पहली संख्या का घन है तो, $(5)^3 = 125$

अतः अगली पंक्ति 5, 25, 125

65. अभीष्ट बोतलों की संख्या $= \frac{7000}{300} = 23.33$ ($\because$ 7 लीटर = 7000 मिली लीटर)

≈ 23

66. अंडे का प्रति दर्जन क्रय मूल्य = 20 रु.

अंडे का प्रति दर्जन विक्रय मूल्य = 2 × 12 = 24 रु.

लाभ = 24 – 20 = 4 रु.

$$\text{लाभ } \% = \frac{\text{लाभ} \times 100}{\text{क्रय मूल्य}} = \frac{4}{20}\times 100$$

$= 20\%$

67. पाठ्य पुस्तक का क्रय मूल्य $= \frac{100}{(100-20)} \times$ विक्रय मूल्य

उत्तरमाला

1	2	3	4	5	6	7	8	9	10
C	D	D	D	B	C	C	D	C	B
11	12	13	14	15	16	17	18	19	20
C	A	B	D	D	C	D	D	B	A
21	22	23	24	25	26	27	28	29	30
D	D	D	B	A	A	D	B	C	C
31	32	33	34	35	36	37	38	39	40
C	D	A	B	C	B	C	D	B	D
41	42	43	44	45	46	47	48	49	50
D	D	D	B	B	B	B	B	C	B
51	52	53	54	55	56	57	58	59	60
C	B	A	B	C	D	A	C	B	C
61	62	63	64	65	66	67	68	69	70
C	B	D	C	B	D	B	A	C	D
71	72	73	74	75	76	77	78	79	80
B	D	A	D	D	B	B	C	D	C
81	82	83	84	85	86	87	88	89	90
A	D	A	C	D	B	A	C	C	C
91	92	93	94	95	96	97	98	99	100
B	A	B	D	A	A	D	A	D	A

कुछ चुने हुए प्रश्नों के व्याख्यात्मक उत्तर

1. शेष तीनों डिजाइन के मध्य में डिजाइन 'C' समान है।

2. शेष तीनों डिजाइन में क्षैतिज व ऊर्ध्वाधर रेखा के दोनों सिरों पर अलग-अलग डिजाइनें हैं।

3. शेष तीनों डिजाइन में विकर्णवत् दो-दो डिजाइनें 'Δ – O' व '□ – ×' समान हैं।

4. शेष तीनों डिजाइनों के अन्तर्गत तीन सरल रेखाएँ हैं।

5. शेष तीनों डिजाइनें समान है–

6. शेष तीनों में दाएं सबसे बड़ी व बाएं छोटी डिजाइन है।

7. शेष तीनों में डिजाइनें चार समान भागों में विभक्त हैं।

8. शेष तीनों में दो रेखाएँ समानान्तर नहीं हैं।

9. शेष तीनों में वृत्त के दोनों ओर के तीर समान दिशा में हैं।

10. शेष तीनों डिजाइनें चार बराबर भागों में विभक्त हैं।

31. प्रथम से द्वितीय आकृति में क्षैतिज व ऊर्ध्वाधर तीन पलट जाते हैं तथा दोनों सूक्ष्म वृत्त पूर्ववत् स्थान पर रहते हैं। इसी प्रकार तृतीय से चतुर्थ आकृति में भी तीर पलट जाएंगे तथा वृत्त पूर्ववत् स्थान पर रहेंगे।

32. प्रत्येक अगली आकृति में क्रमशः एक सीढ़ी की संख्या बढ़ती जाती है।

33. प्रत्येक अगली आकृति में क्रमशः एक अपूर्ण चतुर्भुज बाहर बनता है तथा अन्दर पूर्ण चतुर्भुज बनता है।

34. प्रत्येक अगली आकृति में वृत्त के अन्दर की दो रेखाएँ वामावर्त दिशा में क्रमशः एक-एक भाग घूमती जाती है।

35. प्रत्येक अगली आकृति में एक-एक क्षैतिज रेखा की क्रमशः वृद्धि होती जाती है।

36. प्रत्येक अगली आकृति में डिजाइन 90° दक्षिणावर्त घूम रही है।

37. प्रत्येक अगली आकृति में लघु वृत्त दक्षिणावृत दिशा में अगले भाग में तथा दोनों रेखाएँ वामावर्त में अगले भाग में सरकती हैं।

38. प्रत्येक अगली आकृति में लघु वृत्त तथा तीर दोनों क्रमशः दो भाग एवं एक भाग दक्षिणावर्त दिशा में बढ़ते हैं।

$= \frac{100}{80} \times 64$

= 80 रु.

68. अभीष्ट गति $= \frac{150 \text{ मी.}}{60 \text{ से.}}$

$= \frac{150 \times 60 \times 60}{60 \times 1000}$

= 9 किमी/घंटा

69. साधारण ब्याज = 3000 – 2000

= 1000 रु.

ब्याज की दर $= \frac{\text{ब्याज} \times 100}{\text{मूलधन} \times \text{समय}}$

$= \frac{1000 \times 100}{2000 \times 5}$

= 10%

70. माना कि आयत की विमाएँ x सेमी व y सेमी हों तो

$2(x + y) = 40$

$\Rightarrow \quad x + y = 20 \quad ...(i)$

लेकिन दिए गए विकल्पों में (A) व (D) की दी गई विमाएँ परिमाप के अनुसार सही हैं, परन्तु प्रश्नानुसार क्षेत्रफल अधिकतम विकल्प (D) की विमाओं का होगा। अतः अभीष्ट विमाएँ 12 व 8 होंगीं।

71. घनाभ की लंबाई $= \frac{\text{आयतन}}{\text{चौड़ाई} \times \text{ऊँचाई}}$

$= \frac{36000}{30 \times 40}$

= 30 सेंमी

72. दण्ड चार्ट के अनुसार 20 से अधिक अंक प्राप्त करने वाले अभ्यर्थियों की कुल संख्या

= 7 + 4 + 2 + 1

= 14

75. ट्रकों की अभीष्ट संख्या $= \frac{58275}{175}$

= 333

76. 4, 8, तथा 12 का लघुतम समापवर्त्य = 24

अभीष्ट संख्या = 120

77.

2	10, 12, 15
3	5, 6, 15
5	5, 2, 5
	1, 2, 1

$\therefore$ ल.स.प. = 2 × 3 × 5 × 2

= 60 मिनट

= 1 घण्टा

इस प्रकार वह तीनों घण्टियाँ प्रात 8:30 बजे के 1 घण्टा पश्चात् अर्थात 9 : 30 प्रातः एक साथ बजेंगी।

78. संख्या 52792 में 15 से भाग देने पर शेषफल 7 मिलता है। अतः उक्त संख्या को 15 से पूर्ण विभाजित होने क लिए संख्या में 8 जोड़ना पड़ेगा।

79. अभीष्ट योगफल = 13.3, 1.33 + 1.0033 + 1.0333

= 16.6666

80. ☆ के मान 5 रखने से संख्या 565890, 13 से पूर्णतया विभाजित होगी।

पिछले प्रश्न-पत्र (हल सहित)

जवाहर नवोदय विद्यालय प्रवेश परीक्षा, 2006

अनुभाग-I

मानसिक योग्यता परीक्षा

खण्ड-I

निर्देश (प्रश्न 1 से 10 तक): *प्रत्येक प्रश्न में चार आकृतियाँ (A), (B), (C) तथा (D) दी गई हैं। इन चार आकृतियों में तीन आकृतियाँ कुछ हद्द तक सदृश हैं तथा एक अलग। अलग आकृति को चुनकर उत्तर पुस्तिका में लिखें।*

1. 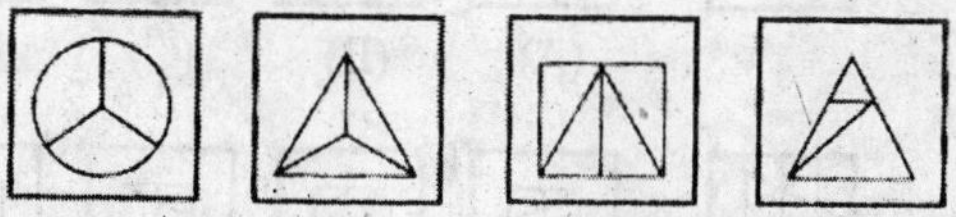

(A) (B) (C) (D)

2. 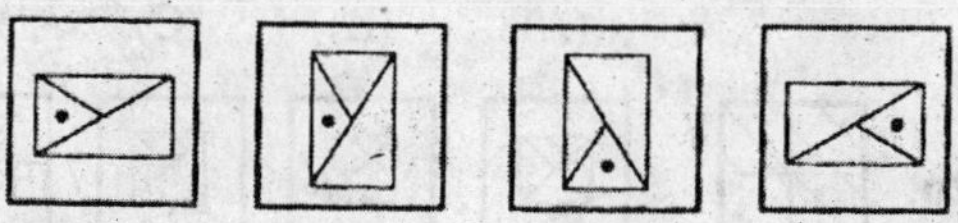

(A) (B) (C) (D)

3. 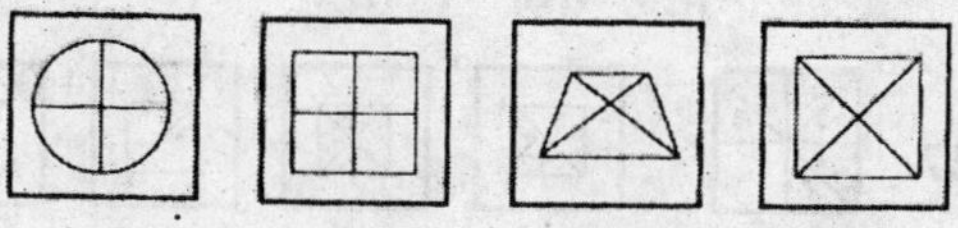

(A) (B) (C) (D)

4. 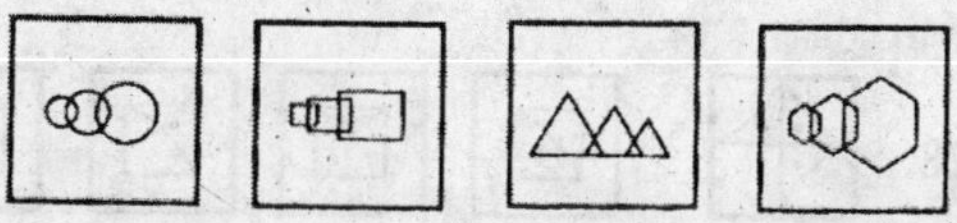

(A) (B) (C) (D)

5. 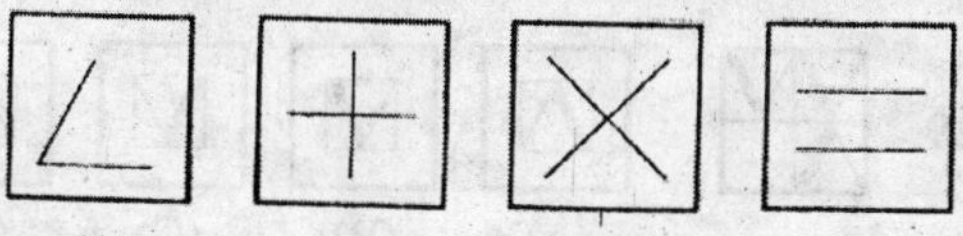

(A) (B) (C) (D)

6. 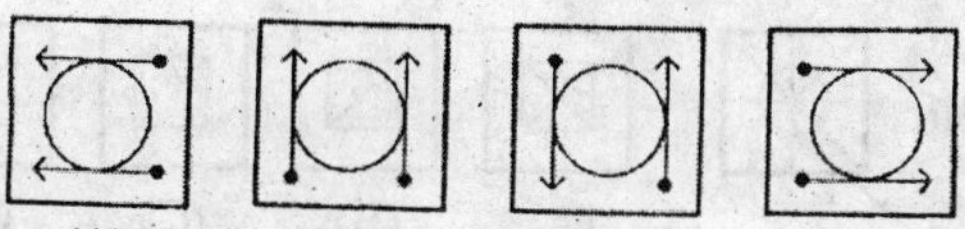

(A) (B) (C) (D)

7. 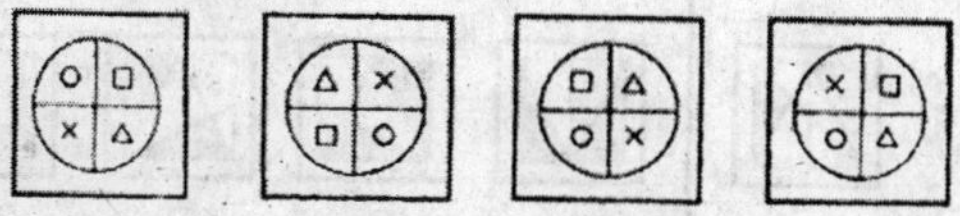

(A) (B) (C) (D)

8. 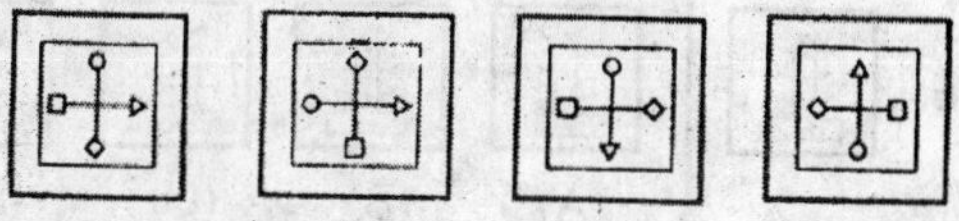

(A) (B) (C) (D)

9. 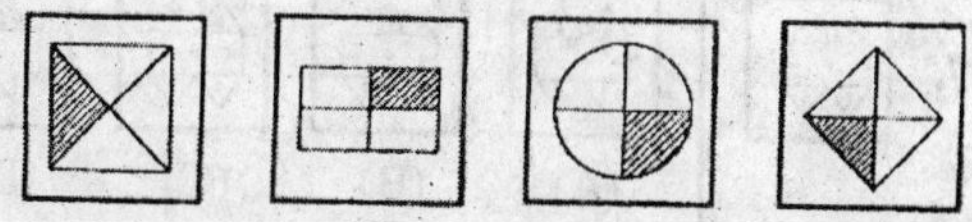

(A) (B) (C) (D)

10. 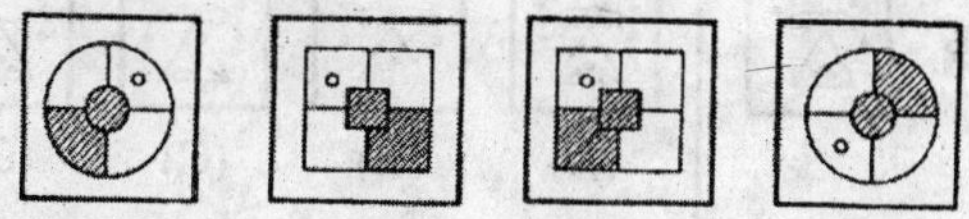

(A) (B) (C) (D)

खण्ड-II

निर्देश (प्रश्न 11 से 20 तक): *प्रत्येक प्रश्न में बाईं ओर एक समस्या आकृति तथा दाईं ओर चार उत्तर-आकृतियाँ (A), (B), (C) तथा (D) दी गई हैं। उस उत्तर-आकृति को चुनिए जो समस्या आकृति के बिल्कुल सदृश हो तथा सही उत्तर चुनकर उत्तर पुस्तिका में लिखें।*

समस्या-आकृति **उत्तर-आकृतियाँ**

11.  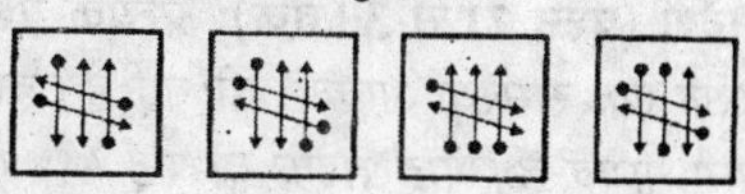

(A) (B) (C) (D)

12. 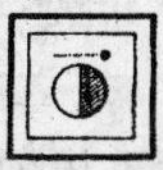 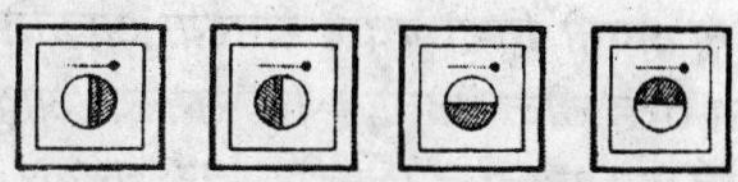

(A) (B) (C) (D)

समस्या-आकृति | उत्तर-आकृतियाँ

13.

(A) (B) (C) (D)

14.
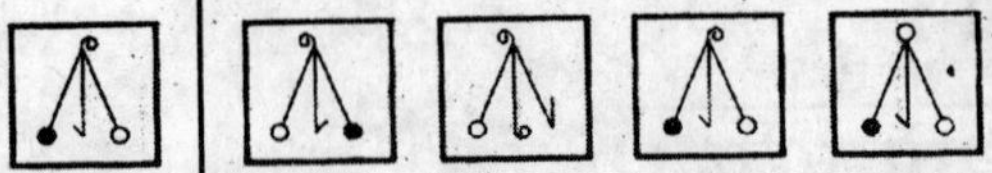
(A) (B) (C) (D)

15.

(A) (B) (C) (D)

16.
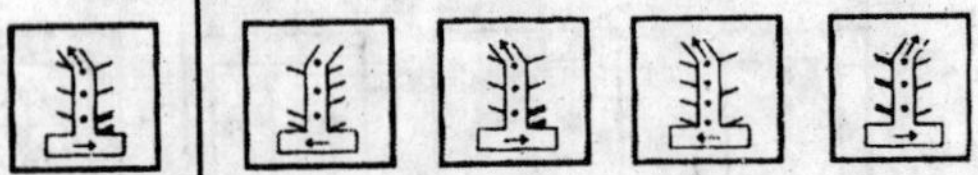
(A) (B) (C) (D)

17.

(A) (B) (C) (D)

18.

(A) (B) (C) (D)

19.
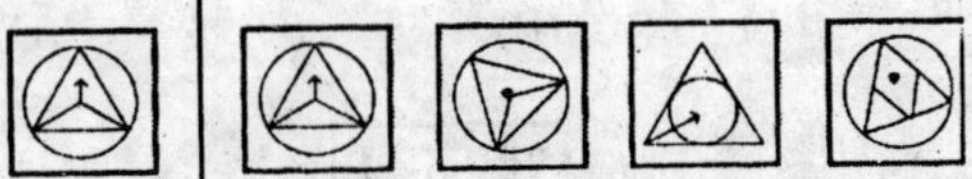
(A) (B) (C) (D)

20.

(A) (B) (C) (D)

खण्ड-III

निर्देश (प्रश्न 21 से 30 तक): *प्रत्येक प्रश्न में रेखा के बाईं तरफ एक समस्या आकृति दी गई है। इस आकृति का एक भाग गायब है। दाईं तरफ दी गई (A), (B), (C) तथा (D) उत्तर आकृतियों को देखिए। उस आकृति को ढूँढिए जो बिना अपनी दिशा बदले समस्या आकृति के गायब भाग में इस तरह ठीक बैठती है कि समस्या आकृति का पैटर्न पूरी तरह बन जाता है। सही उत्तर चुनकर उत्तर पुस्तिका में लिखें।*

समस्या-आकृति | उत्तरें-आकृतियाँ

21.
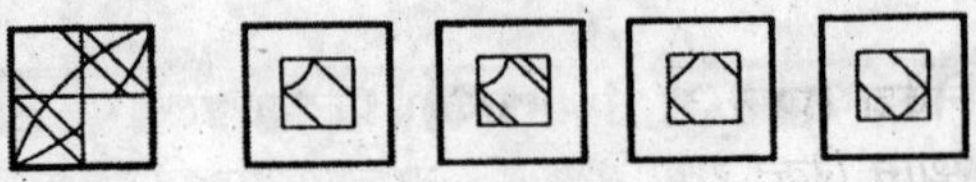
(A) (B) (C) (D)

22.
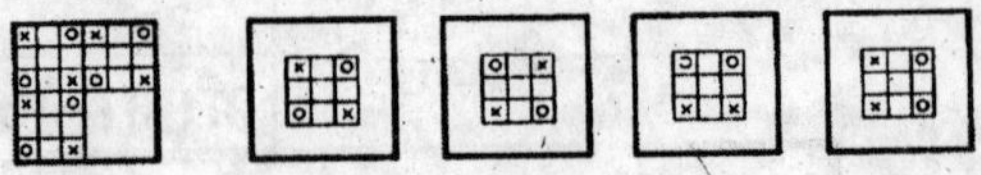
(A) (B) (C) (D)

23.

(A) (B) (C) (D)

24.

(A) (B) (C) (D)

25.
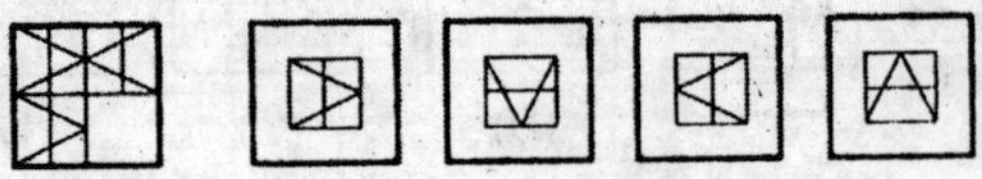
(A) (B) (C) (D)

26.

(A) (B) (C) (D)

27.

(A) (B) (C) (D)

28.
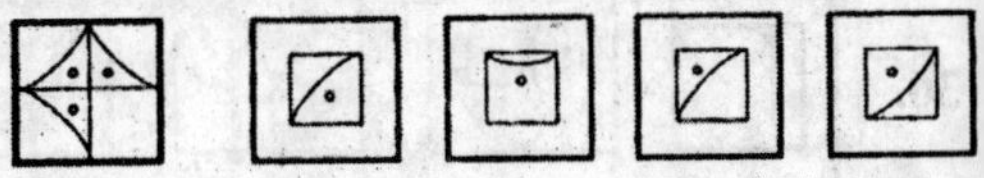
(A) (B) (C) (D)

29.

(A) (B) (C) (D)

30.
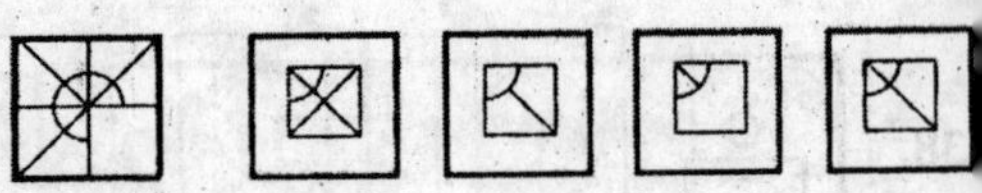
(A) (B) (C) (D)

खण्ड-IV

निर्देश (प्रश्न 31 से 40 तक): *प्रत्येक प्रश्न में रेखा के बाईं तरफ तीन समस्या आकृतियाँ दी गई हैं तथा चौथे के लिए स्थान रिक्त रखा गया है। समस्या आकृतियाँ एक श्रृंखला में हैं। ढूँढिए कि रेखा के दाईं तरफ दी गई उत्तर आकृतियों में से कौन-सी आकृति इस श्रृंखला को पूरा करती है। सही उत्तर चुनकर उत्तर पुस्तिका में लिखें।*

समस्या-आकृतियाँ | **उत्तर-आकृतियाँ**

31. 

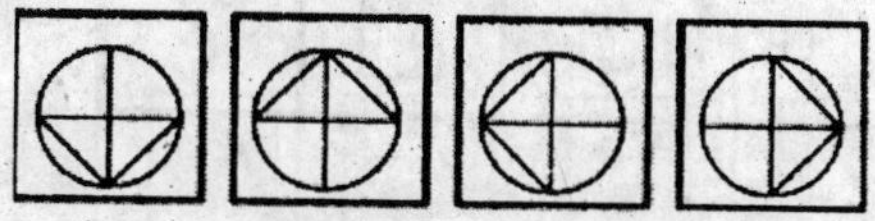

(A) (B) (C) (D)

32. 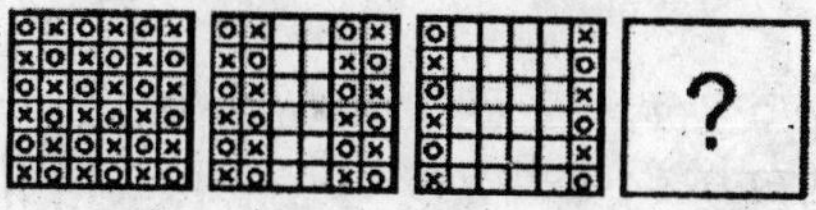

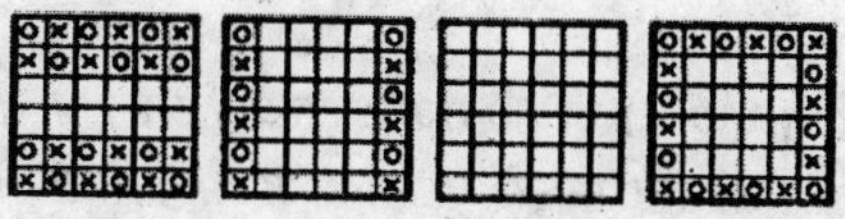

(A) (B) (C) (D)

33. 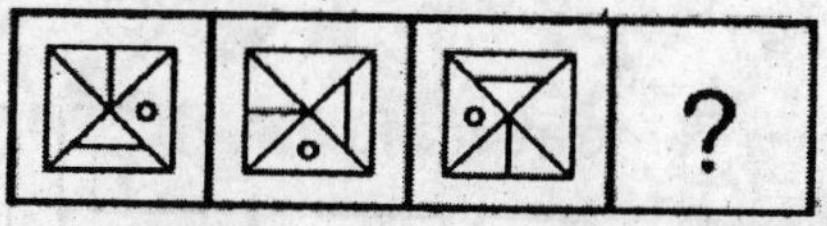

(A) (B) (C) (D)

34. 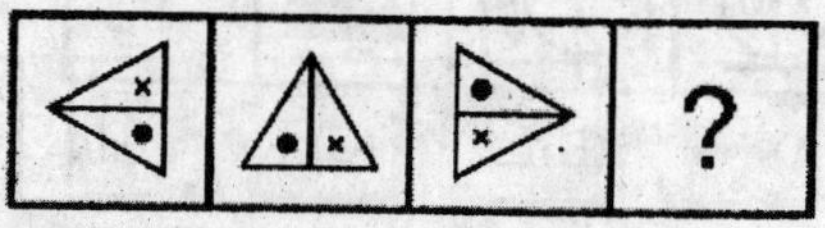

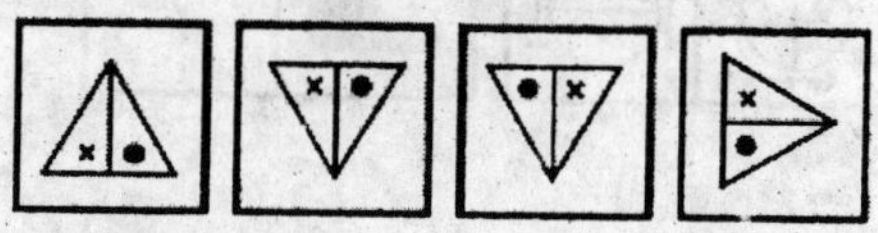

(A) (B) (C) (D)

35. 

(A) (B) (C) (D)

36. 

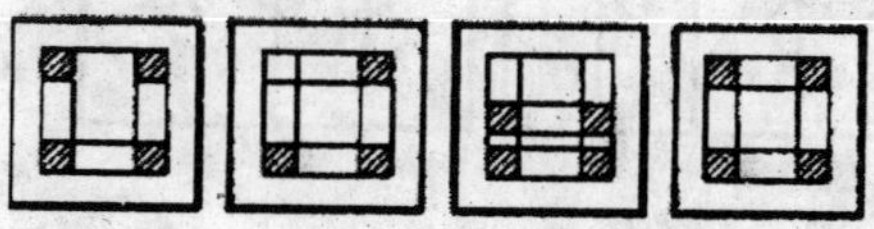

(A) (B) (C) (D)

37. 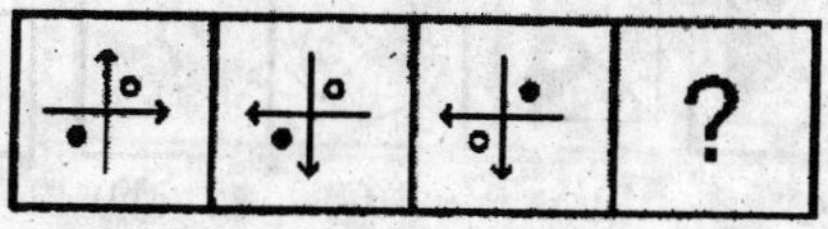

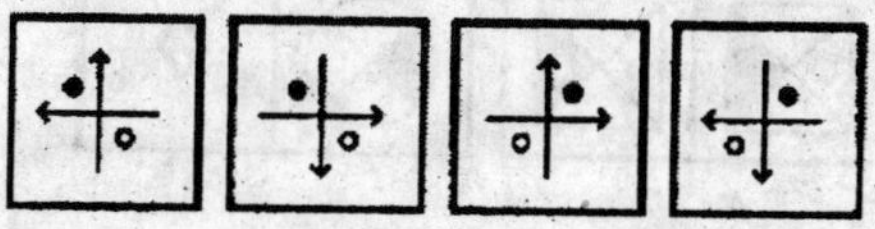

(A) (B) (C) (D)

38. 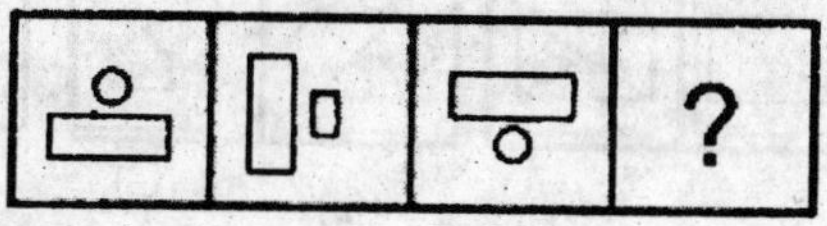

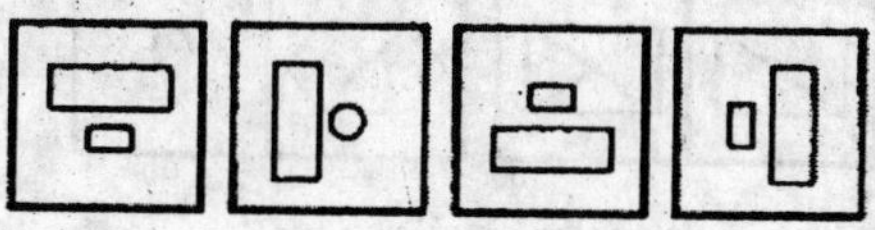

(A) (B) (C) (D)

समस्या-आकृतियाँ	उत्तर-आकृतियाँ

39. 

(A) (B) (C) (D)

40. 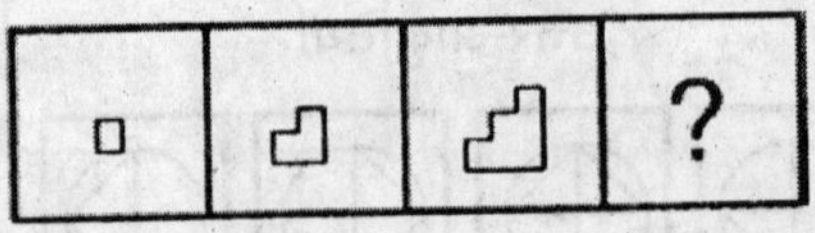

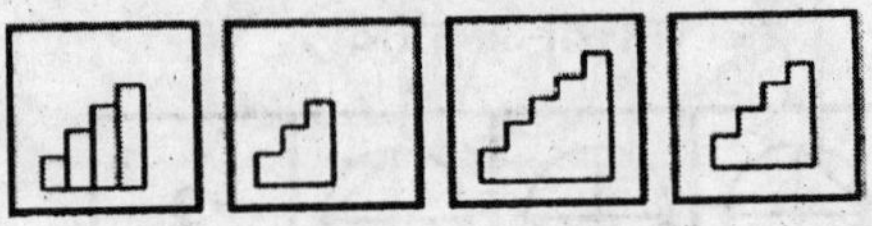

(A) (B) (C) (D)

खण्ड-V

निर्देश (प्रश्न एक 41 से 50 तक): *प्रत्येक प्रश्न में तीन समस्या आकृतियों के बाद चौथी के स्थान पर एक प्रश्नसूचक चिह्न बना हुआ है। पहली दो समस्या आकृतियों में परस्पर एक सम्बन्ध है। इसी प्रकार तीसरी तथा चौथी समस्या आकृतियों के बीच भी वही सम्बन्ध होना चाहिए। उत्तर आकृतियों में से वह आकृति चुनिए जो प्रश्नसूचक चिह्न वाले स्थान पर ठीक बैठ सके। सही उत्तर चुनकर उत्तर पुस्तिका में लिखें।*

समस्या-आकृतियाँ	उत्तर-आकृतियाँ

41. 

(A) (B) (C) (D)

42. 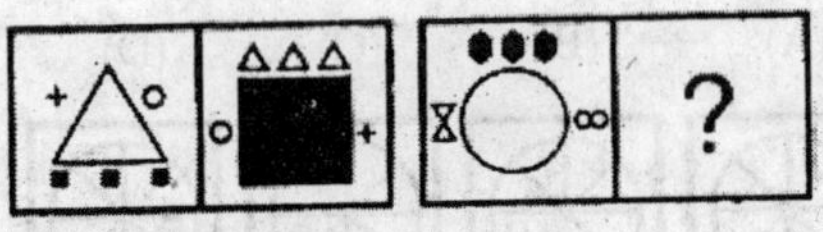

(A) (B) (C) (D)

43. 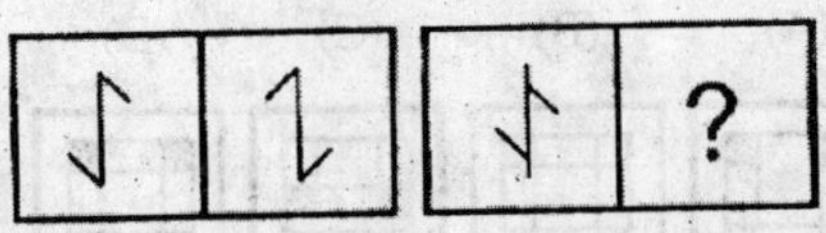

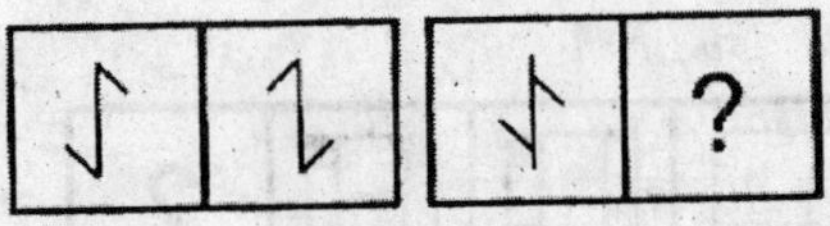

(A) (B) (C) (D)

44. 

(A) (B) (C) (D)

45. 

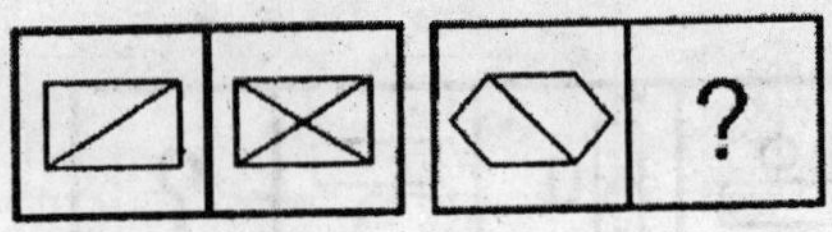

(A) (B) (C) (D)

समस्या-आकृतियाँ | उत्तर-आकृतियाँ

46.  

(A) (B) (C) (D)

47.  

(A) (B) (C) (D)

48.  

(A) (B) (C) (D)

49. 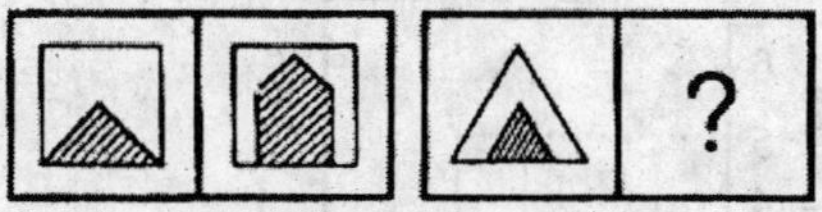 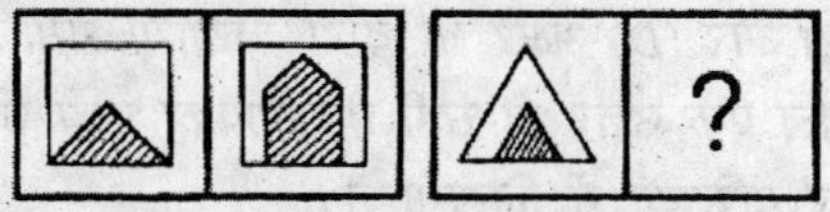

(A) (B) (C) (D)

50. 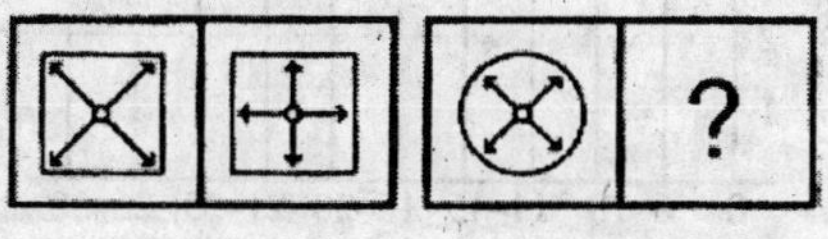 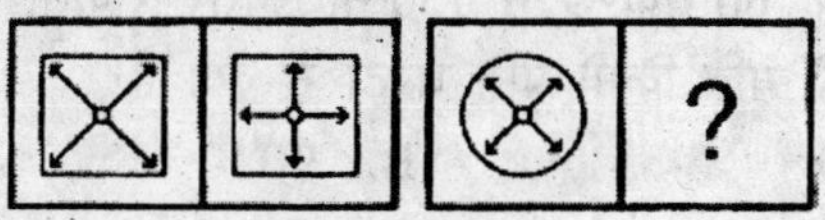

(A) (B) (C) (D)

खण्ड-VI

निर्देश (प्रश्न 51 से 60 तक): *प्रत्येक प्रश्न में वर्ग का एक भाग रेखा के बाईं तरफ है और रेखा के दाईं तरफ दी गई चार आकृतियों (A), (B), (C) और (D) में से कोई एक उसका दूसरा भाग है। दाईं तरफ दी गई आकृतियों में से वह आकृति ढूँढिए जो वर्ग को पूर्ण बनाती है। सही उत्तर चुनकर पुस्तिका में लिखें।*

समस्या-आकृति | उत्तर-आकृतियाँ

51.  

(A) (B) (C) (D)

52.  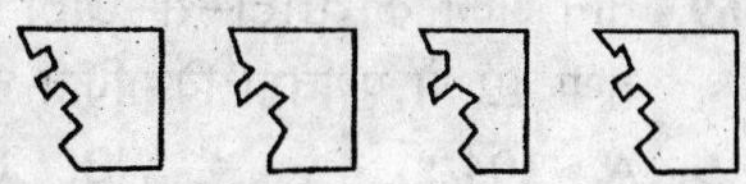

(A) (B) (C) (D)

समस्या-आकृति | उत्तर-आकृतियाँ

53.  

(A) (B) (C) (D)

54.  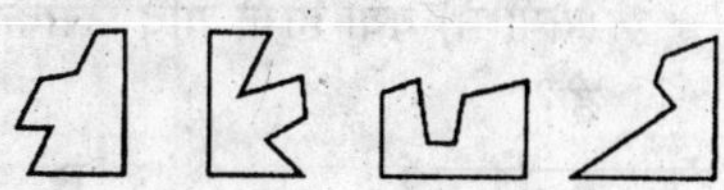

(A) (B) (C) (D)

55.  

(A) (B) (C) (D)

56.  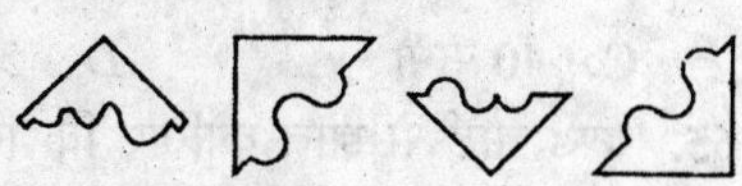

(A) (B) (C) (D)

समस्या-आकृति	उत्तर-आकृतियाँ

57.

(A) (B) (C) (D)

58.

(A) (B) (C) (D)

समस्या-आकृति	उत्तर-आकृतियाँ

59.

(A) (B) (C) (D)

60.

(A) (B) (C) (D)

अनुभाग-II : अंकगणित

निर्देशः *प्रत्येक प्रश्न के लिए चार सम्भावित उत्तर हैं जिन्हें (A), (B), (C) और (D) अक्षर के द्वारा दिखाया गया है। इनमें से केवल एक उत्तर ही सही है। आपको सही उत्तर चुनकर उत्तर पुस्तिका में लिखना है।*

61. जोसेफ 60 सेकण्ड में 150 मीटर तैर सकता है? उसकी गति किमी प्रति घण्टा में क्या है?

A. 9 B. 90
C. 900 D. 9000

62. 2,000 रु. की जमा राशि पर 5 वर्ष बाद एक बैंक 3,000 रु. वापस करता है। ब्याज की प्रतिशत दर क्या है?

A. 20% B. 15%
C. 10% D. 5%

63. एक आयत का परिमाप 40 सेमी है। उसकी विमाएँ (सेमी में) क्या होंगी यदि उसका क्षेत्रफल अधिकतम हो?

A. 1, 19 B. 4, 10
C. 5, 10 D. 10, 10

64. एक घनाभ का आयतन 36,000 सेमी^{3} है तथा उसकी चौड़ाई और ऊँचाई क्रमशः 30 सेमी तथा 40 सेमी. है। उसकी लम्बाई क्या है?

A. 20 सेमी B. 30 सेमी
C. 40 सेमी D. 50 सेमी

65. दण्ड चार्ट से ज्ञात कीजिए कि कितने बच्चों ने 15 से अधिक अंक पाए?

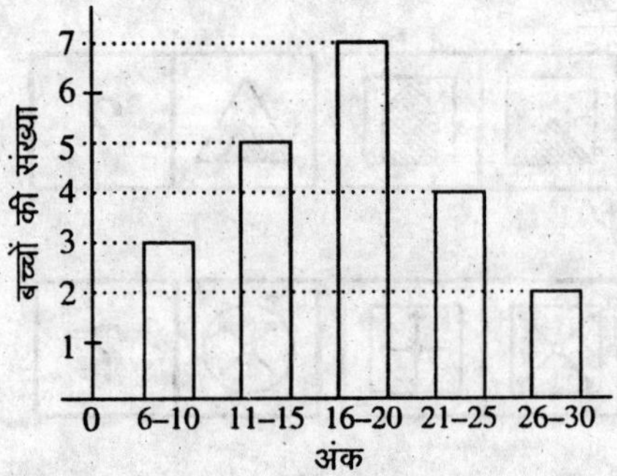

A. 3 B. 8
C. 13 D. 15

66. 7, 0, 1, 2 तथा 3 से बनने वाली छोटी–से–छोटी सम संख्या क्या है?

A. 10372 B. 10237
C. 73210 D. 12370

67. निम्नलिखित में से कौन–सी अभाज्य संख्या है?

A. 91 B. 93
C. 95 D. 97

68. एक ट्रक 475 बोरे सीमेंट ले जा सकता है। 58,425 बोरों को ले जा सकने के लिए कितने ट्रकों की आवश्यकता होगी?

A. 57,950 B. 58,050
C. 58,900 D. 123

69. तीन अंकों की छोटी–से–छोटी संख्या जो 4, 6, 8 तथा 12 से पूर्णतया विभाजित हो, क्या है?

A. 104 B. 120
C. 240 D. 984

70. तीन गिरिजाघरों की घंटियाँ क्रमश 10, 12 तथा 15 मिनट के अन्तराल पर बजती हैं। यदि वह एक साथ प्रातः 8.30 बजे बजें, तो अगली दफा वह कब एक साथ बजेंगी?

A. 9.00 बजे प्रातः B. 9.30 बजे प्रातः
C. 10.00 बजे प्रातः D. 12.00 बजे दोपहर

71. $\left(\frac{3}{5}+\frac{1}{5}-\frac{3}{10}\right)\times\left(\frac{36}{45}\div\frac{16}{5}\right)$ को हल करने पर परिणाम क्या आता है?

A. $\frac{1}{8}$ B. $\frac{1}{20}$
C. $\frac{32}{25}$ D. $\frac{64}{125}$

72. 2,000 रु. का 7.5% क्या है?

A. 1.50 रु. B. 15.00 रु.
C. 150.00 रु. D. 1500.00 रु.

73. * के किस मान के लिए संख्या 56*891,11 से पूर्णतया विभाजित होगी?

A. 1 B. 3
C. 5 D. 7

74. 13.3, 1.33, 1.0033 तथा 1.0333 का योग क्या है?

A. 16.6060 B. 16.3066
C. 16.3333 D. 16.6666

75. संख्या 52,792 में छोटी–से–छोटी कौन–सी संख्या जोड़ी जाए कि वह 15 से पूर्णतया विभाजित हो जाए?

A. 6 B. 7
C. 8 D. 15

76. यदि 2.5 को 149.93 से गुणा किया जाए, तो निकटतम गुणनफल क्या है?

A. 300 B. 375
C. 447 D. 450

77. संख्याओं की अगली पंक्ति क्या है?

2, 4, 8
3, 9, 27
4, 16, 64

A. 5, 10, 15 B. 5, 15, 20
C. 5, 25, 125 D. 5, 30, 150

78. 7 लिटर तेल में से 350 मि. लिटर वाली कितनी बोतलें भरी जा सकती हैं?

A. 2 B. 20
C. 200 D. 245

79. एक व्यक्ति ने 20 रु. प्रति दर्जन के भाव से अण्डे खरीदे तथा दो रुपए प्रति अण्डे के भाव से बेच दिए। सौदे में उसका प्रतिशत लाभ क्या है?

A. 4 B. $16\frac{2}{3}$
C. 18 D. 20

80. एक लड़के ने अपनी पुरानी पाठ्यपुस्तक 20% हानि पर 64 रु. में बेची। पाठ्यपुस्तक का क्रय मूल्य क्या था?

A. 78.80 रु. B. 80 रु.
C. 100 रु. D. 120 रु.

अनुभाग-III : भाषा

निर्देशः इस अनुभाग में चार अनुच्छेद हैं। प्रत्येक अनुच्छेद के अन्त में पांच प्रश्न पूछे गए हैं। प्रत्येक अनुच्छेद को ध्यान से पढ़िए और उस पर पूछे गए प्रश्नों के उत्तर लिखिए। प्रत्येक प्रश्न के लिए चार सम्भावित उत्तर हैं जिन्हें (A), (B), (C) और (D) क्रम दिया गया है। इनमें से केवल एक उत्तर सही है। आप सही उत्तर चुनकर उत्तर पुस्तिका में लिखें।

अनुच्छेद-I

आज लोगों की स्वास्थ्य समस्याओं में सबसे बड़ी समस्या है— मोटापा। मोटापा जीवन शैली में परिवर्तन से होता है—खानपान, गतिशीलता, स्वास्थ्य और पोषण में परिवर्तन से। इसके परिणामस्वरूप अस्थिवात, मधुमेह, कुछ प्रकार के कैंसर, दिल के रोग और निम्न आत्म–सम्मान या अवसाद जैसे रोग हो सकते हैं। इसलिए हमें शारीरिक रूप से सक्रिय रहकर और उचित मात्रा में कार्बोहाइड्रेट्स, प्रोटीन, वसा और रेशे, विटामिन और खनिजों से सन्तुलित आहार लेकर अपनी जीवन शैली में बदलाव लाना चाहिए। योग्य आहारविज्ञानी लोगों के स्वाद, वरीयता, जीवनशैली और कार्य को ध्यान में रखकर मदद कर सकता है।

81. लेखक के अनुसार मोटापा है—

A. बीमारी B. जीवन–शैली
C. एलर्जी D. दिमागी समस्या

82. निम्नलिखित में से किन में मोटापा कम रहने की सम्भावना है?

A. जो होटलों, रेस्तरांओं में भोजन करते हैं
B. जो कार्यालयों में देर तक काम करते हैं
C. जो वातानुकूलित वातावरण में रहते हैं
D. खिलाड़ी जो बहुत खेलते रहते हैं

83. कार्बोहाइड्रेट्स, प्रोटीन, विटामिन और खनिज ये सभी प्रकार हैं—

A. दवाओं के | B. रसायनों के
C. भोजन के | D. बलवर्धक दवा के

84. आहारविज्ञानी उसे कहते हैं जो—

A. वजन घटाने के लिए उपयुक्त व्यायाम सिखाता है
B. हमें परामर्श देता है कि हम किस प्रकार का भोजन करें
C. अनेक रोगों का इलाज करता है
D. वजन कम करने वाले लोगों के लिए कम वसा वाला भोजन बनाता है

85. लेखक लोगों को अपनी 'जीवन शैली' बदलने का परामर्श देता है। यह तब बदली जा सकती है जब लोग—

A. शहरों से गाँवों की ओर जाएँ
B. काम पर जाने के लिए वातानुकूलित कार के बदले पैदल चलें
C. बीमार होने पर डॉक्टर को देने के लिए अधिक पैसा बचाएँ
D. अपनी भोजन आदतें बदलें और अधिक व्यायाम करें

अनुच्छेद-II

सुनील के मित्र उसके यहाँ अपनी छुट्टियाँ बिता रहे थे। सुनील ने अपने पिता से उन्हें सर्कस ले जाने की अनुमति ली। वे कुल 6 लोग थे। सुनील, उसके माता–पिता, बहिन वीना और मित्र गीता और राजू। वे बाहर निकले और बस की देर तक प्रतीक्षा की। सुनील के पिता ने तय किया कि वे उन्हें अपने स्कूटर पर ले जाएँगे। सुनील और राजू सामने खड़े हो गए और वीना अपने पिता और माँ के बीच में बैठ गई। गीता सुनील की माँ के पीछे बची थोड़ी–सी जगह पर बैठ गई। वाहन अतिभार से दबा था। टायर पंचर हो जाने से वह रास्ते में ही रुक गया। वे उदास होकर घर लौट आए। सुनील के पिता ने अपनी गलती महसूस की।

86. सुनील जाना चाहता था—

A. चिड़ियाघर | B. सर्कस
C. पार्क | D. स्कूल

87. .... और .... सुनील के मित्र थे।

A. राजू और वीना | B. वीना और गीता
C. गीता और राजू | D. गीता और रहीम

88. सुनील सर्कस नहीं जा सका, क्योंकि—

A. वर्षा हो रही थे
B. पिताजी काम में व्यस्त थे
C. उसकी तबीयत ठीक नहीं थी
D. स्कूटर का टायर पंचर हो गया था

89. सुनील के पिता के स्कूटर पर कितने लोग गए?

A. चार | B. छह
C. तीन | D. पाँच

90. सुनील के पिता ने गलती की—

A. सर्कस जाने की योजना बनाकर
B. बस की प्रतीक्षा करके
C. स्कूटर पर अधिक भार ढोकर
D. सुनील के मित्रों को सर्कस ले जाकर

अनुच्छेद-III

घोड़े कठिन परिश्रम करने वाले पशु हैं जिन्होंने मनुष्य की सेवा की है और इतिहास को बदला है। मनुष्य ने उन्हें 5000 वर्षों से पालतू बना रखा है। घोड़ों ने मनुष्य को गतिशील बने रहने में सहायता की है। घोड़ों के कारण दूर–दराज के शहरों में जानकारी को बाँटा जा सकता और वस्तुओं का व्यापार किया जा सकता है। घोड़ों का उपयोग किसानों द्वारा अन्न उगाने में भी किया जाता रहा है, क्योंकि वे खेत को अच्छा जोत सकते हैं। असल में घोड़े इतने शक्तिमान होते हैं कि वाहनों की शक्ति 'हॉर्सपावर' में मापी जाती है। घुड़सवार लोगों ने युद्ध में सदा उन्हें जीता जिनके पास घोड़े नहीं थे, क्योंकि घोड़े तेज होते हैं और सैनिकों को ऊँचाई तक ले जा सकते हैं। अन्त में घोड़े सुन्दर और तेजचाल वाले होते हैं तथा बहुत से लोग मौज के लिए उन पर सवारी करते हैं। पीठ पर सवार के होने पर भी वे बाधाओं को लाँघ कर चल सकते हैं।

91. लगभग 5000 वर्षों से घोड़ों को–
A. मारा गया है
B. लड़ाया गया है
C. पालतू बनाया गया है
D. दौड़ाया गया है

92. कोई व्यक्ति या वस्तु जो इधर–उधर चलफिर सकता है, उसे कहा जाता है–
A. घोड़े जैसा B. गतिशील
C. तेज D. मजबूत

93. निम्नलिखित में से किसके लिए घोड़ों की आवश्यकता नहीं है?
A. गाँवों के बीच संचार
B. टूटी चीजें जोड़ना
C. कृषि
D. युद्ध जीतना

94. 'हॉर्सपावर' से नापी जाती है–
A. कौन–सा घोड़ा बलवान है
B. घोड़े पर कितने लोग सवारी कर सकते हैं
C. वाहनों की शक्ति
D. बिजली का रूप

95. घोड़ों का सबसे अच्छा वर्णन किससे किया जा सकता है?
A. शक्तिमान B. सुन्दर
C. उपयोगी D. उपर्युक्त सभी बातें

अनुच्छेद-4

ओलम्पिक में भारतीय खिलाड़ियों को गलतियाँ करते देखना दुःखद दृश्य है। विश्व के सबसे बड़े खेल समारोह से मात्र एक पदक लेकर लौटना दिल में बेचैनी पैदा करने वाली बात है। भारतीय दल के औसत से भी कम प्रदर्शन के पीछे योजना की कमी, पर्याप्त प्रशिक्षण का अभाव और विदेशी परिस्थितियों के प्रति खुलेपन का अभाव आदि को माना जा सकता है। जहाँ तक प्रतिभा की अधिक तलाश नहीं करनी पड़ती। अब सौ टके का सवाल यह है कि इस प्रतिभा को ओलम्पिक के मंच पर क्या हो जाता है? केवल एक ही स्पष्टीकरण सम्भव है, धन की अधिकता या उसकी कमी ही भारत के दर्द का मूल कारण है।

96. इस अनुच्छेद में प्रयुक्त 'बेचैनी' शब्द का अर्थ है–
A. चिन्ता B. बाधा
C. उद्विग्नता D. घबराहट

97. सबसे बड़ा खेल समारोह किसे कहा गया है?
A. पर्याप्त प्रशिक्षण B. खेलों को देखना
C. ओलम्पिक D. पदक जीतना

98. भारतीय खिलाड़ियों के मामूली प्रदर्शन के क्या कारण हैं?
A. योजना, प्रशिक्षण और विदेशी परिस्थितियों के प्रति खुलेपन का अभाव
B. खाने की आदतें, पर्याप्त प्रशिक्षण सुविधाएँ और योजना की कमी
C. विदेशी स्थितियों के प्रति खुलापन, प्रशिक्षण के तरीके और पर्याप्त प्रशिक्षण सुविधाएँ
D. प्रशिक्षण समय, योजना की कमी और विदेशी परिस्थितियों के प्रति खुलापन

99. 'सौ टके का सवाल' मुहावरे का अर्थ है–
A. जिस प्रश्न के उत्तर से सौ रुपए प्राप्त हों
B. बहुत महत्वपूर्ण और प्रासंगिक प्रश्न
C. सौ रुपए मूल का प्रश्न
D. सौ रुपए पाने पर, जिसका उत्तर दिया जा सके

100. ओलम्पिक के मंच पर भारतीय प्रतिभा की असफलता का मूल कारण क्या है?
A. योजना
B. धन
C. धन की कमी
D. धन की अधिकता या उसकी कमी

उत्तरमाला

1	2	3	4	5	6	7	8	9	10
C	B	B	C	D	C	D	A	B	C
11	**12**	**13**	**14**	**15**	**16**	**17**	**18**	**19**	**20**
D	A	B	C	D	B	B	B	A	C
21	**22**	**23**	**24**	**25**	**26**	**27**	**28**	**29**	**30**
C	A	C	B	C	B	D	C	D	D

31	32	33	34	35	36	37	38	39	40
B	C	C	B	C	A	C	D	A	D
41	42	43	44	45	46	47	48	49	50
A	C	B	B	B	C	D	D	B	B
51	52	53	54	55	56	57	58	59	60
A	D	D	A	B	C	B	B	C	B
61	62	63	64	65	66	67	68	69	70
A	C	D	B	C	A	D	D	B	B
71	72	73	74	75	76	77	78	79	80
A	C	A	D	C	B	C	B	D	B
81	82	83	84	85	86	87	88	89	90
A	D	C	B	D	B	C	D	B	C
91	92	93	94	95	96	97	98	99	100
C	B	B	C	D	A	C	A	B	D

कुछ चुने हुए प्रश्नों के व्याख्यात्मक उत्तर

1. आकृतियाँ A, B और D प्रत्येक के तीन भाग हैं जबकि आकृति C के चार भाग हैं।

3. आकृति B में भुजाओं के मध्य–बिन्दु से रेखाएँ खींची गई हैं जबकि अन्य सभी आकृतियों में रेखाएँ शीर्ष–बिन्दु या केन्द्र से, होकर खींची गई हैं।

4. आकृतियाँ A, B और D में सभी आकृतियाँ दाईं से बाईं ओर एक के बाद एक छोटी होती गई हैं, जबकि आकृति C में आकृतियाँ बाईं से दाईं ओर छोटी हो रही हैं।

5. आकृति D को छोड़कर अन्य सभी आकृतियों में रेखाएँ कहीं–न–कहीं एक दूसरे को स्पर्श करती हैं।

6. आकृति C को छोड़कर अन्य सभी आकृतियों में वृत्त को स्पर्श करने वाली रेखाओं की दिशायें एक ही ओर इंगित कर रही हैं जबकि आकृति C की रेखाएँ विपरित दिशाओं में हैं।

7. आकृतियाँ A, B और C में "Δ" के सामने "O" बना हुआ है जबकि आकृति D में "Δ" के सामने "×" बना हुआ है।

8. आकृति A में रेखा के सिरे पर तीन बना है जबकि दूसरे सिरे पर छोटा–सा वर्ग बना है। अन्य सभी आकृतियों में रेखा के एक सिरे पर तीर तो है किन्तु दूसरे सिरे पर छोटा–सा वृत्त बना है।

9. आकृति B को छोड़ अन्य सभी आकृतियों में रेखाएँ भुजाओं के मध्य–बिन्दु से नहीं खींची गई हैं।

10. आकृति A, B और D में छोटा वृत्त छायांकित भाग के सामने है जबकि आकृति C में वृत्त का स्थान बदला हुआ है।

12. समस्या आकृति के समान आकृति A में वृत्त का आधार भाग दाहिनी ओर छायांकित है अतः आकृति A समस्या आकृति के सदृश है।

16. तीरों की दिशाएँ, अन्य रेखाएँ तथा छायांकित वृत्त के स्थान के आधार पर आकृति B ही समस्या आकृति से मिलती–जुलती है।

25. दी हुई समस्या आकृति के ऊपरी आधे भाग में आयत के दो विकर्ण एक–दूसरे को काटते हुए दर्शाए गए हैं तथा आयत को तीन उर्ध्वाधर रेखाएँ चार समान भागों में बाँटती हैं अतः आकृति C को देखने से पता चलता है कि यही समस्या–आकृति के निचले भाग को पूरा करती है।

31. वृत्त के अर्द्ध–वृत्ताकार भाग में बना त्रिभुज प्रत्येक स्थिति में घड़ी की सूईयों की विपरीत दिशा में 90° के कोण से घूम रहा है जो अन्त में आकृति B जैसा होगा।

32. समस्या आकृति की पहली आकृति में सभी छः ऊध्र्वाधर पंक्तियों में "O" और "X" चिह्न बने हुए हैं। दूसरी आकृति में चार पंक्तियों में "O" और "X" के चिह्न बने हैं, तीसरी आकृति में दो पंक्तियों में चिह्न बने हुए हैं। इसी क्रम को जारी रखते हुए

चौथी आकृति बिल्कुल खाली होगी जो आकृति C से मिलती जुलती होगी।

33. समस्या आकृति को ध्यान से देखने पर पता चलता है कि आकृति प्रत्येक चरण में घड़ी की सूईयों की विपरीत दिशा में 90° के कोण से घूम रही है किन्तु वृत्त सम्मुख कोण की दिशा में अपना स्थान बदल रहा है और अन्त में आकृति C जैसी स्थिति में आ जायेगी।

34. समस्या आकृति में त्रिभुज घड़ी की सूईयों की दिशा में 90° के कोण से प्रत्येक शृंखला में मुड़ रहा है और अन्त में आकृति B जैसी स्थिति को प्राप्त करेगा।

35. समस्या आकृति में छोटा वृत्त और तीर घड़ी की सूईयों की दिशा में घूम रहे हैं। वृत्त और तीर को दो खाने क्रमशः खिसकाने से दूसरी स्थिति प्राप्त होती है। दोनों को एक–एक खाने खिसकाने पर तीसरी स्थिति प्राप्त होती है। इसी प्रकार वृत्त और तीर को एक–एक खाने आगे खिसकाने पर आकृति C प्राप्त होती है।

36. समस्या आकृतियों को देखने से पता चलता है कि श्रेणी में आगे बढ़ने पर प्रत्येक बार एक छायांकित वर्ग बढ़ रहा है। अतः अगली स्थिति आकृति A जैसी होगी।

37. समस्या आकृति को ध्यान से देखने पर पता चलता है कि दूसरी आकृति में दोनों तीरों ने अपनी–अपनी दिशायें बदल ली हैं जबकि वृत्त और छायांकित वृत्त ज्यों–के–त्यों हैं। तीसरी आकृति में दोनों तीर अपनी दिशाओं में कोई बदलाव नहीं लाए, किन्तु दोनों वृत्तों ने अपने–अपने स्थान का परिवर्तन कर लिया है। इसी क्रम को जारी रखते हुए अब दोनों तीर अपनी दिशाएँ बदल लेंगे जबकि दोनों वृत्त अपने–अपने स्थान पर बने रहेंगे अर्थात यह आकृति C जैसी होगी।

38. समस्या आकृति की प्रत्येक आकृति 90° का कोण बनाते हुए घड़ी की सुईयों के घूमने की दिशा में घूम रही है, साथ ही साथ वृत्त पहले आयत में, आयत फिर वृत्त में और वृत्त अब आयत में बदल जायेगा। जो आकृति D के सदृश होगी।

39. समस्या आकृति से स्पष्ट है कि छोटे वर्ग के केन्द्रीय भाग में एक नया वर्ग का प्रवेश हुआ है जो छायांकित नहीं है। फिर इसी क्रम को आगे बढ़ाते हुए वर्ग के केन्द्रीय भाग में एक नये छायांकित वर्ग का प्रवेश हुआ। शृंखला की अगली आकृति A जैसी होगी।

40. समस्या आकृति को देखने से पता चलता है कि शृंखला के प्रत्येक चरण में सीढ़ियों की संख्या में लगातार वृद्धि हो रही है। जो अंत में आकृति D जैसी होगी।

41. समस्या आकृति में आकृति घड़ी की सूईयों के विपरीत दिशा में 90° का कोण बनाते हुए घूम रही है। अतः आगे की आकृति इसी प्रकार घूमकर आकृति A को प्राप्त करेगी।

42. समस्या आकृति में एक त्रिभुज के नीचे तीन छायांकित वर्ग है, इसी आकृति के दूसरे भाग में एक छायांकित वर्ग के ऊपर तीन खाली त्रिभुज हैं। इसी क्रम में छोटा छायांकित षट्भुज एक छायांकित षट्भुज तथा तीन खाली वृत्त जो आधार पर हो, में बदल जायेगा। अतः आकृति C ही खाली जगह के लिए उपयुक्त है।

43. दी हुई आकृति समतल दर्पण के बिम्ब जैसा प्रकृति को प्रदर्शित कर रही है अतः प्रश्नसूचक–चिह्न की जगह आकृति B जैसा रूप ले लेगी।

44. दी हुई आकृति में खाली वृत्त अपना स्थान सम्मुख शीर्ष कोण की दिशा में बदल रहा है। अतः आगे की आकृति बदलकर आकृति B जैसी स्थिति को प्राप्त करेगी।

45. समस्या आकृति में पहले आयत में एक विकर्ण है जबकि दूसरे आयत के दो विकर्ण हैं। इसी क्रम को आगे बढ़ाते हुए षट्भुज जिसका अभी एक विकर्ण है, आगे की आकृति में दो विकर्ण होंगे और आकृति B जैसी होगी।

46. समस्या आकृति के पहले चरण में एक छायांकित वर्ग तीन खाली आयत में बंट गया है। इसी प्रकार छायांकित त्रिभुज तीन खाली त्रिभुजों में बंट जायेगा जो आकृति C जैसी होगी।

47. समस्या आकृति को देखने से पता चलता है कि त्रिभुज आकृति D का रूप ले लेगी।

48. समस्या आकृति को देखने से पता चलता है कि खाली बड़ा वर्ग, मध्य छायांकित वर्ग और छोटा खाली वर्ग क्रमशः छायांकित छोटा वृत्त, खाली मध्य आकार का वृत्त और छायांकित बड़े आकार वाले वृत में बदल गया है। इसी क्रम को जारी रखते हुए आगे की आकृति बदलकर आकृति D की स्थिति को प्राप्त करेगी।

49. समस्या आकृति के पहले चरण में त्रिभुज पंचभुज में बदल गया है। इसी प्रकार, दूसरे चरण में आकृति बदलकर आकृति B को प्राप्त करेगी।

50. समस्या आकृति के पहले चरण में दोनों तीर जो गुणा चिह्न (×) का निर्माण कर रहे हैं, योग चिह्न (+) में बदल रहे हैं। इसी प्रकार समस्या आकृति के दूसरे चरण में गुणा–चिह्न (×) भी योग–चिह्न (+) में बदलकर आकृति (B) को प्राप्त करेगी।

61. दूरी = 150 मी.
समय = 60 सेकण्ड

$$\text{चाल} = \frac{\text{दूरी}}{\text{समय}} = \frac{150}{60}$$

$$= \frac{\frac{150}{1000}}{\frac{60}{60 \times 60}}$$

$$= \frac{150}{1000} \times \frac{60 \times 60}{60} = 9 \text{ किलोमीटर/घंटा}$$

62. मूलधन = 2000 रु.
मिश्रधन = 3000 रु.
समय = 5 वर्ष
दर = ?
ब्याज = मिश्रधन – मूलधन
= 3000 – 2000 = 1000 रु.

$$\text{दर} = \frac{\text{ब्याज} \times 100}{\text{मू.} \times \text{स.}} = \frac{1000 \times 100}{2000 \times 5} = 10\% \text{ प्रति वर्ष}$$

63. आयत का परिमाप = 2 (लम्बाई + चौड़ाई)
40 = 2 (लम्बाई + चौड़ाई)

$$\therefore \text{लम्बाई + चौड़ाई} = \frac{40}{2} = 20$$

विकल्प (D) को देखने से पता चलता है कि इसकी विमाओं का योग 10 + 10 = 20 है, तथा साथ ही क्षेत्रफल = 10 × 10 = 100 वर्ग सेमी^{2} भी अधिकतम है।

64. घनाभ का आयतन = ल॰ × चौ॰ × ऊँ॰

$\Rightarrow$ 36000 = ल॰ × 30 × 40

$$\therefore \text{ल॰} = \frac{36000}{30 \times 40} = 30 \text{ सेमी.}$$

65. 15 से अधिक अंक प्राप्त करने वाले बच्चों की संख्या = 7 + 4 + 2 = 13

66. 7, 0, 1, 2 तथा 3 से बनने वाली छोटी–से–छोटी संख्या = 10372

68. $$\text{ट्रकों की संख्या} = \frac{\text{कुल बोरियों की संख्या}}{\text{एक ट्रक की लादने की क्षमता}}$$

$$= \frac{58,425}{475} = 123$$

69. 4, 6, 8 तथा 12 का ल॰स॰ = 2 × 2 × 3 × 2 = 24
अतः तीन अंकों की छोटी से छोटी संख्या
= 24 × 5 = 120

70. 10, 12 तथा 15 का ल॰स॰ = 2 × 2 × 3 × 5 = 60
अतः तीनों गिरिजाघरों की घंटियाँ एक–एक घंटा के अन्तंराल पर एक साथ बजेगी।
अतः अगली बार वह 8:30 + 1 = 9:30 बजे प्रातः बजेगी।

71. $$\left(\frac{3}{5}+\frac{1}{5}-\frac{3}{10}\right)\times\left(\frac{36}{45}\div\frac{16}{5}\right)$$

$$= \left(\frac{4}{5}-\frac{3}{10}\right)\times\left(\frac{36}{45}\times\frac{5}{16}\right)$$

$$= \frac{1}{4}\left(\frac{8-3}{10}\right)$$

$$= \frac{1}{4}\times\frac{5}{10}$$

$$= \frac{5}{40} = \frac{1}{8}$$

72. $$2000 \text{ का } 7.5\% = 2000 \times \frac{7.5}{100}$$

$$= 2000 \times \frac{75}{1000}$$

= 2 × 75 = 150 रु.

73. चूँकि संख्या = 56 * 891, संख्या 11 से पूर्णतः विभाजित है।
अतः विषम स्थानों पर आने वाली अंकों का योग और समस्थानों पर आने वाली अंकों के योग का अन्तर शून्य होगा,
अतः (5 + * + 9) – (6 + 8 + 1) = 0
14 + * –15 = 0
* – 1 = 0 * = 1

74.

```
 13.3000
  1.3300
  1.0033
  1.0333
 -------
 16.6666
```

75.

```
       3519
15 ) 52792 (
     45
     --
      77
      75
      --
       29
       15
       --
       142
       135
       ---
         7
```

अतः अभीष्ट संख्या = 15 – 7 = 8

76. 2.5 × 149.93 = 374.825

77. 2, 4, 8
3, 9, 27
4, 16, 64
5, 25, 125

78. 350 मि. लिटर $= \frac{350}{1000}$ लिटर

$= \frac{35}{100}$ लिटर

अतः कुल बोतलों की संख्या $= \dfrac{7 \text{ लिटर}}{\frac{35}{100} \text{ लिटर}}$

$= \frac{7 \times 100}{35} = 20$

79. चूंकि व्यक्ति ने 20 रुपये के 12 अण्डे खरीदे तथा उन्हें 2 रुपये प्रति 1 अण्डे की दर से बेच दिया।
अतः 12 अण्डे का क्रय मूल्य = 20 रु.
12 अण्डे का विक्रय मूल्य = 24 रु.
लाभ = 24 – 20 = 4 रु.

प्रतिशत लाभ $= \dfrac{\text{लाभ}}{\text{क्रय मूल्य}} \times 100$

$= \frac{4}{20} \times 100 = 20\%$

80. क्रय मूल्य $= \dfrac{\text{विक्रय मूल्य} \times 100}{100 - \text{हानि \%}}$

$= \frac{64 \times 100}{100 - 20}$

$= \frac{64 \times 100}{80} = 80$ रु.

पिछले प्रश्न-पत्र (हल सहित)

जवाहर नवोदय विद्यालय प्रवेश परीक्षा, 2005

अनुभाग-I

मानसिक योग्यता परीक्षा

खण्ड-I

निर्देश (प्रश्न 1 से 10 तक): *प्रत्येक प्रश्न में चार आकृतियाँ* (A), (B), (C) *तथा* (D) *दी गई हैं। इन चार आकृतियों में तीन आकृतियाँ कुछ हद तक सदृश हैं तथा एक अलग। अलग आकृति को चुनकर उसके नीचे दिए गए अक्षरांक पर घेरा लगाइए।*

1. 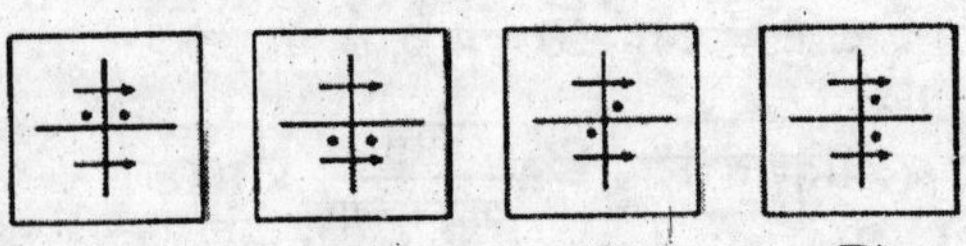

(A) (B) (C) (D)

2. 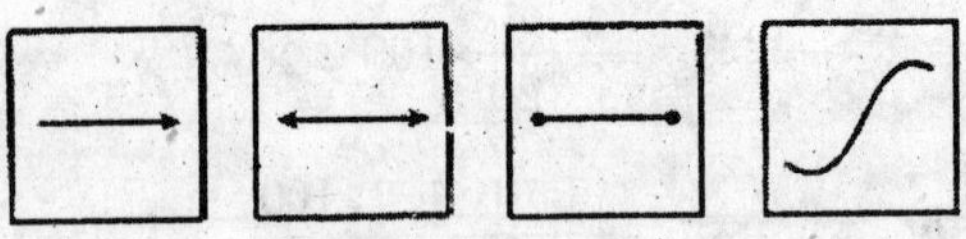

(A) (B) (C) (D)

3. 

(A) (B) (C) (D)

4. 

(A) (B) (C) (D)

5. 

(A) (B) (C) (D)

6. 

(A) (B) (C) (D)

7. 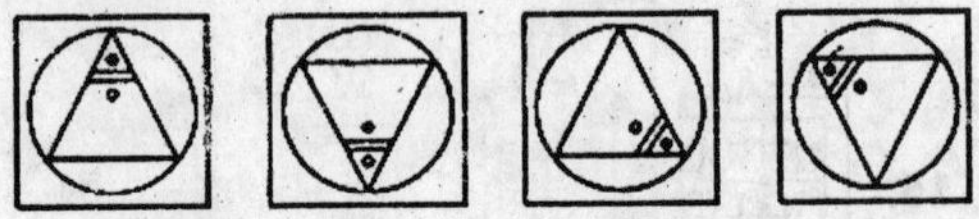

(A) (B) (C) (D)

8. 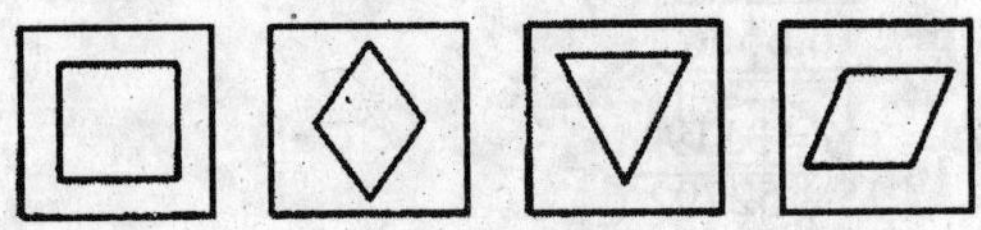

(A) (B) (C) (D)

9. 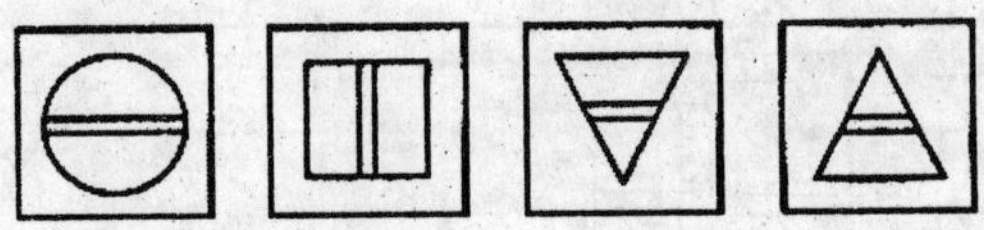

(A) (B) (C) (D)

10. 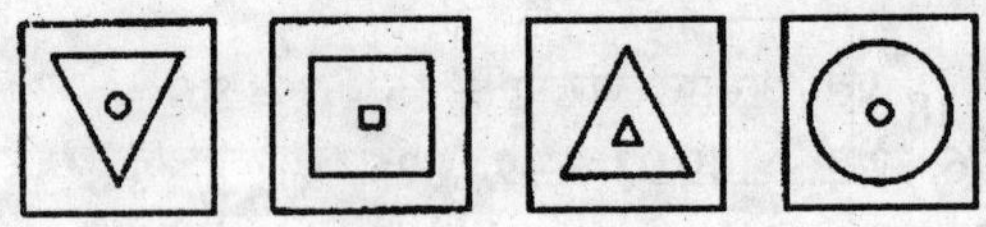

(A) (B) (C) (D)

खण्ड-II

निर्देश (प्रश्न 11 से 20 तक): *प्रत्येक प्रश्न में बाईं ओर एक समस्या आकृति तथा दाईं ओर चार उत्तर-आकृतियाँ (A), (B), (C) तथा (D) दी गई हैं। उस उत्तर-आकृति को चुनिए जो समस्या आकृति के बिल्कुल सदृश हो तथा सही उत्तर आकृति के नीचे के अक्षरांक पर घेरा लगाइए।*

समस्या-आकृति **उत्तर-आकृतियाँ**

11. 

(A) (B) (C) (D)

12. 

(A) (B) (C) (D)

समस्या-आकृति	उत्तर-आकृतियाँ

13. 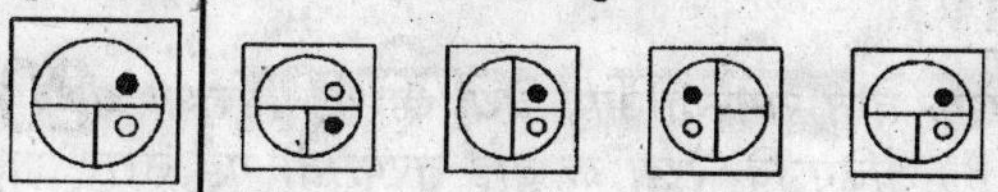
(A) (B) (C) (D)

14. 
(A) (B) (C) (D)

15. 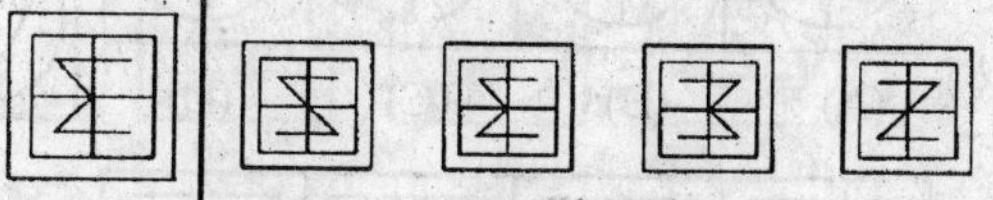
(A) (B) (C) (D)

16. 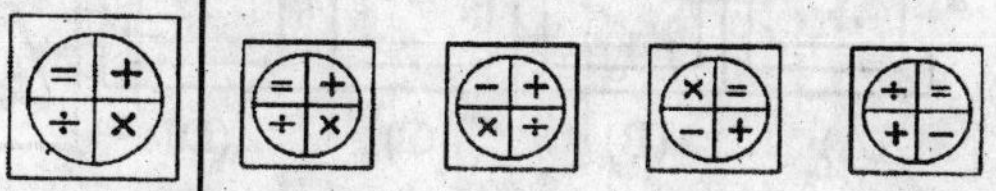
(A) (B) (C) (D)

17. 
(A) (B) (C) (D)

18. 
(A) (B) (C) (D)

19. 
(A) (B) (C) (D)

20. 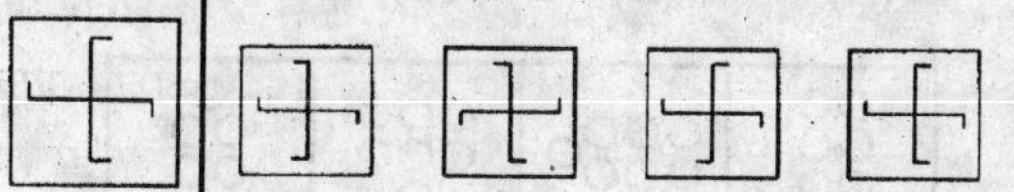
(A) (B) (C) (D)

खण्ड-III

निर्देश (प्रश्न 21 से 30 तक): *प्रत्येक प्रश्न में रेखा के बाईं तरफ एक समस्या आकृति दी गई है। इस आकृति का एक भाग गायब है। दाईं तरफ दी गई (A), (B), (C) तथा (D) उत्तर आकृतियों को देखिए। उस आकृति को ढूँढिए जो बिना अपनी दिशा बदले समस्या आकृति के गायब भाग में इस तरह ठीक बैठती है कि समस्या आकृति का पैटर्न पूरी तरह बन जाता है। उसके नीचे अक्षरांक पर घेरा लगाइए।*

समस्या-आकृति	उत्तर-आकृतियाँ

21. 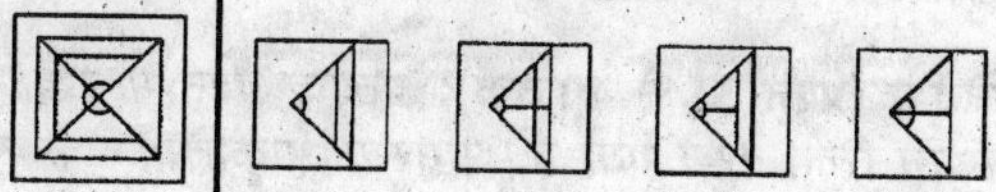
(A) (B) (C) (D)

22. 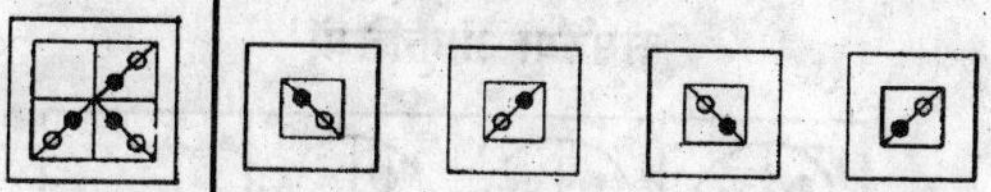
(A) (B) (C) (D)

23. 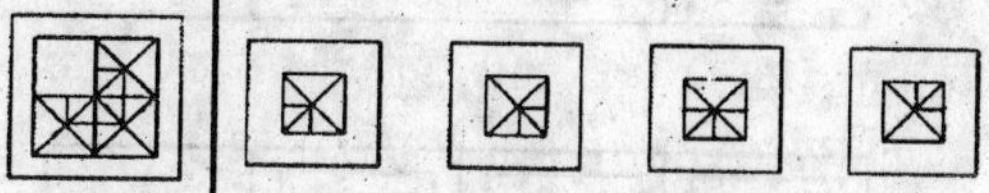
(A) (B) (C) (D)

24. 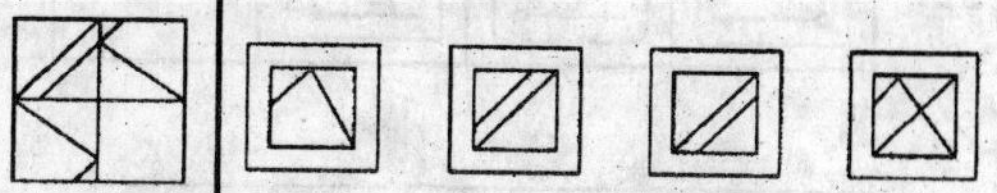
(A) (B) (C) (D)

25. 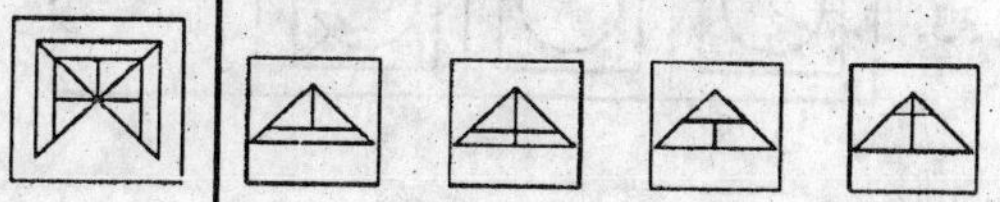
(A) (B) (C) (D)

26. 
(A) (B) (C) (D)

27. 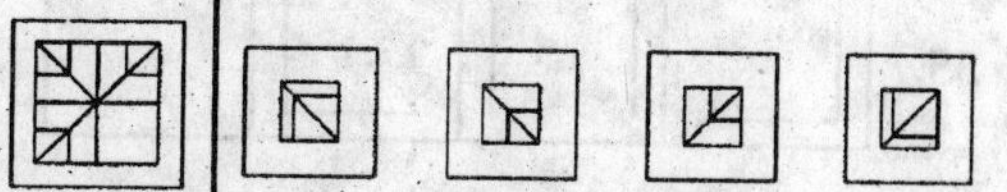
(A) (B) (C) (D)

28. 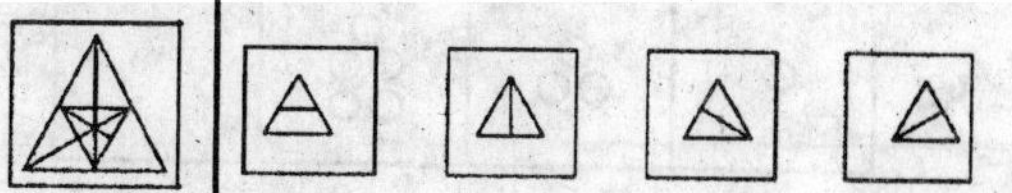
(A) (B) (C) (D)

29. 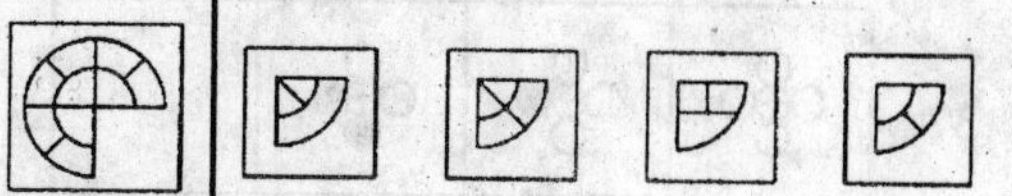
(A) (B) (C) (D)

30. 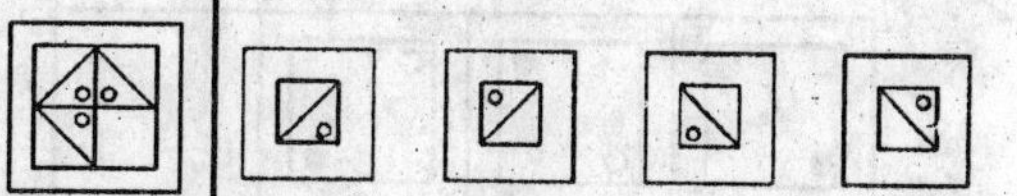
(A) (B) (C) (D)

खण्ड-IV

निर्देश (प्रश्न 31 से 40 तक): *प्रत्येक प्रश्न में रेखा के बाईं तरफ तीन समस्या आकृतियाँ दी गई हैं तथा चौथे के लिए स्थान रिक्त रखा गया है। समस्या आकृतियाँ एक श्रृंखला में हैं। ढूँढिए कि रेखा के दाईं तरफ दी गई उत्तर आकृतियों में से कौन-सी आकृति इस श्रृंखला को पूरा करती है। सही उत्तर चुनकर उत्तर पुस्तिका में लिखें।*

समस्या-आकृतियाँ | **उत्तर-आकृतियाँ**

31. 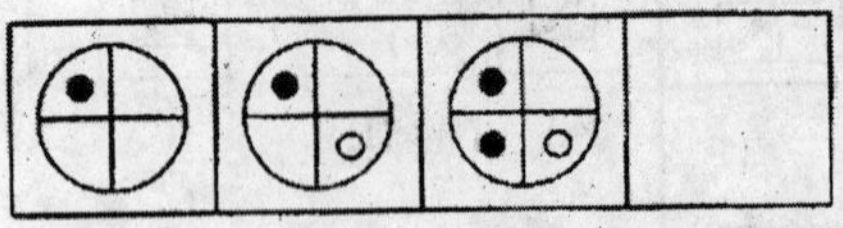 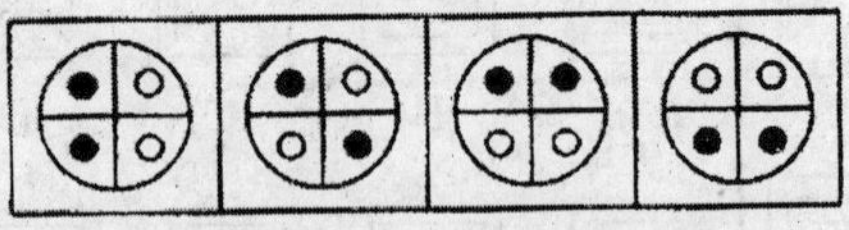

(A) (B) (C) (D)

32.  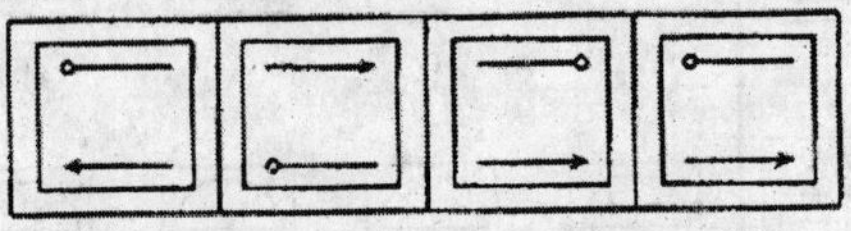

(A) (B) (C) (D)

33. 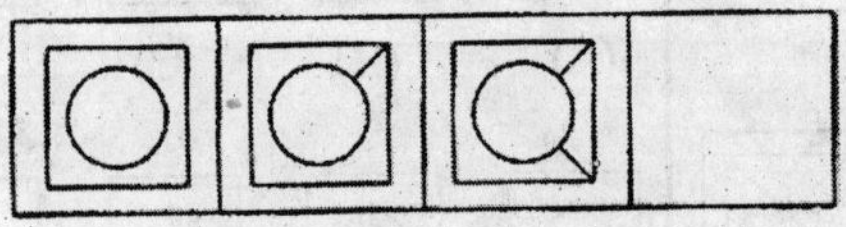 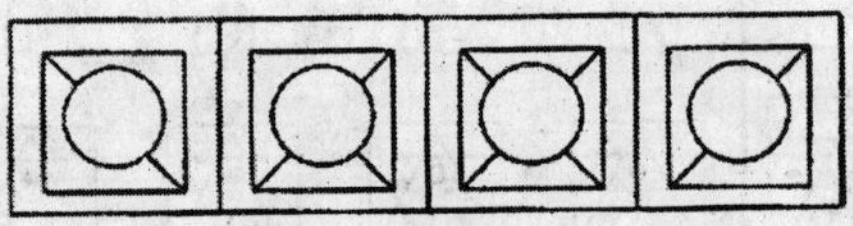

(A) (B) (C) (D)

34. 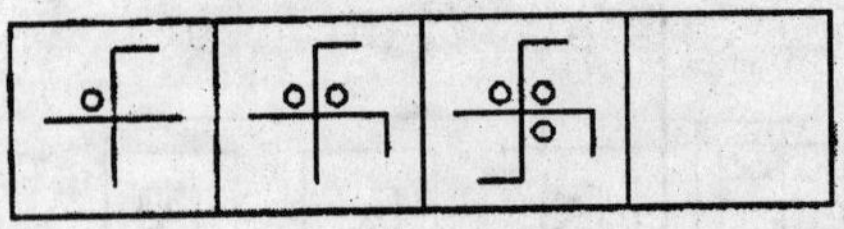 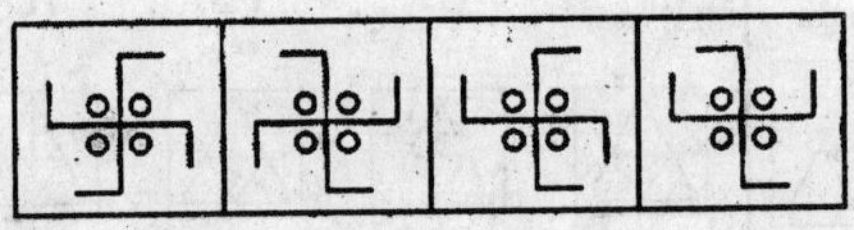

(A) (B) (C) (D)

35. 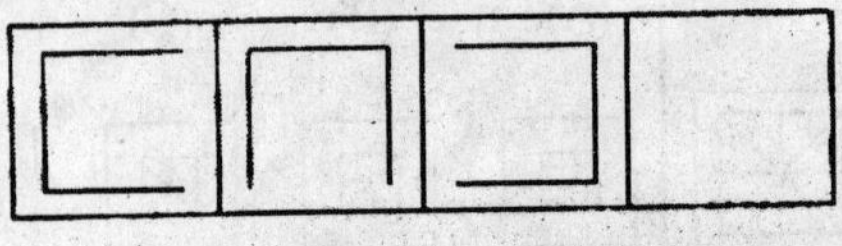 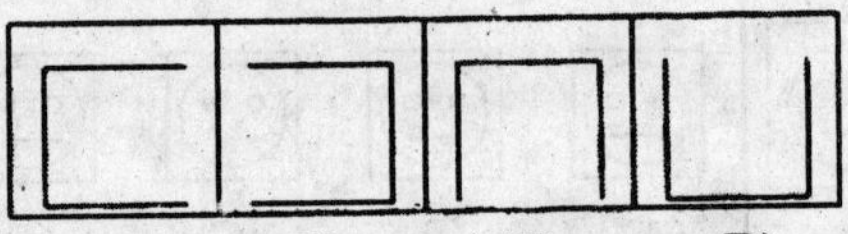

(A) (B) (C) (D)

36. 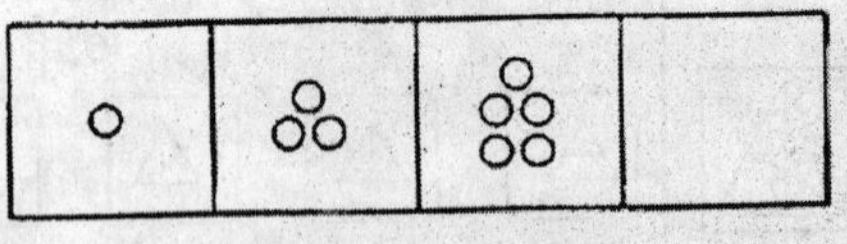 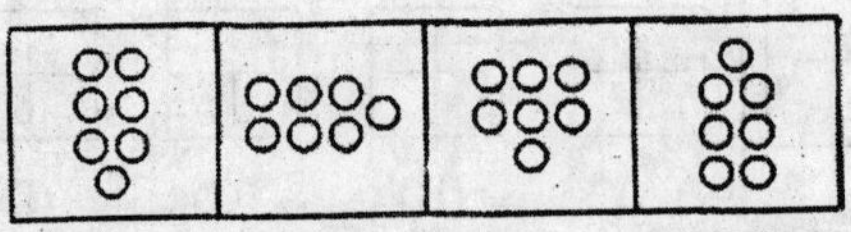

(A) (B) (C) (D)

37. 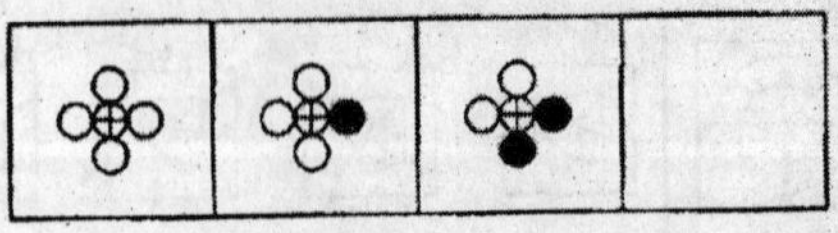 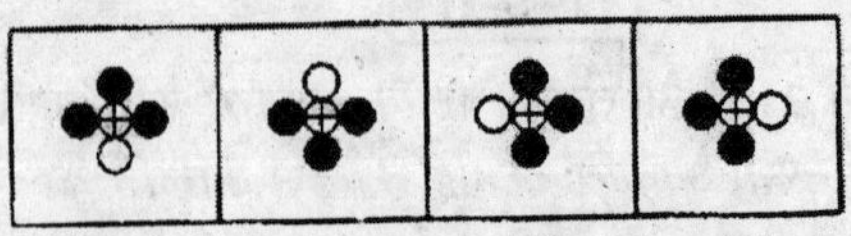

(A) (B) (C) (D)

38. 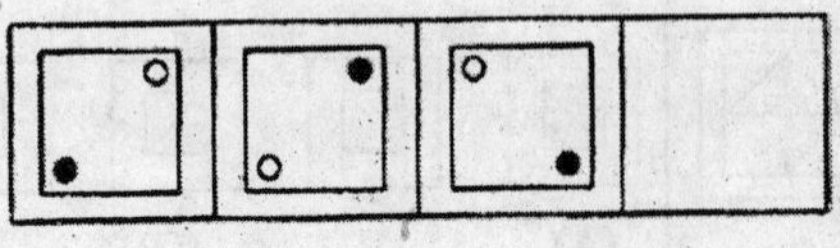 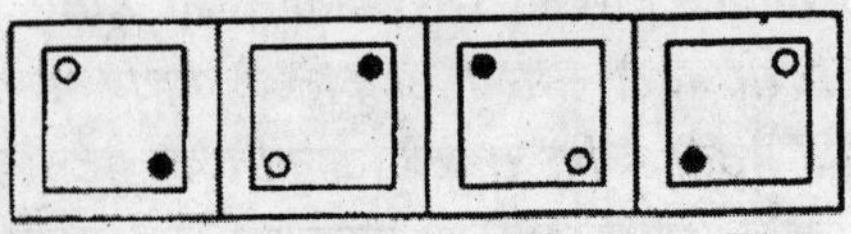

(A) (B) (C) (D)

39. 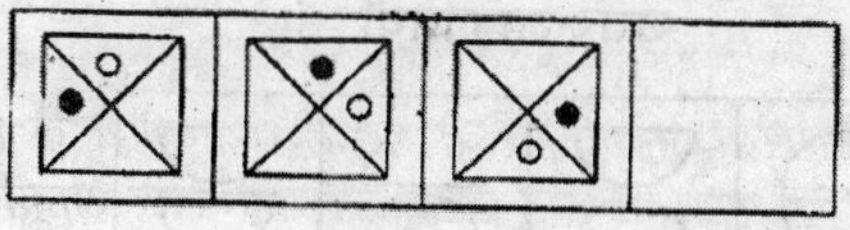

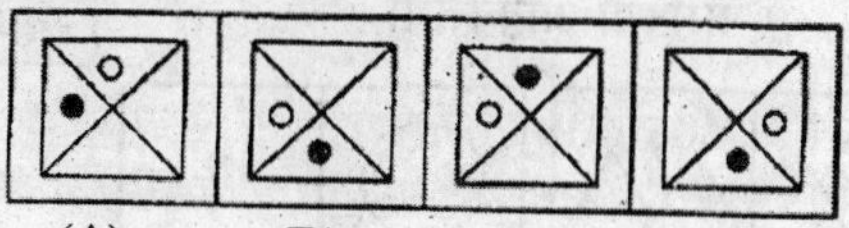

(A) (B) (C) (D)

40. 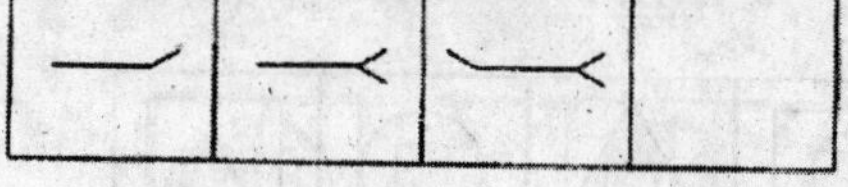

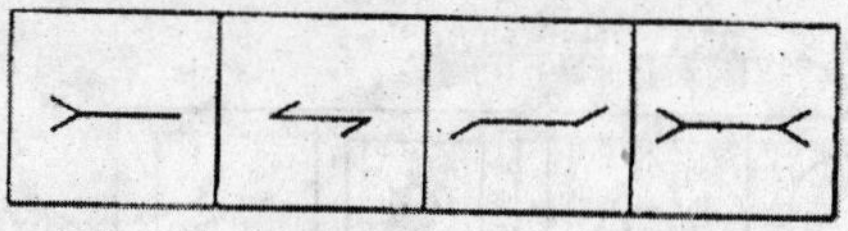

(A) (B) (C) (D)

खण्ड-V

निर्देश (प्रश्न 41 से 50 तक): *प्रत्येक प्रश्न में तीन समस्या आकृतियों के बाद चौथी के स्थान पर प्रश्नसूचक चिन्ह बना हुआ है। पहली दो समस्या आकृतियों में परस्पर एक सम्बन्ध है। इसी प्रकार तीसरी तथा चौथी समस्या आकृतियों के बीच भी एक सम्बन्ध होना चाहिए। उत्तर आकृतियों में से वह आकृति चुनिए जो प्रश्नसूचक चिन्ह वाले स्थान पर ठीक बैठ सके। उसके अक्षरांक पर घेरा लगाइए।*

समस्या-आकृतियाँ | **उत्तर-आकृतियाँ**

41. 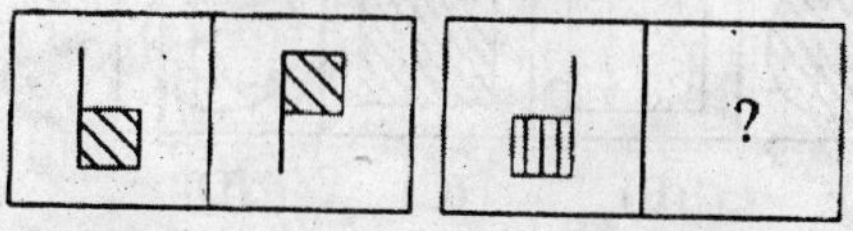

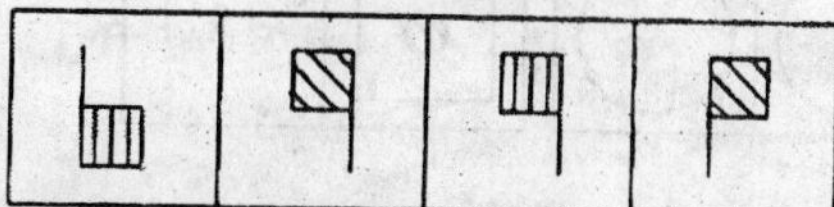

(A) (B) (C) (D)

42. 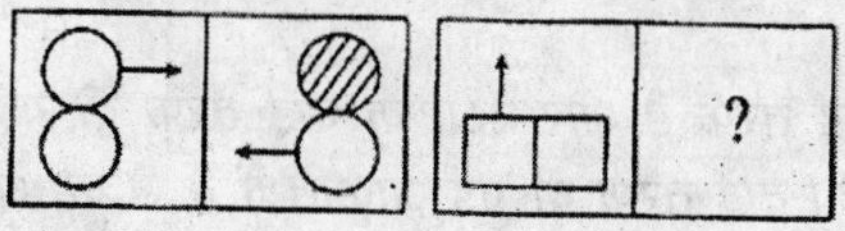

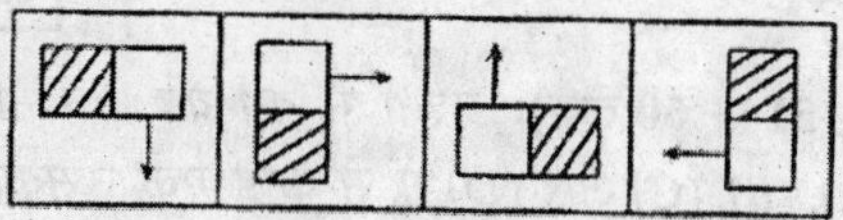

(A) (B) (C) (D)

43. 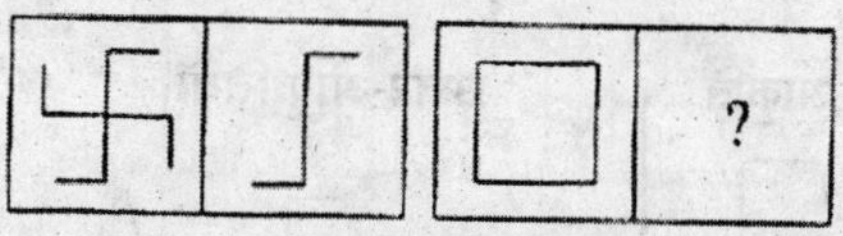

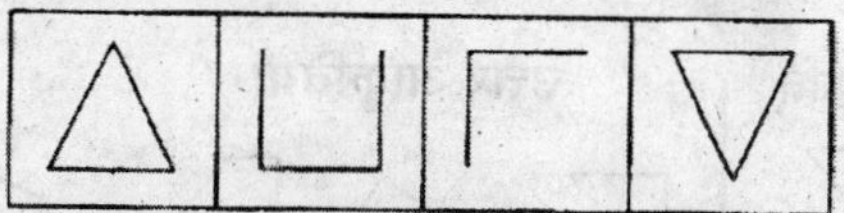

(A) (B) (C) (D)

44. 

(A) (B) (C) (D)

45. 

(A) (B) (C) (D)

46. 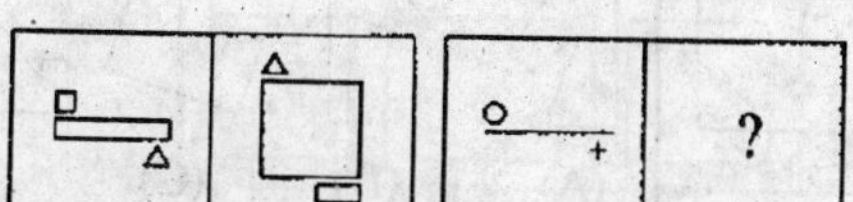

(A) (B) (C) (D)

समस्या-आकृतियाँ	उत्तर-आकृतियाँ

47. 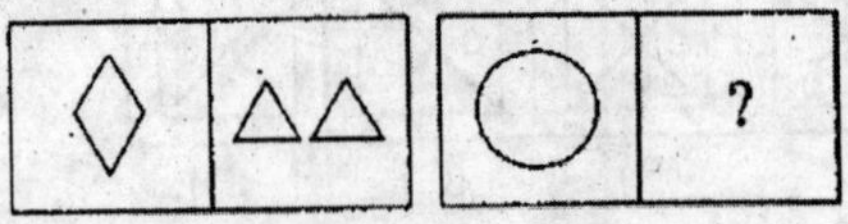 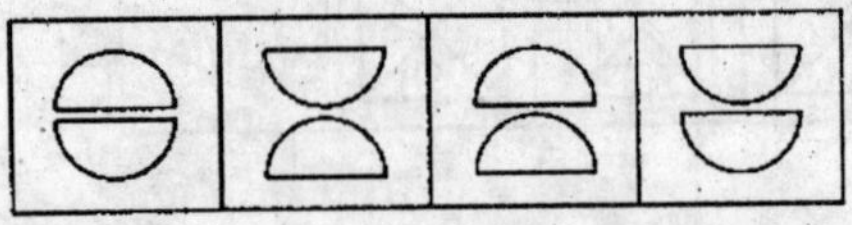

(A) (B) (C) (D)

48. 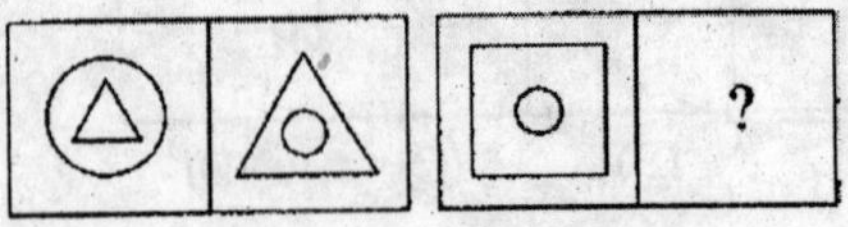 

(A) (B) (C) (D)

49. 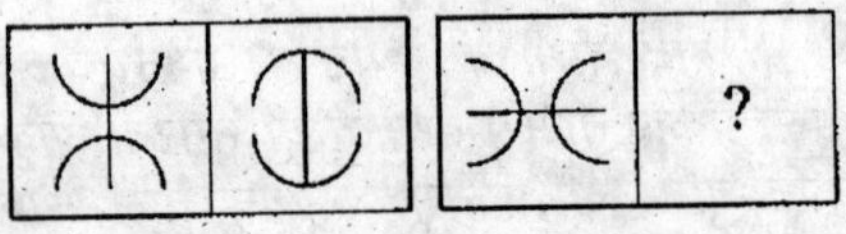 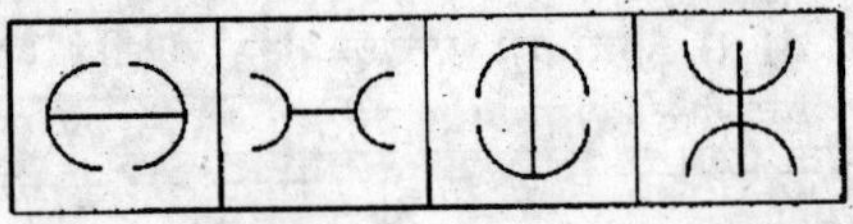

(A) (B) (C) (D)

50. 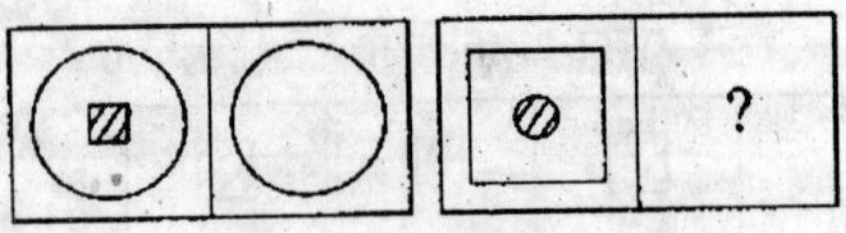 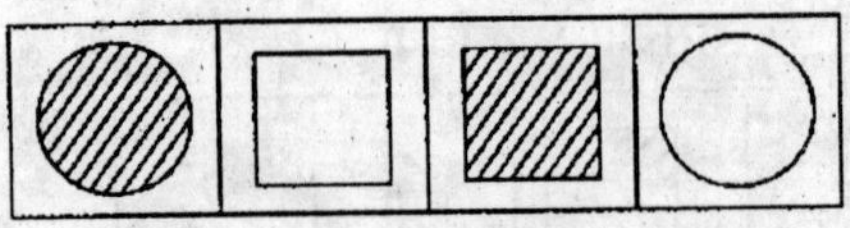

(A) (B) (C) (D)

खण्ड-VI

निर्देश (प्रश्न 51 से 60 तक): *प्रश्नों में वर्ग का एक भाग रेखा के बाईं तरफ है और रेखा के दाईं तरफ दी गई चार आकृतियों (A), (B), (C) और (D) में से कोई एक उसका दूसरा भाग है। दाईं तरफ दी गई आकृतियों में से वह आकृति ढूँढिए जो वर्ग को पूर्ण बनाती है। उस आकृति के नीचे दिए अक्षरांक पर घेरा लगाइए।*

समस्या-आकृति	उत्तर-आकृतियाँ

51.  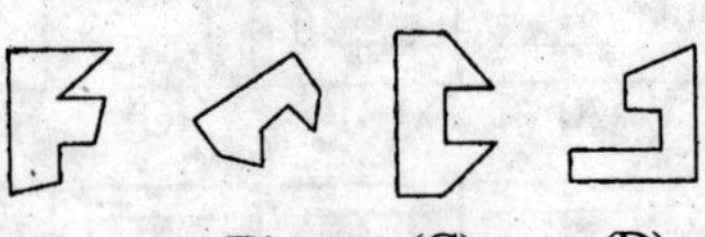

(A) (B) (C) (D)

52.  

(A) (B) (C) (D)

53.  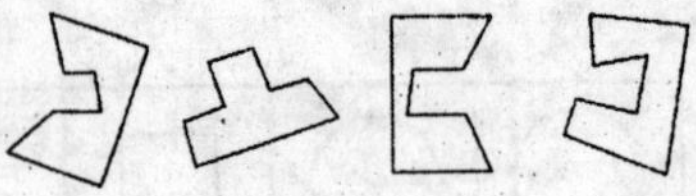

(A) (B) (C) (D)

समस्या-आकृति	उत्तर-आकृतियाँ

54.  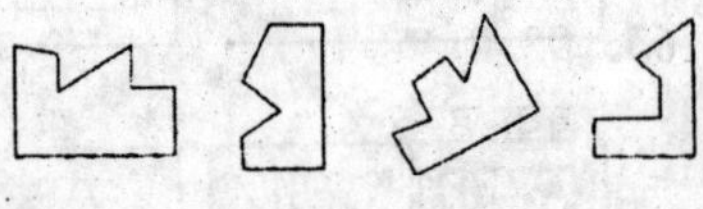

(A) (B) (C) (D)

55.  

(A) (B) (C) (D)

56. 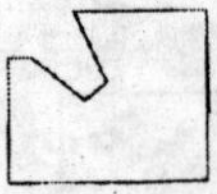 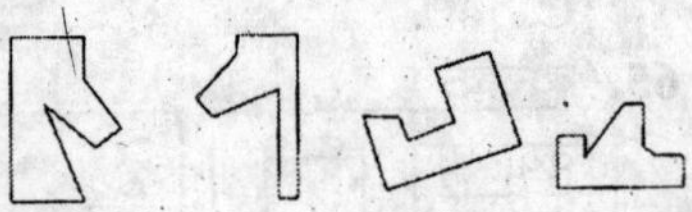

(A) (B) (C) (D)

57.

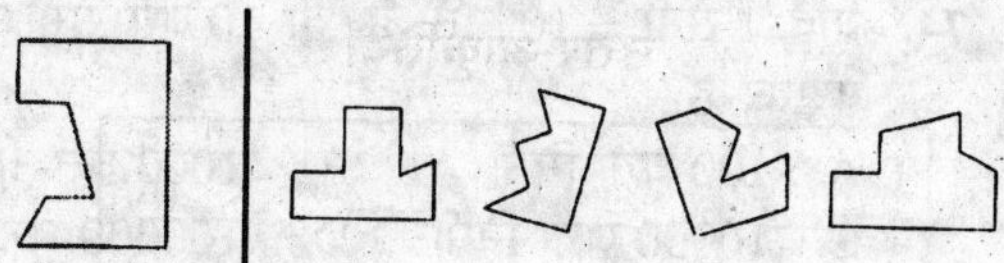

(A) (B) (C) (D)

58.

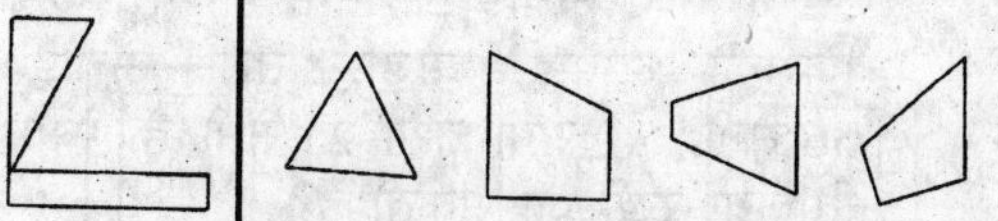

(A) (B) (C) (D)

59.

(A) (B) (C) (D)

60.

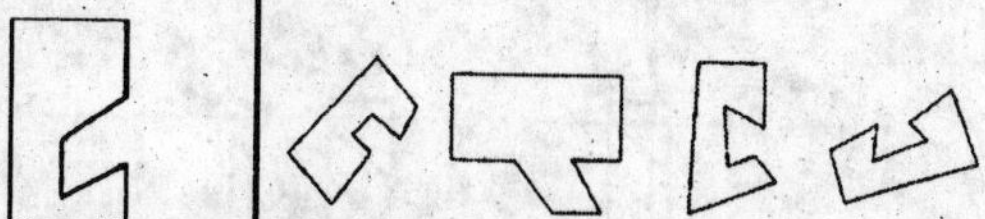

(A) (B) (C) (D)

अनुभाग-II : अंकगणित

निर्देशः प्रत्येक प्रश्न के लिए चार सम्भावित उत्तर हैं जिन्हें (A), (B), (C) और (D) क्रम दिया गया है। इनमें से केवल एक उत्तर ही सही है। आपको सही उत्तर चुनकर अक्षरांक के चारों ओर गोला खींचना है।

61. $1\frac{5}{8}$ का तुल्य दशमलव में क्या है?

A. 1.58 B. 1.62
C. 1.622 D. 1.625

62. 4.4% निम्नलिखित में से किसके समतुल्य है?

A. $\frac{4.4}{10}$ B. $\frac{4.4}{100}$
C. $\frac{44}{10}$ D. $\frac{44}{100}$

63. 93.40 को 0.015 से भाग देने पर लगभग उत्तर क्या होगा?

A. 0.6 B. 60
C. 600 D. 6000

64. एक इंजन 1 घण्टे में 84,500 लीटर पानी बाहर निकालता है। यदि वह एक दिन में 10 घंटे काम करे, तो 5 दिनों में वह कितने लीटर पानी बाहर निकालेगा?

A. 169 B. 4225
C. 42250 D. 4225000

65. व्यंजक $2.5 \div 0.5 \times 0.1 - 0.05$ को सरल करने पर क्या परिणाम आता है?

A. 0.45 B. 49.95
C. 0.25 D. 100

66. एक विद्यालय की लाइब्रेरी में विभिन्न विषयों पर पुस्तकें प्रदत्त चित्रालेख में दिखाई गई हैं–

गणित	□ □ □ □ □ □ □
हिन्दी	□ □ □ □ □ □
अंग्रेजी	□ □ □ □ □ □ □ □
इतिहास	□ □ □

एक □ 50 पुस्तकें दर्शाता है।

उपर्युक्त चित्रालेख को पढ़कर बताइए कि किस विषय में पुस्तकें सबसे कम हैं?

A. गणित B. हिन्दी
C. अंग्रेजी D. इतिहास

67. किसी यात्रा के आरम्भ में एक कार का मीटर 678.3 कि॰मी॰ दर्शाता है। यात्रा के अन्त में यह 913.5 कि॰मी॰ दर्शाता है। इस यात्रा में कार ने कितनी दूरी तय की?

A. 687.3 कि॰मी॰ B. 931.5 कि॰मी॰
C. 1591.8 कि॰मी॰ D. 235.2 कि॰मी॰

68. एक मोपेड का मूल्य 7,250 रुपए है तथा एक स्कूटर का मूल्य उससे 3,750 रुपए अधिक है। दोनों का मिलाकर-मूल्य क्या है?

A. 18,250 रुपए B. 11,000 रुपए
C. 14,750 रुपए D. 3,500 रुपए

69. 37,800 का अभाज्य गुणनखण्ड क्या है?

A. $2 \times 2 \times 3 \times 3 \times 5 \times 5 \times 7 \times 7$
B. $2 \times 2 \times 2 \times 3 \times 3 \times 3 \times 5 \times 5 \times 7$
C. $8 \times 27 \times 25 \times 7$
D. $2 \times 4 \times 25 \times 27 \times 7$

70. अंकों 4, 0 तथा 9 से बनने वाली पांच अंकों की छोटी-से-छोटी संख्या क्या है?

A. 40,940 B. 40,009

C. 99,940 D. 90,004

71. दी गई आकृति में छायांकित भाग का क्षेत्रफल क्या है?

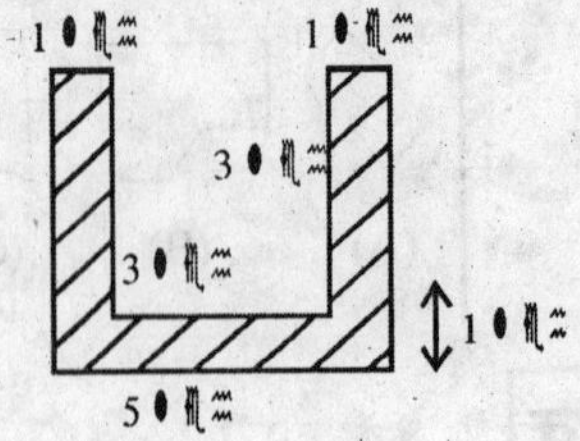

A. 11 वर्ग सेमी B. 9 वर्ग सेमी

C. 11 घन सेमी D. 9 घन सेमी

72. एक दुकानदार ने 15 मेज़, 500 रु. प्रति मेज़ के भाव से तथा 20 कुर्सियाँ, 300 रु. प्रति कुर्सी के भाव से खरीदे। उसने उनकी ढुलाई पर 40 रु. व्यय किये। उसने मेजों तथा कुर्सियों में से प्रत्येक को 380 रु. के भाव से बेच दिया। उसका लाभ अथवा हानि क्या है?

A. 240 रु. की हानि B. 240 रु. का लाभ

C. 250 रु. की हानि D. 250 रु. का लाभ

73. एक व्यक्ति ने अपने मित्र से 600 रुपए उधार लिए। उसने उसे 8% वार्षिक साधारण ब्याज की दर से 8 महीने में लौटाने का वायदा किया। उसे कितनी राशि वापस करनी है?

A. 32 रु. B. 384 रु.

C. 984 रु. D. 632 रु.

74. यदि 1 सेमी = 10 मिमी है, तो 10 घन सेमी किसके बराबर है?

A. 100 घन मिमी B. 1000 घन मिमी

C. 10000 घन मिमी D. 100000 घन मिमी

75. एक साबुन की टिकिया की लम्बाई 7 सेमी, चौड़ाई 5 सेमी तथा ऊँचाई 2.5 सेमी है। गत्ते के डिब्बे में, जिसकी लम्बाई, चौड़ाई तथा ऊँचाई क्रमशः 56 सेमी., 40 सेमी तथा 25 सेमी हैं, ऐसी कितनी टिकियाँ रखी जा सकती हैं?

A. 64 B. 640

C. 6400 D. 6440

76. निम्नलिखित पैटर्न में संख्याओं की अगली पंक्ति क्या है?

4, 16, 64

6, 36, 216

8, 64, 512

A. 8, 68, 518 B. 10, 100, 1000

C. 10, 200, 2000 D. 10, 500, 5000

77. 16, 80 तथा 48 का ल.स. (LCM) क्या है?

A. 8 B. 16

C. 240 D. 480

78. 24 घण्टों में कितने सेकण्ड होते हैं?

A. 30 B. 60

C. 3600 D. 86,400

79. संख्या 30, 746 में किस अंक का स्थान-मान सबसे अधिक है?

A. 3 B. 7

C. 4 D. 6

80. प्रतिशत में, 10.01 किस प्रकार लिखा जाएगा?

A. 10.01% B. 10%

C. 1001% D. 100100%

अनुभाग-III : भाषा

निर्देशः *इस अनुभाग में चार अनुच्छेद हैं। प्रत्येक अनुच्छेद के अन्त में पांच प्रश्न पूछे गए हैं। प्रत्येक अनुच्छेद को ध्यान से पढ़िए और उस पर पूछे गए प्रश्नों के उत्तर लिखिए। प्रत्येक प्रश्न के लिए चार सम्भावित उत्तर हैं जिन्हें (A), (B), (C) और (D) क्रम दिया गया है। इनमें से केवल एक उत्तर सही है। आपको सही उत्तर चुनकर उस अक्षरांक के चारों ओर गोला खींचना है।*

अनुच्छेद-1

मरुस्थल वह स्थान है जहाँ चारों ओर रेत ही रेत होती है। यह स्थान गर्म और सूखा होता है। मरुस्थलों में बहुत कम वर्षा होती है। इसलिए वहाँ बहुत कम वृक्ष उगते हैं। मरुस्थलों में उगने वाले पौधे हैं कैक्टस, खजूर और कांटेदार झाडियाँ, जिन्हें बढ़ने के लिए अधिक जल की आवश्यकता नहीं होती।

सहारा संसार का सबसे बड़ा मरुस्थल है। यह पूरे उत्तरी अफ्रीका में फैला हुआ है। अरब का मरुस्थल भी बहुत बड़ा है। भारत में भी राजस्थान में थार नाम का एक मरुस्थल है। मरुस्थल में जीवन कठोर होता है। दिन बहुत गर्म होते हैं और रातें बहुत ठंडी।

81. संसार में सबसे बड़ा मरुस्थल है–

A. भारत में
B. अफ्रीका में
C. अरब में
D. अमरीका में

82. खजूर पैदा होता है–

A. मैदानों में
B. पहाड़ी क्षेत्रों में
C. मरुस्थलों में
D. बर्फीले क्षेत्रों में

83. मरुस्थलीय क्षेत्रों में–

A. वर्षा नहीं होती है
B. भारी वर्षा होती है
C. पर्याप्त वर्षा होती है
D. बहुत कम वर्षा होती है

84. मरुस्थल की जलवायु है–

A. मनोहर
B. कठोर
C. आरामदायक
D. शीतल

85. मरुस्थलों में पेड़ बहुत कम उगते हैं, क्योंकि–

A. अधिकांश पेड़ों को पानी की जरूरत होती है
B. चारों ओर रेत ही रेत होती है
C. रातें बहुत ठंडी होती हैं
D. पेड़ों की देखभाल करने वाला कोई नहीं होता।

अनुच्छेद-2

बहुत समय पहले एक वन में एक विशाल और ऊँचा लाल लकड़ी वाला पेड़ खड़ा था। उस पेड़ ने पूछा, "मैं यहाँ क्यों हूँ?" किन्तु खेद है कि किसी ने उसे सुना नहीं। लाल लकड़ी वाला पेड़ वहाँ और भी अनेक वर्षों तक खड़ा रहा। उसकी पत्तियाँ हरी और सुई जैसी थीं और वह साल भर हरा-भरा रहता था। यही कारण था कि चिड़िया उस पेड़ को बहुत चाहती थीं। वे बड़ी हुईं और उनके बच्चे हुए। वे सब-के-सब उस लाल लकड़ी वाले पेड़ में रहे।

लगभग दो सौ पक्षी-परिवार उसे अपना घर कहते थे। सूर्यास्त के समय घोंसलों पर बैठी चिड़ियों की आवाज़ इतनी ऊँची होती कि हिरन उस पेड़ के तने से अपनी पीठ खुजला नहीं पाते थे। चिड़ियों का शोर उनके कानों को चुभता था।

एक दिन पेड़ ने वही प्रश्न पूछा जो वह इतनें दिनों से पूछता आया था। "मैं यहाँ क्यों हूं? मेरी इच्छा है कि कोई मुझे काट डाले और मेरी लकड़ी से दस घरों का निर्माण करे। तब मैं किसी काम आ सकूंगा।"

एक काली चिड़िया ने पेड़ की आवाज़ सुन ली। वह धरती से पेड़ की चोटी पर बैठ गई और दूसरी चिड़ियों को कहने लगी, "हमारा यह पेड़ जंगल को छोड़ना चाहता है। हमारा पेड़ समझता है कि वह कोई अच्छा काम नहीं कर रहा है। आओ, हम सब मिलकर पेड़ से कहें" उन्होंने कहा, "आज तुम दो सौ घरों वाले हो, दस घर नहीं बल्कि दस से बीस गुना अधिक! तुम हम सबके लिए घर हो। कृपया इस जंगल को मत छोड़ो।" उस दिन वह पेड़ यह जानकर बहुत खुश हुआ कि वह वहाँ क्यों है?

86. चिड़िया लाल लकड़ी वाले पेड़ को चाहती थीं, क्योंकि–

A. वे उसके बीज खा सकती थीं और डालियों पर बैठ सकती थीं।
B. वह सारे साल हरा-भरा रहता था और उसकी पत्तियाँ सुई जैसी थीं
C. वे ज़मीन के निकट रह सकती थीं।
D. वे शिखर के समीप रह सकती थीं

87. पेड़ उदास रहता था, क्योंकि–

A. वह जंगल में अकेला था
B. वह चाहता था कि उसकी लकड़ी से घर बनें
C. पेड़ से हिरन अपनी पीठ खुजलाते थे
D. चिड़ियों का शोर उसके कानों को चुभता था

88. 'धरती से चोटी पर' कथन का आशय है–

A. पेड़ के नीचे
B. धरती से पेड़ के मध्य भाग तक
C. धरती से पेड़ के सबसे ऊपरी भाग तक
D. पेड़ के मध्य भाग से सबसे ऊपरी भाग तक

89. लेखक ने यह कहानी मुख्यतः यह बताने के लिए लिखी है–

A. लाल लकड़ी वाले पेड़ जंगल के लिए महत्वपूर्ण क्यों हैं
B. लोगों को घर बनाने के लिए लाल लकड़ी वाले पेड़ खरीदवाना
C. चिड़ियों को खुश रखना
D. वे तथ्य बताना कि लाल लकड़ी वाले पेड़ अप्रसन्न क्यों रहते हैं

90. कहानी के अन्त में लाल लकड़ी वाला पेड़ कैसा अनुभव करता है?

A. क्रोध
B. प्रसन्नता
C. भय
D. दिल्लगी

अनुच्छेद-3

लगभग तीन सौ पचास वर्ष पूर्व भारत में शाहजहाँ नाम का सम्राट था। उसकी एक सुन्दर और समझदार रानी थी जिसे वह बहुत प्यार करता था। उसका नाम था—मुमताज़ महल, इसके संक्षिप्त रूप ताजमहल का अर्थ है– 'महल का गौरव'। सन् 1630 में सम्राट् की प्रिय पत्नी का देहान्त हो गया। पत्नी के प्रति प्रेम के कारण सम्राट ने उसके लिए एक बहुत सुन्दर मकबरा बनाने का निश्चय किया जो अभी तक नहीं देखा गया। शाहजहाँ ने भारत, तुर्की, फारस और अरब के श्रेष्ठ कलाकारों और शिल्पियों को मकबरे की रूपरेखा बनाने के लिए एकत्रित किया। भारत की इस सर्वश्रेष्ठ इमारत ताजमहल के निर्माण में 20,000 से अधिक मज़दूरों को 18 वर्ष से अधिक समय लगा।

91. ताजमहल के निर्माण का कारण था–
A. मुमताज़ महल के प्रति प्रेम
B. मुमताज़ महल की बुद्धिमानी
C. दुनिया को बताना कि मुमताज़ महल सुन्दर थी
D. मुमताज़ महल की शत्रुओं से रक्षा

92. निम्नलिखित जोड़ों में से किसका सम्बन्ध इमारतों से नहीं है?
A. रंगसाज और बढ़ई
B. अध्यापक और चिकित्सक
C. शिल्पी और इंजीनियर
D. राजमिस्त्री और नलसाज़

93. निम्नलिखित में से कौनसा कार्य 'वास्तुशिल्पी' का है?
A. राजा को परामर्श देना
B. किसी महल का निर्माण
C. किसी इमारत की रूपरेखा बनाना
D. भोजन बनाने के कार्य की देखभाल

94. उस एक कथन की पहचान कीजिए जो अनुच्छेद से मेल खाता हो–
A. शाहजहाँ अपने लिए एक महल बनाना चाहता था
B. भारत के कलाकारों और शिल्पियों ने शाहजहाँ से अपने लिए काम मांगा
C. 'महल का गौरव' कथन का अर्थ है 'शाहजहाँ'
D. शाहजहाँ ने अपनी प्रिय पत्नी के लिए एक सुन्दर मकबरा बनाने का निश्चय किया

95. लोग ताजमहल को मानते हैं–
A. एक बड़ी नदी
B. भार की सबसे सुन्दर इमारत
C. एक बहुत ऊँची इमारत
D. एक सम्राट का स्मारक

अनुच्छेद-4

आधुनिक मानव के संसार में आज मनुष्य द्वारा निर्मित उपग्रहों का बड़ा महत्त्व है। इनसे अन्तरिक्ष के अध्ययन में सहायता मिलती है जिसने सदियों से मनुष्य को लुभाया और प्रेरित किया है। ये पृथ्वी और हमारे सौरमण्डल के बारे में अधिक जानकारी पाने में भी सहायता कर रहे हैं। उपग्रह तकनीकी में विकास इतना विस्तृत हो गया है कि इससे हमारे जीवन का स्वरूप सुधर गया है। उपग्रह संसार में कहीं भी लोगों से सम्पर्क रखने में, मौसम की भविष्यवाणी में, मौसमी परिवर्तनों पर नजर रखने में और आपदाओं को मॉनीटर करने (टोह लेने) में हमारे सहायक हैं। आज प्रायः प्रत्येक व्यक्ति उपग्रह तकनीकी का उपयोग करता है। क्रेडिट कार्ड से भुगतान करने में या ए॰टी॰एम॰ का उपयोग करने में प्रतिदिन उपग्रह तकनीक का ही प्रयोग होता है। इस प्रकार उपग्रह आज के मानव के जीवन में अनिवार्य अंग बन गए हैं।

96. उपग्रह किसके अध्ययन में सहायक हैं?
A. पशु B. अन्तरिक्ष
C. प्लास्टिक D. जीवाणु

97. अनुच्छेद में प्रयुक्त 'लुभाया' शब्द का आशय है–
A. प्रसन्न किया B. दिलचस्पी बढ़ाई
C. प्रभावित किया D. उत्साहित किया

98. अनुच्छेद के उल्लेख के अनुसार निम्नलिखित में से कौनसा क्रम सही है?
A. तकनीकी-मॉनीटर करना-अध्ययन करना
B. मॉनीटर करना-अध्ययन करना-तकनीकी
C. अध्ययन करना-मॉनीटर करना-तकनीकी
D. तकनीकी-अध्ययन करना-मॉनीटर करना

99. 'आधुनिक मानव' कथन का आशय है–
A. उपस्थित मनुष्य
B. प्रतिदिन मौजूद मनुष्य
C. प्रतिदिन का मनुष्य
D. आज का मनुष्य

100. उपग्रह तकनीकी का उपयोग नहीं हो सकता–
A. अमेरिका में रहने वाले मित्र से बातचीत में
B. कपड़े धोने और सुखाने में
C. बैंक से रुपया निकालने में
D. तूफान की चेतावनी देने में

उत्तरमाला

1	2	3	4	5	6	7	8	9	10
C	D	C	B	A	D	B	C	B	A
11	**12**	**13**	**14**	**15**	**16**	**17**	**18**	**19**	**20**
D	A	D	C	B	A	D	C	B	D
21	**22**	**23**	**24**	**25**	**26**	**27**	**28**	**29**	**30**
A	C	B	B	A	C	B	C	D	B
31	**32**	**33**	**34**	**35**	**36**	**37**	**38**	**39**	**40**
A	A	B	A	D	D	B	C	B	D
41	**42**	**43**	**44**	**45**	**46**	**47**	**48**	**49**	**50**
C	A	C	D	B	B	C	C	A	B
51	**52**	**53**	**54**	**55**	**56**	**57**	**58**	**59**	**60**
C	B	C	A	C	D	D	B	D	B
61	**62**	**63**	**64**	**65**	**66**	**67**	**68**	**69**	**70**
D	B	D	D	A	D	D	A	B	B
71	**72**	**73**	**74**	**75**	**76**	**77**	**78**	**79**	**80**
A	A	D	C	B	B	C	D	A	C
81	**82**	**83**	**84**	**85**	**86**	**87**	**88**	**89**	**90**
B	C	D	B	A	B	B	C	A	B
91	**92**	**93**	**94**	**95**	**96**	**97**	**98**	**99**	**100**
A	B	C	D	B	B	B	C	D	B

कुछ चुने हुए प्रश्नों के व्याख्यात्मक उत्तर

1. अन्य सभी आकृतियों में बिन्दु रेखा के ऊपर नीचे बनी हुई है जबकि आकृति C से सम्मुख स्थानों पर बनी हुई है।

4. अन्य सभी आकृतियों में W आकृतियाँ अलग-अलग हैं जबकि आकृति B में एक-दूसरे से जुड़ी हुई है।

5. अन्य सभी आकृतियों में स्वास्तिक का चिन्ह् सीधा बना हुआ है जबकि आकृति A में उल्टा बना हुआ है।

6. छायाकृत बिन्दु तथा छायाकृत त्रिभुज आकृति A से C तक क्रमशः घड़ी की सुइयों के विपरीत दिशा में आगे बढ़ता है, मगर आकृति D में इसका अनुपालन नहीं किया गया है।

7. अन्य आकृतियों में त्रिभुज के शीर्ष के समीप छायाकृत बिन्दु उसके बाद दो समानान्तर रेखायें फिर एक बिन्दु है मगर आकृति B में इसका अनुपालन नहीं किया गया है।

8. अन्य सभी आकृतियां चतुर्भुज हैं जबकि आकृति C एक त्रिभुज है।

9. अन्य सभी आकृतियों में दो समानान्तर रेखाएं क्षैतिज दिशा में हैं जबकि आकृति B में ऐसा नहीं है।

10. अन्य सभी आकृतियों में आकृति के समान ही छोटी आकृति बनी हुई है, जबकि आकृति A में दोनों आकृति समान नहीं है।

31. समस्या आकृतियों में क्रमशः पहले छायाकृत वृत फिर खाली वृत तथा फिर छायाकृत वृत जुड़ती जाती है यही क्रम उत्तर आकृति A में बनी हुई है।

32. समस्या आकृतियों में रेखा चित्र क्रमशः विपरीत तथा समान दिशाओं में बने हुए हैं। इसी क्रम का अनुपालन उत्तर आकृति A में किया गया है।

33. समस्या आकृतियों में क्रमशः एक रेखा, दो रेखा वृत को स्पर्श करते हुए वर्ग के सिरे से जुड़ती जाती है, इस प्रकार अगली आकृति उत्तर आकृति B होगी।

34. समस्या आकृतियों में क्रमशः एक वृत तथा रेखा के सिरे में विपरीत दिशा में एक रेखा जुड़ती जाती है अतः इसकी अगली आकृति उत्तर आकृति A होगी।

35. समस्या आकृतियों में आकृति 90° से घड़ी के सुई के दिशा में क्रमशः घूम जाती है। अतः इसका अगला क्रम उत्तर आकृति D होगा।

36. समस्या आकृतियों में दो-दो वृतों के क्रमों को क्रमशः बढ़ाते हुए तथा सबसे ऊपर एक वृत्त बना हुआ है यही क्रम उत्तर आकृति D में है।

37. समस्या आकृतियों में क्रमशः एक वृत, दो वृत को घड़ी की सुई के दिशा में छायांकित किया गया है यही क्रम उत्तर आकृति B में अपना गया है।

38. समस्या आकृतियों में क्रमशः छायाकृत तथा खाली वृत आमने-सामने रहते हुए अपना स्थान बदल लेते हैं यही क्रम उत्तर आकृति C में बनी हुई है।

39. समस्या आकृतियों में बने खाली तथा छायाकृत वृत क्रमशः घड़ी की सुई की दिशा में एक स्थान आगे बढ़त जाते हैं, यही क्रम उत्तर आकृति B में है।

40. समस्या आकृतियों में क्रमशः एक रेखा बढ़ती जाती है, यही क्रम उत्तर आकृति D में बनी हुई है।

41. समस्या आकृति दो समस्या आकृति एक को उपर खिसकाकर तथा उसके साथ जुड़े रेखा का स्थान तथा दिशा बदलकर प्राप्त की जाती है। इसी क्रम को अनुपालन करने से अभीष्ट उत्तर आकृति C प्राप्त होती है।

42. समस्या आकृति दो समस्या आकृति एक के ऊपरी गोले को रेखांकित कर तीर की दिशा एवं स्थान को परिवर्तन कर प्राप्त की जाती है। इसी अनुक्रम को पालन करने पर अभीष्ट उत्तर A प्राप्त होता है।

43. समस्या आकृति दो समस्या आकृति एक का आधा भाग है, इसी क्रम का अनुपालन करने पर अभीष्ट उत्तर आकृति C प्राप्त होगा।

44. आकृति दो आकृति एक में वर्ग के स्थान पर आकार में बड़ा होकर त्रिभुज तथा वर्ग आकार में छोटा बनकर त्रिभुज के स्थान पर आने पर प्राप्त होता है यही क्रम जारी रखने पर अभीष्ट उत्तर आकृति D प्राप्त होता है।

45. आकृति दो आकृति एक में वृत तथा वर्ग आपस में स्थान बदलकर तथा बीच के त्रिभुज को रेखांकित करने पर प्राप्त होता है, यही क्रम जारी रखने पर अभीष्ट उत्तर आकृति B होगा।

46. समस्या आकृति एक तथा दो में ऊपर बना छोटा वर्ग, बड़ा बनकर बीच के स्थान पर बीच का बना आयत छोटा बनकर नीचे तथा त्रिभुज अपने ही आकार में ऊपर के स्थान पर चला जाता है। इसी क्रम को जारी रखते हुए उत्तर आकृति B सटीक बैठता है।

47. समस्या आकृति एक में बने चतुर्भुज को मध्य से दो समान त्रिभुजों को काटकर त्रिभुजों को पलट कर आकृति दो में रखी गई है। इसी क्रम का अनुपालन करने पर अभीष्ट उत्तर आकृति C होगी।

48. समस्या आकृति एक में वृत्त के अंदर त्रिभुज तथा आकृति दो में त्रिभुज के अंदर वृत बनी हुई है। इसी क्रम को जारी रखने पर अभीष्ट उत्तर आकृति C होगी।

49. समस्या आकृति दो समस्या आकृति एक में बने दोनों अर्द्ध गोले को पलटकर ऊपर की ओर खिसकाकर बनी हुई है, इसी क्रम का अनुपालन करने पर अभीष्ट उत्तर आकृति A प्राप्त होगी।

50. समस्या आ कृति दो में समस्या आ कृति एक के मध्य में बनी आकृति गायब हो जाती है, इसी अनुक्रम का पालन करते हुए अभीष्ट उत्तर आकृति B होगी।

61. $1\frac{5}{8} = \frac{13}{8} = 1.625$

62. $4.4\% = \frac{4.4}{100}$

63. $\frac{93.40}{0.015} = \frac{93400}{15} = \frac{18680}{3} = 6226.66 \simeq 6000$

64. इंजन द्वारा 5 दिनों में बाहर निकाले गए पानी की मात्रा

= 84,500 × 10 × 5 लीटर

= 4225000 लीटर

65. $2.5 \div 0.5 \times 0.1 - 0.05$

$= 2.5 \times \frac{1}{0.5} \times 0.1 - 0.05$

$= 5 \times 0.1 - 0.05$

$= 0.5 - 0.05 = 0.45$

67. कार के द्वारा तय दूरी = 913.5 किमी–578.3 किमी
= 235.2 किमी

68. एक मोपेड का मूल्य = 7,250 रु.
तो प्रश्नानुसार, एक स्कूटर का मूल्य
= 7,250 + 3,750
= 11,000 रु.
दोनों का कुल मूल्य = 7,250 + 11,000
= 18,250 रु.

69.

2	37800
2	18900
2	9450
3	4725
3	1575
3	525
5	175
5	35
7	7
	1

$\therefore 37,800 = 2 \times 2 \times 2 \times 3 \times 3 \times 3 \times 5 \times 5 \times 7$

70. अंक 4, 0 तथा 9 से बनने वाली पाँच अंकों की छोटी से छोटी संख्या = 40,009

71. छायांकित भाग का क्षेत्रफल
$= 1 \times 4 + 1 \times 4 + 3 \times 1$
$= 4 + 4 + 3$
$=$ 11 वर्ग सेमी

72. 15 मेज़ का क्रयमूल्य = 15 × 500 = 7500 रु.
20 कुर्सियों का क्रयमूल्य = 20 × 300 = 6000 रु.
ढुलाई पर खर्च = 40 रु.
कुल क्रयमूल्य = 7500 + 6000 + 40
= 13540 रु.
कुल विक्रय मूल्य = 35 × 380 = 13,300 रु.
हानि = क्रयमूल्य – विक्रय मूल्य
= 13,540 – 13,300
= 240 रु.

73. मूलधन = 600 रुपए
दर = 8%

$\text{समय} = 8 \text{ महीने} = \frac{8}{12} \text{ वर्ष} = \frac{2}{3} \text{ वर्ष}$

$$\text{साधारण ब्याज} = \frac{\text{मूलधन} \times \text{समय} \times \text{दर}}{100}$$

$$= \frac{600 \times 2 \times 8}{100 \times 3} = 2 \times 2 \times 8$$

= 32 रु.

वापस की जाने वाली कुल राशि
= 600 + 32 = 632 रु.

74. 1 सेमी = 10 मिमी
10 घन सेमी = $10 \times (10)^3$ घन मिमी
= 10 × 1000 घन मिमी
= 1000 घन मिमी

75. साबुन की टिकियों की अभीष्ट संख्या

$$= \frac{\text{डिब्बे का आयतन}}{\text{एक साबुन टिकिया का आयतन}}$$

$$= \frac{56 \times 40 \times 25}{7 \times 5 \times 2.5}$$

$$= \frac{56 \times 40 \times 25 \times 10}{7 \times 5 \times 25}$$

$= 8 \times 8 \times 10$
$= 640$

77.

2	16,	80,	48
2	8,	40,	24
2	4,	20,	12
2	2,	10,	6
3	1,	5,	3
5	1,	5,	1
	1,	1,	1

अर्थात् 16,80 तथा 48 का ल.स.
$= 2 \times 2 \times 2 \times 2 \times 3 \times 5$
$= 240$

78. 24 घंटे = 24 × 60 × 60 सेकण्ड
= 86,400 सेकण्ड

80. $10.01 = \frac{1001}{100} = 100\%$

पिछले प्रश्न-पत्र (हल सहित)

जवाहर नवोदय विद्यालय प्रवेश परीक्षा, 2004

अनुभाग-I

मानसिक योग्यता परीक्षा

खण्ड-I

निर्देश (प्रश्न 1 से 10 तक): *प्रश्न 1 से 10 तक के प्रत्येक प्रश्न में चार आकृतियाँ (A), (B), (C), (D) दी गई हैं। इन चार आकृतियों में से तीन आकृतियों में कोई समानता है एवं एक आकृति भिन्न है, भिन्न आकृति का पता लगाइये और उस आकृति के नीचे दिए गए अक्षरांक पर घेरा ○ लगाइए।*

1. 

(A) (B) (C) (D)

2. 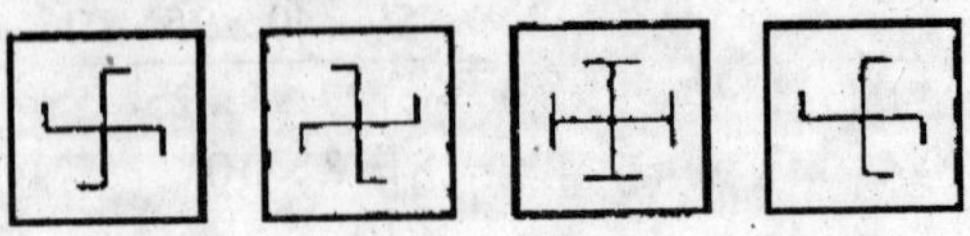

(A) (B) (C) (D)

3. 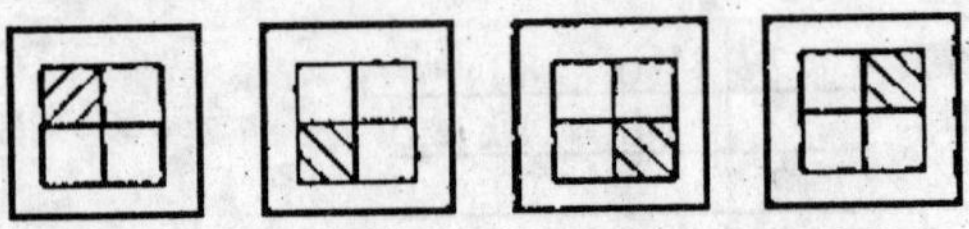

(A) (B) (C) (D)

4. 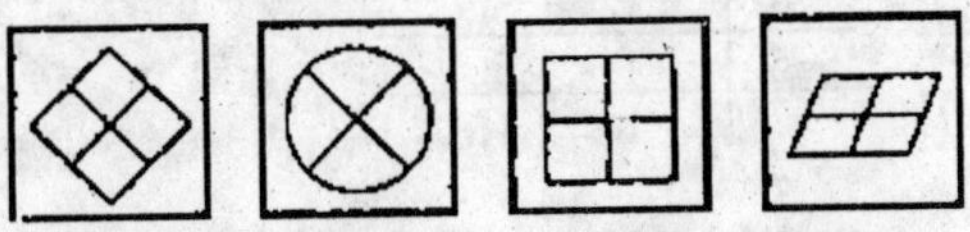

(A) (B) (C) (D)

5. 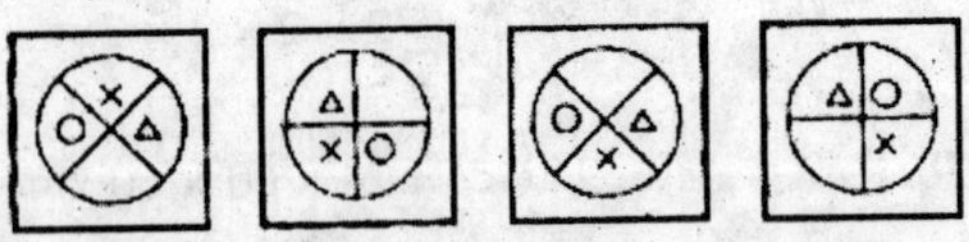

(A) (B) (C) (D)

6. 

(A) (B) (C) (D)

7. 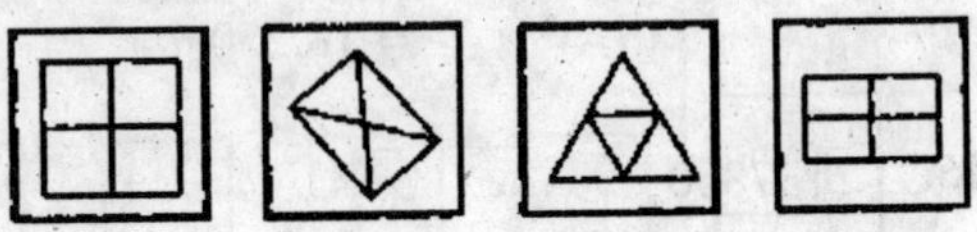

(A) (B) (C) (D)

8. 

(A) (B) (C) (D)

9. 

(A) (B) (C) (D)

10. 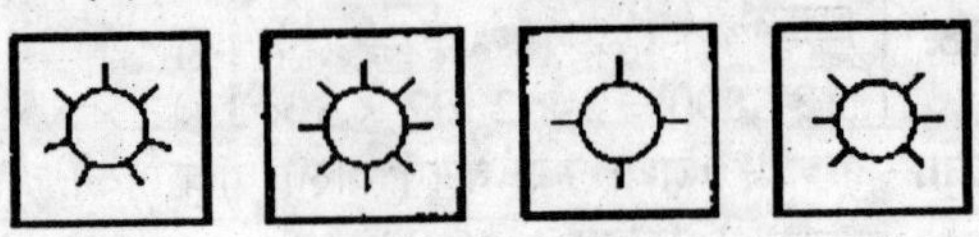

(A) (B) (C) (D)

खण्ड-II

निर्देश (प्रश्न 11 से 20 तक): *प्रत्येक प्रश्न में बाईं ओर एक समस्या आकृति दी गई है और दाईं ओर चार उत्तर-आकृतियाँ (A), (B), (C), (D) दी गई हैं। उस उत्तर-आकृति का पता लगाइए, जो पूर्णतः समस्या-आकृति के समान हैं और उसके नीचे दिए गए अक्षरांक पर घेरा ○ लगाइए।*

समस्या-आकृति | **उत्तर-आकृतियाँ**

11.  

(A) (B) (C) (D)

12. 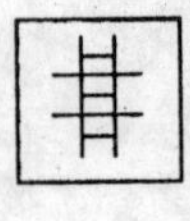 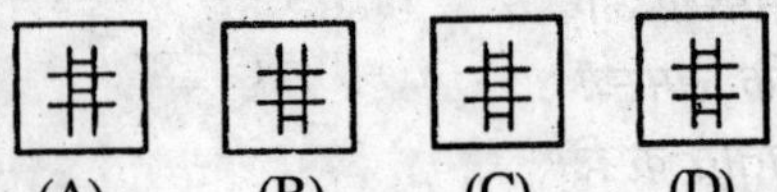

(A) (B) (C) (D)

समस्या-आकृति	उत्तर-आकृतियाँ

13. 
(A) (B) (C) (D)

14. 
(A) (B) (C) (D)

15. 
(A) (B) (C) (D)

16. 
(A) (B) (C) (D)

17. 
(A) (B) (C) (D)

18. 
(A) (B) (C) (D)

19. 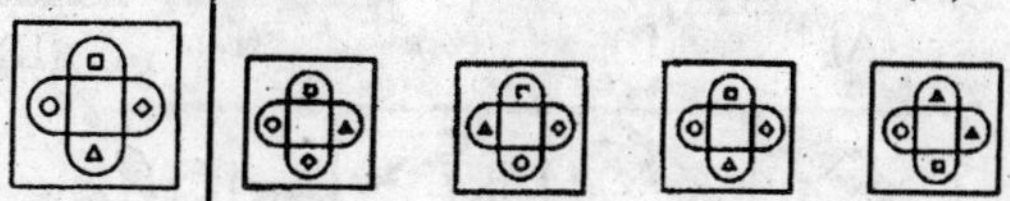
(A) (B) (C) (D)

20. 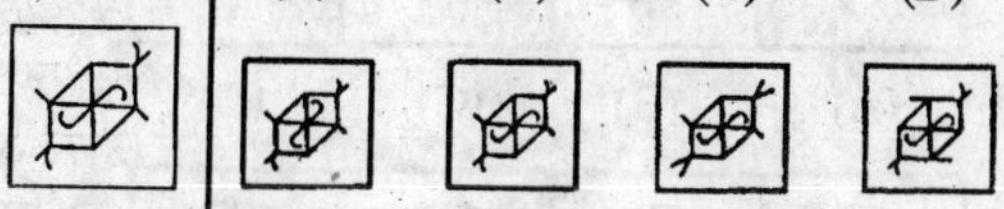
(A) (B) (C) (D)

खण्ड-III

निर्देश (प्रश्न 21 से 30 तक): *प्रत्येक प्रश्न में खड़ी रेखा के बाईं ओर एक समस्या आकृति दी गई है। दाईं ओर की चारों उत्तर-आकृतियों को ध्यान से देखिए। उनमें से उस उत्तर-आकृति का पता लगाइए, जो बिना दिशा-परिवर्तन के समस्या-आकृति के खाली भाग में इस तरह सही बैठती हो कि समस्या-आकृति का ढाँचा पूरा हो जाए। अपना उत्तर बताने के लिए आपके द्वारा चुनी हुई उत्तर-आकृति के नीचे दिए गए अक्षरांक पर घेरा ○ लगाइए।*

समस्या-आकृति	उत्तर-आकृतियाँ

21. 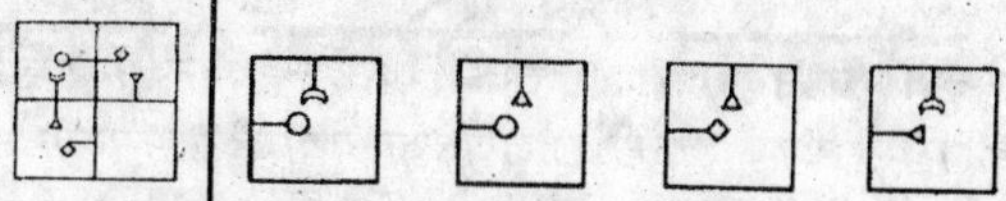
(A) (B) (C) (D)

22. 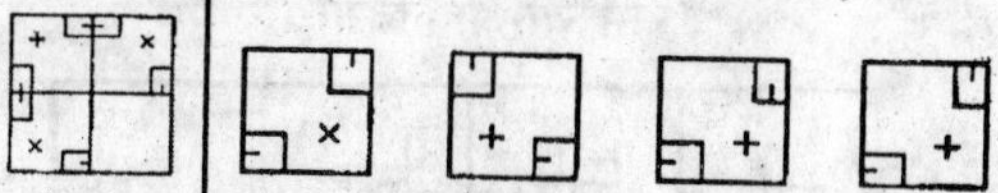
(A) (B) (C) (D)

23. 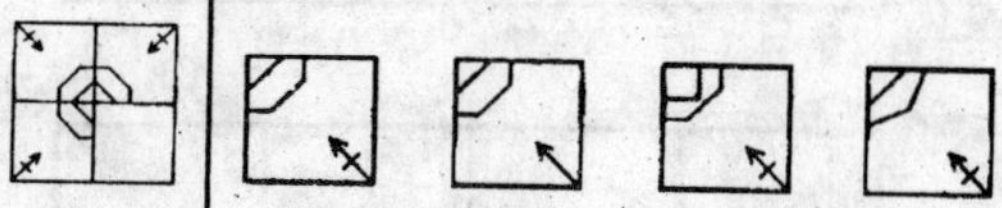
(A) (B) (C) (D)

24. 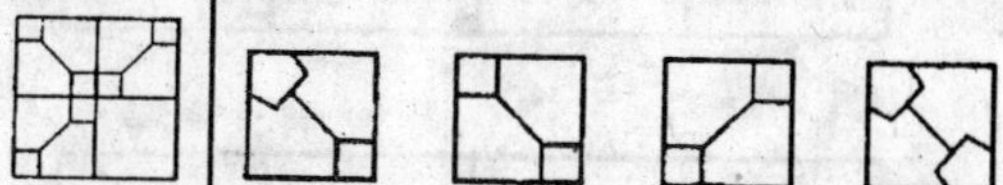
(A) (B) (C) (D)

25. 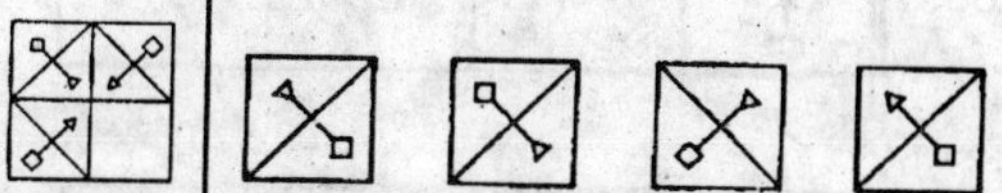
(A) (B) (C) (D)

26. 
(A) (B) (C) (D)

27. 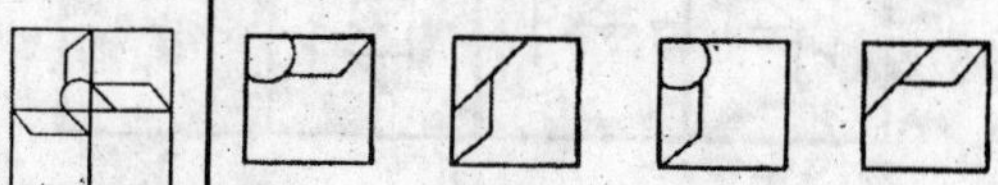
(A) (B) (C) (D)

28. 
(A) (B) (C) (D)

29. 
(A) (B) (C) (D)

30. 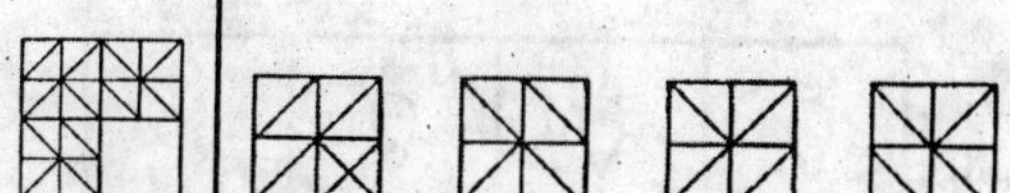
(A) (B) (C) (D)

खण्ड-IV

निर्देश (प्रश्न 31 से 40 तक): *प्रत्येक प्रश्न में खड़ी रेखा के बाईं ओर तीन समस्या आकृतियाँ दी गई हैं तथा चौथी के लिए स्थान खाली छोड़ दिया गया है। समस्या आकृतियां एक क्रम में हैं। पता लगाइए कि दाईं ओर दी गई उत्तर आकृतियों में से कौन-सी आकृति इस क्रम को पूरा करती है? उसके अक्षरांक पर घेरा ○ लगाइए।*

समस्या-आकृतियाँ | **उत्तर-आकृतियाँ**

31. 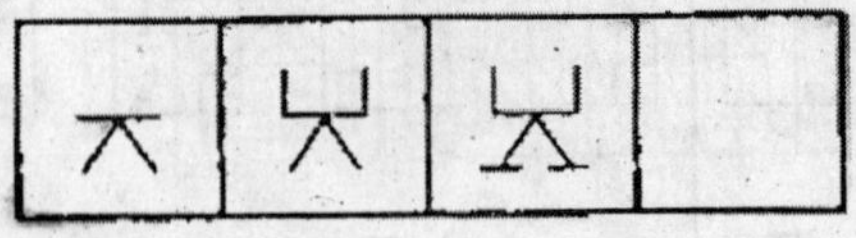

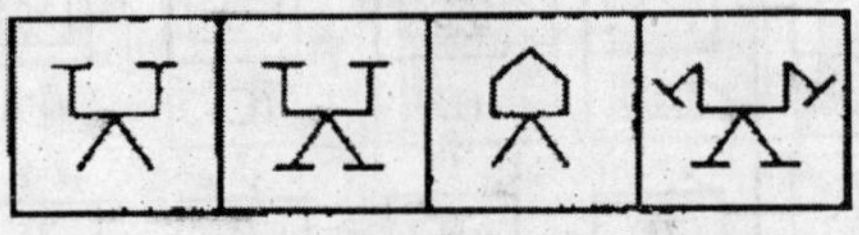

(A) (B) (C) (D)

32. 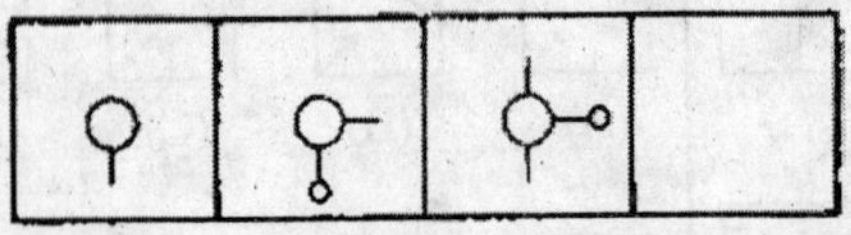

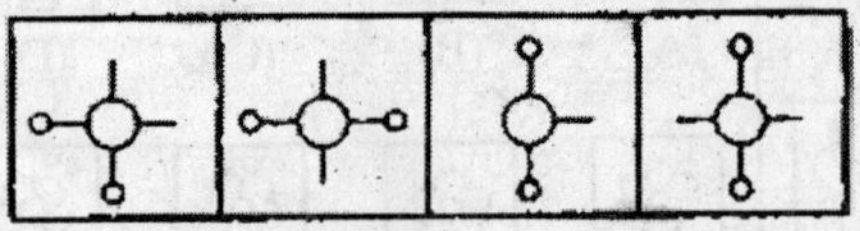

(A) (B) (C) (D)

33. 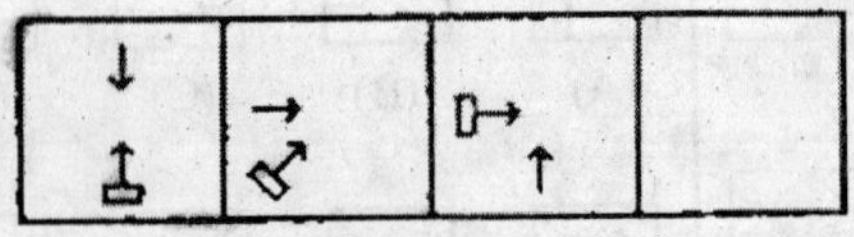

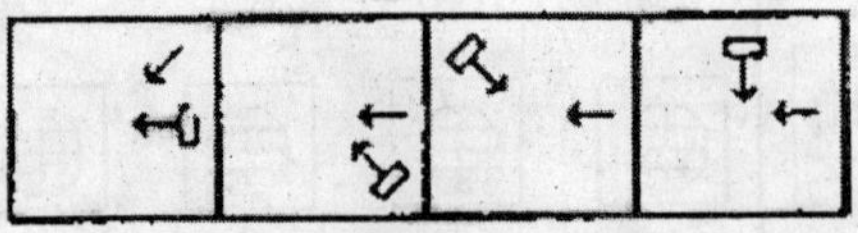

(A) (B) (C) (D)

34. 

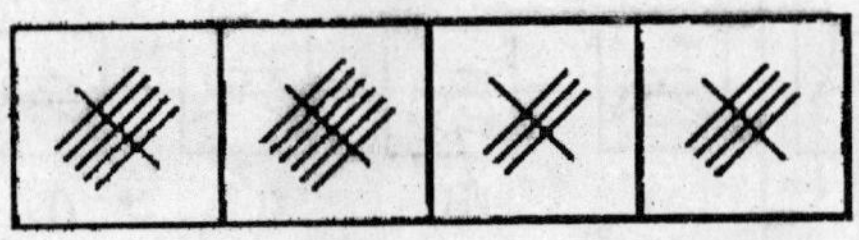

(A) (B) (C) (D)

35. 

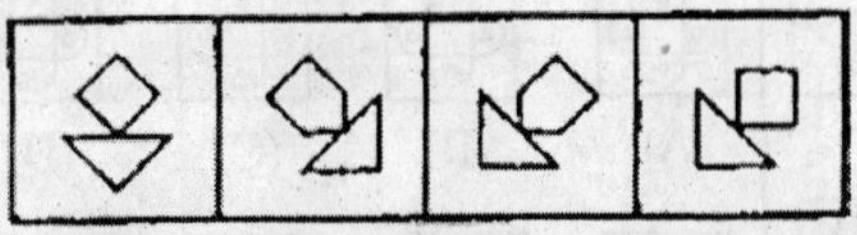

(A) (B) (C) (D)

36. 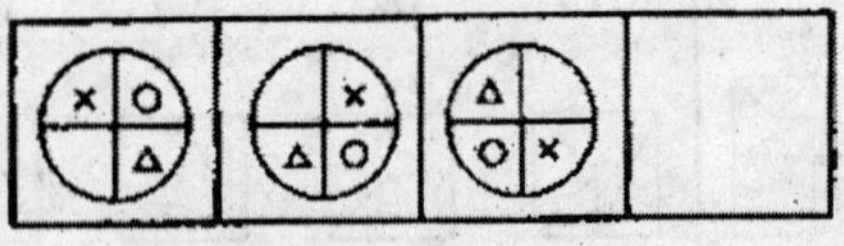

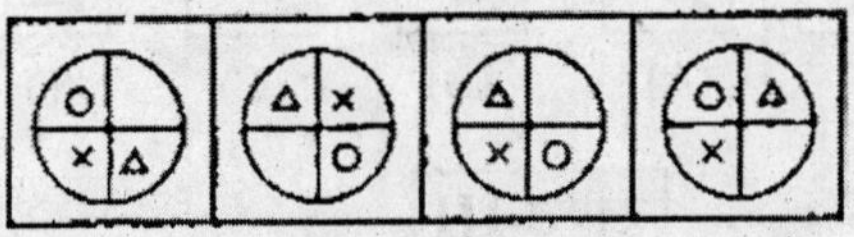

(A) (B) (C) (D)

37. 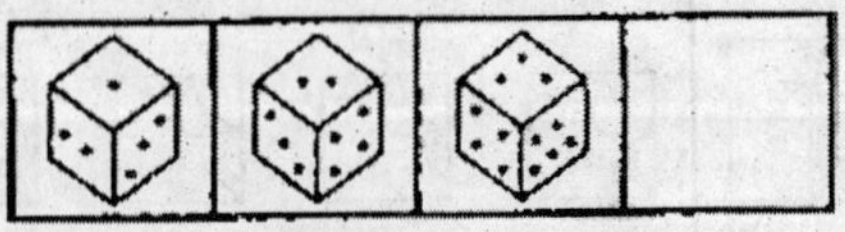

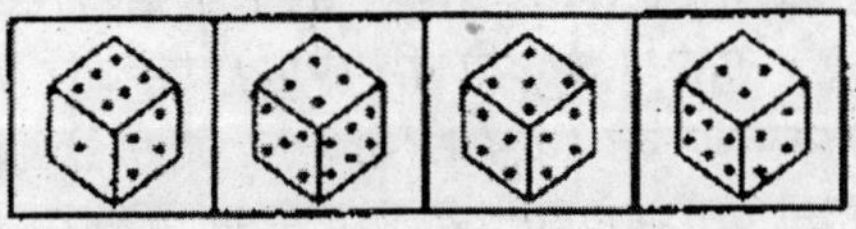

(A) (B) (C) (D)

38. 

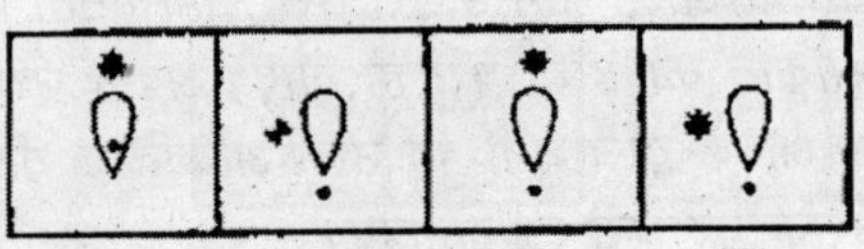

(A) (B) (C) (D)

समस्या-आकृतियाँ | उत्तर-आकृतियाँ

39. 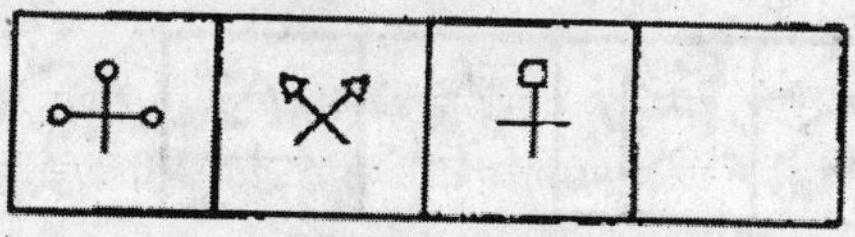

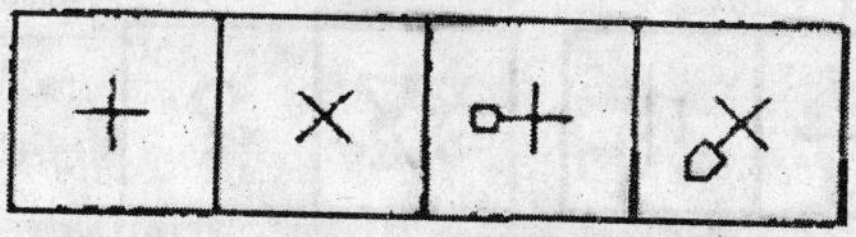

(A) (B) (C) (D)

40. 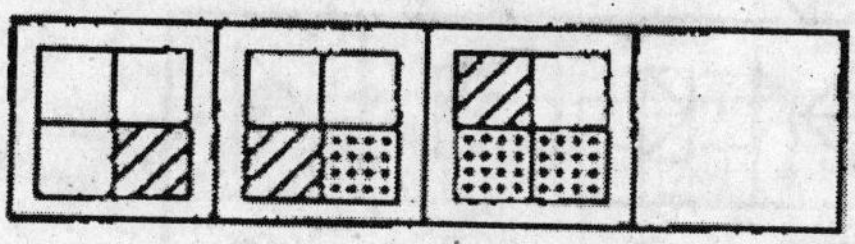

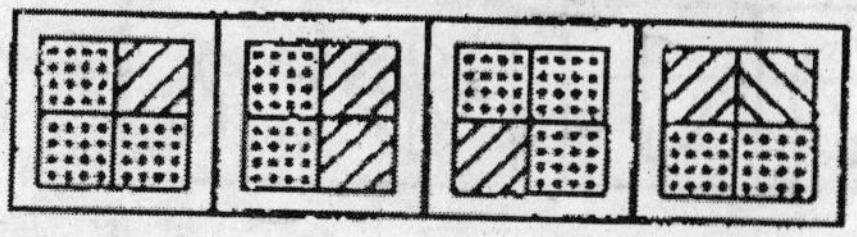

(A) (B) (C) (D)

खण्ड-V

निर्देश (प्रश्न 41 से 50 तक): *प्रत्येक प्रश्न में तीन समस्या आकृतियों के बाद चौथी के स्थान पर प्रश्नसूचक चिन्ह (?) दिया गया है। पहली और दूसरी समस्या-आकृतियों में आपस में सम्बन्ध है। वही सम्बन्ध तीसरी और चौथी आकृतियों में है। उत्तर आकृतियों में से उस आकृति को चुनिए, जो प्रश्नसूचक चिन्ह (?) वाले स्थान पर ठीक बैठ सके। उसके अक्षरांक पर घेरा ○ लगाइए।*

समस्या-आकृतियाँ | उत्तर-आकृतियाँ

41. 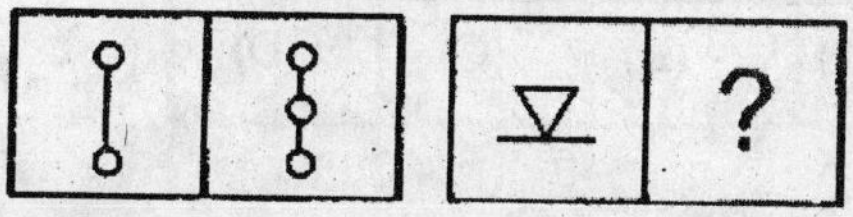

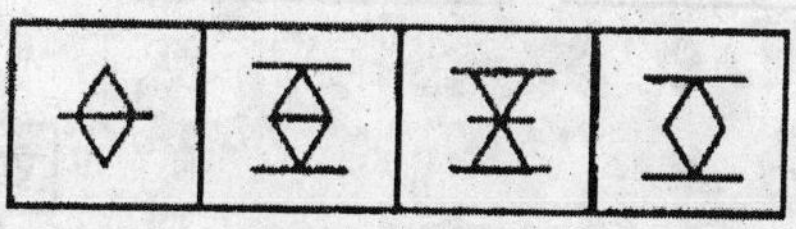

(A) (B) (C) (D)

42. 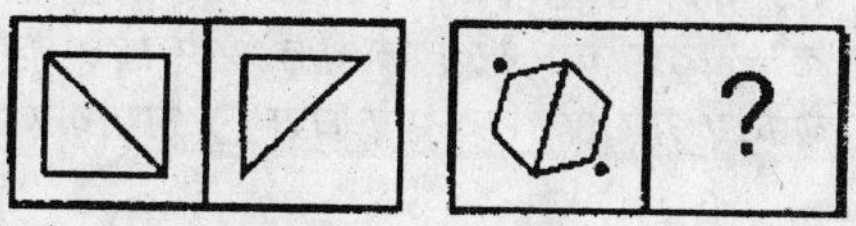

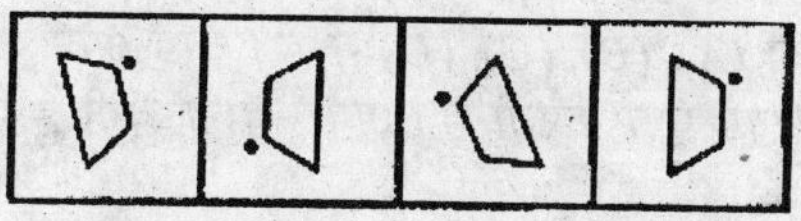

(A) (B) (C) (D)

43. 

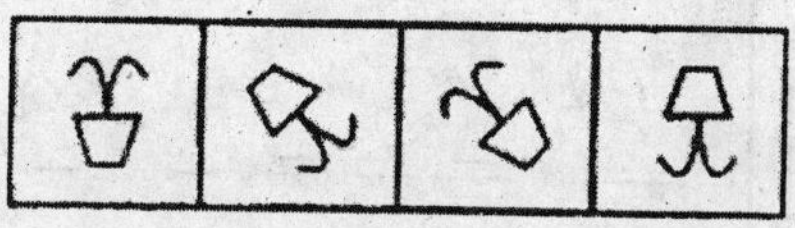

(A) (B) (C) (D)

44. 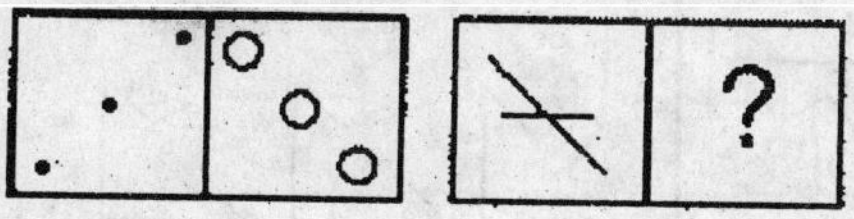

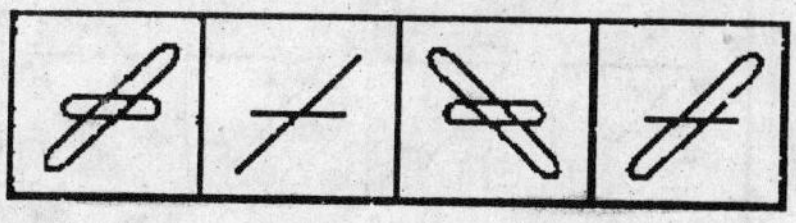

(A) (B) (C) (D)

45. 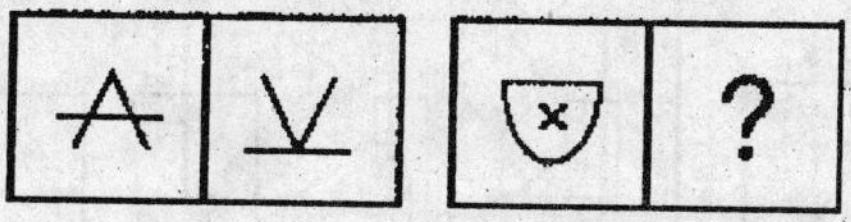

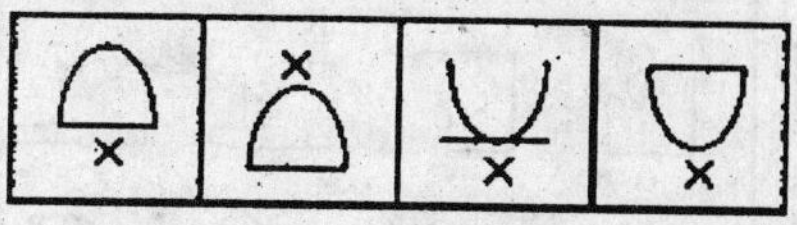

(A) (B) (C) (D)

46. 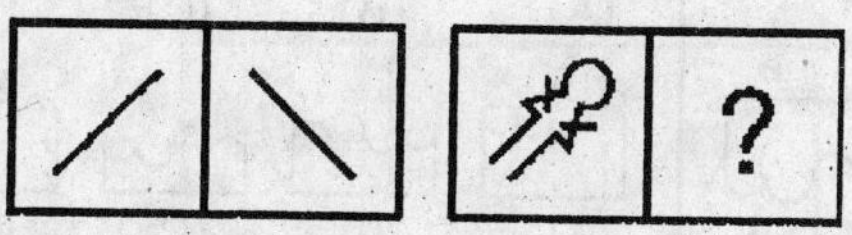

(A) (B) (C) (D)

समस्या-आकृतियाँ	उत्तर-आकृतियाँ
47. 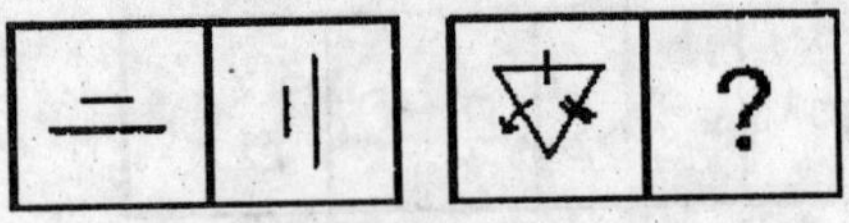	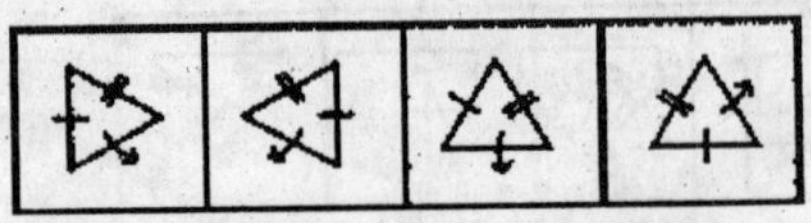 (A) (B) (C) (D)
48. 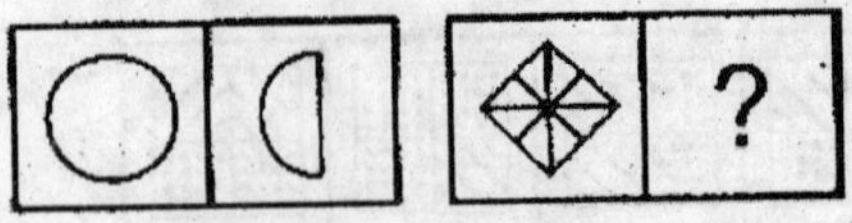	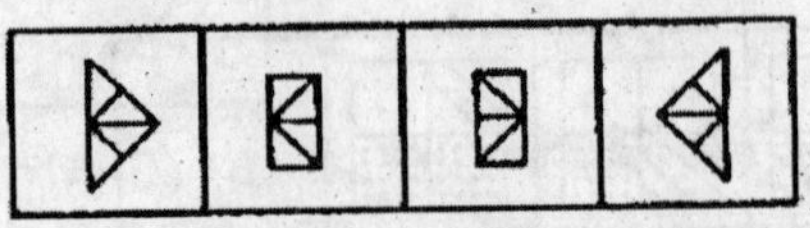 (A) (B) (C) (D)
49. 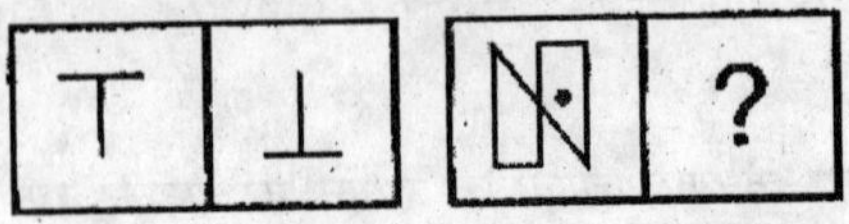	 (A) (B) (C) (D)
50. 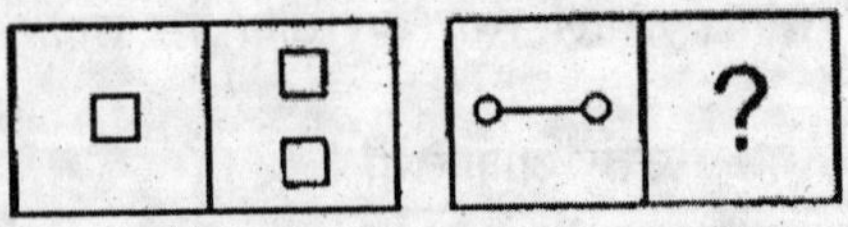	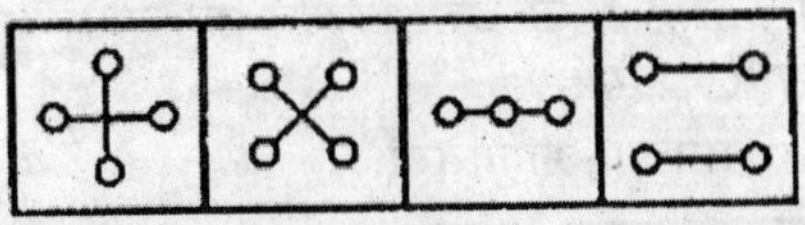 (A) (B) (C) (D)

खण्ड-VI

निर्देश (प्रश्न 51 से 60 तक): *प्रत्येक में वर्ग का एक भाग रेखा के बाईं ओर है और शेष भाग दाईं ओर की चार उत्तर–आकृतियों (A), (B), (C), (D) में है। दाईं ओर की उस आकृति को ढूँढ़िए, जो रेखा के बाईं ओर दिए हुए भाग से मिलकर वर्ग को पूरा करती है। अपने द्वारा चुनी हुई आकृति के नीचे दिए गए अक्षरांक पर घेरा ○ लगाकर अपना उत्तर दीजिए।*

समस्या-आकृति	उत्तर-आकृतियाँ
51. 	 (A) (B) (C) (D)
52. 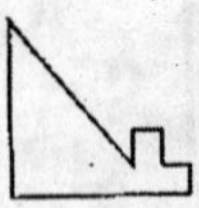	 (A) (B) (C) (D)
53. 	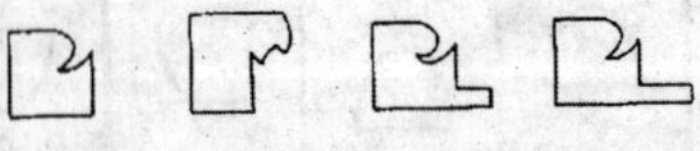 (A) (B) (C) (D)
54. 	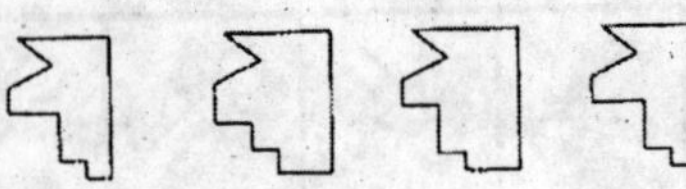 (A) (B) (C) (D)

समस्या-आकृति	उत्तर-आकृतियाँ
55. 	 (A) (B) (C) (D)
56. 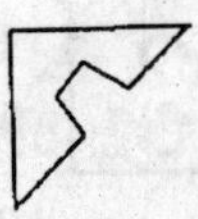	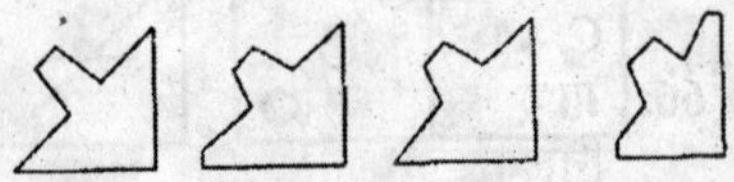 (A) (B) (C) (D)
57. 	 (A) (B) (C) (D)
58. 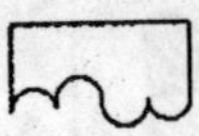	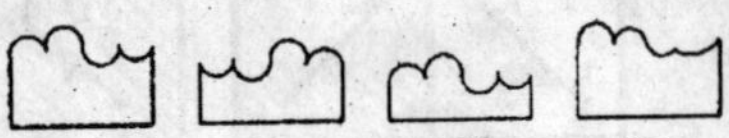 (A) (B) (C) (D)

समस्या-आकृति	उत्तर-आकृतियाँ
59. 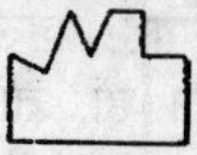	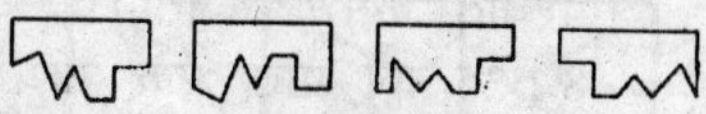 (A) (B) (C) (D)

समस्या-आकृति	उत्तर-आकृतियाँ
60. 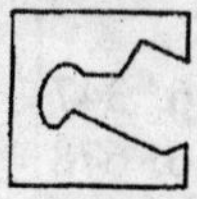	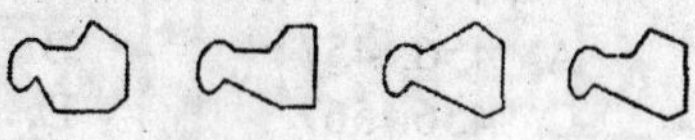 (A) (B) (C) (D)

अनुभाग-II : अंकगणित

निर्देशः *प्रत्येक प्रश्न के लिए अक्षर (A), (B), (C) और (D) से अंकित चार सम्भावित उत्तर दिए गए हैं। इनमें से केवल एक ही सही है। आपको सही उत्तर चुनना है और उसके पास में लिखे अक्षरांक पर घेरा ○ लगाना है।*

61. 30, 36 तथा 90 के ल.स.प. (LCM) तथा म.स.प. (HCF) में अन्तर है–

A. 366 B. 354
C. 186 D. 174

62. उस वर्ग का क्षेत्रफल, जिसका परिमाप 48 मीटर है, होगा–

A. 48 B. 144
C. 1152 D. 2304

63. $10 + 4 \div 2 - 3 \times 2 + 4 \div 2 \times 2 - 4$ को सरल करने पर परिणाम आता है–

A. 0 B. 1
C. 6 D. 8

64. 80% को भिन्न के रूप में निम्नलिखित प्रकार से लिखा जा सकता है–

A. $\frac{8}{10}$ B. $\frac{8}{100}$
C. $\frac{100}{8}$ D. $\frac{10}{8}$

65. 240 रुपए का 80%, 400 रुपए के 35% से कितना अधिक है?

A. 52 रुपए B. 42 रुपए
C. 192 रुपए D. 140 रुपए

66. ग्राफ से मालूम करें, विद्यार्थियों C तथा D द्वारा मिलकर विद्यार्थियों A, B तथा E से कितने अधिक प्रश्न हल किए गए?

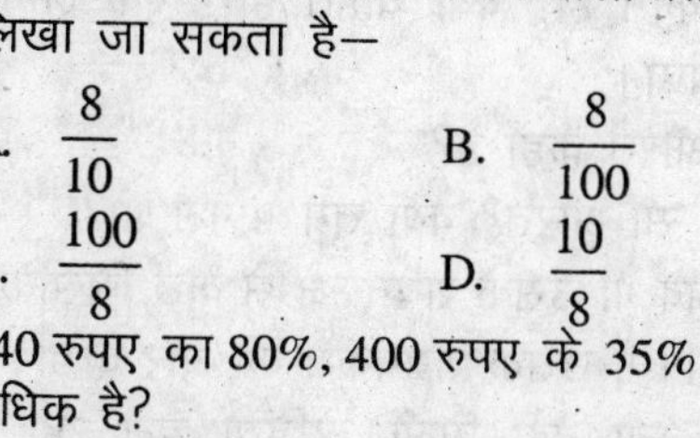

A. 3 B. 4
C. 10 D. 14

67. एक बस दिल्ली से अमृतसर के लिए किसी दिन सायं 5 : 30 बजे चली तथा अगले दिन प्रातः 7 : 36 बजे अमृतसर पहुँची। बस द्वारा अमृतसर पहुँचने में लगा समय है–

A. 2 घण्टे 6 मिनट
B. 14 घण्टे 6 मिनट
C. 13 घण्टे 6 मिनट
D. 12 घण्टे 36 मिनट

68. 15 सेमी भुजा वाली वर्गाकार टाइलों की संख्या, जो एक कमरे के फर्श, जिसका माप 3.6 मीटर × 4.5 मीटर है, को बनाने में लगेंगी, होगी–

A. 720 B. 360
C. 10800 D. 5400

69. 300 रुपए पर 6% वार्षिक साधारण ब्याज की दर से $2\frac{1}{2}$ वर्ष का ब्याज होगा–

A. 18 रुपए B. 36 रुपए
C. 40 रुपए D. 45 रुपए

70. एक व्यक्ति अपने प्रतिघण्टा काम के लिए 15 रुपए पाता है, यदि वह 8 घण्टे प्रतिदिन काम करके 5 दिन काम करता है, तो उसकी कुल कमाई होगी–

A. 75 रुपए B. 120 रुपए
C. 500 रुपए D. 600 रुपए

71. भाग के प्रश्न में, यदि भाजक 51, भागफल 16 तथा शेषफल 27 है, तो भाज्य होगा–

A. 843 B. 483
C. 94 D. 1393

72. 30 के गुणखण्ड हैं–

A. 2, 3, 5
B. 1, 2, 3, 5, 10
C. 1, 2, 3, 10, 15
D. 1, 2, 3, 5, 6, 10, 15, 30

73. संख्या क्रम 123, 234, 345, ... की अगली दो संख्याएं हैं–

A. 456, 457 B. 346, 347
C. 456, 567 D. 456, 678

74. दो संख्याओं का गुणनफल 8192 है, यदि एक संख्या दूसरी से दोगुनी हो, तो छोटी संख्या है–

A. 8 B. 16
C. 32 D. 64

75. छोटी से छोटी विषम संख्या जो अंकों 1, 0, 3, 4 तथा 5 से बनाई जा सकती है, होगी–

A. 10345 B. 10453
C. 10543 D. 10534

76. निम्नलिखित में से कौन–सी संख्याएँ बढ़ते क्रम में लगी हैं?

A. $\frac{1}{3}, \frac{1}{2}, 0.25$ B. $0.25, \frac{1}{2}, \frac{1}{3}$

C. $0.25, \frac{1}{3}, \frac{1}{2}$ D. $\frac{1}{2}, \frac{1}{3}, 0.25$

77. तीन घंटियाँ प्रत्येक बार 12, 15 तथा 18 सेकण्ड के पश्चात् क्रमशः बजती हैं, यदि वह पहली बार 8 : 35 बजे प्रातः एक साथ बजी हों, तो पहले अगली बार वे कितने बजे एक साथ बजेंगी?

A. 8 : 38 बजे प्रातः B. 8 : 40 बजे प्रातः
C. 8 : 41 बजे प्रातः D. 8 : 45 बजे प्रातः

78. 1 से 100 तक की संख्याएं लिखने पर अंक 9 कितनी बार आएगा?

A. 9 B. 10
C. 20 D. 21

79. चार अंकों की बड़ी–से–बड़ी तथा छोटी–से–छोटी संख्याओं का योग है–

A. 8999 B. 10999
C. 11110 D. 11111

80. दशमलव रूप में $1 + \frac{1}{10} + \frac{1}{100} + \frac{1}{1000}$ को सरल करने पर परिणाम मिलता है–

A. 1.0001 B. 1.111
C. 1.001 D. 0.111

अनुभाग-III : भाषा

निर्देशः *इस अनुभाग में चार अवतरण हैं। हर अवतरण के बाद पाँच प्रश्न दिए गए हैं। हर अवतरण को ध्यान से पढ़िए और उसके बाद दिए गए प्रश्नों के उत्तर लिखिए। प्रत्येक प्रश्न के चार सम्भावित उत्तर दिए गए हैं जिन पर (A), (B), (C) और (D) अक्षर पड़े हुए हैं। इन उत्तरों में केवल* ***एक ही सही*** *है। आपको सही उत्तर पहचानना है और उसके साथ दिए गए अक्षर पर घेरा ○ लगाना है।*

अवतरण-1

रात ठण्डी और अँधेरी थी। गली से गुजरते हुए मुझे एक औरत की चीख सुनाई पड़ी, "बचाओ ! बचाओ !" मैं रुका और मैंने चारों ओर देखा, अधिकांश घरों में उजाला नहीं था लगता था सब सो गए हैं, ये मेरी कल्पना होगी–मैंने सोचा और घरों की तरफ चलने लगा। अचानक मैंने दुबारा वही आवाज सुनी, "कृपा कर मुझे मत मारो......मेरा धन ले लो......मेरे आभूषण ले लो पर मुझे छोड़ दो...!" तो यह मेरी कल्पना नहीं थी। कोई महिला पास के ही किसी मकान में मुसीबत में पड़ी थी। मुझे उसे बचाना चाहिए। मैं उस मकान के दरवाजे की ओर तेजी से दौड़ा और अपनी पूरी शक्ति से उसे धक्का देकर खोल दिया।

"तुम कौन हो? क्या चाहते हो?" एक लम्बा आदमी मेरी ओर बढ़ा।

"वह औरत कहाँ है?"

"कौन सी औरत? क्या तुम पागल हो?"

मुझे अब भी उसके शयनकक्ष से कुछ सिसकियाँ सुनाई पड़ रही थीं। मैं उसके शयनकक्ष की ओर दौड़ा। ढूँढने पर वहाँ कोई स्त्री नहीं मिली। रेडियो चल रहा था। मैंने उद्घोषक को कहते हुए सुना–"आपने अभी एक रेडियो नाटक सुना, अनोखी हत्या। अब कृपया समाचारों की प्रतीक्षा कीजिए।"

81. घटना सुनाने वाला शयनकक्ष में क्यों गया?

A. किसी स्त्री के हत्यारे को ढूँढने के लिए
B. किसी औरत को मरने से बचाने के लिए
C. हत्यारे से लड़ाई शुरू करने के लिए
D. रेडियो नाटक सुनने के लिए

82. वक्ता को घर में घुसने की क्या विवशता थी?

A. उसकी वीरता की भावना
B. मित्रता की भावा

C. किसी को मुसीबत में मदद करने की इच्छा

D. किसी रहस्यमयी कहानी की तलाश के लिए

83. उसने सोचा सब सो गए हैं, क्योंकि–

A. रात ठण्डी थी

B. घरों में रोशनी नहीं थी

C. चीखों पर कहीं कोई प्रतिक्रिया नहीं हुई

D. चारों ओर अंधकार था

84. कहानी का रहस्य किसने सुलझाया?

A. वक्ता ने

B. लम्बे आदमी ने

C. सिसकती महिला ने

D. रेडियो उद्घोषक ने

85. "आपने अभी एक रेडियो नाटक सुना" यहाँ 'आपने' का संकेत है–

A. वक्ता B. लम्बा आदमी

C. महिला D. श्रोता

अवतरण-2

भारत में, खासकर गर्मियों में, बड़ी गर्मी पड़ती है। यहाँ कपास उगाना और रेशम का उत्पादन सरल है। कपास और रेशम से पतले कपड़े बनाए जा सकते हैं। जो लोग गरम देशों में रहते हैं वे प्रायः सफेद कपड़े पहनते हैं, क्योंकि सफेद कपड़े अन्य रंगों की भाँति जल्दी गरम नहीं होते। साड़ियाँ भी पहनने में आरामदेह होती हैं, क्योंकि वे बदन से चिपकती नहीं हैं।

हम लोगों के कपड़े देखकर उनके व्यवसाय के बारे में बता सकते हैं। बावरची आमतौर पर सफेद एप्रन पहनते हैं जिससे उन्हें कपड़े गंदे होने का पता चल सके। पुलिस वाले, आग बुझाने वाले और सैनिक विशेष यूनिफार्म (वर्दी) पहनते हैं। विद्यार्थी भी यूनिफार्म (वर्दी) पहनते हैं जिससे पता चल सके कि वे किस स्कूल में पढ़ते हैं।

86. बावरची सफेद एप्रन पहनते हैं, क्योंकि–

A. वे चुस्त दिखाई देना चाहते हैं

B. इससे जल्दी खाना बनाने में मदद मिलती है

C. सफेद ठण्डा रंग माना जाता है

D. वे देख सकते हैं कि वह कब गंदा होता है

87. साड़ियाँ पहनने में आरामदेह होती हैं, क्योंकि–

A. वे एक ही कपड़े से बनी होती हैं

B. वे शरीर से नहीं चिपकतीं

C. वे अधिक महंगी नहीं होतीं

D. वे सुन्दर दिखने में सहायक होती हैं

88. निम्नलिखित में से किसे यूनीफार्म पहनना आवश्यक नहीं है?

A. स्कूली विद्यार्थी B. पुलिस वाला

C. सैनिक D. मंत्री

89. भारतीय गर्मियों में सूती कपड़े पहनते हैं, क्योंकि सूती कपड़े–

A. शरीर को ठण्डा बनाए रखते हैं

B. ऊनी और रेशमी कपड़ों से सस्ते होते हैं

C. धोने में सरल होते हैं

D. आकर्षक रंगों में मिलते हैं

90. यदि 'गर्म' का विपरीतार्थक 'ठण्डा' है, तो ग्रीष्म का विपरीतार्थक होगा–

A. बरसात B. बसंत

C. शीत D. हिमपात

अवतरण-3

लड़के–लड़कियों ने आपस में काम बाँट लिया। अनिल और जीनत अपने घरों से दो बड़ी टोकरियाँ ले आए। बच्चों ने इधर–उधर बिखरे हुए कागज के टुकड़े, खाली बोतलें और प्लास्टिक बैग टोकरियों में रखे और पास के कूड़ेदान में उन टोकरियों को पलट दिया, उन्हें मालूम था कि कूड़ेदान को साफ करने एक कूड़े वाला ट्रक रोज आता है। सुबह समाप्त होते–होते पार्क अपेक्षाकृत अधिक साफ–सुथरा लग रहा था।

उस दिन के बाद बच्चों ने तय कर लिया कि उनका पार्क साफ–सुथरा और बिना कूड़े का दिखाई पड़े। अनिल के पिता ने फूलों की क्यारियाँ बनाने में उनकी मदद की। बच्चों ने बारी–बारी से बीजों की सिंचाई की। जब फूल खिले तो पास–पड़ोस का प्रत्येक व्यक्ति प्रसन्न हो उठा।

91. पास–पड़ोस में सब लोग प्रसन्न थे, क्योंकि–

A. वे पार्क में टहल सकते थे

B. पार्क में कूड़ा–करकट नहीं रह गया था

C. बाग में फूल खिल गए थे

D. बच्चों ने अपनी मदद खुद की थी

92. बच्चों ने......नहीं उठाया।

A. कागज के टुकड़ों को

B. प्लास्टिक बैगों को

C. खाली बोतलों को

D. कूड़ेदानों को

93. वे.....के लिए टोकरियाँ ले आए–

A. फूल इकट्ठा करने के लिए

B. कूड़ा–करकट बटोरने के लिए

C. खाद ढोने के लिए

D. बीजों को ढोने के लिए

94. 'बटोरना' का अर्थ है–

A. इकट्ठा करना B. ढूँढना

C. ढोना D. साफ करना

95. 'उदास' का विपरीतार्थक शब्द है–

A. साफ B. प्रसन्न

C. चुस्त D. समझदार

अवतरण-4

एक अध्यापिका और लड़के–लड़कियों से भरी कक्षा में मुझे अकेलापन महसूस हुआ। अध्यापिका हँसती हुई मेरे निकट आई। उसने प्यार से अपना हाथ मेरे कंधे पर रखते हुए मुझसे पूछा–"तुम्हारा नाम क्या है?"

"अभयंकर......" मैं फुसफुसाया।

"जोर से बोलो जिससे कि मैं सुन सकूँ" उसने कहा। मैंने जोर से बोलने की कोशिश की पर बोल नहीं सका। मेरे होंठ सूख गए थे, शायद चिपक गए थे। मैं अपना मुँह खोल नहीं सका। तब अध्यापिका ने मुझे ब्लैकबोर्ड पर अपना नाम लिखने को कहा। मैं ब्लैकबोर्ड तक गया, सफेद चाक उठाई और ज्यों ही लिखने को हुआ तो मेरा दिमाग जैसे खाली हो गया था। मुझे अपना नाम मालूम था, मैं उसे लिखना भी जानता था, किन्तु इतने सारे लड़के–लड़कियों और अध्यापिका के सामने खड़े होने में मुझे घबराहट हो रही थी।

96. लड़का अपना नाम नहीं लिख सका, क्योंकि वह–

A. अकेला था B. डरा हुआ था

C. बीमार था D. घबरा रहा था

97. निम्नलिखित में से कौन सा शब्द लड़के के बारे में उचित नहीं है?

A. बेचैन B. घबराया हुआ

C. हिम्मती D. दब्बू

98. अध्यापिका बच्चे के प्रति.......थी।

A. सहृदय

B. कठोर

C. सहयोग न करने वाली

D. उदासीन

99. इस अवतरण के लिए सबसे उपयुक्त शीर्षक........ होगा–

A. अपना नाम कैसे लिखें

B. कक्षा में पहला दिन

C. एक कठोर अध्यापिका

D. एक शर्मीला लड़का

100. 'फुसफुसाया' शब्द का अर्थ है–

A. धीरे से कहा B. जोर से बोला

C. चुप रहा D. कुछ नहीं कहा

उत्तरमाला

1	2	3	4	5	6	7	8	9	10
D	D	A	D	D	D	C	A	B	A
11	**12**	**13**	**14**	**15**	**16**	**17**	**18**	**19**	**20**
A	C	A	D	C	B	A	D	C	B
21	**22**	**23**	**24**	**25**	**26**	**27**	**28**	**29**	**30**
A	D	A	B	A	B	C	D	B	C
31	**32**	**33**	**34**	**35**	**36**	**37**	**38**	**39**	**40**
B	D	C	A	C	D	B	D	B	A
41	**42**	**43**	**44**	**45**	**46**	**47**	**48**	**49**	**50**
B	C	B	A	A	C	A	D	B	D
51	**52**	**53**	**54**	**55**	**56**	**57**	**58**	**59**	**60**
D	C	D	D	A	C	A	A	B	D
61	**62**	**63**	**64**	**65**	**66**	**67**	**68**	**69**	**70**
D	B	C	A	A	B	B	A	D	D

71	72	73	74	75	76	77	78	79	80
A	D	C	D	A	C	A	C	B	B
81	**82**	**83**	**84**	**85**	**86**	**87**	**88**	**89**	**90**
B	C	B	D	D	D	B	D	A	C
91	**92**	**93**	**94**	**95**	**96**	**97**	**98**	**99**	**100**
C	D	B	A	B	D	C	A	B	A

कुछ चुने हुए प्रश्नों के व्याख्यात्मक उत्तर

1. शेष सभी आकृतियों में मुख्य डिजाइन के परिधि पर बनी डिजाइनें या तो बाहर या फिर अन्दर की ओर हैं, जबकि आकृति (D) में अन्दर व बाहर दोनों एक ही में हैं।

3. शेष अन्य मुख्य आकृति के चार समान भागों में से एक में रेखाएँ तीन–तीन समान दिशा में हैं, जबकि आकृति (A) में तीन रेखाएँ शेष अन्य आकृतियों की रेखाओं के लम्बवत् हैं।

5. शेष सभी आकृतियों में डिजाइन '×', डिजाइनों 'O' और 'Δ' के बीच में हैं।

6. शेष सभी में सबसे अन्दर की डिजाइन बाहर वाली डिजाइन को स्पर्श नहीं करती है, जबकि आकृति (D) में सबसे अन्दर की डिजाइन 'बाहर वाली' डिजाइन को स्पर्श करती है।

7. शेष सभी आकृतियों में डिजाइन के अन्दर दो रेखाएं हैं, जबकि आकृति (C) में अन्दर तीन रेखाएं हैं।

9. शेष सभी आकृतियों में त्रिभुज के अन्दर की तीनों रेखाएँ Δ के आधार पर एक ही उभयनिष्ठ बिन्दु पर मिलती हैं।

10. शेष सभी आकृतियों में वृत्त के बाहर की रेखाओं की संख्या सम संख्या है।

31. प्रत्येक अगली प्रश्न आकृति की डिजाइन में दो रेखाओं की वृद्धि हो रही है।

32. प्रत्येक अगली प्रश्न आकृति में डिजाइन घड़ी की सुइयों के चलने की विपरीत दिशा में 90° घूम जाता है तथा पहले डिजाइन के स्थान पर क्रमशः '⍜' और '|' बढ़ते जाते हैं।

35. प्रत्येक अगली प्रश्न आकृति में त्रिभुज घड़ी की सुइयों के चलने की दिशा में 90° घूमता है और दूसरे डिजाइन में एक रेखा की वृद्धि होती है।

36. प्रत्येक अगली प्रश्न आकृति में वृत्त के अन्दर बने प्रत्येक डिजाइन घड़ी की सुइयों के चलने की दिशा में एक–एक स्थान आगे सरक जाते हैं।

37. प्रत्येक अगली प्रश्न आकृति में प्रत्येक संगत फलक पर एक–एक बिन्दु बढ़ रहा है।

38. प्रत्येक अगली प्रश्न आकृति में काला बिन्दु नीचे सरक रहा है तथा बाहरी डिजाइन घड़ी की सुइयों के चलने की विपरीत दिशा में एक स्थान सरक कर एक रेखा अधिक बन नया रूप धारण कर रही है।

39. प्रत्येक अगली प्रश्न आकृति में डिजाइन '+', '×' क्रमशः बदल रहे हैं तथा सिरे पर बने डिजाइन एक–एक कर कम होते जा रहे हैं।

41. प्रश्न आकृति (1) से (2) में एकसमान डिजाइन की वृद्धि होती है।

42. प्रश्न आकृति (1) से (2) में डिजाइन घड़ी की सुइयों के चलने की विपरीत दिशा में 90° घूम जाती है फिर उसका आधा भाग लुप्त हो जाता है।

43. प्रश्न आकृति (1) से (2) में डिजाइन घड़ी की सुइयों के चलने की दिशा में 45° घूम जाती है तथा उससे एक नई डिजाइन जुड़ जाती है।

45. प्रश्न आकृति (1) से (2) में रेखा नीचे सरक जाती है तथा दूसरी डिजाइन पलट जाती है।

46. प्रश्न आकृति (1) से (2) में डिजाइन घड़ी की सुइयों के चलने की विपरीत दिशा में 90° घूम जाती है।

47. प्रश्न आकृति (1) से (2) में डिजाइन घड़ी की सुइयों के चलने की विपरीत दिशा में 90° घूम जाती है।

48. प्रश्न आकृति प्रश्न (1) से (2) में डिजाइन का दाहिनी ओर का आधा भाग लुप्त हो जाता है।

49. प्रश्न आकृति (1) की डिजाइन प्रश्न आकृति (2) में क्षैतिज अक्ष पर पलट जाती है।

50. प्रश्न आकृति (1) से (2) में एक वैसी ही डिजाइन बढ़ जाती है।

62. वर्ग का परिमाप = 48 मीटर

∴ 4 × एक भुजा = 48

$\therefore$ एक भुजा $= \frac{48}{4} = 12$

$\therefore$ क्षे॰ = भुजा$^2 = 12^2 = 144$ वर्ग मीटर

अतः उत्तर B सत्य है।

63. $10 + 4 \div 2 - 3 \times 2 + 4 \div 2 \times 2 - 4$

BODMAS सूत्र से $10 + 4 \times \frac{1}{2} - 3 \times 2 + 4 \times \frac{1}{2} \times 2 - 4$

$= 10 + 2 - 3 \times 2 + 2 \times 2 - 4$

$= 10 + 2 - 6 + 4 - 4$

$= 16 - 10 = 6$ अतः उत्तर C सत्य है।

64. $80\% = \frac{80}{100} = \frac{8}{10}$

अतः उत्तर A सत्य है।

65. 240 रुपए का $80\% = 240 \times \frac{80}{100} = 192$ रुपए

400 रुपए का $35\% = 400 \times \frac{35}{100} = 140$ रुपए

$\therefore$ अंतर $= 192 - 140 = 52$ रुपए

अतः उत्तर A सत्य है।

66. प्रश्नों की संख्या $= (14 + 10) - (4 + 8 + 8)$

$= 24 - 20 = 4$

अतः उत्तर B सत्य है।

67. $12 + 7 : 36 = 19 : 36$

$19 : 36 - 5 : 30 = 14 : 06 =$ 14 घण्टे 6 मिनट

अतः उत्तर B सत्य है।

69. मूलधन = 300 रु., दर = 6%, समय = 2½ वर्ष

$= \frac{5}{2}$ वर्ष

साधारण ब्याज $= \frac{\text{मू.} \times \text{स.} \times \text{द.}}{100} = \frac{300 \times 5 \times 6}{100 \times 2}$

= 45 रु॰

अतः उत्तर D सत्य है।

71. भाजक = 51, भागफल = 16, शेषफल = 27

$\therefore$ भाज्य = भाजक × भागफल + शेष

$= 51 \times 16 + 27 = 816 + 27 = 843$

अतः उत्तर A सत्य है।

72. 30 के गुणनखंड $= 1 \times 30 = 2 \times 15 = 3 \times 10 = 5 \times 6$

अतः 30 के गुणनखंड 1, 2, 3, 5, 6, 10, 15 तथा 30 है।

73. सैकड़े का अंक 1, 2 तथा 3

अतः अगले सैकड़े के दो अंक होंगे 4, 5

दहाई का अंक 2, 3 तथा 4

अतः अगले दो दहाई के अंक होंगे 5, 6

इकाई का अंक 3, 4 तथा 5

अतः अगले दो इकाई के अंक होंगे 6, 7

अतः अगली दो संख्याएँ होगी 456, 567

अतः उत्तर C सत्य है।

74. माना कि छोटी संख्या $= x$

$\therefore$ बड़ी संख्या $= 2x$

$\therefore 2x \times x = 8192$

या $2x^2 = 8192$

$\therefore x^2 = \frac{8192}{2} = 4096 = 64^2$

अतः $x = 64$

अतः उत्तर D सत्य है।

75. उत्तर A क्योंकि यह आरोही क्रम में है।

77. 12, 15 तथा 18 का ल.स. है

2 | 12, 15, 18
3 | 6, 15, 9
  | 2, 5, 3

$\therefore$ ल.स॰ $= 2 \times 3 \times 2 \times 5 \times 3 = 180$

$\therefore$ 180 सेकंड = 3 मिनट

$\therefore$ पुनः अगली बार घंटियों (8 : 35 + 3 मिनट) = 8:38 बजे प्रातः बजेगी।

79. चार अंकों की सबसे छोटी संख्या = 1000

चार अंकों की सबसे बड़ी संख्या = 9999

$\therefore$ योग = 1000 + 9999 = 10999

अतः उत्तर B सत्य है।

80. $1 + \frac{1}{10} + \frac{1}{100} + \frac{1}{1000} = 1 + 0.1 + 0.01 + 0.001$

$= 1.111$

अतः उत्तर B सत्य है।

YOUR SPACE

YOUR SPACE

पिछले प्रश्न-पत्र (हल सहित)

जवाहर नवोदय विद्यालय प्रवेश परीक्षा, 2003

अनुभाग-I

मानसिक योग्यता परीक्षा

खण्ड-I

निर्देश (प्रश्न 1 से 10 तक): *प्रत्येक प्रश्न में चार आकृतियाँ (A), (B), (C), (D) दी गई हैं। इन चार आकृतियों में से तीन आकृतियों में कोई समानता है एवं एक आकृति भिन्न है। भिन्न आकृति का पता लगाइए और उस आकृति के नीचे दिए गए अक्षरांक पर घेरा (○) लगाइए।*

1. 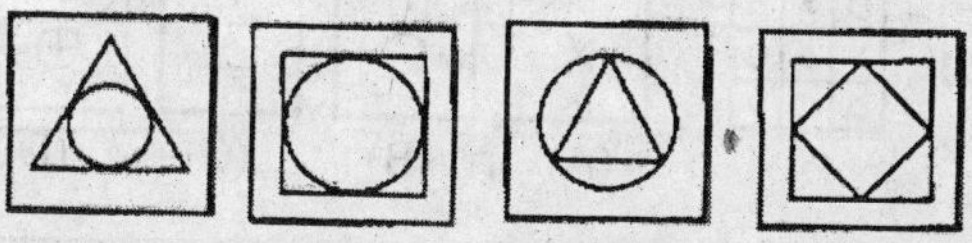

(A) (B) (C) (D)

2. 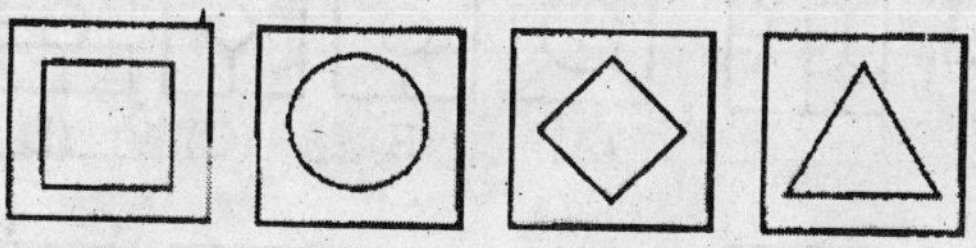

(A) (B) (C) (D)

3. 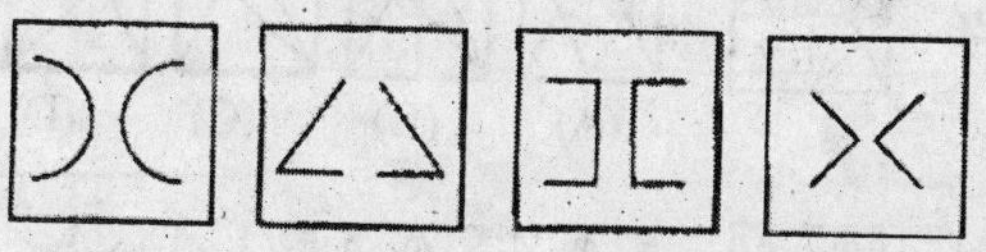

(A) (B) (C) (D)

4. 

(A) (B) (C) (D)

5. 

(A) (B) (C) (D)

6. 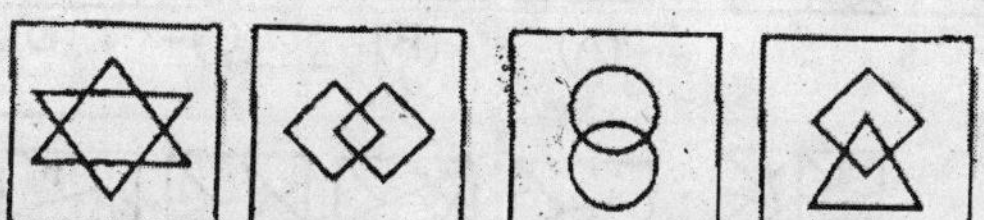

(A) (B) (C) (D)

7. 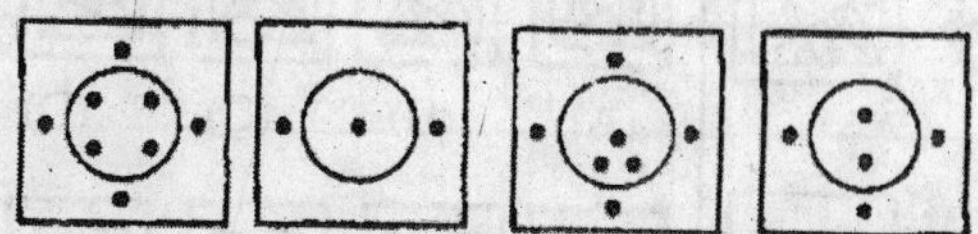

(A) (B) (C) (D)

8. 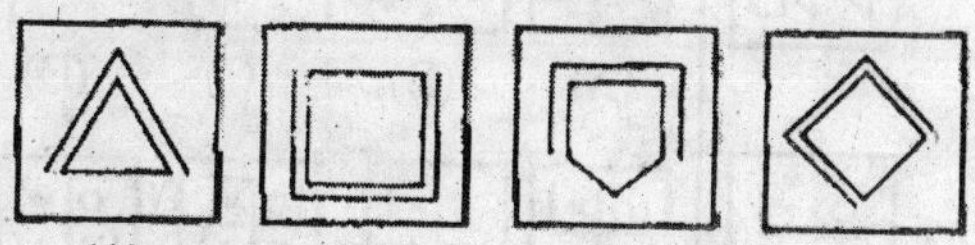

(A) (B) (C) (D)

9. 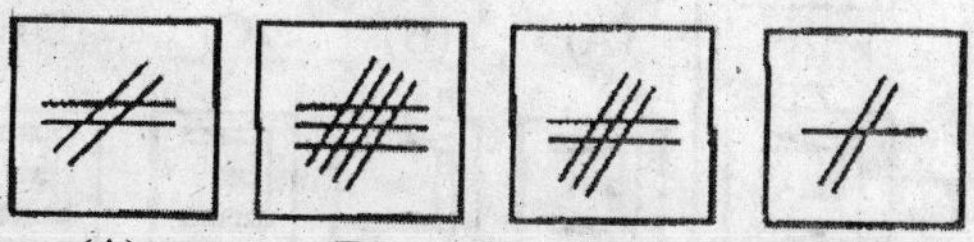

(A) (B) (C) (D)

10. 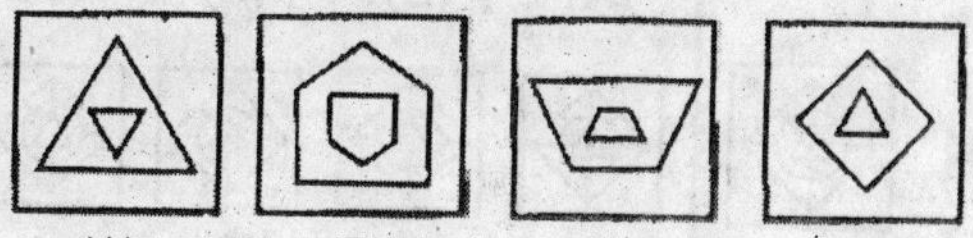

(A) (B) (C) (D)

खण्ड-II

निर्देश (प्रश्न 11 से 20 तक): *प्रत्येक प्रश्न में बाईं ओर एक समस्या आकृति दी गई है और दाईं ओर उत्तर-आकृतियाँ (A), (B), (C), (D) दी गई हैं। उस उत्तर-आकृति का पता लगाइए, जो पूर्णतः समस्या-आकृति के समान है और उसके नीचे दिए गए अक्षरांक पर घेरा (○) लगाइए।*

समस्या-आकृति	उत्तर-आकृतियाँ
11. 	 (A) (B) (C) (D)
12. 	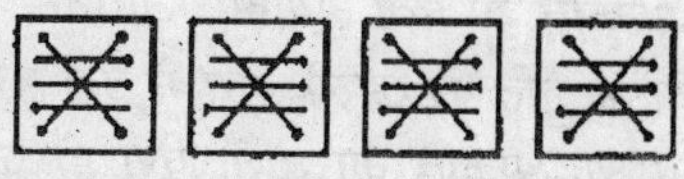 (A) (B) (C) (D)

समस्या-आकृति | उत्तर-आकृतियाँ

13. 

(A) (B) (C) (D)

14. 

(A) (B) (C) (D)

15. 

(A) (B) (C) (D)

16. 

(A) (B) (C) (D)

17. 

(A) (B) (C) (D)

18. 

(A) (B) (C) (D)

19. 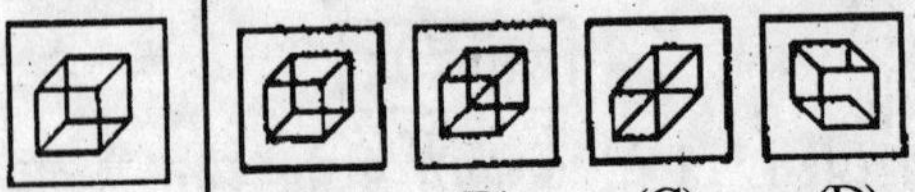

(A) (B) (C) (D)

20. 

(A) (B) (C) (D)

खण्ड-III

निर्देश (प्रश्न 21 से 30 तक): *प्रत्येक प्रश्न में खड़ी रेखा के बाईं ओर एक समस्या आकृति दी गई है। दाईं ओर की चारों उत्तर-आकृतियों को ध्यान से देखिए। उनमें से इस उत्तर-आकृति का पता लगाइए, जो बिना दिशा-परिवर्तन के समस्या-आकृति के खाली भाग में इस तरह सही बैठती हो कि समस्या-आकृति का ढाँचा पूरा हो जाए। अपना उत्तर बताने के लिए आपके द्वारा चुनी हुई उत्तर-आकृति के नीचे दिए गए अक्षरांक पर घेरा (○) लगाइए।*

समस्या-आकृति | उत्तर-आकृतियाँ

21. 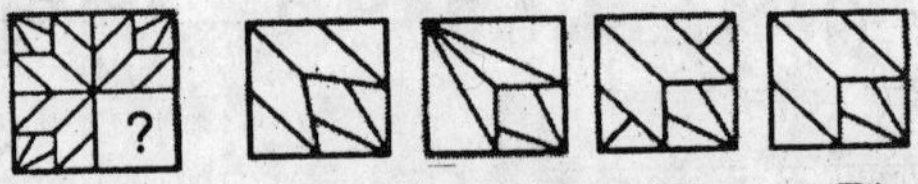

(A) (B) (C) (D)

22. 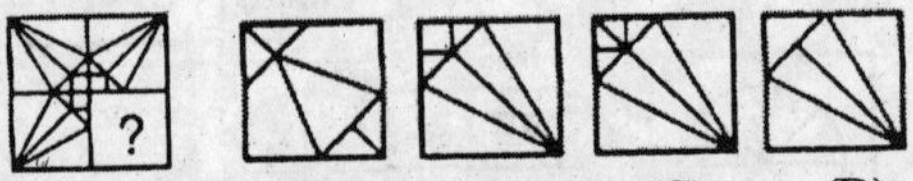

(A) (B) (C) (D)

23. 

(A) (B) (C) (D)

24. 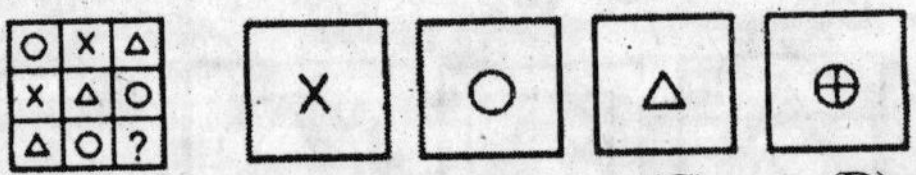

(A) (B) (C) (D)

25. 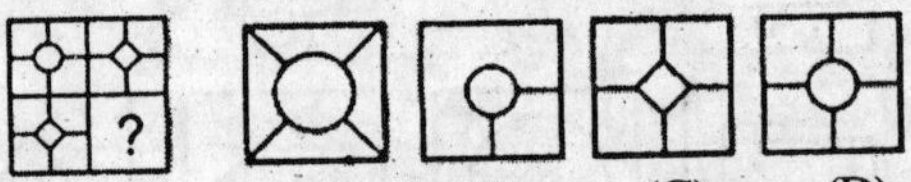

(A) (B) (C) (D)

26. 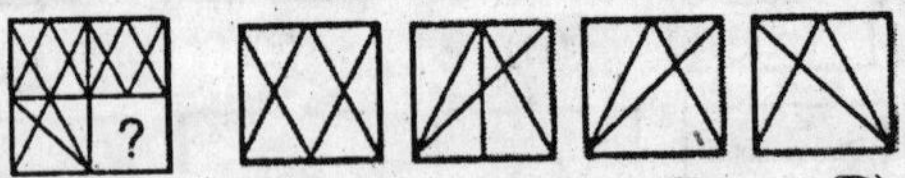

(A) (B) (C) (D)

27. 

(A) (B) (C) (D)

28. 

(A) (B) (C) (D)

29. 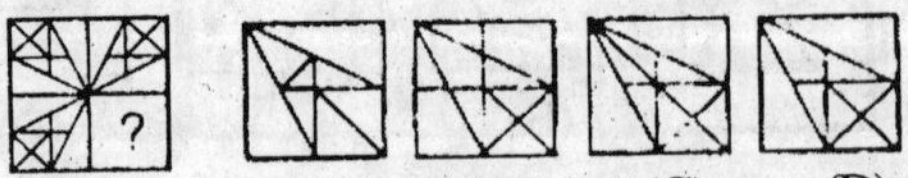

(A) (B) (C) (D)

30. 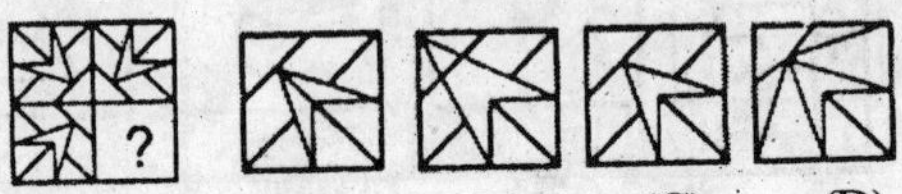

(A) (B) (C) (D)

खण्ड-IV

निर्देश (प्रश्न 31 से 40 तक): *प्रत्येक प्रश्न में खड़ी रेखा के बाईं ओर तीन समस्या आकृतियाँ दी गई हैं तथा चौथी के लिए स्थान खाली छोड़ दिया गया है। समस्या आकृतियां एक क्रम में हैं। पता लगाइए कि दाईं ओर दी गई उत्तर आकृतियों में से कौन-सी आकृति इस क्रम को पूरा करती है? उसके अक्षरांक पर घेरा (O) लगाइए।*

समस्या-आकृतियाँ | **उत्तर-आकृतियाँ**

31. 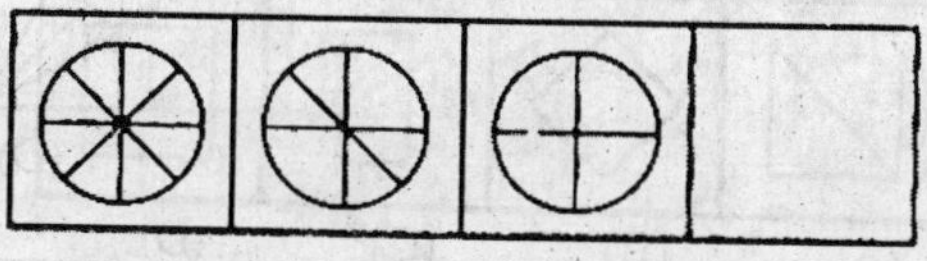

(A) (B) (C) (D)

32. 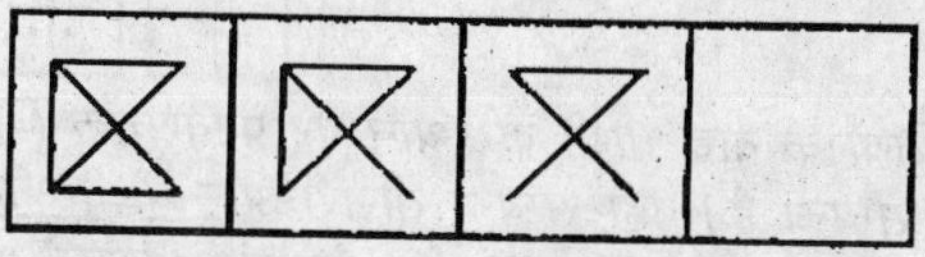

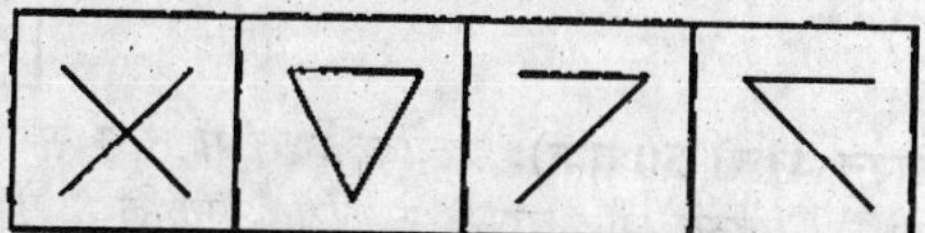

(A) (B) (C) (D)

33. 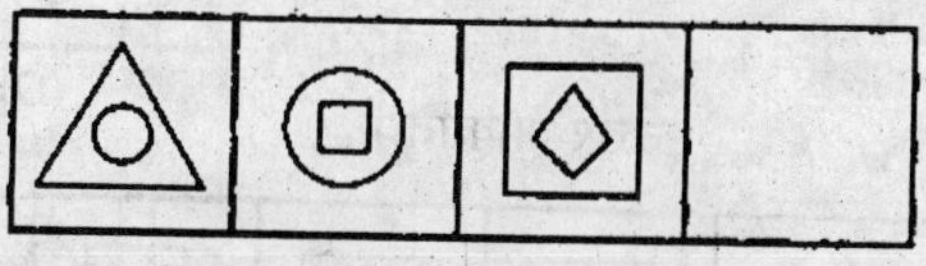

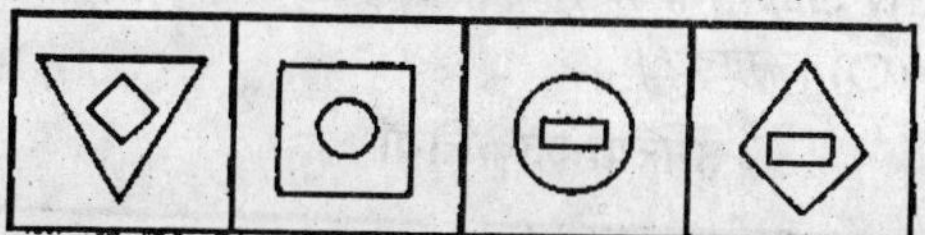

(A) (B) (C) (D)

34. 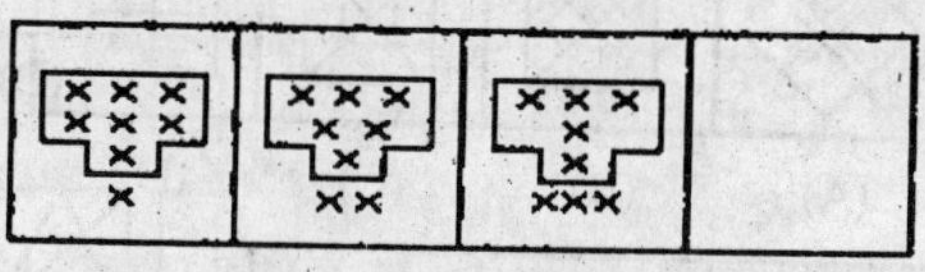

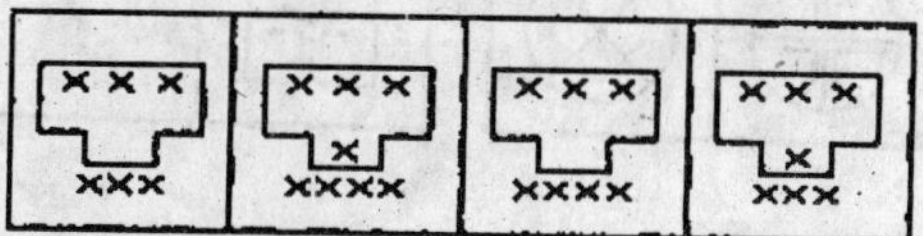

(A) (B) (C) (D)

35. 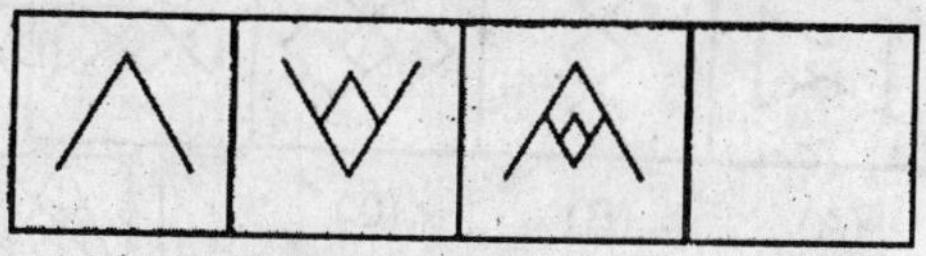

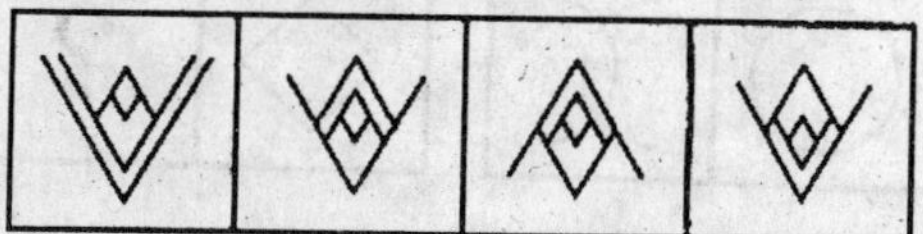

(A) (B) (C) (D)

36. 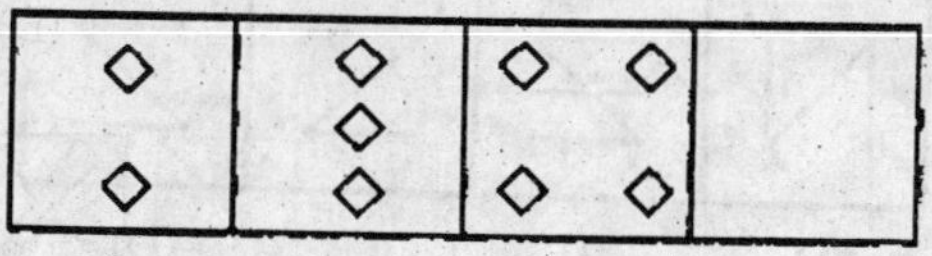

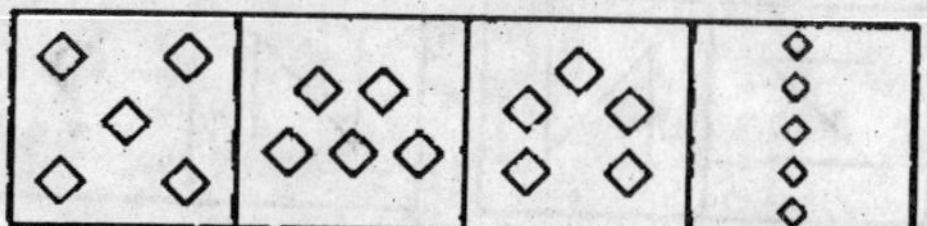

(A) (B) (C) (D)

37. 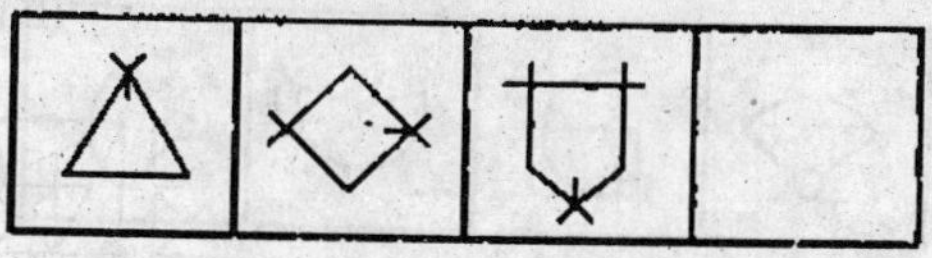

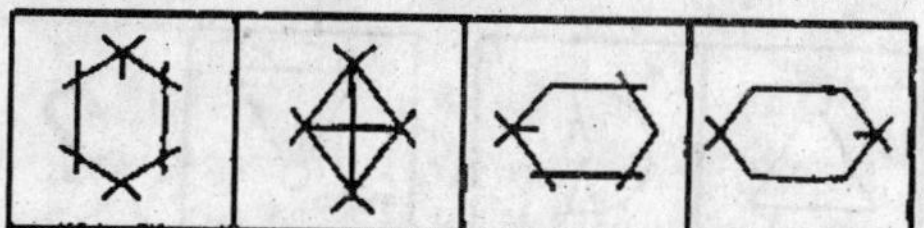

(A) (B) (C) (D)

38. 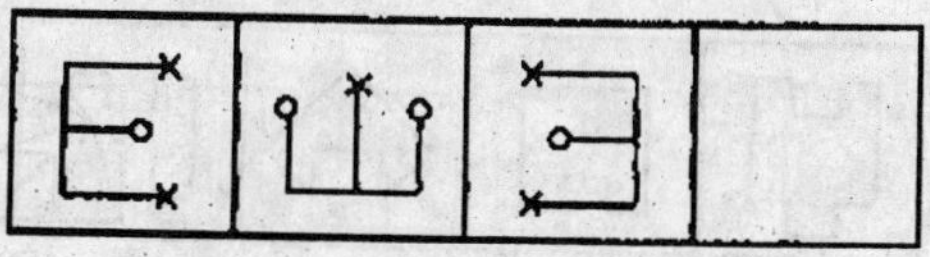

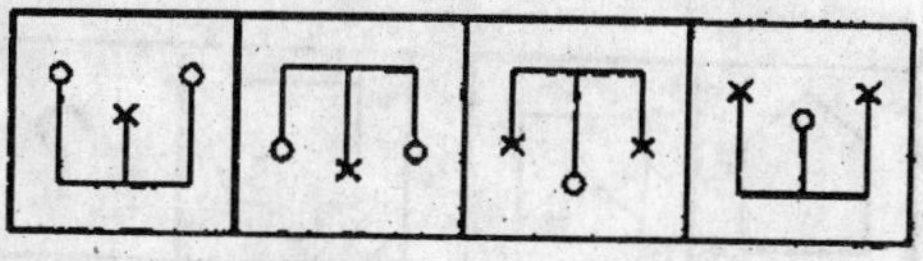

(A) (B) (C) (D)

समस्या-आकृतियाँ | **उत्तर-आकृतियाँ**

39. 

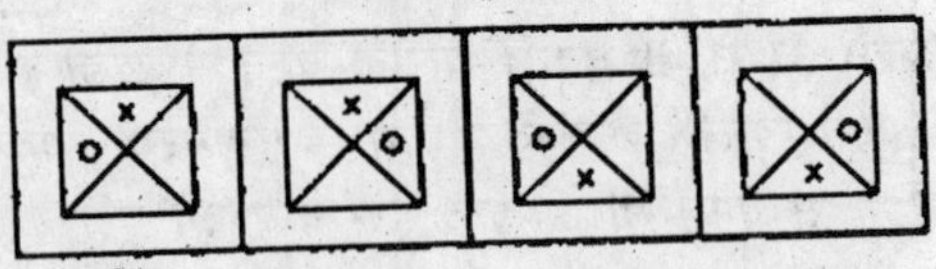

(A) (B) (C) (D)

40. 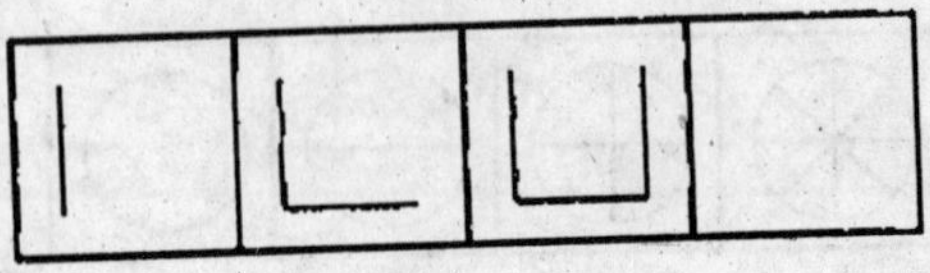

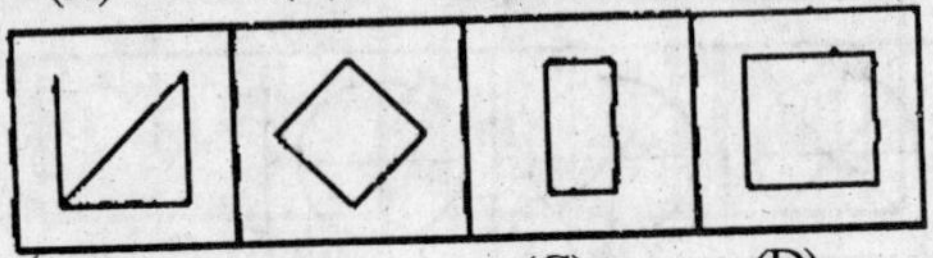

(A) (B) (C) (D)

खण्ड-V

निर्देश (प्रश्न 41 से 50 तक): *प्रत्येक प्रश्न में तीन समस्या आकृतियों के बाद चौथी के स्थान पर प्रश्नसूचक (?) चिन्ह दिया गया है। पहली और दूसरी समस्या आकृतियों में आपस में सम्बन्ध है। वही सम्बन्ध तीसरी और चौथी आकृतियों में है। उत्तर आकृतियों में से उस आकृति को चुनिए, जो प्रश्नसूचक चिन्ह वाले स्थान पर ठीक बैठ सके। उसके अक्षरांक पर घेरा (O) लगाइए।*

समस्या-आकृतियाँ | **उत्तर-आकृतियाँ**

41. 

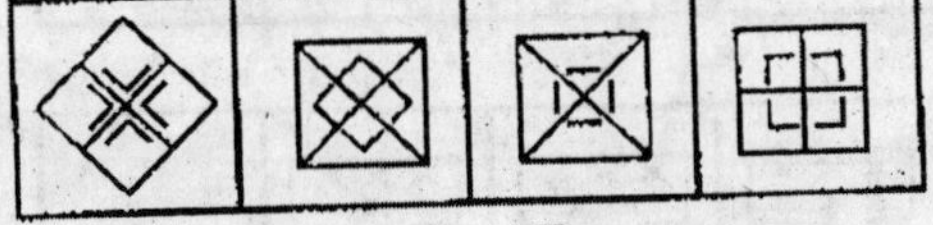

(A) (B) (C) (D)

42. 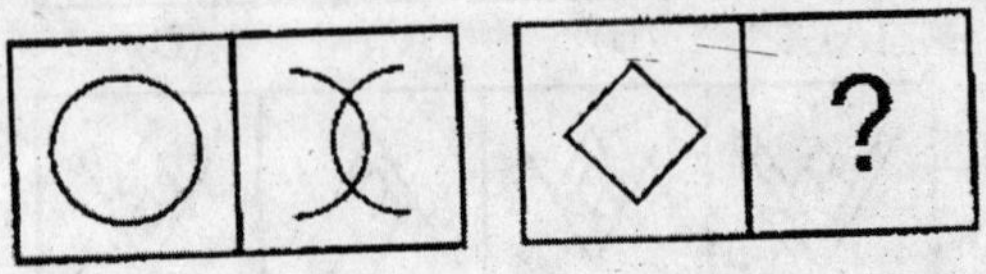

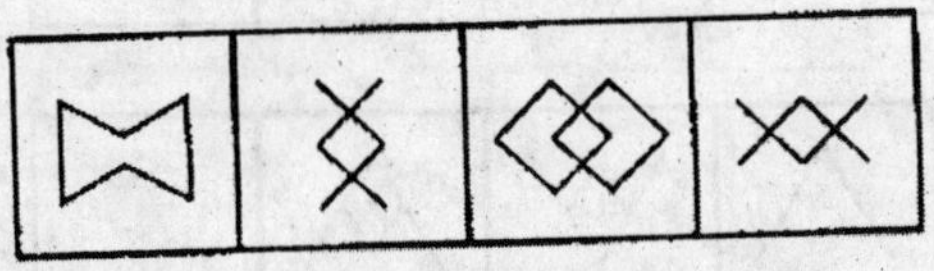

(A) (B) (C) (D)

43. 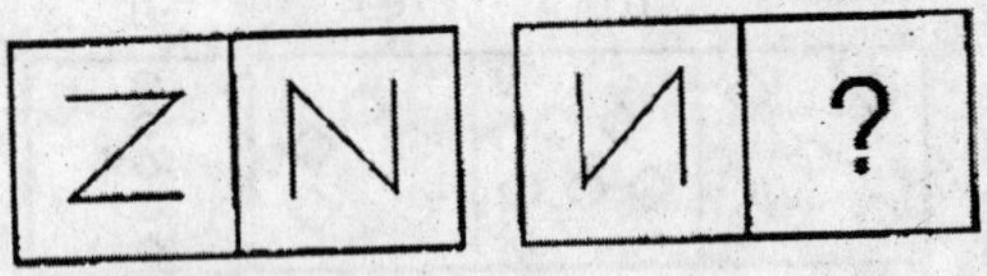

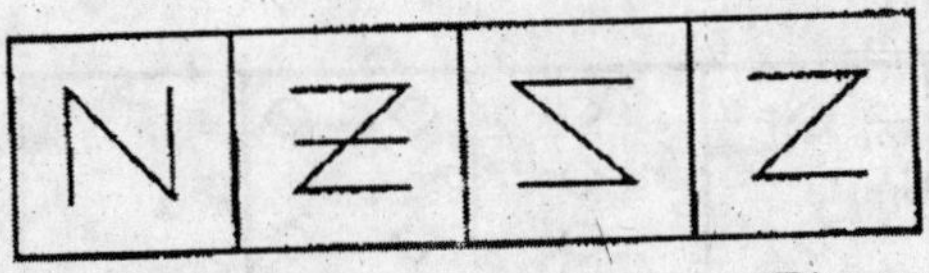

(A) (B) (C) (D)

44. 

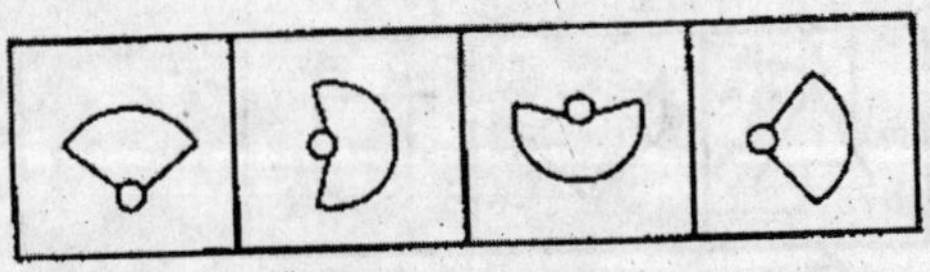

(A) (B) (C) (D)

45. 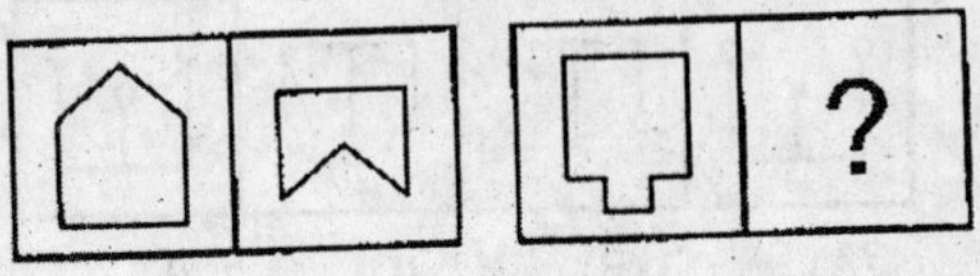

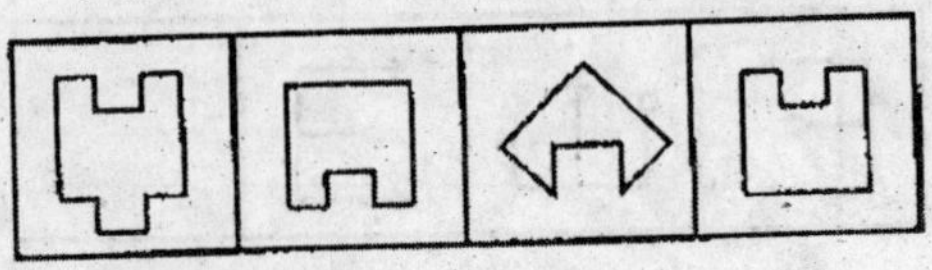

(A) (B) (C) (D)

समस्या-आकृतियाँ | उत्तर-आकृतियाँ

46.  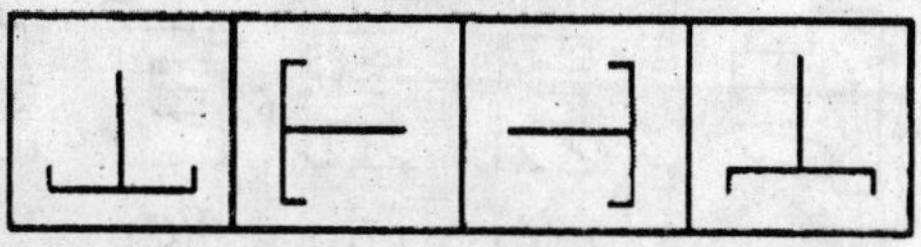

(A) (B) (C) (D)

47. 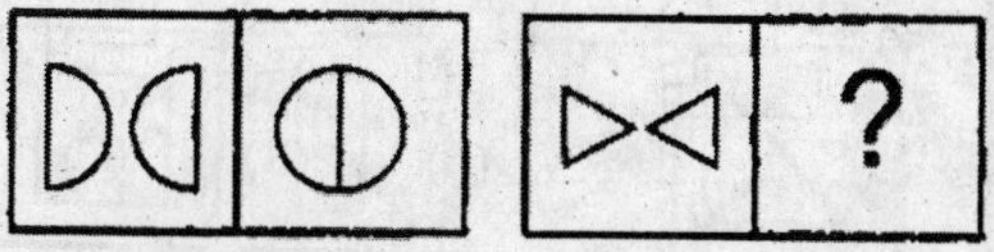 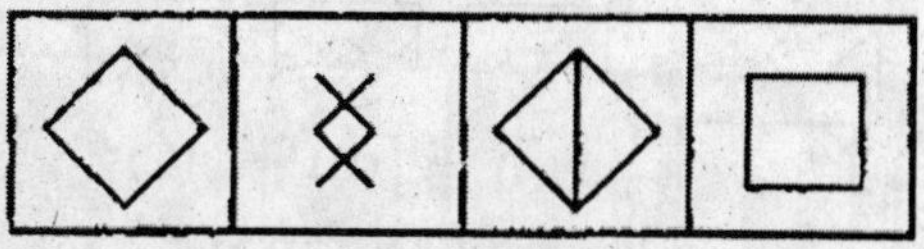

(A) (B) (C) (D)

48. 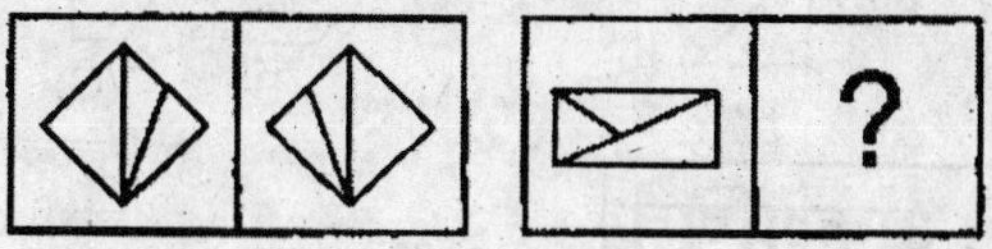 

(A) (B) (C) (D)

49. 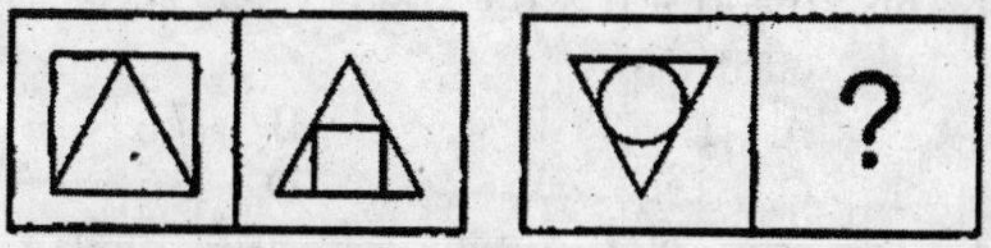 

(A) (B) (C) (D)

50. 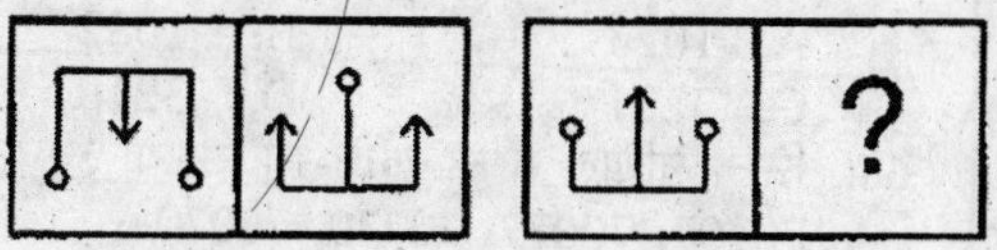 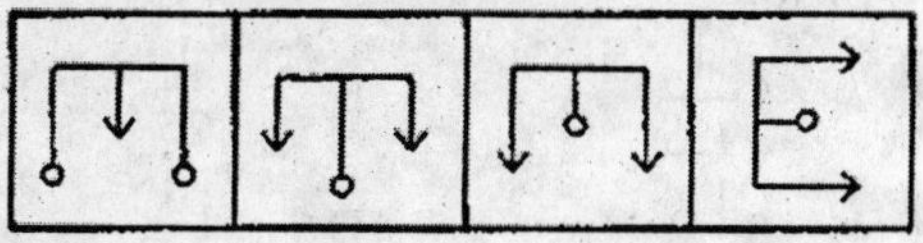

(A) (B) (C) (D)

खण्ड-VI

निर्देश (प्रश्न 51 से 60 तक): *प्रत्येक में वर्ग का एक भाग रेखा के बाईं ओर है और शेष भाग दाईं ओर की चार उत्तर आकृतियाँ (A), (B), (C), (D) में हैं। दाईं ओर की उस आकृति को ढूँढिए, जो रेखा के बाईं ओर दिए हुए भाग से मिलकर वर्ग को पूरा करती है। आपके द्वारा चुनी हुई आकृति के नीचे दिए गए अक्षरांक पर घेरा (O) लगाकर अपना उत्तर दीजिए।*

समस्या-आकृति | उत्तर-आकृतियाँ

51. 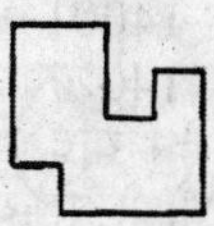 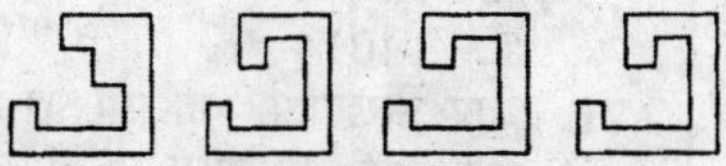

(A) (B) (C) (D)

52.  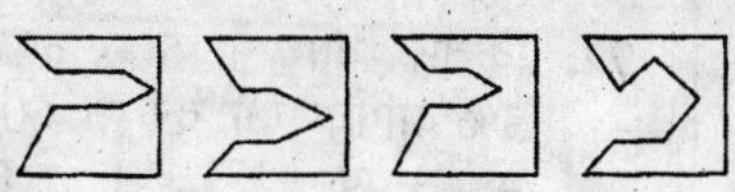

(A) (B) (C) (D)

समस्या-आकृति | उत्तर-आकृतियाँ

53.  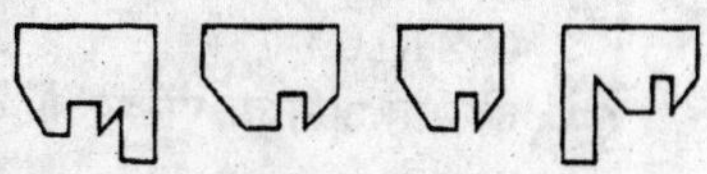

(A) (B) (C) (D)

54.  

(A) (B) (C) (D)

समस्या-आकृति   उत्तर-आकृतियाँ

55. 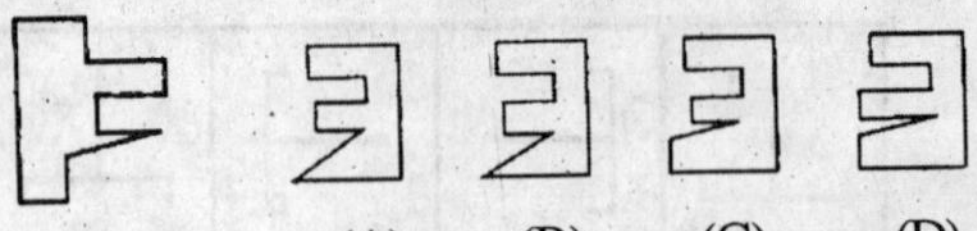

(A) (B) (C) (D)

56. 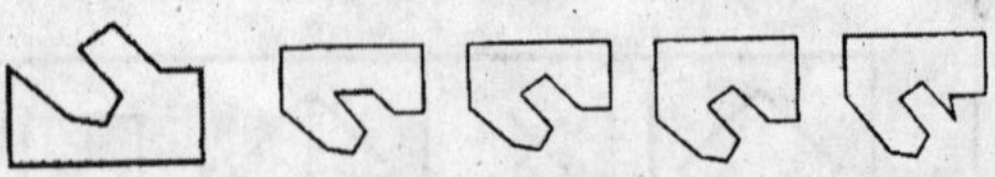

(A) (B) (C) (D)

57. 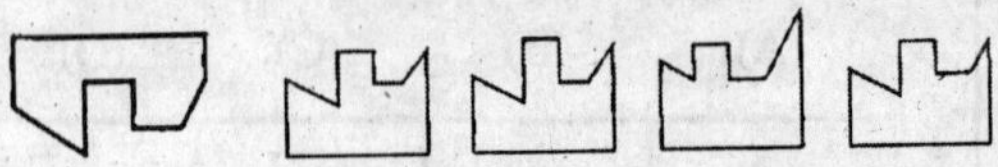

(A) (B) (C) (D)

समस्या-आकृति   उत्तर-आकृतियाँ

58. 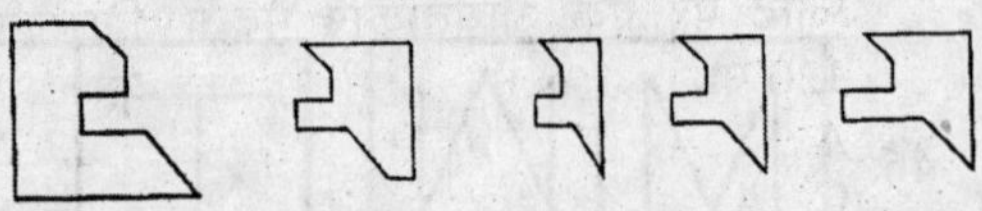

(A) (B) (C) (D)

59. 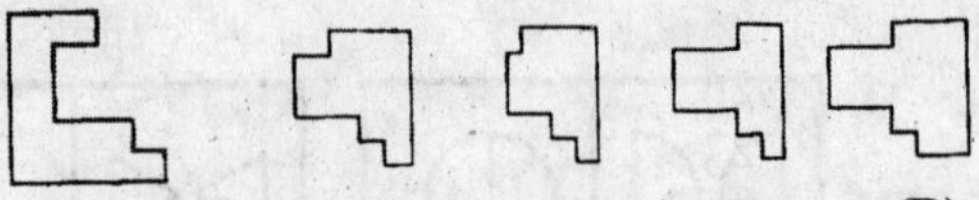

(A) (B) (C) (D)

60. 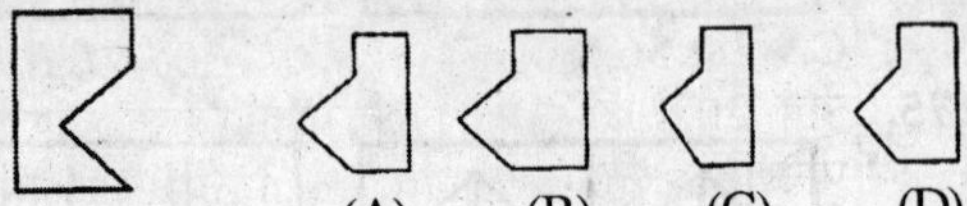

(A) (B) (C) (D)

अनुभाग-II : अंकगणित

निर्देशः *प्रत्येक प्रश्न के लिए, अक्षरांक (A), (B), (C) और (D) से अंकित चार सम्भावित उत्तर दिए गए हैं। इनमें से केवल एक ही सही है। आपको सही उत्तर चुनना है और उसके पास में लिखे अक्षरांक पर घेरा (O) लगाना है।*

61. 5.125 को भिन्न के रूप में बदलने पर परिणाम मिलता है–

A. $5\frac{1}{125}$ B. $5\frac{1}{25}$

C. $5\frac{1}{8}$ D. $51\frac{1}{4}$

62. भिन्नों $\frac{2}{9}, \frac{4}{3}$ तथा $\frac{6}{18}$ का योग है–

A. $\frac{17}{9}$ B. $\frac{16}{9}$

C. $\frac{2}{5}$ D. $\frac{11}{18}$

63. 10 मी॰, 10 कि॰मी॰ का कितना प्रतिशत है?

A. 0.1% B. 1.0%

C. 10.0% D. 40.0%

64. दो सह-अभाज्य संख्याओं का म॰स॰ (HCF) है–

A. 0

B. दोनों संख्याओं का योग

C. दोनों संख्याओं का अन्तर

D. 1

65. 8, 12, 20 तथा 36 का ल॰स॰ (LCM) है–

A. 120 B. 180

C. 360 D. 720

66. 6 + 6 + 6 × 6 – 6 को सरल करने पर परिणाम आता है–

A. 1 B. 7

C. 31 D. 36

67. अंकों 0, 1, 2 तथा 3 से बनने वाली 4 अंकों की छोटी-से-छोटी सम संख्या है–

A. 1023 B. 1032

C. 3201 D. 3210

68. निम्नलिखित में से कौन-सी संख्या न्यूनतम है? 70707, 70077, 70770, 70070

A. 70707 B. 70077

C. 70770 D. 70070

69. दो संख्याओं का योग 11009 है। यदि एक संख्या 9999 है, तो दूसरी संख्या है–

A. 1010 B. 1110

C. 2110 D. 21008

70. संख्या 13013 संख्या 13 से पूर्णतया विभक्त है। पाँच अंकों की छोटी-से-छोटी संख्या, जो 14 से प्रारम्भ होती हो तथा 13 से विभक्त हो, होगी–

A. 14040 B. 14001

C. 14014 D. 14027

71. चार संख्याओं की औसत 30 है। यदि पहली तीन संख्याओं का योग 85 है, तो चौथी संख्या है–

A. 30 B. 35

C. 45 D. 55

72. कितने वर्ष में 500 रुपए साधारण ब्याज प 5% वार्षिक की दर से 600 रुपए हो जाएंगे?

A. 3 वर्ष B. 4 वर्ष

C. 5 वर्ष D. 6 वर्ष

73. विमाओं 40 मी. × 60 मी. वाले कितने आयताकार प्लाट पर एक आयताकार मैदान, जिसकी विमाएँ 120 मी. × 160 मी. हैं में से काटे जा सकते हैं?

A. 2 B. 3
C. 4 D. 8

74. अगली संख्या पंक्ति होगी–

25	50	53
26	52	55
27	54	57
—	—	—

A. 28, 54, 57 B. 28, 56, 59
C. 28, 56, 60 D. 30, 60, 63

75. जब 20.2 को 18.01 से गुणा किया जाता है, तो परिणाम को दशमलव के बिना पूर्ण संख्या में बदलने पर मिलता है–

A. 360 B. 362
C. 364 D. 365

76. निम्नोक्त ग्राफ में से वह वर्ग ज्ञात कीजिए, जिसमें विद्यार्थियों की संख्या किसी दूसरे से आधी है–

A. A B. B
C. C D. D

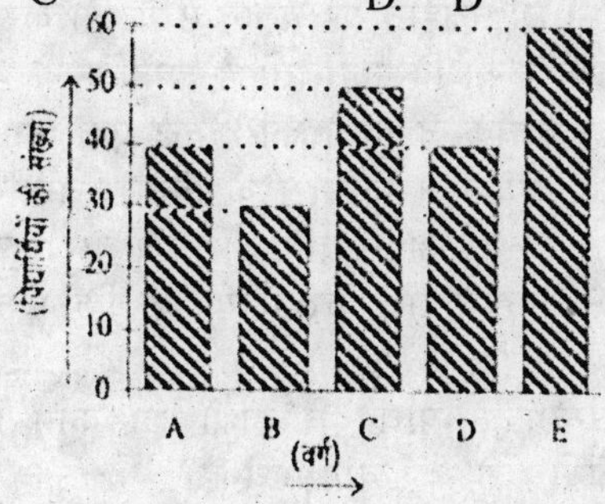

77. एक व्यक्ति ने एक रेडियो 900 रुपए में खरीदकर 1200 रुपए में बेचा, उसका प्रतिशत लाभ ज्ञात कीजिए–

A. 20% B. 25%
C. 30% D. $33\frac{1}{3}\%$

78. किसी वर्ष प्रथम अप्रैल को सोमवार था। 18 अप्रैल को उसी वर्ष कौन-सा दिन होगा?

A. बृहस्पतिवार B. शुक्रवार
C. शनिवार D. बुधवार

79. तीन घंटियाँ एक साथ प्रातः 8:30 बजे बजीं। यदि वह प्रत्येक, 4, 5 तथा 6 मिनट के बाद बार-बार बजती हों, तो कितने बजे वह फिर एक साथ बजेंगी?

A. 8 : 45 बजे प्रातः
B. 9 : 30 बजे प्रातः
C. 9 : 45 बजे प्रातः
D. 10 : 15 बजे प्रातः

80. एक लड़का 9 : 45 बजे रात्रि को सोया तथा अगली प्रातः 5 : 30 बजे जागा, वह कितने समय तक सोया?

A. 4 घण्टे 15 मिनट
B. 7 घण्टे 15 मिनट
C. 7 घण्टे 45 मिनट
D. 8 घण्टे 15 मिनट

अनुभाग-III : भाषा

निर्देशः *इस अनुभाग में चार अवतरण हैं। हर अवतरण के बाद पाँच प्रश्न दिए गए हैं। हर अवतरण को ध्यान से पढ़िए और उसके बाद दिए गए प्रश्नों के उत्तर लिखिए। प्रत्येक प्रश्न के चार सम्भावित उत्तर दिए गए हैं जिन पर (A), (B), (C) और (D) अक्षरांक पड़े हुए हैं। इन उत्तरों में केवल एक ही सही है। आपको सही उत्तर पहचानना है और उसके साथ दिए गए अक्षरांक पर घेरा (O) लगाना है।*

अवतरण-1

दो मित्र जंगल में थे जब उन्होंने एक भालू को अपनी ओर आते देखा बड़ा लड़का डर कर जल्दी से एक पेड़ पर चढ़ गया और अपने मित्र को भूल गया। छोटा लड़का, जो ठीक से चढ़ नहीं सकता था, धरती पर लेट गया और मरे होने का बहाना बनाया। भालू आया और उसके चारों ओर घूमा, उसने अपना चेहरा बच्चे के चेहरे के काफी निकट लगाया, उसे सूंघा देखा और अंततः उसे छोड़कर चला गया।

बड़ा लड़का पेड़ से उतरा, अपने मित्र की ओर दौड़ा और उससे पूछा, "क्या तुम ठीक- ठाक हो? भालू क्या कर रहा था? वह बड़ी देर तक तुम्हारे निकट था।"

मित्र ने उत्तर दिया, "वह मुझसे बातें कर रहा था। उसने मुझे कुछ अच्छी राय दी, उसने कहा, ऐसे मित्र का भरोसा मत करो, जो संकट के समय तुम्हारी मदद न करे।"

81. बड़ा लड़का पेड़ पर चढ़ गया, क्योंकि–
A. वह जंगल में अकेला था
B. वह भालू से अपने को बचाना चाहता था
C. वह पेड़ पर आसानी से चढ़ सकता था
D. उसने सोचा वह भालू को आसानी से गोली मार देगा

82. 'मरे होने का बहाना किया' का आशय है–
A. ऐसा दिखा जैसे मर गया हो
B. भयभीत दिखाई पड़ा
C. धरती पर चित पड़ गया
D. लगभग जीवनहीन

83. भालू ने छोटे लड़के को कोई हानि नहीं पहुँचाई, क्योंकि–
A. वह पेड़ पर नहीं चढ़ा
B. वह लड़के से डर गया
C. उसे दया आ गई
D. उसने सोचा लड़का मर गया है

84. कहानी में चालाक कौन निकला?
A. भालू
B. बड़ा लड़का
C. बड़ा लड़का और भालू
D. छोटा लड़का

85. कहानी की सीख है–
A. जो संकट के समय धोखा न दे वही सच्चा मित्र है
B. जो अपने हितों की रक्षा करे वही सच्चा मित्र है
C. जो सदा मीठा व्यवहार करे वही सच्चा मित्र है
D. जो खुशी के दिनों में आपके साथ रहे वही सच्चा मित्र है

अवतरण-2

छः नेत्रहीन व्यक्ति थे, उन्होंने हाथी को कभी नहीं देखा था, किन्तु वे जानना चाहते थे कि हाथी कैसा दिखाई पड़ता है? इसलिए वे यह पता करने के लिए हाथी के निकट गए।

पहला नेत्रहीन हाथी की बगल से टकराया। उसने तुरन्त कहा, "हाथी को दीवार की तरह का होना चाहिए।" दूसरे नेत्रहीन के हाथ हाथी के दाँत आए। वह चिल्लाया, "मुझे विश्वास है हाथी भाले जैसा होता है" तीसरे नेत्रहीन के हाथ में हाथी की सूँड आई। उसने बड़े विश्वास से कहा, "हाथी निश्चय ही सांप जैसा होता है।" चौथे ने अपने हाथ फैलाए और हाथी की टाँग को छुआ। उसने कहा, "स्पष्ट है, हाथी पेड़ के तने जैसा होता है" संयोग से पांचवें ने हाथी का कान छुआ। उसने कहा "मुझे विश्वास है, हाथी पंखे जैसा होता है।" छठे और अन्तिम नेत्रहीन के हाथ उसकी पूँछ आई। वह चिल्लाया, "हाथी रस्सी के समान होता है।"

इसलिए ये नेत्रहीन बहस करते रहे, प्रत्येक ने कहा वही ठीक है। पर वास्तव में सभी गलत थे।

86. छः नेत्रहीन लोग एक हाथी के निकट पता करने गए कि–
A. हाथी कैसा दिखाई देता है
B. हाथी की सूँड का आकार कैसा होता है
C. हाथी का रंग कैसा होता है
D. हाथी की पूँछ कैसी दिखाई पड़ती है

87. पहले नेत्रहीन को हाथी प्रतीत हुआ–
A. एक भाला B. पेड़ का तना
C. दीवार D. पंखा

88. तीसरे नेत्रहीन ने कहा– हाथी सांप जैसा होता है, क्योंकि उसने छुआ था–
A. हाथी की टांग को B. हाथी के कान को
C. हाथी के दांत को D. हाथी की सूँड को

89. सभी छः नेत्रहीन यह बताने में गलती कर रहे थे कि हाथी कैसा दिखाई देता है, क्योंकि–
A. प्रत्येक ने हाथी का केवल एक अंग छुआ
B. प्रत्येक ने विश्वास के बिना उत्तर दिया
C. उन्होंने अपने दृष्टिकोण पर बार-बार बहस की
D. उन्होंने तय कर लिया था कि एक-दूसरे का विरोध करेंगे

90. 'संयोग से पांचवें ने हाथी का कान छुआ'–यहाँ 'संयोग से' का क्या अर्थ है?
A. जानबूझकर B. अचानक
C. कहे जाने पर D. पसंद से

अवतरण-3

एक दिन तानसेन ने अपने गुरु का सिखाया हुआ गीत गाया और जानबूझकर गलत सुर लगाया। इसका महात्मा पर बिजली का-सा असर हुआ, उनके सौंदर्यबोध को गहरा धक्का लगा। वह तानसेन की ओर मुड़े और उसे फटकार लगाते हुए कहा, "तानसेन, तुम्हें क्या हो गया है? मेरे शिष्य होकर तुम इतनी भूल करते हो?"

तब वह स्वयं उस अंश को ठीक-ठीक गाने लगे, भाव उन पर उतर आया और उन्हें चारों ओर से घेर लिया। उस संगीत में वह स्वयं को भूल गए, जो धरती और आकाश में छा गया था और अकबर तथा तानसेन भी उस संगीत के माधुर्य और सौंदर्य से भर गए थे।

यह एक अनोखा अनुभव था। जब संगीत थमा तो अकबर तानसेन की ओर मुड़ा और बोला, "तुम कहते हो कि तुमने इस संत से संगीत सीखा, किन्तु लगता है कि तुम इनसे जीवंत सौंदर्य को नहीं सीख पाए। आत्मा को झकझोर देने वाले इस संगीत के सामने तुम्हारा संगीत भूसे-सा लगता है।"

91. 'इसका महात्मा पर बिजली का-सा असर हुआ' यहाँ महात्मा से तात्पर्य है–

A. अकबर B. तानसेन
C. तानसेन का गुरु D. कोई अन्य दरबारी

92. तानसेन के संगीत के लिए अकबर ने किस शब्द का प्रयोग किया?

A. आकर्षक B. रोमांचक
C. झकझोरने वाला D. भूसा

93. तानसेन के गुरु ने उसे फटकार लगाई, क्योंकि–

A. वह शास्त्रीय संगीत गा रहा है
B. उसने गलत सुर लगाकर गीत गाया
C. उसने गुरु को अपना बड़प्पन दिखाना चाहा
D. उसने ऐसा गीत गाया, जो अवसर के अनुकूल नहीं था

94. तानसेन के संगीत में अकबर को क्या कमी प्रतीत हुई?

A. भूसा B. उचित सुर
C. जीवंत सौंदर्य D. प्रेरणा

95. "तानसेन .... तुम इतनी भारी भूल करते हो?" 'भारी' (Gross) का क्या अर्थ है?

A. बारह दर्जन
B. सख्त
C. दिल को चोट पहुँचाने वाला
D. तराना

अवतरण-4

एक बार मालवा में एक राजपूत राजा रहता था। उसका राज्य छोटा, हलचल रहित और शांतिपूर्ण था। विशेष लड़ाइयाँ या राजनीतिक समस्याएँ नहीं थीं। इसलिए जीवन का एक उद्देश्य था–अपनी प्रजा को प्रसन्न रखना।

एक साल वहाँ बड़ा सूखा पड़ा। खेत सूख गए और चटक गए, पेड़ गंजे हो गए। धरती पर किसी भी प्रकार के फूल, फल या फसलें नहीं बचीं। राजा बड़ा चिन्तित था, अपनी प्रजा को दुर्भिक्ष से कैसे बचाया जाए?

वह नर्मदा नदी के पास गया, झुका और प्रार्थना की, "हे पवित्र नर्मदा, हमें वर्षा का वरदान दो। मेरी प्रजा को दुर्भिक्ष से बचाओ। मैं तुम्हें अपना पहला बच्चा दान दे दूँगा।"

थोड़े ही समय में आकाश बादलों से घिर गया और भारी वर्षा हुई, गीली धरती पर हल चलाया गया, बीज बोए गए और कुछ ही महीने बाद भरपूर फसल हुई। लोगों ने खूब आनन्द मनाया।

96. राजा की समस्या क्या थी?

A. लड़ाइयाँ B. राजनीति
C. दुर्भिक्ष D. बाढ़ें

97. किस कथन से प्रकट होता है कि राजपूत राजा अपनी प्रजा को प्यार करता था?

A. राजा ने अपने पहले बच्चे को नर्मदा को दान दे दिया
B. उसने अपनी प्रजा के लिए अन्न के सरकारी भण्डार खोल दिए
C. उसने पड़ोसी राज्यों पर दबाव डाला कि वे भोजन का दान करें
D. भूखों को भोजन कराने के लिए उसने सहायता शिविर खोले

98. जब सूखा पड़ता है, तो–

A. बहुत वर्षा होती है
B. धरती सूख जाती है और चटक जाती है
C. लोग बड़े प्रसन्न होते हैं
D. लोग बीज बाते हैं

99. राजा ने नर्मदा से प्रार्थना की–

A. अनाज के लिए B. दुर्भिक्ष के लिए
C. एक बच्चे के लिए D. वर्षा के लिए

100. हिन्दी में Before long (बिफोर लांग) का भाव है–

A. लम्बे समय पूर्व B. लम्बे समय के लिए
C. बहुत शीघ्र D. पूर्व कालिक

उत्तरमाला

1	2	3	4	5	6	7	8	9	10
D	B	B	C	C	D	A	C	A	D
11	**12**	**13**	**14**	**15**	**16**	**17**	**18**	**19**	**20**
C	B	B	A	D	D	C	C	A	D

21	22	23	24	25	26	27	28	29	30
D	B	B	A	D	C	B	A	D	C
31	32	33	34	35	36	37	38	39	40
C	A	D	B	B	D	C	B	A	D
41	42	43	44	45	46	47	48	49	50
B	B	C	B	D	A	C	A	B	C
51	52	53	54	55	56	57	58	59	60
D	C	A	B	C	B	D	C	A	A
61	62	63	64	65	66	67	68	69	70
C	A	A	D	C	C	B	D	A	B
71	72	73	74	75	76	77	78	79	80
B	B	D	B	C	B	D	A	B	C
81	82	83	84	85	86	87	88	89	90
B	A	D	D	A	A	C	D	A	B
91	92	93	94	95	96	97	98	99	100
C	D	B	C	C	C	A	B	D	C

कुछ चुने हुए प्रश्नों के व्याख्यात्मक उत्तर

61. $5.125 = \frac{5125}{1000} = 5\frac{1}{8}$

62. $\frac{2}{9}+\frac{4}{3}+\frac{6}{18} = \frac{4+24+6}{18} = \frac{34}{18} = \frac{17}{9}$

63. $\because$ 10 कि॰मी॰ = 10 × 1000 मी॰ = 10,000 मी॰
माना कि 10 कि॰मी॰ का $x\%$ = 10 मी॰
$\therefore x/100 \times 10,000 = 10$
$\Rightarrow 100x = 10 \Rightarrow x = 10/100 = 0.1\%$

64. दो सह-अभाज्य संख्याओं का म॰स॰ 1 होता है।

65. $8 = 2 \times 2 \times 2$; $12 = 2 \times 2 \times 3$;
$20 = 2 \times 2 \times 5$; $36 = 2 \times 2 \times 3 \times 3$
$\therefore$ 8, 12, 20 तथा 36 का ल॰स॰
$= 2 \times 2 \times 2 \times 3 \times 5 \times 3 = 360$

66. $6 \div 6 + 6 \times 6 - 6 = 1 + 6 \times 6 - 6$
$= 1 + 36 - 6 = 31$

69. दो संख्याओं का योग = 11009
पहली संख्या = 9999
$\therefore$ दूसरी संख्या = 11009 − 9999 = 1010

71. माना कि चौथी संख्या = x तो, चार संख्याओं की औसत
= चार संख्याओं का योग/4
$\therefore 30/1 = 85+x/4$
$\Rightarrow 85 + x = 30 \times 4 \Rightarrow x = 120 - 85 = 35$

73. आयताकार मैदान का क्षेत्र = 120 मी॰ × 160 मी॰
= 19200 वर्ग मी॰
तथा आयताकार प्लाट का क्षेत्रफल
= 40 मी॰ × 60 मी॰ = 2400 वर्ग मी॰
$\therefore$ आयताकार प्लाट की संख्या = 19200/2400 = 8

75. $20.2 \times 18.01 = \frac{202}{10} \times \frac{1801}{100}$
$= \frac{363802}{1000} = 363.808$
अतः दशमलव के बिना पूर्ण संख्या = 364

77. रेडियो का क्रयमूल्य = 900 रु॰
रेडियो का विक्रयमूल्य = 1200 रु॰
$\therefore$ लाभ = विक्रय मूल्य − क्रय मूल्य
= 1200 − 900 = 300 रु॰
$\therefore$ प्रतिशत लाभ $= \frac{\text{लाभ} \times 100}{\text{क्रय मूल्य}} = \frac{300 \times 100}{900} = 33\frac{1}{3}\%$

78. 1 अप्रैल को सोमवार, तो 1 + 7 + 7 अप्रैल को भी सोमवार, अर्थात् 15 अप्रैल को सोमवार
$\therefore$ 18 अप्रैल को बृहस्पतिवार

79. 4, 5 तथा 6 का ल॰स॰ = 60
अर्थात् तीनों घंटियां 60 मिनट बाद अर्थात् 9:30 बजे एक साथ बजेंगी।

80. मध्य रात्रि से पूर्व सोने में लगा समय
= 12:00 − 9:45
= 2:15 अर्थात् 2 घंटे 15 मिनट
तथा मध्य रात्रि के पश्चात् सोने में लगा समय
= 5:30 अर्थात 5 घंटे 30 मिनट
$\therefore$ कुल समय = 7 घंटे 45 मिनट

पिछले प्रश्न-पत्र (हल सहित)

जवाहर नवोदय विद्यालय प्रवेश परीक्षा, 2002

अनुभाग-I

मानसिक योग्यता परीक्षा

खण्ड-I

निर्देश (प्रश्न संख्या 1 से 10 तक) : *प्रत्येक प्रश्न में चार आकृतियां A, B, C, D दी गई हैं। इन आकृतियों में से तीन आकृतियों में कोई समानता है एवं एक आकृति भिन्न है। भिन्न आकृति का पता लगाइये और उस आकृति के नीचे दिए गए अक्षरांक पर घेरा (◯) लगाइए।*

1. 
(A) (B) (C) (D)

2. 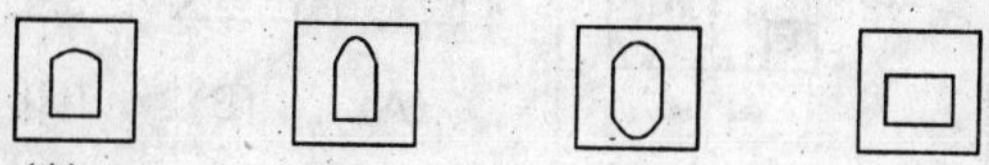
(A) (B) (C) (D)

3. 
(A) (B) (C) (D)

4. 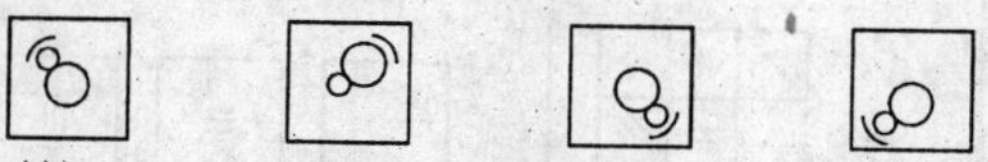
(A) (B) (C) (D)

5. 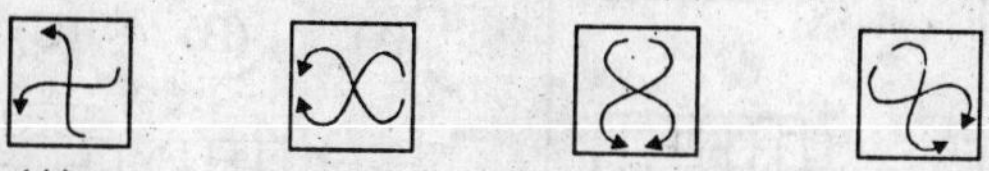
(A) (B) (C) (D)

6. 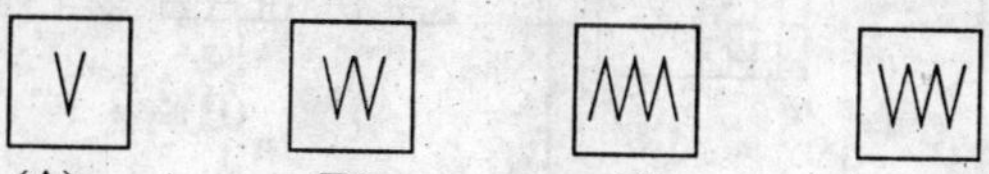
(A) (B) (C) (D)

7. 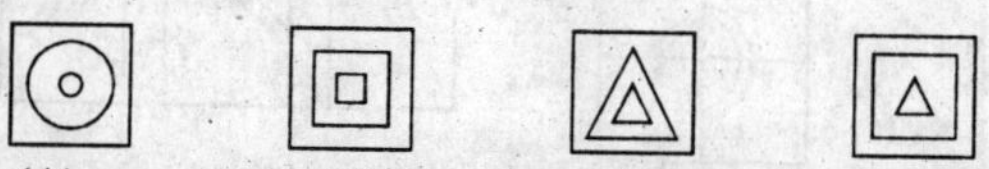
(A) (B) (C) (D)

8. 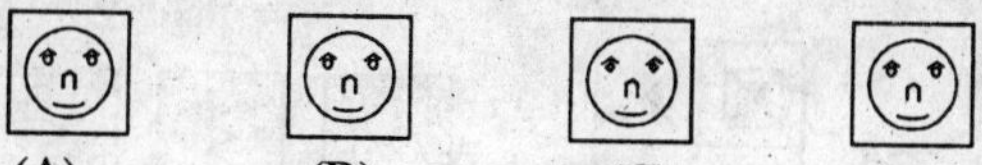
(A) (B) (C) (D)

9. 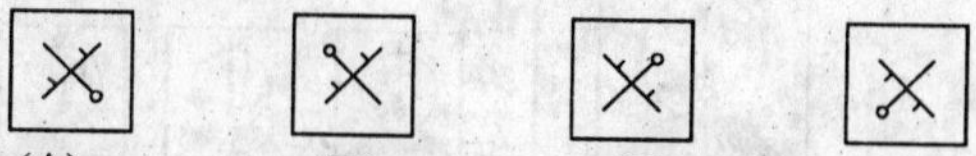
(A) (B) (C) (D)

10. 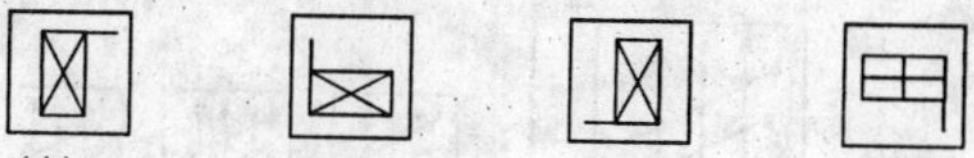
(A) (B) (C) (D)

खंड-II

निर्देश (प्रश्न संख्या 11 से 20 तक) : *प्रत्येक प्रश्न में बाईं ओर एक समस्या आकृति दी गई है और दाईं ओर चार उत्तर–आकृतियां A, B, C, D दी गई हैं, उस उत्तर–आकृति का पता लगाइए जो पूर्णत: समस्या–आकृति के समान है और उसके नीचे दिए गए अक्षरांक पर घेरा (◯) लगाइए।*

समस्या-आकृति | **उत्तर-आकृतियाँ**

11. 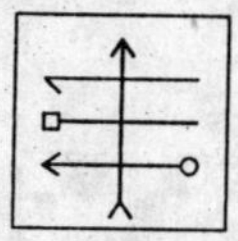 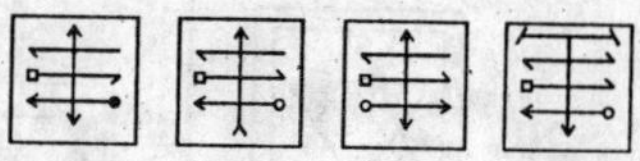
(A) (B) (C) (D)

12. 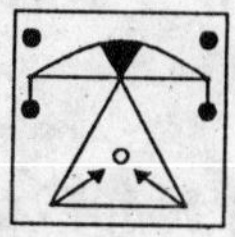 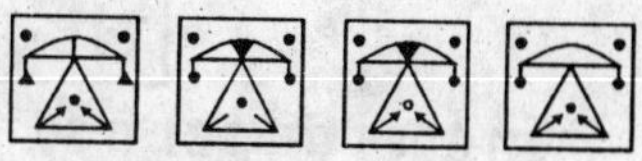
(A) (B) (C) (D)

13. 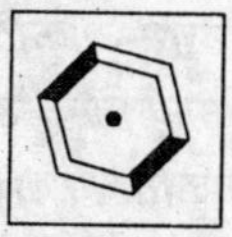 
(A) (B) (C) (D)

14.  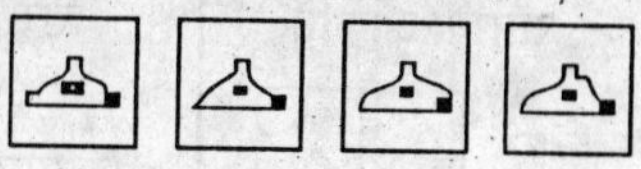
(A) (B) (C) (D)

समस्या-आकृति | उत्तर-आकृतियाँ

15. 

(A) (B) (C) (D)

16. 

(A) (B) (C) (D)

17. 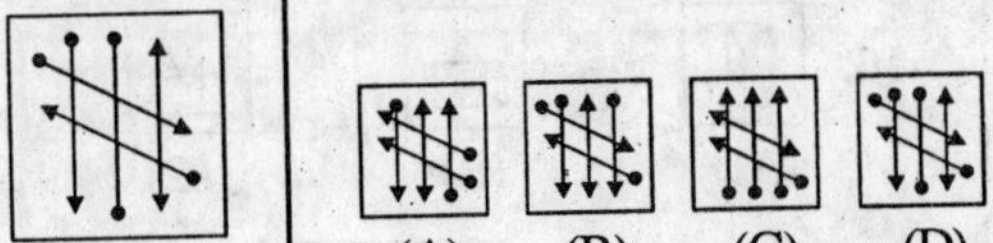

(A) (B) (C) (D)

18. 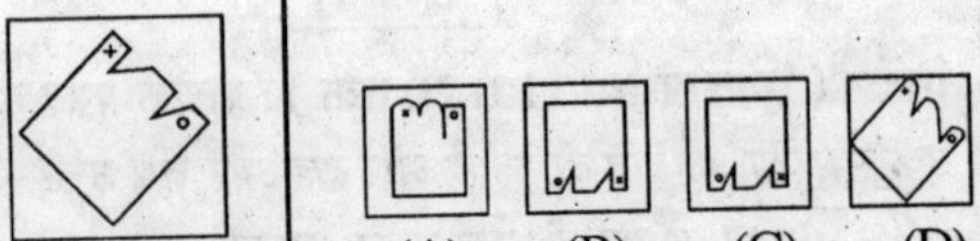

(A) (B) (C) (D)

19. 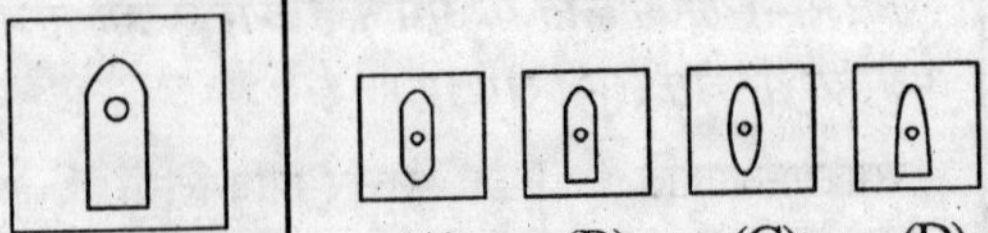

(A) (B) (C) (D)

20. 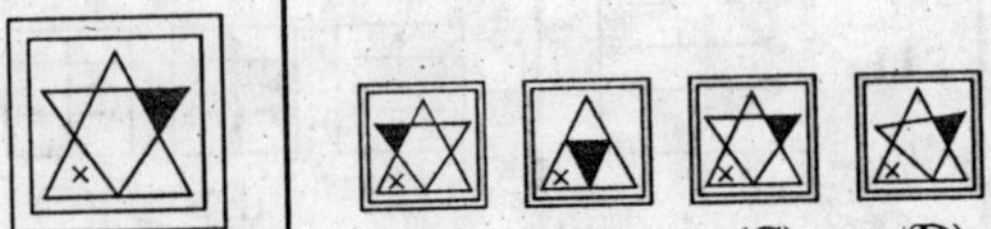

(A) (B) (C) (D)

खंड-III

निर्देश (प्रश्न संख्या 21 से 30 तक) : *प्रश्नों में रेखा के बाईं ओर एक समस्या-आकृति दी गई है, दाईं ओर की चारों उत्तर-आकृतियों को ध्यान से देखिए, उनमें से उत्तर-आकृति का पता लगाए जो बिना दिशा परिवर्तन के समस्या आकृति के खाली अंश में इस तरह सही बैठती हो कि समस्या-आकृति का ढांचा पूर्ण हो जाए। अपना उत्तर बताने के लिए आपके द्वारा चुनी हुई उत्तर-आकृति के नीचे दिए गए अक्षरांक पर घेरा (O) लगाइए।*

समस्या-आकृति | उत्तर-आकृतियाँ

21. 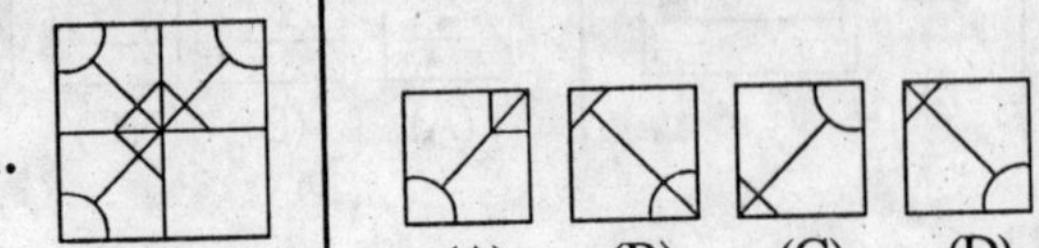

(A) (B) (C) (D)

22. 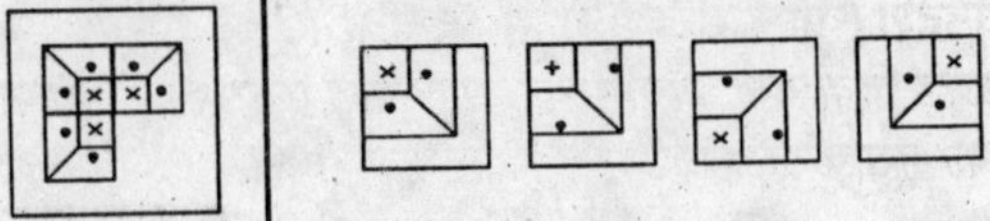

(A) (B) (C) (D)

23. 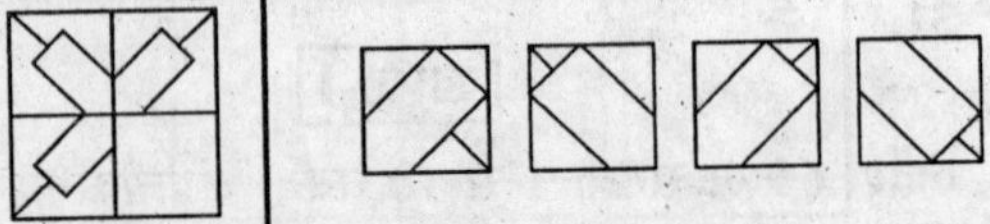

(A) (B) (C) (D)

24. 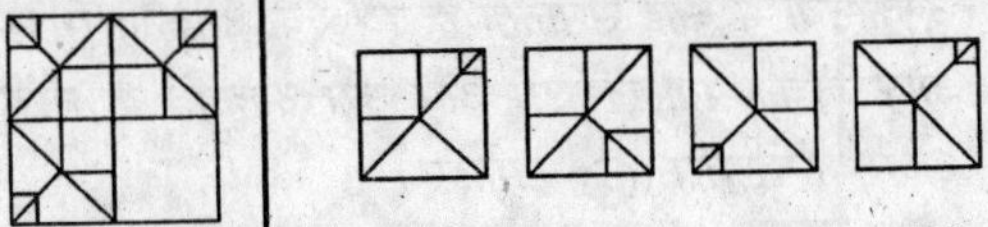

(A) (B) (C) (D)

25. 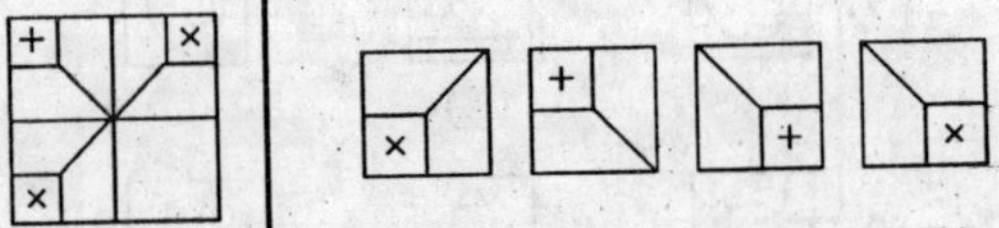

(A) (B) (C) (D)

26. 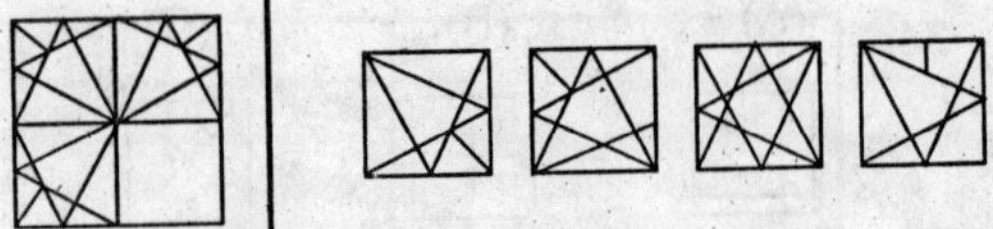

(A) (B) (C) (D)

27. 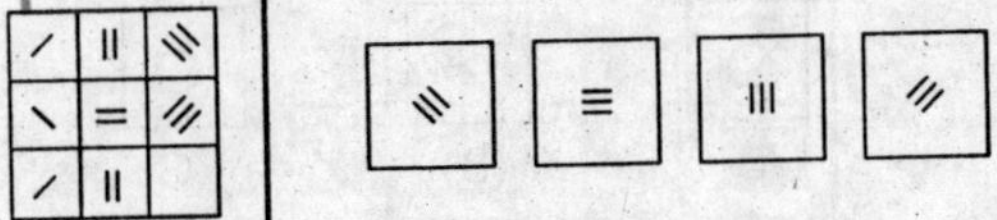

(A) (B) (C) (D)

28. 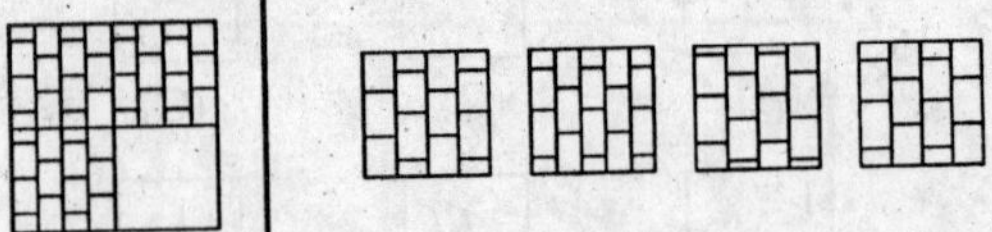

(A) (B) (C) (D)

29. 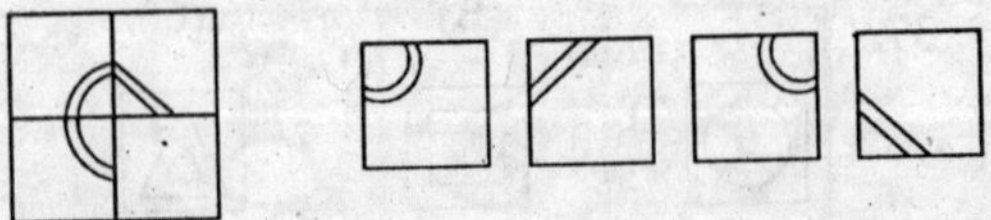

(A) (B) (C) (D)

30. 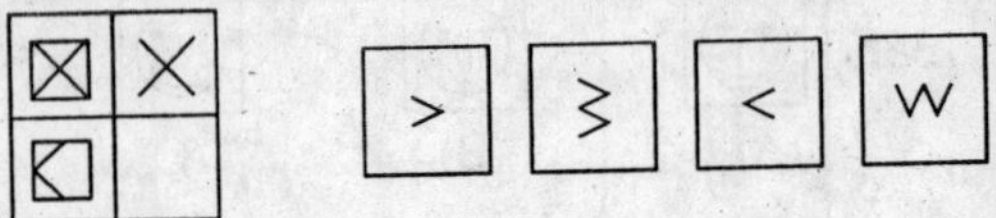

(A) (B) (C) (D)

खंड - IV

निर्देश (प्रश्न संख्या 31 से 40 तक) : *प्रश्नों में रेखा के बाईं ओर तीन समस्या–आकृतियां दी गई हैं तथा चौथी के लिए स्थान खाली छोड़ दिया गया है। समस्या–आकृतियां एक क्रम में हैं। पता लगाइए कि दाईं ओर दी गई उत्तर–आकृतियों में से कौनसी आकृति इस क्रम को पूरा करती है। उसके अक्षरांक पर घेरा (O) लगाइए।*

समस्या-आकृतियाँ | **उत्तर-आकृतियाँ**

31.
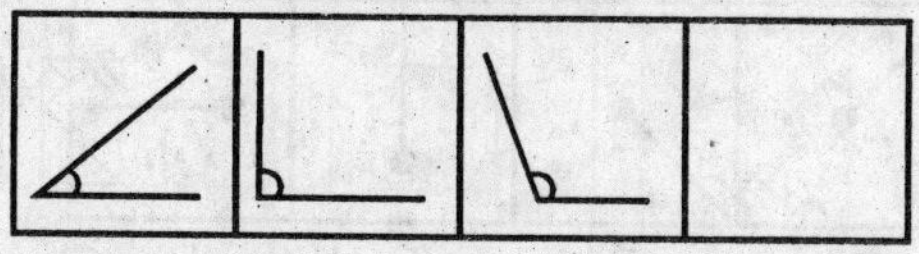
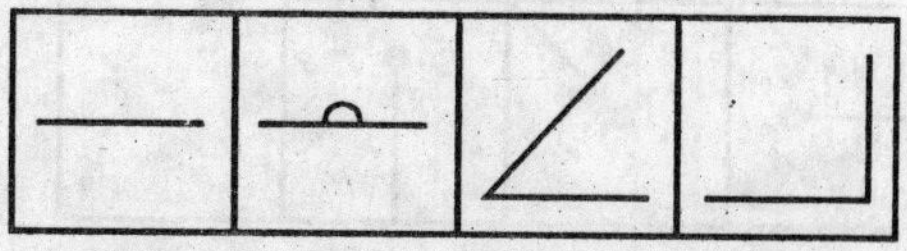
(A) (B) (C) (D)

32.
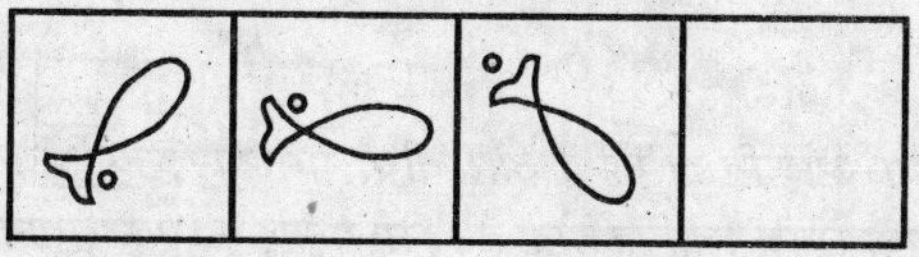
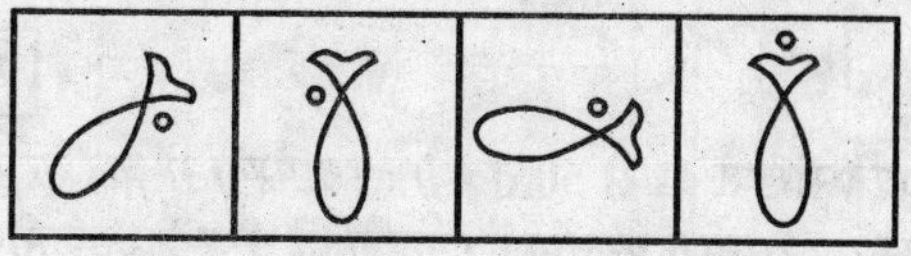
(A) (B) (C) (D)

33.

(A) (B) (C) (D)

34.
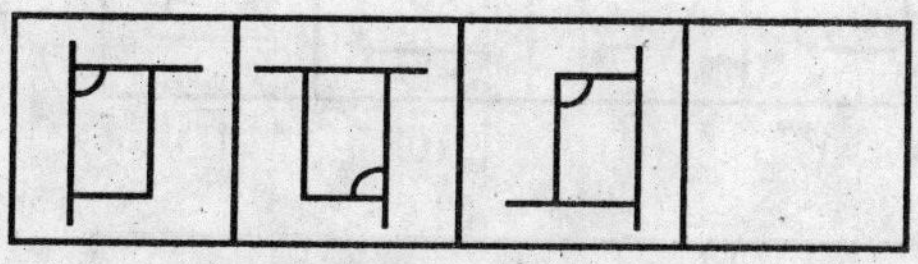
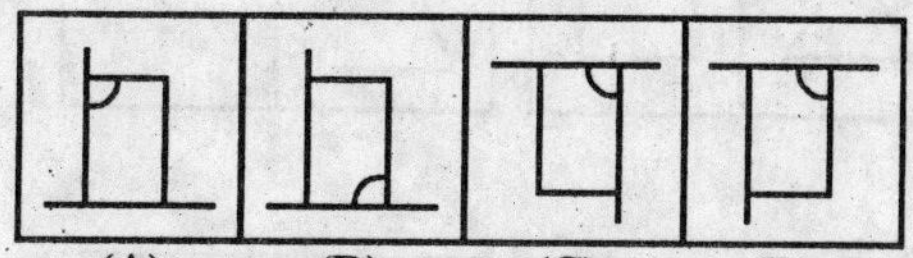
(A) (B) (C) (D)

35.
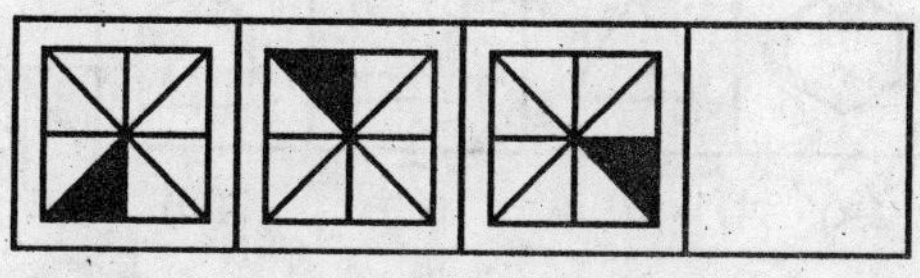

(A) (B) (C) (D)

36.
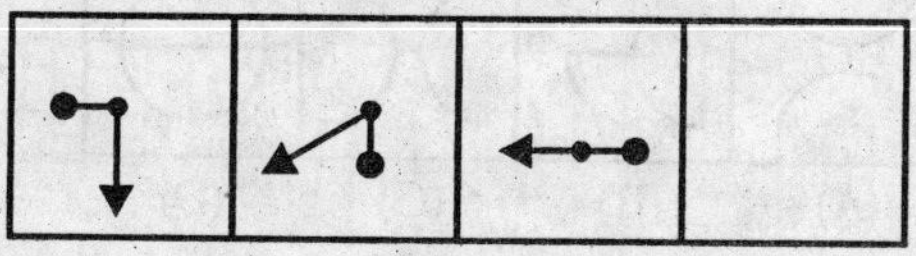
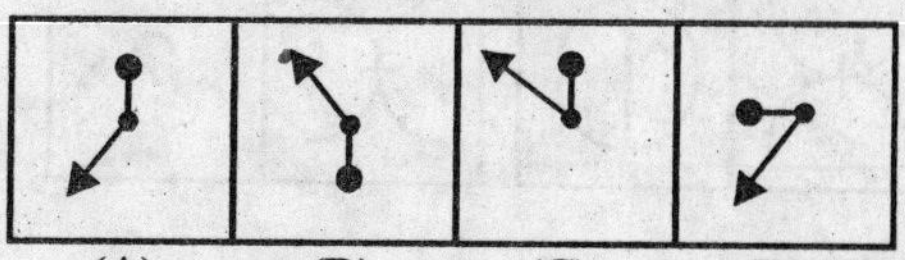
(A) (B) (C) (D)

37.
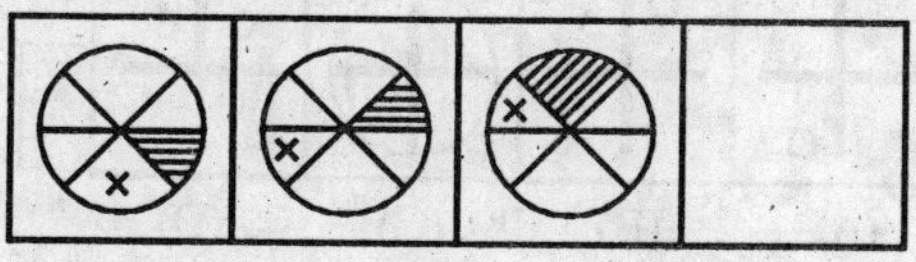
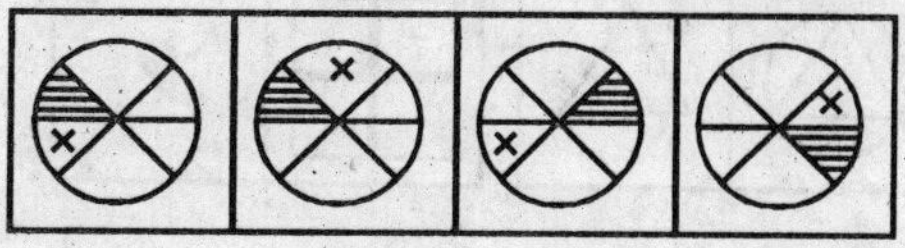
(A) (B) (C) (D)

38.
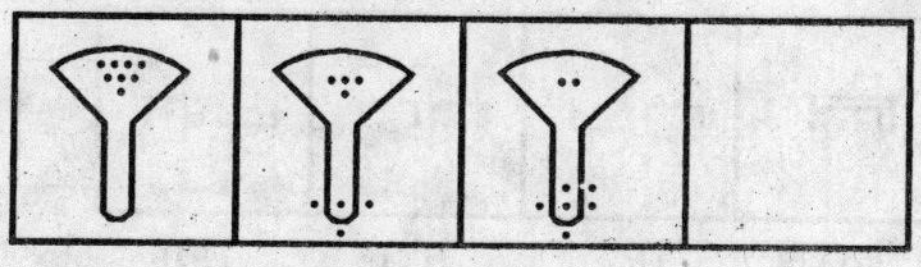
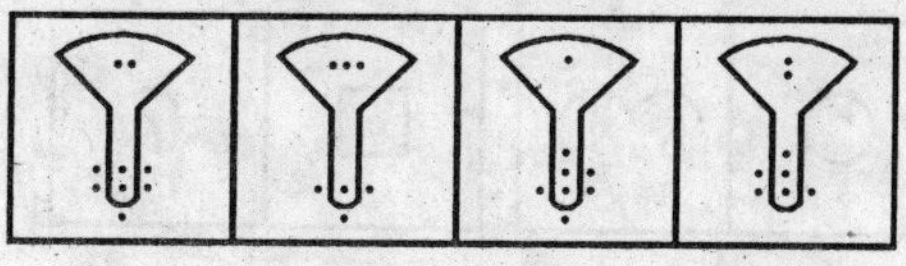
(A) (B) (C) (D)

समस्या-आकृतियाँ | **उत्तर-आकृतियाँ**

39. 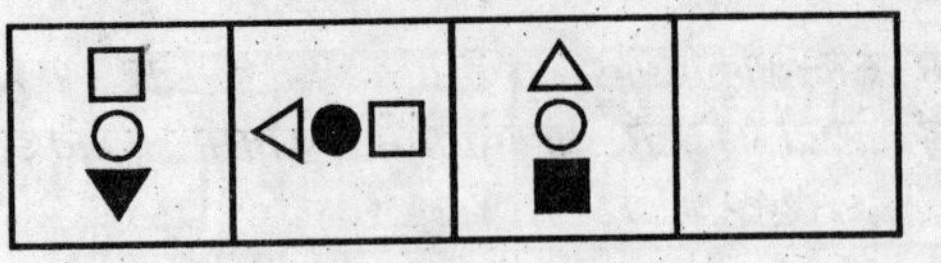 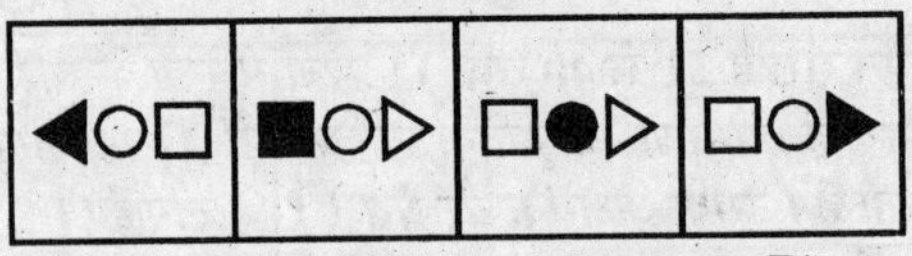

(A) (B) (C) (D)

40. 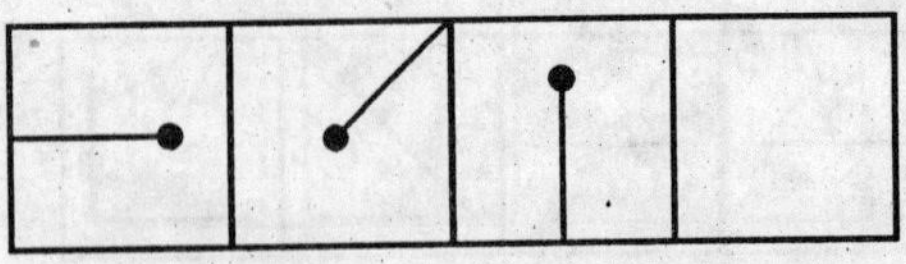 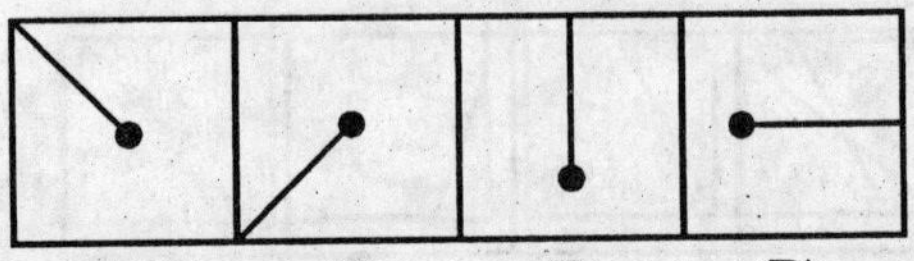

(A) (B) (C) (D)

खंड-V

निर्देश (प्रश्न संख्या 41 से 50 तक) : *इन प्रश्नों में बाईं तरफ तीन समस्या-आकृति दी गई हैं और चौथी समस्या-आकृति के स्थान पर प्रश्नचिह्न (?) रख दिया गया है। पहली दो समस्या आकृतियों के बीच एक संबंध स्थापित होता है। इसी प्रकार का एक समान संबंध तीसरी व चौथी समस्या-आकृति के बीच होना चाहिए। उत्तर-आकृतियों में से उस एक आकृति को चुनिए जो प्रश्नचिह्न के स्थान पर रखी जा सके। आपके द्वारा चुनी गई उत्तर-आकृति के अक्षरांक पर घेरा (O) लगाइए।*

समस्या-आकृतियाँ | **उत्तर-आकृतियाँ**

41. 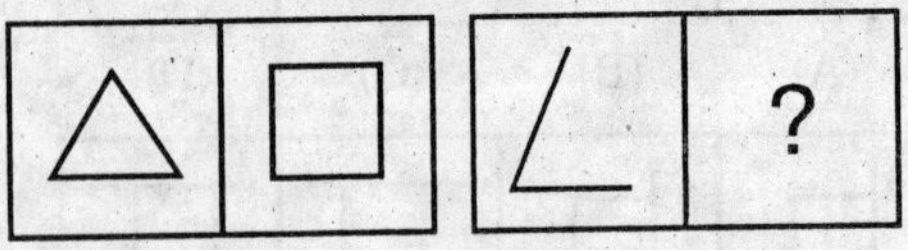 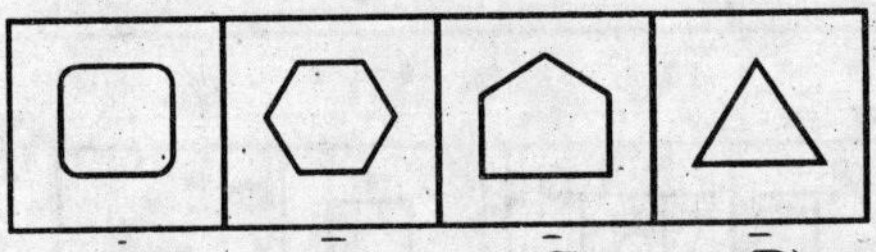

(A) (B) (C) (D)

42. 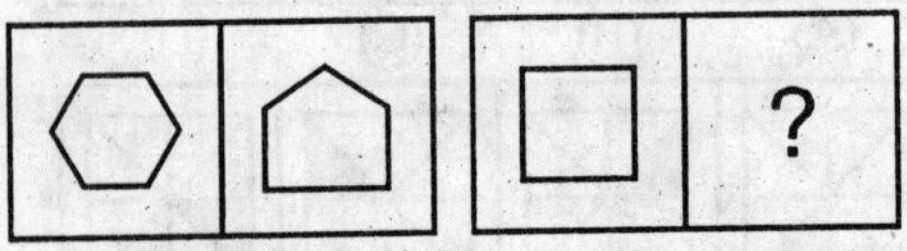 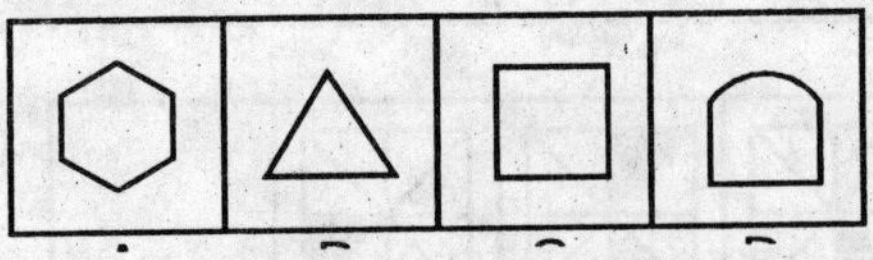

(A) (B) (C) (D)

43. 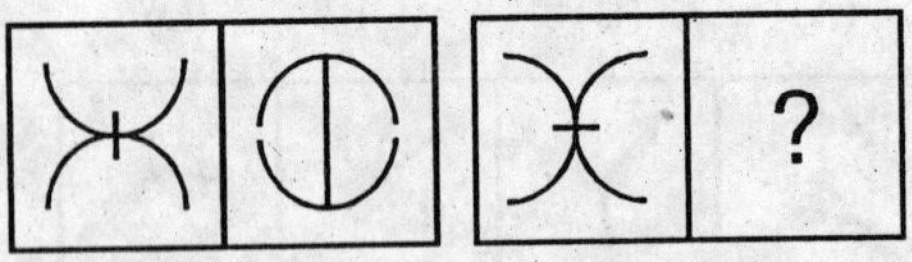 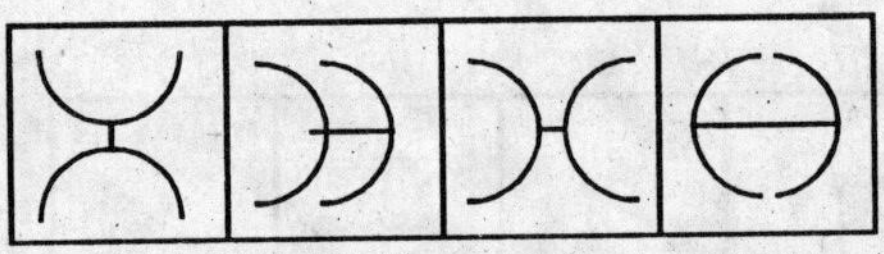

(A) (B) (C) (D)

44. 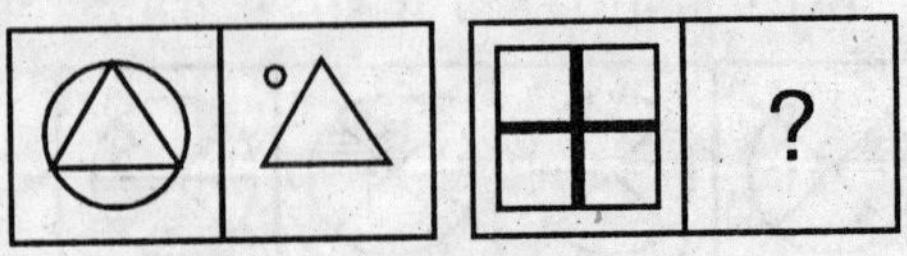 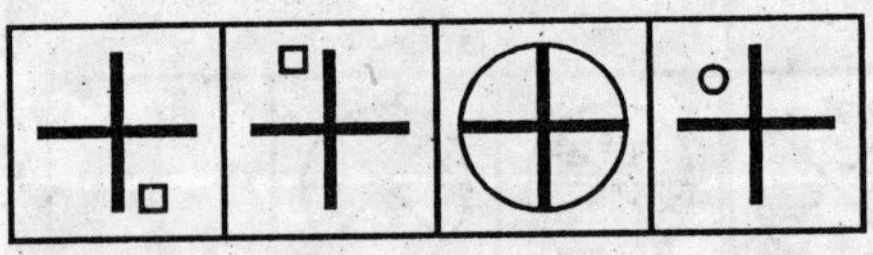

(A) (B) (C) (D)

45. 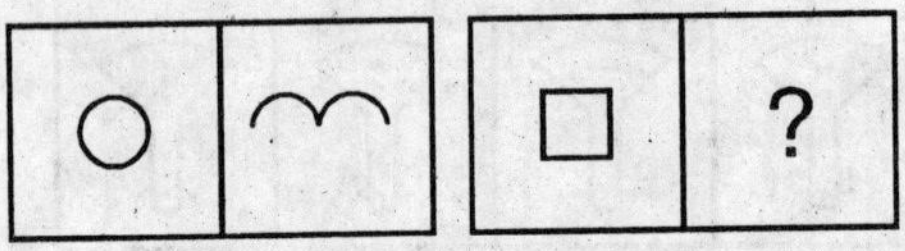 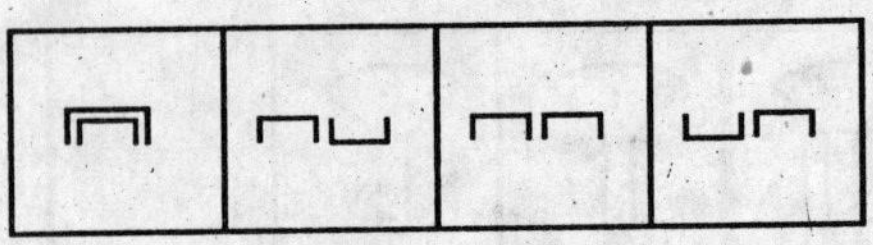

(A) (B) (C) (D)

समस्या-आकृतियाँ	उत्तर-आकृतियाँ

46. 

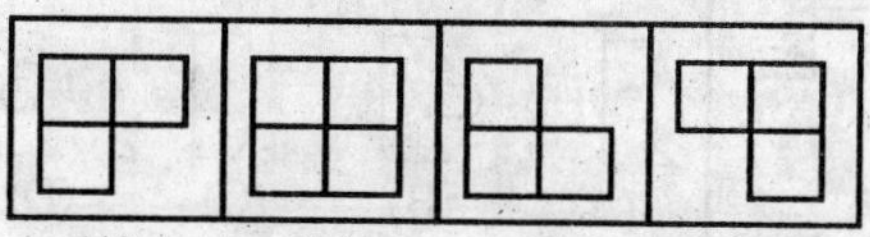

(A) (B) (C) (D)

47. 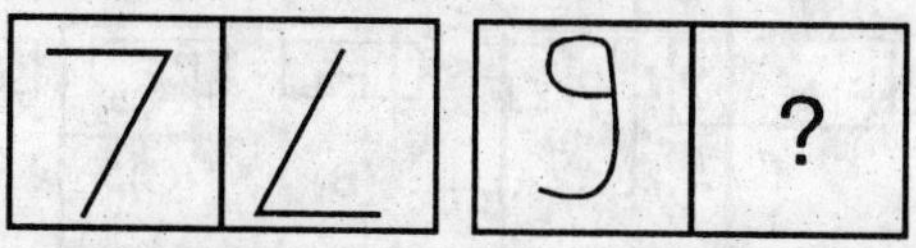

(A) (B) (C) (D)

48. 

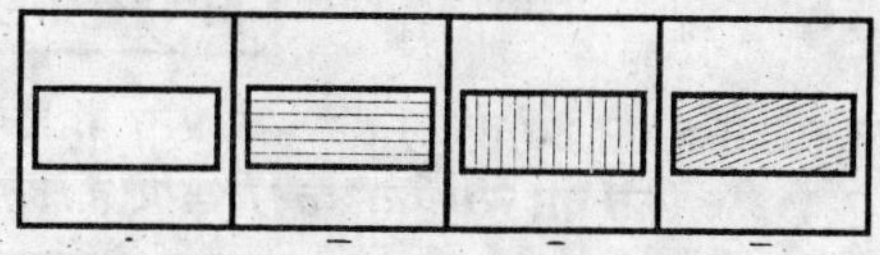

(A) (B) (C) (D)

49. 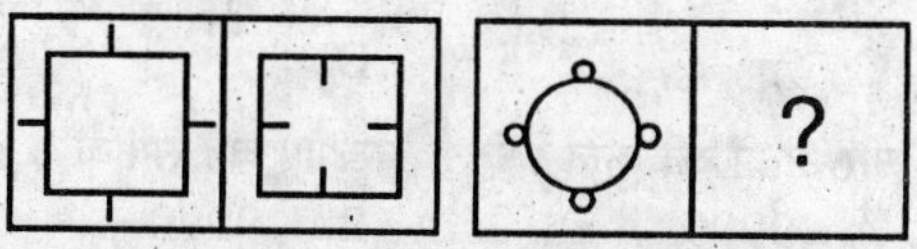

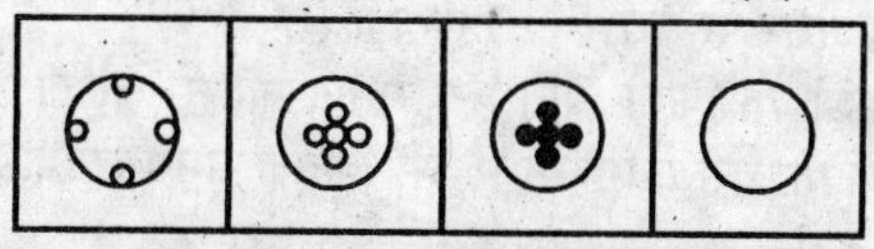

(A) (B) (C) (D)

50. 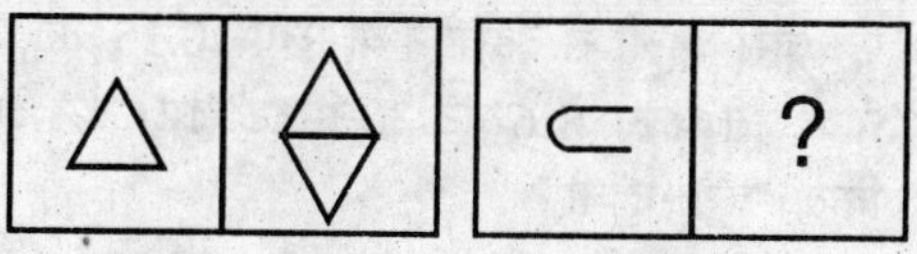

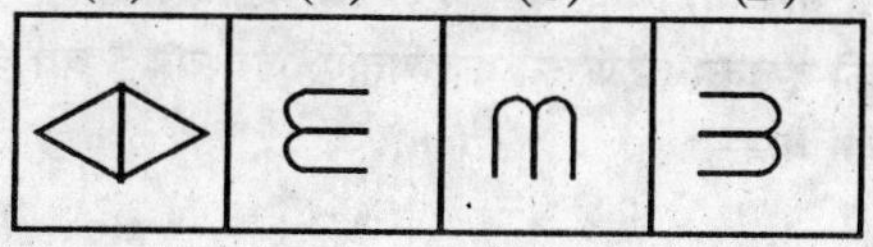

(A) (B) (C) (D)

खंड-VI

निर्देश (प्रश्न संख्या 51 से 60 तक) : *इन प्रश्नों में वर्ग का एक भाग रेखा के बाईं ओर है और शेष भाग दाईं ओर की चार उत्तर-आकृतियां A, B, C, D में हैं। दाईं ओर की उस आकृति को ढूंढ़िए जो रेखा के बाईं ओर दिए हुए भाग से मिलकर वर्ग को पूरा करती है। आपके द्वारा चुनी गई आकृति के नीचे दिए गए अक्षरांक पर घेरा (O) लगाकर अपना उत्तर दीजिए।*

समस्या-आकृति	उत्तर-आकृतियाँ

51. 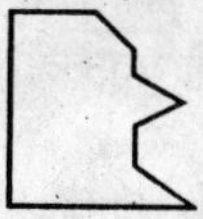

(A) (B) (C) (D)

52. 

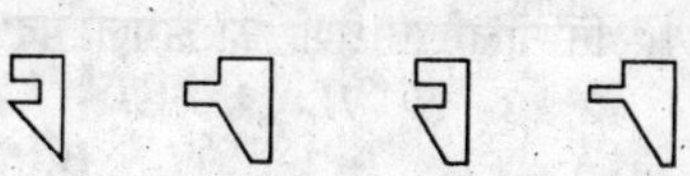

(A) (B) (C) (D)

53. 

(A) (B) (C) (D)

समस्या-आकृति	उत्तर-आकृतियाँ

54. 

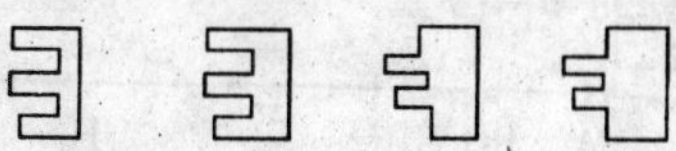

(A) (B) (C) (D)

55. 

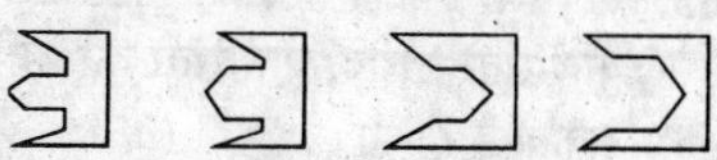

(A) (B) (C) (D)

56. 

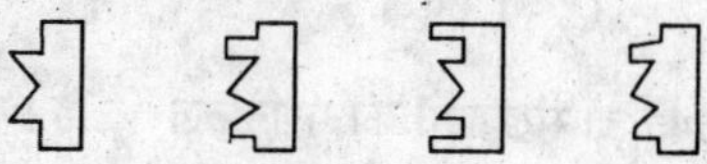

(A) (B) (C) (D)

समस्या-आकृति	उत्तर-आकृतियाँ

57.

(A) (B) (C) (D)

58.

(A) (B) (C) (D)

समस्या-आकृति	उत्तर-आकृतियाँ

59.

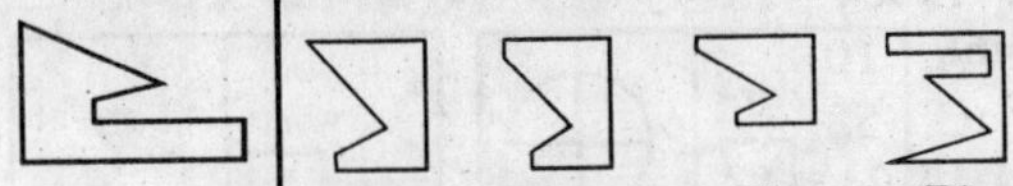

(A) (B) (C) (D)

60.

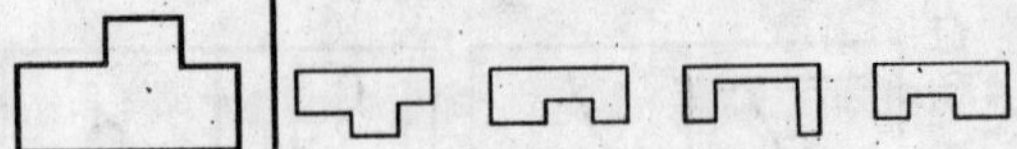

(A) (B) (C) (D)

अनुभाग–II : अंकगणित

निर्देश (प्रश्न संख्या 61 से 80 तक) : *प्रत्येक प्रश्न के लिए अक्षर A, B, C, D से अंकित चार संभावित उत्तर दिए गए हैं। इनमें से केवल एक ही सही है। आपको सही उत्तर चुनना है और उसके पास में लिखे अक्षर पर घेरा (O) लगाना है।*

61. एक गाड़ी 75 किमी. प्रति घंटा समान गति से चलती है। 350 किमी. दूरी तय करने में उसे कितना समय लगेगा?

A. 4 घंटा B. 5 घंटा
C. 4 घंटा 30 मिनट D. 4 घंटा 40 मिनट

62. ग्राफ को देखकर तरुण का कद बताएं, जब वह 5 वर्ष की आयु का था—

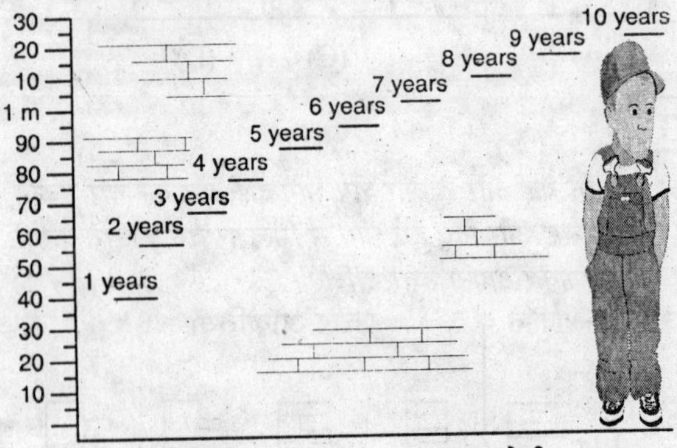

A. 80 सेमी. B. 85 सेमी.
C. 90 सेमी. D. 95 सेमी.

63. तीन व्यक्तियों ने 3 रुपए, 5.25 रुपए तथा 6.75 रुपए के कुछ संतरे खरीदे, एक संतरे की अधिकतम कीमत क्या हो सकती है?

A. 25 पैसे B. 75 पैसे
C. 1 रुपया D. 1.25 रुपए

64. दो संख्याओं का गुणनफल $\frac{5}{4}$ है। यदि एक संख्या $\frac{5}{6}$ हो तो दूसरी संख्या ज्ञात कीजिए।

A. 2 B. $\frac{1}{2}$
C. $\frac{3}{2}$ D. $\frac{2}{3}$

65. चार अंकों की कुल कितनी संख्याएं बन सकती हैं?

A. 9999 B. 9990
C. 9000 D. 8999

66. एक बस देहली से देहरादून के लिए 10.15 प्रातः चली। यात्रा पूरी करने में 6 घंटे 30 मिनट लगे। बस देहरादून कितने बजे पहुंची?

A. 4.15 सायं B. 4.30 सायं
C. 4.45 सायं D. 5.00 सायं

67. एक दुकानदार ने दो दर्जन ब्रुश 10 रु. प्रति दर्जन खरीदे। यदि वह एक रुपया प्रति ब्रुश बेचे, तो उसे कितना लाभ होगा।

A. 9 रुपए B. 7 रुपए
C. 6 रुपए D. 4 रुपए

68. एक बर्तन दो-तिहाई भरा हुआ है। यदि इस बर्तन को पूरा भरने के लिए 50 लीटर और चाहिए तो बतर्न की क्षमता क्या होगी?

A. 150 लीटर B. 120 लीटर
C. 100 लीटर D. 90 लीटर

69. निम्नलिखित श्रेणी का अगला पद ज्ञात कीजिए—
2 3 5 7 11 ...

A. 12 B. 13
C. 15 D. 21

70. संख्या 37501 को निकटतम सैकड़े तक लिखिए—

A. 37000 B. 37500
C. 40000 D. 30000

71. $15 \times 4 - 10 \div 5$ को संक्षिप्त करने पर, हमें मिला—
A. .10 B. 30
C. 58 D. 120

72. 12, 24 तथा 30 का लघुत्तम समापवर्त्य है—
A. 2 B. 30
C. 60 D. 120

73. निम्नलिखित में से 316 का कौन गुणनखंड नहीं है?
A. 1 B. 8
C. 79 D. 158

74. 0.075 को प्रतिशत के रूप में लिखिए—
A. 75%
B. 7.5%
C. 0.75%
D. 0.075%

75. यदि $178 \times 34 = 6052$, तो $60.52 \div 17.8$ का मान क्या होगा?
A. 34 B. 3.4
C. 0.34 D. 0.034

76. 1.25 के तुल्य भिन्न है—
A. $1\frac{1}{4}$ B. $12\frac{1}{2}$
C. $1\frac{1}{8}$ D. $12\frac{1}{4}$

77. 10170 तथा 8369 में कितना अंतर है?
A. 1809 B. 1801
C. 18439 D. 18539

78. 10101 को 17 से गुणा करने पर गुणनफल होता है—
A. 17017017 B. 1717017
C. 171717 D. 170017

79. निम्नलिखित में से सबसे छोटी संख्या कौन- सी है?
33719, 71933, 91337, 37193
A. 33719 B. 71933
C. 91337 D. 37193

80. अंक 1, 0, 5 तथा 7 का प्रयोग कर, चार अंकों की सबसे बड़ी संख्या है—
A. 1075 B. 1057
C. 5017 D. 7510

अनुभाग-III : हिन्दी-भाषा

*निर्देश : इस अनुभाग में चार अवतरण हैं। हर अवतरण के बाद पांच प्रश्न दिए गए हैं हर अवतरण को ध्यान से पढ़िए और उसके बाद दिए गए प्रश्नों के उत्तर लिखिए। प्रत्येक प्रश्न के चार संभावित उत्तर दिए गए हैं जिन पर A, B, C और D अक्षर लिखे हुए हैं। इन उत्तरों में केवल **एक ही सही** है। आपको सही उत्तर पहचानना है और उसके साथ दिए गए अक्षर पर गोला लगाना (O) है।*

अवतरण 1

पूर्णिमा की रात थी। तेज चांदनी सड़क पर फैली थी। मैं धीरे-धीरे टहल रहा था। अचानक मुझे सीटी की आवाज सुनाई पड़ी। पहले मैंने सोचा यह कोई मुझ जैसा ही देर शाम को सैर करने वाला है। सीटी की आवाज ऊंची और प्रसन्नता भरी थी। अचानक साइकिल पर सवार एक लड़का मेरे बगल से तेजी से गुजरा, मैं उसका चेहरा देख नहीं पाया। कुछ ही मिनट में वह वापिस लौट आया। इस बार वह मुझसे कुछ फुट की दूरी पर रुका और मेरी ओर मुस्कुराया। वह दुबला-पतला चौदह साल का-सा लग रहा था। उसने एक स्कूली ब्लेजर, एक टोपी और एक स्कार्फ पहना था। उसकी आंखें चांदनी जैसी ही चमकीली और ठंडी थी।

''तुम्हारी साइकिल पर घंटी नहीं लगी है'', मैंने कहा, वह कुछ नहीं बोला। मैंने अपना हाथ बाहर निकाला पर उसने उसे नहीं थामा। फिर अचानक ही वह तेजी से निकल गया। अगले दिन मुझे बताया गया कि वह सीटी वाला लड़का एक भूत था।

81. अचानक कौन दिखाई पड़ा?
A. सीटी वाला लड़का
B. लेखक
C. चांद
D. साइकिल

82. किस्सा सुनाने वाला लड़के का चेहरा क्यों नहीं देख पाया?
A. वह लड़के से डर गया।
B. लड़का तेजी से निकल गया।
C. लड़का उसे चाहता नहीं था।
D. लड़के की सूरत भद्दी थी।

83. लड़के ने क्या नहीं पहना था?
A. स्कार्फ B. टोपी
C. ओवरकोट D. ब्लेजर

84. लड़के ने सैर करने वाले का हाथ क्यों नहीं थामा?
A. वह व्यस्त था
B. उसे वह पसंद नहीं था
C. वह एक भूत था
D. वह जल्दी में था

85. लड़के के बारे में सबसे अनोखी बात क्या थी ?
A. वह साइकिल तेज चला रहा था
B. उसकी आंखें चांदनी-सी चमकीली और ठंडी थीं।
C. उसने स्कूली वर्दी पहनी थी।
D. वह सीटी बजा रहा था।

अवतरण 2

मैं लगभग छः साल का था। एक बार मैंने एक पुस्तक में एक सुंदर चित्र देखा। वह एक घने-जंगल का चित्र था। मैंने जंगल के बारे में सोचा और फिर एक जंगली जानवर का चित्र बनाया। उसे मैंने कुछ बड़ी उमर वाले लोगों को दिखाया और उनसे पूछा, ''क्या आपको इससे डर लगता है ?'' किन्तु उन्होंने मुझसे पूछा, ''डर ? कोई आदमी भला एक टोप से क्यों डरेगा ?''

मैंने टोप का चित्र नहीं बनाया था। मेरे लिए तो वह एक हाथी था, लेकिन बड़ी उमर वाले उसे समझ नहीं पाए। उनमें से एक ने मुझे राय दी,— ''चित्र बनाना छोड़ो, इसके बदले भूगोल, गणित या व्याकरण में ध्यान लगाओ।'' यही कारण है मैंने चित्र बनाना छोड़ दिया। इसीलिए मैं एक महान कलाकार नहीं बन पाया।

86. बच्चे ने चित्र बनाया था—
A. जंगल का B. पशु का
C. लड़की का D. टोप का

87. ''डर ?'' है एक—
A. प्रश्न B. कथन
C. अनुरोध D. आदेश

88. यदि बड़ी उमर वाले ने राय न दी होती, तो वह बच्चा बनता—
A. भूगोलवेत्ता B. गणितज्ञ
C. कलाकार D. वैयाकरण

89. बच्चे ने चित्र बनाना क्यों छोड़ा ?
A. उसे यही राय दी गई थी।
B. वह गणितज्ञ बनना चाहता था।
C. उसके पास समय की कमी थी।
D. चित्र बनाना बहुत कठिन है।

90. 'सुंदर' का विपरीतार्थक शब्द है—
A. व्यवस्थित B. प्यारा
C. लुभावना D. भद्दा

अवतरण 3

लौटते हुए सिकंदर की भेंट एक संत से हुई। संत एक खुरदरी घास की चटाई पर बैठा धूप सेंक रहा था। सिकंदर उसके सामने खड़ा हो गया और उम्मीद करने लगा कि संत उसे प्रणाम करेगा, पर उसने ऐसा नहीं किया, उसके बदले उसने कहा, ''कृपया एक ओर को खड़े हो जाओ, धूप को मुझ तक आने दो।''

सिकंदर ने गुस्से से पूछा, ''जानते हो मैं कौन हूं ?''

संत ने कोई उत्तर नहीं दिया।

''मैं एक सम्राट हूं—सिकंदर महान'', उसने कहा।

''सम्राट ! तुम ! नहीं, तुम नहीं हो,'' संत ने कहा।

''हां, मैं हूं'' सिकंदर बोला, ''मैंने आधी दुनिया को जीत लिया है।''

इस पर संत ने शांतिपर्वक कहा, ''सम्राट तुम्हारी तरह बेचैन होकर नहीं घूमा करते। हे पुरुष, जाओ, लोगों के दिलों पर प्यार से विजय पाओ।''

सिकंदर ने प्रणाम किया और चुपचाप चला गया।

91. संत ने सिकंदर को एक ओर को खड़ा हो जाने के लिए क्यों कहा ?
A. वह भक्त नहीं था।
B. वह धूप को आने से रोक रहा था।
C. वह बेचैनी से घूम रहा था।
D. उसने अनुमति नहीं ली थी।

92. निम्नलिखित में से किस शब्द का अर्थ है—'विजय पाओ'—
A. जीतो B. हराओ
C. कहो D. झुकाओ

93. सम्राट प्रायः क्या नहीं किया करते ?
A. संत के पास जाना
B. राज्य पर शासन
C. बेचैन घूमना
D. संतों को प्रणाम

94. सम्राट के लिए कौन-सा शब्द ठीक नहीं है ?
A. शासक B. राजा
C. कर्मचारी D. विजेता

95. लोगों के दिलों को जीता जा सकता है—
A. प्यार से B. शक्ति से
C. धन से D. तलवार से

अवतरण 4

सिमी एक पिल्ला थी। वह बड़ी आकर्षक थी। आशा को वह एक पार्क में रोती हुई मिली थी। जब उसने उसे ऊपर उठाया तो पिल्ले ने रोना बंद कर दिया और उसे देखने लगी। आशा को उसका देखना अच्छा लगा और उसने उसे घर ले जाने का निश्चय कर लिया। उसकी मां ने भी इस विचार को मान लिया। उन दोनों ने उसका नाम रखा 'सिमी' और उसे खुशी-खुशी घर ले आए।

अभी तक उस पिल्ले को किसी ने सिखाया नहीं था, इसलिए आशा ने सोचा कि वह उसे सिखाएगी। अगली सुबह वह सिमी को बाहर ले गई और उसे कुछ बातें सिखाईं, सिखाने वाले को कुछ कठोर होना ही पड़ता है। इसलिए जब उसने बात नहीं मानी तो उसने उसे दंड दिया और जब वह जो चाहती कर दिखाया तो उसे इनाम दिया। कुल मिलाकर सिखाना कठिन नहीं था। एक सप्ताह के भीतर सिमी एक अच्छी सभ्य पिल्ला बन गई।

96. आशा सिमी को घर ले आई, क्योंकि उसे—

A. उस पर तरस आ गया

B. उसका देखना अच्छा लगा

C. कुत्तों की चाहत थी

D. एक पिल्ले की जरूरत थी

97. "उसने बात नहीं मानी.........." यहां 'उसने' का अर्थ है—

A. आशा ने

B. आशा की मां ने

C. पिल्ले ने

D. कहानी सुनाने वाले ने

98. 'इनाम' का विपरीतार्थक शब्द क्या है?

A. प्रोत्साहन B. दंड

C. भेंट D. डाट-फटकार

99. पिल्ले का नाम 'सिमी' किसने रखा?

A. आशा ने

B. उसकी मां ने

C. आशा और उसकी मां ने

D. आशा की सहेली ने

100. "वह जो चाहती थी, कर दिखाया ...."
उपर्युक्त के लिए निम्नलिखित में से कौन-सा शब्द ठीक है?

A. आज्ञापालन B. प्रदर्शन

C. अनुकरण D. उठाना

उत्तरमाला

1	2	3	4	5	6	7	8	9	10
B	D	D	B	A	C	D	C	A	D
11	**12**	**13**	**14**	**15**	**16**	**17**	**18**	**19**	**20**
B	C	B	A	B	B	D	C	B	C
21	**22**	**23**	**24**	**25**	**26**	**27**	**28**	**29**	**30**
D	A	D	B	C	A	A	D	B	C
31	**32**	**33**	**34**	**35**	**36**	**37**	**38**	**39**	**40**
B	B	A	B	D	C	B	C	D	A
41	**42**	**43**	**44**	**45**	**46**	**47**	**48**	**49**	**50**
D	B	D	B	C	A	C	C	A	B
51	**52**	**53**	**54**	**55**	**56**	**57**	**58**	**59**	**60**
C	D	B	A	C	D	A	B	C	B
61	**62**	**63**	**64**	**65**	**66**	**67**	**68**	**69**	**70**
D	C	B	C	C	C	D	A	B	B
71	**72**	**73**	**74**	**75**	**76**	**77**	**78**	**79**	**80**
C	D	B	B	B	A	B	C	A	D
81	**82**	**83**	**84**	**85**	**86**	**87**	**88**	**89**	**90**
A	B	C	C	B	B	A	C	A	D
91	**92**	**93**	**94**	**95**	**96**	**97**	**98**	**99**	**100**
B	A	C	C	A	B	C	B	C	A

कुछ चुने हुए प्रश्नों के व्याख्यात्मक उत्तर

31. प्रश्न आकृतियों की अगली आकृति में कोण क्रमशः 45°, 90° और 135°, ... का बन रहा है। इस प्रकार रिक्त स्थान पर उत्तर आकृति (B) आएगी।

32. प्रश्न आकृतियों की अगली आकृति में मुख्य आकृति घड़ी के चलने की दिशा में 45° घूम रही है तथा आकृति 'O' एक-एक खाना छोड़कर घड़ी की दिशा में चल रही है। इस प्रकार रिक्त स्थान पर उत्तर आकृति (B) आएगी।

33. प्रश्न आकृतियां की अगली आकृति में मुख्य आकृति घड़ी

के चलने की दिशा में 90° घूम रही है तथा उसके एक दाईं रेखा से कुछ भाग कटता जा रहा है। इस प्रकार रिक्त स्थान पर उत्तर आकृति (A) आएगी।

34. प्रश्न आकृतियों की प्रत्येक अगली आकृति में 180° का कोण बन रहा है। इस प्रकार रिक्त स्थान पर उत्तर आकृति (B) आएगी।

35. प्रश्न आकृतियों की प्रत्येक अगली आकृति में रंगीन भाग दो-दो खाना छोड़कर घड़ी के चलने की दिशा में सरकती जाती है। इस प्रकार रिक्त स्थान पर उत्तर आकृति (D) आएगी।

36. प्रश्न आकृतियों की प्रत्येक अगली आकृति में घड़ी की बड़ी सुई घड़ी के चलने की दिशा में 45° घूम रही है, जबकि छोटी सुई घड़ी के चलने के विपरीत दिशा में 90° घूम रही है। इस प्रकार रिक्त स्थान पर उत्तर आकृति (C) आएगी।

37. प्रश्न आकृतियों की प्रत्येक अगली आकृति में वृत्त के अंदर के चिह्न '×' एक-एक खाना घड़ी के चलने के दिशा में घूम रही है जबकि क्षैतिज रेखा समूह घड़ी के चलने के विपरीत दिशा में चल रही है। इस प्रकार रिक्त स्थान पर उत्तर आकृति (B) आएगी।

38. प्रश्न आकृतियों की प्रत्येक अगली आकृति में मूल आकृति के आठ बिन्दु क्रमशः दूसरे आकृति के ऊपरी भाग में चार तथा निचले भाग में चार हो जाते हैं तथा तीसरे आकृति ऊपरी भाग में दो तथा निचले भाग में छः हो जाते हैं। इसी तरह क्रम बनता जाता है। इस प्रकार रिक्त स्थान पर उत्तर आकृति (C) आएगी।

39. प्रश्न आकृतियों की प्रत्येक अगली आकृति में संपूर्ण आकृति घड़ी की चलने की दिशा में 90° घूम रही है। जबकि रंगीन आकृति दूसरे आकृति में जाकर सफेद हो जाती है। दूसरी आकृति 'O' अगली आकृति में रंगीन हो जाती है, और अगली आकृति में जाकर सफेद हो जाती है, तथा तीसरी आकृति ▭ अगली आकृति में जाकर रंगीन हो जाती है। इसी तरह क्रम बनता जाता है। इस प्रकार रिक्त स्थान पर उत्तर आकृति (D) आएगी।

40. प्रश्न आकृतियों की प्रत्येक अगली आकृति में आकृति '—•' घड़ी की सुई के चलने की दिशा में 135° घूम रही है। इस प्रकार रिक्त स्थान पर उत्तर आकृति (A) आएगी।

41. प्रश्न आकृति एक से दो में, त्रिभुज चतुर्भुज हो जाता है। इसी प्रकार का परिवर्तन प्रश्न आकृति तीन से चार में भी होकर उत्तर आकृति (D) प्राप्त होगी।

42. प्रश्न आकृति एक से दो में, षटभुज पंचभुज हो जाता है। इसी प्रकार का परिवर्तन प्रश्नाकृति तीन से चार में करने पर उत्तर आकृति (B) प्राप्त होगी।

43. प्रश्न आकृति एक से दो में, पहली आकृति वृत्ताकार हो जाती है तथा छोटी रेखा उसके बीच आकर बड़ी हो जाती है। इसी प्रकार का परिवर्तन प्रश्न आकृति तीन से चार में करने पर उत्तर आकृति (D) प्राप्त होगी।

44. प्रश्न आकृति एक से दो में, Δ के बाहर का वृत्त छोटा होकर Δ के ऊपरी शीर्ष के ठीक बाएं चला जाता है। इसी प्रकार का परिवर्तन प्रश्न आकृति तीन से चार में करने पर उत्तर आकृति (B) प्राप्त होगी।

45. प्रश्न आकृति एक से दो में, पहला आकृति अर्ध विभाजित होकर एक क्रम में जुड़ जाती है। इसी प्रकार का परिवर्तन प्रश्न आकृति तीन से चार में करने पर उत्तर आकृति (C) प्राप्त होगी।

46. प्रश्न आकृति एक से दो में, पहली आकृति दूसरे का एक चौथाई है। इसी प्रकार का परिवर्तन प्रश्न आकृति तीन से चार में करने पर उत्तर आकृति (B) प्राप्त होगी।

47. प्रश्न आकृति एक से दो में अंक सात 180° घूम जाती है। इसी प्रकार का परिवर्तन प्रश्न आकृति तीन से चार में होकर उत्तर आकृति (C) प्राप्त होगी।

48. प्रश्न आकृति एक से दो में, वृत्त की आधी- संपूर्ण क्षैतिज रेखाएं अलग होकर ऊर्ध्वाधर हो जाती हैं। इसी प्रकार का परिवर्तन प्रश्न आकृति तीन से चार में होकर उत्तर आकृति (C) प्राप्त होगी।

49. प्रश्न आकृति एक से दो में बाहर की ओर निकली हुए सभी छोटी रेखाएं अंदर की ओर चली जाती हैं। इसी प्रकार का परिवर्तन प्रश्न आकृति तीन से चार में होकर उत्तर आकृति (A) प्राप्त होगी।

50. प्रश्न आकृति एक से दो में, त्रिभुज में एक अन्य त्रिभुज उलट कर जुड़ जाती है। इसी प्रकार का परिवर्तन प्रश्न आकृति तीन से चार में होकर उत्तर आकृति (B) प्राप्त होगी।

61. $\because$ गाड़ी 75 किमी. 1 घंटे में चलती है।

$\therefore$ गाड़ी 1 किमी 1/75 घंटे में चलेगी।

350 किमी. 1/75 × 350 घंटे में चलेगी।

अथवा सूत्र द्वारा—समय = दूरी / चाल = 350/75

= 4.40 मिनट

$\therefore\ 4\frac{2}{3}$ घंटे = 4 घंटे 40 मिनट

61. देहली से देहरादून के लिए बस चली = 10.15 मिनट प्रात: यात्रा पूरी करने में लगा समय = + 6.30 मिनट = 16.45 मिनट सायं

$\Rightarrow$ 16.45 – 12.00 = 4.45 सायं

63. $\because$ 300, 525 और 675 का महत्व समापवर्तक

525) 675 (1
      525
150) 525 (3
        450
   75) 150 (2
          150
            0

75) 300 (4
       300
         0

$\therefore$ म.स. 75

अर्थात् 1 संतरे का अधिकतम मूल्य = 75 पैसे

64. माना की दूसरी संख्या = y

$$\therefore \frac{5}{6} \times y = \frac{5}{4} = \frac{5}{4} \qquad \therefore 20y = 30$$

या $$y = \frac{30}{20} = \frac{3}{2}$$

65. चार अंकों की कुल संख्याएं

= 9999 – 999 = 90000

66. ग्राफ से स्पष्ट है कि तरुण की लम्बाई 90 सेमी. है, जब वह 5 वर्ष का था।

67. 1 दर्जन ब्रुश का मूल्य = 10 रु.

$\therefore$2 दर्जन ब्रुश का मूल्य = 2 × 10 = 20 रु. अर्थात् 24 ब्रुश का क्रय मूल्य = 20 रु.

1 ब्रुश का विक्रय मूल्य = 1 रु.

$\therefore$24 ब्रुश का विक्रय मूल्य

= 1 × 24 = 24 रु.

$\therefore$ अभीष्ट लाभ = 24 – 20 = 4 रु.

68. माना कि बतर्न की धारिता x लीटर है।

प्रश्नानुसार, $x - \frac{2}{3}x$ = 50 लीटर

या, $\frac{1}{3}x$ = 50 लीटर या x = 150 लीटर

69. शृंखला के सभी पद अभाज्य संख्याएं हैं। अत: ? के स्थान पर अगली संख्या 13 आएगी।

70. 37504 = 37504

5 × 100

$\therefore$ 37500

71. $15 \times 4 - 10 \div 5 = 60 - 2 = 58$

72.

2	12,	24,	30
2	6,	12,	15
3	3,	6,	15
2	1,	2,	5
5	1,	1,	5
	1,	1,	1

$\therefore 2 \times 2 \times 3 \times 2 \times 5 = 120$

73. विकल्प के अनुसार

316 = 1 × 360

316 = 8 × ?

316 = 79 × 4

316 = 158 × 2

$\therefore$ 8, 316 का गुणनखंड नहीं है।

74. $0.075 = \frac{75}{1000} \times 100$ या $\frac{75}{10} = 7.5$

75. 178 × 34 = 6052

या, $34 = \frac{6052}{178}$ या, $\frac{34}{10} = \frac{6052}{178 \times 10}$

या 3.4= 60.52 ÷ 17.8

76. $1.25 = \frac{125}{100} = \frac{5}{4} = 1\frac{1}{4}$

77. अन्तर = 10170

– 8369

1801

78. 10101 × 17 का गुणनफल निम्न होगा—

```
  10101
   × 17
  70707
 10101
 171717
```

$\therefore$ 171717

79. सबसे छोटी संख्या होगी—33719

80. सबसे बड़ी संख्या बनेगी—7510

पिछले प्रश्न-पत्र (हल सहित)

जवाहर नवोदय विद्यालय प्रवेश परीक्षा, 2001

अनुभाग-I

मानसिक योग्यता परीक्षा

खण्ड-I

निर्देश (प्रश्न संख्या 1 से 10 तक) : *प्रत्येक प्रश्न में चार आकृतियां A, B, C, D दी गई हैं। इन आकृतियों में से तीन आकृतियों में कोई समानता है एवं एक आकृति भिन्न है। भिन्न आकृति का पता लगाइये और उस आकृति के नीचे दिए गए अक्षरांक पर घेरा (◯) लगाइए।*

समस्या-आकृति **उत्तर-आकृतियाँ**

1. 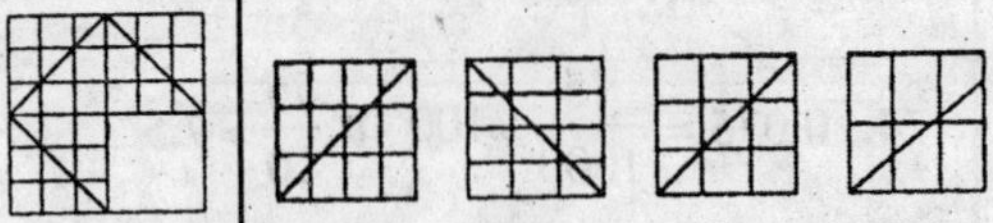

(A) (B) (C) (D)

2. 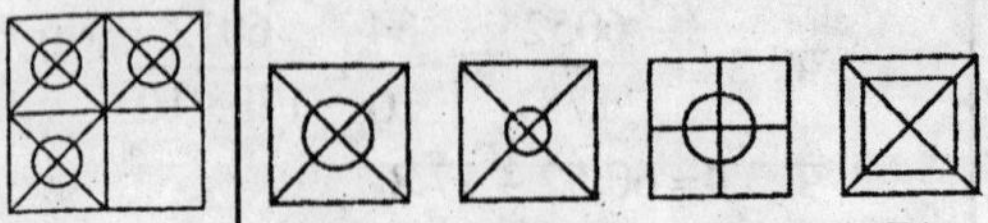

(A) (B) (C) (D)

3. 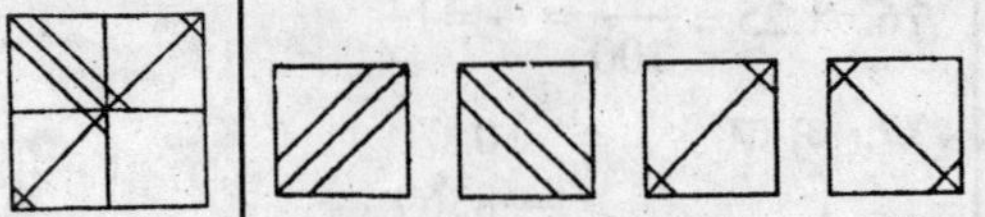

(A) (B) (C) (D)

4. 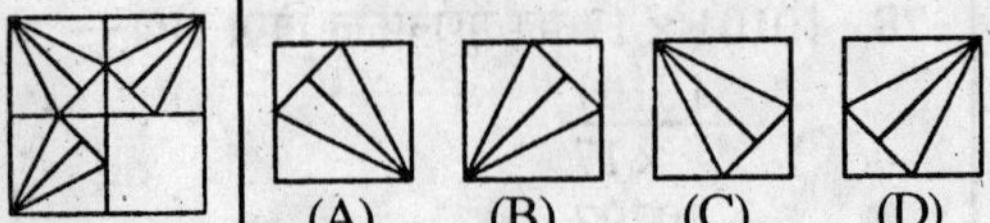

(A) (B) (C) (D)

5. 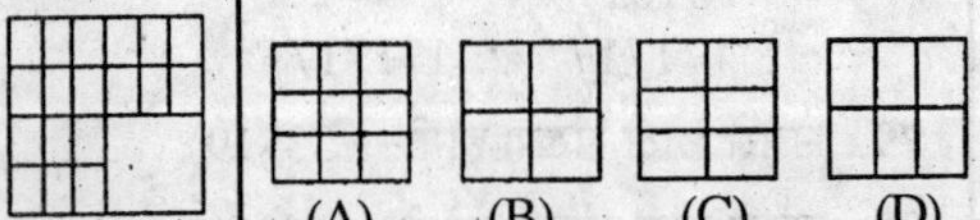

(A) (B) (C) (D)

6. 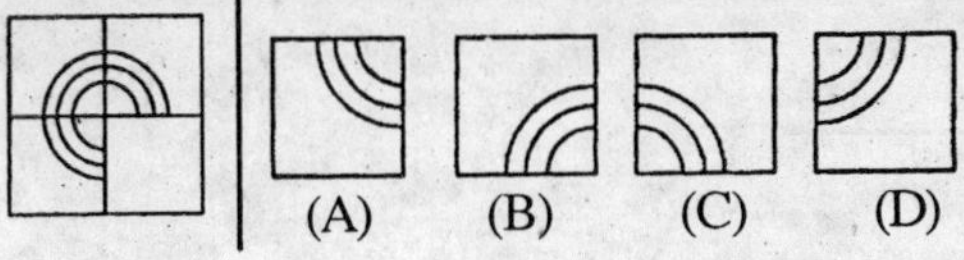

(A) (B) (C) (D)

समस्या-आकृति **उत्तर-आकृतियाँ**

7. 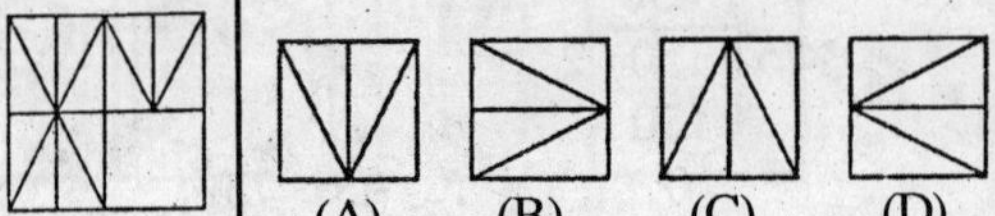

(A) (B) (C) (D)

8. 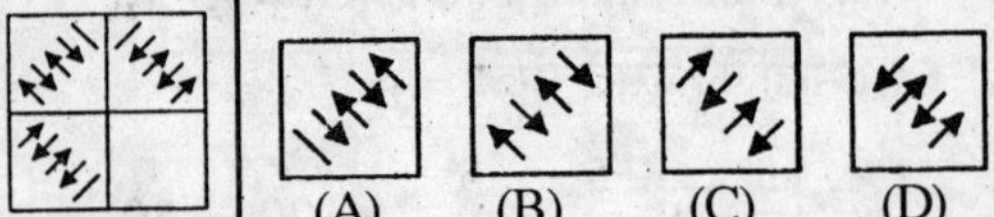

(A) (B) (C) (D)

9. 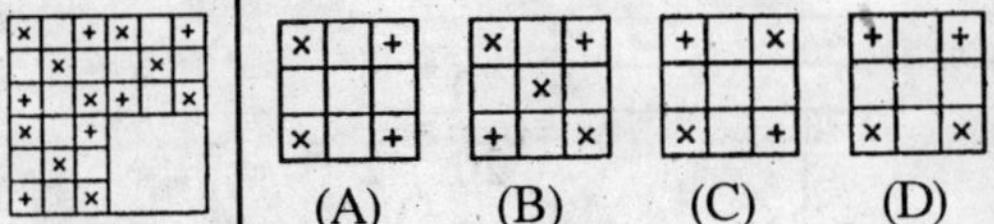

(A) (B) (C) (D)

10. 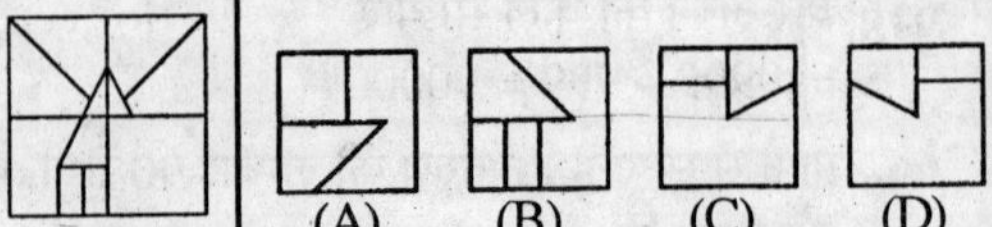

(A) (B) (C) (D)

11. 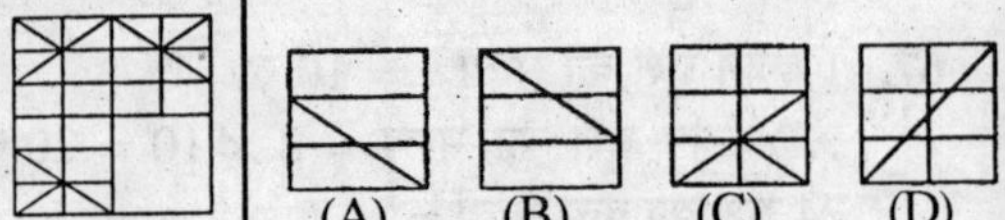

(A) (B) (C) (D)

12. 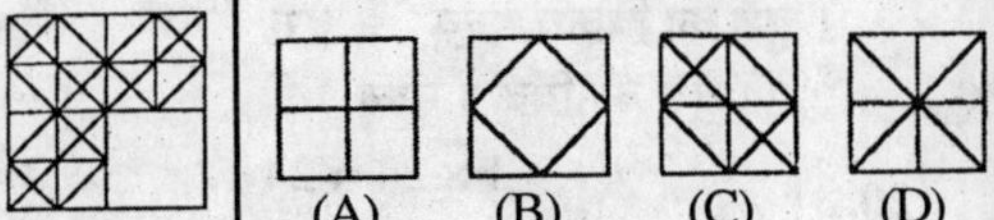

(A) (B) (C) (D)

13. 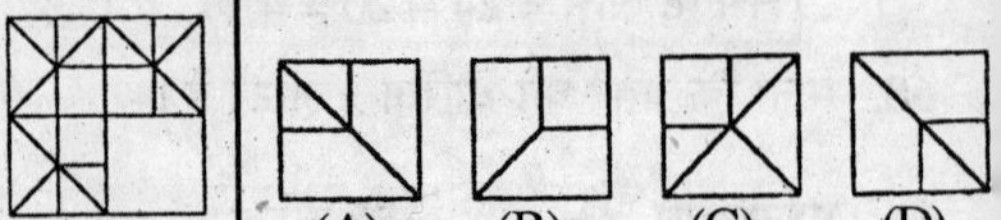

(A) (B) (C) (D)

14. 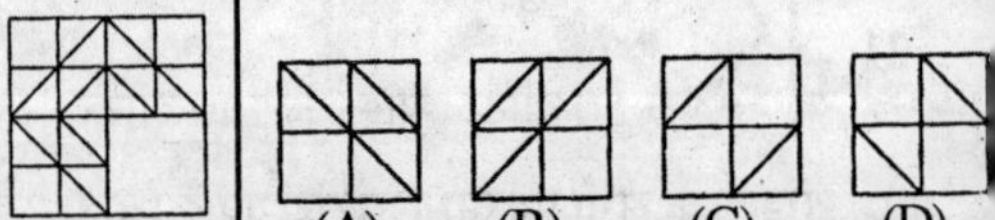

(A) (B) (C) (D)

15. 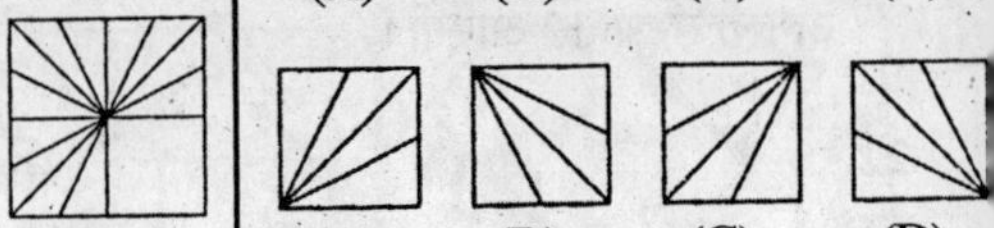

(A) (B) (C) (D)

खण्ड-II

निर्देश (प्रश्न संख्या 16 से 30): *प्रत्येक प्रश्न में तीन समस्या-आकृतियाँ दी गई हैं और चौथी के स्थान पर प्रश्न-सूचक चिन्ह बना हुआ है। प्रथम दो समस्या आकृतियों में आपसी सम्बन्ध है। इसी प्रकार का आपसी सम्बन्ध तीसरी और चौथी समस्या आकृतियों के बीच होना चाहिए। उत्तर-आकृतियों में से एक ऐसी आकृति चुनिए जो प्रश्न-सूचक चिन्ह वाले स्थान के लिए सही बैठ सके। सही आकृति के नीचे दिए क्रमांक के चारों ओर घेरा बना दीजिए।*

समस्या-आकृतियाँ | **उत्तर-आकृतियाँ**

16.

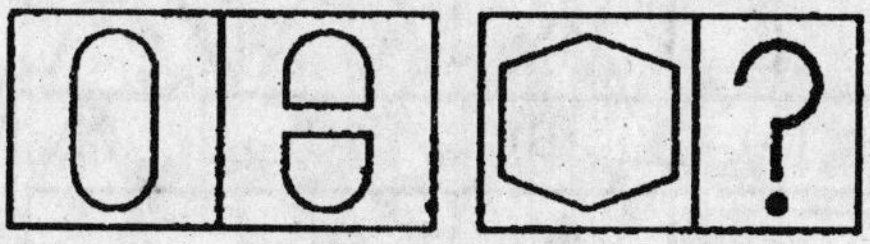

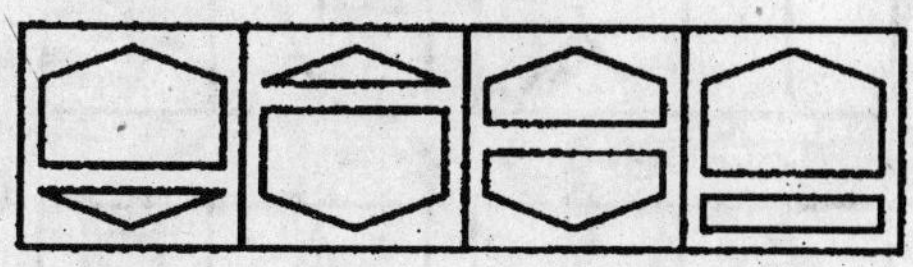

(A) (B) (C) (D)

17.

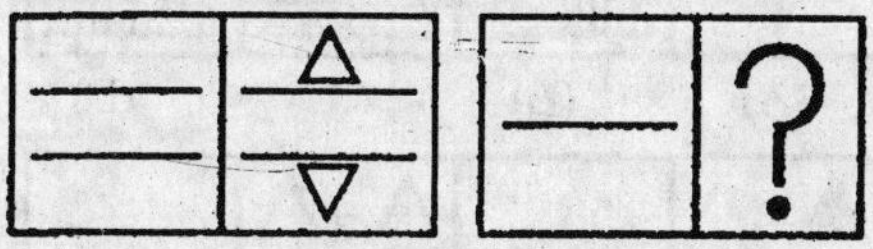

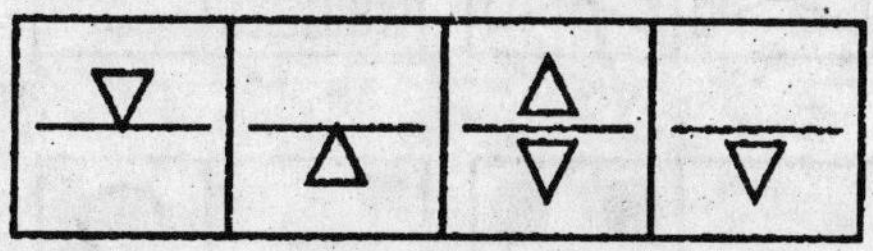

(A) (B) (C) (D)

18.

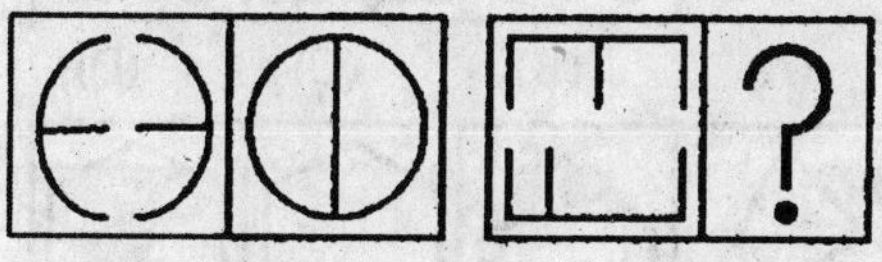

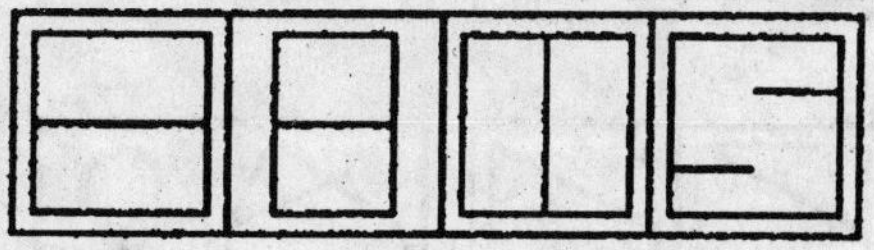

(A) (B) (C) (D)

19.

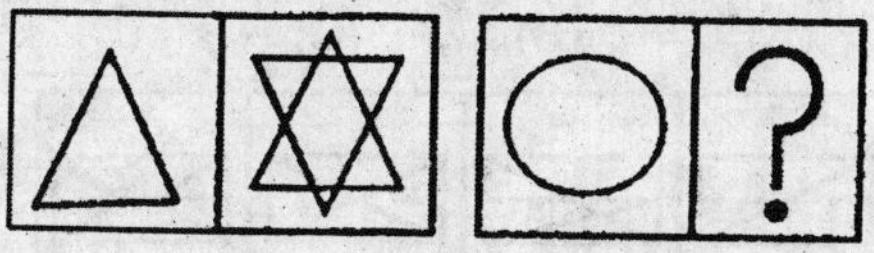

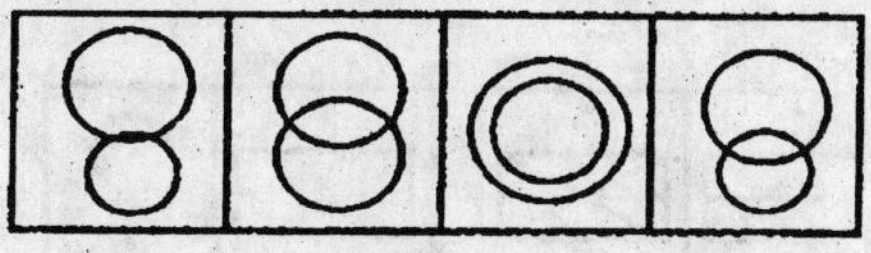

(A) (B) (C) (D)

20.

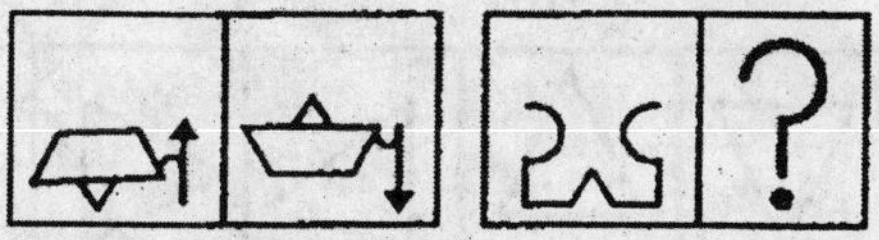

(A) (B) (C) (D)

21.

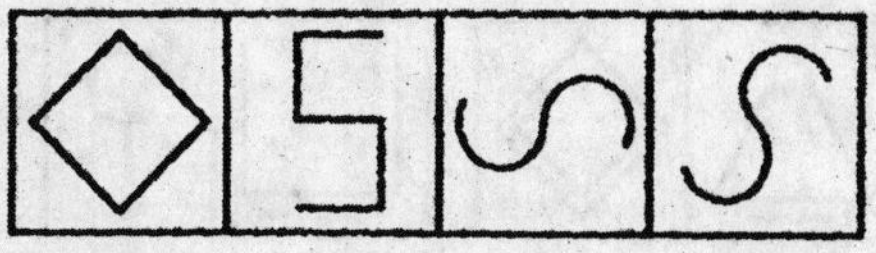

(A) (B) (C) (D)

22.

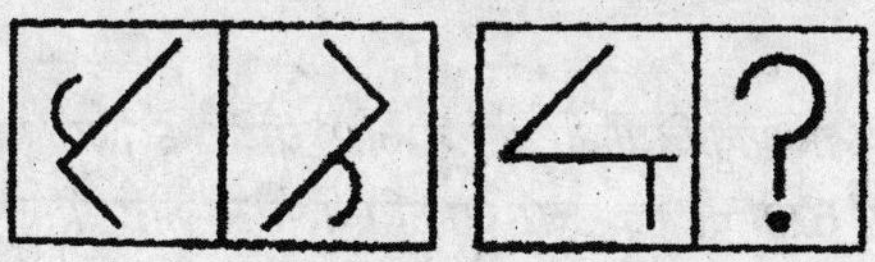

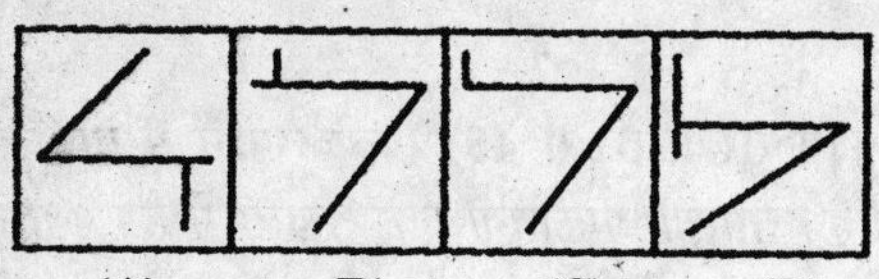

(A) (B) (C) (D)

समस्या-आकृतियाँ | उत्तर-आकृतियाँ

23. 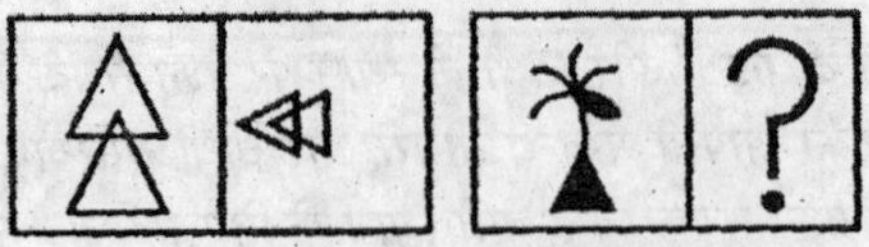 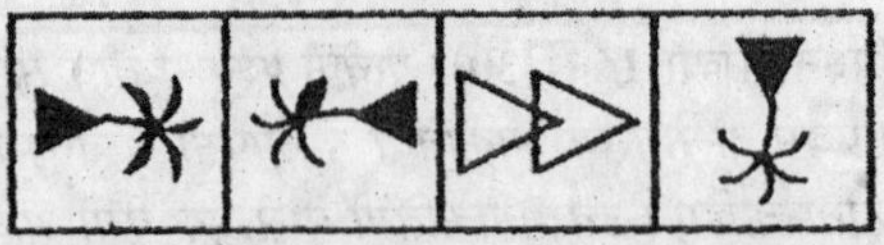

(A) (B) (C) (D)

24. 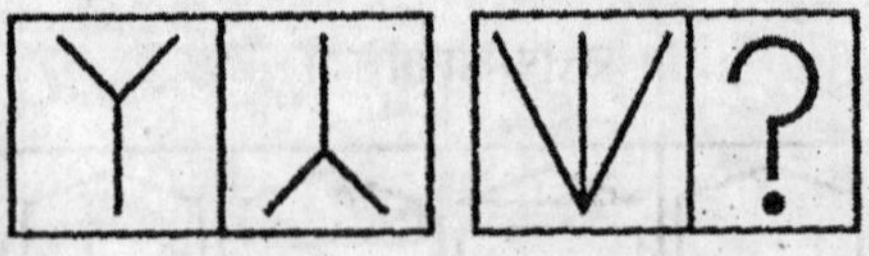 

(A) (B) (C) (D)

25.  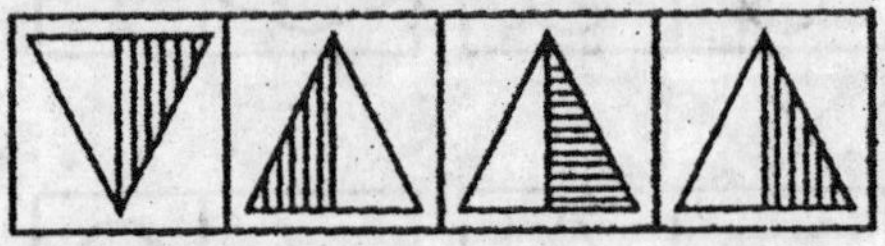

(A) (B) (C) (D)

26. 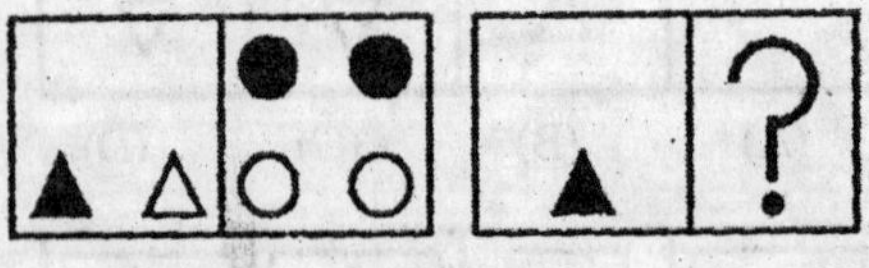 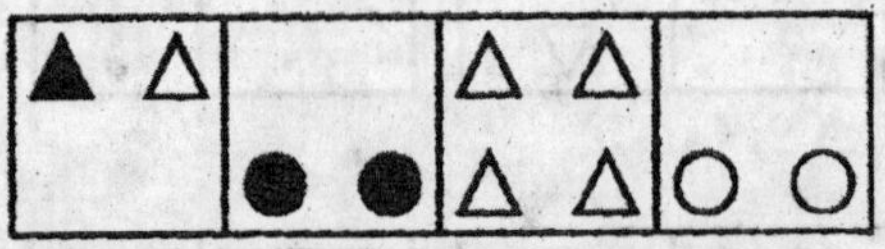

(A) (B) (C) (D)

27. 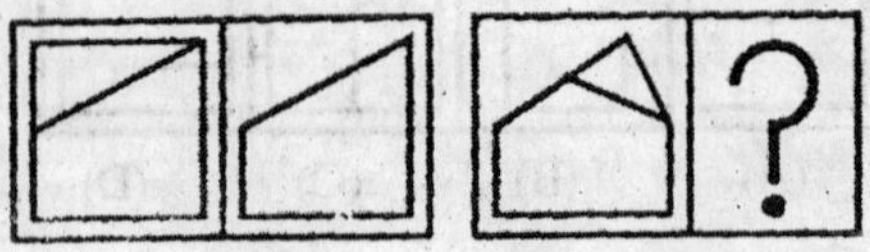 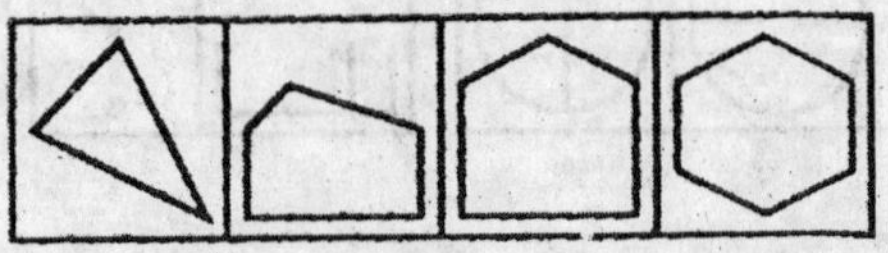

(A) (B) (C) (D)

28.  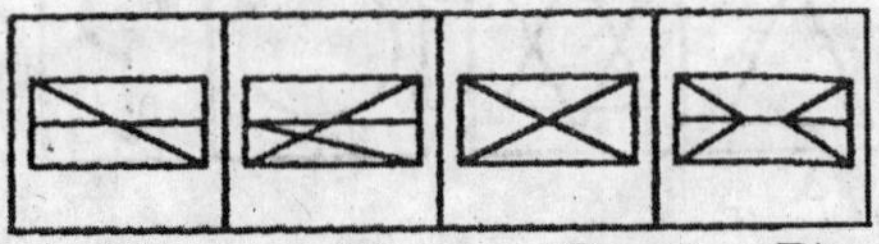

(A) (B) (C) (D)

29. 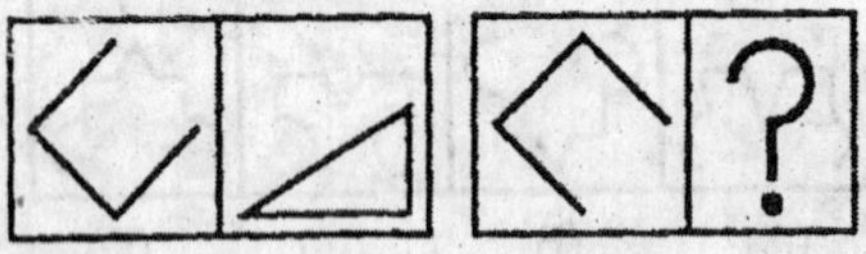 

(A) (B) (C) (D)

30.  

(A) (B) (C) (D)

खण्ड-III

निर्देश (प्रश्न संख्या 31 से 45): *प्रत्येक प्रश्न में बायीं तरफ तीन समस्या आकृतियाँ दी गई हैं और चौथी के लिए स्थान रिक्त रखा गया है। समस्या-आकृतियाँ एक शृंखला में हैं। पता लगाएँ कि दायीं तरफ दी गई उत्तर-आकृतियों में से कौन-सी आकृति इस शृंखला को पूरा करती है। सही आकृति के नीचे दिये गये क्रमांक पर घेरा लगाएं।*

समस्या-आकृतियाँ | **उत्तर-आकृतियाँ**

31.

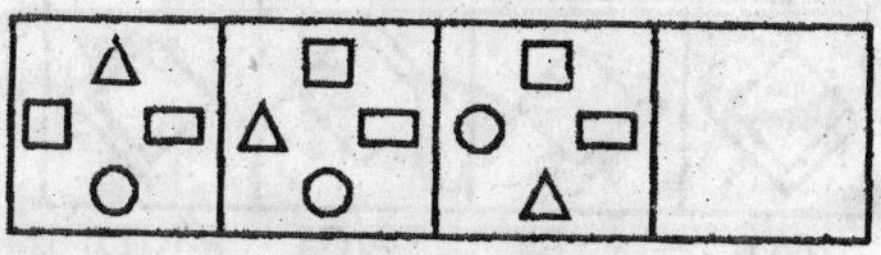

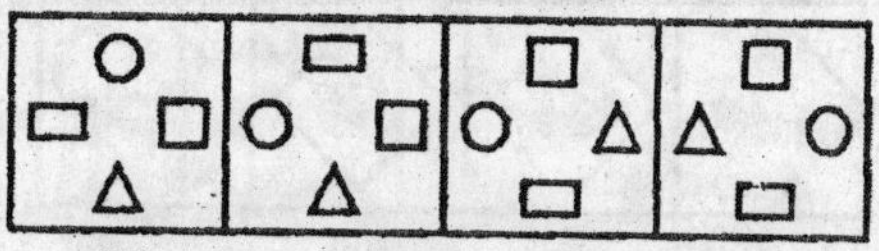

(A) (B) (C) (D)

32.

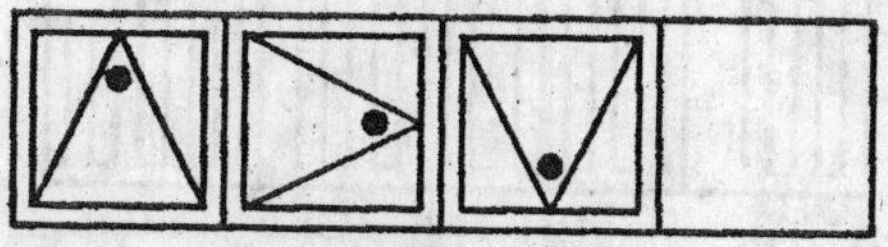

(A) (B) (C) (D)

33.

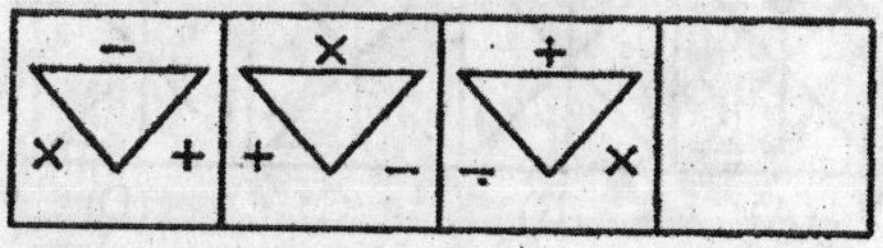

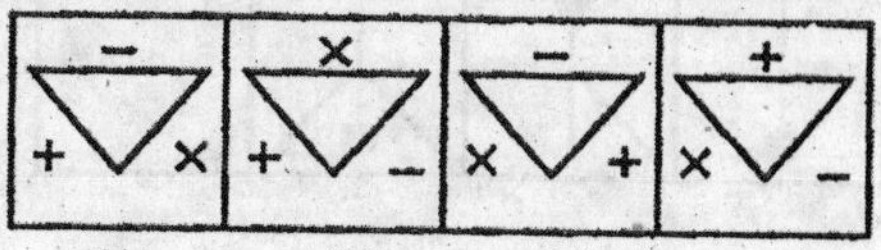

(A) (B) (C) (D)

34.

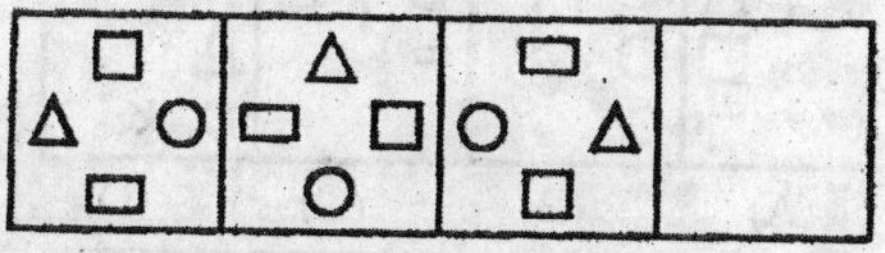

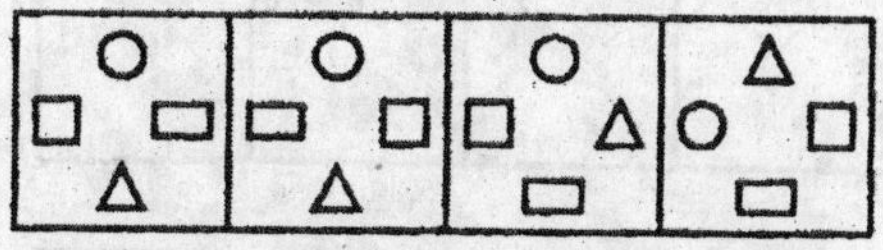

(A) (B) (C) (D)

35.

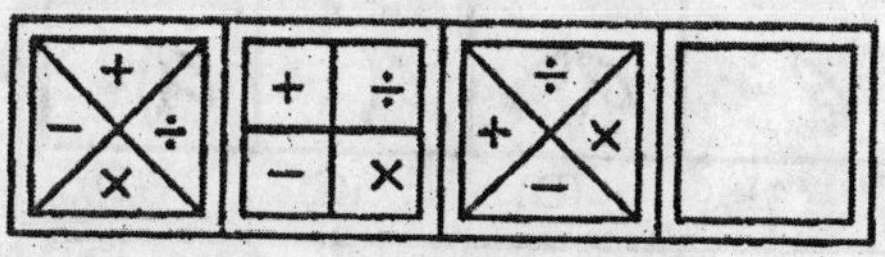

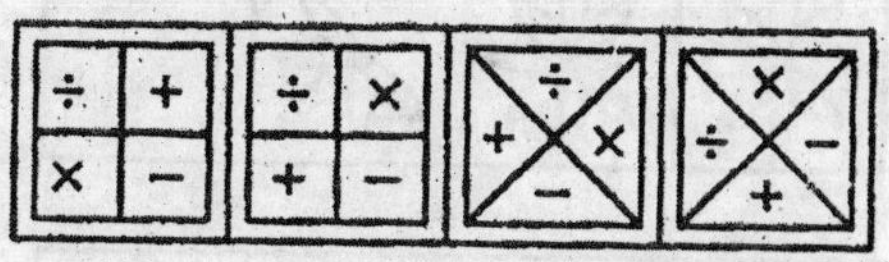

(A) (B) (C) (D)

36.

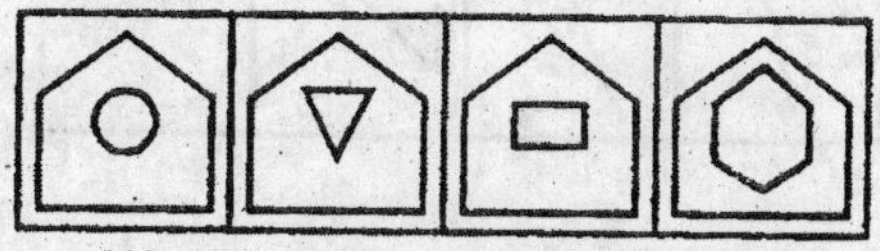

(A) (B) (C) (D)

37.

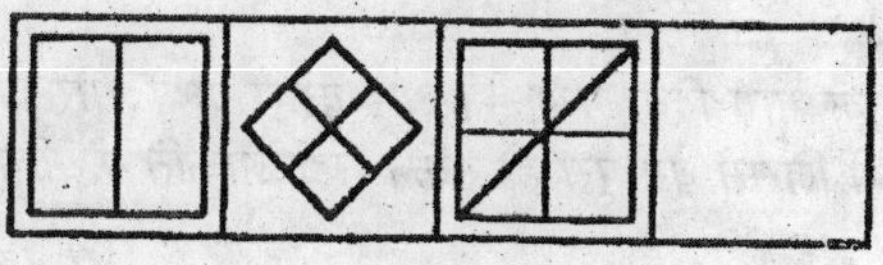

(A) (B) (C) (D)

38.

(A) (B) (C) (D)

39.

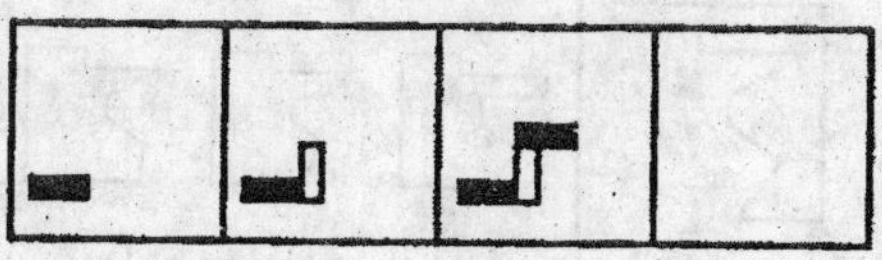

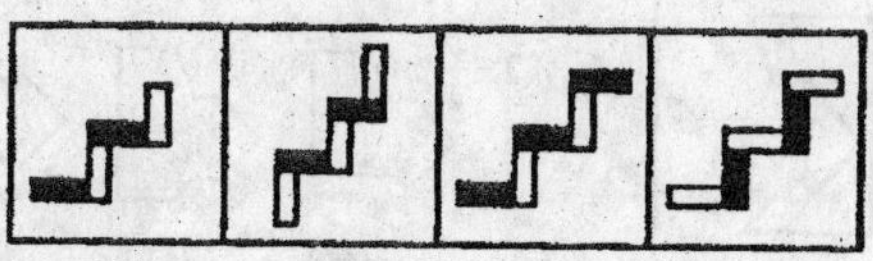

(A) (B) (C) (D)

समस्या-आकृतियाँ | उत्तर-आकृतियाँ

40. 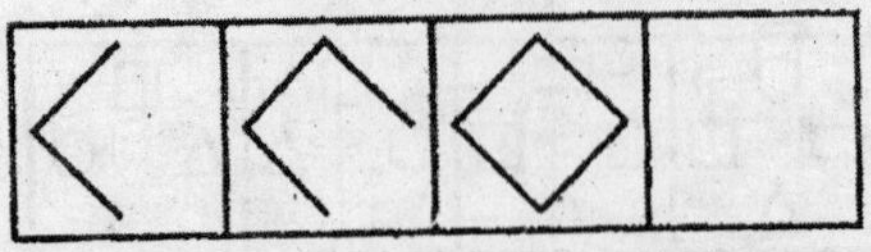 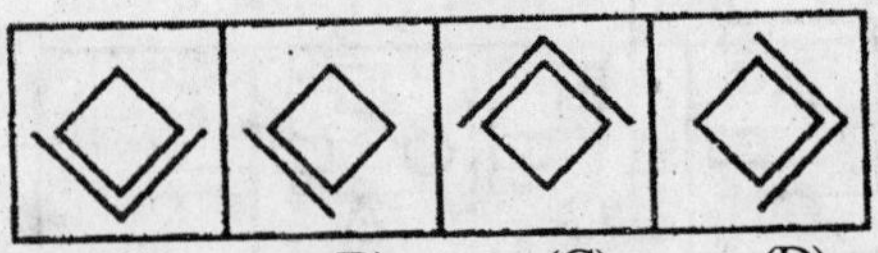

(A) (B) (C) (D)

41.  

(A) (B) (C) (D)

42. 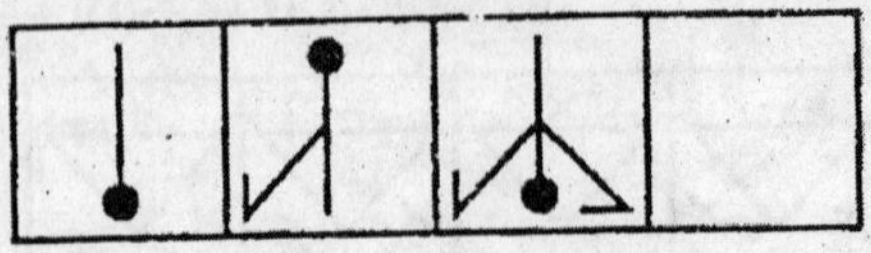 

(A) (B) (C) (D)

43. 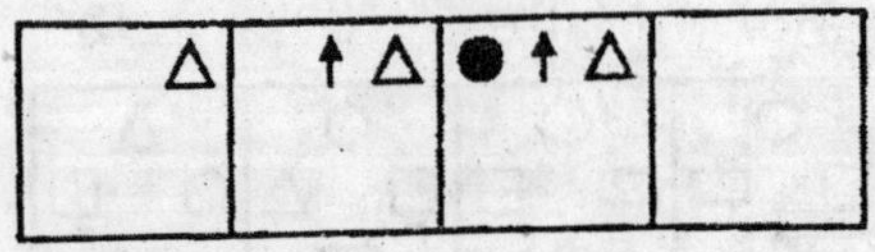 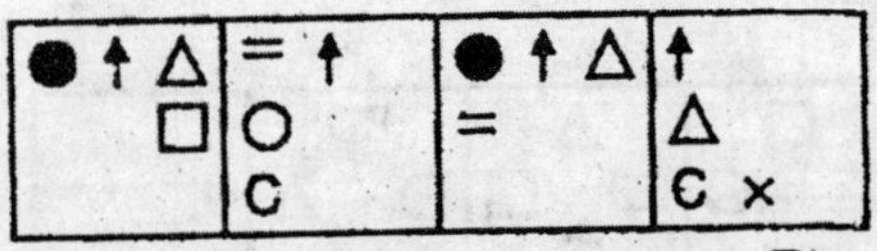

(A) (B) (C) (D)

44. 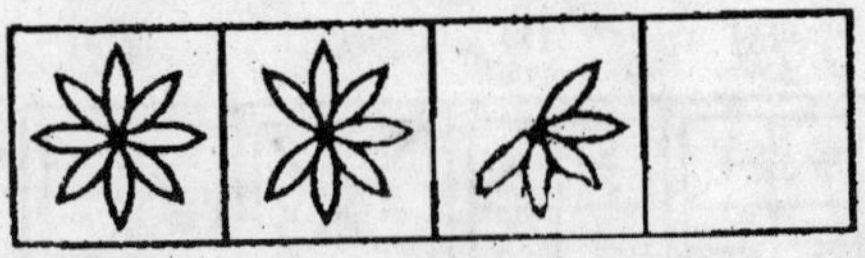 

(A) (B) (C) (D)

45. 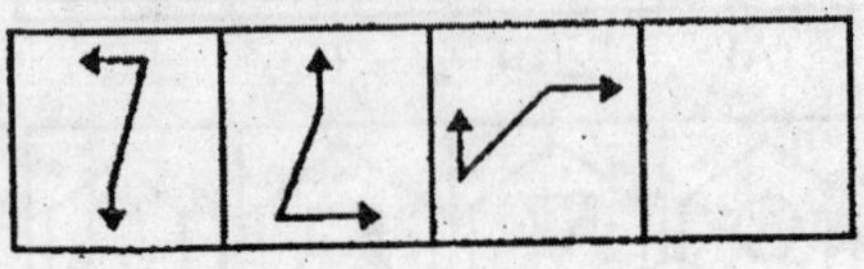 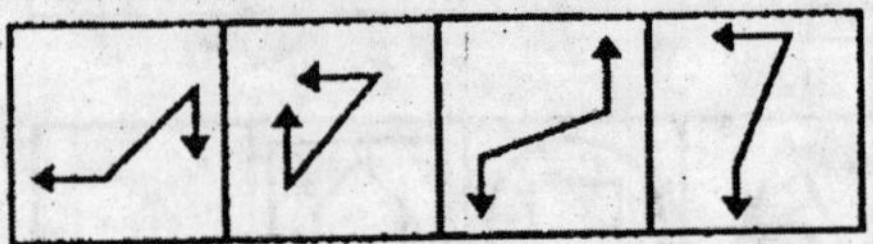

(A) (B) (C) (D)

खण्ड-IV

निर्देश (प्रश्न संख्या 46 से 60): *प्रत्येक प्रश्न में बायीं ओर वर्ग कां एक भाग दिया गया है। और दूसरा दायीं ओर दी गई चार उत्तर-आकृतियों में से कोई एक है। उत्तर-आकृतियों में से वह भाग ढूँढ़िये जिससे वर्ग पूरा हो सके। सही आकृति के नीचे दिए गए क्रमांक को वृत्त से घेर दें।*

समस्या-आकृति | उत्तर-आकृतियाँ

51.  

(A) (B) (C) (D)

46.  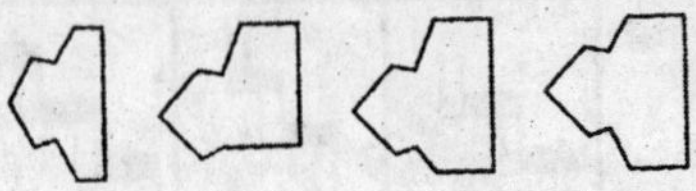

(A) (B) (C) (D)

समस्या-आकृति | उत्तर-आकृतियाँ

47. 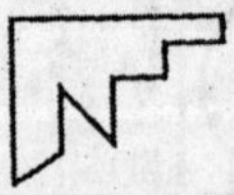 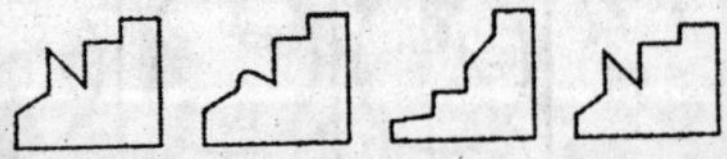

(A) (B) (C) (D)

48. 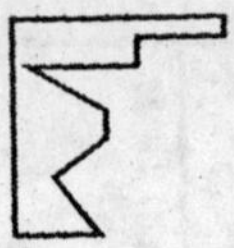 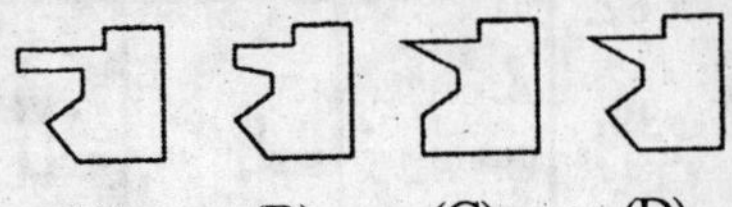

(A) (B) (C) (D)

समस्या-आकृति | उत्तर-आकृतियाँ

49. 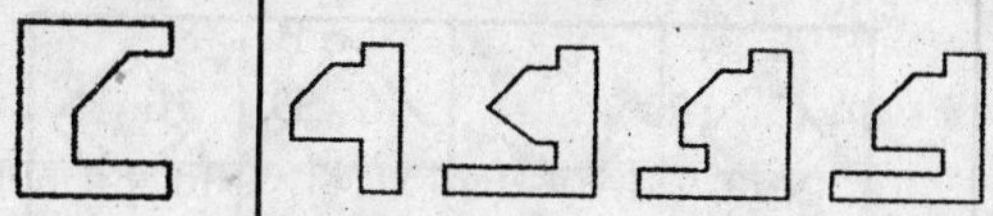

(A) (B) (C) (D)

50. 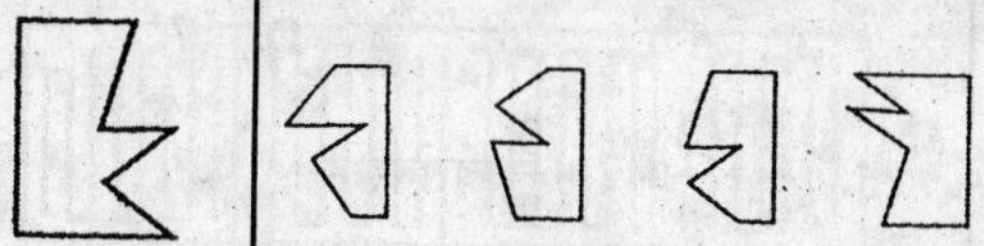

(A) (B) (C) (D)

51. 

(A) (B) (C) (D)

52. 

(A) (B) (C) (D)

53. 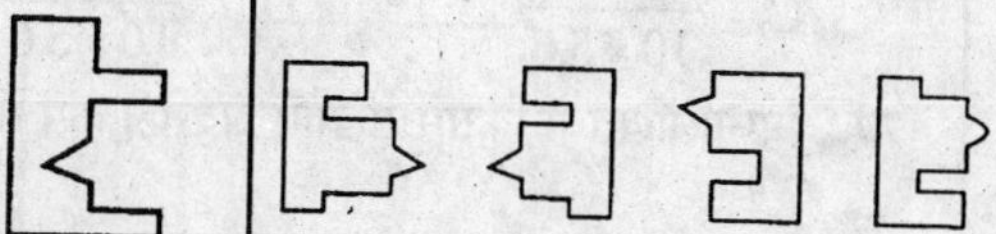

(A) (B) (C) (D)

54. 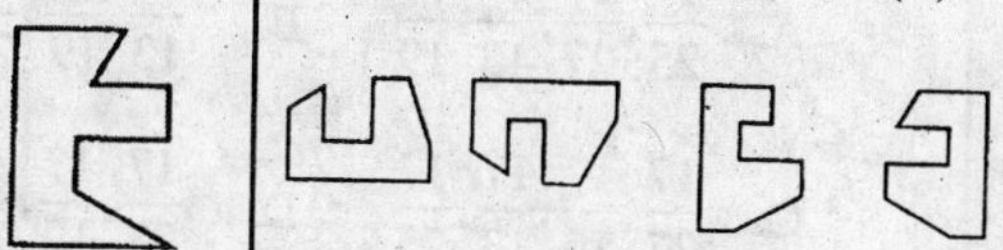

(A) (B) (C) (D)

समस्या-आकृति | उत्तर-आकृतियाँ

55. 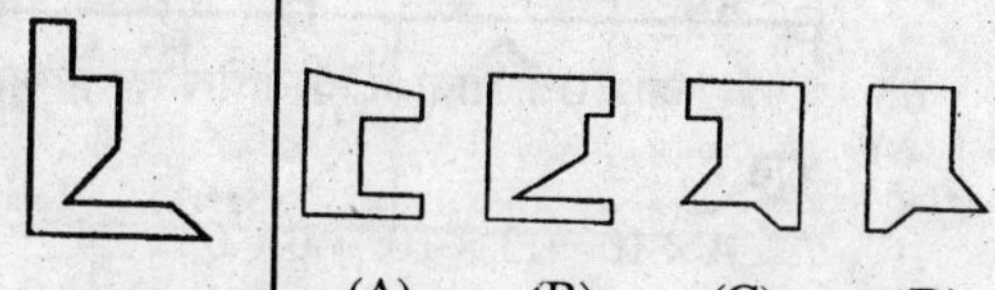

(A) (B) (C) (D)

56. 

(A) (B) (C) (D)

57. 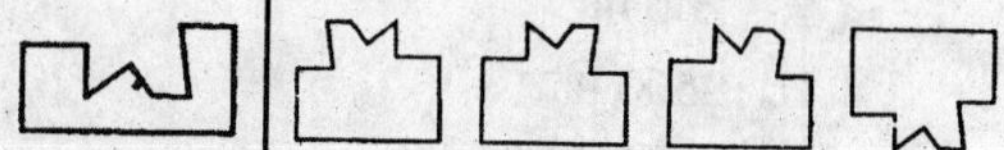

(A) (B) (C) (D)

58. 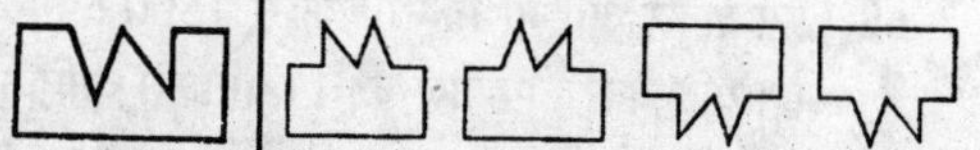

(A) (B) (C) (D)

59. 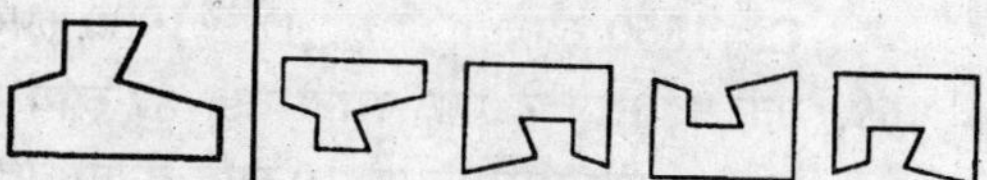

(A) (B) (C) (D)

60. 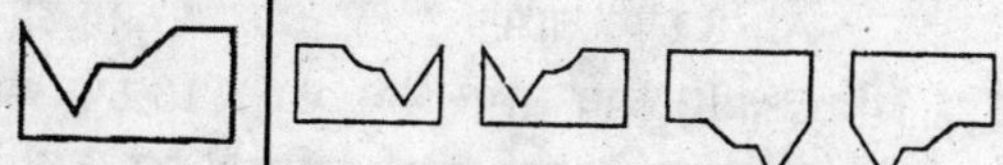

(A) (B) (C) (D)

अनुभाग–II : अंकगणित

निर्देश (प्रश्न 61-80): *नीचे दिए गए प्रत्येक प्रश्न के लिए (A), (B), (C) एवं (D) के क्रम में चार वैकल्पिक उत्तर दिए गए हैं। इनमें से केवल एक उत्तर सही है। आपको सही उत्तर चुनना है।*

61. एक घन का किनारा 5 सेमी. है, तो उस घन का सम्पूर्ण पृष्ठतल होगा-

A. 150 सेमी. B. 150 मी.
C. 150 वर्ग सेमी. D. 150 घन सेमी.

62. $50 \times 5 \times 0.05$ का मान है-

A. 1.25 B. 12.50
C. 125 D. 1250

63. एक विद्यार्थी रात्रि में 9:30 पर सोने के लिए गया तथा प्रातः 4:15 पर जगा, तो विद्यार्थी कितनी देर तक सोया?

A. 5 घंटे 45 मिनट B. 6 घंटे 15 मिनट
C. 6 घंटे 45 मिनट D. 7 घंटे 45 मिनट

64. निम्नलिखित व्यंजक का सरलतम रूप ज्ञात करें-

$$\frac{\sqrt{36} \times \sqrt{81} \times \sqrt{49} \times \sqrt{16}}{\sqrt{9} \times \sqrt{4}}$$

A. 244 B. 248
C. 252 D. 256

65. वह कौन-सी संख्या है जिसका आधा उसकी तिहाई से 35 अधिक है?

A. 210　　B. 215
C. 225　　D. 235

66. 43062 का 10 के घातों में विस्तारित रूप निम्नलिखित में कौन है?

A. $4 \times 10^3 + 3 \times 10^2 + 0 + 62$
B. $4 \times 10^4 + 3 \times 10^3 + 0 + 6 \times 10 + 2$
C. $4 \times 10^5 + 3 \times 10^4 + 0 + 6 \times 100 + 2 \times 10 + 0$
D. $4 \times 10^6 + 3 \times 10^5 + 0 + 6 \times 1000 + 2 \times 100$

67. यदि एक वर्गाकार आंगन का परिमाप 200 मीटर है, तो उसका क्षेत्रफल होगा-

A. 800 मीटर
B. 2500 मीटर
C. 800 वर्गमीटर
D. 2500 वर्गमीटर

68. प्रेम शंकर आहूजा किसी बैंक से 1500 रुपये उधार लेता है। यदि बैंक की ब्याज दर 11 प्रतिशत वार्षिक हो, तो दो वर्षों में उसे कितनी राशि लौटानी पड़ेगी?

A. 330 रुपये　　B. 1830 रुपये
C. 1860 रुपये　　D. 1900 रुपये

69. एक घड़ीसाज़ ने एक पुरानी घड़ी 87 रुपये में खरीदी। उसने इसकी मरम्मति पर 10 रुपये लगाए तथा फिर उसे 105 रुपये में बेच दिया। उसका लाभ या हानि ज्ञात करें।

A. 8 रुपये लाभ　　B. 8 रुपये हानि
C. 13 रुपये लाभ　　D. 13 रुपये हानि

70. X का मान क्या होगा यदि X का 5% + 75 का 16% = 16

A. 75　　B. 80
C. 90　　D. 100

71. यदि 4 कलम का मूल्य 16 पेंसिल के मूल्य के बराबर है तो 96 पेंसिल के बदले में कितने कलम लिए जा सकते हैं?

A. 6 कलम　　B. 18 कलम
C. 24 कलम　　D. 64 कलम

72. एक साइकिल सवार 3 मिनट में 1.2 किलोमीटर दूरी तय करता है, तो उसकी गति प्रति घंटा क्या होगी?

A. 24 किमी/घंटा
B. 24 मी./घंटा
C. 24 मी./से.
D. 24 किमी./मी.

73. 9 तथा 16 का मध्य अनुपाती संख्या क्या होगी?

A. 4　　B. 8
C. 12　　D. 36

74. प्रथम पाँच सम-संख्याओं का औसत क्या होगा?

A. 4　　B. 5
C. 6　　D. 7

75. $\frac{3}{4} \div \frac{3}{4} \times 2 + \frac{3}{2}$ बराबर है-

A. 6　　B. $\frac{7}{2}$
C. 2　　D. $\frac{9}{2}$

76. निम्नलिखित में से कौन 1 के बराबर है?

A. $\frac{0.8 \times 7}{10 \times 5.6}$　　B. $\frac{0.8 \times 7}{1.0 \times 5.6}$
C. $\frac{0.8 \times 0.7}{10 \times 5.6}$　　D. $\frac{0.8 \times 7.0}{1.0 \times 5.6}$

77. निम्नलिखित में किसमें संख्याएँ अवरोही क्रम में लिखी हुई हैं?

A. $\frac{17}{25}, \frac{17}{27}, \frac{17}{13}, \frac{17}{19}$　　B. $\frac{17}{13}, \frac{17}{19}, \frac{17}{25}, \frac{17}{27}$
C. $\frac{17}{27}, \frac{17}{19}, \frac{17}{13}, \frac{17}{25}$　　D. $\frac{17}{27}, \frac{17}{19}, \frac{17}{25}, \frac{17}{13}$

78. $2 \times 3 \times 5 \times 7$ और $3 \times 5 \times 7 \times 11$ का म.स. कौन-सा होगा?

A. $2 \times 3 \times 5 \times 7$
B. $3 \times 5 \times 7 \times 11$
C. $2 \times 3 \times 5 \times 7 \times 11$
D. $3 \times 5 \times 7$

79. 46890 में 4 के स्थानीय मान तथा अंकित मान में क्या अन्तर होगा?

A. 4　　B. 40000
C. 39996　　D. 39969

80. वह कौन-सी छोटी-से-छोटी संख्या है, जिसे किसी सम संख्या में जोड़ने या घटाने पर वह विषम संख्या होगी?

A. 0　　B. 1
C. 2　　D. 3

अनुभाग-III : हिन्दी-भाषा

निर्देश (प्रश्न संख्या 81 से 100): *इस अनुभाग में चार गद्यांश हैं। प्रत्येक गद्यांश पर पाँच प्रश्न पूछे गए हैं। प्रत्येक गद्यांश को ध्यानपूर्वक पढ़िए और उस पर पूछे गए प्रश्नों के उत्तर दीजिए। प्रत्येक प्रश्न के चार संभावित उत्तर दिए गए हैं जिनमें से केवल एक ही उत्तर सही है। आप सही उत्तर चुनिए।*

गद्यांश-1

यूनानियों के जीवन का मूल मंत्र था-दृढ़ता के साथ नागरिकता के कर्त्तव्य का पालन। सुकरात के समय में यूनान कला एवं साहित्य में विशेष प्रगति पर था। उनके मूर्तिकार, कलाकार, दार्शनिक और कवि—सभी एथेंस को सुन्दर बनाने में कार्यरत थे, पर उनमें से किसी को सुकरात जैसा स्नेह और सम्मान नहीं मिल सका। उस समय एथेंस में अनेक विश्वविद्यालय एवं पाठशालाएँ थीं, किन्तु उनमें सबसे प्रसिद्ध केन्द्र वे ही थे जहाँ सुकरात विद्यादान करते थे। इन केन्द्रों की स्थापना वे शहर की विभिन्न सड़कों पर करते थे। उन्होंने प्रश्नोत्तर द्वारा ऐसी उत्तर प्रणाली का आविष्कार किया जो आगे चलकर सुकराती शिक्षा पद्धति के नाम से प्रसिद्ध हुई।

81. यूनान के मूर्तिकारों, कलाकारों, दार्शनिकों या कवियों में से किसी को सुकरात जैसा स्नेह और सम्मान नहीं मिला, क्योंकि-

A. एथेंस को सुन्दर बनाने में कार्यरत थे
B. कला में रुचि लेते थे
C. सुकरात सड़कों पर विद्यादान करते थे
D. सुकरात सुन्दर थे

82. सुकरात के विद्यादान के केन्द्र शहर की विभिन्न ..... पर स्थापित थे

A. सड़कों B. स्टेशनों
C. चौराहों D. मीनारों

83. यूनान किसके समय में कला और साहित्य में विशेष प्रगति पर था?

A. फिलिस्तीनियों के B. अंग्रेजों के
C. मुसलमानों के D. सुकरात के

84. सुकरात के जीवन का मूल मंत्र क्या था?

A. सत्य और अहिंसा
B. नागरिकता का कर्त्तव्य पालन
C. परोपकार
D. सच्चाई

85. सुकरात के समय मूर्तिकार, दार्शनिक आदि किसे सुन्दर बनाने में कार्यरत थे?

A. अपने को B. नागरिकों को
C. एथेंस को D. यूरोप को

गद्यांश-2

बर्बरीक के मरने पर सब लोग भौंचक्के रह गए। पाण्डव शोक में डूब गए। घटोत्कच मूर्च्छित होकर गिर पड़ा। उसी समय वहाँ चौदह देवियाँ आयीं। उन्होंने घटोत्कच तथा पाण्डवों को बताया कि बर्बरीक पूर्वजन्म में सूर्यवर्चा नामक यक्ष था। देवता, ब्रह्माजी के साथ जब पृथ्वी का भार उतारने के लिए पर्वत पर भगवान नारायण की स्तुति कर रहे थे, तब अहंकारवश उस यक्ष ने कहा-''पृथ्वी का भार तो मैं ही दूर कर दूँगा।'' उसके गर्व के कारण रुष्ट होकर ब्रह्माजी ने शाप दे दिया कि भूमि का भार दूर करते समय भगवान उसका वध करेंगे। ब्रह्माजी के उस शाप को सत्य करने के लिए ही भगवान श्रीकृष्णचन्द्र ने बर्बरीक को मारा है।

86. ब्रह्माजी ने रुष्ट होकर यक्ष को क्या किया?

A. मार डाला B. भगा दिया
C. शाप दिया D. सजा दिया

87. देवता जब भगवान नारायण की स्तुति कर रहे थे तो उनके साथ कौन थे

A. शिवजी B. विष्णुजी
C. ब्रह्माजी D. नारद जी

88. ''पृथ्वी का भार तो मैं ही दूर कर दूँगा''-यह बात यक्ष ने किस कारण से कही?

A. अहंकारवश B. क्रोधवश
C. भयवश D. ममतावश

89. बर्बरीक के मरने की घटोत्कच पर क्या प्रतिक्रिया हुई?

A. भौंचक्का रह गया
B. क्रोध से उछल पड़ा
C. भय से कांपने लगा
D. मूर्छित होकर गिर पड़ा

90. बर्बरीक का वध किसने किया?

A. ब्रह्माजी ने B. श्रीकृष्णचन्द्र ने
C. भगवान नारायण ने D. घटोत्कच ने

गद्यांश-3

कैकेयी राजा दशरथ की पत्नी और भरत की माँ थी। राजा दशरथ ने कैकेयी को दो वरदान दे रखे थे। उसने मंथरा के कहने में पड़कर राजा दशरथ से दो वरदान मांगे कि अयोध्या के राजा भरत हों और राम चौदह वर्ष के लिए जंगल चले जाएँ। राजा दशरथ अयोध्या के राजा थे। वे बूढ़े हो चले थे। अब वे अपने सबसे बड़े पुत्र रामचन्द्र को राजगद्दी देना चाहते थे। राजा ने राम के राज्याभिषेक की घोषणा कर दी। प्रजा अपने प्रिय राम को राजा बनने की बात सुनकर प्रसन्न थी।

91. राजा दशरथ ने किस बात की घोषणा कर दी?
A. भरत की राजगद्दी की
B. राम वन-गमन की
C. कैकेयी के देश निकाला की
D. राम के राज्याभिषेक की

92. राजा दशरथ के सबसे बड़े पुत्र कौन थे?
A. लक्ष्मण B. रामचन्द्र
C. भरत D. शत्रुघ्न

93. दशरथ कहाँ के राजा थे?
A. दरभंगा के B. प्रयाग के
C. मिथिला के D. अयोध्या के

94. कैकेयी ने वर माँगा कि राम चौदह वर्ष के लिए जंगल में रहें और-
A. शत्रुघ्न राजा हों
B. अयोध्या के राजा भरत हों
C. मैं रानी बनूँ
D. आप प्राण दें

95. कैकेयी ने किसके बहकावे में आकर राजा दशरथ से दो वरदान मांगे?
A. अपने पुत्र B. अपनी बहन
C. मंथरा D. सुमित्रा

गद्यांश-4

डेनमार्क में मेहमान का आना त्योहार से कम नहीं माना जाता है। डेनमार्क कृषि प्रधान देश है। यहाँ खेती सब जगह ट्रैक्टर से होती है। खेती के हर काम के लिए लोगों के पास मशीनें हैं। यहाँ किसान अलग-अलग घरों में गायें नहीं रखते। कई किसान मिलकर बहुत-सी गायें सहकारिता में रखते हैं। गायों का दूध वे मशीन द्वारा निकालते हैं। पीने भर दूध अपने घर में रख कर बाकी दूध दुग्धशाला में पहुँचा देते हैं। शायद यही कारण है कि किसी घर में दही-मट्ठा या मक्खन बनाने का काम नहीं होता है। ये सब चीज़ें वे दुग्धशाला से खरीदते हैं। कारखाना वहाँ मामूली बात है, पर घोड़े रखना वहाँ गौरव का विषय है।

96. डेनमार्क के घरों में दही-मट्ठा या मक्खन बनाने का काम नहीं होता, क्योंकि-
A. वहाँ मशीनें नहीं हैं
B. मवेशी हैं ही नहीं
C. पीने भर बचाकर सारा दूध दुग्धशाला में पहुँचा दिया जाता है
D. वहाँ के लोग ये सब काम जानते ही नहीं

97. डेनमार्क में गायों का दूध कैसे निकाला जाता है?
A. दूह कर B. मशीनों द्वारा
C. सुई देकर D. मालिश करके

98. डेनमार्क कैसा देश है?
A. कृषि प्रधान B. समनातिशीतोष्ण
C. फैशनपरस्त D. पशु-पक्षियों का

99. कई किसान मिलकर बहुत-सी गाएँ ..... में रखते हैं
A. बथान B. सहकारिता
C. गोशाले D. तबेले

100. डेनमार्क में दही-मट्ठा या मक्खन लोग कहाँ से खरीदते हैं?
A. बाजार से B. सरकारी डिपो से
C. दुग्धशाला से D. पड़ोस से

उत्तरमाला

1	2	3	4	5	6	7	8	9	10
C	A	B	A	D	D	C	A	B	B
11	12	13	14	15	16	17	18	19	20
C	C	C	B	B	C	D	A	B	C
21	22	23	24	25	26	27	28	29	30
D	B	B	C	D	B	B	C	C	D
31	32	33	34	35	36	37	38	39	40
C	B	C	A	B	D	C	A	A	B

41	42	43	44	45	46	47	48	49	50
A	D	C	D	A	C	A	D	D	C
51	**52**	**53**	**54**	**55**	**56**	**57**	**58**	**59**	**60**
A	A	B	D	C	B	D	D	D	D
61	**62**	**63**	**64**	**65**	**66**	**67**	**68**	**69**	**70**
C	B	C	C	A	B	D	B	A	B
71	**72**	**73**	**74**	**75**	**76**	**77**	**78**	**79**	**80**
C	A	C	C	B	B	B	D	C	B
81	**82**	**83**	**84**	**85**	**86**	**87**	**88**	**89**	**90**
C	A	D	B	C	C	C	A	D	B
91	**92**	**93**	**94**	**95**	**96**	**97**	**98**	**99**	**100**
D	B	D	B	C	C	B	A	B	C

कुछ चुने हुए प्रश्नों के व्याख्यात्मक उत्तर

16. प्रश्न-आकृति एक से दो में मुख्य-आकृति दो समान भागों में बँट कर अलग-अलग हो जाती है। इसी प्रकार का परिवर्तन प्रश्न-आकृति तीन से चार में भी होकर उत्तर आकृति (C) प्राप्त होगी।

17. प्रश्न-आकृति एक से दो में दोनों रेखा के एक-एक तरफ एक लघु त्रिभुज बन जाती है तथा त्रिभुज का आधार रेखा की ओर रहता है। इसी प्रकार तीन से चार में एक रेखा है जिसके एक तरफ एक त्रिभुज बन जाएगी जिसका आधार रेखा की तरफ होगा। इस प्रकार उत्तर (D) प्राप्त होगा।

18. प्रश्न-आकृति एक से दो आकृति 90° पर घूमकर परस्पर सट जाती है। इसी प्रकार का परिवर्तन प्रश्न-आकृति तीन से चार में भी होकर उत्तर-आकृति (A) प्राप्त होगी।

19. प्रश्न-आकृति एक से दो में पहली आकृति के समान एक दूसरी उलटी आकृति उसे काटती है। इसी प्रकार का परिवर्तन प्रश्न-आकृति तीन से चार में भी होकर उत्तर-आकृति (B) प्राप्त होगी।

20. प्रश्न-आकृति एक से दो में आकृति अपने स्थान पर ही उर्ध्वाधर तल पर ऊपर से नीचे की ओर पलट जाती है। इसी प्रकार का परिवर्तन प्रश्नाकृति तीन से चार में भी होकर उत्तर-आकृति (C) प्राप्त होगी।

21. प्रश्न-आकृति एक से दो में आकृति अपने स्थान पर ही घड़ी की सुई के चलने की दिशा में 45° घूम जाती है। इसी प्रकार का परिवर्तन प्रश्न-आकृति तीन से चार में भी होकर उत्तर-आकृति (D) प्राप्त होगी।

22. प्रश्न-आकृति एक से दो में आकृति अपने स्थान पर ही 180° घड़ी की सुई की दिशा में घूम जाती है। इसी प्रकार का परिवर्तन प्रश्न-आकृति तीन से चार में भी होकर उत्तर-आकृति (B) प्राप्त होगी।

23. प्रश्न-आकृति एक से दो में आकृति अपने स्थान पर ही घड़ी की सुई के चलने की विपरीत दिशा में 90° घूम जाती है। इसी प्रकार का परिवर्तन प्रश्न-आकृति तीन से चार में भी होकर उत्तर-आकृति (B) प्राप्त होगी।

24. प्रश्न-आकृति एक से दो में आकृति अपने स्थान पर ही उर्ध्वाधर तल पर ऊपर से नीचे की ओर पलट जाती है। इसी प्रकार का परिवर्तन प्रश्न-आकृति तीन से चार में भी होकर उत्तर-आकृति (C) प्राप्त होगी।

25. प्रश्न-आकृति एक से दो में आकृति अपने स्थान पर ही क्षैतिज तल पर दायें से बायें पलट जाती है। इसी प्रकार का परिवर्तन प्रश्न-आकृति तीन से चार में भी होकर उत्तर-आकृति (D) प्राप्त होगी।

26. प्रश्न-आकृति एक से दो में काली तथा सफेद लघु त्रिभुज दुगुनी होकर क्रमशः काली तथा सफेद लघु वृत्त का रूप धारण कर लेती है। इसी प्रकार प्रश्न-आकृति तीन से चार में काली लघु त्रिभुज दुगुनी होकर काली लघु वृत्त का रूप धारण कर लेगी। इस प्रकार उत्तर-आकृति (B) प्राप्त होगी।

27. प्रश्न-आकृति एक से दो में आकृति का ऊपरी रेखा से कटा भाग लुप्त हो जाता है। इसी प्रकार का परिवर्तन प्रश्न-आकृति तीन से चार में भी होकर उत्तर-आकृति (B) प्राप्त होगी।

28. प्रश्न-आकृति एक से दो में आयत के दोनों विकर्ण बढ़ जाते हैं। इसी प्रकार का परिवर्तन प्रश्न-आकृति तीन से चार में भी होकर उत्तर-आकृति (C) प्राप्त होगी।

29. प्रश्न-आकृति एक से दो में आकृति घड़ी की सुई के चलने की दिशा में 90° पर घूम जाती है तथा दोनों खुली भुजा आपस में जुड़कर त्रिभुज का रूप धारण कर लेती हैं। इसी प्रकार का परिवर्तन प्रश्न-आकृति तीन से चार में भी होकर उत्तर आकृति (C) प्राप्त होगी।

30. प्रश्न-आकृति एक से दो में मुख्य आकृति में एक भुजा की वृद्धि हो जाती है तथा बाहरवाली रेखा दो गुनी होकर मुख्य आकृति के अन्दर चली जाती है। इसी प्रकार का परिवर्तन प्रश्न-आकृति तीन से चार में भी होकर उत्तर-आकृति (D) प्राप्त होगी।

31. प्रश्न-आकृतियों की प्रत्येक अगली आकृति में बाएँ मध्य से शुरू होकर घड़ी की सुई के चलने की विपरीत दिशा में प्रत्येक बार दो चिन्ह आपस में अपना स्थान परिवर्तन कर लेते हैं जबकि अन्य चिन्ह अपरिवर्तित रहते हैं। इस प्रकार रिक्त स्थान पर उत्तर-आकृति (C) आएगी।

32. प्रश्न-आकृतियों की प्रत्येक अगली आकृति में मुख्य आकृति घड़ी की सुई के चलने की दिशा में 90° घूमती जा रही है। इस प्रकार रिक्त स्थान पर उत्तर-आकृति (B) आएगी।

33. प्रश्न-आकृतियों की प्रत्येक अगली आकृति में त्रिभुज के बाहर स्थित सभी लघु चिन्ह घड़ी की सुई की चलने की दिशा में घूमते जा रहे हैं। इस प्रकार रिक्त स्थान पर उत्तर-आकृति (C) आएगी।

34. प्रश्न-आकृतियों की प्रत्येक अगली आकृति में चारों लघु चिन्ह एक-एक भुजा घड़ी की सुई के चलने की दिशा में आगे बढ़ती जा रही है। इस प्रकार रिक्त स्थान पर उत्तर-आकृति (A) आएगी।

35. प्रश्न-आकृतियों की प्रत्येक अगली आकृति में वर्ग के अन्दर की आकृति घड़ी की सुई की विपरीत दिशा में 45° घूम जाती है। इस प्रकार रिक्त स्थान पर उत्तर-आकृति (B) आएगी।

36. प्रश्न-आकृतियों की प्रत्येक अगली आकृति में अन्दर वाली लघु आकृति बाहर आकर बड़ी आकृति का रूप धारण कर लेती है तथा उसके अन्दर एक नई आकृति आ जाती है। इस प्रकार रिक्त स्थान पर उत्तर-आकृति (B) आएगी।

37. प्रश्न-आकृतियों की प्रत्येक अगली आकृति में मुख्य आकृति 45° घड़ी की सुई की चलने की दिशा में घूम रही है तथा उसके अन्दर एक-एक रेखा की वृद्धि होती जाती है। इस प्रकार रिक्त स्थान पर उत्तर-आकृति (C) आएगी।

38. प्रश्न-आकृतियों की प्रत्येक अगली आकृति में वृत्त के अन्दर बनी काली त्रिभुज घड़ी की सुई के चलने की दिशा में 90° घूमती जा रही है। इस प्रकार रिक्त स्थान पर उत्तर-आकृति (A) आएगी।

39. प्रश्न-आकृतियों की प्रत्येक अगली आकृति में पहले सफेद, फिर काला, फिर सफेद भाग 90° के कोण पर जुड़ता जाता है। इसी तरह एक क्रम बनता जाता है। इस प्रकार रिक्त स्थान पर उत्तर-आकृति (A) आएगी।

40. प्रश्न-आकृतियों की प्रत्येक अगली आकृति में मुख्य-आकृति में घड़ी की सुई के चलने की दिशा में एक-एक रेखा की वृद्धि होती जा रही है। इस प्रकार रिक्त स्थान पर उत्तर-आकृति (B) आएगी।

41. प्रश्न-आकृतियों की प्रत्येक अगली आकृति में मुख्य-आकृति में एक निश्चित क्रम में क्रमशः दो, तीन, चार रेखाएँ जुड़ती जाती हैं। इस प्रकार रिक्त स्थान पर उत्तर-आकृति (A) आएगी।

42. प्रश्न-आकृतियों की प्रत्येक अगली आकृति में मुख्य आकृति “ ” पिन 180° उलटती जाती है तथा एक भुजा “ ” घड़ी की सुई के चलने की विपरीत दिशा में पिन से जुड़ती जाती है। इस प्रकार उत्तर-आकृति (D) प्राप्त होगी।

43. प्रश्न-आकृतियों की प्रत्येक अगली आकृति में घड़ी की सुई के चलने की विपरीत दिशा में एक-एक नई आकृति की वृद्धि होती जाती है। इस प्रकार रिक्त स्थान पर उत्तर-आकृति (C) आएगी।

44. प्रश्न-आकृतियों की प्रत्येक अगली आकृति में बायीं ओर से घड़ी की सुई की दिशा में क्रमशः 1, 2 ..... पत्ती लुप्त होती जाती हैं। इस प्रकार उत्तर-आकृति (D) प्राप्त होगी।

45. प्रश्न-आकृतियों की प्रत्येक अगली आकृतियों में ऊपरी तीर 90° घड़ी की सुई की चलने की दिशा में घूम रही है तथा निचली तीर 90° घड़ी की सुई के चलने की विपरीत दिशा में घूम रही है। इस प्रकार उत्तर-आकृति (A) प्राप्त होगी।

61. घन का किनारा = 5 सेमी.
घन का सम्पूर्ण पृष्ठतल = $6 \times$ (किनारा)^2
$= 6 \times (5)^2 = 6 \times 25 - 150$ वर्ग सेमी.

62. $50 \times 5 \times 0.05$

पिछले प्रश्न-पत्र (हल सहित)

जवाहर नवोदय विद्यालय प्रवेश परीक्षा, 2000

अनुभाग-I

मानसिक योग्यता परीक्षा

खण्ड-I

नर्देश (प्रश्न 1 से 15 तक): *प्रश्नों में रेखा के बाईं ओर एक मस्या-आकृति दी गई है। दाईं ओर की चारों उत्तर-आकृतियों ो ध्यान से देखिए। उनमें से उस उत्तर-आकृति का पता गाइए जो बिना दिशा-परिवर्तन के समस्या-आकृति के खाली ंश में इस तरह सही बैठती हो कि समस्या-आकृति का ढाँचा र्ण हो जाए। अपना उत्तर बताने के लिए आपके द्वारा चुनी ई उत्तर-आकृति का ढाँचा पूर्ण हो जाए। अपना उत्तर बताने लिए आपके द्वारा चुनी हुई उत्तर-आकृति के नीचे दिए गए मांक पर घेरा ○ लगाइए।*

समस्या-आकृति	उत्तर-आकृतियाँ

1. 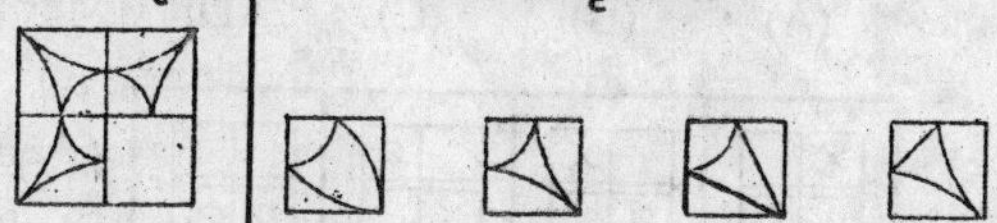
(A) (B) (C) (D)

2. 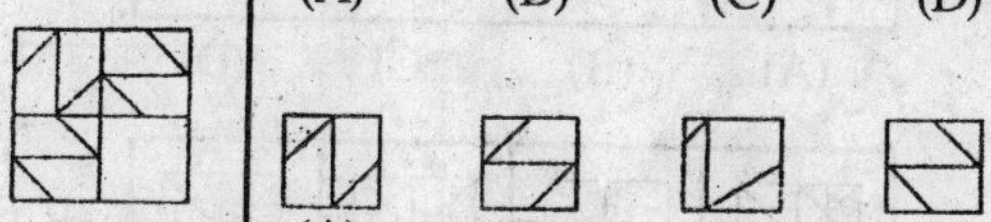
(A) (B) (C) (D)

3. 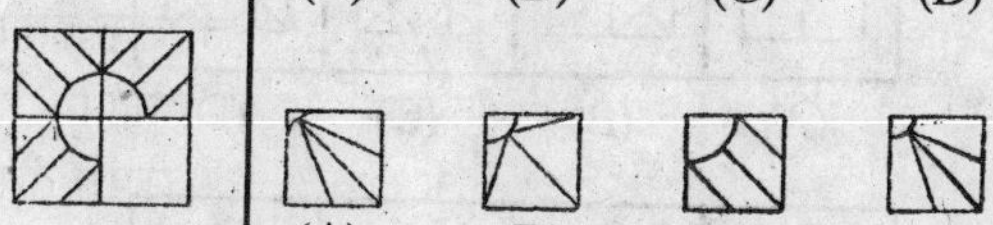
(A) (B) (C) (D)

4. 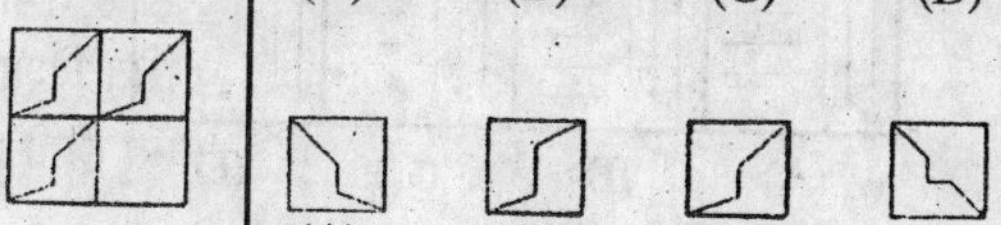
(A) (B) (C) (D)

5. 
(A) (B) (C) (D)

6. 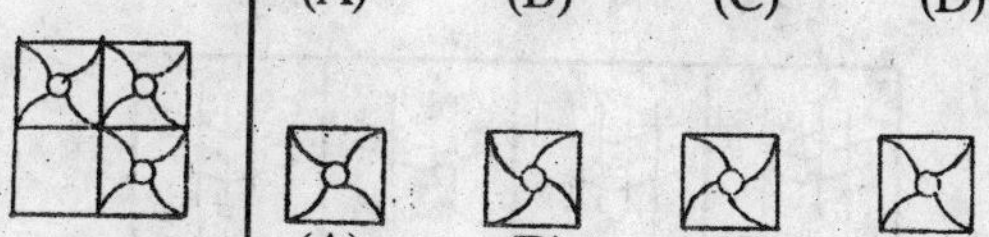
(A) (B) (C) (D)

समस्या-आकृति	उत्तर-आकृतियाँ

7. 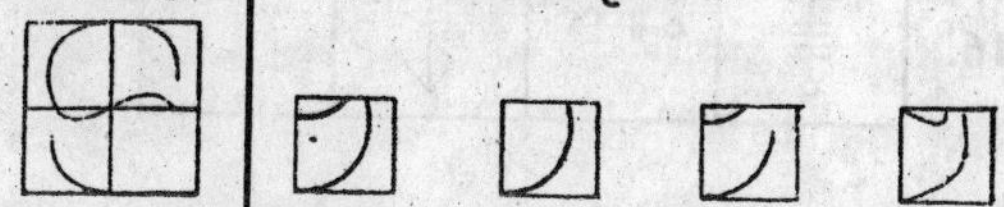
(A) (B) (C) (D)

8. 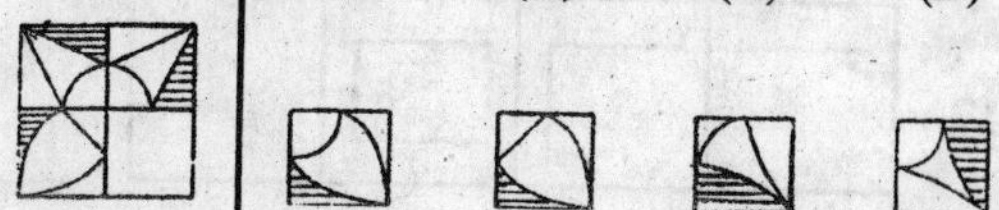
(A) (B) (C) (D)

9. 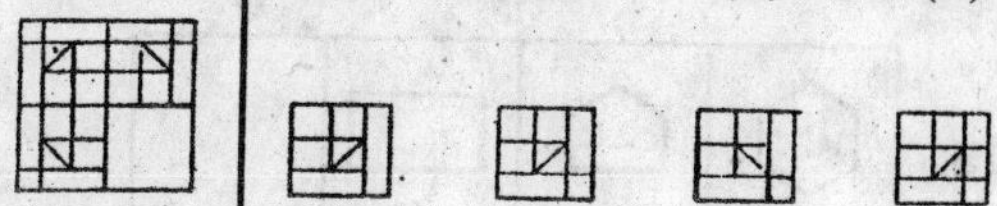
(A) (B) (C) (D)

10. 
(A) (B) (C) (D)

11. 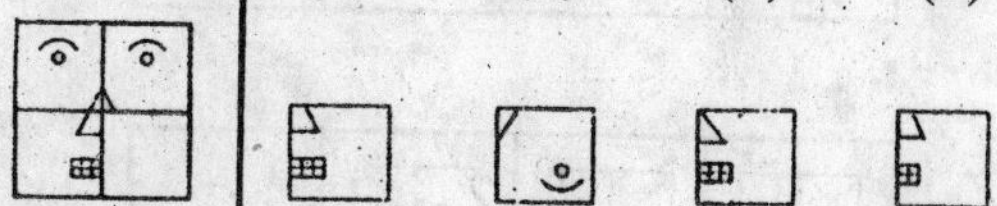
(A) (B) (C) (D)

12. 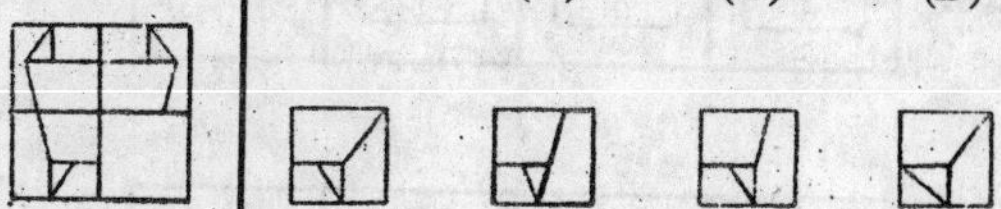
(A) (B) (C) (D)

13. 
(A) (B) (C) (D)

14. 
(A) (B) (C) (D)

15. 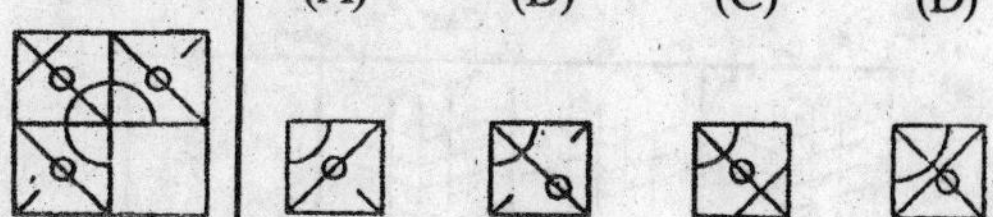
(A) (B) (C) (D)

ते पर आधारित।

खण्ड-II

निर्देश (प्रश्न 16 से 30 तक): *प्रत्येक प्रश्न में रेखा के बाईं ओर तीन समस्या-आकृतियाँ दी गई हैं तथा चौथी के लिए स्थान खाली छोड़ दिया गया है। समस्या-आकृतियाँ एक क्रम में हैं। पता लगाइए कि दाईं ओर दी गई उत्तर-आकृतियों में से कौन-सी इस क्रम को पूरा करती है। उसके क्रमांक पर घेरा ○ लगाइए।*

समस्या-आकृतियाँ | **उत्तर-आकृतियाँ**

16.

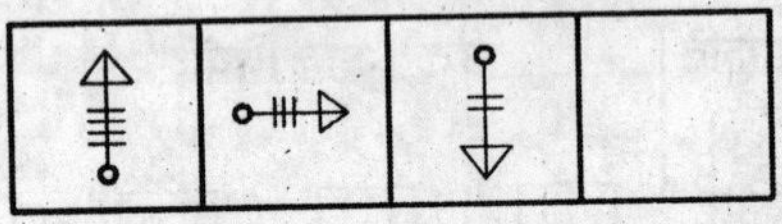

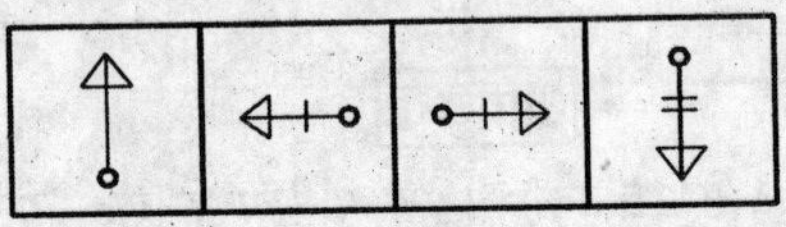

(A) (B) (C) (D)

17.

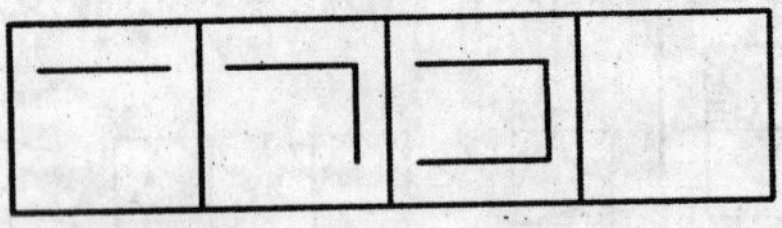

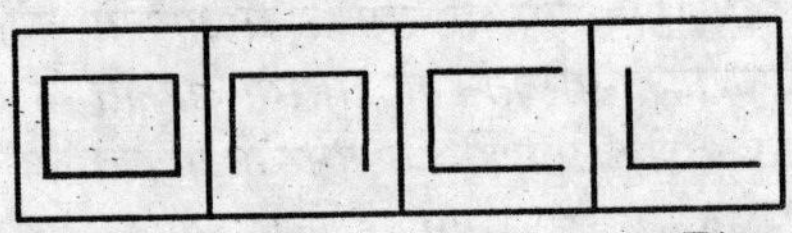

(A) (B) (C) (D)

18.

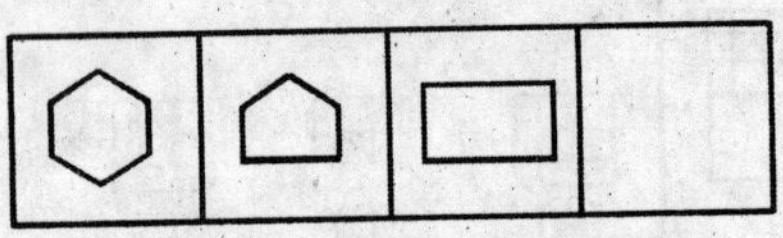

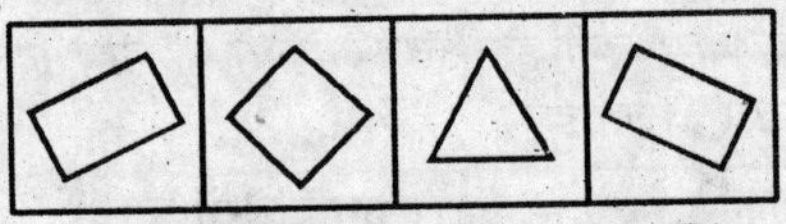

(A) (B) (C) (D)

19.

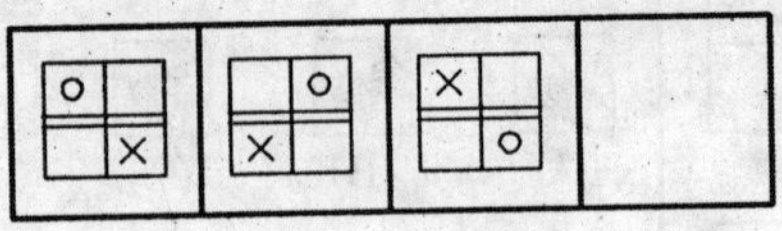

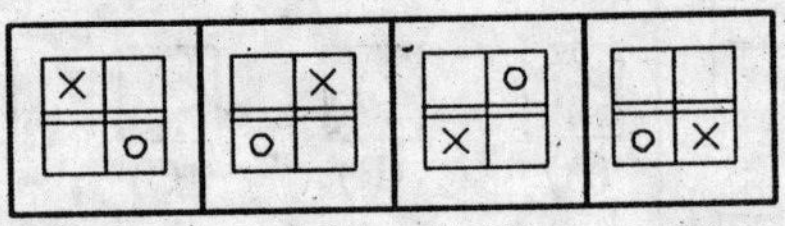

(A) (B) (C) (D)

20.

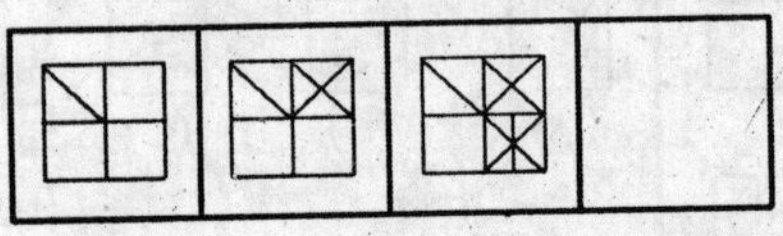

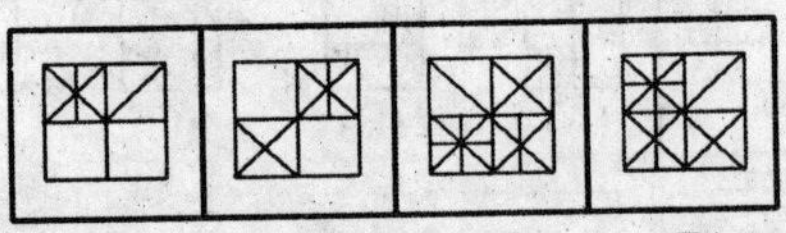

(A) (B) (C) (D)

21.

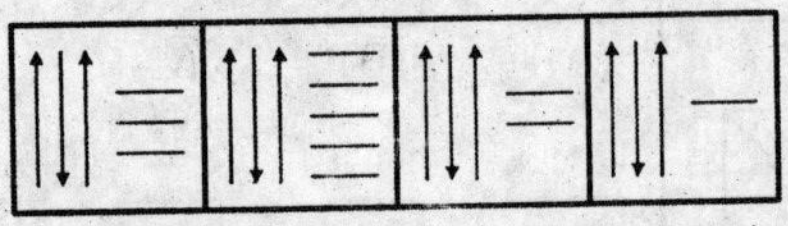

(A) (B) (C) (D)

22.

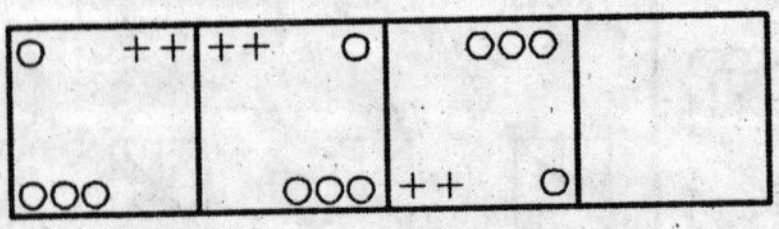

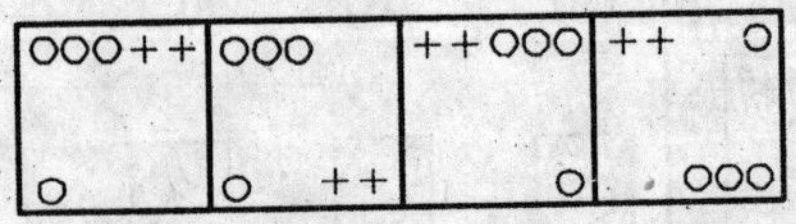

(A) (B) (C) (D)

23.

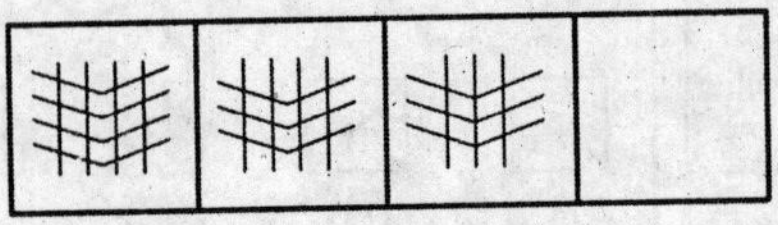

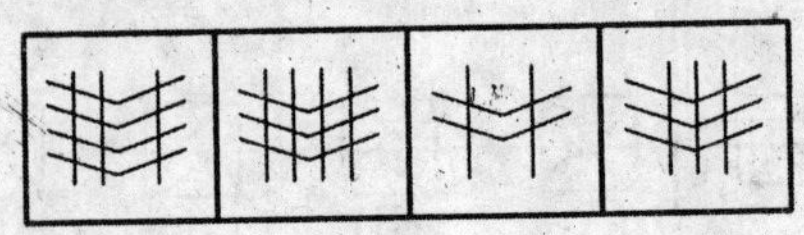

(A) (B) (C) (D)

समस्या-आकृतियाँ | उत्तर-आकृतियाँ

24.
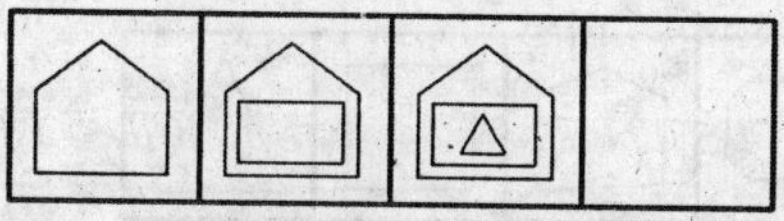
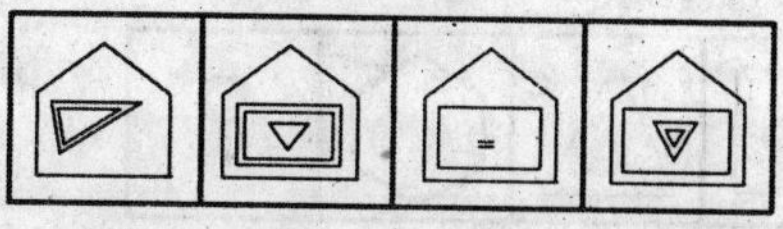
(A) (B) (C) (D)

25.
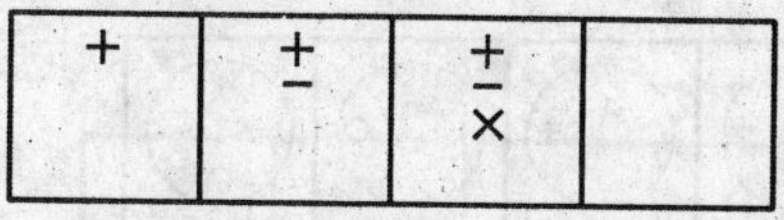
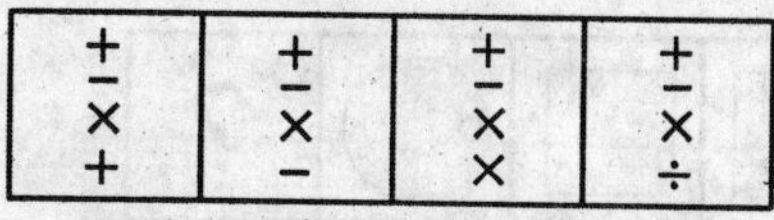
(A) (B) (C) (D)

26.
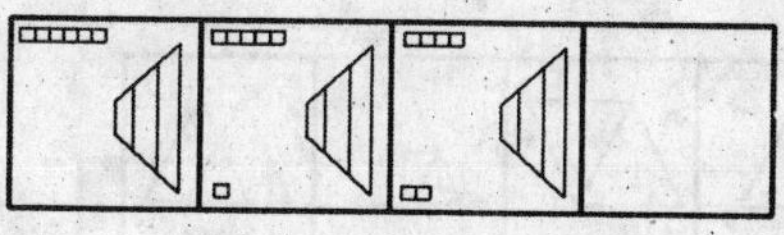
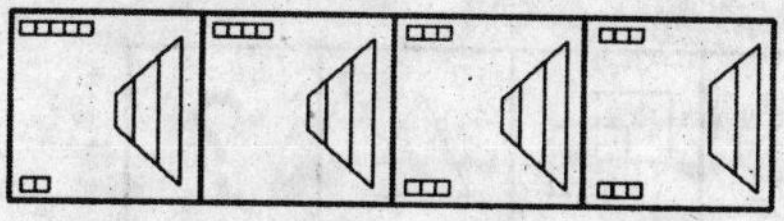
(A) (B) (C) (D)

27.
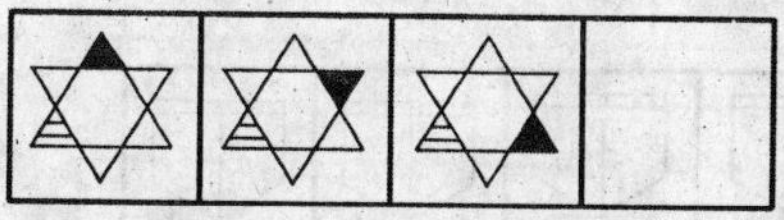
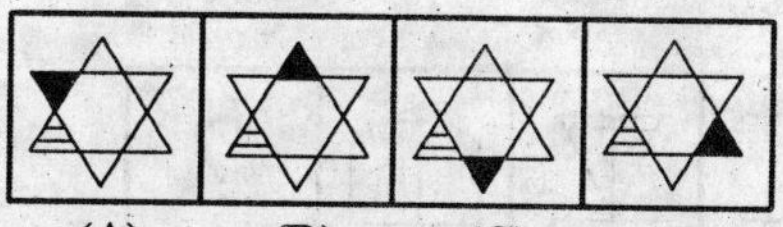
(A) (B) (C) (D)

28.
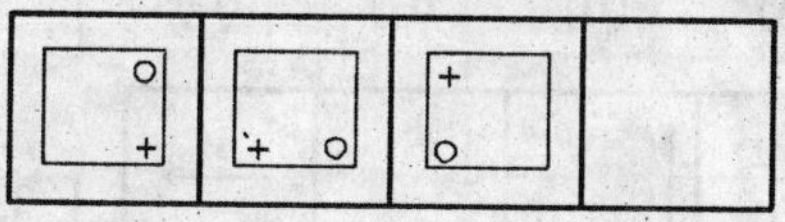
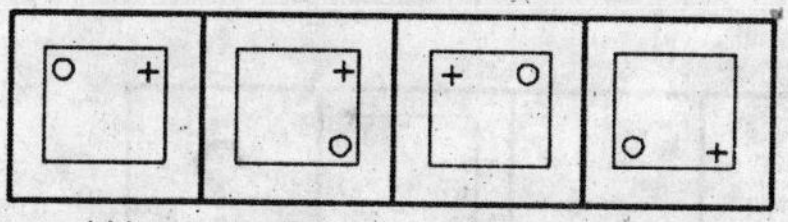
(A) (B) (C) (D)

29.
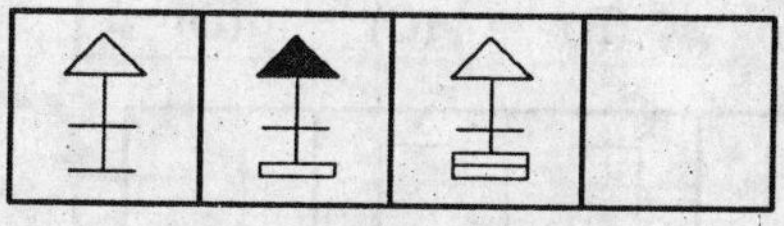
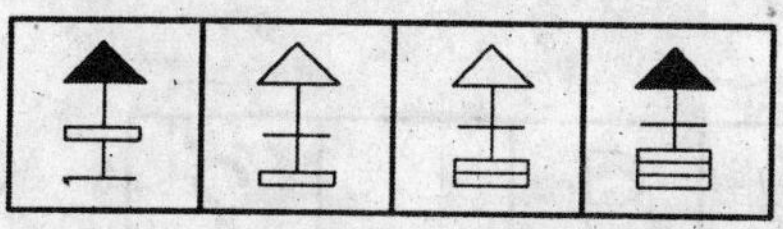
(A) (B) (C) (D)

30.
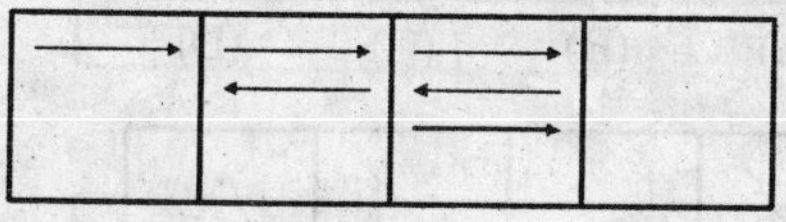
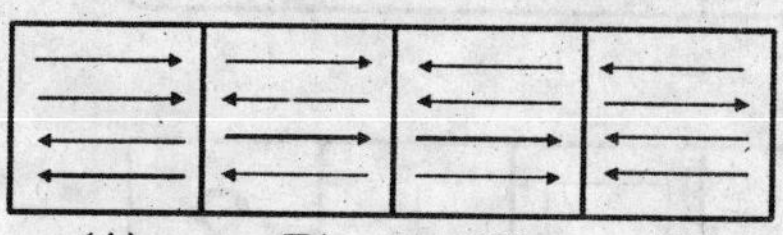
(A) (B) (C) (D)

खण्ड-III

निर्देश (प्रश्न 31 से 45 तक): *प्रश्नों में तीन समस्या-आकृतियों के बाद चौथी के स्थान पर प्रश्नसूचक चिह्न दिया गया है। पहली और दूसरी समस्या-आकृतियों में आपस में संबंध है। वहीं संबंध तीसरी और चौथी आकृतियों में है। उत्तर-आकृतियों में से उस आकृति को चुनिए जो प्रश्नसूचक चिह्न वाले स्थान पर ठीक बैठ सके। उसके क्रमांक पर घेरा ○ लगाइए।*

समस्या-आकृतियाँ | उत्तर-आकृतियाँ

31.
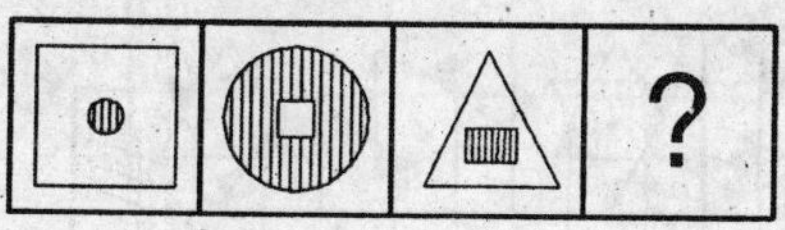

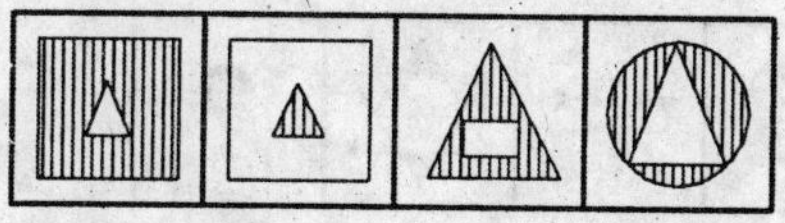
(A) (B) (C) (D)

समस्या-आकृतियाँ / **उत्तर-आकृतियाँ**

32. 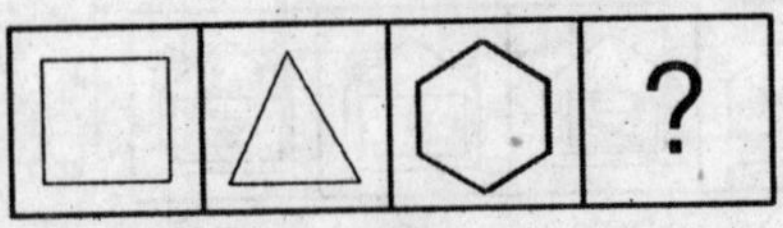

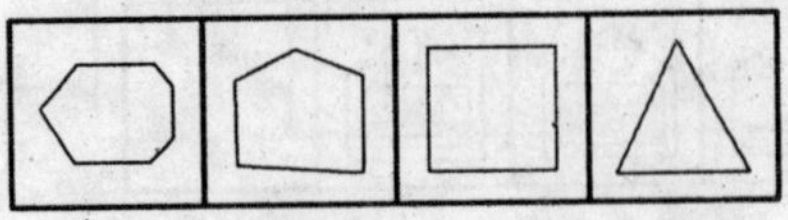

(A) (B) (C) (D)

33. 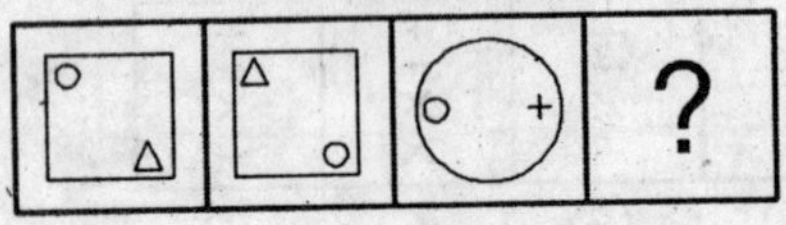

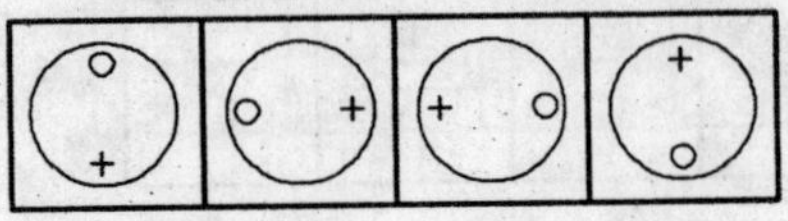

(A) (B) (C) (D)

34. 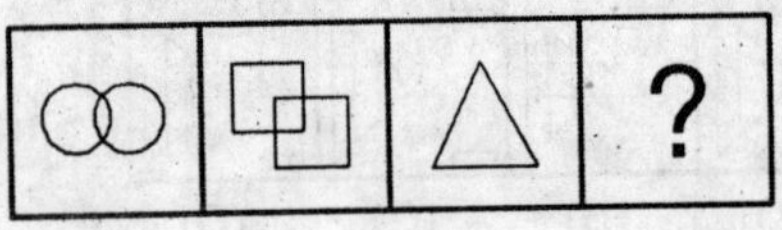

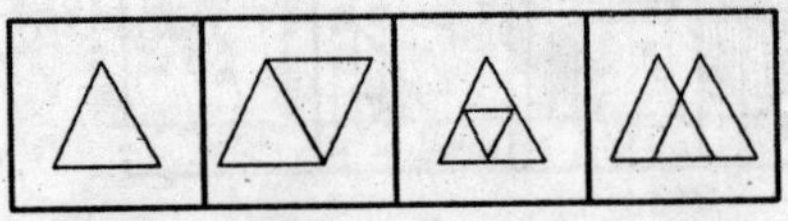

(A) (B) (C) (D)

35. 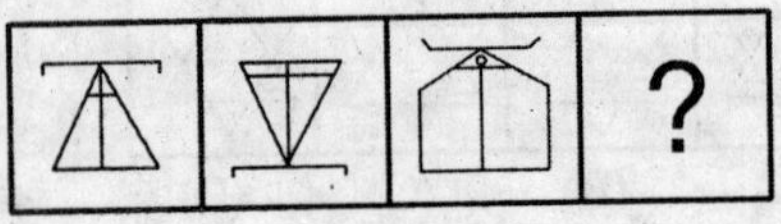

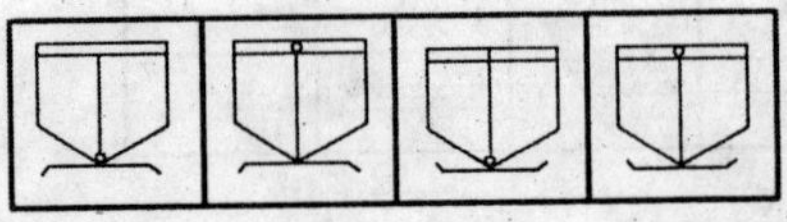

(A) (B) (C) (D)

36. 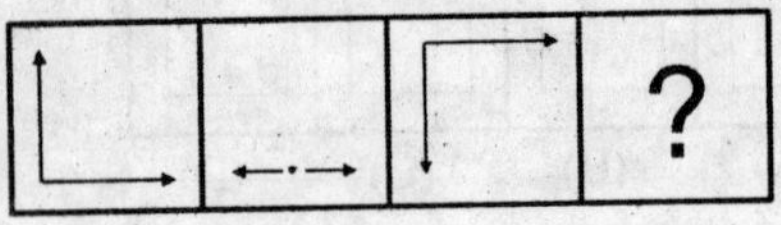

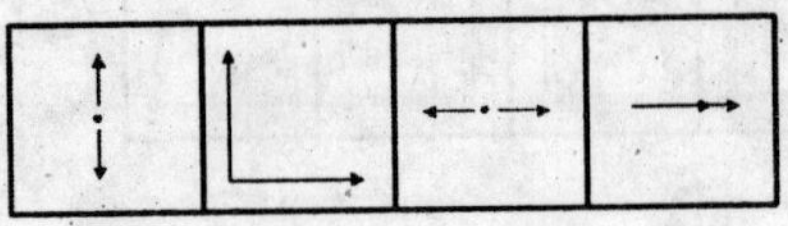

(A) (B) (C) (D)

37. 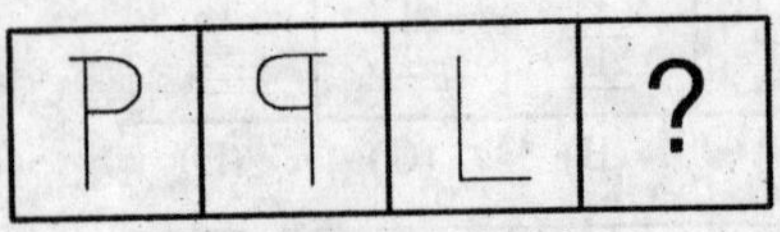

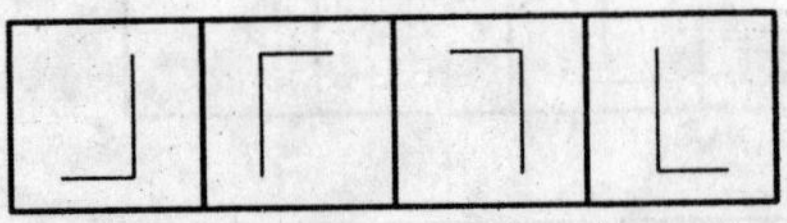

(A) (B) (C) (D)

38. 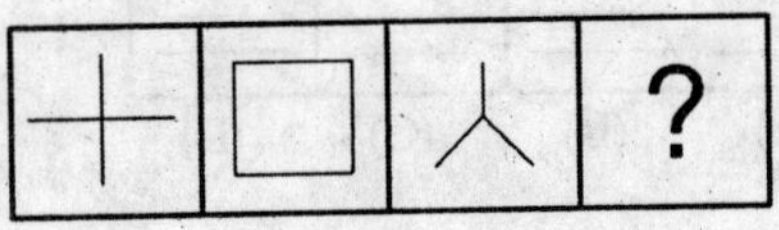

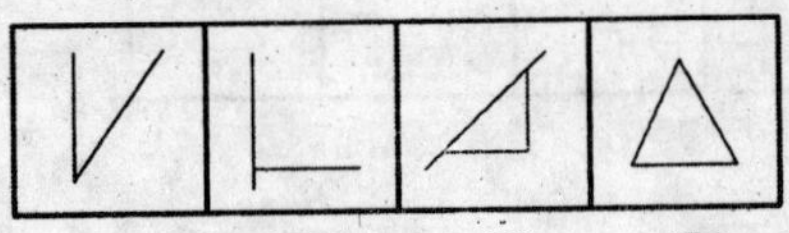

(A) (B) (C) (D)

39. 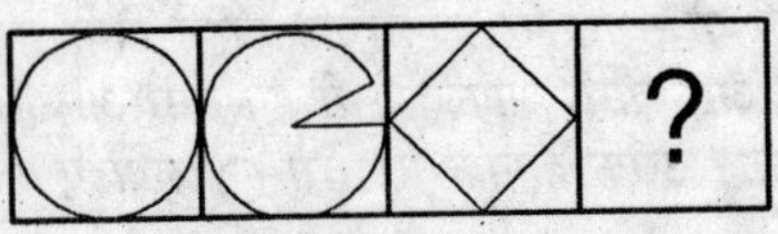

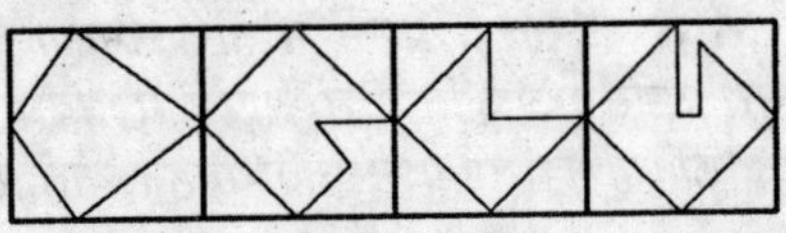

(A) (B) (C) (D)

40. 

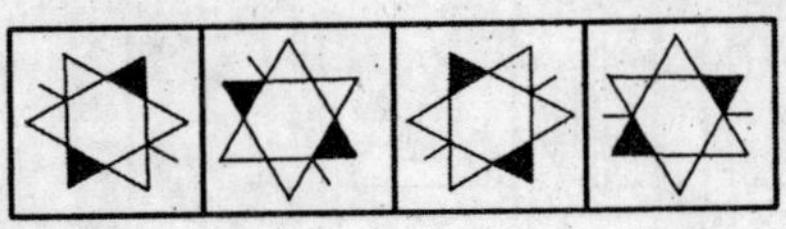

(A) (B) (C) (D)

समस्या-आकृतियाँ	उत्तर-आकृतियाँ

41. 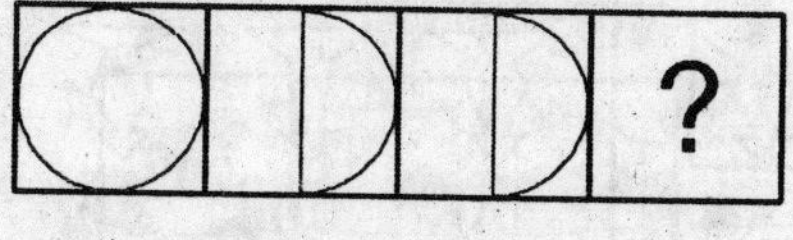

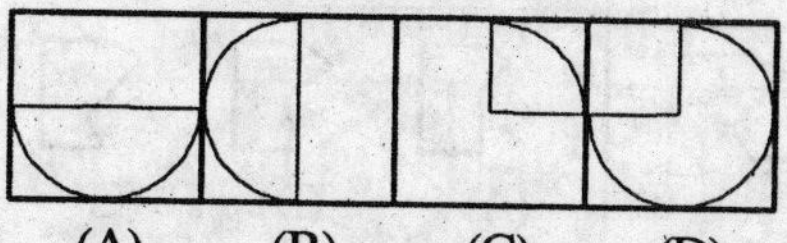
(A) (B) (C) (D)

42. 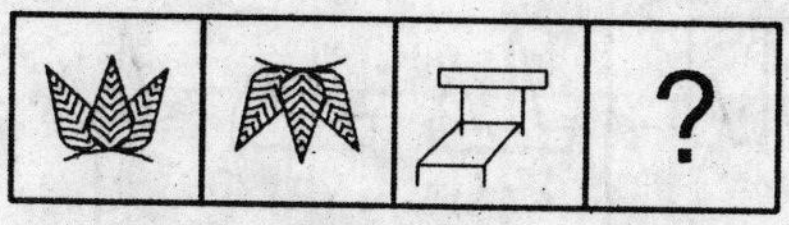

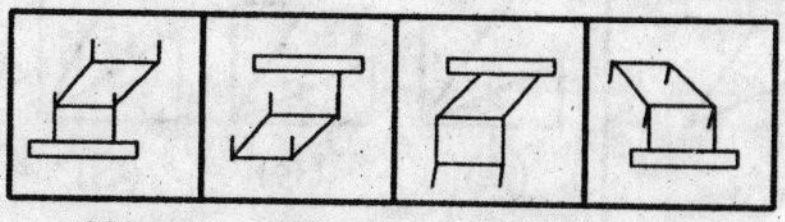
(A) (B) (C) (D)

43. 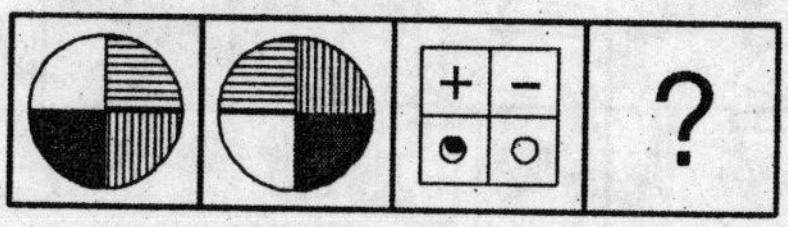

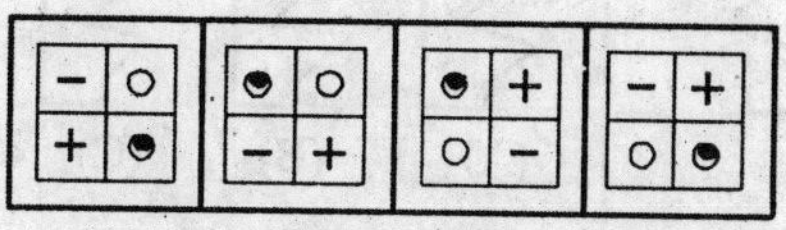
(A) (B) (C) (D)

44. 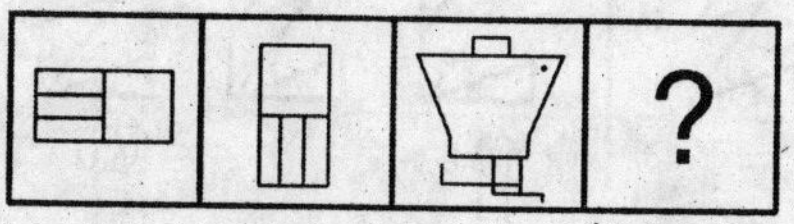

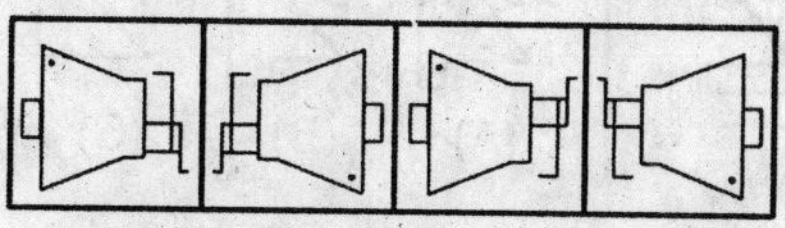
(A) (B) (C) (D)

45. 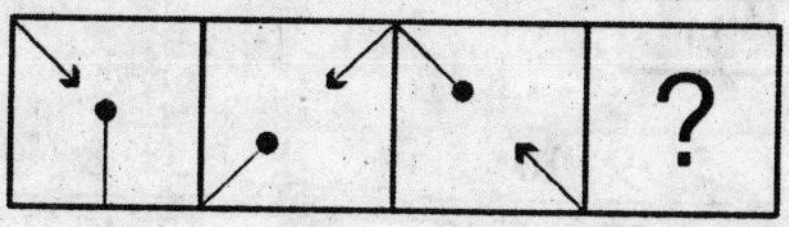

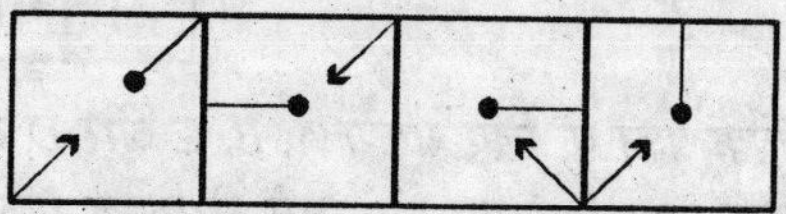
(A) (B) (C) (D)

खण्ड-IV

निर्देश (प्रश्न 46 से 60 तक): *वर्ग का एक भाग रेखा के बाईं ओर है और शेष भाग दाईं ओर की उत्तर-आकृतियों A, B, C, D में है। दाईं ओर की उस आकृति को ढूँढिए जो रेखा के बाईं ओर दिए हुए भाग से मिलकर वर्ग को पूरा करती है। आपके द्वारा चुनी गई आकृति के नीचे दिए गए क्रमांक पर घेरा ○ लगाकर अपना उत्तर दीजिए।*

समस्या-आकृति	उत्तर-आकृतियाँ

46. 

(A) (B) (C) (D)

47. 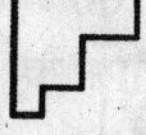

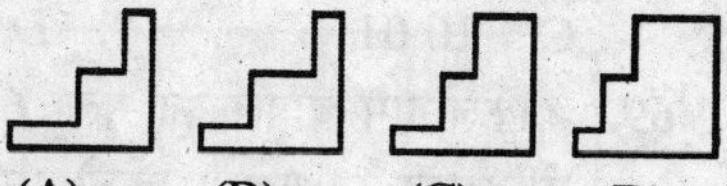
(A) (B) (C) (D)

समस्या-आकृति	उत्तर-आकृतियाँ

48. 

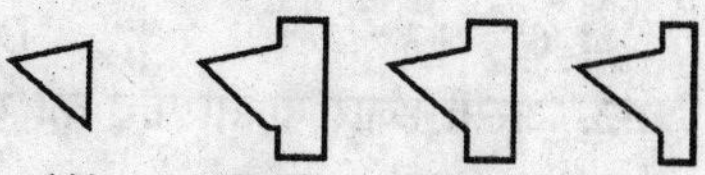
(A) (B) (C) (D)

49. 

(A) (B) (C) (D)

50. 

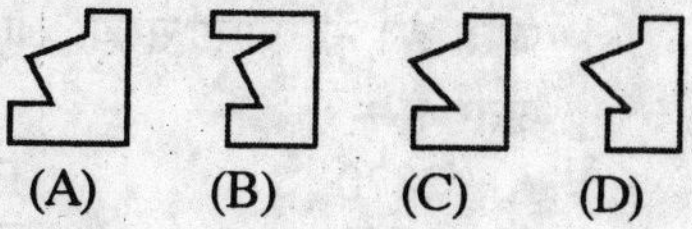
(A) (B) (C) (D)

51. 

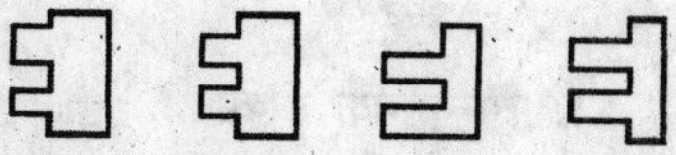
(A) (B) (C) (D)

52. 

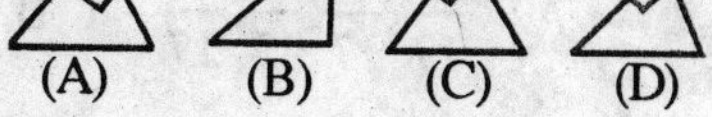
(A) (B) (C) (D)

समस्या-आकृति | उत्तर-आकृतियाँ

53. 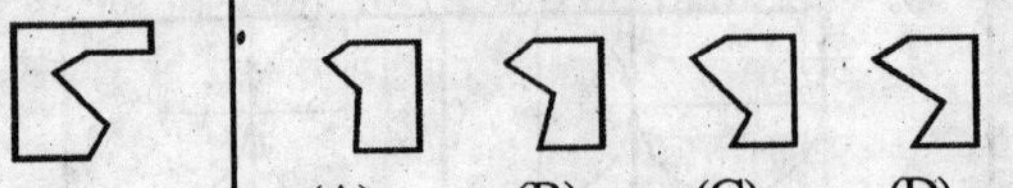

(A) (B) (C) (D)

54. 

(A) (B) (C) (D)

55. 

(A) (B) (C) (D)

56. 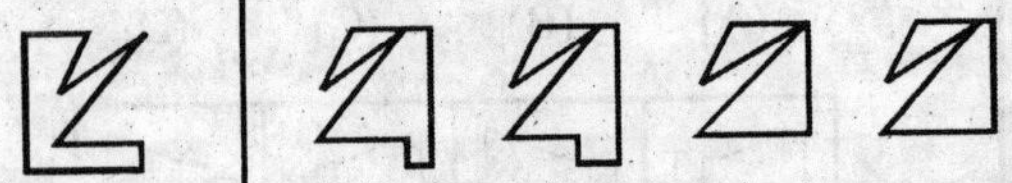

(A) (B) (C) (D)

समस्या-आकृति | उत्तर-आकृतियाँ

57. 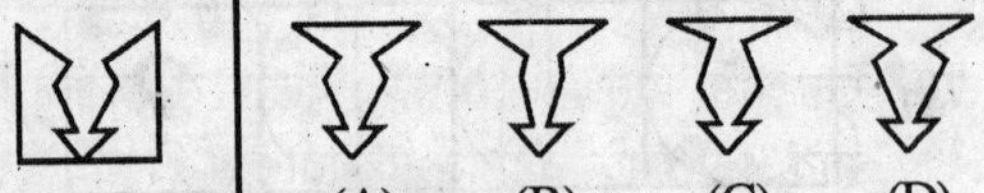

(A) (B) (C) (D)

58. 

(A) (B) (C) (D)

59. 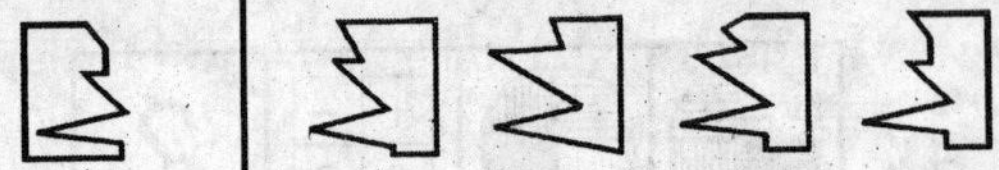

(A) (B) (C) (D)

60. 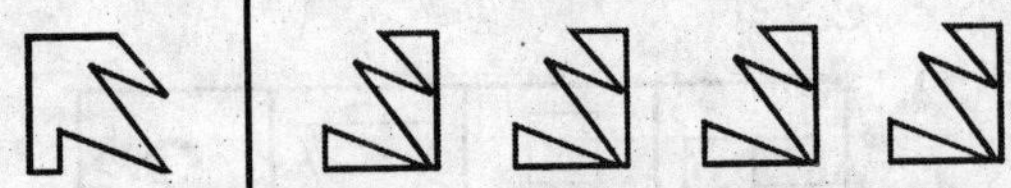

(A) (B) (C) (D)

अनुभाग-II : अंकगणित

निर्देशः *प्रत्येक प्रश्न के लिए संख्या A, B, C और D से अंकित चार संभावित उत्तर दिए गए हैं। इनमें से केवल एक ही सही है। आपको सही उत्तर चुनना है और उसके पास में लिखी संख्या पर घेरा ○ लगाना है।*

61. दो अंकों की सबसे छोटी अभाज्य संख्या है–
A. 10 B. 11
C. 13 D. 19

62. अस्सी हजार नौ सौ पाँच को संख्यांक के रूप में लिखने पर प्राप्त होता है–
A. 8095 B. 80905
C. 809005 D. 8009005

63. संख्या 36490 में अंक 6 और 9 को परस्पर बदल दिया जाता है। नई प्राप्त संख्या और मूल संख्या के बीच का अंतर है–
A. 2870 B. 2960
C. 2970 D. 3970

64. भिन्नात्मक संख्याओं $\frac{5}{17}, \frac{9}{17}, \frac{8}{17}$ और $\frac{10}{17}$ को बढ़ाते हुए क्रम में लिखने की सही व्यवस्था है–
A. $\frac{10}{17}, \frac{9}{17}, \frac{8}{17}, \frac{5}{17}$ B. $\frac{8}{17}, \frac{5}{17}, \frac{10}{17}, \frac{9}{17}$
C. $\frac{5}{17}, \frac{9}{17}, \frac{10}{17}, \frac{8}{17}$ D. $\frac{5}{17}, \frac{8}{17}, \frac{9}{17}, \frac{10}{17}$

65. 14 और 77 के बीच में 7 के गुणजों की संख्या है–
A. 10 B. 9
C. 8 D. 7

66. दो संख्याओं का गुणनफल 216 है। यदि इन दोनों संख्याओं का महत्तम समापवर्तक (म.स.) 3 है, तो उनका लघुतम समापवर्त्य (ल.स.) है–
A. 648 B. 219
C. 213 D. 72

67. यदि 3.003 और 2.050 के अंतर को उनके योग में, जोड़ा जाए, तो परिणाम प्राप्त होता है–
A. 5.053 B. 5.100
C. 5.953 D. 6.006

68. $\frac{1.001}{10.01} + \frac{1001}{100.1}$ का मान है–
A. 1.10 B. 10.10
C. 10.01 D. 101.00

69. 4 किलोग्राम चावल का मूल्य 6 किलोग्राम गेहूँ के मूल्य के बराबर है। यदि 1 किलोग्राम चावल का मूल्य 12 रु.

है, तो 1 किलोग्राम गेहूँ का मूल्य है–

A. 8 रु. B. 9 रु.
C. 6 रु. D. 10 रु.

70. एक बस प्रातः 9:10 बजे दिल्ली से चलती है और सायं 4:20 बजे चंडीगढ़ पहुँचती है। दिल्ली से चंडीगढ़ की यात्रा में लगने वाला समय है–

A. 7 घंटे 10 मिनट B. ठीक 7 घंटे
C. 6 घंटे 30 मिनट D. 7 घंटे 20 मिनट

71. एक रेलगाड़ी नई दिल्ली रेलवे स्टेशन से प्रातः 10.50 बजे चलती है। वह 80 किमी./घंटा की चाल से चलती है। वह रेलगाड़ी 120 किमी. की दूरी निम्नांकित समय तक तय कर लेगी–

A. प्रातः 11:50 बजे B. दोपहर 12:10 बजे
C. दोपहर 12:20 बजे D. दोपहर 12:50 बजे

72. संख्या 76.0684 का निकटतम दहाई तक परिशुद्ध रूप है–

A. 76.068 B. 76.07
C. 76.1 D. 80

73. $6 - \{5 + 3 - (5 - 2) - 5\}$ को सरल करने पर परिणाम प्राप्त होता है–

A. 0 B. 6
C. 12 D. 3

74. 12 + 12 का 12% बराबर है–

A. 12.36 B. 12.44
C. 13.44 D. 26.40

75. 30 विद्यार्थियों की एक कक्षा में 40% लड़के हैं और शेष लड़कियाँ हैं। कक्षा में लड़कियों की संख्या है–

A. 12 B. 15
C. 18 D. 20

76. एक व्यक्ति 60 संतरे 21 रु. प्रति दर्जन की दर से खरीद कर उन्हें 24 रु. प्रति दर्जन की दर से बेचता है। वह प्राप्त करता है–

A. 3 रु. का लाभ B. 15 रु. का लाभ
C. 15 रु. की हानि D. 180 रु. का लाभ

77. एक दुकानदार ने एक दर्जन पेंसिलों को 30 रु. में बेचकर 10 रु. का लाभ प्राप्त किया। उसका लाभ प्रतिशत था–

A. 20 B. 35
C. 50 D. 66

78. एक व्यक्ति अपने मित्र से 400 रु. उधार लेता है। यदि साधारण ब्याज की दर 5% वार्षिक है, तो 2 वर्षों के बाद उसके द्वारा देय मिश्रधन है–

A. 405 रु. B. 415 रु.
C. 420 रु. D. 440 रु.

79. एक कमरा 30 मी. लम्बा, 22 मी. चौड़ा और 9 मी. ऊँचा है। उस कमरे के फर्श का क्षेत्रफल है–

A. 270 वर्ग मी. B. 198 वर्ग मी.
C. 660 वर्ग मी. D. 5940 वर्ग मी.

80. पानी की एक टंकी 6 मी. लम्बी, 4 मी. चौड़ी और $1\frac{1}{2}$ मी. ऊँची है। उस पानी की टंकी की धारिता है–

A. 24 घन मी. B. 36 घन मी.
C. $11\frac{1}{2}$ घन मी. D. 16 घन मी.

अनुभाग-III : भाषा

निर्देशः *इस अनुभाग में चार गद्यांश दिए गए हैं। हर गद्यांश के बाद पांच प्रश्न हैं। हर गद्यांश को ध्यान से पढ़िए और उसके बाद दिए गए प्रश्नों के उत्तर दीजिए। हर प्रश्न के चार संभावित उत्तर दिए गए हैं जिन पर A, B, C और D नम्बर पड़े हुए हैं। इन उत्तरों में केवल एक ही सही है। आपको सही उत्तर की पहचान करनी है और उसके साथ दिए गए नम्बर पर गोला लगाना है।*

गद्यांश-1

किसी राजा के पास अंजीर के पेड़ों का एक बगीचा था। उसको फल इतने अच्छे लगते थे कि उसने निर्णय किया कि पेड़ों की चौकीदारी कराई जाए। उसने एक लँगड़े और एक अंधे को चौकीदार नियुक्त कर दिया।

दूसरे दिन राजा ने देखा कि पेड़ों से पके फल गायब हैं। उसने चौकीदारों से पूछा की चोरी किसने की है।

उन्होंने जवाब दिया, "हमे नहीं मालूम।"

यद्यपि दोनों चौकीदारों ने कहा था कि उन्होंने फल नहीं लिए हैं, फिर भी राजा ने शीघ्र ही पता लगा लिया कि अंधा अपने कंधों पर लँगड़े को ले गया था। अंधे ने अपने पैरों का इस्तेमाल किया था और लँगड़े ने अपनी आँखों व हाथों का और इस तरह से अंजीरों की चोरी की गई थी। दोनों आदमियों को कड़ी सजा दी गई।

81. राजा ने पेड़ों की चौकीदारी कराने की सोची क्योंकि–

A. कोई चोर अंजीर चुरा रहा था

B. उसे खेद था और वह अंधे तथा लँगड़े को कोई नौकरी दिलाना चाहता था
C. फल बड़ा कीमती था
D. उसे डर था कि कोई फलों की चोरी कर लेगा

82. जब राजा ने देखा कि पेड़ो पर से पके फल गायब हैं, तो–
A. उसने पूछा कि चोरी किसने की है
B. उसने फल वाले पेड़ों की रखवाली स्वयं की
C. उसने दो आदमियों को उनकी चौकीदारी के लिए कहा
D. उसने दोनों को सजा दी

83. अंधे और लँगड़े ने झूठ बोला क्योंकि–
A. वे अच्छे चौकीदार न थे
B. उन्होंने सोचा कि राजा को चोरी का पता न चलेगा
C. उन्होंने सोचा कि राजा यह कभी नहीं जान पाएगा कि उन्होंने किस प्रकार अंजीर चुराए हैं
D. वे राजा से डरते थे

84. अंजीरों की चोरी की गई–
A. उनकी कीमत के कारण
B. चोरो द्वारा
C. राजा के आदमियों द्वारा
D. उन लोगों द्वारा जो उनकी चौकीदारी करते थे

85. राजा ने पता लगा लिया कि–
A. अंधे ने अपने पैरों का इस्तेमाल किया है
B. लँगड़े ने अपनी आँखों का इस्तेमाल किया है
C. दोनों चौकीदारों ने अंजीर चुराए हैं
D. चौकीदारों ने सब उगल दिया

गद्यांश-2

लोग सोचते हैं कि सभी कीड़े हमारे शत्रु हैं। बच्चों को मक्खियाँ, खटमल और मच्छर मारना अच्छा लगता है। कई तरह के कीड़े हमारे शत्रु होते हैं। उनमें से कुछ हमारे पेड़ों, हमारे वस्त्रो, हमारी कीताबों व हमारे घरों को नुकसान पहुँचाते हैं और कुछ हमारे भोजन को विषाक्त बना देते हैं। कुछ काटते हैं और बीमारियाँ फैलाते हैं।

लेकिन कुछ कीड़े हमारे मित्र भी होते हैं। वे ऐसे कीड़ों को खा जाते हैं जिनसे हम छुटकारा पाना चाहते हैं। बहुत से ऐसे कीड़े भी हैं जो न तो हमारे दोस्त हैं, न दुश्मन। वे ऐसा कुछ नहीं करते जिससे हमारा नुकसान हो या फायदा हो।

86. "कुछ काटते हैं..........." यहाँ 'कुछ' संकेत करता है–
A. लोगों की ओर B. बच्चों की ओर
C. शत्रुओं की ओर D. कीड़ों की ओर

87. कुछ कीड़े हमारी भलाई करते हैं क्योंकि–
A. वे हमारे घरों में रहते हैं
B. वे कुछ खाद्य पदार्थों को खराब करते हैं
C. वे हानिकारक कीड़ों से हमें बचाते हैं
D. वे हानिकारक कीड़ों को खा जाते हैं

88. कुछ कीड़े फायदा पहुँचाने के मुकाबले नुकसान ज्यादा पहुँचाते हैं क्योंकि–
A. वे परेशान करते हैं
B. वे गंदगी से सेने होते हैं
C. वे बीमारियाँ फैलाते हैं
D. वे दूसरे कीड़ों को खा जाते हैं

89. इस गद्यांश में लेखक हमें बता रहा है–
A. बच्चों के स्वभाव के बारे में
B. कीड़ों की अनेक किस्मों के बारे में
C. कीड़ों की उपयोगिता के बारे में
D. कीड़ों के स्वभाव के बारे में

90. कीड़ों के बारे में नीचे लिखी बातों में से कौन-सा गलत है?
A. कीड़े हानिकारक होते हैं
B. कीड़े हमारी महत्त्वपूर्ण चीजें खराब कर देते हैं
C. कीड़े बहुत-सी बीमारियों के वाहक होते हैं
D. कीड़े स्वच्छ-साफ दशाओं में रहते हैं

गद्यांश-3

कल्पना चावला जब करनाल के 'टैगोर बाल निकेतन' में पढ़ती थी तो वह अपनी ड्राइंग की कॉपियों को हवाई जहाज के रेखाचित्रों से भर लेती थी। हाई स्कूल करने के बाद उसके माता-पिता चाहते थे कि वह डॉक्टरी पढ़े, किंतु उसने इंजिनियरी पढ़ना पसंद किया। उसने विमान-विज्ञान विषय चुना ताकि वह हवाई जहाजों के बारे में और पढ़ सके। तब उसकी उम्र केवल सत्रह साल थी। अठारह साल बाद अब वह पहली भारतीय नारी है, बल्कि कहें कि किसी एशियाई देश की पहली नारी है जिसने अंतरिक्ष में यात्रा की है। यह बात 19 नवम्बर, 1997 की है जब वह अंतरिक्ष शटल (यान) कोलम्बिया के छह-सदस्यीय दल की एक सदस्या थीं और 15 दिन तक अंतरिक्ष में रही थी। अंतरिक्ष में जाने के ठीक पहले उसने कहा था "यह भारत के लिए गर्व का क्षण है।" कल्पना कराटे में ब्लैक बेल्ट है। कुशल तैराक है, भरत नाट्यम् की कलाकार है और एक कवि है जिसने एक बार करनाल के खानाबदोशों के विषय में लिखा था।

91. कल्पना चावला के बारे में नीचे लिखी बातों में से कौन-सी बात गलत है?

A. उसका बचपन करनाल में बीता
B. वह डॉक्टरी पढ़ना चाहती थी
C. अंतरिक्ष में यात्रा करने वाली वह पहली भारतीय नारी है
D. वह एक कुशल तैराक है

92. कल्पना चावला ने अंतरिक्ष में जिस वाहन में यात्रा की थी उसका नाम है–

A. नासा B. कोलम्बिया
C. जिप्सी D. इनमें से कोई नहीं।

93. कल्पना के साथ अंतरिक्ष यात्रा में जो लोग गए, उनकी संख्या थी–

A. तीन B. सात
C. पाँच D. छह

94. "यह भारत के लिए गर्व का क्षण है।" इस वाक्य में 'यह' उस दिन का द्योतक है जब–

A. कल्पना को इंजिनियरिंग कॉलेज में प्रवेश मिला
B. कल्पना को अंतरिक्ष यात्रा के लिए चुना गया
C. जब कल्पना सत्रह वर्ष की हुई
D. जब कल्पना ने अंतरिक्ष की यात्रा की

95. जिस शब्द का अर्थ 'हवाई जहाज उड़ाने का शास्त्र' है, वह है–

A. इंजिनियरिंग B. एयरोनॉटिक्स (विमान-विज्ञान)
C. चिकित्साशास्त्र D. अंतरिक्ष

गद्यांश-4

राजू के पास दो कुत्ते थे–टॉम और जिमी। टॉम काले रंग का था और जिमी सफेद। काला कुत्ता बड़ा जिंदादिल था। वह हर वक्त घर में इधर-उधर भागता रहता था और कभी मेजपोश खींचता तो कभी राजू के जूते छिपा आता तो कभी राजू की किताबें कहीं और रख आता। राजू की माँ टॉम को बिल्कुल नहीं पसंद करती थीं क्योंकि वह बड़ा शरारती था। लेकिन राजू अपने दोस्त कुत्ते को प्यार करता था। टॉम पूरे दिन दुम हिलाया करता और जो भी घर पर आता वह उस पर खुशी के मारे उछलता।

सफेद कुत्ता जिमी बिल्कुल दूसरी तरह का था। वह दिनभर सोता ही रहता। उसे हमेशा भूख लगी रहती और टॉम का खाना भी खा जाता। वह नाखुश नहीं रहता था लेकिन कभी भी दुम नहीं हिलाता था। जब कभी वह कोई और कुत्ता देख लेता तो उससे झगड़ा मोल लेने के फेर में रहता।

96. काला कुत्ता टॉम राजू के जूते उठा लाया क्योंकि–

A. वह उन्हें पहनना चाहता था
B. वह चोर था
C. वह उन्हें छिपाना चाहता था
D. वह खेलना पसंद करता था

97. राजू टॉम को चाहता था क्योंकि–

A. वह मेजपोश खींचता रहता था
B. उसकी माँ उसे बिल्कुल नहीं चाहती थी
C. वह जिंदादिल और दोस्तबाज था
D. वह खुशी के मारे उछलता रहता था

98. टॉम अपनी दुम यह दिखाने के लिए हिलाता रहता था कि–

A. वह बहुत खुश है B. वह बहुत गुस्से में है
C. उसके पास दुम है D. वह बड़ा शरारती है

99. सफेद कुत्ता टॉम से बिल्कुल अलग था और–

A. घर में किसी के भी आने पर वह खुशी के मारे उछलने लगता था
B. उसे हमेशा भूख लगी रहती थी
C. वह आलसी था और उसका व्यवहार दोस्ताना नहीं था
D. वह अपनी दुम हमेशा हिलाता रहता था।

100. सफेद कुत्ता जिमी जब भी किसी दूसरे कुत्ते को देखता–

A. वह अपनी दुम हिलाने लगता
B. वह अप्रसन्न हो जाता
C. वह लड़ने को आमादा हो जाता
D. वह अपनी दुम नहीं हिलाता था।

उत्तरमाला

1	2	3	4	5	6	7	8	9	10
B	A	C	C	A	D	B	B	B	C
11	**12**	**13**	**14**	**15**	**16**	**17**	**18**	**19**	**20**
A	C	D	B	C	B	A	C	B	C
21	**22**	**23**	**24**	**25**	**26**	**27**	**28**	**29**	**30**
C	B	D	C	D	C	C	A	D	B

31	32	33	34	35	36	37	38	39	40
A	B	C	A	D	A	A	D	B	A
41	**42**	**43**	**44**	**45**	**46**	**47**	**48**	**49**	**50**
C	A	A	C	D	D	B	D	C	A
51	**52**	**53**	**54**	**55**	**56**	**57**	**58**	**59**	**60**
D	D	C	A	A	A	B	A	D	C
61	**62**	**63**	**64**	**65**	**66**	**67**	**68**	**69**	**70**
B	B	C	D	C	D	D	B	A	A
71	**72**	**73**	**74**	**75**	**76**	**77**	**78**	**79**	**80**
C	B	B	C	C	B	C	D	C	B
81	**82**	**83**	**84**	**85**	**86**	**87**	**88**	**89**	**90**
D	A	C	D	C	D	D	C	B	D
91	**92**	**93**	**94**	**95**	**96**	**97**	**98**	**99**	**100**
B	B	C	D	B	C	C	A	B	C

कुछ चुने हुए प्रश्नों के व्याख्यात्मक उत्तर

16. प्रत्येक अगली समस्या आकृति 90° घड़ी की सुइयों के चलने की दिशा में घूमती जाती है।

17. प्रत्येक अगली समस्या आकृति की एक भुजा जुड़ती जाती है। ऐसा करने पर उत्तर आकृति A प्राप्त होती है।

18. प्रत्येक अगली समस्या आकृति की एक भुजा घटती जाती है। ऐसा करने पर उत्तर आकृति C प्राप्त होती है।

19. प्रत्येक अगली समस्या आकृति में X तथा O घड़ी की सुई के चलने की दिशा में एक घर आगे सरकती जाती है। ऐसा करने पर उत्तर आकृति B प्राप्त होती है।

20. प्रत्येक समस्या आकृति का वर्ग घड़ी की सुई के चलने की दिशा में $\frac{1}{2}, \frac{1}{4}, \frac{1}{6}$ भाग में विभक्त होता है ऐसा करने पर अंतिम वर्ग 1/8 भाग में विभक्त होगा जो उत्तर आकृति C से प्राप्त होता है।

21. प्रत्येक समस्या आकृति में उर्ध्वाधर रेखा उलट जाती है तथा क्षैतिज रेखा में एक रेखा घटती जाती है। ऐसा करने पर उत्तर आकृति C प्राप्त होती है।

22. प्रत्येक समस्या आकृति में O एक भुजा घड़ी की सुई के चलने की दिशा में सरकती है तथा OOO तथा ++ एक भुजा घड़ी की सूई के चलने की विपरीत दिशा में सरकती है। ऐसा करने पर उत्तर-आकृति B प्राप्त होती है।

23. समस्या आकृति 1 से 3 में तिरछी रेखाओं तथा उर्ध्वाधर रेखाओं की संख्या में एक रेखा की कमी होती है उसी प्रकार 2 से 4 में तिरछी रेखाओं तथा उर्ध्वाधर रेखाओं की संख्या में एक रेखा की कमी होगी। ऐसा करने पर उत्तर आकृति D प्राप्त होती है।

24. प्रत्येक अगली समस्या आकृति में एक रेखा कम की आकृति मूल आकृति के अंदर आ जाती है। ऐसा करने पर उत्तर आकृति C आएगी।

25. प्रत्येक समस्या आकृति में गणितीय चिन्हों की संख्या एक क्रम में बन रही है। अतः उत्तर आकृति D प्राप्त होती है।

26. प्रत्येक अगली समस्या आकृति में उपर की आकृति में वर्गों की वृद्धि होती है तथा बड़ी आकृति में कोई बदलाव नहीं होता है। ऐसा करने पर उत्तर आकृति C प्राप्त होती है।

27. प्रत्येक अगली समस्या आकृति में काला त्रिभुज घड़ी की सूई के चलने की दिशा में एक-एक खाना आगे सरकती जाती है। ऐसा करने पर उत्तर आकृति C प्राप्त होती है।

28. प्रत्येक अगली समस्या आकृति में O तथा + एक भुजा घड़ी की सूई के चलने की दिशा में घूमती जाती है। ऐसा करने पर उत्तर आकृति A प्राप्त होती है।

29. प्रत्येक अगली समस्या आकृति में नीचे की आकृति में एक उनायन जुड़ती जाती है तथा त्रिभुज क्रमशः काला सफेद होता जाता है। ऐसा करने पर उत्तर-आकृति D प्राप्त होती है।

30. प्रत्येक अगली समस्या आकृति में एक तीर क्रमशः उसके विपरीत दिशा में नीचे की ओर बढ़ती जाती है। ऐसा करने पर उत्तर आकृति B प्राप्त होती है।

31. समस्या आकृति 1 से 2 में बाहरी आकृति छोटे रूप में अंदर तथा अंदर की आकृति बढ़े रूप में बाहर आ जाती है। यही नियम समस्या आकृति 3 से 4 में करने पर उत्तर आकृति A प्राप्त होती है।

32. समस्या आकृति 1 से 2 में एक भुजा की कमी होती है। यही नियम 3 से 4 में करने पर उत्तर आकृति B प्राप्त होती है।

33. समस्या आकृति 1 से 2 में वर्ग के अंदर की आकृतियाँ परस्पर अपना स्थान बदल लेती हैं यही नियम 3 से 4 में करने पर उत्तर आकृति C प्राप्त होती है।

34. समस्या आकृति 1 से 2 में आकृतियों का रूप एक ही है। यही नियम 3 से 4 में करने पर उत्तर आकृति A प्राप्त होती है।

35. समस्या आकृति 1 से 2 में मूल आकृति पलट जाती है तथा मूल आकृति के अंदर स्थित क्षैतिज रेखा बड़ी होकर दूसरे छोर पर आ जाती है तथा उपरी आकृति उसी अवस्था में मूल आकृति के नीचे आ जाती है। यही नियम समस्या आकृति 3 से 4 में करने पर उत्तर आकृति D प्राप्त होती है।

36. समस्या आकृति 1 से 2 में दोनों तीर सीधा होकर एक दूसरे के विपरीत क्षैतिज दिशा में अलग हो जाता है तथा दोनों तीर के बीच में एक बिन्दु आ जाता है। यही नियम 3 से 4 में करने पर उत्तर आकृति A प्राप्त होती है।

37. समस्या आकृति 1 से 2 में एक दूसरे का दर्पण प्रतिबिम्ब (mirror-image) है। यही नियम् 3 से 4 में करने पर उत्तर-आकृति A प्राप्त होती है।

38. समस्या आकृति 1 से 2 में दो बराबर रेखाओं से कटे चार भाग को वर्ग से दर्शाता है तथा समस्या आकृति 3 से 4 में तीन भाग को त्रिभुज से दर्शायेगा।

39. समस्या आकृति 1 से 2 में सम्पूर्ण आकृति का 1/8 भाग कटा हुआ है। यही नियम 3 से 4 में करने पर उत्तर आकृति B प्राप्त होती है।

40. समस्या आकृति 1 से 2 में सम्पूर्ण आकृति 45° घड़ी की सूई के चलने की दिशा में घूम जाती है जबकि तीर अपने ही अक्ष पर उलट कर आकृति के बाहर स्थित हो जाती है। यही नियम 3 से 4 में करने पर उत्तर आकृति A प्राप्त होती है।

41. समस्या आकृति 1 से 2 का आधा भाग है। यही नियम 3 से 4 में करने पर उत्तर आकृति C प्राप्त होती है।

42. समस्या आकृति 1 से 2 में सीधा उलट जाता है। यही नियम 3 से 4 में करने पर उत्तर आकृति A प्राप्त होती है।

43. समस्या आकृति 1 से 2 में वृत्त का प्रत्येक चौथाई भाग घड़ी की सूई के चलने की विपरीत दिशा में एक भाग आगे सरक जाता है। यही नियम 3 से 4 में करने पर उत्तर आकृति A प्राप्त होती है।

44. समस्या आकृति 1 से 2 में सम्पूर्ण आकृति 90° घड़ी की सूई के चलने की विपरीत दिशा में घूम जाती है। यही नियम 3 से 4 में करने पर उत्तर आकृति B प्राप्त होती है।

45. समस्या आकृति 1 से 2 में '↓' 90° घड़ी की दिशा में घूमती है तथा '' 45° घड़ी की दिशा में घूमती है। यही नियम 3 से 4 में करने पर उत्तर आकृति D प्राप्त होती है।

66. लघुत्तम समापवर्त्य $= \dfrac{\text{दो संख्याओं का गुणनफल}}{\text{महत्तम समापवर्तक}}$

$= \dfrac{216}{3} = 72$

67. अभीष्ट परिणाम = (3.003 – 2.050) + (3.003 + 2.050)

= 0.953 + 5.053 = 6.006

68. $\dfrac{1.001}{10.01} + \dfrac{1001}{100.1}$

= 0.10 + 10

= 10.10

69. 4 किलोग्राम चावल का मूल्य = 6 किलोग्राम गेहूँ का मूल्य

∵ 1 किलोग्राम चावल का मूल्य = 12 रु.

∴ 4 किलोग्राम चावल का मूल्य = 12 × 4

अब = 48 रु.

∴ 6 किग्रा. गेहूँ का मूल्य = 48 रु.

∴ $1 = \dfrac{48}{6}$ = 8 रु.

71. रेलगाड़ी द्वारा लिया गया समय $= \dfrac{\text{दूरी}}{\text{चाल}}$

$= \dfrac{120}{8}$ घण्टे

$$= \frac{3}{2} \text{ घण्टे}$$

$$= 1\frac{1}{2} \text{ घण्टे}$$

अतः दोपहर 12:20 तक तय करेगी।

73. $6 - \{5 + 3 - (5 - 2) - 2\}$
$= 6 - \{5 + 3 - 3 - 5\}$
$= 6 - 0$
$= 6$

74. $12 + \frac{12 \times 12}{100}$
$= 12 + 1.44$
$= 13.44$

75. लड़कों की संख्या $= 30 \times \frac{40}{100} = 12$

$\therefore$ लड़कियों की संख्या $= 30 - 12 = 18$

76. 60 सन्तरे = 5 दर्जन सन्तरे

$\because$ 1 दर्जन संतरे का क्रय मूल्य = 21 रु.

$\therefore$ 5 दर्जन संतरे का क्रय मूल्य $= 21 \times 5$ = 105 रु.

तथा 5 दर्जन संतरों का विक्रय मूल्य $= 24 \times 5$ = 120 रु.

लाभ $= 120 - 105$ = 15 रु.

77. क्रय मूल्य $= 30 - 10$ = 20 रु.

$$\text{लाभ प्रतिशत} = \frac{\text{लाभ} \times 100}{\text{क्रय मूल्य}}$$

$$= \frac{10 \times 100}{20} = 50\%$$

78. $\text{साधारण ब्याज} = \frac{\text{मूलधन} \times \text{दर} \times \text{समय}}{100}$

$$= \frac{400 \times 5 \times 2}{100}$$

= 40 रु.

2 वर्ष बाद मिश्रधन = 400 + 40 = 440 रु.

79. कमरे के फर्श का क्षेत्रफल = लम्बाई × चौड़ाई
$= 30 \times 22$
= 660 वर्ग मीटर

80. पानी की टंकी की धारिता = लम्बाई × चौड़ाई × ऊँचाई

$$= 6 \times 4 \times \frac{3}{2}$$

= 36 घन मीटर

पिछले प्रश्न-पत्र (हल सहित)

जवाहर नवोदय विद्यालय प्रवेश परीक्षा, 1999

अनुभाग-I

मानसिक योग्यता परीक्षा

खण्ड-I

निर्देश (प्रश्न 1 से 15 तक): *प्रश्नों में रेखा के बाईं ओर एक समस्या-आकृति दी गई है। दाईं ओर की चारों उत्तर-आकृतियों को ध्यान से देखिए। उनमें से उस उत्तर आकृति का पता लगाइए जो बिना दिशा-पविर्तन के समस्या-आकृति के खाली अंश में इस तरह सही बैठती हो कि समस्या-आकृति का ढाँचा पूर्ण हो जाए।*

समस्या-आकृति | **उत्तर-आकृतियाँ**

1. 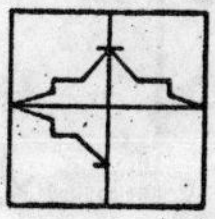 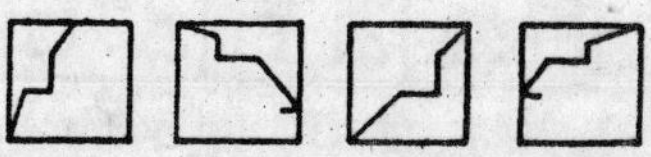
(A) (B) (C) (D)

2. 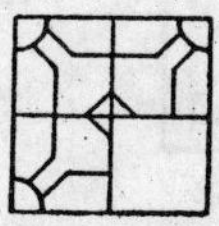 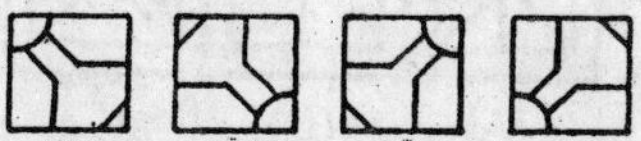
(A) (B) (C) (D)

3. 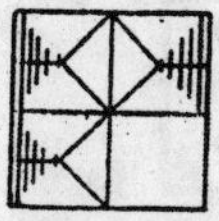 
(A) (B) (C) (D)

4. 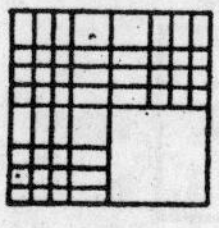 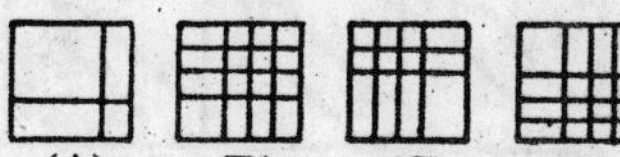
(A) (B) (C) (D)

5.  
(A) (B) (C) (D)

6. 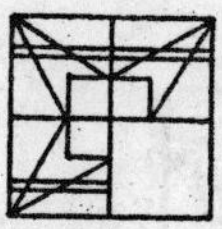 
(A) (B) (C) (D)

समस्या-आकृति | **उत्तर-आकृतियाँ**

7. 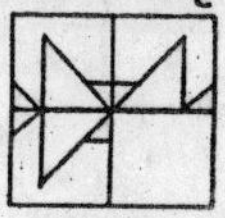 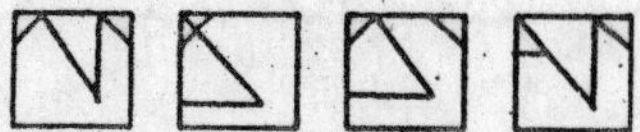
(A) (B) (C) (D)

8. 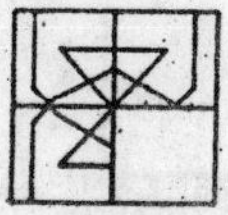 
(A) (B) (C) (D)

9. 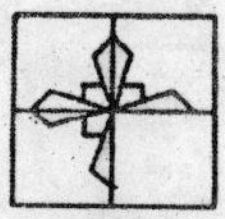 
(A) (B) (C) (D)

10. 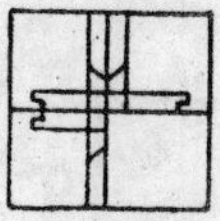 
(A) (B) (C) (D)

11.  
(A) (B) (C) (D)

12. 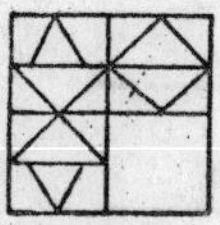 
(A) (B) (C) (D)

13. 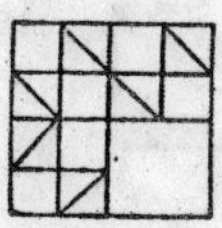 
(A) (B) (C) (D)

14.  
(A) (B) (C) (D)

15.  
(A) (B) (C) (D)

खण्ड-II

निर्देश (प्रश्न 16 से 30 तक): *प्रत्येक प्रश्न में रेखा के बाईं ओर तीन समस्या-आकृतियाँ दी गई हैं तथा चौथी के लिए स्थान खाली छोड़ दिया गया है। समस्या-आकृतियाँ एक क्रम में हैं। पता लगाइए कि दाईं ओर दी गई उत्तर-आकृतियों में से कौन–सी आकृति इस क्रम को पूरा करती है।*

समस्या-आकृतियाँ | **उत्तर-आकृतियाँ**

16. 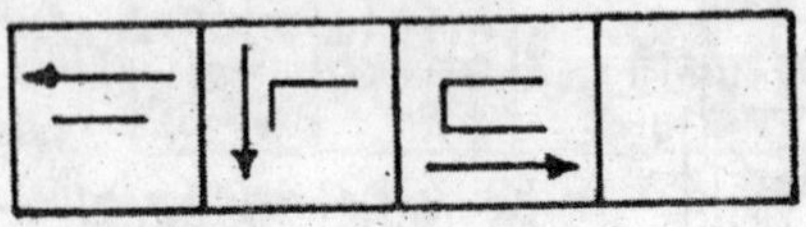

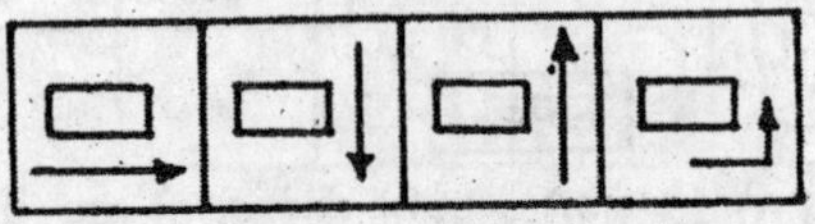

(A) (B) (C) (D)

17. 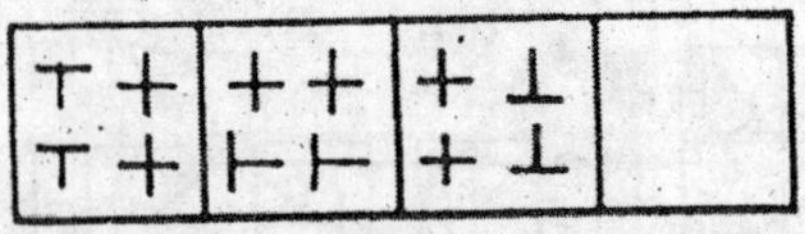

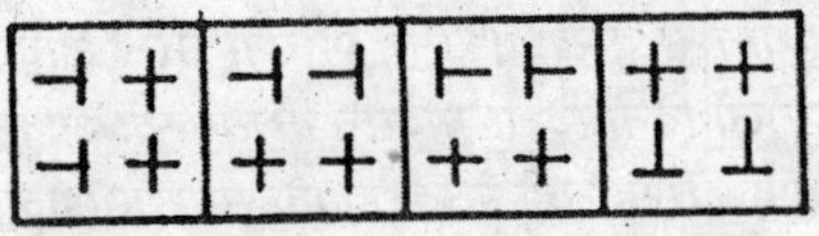

(A) (B) (C) (D)

18. 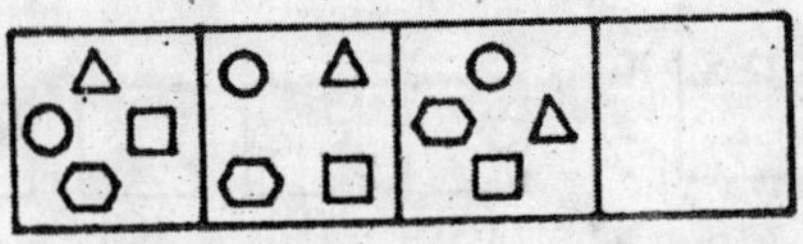

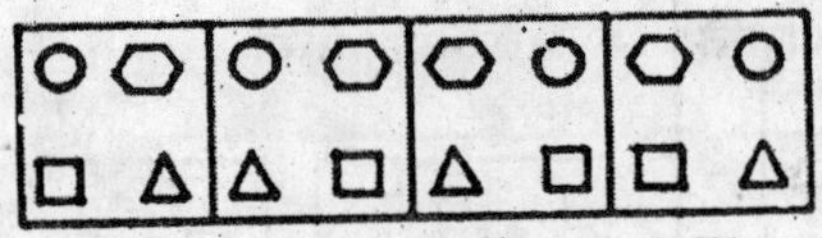

(A) (B) (C) (D)

19. 

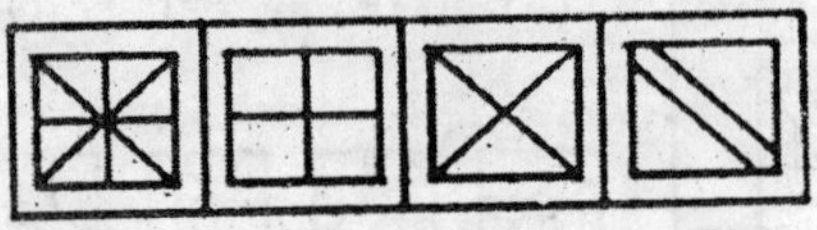

(A) (B) (C) (D)

20. 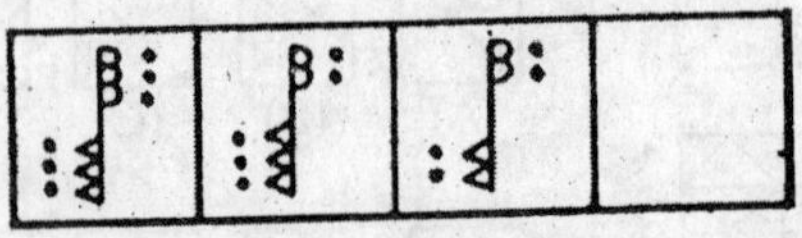

(A) (B) (C) (D)

21. 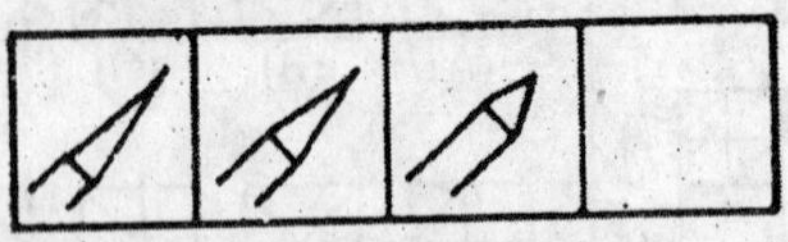

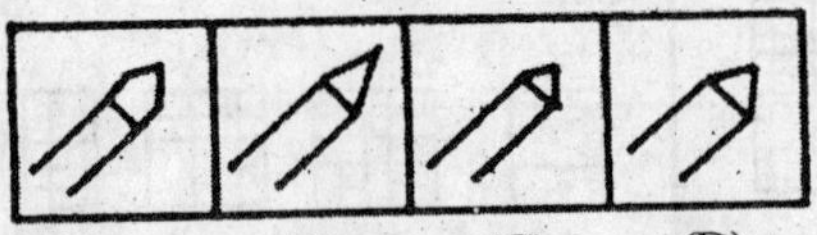

(A) (B) (C) (D)

22. 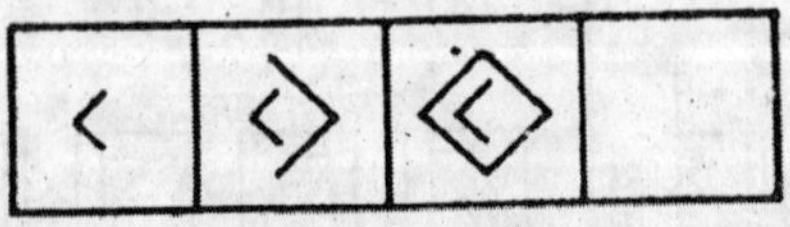

(A) (B) (C) (D)

23. 

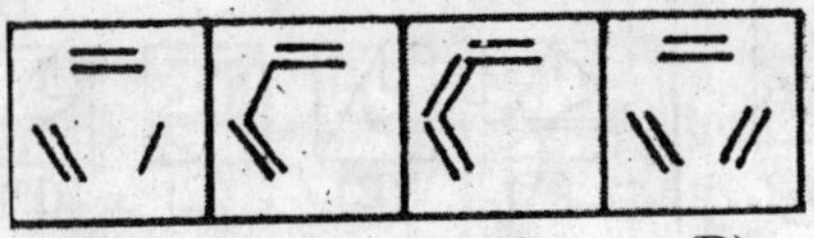

(A) (B) (C) (D)

समस्या-आकृतियाँ | उत्तर-आकृतियाँ

24. 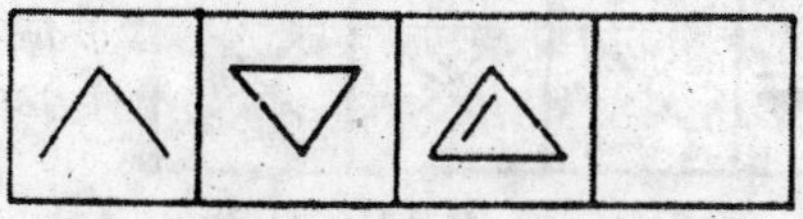 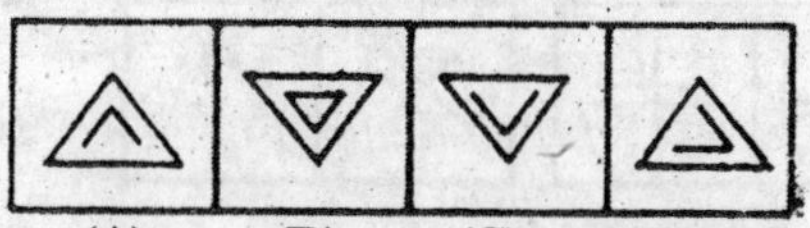

(A) (B) (C) (D)

25.  

(A) (B) (C) (D)

26. 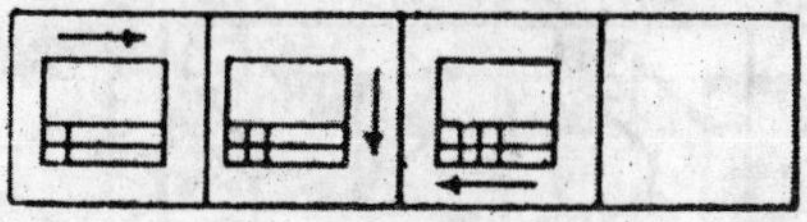 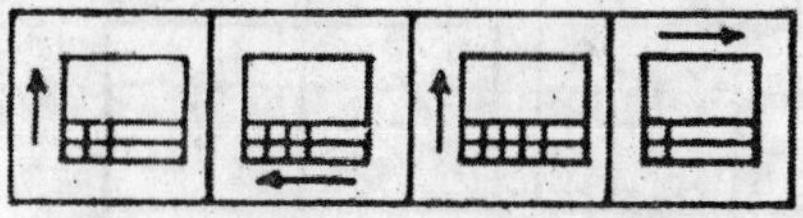

(A) (B) (C) (D)

27.  

(A) (B) (C) (D)

28. 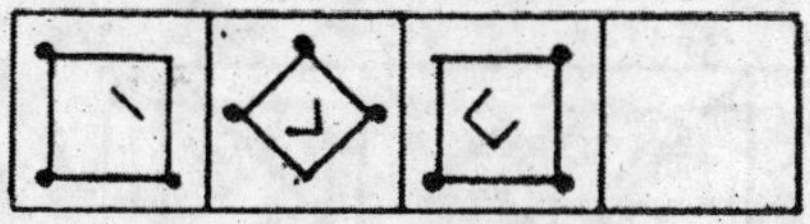 

(A) (B) (C) (D)

29.  

(A) (B) (C) (D)

30. 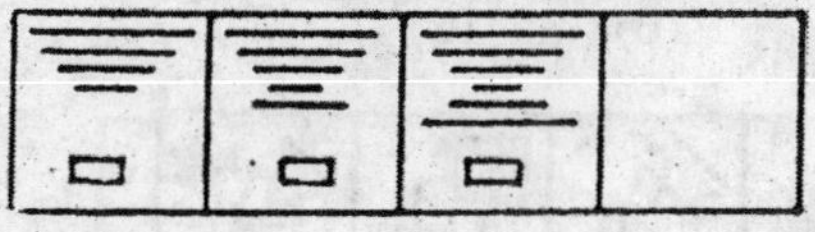 

(A) (B) (C) (D)

खण्ड-III

निर्देश (प्रश्न 31 से 45 तक): *प्रश्नों में तीन समस्या-आकृतियों के बाद चौथी के स्थान पर प्रश्नसूचक चिन्ह (?) दिया गया है। पहली और दूसरी समस्या-आकृतियों में आपस में सम्बन्ध है, वही सम्बन्ध तीसरी और चौथी आकृतियों में है। उत्तर-आकृतियों में से उस आकृति को चुनिए जो प्रश्नसूचक चिन्ह (?) वाले स्थान पर ठीक बैठ सके।*

समस्या-आकृतियाँ | उत्तर-आकृतियाँ

31. 

(A) (B) (C) (D)

समस्या-आकृतियाँ | **उत्तर-आकृतियाँ**

32. 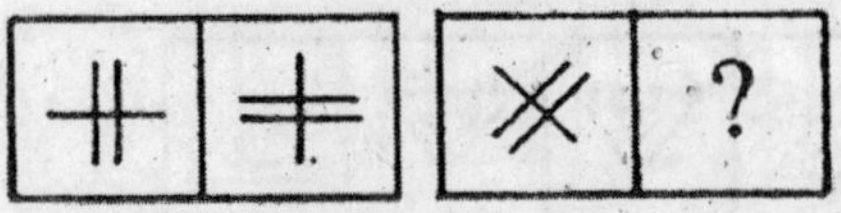 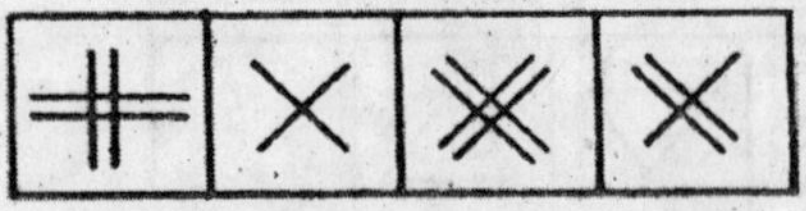

(A) (B) (C) (D)

33.  

(A) (B) (C) (D)

34.  

(A) (B) (C) (D)

35. 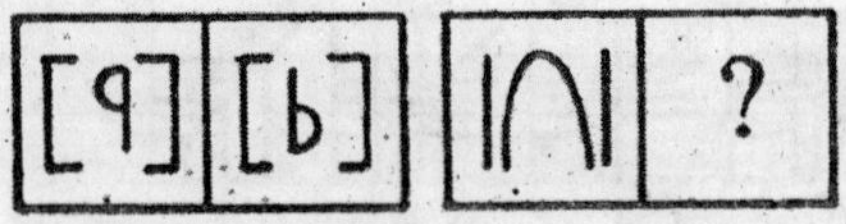 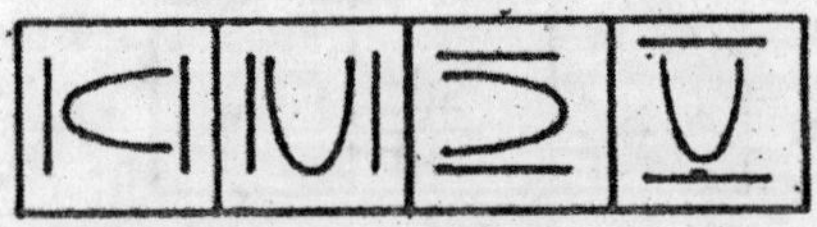

(A) (B) (C) (D)

36. 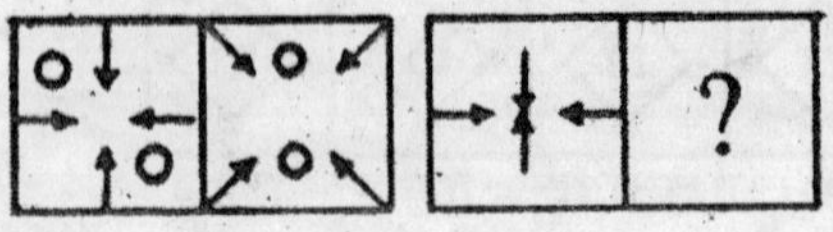 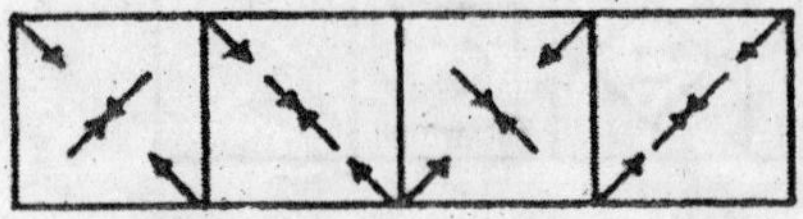

(A) (B) (C) (D)

37.  

(A) (B) (C) (D)

38.  

(A) (B) (C) (D)

39.  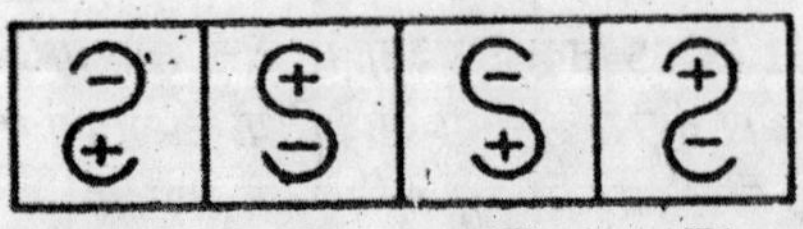

(A) (B) (C) (D)

40.  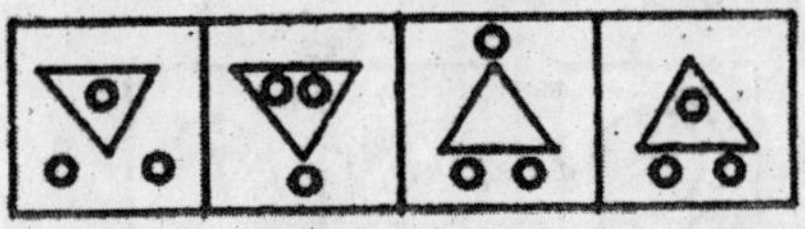

(A) (B) (C) (D)

	समस्या-आकृतियाँ	उत्तर-आकृतियाँ
41.		 (A) (B) (C) (D)
42.		 (A) (B) (C) (D)
43.		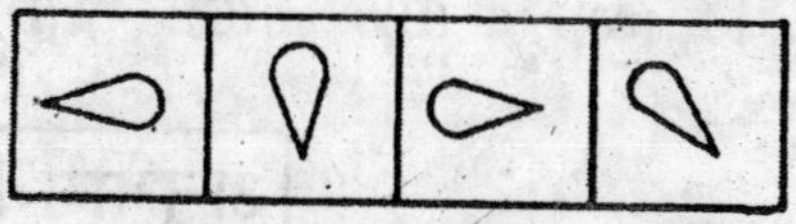 (A) (B) (C) (D)
44.		 (A) (B) (C) (D)
45.		 (A) (B) (C) (D)

खण्ड-IV

निर्देश (प्रश्न 46 से 60 तक): *वर्ग का एक भाग रेखा के बाईं ओर है और शेष भाग दाईं की ओर चार आकृतियों-A, B, C, D में है। दाईं ओर की उस आकृति को ढूँढिए जो रेखा के बाईं ओर दिए हुए से मिलकर वर्ग को पूरा करती है।*

	समस्या-आकृति	उत्तर-आकृतियाँ
46.		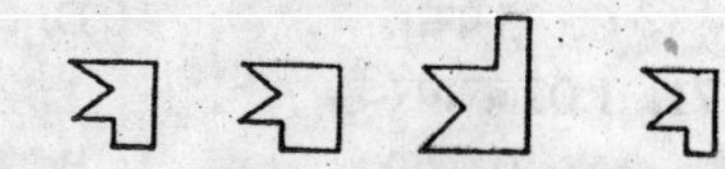 (A) (B) (C) (D)
47.		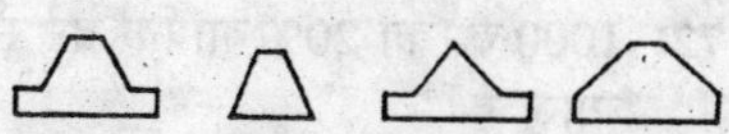 (A) (B) (C) (D)
48.		 (A) (B) (C) (D)
49.		 (A) (B) (C) (D)

	समस्या-आकृति	उत्तर-आकृतियाँ
50.		 (A) (B) (C) (D)
51.		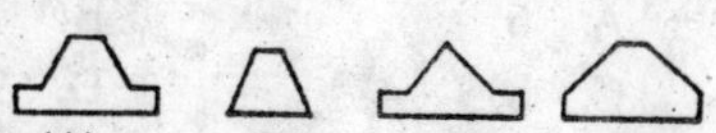 (A) (B) (C) (D)
52.		 (A) (B) (C) (D)
53.		 (A) (B) (C) (D)

समस्या-आकृति	उत्तर-आकृतियाँ

54. 
(A) (B) (C) (D)

55. 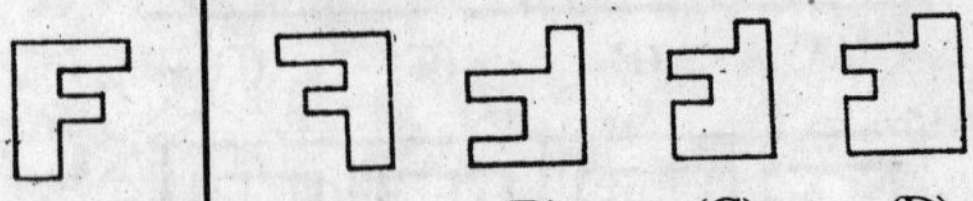
(A) (B) (C) (D)

56. 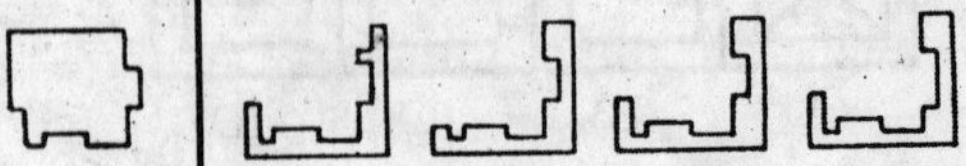
(A) (B) (C) (D)

57. 
(A) (B) (C) (D)

58. 
(A) (B) (C) (D)

59. 
(A) (B) (C) (D)

60. 
(A) (B) (C) (D)

अनुभाग-II : अंकगणित

निर्देश (प्रश्न 61 से 80): *नीचे दिए गए प्रत्येक प्रश्न के लिए (A), (B), (C) एवं (D) के क्रम में चार वैकल्पिक उत्तर दिए गए हैं। इनमें से केवल एक उत्तर सही है। आपको सही उत्तर चुनना है।*

61. संख्या 178.6758 में दो 7 के स्थानीय मानों का अन्तर है-

A. 69.3 B. 69.93
C. 70.07 D. 70.93

62. व्यंजक $9 - 6 \div 3 \times 12 + 1$ का मान है-

A. 3 B. 4
C. 6 D. 9

63. $2\frac{1}{2} \times 3\frac{1}{3} \times 4\frac{1}{4}$ किसके बराबर है?

A. $9\frac{1}{24}$ B. $24\frac{1}{24}$
C. $29\frac{1}{24}$ D. $35\frac{5}{12}$

64. 36 के गुणनखंडों की संख्या है-

A. 6 B. 7
C. 8 D. 9

65. वह संख्या जिसे 8, 12, 15 से विभाजित करने पर प्रत्येक बार 3 शेष रहता है, निम्नलिखित है-

A. 63 B. 96
C. 123 D. 183

66. $0.5 + 0.05 + 0.005$ बराबर है-

A. $\frac{555}{100}$ B. $\frac{111}{200}$
C. $\frac{555}{10}$ D. $\frac{111}{20}$

67. $20.91 \div 0.17$ का मान है-

A. 0.0123 B. 1.230
C. 12.30 D. 123.0

68. निकटतम हजार तक सन्निकटित करने पर संख्या 8320 है-

A. 8000 B. 8300
C. 8400 D. 9000

69. व्यंजक $16 - 12 \div 4 \times 3 + 1$ का मान है-

A. 4 B. 8
C. 16 D. 40

70. एक रुपये का 20% है-

A. 5 रुपये B. 20 रुपये
C. 5 पैसे D. 20 पैसे

71. 1.02 बराबर है-

A. 0.02% B. 1.02%
C. 10.2% D. 102%

72. 1000 रु॰ का 20% वार्षिक दर से 3 वर्ष का साधारण ब्याज है-

A. 60 रु॰ B. 200 रु॰
C. 600 रु॰ D. 1600 रु॰

73. दो संख्याओं के लघुतम समापवर्त्य और महत्तम समापवर्तक क्रमश: 180 और 3 हैं। यदि एक संख्या 45 है, तो दूसरी संख्या है-

A. 12 B. 60
C. 135 D. 540

74. एक वर्ग की परिमाप 40 मीटर है, उसका क्षेत्रफल है-

A. 80 वर्ग मीटर B. 100 वर्ग मीटर

C. 160 वर्ग मीटर D. 1600 वर्ग मीटर

75. 3 पैन और 5 पैन्सिलों का मूल्य 14 रु॰ है। 12 पैन और 20 पैन्सिलों का क्या मूल्य होगा?

A. 42 रु॰ B. 56 रु॰

C. 70 रु॰ D. 112 रु॰

76. एक फर्श की माप 5 मी॰ × 4 मी॰ है। फर्श को ढकने के लिए कितनी टाइलों की आवश्यकता होगी, यदि एक टाइल की माप 80 सेमी × 50 सेमी है?

A. 20 B. 40

C. 50 D. 200

77. 20 मी॰ लम्बी तथा 10 मी॰ चौड़ी एक आयताकार टंकी में 2 मी॰ गहराई तक पानी है। इसके पानी को 10 मी॰ लम्बी तथा 5 मी॰ चौड़ी एक दूसरी आयताकार टंकी में डाल दिया। दूसरी टंकी में पानी की गहराई होगी-

A. 8 मी॰ B. 6 मी॰

C. 4 मी॰ D. 2 मी॰

78. एक व्यक्ति ने एक मशीन 7500 रु॰ की खरीदी और बाद में उसे 750 रु॰ के लाभ पर बेच दिया। यदि उसने उस मशीन को 8500 रु॰ में बेचा होता, तो उसे और कितना अधिक लाभ होता?

A. 250 रु॰ B. 500 रु॰

C. 750 रु॰ D. 1000 रु॰

79. एक रेलगाड़ी सांय 5 : 40 बजे मुम्बई से चलती है और अगले दिन प्रातः 10 : 55 नई दिल्ली पहुँचती है। रेलगाड़ी द्वारा इस यात्रा में लिया गया समय है-

A. 5 घंटे 15 मिनट B. 6 घंटे 45 मिनट

C. 17 घंटे 15 मिनट D. 16 घंटे 35 मिनट

80. एक जीप 180 किमी॰ की दूरी 4 घंटे 30 मिनट में तय करती हैं जीप की चाल-

A. 40 किमी/घंटा B. 45 किमी/घंटा

C. 51 किमी/घंटा D. 90 किमी/घंटा

अनुभाग-III : भाषा (हिन्दी)

र्देश **(प्रश्न 81 से 100):** *इस अनुभाग में चार गद्यांश हैं। त्येक गद्यांश पर पाँच प्रश्न पूछे गए हैं। प्रत्येक गद्यांश को ानपूर्वक पढ़िए और उस पर पूछे गए प्रश्नों के उत्तर दीजिए। त्येक प्रश्न के चार सम्भावित उत्तर दिए गए हैं जिनमें से वल एक ही उत्तर सही है। आप सही उत्तर चुनिए।*

गद्यांश-1

श्चर्य की बात है कि अधिकांश समय तक पानी में रहने के वजूद बत्तखों के पंख सूखे बने रहते हैं। वे घंटों पानी में ती हैं और बीच-बीच में डुबकी भी लगाती रहती हैं। फिर सूखी की सूखी ही रहती हैं। इसका रहस्य क्या है? बत्तख पूँछ की जड़ में एक छोटा-सा तेल का अंग होता है। बत्तख अंग को दबाकर तेल निकालती रहती है जो उसके पंखों फैल जाता है। वैसे तो सभी पक्षियों में यह तेल का अंग ा है, किन्तु जलचर पक्षियों में यह सुविकसित होता है, यों में पसीना लाने वाला अंग नहीं होता।

1. इस गद्यांश में बताया गया है, बत्तखों के-

A. पसीने के अंगों के बारे में

B. तेलीय पंखों के बारे में

C. तेल के अंगों के बारे में

D. सूखे बने रहने के रहस्य के बारे में

82. बत्तखों की यह विशेषता है कि वे-

A. बहुत दूर तक तैर सकती हैं

B. बहुत तेज तैर सकती हैं

C. बहुत जल्दी-जल्दी डुबकी लगा सकती हैं

D. पानी में तैरते रहने पर भी सूखी बनी रह सकती हैं

83. तेल का अंग बत्तख-

A. की पीठ में होता है

B. की पूँछ में होता है

C. के पंख में होता है

D. के पैर में होता है

84. ''इसका रहस्या क्या है?''-इसका शब्द यहाँ बत्तख की किस क्रिया की ओर संकेत कर रहा है?

A. तैरना

B. बार-बार डुबकी लगाना

C. सूखी बने रहना

D. पानी में बहुत देर तक रहना

85. तेल का यह अंग-

A. सभी पक्षियों में विकसित नहीं होता

B. सभी बत्तखों में नहीं बना होता

C. सभी पक्षियों में नहीं पाया जाता

D. केवल कुछ ही बत्तखों में सुविकसित होता है

गद्यांश-2

किसी जमाने में एक जंगल में एक बड़े पेड़ पर कौवे का एक जोड़ा रहता था। इस पेड़ की छाया में प्रायः दूसरे पशु आराम किया करते थे। पेड़ की खो में एक साँप रहता था। कौवों ने पेड़ पर अपना घोंसला बना रखा था। मादा कौवा ने घोंसले में अंडे दिए। कौवों ने अंडों को सेया। जल्दी ही बच्चे निकल आए। एक दिन अपने बच्चों के लिए दाना लाने के लिए वे बाहर गए, तभी सांप घोंसले में आया और चारों बच्चों को चट कर गया। दाना लेकर जब कौवे वापस आए तो उन्होंने खो में घुसते हुए साँप को देखा। उन्हें अपना घोंसला भी खाली मिला। यह देख वे दुःखी हो गये।

कुछ महीनों बाद अंडे देने का समय फिर आया। इसलिए कौवों ने सोचा कि यदि वे इसी पेड़ पर रहे तो साँप फिर उनके बच्चों को खा जाएगा। इसलिए उन्होंने उस पेड़ को छोड़ देने का फैसला किया।

86. कौवों ने घोंसला बनाया था-
A. आराम से रहने के लिए
B. अंडे देने के लिए
C. अपने अंडों को शत्रुओं से बचाने के लिए
D. बच्चों के रहने के लिए

87. कौवों की अनुपस्थिति में, साँप वहाँ आया-
A. उनके बच्चों की देखभाल करने के लिए
B. उनके बच्चों को खाने के लिए
C. उनके बच्चों का दाना चुगाने के लिए
D. उनके बच्चों के साथ खेलने के लिए

88. कौवे दुःखी हो गए, क्योंकि-
A. वे साँप के खिलाफ कुछ भी नहीं कर सकते थे
B. उनकी सहायता करने वाला कोई न था
C. उन्हें अपना घर त्यागना पड़ रहा था
D. उनके बच्चे उनसे छिन गए थे

89. कौवों ने कहीं और जाने का फैसला किया, क्योंकि-
A. पेड़ उनके लिए बहुत बड़ा था
B. पेड़ की छाया में प्रायः अन्य पशु विश्राम किया करते थे
C. वे वहाँ सुरक्षित नहीं थे
D. हर बार साँप उनके बच्चों को खा जाएगा

90. कहानी कौवों की किस विशेषता की ओर संकेत कर रही है?
A. उनकी कायरता की ओर
B. भविष्य के खतरे के डर की ओर
C. साँप के प्रति उनकी शत्रुता की ओर
D. स्थान बदलने की ललक की ओर

गद्यांश-3

एडवर्ड खुश था कि वह ह्यूगो और उसकी चोर चौकड़ी से बच निकला था, लेकिन वह बहुत थका हुआ था। उसे जोर की भूख लगी हुई थी। चलते-चलते वह एक फार्म हाऊस तक पहुँचा। वहाँ उसे पुआल और भूसे से कोठार का दरवाजा खुला दिखाई दिया। वह ठंड से काँप रहा था और कोठार पुआल के कारण गर्म था। इसलिए वह भीतर घुस गया। वहाँ कोने में उसे एक कम्बल दिखाई दिया। कम्बल लेकर उसने उसे ओढ़ लिया और पुआल पर लेट गया।

तभी किसी चीज ने उसे छुआ। अँधेरे में उसे पता न लग सका कि वह क्या चीज थी? वह थका हुआ था, इसलिए तुरन्त सो जाना चाहता था, लेकिन तभी फिर किसी चिकनी और गर्म चीज पर उसका हाथ लगा। उसने उस चीज को पकड़ लिया। क्या, वह रस्सी थी? लेकिन उसमें बालों के गुच्छे चिपके हुए थे। हाथ में रस्सी पकड़े-पकड़े वह बैठ गया। जल्दी ही वह समझ गया कि यह तो कोई रस्सी नहीं है, बल्कि किसी बछड़े की पूँछ है।

91. एडवर्ड-
A. ह्यूगो और उसकी चोर चौकड़ी के साथ रहना चाहता था
B. ह्यूगो और उसकी चोर चौकड़ी के साथ नहीं रहना चाहता था
C. ह्यूगो के साथ रहना चाहता था पर चोर चौकड़ी से बचना चाहता था
D. ह्यूगो के साथ नहीं रहना चाहता था पर चोरों के साथ रहना चाहता था

92. एडवर्ड कोठार में घुस गया, क्योंकि'
A. वह भूखा था
B. वह सोना चाहता था
C. उसे ठंड लग रही थी
D. उसे रस्सी की जरूरत थी

93. कोठार में-
A. कोई जानवर नहीं था B. कोई दरवाजा न था
C. कोइ कम्बल न था D. कोई रस्सी न थी

94. एडवर्ड के हाथ में थी—
A. एक रस्सी B. एक पूँछ
C. एक साँप D. कोई और चीज

95. एडवर्ड को मालूम न था कि उसके हाथ में क्या है, क्योंकि—
A. कोठार में अँधेरा था
B. उसे नींद आ रही थी
C. वह बहुत थका हुआ था
D. वह कुछ भी समझ नहीं पा रहा था

गद्यांश-4

बाल गंगाधर तिलक गंगाधर पंत के पुत्र थे जो एक स्थानीय विद्यालय में शिक्षक थे। जीवन के प्रारम्भिक वर्षों में बाल ने संस्कृत में विशेष रुचि प्रकट की। कोई नया श्लोक याद करने पर बाल के पिता उन्हें कुछ पैसे देते थे। बाल बहुत चतुर बालक थे और उनकी स्मरणशक्ति बहुत अच्छी थी। वे अंग्रेजी व्याकरण, संस्कृत और गणित समान गति से सीख लेते थे। दूसरे बच्चों की ही तरह वे भी स्कूल जाते थे, लेकिन अधिकांश में वास्तविक शिक्षा उन्होंने अपने पिता से ही प्राप्त की। बचपन में ही उन्होंने निडर रहने का, और सत्य तथा न्याय के लिए लड़ने का अभ्यास कर लिया था।

जब उनके पिता पूना चले गए तो बाल को एक अंग्रेजी स्कूल में भेज दिया गया। इस स्कूल में उन्होंने दो वर्षों में तीन कक्षाएँ पास कीं, लेकिन वे अपने शिक्षकों के साथ तालमेल स्थापित न कर सके। किसी शिक्षक के यह कहने पर कि गणित का सवाल हल करो, वे जबानी ही उसका हल निकाल दिया करते थे—स्लेट पर कुछ नहीं लिखते थे। शिक्षक के बच्चों से यह कहने पर कि स्लेट पर सवाल लिखो, वे कहते थे कि इसकी कोई जरूरत नहीं। यदि कभी शिक्षक उनसे ब्लैक बोर्ड (श्याम पट) पर कुछ लिखने के लिए कहते, तो वे मना कर देते थे।

96. बाल के पिता उन्हें कुछ पैसे तब देते थे, जब बाल-
A. सवालों के सही हल निकाल देते थे
B. पढ़ाई में दूसरे बच्चों की मदद करते थे
C. अंग्रेजी के पाठ बखूबी याद कर लेते थे
D. कोई नया संस्कृत श्लोक याद कर लेते थे

97. "बाल की स्मरण-शक्ति बहुत अच्छी थी" कहने का मतलब है-
A. वे जो कुछ भी सीखते थे, उसे अच्छी तरह याद कर लेते थे
B. दूसरों को स्लेट इस्तेमाल करने से मना करते थे
C. ब्लैक बोर्ड (श्याम पट) पर सवालों को लिखने की जरूरत नहीं समझते थे
D. संस्कृत श्लोक तुरन्त याद कर लेते थे

98. बाल गंगाधर तिलक नहीं थे-
A. बेईमान B. बुद्धिमान
C. निडर D. सत्यवादी

99. शिक्षक बाल से नाराज थे, क्योंकि बाल—
A. किसी दूसरे छोटे से स्कूल से आए थे
B. ने दो वर्षों में ही तीन कक्षाएँ पास की थीं
C. शिक्षक की तुलना में सवालों को जल्दी हल करते थे
D. स्लेट पर सवाल लिखने से मना कर देते थे

100. बाल अपने शिक्षकों के साथ तालमेल स्थापित न कर सके, क्योंकि-
A. बाल ने अपने पिता से शिक्षा प्राप्त की थी
B. बाल ने घर पर बेहतर पढ़ाई की थी
C. वे शिक्षकों का विरोध करने से नहीं डरते थे
D. वे कक्षा के दूसरे बच्चों को परेशान करते थे

उत्तरमाला

1	2	3	4	5	6	7	8	9	10
D	B	C	D	A	B	D	A	C	A
11	**12**	**13**	**14**	**15**	**16**	**17**	**18**	**19**	**20**
C	A	A	A	A	C	B	D	C	A
21	**22**	**23**	**24**	**25**	**26**	**27**	**28**	**29**	**30**
C	D	D	C	D	C	B	B	A	D
31	**32**	**33**	**34**	**35**	**36**	**37**	**38**	**39**	**40**
D	D	B	D	B	A	B	A	C	A
41	**42**	**43**	**44**	**45**	**46**	**47**	**48**	**49**	**50**
B	C	A	C	D	A	A	B	C	D
51	**52**	**53**	**54**	**55**	**56**	**57**	**58**	**59**	**60**
A	D	A	C	C	C	B	C	A	A
61	**62**	**63**	**64**	**65**	**66**	**67**	**68**	**69**	**70**
B	C	D	D	C	B	D	A	B	D
71	**72**	**73**	**74**	**75**	**76**	**77**	**78**	**79**	**80**
D	C	A	B	B	C	A	A	C	A

81	82	83	84	85	86	87	88	89	90
D	D	B	C	A	A	B	D	D	B
91	92	93	94	95	96	97	98	99	100
B	C	D	B	A	D	A	A	D	C

कुछ चुने हुए प्रश्नों के व्याख्यात्मक उत्तर

16. प्रत्येक अगले चित्र में तीर घड़ी की सुइयों के चलने की विपरीत दिशा में 90° घूमते हुए आगे बढ़ती जाती है तथा अन्य डिजाइन में एक-एक रेखा एक निश्चित क्रम में जुड़ती जाती है।

17. प्रत्येक अगले चित्र में प्रत्येक डिजाइन घड़ी की सुइयों के चलने की विपरीत दिशा में एक स्थान आगे बढ़ कर इसी दिशा में 90° घूम जाता है।

18. प्रत्येक अगले चित्र में प्रत्येक डिजाइन घड़ी की सुइयों के चलने की दिशा में आधी भुजा आगे बढ़ जाती है।

19. प्रत्येक अगली प्रश्नाकृति में एक रेखा जुड़ जाती है

20. चित्र (1) से (2) में ऊपर के दोनों डिजाइनों में से एक-एक डिजाइन घट रही है। चित्र (2) से (3) में नीचे के दोनों डिजाइनों में से एक-एक डिजाइन घट रही है। यही क्रम आगे भी जारी रहता है।

21. प्रत्येक अगले चित्र में डिजाइन का निचला भाग बढ़ता जाता है तथा ऊपर का भाग घटता जाता है।

22. चित्र (1) से (2) में दायीं तरफ एक डिजाइन बढ़ जाती है, चित्र (2) से (3) में बायी ओर एक डिजाइन बढ़ जाता है। अतः (3) से (4) में दायीं ओर एक डिजाइन बढ़ेगा।

23. चित्र (1) से (2) में मुख्य डिजाइन से एक रेखा हटकर सामने वाली भुजा के पास बाहर पहुँच जाती है। चित्र (2) से (3) में घड़ी की सुइयों की चलने की दिशा में एक भुजा छोड़कर अगली रेखा हटकर सामने वाली भुजा के पास बाहर पहुँच जाती है। इसी प्रकार का परिवर्तन आकृति (3) से (4) में होगा।

24. प्रत्येक अगले चित्र में डिजाइन उलट जाता है तथा एक रेखा जुड़ जाती है।

25. प्रत्येक अगले चित्र में मुख्य डिजाइन घड़ी की सुइयों के चलने की दिशा में 90° घूम जाता है तथा तीर एक-एक जुड़ते जाते हैं और घड़ी की सुइयों के चलने की विपरीत दिशा में 90° घूम जाते हैं।

26. प्रत्येक अगले चित्र में तीर घड़ी की सुइयों के चलने की दिशा में एक भुजा आगे हो जाता है तथा नीचे की डिजाइन में एक-एक रेखा बढ़ती जाती है।

27. प्रत्येक अगले चित्र में दो रेखा युग्म जिनमें से प्रत्येक समकोण बनाती है, बढ़ते जाते हैं।

28. प्रत्येक अगले चित्र में डिजाइन के अन्दर एक रेखा क्रमशः बढ़ती जाती है। इसके अलावा आकृति (1) से (2) में सम्पूर्ण डिजाइन 135° घड़ी की सुइयों के चलने की दिशा में घूम जाती है।

29. प्रत्येक अगले चित्र में वृत्त छोटा हो जाता है तथा वर्ग बढ़ता जाता है।

30. प्रत्येक अगले चित्र में ऊपरी डिजाइन की सबसे छोटी रेखा के नीचे क्रमशः एक-एक रेखा की वृद्धि होती जाती है तथा नीचे की डिजाइन ▭ वैसी रहती है।

31. चित्र (1) से (2) में सम्पूर्ण डिजाइन घड़ी की सुइयों के चलने की दिशा में 90° घूम जाता है। इसी प्रकार चित्र (3) में सम्पूर्ण डिजाइन घड़ी की सुइयों के चलने की दिशा में 90° घूमेगा।

32. चित्र (1) से (2) में सम्पूर्ण डिजाइन 90° घूम जाता है इसी प्रकार चित्र (3) में सम्पूर्ण डिजाइन 90° घूमेगा

33. चित्र (1) से (2) में त्रिभुज छोटा हो जाता है तथा ऊपर का डिजाइन बड़ा हो जाता है तथा बड़े डिजाइन के अन्दर छोटा डिजाइन इसी दिशा में आ जाता है। इसी प्रकार प्रश्नाकृति (3) में नीचे का डिजाइन छोटा हो जाएगा तथा ऊपर का डिजाइन बड़ा हो जाएगा तथा छोटा डिजाइन बड़े डिजाइन के अन्दर इसी दिशा में आयेगा।

34. चित्र (1) से (2) में डिजाइन उलट कर सामने के बिन्दु पर पहुँच जाता है। इसी प्रकार चित्र (3) का डिजाइन उलट कर सामने के बिन्दु पर पहुँचेगा।

35. चित्र (1) से (2) में सम्पूर्ण डिजाइन 180° घूम जाता है इसी प्रकार चित्र (3) का डिजाइन 180° घूमेगा।

36. चित्र (1) से (2) में सम्पूर्ण डिजाइन घड़ी की सुइयों के चलने की दिशा में 45° घूम जाती है, यही परिवर्तन चित्र (3) में करेंगे।

37. चित्र (1) से (2) में अन्दर का डिजाइन बड़ा होकर बाहर आ जाता है तथा बाहर का डिजाइन छोटा होकर अन्दर ऊपरी भाग में पहुँच जाता है। यही परिवर्तन चित्र (3) में करें।

38. चित्र (1) से (2) में सभी वर्ग त्रिभुजों में अर्थात् एक कम भुजा वाली आकृति में बदल जाते हैं। इसी प्रकार चित्र (3) के पंचभुज, एक कम भुजा वाली आकृति में बदलेंगे।

39. चित्र (1) से (2) में मुख्य डिजाइन उलट जाता है तथा *a* और *b* क्रमशः ऊपर से नीचे तथा नीचे से ऊपर पहुँच जाते हैं। यही परिवर्तन प्रश्नाकृति (3) में करें।

40. चित्र (1) से (2) में मुख्य डिजाइन 180° घूम जाता है तथा ऊपर के बाहर के डिज़ाइन ऊपर ही अन्दर आ जाते हैं और नीचे के अन्दर के डिजाइन नीचे बाहर आ जाते हैं। यही परिवर्तन चित्र (3) में करें।

41. चित्र (1) से (2) में अन्दर के डिजाइन का काला भाग सफेद हो जाता है तथा सफेद भाग लुप्त हो जाता है। यही परिवर्तन चित्र (3) में करें।

42. चित्र (1) से (2) में बाहर का डिजाइन अन्दर और अन्दर का डिजाइन बाहर हो जाता है तथा बीच की रेखायें 45° घूमकर केन्द्र से होकर जाती हैं। यही परिवर्तन चित्र (3) में करें।

43. चित्र (1) से (2) में डिजाइन घड़ी की सुइयों के चलने की विपरीत दिशा में 90° घूम जाता है। यही परिवर्तन चित्र (3) में करें।

44. चित्र (1) से (2) में डिजाइन का काला भाग लुप्त हो जाता है। यही परिवर्तन चित्र (3) में करें।

45. चित्र (1) से (2) में दोनों जोड़ का चिन्ह, घटाव में तथा घटाव का चिन्ह, जोड़ में बदल जाते हैं। यही परिवर्तन चित्र (3) में करे।

61. दी गई संख्या = 178.6758

7 का स्थानीय मान जो दशमलव के बायीं तरफ हैं = 70.0000

7 का स्थानीय मान जो दशमलव के दायीं तरफ हैं = 0.0700

∴ दोनों का अंतर = 69.93

62. $9 - 6 \div 3 \times 2 + 1$

$= 9 - 2 \times 2 + 1$

$= 9 - 4 + 1$

$= 10 - 4 = 6$

63. $2\frac{1}{2} \times 3\frac{1}{3} \times 4\frac{1}{4}$

$= \frac{5}{2} \times \frac{10}{3} \times \frac{17}{4} = \frac{425}{12} = 35\frac{5}{12}$

64. 36 के गुणनखंडों की सं॰ =

1, 2, 3, 4, 6, 9, 12, 18, 36 = 9

अर्थात् गुणनखंडों की संख्या = 9

65.

2	8, 12, 15
2	4, 6, 15
3	2, 3, 15
	2, 1, 5

$\therefore 2 \times 2 \times 2 \times 3 \times 5 = 120$

चूँकि 8, 12, 15 से भाग देने पर शेष 3 रहता है

∴ अभीष्ट संख्या = 120 + 3 = 123

66. $0.5 + 0.05 + 0.005 = \frac{0.555}{1000} = \frac{111}{200}$

67. $\frac{20.91 \times 100}{0.71 \times 100} = 123.0$

68. अभीष्ट संख्या = 8000

69. $16 - 12 \div 4 \times 3 + 1$

$= 16 - 3 \times 3 + 1$

$= 16 - 9 + 1$

$= 17 - 9 = 8$

70. एक रूपया = 100 पैसे

$\therefore \frac{100 \times 20}{100} = 20$ पैसे

71. $1.02 \times 100 = 102\%$

72. साधारण ब्याज = $\frac{\text{मूलधन} \times \text{समय} \times \text{दर}}{100}$

$= \frac{1000 \times 3 \times 20}{100} = 600$ रुपये

73. अभीष्ट संख्या = $\frac{180 \times 3}{45} = 12$

74. वर्ग की भुजा = $\frac{\text{परिमाप}}{4} = \frac{40}{4} = 10$ मीटर

∴ वर्ग का क्षेत्रफल = $(\text{भुजा})^2 = (10)^2 = 100$ वर्ग मीटर

75. $\because$ 3 पेन तथा 5 पेंसिलों का मूल्य 14 रु॰ है।

$\therefore$ 1 पेन तथा 1 पेंसिल का मूल्य

$$= \frac{14}{\text{3 पेन तथा 5 पेंसिल}}$$

$\therefore$ 4 × (3 पेन तथा 5 पैंसिलों) का मूल्य =

$$= \frac{14 \times 4 \times (\text{3 पेन तथा 5 पेंसिल})}{(\text{3 पेन तथा 5 पेंसिल})}$$

= 56 रूपये

76. फर्श का क्षेत्रफल = 5 × 4 वर्ग मीटर

एक टाइल का क्षेत्रफल = 80 × 50 वर्ग सेंटीमीटर

$$\therefore \text{टाइलों की संख्या} = \frac{\text{फर्श का क्षेत्रफल}}{\text{एक टाइल का क्षेत्रफल}}$$

$$= \frac{500 \times 400}{80 \times 50}$$

= 50 टाइलें

77. पहली टंकी का आयतन (भरे हुए पानी तक)

= 20 × 10 × 2

= 400 घनमीटर

प्रश्नानुसार, पहली टंकी का आयतन = दूसरी टंकी का आयतन (भरे हुए पानी तक) (पानी डालने के बाद)

400 घन मीटर = लम्बाई × चौड़ाई × गहराई

$$\therefore \quad \text{गहराई} = \frac{400}{\text{लम्बाई} \times \text{चौड़ाई}}$$

$$= \frac{400}{10 \times 5} = \text{8 मीटर}$$

78. मशीन का विक्रय मूल्य = 7500 + 750 = 8250 रूपये

$\therefore$ यदि 8500 रूपये में बेचा होता तो,

8500 – 8250 = 250 रूपये का लाभ होता।

79. मुम्बई से प्रस्थान समय = 5 : 40

नई दिल्ली आगमन समय = 10 : 55 (अगले दिन)

$\therefore$ कुल समय = 5 : 40 से 5 : 40 (अगले दिन)

= 12 घँटा

तथा 5:40 से 10 : 55 = 5 घँटा 15 मिनट

= 17 घंटा 15 मिनट

80. दूरी = 180 किमी॰, समय = 4 घंटा 30 मिनट = 4.5 घंटा

$$\therefore \text{जीप की चाल} = \frac{\text{दूरी}}{\text{समय}} = \frac{180 \times 10}{45}$$

= 40 किमी॰/घंटा

पिछले प्रश्न-पत्र (हल सहित)

जवाहर नवोदय विद्यालय प्रवेश परीक्षा, 1998

अनुभाग-I

मानसिक योग्यता परीक्षा

खण्ड-I

निर्देश (प्रश्न 1 से 15 तक): *प्रश्नों में रेखा के बाईं ओर एक समस्या–आकृति दी गई है। दाईं ओर की चारों उत्तर–आकृतियों को ध्यान से देखिए। उनमें से इस उत्तर–आकृति का पता लगाइए जो बिना दिशा–परिवर्तन के समस्या–आकृति के खाली अंश में इस तरह सही बैठती हो कि समस्या–आकृति का ढाँचा पूर्ण हो जाए। इसके नीचे दिया गया अक्षरांक ही आपका उत्तर होगा।*

समस्या-आकृति | उत्तर-आकृतियाँ

1. 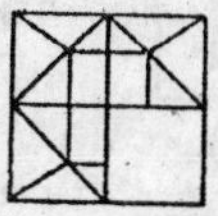
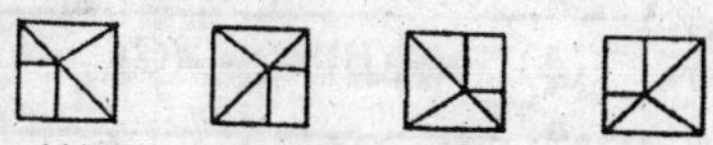
(A) (B) (C) (D)

2. 
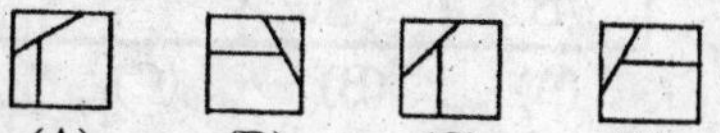
(A) (B) (C) (D)

3. 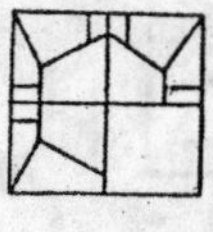
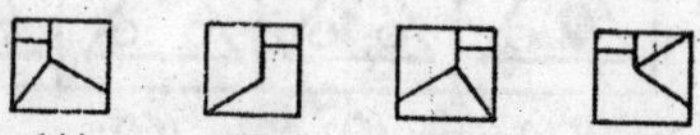
(A) (B) (C) (D)

4. 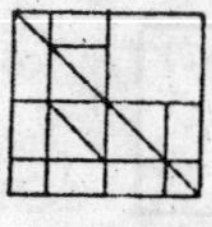
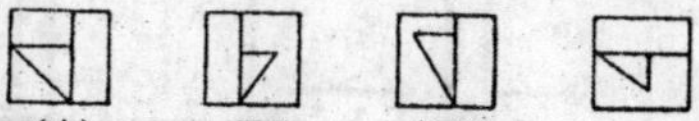
(A) (B) (C) (D)

5. 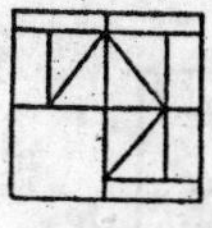
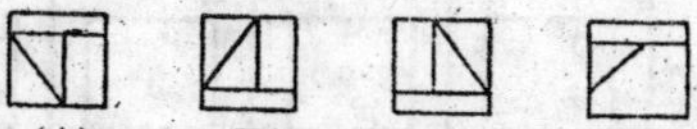
(A) (B) (C) (D)

6. 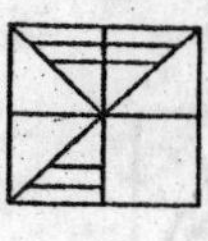
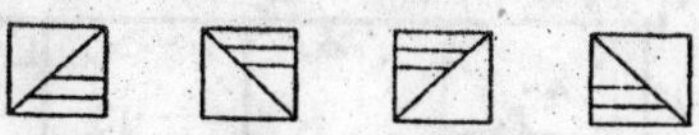
(A) (B) (C) (D)

समस्या-आकृति | उत्तर-आकृतियाँ

7. 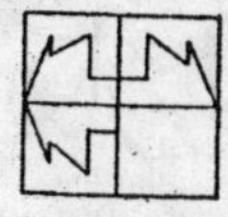
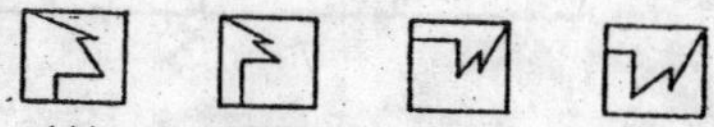
(A) (B) (C) (D)

8. 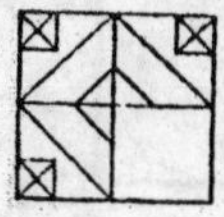

(A) (B) (C) (D)

9. 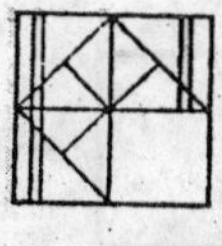

(A) (B) (C) (D)

10. 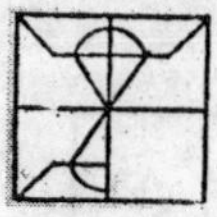

(A) (B) (C) (D)

11. 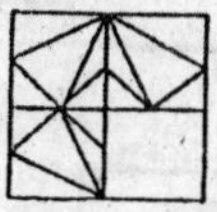
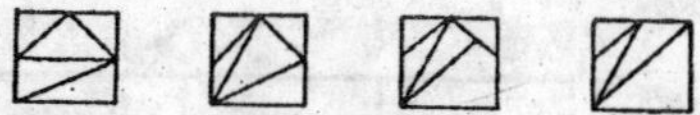
(A) (B) (C) (D)

12. 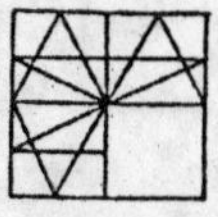

(A) (B) (C) (D)

13. 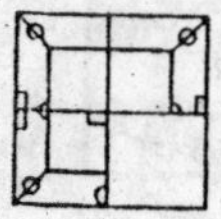

(A) (B) (C) (D)

14. 
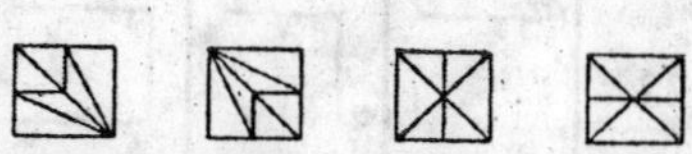
(A) (B) (C) (D)

15. 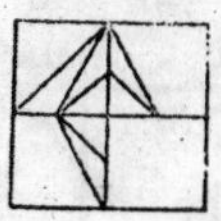
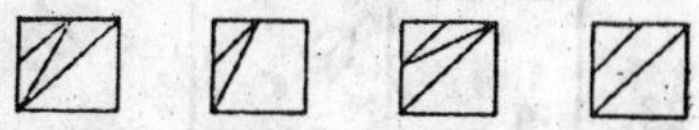
(A) (B) (C) (D)

खण्ड-II

निर्देश (प्रश्न 16 से 30 तक): *प्रत्येक प्रश्न में रेखा के बाईं ओर तीन समस्या–आकृतियाँ दी गई हैं तथा चौथी के लिए स्थान खाली छोड़ दिया गया है। समस्या–आकृतियाँ एक क्रम में हैं। पता लगाइए कि दाईं ओर दी गई उत्तर–आकृतियों में से कौन–सी आकृति इस क्रम को पूरा करती है? उस आकृति का अक्षरांक ही आपका उत्तर होगा।*

समस्या-आकृतियाँ | **उत्तर-आकृतियाँ**

16.

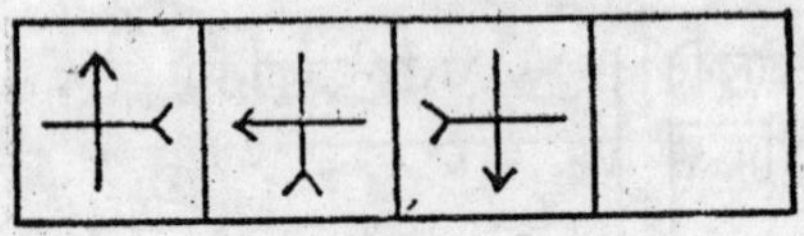

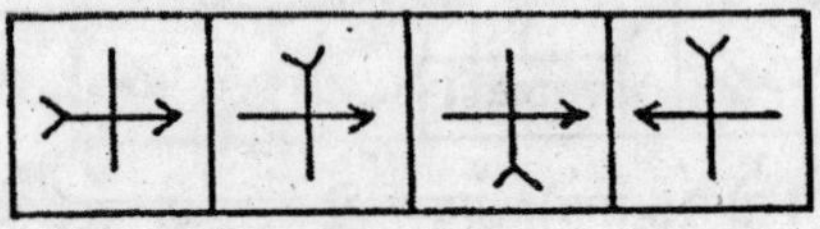

(A) (B) (C) (D)

17.

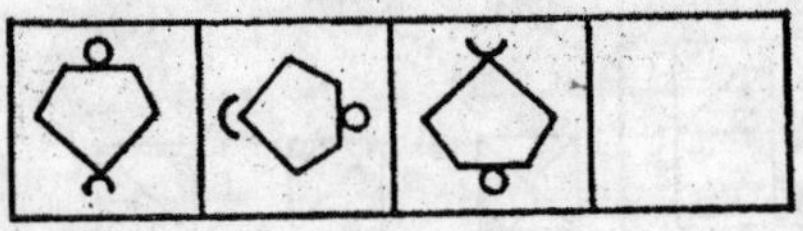

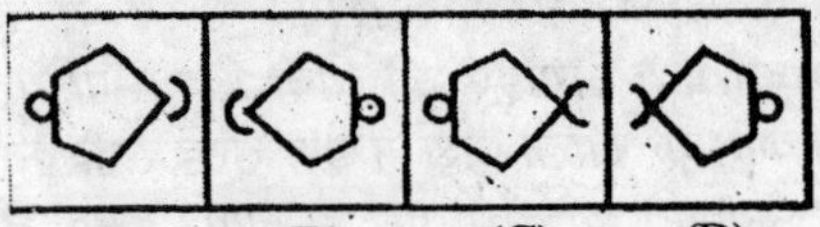

(A) (B) (C) (D)

18.

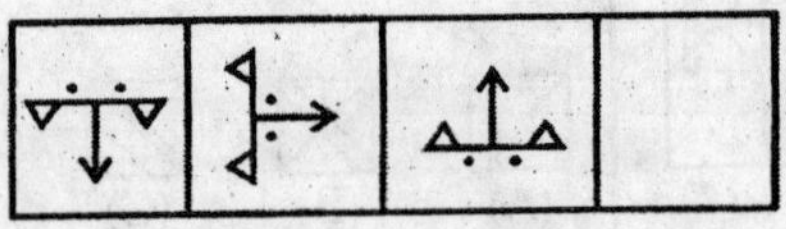

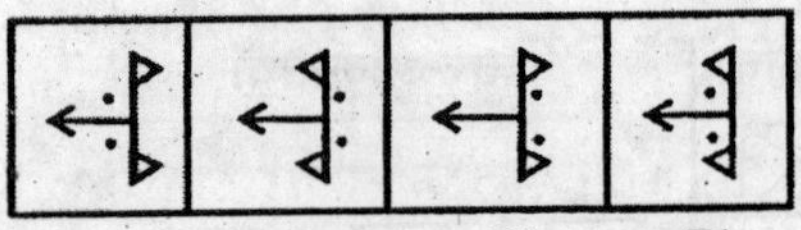

(A) (B) (C) (D)

19.

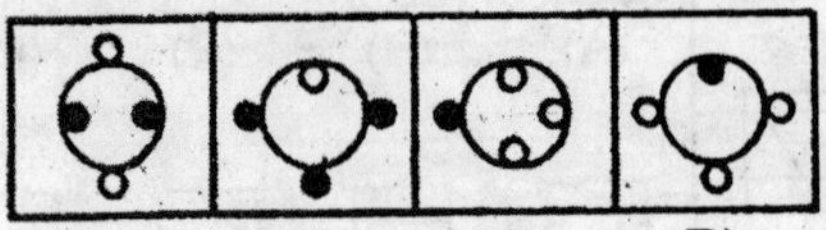

(A) (B) (C) (D)

20.

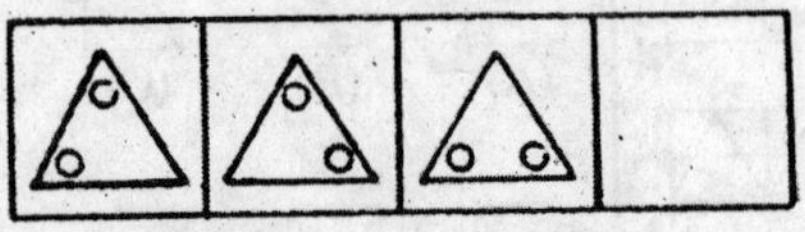

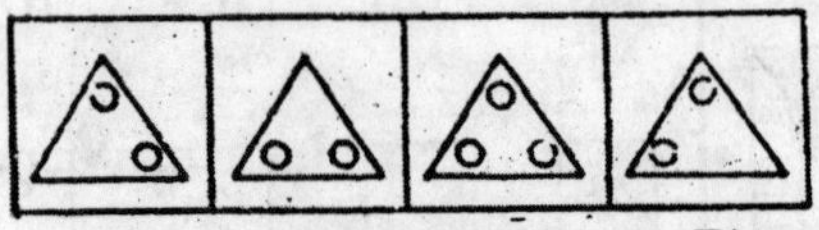

(A) (B) (C) (D)

21.

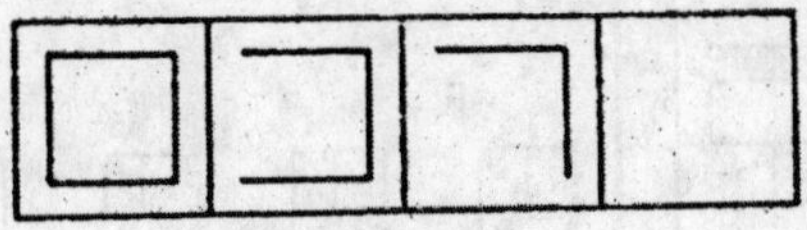

(A) (B) (C) (D)

22.

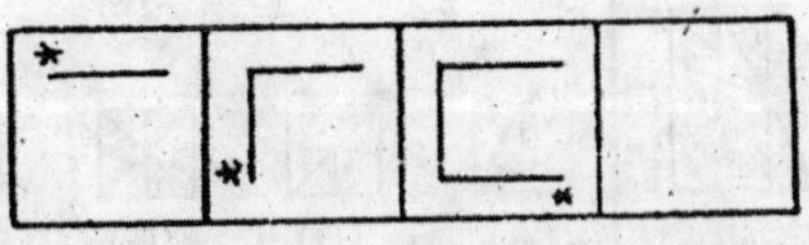

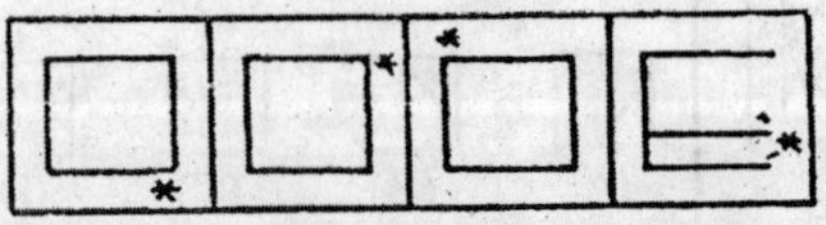

(A) (B) (C) (D)

23.

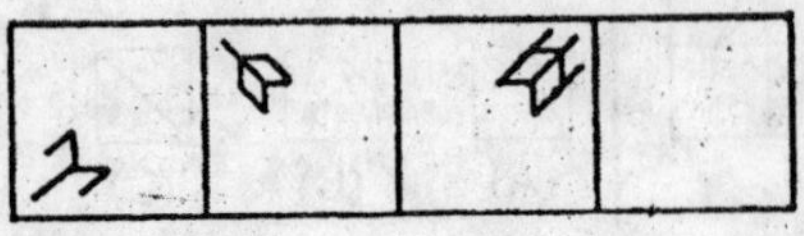

(A) (B) (C) (D)

समस्या-आकृतियाँ | **उत्तर-आकृतियाँ**

24. 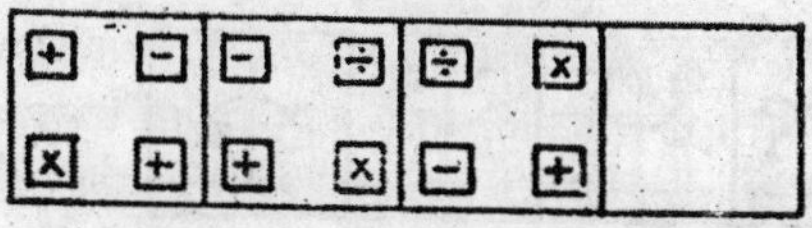 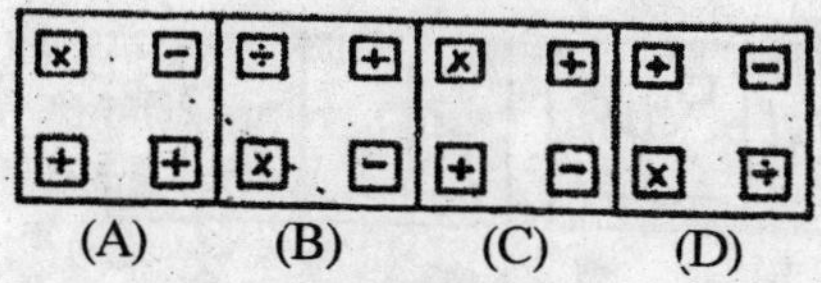

25.  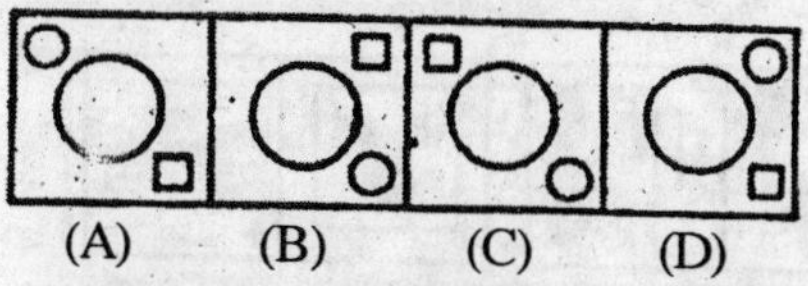

26. 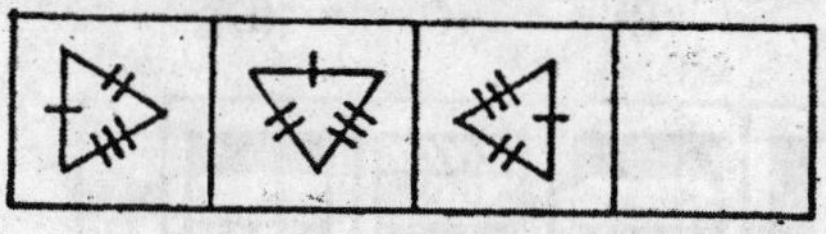 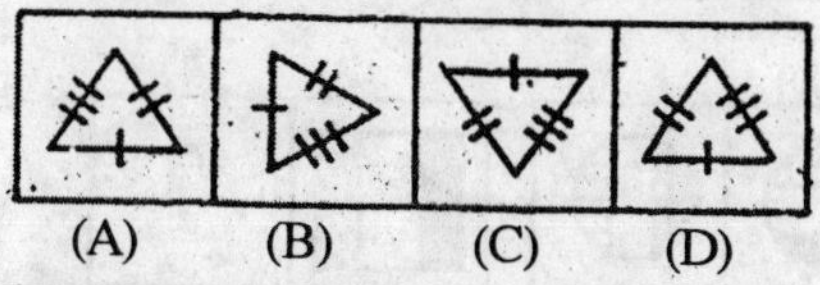

27. 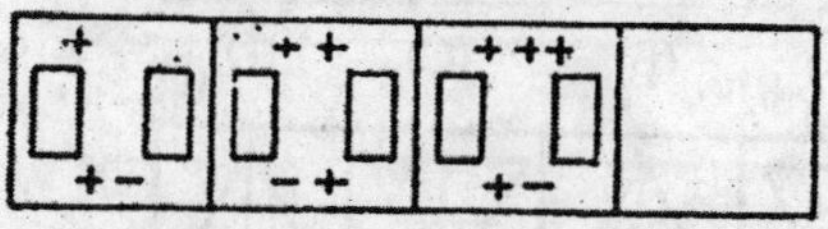 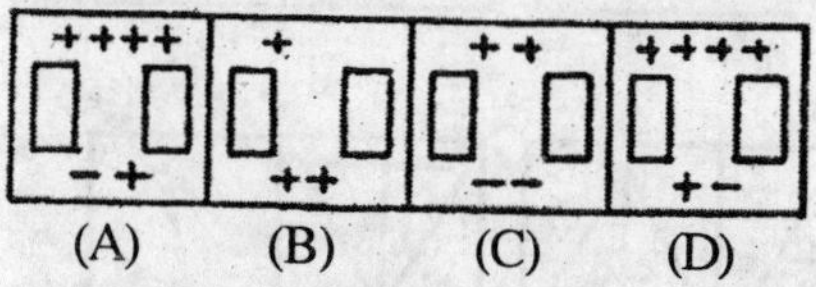

28. 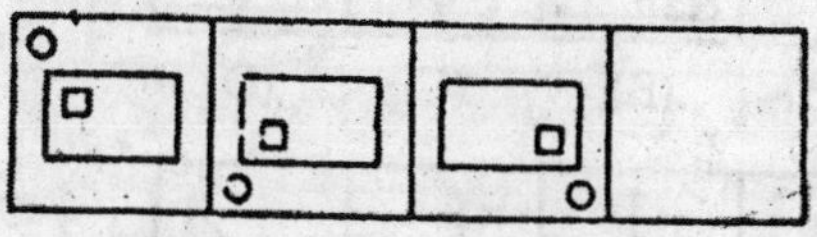 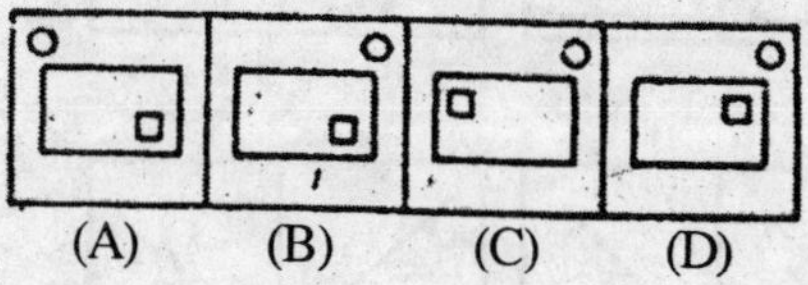

29. 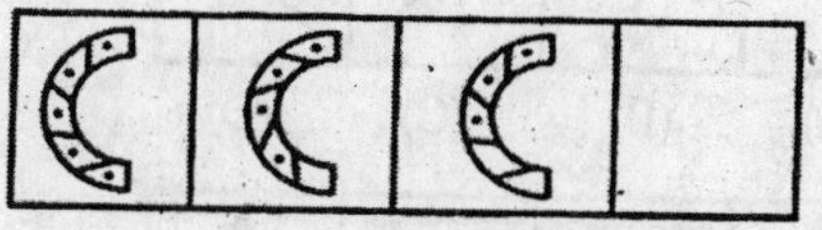 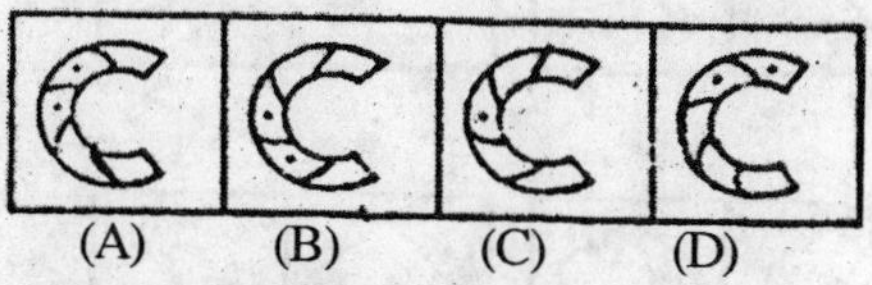

30. 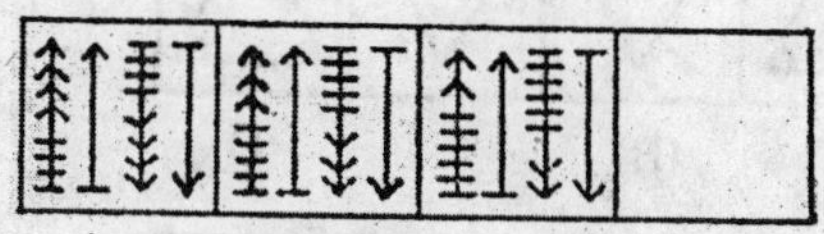 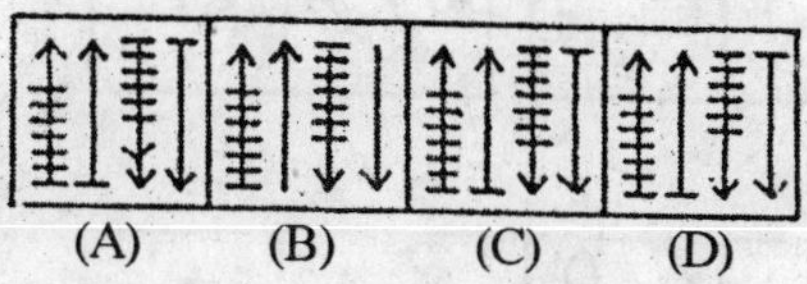

खण्ड-III

निर्देश (प्रश्न 31 से 45 तक): *प्रत्येक प्रश्न में तीन समस्या–आकृतियों के बाद चौथी के स्थान पर प्रश्नसूचक चिह्न (?) दिया गया है। पहली और दूसरी समस्या–आकृतियों में आपस में सम्बन्ध है। वही सम्बन्ध तीसरी और चौथी आकृतियों में है। उत्तर–आकृतियों में से उस आकृति को चुनिए जो प्रश्नसूचक चिह्न (?) वाले स्थान पर ठीक बैठ सके। उस आकृति का अक्षरांक ही आपका उत्तर होगा।*

समस्या-आकृतियाँ | **उत्तर-आकृतियाँ**

31. 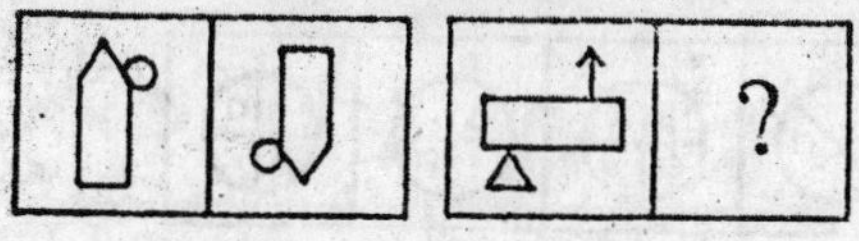 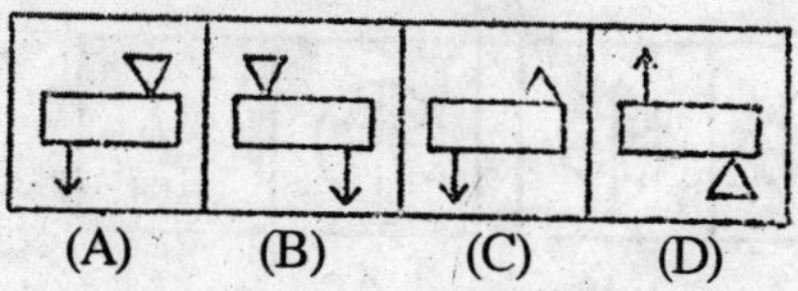

समस्या-आकृतियाँ	उत्तर-आकृतियाँ

32.  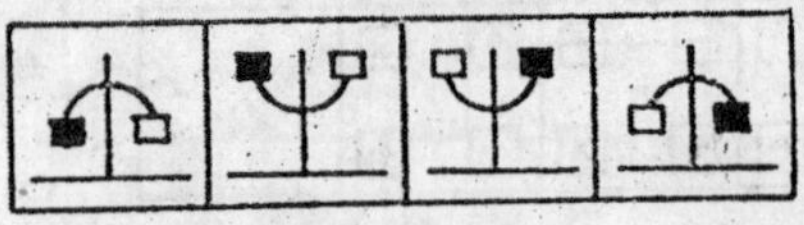

(A) (B) (C) (D)

33.  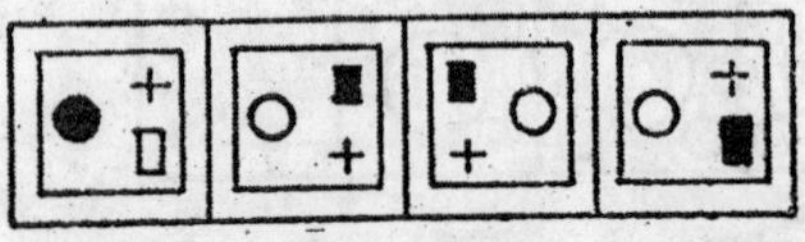

(A) (B) (C) (D)

34.  

(A) (B) (C) (D)

35. 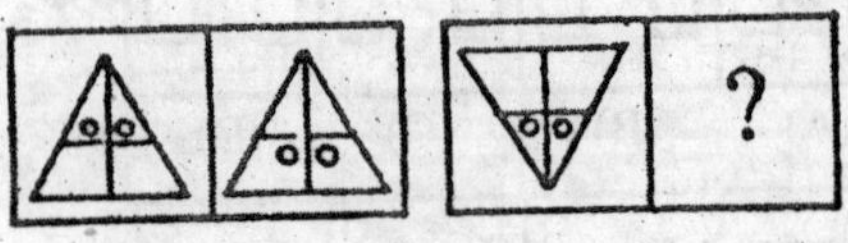 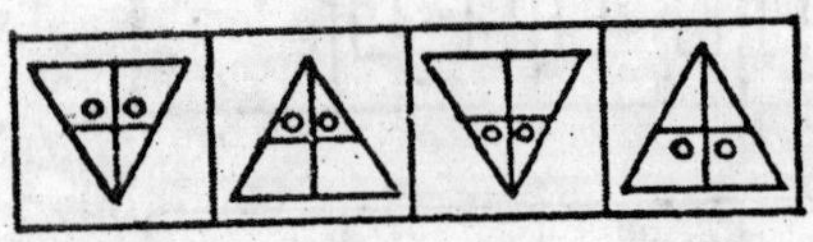

(A) (B) (C) (D)

36. 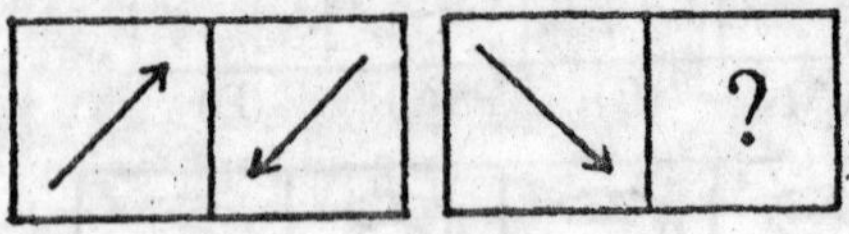 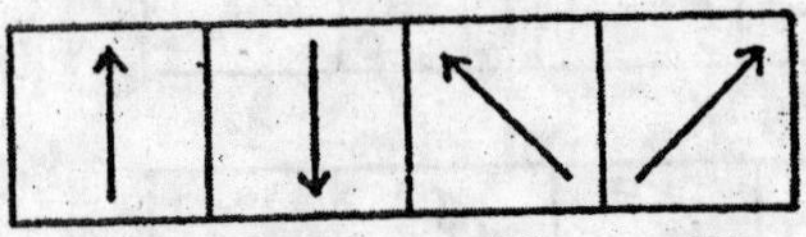

(A) (B) (C) (D)

37. 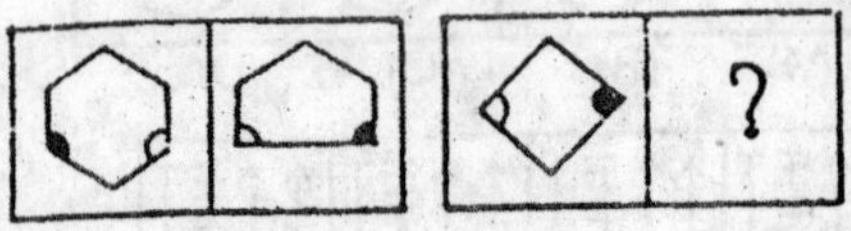 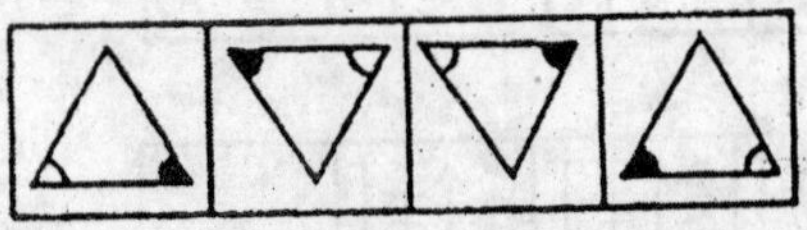

(A) (B) (C) (D)

38. 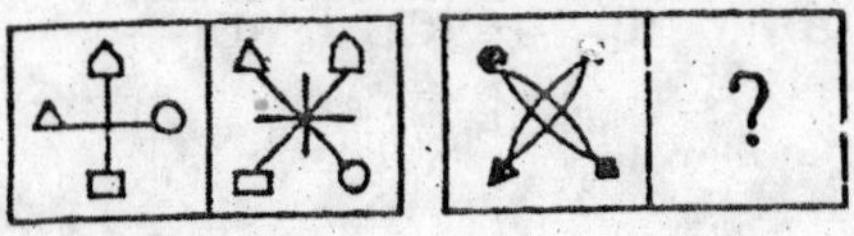 

(A) (B) (C) (D)

39. 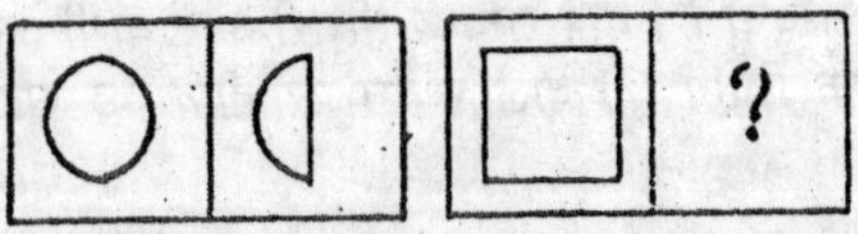 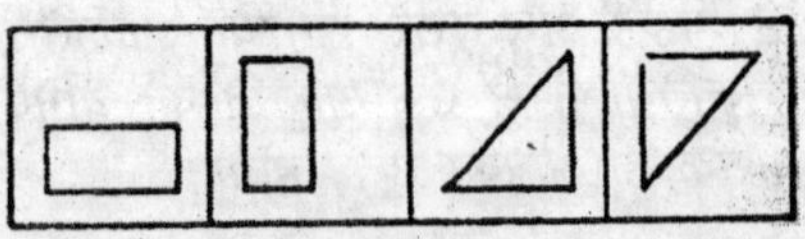

(A) (B) (C) (D)

40. 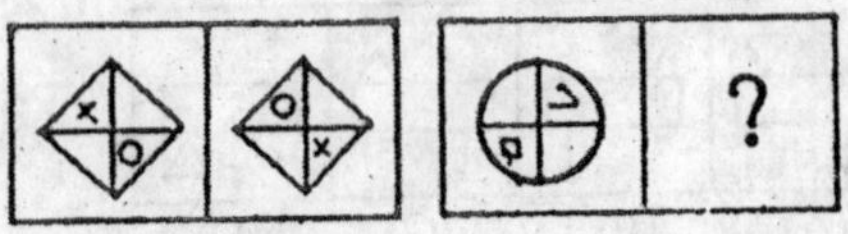 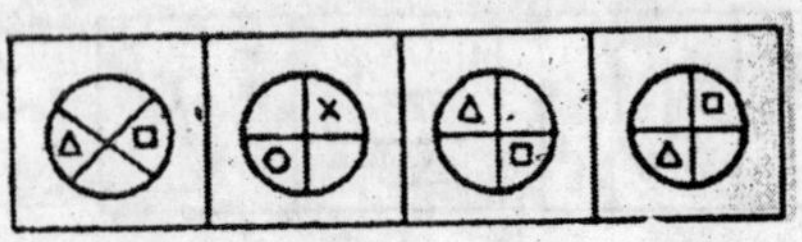

(A) (B) (C) (D)

41. 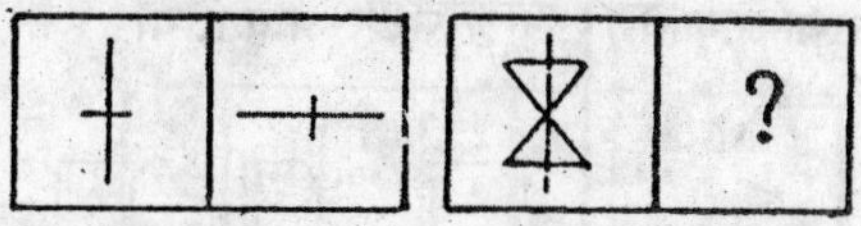

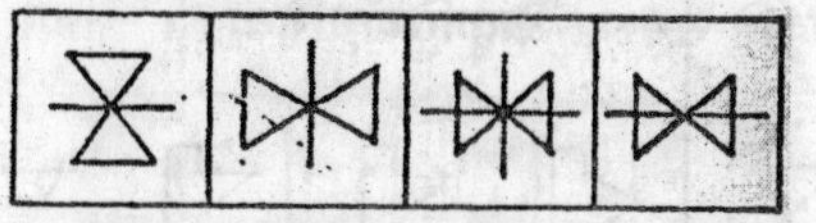

(A) (B) (C) (D)

42. 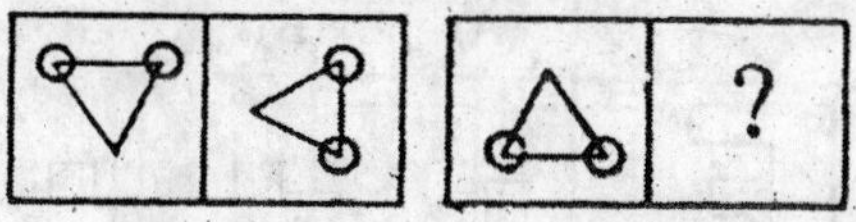

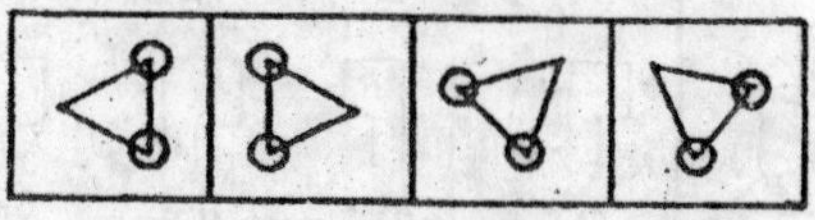

(A) (B) (C) (D)

43. 

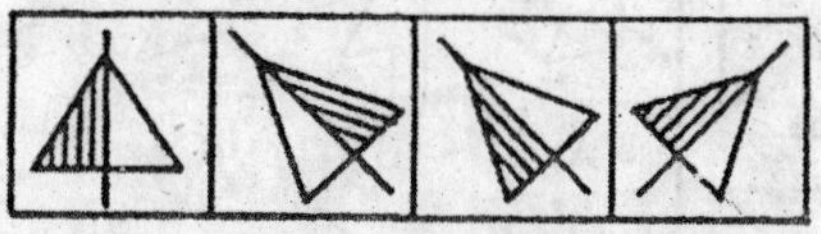

(A) (B) (C) (D)

44. 

(A) (B) (C) (D)

45. 

(A) (B) (C) (D)

खण्ड-IV

निर्देश (प्रश्न 46 से 60 तक): *प्रत्येक प्रश्न में वर्ग का एक भाग रेखा के बाईं ओर है और शेष भाग दाईं ओर की चार उत्तर–आकृतियों A, B, C, D में हैं। दाईं ओर की उस आकृति को ढूँढिए जो रेखा के बाईं ओर दिए हुए भाग से मिलकर वर्ग को पूरा करती है। आकृति के नीचे दिया गया अक्षरांक ही आपका उत्तर होगा।*

समस्या-आकृति	उत्तर-आकृतियाँ

46. 

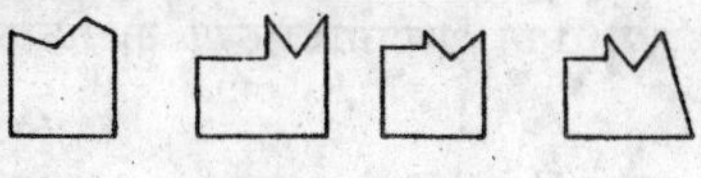

(A) (B) (C) (D)

47. 

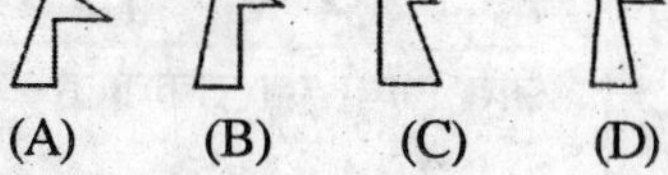

(A) (B) (C) (D)

48. 

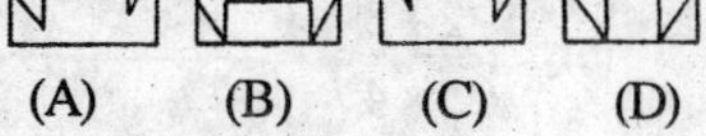

(A) (B) (C) (D)

समस्या-आकृति	उत्तर-आकृतियाँ

49. 

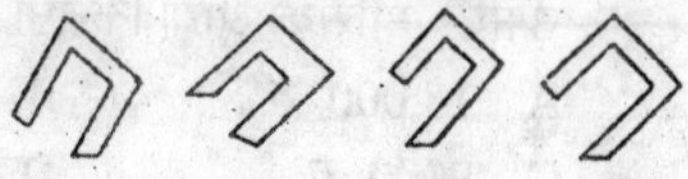

(A) (B) (C) (D)

50. 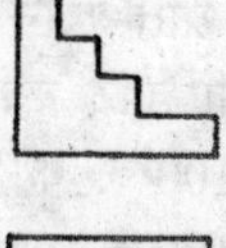

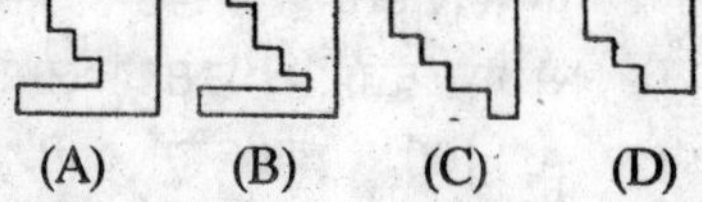

(A) (B) (C) (D)

51. 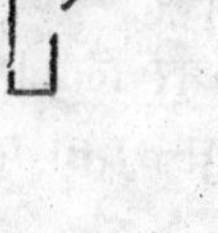

(A) (B) (C) (D)

समस्या-आकृति | उत्तर-आकृतियाँ

52. 
(A) (B) (C) (D)

53. 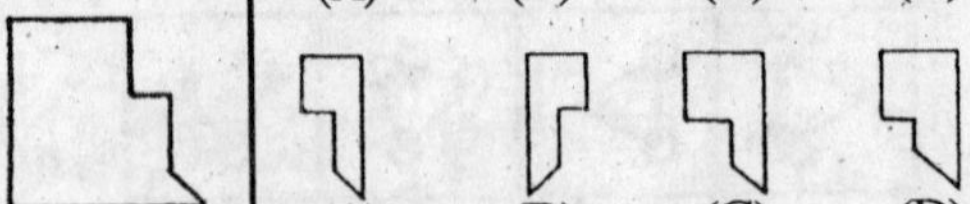
(A) (B) (C) (D)

54. 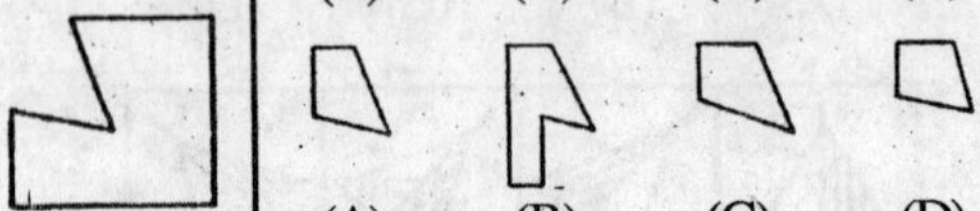
(A) (B) (C) (D)

55. 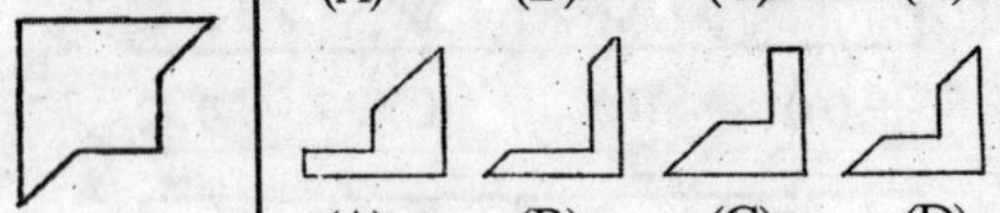
(A) (B) (C) (D)

56. 
(A) (B) (C) (D)

समस्या-आकृते | उत्तर-आकृतियाँ

57. 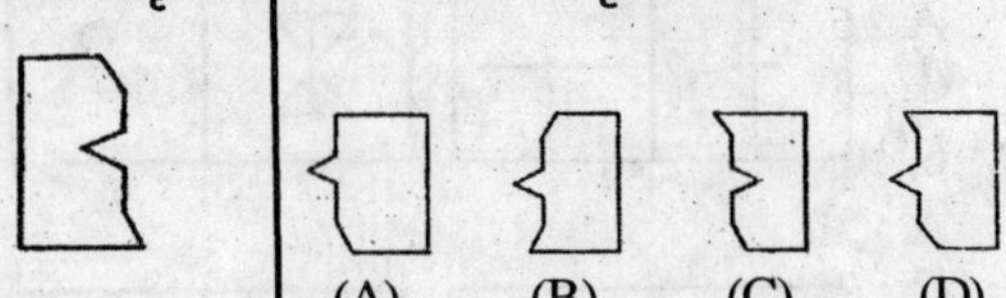
(A) (B) (C) (D)

58. 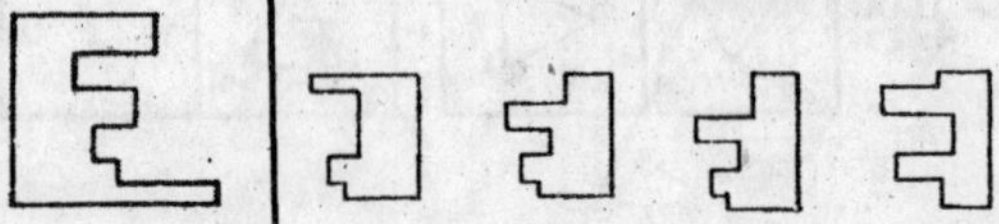
(A) (B) (C) (D)

59. 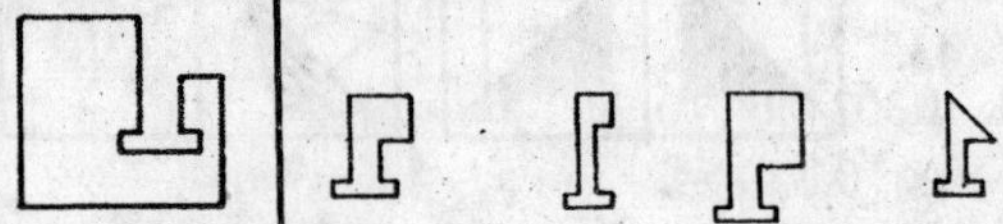
(A) (B) (C) (D)

60. 
(A) (B) (C) (D)

अनुभाग-II : अंकगणित

निर्देशः *प्रत्येक प्रश्न के लिए अक्षरांक (A), (B), (C) और (D) के क्रम में चार उत्तर दिए गए हैं। इनमें से केवल एक ही उत्तर सही है। आपको सही उत्तर चुनना है।*

61. 80 का 20% है–

A. 16 B. 60
C. 400 D. 1600

62. एक व्यक्ति अपनी आय का 25% बचाता है, यदि वह प्रतिमाह 3000 रु. की बचत करता है, तो उसकी मासिक आय कितनी है?

A. 15,000 रु. B. 12,000 रु.
C. 9000 रु. D. 7,500 रु.

63. एक व्यक्ति 24 रु. प्रति दर्जन की दर से 10 दर्जन पैन खरीदता है और उन्हें 36 रु. प्रति दर्जन की दर से बेच देता है। उसका लाभ या हानि क्या है?

A. 100 रु. का लाभ B. 100 रु. की हानि
C. 120 रु. की हानि D. 120 रु. का लाभ

64. एक व्यक्ति ने 16% वार्षिक साधारण ब्याज की दर से 4000 रु. दो वर्ष के लिए उधार लिए। दो वर्ष के अन्त में उसे निम्नांकित मिश्रधन देना पड़ा–

A. 4,080 रु. B. 4,600 रु.
C. 4,640 रु. D. 5,280 रु.

65. उस बॉक्स का आयतन क्या है जिसकी प्रत्येक कोर 3 मीटर लम्बी है?

A. 54 घन मीटर B. 27 घन मीटर
C. 18 घन मीटर D. 9 घन मीटर

66. तीन अंकों की सबसे बड़ी तथा सबसे छोटी संख्या में अन्तर है–

A. 999 B. 998
C. 899 D. 888

67. एक अभाज्य संख्या के कितने गुणनखण्ड होते हैं?

A. 1 B. 2
C. 3 D. 5

68. दो भिन्न $\frac{2}{5}$ तथा $\frac{3}{4}$ का योग निम्नांकित रूप में ज्ञात किया जा सकता है–

A. $\frac{2\times4+3\times5}{5\times4}$ B. $\frac{2\times4+3\times5}{5+4}$

C. $\frac{2+3}{5\times4}$ D. $\frac{2+3}{5+4}$

69. 25 से छोटे 3 के गुणजों की संख्या है—
A. 6 B. 7
C. 8 D. 9

70. 6, 10 और 15 का लघुतम समापवर्त्य है—
A. 30 B. 60
C. 90 D. 900

71. 0.003 बराबर है—
A. $\frac{3}{1000}$ B. $\frac{3}{100}$
C. $\frac{3}{1}$ D. $\frac{3}{10000}$

72. 1.302 और 10 का गुणनफल है—
A. 0.1302 B. 1.3020
C. 130.2 D. 13.02

73. मोहन के बटुए में पचास पैसे के 15 सिक्के थे। उसने यदि 5.50 रु. खर्च कर दिए, तो उसके पास कितनी धनराशि शेष रही?
A. 0.50 रु. B. 1.00 रु.
C. 1.50 रु. D. 2.00 रु.

74. 78.0678 निकटतम दस तक है—
A. 78.06 B. 78.07
C. 79.0 D. 80.0

75. व्यंजक $425 - 125 \div 25 \times 6 + 37$ का मान है—
A. 39 B. 109
C. 463 D. 432

76. यदि किसी राशि का एक–तिहाई 12 रु. है, तो उस राशि का एक–चौथाई होगा—
A. 12 रु. B. 9 रु.
C. 4 रु. D. 3 रु.

77. एक बस 2 घण्टे में 60 किमी. चलती है। वह 30 मिनट में कितनी दूरी तय करेगी?
A. 2 किमी. B. 7.5 किमी.
C. 15 किमी. D. 30 किमी.

78. 60 और 72 के महत्तम समापवर्तक और लघुतम समापवर्त्य का गुणनफल बराबर है—
A. दोनों संख्याओं का योग
B. दोनों संख्याओं का अन्तर
C. दोनों संख्याओं का गुणनफल
D. दोनों संख्याओं का भागफल

79. एक आयत की लम्बाई और चौड़ाई क्रमशः 5 सेमी और 1 सेमी हैं। उस आयत का क्षेत्रफल है—
A. 5 सेमी B. 12 सेमी
C. 5 वर्ग सेमी D. 12 वर्ग सेमी

80. 3, 5, 7, 9 का औसत है—
A. 8 B. 7
C. 6 D. 4

अनुभाग-III : भाषा

निर्देशः *इस अनुभाग में चार गद्यांश हैं। प्रत्येक गद्यांश पर पाँच प्रश्न पूछे गए हैं। प्रत्येक गद्यांश को ध्यान से पढ़िए और उस पर पूछे गये प्रश्नों के उत्तर दीजिए। प्रत्येक प्रश्न में चार सम्भावित उत्तर दिए गए हैं। जिनमें से केवल एक ही उत्तर सही है। आप सही उत्तर का चयन कीजिए।*

गद्यांश-1

युद्ध के बाद हमारे चर्च की हालत बड़ी खराब थी। इसलिए हमने कस्बे के पास की पहाड़ी पर एक नया चर्च बनाने का फ़ैसला किया। इसके लिए हमने विविध प्रकार की सामग्री का इस्तेमाल किया। दीवारें हमने पत्थरों की बनाईं और उनमें काँच मढ़ दिए। बड़े दरवाजे लकड़ी और धातु से बनाए गए। चर्च की छत से सारे कस्बे का बड़ा मनोरम दृश्य दिखता है। तुम वहाँ से मीलों तक फैले कस्बे और ग्रामीण इलाके को देख सकते हो। देश के सभी भागों के लोग चर्च के दर्शन के लिए रोज वहाँ आते हैं। यह एक ऐसी अनोखी इमारत है।

81. उन्होंने नया चर्च बनाया, क्योंकि पुराना चर्च—
A. युद्ध में ध्वस्त हो गया था
B. अच्छा नहीं था
C. बहुत छोटा था
D. बड़ी खराब हालत में था

82. नए चर्च की दीवारें बनी थीं—
A. लकड़ी और काँच की
B. लकड़ी और धातु की
C. पत्थर और काँच की
D. धातु और पत्थर की

83. नया चर्च कहाँ बनाया गया था?
A. कस्बे में

B. कस्बे से बहुत दूर

C. कस्बे के बहुत पास

D. कस्बे से ज्यादा पास नहीं

84. चर्च की छत से कस्बे का बड़ा मनोरम दृश्य दीखता है, क्योंकि–

A. तुम वहाँ से मीलों तक फैले कस्बे और ग्रामीण इलाके को देख सकते हो

B. चर्च विविध प्रकार की सामग्री से बना है

C. यह देश के विभिन्न भागों के लोगों से भरा है

D. चर्च कस्बे के बाहर है

85. किस बात से पता चलता है कि चर्च एक अनोखी इमारत है?

A. यह पहाड़ी की चोटी पर बना है

B. यह विविध प्रकार की सामग्री से बना है

C. यहाँ से मनोरम दृश्य दीखता है

D. इसे देखने बहुत से लोग रोज आते हैं

गद्यांश-2

207, पार्क स्ट्रीट,
कोलकाता
10 नवम्बर, 1997

प्रिय शिप्रा,

हमारा स्कूल क्रिसमस की छुट्टियों में 18 दिसम्बर, 1997 से 4 जनवरी, 1998 तक बन्द रहेगा, आशा है तुम्हारे स्कूल में इन्हीं दिनों छुट्टियाँ होंगी?

अपनी तीन सहेलियों के साथ मैं दिल्ली जाकर वहाँ के सभी दर्शनीय स्थलों और भवनों को देखने की सोच रही हूँ। मुझे विश्वास है कि तुम भी हमारे साथ चलना पसन्द करोगी। हमारा विचार 22 दिसम्बर को चलने का और 31 दिसम्बर तक लौट आने का है जिससे कि नव वर्ष हम अपने ही घरों में मना सकें। अगर तुम भी चलना चाहती हो, तो जल्दी सूचित करना, जिससे मैं तुम्हारी टिकट मँगवा लूँ।

सस्नेह

तुम्हारी सखी
आशा

शिप्रा रॉय	टिकट
26, बालीगंज,	
कोलकाता	

86. आने–जाने का समय मिलाकर यात्रा में कुल कितने दिन लगेंगे?

A. 10 दिन B. 18 दिन

C. एक सप्ताह D. सारी छुट्टियाँ

87. आशा और शिप्रा रहती हैं–

A. अलग–अलग शहरों में

B. एक ही नगर में

C. दिल्ली में

D. राजधानी में

88. यदि यात्रा में शिप्रा भी शामिल होती है, तो आशा को खरीदना पड़ेगा–

A. एक टिकट B. तीन टिकट

C. चार टिकट D. पाँच टिकट

89. आशा का कहना है कि वह अपना नव वर्ष मनाना चाहती है–

A. रेलगाड़ी में

B. दिल्ली में

C. माता–पिता के साथ

D. सहेलियों के साथ

90. आशा की सहेलियाँ–

A. उसी स्कूल में पढ़ती हैं जहाँ आशा पढ़ती है

B. शिप्रा के स्कूल में पढ़ती हैं

C. किसी और स्कूल में पढ़ती हैं

D. हमें बताया नहीं गया कि वे कहाँ पढ़ने जाती हैं

गद्यांश-3

मिट्टी में तरह–तरह के जीवों के रूप मिलते हैं, चूहे, छछूँदर, खरगोश और केंचुए जैसे प्राणी मिट्टी में बिल बना कर रहते हैं। चींटी, गुबडैले, कनखजूरे, बिच्छू आदि जैसे छोटे प्राणी भी वहीं रहते हैं। इन प्राणियों की मदद से मिट्टी उपजाऊ बनती है। ये प्राणी पौधों, पत्तियों और मरे जानवरों को खाकर जिन्दा रहते हैं। इस प्रकार से सड़ने की प्रक्रिया में सहायक होते हैं। इनका मल भी मिट्टी को उपजाऊ बनाता है।

इन सभी प्राणियों में सबसे महत्त्वपूर्ण केंचुआ हैं। इसे किसान का मित्र कहा जाता है, क्योंकि इसके बिल बनाने से मिट्टी ऊपर–नीचे होती है और फलस्वरूप मिट्टी में गहराई तक हवा बैठ पाती है। इससे मिट्टी को हवा मिल पाती है। केंचुआ मिट्टी की उलट–पुलट करता है जिससे

वह और उपजाऊ होती जाती है। इसका मल भी मिट्टी को उपजाऊ बनाता है।

मिट्टी में रहने वाले जीवाणु जैसे छोटे–छोटे जीव–जन्तु बेकार वस्तुओं को तोड़कर उनका चरा बना देते हैं, जिससे मिट्टी की उपजाऊ शक्ति बढ़ती है। दूसरे शब्दों में ये मिट्टी की उपजाऊ शक्ति बढ़ाने में सहायता देते हैं। मिट्टी के कणों को पौधों की जड़ें पकड़ लेती हैं जिससे उनका उड़ना या बरबाद होना रुक जाता है।

91. केंचुए नहीं करते–
A. मिट्टी के कणों को जोड़ने का काम
B. मिट्टी में गहराई तक हवा पहुँचाने का काम
C. ऊपर की मिट्टी नीचे और नीचे की मिट्टी को ऊपर करने का काम
D. अपने मल से मिट्टी को और उपजाऊ बनाने का काम

92. मिट्टी में रहने वाले जीव–
A. मिट्टी को नुकसान पहुँचाते हैं
B. मिट्टी में जल की मात्रा बढ़ाते हैं
C. मिट्टी को और अधिक उपजाऊ बनाते हैं
D. मिट्टी का कटाव रोकते हैं

93. किसान का मित्र किसे कहा गया है?
A. कनखजूरों को B. केंचुओं को
C. जीवाणुओं को D. खरगोशों को

94. पौधे मिट्टी के लिए उपयोगी होते हैं, क्योंकि वे–
A. मिट्टी में हवा पहुँचाने में सहायक होते हैं
B. मिट्टी की पकड़ बढ़ाते हैं और कटाव रोकते हैं
C. मिट्टी और पानी से भोजन पाते हैं
D. ऊपर की मिट्टी और नीचे की मिट्टी को मिलाते हैं

95. इस गद्यांश के लिए शीर्षक हो सकता है–
A. किसान के मित्र B. मिट्टी में जीवन
C. उपजाऊ मिट्टी D. मिट्टी में पशु–मल

गद्यांश-4

लक्ष्मी बाई एक साधारण परिवार में पैदा हुई थी, लेकिन उसकी शादी झाँसी के राजा गंगाधर राव से हुई थी।

अभी लक्ष्मी बाई 18 वर्ष की ही थी कि राजा चल बसे। उनके बाद वही राज करने लगी। प्रजा उसे प्यार करती थी। उस समय अंग्रेजों ने भारत के लिए एक सरकार बना रखी थी, किन्तु भारत के अनेक भागों में अलग–अलग भारतीय शासक थे। अंग्रेजों को यह बात अच्छी नहीं लगती थी। वे चाहते थे कि शासक भी उनके अन्तर्गत आ जाएं।

अंग्रेजों ने एक कानून बनाया कि यदि कोई राजा निःसंतान मरता है तो उसका राज्य अंग्रेजों के शासन में शामिल कर लिया जाएगा, किन्तु भारत की परम्परा है कि ऐसी स्थिति में राजा किसी बालक को गोद ले लेता है और वही दत्तक पुत्र आगे चल कर राजा की मृत्यु के बाद राजा बनता है। रानी लक्ष्मी बाई ने भी एक बालक को गोद ले लिया था और उसी की ओर से राजकाज देख रही थी। अंग्रेजों ने उस व्यवस्था को नकारते हुए रानी के अधिकार को मान्यता देने से मना कर दिया।

96. अंग्रेज अपने शासन के अन्तर्गत लाना चाहते थे–
A. केवल झाँसी के राज्य को
B. केवल उन राज्यों को जिनके राजा निःसंतान थे
C. किसी भी भारतीय राज्य को नहीं
D. भारतीयों द्वारा शासित सभी राज्यों को

97. अपने पति की मृत्यु के बाद लक्ष्मी बाई झाँसी की शासक बनी। यह बात पसन्द नहीं की गई–
A. झाँसी की प्रजा द्वारा
B. उसके दत्तक पुत्र द्वारा
C. अंग्रेजों द्वारा
D. भारत के अन्य शासकों द्वारा

98. लक्ष्मी बाई पुत्री थी–
A. एक राजा की
B. एक मामूली आदमी की
C. एक अंग्रेज शासक की
D. एक भारतीय शासक की

99. लक्ष्मी बाई के जमाने में अंग्रेज शासन करते थे–
A. भारत के कुछ भागों पर
B. झाँसी–राज्य पर
C. झाँसी के अलावा शेष भारत पर
D. पूरे भारत पर

100. 'शासन करने के रानी के अधिकार को मान्यता देने से अंग्रेजों ने मना कर दिया, क्योंकि–
A. वह एक स्त्री थी
B. उन्होंने उसके दत्तक पुत्र को मान्यता दी थी
C. उन्होंने किसी भी भारतीय शासक को मान्यता नहीं दी
D. वह एक मामूली परिवार की थी

उत्तरमाला

1	2	3	4	5	6	7	8	9	10
D	D	C	A	C	D	D	C	A	C
11	12	13	14	15	16	17	18	19	20
B	C	B	C	A	B	A	A	D	D
21	22	23	24	25	26	27	28	29	30
C	B	B	C	D	A	A	D	D	C
31	32	33	34	35	36	37	38	39	40
A	B	D	D	A	C	D	B	B	D
41	42	43	44	45	46	47	48	49	50
D	B	C	A	D	C	A	A	C	D
51	52	53	54	55	56	57	58	59	60
D	B	A	A	D	A	D	B	A	D
61	62	63	64	65	66	67	68	69	70
A	B	D	D	B	C	B	A	C	A
71	72	73	74	75	76	77	78	79	80
A	D	D	B	D	B	C	C	C	C
81	82	83	84	85	86	87	88	89	90
D	C	C	A	D	A	B	D	C	D
91	92	93	94	95	96	97	98	99	100
A	C	B	B	B	D	C	B	A	B

कुछ चुने हुए प्रश्नों के व्याख्यात्मक उत्तर

16. प्रत्येक समस्याकृति में '↑' और 'Y' वामावर्त और दक्षिणावर्त दिशा के अनुदिश 90° पर घूमती है।

17. प्रत्येक समस्याकृति में मुख्य इकाई दक्षिणावर्त दिशा में 90° पर घूमती है तथा चाप अपने शीर्ष पर पलटता जाता है।

18. प्रत्येक समस्याकृति में मुख्य इकाई दक्षिणावर्त 90° पर घूम जाती हैं और तीर पलट जाता है।

19. प्रत्येक समस्याकृति में बाएं से प्रारम्भ होकर वामावर्त दिशा में एक–एक करके अन्दर का ठोस लघुवृत्त बाहर आकर सफेद हो जाता है।

20. प्रत्येक समस्याकृति में त्रिभुज के अन्दर दोनों वृत्त दक्षिणावर्त दिशा में एक भुजा आगे सरक जाते हैं।

21. प्रत्येक समस्याकृति में वामावर्त दिशा में वर्ग की एक–एक करके रेखा लुप्त हो रही है।

22. प्रत्येक समस्याकृति में वामावर्त दिशा में एक रेखा जुड़ती जाती है तथा डिजाइन * भी इसी दिशा में एक–एक रेखा सरकता जाता है।

23. प्रत्येक समस्याकृति में डिज़ाइन दक्षिणावर्त दिशा में एक–एक भुजा सरकाता जाता है जिनमें एक निश्चित क्रम से दो रेखाएं जुड़ती जाती हैं।

24. प्रत्येक समस्याकृति में अन्दर की इकाईयाँ बाईं दिश में अगले स्थान पर सरकती हैं।

25. प्रत्येक समस्याकृति में 'छोटा वृत्त' दक्षिणावर्त दिशा मे एक भुजा सरकता है, तथा 'वर्ग' दो भुजा सरकता है

26. प्रत्येक समस्याकृति में मुख्य इकाई दक्षिणावर्त दिश में 90° पर घूमती है और दो व तीन लघु रेखाए परस्पर स्थान बदल लेती हैं।

27. प्रत्येक समस्याकृति में ऊपर एक–एक '+' की वृद्धि होती है तथा नीचे इकाइयां परस्पर स्थान बदलती हैं

28. प्रत्येक समस्याकृति में ठोस 'आयत' के अन्दर औ बाहर की इकाई वामावर्त दिशा में एक–एक भुज सरकती है।

29. प्रत्येक समस्याकृति में मुख्य इकाई के अन्दर व बिन्दु नीचे से प्रारम्भ होकर एक–एक के क्रम लुप्त होती जाती है।

30. प्रत्येक समस्याकृति में बाएं से पहली व तीसरी इकाई '∧', 'v' में एक–एक की क्रमशः कमी तथा '–', '–' में एक–एक की क्रमशः वृद्धि हो रही है तथा दूसरी व चौथी तीर (↑, ↓), प्रत्येक दिशा में एक समान है।

31. समस्याकृति (1) से (2) में मुख्य इकाई 180° घूम जाती है।

32. समस्याकृति (1) से (2) में वक्रीय इकाई अपने स्थान पर 180° जाती है।

33. समस्याकृति (1) से (2) में सभी इकाइयां दक्षिणावर्त दिशा में 90° घूमकर एक–एक भुजा सरकती है जिनमें नीचे की रंगीन आकृति अगले स्थान पर सफेद हो जाती है।

34. समस्याकृति (1) से (2) में मुख्य इकाई दक्षिणावर्त दिशा में 90° पर घूम जाती है।

35. समस्याकृति (1) से (2) में मुख्य इकाई के अन्दर की बिन्दुएँ ऊपर से नीचे सरक जाती हैं।

36. समस्याकृति (1) से (2) में मुख्य इकाई पर 180° पर घूम जाती है।

37. समस्याकृति (1) से (2) में मुख्य इकाई के नीचे का कोणीय भाग दो से एक होकर क्षैतिज हो जाता है और अन्दर का काला भाग सफेद और सफेद भाग काला हो जाता है।

38. प्रश्नाकृति (1) से (2) में मुख्य आकृति दक्षिणावर्त 45° घूम जाती है तथा इकाई '+' आकृति 2 के केन्द्र में जुड़ जाती है। इस प्रकार आकृति 3 में ऐसी क्रिया करने से उत्तर आकृति 4 प्राप्त होगी।

39. समस्याकृति (1) से (2) में मुख्य इकाई के दाएं का आधा भाग लुप्त हो जाता है।

40. समस्याकृति (1) से (2) में मुख्य इकाई के अन्दर की इकाई परस्पर स्थान बदलती हैं।

41. समस्याकृति (1) से (2) में मुख्य इकाई 90° पर घूम जाती है।

42. समस्याकृति (1) से (2) में इकाई 90° पर घूम जाती है।

43. समस्याकृति (1) से (2) में मुख्य इकाई घड़ी की दिशा में 90° घूम जाती है, इस प्रकार आकृति 3 में ऐसी क्रिया करने से उत्तर आकृति 4 प्राप्त होगी।

44. समस्याकृति (1) से (2) में मुख्य इकाई के ऊपर का भाग पलट जाता है तथा अन्दर की डिजाइन का काला भाग सफेद और सफेद भाग काला हो जाता है।

45. समस्याकृति (1) से (2) में मुख्य इकाई पलट जाती है जिनमें नीचे की इकाई का शीर्ष भाग भी पलटता है नीचे दाएं व बाएं पूर्व के समान ही रेखीय आकृति आ जाती है।

62. माना कि व्यक्ति की मासिक आय x रु. है, तो

$$x \times \frac{25}{100} = 3000$$

$$\therefore \quad x = \frac{3000 \times 100}{25} = 12000 \text{ रु.}$$

63. ∴ अभीष्ट कुल क्रय मूल्य $= 24 \times 10 = 240$ रु.
तथा कुल विक्रय मूल्य $= 36 \times 10 = 360$ रु.
∴ लाभ $= 360 - 240 = 120$ रु.

64. ∴ ब्याज $= \frac{4000 \times 2 \times 16}{100} = 1280$ रु.
मिश्रधन $= 4000 + 1280 = 5280$ रु.

65. बॉक्स का आयतन $= 3 \times 3 \times 3 = 27$ घन मीटर

66. अन्तर $= 999 - 100 = 899$

69. गुणज $= 3, 6, 9, 12, 15, 18, 21, 24$

70.

5	10, 15, 6
2	2, 3, 6
3	1, 3, 3
	1, 1, 1

∴ अभीष्ट ल.स.प. $= 5 \times 2 \times 3 = 30$

73. मोहन के बटुए में कुल धनराशि $= 0.50 \times 15$
$= 7.50$ रु.
∴ अभीष्ट शेष धनराशि $= 7.50 - 5.50 = 2.00$
$= 2.00$ रु.

75. $? = 425 - 125 \div 25 \times 6 + 37$
$= 425 - 5 \times 6 + 37$
$= 425 - 30 + 37$
$= 432$

76. माना की राशि x रु. है, तो प्रश्नानुसार,

$$\frac{x}{3} = 12$$

∴ $x = 36$ रु.

अतः इस राशि का एक–चौथाई $= \frac{36}{4} = 9$ रु.

77. चाल $= \frac{\text{दूरी}}{\text{समय}}$

∴ चाल $= \frac{60}{2 \times 60} = 0.5$ किमी./मिनट

∴ 30 मिनट की तय की गई दूरी $= 0.5 \times 30$
$= 15$ किमी.

पिछले प्रश्न-पत्र (हल सहित)

जवाहर नवोदय विद्यालय प्रवेश परीक्षा, 1997

अनुभाग-I

मानसिक योग्यता परीक्षा

खण्ड-I

निर्देश (प्रश्न 1 से 15 तक): *प्रत्येक प्रश्न में रेखा के बाईं ओर एक समस्या–आकृति दी गई है, दाईं ओर की चारों उत्तर–आकृतियों को ध्यान से देखिए। उनमें से उस उत्तर–आकृति का पता लगाइए जो बिना दिशा–परिवर्तन के समस्या–आकृति के खाली अंश में इस तरह सही बैठती हो कि समस्या–आकृति का ढाँचा पूर्ण हो जाए। इसके नीचे दिया गया अक्षरांक ही आपका उत्तर होगा।*

समस्या-आकृति | **उत्तर-आकृतियाँ**

1. 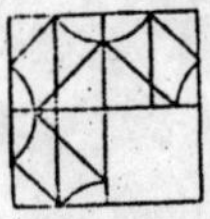 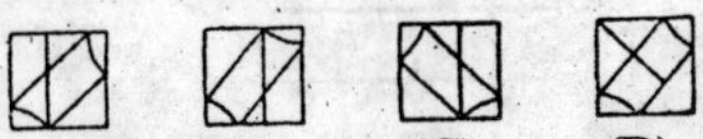

(A) (B) (C) (D)

2.  

(A) (B) (C) (D)

3.  

(A) (B) (C) (D)

4. 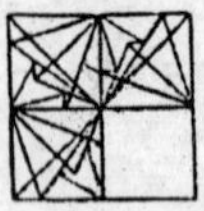 

(A) (B) (C) (D)

5.  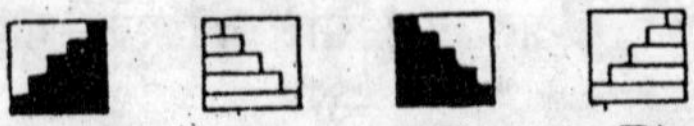

(A) (B) (C) (D)

6. 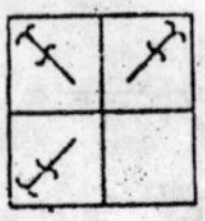 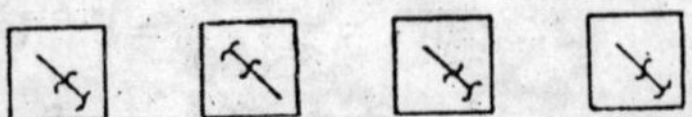

(A) (B) (C) (D)

समस्या-आकृति | **उत्तर-आकृतियाँ**

7. 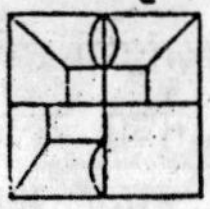 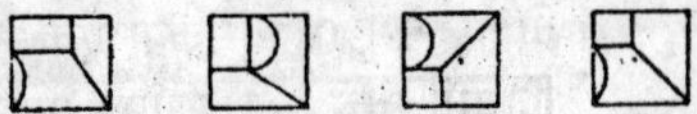

(A) (B) (C) (D)

8. 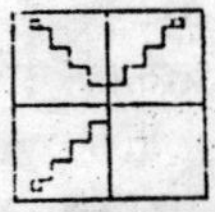 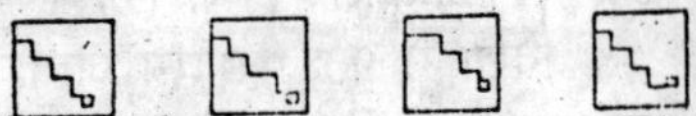

(A) (B) (C) (D)

9. 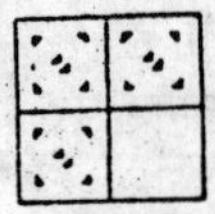 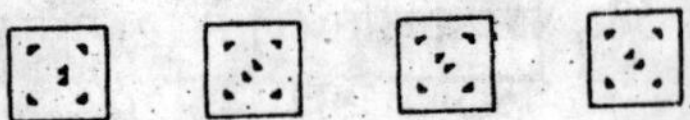

(A) (B) (C) (D)

10.  

(A) (B) (C) (D)

11. 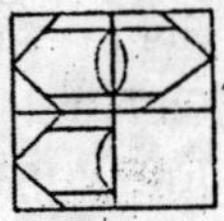 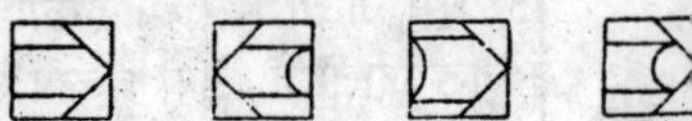

(A) (B) (C) (D)

12.  

(A) (B) (C) (D)

13. 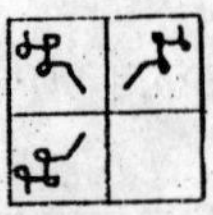 

(A) (B) (C) (D)

14.  

(A) (B) (C) (D)

15. 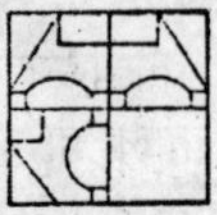 

(A) (B) (C) (D)

खण्ड-II

निर्देश (प्रश्न 16 से 30 तक): *प्रत्येक प्रश्न में रेखा के बाईं ओर तीन समस्या–आकृतियाँ दी गई हैं और चौथी के लिए स्थान खाली छोड़ दिया गया है। समस्या–आकृतियाँ एक क्रम में हैं। पता लगाइए कि दाईं ओर दी गई उत्तर–आकृतियों में से कौन–सी आकृति इस क्रम को पूरा करती है? उस आकृति का अक्षरांक ही आपका उत्तर होगा।*

समस्या-आकृतियाँ	उत्तर-आकृतियाँ
16. 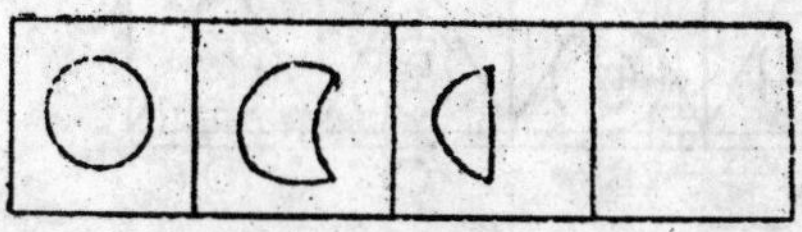	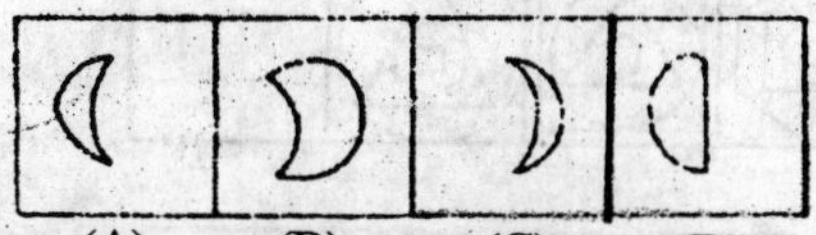 (A) (B) (C) (D)
17. 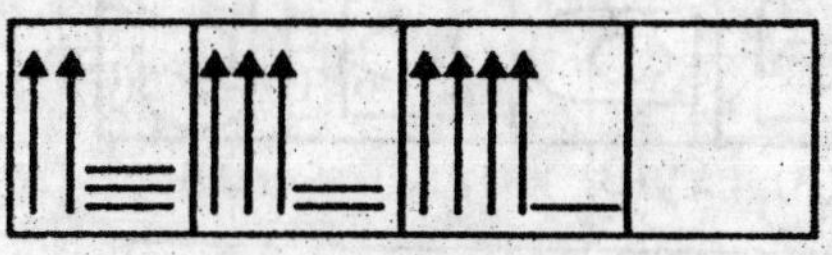	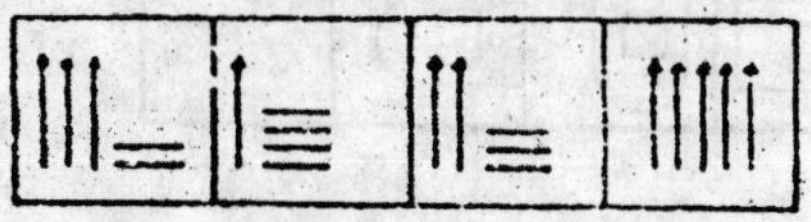 (A) (B) (C) (D)
18. 	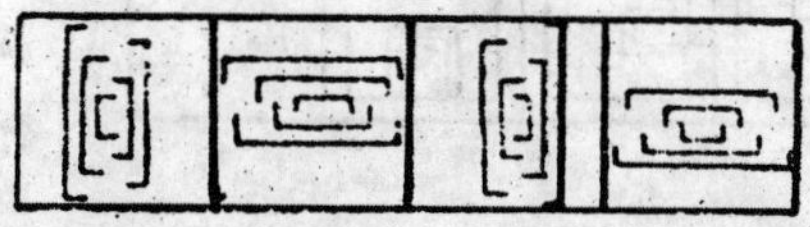 (A) (B) (C) (D)
19. 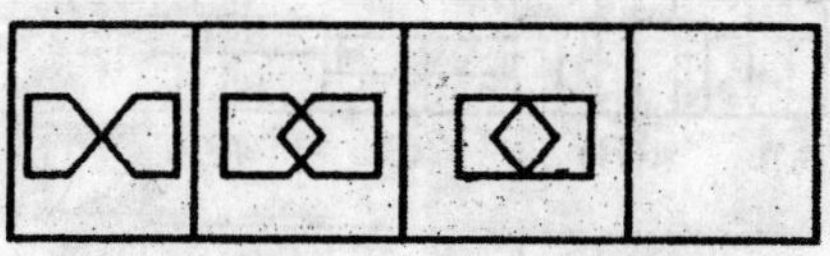	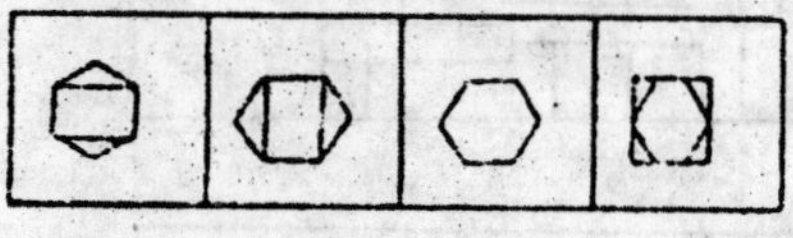 (A) (B) (C) (D)
20. 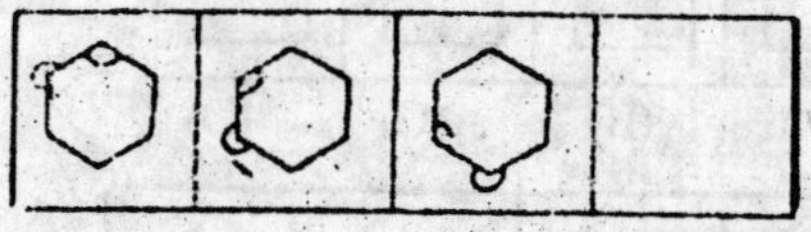	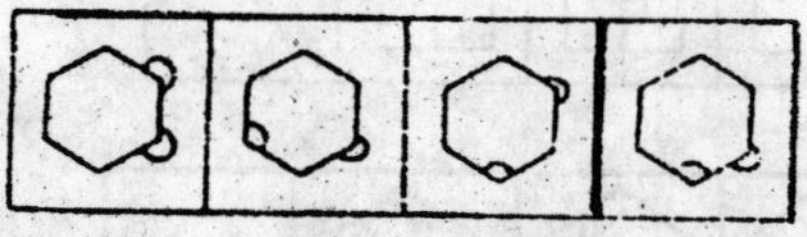 (A) (B) (C) (D)
21. 	 (A) (B) (C) (D)
22. 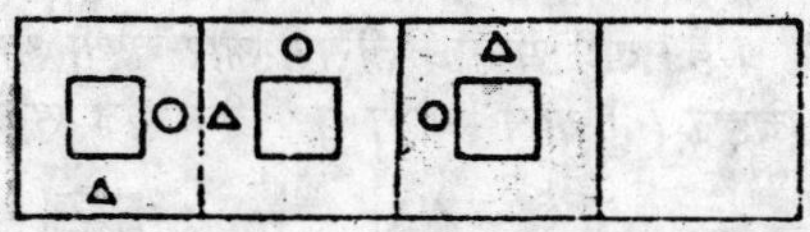	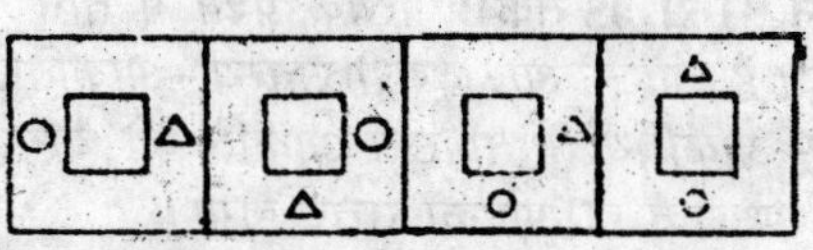 (A) (B) (C) (D)
23. 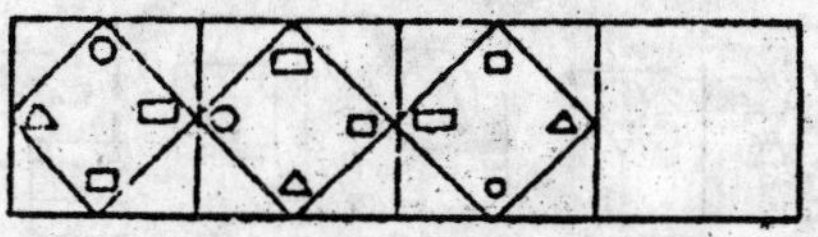	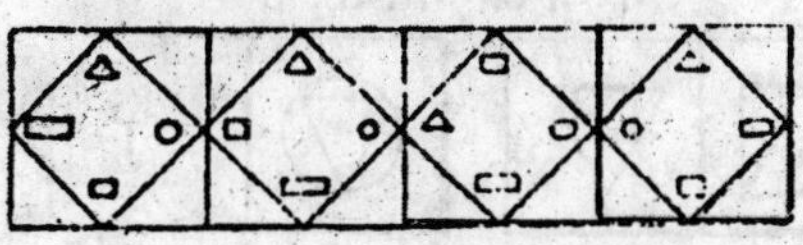 (A) (B) (C) (D)

समस्या-आकृतियाँ | उत्तर-आकृतियाँ

24.  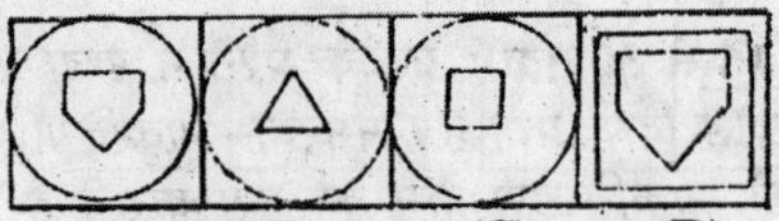

(A) (B) (C) (D)

25. 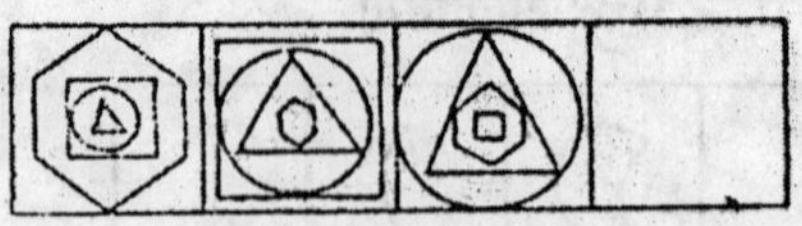 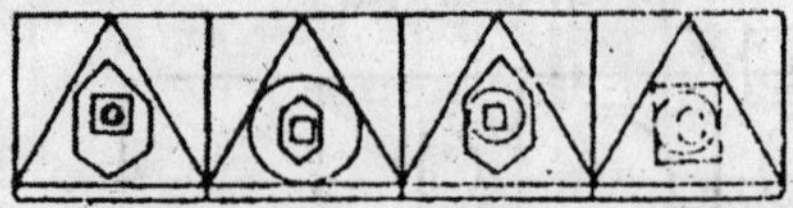

(A) (B) (C) (D)

26. 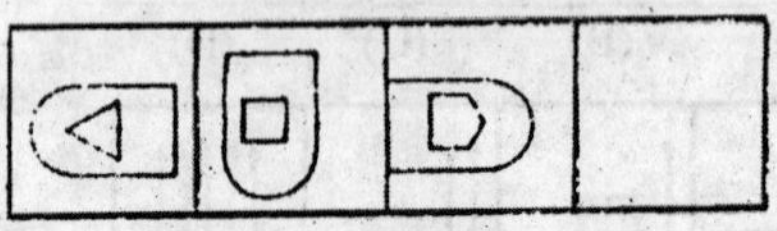 

(A) (B) (C) (D)

27. 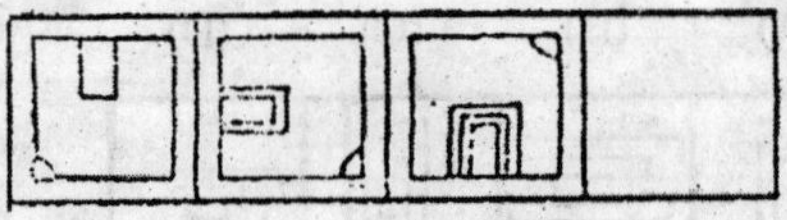 

(A) (B) (C) (D)

28. 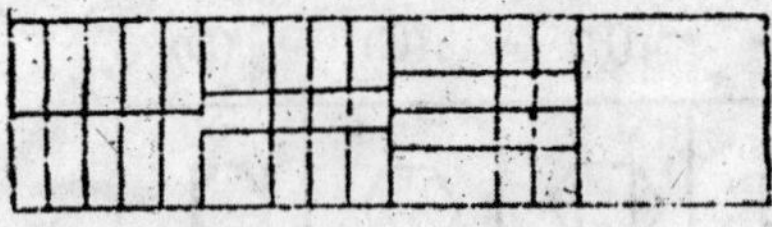 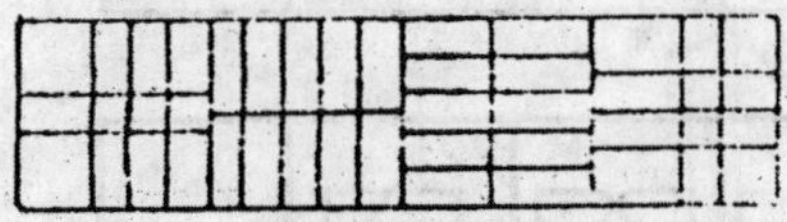

(A) (B) (C) (D)

29. 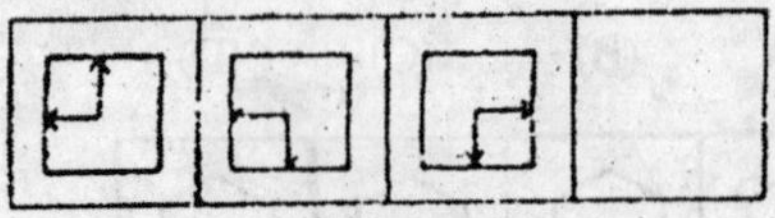 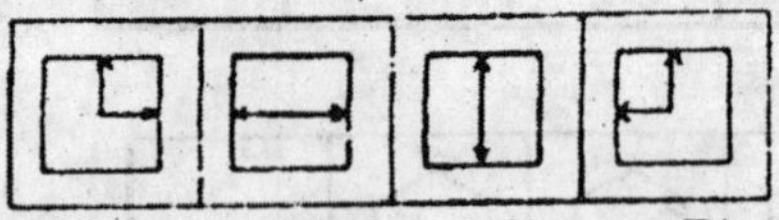

(A) (B) (C) (D)

30.  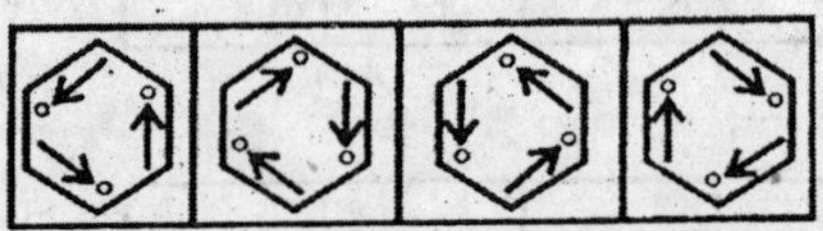

(A) (B) (C) (D)

खण्ड-III

निर्देश (प्रश्न 31 से 45 तक): *प्रत्येक प्रश्न में तीन समस्या–आकृतियों के बाद चौथी के स्थान पर प्रश्नसूचक चिह्न (?) दिया गया है। पहली और दूसरी समस्या–आकृतियों में आपस में सम्बन्ध है। वही सम्बन्ध तीसरी और चौथी आकृतियों में है। उत्तर–आकृतियों में से उस आकृति को चुनिए जो प्रश्नसूचक चिह्न (?) वाले स्थान पर ठीक बैठ सके। उस आकृति का अक्षरांक ही आपका उत्तर होगा।*

समस्या-आकृतियाँ | उत्तर-आकृतियाँ

31.  

(A) (B) (C) (D)

समस्या-आकृतियाँ | **उत्तर-आकृतियाँ**

32.

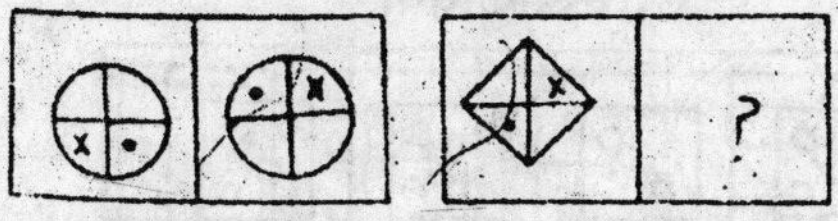

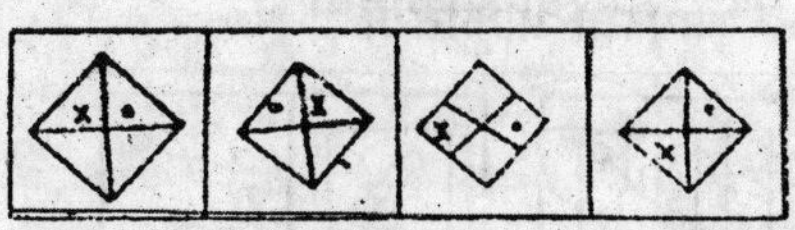

(A) (B) (C) (D)

33.

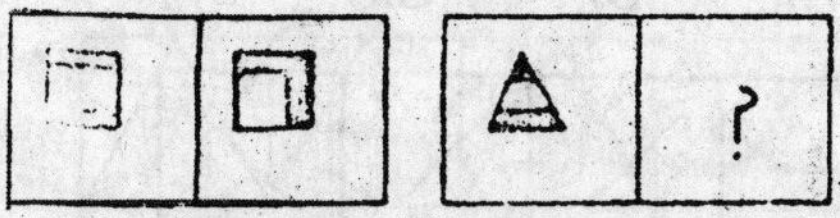

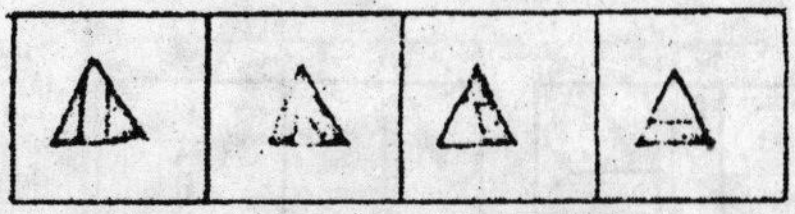

(A) (B) (C) (D)

34.

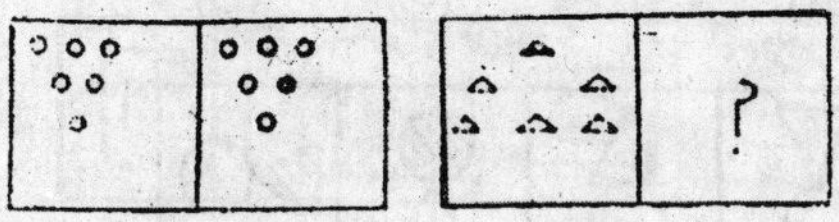

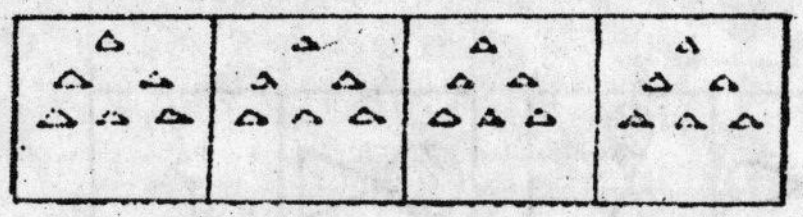

(A) (B) (C) (D)

35.

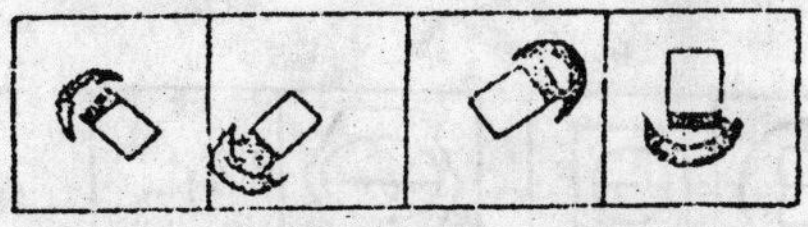

(A) (B) (C) (D)

36.

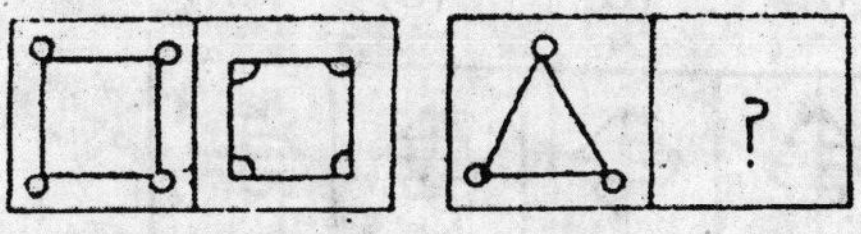

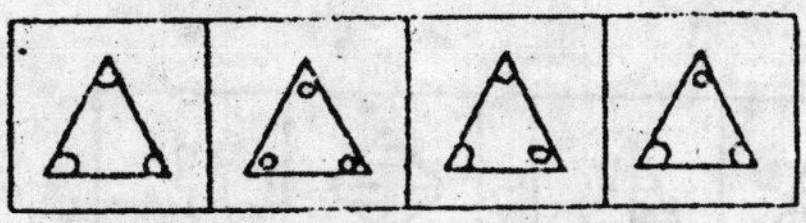

(A) (B) (C) (D)

37.

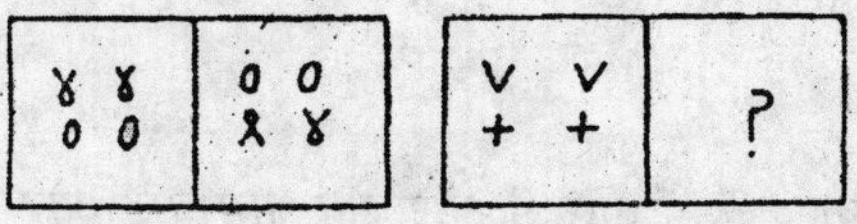

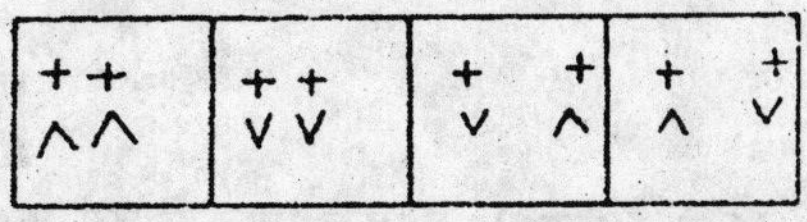

(A) (B) (C) (D)

38.

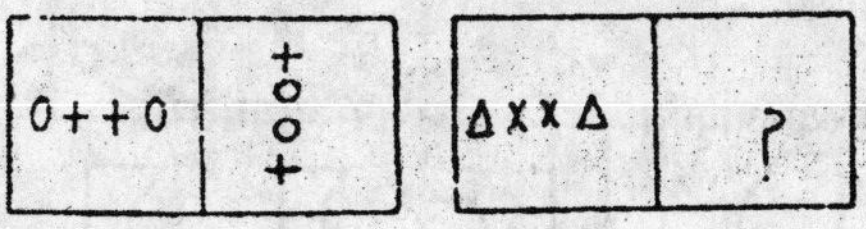

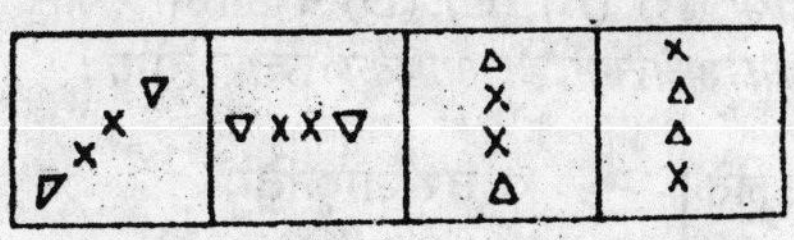

(A) (B) (C) (D)

39.

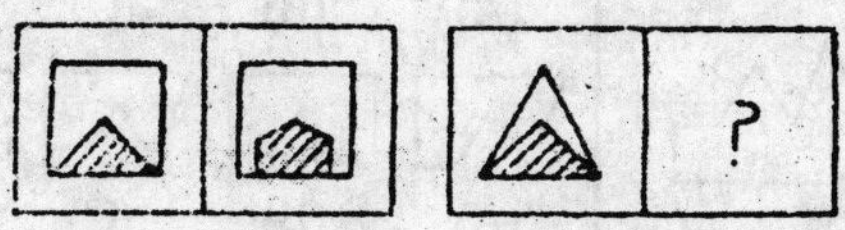

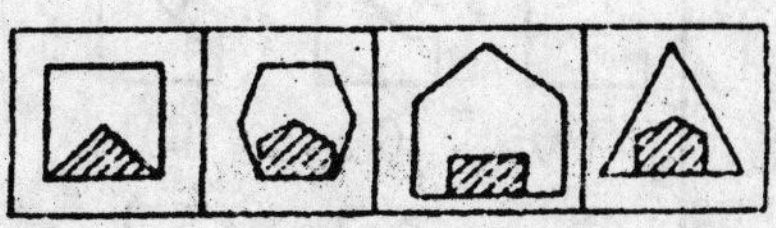

(A) (B) (C) (D)

40.

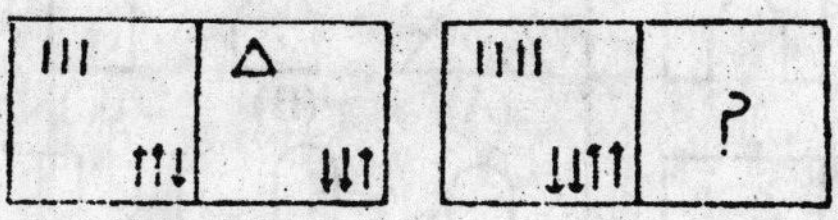

(A) (B) (C) (D)

समस्या-आकृतियाँ	उत्तर-आकृतियाँ

41.

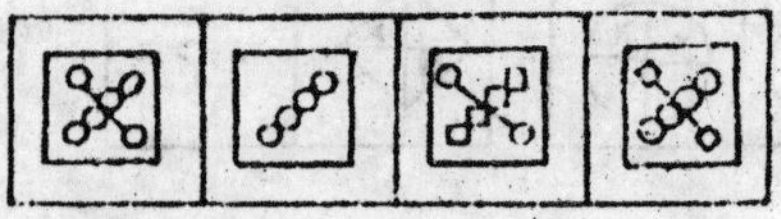

(A) (B) (C) (D)

42.

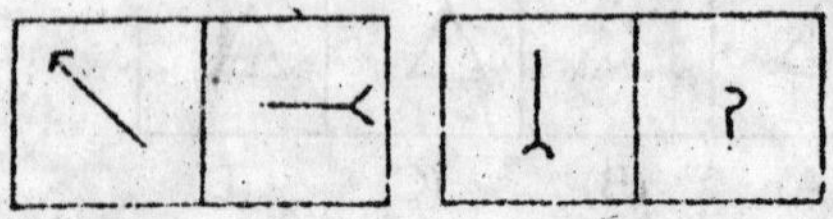

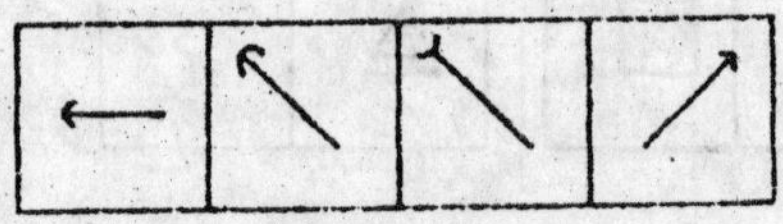

(A) (B) (C) (D)

43.

(A) (B) (C) (D)

44.

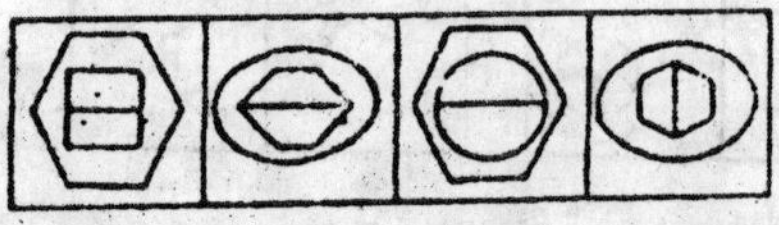

(A) (B) (C) (D)

45.

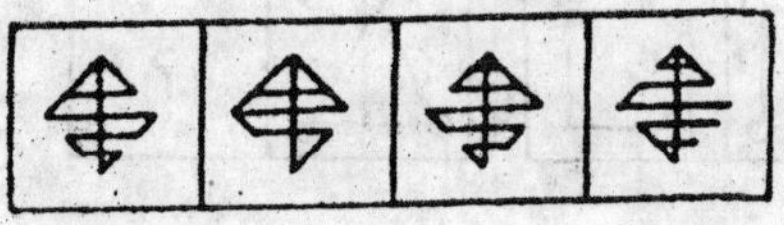

(A) (B) (C) (D)

खण्ड-IV

निर्देश (प्रश्न 46 से 60 तक): *प्रत्येक प्रश्न में वर्ग का एक भाग रेखा के बाईं ओर है और शेष भाग दाईं ओर की चार उत्तर–आकृतियों (A), (B), (C), (D) में हैं। दाईं ओर की उस आकृति को ढूँढिए जो वर्ग को पूरा करती है। आकृति के नीचे दिया गया अक्षरांक ही आपका उत्तर होगा।*

समस्या-आकृति	उत्तर-आकृतियाँ

46.

(A) (B) (C) (D)

47.

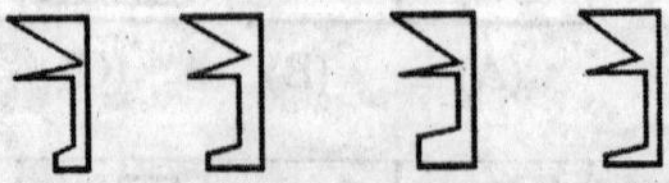

(A) (B) (C) (D)

48.

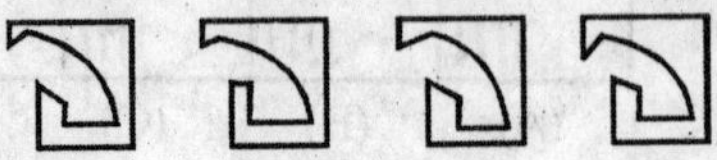

(A) (B) (C) (D)

समस्या-आकृति	उत्तर-आकृतियाँ

49.

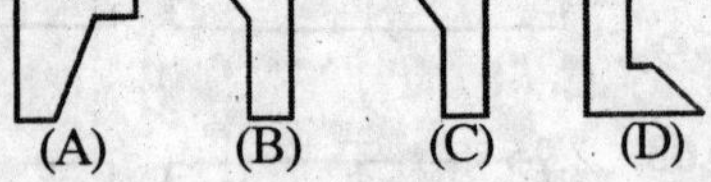

(A) (B) (C) (D)

50.

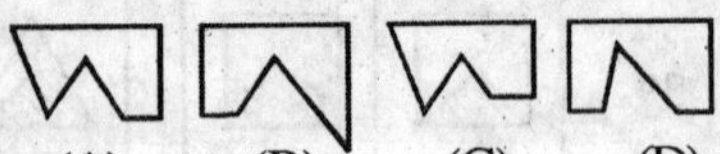

(A) (B) (C) (D)

51.

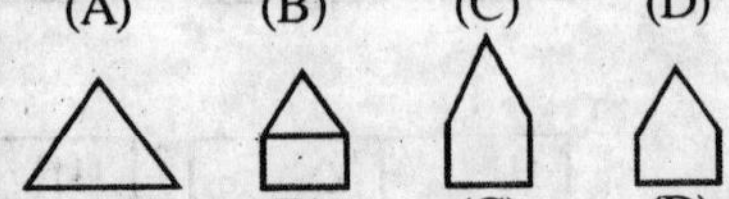

(A) (B) (C) (D)

52.

(A) (B) (C) (D)

समस्या-आकृति	उत्तर-आकृतियाँ

53. 

(A) (B) (C) (D)

54. 

(A) (B) (C) (D)

55. 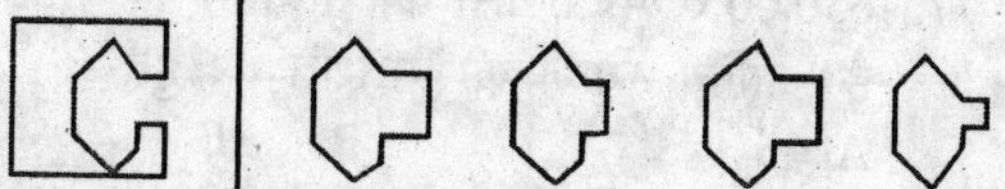

(A) (B) (C) (D)

56. 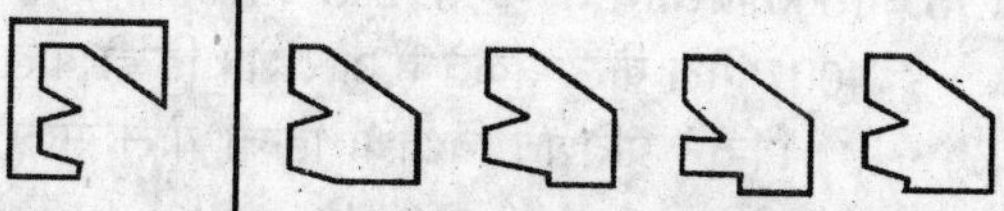

(A) (B) (C) (D)

समस्या-आकृति	उत्तर-आकृतियाँ

57. 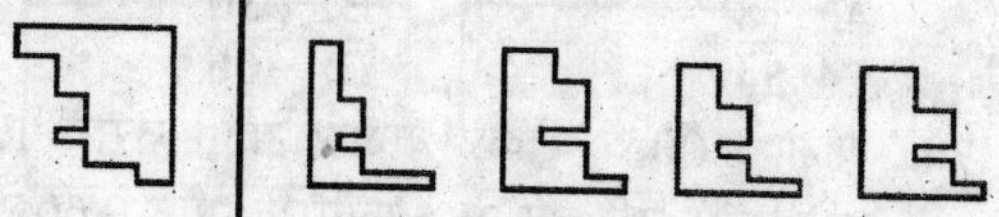

(A) (B) (C) (D)

58. 

(A) (B) (C) (D)

59. 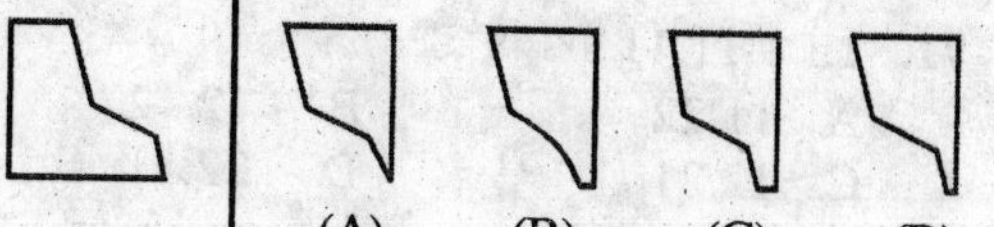

(A) (B) (C) (D)

60. 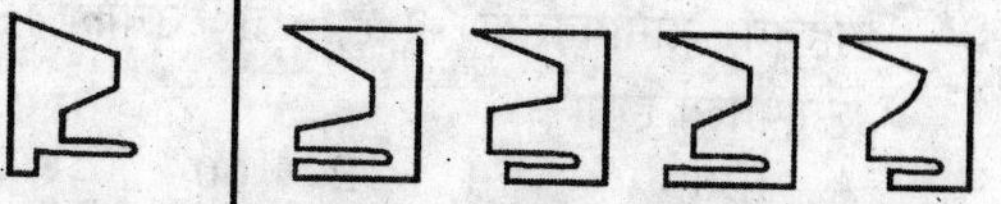

(A) (B) (C) (D)

अनुभाग-II : अंकगणित

निर्देशः *प्रत्येक प्रश्न के लिए (A), (B), (C) और (D) के क्रम में चार उत्तर दिए गए हैं। इनमें से केवल एक ही उत्तर सही है। आपको सही उत्तर चुनना है।*

61. नब्बे हजार निन्नयानवे को निम्नलिखित रूप में लिखा जाता है—
A. 90000909 B. 9000099
C. 90909 D. 90099

62. एक मजदूर की 5 दिन की मजदूरी 165.00 रु. है। उसकी 25 दिन की मजदूरी क्या होगी?
A. 775.00 रु. B. 825.00 रु.
C. 875.00 रु. D. 4125.00 रु.

63. 2.25 को भिन्न के रूप में बदलने पर होगा—
A. $\frac{9}{40}$ B. $22\frac{1}{2}$
C. $2\frac{1}{2}$ D. $2\frac{1}{4}$

64. दो संख्याओं के महत्तम समापवर्तक और लघुतम समापवर्त्य क्रमशः 8 और 96 हैं। यदि इनमें से एक संख्या 32 है, तो दूसरी संख्या है—
A. 256 B. 24
C. 12 D. 768

65. $\frac{2}{3}$ और $\frac{5}{7}$ के योग को निम्नलिखित रूप में परिकलित किया जाता है—
A. $\frac{(2+5)}{(3+7)}$ B. $\frac{(2+5)}{(3\times 7)}$
C. $\frac{(2\times 7)+(5\times 3)}{(3+7)}$ D. $\frac{(2\times 7)+(5\times 3)}{(3\times 7)}$

66. प्रत्येक विषम संख्या का गुणनखण्ड है—
A. 0 B. 1
C. 3 D. 5

67. 17 आम 85 रु. के खरीदे गए और 12% के लाभ पर बेच दिए गए। एक आम का विक्रय मूल्य था—
A. 4.40 रु. B. 5.00 रु.
C. 5.60 रु. D. 95.20 रु.

68. मार्च, 1994 में एक कार का मूल्य 67000 रु. था। अप्रैल, 1994 में यह मूल्य 10% अधिक हो गया। अप्रैल, 1994 में कार का मूल्य था—
A. 60300 रु. B. 66330 रु.
C. 67670 रु. D. 73700 रु.

69. व्यंजक 2(12 – 3) + 4 (10 – 7) का मान है–
A. 18 B. 30
C. 54 D. 66

70. शीला 8.00 रु. लेकर बाजार गई। उसने 1.10 रु. प्रति कॉपी की दर से 5 कॉपियाँ और 0.60 रु. प्रति पेन्सिल की दर से 2 पेन्सिलें खरीदीं। उसके पास कितनी धनराशि शेष रही?
A. 1.00 रु. B. 1.30 रु.
C. 2.50 रु. D. 6.80 रु.

71. 1.1 + 11.11 बराबर हैं–
A. 11.22 B. 12.12
C. 12.21 D. 22.11

72. दो संख्याओं का गुणनफल 64 है। यदि उनका महत्तम समापवर्तक 2 है, तो उनका लघुत्तम समापवर्त्य होगा–
A. 128 B. 66
C. 62 D. 32

73. एक आयत का क्षेत्रफल 96 वर्ग मीटर है। यदि इस आयत की एक भुजा 12 मी. है, तो उसका परिमाप होगा–
A. 20 मी. B. 32 मी.
C. 40 मी. D. 48 मी.

74. गुणनफल 163 × 87* × 239 में इकाई का अंक 1 है। * के स्थान पर अंक होगा–
A. 1 B. 3
C. 7 D. 9

75. एक बस ने नगर 'अ' से नगर 'ब' की ओर 50 किमी प्रति घण्टा की चाल से चलना प्रारम्भ किया। 6 घण्टे चलने के बाद उसने कुल दूरी की एक तिहाई दूरी तय कर ली। 'अ' और 'ब' के बीच की दूरी है–
A. 150 किमी B. 300 किमी
C. 600 किमी D. 900 किमी

76. 3 के प्रथम पाँच गुणजों का औसत है–
A. 3 B. 6
C. 9 D. 12

77. 650.00 रु. पर 6 मास का साधारण ब्याज 32.50 रु. है। वार्षिक ब्याज की प्रतिशत दर हुई–
A. 5 B. 10
C. 15 D. 20

78. 1000 विद्यार्थियों में से 200 बंगला बोल सकते हैं, 400 तमिल बोल सकते हैं और शेष हिन्दी बोल सकते हैं। कितने प्रतिशत विद्यार्थी हिन्दी बोल सकते हैं?
A. 20 B. 40
C. 60 D. 80

79. 975, 983, 923, 913, 985 के योग को सौ के सन्निकट करने पर होगा–
A. 4500 B. 4600
C. 4700 D. 4800

80. $\frac{33.33}{1.1}$ को सरल करने पर आएगा–
A. 3.03 B. $33.\dot{3}$
C. 33.0 D. 30.3

अनुभाग-III : भाषा

निर्देशः *इस अनुभाग में चार गद्यांश दिए गए हैं। प्रत्येक गद्यांश पर पाँच प्रश्न पूछे गए हैं। प्रत्येक गद्यांश को ध्यानपूर्वक पढ़िए और उस पर पूछे गये प्रश्नों के उत्तर दीजिए। प्रत्येक प्रश्न के लिए (A), (B), (C) और (D) के क्रम में चार सम्भावित उत्तर दिए गए हैं। उनमें से केवल एक ही उत्तर सही है। आप सही उत्तर चुनिए।*

गद्यांश-1

पंचायतघर गाँव की पंचायत के क्रियाकलापों का केन्द्र है। पंचायत की सभाओं के लिए इससे पहले चौपाल या गांधी चबूतरे का प्रयोग होता था। प्रधान और ग्राम पंचायत के अन्य सदस्य गाँव की समस्याओं पर चर्चा करते हैं। बाल–शिक्षा, स्वास्थ्य और सफाई, रात्रि में बिजली की व्यवस्था, नारी–कल्याण आदि पंचायत के मुख्य कार्य हैं। पंचायत–सचिव पंचायत का कार्य विवरण लिखने के साथ–साथ जन्म और मृत्यु का रजिस्टर भी रखता है। जनता की भलाई के लिए किए गए कल्याणकारी कार्यों ने गाँवों का नक्शा ही बदल दिया है।

81. पंचायत के क्रियाकलापों का केन्द्र है–
A. चौपाल B. गाँव
C. गाँव की सड़क D. पंचायतघर

82. जन्म और मृत्यु का रजिस्टर कौन रखता है–
A. प्रधान B. सचिव
C. सदस्य D. गाँव के लोग

83. निम्नलिखित में से कौन–सा कार्य पंचायत के कार्य क्षेत्र में नहीं है?

A. नारी–कल्याण B. बाल–शिक्षा
C. डाक सेवा D. स्वास्थ्य और सफाई

84. गाँवों का नक्शा बदल गया है–

A. जनता की भलाई के क्रियाकलापों द्वारा
B. पंचायत की सभाओं द्वारा
C. गाँवों की समस्याओं पर चर्चा करने से
D. पंचायत का कार्य विवरण लिखने से

85. गद्यांश का सबसे उचित शीर्षक हो सकता है–

A. गाँव का नक्शा
B. गाँव की पंचायत
C. कल्याणकारी क्रियाकलाप
D. पंचायतघर

गद्यांश-2

सूरजमूखी के पौधे बड़े होते हैं। वे मोटे और रोएंदार तने तथा दिल के आकार की बड़ी पत्तियों वाले होते हैं। सूरजमुखी की पंखुड़ियाँ प्रायः खाने की तश्तरियों के समान बड़ी होती हैं। सूरजमुखी के पौधे कभी–कभी लम्बे व्यक्ति से भी दोगुने लम्बे हो जाते हैं। संसार के अनेक भागों में सूरजमुखी के खेत हैं। सूरजमुखी के बीजों को तेल खाना पकाने, पेण्ट और साबुन बनाने के काम आता है। अनेक लोग सूरजमुखी के बीजों को बड़े आनन्द से खाते हैं।

86. पहले अनुच्छेद से पता लगता है कि–

A. सूरजमुखी के पौधे कितने उपयोगी हैं
B. सूरजमुखी के पौधे कितने सुन्दर हैं
C. सूरजमुखी के पौधे कितने बड़े होते हैं
D. सूरजमुखी के पौधे कैसे उगाए जाते हैं

87. 'पंखुडियाँ' शब्द का अर्थ है–

A. पौधे के फूल B. पौधे की पत्तियाँ
C. पौधे की जड़ें D. पौधे के बीज

88. सूरजमुखी की पत्तियाँ हैं–

A. तश्तरी के समान बड़ी
B. बड़ी और दिल के आकार की
C. बारह–तेरह फुट लम्बी
D. मोटी और रोएंदार

89. सूरजमुखी के बीजों से क्या नहीं बनता?

A. तेल B. पेण्ट
C. साबुन D. इत्र

90. किस वाक्य से हमें पता चलता है कि मनुष्य अपने उपयोग के लिए सूरजमुखी उगाता है?

A. सूरजमुखी बड़े पौधे हैं
B. सूरजमुखी आदमी के समान लम्बे हो जाते हैं
C. सूरजमुखी के अनेक खेत हैं
D. अनेक लोगों को सूरजमुखी के बीच खाना अच्छा लगता है

गद्यांश-3

मैं गंगा हूँ। मैं हिमालय की पुत्री हूँ। भारत की ज्यादातर सभ्यता का विकास तेरे तट पर हुआ। मेरी घाटी में धरती सोना उपजाती है। इसमें कोई आश्चर्य नहीं कि लोग मुझे 'माता' कहते हैं। पिघली बर्फ की एक पतली धारा गोमुख से पहाड़ों तक आती है। यह भागीरथी कहलाती है। जब देवप्रयाग में अलकनन्दा और मन्दाकिनी नामक अन्य दो धाराएं भागीरथी से मिलती हैं तब इसे गंगा के नाम से जाना जाता है। जहाँ मैं हिमालय को छोड़कर समतल मैदान में आती हूँ उस स्थान को 'हरिद्वार' कहा जाता है। यह अत्यन्त पवित्र स्थान है। हालांकि समतल मैदान में पहुँचने पर मेरा दूधिया सफेद रंग मटमैला हो जाता है। सुरक्षित करने पर मेरा जल वर्षों तक खराब नहीं होता। इसी कारण लोग मुझे 'सुरसरि' अर्थात् देवताओं की नदी और मेरे जल को अमृत कहते हैं।

91. 'मैं हिमालय की पुत्री हूँ–इसका क्या अर्थ है?

A. मैं हिमालय में रहती हूँ
B. मेरा जन्म हिमालय से हुआ है
C. मैं हिमालय को अपना पिता मानती हूँ
D. हिमालय मुझे पुत्री की तरह स्नेह करता है

92. 'मेरी घाटी में, धरती सोना उपजाती है' का अर्थ है–

A. घाटी की मिट्टी बहुत उपजाऊ है
B. घाटी में सोने की खानें हैं
C. घाटी के लोग बहुत धनी हैं
D. घाटी में सोने के रंग का अन्न उपजता है

93. भारतीय गंगा को 'माता' क्यों कहते हैं? क्योंकि उन्हें गंगा के पानी से मिलता है– माता के समान

A. स्नेह B. सुरक्षा
C. उदारता D. पोषण

94. वह कौन–सा स्थान है जहाँ आने के बाद नदी गंगा कहलाने लगती है?

A. हिमालय B. गोमुख
C. देवप्रयाग D. हरिद्वार

95. गंगा का जल अमृत कहलाता है, क्योंकि वह—
A. सामान्य पानी की तरह मटमैला नहीं होता
B. अमृत की भाँति सफेद बना रहता है
C. देवताओं की नदी का पानी है
D. सामान्य पानी की तरह खराब नहीं होता

गद्यांश-4

नसीरुद्दीन खुरासान में रहता था। उसका एक पड़ोसी सौदागर था। वह कंजूस था। एक दिन सौदागर ने नसीरुद्दीन को अपने घर में प्रार्थना करते देखा। 'ऐ खुदा', नसीरुद्दीन ऊँचे स्वर में प्रार्थना कर रहा था, "मुझ पर दया करो और बहुत–सा धन भेज दो। मुझे 9,999 रुपए भेजो। मैं एक भी कम या ज्यादा रुपया नहीं चाहता। यदि आप मुझे एक भी रुपया कम या ज्यादा भेजोगे, तो मैं सारा धन वापस कर दूँगा।"

सैदागर को आश्चर्य हुआ, "यदि उसे कम या ज्यादा धन मिलता है, तो वह क्या करेगा? मुझे पता लगाना चाहिए"।

उसने थैले में दस हजार रुपए डाले और उसी रात उस थैले को नसीरुद्दीन के घर में फेंक दिया।

96. 'सौदागर कंजूस था' का अर्थ है—
A. उसके पास बहुत धन था
B. उसके पास बहुत कम धन था
C. उसे धन खर्च करना अच्छा लगता था
D. उसे धन खर्च करना पसन्द नहीं था

97. नसीरुद्दीन ने ऊँचे स्वर में प्रार्थना की, क्योंकि—
A. वह चाहता था कि खुदा उसकी प्रार्थना सुन ले
B. वह चाहता था कि सौदागर उसकी बात सुने
C. वह 9,999 रुपए चाहता था
D. वह एक भी रुपया कम या ज्यादा नहीं चाहता था।

98. नसीरुद्दीन प्रार्थना कर रहा था—
A. सौदागर के घर में
B. मस्जिद में
C. अपने पड़ोसी के घर में
D. अपने घर में

99. सौदागर ने नसीरुद्दीन के घर में धन फेंका क्योंकि, वह—
A. नसीरुद्दीन की मदद करना चाहता था
B. खुदा को प्रसन्न करना चाहता था
C. जानना चाहता था कि धन मिलने के बाद नसीरुद्दीन क्या करेगा
D. जानना चाहता था कि क्या इसके बाद खुदा उसकी मदद करेगा

100. आप नसीरुद्दीन को कैसा व्यक्ति मानेंगे?
A. पवित्र आदमी B. चतुर आदमी
C. दयालु आदमी D. शरारती आदमी

उत्तरमाला

1	2	3	4	5	6	7	8	9	10
A	C	B	D	B	D	A	A	D	B
11	**12**	**13**	**14**	**15**	**16**	**17**	**18**	**19**	**20**
C	A	C	D	A	A	D	A	D	D
21	**22**	**23**	**24**	**25**	**26**	**27**	**28**	**29**	**30**
C	C	B	B	A	A	D	C	A	D
31	**32**	**33**	**34**	**35**	**36**	**37**	**38**	**39**	**40**
A	D	C	B	B	A	D	D	D	A
41	**42**	**43**	**44**	**45**	**46**	**47**	**48**	**49**	**50**
D	B	A	B	A	B	D	A	C	A
51	**52**	**53**	**54**	**55**	**56**	**57**	**58**	**59**	**60**
D	B	B	A	B	D	C	A	D	C
61	**62**	**63**	**64**	**65**	**66**	**67**	**68**	**69**	**70**
D	B	D	B	D	B	C	D	B	B
71	**72**	**73**	**74**	**75**	**76**	**77**	**78**	**79**	**80**
C	D	C	B	D	C	B	B	D	D
81	**82**	**83**	**84**	**85**	**86**	**87**	**88**	**89**	**90**
D	B	C	A	B	C	A	B	D	C
91	**92**	**93**	**94**	**95**	**96**	**97**	**98**	**99**	**100**
B	A	D	C	D	D	B	D	C	D

पिछले प्रश्न-पत्र (हल सहित)

जवाहर नवोदय विद्यालय प्रवेश परीक्षा, 1996

अनुभाग-I

मानसिक योग्यता परीक्षा

खण्ड-I

निर्देश (प्रश्न 1 से 15 तक): *प्रश्नों में रेखा के बाईं ओर एक समस्या-आकृति दी गई है। दाईं ओर की चार उत्तर-आकृतियों को ध्यान से देखिए। उनमें से उस उत्तर-आकृति का पता लगाइए जो बिना दिशा-परिवर्तन के समस्या आकृति के खाली अंश में इस तरह सही बैठती हो कि समस्या-आकृति का ढाँचा पूर्ण हो जाए। उस आकृति के नीचे दिए गए अक्षर* (A, B, C *तथा* D) *पर घेरा लगाइए।*

समस्या-आकृति | **उत्तर-आकृतियाँ**

1. 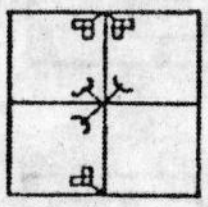

(A) (B) (C) (D)

2. 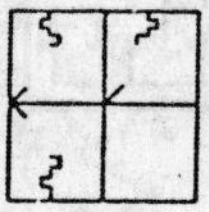
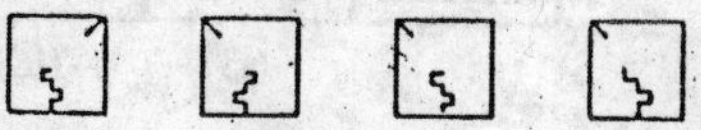
(A) (B) (C) (D)

3. 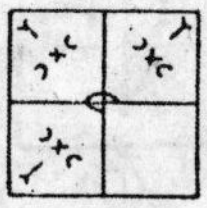
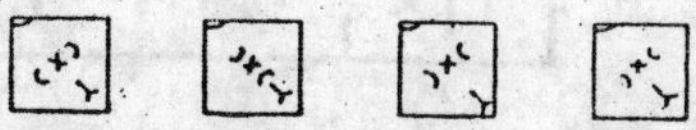
(A) (B) (C) (D)

4. 
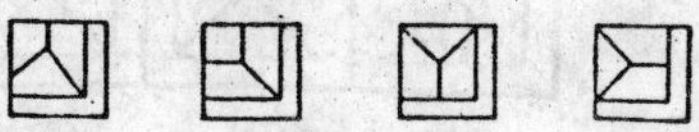
(A) (B) (C) (D)

5. 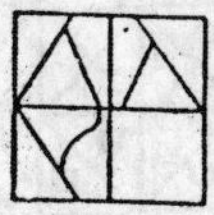

(A) (B) (C) (D)

6. 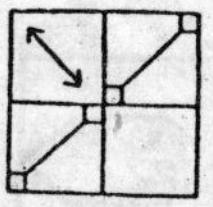
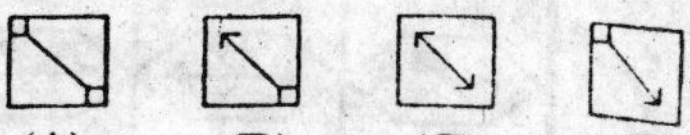
(A) (B) (C) (D)

समस्या-आकृति | **उत्तर-आकृतियाँ**

7. 

(A) (B) (C) (D)

8. 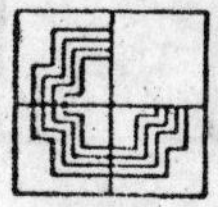
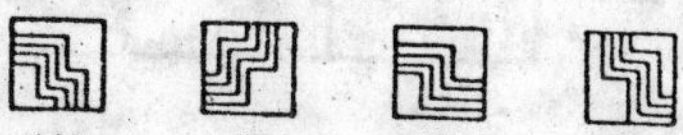
(A) (B) (C) (D)

9. 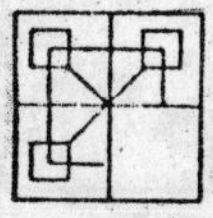
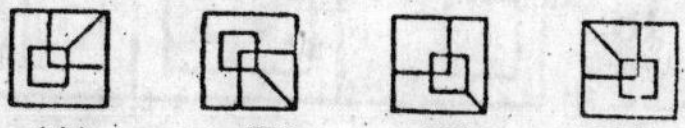
(A) (B) (C) (D)

10. 
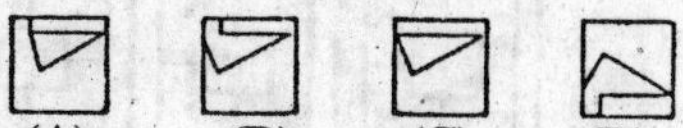
(A) (B) (C) (D)

11. 

(A) (B) (C) (D)

12. 

(A) (B) (C) (D)

13. 

(A) (B) (C) (D)

14. 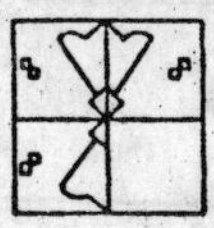

(A) (B) (C) (D)

15. 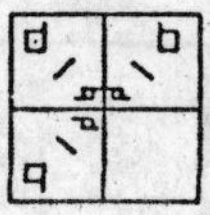

(A) (B) (C) (D)

*स्मृति पर आधारित।

खण्ड-II

निर्देश (प्रश्न 16 से 30 तक): *प्रत्येक प्रश्न में रेखा के बाईं ओर तीन समस्या-आकृतियाँ दी गई हैं और चौथी के लिए स्थान खाली छोड़ दिया गया है। समस्या आकृतियाँ एक क्रम में हैं। पता लगाइए कि दाईं ओर दी गई उत्तर-आकृतियों में से कौन-सी इस क्रम को पूरा करती है। उस आकृति के अक्षर* (A, B, C *या* D) *पर घेरा लगाइए।*

समस्या-आकृतियाँ | **उत्तर-आकृतियाँ**

16. 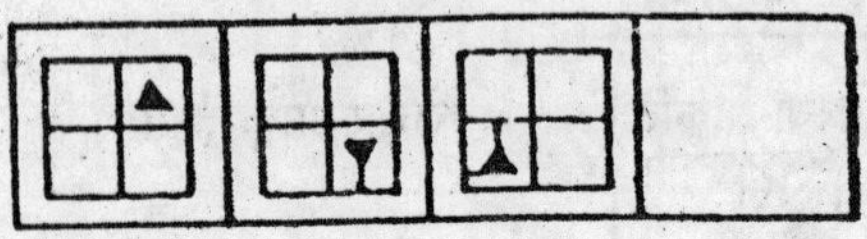

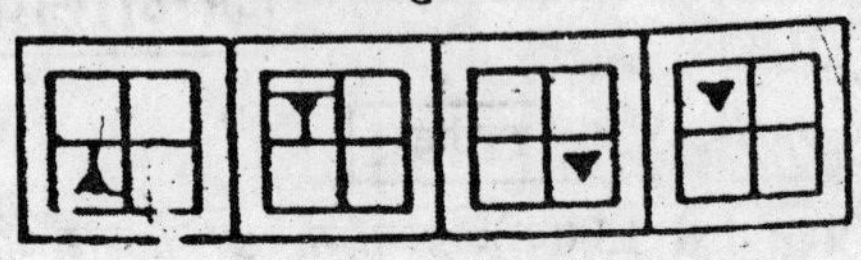

(A) (B) (C) (D)

17. 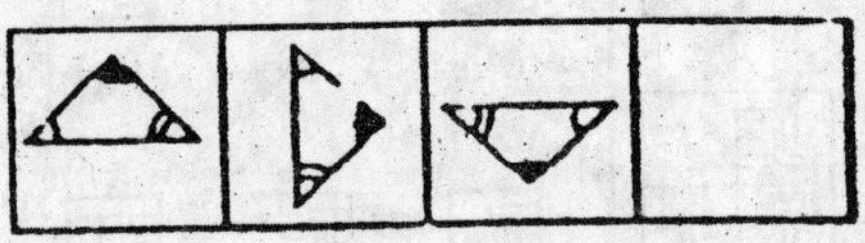

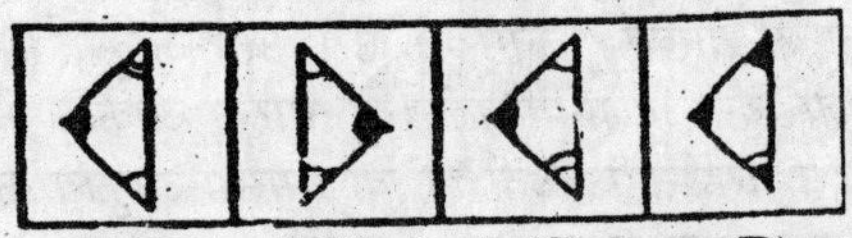

(A) (B) (C) (D)

18. 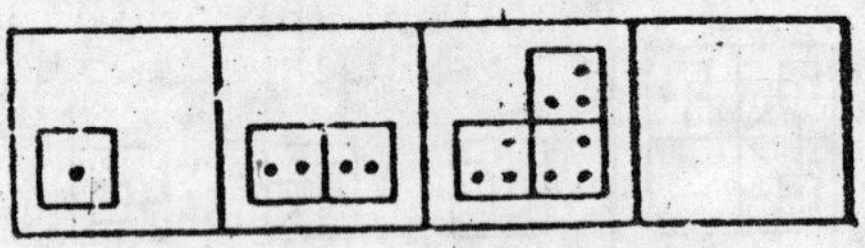

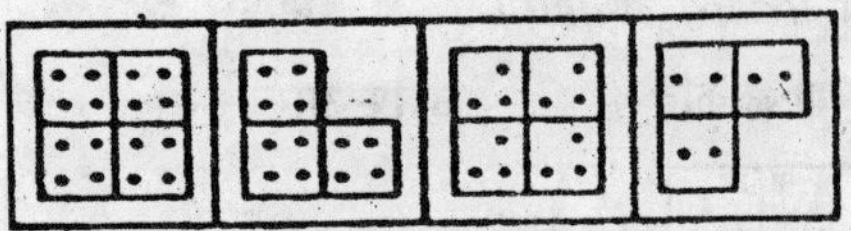

(A) (B) (C) (D)

19. 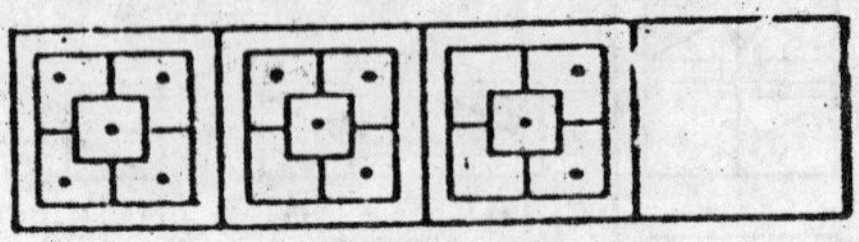

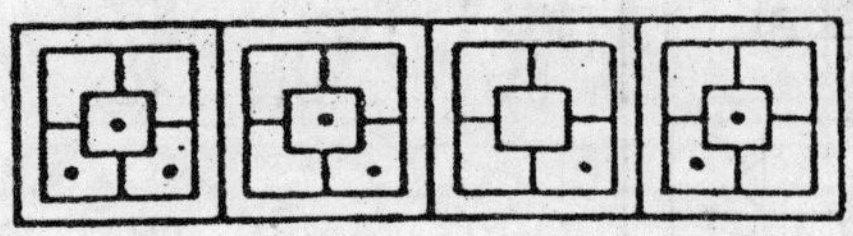

(A) (B) (C) (D)

20. 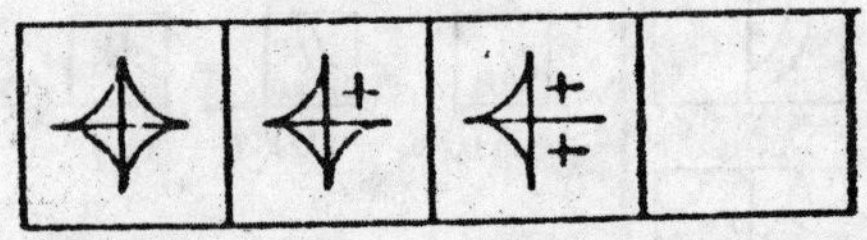

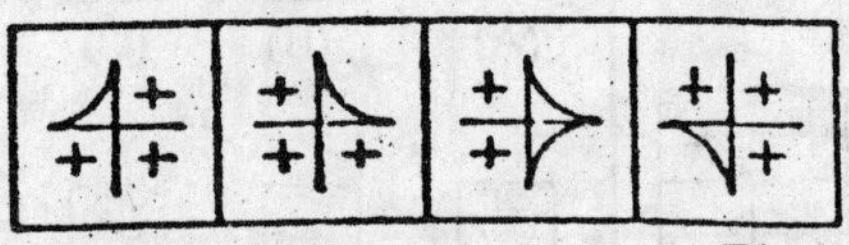

(A) (B) (C) (D)

21. 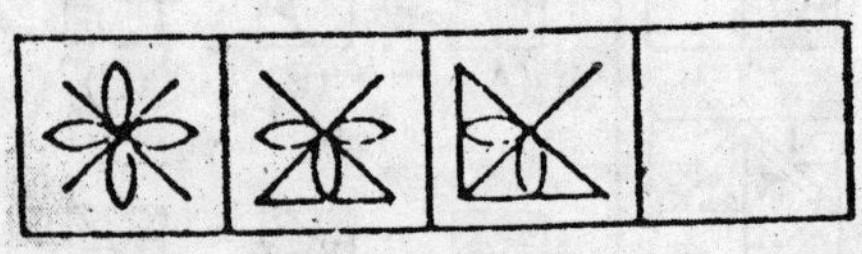

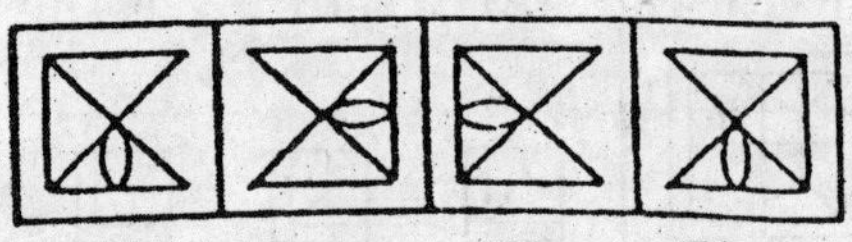

(A) (B) (C) (D)

22. 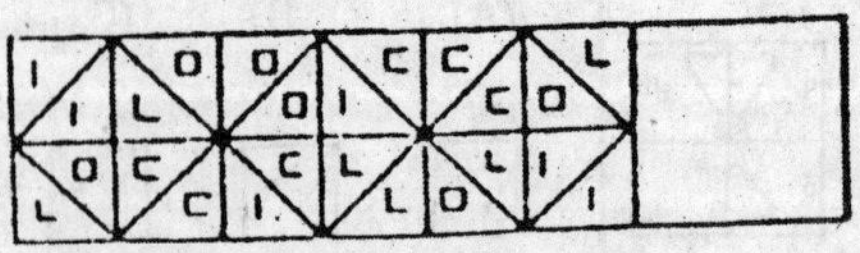

(A) (B) (C) (D)

23. 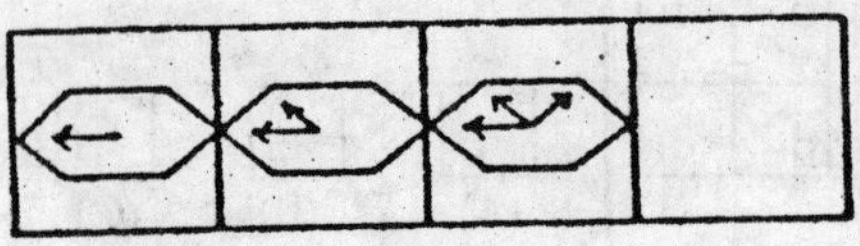

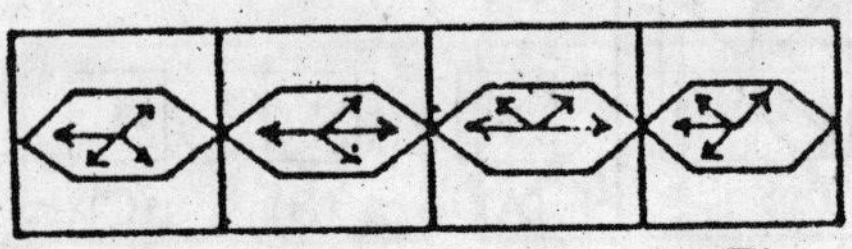

(A) (B) (C) (D)

समस्या-आकृतियाँ | उत्तर-आकृतियाँ

24.  

(A) (B) (C) (D)

25.  

(A) (B) (C) (D)

26.  

(A) (B) (C) (D)

27. 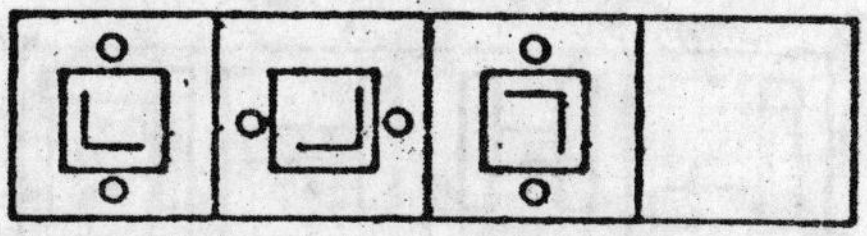 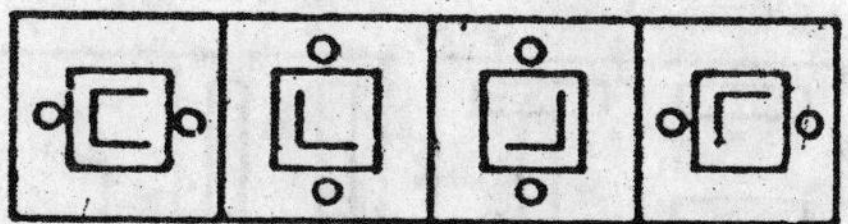

(A) (B) (C) (D)

28. 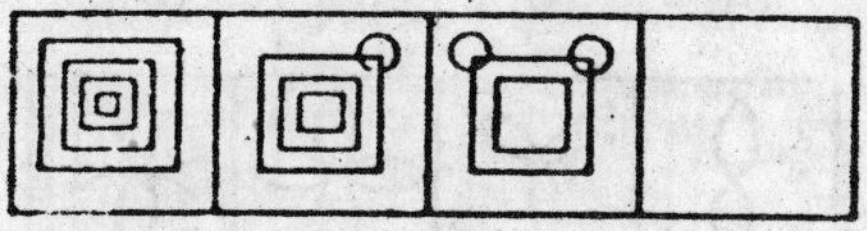 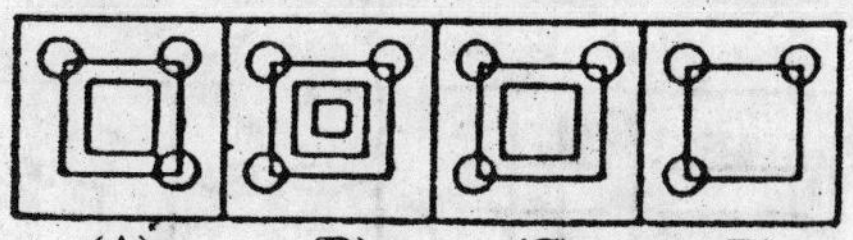

(A) (B) (C) (D)

29. 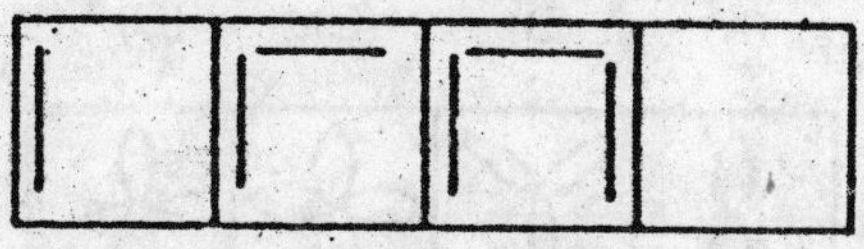 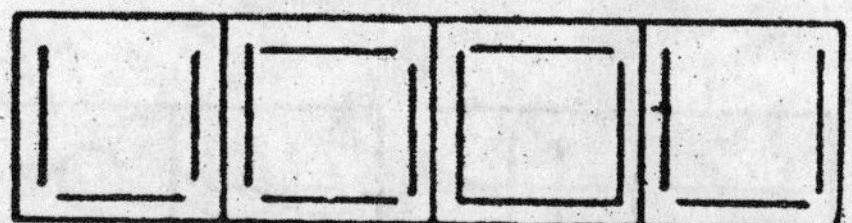

(A) (B) (C) (D)

30.  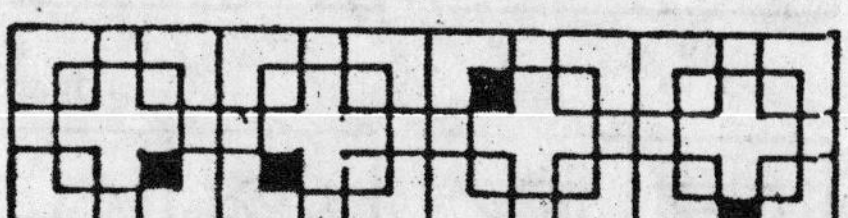

(A) (B) (C) (D)

खण्ड-III

निर्देश (प्रश्न 31 से 45 तक): *प्रश्नों में तीन समस्या-आकृतियों के बाद चौथी के स्थान पर प्रश्नसूचक चिह्न (?) लगा दिया गया है। पहली और दूसरी समस्या-आकृतियों में आपस में कुछ संबंध है तथा इसी प्रकार तीसरी और चौथी में भी। उत्तर-आकृतियों में से उस आकृति को चुनिए जो प्रश्नसूचक चिह्न (?) वाले स्थान पर ठीक बैठ सके। उस आकृति के अक्षर (A, B, C या D) पर घेरा लगाइए।*

समस्या-आकृतियाँ | उत्तर-आकृतियाँ

31. 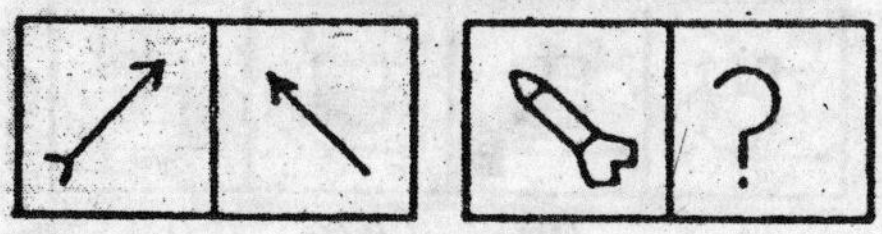

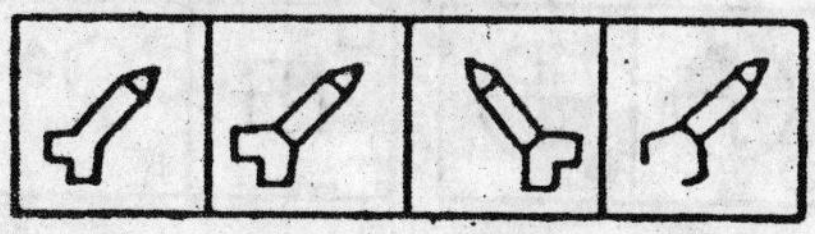

(A) (B) (C) (D)

समस्या-आकृतियाँ | **उत्तर-आकृतियाँ**

32. 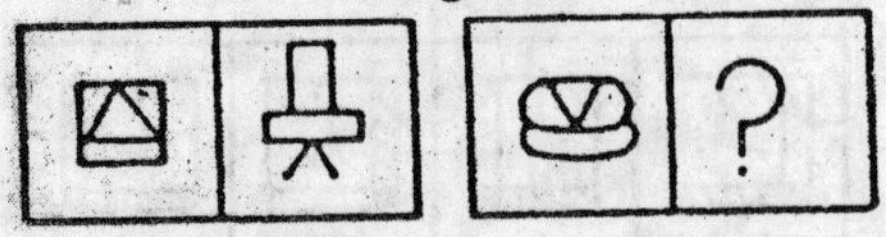 

(A) (B) (C) (D)

33.  

(A) (B) (C) (D)

34. 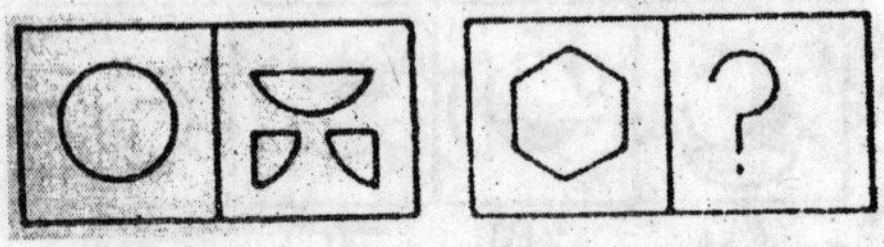 

(A) (B) (C) (D)

35.  

(A) (B) (C) (D)

36. 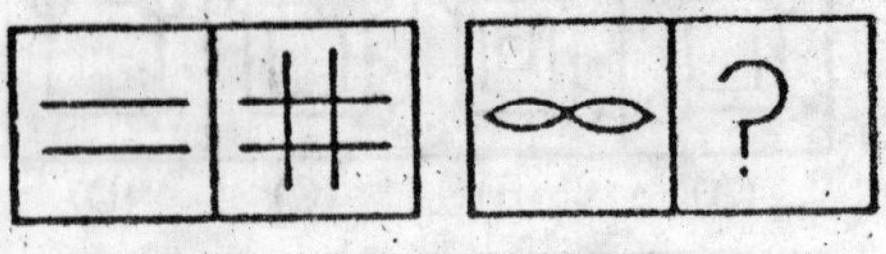 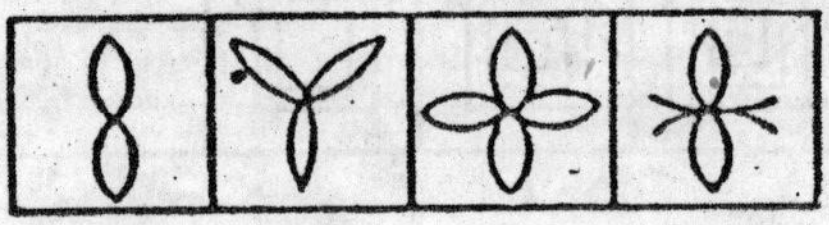

(A) (B) (C) (D)

37. 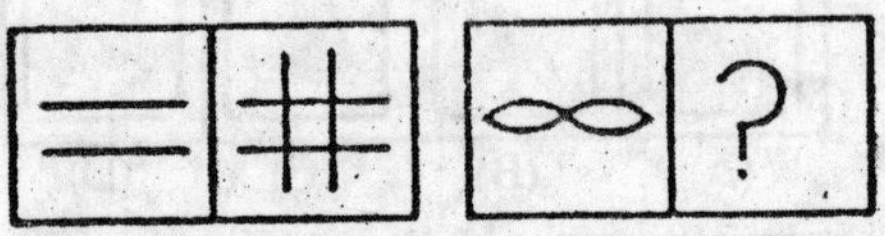 

(A) (B) (C) (D)

38. 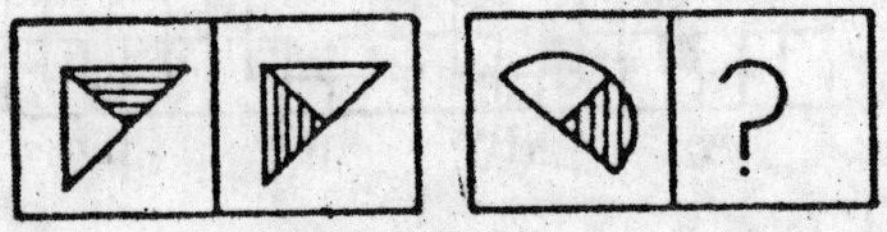 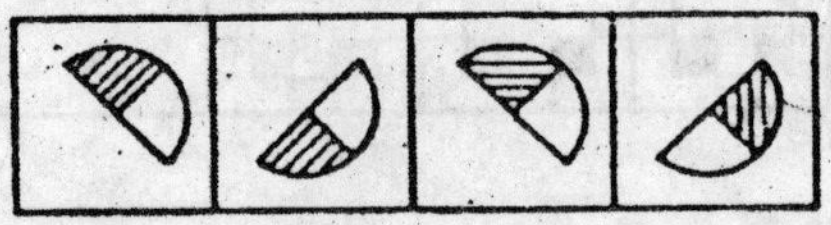

(A) (B) (C) (D)

39.  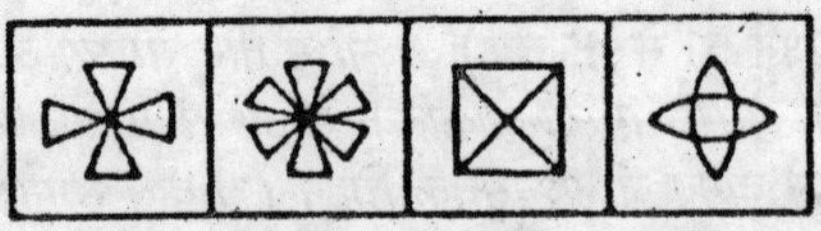

(A) (B) (C) (D)

40. 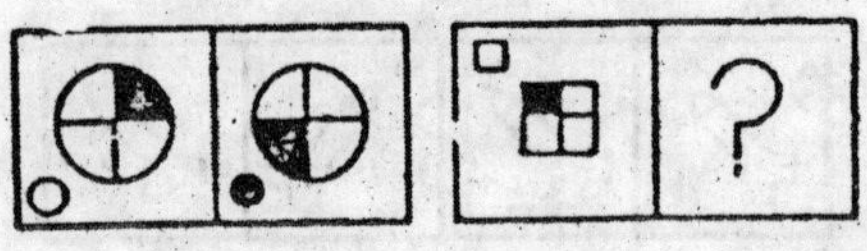 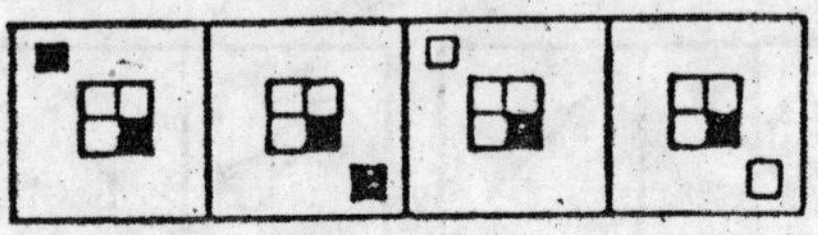

(A) (B) (C) (D)

समस्या-आकृतियाँ | उत्तर-आकृतियाँ

41.
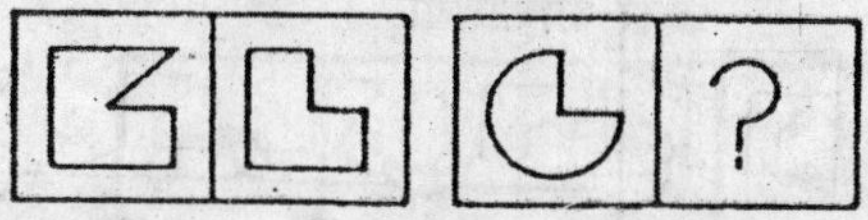

(A) (B) (C) (D)

42.
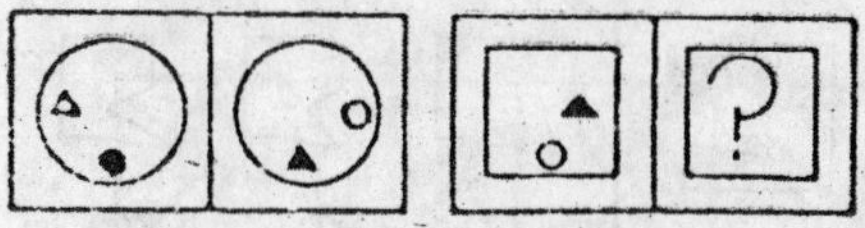
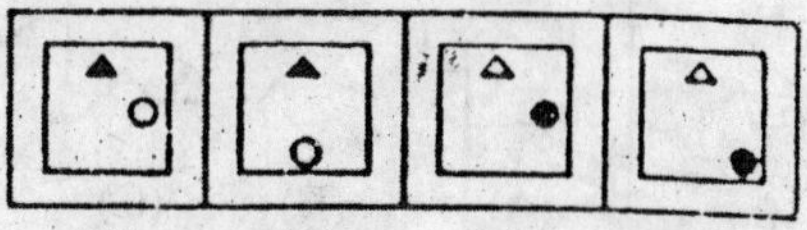
(A) (B) (C) (D)

43.

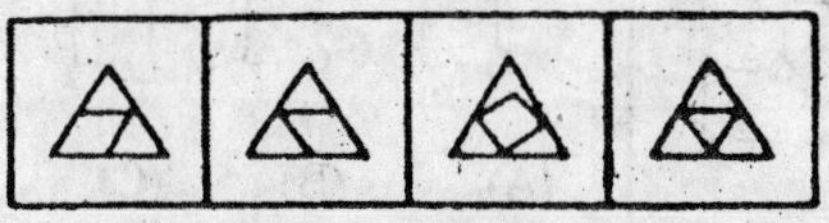
(A) (B) (C) (D)

44.
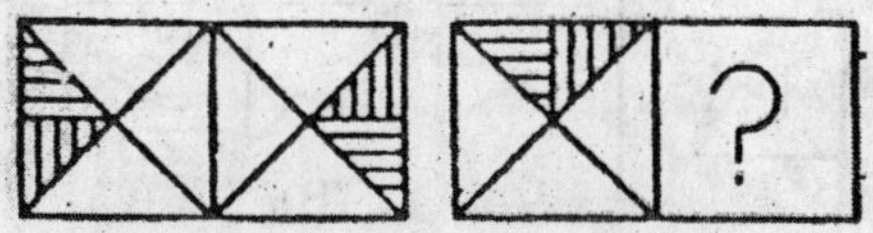

(A) (B) (C) (D)

45.
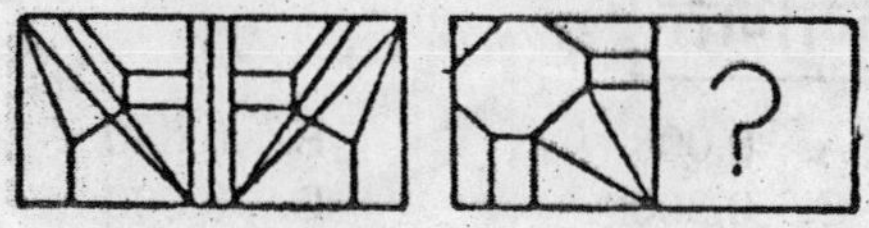
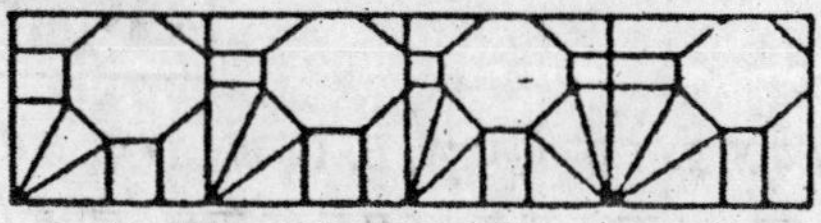
(A) (B) (C) (D)

खण्ड-IV

निर्देश (प्रश्न 46 से 60 तक): *वर्ग का एक भाग रेखा के बाईं ओर है और शेष भाग दाईं ओर की चार उत्तर-आकृतियों (A, B, C या D) में है। दाईं ओर की उस आकृति को ढूँढिए जो वर्ग को पूरा करती हो। उस आकृति के नीचे दिए गए अक्षर पर घेरा लगाइए।*

समस्या-आकृति | उत्तर-आकृतियाँ

46.

(A) (B) (C) (D)

47.

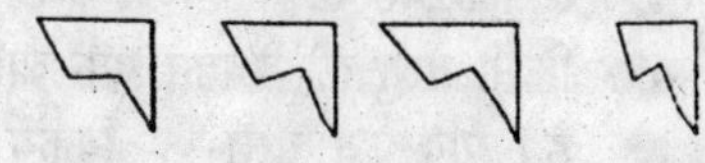
(A) (B) (C) (D)

48.

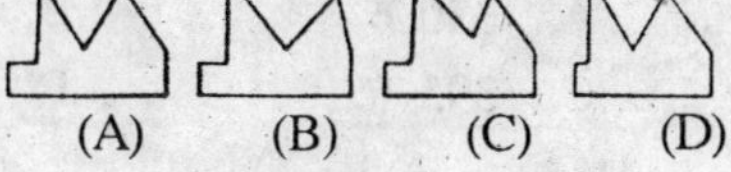
(A) (B) (C) (D)

समस्या-आकृति | उत्तर-आकृतियाँ

49.
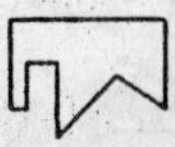

(A) (B) (C) (D)

50.

(A) (B) (C) (D)

51.
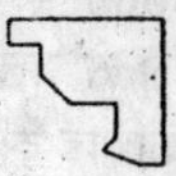

(A) (B) (C) (D)

52.
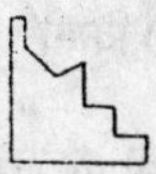

(A) (B) (C) (D)

समस्या-आकृति | उत्तर-आकृतियाँ

53. 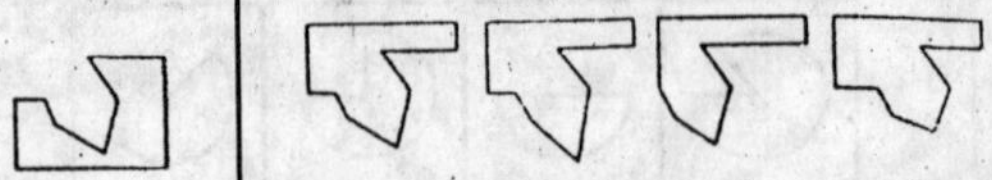
(A) (B) (C) (D)

54. 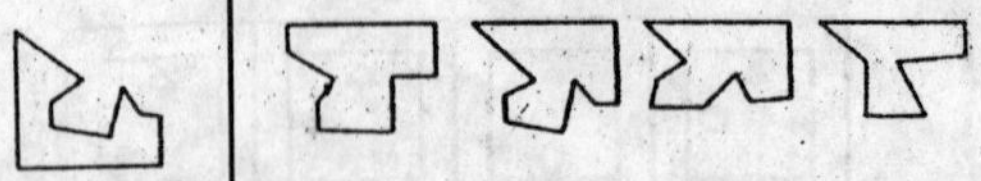
(A) (B) (C) (D)

55. 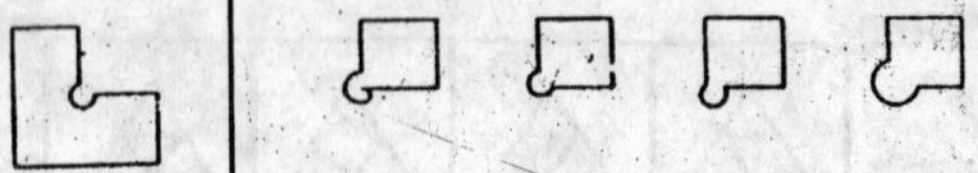
(A) (B) (C) (D)

56. 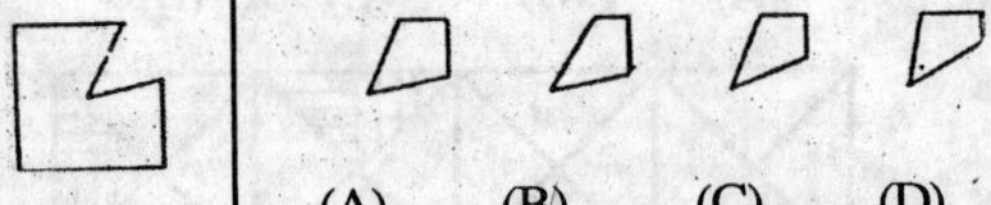
(A) (B) (C) (D)

समस्या-आकृति | उत्तर-आकृतियाँ

57. 
(A) (B) (C) (D)

58. 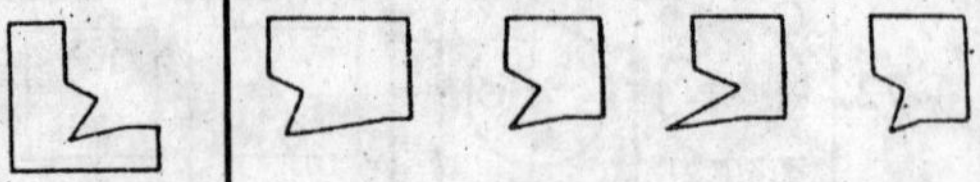
(A) (B) (C) (D)

59. 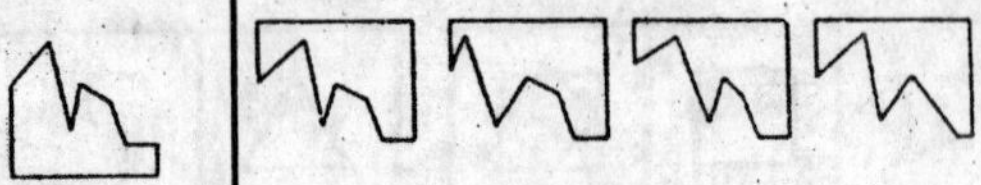
(A) (B) (C) (D)

60. 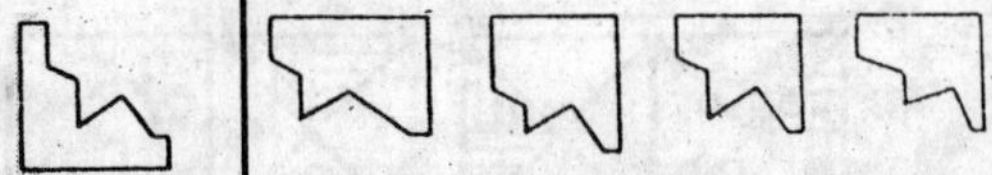
(A) (B) (C) (D)

अनुभाग-II : अंकगणित

निर्देशः *प्रत्येक प्रश्न के लिए A, B, C और D के क्रम में चार उत्तर दिए हुए हैं। इनमें से केवल एक ही उत्तर सही है। आपको सही उत्तर चुनना है और उसके अक्षर पर घेरा लगाना है।*

61. संख्या 3.6857 में 8 का स्थानीय मान है–

A. 80 B. $\frac{8}{10}$
C. $\frac{8}{100}$ D. $\frac{8}{1000}$

62. $0.3636 \div 0.06 = ?$

A. 6.600 B. 6.060
C. 0.660 D. 0.606

63. $146 \times 38 + 146 \times 46 + 146 \times 16 = ?$

A. 1460 B. 14060
C. 14600 D. 14660

64. एक बस 60 किमी. प्रति घंटा की चाल से चल रही है। उसके द्वारा 4 घण्टे 30 मिनट में तय की गई दूरी होगी–

A. 30 किमी. B. 240 किमी.
C. 270 किमी. D. 300 किमी.

65. भिन्न $\frac{2}{25}$ को दशमलव भिन्न में कैसे लिखेंगे?

A. 0.008 B. 0.080
C. 0.800 D. 8.000

66. 1 और 100 के बीच 7 से विभाज्य संख्याओं की कुल संख्या है–

A. 15 B. 14
C. 13 D. 12

67. 64532981 में आए 5 का स्थानीय मान है–

A. पांच हजार B. पचास हजार
C. पांच लाख D. पचास लाख

68. एक महिला ने अपने मित्र से 3000 रु. उधार लिए। वह इस राशि को 8% वार्षिक साधारण ब्याज की दर से एक वर्ष बाद लौटाने का वायदा करती है। लौटाई जाने वाली राशि होगी–

A. 3008 रु. B. 3024 रु.
C. 3240 रु. D. 3420 रु.

69. किसी वस्तु को बेचकर एक व्यक्ति 10% लाभ कमाता है। यदि उस वस्तु का विक्रय मूल्य 385 रु. हो, तो उसका क्रय मूल्य होगा–

A. 350 रु. B. 375 रु.
C. 395 रु. D. 423.50 रु.

70. (5 का 100%) + (100 का 5%) बराबर है–
A. 10
B. 15
C. 55
D. 105

71. व्यंजक $12 \times 8 - 4 \div 4$ का मान है–
A. 95
B. 84
C. 12
D. 23

72. संख्या 5555 को निकटतम पूरे हजार में व्यक्त करने वाली संख्या है–
A. 5000
B. 5500
C. 5550
D. 6000

73. यदि 60 संतरों की एक पेटी का मूल्य 54 रु. है, तो 54 संतरों का मूल्य होगा–
A. 60 रु.
B. 48.60 रु.
C. 48 रु.
D. 10.80 रु.

74. प्रथम पांच अभाज्य संख्याओं का औसत है–
A. 2.2
B. 3.6
C. 5
D. 5.6

75. एक वर्ग का क्षेत्रफल 16 सेमी. लम्बाई और 9 सेमी. चौड़ाई वाले आयत के क्षेत्रफल के बराबर है। इस वर्ग का परिमाप होगा–
A. 24 सेमी.
B. 25 सेमी.
C. 48 सेमी.
D. 50 सेमी.

76. एक व्यक्ति ने 20,000 रु. दो वर्ष के लिए साधारण ब्याज पर उधार लिए। दो वर्ष के अंत में उसे ब्याज सहित 24,800 रु. देने पड़े। इसमें वार्षिक ब्याज की दर हुई–
A. 48%
B. 24%
C. 12%
D. 6%

77. $\left(4\frac{5}{8}-2\frac{3}{4}\right)\div\frac{5}{4}$ का मान है–
A. 1.0
B. 1.5
C. 2.0
D. 2.3

78. 42, 70, 98 और 126 का लघुत्तम समापवर्त्य है–
A. 126
B. 2205
C. 4410
D. 8820

79. यदि संख्या 9708*3 संख्या 9 और 3 दोनों से ही विभाज्य है, तो * के स्थान पर अंक होगा–
A. 0
B. 1
C. 3
D. 6

80. $1\frac{2}{3}\times1\frac{3}{5}=?$
A. $2\frac{2}{3}$
B. $1\frac{2}{5}$
C. $2\frac{2}{5}$
D. $1\frac{5}{8}$

अनुभाग-III : भाषा

निर्देशः इस अनुभाग में चार गद्यांश दिए गए हैं। प्रत्येक गद्यांश पर पांच प्रश्न पूछे गए हैं। प्रत्येक गद्यांश को ध्यान से पढ़ें और पूछे गए प्रश्नों के उत्तर दें। प्रत्येक प्रश्न के लिए A, B, C, D के क्रम में चार उत्तर दिए गए हैं। उनमें से केवल एक ही उत्तर सही है। आप इनमें से सही अक्षर वाला उत्तर चुनिए और उसके चारों ओर घेरा लगाइए।

गद्यांश-1

एक अभिनेता के पास कुछ महीनों से कोई काम नहीं था। उसे काम की बहुत आवश्यकता थी। वह एक चलते-फिरते सर्कस के प्रबंधक के पास गया।

"ठीक है, हम तुम्हें काम दे सकते हैं।" प्रबन्धक ने कहा, "हमें तमाशे के लिए दो गोरिल्लों की आवश्यकता है पर हमारे पास एक ही गोरिल्ला है। हमारा दूसरा गोरिल्ला कल मर गया। तुम गोरिल्ला की खाल पहन लो और गोरिल्ला होने का नाटक करो। तुम्हें केवल दिन भर पिंजरे में बैठना होगा।"

अभिनेता ने गोरिल्ला की खाल पहन ली और उसे पिंजरे में बैठा दिया गया। वह प्रसन्न था। पर, कुछ मिनट बाद उसने देखा कि एक और गोरिल्ला भी उसी पिंजरे में बैठाया जा रहा है। वह डर गया।

"मुझे यहां से बाहर निकालो।" वह चिल्लाया।

"चुप रहो, "दूसरे गोरिल्ला ने कहा, "क्या तुम सोचते हो कि तुम्हीं अकेले ऐसे अभिनेता हो जिसके पास कोई काम नहीं है।"

81. अभिनेता सर्कस के प्रबन्धक के पास आया, क्योंकि वह–
A. गोरिल्ला का अभिनय करना चाहता था
B. सर्कस का सदस्य बनना चाहता था
C. अभिनेता का काम पसंद करता था
D. उसे काम की बहुत आवश्यकता थी

82. प्रबन्धक ने उसे गोरिल्ला का काम इसलिए दिया, क्योंकि–

(*a*) वही काम उपलब्ध था

(*b*) उसे दो गोरिल्लों की आवश्यकता थी और उसके पास केवल एक गोरिल्ला था

(*c*) वह गोरिल्ला की खाल पहन सकता था

उपर्युक्त कारणों में से कौन-सा सही है?

A. केवल (*a*) और (*b*)

B. केवल (*a*) और (*c*)

C. केवल (*b*) और (*c*)

D. उपर्युक्त सभी

83. प्रबन्धक ने सोचा कि गोरिल्ला बनने के लिए वह अभिनेता सबसे उपयुक्त है, क्योंकि वह–

A. एक अभिनेता था

B. गोरिल्ला की तरह दिखाई देता था

C. गोरिल्ला बनना पसंद करता था

D. गोरिल्ला बनने का प्रशिक्षण प्राप्त किए हुए था

84. उसको दिया गया काम था–गोरिल्ला की खाल पहनना और–

A. पिंजरे की सलाखों को हिलाना

B. सारा दिन पिंजरे में बैठना

C. गोरिल्ला की भांति जोर से चिल्लाना

D. गोरिल्ला की भाषा बोलना

85. पिंजरे का दूसरा गोरिल्ला था–

A. एक मसखरा　　B. एक असली गोरिल्ला

C. एक दूसरा अभिनेता　　D. एक कलाबाज

गद्यांश-2

आधुनिक विचारों ने एस्किमो जाति पर प्रभाव डालना तो आरम्भ किया है परन्तु इतना नहीं कि उनसे उनके जीवन में कोई विशेष अन्तर आए। वे जाड़े का मौसम अब भी इग्लुओं अर्थात् बर्फ की गोलाकार झोंपड़ियों में बिताते हैं। वे अभी भी कुत्तों द्वारा खींची जाने वाली स्लेज गाड़ियों पर ही यात्रा करते हैं। जाड़े में इतनी सर्दी होती है कि शिकार नहीं किया जा सकता। इसलिए उस मौसम में वे गर्मियों में मारी गई सील मछली के मांस के भण्डार पर जीवित रहते हैं। सील मछली का मांस ही उनका एकमात्र भोजन नहीं है। गर्मियों में वे रेंडियर और भालुओं का शिकार करते हैं। वे वर्ष भर मछलियाँ भी पकड़ते हैं। गर्मियों के मौसम के शिकारी एस्किमो सर्दियों में मछुआरे बन जाते हैं। जाड़ों में वे बर्फ में छेद करके उन छेदों से मछलियां पकड़ते हैं। एस्किमो बड़ी कठिन परिस्थितियों में रहते हैं। वहां फर्नीचर बनाने के लिए पर्याप्त लकड़ी और औजारों के लिए कोई धातु नहीं होती है। अतः वे मछली पकड़ने के कांटों और अपने बाणों की नोक के लिए हड्डी का प्रयोग करते हैं।

86. एस्किमो मछलियां पकड़ते हैं–

A. गर्मियों में　　B. जाड़ों में

C. वर्ष भर　　D. बसन्त में

87. स्लेज गाड़ी का प्रयोग किया जाता है–

A. शिकार के लिए

B. मछली पकड़ने के लिए

C. काटने के लिए

D. यात्रा के लिए

88. औजार बनाने के लिए एस्किमो हड्डियों का प्रयोग करते हैं, क्योंकि–

A. वहां लकड़ी नहीं मिलती

B. हड्डियों से बेहतर औजार बनते हैं

C. वहां धातु नहीं मिलती

D. वहां सब ओर बर्फ होती है

89. एस्किमो निम्नलिखित में से क्या नहीं खाते?

A. सील का मांस　　B. कुत्ते का मांस

C. मछली　　D. रेंडियर का मांस

90. एस्किमो निम्नलिखित में से क्या नहीं करते?

A. रेंडियर और मछली का शिकार

B. बर्फ में छेद करके मछली पकड़ना

C. बर्फ के घर बनाना

D. लकड़ी का फर्नीचर बनाना

गद्यांश-3

मानसून शुरू होने से कुछ पहले कोयल की कूक सुनाई देने लगती है। सभी ने कोयल को गाते सुना होगा, पर हममें से कितनों ने उसे देखा है। यह एक शर्मीला पक्षी है। आप कोयल को तभी देख सकते हैं जब वह एक पेड़ से दूसरे पेड़ पर उड़ती है। तब आपको यह पता लगता है कि वह बहुत कुछ कौए की तरह है। उसी के रंग व आकार की, पर उससे अधिक पतली और उससे अधिक लम्बी पूंछ वाली। नर और मादा कोयल समान नहीं होते। नर कोयल चमकीले रंग का होता है। इसकी चोंच कुछ पीलापन लिए हरे रंग की होती है और आंखे गहरी

काली होती हैं। मादा कोयल गहरे लाल रंग की और सिर पर सफेद धब्बे वाली होती है।

91. आप कोयल को गाते हुए सुन सकते हैं–
A. सूर्यास्त से पहले
B. मानसून से पहले
C. शीतकाल से पहले
D. सुबह से पहले

92. कोयल को 'शर्मीला पक्षी' कहा जा सकता है, क्योंकि यह–
A. धीरे-धीरे गाती है
B. उड़ती नहीं रहती
C. स्वयं को छुपाती है
D. कौए की तरह लगती है

93. नर और मादा कोयल में निम्नलिखित में से क्या समान नहीं है?
A. रंग B. आंखें
C. चोंच D. आवाज

94. कोयल की कौए से बहुत समानता है–
A. रंग में B. उड़ान में
C. आवाज में D. शर्मीलेपन में

95. इस गद्यांश के लिए सबसे उचित शीर्षक होगा–
A. कौआ और कोयल
B. दो काले पक्षी
C. कोयल
D. नर और मादा कोयल

गद्यांश-4

उड़ीसा की जगन्नाथपुरी की रथयात्रा भारत के सबसे प्राचीन और बड़े उत्सवों में से एक है। प्रत्येक वर्ष हजारों तीर्थयात्री और पर्यटक जून के महीने में इस उत्सव में भाग लेने पुरी आते हैं। यह उत्सव भगवान श्री कृष्ण की गोकुल से मथुरा की यात्रा की ओर संकेत करता है। भगवान की मूर्ति ले जाने वाला यह रथ इतना विशाल होता है कि हजारों लोग ही उसे खींच पाते हैं। इसे सात दिन तक बगीचे में बने हुए घर में विश्राम के लिए रखा जाता है। सात दिन के बाद वापसी-यात्रा आरम्भ होती है और भगवान की मूर्ति वापस लाई जाती है। इन दोनों यात्राओं में हजारों व्यक्ति रथ को खींचने के लिए उसके पास जाने की कड़ी कोशिश करते हैं।

96. रथयात्रा होती है–
A. गोकुल में B. मथुरा में
C. बाग में D. पुरी में

97. रथयात्रा हर बारह महीने के बाद होती है, क्योंकि–
A. रथ बारह महीने बाद ही उपलब्ध होता है
B. लोगों को प्रतिदिन उत्सव अच्छे नहीं लगते
C. यह भगवान की गोकुल से मथुरा तक की यात्रा को व्यक्त करती है
D. नये रथ को बनाने में बारह महीने लगते हैं

98. भगवान की मूर्ति को एक सप्ताह तक विश्राम के लिए रखा जाता है–
A. बगीचे में बने घर में B. पुरी के मंदिर में
C. विशाल रथ के अंदर D. भीड़ के बीच में

99. इन दोनों यात्राओं पर–इसमें 'यात्राओं' से मतलब है–
A. गोकुल से मथुरा और मथुरा से गोकुल की यात्राएं
B. पुरी से गोकुल और गोकुल से पुरी की यात्राएं
C. पुरी से मथुरा और मथुरा से पुरी की यात्राएं
D. पुरी से बगीचे के घर और बगीचे से पुरी की यात्राएं

100. 'हजारों व्यक्ति रथ के पास जाने की कड़ी कोशिश करते हैं'–यह दर्शाता है–
A. लोगों का कौतूहल B. लोगों की श्रृद्धा
C. लोगों की रुचि D. लोगों का अंधविश्वास

उत्तरमाला

1	2	3	4	5	6	7	8	9	10
D	D	D	A	B	C	B	A	D	B
11	**12**	**13**	**14**	**15**	**16**	**17**	**18**	**19**	**20**
B	A	B	B	C	B	A	A	B	A
21	**22**	**23**	**24**	**25**	**26**	**27**	**28**	**29**	**30**
C	B	C	C	B	C	D	D	B	A

31	32	33	34	35	36	37	38	39	40
D	C	D	B	C	B	C	C	B	A
41	**42**	**43**	**44**	**45**	**46**	**47**	**48**	**49**	**50**
D	C	D	A	D	B	B	A	C	C
51	**52**	**53**	**54**	**55**	**56**	**57**	**58**	**59**	**60**
A	C	A	B	B	B	D	B	A	C
61	**62**	**63**	**64**	**65**	**66**	**67**	**68**	**69**	**70**
C	B	C	C	B	B	C	C	A	A
71	**72**	**73**	**74**	**75**	**76**	**77**	**78**	**79**	**80**
A	D	B	D	C	C	B	C	A	A
81	**82**	**83**	**84**	**85**	**86**	**87**	**88**	**89**	**90**
D	A	A	B	C	C	D	C	B	D
91	**92**	**93**	**94**	**95**	**96**	**97**	**98**	**99**	**100**
B	C	A	A	C	D	C	A	A	B

कुछ चुने हुए प्रश्नों के व्याख्यात्मक उत्तर

16. प्रत्येक अगली आकृति में डिजाइन के अन्दर बना काला त्रिभुज खिसक कर दाईं ओर के अगले खाने में आ जाता है और उल्टे रूप में बन जाता है। साथ ही प्रत्येक अगली आकृति में काले त्रिभुज के एक नए सिरे पर एक नई रेखा जुड़ जाती है।

17. प्रत्येक आकृति के अन्दर बने डिजाइन को 90° दाईं ओर घुमा देने से अगली आकृति बनती है।

18. प्रत्येक अगली आकृति में वर्ग और उसके अन्दर बने बिन्दु की संख्या क्रमशः एक-एक बढ़ती जाती है, जैसेः एक वर्ग एक बिन्दु; दो वर्ग दो-दो बिन्दु; तीन वर्ग तीन-तीन बिन्दु आदि।

19. प्रत्येक अगली आकृति में अन्दर बने डिजाइन में एक-एक बिन्दु क्रमशः दाईं ओर से गायब होता जाता है।

20. प्रत्येक अगली आकृति में अन्दर वाले डिजाइन में से एक-एक चाप (क्रमशः दाईं ओर बढ़ते हुए) गायब होता जाता है और उसके स्थान पर धन का चिन्ह (+) आ जाता है।

21. प्रत्येक अगली आकृति में अन्दर वाले डिजाइन में से एक-एक पंखुड़ी/पत्ती (क्रमशः दाईं ओर बढ़ते हुए) गायब होती जाती है और साथ ही जो पंखुड़ी/पत्ती गायब होती है उसके विपरीत (उल्टी) दिशा में (क्रमशः दाईं ओर बढ़ते हुए) एक-एक लाइन जुड़ती जाती है।

22. आकृति के अन्दर बने डिजाइन में चार चिन्ह बाहर के कोनों में हैं और चार चिन्ह अन्दर की ओर हैं। बाहर के कोनों में बने चिन्ह अगली आकृति में बाईं ओर खिसक कर अगले कोने में पहुंच जाते हैं। साथ ही अन्दर की ओर बने चारों चिन्ह दाईं ओर खिसक कर अगले खाने में पहुंच जाते हैं। यही क्रम चालू रहता है।

23. प्रत्येक अगली आकृति में डिजाइन के अन्दर बने आड़े तीर में एक नया तीर दाईं ओर जुड़ता जाता है।

24. प्रत्येक अगली आकृति में अन्दर वाला पूरा डिजाइन 90° दाईं ओर घूम जाता है और अन्दर बनी छोटी रेखायें एक-एक कम होती जाती हैं।

25. प्रत्येक अगली आकृति में केवल एक ही परिवर्तन हुआ दीखता है। ऊपर दायें कोने पर बना चिन्ह ⊙ हर अगली आकृति में दाईं ओर के अगले कोने में पहुंच जाता है।

26. प्रत्येक अगली आकृति में अन्दर बना डिजाइन 45° बाईं ओर घूम जाता है और डिजाइन का काला वाला भाग हर बार दूसरी ओर चला जाता है।

27. आकृति के बाहर बने दोनों छोटे वृत्तों को क्रमशः बाईं ओर एक-एक भुजा की दूरी तक खिसकाने और आकृति के अन्दर दो लाइनों से बनी समकोण आकृति को भी बाईं ओर एक भुजा की दूरी तक खिसकाने से अगली आकृतियां प्राप्त होती हैं।

28. आकृति के अन्दर बने वर्गों में से, क्रमशः सबसे छोटे वर्ग से प्रारंभ करके, एक-एक वर्ग निकाल देने और वर्ग के शीर्ष पर एक छोटा वृत्त जोड़ देने से अगली आकृतियां प्राप्त होती हैं।

29. पहली आकृति में अन्दर एक खड़ी रेखा है। हर अगली आकृति में उस रेखा के दाईं ओर उसके साथ समकोण बनाती हुई (किन्तु दोनों रेखायें एक-दूसरे को स्पर्श नहीं करतीं) एक रेखा जोड़ देने से अगली आकृतियां प्राप्त होती हैं।

30. प्रत्येक अगली आकृति में काले रंग वाला एक वर्ग सफेद रंग के रूप में परिवर्तित होता जाता है। काले रंग के वर्ग क्रमशः हर बार बाईं ओर बढ़कर सफेद रंग में परिवर्तित होते हैं।

31. आकृति 1 को 90° बाईं ओर घुमाने और उसके तीर के नीचे की दुम हटा देने से आकृति 2 बनी है। इसी प्रकार आकृति 3 को 90° दाईं ओर घुमाने और नीचे की दुम हटा देने से आकृति 4 बन जायेगी।

32. आकृति 1 के डिजाइन के तीन भाग हैं: ▯, ▭ और ∧ आकृति 2 में पहला आयत आड़ा होकर नीचे है और दूसरा आयत उसके बीच में ऊपर की ओर खड़ी स्थिति में है और ∧ वाला डिजाइन नीचे इसी रूप में जुड़ा हुआ है। इसी प्रकार आकृति 3 में तीन भाग हैं: ⬭, ◯ और V। इन तीनों भागों को उसी क्रम में संजोने से (जैसा आकृति 2 में किया गया है) आकृति 4 प्राप्त होगी।

33. आकृति 1 को दाईं ओर 180° घुमाने से आकृति 2 बनी है। इसी प्रकार आकृति 3 को दाईं ओर 180° घुमाने से आकृति 4 बनेगी।

34. आकृति 1 में वृत्त है। आकृति 2 में वृत्त का नीचे का आधा भाग ऊपर के आधे भाग के दो बराबर टुकड़े विपरीत दिशा में (उल्टे) रखे हुए हैं। आकृति 3 में दिए गए डिजाइन में इसी प्रकार का परिवर्तन करने से आकृति 4 प्राप्त होगी।

35. आकृति 1 के अन्दर के दो आड़े आयतों में से एक आयत सीधा होकर आकृति 2 में दूसरे आयत के नीचे जुड़ गया है। इसी तरह आकृति 3 के अन्दर के दो खड़े आयतों में से एक आयत आड़ा होकर आकृति 4 में दूसरे आयत के सामने जुड़ जायेगा।

36. आकृति 1 को 90° बाईं ओर घुमाने से आकृति 2 प्राप्त हुई है। इसी प्रकार आकृति 3 को 90° बाईं ओर घुमाने से आकृति 4 प्राप्त होगी।

37. आकृति 1 में दो आड़ी रेखायें हैं। आकृति 2 में दो खड़ी रेखायें जुड़ गई हैं, जो उन्हें काट रही हैं। आकृति 3 में एक डिजाइन आड़ी स्थिति में है। आकृति 4 में ऐसा ही एक डिजाइन खड़ी स्थिति में उससे जुड़ जायेगा।

38. आकृति 1 में त्रिभुज के आधे भाग में आड़ी लाइनों का डिजाइन है; आकृति 2 में उसी त्रिभुज के दूसरे आधे भाग में खड़ी लाइनों का डिजाइन बन गया है। आकृति 3 में अर्द्धवृत्त के आधे भाग में खड़ी लाइनों का डिजाइन है। आकृति 4 में अर्द्धवृत्त के दूसरे आधे भाग में आड़ी लाइनों का वैसा ही डिजाइन होगा।

39. आकृति 1 और आकृति 2 में अन्दर बने डिजाइन चार-चार कोनों वाले हैं। आकृति 3 का डिजाइन छः कोनों वाला है। अतः आकृति 4 का डिजाइन भी छः कोनों वाला होगा।

40. आकृति 1 से आकृति 2 बनने में दो परिवर्तन हुए हैं: *(i)* वृत्त का काला भाग ठीक सामने वाले खाने में चला गया है, और *(ii)* बाहर का छोटा वाला वृत्त सफेद से काला हो गया है। आकृति 3 में इसी प्रकार का परिवर्तन करने से आकृति 4 बनेगी।

41. आकृति 1 में डिजाइन में बनी आड़ी लाइन 45° दाईं ओर घूमकर आकृति 2 में आकर सीधी लाइन बन गई है। ऐसा ही परिवर्तन आकृति 3 में करने से आकृति 4 प्राप्त होगी।

42. आकृति 1 में वृत्त के अन्दर बने सफेद त्रिभुज और काले ● के डिजाइन आकृति 2 में पहुंच कर बाईं ओर 90° खिसक गये हैं और सफेद त्रिभुज काला हो गया है और काला ● रिक्त (सफेद) हो गया है। आकृति 3 में बने काले त्रिभुज और ○ वाले डिजाइनों की स्थिति में उपरोक्त जैसा परिवर्तन करने से आकृति 4 प्राप्त होगी।

43. आकृति 1 में एक वर्ग है। आकृति 2 में उसी वर्ग के अन्दर एक और वर्ग बन गया है। आकृति 3 में एक त्रिभुज है। अतः आकृति 4 में इसी त्रिभुज के अन्दर एक और त्रिभुज बन जायेगा।

44. आकृति 1 में बाईं ओर के दो खानों में आड़ी और खड़ी लाइनों के डिजाइन हैं। आकृति 2 में दोनों डिजाइन दाईं ओर के दोनों खानों में चले जाते हैं और दोनों डिजाइन परस्पर अपना स्थान भी बदल लेते हैं। आकृति 3 के डिजाइन में ऐसा ही परिवर्तन करने से आकृति 4 बनेगी।

45. आकृति 1 का डिजाइन दायें से बायें पलटने से आकृति 2 बनती है। आकृति 3 में ऐसा ही फेरबदल करने से आकृति 4 बनेगी।

61. संख्या 3.6857 में 8 का मान = 0.08 अर्थात् $\frac{8}{100}$

62. $? = 0.3636 \div 0.06$

या, $= \frac{0.3636}{0.06} = \frac{0.3636}{0.0600} = \frac{3636}{600} = \frac{606}{100}$

या, $? = 6.06$

63. $? = 146 \times 38 + 146 \times 46 + 146 \times 16$

या, $= 146\,(38 + 46 + 16) = 14600$

64. चाल $= \dfrac{\text{दूरी}}{\text{समय}}$

चाल = 60 किमी./घंटा

समय = 4 घंटा 30 मिनट = 4.5 घंटा

$\therefore$ दूरी = चाल × समय = 60 × 4.5 = 270 किमी.

65. भिन्न $= \dfrac{2}{25} = \dfrac{200}{25 \times 100} = \dfrac{8}{100} 0.08$

66. 1 और 100 के बीच 7 से विभाज्य संख्यायें निम्नलिखित हैं: 7, 14, 21, 28, 35, 42, 49, 56, 63, 70, 77, 84, 91, 98

अतः 1 और 100 के बीच 7 से विभाजित होने वाली संख्याओं की कुल संख्या 14 है।

67. 64532981 में 5 के बाद स्थिति के अनुसार पांच शून्य रखने पर, 5,00,000 अतः 5 का स्थानीय मान पांच लाख हैं।

68. साधारण ब्याज $= = \dfrac{\text{मूलधन} \times \text{दर} \times \text{समय (वर्ष में)}}{100}$

$= \dfrac{3000 \times 8 \times 1}{100} = 240$ रु.

$\therefore$ लौटाई जाने वाली राशि = 3000 + 240 = 3240 रु.

69. माना उसका क्रय मूल्य $= x$ रु.

$\therefore x + x \times \dfrac{10}{100} = 385$ रु. $\dfrac{11x}{10} = 385$

$x = \dfrac{3850}{11} = 350$ रु.

70. ? = (5 का 100%) + (100 का 5%)

$= 5 \times \dfrac{100}{100} + 100 \times \dfrac{5}{100}$

या, ? = 5 + 5 = 10

71. $? = 12 \times 8 - 4 \div 4$

या, $? = 12 \times 8 - \dfrac{4}{4}$

या, $? = 96 - 1 = 95$

72. संख्या 5555 को निकटतम पूरे हजार में 6000 से व्यक्त करेंगे।

73. $\because$ 60 संतरों का मूल्य = 54 रु.

$\therefore$ 1 संतरे का मूल्य $= \dfrac{54}{60} = 0.90$ रु.

$\therefore$ 54 संतरों का मूल्य = 0.90 × 54 = 48.60 रु.

74. 1 से बड़ी वह संख्या जो केवल अपने से व 1 से विभक्त हो अभाज्य संख्यायें हैं अर्थात् 2, 3, 5, 7, 11 प्रथम पांच अभाज्य संख्यायें हैं। इनका औसत

$= \dfrac{2+3+5+7+11}{5} = \dfrac{28}{5} = 5.6$

75. $\because$ आयत का क्षेत्रफल $= 16 \times 9$

= वर्ग का क्षेत्रफल

$\therefore$ वर्ग की भुजा (a) $= \sqrt{16 \times 9}$

$= \sqrt{4 \times 4 \times 3 \times 3}$

$= 4 \times 3 = 12$ सेमी.

$\therefore$ वर्ग का परिमाप = 4 × 12 = 48 सेमी.

76. साधारण ब्याज = 24,800 − 20,000 = 4,800

$\therefore \quad 4{,}800 = \dfrac{20{,}000 \times \text{दर} \times 2}{100}$

$\therefore \quad \text{दर} = \dfrac{4800 \times 100}{20000 \times 2} = 12\%$

77. $? = \left(4\dfrac{5}{8} - 2\dfrac{3}{4}\right) \div \dfrac{5}{4} = \left(\dfrac{37}{8} - \dfrac{11}{4}\right) \div \dfrac{5}{4}$

$= \left(\dfrac{37-22}{8}\right) \div \dfrac{5}{4} = \dfrac{15}{8} \times \dfrac{4}{5} = \dfrac{3}{2} = 1.5$

62.

2	42,	70,	98,	126
7	21,	35,	49,	63
3	3,	5,	7,	9
3	1,	5,	7,	3
5	1,	5,	7,	1
7	1,	1,	7,	1
	1,	1,	1,	1

अतः लघुत्तम समापवर्त्य $= 2 \times 7 \times 3 \times 3 \times 5 \times 7$

$= 4410$

79. यदि किसी संख्या के अंकों का योग 9 और 3 दोनों से विभाजित हो, तो वह संख्या भी 9 और 3 से विभाजित हो जायेगी। अतः 970803 के अंकों का योग = 27, यह संख्या 9 और 3 दोनों से विभाजित हो जाती है। अतः * के स्थान पर अंक शून्य होगा।

80. $? = 1\dfrac{2}{3} \times 1\dfrac{3}{5}$

$= \dfrac{5}{3} \times \dfrac{8}{5}$

$= \dfrac{8}{3} = 2\dfrac{2}{3}$

पिछले प्रश्न-पत्र (हल सहित)

जवाहर नवोदय विद्यालय प्रवेश परीक्षा, 1995

अनुभाग-I

मानसिक योग्यता परीक्षा

खण्ड-I

निर्देश (प्रश्न 1 से 15 तक): *प्रत्येक प्रश्न में रेखा के बाईं तरफ एक समस्या-आकृति दी गई है। इस आकृति का एक भाग गायब है। दाईं ओर दी गई A, B, C, D उत्तर-आकृतियों को देखिए। उस आकृति को ढूंढिए जो बिना अपनी दिशा बदले समस्या–आकृति के गायब भाग में इस तरह ठीक बैठती है कि समस्या–आकृति का पैटर्न पूरी तरह बन जाता है। उसके नीचे के क्रमांक पर घेरा लगाइए।*

समस्या-आकृति | उत्तर-आकृतियाँ

1. 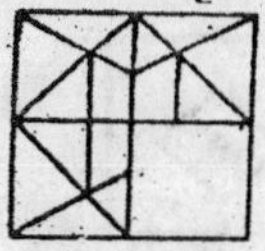

(A) (B) (C) (D)

2. 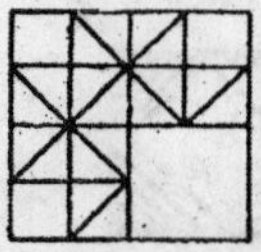

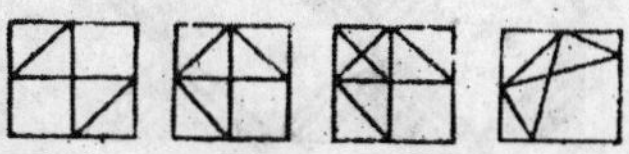

(A) (B) (C) (D)

3. 

(A) (B) (C) (D)

4. 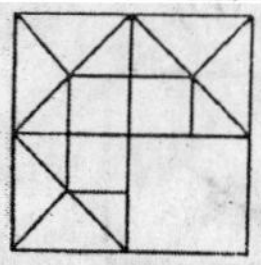

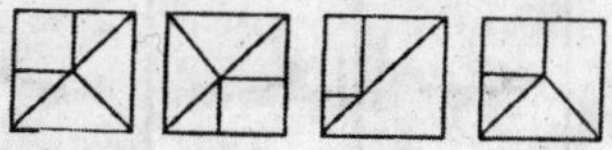

(A) (B) (C) (D)

5. 

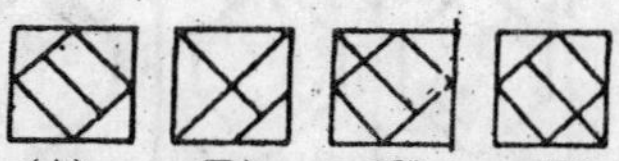

(A) (B) (C) (D)

6. 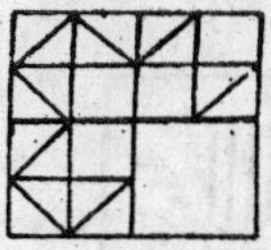

(A) (B) (C) (D)

समस्या-आकृति | उत्तर-आकृतियाँ

7. 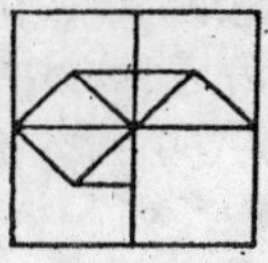

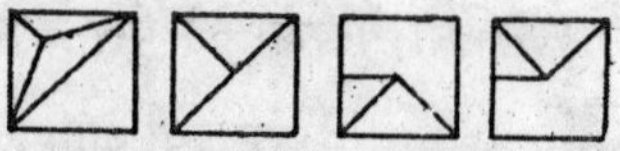

(A) (B) (C) (D)

8. 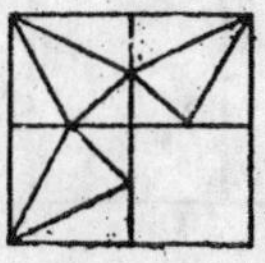

(A) (B) (C) (D)

9. 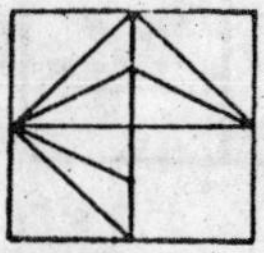

(A) (B) (C) (D)

10. 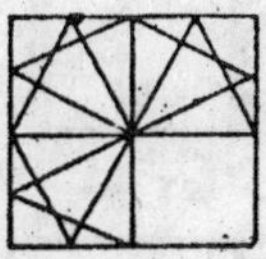

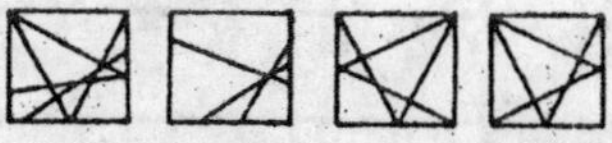

(A) (B) (C) (D)

11. 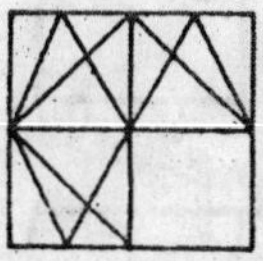

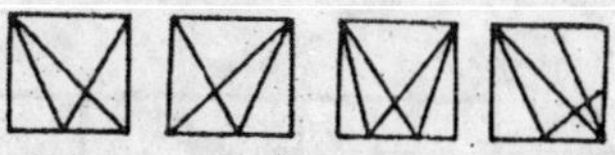

(A) (B) (C) (D)

12. 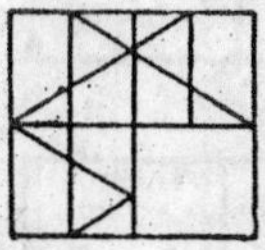

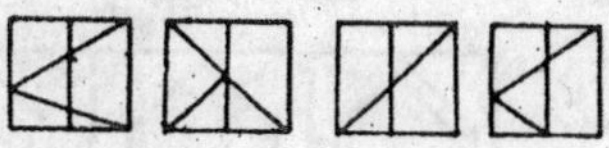

(A) (B) (C) (D)

13. 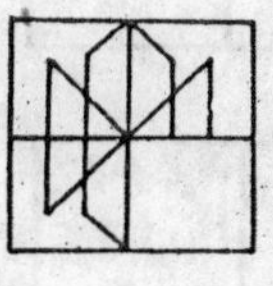

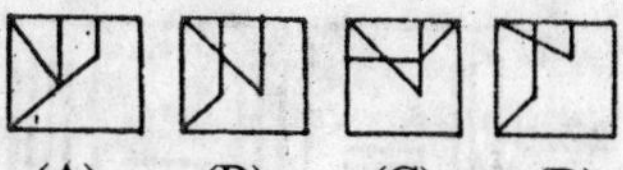

(A) (B) (C) (D)

	समस्या-आकृति	उत्तर-आकृतियाँ
14.		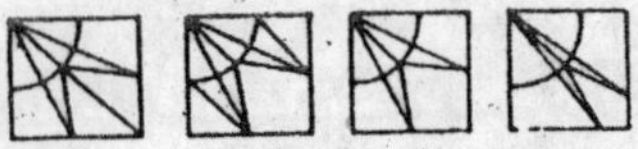 (A) (B) (C) (D)
15.	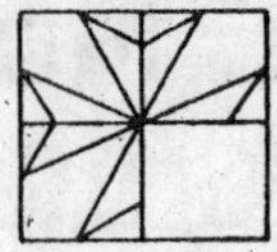	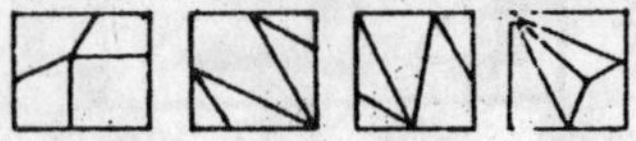 (A) (B) (C) (D)

खण्ड-II

निर्देश (प्रश्न 16 से 30 तक): *प्रत्येक प्रश्न में रेखा के बाईं ओर तीन समस्या-आकृतियाँ दी गई हैं तथा चौथी के लिए स्थान रिक्त रखा गया है। समस्या-आकृतियाँ एक क्रम में हैं। पता लगाइए कि दाईं ओर दी गई उत्तर-आकृतियों में से कौन–सी आकृति इस श्रृंखला को पूरा करती है। उस आकृति का अक्षरांक ही आपका उत्तर होगा।*

	समस्या-आकृतियाँ	उत्तर-आकृतियाँ
16.	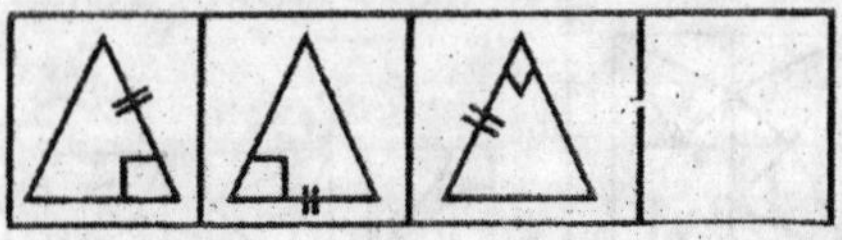	 (A) (B) (C) (D)
17.	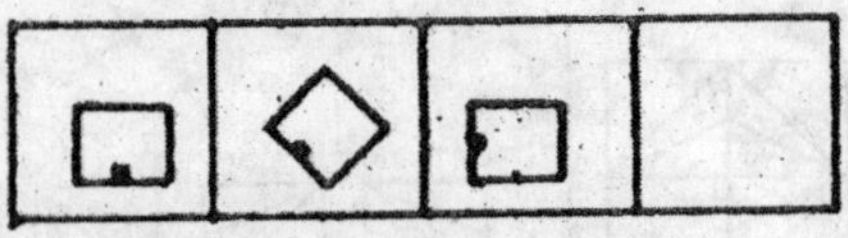	 (A) (B) (C) (D)
18.		 (A) (B) (C) (D)
19.		 (A) (B) (C) (D)
20.		 (A) (B) (C) (D)
21.	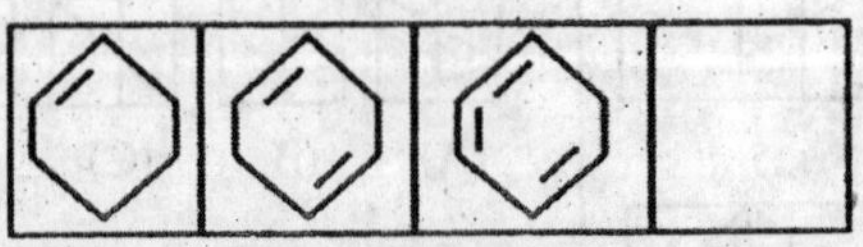	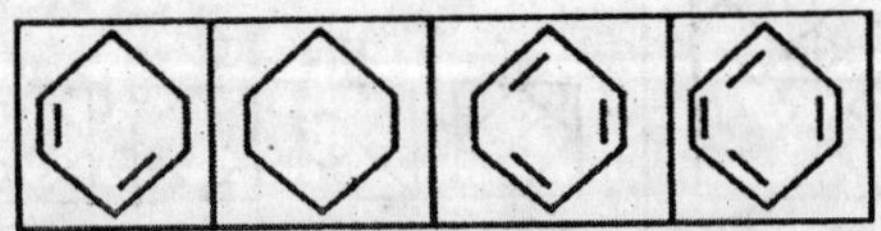 (A) (B) (C) (D)
22.		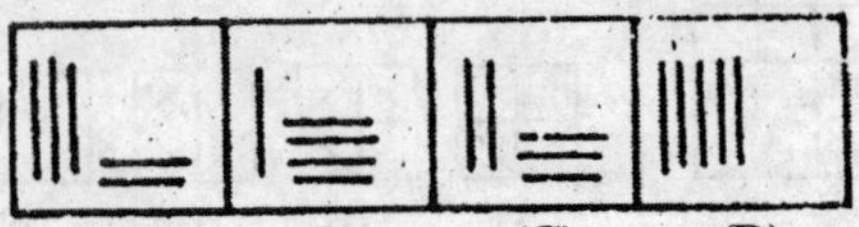 (A) (B) (C) (D)

समस्या-आकृतियाँ | उत्तर-आकृतियाँ

23. 

(A) (B) (C) (D)

24. 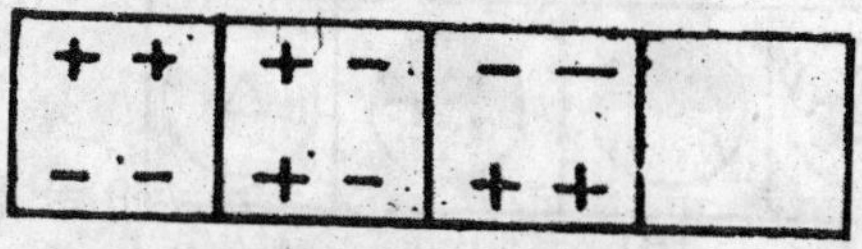

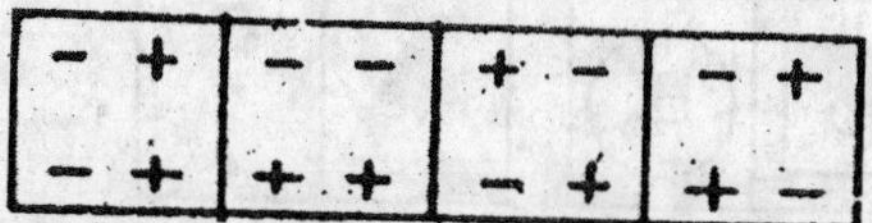

(A) (B) (C) (D)

25. 

(A) (B) (C) (D)

26. 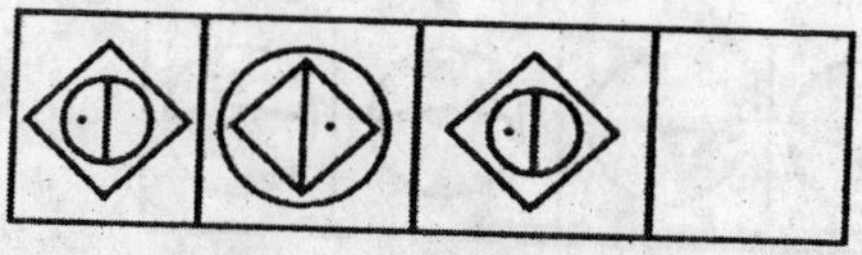

(A) (B) (C) (D)

27. 

(A) (B) (C) (D)

28. 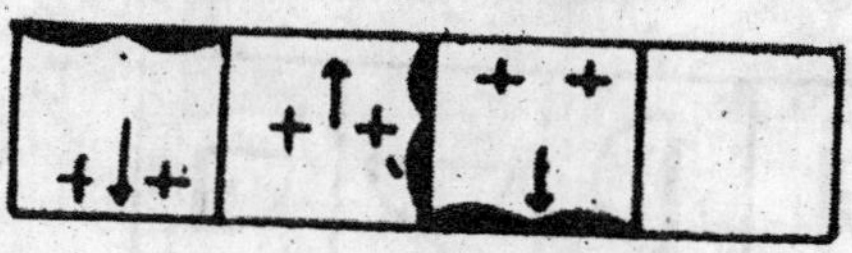

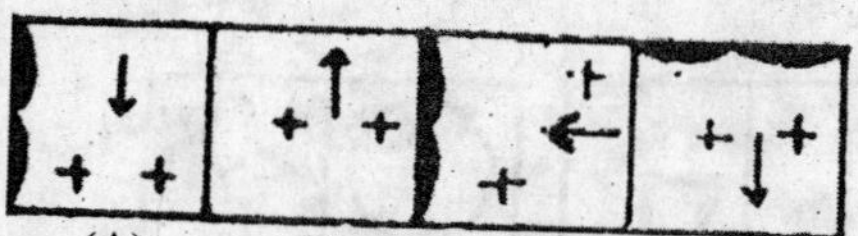

(A) (B) (C) (D)

29. 

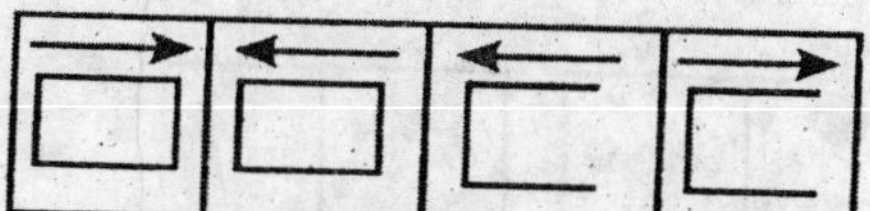

(A) (B) (C) (D)

30. 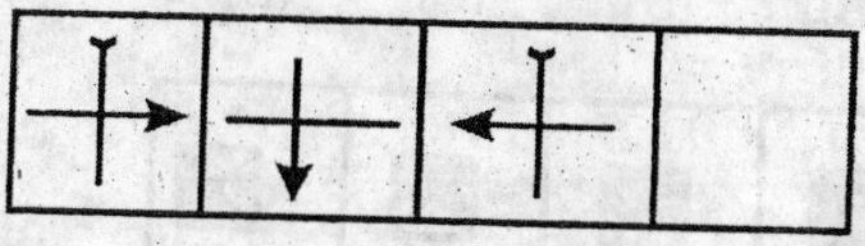

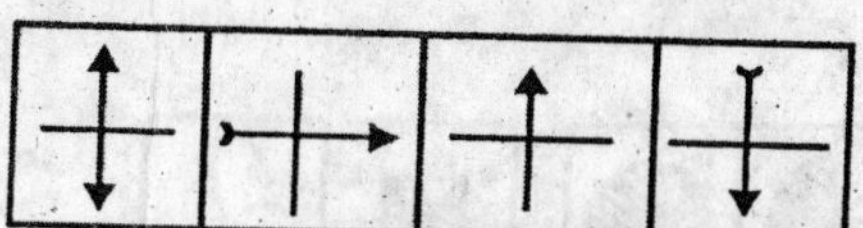

(A) (B) (C) (D)

खण्ड-III

ीर्देश (प्रश्न 31 से 45 तक): *प्रश्नों में तीन समस्या-आकृतियों के बाद चौथी के स्थान पर एक प्रश्नसूचक चिन्ह (?) बना आ है। पहली दो समस्या-आकृतियों में परस्पर एक सम्बन्ध है इसी प्रकार तीसरी तथा चौथी सभस्या–आकृतियों के बीच ी एक संबंध होना चाहिए। उत्तर-आकृतियों में से वह आकृति चुनिए जो प्रश्नसूचक चिन्ह (?) वाले स्थान पर ठीक बैठ के। उस आकृति के अक्षर (A, B, C या D) पर घेरा लगाइए।*

समस्या-आकृतियाँ

उत्तर-आकृतियाँ

31. 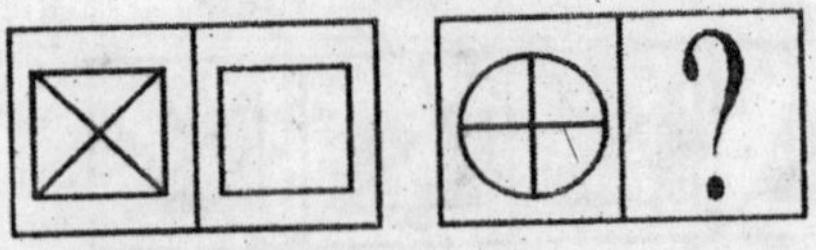

(A) (B) (C) (D)

32. 

(A) (B) (C) (D)

33. 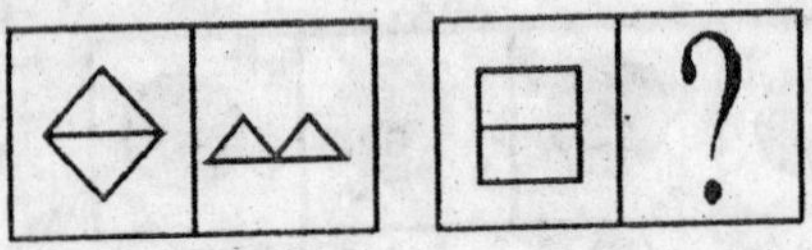

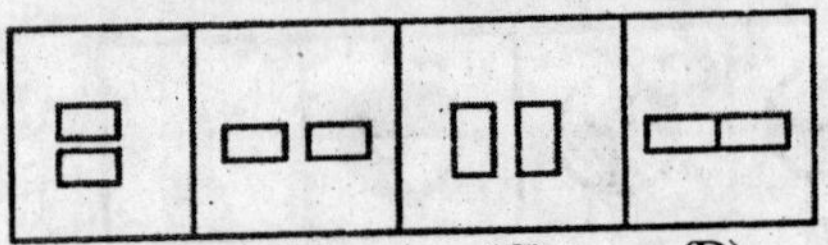

(A) (B) (C) (D)

34. 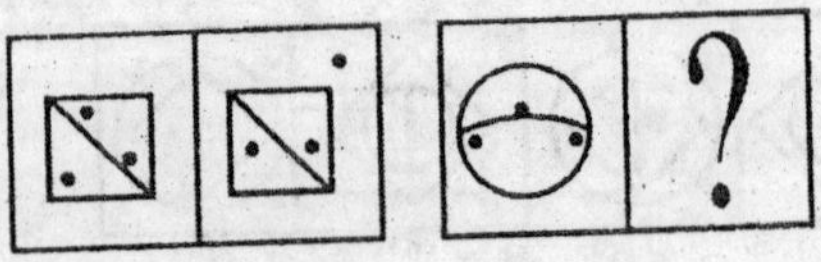

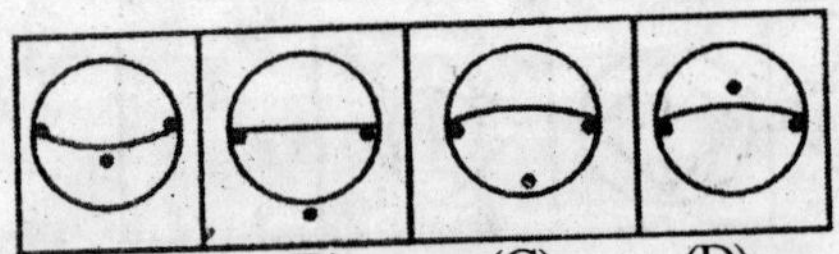

(A) (B) (C) (D)

35. 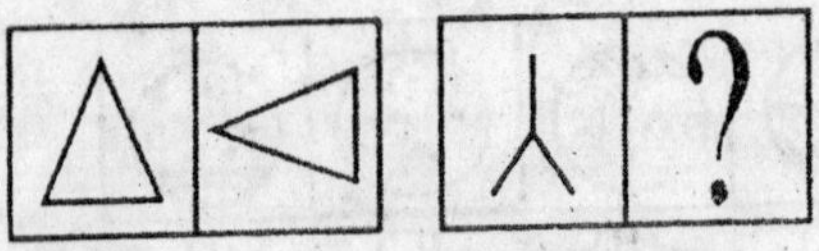

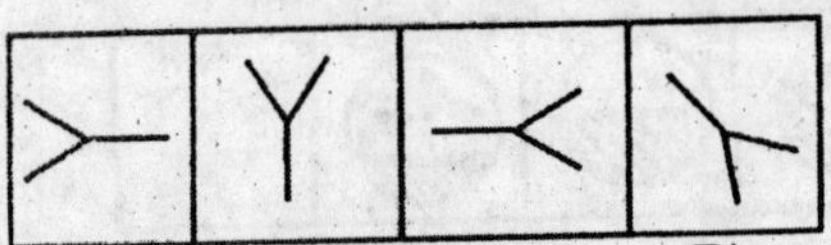

(A) (B) (C) (D)

36. 

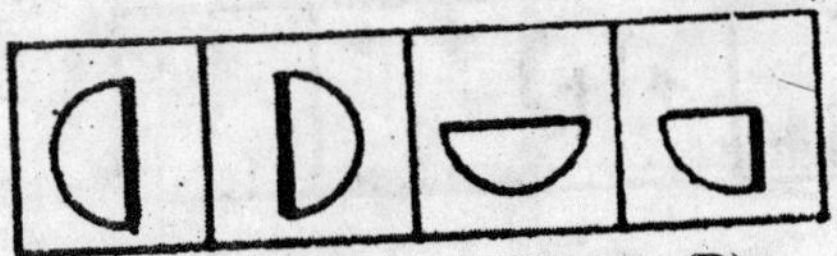

(A) (B) (C) (D)

37. 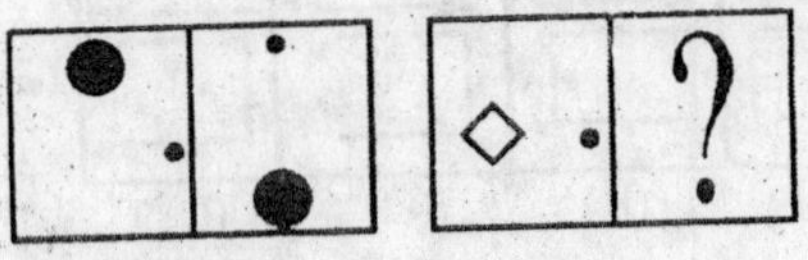

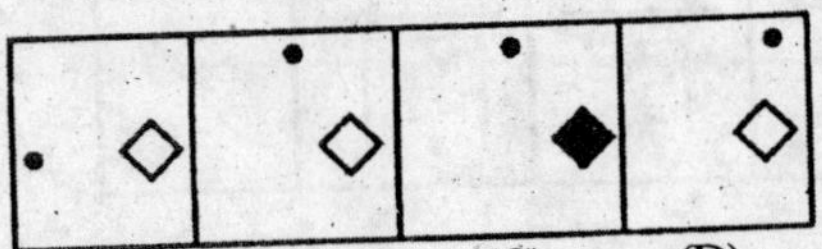

(A) (B) (C) (D)

38. 

(A) (B) (C) (D)

39. 

(A) (B) (C) (D)

समस्या-आकृतियाँ	उत्तर-आकृतियाँ

40. 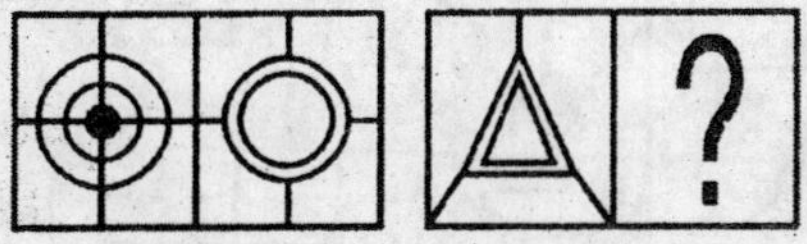 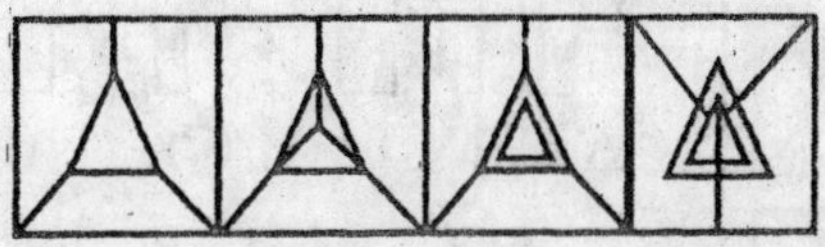

(A) (B) (C) (D)

41.  

(A) (B) (C) (D)

42. 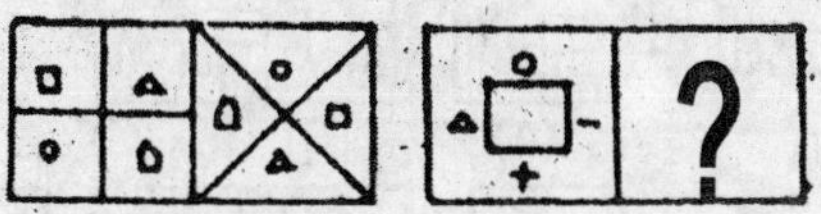 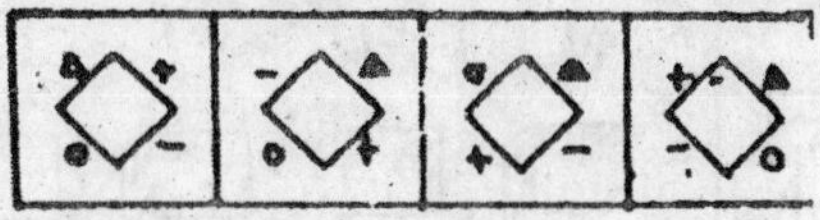

(A) (B) (C) (D)

43. 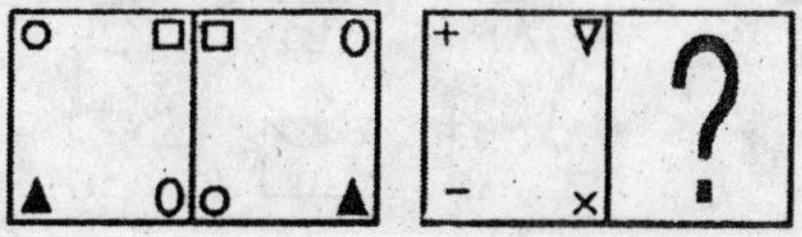 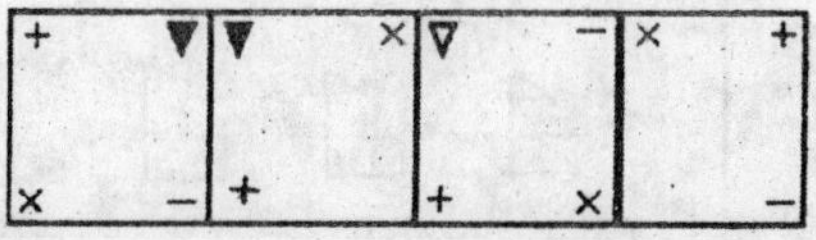

(A) (B) (C) (D)

44.  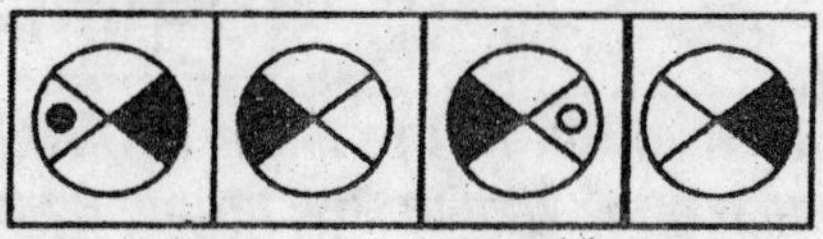

(A) (B) (C) (D)

45. 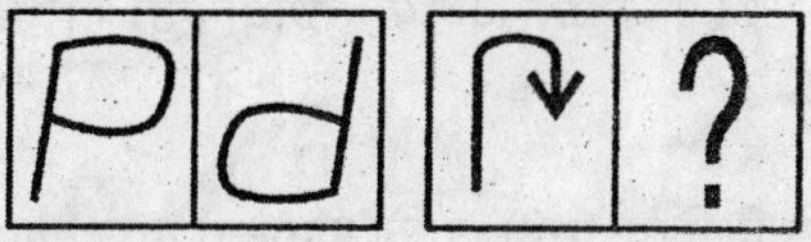 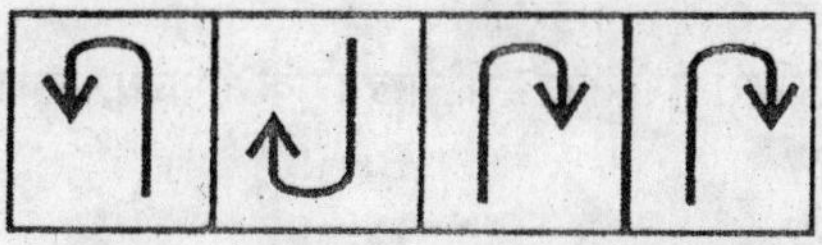

(A) (B) (C) (D)

खण्ड-IV

निर्देश (प्रश्न 46 से 60 तक): *प्रत्येक प्रश्न में वर्ग का एक भाग रेखा के बाईं तरफ है और रेखा के दाईं तरफ दी गई चार आकृतियों में से एक उसका दूसरा भाग है। दाईं तरफ दी गई आकृतियों में से वह आकृति ढूंढ़िए जो वर्ग को पूर्ण बनाती है। उस आकृति के नीचे दिए गए अक्षरांक पर घेरा लगाइए।*

समस्या-आकृति	उत्तर-आकृतियाँ

46. 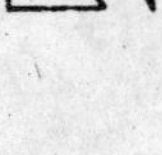 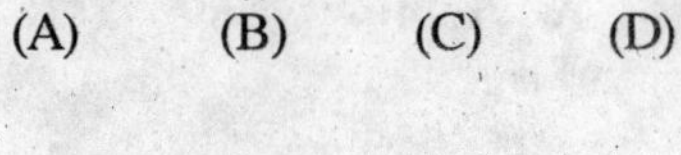

(A) (B) (C) (D)

समस्या-आकृति	उत्तर-आकृतियाँ

47.  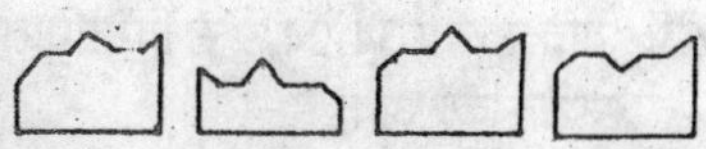

(A) (B) (C) (D)

48.  

(A) (B) (C) (D)

49.  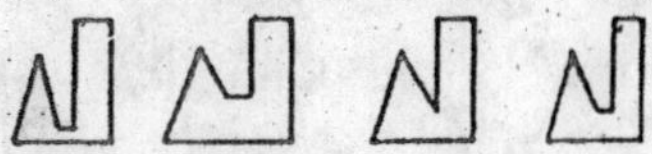

(A) (B) (C) (D)

समस्या-आकृति | उत्तर-आकृतियाँ

50. 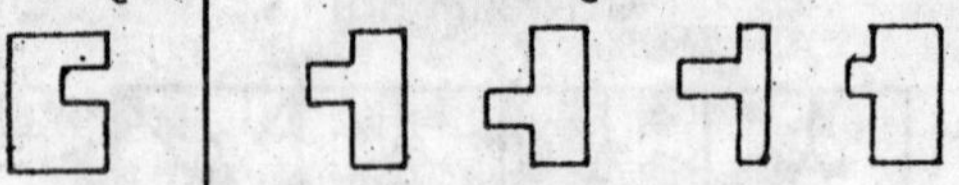

(A) (B) (C) (D)

51. 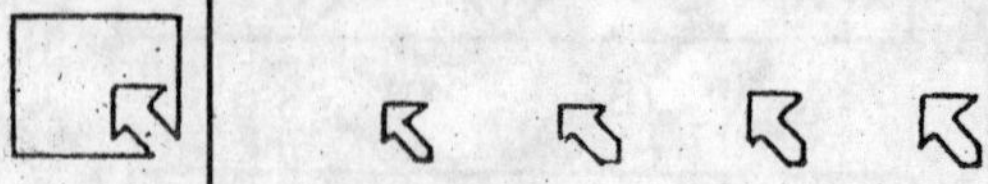

(A) (B) (C) (D)

52. 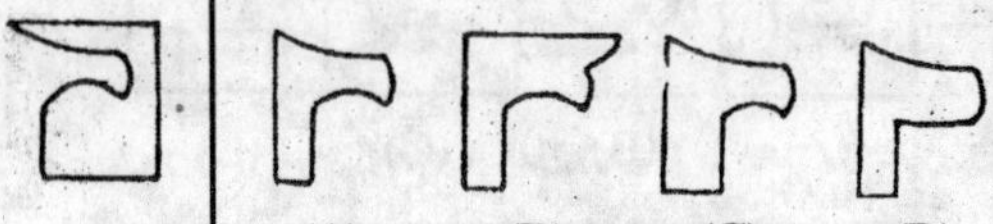

(A) (B) (C) (D)

53. 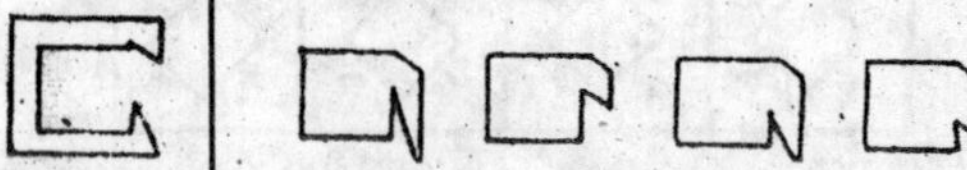

(A) (B) (C) (D)

54. 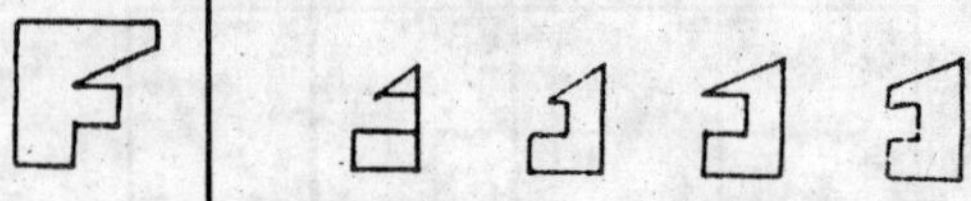

(A) (B) (C) (D)

समस्या-आकृति | उत्तर-आकृतियाँ

55. 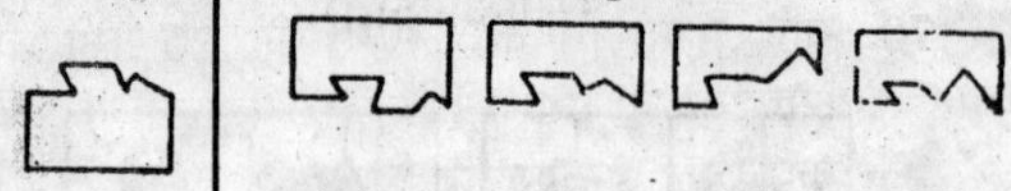

(A) (B) (C) (D)

56. 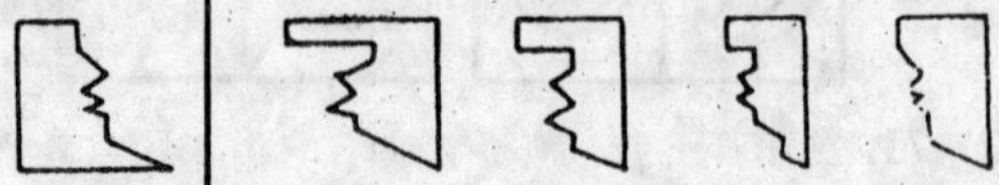

(A) (B) (C) (D)

57. 

(A) (B) (C) (D)

58. 

(A) (B) (C) (D)

59. 

(A) (B) (C) (D)

60. 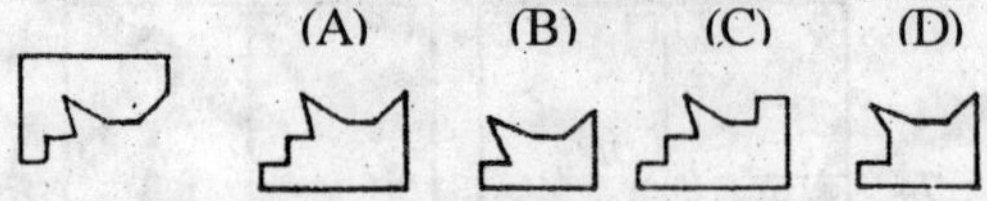

(A) (B) (C) (D)

अनुभाग-II : अंकगणित

निर्देश (प्रश्न 61 से 80): *प्रत्येक प्रश्न के लिए (A), (B), (C) एवं (D) के क्रमांक में चार संभावित उत्तर दिए गए हैं। उनमें से केवल एक सही है। सही उत्तर चुनकर उसके साथ में दिए गए क्रमांक पर घेरा लगाइए।*

61. निम्नलिखित में से कौन–सी संख्या एक अभाज्य संख्या है?

A. 27 B. 57

C. 77 D. 97

62. चार अंकों की सबसे बड़ी संख्या और पांच अंकों की सबसे छोटी संख्या का अंतर है–

A. 1 B. 11

C. 1111 D. 8999

63. यदि संख्या 34-24, 9 से विभाजित हो जाती है, तो रिक्त स्थान का अंक है–

A. 2 B. 3

C. 5 D. 9

64. $3\frac{1}{2}$ और $3\frac{1}{2}$ का गुणनफल है–

A. 7 B. $9\frac{1}{2}$

C. $9\frac{1}{4}$ D. $12\frac{1}{4}$

65. निम्नलिखित में से कौन–सी संख्या संख्याओं 12, 20 और 24 का एक सर्वनिष्ठ (उभयनिष्ठ) गुणनखंड है?

A. 3 B. 4

C. 5 D. 6

66. निम्नलिखित युग्मों में से कौन–से युग्म का महत्तम समापवर्तक 1 है?

A. 5, 15 B. 4, 20

C. 3, 15 D. 2, 5

67. $0.220 - 0.202$ बराबर है–

A. 0.082 B. 0.018

C. 0.180 D. 0.982

68. $0.5 \times 0.5 \times 0.5$ बराबर है–

A. 0.125 B. 0.0125

C. 0.00125 D. 1.25

69. $\frac{77}{5}$ को लिखा जा सकता है–

A. 15.4 B. 15.24

C. 15.04 D. 1.54

70. यदि 1 पतलून के लिए 1 मी॰ 20 सेमी॰ कपड़े की आवश्यकता पड़ती है, तो 10 पतलूनों के लिए कितने कपड़े की आवश्यकता पड़ेगी?

A. 10 मी॰ 20 सेमी॰ B. 12 मी॰ 20 सेमी॰
C. 12 मी॰ D. 120 मी॰

71. 2 पैंसिलों का मूल्य 2 रु. है तथा 1 बॉल पैन का मूल्य भी 2 रु. है। 4 पैंसिलों और 2 बॉल पैनों का क्या मूल्य होगा?

A. 4 रु. B. 8 रु.
C. 16 रु. D. 32 रु.

72. यदि एक साइकिल सवार 5 घंटे में 50 किमी. की दूरी तय करता है, तो उसकी औसत चाल है—

A. 250 किमी. प्रति घंटा B. 50 किमी. प्रति घंटा
C. 10 किमी. प्रति घंटा D. 5 किमी. प्रति घंटा

73. संख्या 725 का निकटम सैंकड़े तक सन्निकट मान है—

A. 700 B. 720
C. 730 D. 800

74. व्यंजक $60 \times 7 + 3 \times 60$ बराबर है—

A. 130 B. 600
C. 25380 D. 36000

75. 600 विद्यार्थियों में से 240 बालिकाएं है। बालिकाओं का प्रतिशत है—

A. 250% B. 60%
C. 40% D. 24%

76. 3 का 10% बराबर है—

A. 0.3 B. .3
C. 3 D. 30

77. संतरों की एक पेटी 250 रु. में खरीदी गई। 25 रु. का लाभ प्राप्त करने के लिए उसे किस मूल्य पर बेचना चाहिए?

A. 225 रु. B. 240 रु.
C. 260 रु. D. 275 रु.

78. 500 रु. पर 8% वार्षिक की दर से 4 वर्ष का साधारण ब्याज है—

A. 10 रु. B. 32 रु.
C. 40 रु. D. 160 रु.

79. यदि एक वर्ग की भुजा 50 मी. है तो उसकी परिमाप है—

A. 50 मी. B. 100 मी.
C. 200 मी. D. 2500 मी.

80. यदि 6 मी. लम्बाई वाले किसी आयत का क्षेत्रफल 30 मी॰^{2} है, तो उसकी चौड़ाई है—

A. 5 मी. B. 6 मी.
C. 24 मी. D. 180 मी.

अनुभाग-III : भाषा (हिन्दी)

निर्देश (81 से 100): *इस अनुभाग में चार अवतरण हैं। प्रत्येक अवतरण पर पांच प्रश्न पूछे गए हैं। प्रत्येक अवतरण को ध्यानपूर्वक पढ़िए और उस पर पूछे गए प्रश्नों का उत्तर दीजिए। प्रत्येक प्रश्न के चार A, B, C, D क्रमांक में चार सम्भावित उत्तर दिए गए हैं। उनमें से केवल एक सही है। सही उत्तर चुनकर उसके साथ में दिए गए क्रमांक पर घेरा लगाइए।*

अवतरण-1

हिमालय पर्वत की एक गुफा में किसी समय एक सिंह रहता था। एक दिन वह शिकार के लिए निकला और उसने एक बड़ी भैंस को मार दिया। एक भूखा गीदड़ पास ही एक झाड़ी में छिपा बैठा था। वह सिंह से मिलने के लिए झाड़ी से बाहर निकला। "हे महाराज", उसने कहा, "आप मुझे अपना दास बना लीजिए।" आप प्रतिदिन अपने भोजन के बाद बचा हुआ मांस मुझे खने की अनुमति दे दीजिए।" "तुम खा सकते हो", सिंह ने कहा, "लेकिन तब ही जब तुम भोजन के लिए जानवरों को ढूंढने में मेरी सहायता करोगे। तुम उस पहाड़ी पर खड़े हुआ करोगे और जब किसी जानवर को आते हुए देखोगे तो शोर मचाकर मुझे बुलाओगे। फिर मैं उस पर हमला करके उसे मार दूंगा।"

इस प्रकार सिंह और गीदड़ के बीच एक सुखद समझौता हो गया। हर बार जब उन्हें भूख लगती तो गीदड़ किसी जानवर के आने की प्रतीक्षा करने लगता। फिर वह सिंह को पुकारता और सिंह उस जानवर पर झपट कर उसे मार देता था।

81. गुफा घर था—

A. गीदड़ का B. भैंस का
C. सिंह का D. सिंह और गीदड़ का

82. गीदड़ सिंह का दास होना चाहता था, क्योंकि—

A. सिंह जानवरों का राजा था
B. उसे सिंह से मांस चाहिए था
C. वह सिंह से डरता था
D. सिंह ने एक भैंस मारी थी

83. सिंह गीदड़ की सहायता के लिए सहमत हो गया, क्योंकि गीदड़—

A. जानवर ढूंढने में सिंह की सहायता किया करेगा

B. झाड़ी के पीछे छिप जाया करेगा

C. पहाड़ी पर खड़ा रहा करेगा

D. सिंह के लिए जानवरों का शिकार किया करेगा

84. जब कोई जानवर पहाड़ी के समीप दिखाई देता तो—

A. गीदड़ उस पर झपटता था और सिंह को आवाज लगाता

B. सिंह शोर मचाता और गीदड़ को आवाज लगाता

C. गीदड़ शोर मचाता और सिंह उस पर झपटता

D. गीदड़ और सिंह उस पर झपटते

85. सिंह और गीदड़ के बीच हुए समझौते से किसे लाभ हुआ?

A. केवल सिंह को

B. गीदड़ और सिंह दोनों को

C. केवल गीदड़ को

D. जंगल के जानवरों को

अवतरण-2

संसार के गरम भागों के वनों में जहां सारे वर्ष भारी वर्षा होती है अनेक प्रकार के पेड़ खूब उगते हैं। इन वनों में इतनी वर्षा होती है कि इन्हें वर्षा—प्रचुर वन कहा जाता है। वर्षा—प्रचुर वनों में वृक्ष सदैव हरे बने रहते हैं। वे इतने घने और इतने लम्बे होते हैं कि वे सूर्य के प्रकाश को वनों की जमीन तक पहुंचने ही नहीं देते। इसलिए वहां बहुत ही थोड़े पौधे उग सकते हैं। किन्तु लम्बे पेड़ों की डालों पर जहां सूर्य का प्रकाश मिल सकता है अनेक प्रकार की लताएं और पौधे उग आते हैं। वर्षा—प्रचुर वनों में अनेक प्रकार के पशु—पक्षी भी रहते हैं।

86. वर्षा—प्रचुर वन होते हैं संसार के—

A. ठंडे भागों में B. कई भागों में

C. सभी भागों में D. गरम भागों में

87. वर्षा—प्रचुर वनों में पेड़ समान्यतः होते हैं बहुत—

A. छायादार B. हरे

C. लम्बे D. उपर्युक्त सभी

88. वर्षा—प्रचुर वन की जमीन तक सूर्य का प्रकाश नहीं पहुंच पाता, क्योंकि—

A. वहां बहुत अधिक लताएं और पौधे होते हैं

B. वहां अनेक प्रकार के पेड़ हैं

C. पेड़ बहुत लम्बे और सघन होते हैं

D. वहां अधिकतम वर्षा होती रहती है

89. "इसलिए वहां बहुत ही थोड़े पौधे उग सकते हैं।" — 'इसलिए' से सम्बद्ध है—

A. वन की जमीन तक न पहुंचने वाला सूर्य का प्रकाश

B. वन में उगने वाले अनेक प्रकार के पेड़

C. लम्बे पेड़ों की डालों पर उगती लताएं और पौधे

D. वन में रहने वाले अनेक प्रकार के पशु—पक्षी

90. निम्नलिखित में से कौन—सा सही नहीं है?

A. वर्षा—प्रचुर वनों के पेड़ अन्य प्रकार के अधिकांश पेड़ों से कहीं अधिक लम्बे होते हैं।

B. वर्षा—प्रचुर वनों में पेड़ सदैव हरे बने रहते हैं।

C. वर्षा—प्रचुर वन की जमीन पर अधिक पौधे उगते हैं।

D. वर्षा—प्रचुर वन के पेड़ों में और उनके नीचे अनेक प्रकार के जानवर रहते हैं।

अवतरण-3

अस्पताल में मेरी नाम की एक नर्स थी। अपने विवाह के दिन वह ड्यूटी पर थी। अपनी ड्यूटी पूरी करने के बाद वह घर गई। दो घंटे बाद उसका विवाह होना था। उसने अपनी यूनिफार्म उतारी और वधू की पोशाक पहन ली। फिर वह गिरजाघर गई। रास्ते में उसने फूल खरीदे। वह विवाह के समय से दस मिनट पहले गिरजाघर पहुंच गई। गिरजाघर में कोई भी नहीं था। वर, विवाह के समय के दस मिनट बाद पहुंचा। लेकिन मेरी ने उससे विवाह करने से इनकार कर दिया। उसने कहा "जो व्यक्ति अपने विवाह के अवसर पर भी समय की पाबंदी नहीं बरतता वह जीवन में ऐसा किस प्रकार कर पाएगा। मैं ऐसे व्यक्ति के साथ विवाह करके अपना जीवन बिगाड़ना नहीं चाहती हूं।" ऐसा कह कर वह अपने घर की ओर चल पड़ी। वर बहुत लज्जित हुआ और उदास लौट आया।

91. विवाह कहां होना था?

A. वधू के घर में B. वर के घर में

C. गिरजाघर में D. अस्पताल में

92. मेरी ने विवाह से पूर्व क्या किया?

A. वह वर को देखने गई

B. उसने वधू की पोशाक पहनी

C. उसने अस्पताल में अपनी ड्यूटी की

D. उसने फूल खरीदे

93. निम्नलिखित में से मेरी के विवाह से इनकार करने का प्रमुख कारण कौन—सा था?

A. कर्त्तव्य भावना B. समय निष्ठा
C. अनुशासन प्रियता D. अभिमान की भावना

94. "जो व्यक्ति अपने विवाह के अवसर पर भी समय की पाबंदी नहीं बरतता वह जीवन में ऐसा किस प्रकार कर पाएगा।"—यहां 'ऐसा' शब्द से क्या तात्पर्य है?
A. फूल खरीदना B. यूनिफार्म बदलना
C. गिरजाघर जाना D. समय पर पहुंचना

95. "जो व्यक्ति .... जीवन में ऐसा किस प्रकार कर पाएगा।" —मेरी की इस उक्ति से उसके चरित्र का कौन–सा गुण प्रकट होता है?
A. स्पष्टवादिता B. अभद्रता
C. वर के प्रति निरादर D. अशिष्टता

अवतरण-4

मनुष्य जब पहली बार पृथ्वी पर प्रकट हुआ तब वह अनेक विशालकाय जानवरों से घिरा हुआ था और उनसे भयभीत रहता था। आज मनुष्य जानवरों का स्वामी है और उनसे जो चाहे करवा सकता है। कुछ को वह पालतू बना लेता है, जैसे घोड़ा, गाय, हाथी, कुत्ता, बिल्ली तथा ऐसे कई और। कुछ को वह खाता है और सिंह और शेर जैसे कुछ जानवरों का वह अपने मजे के लिए शिकार करता है। किन्तु उन दिनों में मनुष्य स्वामी नहीं था, वह तो बेचारा स्वयं ही एक सताया हुआ जीव था और अपने आपको विशाल पशुओं से दूर रखने का प्रयत्न करता रहता था। धीरे–धीरे उसने अपना विकास किया और उत्तरोत्तर शक्तिशाली बनता गया, यहां तक कि वह किसी भी पशु से अधिक बलशाली बन गया। उसने यह सब कैसे किया? शारीरिक बल के दम पर नहीं, क्योंकि हाथी उससे कहीं अधिक बलवान है। वह बुद्धि और मस्तिष्क की शक्ति द्वारा संभव हुआ।

96. मनुष्य जब पहली बार पृथ्वी पर प्रकट हुआ तब वह भयभीत था–
A. दूसरे मनुष्यों से B. सब पशु–पक्षियों से
C. प्रत्येक वस्तु से D. बड़े जानवरों से

97. आधुनिक मनुष्य–
A. पशुओं से डरता है
B. पशुओं का इच्छानुसार उपयोग करता है
C. सब पशुओं को मार देता है
D. पशुओं से बचता है

98. आजकल मनुष्य–
A. बेचारा सताया हुआ जीव है
B. गुफा में रहने वाला है
C. शिकारी है
D. सम्पूर्ण सृष्टि का स्वामी है

99. मनुष्य सब पृथ्वीवासियों पर शासन करता है, क्योंकि–
A. वह अधिक बुद्धिमान है
B. वह क्रूर है
C. वह शारीरिक रूप से अधिक बलशाली है
D. पशु उससे डरते हैं

100. पृथ्वी पर सबसे अधिक शक्तिशाली जीव है–
A. सिंह B. मनुष्य
C. हाथी D. अजगर

उत्तरमाला

1	2	3	4	5	6	7	8	9	10
A	B	C	A	C	A	D	D	A	D
11	12	13	14	15	16	17	18	19	20
B	D	B	C	D	C	A	D	C	C
21	22	23	24	25	26	27	28	29	30
D	D	C	A	D	D	C	B	B	C
31	32	33	34	35	36	37	38	39	40
C	C	D	B	C	C	B	B	C	A
41	42	43	44	45	46	47	48	49	50
B	D	B	B	B	B	C	D	D	A
51	52	53	54	55	56	57	58	59	60
D	A	C	C	B	D	B	D	D	A
61	62	63	64	65	66	67	68	69	70
D	A	C	D	B	D	B	A	A	C
71	72	73	74	75	76	77	78	79	80
B	C	A	B	C	B	D	D	C	A

81	82	83	84	85	86	87	88	89	90
C	B	A	C	B	D	C	C	A	C
91	92	93	94	95	96	97	98	99	100
C	C	B	D	A	D	B	D	A	C

कुछ चुने हुए प्रश्नों के व्याख्यात्मक उत्तर

16. प्रत्येक अगली समस्या–आकृति में त्रिभुज के भुजा पर स्थित निशान अगली भुजा तथा कोने पर स्थित बिन्दु अगले कोने पर घड़ी की सुई की दिशा में घूम रहा है।

17. प्रत्येक अगली समस्या–आकृति में पूरा का पूरा वर्ग घड़ी की सुई की दिशा में 45° पर घूम रहा है।

18. प्रत्येक अगली समस्या–आकृति में पहले से कोने पर स्थित लकीरों की संख्या में एक की वृद्धि हो रही है तथा घड़ी की सुई की दिशा में अगले कोने पर चार लकीरें बन रही हैं।

19. प्रत्येक अगली समस्या–आकृति में बड़ी सुई की विपरीत दिशा में षट्भुज की एक भुजा लुप्त हो रही है तथा षट्भुज के अन्दर एक–एक लकीर की वृद्धि हो रही है।

20. प्रत्येक अगली समस्या–आकृति में पहली आकृति, तीसरी आकृति के स्थान पर आती है अतः दूसरी अकृति, चौथे स्थान पर पुनः आयेगी।

21. प्रत्येक अगली समस्या–आकृति में षट्भुज के अन्दर विपरीत भुजाओं पर एक–एक लकीर की वृद्धि हो रही है।

22. प्रत्येक अगली समस्या–आकृति में खड़ी लकीरों में एक–एक की वृद्धि और पड़ी लकीरों में एक–एक की कमी हो रही है।

23. प्रत्येक अगली समस्या–आकृति में काला भाग त्रिभुज की भुजाओं के साथ घड़ी की सुई की विपरीत दिशा में एवं त्रिभुज के बाहर भुजा के साथ स्थित छोटा वृत्त भुजाओं के साथ घड़ी की सुई की दिशा में बढ़ रहा है।

24. प्रत्येक अगली समस्या–आकृति में जोड़ एवं घटाव के चिन्ह घड़ी की सुई की विपरीत दिशा में एक–एक स्थान आगे की ओर खिसक रहे हैं।

25. प्रत्येक अगली समस्या–आकृति में क्रमशः वृत्त के अन्दर विपरीत सिरों पर भिन्न लकीरों के चिन्ह एवं साथ के सिरों पर काले भागों की वृद्धि हो रही है।

26. प्रत्येक अगली समस्या–आकृति में एक–एक स्थान छोड़कर आकृतियों की पुनरावृत्ति हो रही है तथा आकृति के अन्दर स्थित चिन्ह विपरीत दिशा में आ जा रहे हैं।

27. प्रत्येक अगली समस्या–आकृति में वृत्त के अन्दर का लकीरों से छायांकित भाग घटता जा रहा है तथा धन के चिन्ह एवं काले बिन्दुओं में एक–एक की वृद्धि हो रही है।

28. प्रत्येक अगली समस्या–आकृति में वर्ग के अन्दर की ओर भुजा के साथ लगी हुई काली आकृति भुजा के साथ ही घड़ी की सुई की दिशा में घूम रही है, ऊपर और नीचे की ओर स्थित काले बिन्दु एवं तीर ऊपर से नीचे और नीचे से ऊपर की ओर आ रहे हैं।

29. प्रत्येक अगली समस्या–आकृति में वर्ग के अन्दर क्रमशः एक–एक लकीरों की संख्या बढ़ रही है तथा तीर अपनी दिशा बदल रहे हैं।

30. प्रत्येक अलगी समस्या–आकृति में तीर घड़ी की सुई की दिशा में 90° पर घूम रहा है तथा खड़ी लकीर के सिरे पर स्थित डिजाइन अपनी दिशा बदलते हुए विपरीत सिरे पर चला जाता है।

31. पहली समस्या–आकृति में वर्ग के अन्दर स्थित क्रॉस का निशान दूसरी समस्या–आकृति में छोटा हो जाता है। इसी प्रकार तीसरी समस्या–आकृति में वृत्त के अन्दर स्थित धन (+) का चिन्ह चौथी आकृति में छोटा हो जाएगा। इस प्रकार प्रश्नवाचक चिन्ह (?) के स्थान पर उत्तर–आकृति 3 आएगी।

32. पहली समस्या–आकृति में वर्ग के अन्दर छोटा वृत्त है और वर्ग का आधा भाग काला है जबकि दूसरी समस्या–आकृति में वृत्त के अन्दर छोटा वर्ग है और वर्ग का आधा भाग काला है। इस प्रकार प्रश्नवाचक चिन्ह (?) के स्थान पर उत्तर आकृति 3 आएगी।

33. पहली समस्या–आकृति में दो त्रिभुज एक दूसरे से सटे हुए हैं और उनके शीर्ष एक दूसरे के विपरीत ओर है जबकि दूसरी समस्या–आकृति में दो त्रिभुज एक–दूसरे से सटे हुए हैं और उनके शीर्ष एक ही ओर हैं इस प्रकार प्रश्नवाचक चिन्ह (?) के स्थान पर उत्तर आकृति 4 आएगी।

34. पहली समस्या–आकृति में वर्ग दो बराबर हिस्सों में बंटा हुआ है, इसके एक भाग में एक कोने पर अन्दर की ओर एक काला वृत्त है एवं दूसरे भाग में दोनों छोरों पर अन्दर की ओर दो चिन्ह हैं जबकि दूसरी समस्या–आकृति में काला वृत्त सामने वाले दूसरे कोने पर बाहर की ओर है तथा दूसरे भाग में स्थित दोनों चिन्ह अपना स्थान बदल लेते हैं। इस प्रकार प्रश्नवाचक चिन्ह (?) के स्थान पर उत्तर–आकृति 2 आएगी।

35. पहली समस्या–आकृति में स्थित त्रिभुज दूसरी समस्या–आकृति में घड़ी की सुई की विपरीत दिशा में 90° घूम जाता है। इस प्रकार प्रश्नवाचक चिन्ह (?) के स्थान पर उत्तर–आकृति 3 आएगी।

36. पहली समस्या–आकृति में अर्द्धवृत दूसरी समस्या–आकृति में चौथाई हो जाता है। घड़ी की सुई की विपरीत दिशा में घूम जाता है। इस प्रकार प्रश्नवाचक चिन्ह (?) के स्थान पर उत्तर–आकृति 3 आएगी।

37. पहली समस्या–आकृति में ऊपर की ओर मध्य में स्थित बड़ा काला वृत्त दूसरी समस्या–आकृति में विपरीत दिशा में नीचे की ओर मध्य में चला जाता है तथा पहली समस्या–आकृति में अन्दर की ओर स्थित छोटा काला वृत्त घड़ी की सुई की विपरीत दिशा में एक भुजा आगे की ओर बढ़ जाता है, इस प्रकार प्रश्नवाचक चिन्ह (?) के स्थान पर उत्तर–आकृति 2 आएगी।

38. पहली समस्या–आकृति को 180° घुमा देने से समस्या आकृति 2 प्राप्त है। इसी क्रिया को आकृति 3 में करने पर प्रश्नवाचक चिन्ह (?) के स्थान पर उत्तर आकृति 2 प्राप्त होगी।

39. पहली समस्या–आकृति में नीचे की ओर स्थित डिज़ाइन दूसरी समस्या–आकृति में ऊपर की ओर जाता है। इस प्रकार प्रश्नवाचक चिन्ह (?) के स्थान पर उत्तर–आकृति 3 आएगी।

40. पहली समस्या–आकृति की अपेक्षा दूसरी समस्या–आकृति में डिजाइन के अन्दर की ओर एक वृत्त पूरा लुप्त हो जाता है। इस प्रकार प्रश्नवाचक चिन्ह (?) के स्थान पर उत्तर–आकृति 1 आएगी।

41. पहली समस्या–आकृति में स्थित त्रिभुज की आकृति दूसरी समस्या–आकृति में उलट जाती है तथा पहली समस्या–आकृति में बाहर की ओर स्थित एक छोटा वृत्त एवं अंदर की ओर स्थित दो छोटे वृत्त क्रमशः दूसरी समस्या–आकृति में अन्दर की ओर एवं बाहर की ओर आ जाते हैं। इस प्रकार प्रश्नवाचक चिन्ह (?) के स्थान पर उत्तर–आकृति 2 आएगी।

42. समस्या आकृति 1 के अन्दर वाली डिजाइने समस्याकृति 2 में आकर क्रमशः एक–एक कदम दाईं ओर खिसक जाती हैं। इस प्रकार यही परिवर्तन आकृति 3 में करने पर, उत्तर आकृति 4 प्राप्त होगी।

43. पहली समस्या–आकृति में वर्ग के अन्दर की ओर प्रत्येक कोनों पर स्थित डिजाइन दूसरी समस्या–आकृति में घड़ी की सुई के विपरीत दिशा में अगले कोनों पर खिसक जाते हैं। इस प्रकार प्रश्नवाचक चिन्ह (?) के स्थान पर उत्तर आकृति 2 आएगी।

44. पहली समस्या–आकृति में काले भाग के विपरीत ओर स्थित छोटा वृत्त दूसरी समस्या–आकृति में लुप्त हो जाता है। इस प्रकार प्रश्नवाचक चिन्ह (?) के स्थान पर उत्तर–आकृति 4 आएगी।

45. पहली समस्या–आकृति में स्थित डिजाइन दूसरी समस्या–आकृति में घड़ी की सुई की दिशा में 180° घूम जाता है। इस प्रकार प्रश्नवाचक चिन्ह (?) के स्थान पर उत्तर–आकृति 2 आएगी।

62. पांच अंकों की सबसे छोटी संख्या = 10000
चार अंकों की सबसे बड़ी संख्या = 9999
$\therefore$ अभीष्ट अन्तर = 10000 – 9999 1 **(उत्तर)**

64. $3\frac{1}{2}$ और $3\frac{1}{2}$ का गुणनफल
$= \frac{7}{2} \times \frac{7}{2} = \frac{49}{4} = 12\frac{1}{4}$ **(उत्तर)**

65. $12 = 1 \times 2 \times 2 \times 3$
$20 = 1 \times 2 \times 2 \times 5$
$24 = 1 \times 2 \times 2 \times 2 \times 3$
$\therefore$ सर्वनिष्ठ गुणनखण्ड $= 1 \times 2 \times 2 = 4$ **(उत्तर)**

67. $0.220 - 0.202 = 0.018$ **(उत्तर)**

68. $0.5 \times 0.5 \times 0.5 = 0.125$ **(उत्तर)**

69.
```
5) 77 (15.4
   5
   27
   25
    20
    20
     ×
```
$\therefore \frac{77}{5} = 15.4$ **(उत्तर)**

70. $\because$ 1 पतलून के लिए आवश्यक कपड़ा = 1 मी。 20 सेमी。
= 120 सेमी。

$\therefore$ 10 पतलून के लिए आवश्यक कपड़ा = 120×10
= 1200 सेमी。
= 12 मीटर **(उत्तर)**

71. 2 पेंसिल का मूल्य = 2 रु.

$\therefore$ 1 पेंसिल का मूल्य = $2 \div 2 = 1$ रु.

$\therefore$ 4 पेंसिल का मूल्य = $1 \times 4 = 4$ रु.

पुनः $\because$ 1 बॉलपैन का मूल्य = 2 रु.

$\therefore$ 2 बॉलपैन का मूल्य = $2 \times 2 = 4$ रु.

$\therefore$ कुल मूल्य = $4 + 4 = 8$ रु. **(उत्तर)**

72. औसत चाल = $\dfrac{\text{कुल दूरी}}{\text{कुल समय}} = \dfrac{50 \text{ कि。मी。}}{5 \text{ घंटा}}$

= 10 किमी。 प्रति घंटा (उत्तर)

74. $60 \times 7 + 3 \times 60 = 420 + 180 = 600$ **(उत्तर)**

75. $\because$ 600 विद्यार्थियों में बालिकाओं की संख्या = 240

$\therefore$ 1 विद्यार्थी में बालिकाओं की संख्या = $\dfrac{240}{600}$

$\therefore$ 100 विद्यार्थियों में बालिकाओं की संख्या

$= \dfrac{240}{600} \times 100 = 40$

$\therefore$ बालिकाओं का प्रतिशत = 40% **(उत्तर)**

76. 3 का 10% = $3 \times \dfrac{10}{100} = \dfrac{3}{10} = 0.3$ **(उत्तर)**

77. विक्रय मूल्य = क्रयमूल्य + लाभ
= $250 + 25 = 275$ रु. **(उत्तर)**

78. साधारण ब्याज = $\dfrac{\text{मू。धन} \times \text{स。} \times \text{द。}}{100}$

$= \dfrac{500 \times 4 \times 8}{100}$

= 160 रु. **(उत्तर)**

79. वर्ग का परिमाप = 4 × भुजा = 4 × 50 मीटर
= 200 मीटर **(उत्तर)**

80. चौड़ाई = $\dfrac{\text{क्षेत्रफल}}{\text{लंबाई}} = \dfrac{30}{6}$ = 5 मीटर **(उत्तर)**

पिछले प्रश्न-पत्र (हल सहित)

जवाहर नवोदय विद्यालय प्रवेश परीक्षा, 1994

अनुभाग-I

मानसिक योग्यता परीक्षा

खण्ड-I

निर्देश (प्रश्न 1 से 15 तक): *प्रश्नों में रेखा के बाईं ओर एक समस्या–आकृति दी गई है। दाईं ओर की चारों उत्तर आकृतियों को ध्यान से देखिए। उनमें से उस उत्तर–आकृति का पता लगाइए जो बिना दिशा–परिवर्तन के समस्या–आकृति के खाली अंश में इस तरह सही बैठती हो कि समस्या–आकृति का ढाँचा पूर्ण हो जाए। इसके नीचे दिया गया अक्षरांक ही आपका उत्तर होगा।*

समस्या-आकृति | **उत्तर-आकृतियाँ**

1. 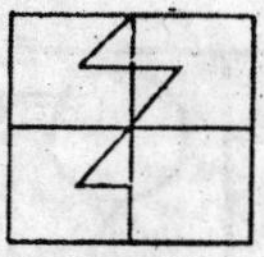 
(A) (B) (C) (D)

2. 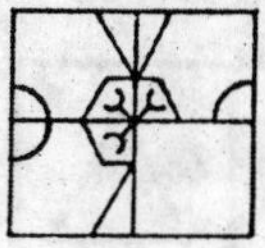 
(A) (B) (C) (D)

3. 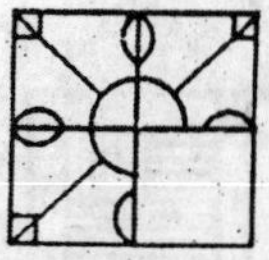 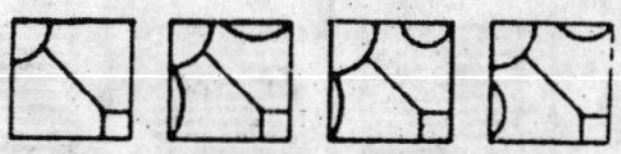
(A) (B) (C) (D)

4.  
(A) (B) (C) (D)

5. 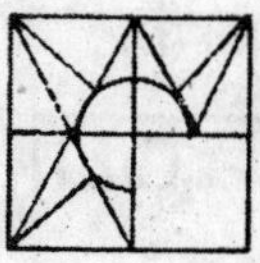 
(A) (B) (C) (D)

समस्या-आकृति | **उत्तर-आकृतियाँ**

6.  
(A) (B) (C) (D)

7. 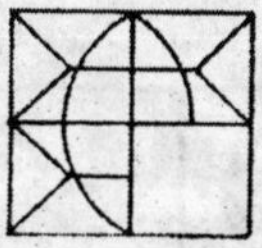 
(A) (B) (C) (D)

8. 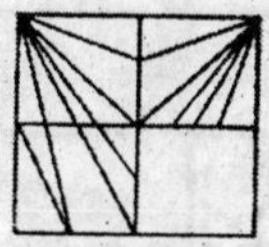 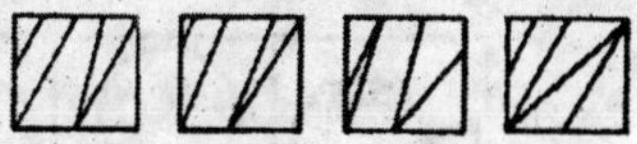
(A) (B) (C) (D)

9. 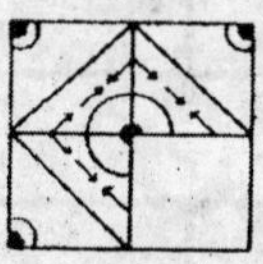 
(A) (B) (C) (D)

10. 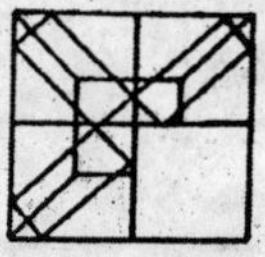 
(A) (B) (C) (D)

11.  
(A) (B) (C) (D)

12.  
(A) (B) (C) (D)

13. 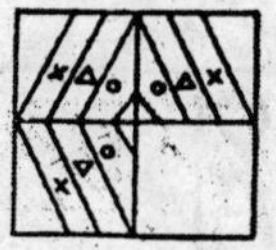 
(A) (B) (C) (D)

समस्या-आकृति	उत्तर-आकृतियाँ

14. 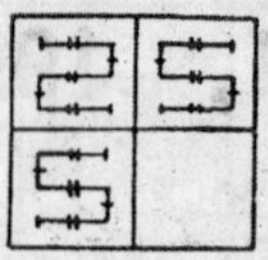

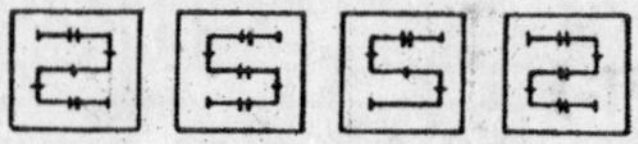

(A) (B) (C) (D)

समस्या-आकृति	उत्तर-आकृतियाँ

15. 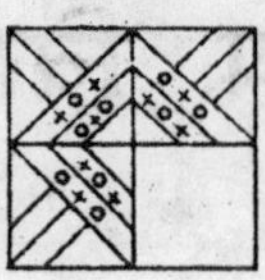

(A) (B) (C) (D)

खण्ड-II

निर्देश (प्रश्न 16 से 30 तक): *प्रत्येक प्रश्न में रेखा के बाईं ओर तीन समस्या–आकृतियाँ दी गई हैं तथा चौथी के लिए स्थान खाली छोड़ दिया गया है। समस्या–आकृतियाँ एक क्रम में हैं। पता लगाइए कि दाईं ओर दी गई उत्तर–आकृतियों में से कौन–सी आकृति इस क्रम को पूरा करती है? उस आकृति का अक्षरांक ही आपका उत्तर होगा।*

समस्या-आकृतियाँ	उत्तर-आकृतियाँ

16. 

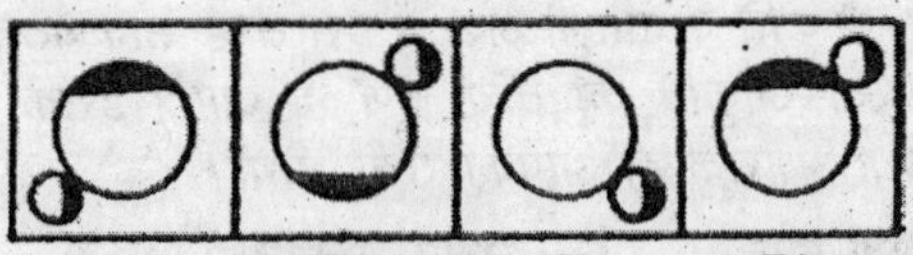

(A) (B) (C) (D)

17. 

(A) (B) (C) (D)

18. 

(A) (B) (C) (D)

19. 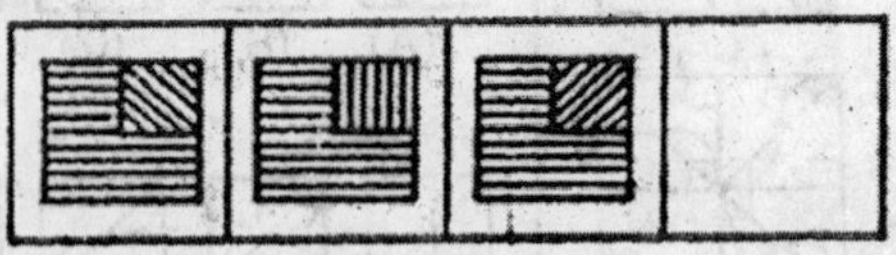

(A) (B) (C) (D)

20. 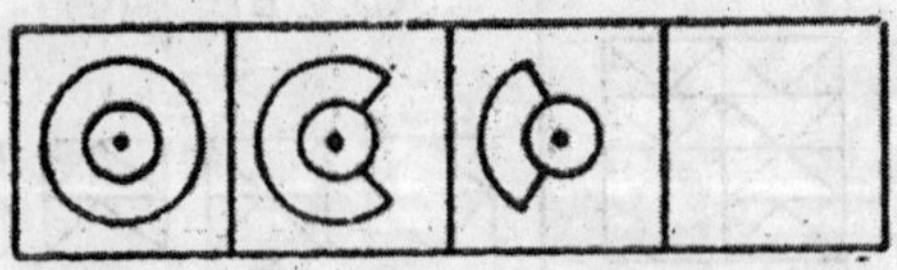

(A) (B) (C) (D)

21. 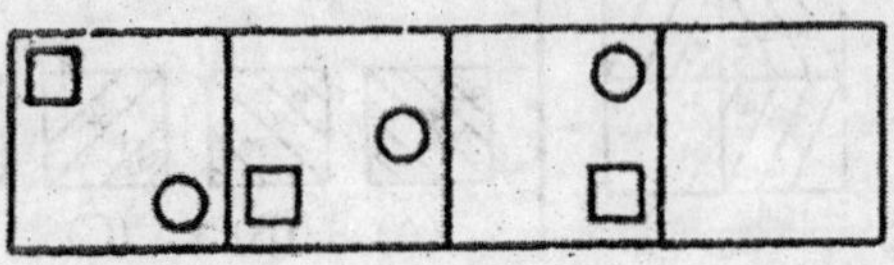

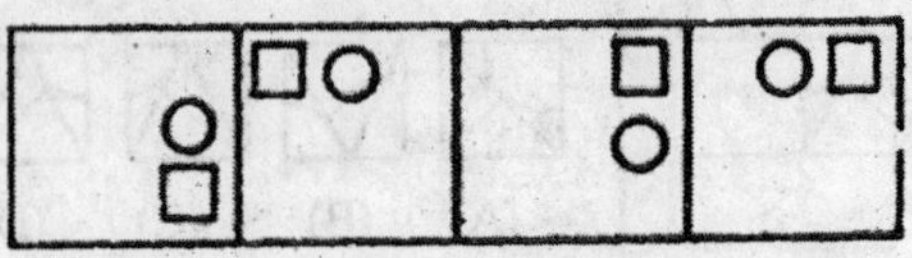

(A) (B) (C) (D)

समस्या-आकृतियाँ | **उत्तर-आकृतियाँ**

22.  

(A) (B) (C) (D)

23. 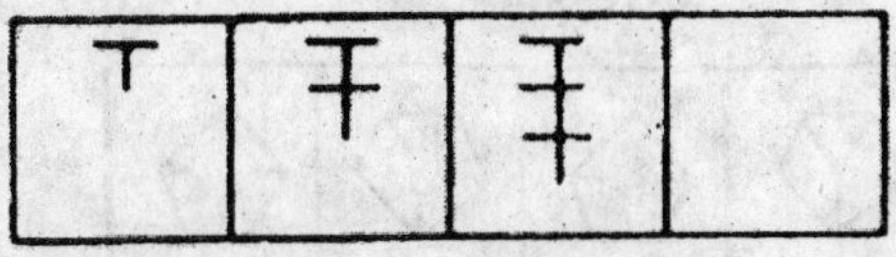 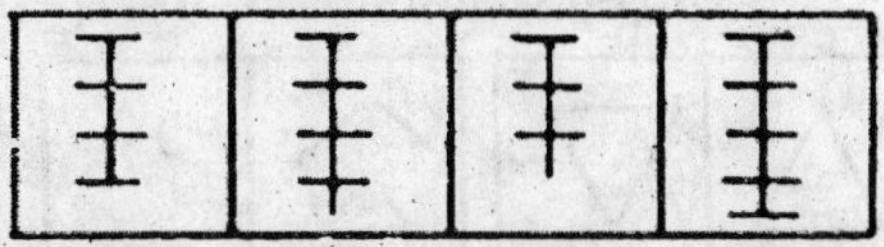

(A) (B) (C) (D)

24.  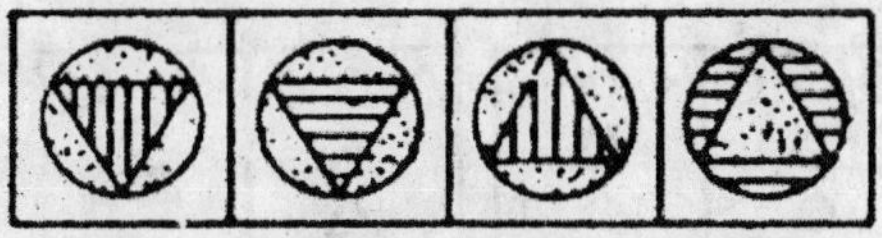

(A) (B) (C) (D)

25. 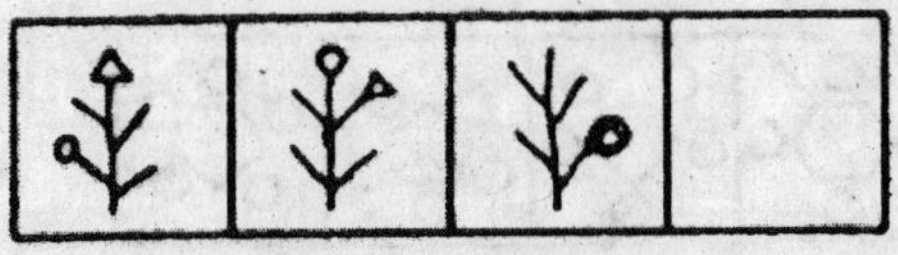 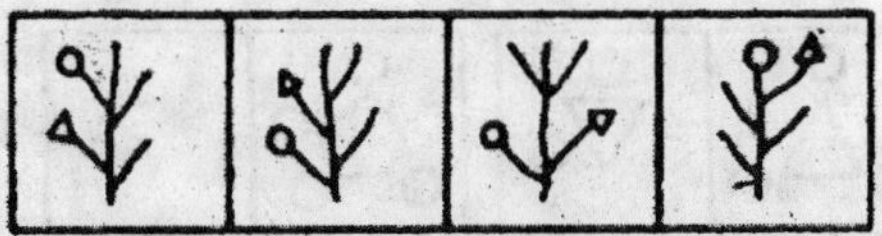

(A) (B) (C) (D)

26. 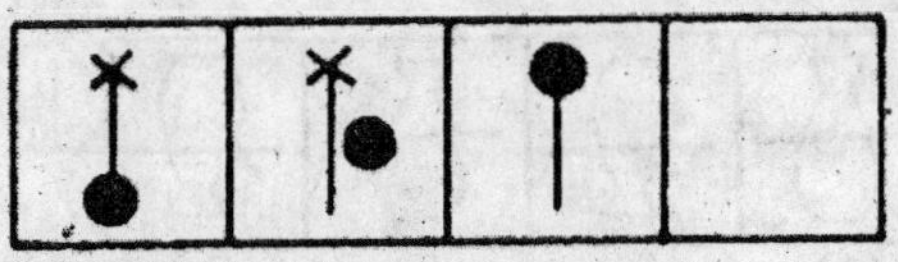 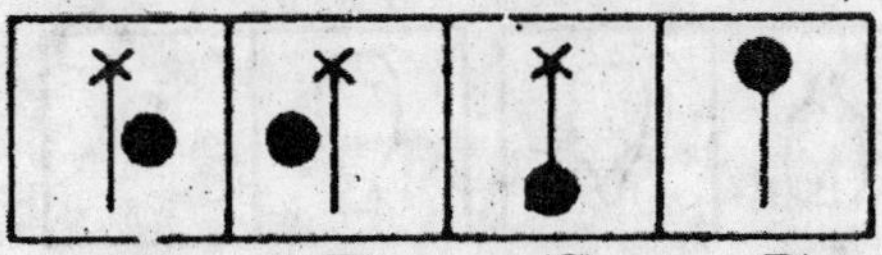

(A) (B) (C) (D)

27.  

(A) (B) (C) (D)

28. 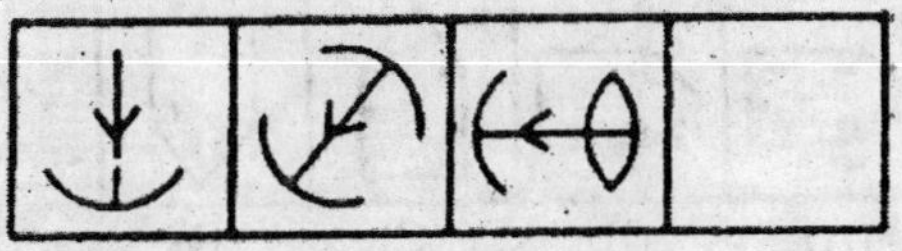 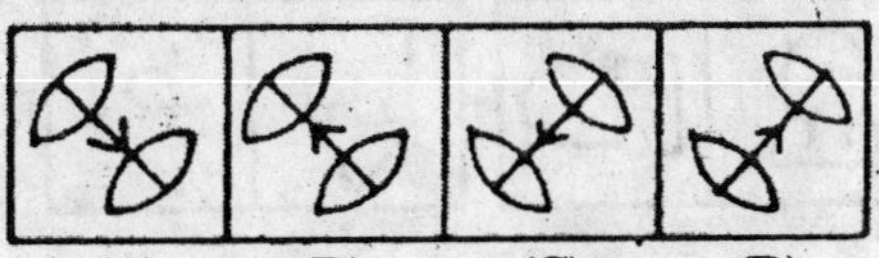

(A) (B) (C) (D)

29. 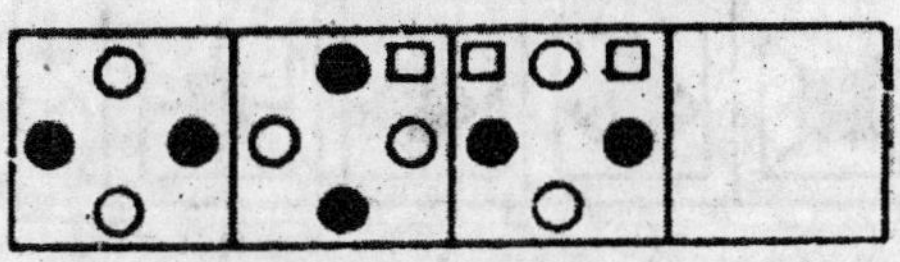 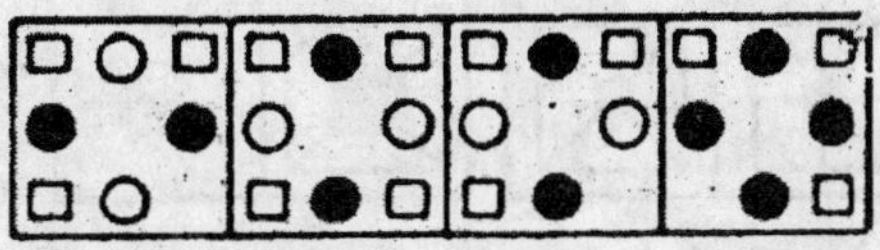

(A) (B) (C) (D)

30.  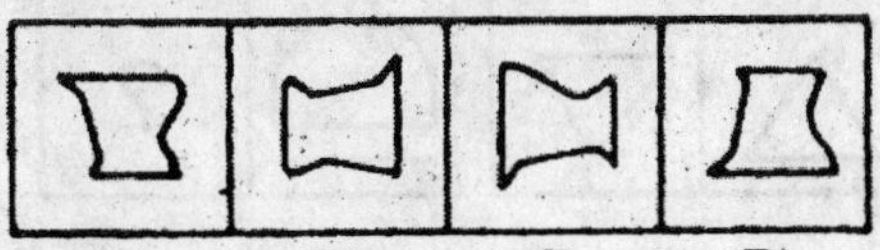

(A) (B) (C) (D)

खण्ड-III

निर्देश (प्रश्न 31 से 45 तक): *प्रत्येक प्रश्न में तीन समस्या–आकृतियों के बाद चौथी के स्थान पर एक प्रश्न-सूचक चिह्न (?) दिया गया है। पहली दो समस्या–आकृतियों में परस्पर एक सम्बन्ध है। इसी प्रकार तीसरी तथा चौथी समस्या–आकृतियों के बीच भी एक सम्बन्ध होना चाहिए। उत्तर–आकृतियों में से वह आकृति चुनिए जो प्रश्न–सूचक चिन्ह (?) वाले स्थान पर ठीक बैठ सके।*

समस्या-आकृतियाँ | **उत्तर-आकृतियाँ**

31. 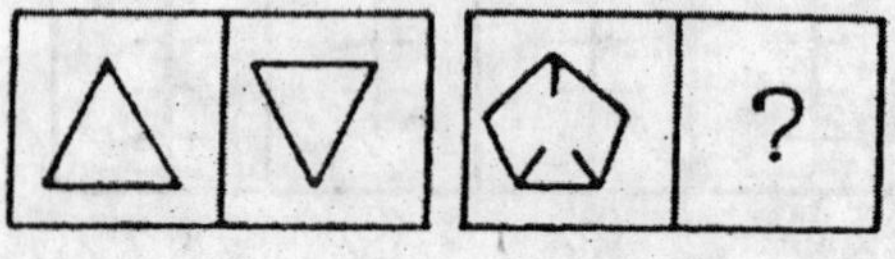 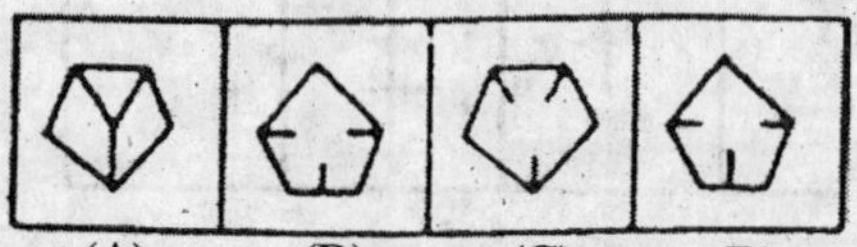

(A) (B) (C) (D)

32. 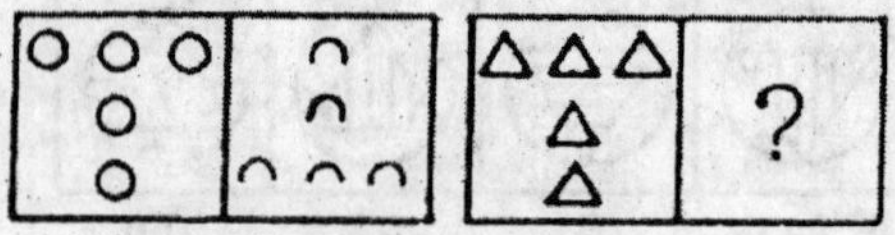 

(A) (B) (C) (D)

33. 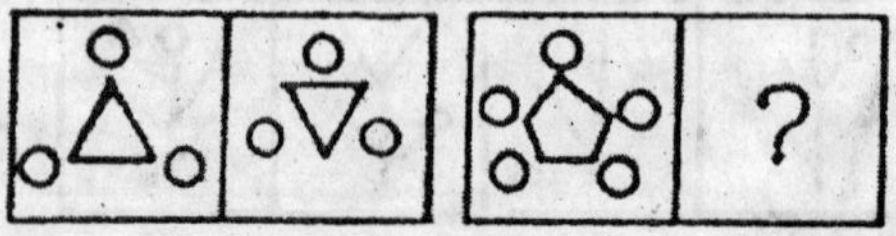 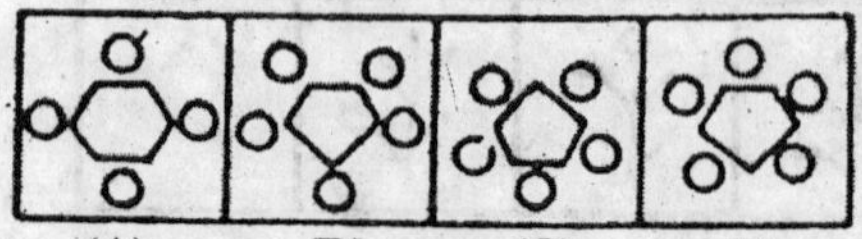

(A) (B) (C) (D)

34.  

(A) (B) (C) (D)

35. 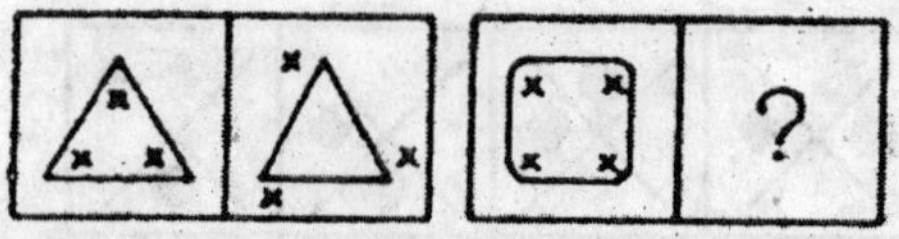 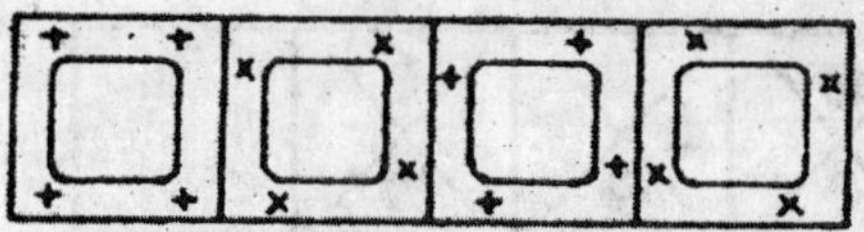

(A) (B) (C) (D)

36.  

(A) (B) (C) (D)

37.  

(A) (B) (C) (D)

38.  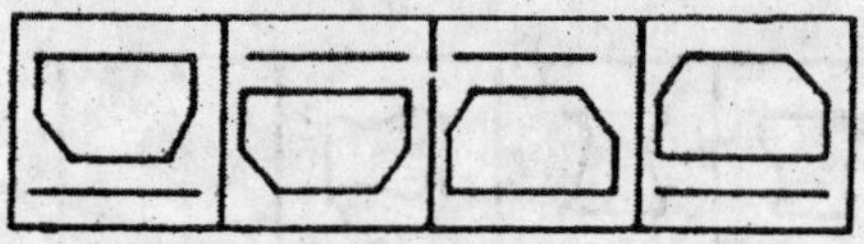

(A) (B) (C) (D)

समस्या-आकृतियाँ	उत्तर-आकृतियाँ

39.  
(A) (B) (C) (D)

40. 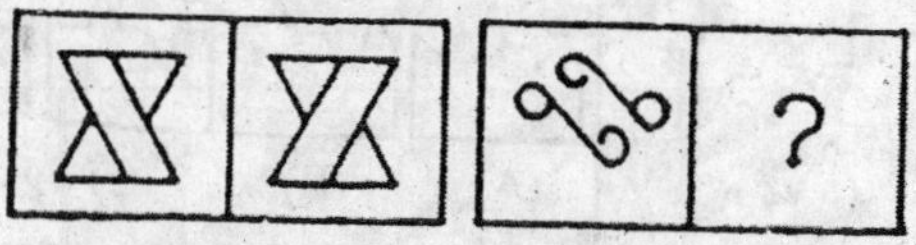 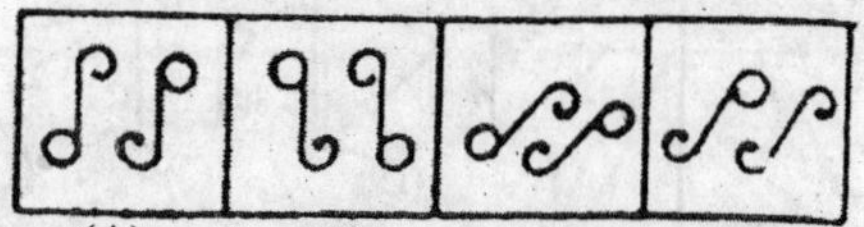
(A) (B) (C) (D)

41. 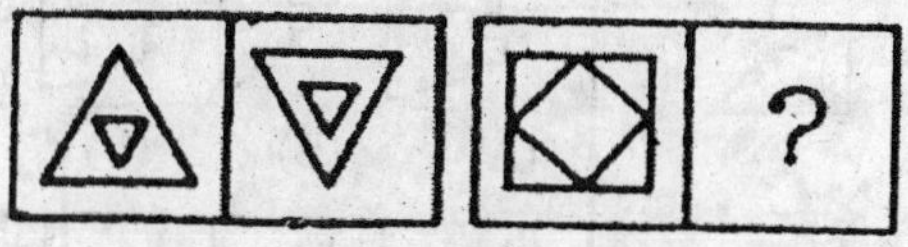 
(A) (B) (C) (D)

42.  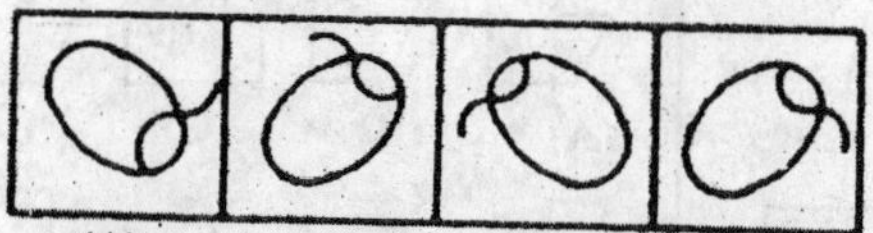
(A) (B) (C) (D)

43. 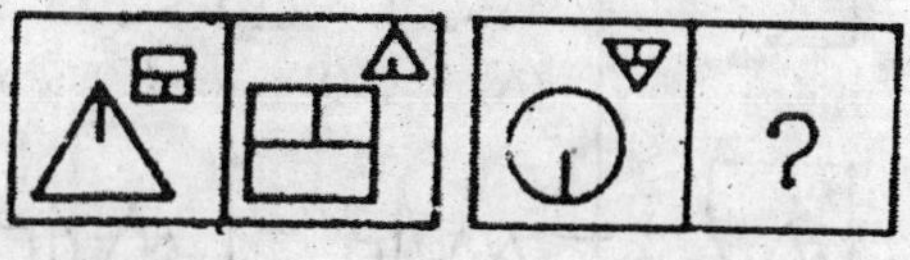 
(A) (B) (C) (D)

44. 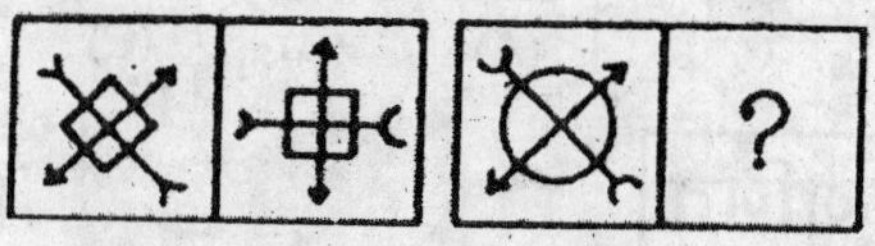 
(A) (B) (C) (D)

45.  
(A) (B) (C) (D)

खण्ड-IV

निर्देश (प्रश्न 46 से 60 तक): *प्रश्नों में वर्ग का एक भाग रेखा के बाईं तरफ है और रेखा के दाईं तरफ दी गई चार आकृतियों में से कोई एक उसका दूसरा भाग है। रेखा के दाईं तरफ दी गई आकृतियों में से वह आकृति ढूंढिए जो वर्ग को पूर्ण बनाती है।*

समस्या-आकृति	उत्तर-आकृतियाँ

46.  
(A) (B) (C) (D)

47.  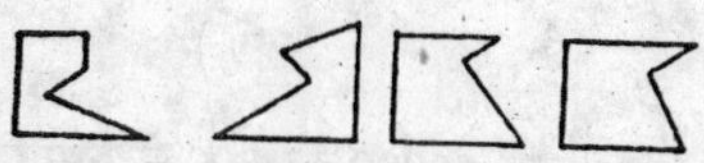
(A) (B) (C) (D)

48.  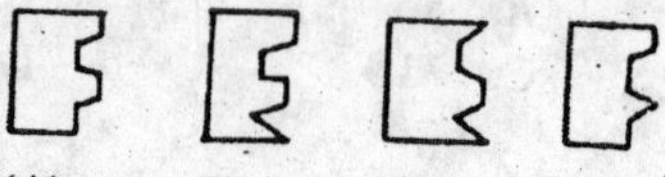
(A) (B) (C) (D)

समस्या-आकृति — उत्तर-आकृतियाँ

49.
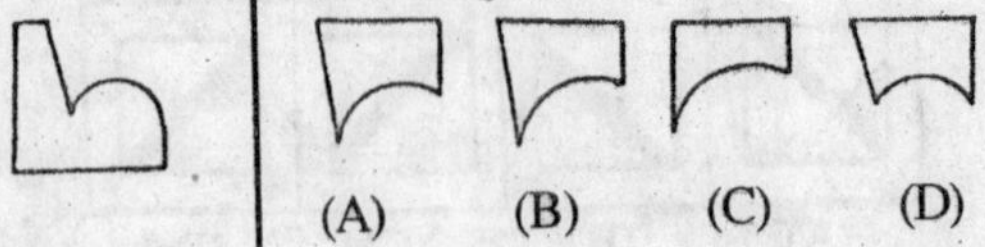

50.
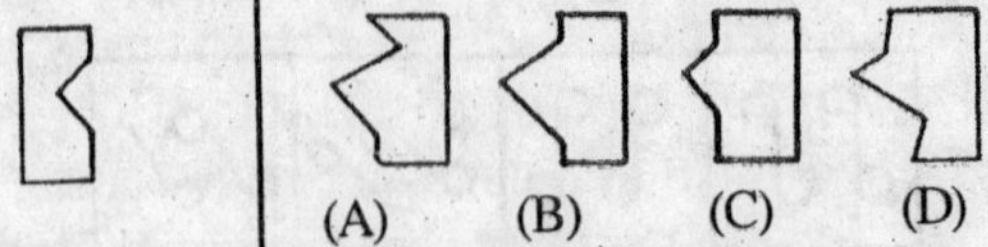

51.
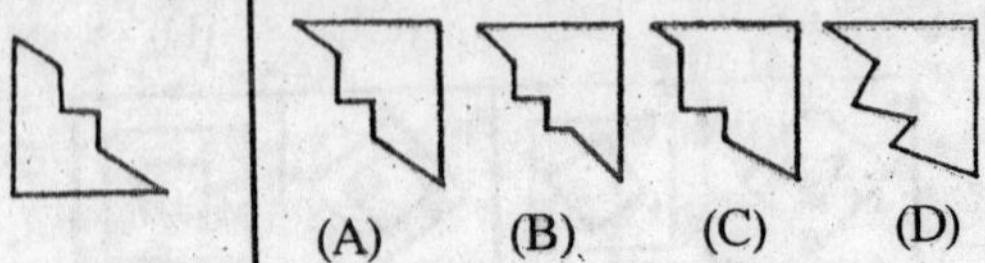

52.
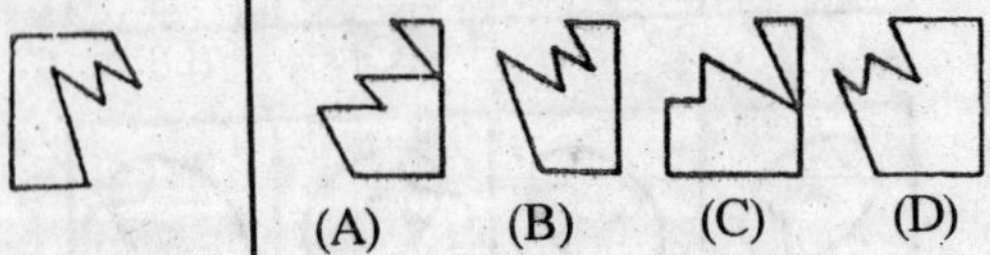

53.
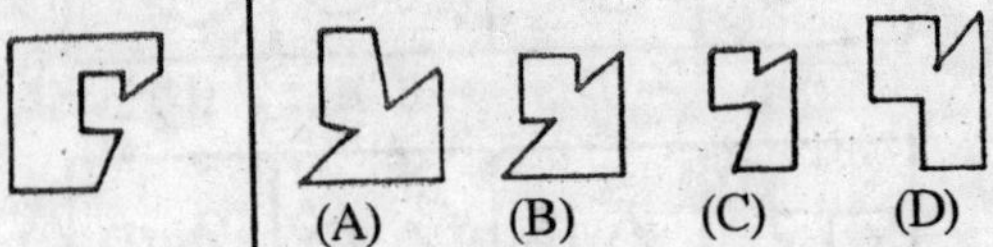

54.
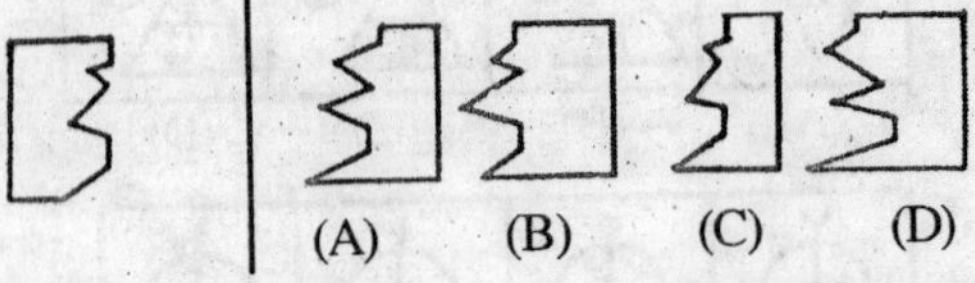

समस्या-आकृति — उत्तर-आकृतियाँ

55.
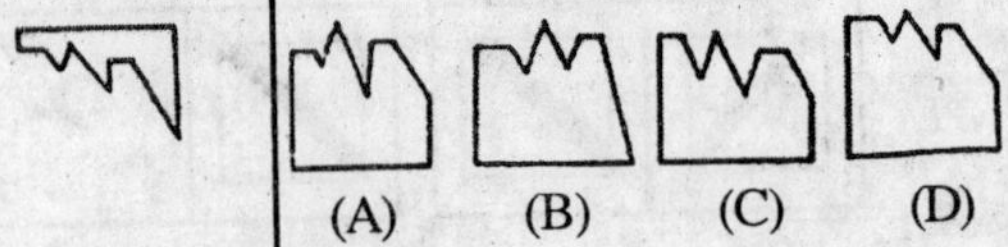

56.
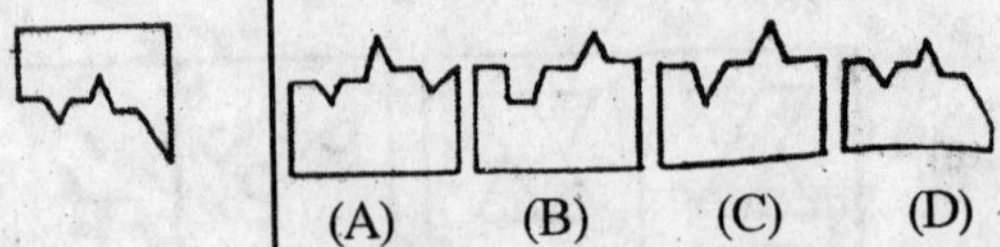

57.
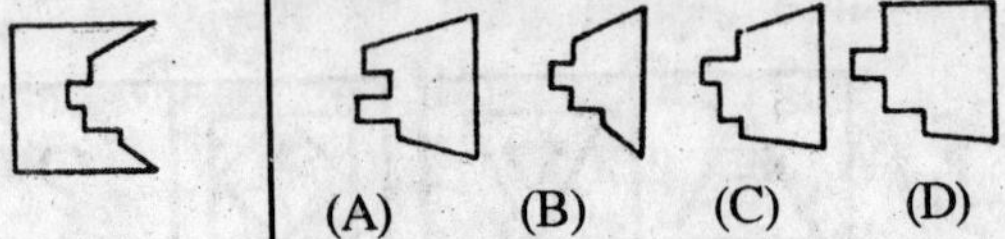

58.
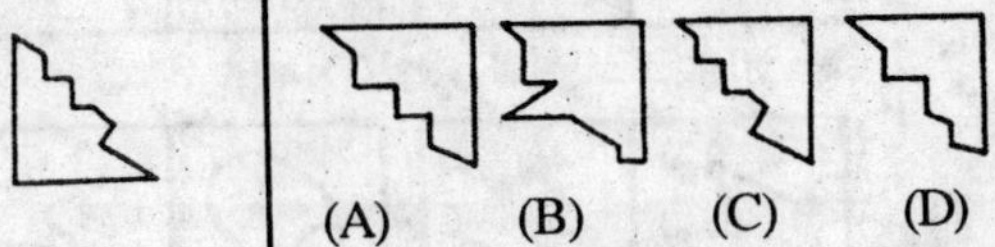

59.
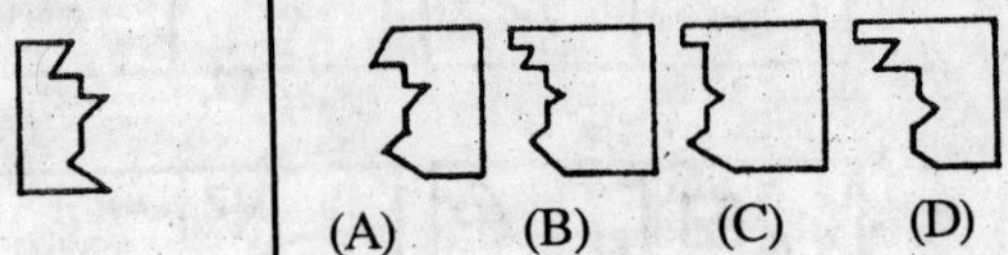

60.
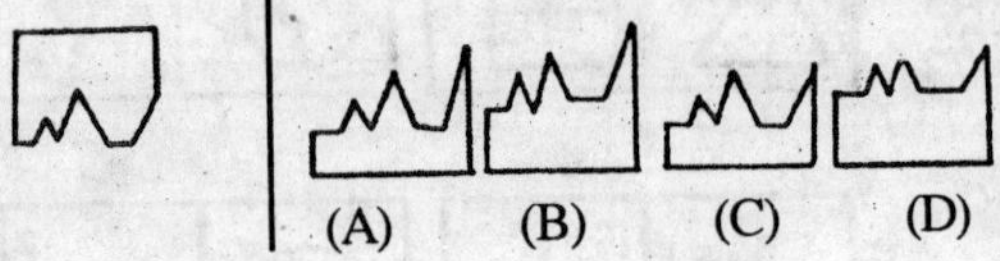

अनुभाग-II : अंकगणित

निर्देशः *प्रत्येक प्रश्न के लिए अक्षरांक (A), (B), (C) और (D) के क्रमांक में चार संभावित विकल्प दिए गए हैं। उनमें से केवल एक सही है। उसका क्रमांक ही आपका उत्तर है।*

61. 23200 में दो 2 के स्थानीय मानों का अन्तर है—

A. 0 B. 198
C. 1980 D. 19800

62. प्रथम दो अभाज्य संख्याओं का योग है—

A. 3 B. 5
C. 6 D. 8

63. जब 56800 को 800 से विभाजित किया जाता है, तो भागफल है—

A. 56 B. 71
C. 710 D. 7100

64. $\frac{2}{3}$ और $\frac{5}{7}$ का योग निम्नलिखित से प्राप्त हो सकता है—

A. $\frac{2+5}{3+7}$ B. $\frac{2+5}{3\times 7}$
C. $\frac{2\times 7+3\times 5}{3+7}$ D. $\frac{2\times 7+3\times 5}{3\times 7}$

65. 80 का अभाज्य गुणनखंड है—

A. $2\times 2\times 2\times 2\times 5$
B. $2\times 2\times 2\times 5\times 5$
C. $2\times 2\times 2\times 5$
D. $2\times 2\times 5\times 5$

66. 8, 12, 15 का लघुत्तम समापवर्त्य है—

A. 240 B. 120
C. 96 D. 60

67. 0.231 – 0.02 बराबर है—

A. .233 B. .229
C. .211 D. .031

68. $1.32 \div 0.4$ बराबर है—

A. 33 B. 3.3
C. 0.33 D. 0.033

69. $\frac{3 \times 12}{10}$ को लिखा जा सकता है—

A. .36 B. 3.12
C. 3.60 D. 31.2

70. एक रेलगाड़ी 6 घंटे 30 मिनट की यात्रा के बाद अपने निर्धारित गंतव्य पर रात्रि 9 बजे (9 p.m.) पहुंची। उस रेलगाड़ी ने चलना कब प्रारम्भ किया था?

A. सायं 2.30 बजे (2.30 p.m.)
B. प्रातः 2.30 बजे (2.30 a.m.)
C. सायं 3.30 बजे (3.30 p.m.)
D. प्रातः 3.30 बजे (3.30 a.m.)

71. एक व्यक्ति के पास दो एक रुपए के, पांच 50 पैसे के, चार 25 पैसे के तथा पांच 10 पैसे के सिक्के हैं। उसके पास कुल धन है—

A. 6 रुपए B. 16 रुपए
C. 60 रुपए D. 600 रुपए

72. एक किमी/घण्टा की चाल बराबर है—

A. $\frac{60}{1000}$ मी॰/से॰ B. $\frac{3600}{1000}$ मी॰/से॰
C. $\frac{1000}{3600}$ मी॰/से॰ D. $\frac{1000}{60}$ मी॰/से॰

73. संख्या 29789 को निकटतम हजार में लिखने पर आएगा—

A. 29000 B. 29700
C. 29800 D. 30000

74. $12 \times 8 - 4 \div 4$ का मान होगा—

A. 12 B. 23
C. 84 D. 95

75. 200% को दशमलव भिन्न के रूप में लिखने पर इसके बराबर होगा—

A. 2.00 B. 20.00
C. 200.00 D. 0.20

76. एक व्यक्ति प्रति माह 1800 रु. कमाता है और इसका 10% बचत करता है। वह कितना बचा लेता है?

A. 180 रु. B. 1620 रु.
C. 1790 रु. D. 1810 रु.

77. एक व्यक्ति 1300 रुपए में 20 पुस्तकें बेचता है और 180 रुपए का लाभ उठाता है। सभी पुस्तकों का क्रय मूल्य क्या है?

A. 56 रु. B. 180 रु.
C. 1120 रु. D. 1480 रु.

78. 1800 रु. का 10% वार्षिक दर से 10 वर्ष का साधारण ब्याज है—

A. 3600 रु. B. 1800 रु.
C. 360 रु. D. 180 रु.

79. उस बक्से का आयतन, जिसकी लम्बाई 3 मीटर, चौड़ाई 2 मीटर तथा ऊंचाई 2 मीटर है, कितना होगा?

A. 4 $मी^3$ B. $6 मी^2$
C. 12 $मी^3$ D. 32 $मी^3$

80. एक आयत की चौड़ाई 5 मीटर तथा इसकी लम्बाई, चौड़ाई की दोगुनी है। आयत का क्षेत्रफल है—

A. 10 $मी^2$ B. 15 $मी^2$
C. 30 $मी^2$ D. 50 $मी^2$

अनुभाग-III : भाषा

निर्देशः *इस अनुभाग में 4 अवतरण हैं। प्रत्येक पर 5 प्रश्न पूछे गए हैं। प्रत्येक अवतरण को ध्यानपूर्वक पढ़ो और पूछे गए प्रश्नों के उत्तर दो। प्रत्येक प्रश्न के लिए A, B, C, D के क्रम में चार सम्भावित उत्तर दिए गए हैं। सही उत्तर चुनिए।*

अवतरण-1

एक दिन एक बकरी जंगल में घूम रही थी। वह घास खाने लगी, तभी एक शेर वहां आ गया। बकरी विचलित नहीं हुई और शेर से लड़ने को तैयार हो गई। यह देखकर शेर बैठ गया और उसने कहा, "ये छोटी बकरी, घबड़ा मत! मैं तुझे अभी नहीं खाऊंगा"। अगर तू मुझे तीन सत्य बातें बता दे तो मैं तुझे क्षमा कर दूंगा।

बकरी ने जल्दी से सोचा और कहा, "धन्यवाद महोदय, मैं कोशिश करूंगी"। पहली सत्य बात यह है कि अगर मैं वापस जाकर अपने मित्रों को बताऊं कि मुझे एक शेर मिला था। उसने मुझे नहीं खाया, वे मेरा विश्वास नहीं करेंगे"। "बिल्कुल सत्य है"—शेर ने कहा। दूसरी सत्य बात यह कि "आप वापस जाकर अपने मित्रों को बताओ कि आपको एक

बकरी मिली थी और आपने उसे नहीं खाया, वे आपका विश्वास नहीं करेंगे"। "तुम बिल्कुल सत्य बोल रही हो"—शेर ने कहा; और श्रीमान, तीसरा सत्य यह है कि "आप यहां बैठकर ध्यानपूर्वक मेरी बातें सुन रहे हैं। इसका मतलब है कि आप वास्तव में भूखे नहीं हो"। "तुम फिर सत्य बोल रही हो"—शेर ने कहा, लेकिन इससे पहले कि मैं अपना विचार बदलूं, तुम यहां से भाग जाओ। "दुबारा मैं तुमको क्षमा नहीं करूंगा। "पुनः पकड़ने का अवसर मैं आपको नहीं दूंगी," भागती हुई बकरी ने कहा। यह चौथा सत्य है।

81. "यह देखकर शेर बैठ गया"। यहां पर 'यह' का तात्पर्य है कि बकरी—
A. लड़ने को तैयार थी
B. घास खा रही थी
C. जंगल में घूम रही थीं
D. बिल्कुल अकेली थी

82. तीसरा सत्य था कि—
A. बकरी के मित्र उसकी बात का विश्वास नहीं करेंगे
B. बकरी भूखी थी
C. शेर गुस्से में था
D. शेर भूखा नहीं था

83. "मैं तुमको क्षमा नहीं करूंगा" इसका तात्पर्य है कि "मैं तुमको...."
A. मार डालूंगा
B. छोड़ दूंगा
C. क्षमा कर दूंगा
D. भगा दूंगा

84. "इसका पुनः मौका नहीं मिलेगा।" इस कथन का आशय है कि—
A. बकरी जंगल में नहीं घूमेगी
B. बकरी पुनः शेर को मौका नहीं देगी
C. पुनः शेर बकरी को नहीं खाएगा
D. शेर पुनः बकरी की बात नहीं सुनेगा

85. इस कहानी में बकरीः
A. तेज तर्रार व धैर्यवान थी
B. बहादुर और मूर्ख थी
C. बुद्धिमान और भूखी थी
D. चालाक एवं धूर्त थी

अवतरण-2

हाथी के सम्बन्ध में सबसे अनोखी चीज उसकी सूंड है। यह उसे छोटे पेड़ के तने के चारों ओर लपेट कर पेड़ को जड़ सहित उखाड़ सकता है। माता हथिनी अपनी सूंड का उपयोग अपने बच्चे को थपथपाने के लिए करती है। यदि हाथी को मक्खियां तंग करती हैं तो वह अपनी सूंड से धूल उठाकर फूंक से अपनी पीठ पर बिखेर देता है। मौसम गरम होने पर वह इसका उपयोग फुहारा स्थान के लिए करता है। काम करते समय इससे भारी लट्ठा उठाकर उसे दूर ले जाता है। हाथी की सूंड मांसपेशियों का पुंज है, किन्तु यह बहुत कोमल भी है। लड़ाई के समय, हाथी अपनी सूंड को मोड़कर एक तरफ हटा लेता है। कुछ लोग सोचते हैं कि जैसे हम किसी नली से पानी पीते हैं, हाथी भी वैसे ही अपनी सूंड से पानी पीता है। यह सच नहीं है। हाथी अपनी सूंड का उपयोग पानी सुड़कने के लिए करता है। फिर वह पानी को अपने मुंह में उड़ेल देता है।

86. हाथी की सूंड सबसे अधिक अनोखी है, क्योंकि—
A. इसके द्वारा हाथी बहुत प्रकार के कार्य कर सकता है
B. यह मांसपेशियों का विशाल पुंज है
C. यह देखने में बहुत अच्छी है
D. हाथी इससे पानी पी सकता है और छिड़क सकता है

87. हाथी पेड़ को उखाड़ सकता है—
A. जमीन से उसकी जड़ों को खींचकर
B. पेड़ के चारों तरफ अपनी सूंड लपेटकर
C. अपनी सूंड से पेड़ के चारों ओर चक्कर देकर और फिर से उसे खींच कर
D. अपनी सूंड से पेड़ को धकेल कर

88. माता हथिनी अपनी सूंड का उपयोग करती है—
A. प्यार दिखलाने के लिए
B. फुहारा—स्नान के लिए
C. मक्खियों को भगाने के लिए
D. लटठों को उठाना सिखाने के लिए

89. लड़ाई में हाथी अपनी सूंड मोड़कर एक तरफ हटा लेता है, क्योंकि—
A. वह लड़ाई से घबराता है
B. उसकी सूंड बहुत कोमल होती है
C. हाथी के लड़ने का यही तरीका है
D. उसकी सूंड बहुत लम्बी होती है

90. हाथी पानी पीता है—
A. पानी छिड़कने के लिए अपनी सूंड का उपयोग करके
B. अपने मुंह में पानी डालने के लिए अपनी सूंड का उपयोग करके
C. नली के रूप में अपनी सूंड का उपयोग करके
D. पानी चूसने के लिए अपनी सूंड का उपयोग करके

अवतरण-3

लोकमान्य बालगंगाधर तिलक अंग्रेजों द्वारा बन्दी बनाए गए थे। उन्होंने जेल में अपने आपको अध्ययन में व्यस्त रखा। जेल बहुत ही शांत जगह थी, जहां पक्षी भी नहीं चहचहाते थे। तिलक ने अपने भोजन में से थोड़ा खाना पक्षियों के लिए रखना शुरू कर दिया। आरम्भ में तो किसी ने वह खाना छुआ नहीं, किन्तु कुछ दिन बाद थोड़े से पक्षियों ने वहां आना शुरू कर दिया। धीरे–धीरे उनकी संख्या बढ़ती गई और वे तिलक के चारों ओर इकट्ठे होने लग गए। पक्षी उनके सिर और कंधों पर निडर होकर बैठ जाते थे। उनकी चहचहाहट से वातातरण में मधुर संगीत भर गया। एक दिन गश्त लगाते हुए जेलर तिलक की कोठरी की ओर आए। पक्षियों की चहचहाहट सुनकर उन्होंने कोठरी में झांका और पूर्णतः आश्चर्यचकित रह गए। "इतने सारे पक्षी। ये कहां से आ गए?" उसने पूछा। तिलक ने उत्तर दिया, "मित्र! मैं इन्हें भारत से नहीं लाया। ये यहां से ही आए हैं।" जेलर आश्चर्यचकित रह गया। उसने कहा, "यहां तो हर कोई पक्षियों को खा जाता है, इसलिए पक्षी इस ओर नहीं आते हैं।" तिलक हंसकर बोले, "पक्षी भी मित्र और शत्रु में भेद कर सकते हैं।"

91. तिलक जेल में अपना समय कैसे व्यतीत करते थे?
A. पक्षियों को खाना खिलाकर
B. अध्ययन करके
C. जेलर से बात करके
D. पक्षियों की चहचहाहट को सुनकर

92. तिलक अपने भोजन में से पक्षियों के लिए कुछ खाना क्यों रखते थे?
A. उनके पास पर्याप्त भोजन था
B. वे बहुत अकेला महसूस करते थे
C. उन्हें पक्षी और उनकी चहचहाहट पसन्द थी
D. पक्षियों के लिए खाना रखना उनकी आदत थी

93. "धीरे–धीरे उनकी संख्या बढ़ती गई"। 'उनकी' किनके लिए प्रयुक्त हुआ है?
A. कैदियों के लिए B. कंधों के लिए
C. पुस्तकों के लिए D. पक्षियों के लिए

94. पक्षी तिलक के कंधों और सिर पर बैठते थे, क्योंकि—
A. वे अध्ययन में व्यस्त थे
B. पक्षी उनसे नहीं डरते थे
C. वे उनसे परेशान नहीं होते थे
D. उन्होंने उन्हें बुलाया था

95. पक्षी जेल की ओर नहीं जाते थे, क्योंकि—
A. कैदी उन्हें खा जाते थे
B. वे जेलर से डरते थे
C. वे तिलक से डरते थे
D. उन्हें वहां खाना नहीं मिलता था

अवतरण-4

हमारी पृथ्वी की लगभग दो–तिहाई सतह महासागरों के जल से ढकी हुई है। इन महासागरों की गहराई के बारे, में कुछ नहीं कहा जा सकता है। पृथ्वी के विशालतम पर्वत श्रेणी हिमालय भी इन महासागरों में पूरी तरह डूब सकती है। थल पर वनस्पति जीवन, पशु जीवन तथा मानव जीवन के समान महासागरों का भी अपना एक संसार है। इन महासागरों में रहने वाले पशुओं और प्राणियों तथा थल के पशुओं और वनस्पति में विशाल अन्तर है। समुद्र के प्राणियों की अजीब आकृतियों और रंगों के कारण कोई भी आसानी से पौधों को पशु और पशुओं को पौधे समझने की गलती कर सकता है। मूंगे पशु हैं, किन्तु एकदम फूलों की तरह लगते हैं। इन अजीब प्राणियों और पौधों के कारण, महासागरों को अपने आप में अजायबघर माना जाता है।

96. "हिमालय इन महासागरों में पूरी तरह डूब सकते हैं, का अर्थ है—
A. हिमालय महासागर में खो जाएंगे
B. हिमालय महासागर का एक अंग बन जाएंगे
C. हिमालय की ऊंचाई से महासागर की गहराई अधिक है
D. हिमालय महासागर से ऊंचा है

97. थल पर पौधे, पशु तथा मानव हैं। महासागर में हैं—
A. पौधे, पशु और लोग

B. पौधे और पशु

C. लोग तथा पौधे

D. पौधे तथा प्राणी

98. मूंगे हैं—

A. फूल B. पौधे

C. प्राणी D. घोंघा

99. महासागर एक प्रकार का अजायबघर है, क्योंकि इसमें—

A. फूलों की तरह लगने वाले मूंगे हैं

B. अजीब आकृतियों और रंगों के प्राणी हैं

C. एक सुंदर फर्श है

D. अनेक प्रकार की मछलियां हैं

100. इस अनुच्छेद का सबसे अधिक उपयुक्त शीर्षक क्या होगा?

A. महासागर की गहराई

B. महासागर में जीवन–रूप

C. महासागरों का संसार

D. हिमालय तथा महासागर

उत्तरमाला

1	2	3	4	5	6	7	8	9	10
B	A	D	C	D	A	A	A	B	C
11	**12**	**13**	**14**	**15**	**16**	**17**	**18**	**19**	**20**
D	C	D	D	B	D	B	B	C	C
21	**22**	**23**	**24**	**25**	**26**	**27**	**28**	**29**	**30**
D	B	B	A	A	B	B	B	C	B
31	**32**	**33**	**34**	**35**	**36**	**37**	**38**	**39**	**40**
C	B	D	A	B	A	D	A	C	C
41	**42**	**43**	**44**	**45**	**46**	**47**	**48**	**49**	**50**
B	D	B	D	B	B	A	B	D	C
51	**52**	**53**	**54**	**55**	**56**	**57**	**58**	**59**	**60**
A	B	C	C	D	D	B	C	A	C
61	**62**	**63**	**64**	**65**	**66**	**67**	**68**	**69**	**70**
D	B	B	D	A	B	C	B	C	A
71	**72**	**73**	**74**	**75**	**76**	**77**	**78**	**79**	**80**
A	C	D	D	A	A	C	B	C	D
81	**82**	**83**	**84**	**85**	**86**	**87**	**88**	**89**	**90**
A	D	A	B	A	A	B	A	B	B
91	**92**	**93**	**94**	**95**	**96**	**97**	**98**	**99**	**100**
B	B	D	B	D	C	B	C	B	C

पिछले प्रश्न-पत्र (हल सहित)

जवाहर नवोदय विद्यालय प्रवेश परीक्षा, 1993

अनुभाग-I

मानसिक योग्यता परीक्षा

खण्ड-I

निर्देश (प्रश्न 1 से 15 तक): *प्रश्नों में पाँच आकृतियाँ दी गई हैं। पहली आकृति समस्या-आकृति है तथा शेष चार आकृतियाँ A, B, C, D संख्या वाली उत्तर-आकृतियाँ दी गई हैं। इनमें से उस उत्तर-आकृति को ढूँढिए जो बिल्कुल समस्या-आकृति जैसी हो। यही आपका उत्तर है।*

समस्या-आकृति **उत्तर-आकृतियाँ**

1. 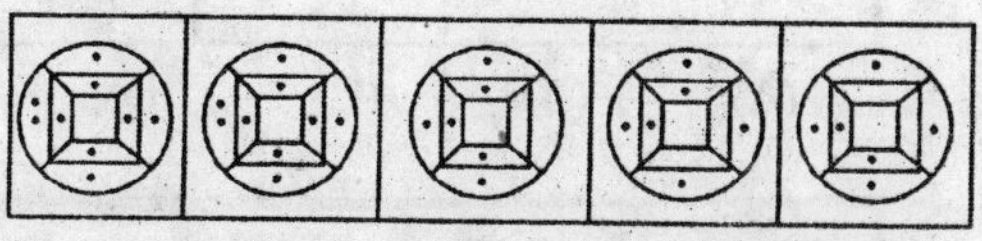

(A) (B) (C) (D)

2. 

(A) (B) (C) (D)

3. 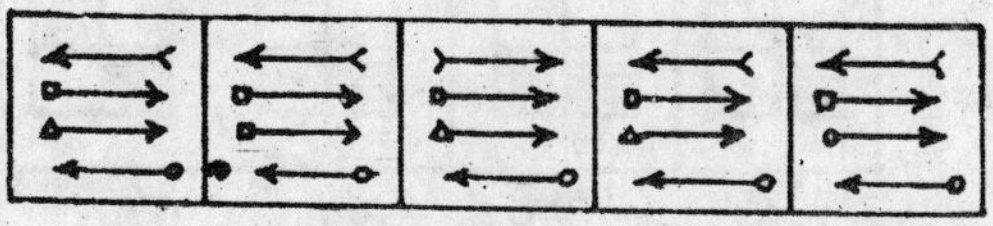

(A) (B) (C) (D)

4. 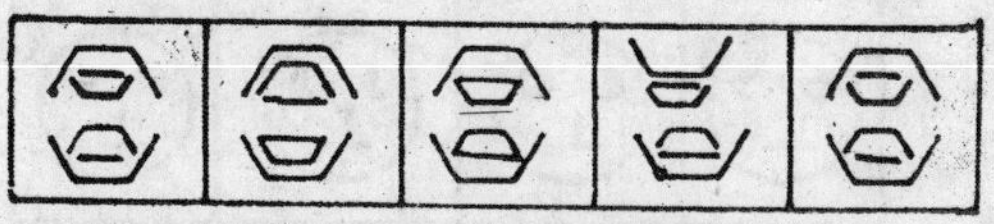

(A) (B) (C) (D)

5. 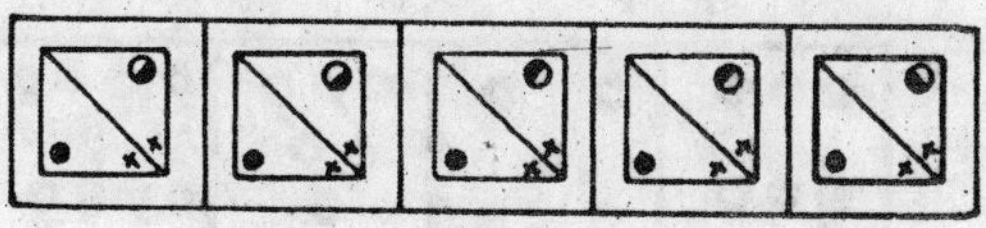

(A) (B) (C) (D)

6. 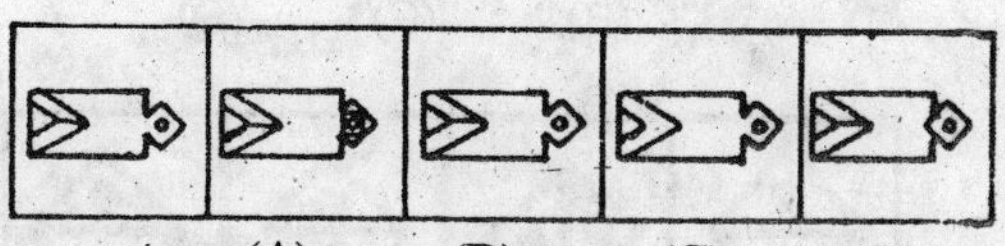

(A) (B) (C) (D)

समस्या-आकृति **उत्तर-आकृतियाँ**

7. 

(A) (B) (C) (D)

8. 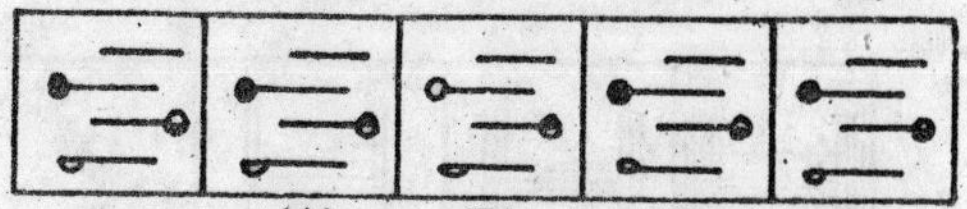

(A) (B) (C) (D)

9. 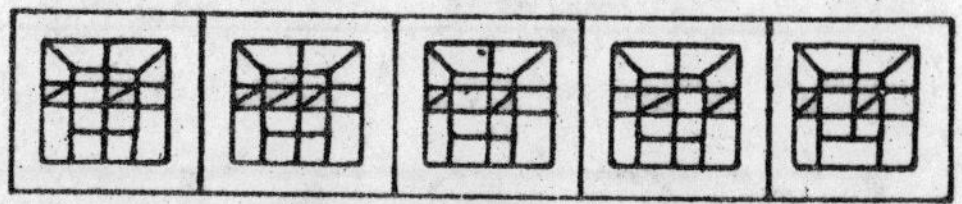

(A) (B) (C) (D)

10. 

(A) (B) (C) (D)

11. 

(A) (B) (C) (D)

12. 

(A) (B) (C) (D)

13. 

(A) (B) (C) (D)

14. 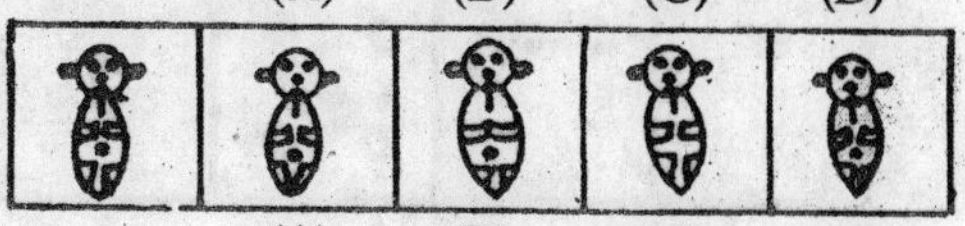

(A) (B) (C) (D)

15. 

(A) (B) (C) (D)

---

*स्मृति पर आधारित।

खण्ड-II

निर्देश (प्रश्न 16 से 30 तक): *प्रत्येक प्रश्न में तीन समस्या-आकृतियाँ दी गई हैं और चौथी आकृति का स्थान रिक्त है। समस्या-आकृतियाँ एक शृंखला में हैं। पता लगाइए कि उत्तर-आकृतियों में कौन-सी आकृति इस शृंखला को पूरा करती है। उस आकृति की संख्या मालूम कीजिए।*

	समस्या-आकृतियाँ	उत्तर-आकृतियाँ
16.		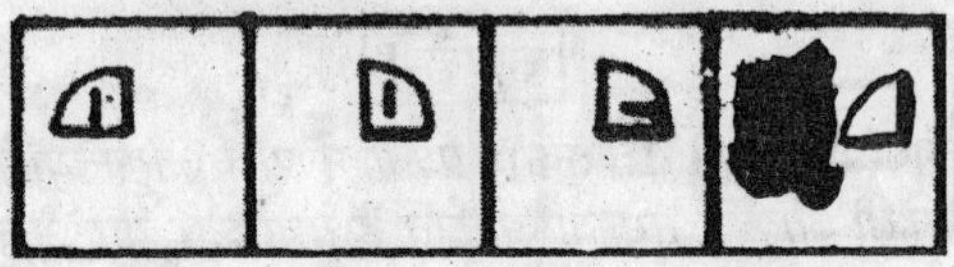 (A) (B) (C) (D)
17.	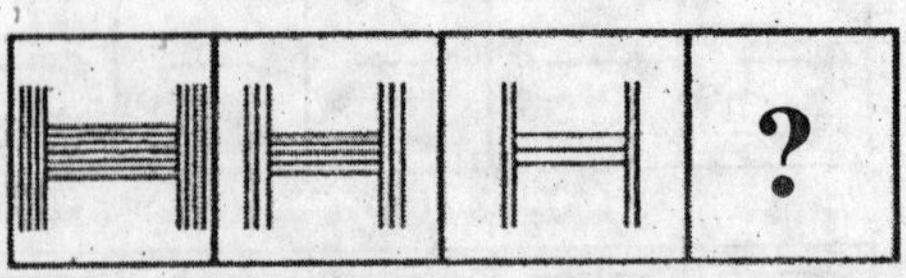	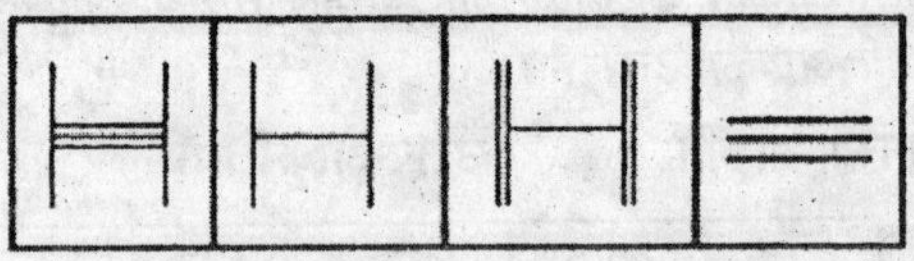 (A) (B) (C) (D)
18.	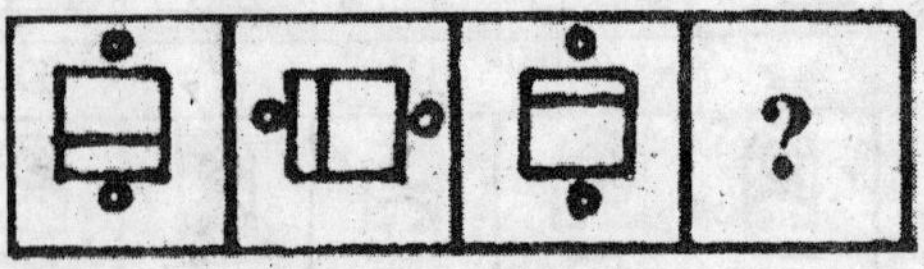	 (A) (B) (C) (D)
19.	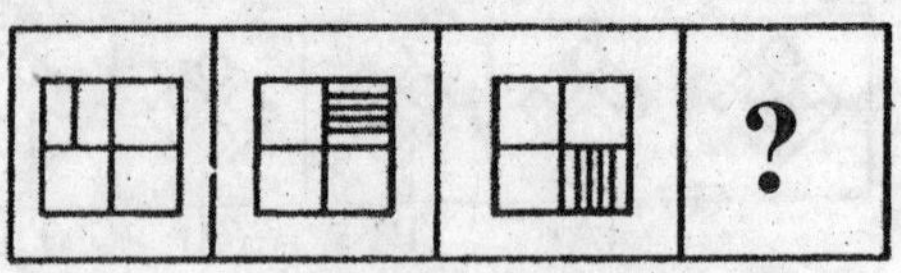	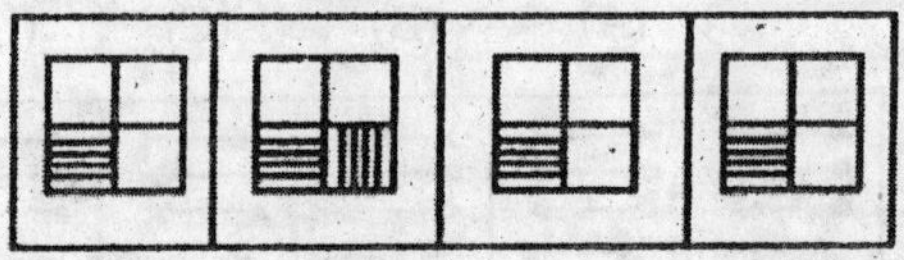 (A) (B) (C) (D)
20.		 (A) (B) (C) (D)
21.	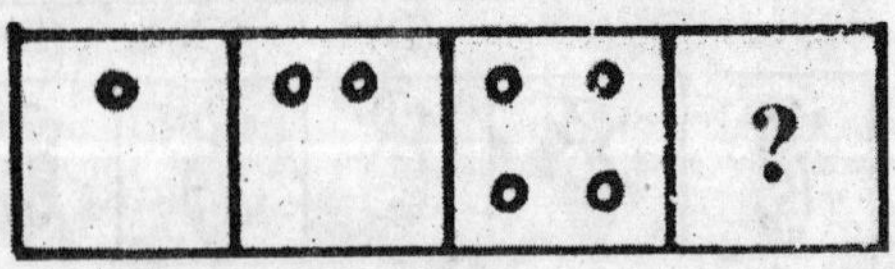	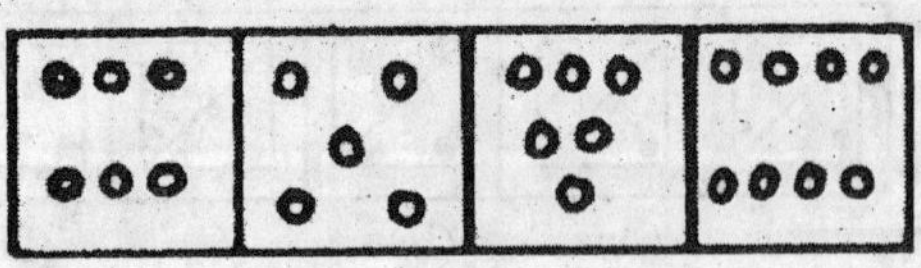 (A) (B) (C) (D)
22.		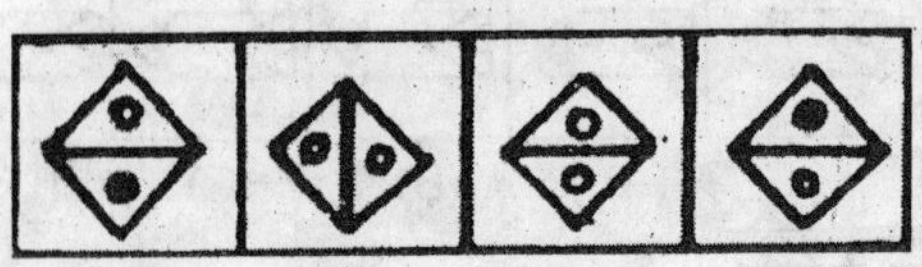 (A) (B) (C) (D)

समस्या-आकृतियाँ

उत्तर-आकृतियाँ

23. 

(A) (B) (C) (D)

24. 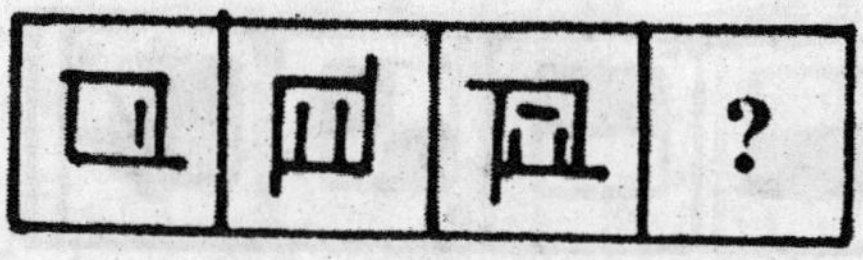

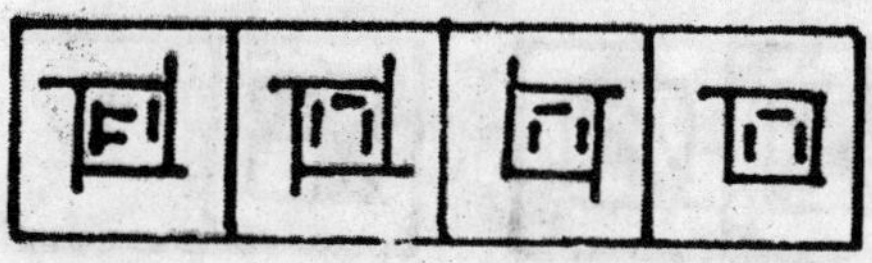

(A) (B) (C) (D)

25. 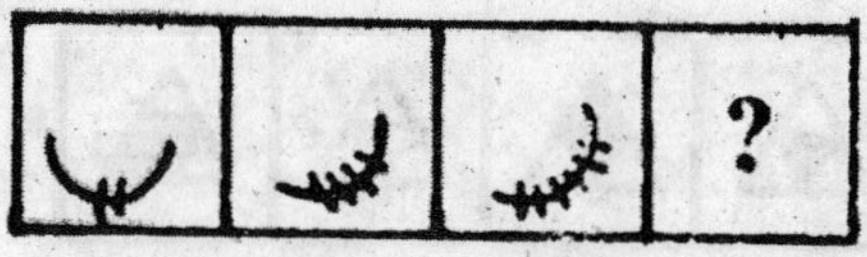

(A) (B) (C) (D)

26. 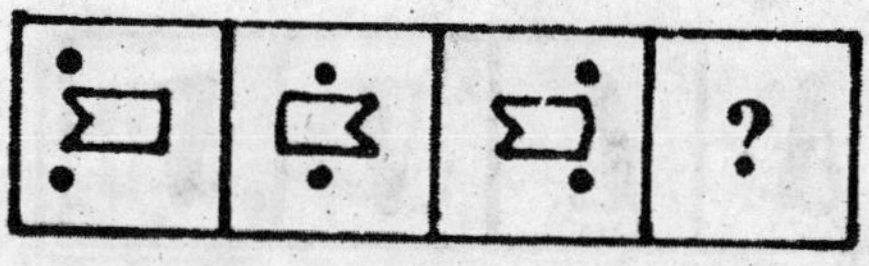

(A) (B) (C) (D)

27. 

(A) (B) (C) (D)

28. 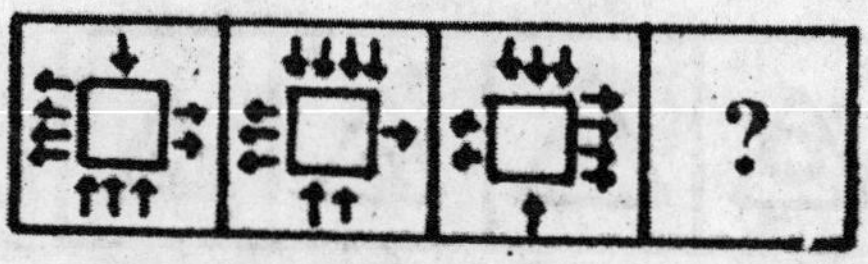

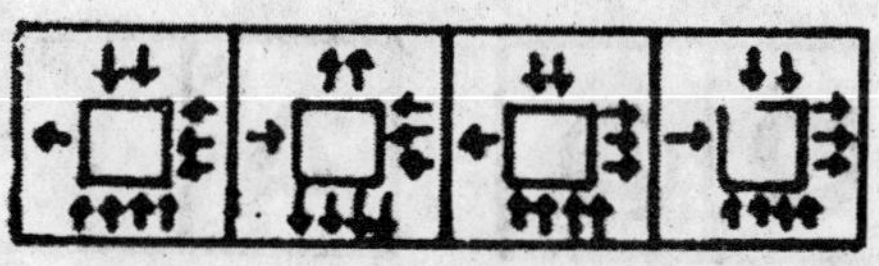

(A) (B) (C) (D)

29. 

(A) (B) (C) (D)

30. 

(A) (B) (C) (D)

खण्ड-III

निर्देश (प्रश्न 31 से 45 तक): *प्रश्नों में तीन समस्या-आकृतियों के बाद चौथी के स्थान पर प्रश्नसूचक चिह्न लगा दिया गया है। पहली और दूसरी समस्या-आकृतियों में आपस में कुछ संबंध है तथा इसी प्रकार तीसरी और चौथी में भी। उत्तर-आकृतियों में से उस आकृति को चुनिए जो प्रश्नसूचक चिह्न वाले स्थान पर ठीक बैठ सके। उस आकृति के अक्षर (A, B, C या D) पर घेरा लगाइए।*

समस्या-आकृतियाँ | **उत्तर-आकृतियाँ**

31. 

(A) (B) (C) (D)

32. 

(A) (B) (C) (D)

33. 

(A) (B) (C) (D)

34. 

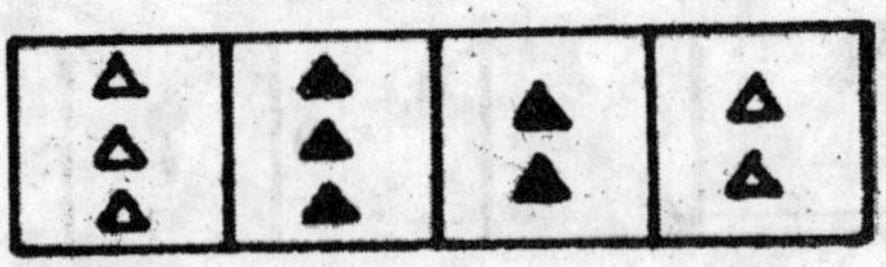

(A) (B) (C) (D)

35. 

(A) (B) (C) (D)

36. 

(A) (B) (C) (D)

37. 

(A) (B) (C) (D)

समस्या-आकृतियाँ | उत्तर-आकृतियाँ

38. 

(A) (B) (C) (D)

39. 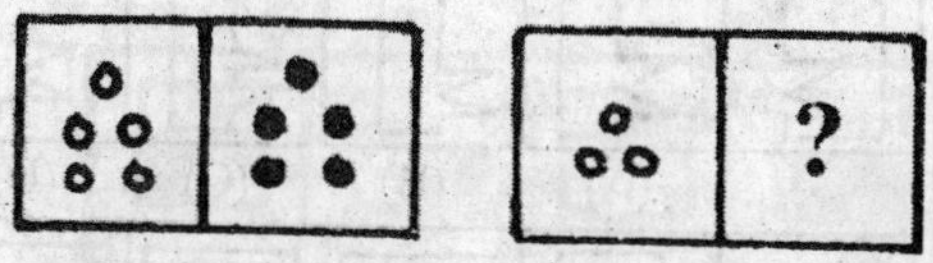

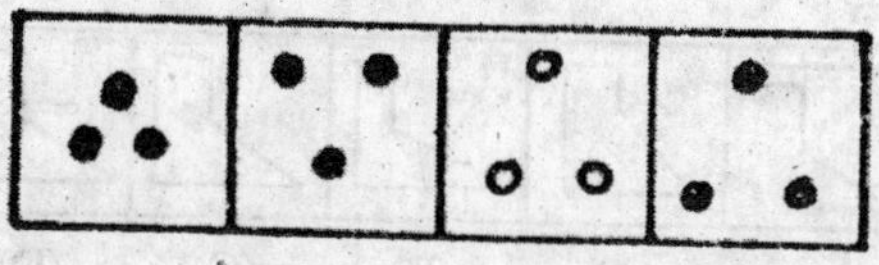

(A) (B) (C) (D)

40. 

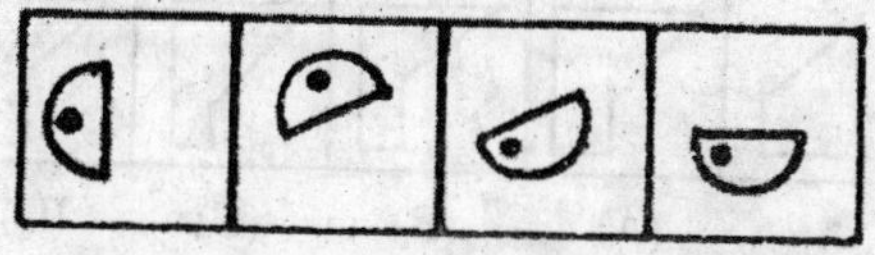

(A) (B) (C) (D)

41- 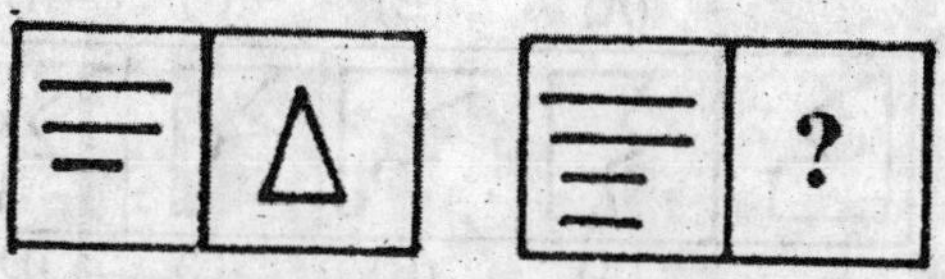

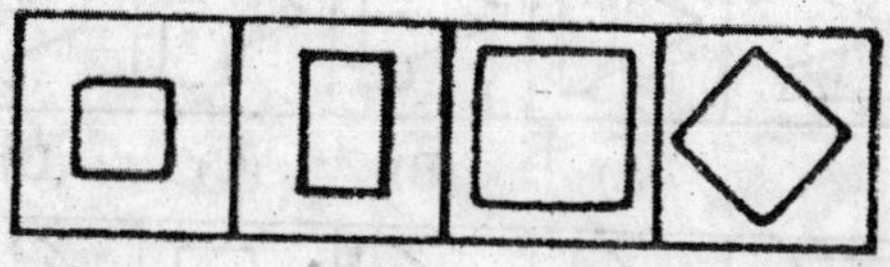

(A) (B) (C) (D)

42. 

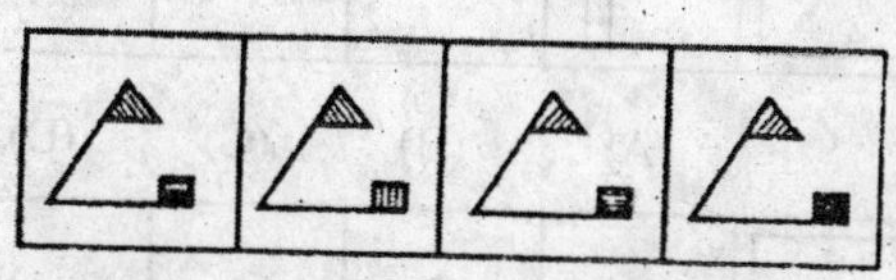

(A) (B) (C) (D)

43. 

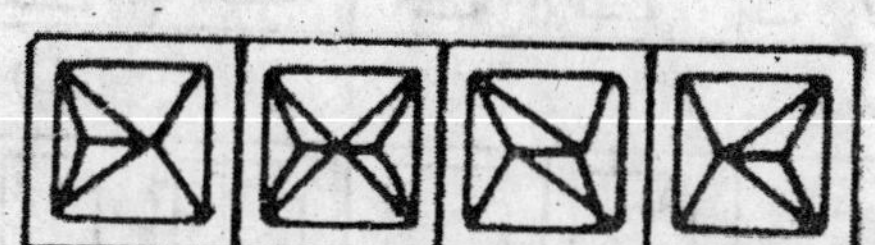

(A) (B) (C) (D)

44. 

(A) (B) (C) (D)

5. 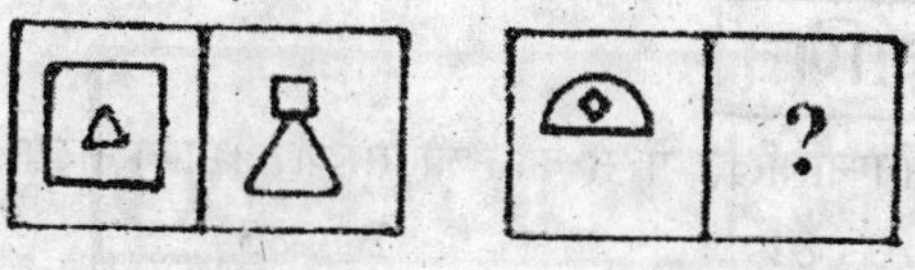

(A) (B) (C) (D)

खण्ड-III

निर्देश (प्रश्न 46 से 60 तक): *प्रत्येक प्रश्न में समस्या आकृति दी गई है जिसमें वर्ग का एक भाग दिया गया है और दूसरा भाग A, B, C, D अक्षर वाली चार आकृतियों में से कोई एक है। उन उत्तर-आकृतियों में से वह भाग ढूँढिए जिससे वर्ग पूरा हो सके। यही आपका उत्तर है।*

समस्या-आकृति उत्तर-आकृतियाँ

46. 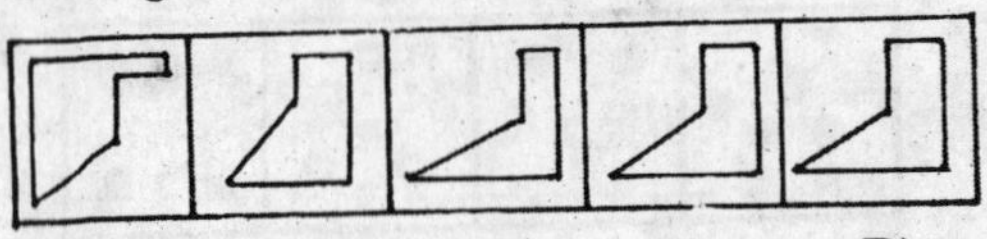

(A) (B) (C) (D)

47. 

(A) (B) (C) (D)

48. 

(A) (B) (C) (D)

49. 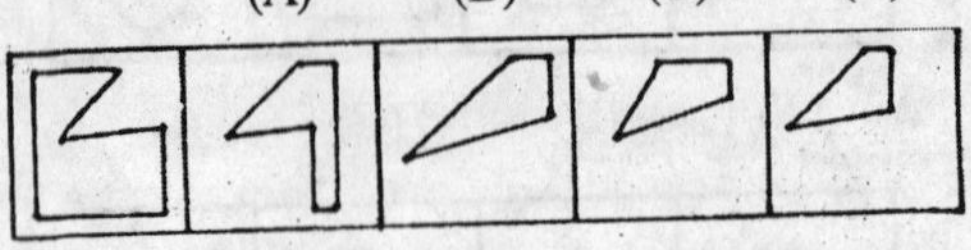

(A) (B) (C) (D)

50. 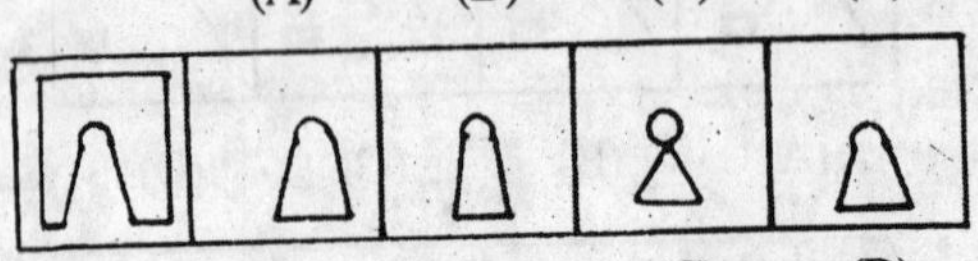

(A) (B) (C) (D)

51. 

(A) (B) (C) (D)

52. 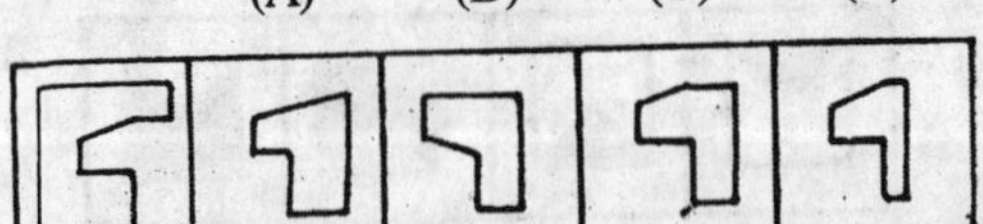

(A) (B) (C) (D)

समस्या-आकृति उत्तर-आकृतियाँ

53. 

(A) (B) (C) (D)

54. 

(A) (B) (C) (D)

55. 

(A) (B) (C) (D)

56. 

(A) (B) (C) (D)

57. 

(A) (B) (C) (D)

58. 

(A) (B) (C) (D)

59. 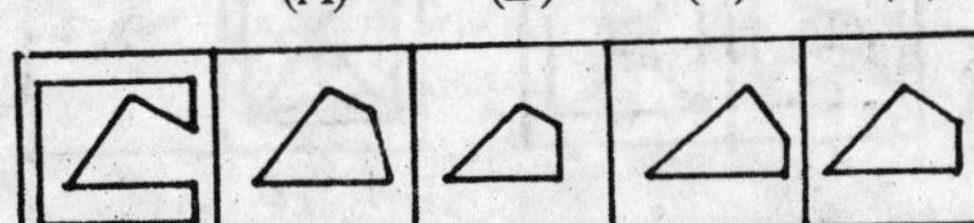

(A) (B) (C) (D)

60. 

(A) (B) (C) (D)

अनुभाग-II : अंकगणित

निर्देश: *प्रत्येक प्रश्न के लिए चार संभावित उत्तर (A, B, C तथा D) दिए हुए हैं। इनमें से केवल एक ही उत्तर सही है। सही उत्तर चुनिए।*

61. निम्नलिखित में से कौन-सी संख्या अभाज्य संख्या है?

A. 81 B. 83

C. 85 D. 87

62. 3082.53 में 8 का स्थानीय मान क्या है?

A. 80 B. 8
C. 8/10 D. 8/100

63. 15, 20 और 30 का लघुत्तम समापवर्त्य (ल.स.व.) क्या है?

A. $2 \times 2 \times 3 \times 5$ B. $3 \times 4 \times 5 \times 6$
C. $4 \times 3 \times 5 \times 2$ D. $5 \times 3 \times 2$

64. संख्या 143865 निम्नलिखित से विभाज्य है–

A. 3, 4 और 8 B. 5, 2 और 9
C. 2, 3 और 5 D. 3, 5 और 9

65. दो संख्याओं के महत्तम समापवर्तक (म.स.) और लघुत्तम समापवर्त्य (ल.स.व.) क्रमशः 4 और 48 हैं। यदि इनमें से एक संख्या 12 है, तो दूसरी संख्या क्या है?

A. 16 B. 12
C. 8 D. 4

66. राम किसी रविवार को रात में 9:30 पर सोया और अगले दिन 5:50 पर जागा। उसके सोने की अवधि कितनी थी?

A. 8 घंटे 20 मिनट B. 8 घंटे 10 मिनट
C. 7 घंटे 40 मिनट D. 8 घंटे 20 मिनट

67. एक व्यक्ति कार द्वारा 180 किमी की दूरी 3 घंटे में तय करता है। इसी चाल से अगले 120 किमी की दूरी तय करने के लिए उसे और कितना समय लगेगा?

A. 1½ घंटे B. 2 घंटे
C. 2½ घंटे D. 2¼ घंटे

68. निम्नलिखित में कौन-सी संख्याएँ अवरोही (घटते हुए) क्रम में लिखी हुई है?

A. 12.075, 12.705, 12.750
B. 12.750, 12.705, 12.075
C. 12.750, 12.075, 12.705
D. 12.075, 12.750, 12.705

69. निम्नलिखित में से कौन 9 के बराबर है?

A. 15×0.006 B. 15×0.060
C. 150×0.600 D. 15×0.600

70. व्यंजक $2 - 3 + 4 + 3 - 3 - 2$ का मान क्या है?

A. 1 B. 2
C. 3 D. 4

71. संख्याओं 10, 19, 21, 22 और 28 का औसत क्या है?

A. 21 B. 20
C. 19 D. 18

72. 18 और 24 में उभयनिष्ठ गुणनखंडों की संख्या है–

A. 1 B. 8
C. 6 D. 4

73. निम्नलिखित में से कौन 0.635 के बराबर है?

A. 6.35% B. 63.5%
C. 635.0% D. 6350%

74. एक वर्ग का परिमाप 144 मी. है। उसका क्षेत्रफल कितना है?

A. 12 वर्ग मी. B. 72 वर्ग मी.
C. 1296 वर्ग मी. D. 1728 वर्ग मी.

75. एक विद्यार्थी ने पहले टैस्ट में 25 में से 18 अंक प्राप्त किये तथा दूसरे टैस्ट में 25 में से 22 अंक प्राप्त किये। दूसरे टैस्ट में उसने कितने प्रतिशत अधिक अंक प्राप्त किए?

A. 4% B. 8%
C. 16% D. 20%

76. 250 संतरों में से 50 संतरे एक कक्षा में बाँट दिए गये। कितने प्रतिशत संतरे बचे रहे?

A. 20% B. 25%
C. 75% D. 80%

77. एक व्यक्ति 24 रु. प्रति दर्जन की दर से 2 दर्जन संतरे खरीदता है तथा उन्हें 3 रु. प्रति संतरे की दर से बेच देता है। उसका लाभ या हानि कितनी है?

A. 12 रु. का लाभ B. 12 रु. की हानि
C. 24 रु. का लाभ D. 24 रु. की हानि

78. 10000 रु. की एक धनराशि 18% वार्षिक ब्याज की दर से साधारण ब्याज पर लगाई जाती है। उससे प्राप्त मासिक ब्याज कितना होगा?

A. 100 रु. B. 120 रु.
C. 150 रु. D. 180 रु.

79. 5 कलमों का मूल्य 15 पेंसिलों के मूल्य के बराबर है। 90 पेंसिलों के बदले में कितने कलम लिए जा सकते हैं?

A. 6 कलम B. 18 कलम
C. 30 कलम D. 75 कलम

80. व्यंजक $\frac{3}{4} + 1\frac{1}{4} - \frac{1}{4}$ का क्या मान है?

A. $\frac{3}{10}$ B. $\frac{3}{5}$
C. $1\frac{1}{3}$ D. $1\frac{3}{4}$

अनुभाग-III : भाषा

निर्देशः *इस अनुभाग में चार गद्यांश हैं। प्रत्येक गद्यांश पर पांच प्रश्न पूछे गये हैं। प्रश्नों के उत्तर देने से पहले गद्यांशों को ध्यान से पढ़ें। प्रत्येक प्रश्न के लिए चार संभावित उत्तर (A, B, C तथा D) सुझाए गये हैं, जिनमें से केवल एक उत्तर ही सही है। आप सही उत्तर चुनिए।*

गद्यांश-1

एक व्यापारी को एक दिन तीसरे पहर अपने रसोई घर में एक साँप दिखाई दिया। उसे साँप मारना नहीं आता था। इसलिए उसने उस साँप को एक बर्तन से ढक दिया। फिर वह अपने मित्रों से मिलने चला गया। उस रात उसके घर कुछ चोर आए। रसोई घर में रखे हुए उस बर्तन को देख कर वे खुशी से चिल्ला कर बोले, "ओहो! व्यापारी ने इस बर्तन में कोई मूल्यवान वस्तु रखी है। क्यों न हम इसे ले जाएँ।" जैसे ही उन्होंने बर्तन उठाया साँप उन्हें डसने बढ़ा। चोर घबराकर घर से भाग निकले। वे कुछ भी नहीं चुरा पाए।

81. व्यापारी को अपने घर पर क्या मिला?

A. साँप B. बर्तन

C. चोर D. घर

82. व्यापारी ने साँप को बर्तन से ढक दिया था, क्योंकि–

A. वह चोरों को डराना चाहता था

B. वह साँप को पालना चाहता था

C. उसने सोचा कि वह उपयोगी रहेगा

D. उसे साँप मारना नहीं आता था

83. उस रात घर में कौन आए?

A. व्यापारी B. चोर

C. साँप D. मित्र

84. चोरों ने बर्तन को इसलिए उठाया कि–

A. वे उसे लेना चाहते थे

B. वह उन्हें दिखाई दे गया था

C. उनके विचार से उसमें कोई मूल्यवान वस्तु थी

D. वे साँप को लेना चाहते थे

85. चोर घर से भाग निकले, क्योंकि–

A. व्यापारी जाग गया था

B. वे साँप से डर गए थे

C. वे कुछ भी चुराना नहीं चाहते थे

D. रसोईघर में खाने को कुछ नहीं था

गद्यांश-2

भारत की सभ्यता संसार की प्राचीनतम सभ्यताओं में से एक है। विद्या का केन्द्र होने के कारण अनेक देशों के लोग यहाँ के महान गुरुओं के पास शिक्षा प्राप्त करने आते थे। उन दिनों भारत व्यापार एवं वाणिज्य का भी केन्द्र था। भारतीय वस्तुएँ विश्व भर में प्रसिद्ध थीं। पूर्व तथा पश्चिम से व्यापारी स्थल मार्ग तथा समुद्री मार्ग से भारतीय माल खरीदने आते थे। भारत अब फिर से वाणिज्य और उद्योग का केन्द्र बन रहा है। अनेक देशों को भारतीय वस्तुएँ भेजी जाती हैं। भारतीय तकनीशियन तथा वैज्ञानिक भारत से बाहर अनेक देशों में कार्य कर रहे हैं।

86. हम लोग भारत आते थे–

A. शिक्षा प्राप्त करने के लिए

B. शिक्षा देने के लिए

C. आनन्द के लिए

D. माल बेचने के लिए

87. भारत विद्या का केन्द्र था, क्योंकि–

A. यह एक केन्द्रीय स्थान था

B. इसकी सभ्यता प्रचीन थी

C. यहाँ महान् गुरु थे

D. यहाँ अत्यन्त कुशल कारीगर थे

88. भारत इनका भी केन्द्र था–

A. कला एवं संस्कृति का

B. व्यापार एवं वाणिज्य का

C. विज्ञान एवं प्रौद्योगिकी का

D. संगीत एवं नृत्य का

89. व्यापारी भारतीय वस्तुएँ खरीदने आते थे, क्योंकि वे वस्तुएँ–

A. महँगी थीं B. सस्ती थीं

C. उपयोगी थीं D. प्रसिद्ध थीं

90. इस गद्यांश के लिए कौन-सा शीर्षक सबसे अधिक उपयुक्त है?

A. भारत जो महान् था

B. विद्या का केन्द्र भारत

C. भारत में व्यापार और वाणिज्य

D. भारत में आने वाले विदेशी यात्री

गद्यांश-3

"लोग हंस की प्रशंसा करते हैं और मुझे काला कहते हैं। मैं तो हंस से भी तेज उड़ सकता हूँ। क्यों न मैं उसे उड़ने के मुकाबले के लिए ललकारूँ और उसे हरा दूँ। तब लोग मेरी प्रशंसा करेंगे और उसका अनादर।" यह सोचकर कौए ने हंस को समुद्र के बीच में स्थित एक द्वीप तक एक साथ उड़ने के लिए ललकारा। हंस तैयार नहीं हुआ किंतु कौए ने जिद्द न छोड़ी। दोनों ने उड़ना शुरू किया। आरंभ में कौआ तेज गति से उड़ता हुआ हंस से आगे निकल गया। हंस अपनी सामान्य गति से उड़ता रहा। कौआ शीघ्र ही थक गया और नीचे गिरने लगा। हंस को उस पर दया आई। उसने कौए को अपने पंखों पर बैठाकर द्वीप तक सुरक्षित पहुँचा दिया। कौआ अपने पर बहुत लज्जित हुआ।

91. कौआ–
A. चतुर था B. घमंडी था
C. विनम्र था D. ईर्ष्यालु था

92. हंस ने–
A. कौए के प्रस्ताव का स्वागत किया
B. कौए के प्रस्ताव को एकदम अस्वीकार कर दिया
C. कौए के प्रस्ताव को अंत में मान लिया
D. कौए के प्रस्ताव का मजाक उड़ाया

93. कौए ने हंस को सलाह दी कि उन्हें–
A. एक दूसरे की सहायता करनी चाहिए
B. उड़ने का मुकाबला करना चाहिए
C. एक साथ द्वीप की यात्रा करनी चाहिए
D. सैर करने चलना चाहिए

94. कौआ हंस को मुकाबले में हराना चाहता था, क्योंकि इससे–
A. उसे प्रशंसा मिलेगी
B. हंस को प्रशंसा मिलेगी
C. हंस को काला कहा जाएगा
D. हंस को उस पर दया आ जायेगी

95. कौए के विपरीत हंस अपनी सामान्य गति से उड़ा, क्योंकि उसे–
A. कौए से डर लगता था
B. अपने पर गर्व था
C. परिणाम के बारे में भरोसा नहीं था
D. अपने पर भरोसा था

गद्यांश-4

जब तुम साफ रात्रि में आकाश की ओर देखते होगे तो तुम्हें दूर-दूर तक हजारों तारे टिमटिमाते हुए दिखाई दिए होंगे। उन्हें देखकर लगता है जैसे किसी ने उन्हें आकाश की काली पृष्ठभूमि पर चिपका रखा है। कई बार तुम्हें अचंभा हुआ होगा कि वे हर रात एक ही जगह पर कैसे बने रहते हैं, गिर क्यों नहीं जाते। रोचक तथ्य तो यह है कि तारे वास्तव में एक जगह स्थिर नहीं रहते हैं। जिस प्रकार पृथ्वी तथा अन्य आठ ग्रह सूर्य के चारों ओर अपने-अपने पथ पर चलते रहते हैं, वे भी उसी प्रकार अपने पथ पर धीरे-धीरे चलते रहते हैं। तुम्हें लगता है कि तारे एक ही जगह स्थिर रहते हैं क्योंकि तुम उन्हें चलते हुए नहीं देख सकते हो। इसका कारण यह है कि वे हमसे हजारों-हजारों किलोमीटर दूर हैं। जब वे चलते हुए भी होते हैं तब भी ऐसा लगता है कि वे एक ही जगह पर हैं। इसके अतिरिक्त एक शक्ति है जिसे हम गुरुत्वाकर्षण शक्ति कहते हैं जिसके कारण चलते समय भी तारे अपने पथ पर बने रहते हैं। यह उनको एक-दूसरे से टकराने से भी बचाती है।

96. साफ रात्रि में आकाश की ओर देखने पर तुम्हें दिखाई देता है कि–
A. तारे एक पथ पर धीरे-धीरे चल रहे हैं
B. ग्रह अपने पथ पर चल रहे हैं
C. दूर आकाश में तारे टिमटिमा रहे हैं
D. तारे एक-दूसरे के बहुत पास दिखाई दे रहे हैं

97. इस गद्यांश में किस रोचक तथ्य का उल्लेख किया गया है?
A. तारे आकाश में चिपका दिए गए हैं
B. तारे एक जगह स्थित नहीं रहते हैं
C. ग्रह सूर्य के इर्द-गिर्द घूमते हैं
D. गुरुत्वाकर्षण शक्ति तारों को अपने स्थान पर स्थिर रखती है

98. हम तारों को चलते हुए नहीं देख सकते, क्योंकि–
A. वे हमसे बहुत दूर हैं
B. वे टिमटिमाते हैं
C. गुरुत्वाकर्षण शक्ति ने उन्हें अपने स्थान पर स्थिर कर दिया है
D. रात्रि को आकाश साफ नहीं होता है

99. 'यह उनको एक-दूसरे से टकराने से भी बचाती है' इस वाक्य मे "यह" से तात्पर्य है–
A. आकाश B. सूर्य
C. विशाल दूरी D. गुरुत्वाकर्षण शक्ति

100. तारों के चलते समय अपने पथ पर बने रहने का कारण है–
A. उनकी बहुत दूरी B. उनका न गिरना
C. उनकी धीमी गति D. गुरुत्वाकर्षण शक्ति

उत्तरमाला

1	2	3	4	5	6	7	8	9	10
A	B	C	D	A	B	A	D	B	A
11	12	13	14	15	16	17	18	19	20
B	C	D	D	C	A	B	D	A	C
21	22	23	24	25	26	27	28	29	30
D	A	C	B	C	C	A	C	D	D
31	32	33	34	35	36	37	38	39	40
D	A	B	A	A	C	C	B	A	A
41	42	43	44	45	46	47	48	49	50
B	C	D	A	A	D	A	B	D	A
51	52	53	54	55	56	57	58	59	60
B	C	A	B	C	D	B	C	D	C
61	62	63	64	65	66	67	68	69	70
B	A	A	D	A	A	B	B	D	A
71	72	73	74	75	76	77	78	79	80
B	D	B	C	C	D	C	C	C	D
81	82	83	84	85	86	87	88	89	90
A	D	B	C	B	A	C	B	D	C
91	92	93	94	95	96	97	98	99	100
D	C	B	A	D	C	B	A	D	D

पिछले प्रश्न-पत्र (हल सहित)

जवाहर नवोदय विद्यालय प्रवेश परीक्षा, 1992

अनुभाग-I

मानसिक योग्यता परीक्षा

खण्ड-I

निर्देश (प्रश्न 1 से 15 तक): *प्रत्येक प्रश्न में रेखा के बाईं तरफ एक समस्या-आकृति दी गई है। दाईं ओर दी गई A, B, C, D उत्तर-आकृतियों को देखिए। उस आकृति को ढूंढिए जो बिना अपनी दिशा बदले समस्या–आकृति के गायब भाग में इस तरह ठीक बैठती है कि समस्या–आकृति का पैटर्न पूरी तरह बन जाता है। उसके नीचे के अक्षरांक पर घेरा बना दीजिए।*

समस्या-आकृति | उत्तर-आकृतियाँ

1.  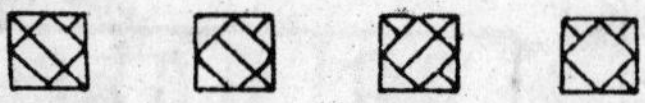
(A) (B) (C) (D)

2.  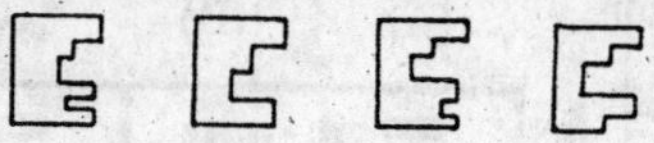
(A) (B) (C) (D)

3.  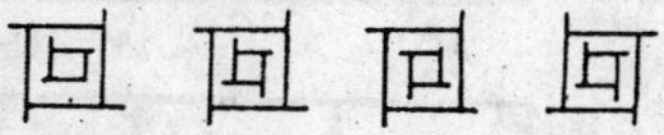
(A) (B) (C) (D)

4. 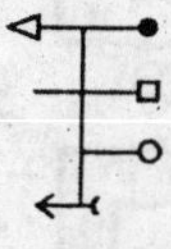 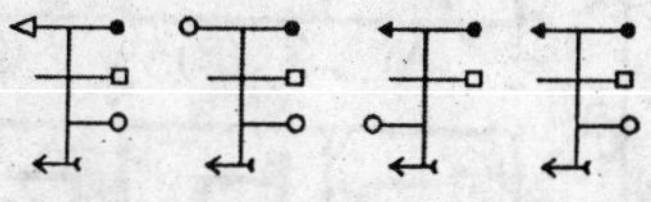
(A) (B) (C) (D)

5.  
(A) (B) (C) (D)

6.  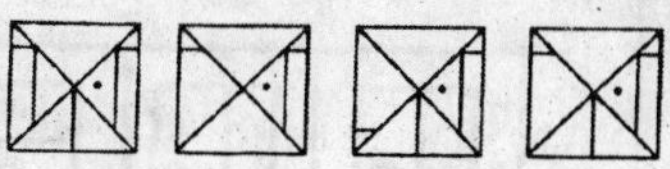
(A) (B) (C) (D)

समस्या-आकृति | उत्तर-आकृतियाँ

7. 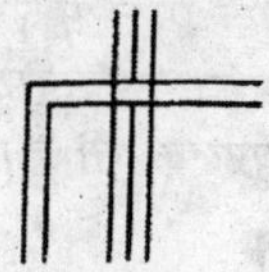 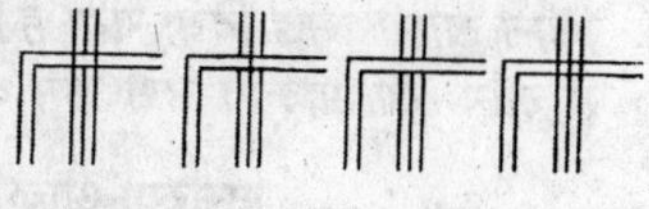
(A) (B) (C) (D)

8.  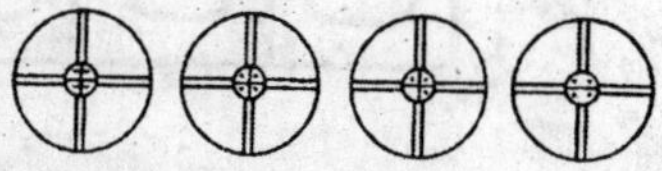
(A) (B) (C) (D)

9. 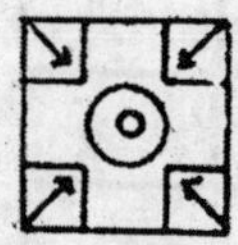 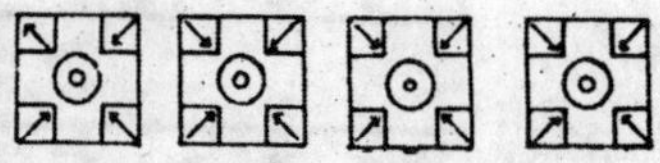
(A) (B) (C) (D)

10.  
(A) (B) (C) (D)

11.  
(A) (B) (C) (D)

12.  
(A) (B) (C) (D)

13. 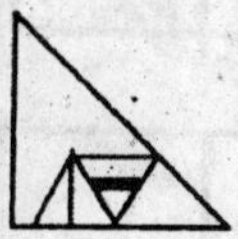 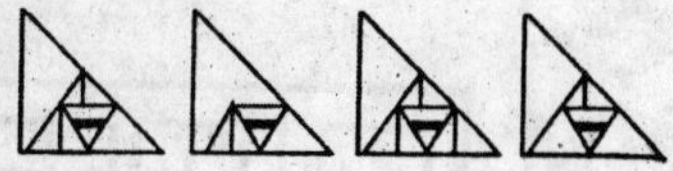
(A) (B) (C) (D)

	समस्या-आकृति	उत्तर-आकृतियाँ
14.	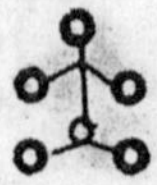	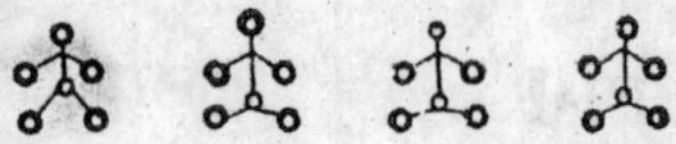 (A) (B) (C) (D)
15.		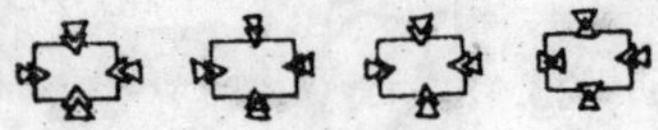 (A) (B) (C) (D)

खण्ड-II

निर्देश (प्रश्न 16 से 30 तक): *प्रत्येक प्रश्न में रेखा के बाईं ओर तीन समस्या-आकृतियाँ दी गई हैं तथा चौथी के लिए स्थान खाली छोड़ दिया गया है। समस्या-आकृतियाँ एक क्रम में हैं। पता लगाइए कि दाईं ओर दी गई उत्तर-आकृतियों में से कौन–सी आकृति उस क्रम को पूरा करती है। उस आकृति के अक्षर* (A, B, C *या* D) *पर घेरा लगाइए।*

	समस्या-आकृतियाँ	उत्तर-आकृतियाँ
16.		 (A) (B) (C) (D)
17.		 (A) (B) (C) (D)
18.		 (A) (B) (C) (D)
19.		 (A) (B) (C) (D)
20.		 (A) (B) (C) (D)
21.	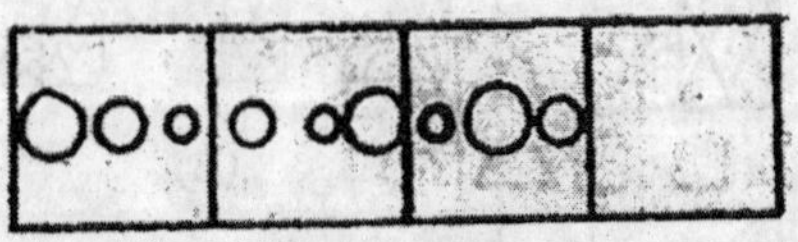	 (A) (B) (C) (D)
22.	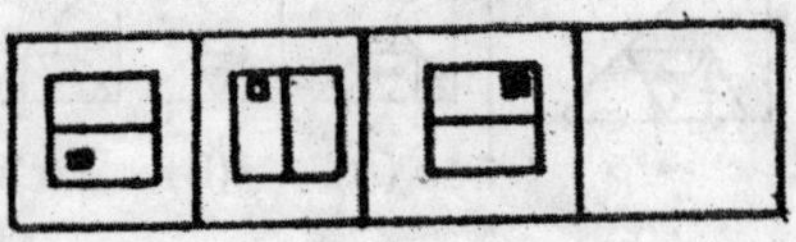	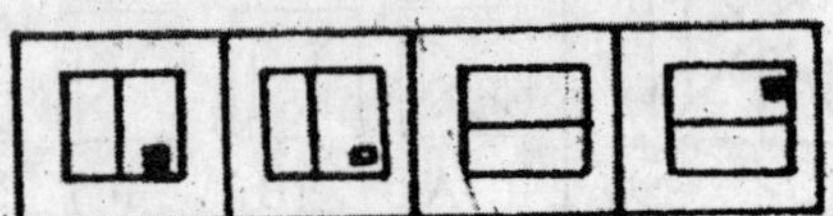 (A) (B) (C) (D)

	समस्या-आकृतियाँ	उत्तर-आकृतियाँ
23.	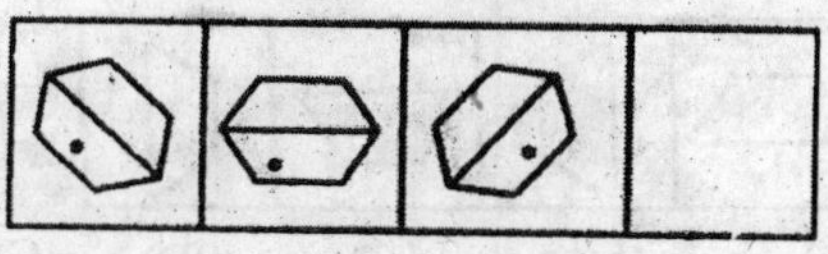	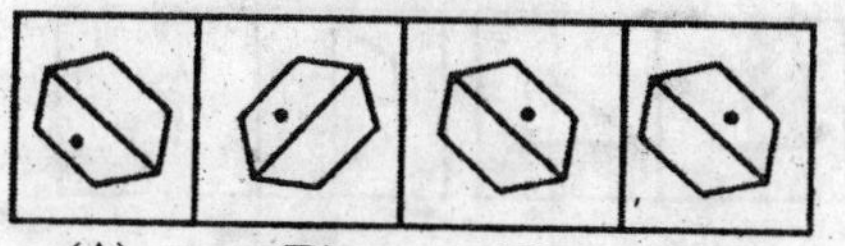 (A) (B) (C) (D)
24.		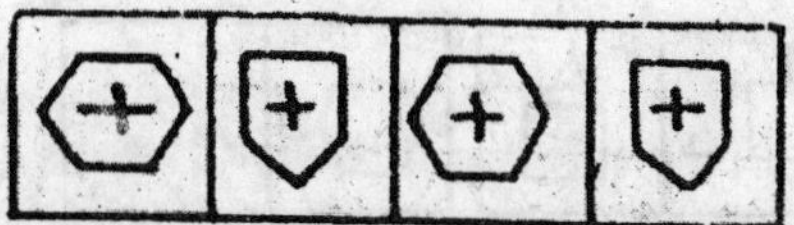 (A) (B) (C) (D)
25.		 (A) (B) (C) (D)
26.		 (A) (B) (C) (D)
27.		 (A) (B) (C) (D)
28.		 (A) (B) (C) (D)
29.		 (A) (B) (C) (D)
30.	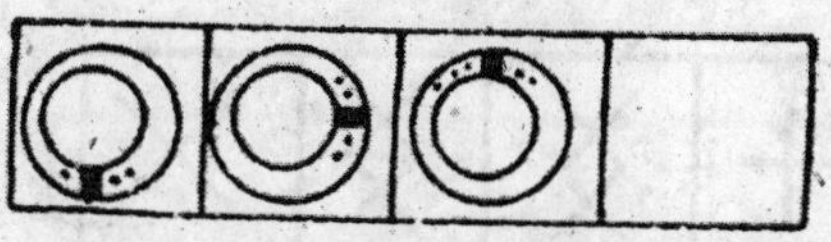	 (A) (B) (C) (D)

खण्ड-III

निर्देश (प्रश्न 31 से 45 तक): *प्रत्येक प्रश्न में तीन समस्या-आकृतियाँ हैं और चौथी के स्थान पर प्रश्न सूचक चिन्ह बना हुआ है। प्रथम दो समस्या–आकृतियों में आपसी संबंध हैं। इसी प्रकार का आपसी संबंध तीसरी और चौथी समस्या–आकृतियों के बीच होना चाहिए। उत्तर–आकृतियों में से एक ऐसी आकृति चुनिए जो प्रश्न सूचक चिन्ह वाले स्थान के लिए ठीक बैठ सके। उसके नीचे लिखी संख्या के चारों ओर घेरा बना दीजिए।*

समस्या-आकृतियाँ | **उत्तर-आकृतियाँ**

31. 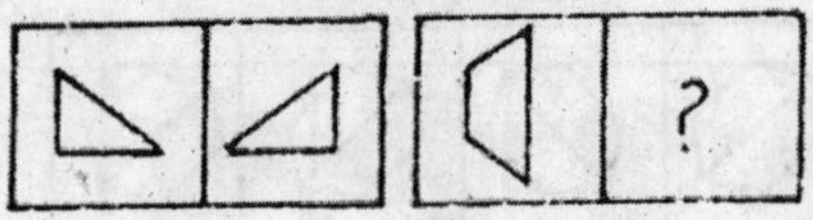 

(A) (B) (C) (D)

32. 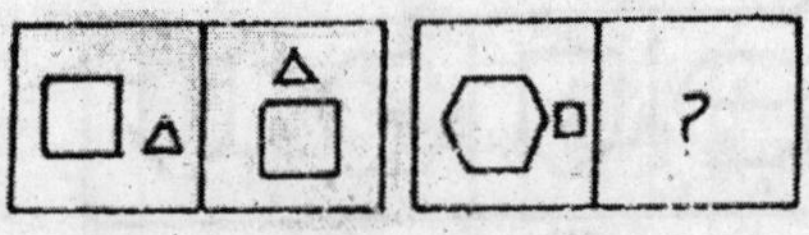 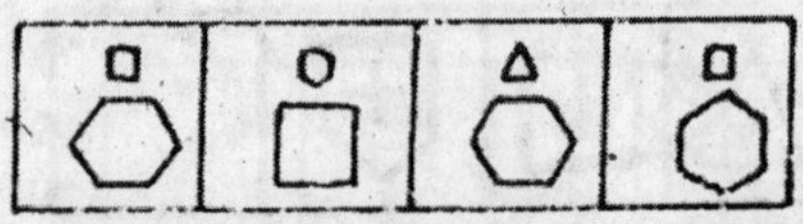

(A) (B) (C) (D)

33.  

(A) (B) (C) (D)

34.  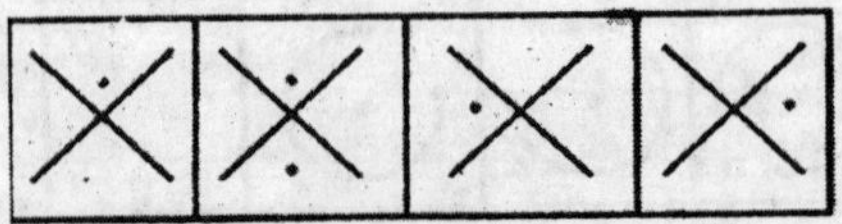

(A) (B) (C) (D)

35.  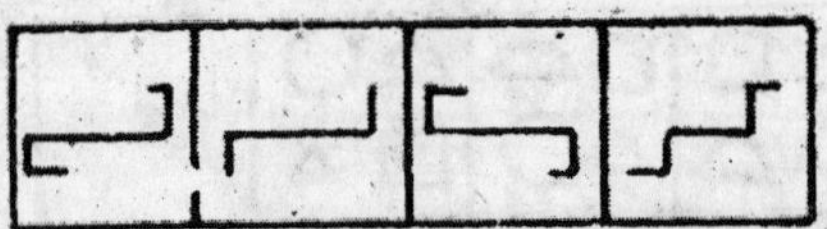

(A) (B) (C) (D)

36.  

(A) (B) (C) (D)

37.  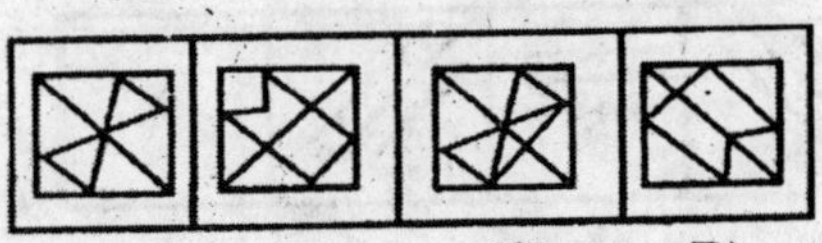

(A) (B) (C) (D)

38. 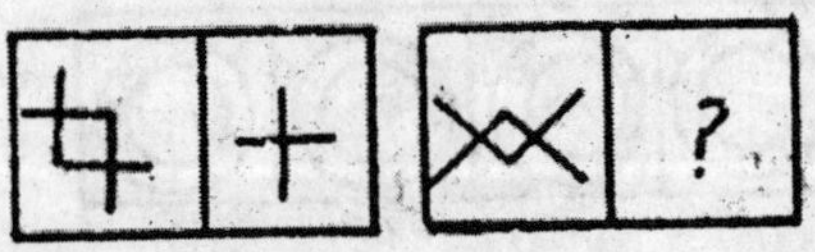 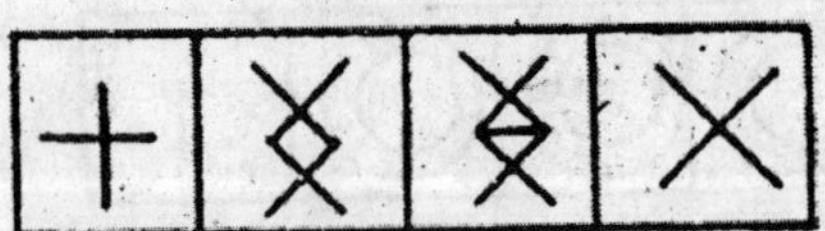

(A) (B) (C) (D)

39.  

(A) (B) (C) (D)

समस्या-आकृतियाँ | **उत्तर-आकृतियाँ**

40.  

(A) (B) (C) (D)

41.  

(A) (B) (C) (D)

42. 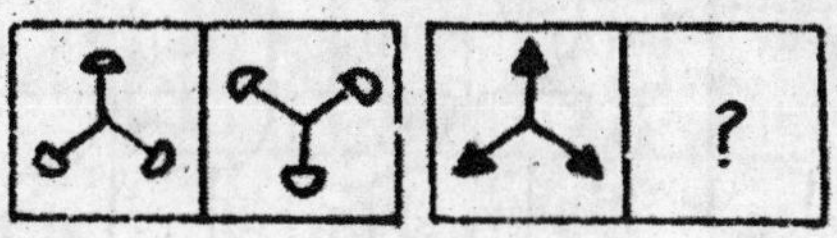 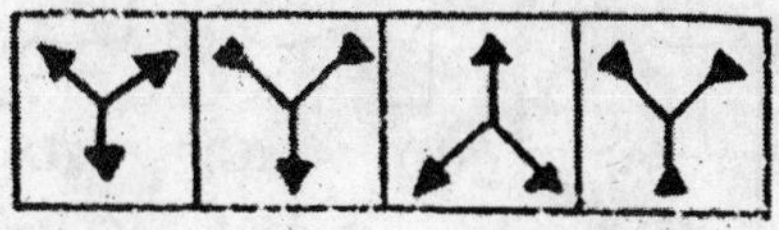

(A) (B) (C) (D)

43. 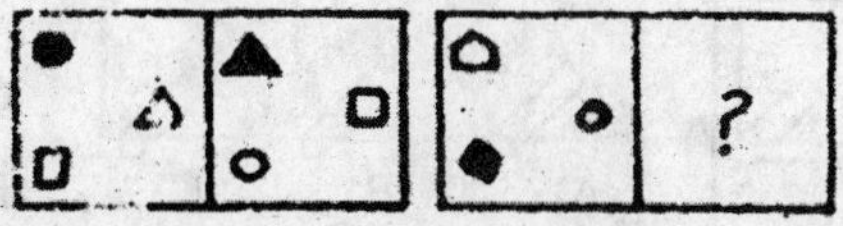 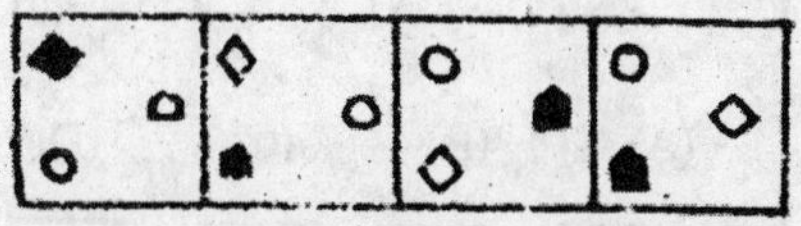

(A) (B) (C) (D)

44.  

(A) (B) (C) (D)

45. 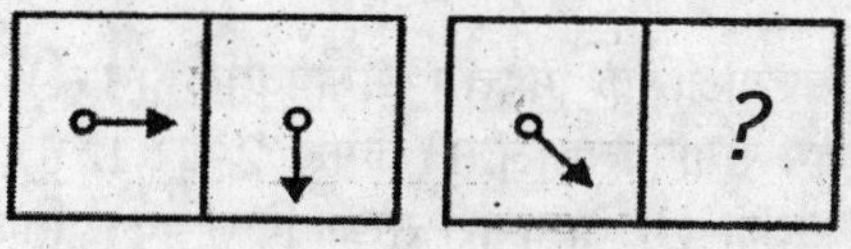 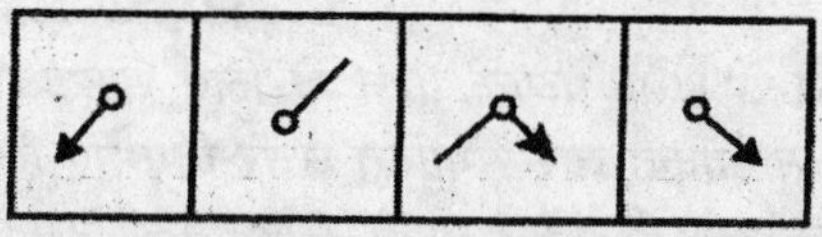

(A) (B) (C) (D)

खण्ड-IV

निर्देश (प्रश्न 46 से 60 तक): *प्रत्येक प्रश्न में एक 'वर्ग' का एक भाग रेखा की बाईं ओर दिया गया है और दूसरा भाग रेखा के दाहिनी ओर दी गई A, B, C, D अक्षर वाली चार आकृतियों में से कोई एक है। दाहिने हाथ की ओर दी गई उत्तर– आकृतियों में से वह भाग ढूंढ़िए जिससे वर्ग पूरा हो सके। फिर उस आकृति के नीचे दी गई संख्या के चारों ओर घेरा बना दीजिए।*

समस्या-आकृति | **उत्तर-आकृतियाँ**

46.  

(A) (B) (C) (D)

समस्या-आकृति | **उत्तर-आकृतियाँ**

47.  

(A) (B) (C) (D)

48.  

(A) (B) (C) (D)

49.  

(A) (B) (C) (D)

समस्या-आकृति	उत्तर-आकृतियाँ

50. 
(A) (B) (C) (D)

51. 
(A) (B) (C) (D)

52. 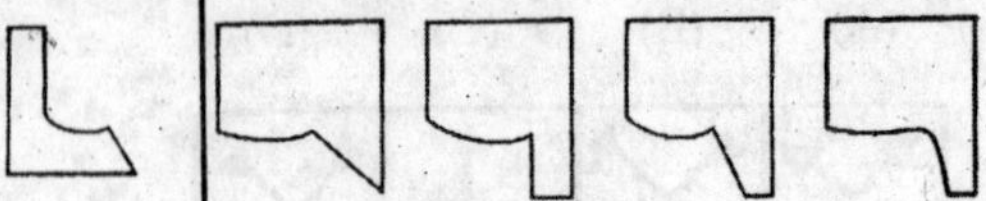
(A) (B) (C) (D)

53. 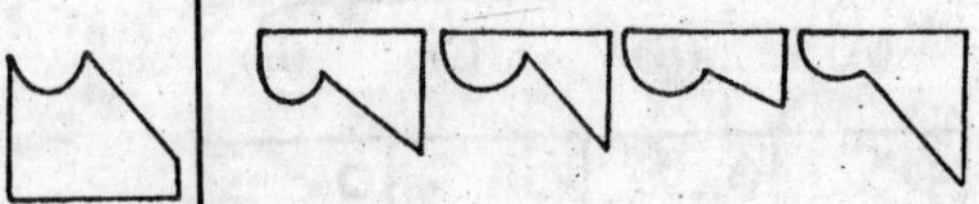
(A) (B) (C) (D)

54. 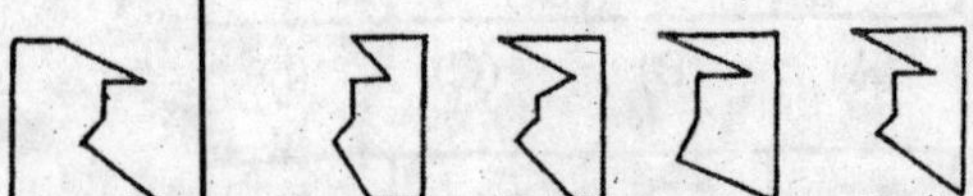
(A) (B) (C) (D)

समस्या-आकृति	उत्तर-आकृतियाँ

55. 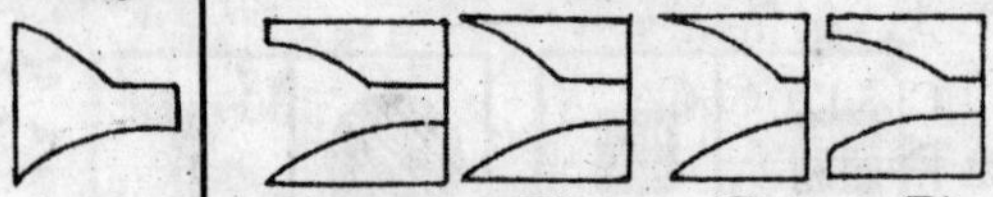
(A) (B) (C) (D)

56. 
(A) (B) (C) (D)

57. 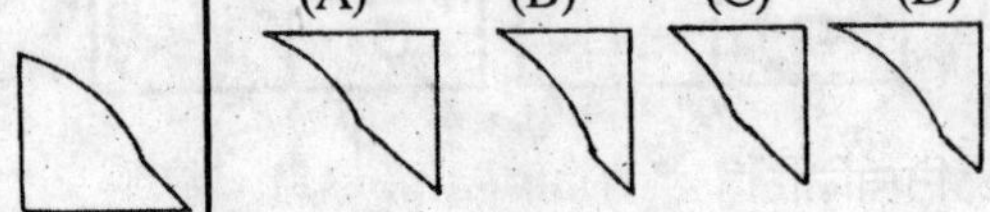
(A) (B) (C) (D)

58. 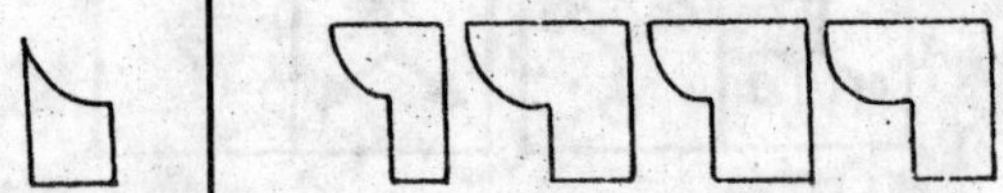
(A) (B) (C) (D)

59. 
(A) (B) (C) (D)

60. 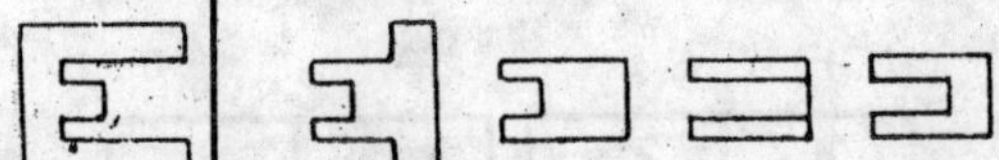
(A) (B) (C) (D)

अनुभाग-II : अंकगणित

निर्देश (प्रश्न 61 से 80): *प्रत्येक प्रश्न के लिए संख्याओं A, B, C और D से अंकित चार संभावित उत्तर दिए हुए हैं। इनमेंसे केवल एक उत्तर ही सही है। सही उत्तर चुनकर उसके पास में दी हुई संख्या पर घेरा लगाइए।*

61. 27307 में आए दो 7 के स्थानीय मानों का अंतर क्या है?

A. 6993 B. 7300
C. 307 D. 40

62. 1 और 10 के बीच में कितनी अभाज्य संख्याएँ है?

A. 2 B. 3
C. 4 D. 5

63. निम्नलिखित में से कौन–सी संख्या 8 से विभाज्य है?

A. 1324 B. 1432
C. 3142 D. 3214

64. 3, 4, 6 और 10 का लघुत्तम समापवर्त्य (ल.स.) क्या है?

A. 720 B. 180
C. 72 D. 60

65. दो संख्याओं के महत्तम समापवर्तक (म.स.) और लघुत्तम समापवर्त्य (ल.स.) क्रमशः 2 और 12 है। यदि एक संख्या 4 है, तो दूसरी संख्या किस प्रकार निकाली जा सकती है?

A. $\frac{2\times 12}{4}$ B. $\frac{2\times 4}{12}$
C. $\frac{4\times 12}{2}$ D. $2\times 4\times 12$

66. एक रेलगाड़ी A से सायं 5.15 पर चलती है तथा B पर अगले दिन सुबह 10.40 पर पहुँचती है। रेलगाड़ी द्वारा यात्रा में लिया गया कुल समय कितना है?

A. 5 घंटे 25 मिनट B. 15 घंटे 55 मिनट
C. 17 घंटे 25 मिनट D. 22 घंटे 40 मिनट

67. एक कार A से B की ओर 40 किमी. प्रति घंटा की चाल से चलना आरम्भ करती है। दो घंटे के अंत में उसने पूरी दूरी की आधा भाग तय कर लिया। A और B के

बीच की दूरी क्या है?

A. 40 किमी. B. 80 किमी.
C. 120 किमी. D. 160 किमी.

68. निम्नलिखित में से कौन–सी संख्याएँ आरोही (बढ़ते हुए) क्रम में लिखी हुई हैं?

A. $\frac{12}{19}\ \frac{12}{25}\ \frac{12}{29}\ \frac{12}{37}$ B. $\frac{12}{29}\ \frac{12}{37}\ \frac{12}{19}\ \frac{12}{25}$

C. $\frac{12}{37}\ \frac{12}{29}\ \frac{12}{19}\ \frac{12}{25}$ D. $\frac{12}{37}\ \frac{12}{29}\ \frac{12}{25}\ \frac{12}{19}$

69. निम्नलिखित में से कौन 1 के बराबर है?

A. $\frac{0.7\times 6}{10\times 4.2}$ B. $\frac{0.7\times 6}{1.0\times 4.2}$

C. $\frac{0.7\times 0.6}{10\times 4.2}$ D. $\frac{7.0\times 6.0}{1.0\times 4.2}$

70. निम्नलिखित में से कौन–सी संख्या व्यंजक $3/2 \div 3/2 \times 2 + 3/2$ के बराबर हैं?

A. 2 B. 6

C. $\frac{7}{2}$ D. $\frac{2}{7}$

71. तीन संख्याओं का औसत 12 है। यदि इनमें से दो संख्याएँ 13 और 15 हैं तो तीसरी संख्या क्या है?

A. 6 B. 8
C. 16 D. 20

72. 24 के गुणनखंडों की कुल संख्या है?

A. 8 B. 7
C. 6 D. 9

73. निम्नलिखित में से कौन 6.25% के बराबर है?

A. 0.00625 B. 0.0625
C. 0.625 D. 6.25

74. किसी वर्ग का क्षेत्रफल 100 वर्ग मी. है। उसकी परिमाप क्या है?

A. 40 मी. B. 100 मी.
C. 140 मी. D. 400 मी.

75. एक आदमी 2400 रु. कमाता है तथा 600 रु. की बचत करता है। उसकी आय का कितने प्रतिशत खर्च हो जाता है?

A. 16% B. 20%
C. 25% D. 75%

76. 20% का 40% क्या है–

A. 8% B. 20%
C. 60% D. 80%

77. एक व्यक्ति किसी वस्तु को बेचकर 15% का लाभ कमाता है। यदि उस वस्तु का विक्रय मूल्य 23 रु. है, तो उसका क्रय मूल्य कितना है?

A. 8 रु. B. 15 रु.
C. 20 रु. D. 22 रु.

78. 1000 रु. पर मासिक साधारण ब्याज 15 रु. है। वार्षिक ब्याज की दर क्या है?

A. 12% B. 15%
C. 18% D. 30%

79. 6 किलोग्राम चावल का मूल्य 8 किलोग्राम गेहूँ के मूल्य के बराबर है। यदि 1 किलोग्राम गेहूँ का मूल्य 6 रु. है, तो 1 किलोग्राम चावल का मूल्य क्या है?

A. 6 रु. B. 8 रु.
C. 12 रु. D. 14 रु.

80. व्यंजक $\{2\,(18-3)\} + 5\,(12-7)$ का मान क्या है?

A. 5 B. 25
C. 30 D. 55

अनुभाग-III : भाषा (हिन्दी)

निर्देश (81 से 100): *इस अनुभाग में चार गद्यांश हैं। प्रत्येक गद्यांश पर पांच प्रश्न पूछे गए हैं। प्रत्येक प्रश्न के लिए अक्षरांक A, B, C, D के अर्न्तगत चार संभावित उत्तर सुझाये गये हैं, जिनमें से केवल एक उत्तर ही सही है। आप सही उत्तर चुनकर संबंधित अक्षरांक के चारों ओर घेरा लगाइये।*

गद्यांश-1

कलकत्ता के एक इलाके में निर्धन तथा मरणासन्न लोगों के लिए 'निर्मल हृदय' नामक एक निवास स्थान है। इसमें केवल ऐसे रोगग्रस्त लोगों को लिया जाता है, जिनकों कोई नहीं चाहता है। इन रोगग्रस्त निर्धन लोगों के बिस्तर के पास बहुधा एक वृद्धा, झुकी हुई, कोमल–हृदया नारी दिखायी पड़ती है, जो अपनी मुस्कान अथवा अपने स्पर्श से निराश्रय, भूखे लोगों को सांत्वना देती दिखायी पड़ती है। यह नारी मदर टेरेसा है, जिन्होंने अपना सम्पूर्ण जीवन निर्धनतम व्यक्तियों के लिए समर्पित कर दिया है। अपने इन निवास–स्थानों में वे केवल उन लोगों को लेती है, जिनके लिए कहीं और ठौर नहीं होती

है। अतः छोटे–छोटे बच्चे जिनकी देखभाल करने वाला कोई भी नहीं है या वृद्ध व्यक्ति जिन्हें कोई भी नहीं चाहता है, स्त्री–पुरुष जो इतने बीमार हैं कि उनका ठीक होना संभव नहीं है, असहाय तथा भूखे भिखारी, इन सभी को मदर टेरेसा के पास आश्रय और सहारा मिलता है। वे सबकी एक समान देखभाल करती हैं, चाहे वे किसी भी जाति अथवा धर्म के हों। मदर टेरेसा उनके लिए एक मूर्तिमान संत हैं।

81. 'निर्मल हृदय' है–
A. रोगियों और निर्धनों के लिए एक निवास–स्थान
B. मदर टेरेसा का निवास–स्थान
C. निर्धन रोगियों के लिए अस्पताल
D. एक अवांछित मकान

82. मदर टेरेसा सब धर्मों के लोगों के साथ समान व्यवहार करती हैं। इससे पता चलता है कि–
A. वे अधार्मिक है
B. वे धर्म को नही जानती है
C. वे सब धर्मों का सम्मान करती हैं
D. वे एक धर्मगुरु हैं

83. 'इसमें केवल ऐसे रोगग्रस्त लोगों को लिया जाता है, जिन्हें कोई नहीं चाहता है।' इस वाक्य में 'इसमें' से तात्पर्य है–
A. एक अनाथालय B. कलकत्ता
C. निर्मल हृदय D. अस्पताल

84. मदर टेरेसा एक मूर्तिमान संत हैं, क्योंकि वे–
A. एक महान् महिला हैं
B. अपना जीवन गरीबों के लिए अर्पित कर चुकी है
C. एक महान् धर्मगुरु हैं
D. एक अत्यन्त दयालु महिला हैं

85. इस गद्यांश के लिए कौन–सा शीर्षक सबसे अधिक उपयुक्त है–
A. निर्धनों में अत्यन्त निर्धन
B. निर्मल हृदय
C. मदर टेरेसा
D. गरीबों की सेवा

गद्यांश-2

आज से लगभग 2000 वर्ष पूर्व रोम के जहाज व्यापार की खोज में मालाबार तट तथा तमिलनाडु के पूर्वी तट पर आये। उन दिनों भूमध्यसागर के सभी प्रदेशों पर रोम–साम्राज्य का अधिकार था और रोम के बाजारों में भारत में मिलने वाली विलास–वस्तुओं की माँग थी। रोमवासियों को भारत के मिर्च–मसाले, कपड़े, कीमती जवाहरत, मोर जैसे पक्षी, बंदर जैसे पशु बहुत पसंद थे। रोम के जहाज लाल सागर से अरब सागर होते हुए मालाबार–तट अथवा पूर्वी तट पर आया करते थे। वे अपने जहाजों पर वांछित माल भर कर बदले में सोना देकर वापस रोम चले जाते थे। रोम से प्राप्त सोने से दक्षिण भारतीय राज्य बहुत धनी हो गए।

86. लगभग 2000 वर्ष पूर्व रोम निवासी मालाबार–तट पर आये थे–
A. सोने की खोज में B. जहाजों की खोज में
C. व्यापार की खोज में D. राजाओं की खोज में

87. रोम के सम्राटों के नियंत्रण में थे–
A. लाल सागर B. अरब सागर
C. मालाबार–तट D. भूमध्य सागर के प्रदेश

88. प्राचीन काल में रोम के लोगों ने–
A. भारत से बहुत सोना प्राप्त किया
B. तमिलनाडु से आये पर्यटकों का स्वागत किया
C. भारत में मिलने वाली विलास–वस्तुओं को बहुत पसंद किया
D. भारत को विलास–वस्तुएँ भेजीं

89. दक्षिण भारतीय राज्य बहुत धनी हो गए, क्योंकि–
A. उन्हें रोम से सोना मिला
B. उन्हें रोम से हीरे मिले
C. वहाँ के निवासी धन कमाने के लिए रोम गये
D. उनके राज्यों के आस–पास समुद्री तट था

90. इस गद्यांश से यह पता लगता है कि प्राचीन काल में दक्षिणी भारत के निवासी–
A. रोम से बहुत व्यापार करते थे
B. रोम को जहाज बेचते थे
C. रोम को बहुत मात्रा में सोना बेचते थे
D. रोम से विलास की वस्तुएं प्राप्त करते थे

गद्यांश-3

उस समय की कल्पना करना बहुत कठिन है जब मनुष्य के पास यात्रा के लिए अपने दो पैरों के अतिरिक्त और कुछ नहीं था। उसके पास न तो घोड़ा था और न ऊँट और न कोई बैलगाड़ी थी। वह एक स्थान से दूसरे स्थान तक दूर–दूर पैदल ही जाता था। पहिए के आविष्कार के बाद ही ठेला/छकड़ा बना होगा, किंतु पहिए और ठेले/छकड़े से पहले मनुष्य ने

यात्रा के लिए पशुओं को पालतू बनाना ही सीख लिया होगा। पहिए के आविष्कार से पहले मनुष्य ने शायद जल–परिवहन का उपयोग किया होगा। संभव है नदी में लकड़ी को तैरते हुए देखकर उसे जल–यात्रा का विचार सूझा होगा। हो सकता है कि उसने पहली नाव पेड़ के तने को खोखला करके बनायी हो।

91. मनुष्य आरंभ में यात्रा करता था–

A. नाव के द्वारा B. पैरों से
C. घोड़े की पीठ पर D. बैलगाड़ी के द्वारा

92. मनुष्य ने पहली नाव बनायी थी–

A. लकड़ी को पानी पर तैरते हुए देखकर
B. पशुओं को तैरते देखकर
C. लकड़ी के टुकड़ों को एक साथ बाँधकर
D. पेड़ के तने को खोखला कर के

93. मनुष्य ने पेड़ के तने को इसीलिए खोखला बनाया, क्योंकि वह चाहता था एक–

A. ठेला/छकड़ा बनाना
B. पहिया बनाना
C. नाव बनाना
D. झोंपड़ी बनाना

94. इनमें से पहले क्या घटित हुआ–

A. मनुष्य द्वारा पशुओं को पालतू बनाना
B. मनुष्य द्वारा पहिए का आविष्कार
C. मनुष्य द्वारा ठेले/छकड़ें का निर्माण
D. मनुष्य द्वारा नाव का निर्माण

95. निम्नलिखित में से कौन–सा इस गद्यांश के मुख्य भाव को सबसे अच्छे ढंग से व्यक्त करता है–

A. मनुष्य पशुओं को काफी समय से पालतू बना रहा है
B. मनुष्य ने परिवहन के लिए अनेक साधनों का उपयोग किया है
C. मनुष्य ने अनेक प्रकार की नावें बनायी हैं
D. मनुष्य सदैव जल–परिवहन के साधनों की खोज करता रहता है

गद्यांश-4

तुम सुबह से रात तक अपने आस–पास अनेक परिवर्तन होते हुए देखते हो। ये परिवर्तन तुम्हें घर, विद्यालय, खेल के मैदान अथवा किसी अन्य स्थान पर दिखायी देते हैं। उदाहरण के लिए तुम्हे कुछ ऐसे परिवर्तन दिखायी देते हैं, जैसे–मौसम में आकस्मिक परिवर्तन, वर्षा, पौधों पर फूल आना, बीजों का अंकुरित होना, फलों का पकना, वस्त्रों का सूखना, दिन–रात का परिवर्तन, बर्फ का पिघलना, पानी का भाप बनना, ईधन का जलना, चावल को पकाना, चपाती बनाना, दूध से दही का बनना, लोहे में जंग लगना, आतिशबाजी का जलना आदि। परिवर्तन से वस्तुओं में विभिन्न प्रकार के प्रत्यावर्त्तन भी हो सकते हैं, जैसे–स्थिति, आकृति, आकार, रंग, अवस्था, तापमान, बनावट तथा संरचना में बदलाव। परिवर्तन का सदैव कोई न कोई कारण होता है।

96. तुम अपने आस–पास अनेक परिवर्तन देखते हो। इस वाक्य में 'अपने आस–पास' से तात्पर्य है–

A. केवल घर
B. केवल विद्यालय
C. केवल खेल का मैदान
D. सभी स्थान

97. इस गद्यांश में जिन परिवर्तनों का उल्लेख किया गया है, उनमें ऐसे कारकों को सम्मिलित नहीं किया है, जैसे–

A. स्थिति और आकृति B. आकार और रंग
C. बनावट और संरचना D. कीमत और मूल्य

98. परिवर्तन संभव नहीं है–

A. यदि वह आकस्मिक हो
B. जब तक कोई भुगतान न हो
C. जब तक कोई कारण न हो
D. जब तक उसकी माँग न हो

99. हमारे आस–पास होने वाले परिवर्तनों में से नीचे किसका उल्लेख नहीं किया गया है?

A. धातु में जंग लगना
B. नदी का मार्ग
C. पानी का भाप बनना
D. भोजन पकाना

100. इस गद्यांश के लिए कौन–सा शीर्षक सबसे उपयुक्त है–

A. परिवर्तन के कारण
B. हमारे आस–पास होने वाले परिवर्तन
C. वस्तुओं की आकृति में प्रत्यावर्त्तन
D. विभिन्न प्रकार के प्रत्यावर्त्तन

उत्तरमाला

1	2	3	4	5	6	7	8	9	10
A	C	B	A	B	D	A	B	D	C
11	**12**	**13**	**14**	**15**	**16**	**17**	**18**	**19**	**20**
B	A	B	D	C	B	C	C	D	B
21	**22**	**23**	**24**	**25**	**26**	**27**	**28**	**29**	**30**
A	B	C	A	D	C	A	C	A	B
31	**32**	**33**	**34**	**35**	**36**	**37**	**38**	**39**	**40**
B	A	C	B	A	C	D	D	D	C
41	**42**	**43**	**44**	**45**	**46**	**47**	**48**	**49**	**50**
D	A	D	D	A	D	A	C	A	D
51	**52**	**53**	**54**	**55**	**56**	**57**	**58**	**59**	**60**
A	C	B	D	B	C	B	B	C	B
61	**62**	**63**	**64**	**65**	**66**	**67**	**68**	**69**	**70**
A	C	B	D	A	C	D	D	B	C
71	**72**	**73**	**74**	**75**	**76**	**77**	**78**	**79**	**80**
B	A	B	A	D	A	C	C	B	D
81	**82**	**83**	**84**	**85**	**86**	**87**	**88**	**89**	**90**
A	C	C	B	C	C	D	C	A	A
91	**92**	**93**	**94**	**95**	**96**	**97**	**98**	**99**	**100**
B	D	C	A	A	D	D	C	B	B

पिछले प्रश्न-पत्र (हल सहित)

जवाहर नवोदय विद्यालय प्रवेश परीक्षा, 1991

अनुभाग-I

मानसिक योग्यता परीक्षा

खण्ड-I

निर्देश (प्रश्न 1 से 15 तक): *प्रश्नों में रेखा के बाईं ओर एक समस्या आकृति दी गई है। इसका एक भाग गायब है। दाहिने हाथ की ओर A, B, C, D अक्षर वाली उत्तर आकृतियां दी गई हैं। उनमें से वह उत्तर आकृति ढूंढें जो समस्या आकृति के गायब भाग में बिना किसी दिशा परिवर्तन के रखने पर उस समस्या आकृति को ठीक से पूरा करती हो। उस आकृति के नीचे दिए गए अक्षरांक के चारों ओर घेरा बना दीजिए।*

समस्या-आकृति | **उत्तर-आकृतियाँ**

1. 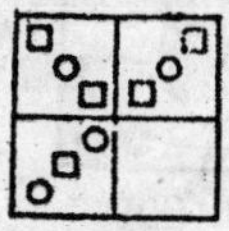

(A) (B) (C) (D)

2. 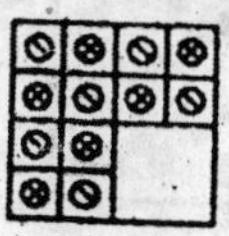

(A) (B) (C) (D)

3. 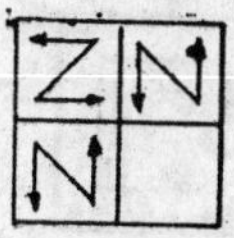

(A) (B) (C) (D)

4. 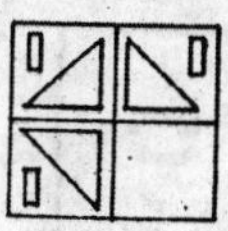

(A) (B) (C) (D)

5. 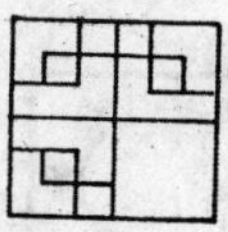
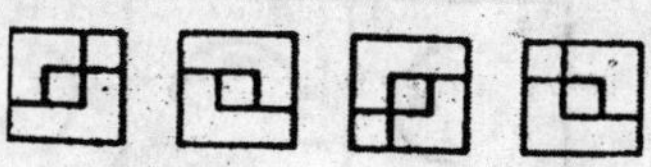
(A) (B) (C) (D)

समस्या-आकृति | **उत्तर-आकृतियाँ**

6. 

(A) (B) (C) (D)

7. 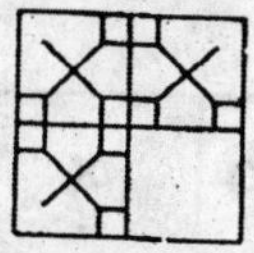
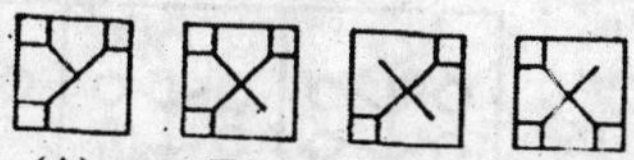
(A) (B) (C) (D)

8. 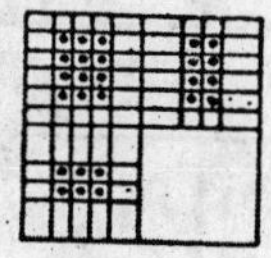

(A) (B) (C) (D)

9. 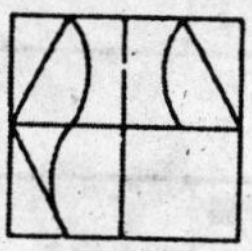

(A) (B) (C) (D)

10. 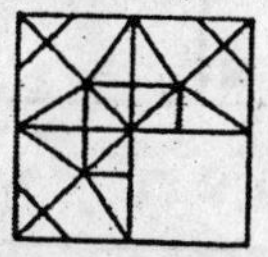
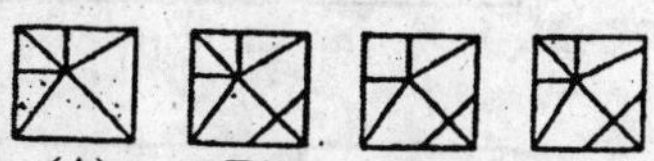
(A) (B) (C) (D)

11. 

(A) (B) (C) (D)

12. 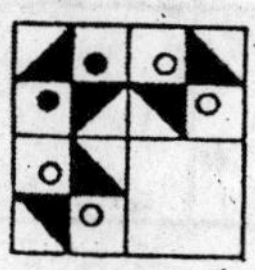

(A) (B) (C) (D)

13. 

(A) (B) (C) (D)

	समस्या-आकृति	उत्तर-आकृतियाँ
14.		 (A) (B) (C) (D)
15.	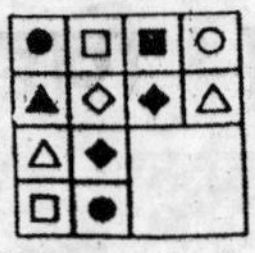	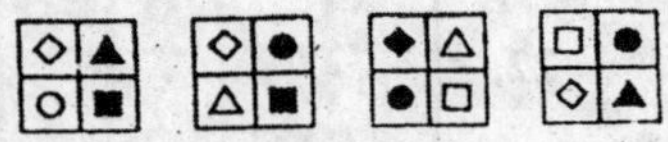 (A) (B) (C) (D)

खण्ड-II

निर्देश (प्रश्न 16 से 30 तक): *प्रश्नों में रेखा के बाईं ओर तीन समस्या–आकृतियाँ दी गई हैं तथा चौथी आकृति का स्थान रिक्त है। समस्या–आकृतियाँ एक शृंखला में हैं। पता लगाइए कि दाईं ओर दी गई उत्तर आकृतियों में से कौन–सी आकृति इस शृंखला को पूरा करती है और फिर उसके नीचे दिए गए अक्षरांक के चारों ओर घेरा बना दीजिए।*

	समस्या-आकृतियाँ	उत्तर-आकृतियाँ
16.	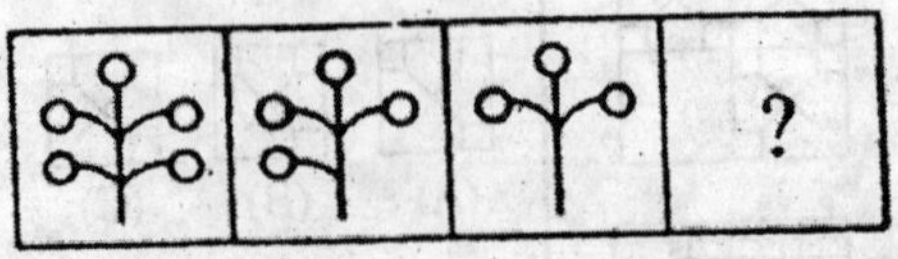	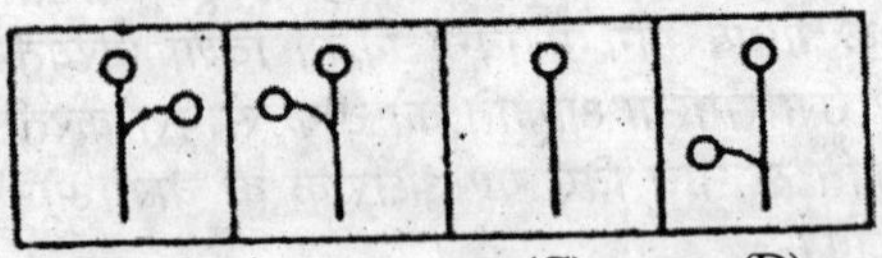 (A) (B) (C) (D)
17.	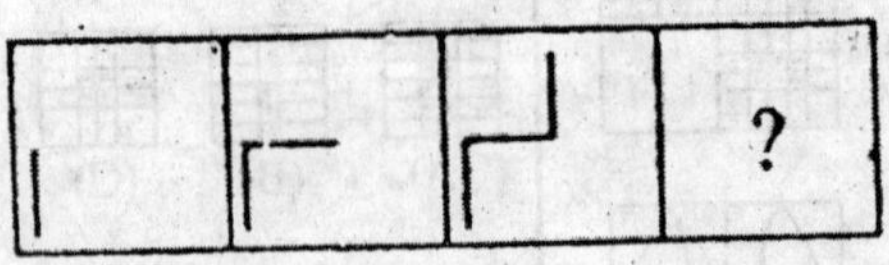	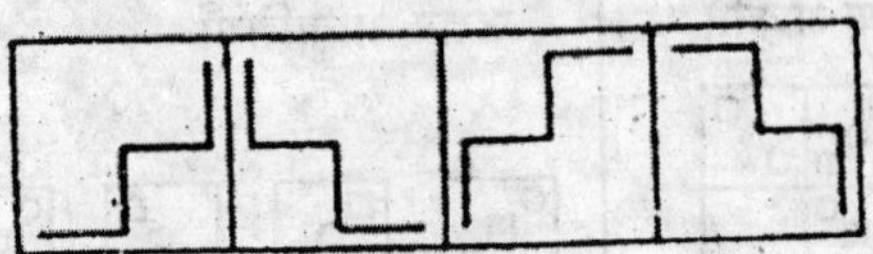 (A) (B) (C) (D)
18.		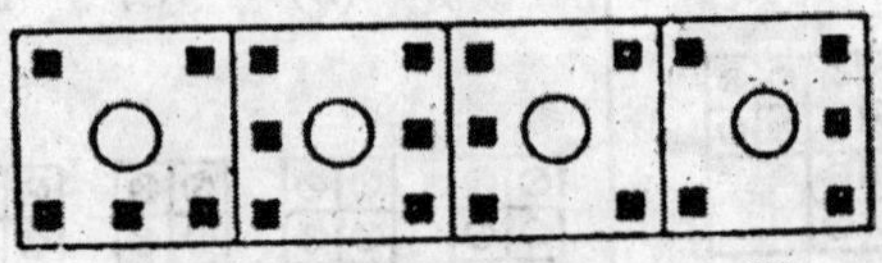 (A) (B) (C) (D)
19.	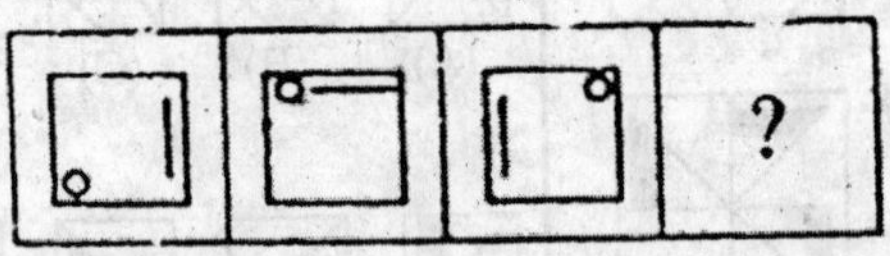	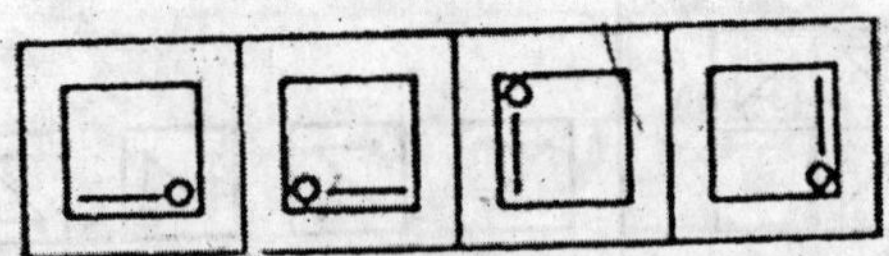 (A) (B) (C) (D)
20.	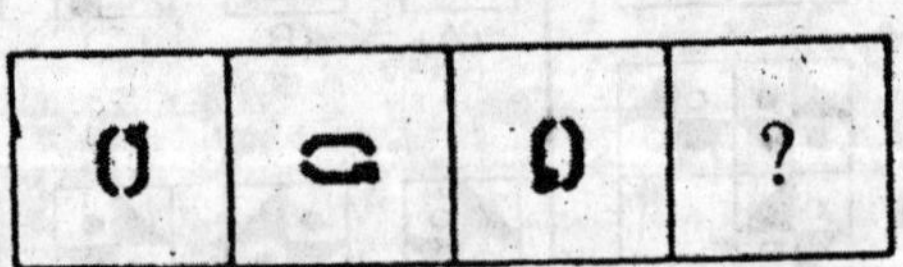	 (A) (B) (C) (D)
21.	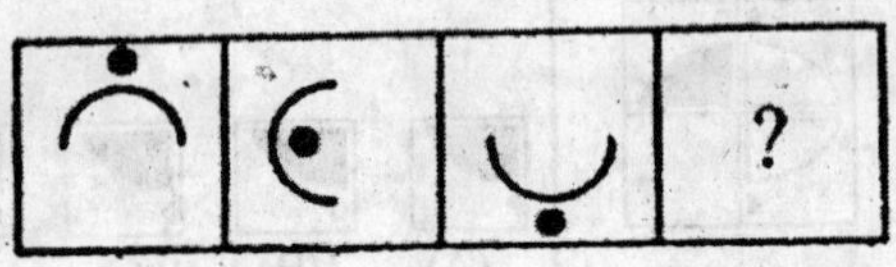	 (A) (B) (C) (D)

समस्या-आकृतियाँ | **उत्तर-आकृतियाँ**

22. 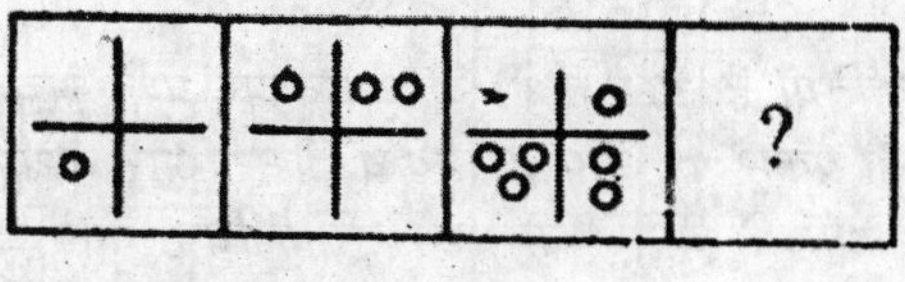 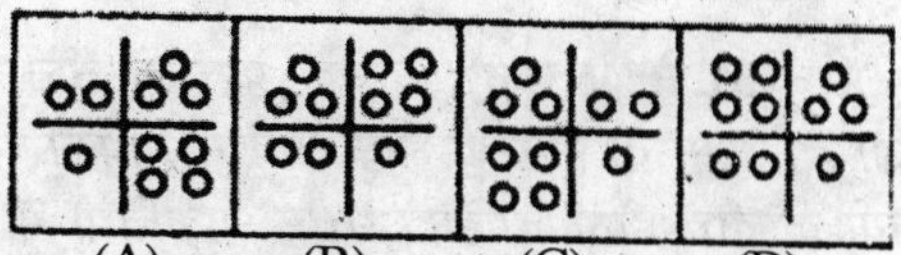

(A) (B) (C) (D)

23.  

(A) (B) (C) (D)

24. 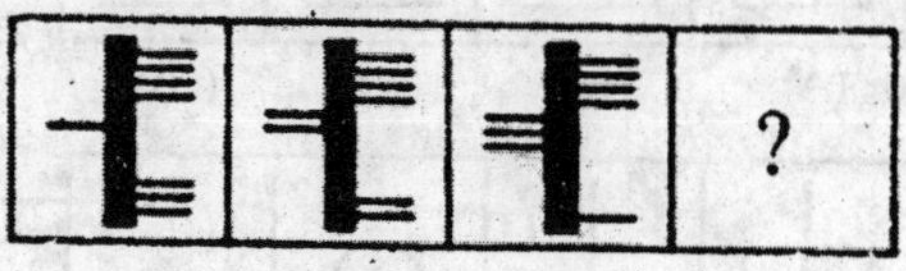 

(A) (B) (C) (D)

25. 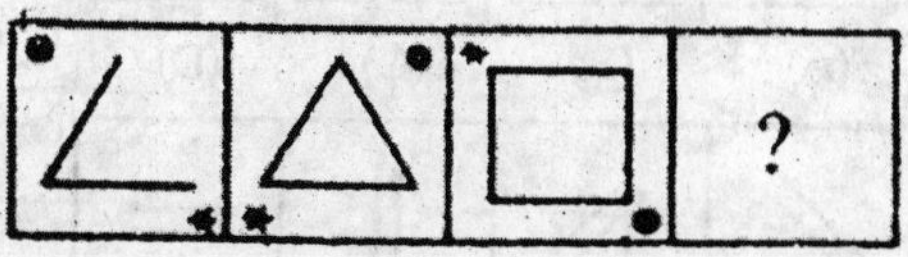 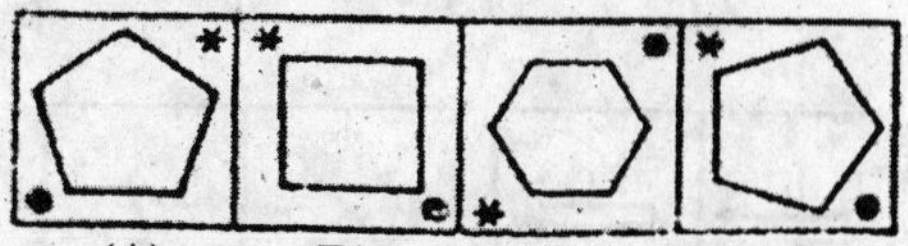

(A) (B) (C) (D)

26.  

(A) (B) (C) (D)

27. 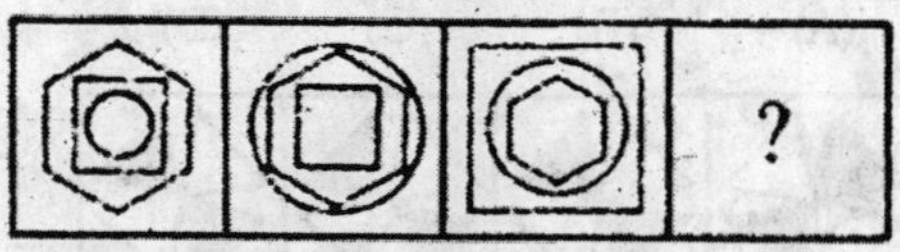 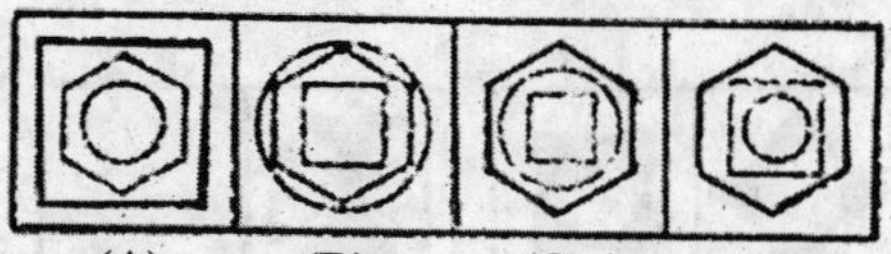

(A) (B) (C) (D)

28. 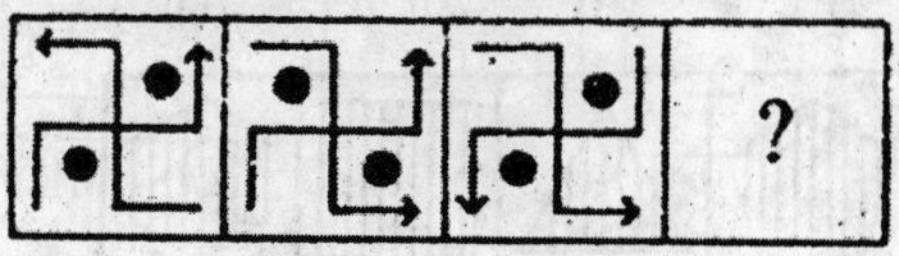 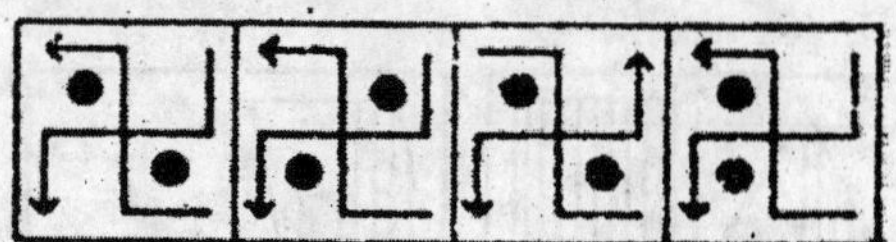

(A) (B) (C) (D)

29.  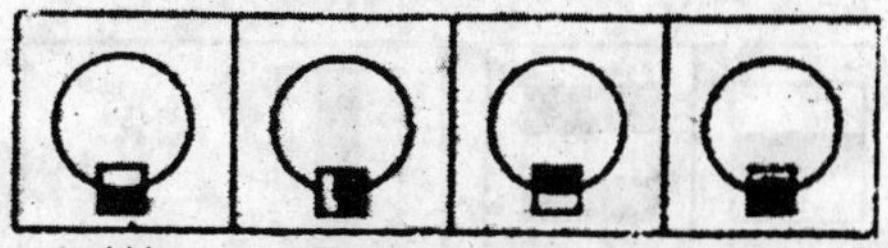

(A) (B) (C) (D)

30. 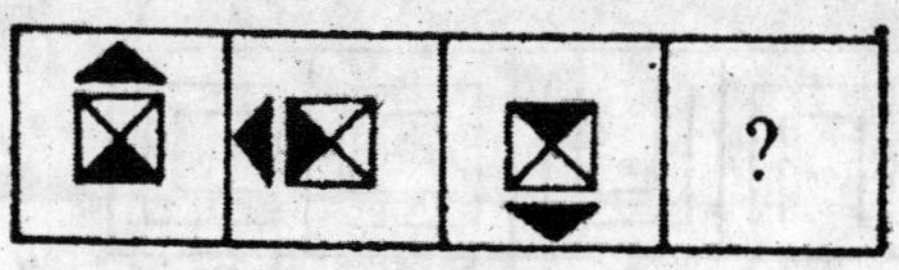 

(A) (B) (C) (D)

खण्ड-III

निर्देश (प्रश्न 31 से 45 तक): *प्रत्येक प्रश्न में तीन समस्या–आकृतियाँ है और चौथी के स्थान पर प्रश्न सूचक चिन्ह बना हुआ है। प्रथम दो समस्या आकृतियों में आपसी सम्बन्ध है। इसी प्रकार का आपसी सम्बन्ध तीसरी और चौथी समस्या आकृतियों के बीच होना चाहिए। उत्तर आकृतियों में से एक ऐसी आकृति चुनिए जो प्रश्न सूचक चिन्ह वाले स्थान पर ठीक बैठ सके। उसके नीचे दिए हुए अक्षरांक के चारों ओर घेरा बना दीजिए।*

समस्या-आकृतियाँ | **उत्तर-आकृतियाँ**

31.  

(A) (B) (C) (D)

32. 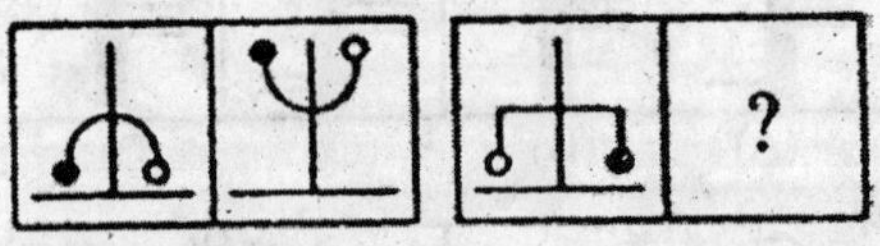 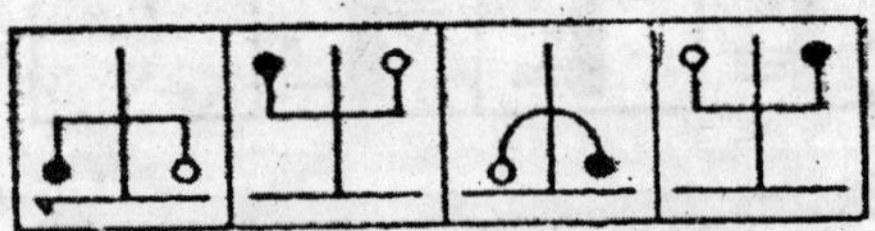

(A) (B) (C) (D)

33. 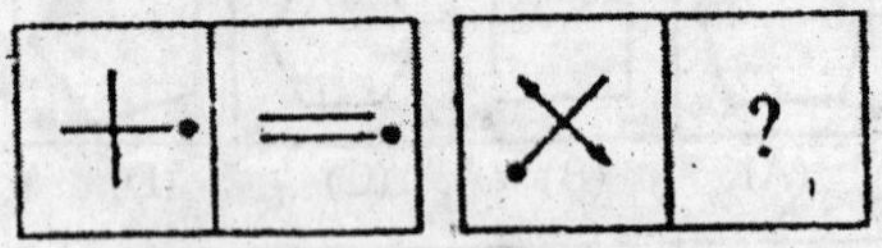 

(A) (B) (C) (D)

34. 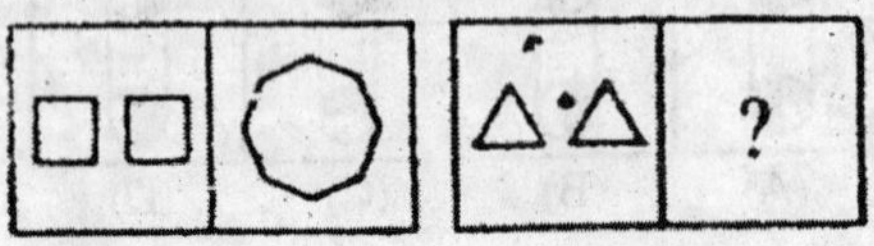 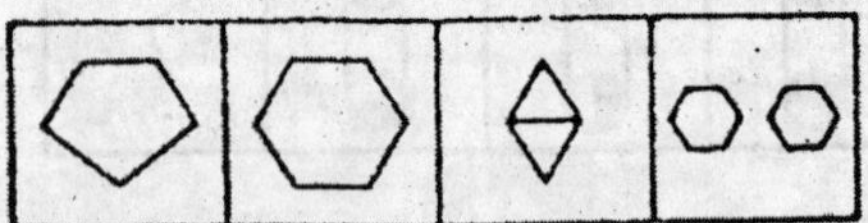

(A) (B) (C) (D)

35.  

(A) (B) (C) (D)

36.  

(A) (B) (C) (D)

37.  

(A) (B) (C) (D)

38.  

(A) (B) (C) (D)

समस्या-आकृतियाँ | उत्तर-आकृतियाँ

39. 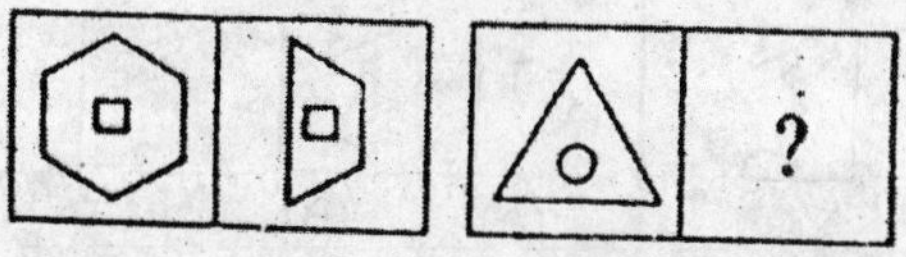 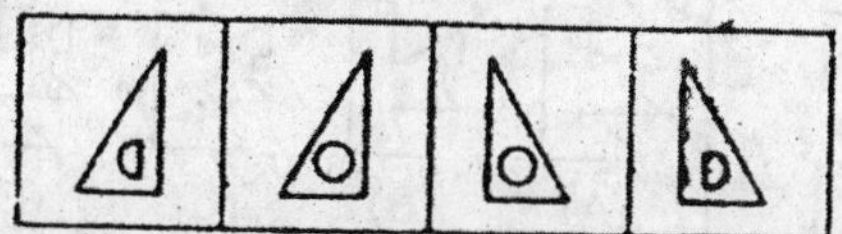
(A) (B) (C) (D)

40. 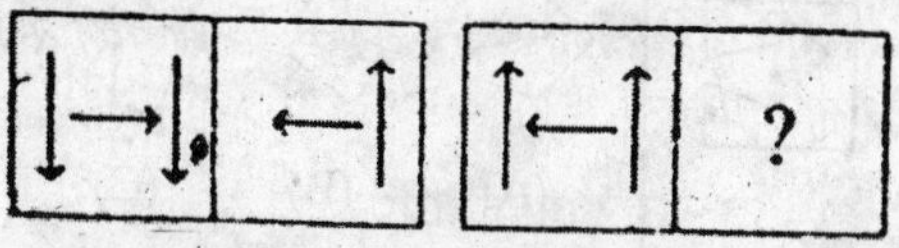 
(A) (B) (C) (D)

41. 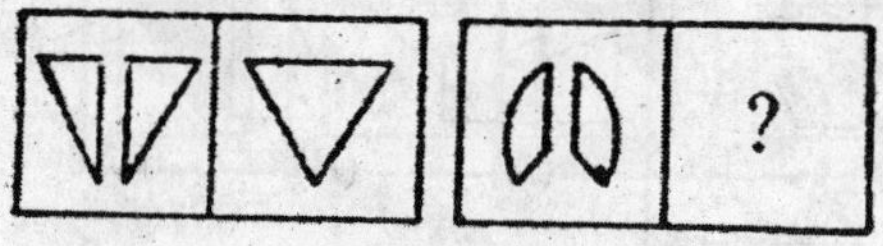 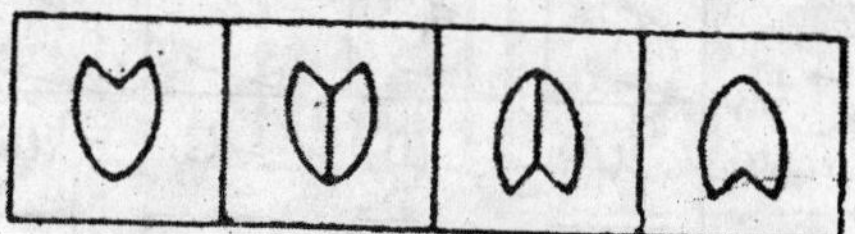
(A) (B) (C) (D)

42.  
(A) (B) (C) (D)

43. 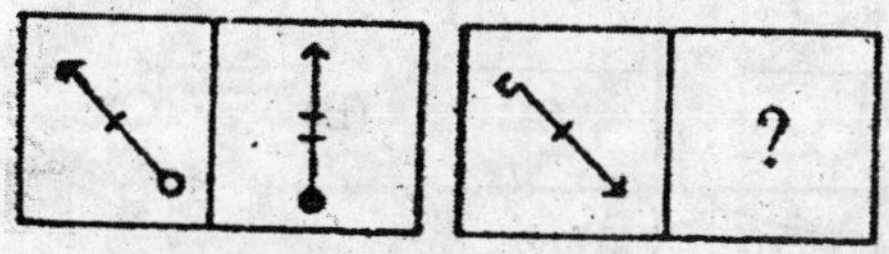 
(A) (B) (C) (D)

44. 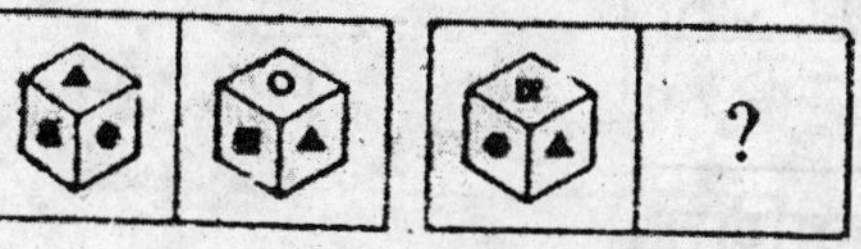 
(A) (B) (C) (D)

45. 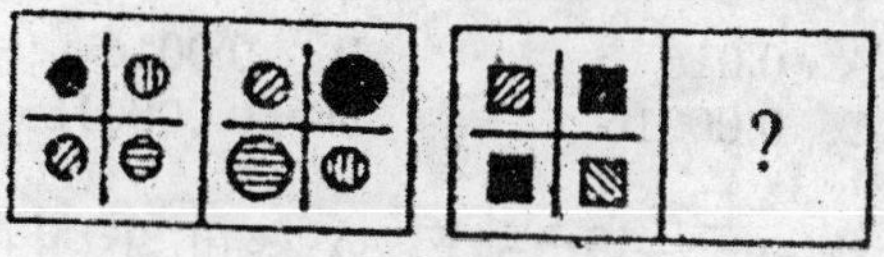 
(A) (B) (C) (D)

खण्ड-IV

निर्देश (प्रश्न 46 से 60 तक): *प्रश्नों में वर्ग का एक भाग रेखा के बाईं तरफ है और रेखा के दाईं तरफ दी गई चार आकृतियों में से कोई एक उसका दूसरा भाग है। रेखा के दाईं तरफ दी गई आकृतियों में से वह आकृति ढूंढिए जो वर्ग को पूर्ण बनाती है।*

समस्या-आकृति | उत्तर-आकृतियाँ

46. 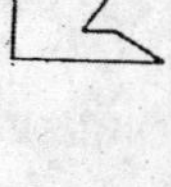 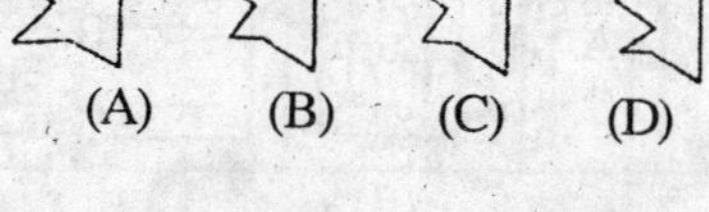
(A) (B) (C) (D)

47. 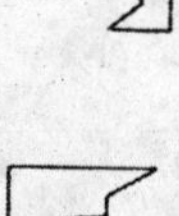 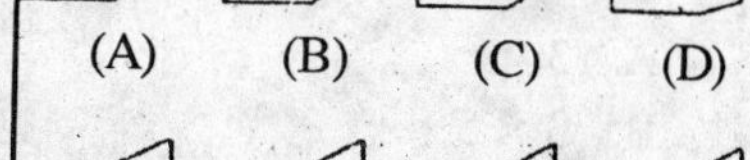
(A) (B) (C) (D)

48. 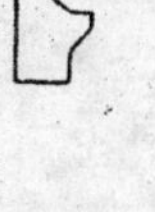 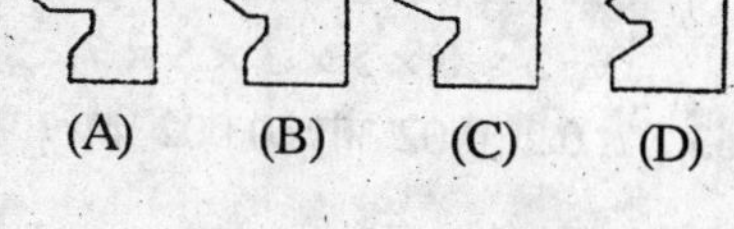
(A) (B) (C) (D)

समस्या-आकृति — उत्तर-आकृतियाँ

49.

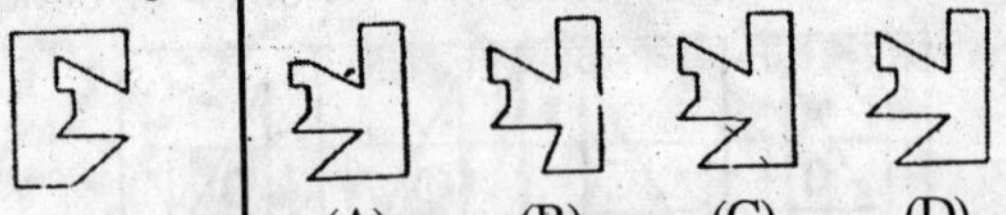

(A) (B) (C) (D)

50.

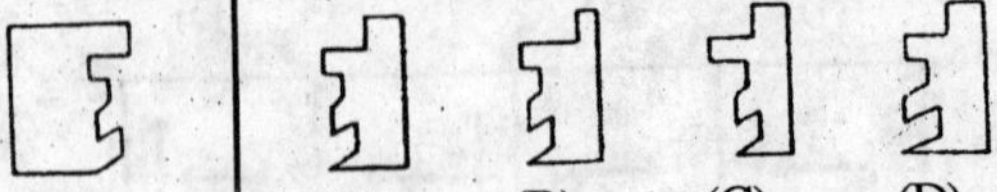

(A) (B) (C) (D)

51.

(A) (B) (C) (D)

52.

(A) (B) (C) (D)

53.

(A) (B) (C) (D)

54.

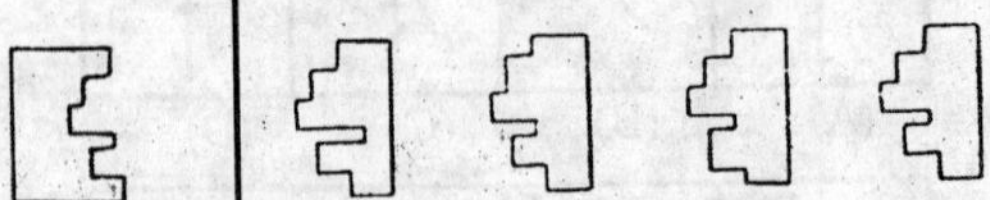

(A) (B) (C) (D)

समस्या-आकृति — उत्तर-आकृतियाँ

55.

(A) (B) (C) (D)

56.

(A) (B) (C) (D)

57.

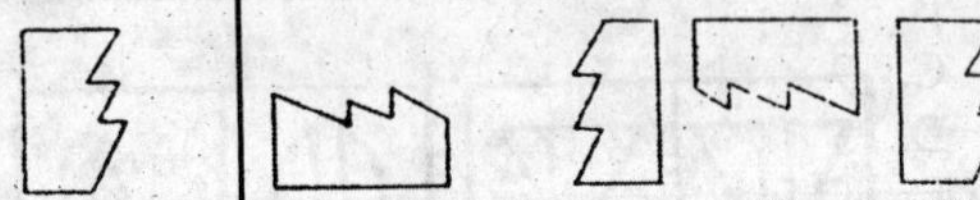

(A) (B) (C) (D)

58.

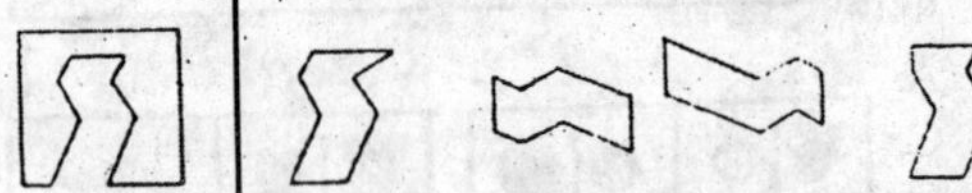

(A) (B) (C) (D)

59.

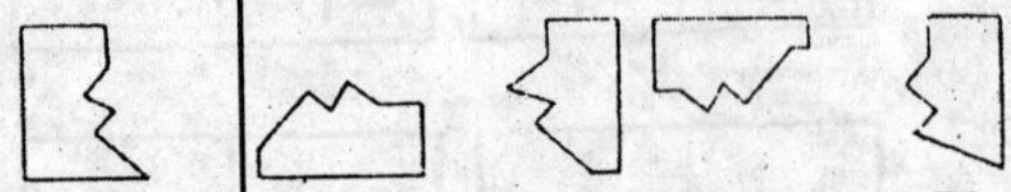

(A) (B) (C) (D)

60.

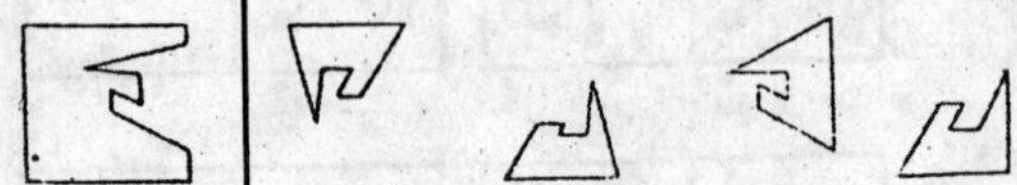

(A) (B) (C) (D)

अनुभाग-II : अंकगणित

निर्देशः *प्रत्येक प्रश्न के लिए अक्षरांक (A), (B), (C) और (D) में चार संभावित उत्तर दिए गए हैं। इनमें से केवल एक ही उत्तर सही है। आपको सही उत्तर चुनकर बगल में लिखे गए अक्षरांक के चारों ओर एक घेरा बनाना है।*

61. 12 हजार + 13 सौ + 2 दहाई बराबर है–

A. 12132 B. 13320
C. 120132 D. 121320

62. $2 \times 3 \times 5$ और $3 \times 5 \times 7$ का लघुतम समापवर्त्य है–

A. 3
B. 3×5
C. $2 \times 3 \times 5 \times 7$
D. $2 \times 3 \times 5 \times 3 \times 5 \times 7$

63. 2, 0.2, 0.02 और 0.002 का गुणनफल है–

A. 0.016 B. 0.0016
C. 0.00016 D. 0.000016

64. $12 + \frac{\square}{6} = 13\frac{1}{6}$ में □ के स्थान पर क्या अंक लिखा जाए कि यह कथन सत्य हो जाए?

A. 1 B. 7
C. 13 D. 25

65. वह कौन–सी संख्या है जिसे 15 से भाग देने पर भागफल 15 और शेषफल 5 रहता है?

A. 80 B. 90
C. 220 D. 230

66. संख्या 7254 □ 38 में □ के स्थान पर कौन–सा अंक लिखा जाए कि वह संख्या 9 से विभाज्य हो जाए?

A. 1 B. 2
C. 6 D. 7

67. विभाजन के एक प्रश्न में किसी विद्यार्थी ने गलती से 3 के स्थान पर 8 को विभाजक ले लिया तथा उत्तर 15 प्राप्त किया। सही उत्तर क्या है?

A. 15 B. 40
C. 45 D. 120

68. $5 \times 7 \times 9 \times 11 \times 13$ और $9 \times 11 \times 13 \times 17$ का महत्तम समापवर्तक है—

A. 13
B. 33
C. $9 \times 11 \times 13$
D. $5 \times 7 \times 9 \times 11 \times 13 \times 17$

69. निम्नलिखित में कौन–सी भिन्न अन्य तीन भिन्नों के बराबर नहीं है?

A. 4/5 B. 9/15
C. 3/5 D. 6/10

70. निम्नलिखित में से कौन–सा 1 के बराबर है?

A. $\frac{0.304 \times 20}{304 \times 2}$

B. $\frac{0.304 \times 20}{3.04 \times 2}$

C. $\frac{0.304 \times 20}{30.4 \times 2}$

D. $\frac{0.304 \times 20}{304 \times 0.2}$

71. एक रेलगाड़ी 3 किमी. की कोई दूरी 2 मिनट में तय करती है। वह 6 घण्टे में कितनी दूरी तय करेगी?

A. 18 किमी.
B. 240 किमी.
C. 540 किमी.
D. 1080 किमी.

72. एक रेलगाड़ी मुम्बई से सोमवार को 17.20 बजे चलती है तथा अगले दिन 11.25 बजे हैदराबाद पहुंचती है। इस यात्रा में रेलगाड़ी द्वारा लिया गया कुल समय कितना है?

A. 5 घण्टे 35 मिनट
B. 5 घण्टे 55 मिनट
C. 18 घण्टे 5 मिनट
D. 28 घण्टे 45 मिनट

73. मुख्य सड़क पर A, B, C, D और E पाँच गाँव हैं। यदि B और C के बीच की दूरी 60 किमी. है तो D और E के बीच की दूरी क्या है?

A. 20 किमी. B. 40 किमी.
C. 50 किमी. D. 90 किमी.

74. 6/20 के समतुल्य क्या है?

A. 6% B. 20%
C. 26% D. 30%

75. दो उम्मीदवारों के बीच हुए किसी चुनाव में कुल 20000 मत डाले गए। जीतने वाले उम्मीदवार को कुल मतों के 60% मत प्राप्त हुए। हारने वाले उम्मीदवार को कितने मत प्राप्त हुए?

A. 800 B. 1200
C. 8000 D. 12000

76. एक मेज 20 रु. की हानि पर 180 रु. में बेची गई। उस मेज का क्रय मूल्य क्या था?

A. 144 रु. B. 160 रु.
C. 200 रु. D. 216 रु.

77. एक पैन 20 रु. में खरीदा गया। 20% का लाभ प्राप्त करने के लिए उसे कितने मूल्य पर बेचा जाना चाहिए?

A. 16 रु. B. 18 रु.
C. 24 रु. D. 40 रु.

78. कोई धन राशि साधारण ब्याज पर उधार दिए जाने पर 10 वर्ष कें स्वयं की दुगुनी हो जाती है। वार्षिक ब्याज की दर है—

A. 10% B. 20%
C. 50% D. 100%

79. यदि 500 रु. पर किसी ब्याज की दर से 2 वर्ष का साधारण ब्याज 100 रु. है, तो उसी राशि का उसी ब्याज की दर से 5 वर्ष का ब्याज क्या है?

A. 110 रु. B. 150 रु.
C. 250 रु. D. 300 रु.

80. किसी मेज की लम्बाई और चौड़ाई क्रमशः 2 मी. और 1.5 मी. है। इसं मेज के चारों ओर एक बार लपेटे जा सकने वाले टेप की लम्बाई क्या है?

A. 3.0 मी. B. 3.5 मी.
C. 6.0 मी. D. 7.0 मी.

अनुभाग-III : भाषा

निर्देशः *इस अनुभाग में चार गद्यांश हैं। प्रत्येक गद्यांश पर पाँच प्रश्न हैं। प्रश्नों के उत्तर देने से पहले गद्यांशों को ध्यान से पढ़ें।*

प्रत्येक प्रश्न के लिए A, B, C, D अक्षर वाले चार संभावित उत्तर दिए गए हैं। इनमें से केवल एक ही उत्तर सही है। आपको सही उत्तर चुनकर साथ में लिखे गए अक्षरांक के चारों ओर एक घेरा बनाना है।

गद्यांश-1

जॉर्ज वाशिंगटन अमेरिका के प्रथम राष्ट्रपति थे। जब वे केवल छः वर्ष के थे, उन्हें अपने पिता से उपहार स्वरूप एक छोटी कुल्हाड़ी मिली। जॉर्ज को वह कुल्हाड़ी अच्छी लगी और उसने उसे इस्तेमाल करने की सोची। वह बाग मे गया। वहाँ उसने पहले छोटे–छोटे पौधों पर कुल्हाड़ी चलाई और फिर सेब के एक पेड़ पर। उस पेड़ का तना बडा मोटा था। इसलिए काफी गहरा कट जाने के बाद भी गिर न पाया। शाम को बाग में घूमते समय जब उसके पिता ने पेड़ की ऐसी हालत देखी तो उन्हें बहुत गुस्सा आया। उन्होंने चिल्लाकर पूछा, "यह किसने किया? जिसने भी किया है आज उसकी खैर नहीं।" जार्ज ने यह सब सुना। वह डरते–डरते अपने पिता के पास आकर बोला "यह मैंने किया है", और दण्ड की प्रतीक्षा करने लगा। उसके पिता उसे गोद में उठा कर बोले, "मुझे बड़ी प्रसन्नता है कि तुमने सच–सच बता दिया। मैं अपने सारे पेड़ों की हानि बर्दाश्त कर सकता हूं, किन्तु अपने बेटे का झूठ बोलना नहीं।"

81. जार्ज वाशिंगटन के पिता ने उसे एक छोटी कुल्हाड़ी दी, क्योंकि–

A. उसके बेटे ने उनसे एक कुल्हाड़ी की मांग की थी।
B. वे उससे पेड़ कटवाना चाहते थे।
C. वे उसे एक उपहार देना चाहते थे।
D. वे चाहते थे कि उनका बेटा अमेरिका का राष्ट्रपति बने।

82. जॉर्ज वाशिंगटन ने सेब का पेड़ काटने का प्रयत्न किया, क्योंकि–

A. उसे पेड़ काटने का शौक था।
B. वह किसी बड़े पेड़ पर अपनी कुल्हाड़ी आजमाना चाहता था।
C. उसके पिता ने उसे पेड़ काटने के लिए कहा था।
D. वह सेब खाना चाहता था।

83. जार्ज वाशिंगटन के पिता ने अपने बेटे को दण्ड नहीं दिया, क्योंकि–

A. वे उसे बहुत प्यार करते थे।
B. उन्हें लगा कि वह बहुत डर गया है।
C. उन्हें प्रसन्नता हुई कि उनके बेटे ने सच बोला।
D. उनके बेटे को उनका दिया उपहार पसंद आया।

84. जार्ज वाशिंगटन ने यह मान लिया कि उसने पेड़ काटा है, क्योंकि–

A. उसे सच बोलने से डर नहीं लगता था।
B. वह यह दिखाना चाहता था कि उसे कुल्हाड़ी का प्रयोग करना आ गया है।
C. उसे अपने पिता से डर नहीं लगता था।
D. वह अमेरिका का प्रथम राष्ट्रपति था।

85. जॉर्ज वाशिंगटन के पिता के इस कथन से–"मैं अपने सारे पेड़ों की हानि बर्दाश्त कर सकता हूं, किन्तु अपने बेटे का झूठ बोलना नहीं", पता चलता है कि–

A. उन्हें अपने पेड़ों से बिल्कुल प्यार नहीं था।
B. किसी भी चीज की अपेक्षा उन्हें अपने पेड़ अधिक प्रिय थे।
C. उन्हें सच्चाई सबसे अधिक प्रिय थी।
D. वे किसी को दण्ड देना नहीं चाहते थे।

गद्यांश-2

पृथ्वी तल सदा बदलता रहता है। आज उसका जो भाग जल में डूबा हुआ है शायद अनेक, वर्ष पूर्व समुद्र से ऊपर रहा होगा। सीपियाँ जो कभी पानी के नीचे रही होंगी आज बहुत ऊंचे स्थलों पर पाई जाती हैं। हिमालय पर्वत की अनेक चोटियों के समीप हमें ऐसी चट्टानें मिलती हैं जो समुद्र तल में पाए जाने वाले पदार्थ से बनी हुई है। इसका यह अर्थ हुआ कि कभी हिमालय समुद्र में डुबा हुआ था। नदियाँ अपने साथ मिट्टी बहा ले जाती हैं और चट्टानों को घिसती जाती हैं। हवाएँ रेत और धूल को उड़ा ले जाती हैं। कभी–कभी पृथ्वी तल का एक भाग धीरे–धीरे

ऊपर उठता है या धीरे–धीरे नीचे चला जाता है। ऐसी घटनाएं अधिकतर होती ही रहती हैं और धीरे–धीरे पृथ्वी तल को बदलती रहती है। किन्तु जब कभी भूकम्प आता है तो पृथ्वी तल में अचानक परिवर्तन आ जाता है।

86. सीपियाँ जो कभी पानी के नीचे थी आज पहाड़ों पर पाई जाती हैं। इससे यह लगता है कि–

A. लोग इन सीपियों को पहाड़ों पर ले गए हैं।

B. तेज हवाएँ इन सीपियों को उड़ाकर पहाड़ों पर ले गई हैं।

C. कभी वे पहाड़ समुद्र में डूबे हुए थे।

D. सीपियाँ पृथ्वी पर सर्वत्र पाई जाती है।

87. पृथ्वी तल में परिवर्तन घटित होते हैं–

A. केवल भूकंपों के कारण

B. केवल समुद्र तलीय परिवर्तनों के कारण

C. केवल नदियों और तेज हवाओं के कारण

D. अनेक बातों के परिणाम स्वरूप

88. पृथ्वी तल में परिवर्तन–

A. सदा धीरे–धीरे होते हैं।

B. सदा अचानक होते हैं।

C. सामान्यतः धीमे किन्तु कभी–कभी अचानक होते हैं।

D. सामान्यतः अचानक किन्तु कभी–कभी धीमे–धीमे होते हैं।

89. हिमालय पर्वत की अनेक चोटियों के समीप हमें ऐसी चट्टानें मिलती हैं जो समुद्र तल में पाए जाने वाले पदार्थ से बनी होती हैं। इसका यह अर्थ हुआ कि–

A. हिमालय सदा समुद्र से ऊपर था।

B. हिमालय कभी समुद्र तल में था।

C. हिमालय में भूकम्प आते रहते हैं।

D. पृथ्वी तल में कोई परिवर्तन नहीं आया।

90. इस गद्यांश के लिए सबसे उपयुक्त शीर्षक कौन–सा है?

A. पृथ्वी तल में परिवर्तन

B. हिमालय में परिवर्तन

C. भूकम्प आकस्मिक परिवर्तन लाते हैं।

D. पृथ्वी धीमे–धीमे बदलती है।

गद्यांश-3

कन्याकुमारी एक सुन्दर स्थल है। यह तीनों ओर से समुद्र से घिरा हुआ है, दक्षिण में विशाल हिन्द महासागर है, पूर्व में बंगाल की खाड़ी और पश्चिम में अरब सागर। देश के अनेक भागों से तीर्थ यात्री यहाँ तीन समुद्रों के संगम–स्थल में स्नान करने और मंदिर में पूजा करने के लिए आते हैं। कन्या कुमारी के तीनों ओर का समुद्र सामान्यतः शांत रहता है। अनेक दर्शनार्थियों ने महसूस किया है कि इस स्थान पर सदा एक विशेष प्रकार की शांति एवं नीरवता छाई रहती है। सूर्योदय एवं सूर्यास्त का काल इस स्थल के सौन्दर्य का आनन्द लेने के सर्वश्रेष्ठ क्षण हैं। प्रातः काल बंगाल की खाड़ी से उदय होकर सूर्य सायंकाल अरब सागर में डूब जाता है। वास्तव में, समस्त भारत में यही एक स्थल है जहाँ सूर्य को समुद्र से उदय होकर समुद्र में ही डूबते देखा जा सकता है। पूर्णिमा पर अनेक दर्शनार्थी कन्याकुमारी आते हैं। वे एक ही समय में सूर्य को अरब सागर में डूबते और चन्द्रमा को बंगाल की खाड़ी से उदित होते हुए देख सकते हैं। वे दोनों ही आग के दो गोले प्रतीत होते हैं।

91. कन्या कुमारी एक सुन्दर स्थल है क्योंकि–

A. यहां अनेक तीर्थ यात्री आते हैं।

B. इसके हर तरफ का समुद्र अति शान्त है।

C. यह तीनों ओर से समुद्र से घिरा हुआ है।

D. तीर्थ यात्री समुद्र में स्नान कर सकते हैं।

92. कन्या कुमारी में सूर्योदय पूर्व में–

A. बंगाल की खाड़ी से होता है।

B. हिन्द महासागर से होता है।

C. अरब सागर से होता है।

D. प्रशान्त महासागर से होता है।

93. भारत में केवल कन्या कुमारी ही ऐसा स्थल है जो–

A. सब तरफ से समुद्र से घिरा हुआ है।

B. जहाँ लोग समुद्र में स्नान करने आते हैं।

C. जहाँ लोग मन्दिर में पूजा करने आते हैं।

D. जहाँ सूर्य को समुद्र से उदित होकर समुद्र में ही डूबते देखा जा सकता है।

94. कन्या कुमारी के सौन्दर्य का आनन्द लेने का सबसे अच्छा समय कौन–सा है?

A. केवल सूर्योदय का समय

B. केवल सूर्यास्त का समय

C. दिन का समय

D. सूर्योदय एवं सूर्यास्त का समय।

95. कन्या कुमारी में पूर्णिमा के दिन हम एक ही समय में आग के दो गोलों को देख सकते हैं। इसका अर्थ है कि हम–

A. प्रातः काल सूर्योदय एवं सायंकाल सूर्यास्त देख सकते हैं।

B. प्रातः काल सूर्योदय एवं सायंकाल चन्द्रोदय देख सकते हैं।

C. एक ही समय में पश्चिम में सूर्यास्त एवं पूर्व में चन्द्रोदय देख सकते हैं।

D. एक ही समय में पश्चिम में सूर्यास्त एवं चन्द्रोदय देख सकते हैं।

गद्यांश-4

रैडक्रॉस की स्थापना को सौ वर्ष से भी ऊपर हो गए हैं। 1859 ई॰ में इटली में सोलफरीनों की लड़ाई में घायल सैनिकों की दर्दनाक हालत देखकर जियाँ हेनरी ड्यूरैंट नामक स्विट्ज़रलैंड निवासी एक बैंकर को इसके लिए प्रेरणा मिली। ड्यूरैंट ने युद्ध में घायल सैनिकों की देखभाल के लिए एक संस्था बनाने का निश्चय किया। उसे लगा कि सैनिक चाहे किसी भी पक्ष के हों, उनकी चिकित्सा अवश्य होनी चाहिए। ड्यूरैंट ने इसी उद्देश्य से 1864 ई. में स्विट्ज़रलैंड के जेनेवा नामक नगर में एक समिति बनाई। उसे 1901 ई. में शान्ति के लिए प्रथम नोबल पुरस्कार दिया गया। रेडक्रॉस का झंडा, जिसमें सफेद पृष्ठभूमि पर लाल क्रॉस बना है, स्विट्ज़रलैंड के झंडे का उलटा है।

96. सोलफरीनो की लडाई हुई थी—

A. 1859 ई. में B. 1864 ई. में

C. 1901 ई. में D. 1959 ई. में

97. रेडक्रॉस की स्थापना का उद्देश्य था—

A. गरीब लोगों को चिकित्सा की सुविधा प्रदान करना।

B. नोबल शान्ति पुरस्कार के लिए धन इकट्ठा करना।

C. घायल सैनिकों की चिकित्सा की व्यवस्था करना।

D. विजयी पक्ष के सैनिकों के लिए चिकित्सा की व्यवस्था करना।

98. जियाँ हेनरी ड्यूरैंट—

A. डॉक्टर था।

B. इटली का सैनिक था।

C. स्विट्ज़रलैंड का सैनिक था।

D. स्विट्ज़रलैंड का बैंकर था।

99. ड्यूरैंट को नोबल पुरस्कार किस बात के लिए मिला—

A. शान्ति के लिए

B. युद्ध के लिए

C. रैडक्रॉस के लिए

D. सोलफरीनों की लड़ाई के लिए

100. स्विट्ज़रलैंड के झण्डे में है—

A. सफेद पृष्ठ भूमि पर लाल क्रॉस

B. लाल पृष्ठ भूमि पर सफेद क्रॉस

C. सफेद पृष्ठ भूमि पर सफेद क्रॉस

D. लाल पृष्ठ भूमि पर लाल क्रॉस

उत्तरमाला

1	2	3	4	5	6	7	8	9	10
D	A	B	C	C	D	B	C	B	B
11	**12**	**13**	**14**	**15**	**16**	**17**	**18**	**19**	**20**
B	C	C	D	A	B	C	B	A	D
21	**22**	**23**	**24**	**25**	**26**	**27**	**28**	**29**	**30**
A	B	A	B	A	A	D	A	A	B
31	**32**	**33**	**34**	**35**	**36**	**37**	**38**	**39**	**40**
C	D	A	B	B	A	C	D	C	A
41	**42**	**43**	**44**	**45**	**46**	**47**	**48**	**49**	**50**
D	B	D	D	D	C	C	B	C	A
51	**52**	**53**	**54**	**55**	**56**	**57**	**58**	**59**	**60**
B	D	A	D	D	A	B	A	D	C
61	**62**	**63**	**64**	**65**	**66**	**67**	**68**	**69**	**70**
B	C	D	B	D	D	B	C	A	B
71	**72**	**73**	**74**	**75**	**76**	**77**	**78**	**79**	**80**
C	C	B	D	C	C	C	A	C	C
81	**82**	**83**	**84**	**85**	**86**	**87**	**88**	**89**	**90**
C	B	C	D	C	C	A	C	B	A
91	**92**	**93**	**94**	**95**	**96**	**97**	**98**	**99**	**100**
C	A	D	D	C	A	C	D	A	B